HISTOIRE
DES
CHEVALIERS HOSPITALIERS
DE
S. JEAN DE JERUSALEM,
APPELLEZ DEPUIS
LES CHEVALIERS DE RHODES,
ET AUJOURD'HUI
LES CHEVALIERS DE MALTE.

Par M. l'Abbé DE VERTOT, de l'Academie
des Belles Lettres.

TOME QUATRIÉME.

A PARIS,

Chez {
ROLLIN, à la descente du Pont S. Michel, Quai des Augustins, au Lion d'Or.
QUILLAU Pere & Fils, Imp. Jur. Lib. de l'Université, rue Galande, à l'Annonciation.
DESAINT, rue S. Jean de Beauvais, vis-à-vis le College.
}

M. DCC. XXVI.
AVEC APPROBATION ET PRIVILEGE DU ROY.

HISTOIRE
DES
CHEVALIERS HOSPITALIERS
DE
SAINT JEAN DE JERUSALEM,
APPELLEZ DEPUIS
CHEVALIERS DE RHODES,
ET AUJOURD'HUI
CHEVALIERS DE MALTE

LIVRE TREIZIE'ME.

SI la conquête du Fort Saint Elme avoit coûté aux Infideles un de leurs Géneraux & leurs plus braves soldats, la Religion par une défense si opiniâtrée n'avoit pas fait à proportion une perte moins considerable. On comptoit jusqu'à cent

JEAN DE LA VALETTE.

Tome. IV. A

trente Chevaliers, & plus de treize cens hommes qui avoient péri dans ce siege particulier; & les cruautez que les Turcs venoient d'y exercer avoient jetté une espece de consternation dans les esprits. Le Grand Maître quoique sensiblement affligé d'une si grande perte dissimuloit sagement sa douleur; & pour rassurer quelques Chevaliers en qui il voyoit une espece d'étonnement, il convoqua une assemblée generale & extraordinaire de tous ceux qui sans prejudicier à la défense de leurs postes, purent s'y trouver. Il y parut avec la fermeté ordinaire, & cette hauteur de courage qui est au-dessus des évenemens. Ce Prince fit d'abord l'éloge des Chevaliers qui étoient morts dans cette occasion, & il dit qu'ayant genereusement sacrifié leur vie pour la défense de la Foi, ils avoient assez vécu pour leur gloire & leur salut. Il exhorta ensuite toute l'Assemblée à imiter leur zele & leur courage: & pour lui inspirer une nouvelle ardeur & augmenter sa confiance, il representa que les Chevaliers qu'on avoit perdus avoient été plûtôt accablez par la multitude des Infideles, que vaincus par leur valeur; mais que le nombre de ces cruels ennemis étoit considerablement diminué; que leur armée s'affoiblissoit encore tous les jours par des flux de sang & par d'autres maladies contagieuses dont elle étoit infectée; que les provisions de guerre & de bouche commençoient à leur manquer, & qu'ils en avoient envoyé chercher le long des côtes d'Afrique, & jusques dans l'Archipel & dans la Grece, sans qu'on eût eu encore nouvelle du retour de leurs vaisseaux; d'ailleurs que le Fort dont ils venoient de s'emparer ne leur donnoit aucun avantage sur le bourg & sur les autres forteresses, dont par leur situation ils étoient entierement séparez; que toutes les forces de la Religion étoient renfermées dans ces Places; qu'il n'étoit pas même difficile d'y faire entrer du secours; enfin qu'il livreroit bataille aux Turcs, ou qu'il esperoit de les faire tous périr au pied des bastions & des boulevards.

Ce discours qu'il prononça avec une noble audace; le feu qui brilloit dans ses yeux; la connoissance qu'on avoit de sa valeur & de sa capacité; tout cela affermit la confiance de l'Assemblée, & il n'y eut point de Chevalier qui ne protestât haument de répandre jusqu'à la derniere goute de son sang pour la défense de l'Isle & de tout l'Ordre.

Le Grand Maître vit avec un sensible plaisir ses propres sentimens dans le cœur de tous les Chevaliers; & pour les communiquer jusqu'aux simples soldats, il parcouroit tous les postes, & leur adressant la parole avec une douce familiarité: *Nous sommes soldats de Jesus-Christ comme vous, mes camarades,* leur disoit-il, *& si par malheur vous nous perdiez & tous vos Officiers, je suis bien persuadé que vous n'en combattriez pas avec moins de résolution, & qu'alors vous sçauriez bien prendre l'ordre de votre courage.* Pour augmenter leurs forces & leur confiance, il tira de la Cité Notable, qui avoit moins à craindre des Turcs, quatre Compagnies qu'il fit entrer dans le bourg; il choisit en même tems quatre des principaux Commandeurs qu'on appelloit Capitaines du secours, & qui en devoient porter dans les endroits qui seroient les plus pressez. Chacun de ces Commandeurs avoit à ses ordres particuliers dix Chevaliers pour leur servir comme d'Aides de camp: il en nomma ensuite trois autres en qualité de Sergens-Majors de la Place; & afin que les vivres fussent distribuez avec œconomie, quoiqu'il en eût fait un amas prodigieux, il fit encore apporter dans les greniers & dans les selliers publics tous les bleds & les vins qui se trouverent alors chez les marchands particuliers, ausquels il les fit payer.

A ces soins si dignes d'un grand Général, il ajouta une défense expresse de faire à l'avenir aucun prisonnier; il ordonna qu'après en avoir tiré les lumieres qu'on pouroit des desseins du Bacha, on les égorgeât tous, sans faire aucun quartier. Il en vint à cette rigueur, non-seulement pour apprendre aux Turcs qu'il y avoit des vengeurs des cruautez qu'ils avoient exercées sur les Chevaliers du Fort; mais encore pour ôter à ses propres soldats & aux habitans, dans quelqu'extrêmité qu'ils fussent réduits, toute esperance de composition, & pour leur faire sentir qu'il n'y avoit pour eux de salut que dans le salut même de la Place.

Le Bacha qui n'étoit pas informé d'une résolution si déterminée, & qui au contraire se flattoit que le Grand Maître & les Chevaliers ébranlez par la perte qu'ils venoient de faire, ne seroient pas fâchez d'entendre parler de capitulation, envoya à la porte du bourg avec un étendart blanc un Officier avec un esclave Chrétien pour lui servir d'interprete; & il étoit chargé de pressentir si le Grand Maître feroit difposé à entrer en négociation. On n'admit dans la Ville que l'efclave, qui depuis trente ans fervoit fur les galeres du Grand Seigneur. Il rencontra la Valette fur la Place, & aux premiers mots qu'il prononça de compofition, ce Grand Maître fans en vouloir entendre davantage, ordonna fur le champ qu'on le pendît. Mais en particulier il dit au Chevalier qu'il avoit chargé de faire faire cette execution, de lui en donner feulement la peur, & après en avoir tiré toutes les lumieres qu'il pouroit de l'état de l'armée des Infideles, & des deffeins du Bacha, de le relâcher.

On trouva que cet efclave étoit un pauvre vieillard, agé de plus de foixante & dix ans, qu'on n'avoit détaché de la chaîne que pour une commiffion fi dangereufe, & qui d'ailleurs n'avoit aucune connoiffance des projets du Général des Turcs. On lui offrit de le retenir dans la place ; mais comme il croyoit que les Turcs s'en rendroient bien-tôt maîtres ; & dans la crainte d'en être enfuite traité comme un transfuge, il préfera fes chaînes à une liberté qu'il s'imaginoit devoir être peu durable, & dont une feconde perte pouvoit être fuivie d'horribles tourmens : ainfi il demanda d'être congedié. Le Chevalier qui avoit ordre de le mettre hors de la place, le fit paffer au travers de plufieurs rangs de foldats, à qui on avoit exprès fait prendre les armes : & quand il l'eut conduit jufqu'à la contre-efcarpe, lui montrant les boulevards, les baftions & fur-tout les foffez profonds de la Place. *Voilà*, lui dit-il, *le feul endroit que nous voulons ceder au Bacha, & que nous réfervons pour l'y enfevelir avec tous fes Janiffaires.*

Le Bacha par la fiere réponſe faite à cet eſclave, comprit bien qu'il n'y auroit que la force des armes qui le rendroit maître de l'Iſle. Ses troupes par ſon ordre inveſtirent du côté de la terre, le Château Saint-Ange, le bourg & la preſqu'Iſle de la Sangle, qu'on appelloit anciennement le château & la ville de Saint Michel, ſituez ſur deux langues de terre qui s'avançoïent dans le grand port, & qui n'étoient ſéparez que par une eſpece de canal, qui ſervoit de port particulier aux galeres de la Religion. L'armée des Infideles s'étendoit depuis le mont ou le roc de Coradin, & depuis la Bormole, eſpece de Fort contigu au bourg Saint Michel, juſqu'au mont Sainte Marguerite, & au Belveder où le Bacha avoit marqué le quartier géneral. On commença enſuite à ouvrir la tranchée; & dans les endroits qu'on ne pouvoit entamer, & où le roc étoit trop vif, le Bacha fit élever des murailles de pierre ſeche: & pour battre en même tems le bourg & la preſqu'Iſle où étoit ſitué le Château Saint Michel, & qu'on appelloit alors l'Iſle de la Sangle, les eſclaves Chrétiens furent employez à traîner ſoixante & dix pieces de gros canon, qu'on conduiſit en differens endroits, & dont on dreſſa depuis neuf batteries.

Pendant que les Turcs étoient occupez à ces travaux, Dom Joan de Cardone, dont nous avons déja parlé, & qui commandoit les quatre galeres du ſecours, après pluſieurs tentatives pour les débarquer dans l'Iſle, mais que le mauvais tems, & peut-être ſa propre timidité avoit rendu inutiles, reparut proche de Malte, pour tâcher, ſuivant son instruction de découvrir si le Fort Saint Elme tenoit encore. Il mit à terre avec une legere escorte le Mestre de camp Robles, & le Chevalier de Quincy. Le Mestre de camp s'étoit attiré la confiance de Dom Joan en soutenant dans tous les conseils, pour se conformer aux sentimens du Géneral, qu'on ne pouvoit prendre trop de précaution pour un débarquement. Il ne fut pas plutôt à terre, qu'il apprit de quelques pauvres habitans cachez dans des grottes voisines, que le Fort étoit perdu. C'en étoit assez pour le faire rembarquer promptement; mais ayant été gagné par les prieres du Chevalier de Quincy, & seduit par son propre courage, il résolut de dissimuler la verité à son Géneral, & pour contribuer au salut de Malte, de l'engager à mettre promptement à terre toutes les troupes qui étoient sur les galeres. Dans cette vûe, & de peur que ses soldats à leur retour n'apprissent à Dom Joan la perte du Fort, il les envoya à la Cité notable dont l'accès étoit facile, sous prétexte d'en amener des guides & des chevaux pour conduire le secours jusqu'au bourg; & il mande au Gouverneur qu'il alloit faire faire le débarquement à la calle de la pierre noire; qu'il retînt les soldats qui lui rendroient sa lettre, & qu'il lui envoyât d'autres guides conduire le secours au bourg, & des voitures pour porter le bagage. Il revint ensuite à bord avec Quincy : & ces deux Officiers à leur retour, par un mensonge officieux, assurerent le Géneral que le Fort tenoit encore ; mais qu'ils avoient appris qu'il n'en faloit plus rien esperer si on ne s'avançoit promptement à son se-

JEAN DE LA VALETTE.

cours : que sur ces nouvelles ils avoient envoyé des soldats à la Cité pour en amener des voitures. Cardone toujours incertain, eût bien voulu différer encore le débarquement ; mais les Chevaliers, & environ quarante Gentilshommes seculiers qui étoient dans sa galere, firent tant de bruit, & même tous les soldats montroient tant d'ardeur & de zele pour se voir aux mains avec les Turcs, que Dom Joan craignant leur mécontentement, & que par des plaintes publiques ils ne le deshonoraffent, comme ils l'en menaçoient, les mit à terre. Le débarquement se fit dans l'anse de la pierre noire, & Cardone ne se vit pas plutôt débarassé du commandement, qu'avec ses quatre galeres il reprit la route de Sicile.

La difficulté étoit de faire passer ce petit secours dans le bourg investi & bloqué du côté de la terre par les Infideles. Le Grand Maître qui avoit été averti par Mesquita du débarquement, leur avoit envoyé des guides pour les conduire par des routes détournées jusqu'au port ou à la cale de l'échelle, avec assurance qu'ils y trouveroient des barques qui les ameneroient en toute sureté sur le rivage du bourg. Le secours se mit aussi-tôt en chemin ; & à la faveur d'un grand brouillard, il gagna le port de l'échelle, sans être découvert : & après s'y être rembarqué, il pénétra au travers du grand port jusqu'au bourg où les Chevaliers & les soldats furent reçûs avec toute la joye que méritoit leur zele & le besoin qu'on avoit de leur secours.

Le Mestre de camp Robles, & la plûpart des Chevaliers & des Gentilshommes séculiers à leur
priere

priere, & aux instances pressantes qu'ils en firent au Grand Maître, furent envoyez dans l'Isle de la Sangle, & dans le Château & la Ville, l'endroit le plus foible de l'Isle, & contre lequel les Turcs faisoient leurs plus grands efforts. Différentes batteries placées au Mandrace, & sur le mont Sceberras, tiroient continuellement contre cette Place: & elle étoit encore battue du haut du Coradin, d'où par son élevation & comme d'un cavalier, on voyoit à découvert le même endroit. Pour le serrer de plus près, le Bacha fit faire à la tête du Coradin un retranchement dont la hauteur mettoit à couvert ceux qui y étoient logez. Les assiegez n'avoient plus de libre que le côté du port & de la mer : pour leur couper cette communication, d'où ils pouvoient tirer du secours, & pour enfermer les Chrétiens de tous côtez, le Bacha proposa dans le conseil de guerre d'attaquer le grand éperon qui étoit à la pointe de cette presqu'Isle. Pour l'exécution de ce projet, il faloit nécessairement faire entrer dans le grand port un nombre considerable de barques armées & remplies de soldats; mais on lui representa qu'outre la chaîne qui fermoit ce port, ces barques n'y pourroient passer sans être foudroyées & coulées à fond par l'artillerie du Château Saint-Ange, qui commandoit, & qui battoit tout cet endroit du port : & on auroit abandonné ce dessein, si l'Amiral des Infideles n'eut trouvé le moyen de jetter des barques dans le grand port sans les faire passer devant le Château Saint-Ange. Comme il étoit maître du port Musset, qui n'étoit separé du grand port que par

JEAN DE LA VALETTE

cette langue de terre du mont Sceberras où étoit situé le Château Saint Elme, il se fit fort à travers de cette langue de terre de faire transporter à bras d'hommes par les esclaves Chrétiens, & la chiourme des galeres, toutes les barques nécessaires; de les mettre à flot dans le grand port, de les remplir ensuite de soldats & d'arquebusiers qui attaqueroient l'éperon du côté des moulins, en même tems que l'armée de terre monteroit à l'assaut du côté du Château.

Le Conseil donna de grandes louanges à cet expedient, que les Chevaliers n'avoient point prévû, & qui vrai-semblablement devoit causer la perte de ces ouvrages. Mais un Officier Turc, Chrétien & Grec de naissance, qui avoit assisté à ce Conseil, touché par un mouvement subit de sa conscience, résolut de passer dans l'Isle, & de hazarder sa vie pour en donner avis au Gouverneur. Cet Officier s'appelloit Lascaris, de l'illustre Maison de ce nom, & qui avoit donné à l'Orient plusieurs Empereurs. Les Turcs à la prise de Patras, ville de la Morée, le firent esclave tout jeune, & dans un âge où il ne pouvoit pas encore sentir la pesanteur de ses chaînes. Il fut élevé dans la Religion dominante; & par un reste de consideration pour la noblesse de son origine, on prit grand soin de son éducation. Il servit de bonne heure parmi les Spahis, & par sa valeur il parvint aux premiers emplois de ce corps. Ce Seigneur qui jusqu'alors n'avoit peut-être été occupé que des soins de sa fortune, à la vûe de Malte prête à succomber sous la puissance des Infideles, se souvint du caractere ineffaçable de Chrétien, qu'il avoit reçû par le saint Baptême. La valeur héroïque dont les Chevaliers donnoient tous les jours des marques si éclatantes, excita sa compassion; il se reprochoit même de combatre pour des barbares qui avoient fait périr la plûpart des Princes de sa Maison, & contraint les autres, depuis la perte de Constantinople, à chercher un azile dans des contrées éloignées. Touché par ces differentes considerations, il descend au bord de la mer, dans un endroit qui se trouvoit directement vis-à-vis l'éperon de Saint Michel, d'où avec la toile de son turban, il faisoit signe qu'on envoyât une barque pour le passer dans l'Isle. Un Chevalier appellé Savoguerre, qui commandoit à la pointe de ce Fort, ayant reconnu à la richesse de son habillement que c'étoit un Officier considerable, en donna aussi-tôt avis au Grand Maître, & lui fit demander la permission de l'aller prendre avec un esquif : ce que le Grand Maître trouva bon. Mais pendant que le soldat que le Chevalier avoit envoyé au bourg, en faisoit le chemin, quelques Turcs ayant reconnu aux signaux que faisoit Lascaris, qu'il vouloit déserter & passer du côté des Chrétiens, accoururent pour l'arrêter. Quoique ce Seigneur ne sçût gueres nager, pour éviter d'en être pris, il se jetta dans la mer ; & de deux périls inévitables, il préfera celui où il pouvoit être secouru. En effet le Chevalier qui du bord de la mer, ne l'avoit point perdu de vûe, s'appercevant de la difficulté qu'il avoit à faire ce trajet, fit partir sur le champ trois Maltois excellens nageurs, qui le rencontrerent presque sans forces. Ils le joignirent, & par leur secours il gagna heureusement le rivage. Après qu'on lui eût fait rendre l'eau qu'il avoit avalée, on le conduisit au Grand Maître, auquel il découvrit les projets du Bacha & de l'Amiral: & il lui désigna en même tems les differens endroits où ils devoient faire dresser leurs batteries. Le Grand Maître qui connut bien toute l'importance de ces avis, donna de grandes louages à la génereuse résolution qu'il avoit prise de hazarder sa vie pour le salut des Chrétiens; il lui assigna une grosse pension, & Lascaris pendant tout le siege, par sa valeur & par ses conseils, fit voir qu'il n'avoit pas dégeneré de la vertu de ses ancêtres.

Le Grand Maître revenu de l'étonnement que lui avoit causé un dessein aussi hardi & aussi difficile que celui de l'Amiral, pour en prévenir l'execution fit fortifier tous les endroits du côté du port où les Turcs, à la faveur de leurs barques, pouvoient faire une descente. Par son ordre on haussa les murailles du bourg Saint Michel, & on transporta le long du rivage plusieurs pieces de canon pour en écarter tout ce qui paroîtroit dans le port. Il étoit question sur-tout d'empêcher les Turcs d'approcher du pied de la muraille de Saint Michel. Le Grand Maître proposa cette affaire dans le Conseil; sur la diversité des avis, & persuadé que les plus habiles ne voyent pas tout, il ne dédaigna point de consulter deux pilotes Maltois, en qui il avoit toujours trouvé autant de capacité & d'experience dans les affaires de la Marine, que de zele & de fidélité pour l'Ordre. Il leur exposa le dessein de l'Amiral Turc, & il leur demanda ce qu'ils croyoient qu'on dût faire pour le rendre inutile, & pour l'empêcher de débarquer dans l'Isle de la Sangle les troupes qu'ils avoient fait avancer sur le rivage du mont Sceberras. Les deux pilotes se trouverent du même sentiment, & ils lui dirent que depuis le rocher du Coradin jusqu'à l'éperon qui étoit à la pointe de l'Isle, il falloit avec des pieux enfoncez dans la mer former une estacade, & pour les lier ensemble attacher sur la tête de ces pieux des anneaux de fer, & passer au travers une longue chaîne : & que dans les endroits où par la profondeur de l'eau, ou par la dureté du terrein & du roc on ne pouroit enfoncer des pieux, il falloit pour y suppléer clouer de longues antennes & des mats de navire, qui avec la chaîne rendroient ce passage impraticable.

Le Grand Maître ayant communiqué leur avis au Conseil, il fut approuvé tout d'une voix : on y travailla la nuit suivante. La Valette qui en conçut toute l'utilité, fit construire des estacades particulieres pour empêcher qu'on ne pût aborder du côté des postes d'Angleterre, d'Allemagne & au pied de la grande Infirmerie. Il fit fermer en même tems le port des galeres avec une chaîne de fer, & défendue des deux côtez par differentes batteries. Comme l'artillerie des Turcs ne permettoit pas de travailler à ces differens ouvrages pendant le jour, on ne pouvoit l'avancer que la nuit : mais le Grand Maître qui en connoissoit l'importance, y employa tant de monde, qu'en neuf nuits toutes ces estacades & ces differentes défenses furent achevées.

JEAN DE LA VALETTE.

Le Bacha fut bien surpris de voir tant d'ouvrages sortis pour ainsi dire tout à coup du fond de la mer, & qui formoient un obstacle au passage des barques, & à la descente de ses troupes; mais comme c'étoit un homme d'un grand courage & de beaucoup d'habileté, il ne relâcha rien de son premier projet, & il se flata de pouvoir enlever les pieux de l'estacade, & d'ouvrir par ces endroits un passage à sa petite flote. Dans cette vûe & par son ordre des Turcs qui sçavoient nager, ayant une hache à leur ceinture, gagnerent la palissade, monterent sur les antennes, & travaillerent avec beaucoup d'ardeur pour les couper. Au bruit qu'ils faisoient on eut bien-tôt découvert leur dessein; on leur lâcha d'abord plusieurs coups de canon & de mousquet; mais comme on tiroit de haut en bas, ces coups ne porterent point. L'Amiral de Monte qui commandoit dans l'Isle, leur opposa un même genre de guerriers; des soldats Maltois excellens nageurs, l'épée dans les dents, & tous nuds joignirent les Turcs, les renverserent de dessus l'estacade, en tuerent ou blesserent une partie, & poursuivirent les autres qui prirent la fuite, & qui ne gagnerent le rivage qu'avec beaucoup de difficulté. Ils ne laisserent pas d'y revenir le lendemain; & avant qu'on les eût apperçûs ils attacherent des cables aux mats & aux antennes qui fermoient la palissade; & avec des Cabestans qui étoient sur le rivage, ils tâchoient d'ébranler & d'enlever ces grosses pieces. Mais dans Malte tous les habitans étoient pour ainsi dire nageurs, & on n'eut pas plûtôt découvert cette nouvelle espece d'attaque, que plusieurs Maltois se jetterent dans l'eau, & avec des sabres couperent tous ces cables, & rendirent inutile cette seconde tentative du Bacha.

De ces petites attaques, qui n'avoient encore rien de décisif, Mustapha commença le 5 de Juillet à faire tirer en même tems toutes ses batteries. Celle qui étoit placée sur le Mont Sainte Marguerite battoit le quartier appellé la Bormole & le bastion de Provence. Mais les Officiers d'artillerie voyant qu'elle faisoit peu d'effet, la tournerent contre le Fort ou le Château de Saint Michel. Du haut du Coradin les Turcs tiroient sans cesse contre la courtine qui leur étoit opposée, & le Château Saint-Ange étoit battu par les canons qu'on avoit placez sur le Fort S. Elme & sur le mont Sceberras. Il y avoit d'autres batteries placées sur les Monts Salvator, de Calcara, & sur d'autres éminences voisines qui tiroient contre le grand bourg, & contre les postes de Castille, d'Allemagne & d'Angleterre. Celui d'Arragon étoit déja presque ruiné. Toutes ces batteries, & celles des Chrétiens qui leur répondoient, faisoient un feu si terrible & si continuel, que cette Isle paroissoit un Volcan & un autre Mont Etna. Les Turcs à la faveur de leur artillerie pousserent leurs tranchées jusqu'au bord du fossé : & ayant été arrêtez par une petite redoute qui le couvroit, ils battirent cet ouvrage avec tant de furie, que les Chevaliers ne le pouvant plus défendre, le firent sauter, & se retirerent dans l'interieur de l'Isle.

Cette Pointe de terre où étoient situez le château & le bourg de Saint Michel, n'avoit de communication avec le grand bourg & le château Saint-Ange, & n'en pouvoit tirer de secours que par le moyen d'un bac, mais dont la pesanteur & la lenteur dans ce petit trajet exposoit ceux qui le passoient au feu des Infideles. Le Grand Maître, sur l'avis & par l'invention d'un jeune Chevalier, appellé Jean-Antoine Bosio, frere de l'Annaliste de l'Ordre, fit faire avec des tonneaux, & des bariques bien poissées un pont recouvert de planches. On le plaça dans un endroit où la mousqueterie des ennemis ne pouvoit porter, & même en courant & en allant fort vîte, on évitoit le feu de l'artillerie : cet ouvrage dans la suite fut d'une grande utilité pour le passage des secours qu'on fut obligé d'envoyer au Fort Saint Michel.

Les Turcs qui n'ignoroient pas que c'étoit l'endroit de toute l'Isle le plus foible, le foudroyoient à coups de canon. Leurs batteries ne faisoient pas moins de ravages contre le grand bourg : il y eut bien-tôt des bréches considerables en quelques endroits ; mais le Bacha ne jugea pas à propos de hazarder un assaut, qu'il n'eût ruiné entierement tous les ouvrages avancez : outre qu'il voulut attendre l'arrivée de Hascen Vice-Roi d'Alger, qui lui avoit fait sçavoir qu'il lui ameneroit incessamment un secours composé de ce qu'il avoit de meilleures troupes.

Le Grand Maître surpris de ne recevoir aucune nouvelle de l'armement du Vice-Roi de Sicile, en écrivit très fortement au Commandeur Salvago, qui pour hâter ce secours, résidoit par son ordre auprès de ce Seigneur. On ne pouvoit reprocher

à

à cet habile Agent, ni manque de zele & d'attention, ni même aucune lenteur dans l'exécution des ordres qu'il recevoit du Grand Maître. Mais il avoit à faire à un Espagnol fier & hautain, & qu'il avoit crû devoir ménager, de peur de lui fournir par des follicitations trop preffantes, le prétexte qu'il cherchoit peut-être de se difpenfer d'envoyer ce fecours. Les lettres du Grand Maître, la perte du Fort Saint Elme, & le péril où fe trouvoit l'Ifle de la Sangle, firent ceffer fes égards : il fut trouver le Vice-Roi, & fe plaignit de la part du Grand Maître de la lenteur qu'on apportoit à avancer le fecours. Il ajoûta que le Bacha tenoit en même tems le grand bourg & le château Saint Michel étroitement affiegez, & que fes troupes étoient au pied des murailles. Il ajoûta, emporté par fon zele & par fa douleur, que Malte alloit être perdue ; mais que toutes les Nations chrétiennes reprocheroient éternellement à fa mémoire, que par fes retardemens affectez, il avoit laiffé périr la fleur de la Nobleffe de toute la Chrétienté ; & voyant que le Vice-Roi ne lui répondoit qu'en termes vagues & pleins d'ambiguité, il fortit brufquement du Palais, & adreffant la parole au peuple qui étoit affemblé dans la grande Place, il s'écria que Garfie par fes détours continuels, alloit livrer aux Turcs le Grand Maître & tous les Chevaliers.

Quelque juftes que fuffent les plaintes de l'Agent de Malte, le Vice-Roi dans le fond étoit moins l'auteur que le miniftre de ces retardemens. Il avoit reçû des ordres fecrets de ne rien précipiter, & fous un Prince auffi imperieux, & auffi caché que Philippe II. qui sacrifioit tout aux apparences, il se seroit également perdu, ou en hâtant ce secours, ou en laissant pénétrer qu'il n'étoit pas maître de le faire partir. Cependant comme il vit que les plaintes de Salvago faisoient beaucoup d'impression sur les esprits, il dit pour se disculper, qu'il ne pouvoit pas hazarder témérairement la flote du Roi son maître ; qu'il vouloit prendre l'avis des Ministres & des principaux Capitaines qu'il avoit en Italie ; qu'il assembleroit ensuite un grand conseil de guerre, & qu'on y prendroit toutes les mesures necessaires pour faire passer incessamment à Malte un puissant secours. Ce n'étoit pas son intention, & encore moins celle du Roi son maître, dont la politique lente & incertaine attendoit tout du temps, & le laissoit souvent perdre. Ce Prince & son Ministre contens d'une vaine ostentation de ses forces, se flatoient que les Chevaliers seuls par leur valeur feroient échouer l'entreprise des Infideles, & qu'au plus il faloit se contenter de tenir ce secours prêt, si on s'appercevoit qu'ils en eussent un veritable besoin, & qu'ils fussent trop pressez.

 Telles étoient alors les vûes secretes du Conseil d'Espagne. Jean-André Doria qui n'en étoit pas instruit, & qui se trouvoit alors avec les galeres dans le port de Messine, en attendant que toutes les forces du Roi d'Espagne fussent réunies, offrit au Vice-Roi de porter à Malte deux mille hommes. Il lui fit voir le chemin qu'il prétendoit tenir pour les conduire, & il lui dit qu'avant que les Turcs eussent *sarpé* les ancres, & coupé *le go-*

menes, par la force & la vigueur de sa chiourme, il auroit gagné le grand port; qu'il perceroit jusqu'au pied du Château Saint-Ange; & que pourvû qu'il pût mettre ses troupes à terre, & jusqu'aux forçats dont on pourroit faire des soldats & des pionniers, il ne se soucioit pas après cela d'abandonner & de perdre le corps de ses galeres.

Le Vice-Roi donna d'abord de grandes louanges à un si génereux projet; il exigea même de Doria des sermens solemnels qu'il l'executeroit incessamment; mais soit par une secrete jalousie, & de peur qu'il ne remportât tout l'honneur de cette entreprise; soit qu'avant d'avoir reçû de nouveaux ordres de Madrid il ne voulût pas s'y engager, il envoya Doria avec ses galeres à Genes, & sur les côtes de Toscane, sous prétexte d'en ramener les troupes nécessaires pour cet armement particulier; & par ce détour il éluda l'occasion de partager ses forces. Cependant comme il étoit pressé par Salvago & par un grand nombre de Chevaliers, qui de tous les états de la Chrétienté, & pour passer à Malte se rendoient tous les jours à Messine, il fit armer deux galeres dont il confia le commandement à Pompée Colonne, & sur lesquelles un grand nombre de ces Chevaliers s'embarquerent. Mais soit que le Commandant eût des ordres secrets de ne rien hazarder, soit qu'il n'eût pas autant de zele que Doria, de secourir le Grand Maître, après s'être approché dans une certaine distance du grand port, & avoir reconnu que l'entrée étoit fermée & défendue par la flotte des Turcs, il revint dans les ports de Sicile, & à son retour il raporta au Vice-Roi qu'il ne falloit pas moins que toutes ses forces réunies en un seul corps pour s'ouvrir le passage, & pour forcer les Infideles à lever le siege.

Hassan Vice-Roi d'Alger arriva en ce tems-là au camp à la tête de deux mille cinq cens hommes, tous vieux soldats, d'une valeur déterminée, & qu'on appelloit communément les braves d'Alger. En voyant le Fort Saint Elme, & considerant sa petitesse, il ne pût s'empêcher de dire, que si ses soldats s'étoient trouvez au siege, il n'auroit pas tenu si long-tems. Ce jeune Turc étoit fils de Barberousse, & gendre de Dragut ; fier de ces grands noms, & pour illustrer le sien, il pria le Bacha de lui confier l'attaque du Fort de S. Michel : & il se vanta de l'emporter l'épée à la main. Le Bacha, vieux Géneral, & qui n'eût pas été fâché que ce jeune audacieux apprît à ses périls combien l'épée des Chevaliers étoit trenchante, lui répondit obligeamment que ne doutant point du succès il consentoit volontiers à lui en laisser tout l'honneur auprès du Sultan : & pour le mettre en état de réussir dans son entreprise & d'attaquer l'Isle par terre & par mer, il lui donna six mille hommes, & il l'assura que du côté de terre il le soutiendroit à la tête de toutes ses troupes.

Hassan avec ses Algeriens résolut d'attaquer la presqu'Isle par terre & par mer, par le continent, l'endroit qu'elle tenoit à la terre ferme, & par le port, & il confia l'attaque de ce dernier côté à son Lieutenant appellé Candelissa, c'étoit un renégat Grec, vieux corsaire, cruel, sanguinaire ; mais grand homme de mer, qui avoit vieilli au service de Barberousse, & qui commandoit alors les Algeriens que Hassan avoit amenez au siege, lequel voulut bien les partager avec son Lieutenant. Cette double attaque fut précedée pendant quelques jours par des décharges continuelles de l'artillerie des Turcs, & qui partoient de differentes batteries. On en avoit dressé une de trois canons sur le mont Saint Elme, & qui battoit l'éperon ou la pointe de l'Isle. Il y en avoit une autre de treize canons avec un basilic ou double coulevrine, placée sur le rocher du Corradin, & qui tiroit continuellement contre la courtine du Château Saint Michel. La face de ce Château étoit battue par trois canons qu'on avoit mis dans un endroit appellé la Mandrace. On trouvoit sur le mont Sainte Marguerite une autre batterie de six canons qui tiroit contre les défenses du Château de Saint Michel, & qui foudroyoit les maisons qui étoient au pied de cet ouvrage. Il sembloit que les Turcs ne voulussent faire la guerre que de loin & à coup de feu; mais le quinze de Juillet à la pointe du jour la scene changea : on en vint à un combat long & cruel, & où les plus braves des deux partis perdirent la vie.

Pendant que les Turcs, au travers des ruines que causoit leur artillerie, cherchoient à s'ouvrir un passage dans l'Isle, leurs esclaves & la chiourme de leurs galeres, à force de bras avoient transporté au travers du mont Sceberras & du port Musset dans le grand port, un nombre prodigieux de barques, dans lesquelles, après les avoir remis à flot, Candelissa avoit fait entrer une partie des soldats d'Alger, & plus de deux mille hommes que le Bacha lui avoit donné pour cette entreprise. Cette petite flotte bien armée, & qui couvroit presque tout le grand port, au bruit des tambours, des macaires, des chamavelles, & d'autres instrumens barbares, partit de la côte du Mont Sceberras. Elle étoit précedée par une barque longue, remplie de Prêtres, & de Religieux Mahometans, dont les uns par leurs chants & leurs prieres imploroient le secours du Ciel, pendant que d'autres en tenant des livres ouverts, y lisoient des imprécations contre les Chrétiens. Cette céremonie fit place à des armes plus redoutables; les Turcs s'avancerent fierement jusqu'à l'estacade. Candelissa s'étoit flatté de l'ouvrir par quelqu'endroit, & de la rompre, ou s'il n'en pouvoit venir à bout, son dessein étoit de faire passer ses soldats par dessus l'estacade, à la faveur d'un grand nombre de planches dont une extrêmité devoit poser sur la tête des pieux, & l'autre sur le rivage: il prétendoit s'en servir comme d'un pont qui l'auroit conduit à terre. Mais il avoit mal pris ses mesures; le rivage étant plus éloigné qu'il n'avoit crû, les planches se trouverent trop courtes; & quand il fut question de rompre la chaîne, ou de couper les antennes, qui lioient ensemble les pieux, dont cette digue étoit formée, aux premiers coups que donnerent les Turcs, ils se virent accablez par une grêle de mousquetades; & l'artillerie du Château Saint-Ange & toutes les batteries de l'Isle qui regardoient le port tirant en même-tems sur ces barques, en coulerent à fond un grand nombre, & obligerent les autres à s'éloigner.

Leur Géneral, après les avoir ralliez, & ayant remarqué que l'estacade ne couvroit pas entierement la pointe de l'Isle, & qu'il y avoit un endroit où il pouroit tenter une descente, y aborda. C'étoit une espece de cap ou de promontoire, sur lequel on avoit fait un retranchement garni d'un bon nombre d'Arquebusiers, & que l'eau du port battoit jusqu'au pied; cette pointe de terre étoit défendue par une batterie de six canons, que le Grand Maître avoit placée au pied de deux moulins à vent qu'on avoit construits sur cette hauteur; & ces canons battoient le port à fleur d'eau. Le Commandeur de Guimeran, ancien Chevalier, & dont nous avons fait plusieurs fois une mention honorable, commandoit en cet endroit: il laissa approcher les barques ennemies; mais il ne les vit pas plutôt à portée, que faisant faire feu de son canon & de sa mousqueterie, il coula bas plusieurs barques, & on prétend qu'il y eut près de quatre cens Turcs de tuez par cette décharge.

Candelissa élevé, pour ainsi dire dans le feu, & accoutumé aux périls de la guerre, pendant que les canoniers Chrétiens rechargeoient, mit pied à terre, & à la tête de ses Algeriens, gagna le rivage. Il y trouva de nouveaux périls: le Guimeran en faisant faire feu à son artillerie, s'étoit réservé deux canons chargez à cartouche, & qu'il fit tirer alors contre les Turcs. Il en périt un grand nombre: leur Géneral toujours intrépide, voyant une partie de ses soldats ébranlez, & que plusieurs se mettoient en état de se jetter dans leurs barques, par prieres, par menaces, & sur-tout par son exemple & sa fermeté, les arrêta sur lerivage: & pour leur ôter tout espoir de retraite, par son ordre ses barques s'éloignerent. C'étoit dire à ces soldats qu'il faloit vaincre ou mourir; aussi vit-on dans cette occasion que le desespoir va souvent plus loin que le courage & les forces ordinaires de la nature: les Algeriens qui avoient la tête de l'attaque, le sabre d'une main & une échelle de l'autre, s'efforcerent de monter sur ce retranchement. Ils se pressoient à l'envie l'un de l'autre d'occuper un poste si dangereux: & tous s'y présentoient avec un genereux mépris de la mort. Le combat fut long & cruel: des ruisseaux de sang couloient au pied du retranchement, & ces barbares à la fin, s'abandonnerent avec une fureur si déterminée, qu'après plus de cinq heures de combat, ils gagnerent le haut de ce retranchement, & y planterent sept enseignes.

A la vûe de ces étendarts, quoique les Chevaliers fussent réduits à un petit nombre, une honte salutaire, jointe à une noble indignation, les ramena à la charge. L'Amiral Monti se mit à leur tête, & après qu'on eût essuyé de part & d'autre une nouvelle décharge de mousqueterie, on en vint aux piques, aux épées, & même aux poignards; tous combattoient; tous se mêloient, quoiqu'avec une fortune douteuse du côté des Chevaliers; & il étoit à craindre que par la mort des uns, & la lassitude & l'épuisement des autres, le succés ne leur en fût pas favorable, lorsque le Grand Maître qui étoit present pour ainsi dire à tous les combats, averti de l'extrêmité où se trouvoient ceux qui défendoient

fendoient l'éperon de Saint Michel, leur envoya du secours, conduit par le Commandeur de Giou, Géneral des Galeres, & par les Chevaliers Ruiz de Medina, & de Quincy. Ce secours fut précedé par un autre d'une espece assez singuliere : une bande de près de deux cens enfans armez de frondes, dont ils se servoient avec beaucoup d'adresse, firent pleuvoir une grêle de pierres sur les ennemis, en criant, secours, & victoire. Le Commandeur de Giou la pique à la main, s'avance aussi-tôt à la tête de sa troupe, charge les Infideles, arrache les enseignes, pousse tout ce qui s'oppose à l'effort de ses armes, & force enfin les ennemis d'abandonner le haut de ce rampart, où ils alloient faire un logement. La plûpart pressez par les Chevaliers qui leur tenoient l'épée dans les reins, se précipitent de haut en bas ; Candilessa leur Commandant s'enfuit des premiers ; & quoique jusqu'alors il eût fait paroître un courage déterminé, il en trouva la fin avant même la fin de l'action. En perdant l'esperance de vaincre, il perdit toute son intrépidité ; & la crainte de tomber entre les mains des Chevaliers qui ne donnoient aucun quartier, l'obligea de rappeller ses barques. Il s'y jetta le premier. Ses propres soldats honteux d'une fuite si précipitée, & qui deshonoroit leur corps, ne l'appellerent depuis que le traître Grec : ils publioient que c'étoit un double renégat ; & qu'après avoir renoncé à la Loi de Jesus-Christ, & embrassé celle de Mahomet, pour se procurer son retour parmi les Chrétiens & en être mieux reçû, il n'avoit pas voulu achever de vaincre, & qu'il les avoit livrez à toute la fureur des Chevaliers.

Cependant ces braves Algeriens, quoique abandonnez par leur Chef, se battoient encore en retraite avec beaucoup de courage ; mais Sada Sergent major, les Chevaliers Adorne Genois, Paul Ferrier, de la Langue de France, & un Gentilhomme Florentin appellé Corbinelly à la tête de quelques soldats, irritez d'une résistance si opiniâtre, sortirent d'une casemate l'épée à la main, surprirent & chargerent si brusquement les Infideles, qu'après en avoir tué plusieurs, les autres ne songerent plus qu'à se rembarquer, & chercherent leur salut dans les esquifs & les chaloupes qui étoient revenues pour les prendre & les recevoir.

La mer ne leur fut gueres plus favorable que la terre, ils eurent à essuyer le feu de toutes les batteries qui les avoient si mal traitez à leur approche & à leur débarquement, & qui en coulerent de nouveau plusieurs à fond. Ceux même qui s'y étoient jettez, pour y être entrez en trop grand nombre, coulerent bas ; d'autres qui manquoient de barques, embrassoient les genoux du soldat victorieux, & demandoient la vie : mais ils n'eurent pour réponse que ce qu'on appella depuis *la paye de Saint Elme* ; & en représailles, ils furent tous taillez en pieces. Il y en eut qui pour éviter ce genre de mort, quoiqu'ils ne sçussent point nager, se précipitoient dans la mer où ils étoient noyez ou tuez à coups de mousquet. L'eau du port en peu de tems fut couverte de corps morts, de têtes, de bras & de jambes coupées : il s'étoit peu vû de spectacle plus affreux & plus terrible : & de quatre mille hommes que le Géneral avoit embarquez pour cette entreprise, à peine en échapa-t-il cinq cens, & encore la plûpart couverts de blessures.

La Religion, sans compter les simples soldats, perdit près de cent hommes de marque, Chevaliers ou Gentilshommes seculiers, que le zele pour la Foi avoit amenez à Malte. On regreta sur-tout Frere Frederic de Tolede, fils du Vice-Roi de Sicile, jeune Chevalier que le Grand Maître par consideration pour son pere, à qui il étoit très-cher, avoit toujours retenu auprès de sa personne; mais ce jeune Seigneur ayant appris l'extrêmité où les Chevaliers qui défendoient l'éperon de Saint Michel étoient réduits, s'échapa, courut dans l'endroit le plus exposé, & y fut tué d'un coup de canon. Sa mort fut funeste au Chevalier de Savoguerre, qui se trouva auprès de lui, & qui fut tué d'un éclat de sa cuirasse. Un autre coup tua en même tems le Chevalier Simon de Sousa Portugais, & emporta le bras du Chevalier Gaspard de Pontevez, de la Langue de Provence. Les Chevaliers Simiane de Gordes, Sergent major, Mello Portugais, Roderic de Cardinez, & Brunefay de Quincy, qui avoit introduit le premier secours dans l'Isle, quoique blessez, ne quitterent point leur poste. Il ne fut pas au pouvoir du Grand Maître de les faire retirer dans l'infirmerie : ils se firent panser, & resterent dans l'endroit même où ils avoient reçû leurs blessures.

Il n'y eut pas moins de sang répandu de part & d'autre à l'attaque du Vice-Roi d'Alger. Ce Commandant, après avoir fait donner le signal de l'as-

JEAN DE LA VALETTE.

faut par un coup de canon, s'avança fierement à la tête de ses troupes vers toutes les bréches que l'artillerie avoit faites du côté du Bormole & du Château de Saint Michel. Il avoit donné la pointe de l'attaque à ceux de ses soldats d'Alger qu'il avoit retenus auprès de lui. Ils s'y présentérent avec tant d'ardeur & de résolution, qu'on vit bien-tôt leurs enseignes arborées le long des parapets. Le Mestre de camp Robles, personnage fameux par sa valeur, & sur-tout par son experience dans la guerre, commandoit dans cet endroit : il opposa à la premiere impétuosité des Infideles tout le feu de son artillerie, qu'il avoit fait charger exprès à cartouche, & qui tirant à travers les plus épais bataillons des ennemis, fit d'abord un horrible massacre : & pendant qu'on rechargeoit le canon & les mortiers, un bon nombre de Chevaliers Castillans & Portugais, qui tiroient du flanc de ce Bormole, seconderent si heureusement à coups de mousquet le feu du canon, que les Algeriens, tout braves & tout déterminez qu'ils étoient, n'en pouvant soutenir la furie, leur Commandant les fit couler le long du parapet, & les conduisit à une autre bréche, où sur le rapport de quelques déserteurs il esperoit de trouver moins de résistance.

Les Chevaliers Carloruso & de la Ricca, tous deux Capitaines de galeres, commandoient dans cet endroit : & pour mettre leurs soldats à couvert de quelques batteries que les Turcs avoient dressées sur des collines voisines, ils avoient fait creuser & abaisser le terrein de l'interieur & du dedans de ce poste. Mais en s'enfonçant dans la terre, la courtine se trouva alors si haute, que pour défendre les bréches, & soutenir l'assaut, ils furent obligez de former promptement une espece de pont ou de galerie: & par le peu de tems qu'on eut pour le construire, l'ouvrage se trouva si mal fait, & sur-tout si étroit, que plusieurs Chevaliers & un grand nombre de soldats y périrent par les feux d'artifices que les Turcs y jettoient continuellement. Les Chevaliers Rufo & la Ricca qui faisoient face par tout, y furent dangereusement blessez, & mis hors de combat. L'Amiral Monti, qui commandoit en chef, prit leur place, & apella à son secours une partie des Chevaliers, qui à la défense de l'éperon venoient de repousser si courageusement les Infideles. Un grand nombre, & entr'autres, Quincy, & le Sergent-major Simiane de Gordes, quoique blessez, voulurent encore avoir part à de nouveaux périls: ils accoururent à la tête d'une troupe de braves habitans: & comme si le premier avantage qu'ils venoient de remporter eût été un gage assuré de la victoire, leur presence fit changer de face au combat. Le peu de Chevaliers & de soldats qui étoient restez dans ce poste, à la vûe de ce secours reprirent courage, & tous se battirent avec une valeur si déterminée, que le Vice-Roi n'en pouvant plus soutenir les efforts, & après avoir perdu à ses côtez la plûpart de ses braves d'Alger, fut obligé de faire sonner la retraite & de se retirer.

Le Bacha qui n'esperoit plus de vaincre les Chevaliers que par la lassitude & & l'épuisement de leurs forces, pour ne leur point donner de relâche, après cinq heures de combat fit continuer l'aſſaut, & occuper la place des Algeriens par les Janiſſaires que le Grand Seigneur lui avoit donnez pour cette expedition. Ces ſoldats qui ſont la principale force de l'Empire Ottoman, s'y porterent avec ce courage qui ne connoît point de péril. Ce fut contre de ſi redoutables ennemis qu'il fallut que les Chevaliers accablez de laſſitude, & outrez de ſoif & de chaud repriſſent les armes. Cependant comme s'ils n'euſſent ſenti ni la chaleur extraordinaire de la canicule qui dominoit alors, ni la faim, ni la ſoif : & comme s'ils euſſent été invulnerables, après avoir fait de nouvelles décharges ſur les ennemis, ils ſe préſenterent de face & à découvert, & les joignirent l'épée à la main. Chacun s'attachoit à l'ennemi qu'il avoit en tête, & au milieu d'un combat géneral, il ſe faiſoit ſouvent autant de combats particuliers qu'il y avoit de combatans. Les Janiſſaires ne montroient pas moins d'intrépidité que les Chevaliers, & ne ſe ménageoient pas davantage. Le peril & la fureur étoient égaux de deux côtez : un Turc voyant le carnage que le Chevalier de Quincy faiſoit de ſes camarades, s'approche de lui, & content de périr, pourvû qu'il pût le tuer, il lui tire à bout portant un coup de mouſquet, & lui caſſe la tête ; & dans le même inſtant un Chevalier perça ce Turc d'un coup d'épée qui lui fit perdre la vie. Mais la mort de ce ſoldat ne dédommagea pas l'Ordre de la perte d'un ſi brave Chevalier. Celui de Simiane ne lui ſurvécut que de quelques momens : il s'étoit mis à la tête d'une troupe d'habitans, hommes, femmes & enfans : & pendant que les perſonnes du ſexe, & les enfans jettoient des pierres, des feux d'artifices, & renverſoient de l'eau bouillante ſur les ennemis, il fit de ſon côté une charge ſi furieuſe, que les Turcs n'en pouvant ſoutenir l'effort, abandonnerent la bréche, & malgré les cris & les menaces du Bacha, prirent la fuite. Simiane pour empêcher que leurs Officiers ne les ramenaſſent au combat, fit avancer ſur le champ des pionniers qui par ſon ordre & en ſa préſence, poſerent ſur la bréche des bariques, des ſacs de laine, & ouvrirent derriere cette premiere baricade, des coupures fortifiées de bons retranchemens. Comme il étoit occupé d'un travail ſi preſſant, & ſi néceſſaire au ſalut de la Place, & qu'il ſongeoit peu à ſa propre conſervation, il eut la tête emportée d'un coup de canon, Chevalier des premiers de ſa Langue par ſa naiſſance, & encore plus illuſtre par ſa valeur, & ſon experience militaire. Plus de quarante Chevaliers, & environ deux cens ſoldats périrent à cette derniere attaque. Comme ces combats étoient preſque continuels, & qu'il y avoit tous les jours des morts & des bleſſez, c'étoit une neceſſité de mettre de nouveaux Officiers en leur place. Ainſi le Commandeur Antoine du Fay, de la Maiſon de Saint Romain, fut fait Sergent major, & le poſte de Carloruſo & de la Ricca, tous deux mortellement bleſſez, fut confié aux Chevaliers Jean-Antoine Grugno, & Jules Malvicino, qui avoient quelque connoiſſance des fortifications, & de l'art d'attaquer & défendre des Places.

Le Bacha qui ne ſe rebutoit, ni par la grandeur

JEAN DE LA VALETTE.

du péril, ni par les difficultez, sur le modele d'un pont qu'il avoit fait faire au siege de Saint Elme, en fit construire un pareil, composé de grandes antennes & de mâts de vaisseaux. Le Grand Maître qui en prévit les suites, & l'avantage que les Turcs en pourroient tirer pour monter à l'assaut, tenta deux fois la nuit d'y faire mettre le feu : mais ses soldats furent toujours repoussez, & on convint qu'une entreprise aussi difficile ne pouvoit être conduite que de jour. Le péril étoit manifeste par la quantité de Janissaires, tous excellens arquebusiers, qui bordoient la contre-escarpe. Le Grand Maître pour faire voir qu'il ne ménageoit pas plus ses plus proches parens que les autres Chevaliers, donna cette commission à Henri de la Valette fils de son frere. Ce jeune Chevalier plein de feu & d'ardeur, accompagné du Chevalier de Polastron son ami particulier, & à la tête d'un bon nombre de soldats, sortit en plein jour. Comme ce pont n'étoit pas encore bien affermi, son dessein, pour le rompre, étoit de lier étroitement avec de grosses cordes & des cables, les poteaux & les principales pieces de bois qui le soutenoient, & à force de bras de les tirer de leur place, & faire tomber tout l'ouvrage. Les soldats s'y porterent d'abord avec assez de résolution ; mais comme ils travailloient à découvert, ils se virent tout d'un coup accablez d'une grêle de mousquetades, qui en tua une partie ; & ceux qui échaperent de cette décharge, chercherent jusques sous les défenses du Château un abri & un azile contre un feu si terrible. Le jeune la Valette & le Chevalier de Polastron emportez par leur

leur courage, prirent leur place, & sans regarder s'ils étoient suivis, tâcherent de suppléer à leur défaut, & d'attacher & de lier eux-mêmes ces cordes aux appuis du pont. Mais ils eurent le même sort que leurs soldats : à peine étoient-ils descendus au pied du pont, qu'ils furent frapez l'un & l'autre de deux coups de mousquet, qui les tuerent sur le champ. Comme le Bacha avoit mis la tête de tous les Chevaliers à prix, quelques Janissaires s'avancerent aussi-tôt pour couper celles de la Valette & de Polastron. Mais les soldats Chrétiens au désespoir d'avoir abandonné leurs Officiers, aimerent mieux se faire tuer à leur exemple, que de rentrer dans la Place, sans y rapporter du moins leurs corps ; les uns & les autres en vinrent aux mains. La dispute à qui se rendroit maître de deux corps morts, coûta la vie à plusieurs soldats des deux partis. Les Chrétiens à la fin furent ou les plus forts ou les plus opiniâtres dans ce combat particulier : & avec ce triste avantage ils rentrerent dans la Place.

Le Grand Maître supporta la mort de son neveu avec beaucoup de constance, & il ajouta cette vertu aux grandes qualitez qu'il fit éclater pendant tout le siege : & sur ce que plusieurs anciens Chevaliers entreprenoient de le consoler de sa perte : *Tous les Chevaliers*, leur dit-il, *me sont également chers ; je les regarde tous comme mes enfans, & la mort de Polastron m'est aussi sensible que celle de la Valette ; après tout ils n'ont fait que nous préceder de quelques jours : & si le secours de Sicile ne vient point, & qu'on ne puisse sauver Malte, il faut mou-*

Tome IV. E

JEAN DE LA VALETTE.

rir, & nous ensevelir tous jusqu'au dernier sous ses ruines. Sur quoi un ancien Commandeur lui ayant dit qu'il avoit appris d'un transfuge, que le Bacha avoit fait des sermens solemnels, s'il se rendoit maître de l'Isle, de faire passer tous les Chevaliers par le fil de l'épée, & de n'en reserver que le seul Grand Maître pour le présenter au Grand Seigneur : *Je l'en empêcherai bien*, repartit la Valette, *& si ce siege, contre mon esperance, se terminoit par un malheureux succès, je vous déclare*, dit-il en adressant la parole à tous les Chevaliers dont il étoit environné, *que j'ai résolu dans cette extrêmité, & plûtôt qu'on voye jamais à Constantinople, moi vivant, un Grand Maître chargé de chaînes, de prendre alors l'habit d'un simple soldat, de me jetter l'épée à la main dans les plus épais bataillons de nos ennemis, de m'y faire tuer, & de mourir avec mes enfans & mes freres.*

Tels étoient les sentimens de ce grand homme si digne de sa place : & on peut dire, & tous les Chevaliers de ce tems-là en convenoient, que la vertu de la Valette, son courage, sa fermeté, & sa prévoyance, faisoient la principale force de l'Isle, & que le salut de Malte dépendoit de sa conservation. Cependant il se ménageoit moins qu'un autre ; & après avoir été reconnoître lui-même le pont où son neveu avoit péri, il fit ouvrir la muraille vis-à-vis & de niveau à cet ouvrage, & ayant placé une piece d'artillerie dans cette ouverture, le canon tira si heureusement, qu'après avoir ébranlé le pont, d'autres coups le firent crouler : & la nuit suivante on y mit le feu, qui le réduisit en cendres.

Le Bacha outré d'une telle résistance, & craignant que le mauvais succès du siege ne lui attirât la disgrace du Sultan, assembla un Conseil de guerre extraordinaire. Après y avoir exposé ce qu'il avoit fait jusqu'alors pour réduire les differentes Places de l'Isle, il representa qu'il ne s'étoit attaché au Fort S. Michel, que parcequ'il lui avoit paru l'endroit de toute l'Isle le plus foible, & que par sa conquête il étoit sûr de s'ouvrir un chemin aisé pour se rendre maître du grand bourg & du Château Saint-Ange; qu'il n'avoit pas laissé de faire battre continuellement cette derniere Place par l'artillerie qu'il avoit placée sur le mont Salvator, & sur les autres postes qui en étoient voisins, & qu'il s'agissoit de déliberer si on abandonneroit l'attaque de l'Isle de la Sangle, pour porter toutes ses forces contre le Château Saint-Ange; ou si pour affoiblir celles des assiegez, on continueroit d'attaquer en même tems plusieurs endroits differens.

Le Conseil après avoir mûrement consideré les motifs qui pouvoient faire embrasser l'un ou l'autre parti, s'attacha au dernier; & il fut résolu que le Bacha avec le Vice-Roi d'Alger continueroit l'attaque de l'Isle; que l'Amiral Piali avec les soldats de la marine, feroit le siege du grand bourg & du Château Saint-Ange, & que pour prévenir le secours que le Vice-Roi de Sicile pourroit jetter dans ces Places, Candilessa Lieutenant de Hassan tiendroit la mer avec quatre-vingts galeres bien armées.

En execution de ce projet le Bacha renouvella

ses batteries contre l'Isle de la Sangle, & non-seulement les murailles & les bastions du Fort en furent renversez; mais les maisons du bourg, & le dedans même du Château en furent endommagez : & il n'y avoit point d'endroit qui ne portât des marques de la fureur de la guerre. L'Amiral Piali de son côté, pour ne le pas ceder à Mustapha, dans l'empressement de pousser ses travaux, fit dresser sur le mont Salvator une nouvelle batterie de vingt canons, parmi lesquels il y avoit trois basilics & deux mortiers, dont les uns jettoient des boulets de pierre de trois cens livres, d'autres de fer de soixante, & quelques-uns de quatre-vingts. Toutes ces batteries differentes tiroient continuellement contre le poste de Castille, le flanc de celui d'Auvergne, & contre tous les autres endroits fortifiez, & jusqu'à l'Infirmerie.

Ses Ingenieurs s'étoient principalement attachez au poste de Castille, contre lequel les tranchées & leurs autres ouvrages étoient fort avancez. Ils s'y employoient avec une ardeur infatigable pendant les jours & les nuits, & sans s'épargner même pendant la plus grande chaleur du jour : en sorte qu'en peu de tems ils gagnerent jusqu'au pied des murailles : & la terre qu'ils remuoient, & les pierres même jettées du côté de la Ville, mettoient les travailleurs à couvert.

Le siege devenoit de jour en jour plus meurtrier & plus à craindre pour ses suites : les Infideles ne donnoient pas un moment de relâche aux assiegez : tantôt ils insultoient un seul endroit, & tantôt ils en attaquoient plusieurs à la fois & en même tems. Mais quoique les Crhétiens en les repouſſant avec vigueur, leur tuaſſent beaucoup de monde, par la diſproportion de leurs forces, ils en perdoient encore plus que les Turcs : & leurs garniſons s'affoibliſſoient de jour en jour. Le Bacha après les avoir harcelez pendant quatre jours par des eſcarmouches continuelles, & en preſentant l'eſcalade en differens endroits, le deuxiéme d'Août donna un nouvelle aſſaut au Fort de Saint Michel. Les Infideles par l'eſperance du pillage, ſe preſenterent à la bréche avec beaucoup de réſolution. Les aſſiegez ſoutinrent courageuſement cet effort : les ennemis furent repouſſez ; leurs Officiers pendant ſix heures que dura cette attaque, les ramenerent juſqu'à cinq fois à l'aſſaut : mais ils furent toujours reçus avec la même intrepidité. Comme ces troupes, & ſur-tout les Janiſſaires ne ſe ménageoient plus, les Chevaliers en firent un horrible carnage, & le Bacha craignant de perdre tout ce qui lui reſtoit, fit ſonner la retraite.

Cinq jours après, & le ſept du même mois, le Bacha revint tout de nouveau au combat : & pour obliger les aſſiegez à partager leurs forces, il envoya trois mille hommes attaquer le baſtion de Caſtille : & à la tête de huit mille, il ſe preſenta lui-même devant celui de Saint Michel. L'on ne combattit preſqu'au poſte de Caſtille qu'à coups de feu & de fléches : les Mouſquetaires Turcs, & leurs Archers, pour attirer de leur côté les principales forces de la Religion, s'approchoient lentement pour monter à l'aſſaut. Mais le plus grand

E iij

effort, & la veritable attaque se fit contre le Fort Saint Michel. Les Janissaires qui avoient la tête de cette attaque, s'avancerent fierement, & en poussant à leur ordinaire de grands cris : on ne leur répondit que par un feu terrible de la Place, qui leur tua beaucoup de monde, avant qu'ils eussent pû approcher du pied de la muraille. Mais malgré la mort qu'ils voyoient de tous côtez, ils passerent avec intrépidité pardessus les corps de leurs camarades, & gagnerent le haut de la bréche. Ce fut entre les deux partis comme un champ de bataille : pendant quatre heures entieres, on s'y battit avec une fureur égale; les Turcs vouloient se maintenir dans le poste dont ils s'étoient rendus maîtres, & y faire des logemens ; & les Chrétiens employoient toutes leurs forces pour les empêcher de s'y établir. Parmi ces derniers, tous jusqu'aux femmes, se signaloient contre les Infideles : pendant que l'habitant de la campagne, & le citoyen défendoient leur patrie, leurs femmes & leurs enfans faisoient des efforts qui égaloient en quelque maniere la valeur déterminée des Chevaliers : & si l'amour paternel ou conjugal fit trouver à ces hommes dans leur courage & dans leurs forces, des ressources qu'ils avoient jusqu'alors ignorées, il se rencontra aussi des femmes courageuses, qui pour secourir leurs peres, leurs freres & leurs maris, s'exposerent génereusement aux plus grands dangers.

Les unes apportoient aux combatans des pierres, des fléches, de la nourriture & des rafraîchissemens ; d'autres plus hardies se mêlerent même parmi eux, & jettoient sur les Turcs des feux d'artifices, de l'eau bouillante & de la poix fondue : & la crainte de perdre leur honneur & leur liberté, si elles tomboient entre les mains des Infideles, l'emportoit dans ces femmes fortes sur toutes les horreurs d'une mort prochaine. Les Turcs toujours féroces & cruels, indignez qu'on opposât à leur courage de si foibles ennemies, ne les épargnoient point : plusieurs périrent par leurs armes, ou par des feux d'artifices qu'ils lançoient de leur côté. La bréche, le Château même paroissoit tout en feu, & le tumulte des combattans, le bruit des armes, les cris des soldats, la plainte des blessez & des personnes de l'un & l'autre sexe, qui expiroient étendues par terre confusément, formoient un spectacle également terrible & touchant.

Le Bacha de son côté, du pied de la bréche, où il s'étoit placé, couroit le sabre à la main de tous côtez, exhortoit, prioit & menaçoit ses soldats, & leur crioit qu'avec un peu d'effort ils alloient se rendre maîtres de la Place. Il tua même de sa main deux Janissaires, qui pressez par les Chevaliers, & pour éviter leur fer meurtrier, s'étoient précipitez du haut de la bréche en bas. Les autres soldats intimidez par cette action, & qui voyoient bien qu'ils n'avoient pas moins à craindre de l'épée de leurs Officiers, que de celles de leurs ennemis, ne chercherent plus la fin du combat que par la mort de tous les assiegez. Chacun de ces Janissaires combattoit avec ardeur, & comme si la victoire n'eût dépendu que de lui seul : enfin après que l'assaut eût duré plus de quatre heures, & dans le tems même que le Grand Maître n'étoit pas sans inquiétude du succès, au grand étonnement des Chrétiens, & même des Turcs, le Bacha fit sonner la retraite. On apprit depuis que le Commandeur Mesquita, Gouverneur de la Cité notable, avoit donné lieu à cette retraite précipitée.

Ce Commandant vieil Officier, toujours attentif à tous les évenemens, du haut de la Cité ayant découvert que le Château de Saint Michel paroissoit tout en feu, & ne doutant point que ce ne fût l'effet d'un assaut, & que les assiegez ne fussent extrêmement pressez, pour faire diversion, fit sortir de sa place un corps de cavalerie, dont chaque cavalier portoit en croupe un fantassin. Les Chevaliers de Lugny & de Vertura étoient à la tête de ce détachement : ils avoient ordre d'aller reconnoître ce qui se passoit du côté de la Fontaine de la Marza, & de tâcher de surprendre & d'enlever les malades & les blessez, que le Bacha avoit fait loger en cet endroit, à cause de la commodité de l'eau & de la fraîcheur du lieu. Mais il ne leur avoit donné qu'une foible garde ; le Chevalier de Lugny, pour faciliter sa retraite, ayant laissé son infanterie en embuscade dans un village ou casal voisin, appellé Azabugi, s'avança jusqu'à la Fontaine : & ayant reconnu que la garde de cet Hôpital s'étoit écartée sur les collines voisines pour voir de plus près les deux assauts, il fit mettre pied à terre à ses cavaliers, coupa la gorge aux malades, & aux blessez, & en fit un horrible carnage. La surprise & le tumulte ordinaire dans ces sortes d'attaques imprévûes, les cris des mourans, la fuite des

des bleſſez, qui purent échaper à la fureur des Chrétiens, tout cela répandit une terreur génerale dans le camp des Turcs : les fuyards publierent que c'étoit la tête de l'armée de Sicile, & du ſecours des Chrétiens, qui avoit débarqué proche de là, & qui s'avançoit pour faire lever le ſiege. Ce bruit alla bien vîte juſqu'au Bacha ; & comme dans une épouvante génerale, la raiſon ne ſert ſouvent qu'à augmenter la frayeur & la creance du péril, ce Géneral, quoique grand homme de guerre, ſe laiſſa ſéduire par un préjugé public. Ce fut ce qui l'obligea de faire ſonner la retraite ; & après avoir rallié ſes troupes, il ſe mit à leur tête pour s'avancer du côté où il croyoit rencontrer l'ennemi : il trouva par tout une égale ſolitude. Le Chevalier de Lugny, après avoir exécuté les ordres de ſon Commandant, s'étoit ſagement retiré. Le Bacha arriva juſqu'à la Fontaine de Marza, où il apprit qu'un coup ſi hardi n'étoit venu que d'un parti de la garniſon de la Cité. Il en fut outré de colere : & ce qui augmenta ſur-tout ſa rage & ſa honte, c'étoit d'avoir pris ſi legerement le change, & diſcontinué un aſſaut dans un tems qu'il en eſperoit un heureux ſuccès. Il vouloit à toute force retourner à la bréche, continuer l'aſſaut, & s'y faire tuer, ou emporter la Place. Mais ſes principaux Officiers lui repreſenterent que la nuit approchoit ; que ſes troupes étoient extraordinairement fatiguées de la chaleur, & d'un combat ſi opiniâtré, & qu'il faloit leur donner le tems de reprendre de nouvelles forces. Par ces raiſons, ils le ramenerent au camp, & le conduiſirent juſqu'à ſa tente, où il

JEAN DE LA VALETTE.

passa la nuit à former de nouveaux projets pour se rendre maître du boulevard de Castille, & du Fort de Saint Michel.

De toutes les sortes d'attaques que l'art militaire, & la science funeste de la guerre avoit inventées pour prendre des Places, le Bacha n'en avoit omis aucune : tranchées, places d'armes, redoutes, cavaliers, sappes, mines, escalades, batteries multipliées, & placées en differens endroits, assauts renouvellez presque tous les jours, tout jusqu'alors avoit été mis en usage, & souvent par la valeur des Chevaliers rendu inutile. Leur présence sur les bréches, & leur intrépidité avoient tenu lieu des bastions les plus forts. Le Géneral Turc pour leur cacher ses desseins, & les empêcher de s'y opposer, eut recours de nouveau aux mines : ses pionniers & ses soldats y travaillerent continuellement. Les Chevaliers de leur côté n'oublioient rien pour les découvrir & les éventer ; & souvent par des contre-mines ils rencontroient les Infideles : on en venoit aussi-tôt aux mains. Il étoit question dans ces combats souterrains du parti qui resteroit maître de la chambre de la mine ; & souvent les uns & les autres y périssoient ou par le feu qu'on y mettoit, ou par l'éboulement & le poids de terres enlevées en l'air, & qui retomboient sur les combattans. Mais la connoissance de toutes ces mines ne parvint pas au Grand Maître & à ses Officiers ; plusieurs échaperent aux observations & aux recherches des plus habiles Ingenieurs : les Turcs par differens rameaux en avoient poussé également sous le Fort de Saint Michel, & sous le boulevard de Castille : l'un & l'autre endroit étoit entierement miné.

Le Grand Maître & ses Chevaliers peu assurez sur le terrain même qu'ils occupoient, étoient toujours pour ainsi dire entre deux feux ; & s'ils avoient à craindre l'effet du canon, celui de la mine qui ne se faisoit connoître qu'en éclatant tout à coup, n'étoit pas moins redoutable.

Dans une si affreuse situation, la Valette écrivit au Vice-Roi de Sicile pour lui représenter le besoin pressant qu'il avoit d'un prompt secours : il ajoutoit que les fortifications de l'Isle étoient entierement ruinées ; qu'il avoit perdu en differentes occasions la fleur & l'élite de ses Chevaliers, qui s'étoient précipitez dans le péril ; que des guerriers de ce caractere ne duroient pas long-tems ; que ce qui lui en restoit, étoient la plûpart ensevelis dans une infirmerie ; que l'ennemi puissamment retranché étoit au pied des murailles, & que dans le besoin où il se trouvoit, sans fortifications, sans troupes & sans secours, il le conjuroit de lui renvoyer au moins les deux galeres de la Religion, qui étoient dans le port de Messine avec les Chevaliers des nations les plus éloignées, qui s'y étoient rendus : *N'étant pas juste*, disoit-il en finissant sa lettre, *de ménager une partie & un membre particulier, quand le corps entier étoit exposé à une perte presqu'inévitable.*

Garsie quoique toujours incertain & toujours irrésolu, voyant cependant que pour l'honneur de son Maître & le sien propre il falloit prendre un parti, proposa l'affaire dans un Conseil. Jean-André Doria, si digne par son courage du nom illustre de son grand oncle, proposoit d'armer toutes les forces maritimes du Roi d'Espagne, & de livrer une bataille navale aux Infideles. Mais le Vice-Roi déclara d'abord qu'il n'y avoit ni autorité, ni raisons qui pussent l'engager à hazarder l'armée Royale ; que si les Turcs en demeuroient victorieux, les côtes des differens Royaumes de Philippe demeureroient sans défense, & exposées aux invasions des Turcs : qu'ainsi il falloit seulement déliberer s'il convenoit aux interêts de ce Prince d'envoyer à Malte une partie de ses troupes : & supposé qu'on prît ce parti, si on pourroit y faire passer ce secours, & le débarquer avec sureté, à l'insçû ou malgré même les Infideles. Il n'y eut pas grande difficulté sur ce dernier article. Les Officiers de Marine, qui furent les premiers dont on demanda l'avis, convinrent, & firent voir qu'il étoit aisé de faire passer des troupes dans l'Isle. Mais à l'égard de la premiere question, les Officiers de terre furent partagez. Alvare de Sande Capitaine illustre, & dont nous avons déja parlé au sujet du siege qu'il soutint dans l'Isle de Gerbes, dissuada entierement cette entreprise, & soutint hautement que Philippe n'étoit engagé ni par justice, ni par son propre interêt à hazarder ses troupes ; que c'étoit à la Valette, sans attendre l'extrêmité, à prendre conseil de lui-même, & de l'état de ses forces ; & qu'à l'exemple du Grand Maître de Villiers l'Isle-Adam, l'un de ses derniers predecesseurs, il pourroit traiter avec l'ennemi, & sortir de l'Isle à des conditions supportables.

Ceux qui connoissoient la valeur de Sande, & qui l'entendirent opiner avec tant de foiblesse, n'en pouvoient comprendre la raison. Les uns l'attribuoient à la crainte de retomber sous la puissance des Turcs, dont pendant sa prison il avoit été maltraité; d'autres soupçonnoient qu'il n'avoit pris ce parti que pour faire sa cour au Vice-Roi, & peut-être à Philippe même, Prince qui donnoit tout aux apparences, comme nous l'avons déja dit, & qui après avoir assemblé un grand nombre de vaisseaux, levé des troupes dans tous ses Etats, & rempli l'Europe entiere du bruit & de l'esperance de ce secours, n'auroit peut-être pas été fâché que le Conseil de guerre, composé alors des plus grands Capitaines du siecle, n'eût pas trouvé à propos de hazarder une partie de son armée.

Mais Ascanio de la Corne, qui avoit acquis beaucoup de réputation dans les guerres de Piedmont & d'Italie, soutint hautement qu'on ne pouvoit, sans se couvrir de honte, refuser ce secours aux Chevaliers de Malte. Il representa que depuis leur établissement dans cette Isle, la Sicile & le Royaume de Naples n'avoient point eu de plus genereux défenseurs; & que quand il avoit été question de combattre par mer les Infideles, ou de porter la guerre en Afrique, on les avoit toujours vûs à l'avant-garde des flotes & des armées d'Espagne, s'exposer aux plus grands dangers; qu'il s'agissoit alors de conserver un Ordre illustre, qui sans ambition, & sans avoir jamais voulu faire de conquête pour son profit particulier, ne prenoit les armes, & ne sacrifioit tous les jours sa vie que pour défendre également & sans partialité les Etats & les sujets des Princes Chrétiens. Il entra ensuite dans un plus grand détail, & il remontra que les Officiers de Marine étant convenus qu'on pouvoit conduire surement ce secours, & le débarquer dans l'Isle, ceux qui en auroient le commandement par terre, pourroient en prenant des logemens avantageux, & en se prévalant des rochers, des collines & des défilez dont l'Isle étoit remplie, s'avancer à la vûe des Places assiegées, & que les Turcs qui alors n'avoient pas plus de quinze à seize mille hommes, & dont les troupes étoient extrêmement affoiblies, ou leveroient le siege, ou se trouveroient eux-mêmes assiegez ; qu'ils auroient en même tems à soutenir les attaques de l'armée Chrétienne, & les sorties des Chevaliers ; & qu'à la faveur de ces combats, il seroit aisé de jetter du secours dans ces Places, & d'en changer, ou du moins d'en augmenter les garnisons.

Cet avis, comme le plus génereux, l'emporta à la pluralité des voix : le Vice-Roi même s'y rendit : & pour se disculper de ses retardemens affectez, il écrivit aussi-tôt au Grand Maître qu'il venoit de recevoir des ordres de Madrid, qui le mettoient en liberté de suivre son zele & son inclination pour l'Ordre ; qu'il conduiroit à Malte vers la fin du mois douze mille hommes de débarquement ; que Doria & Vitelly, y en devoient encore amener quatre mille d'Italie, & qu'il feroit partir au premier jour les deux galeres de la Religion, commandées par les Chevaliers de Cornusson & de Saint Aubin, & chargées de plus de deux cens

Chevaliers, & de plusieurs Seigneurs de differentes Nations, qui pour avoir part à la défense de Malte, s'étoient rendus à Messine ; qu'à la verité le Roi d'Espagne son maître lui avoit ordonné après le débarquement de ramener lui-même en Sicile ses vaisseaux & ses galeres; que quelque envie qu'il eût de se signaler à la tête de ses troupes, il ne pouvoit se dispenser d'obéir ; mais que suivant l'intention de ce Prince, il laisseroit en partant des ordres très précis à ses Officiers generaux de le reconnoître pour leur unique Géneral.

Quelqu'agréables que fussent des promesses si positives, le Grand Maître qui ne comptoit que sur ses propres forces, ne relâcha rien de ses soins & de son attention : il visitoit continuellement les postes les plus avancez, donnoit lui-même tous les ordres nécessaires, exhortoit & animoit les soldats ; & s'exposant dans les endroits les plus périlleux, il étoit souvent le premier aux prises avec l'ennemi.

Les Chevaliers conduits par un tel Capitaine, se trouvoient tous ou au travail ou au combat; & si les Historiens du tems n'en faisoient foi, on auroit de la peine à croire qu'un si petit nombre de guerriers eussent pû résister si long-tems à un si grand nombre d'attaques qu'ils soutinrent, à tant de veilles, de fatigues & de blessures. Les Turcs de leur côté ne montroient pas moins de courage, & une défense si opiniâtrée excitoit sur-tout le dépit & la honte de leurs Géneraux. Mustapha & Pialy par une émulation réciproque joignoient par tout aux stratagêmes de l'art militaire, la force ouverte; & sans aucun ménagement pour leurs soldats, ils les exposoient aux plus grands dangers, dans l'esperance que celui des deux qui auroit le premier emporté le poste qu'il attaquoit, auroit auprès du Sultan tout l'honneur de cette entreprise.

Cette concurrence fit résoudre ces deux Génerraux à périr au pied des bréches, ou à emporter chacun les Places qu'ils attaquoient. Ils convinrent d'y donner un nouvel assaut, de le continuer, s'il le falloit, pendant plusieurs jours, & même pendant la nuit, & de vaincre au moins les Chevaliers par la lassitude, & l'épuisement de leurs forces, s'ils ne pouvoient triompher de leur valeur.

Pour l'execution de ce dessein, le dix-huit du mois, sur l'heure du midi, & dans la plus grande chaleur du jour, qu'ils croyoient trouver les Chrétiens assoupis & retirez à l'ombre & à l'abri de leurs retranchemens, ils s'avancerent chacun à la tête des troupes qu'ils commandoient. Le Bacha fit donner ses soldats à la bréche de Saint Michel, & l'Amiral Turc au bastion de Castille. L'une & l'autre attaque fut très vive, mais d'abord avec differens succès.

Quelques heures auparavant les Infideles ouvrirent la scene au Fort de Saint Michel par un feu si terrible, qu'il n'y eut ni reste ni muraille, ni fortifications, ni même retranchemens, qui y pussent résister. Le Bacha fit monter ensuite ses soldats à l'assaut: comme c'étoit la fleur de ses troupes, qu'ils avoient de la valeur, & qu'ils combattoient sous les yeux de leur Géneral, ils firent des efforts extraordinaires.

traordinaires. Les Chevaliers les reçurent avec un courage intrépide; & quoiqu'accablez de fatigues, & la plûpart bleffez, jamais ils n'avoient fait paroître tant de mépris pour les plus grands périls. La place de celui qui venoit d'être tué, étoit auffi-tôt remplie par un autre: & après un combat opiniâtré, & qui avoit duré plus de fix heures, ils repoufferent l'ennemi, à la verité plûtôt par la grandeur de leur courage, que par leurs forces.

L'attaque que l'Amiral Turc donna au baftion de Caftille, ne fut ni moins dangereufe, ni moins meurtriere. Il avoit différé de monter à l'affaut, dans la vûe que s'il ne faifoit aucun mouvement, le Grand Maître pourroit tirer les troupes qui lui étoient oppofées pour les envoyer au fecours du Fort de Saint Michel, & qu'il pourroit fe prévaloir de leur éloignement; mais voyant que rien ne branloit, il fit donner le feu à une mine, dans un endroit d'où l'on fe défioit le moins: & après l'effet de ce fourneau qui avoit fait tomber un pan de muraille, les affiegeans préparez à l'affaut, en pouffant de grands cris, monterent auffi-tôt fur la bréche, & la Place étoit perdue, fi les Chevaliers qui étoient de garde en cet endroit, & qui n'étoient pas préparez, euffent été fufceptibles de peur. Un Chapelain même de l'Ordre, appellé Frere Guillaume, voyant les étendarts des Turcs arborez au pied du parapet, tout épouvanté courut au Grand Maître, & lui faifoit figne de loin de fe retirer promptement dans le Château S. Ange. Mais cet intrépide vieillard fe contentant de mettre un leger morion fur fa tête, fans même fe don-

JEAN DE LA VALETTE.

ner le loisir de prendre sa cuirasse, s'avança fierement la pique à la main au devant des Infideles; & avec les Chevaliers qui se trouverent auprès de lui, leur fit une charge si furieuse, que n'en pouvant soutenir les efforts, & voyant venir au secours du Grand Maître une foule d'habitans, ils commencerent à se retirer, quoiqu'en faisant toujours un grand feu de leur mousqueterie. De Mendosse qui commandoit à côté du Grand Maître, craignant qu'il n'en fût atteint, le conjura de se retirer, mit même un genou à terre pour l'obtenir; & il lui representa que le salut de l'Isle, la vie, la liberté & l'honneur des femmes & des filles dépendoient de sa conservation, & que si on le perdoit, tout étoit perdu. Mais le Grand Maître en montrant les enseignes des Turcs, qui flotoient au gré du vent, lui répondit qu'il vouloit auparavant abbattre ces trophées des Infideles. Ce qu'il y avoit auprès de lui de Chevaliers, s'y précipiterent aussi-tôt; ce fut un nouveau combat où les plus braves des deux partis périrent. Enfin ces étendarts furent renversez, & les Infideles contraints de se retirer en désordre, & chargez de playes & de blessures. Le Grand Maître qui ne doutoit pas que leurs chefs ne les ramenassent bien-tôt à la même attaque, s'y fit préparer un logement: & quoique les Chevaliers lui représentassent que l'endroit qu'il avoit choisi étoit exposé à l'artillerie des ennemis, comme il connoissoit l'importance de ce poste, & combien sa présence étoit nécessaire pour le défendre, rien ne put l'obliger de s'en éloigner. Après avoir remercié les Chevaliers des marques d'affection qu'ils lui témoignoient : *Puis-je, leur dit-il, à l'âge de soixante & onze ans finir ma vie plus glorieusement qu'avec mes freres & mes amis, pour le service de Dieu, & la défense de notre sainte Religion?*

Les Turcs, comme l'avoit bien prévû le Grand Maître, revinrent la nuit même à l'assaut en l'un & l'autre endroit : l'attaque se passa principalement à coups de mousquet, & les assiegez de leur côté jettoient de toutes parts des grenades, des cercles, & des feux d'artifice. Les uns & les autres ne se voyoient, pour ainsi dire, qu'à la lueur du feu du canon & de la mousqueterie. Les soldats Turcs du pied de la bréche ne sçachant ni où adresser leurs coups, ni se parer de ceux des Chrétiens, abandonnerent plusieurs fois l'attaque ; mais leurs Officiers à coups de bâton & de sabre les y ramenerent toujours. Les soldats aussi irritez de ce traitement, que rebutez par la résistance des Chrétiens, & ne pouvant ni avancer sur les ouvrages, ni se retirer de l'assaut, pour en imposer à leur Géneral, & comme s'ils eussent été aux prises avec les Chevaliers, se contentoient de frapper de leurs épées sur leurs boucliers, & poussoient leurs cris ordinaires dans les combats. Le Bacha malgré les ténebres s'étant enfin apperçû que ces cris, & tout le bruit qu'ils faisoient n'étoit qu'une illusion, remit au retour du jour & de la lumiere la continuation de l'assaut, & fit sonner la retraite.

Je ne sçai si par le récit de tant d'assauts répétez, & presque semblables, je n'ai point à craindre de fatiguer les lecteurs ; mais les Chevaliers & les

Turcs s'y étant également distinguez par differentes actions d'une valeur surprenante : & les Chevaliers sur-tout, quoique réduits à un petit nombre, ayant soutenu pendant plusieurs mois, & jour & nuit, les attaques continuelles d'une foule d'ennemis qui se relayoient tour à tour, & qui ne leur donnoient point de relâche, j'ai crû que ce détail ne serviroit qu'à donner une plus juste idée de l'intrépidité des combattans, & que d'ailleurs je le devois à l'exactitude de mon histoire.

Quoi qu'il en soit, dès le lendemain, dix-neuviéme d'Août, le Bacha par une décharge génerale de ses batteries, donna le signal d'un assaut aux deux attaques. Les Turcs se présenterent à celle de Saint Michel avec une nouvelle audace, & dans l'esperance d'en emporter au moins le ravelin. Cette confiance étoit fondée sur une machine & sur une espece de carcasse, mais beaucoup plus grosse, faite en forme d'un long baril relié & couvert de cercles de fer, rempli de poudre à canon, de chaînes de fer, de clous, de balles & de toutes sortes de ferremens. L'Ingenieur, après y avoir attaché une mêche compassée, trouva le moyen de la faire tomber sur le ravelin & au milieu des Chevaliers qui défendoient ce poste. Mais ces hommes intrépides, voyant cette machine fumante, avant qu'elle eût pris feu, la rejetterent brusquement sur les ennemis qui se présentoient en foule pour monter sur la bréche : & dans le moment qu'elle éclata on vit voler en l'air des têtes, des bras & des jambes. Les Turcs épouvantez s'écarterent ; plusieurs même s'enfuirent jusques dans leurs tranchées : & les soldats Chrétiens animez par ce funeste spectacle, & pour profiter de la terreur des Infideles, se jetterent l'épée à la main parmi eux, en firent un grand carnage, & forcerent le reste à se retirer.

JEAN DE LA VALETTE.

L'attaque de Pialy au boulevard de Castille fut plus dangereuse, & dura même bien plus longtems. Les Infideles d'un air déterminé monterent à l'assaut; & malgré le feu continuel des Chrétiens qui leur tuoit beaucoup de monde, ils pousserent tout ce qui se trouva devant eux, gagnerent le haut du parapet, & y planterent des enseignes. Au bruit que faisoient les Turcs qui se croyoient déja maîtres de la Place, le Grand Maître qui n'étoit pas éloigné de cet endroit, y accourut la pique à la main, & chargea furieusement les ennemis. Ils ne se défendoient pas avec moins de courage ; de part & d'autre on se tiroit presque à bout touchant. Le Commandeur de Bonneseigne qui combattoit à côté du Grand Maître, reçut un coup de mousquet qui lui fit sauter un œil hors de la tête. D'autres étoient tuez à coups d'épée, ou brûlez par des feux d'artifices. Le Grand Maître étoit trop avant dans le péril pour n'en avoir pas sa part : il fut blessé dangereusement à la jambe d'un éclat de grenade. Tant que le combat dura, il dissimula génereusement sa blessure ; par ses paroles, & encore plus par son exemple, il faisoit combattre de simples soldats, comme il auroit pû faire des Officiers & des hommes touchez de l'amour de la gloire. Le zele même de la religion parmi les paysans & les bourgeois, diminuoit les horreurs de la mort, & rendoit, pour ainsi dire, tous les combattans égaux. Plusieurs

G iij

Chevaliers trouverent dans un endroit si dangereux la fin honorable de leurs jours. Cencio Gasgoni, vieux Chevalier, qui commandoit à l'Eperon de S. Michel, ayant appris le péril où se trouvoit le Grand Maître, accourut à son secours à la tête d'une troupe de soldats & d'habitans. Il monta le premier sur le parapet, accompagné des Chevaliers Bergia, Mendosse, de Dom Joan, & de la Roche Pereyre. On ne combattit plus alors qu'à coups de piques & d'épée; le Turc & le Chrétien se prenoient même souvent corps à corps; tous se battoient avec une espece de rage & de fureur, & comme s'il eut été question, entre chaque particulier, de venger une ancienne querelle, & de satisfaire à une haine personnelle. De l'un & de l'autre parti on faisoit passer continuellement de nouveaux secours aux combattans: ce qui fit prolonger cette action jusqu'à la nuit. Enfin les Chevaliers qui combattoient sous les yeux du Grand Maître, firent de si puissans efforts, qu'ils reprirent le parapet, & en chasserent les Infideles.

Le Bacha qui ne donnoit point de relâche, ni à ses ennemis, ni à ses propres troupes, revint à l'assaut dès le lendemain vingtiéme du mois. Ce n'est pas qu'après l'experience qu'il en avoit faite, il se flatât d'emporter tout d'un coup des Places aussi-bien défendues; mais comme il n'ignoroit pas que toutes les forces du Grand Maître consistoient principalement dans ses Chevaliers, & qu'ils étoient réduits à un petit nombre, il avoit en vûe par ces fréquentes attaques d'en faire périr tous les jours quelques-uns, & à l'exemple de ce qui s'étoit passé au Fort Saint Elme, faute de défenseurs, de faire tomber à la fin ces deux Places en sa puissance.

Cependant comme il s'étoit apperçû que ses soldats commençoient à se rebuter de ces attaques continuelles, & même que de son côté il y perdoit beaucoup de monde, sur-tout par la mousqueterie des Chevaliers, pour en mettre en quelque maniere ses soldats à couvert, il avoit inventé une espece de morion, fait d'un bois assez mince, quoique à l'épreuve du coup de mousquet, & qui descendoit jusques sur les épaules. Il avoit fait prendre cette nouvelle armure à huit mille hommes d'infanterie, à la tête desquels il se presenta à l'assaut du Fort Saint Michel. Mais quand il falut entrer en action, ces soldats s'y trouverent si embarassez, si contraints, & d'ailleurs si chargez de ces casques de bois, que la plûpart ne pouvant ni attaquer les Chrétiens, ni s'en défendre, se défirent d'un fardeau si incommode, & quoique à découvert, s'avancerent avec beaucoup de résolution à l'attaque du Fort. Ils avoient à leur tête le Sangiac ou Gouverneur de la Bossine, appellé Cheder, vieil Officier fort estimé dans les troupes, & qui avoit promis au Bacha d'emporter cet ouvrage, ou d'y périr. Ce vieux guerrier, qui dans des jours de combat, & pour se faire mieux distinguer, avoit coutume de s'habiller magnifiquement, revêtu alors d'une veste superbe, s'avança fierement jusqu'au pied du parapet, & il commanda à l'Officier qui portoit son enseigne, de la tenir haute. Mais cet Officier fut bien-tôt tué, & l'enseigne renversée. Le Sangiac la fit relever aussi-tôt ; & quoique dans un poste si exposé, & pendant l'assaut, plusieurs Turcs eussent été tuez successivement, il la fit toujours relever pour la tenir haute à la vûe des combattans. Enfin le dernier qui la portoit, ayant eu le sort de ses camarades, il la prit lui-même, & la tenant d'une main, & son sabre de l'autre, il combattit & fit combattre ses soldats avec un courage déterminé. Mais ayant été reconnu à son habillement magnifique, & encore plus à sa valeur & aux grands coups qu'il donnoit, le Chevalier Pessoa, Page du Grand Maître, le tua d'un coup de mousquet. Un Officier Turc se mit aussi-tôt en sa place, & exhorta les soldats à venger la mort de leur Général.

Ils s'y posterent d'abord avec assez de résolution : il y eut même comme un combat particulier entre differens Officiers des deux partis, à qui resteroit maître du corps du Sangiac. Les Turcs l'emporterent à la fin ; mais ils se trouverent tellement pressez, qu'ils furent contraints de s'enfuir. Dans cette déroute, un Chevalier se jetta sur l'enseigne de Cheder ; mais celui qui la portoit, quoique blessé à mort, la tint si ferme, qu'il en fallut rompre la hampe ou le bâton entre ses mains : & on n'en put avoir que le drapeau encore tout déchiré. Toute cette action ne se passa pas sans qu'il y pérît plusieurs Chevaliers de consideration. Il y avoit déja du tems que le Commandeur Jean de la Cerda, pour réparer la foiblesse qu'il avoit témoignée à la défense du Fort Saint Elme, cherchoit, pour ainsi dire la mort de tous côtez. Il la rencontra dans cette

cette occasion, & se fit tuer courageusement sur la bréche.

Tant d'assauts si meurtriers commençoient à rebuter les soldats Turcs; le Bacha leur donna deux ou trois jours de repos. Mais dès le vingt on avoit jetté dans le grand bourg un billet cacheté, qui fut porté aussi-tôt au Grand Maître, & dans lequel il ne trouva que ce seul mot JEUDI. Il entendit aisément ce que signifioit ce terme, & qu'il devoit ce jour-là s'attendre à une nouvelle attaque. Il s'y prépara avec son courage & sa fermeté ordinaires. Pour n'être pas surpris, & pour reconnoître la disposition de ses soldats, dès le mardi vingt-un il fit donner une fausse allarme. Chacun courut aussi-tôt à son poste; & par cette épreuve, le Grand Maître n'eut qu'à se louer de la vigilance de l'Officier, & de l'activité du soldat. Il s'apperçut seulement que par la perte qu'on faisoit tous les jours d'un grand nombre de Chevaliers, il en manquoit en de certains postes pour conduire & pour animer les soldats.

Le bruit en étant passé à l'Infirmerie, ce qu'il y avoit de Chevaliers blessez, & qui pouvoient encore se soutenir, en sortirent courageusement; & à l'exemple de ceux du Fort Saint-Elme, ils aimerent mieux aller audevant de la mort, & la rencontrer sur la bréche, que de l'attendre dans leurs lits. Le Grand Maître, après avoir admiré leur courage, les distribua dans les endroits où il en avoit le plus de besoin: & soutenu par des guérriers qui sembloient être quelque chose de plus que des hommes, il attendit avec impatience le retour des ennemis.

Il n'attendit pas long-tems, & suivant l'avis qu'il en avoit reçû le vingt-trois, ils se présenterent à l'une & à l'autre attaque: le Bacha mena lui-même ses troupes à l'assaut du Fort Saint-Michel. La Place pendant la maladie de l'Amiral Monti, étoit défendue par le Maréchal Copier, le Commandeur de Giou, Général des galeres, & par un nombre considérable des principaux Commandeurs de la Religion. La présence & l'exemple du Bacha fit combattre ses soldats avec beaucoup de courage: personne ne se ménageoit, & ils trouverent aussi de la part des assiegez une vigoureuse résistance. Si les Turcs par de courageux efforts, gagnoient quelques pieds de terrein, ils en étoient bien-tôt chassez par les Chrétiens. C'étoit de part & d'autre une alternative de bons & de mauvais succès, sans qu'on pût démêler de quel côté panchoit la victoire; & quoique le Bacha fit voir en cette occasion tout ce que la valeur & la conduite d'un grand Capitaine pût entreprendre pour surmonter le désavantage du poste, les Chevaliers superieurs par la hauteur de la bréche firent un feu si furieux de leur mousqueterie, & ils furent si bien secondez par toutes les batteries de la Place, qu'à la fin les Turcs, après avoir perdu beaucoup de monde, perdirent courage, les plus éloignez de la bréche commencerent à s'écarter peu à peu du péril; ceux qui en étoient plus proches & les plus exposez, s'enfuirent ouvertement, leurs Officiers même lâcherent pied ; quelque effort que fit le Bacha, il ne put jamais les ramener au combat ; & pour sauver l'honneur de ses troupes, il fit sonner la retraite.

L'attaque du boulevard de Castille dura plus long-tems, & fut plus vive & plus dangereuse ; pendant que l'artillerie des Turcs, pour écarter les Chrétiens de la bréche, faisoit un feu terrible, les Janissaires mêlez avec les pionniers, éleverent proche de la muraille une espece de plate-forme plus haute que le parapet, & d'où leurs Mousquetaires tiroient continuellement sur les assiegez ; personne n'osoit paroître, soit sur la bréche, ou le long du parapet, qu'il ne fût aussi-tôt tué. Le Grand Maître qui étoit toujours au milieu du feu & du péril, accourut en cet endroit : sa présence renouvella le courage des assiegez : celui des assiegeans ne se ralentit point ; & quoiqu'on ne se battît qu'à coups de feu, le combat ne laissa pas d'être cruel & meurtrier. Il dura jusqu'à la nuit ; & quelque effort que fît le Grand Maître avec toutes ses batteries, il ne put faire taire le feu des ennemis, qui à la faveur de ce cavalier qui dominoit sur la bréche, esperoient de s'en rendre maîtres le lendemain.

Dans un état si déplorable, le Conseil de l'Ordre s'assembla pour déliberer sur le parti qu'on prendroit : le bourg étoit miné de tous côtez, les défenses ruinées, l'ennemi maître des dehors, & la bréche comme bloquée par ce cavalier qui touchoit à la muraille, & d'où l'ennemi pouvoit se jetter dans la Place. La plûpart des Grands-Croix proposerent au Grand Maître d'abandonner ce poste, d'en faire sauter ce qui y restoit de fortifications, & avec les vivres & les munitions de guerre, de se retirer de bonne heure dans le Château Saint-Ange qui étoit encore en son entier. Ils lui representerent le péril où l'on étoit d'être emportez au premier assaut, si on s'obstinoit plus long-tems à une défense inutile; que dans le tumulte & la confusion d'une retraite forcée, on n'auroit peut-être pas le tems de gagner cette derniere Forteresse; que les vieillards & les personnes du sexe couroient risque de rester en proye à la fureur & à la brutalité des barbares: au lieu qu'en mettant de bons corps de garde sur la bréche, pendant que les soldats & les habitans se retireroient, on auroit le loisir de conduire dans le Château des munitions de guerre & de bouche, & de prendre toutes les précautions nécessaires pour la sureté & la défense de cette Place.

Le Grand Maître rejetta cet avis avec une espece d'horreur: & comme s'il se fût agi de livrer l'Isle entiere aux Infideles, il fit voir à tout le Conseil que le grand bourg & l'Isle de la Sangle qu'ils défendoient, par leur voisinage & leur communication réciproque & nécessaire, ne se pouvoient ni défendre ni abandonner l'un sans l'autre, & qu'en cedant à l'ennemi le boulevard de Castille, c'étoit lui ceder en même tems le Fort de Saint-Michel; d'ailleurs que le Château Saint-Ange ne pourroit contenir les soldats, les habitans, & tout le peuple qu'il faudroit tirer de ces deux Places; que la citerne même du Château ne pourroit pas

leur fournir assez d'eau pour leur boisson, & que
la disette seule d'une chose dont on ne pouvoit se
passer, les reduiroit en peu de jours, ou à mourir
tous de soif, ou à ouvrir aux Turcs les portes de
la Place. Les Seigneurs du Conseil lui repartirent
que si on ne pouvoit pas se dispenser d'attendre
dans le bourg & dans le Château de Saint-
Michel la derniere extrêmité, ils le conjuroient
au moins de se retirer lui-même avec ce qu'il voudroit
prendre de troupes dans le Château Saint-
Ange, d'y faire porter les reliques, les ornemens
de l'Eglise, & les papiers les plus importans du
trésor; que pour eux ils ne craindroient jamais
rien quand ils ne craindroient plus pour sa personne,
& qu'ils courroient avec joie tous les risques
d'un nouvel assaut. Le Grand Maître inébranlable
dans ce qu'il avoit une fois résolu, & qui prévoyoit
que le transport des effets de la Religion dans le
Château Saint-Ange, feroit pressentir aux soldats
qu'on ne les croyoit pas assez en sureté dans le
bourg, rejetta encore ce second avis; & adressant
la parole à toute l'assemblée: *C'est ici, mes chers*
Freres, leur dit-il, *qu'il faut que nous mourions*
tous ensemble, ou que nous en chassions nos cruels
ennemis: & pour faire voir aux Commandeurs qui
l'environnoient, combien il étoit éloigné de se retirer
dans le Château Saint-Ange, & de pourvoir à sa
sureté particuliere, il ne laissa dans cette Place
que le peu de soldats nécessaires pour servir l'artillerie,
& il en tira le reste, qu'il employa avec la
garnison pendant toute la nuit à faire des retirades,
des coupures & d'autres retranchemens. Il

conduisit lui-même ces differens ouvrages avec tant d'art & de capacité, que quand même les Turcs auroient le lendemain emporté le premier retranchement, il s'en trouvoit un autre derriere, qui par son élevation les commandoit, en sorte qu'en disputant ainsi le terrain pied à pied, il se vit en état de tenir encore assez de tems pour donner lieu au Vice-Roi de Sicile d'arriver à son secours.

Cependant comme cette plate-forme que les Turcs avoient élevée contre la muraille lui causoit une secrette inquiétude, il la communiqua au Commandeur de Claramont, de la Langue d'Arragon, dont il connoissoit l'habileté : & par son conseil la même nuit il fit ouvrir la muraille avec le moindre bruit qu'il fut possible. Ce Commandeur suivi de François Guevare du Perreira, & d'autres Chevaliers Espagnols, sortit par cette ouverture, se coula sans bruit le long du pied de la muraille, gagna cette levée de terre, chargea avec de grands cris le corps de garde que Pialy y avoit laissé, & qui croyant avoir affaire à toute la garnison, s'enfuit avec précipitation. Claramont au lieu de détruire cet ouvrage, fut d'avis de s'y fortifier : le Grand Maître lui envoya aussi-tôt des soldats, & des pionniers qui y dresserent promptement un parapet pour couvrir les Arquebusiers. On y mit même du canon, & les Turcs ne virent pas sans surprise & sans confusion que les Chevaliers faisoient servir contre eux-mêmes un ouvrage qu'ils n'avoient élevé que pour avancer la ruine des Chrétiens.

Le mauvais succès de ce qui se passoit à l'attaque du poste de Castille, ne rallentit point l'ardeur & l'empressement du Bacha ; & il n'est pas bien certain s'il n'en eut pas une maligne joie, ou du moins si dans l'esperance qu'il avoit d'emporter le Fort de S. Michel, il ne fut pas bien aise, que l'Amiral n'eût point ouvert le premier le chemin à la Victoire, pour en avoir tout l'honneur. Les premiers jours de Septembre il fit donner un nouvel assaut ; les Janissaires ausquels il avoit promis le pillage de la Place, s'avancerent en foule & la tête baissée jusqu'au pied de la bréche : & malgré le feu de l'artillerie, les pierres, l'eau bouillante, & les feux d'artifices que l'on lançoit sur eux, ils en gagnerent le haut. Ils occupoient déja presque tous les bastions de ce Fort ; ils n'étoient plus séparez des assiegez que par l'épaisseur d'une cloison de bois, & ils se trouverent même si près les uns des autres, que les mousquets se croisoient. Aprés qu'on eût combattu long-tems avec une fureur égale, le courage invincible des Chevaliers, l'emporta enfin sur toute l'opiniâtreté des Turcs. Ils les pousserent, & les précipiterent du haut de la bréche en bas, quelques efforts que fit le Bacha ; & il vit bien que pour se rendre maître de la Place, il ne lui restoit d'autre espérance que de réduire par la faim ceux que jusques-là il n'avoit pû vaincre par la force & par la ruse.

Mais il ne fut pas long-tems sans apprendre qu'il avoit encore plus à craindre que les Chevaliers de la disette des vivres : ses munitionnaires lui firent sçavoir qu'un vaisseau qui étoit allé charger des bleds dans l'Isle de Gerbes, avoit été enlevé par des galeres de Sicile; qu'il ne leur restoit au plus que pour 25 jours de farines : & les Officiers d'artillerie lui déclarerent qu'ils étoient à la veille de manquer de poudres. Dans des contre tems si fâcheux, & sur-tout dans la crainte que le Sultan ne lui fît payer de sa tête le malheureux succès de cette expédition, il résolut de faire ses derniers efforts contre la Cité notable de l'Isle : & quoique la prise de cette Place située au milieu des terres, ne décidât rien pour la conquête de l'Isle, il se flata que s'il s'en pouvoit rendre maître, & en amener tous les habitans en esclavage, comme les plus sûrs témoins de sa victoire, l'éclat de cet avantage, quoiqu'il n'eût rien de solide, adouciroit le Prince, & même, que pour sa réputation & l'honneur de ses armes, il voudroit bien qu'on en éblouît le peuple.

Dans cette vûe le dernier d'Août il partit du camp avec quatre mille hommes de ses meilleures troupes, Janissaires, & Spahis. On lui avoit représenté cette Place comme peu fortifiée; ainsi il se flata de l'emporter par escalade. Mais la Force des Places consiste moins dans les boulevards & les bastions qui les environnent, que dans la valeur des troupes, & l'habileté du Gouverneur qui les défendent. Le Mesquita, ce brave Chevalier Portugais dont nous avons déja parlé, quoiqu'il eût peu de monde, aux premieres approches de l'ennemi, affecta une contenance fiere & résolue. Par son ordre, on borda la courtine de canons, de mousquets, de piques, d'enseignes & de drapeaux : & pour faire croire que sa garnison étoit nombreuse, il

joignit

joignit aux soldats les cytoyens de la Ville & les habitans de la campagne, qui s'y étoient refugiez: des femmes même habillées en hommes se mêlerent dans les rangs, & parurent en armes sur les boulevards & les bastions.

L'artillerie commença ensuite à tonner de tous côtez, & à faire un feu continuel. A ce spectacle, des Ingenieurs que le Bacha avoit envoyez pour reconnoître la Place & les endroits où l'on pourroit dresser des échelles, épouvantez de cet appareil de guerre, que la peur leur fit peut-être trouver encore plus grand & plus formidable, rapporterent à leur Géneral qu'il ne pouvoit tenter l'escalade contre un Fort défendu par une si nombreuse garnison, sans s'exposer à voir périr devant ses yeux ce qui lui restoit de meilleures troupes; & que de pareilles Places ne s'emportoient que par un siege, & en les attaquant selon les regles ordinaires de la guerre. Le Bacha à qui il ne restoit ni assez de forces, ni assez de tems pour une pareille entreprise : & dans la crainte d'être surpris par le secours qu'on attendoit tous les jours de Sicile, revint au camp outré de chagrin, sans sçavoir quel parti prendre, ni de quel côté tourner ses armes. Les projets même lui manquoient ; dans cette incertitude il assembla tous les Ingenieurs de son armée, & il les exhorta à inventer quelque machine qui facilitât un nouvel assaut, & qui mît fin à une entreprise si longue & si difficile. Ces Ingenieurs lui répondirent qu'ils avoient jusqu'alors épuisé tous les secrets de leur art ; que le reste dépendoit du courage & de la valeur de ses troupes.

Cependant pour le contenter ils firent conftruire une tour de bois, qu'à force de rouleaux on pouffa jufqu'au pied de la bréche du Fort de Saint Michel. Cette tour, femblable à ces anciennes machines, dont avant l'invention du canon on fe fervoit dans les fieges, avoit plufieurs étages. Le plus haut & qui voyoit à decouvert dans la Place, étoit rempli d'Arquebufiers qui foudroyoient tout ce qui fe découvroit; & pour mettre ce dernier étage hors d'infulte des batteries du Château, fitôt que les Infideles avoient fait leur décharge, par le moyen de roues qui étoient en dedans la machine, & peut-être par la pefanteur des contre-poids, & le fecours des poulies, le haut de cette tour s'abaiffoit, & fe trouvoit à couvert par la muraille même de la Place, contre laquelle elle étoit appuyée. Les Turcs par le moyen de cette machine tuerent d'abord beaucoup de monde; mais un Charpentier Maltois, appellé *André Caffar*, habile dans fon art, ayant examiné la conftruction de cette tour, fit ouvrir dans la muraille, & directement vis-à-vis ce château de bois, une canoniere, où il plaça une coulevrine chargée de chaînes de fer; & au moment que les Turcs faifoient remonter cette machine, il fit mettre le feu au canon qui la prit par le milieu, & la mit en pieces: en forte que les foldats qui étoient au plus haut étage, furent précipitez en bas, ou écrafez fous fes ruines & fes débris.

Le Bacha au défefpoir de voir manquer toutes fes entreprifes, & inquiet de celle qui fe formoit contre lui à Meffine, revint à miner. Il commença tout de nouveau à faire fouiller la terre, & il eut recours à cette derniere ressource, moins dans l'esperance d'un heureux succès, que pour ne pas laisser pénetrer par l'inaction de ses troupes son propre découragement. Mais les Chevaliers, dans tous les lieux suspects, firent ouvrir des puits & des contre-mines, qui éventerent les ouvrages des Infideles. Ils pousserent de leur côté d'autres mines sous les postes dont les Turcs s'étoient emparez, & où il en périt un grand nombre. Les Chrétiens ne s'y tinrent plus même sur la défensive ; ils firent plusieurs sorties dont ils eurent tout l'avantage, & ils se flaterent que sans le secours du Vice-Roi ils forceroient les Turcs à lever le siege. Il y avoit déja du tems que par les retardemens affectez de ce Seigneur Espagnol, le Grand Maître désesperoit de ce secours : & quoique la flote fût prête, & que les Officiers & les soldats destinez pour le débarquement témoignassent un empressement extraordinaire de se se signaler contre les Infideles, le Vice-Roi ne pouvoit se résoudre à mettre à la voile, & faisoit douter par son irrésolution s'il s'embarqueroit, ou s'il n'attendoit point des nouvelles de quelque fâcheux évenement qui lui servît de prétexte pour s'en dispenser.

Cependant sur le bruit de cet armement il étoit arrivé à Messine plus de deux cens Chevaliers, Commandeurs & Grands-Croix de differentes Langues, qui tous ne s'y étoient rendus que dans l'esperance d'y trouver des vaisseaux qui les portassent à Malte. La lenteur du Vice-Roi les desesperoit ; la plûpart ne partoient point de son Palais ; il en étoit obsedé : quelques-uns même plus hardis mêloient des reproches à leurs prieres. Le Vice-Roi Seigneur fier & hautain s'en plaignit, & il trouva mauvais que les Chevaliers en lui parlant ne le traitassent pas d'*Excellence*. Louis de Lastic Grand Prieur d'Auvergne, à ce sujet, lui dit d'un air cavalier: *Pourvû, Seigneur, que nous arrivions à Malte assez à tems pour secourir la Religion ; je vous traiterai avec plaisir d'Excellence, d'Altesse, & même si vous le voulez, de Majesté*. Le Vice-Roi ne fit que sourire à ce discours, & ayant appris que ce vieux Chevalier étoit d'une illustre naissance, & qu'il avoit acquis beaucoup de gloire en France & dans les guerres contre les Huguenots, il le tira en particulier, & lui dit que par consideration pour sa qualité, & pour son mérite il vouloit bien s'ouvrir avec lui, & lui montrer le fond de ses intentions. Il ajouta que quelqu'éclatante que fût sa dignité, l'autorité n'en étoit pas égale ; qu'il n'étoit pas toujours maître de suivre les mouvemens de son courage, & qu'il dépendoit d'un Prince, qui pour ne se point commettre, vouloit souvent que ses Ministres devinassent ses intentions ; que depuis qu'il avoit crû entrevoir qu'il ne seroit pas fâché qu'on secourût Malte, son premier dessein avoit été d'aller avec sa flote & toutes les forces de mer de ce Prince, présenter bataille à l'Amiral des Infidéles ; mais que n'ayant pas un nombre suffisant de vaisseaux, il avoit résolu, de concert avec le Grand Maître, de jetter dans l'Isle au moins dix mille hommes ; qu'il vouloit lui-même conduire ce secours ; qu'il avoit reçû du Chevalier Vincent Anastagi excellent Ingenieur un plan exact de l'Isle & de tous les endroits où il pourroit débarquer ses troupes ; qu'on lui avoit envoyé en même tems de la part du Grand Maître tous les signaux & les contre-signaux qu'on lui feroit des places de l'Isle & du Château du Goze, & que pour tout délai il esperoit partir de Messine le vingt-un d'Août. Il tint sa parole, & arriva le vingt-deux à Syracuse le rendez-vous de toute l'armée. Il en fit la revûe ; il s'y trouva près de huit mille hommes, la plûpart de vieilles troupes, & d'anciens corps, qui avoient servi dans toutes les guerres d'Italie.

Alvare de Sande commandoit le Régiment de Naples ; Sanche de Londono celui de Milan ; Vincent Vitelly étoit à la tête d'un grand nombre d'avanturiers Italiens & d'autres nations ; & Ascagne de la Corne fut fait Maréchal Géneral de camp pendant la navigation & le trajet. Le Vice-Roi retint le commandement géneral ; & après le débarquement & son départ, & jusqu'à ce qu'on eût joint le Grand Maître, le Conseil de guerre à la pluralité des voix devoit décider des entreprises, & l'ordre se donner au nom du Roi d'Espagne.

Le premier de Septembre toute la flote appareilla & mit à la voile au bruit d'une décharge de toute l'artillerie & avec des cris de joye de toute l'armée. Le rendez-vous étoit à la petite Isle de Linose ; un gros tems qui survint écarta les vaisseaux, & les empêcha de porter à route : mais après que la tempête fut appaisée, le Vice-Roi, pour leur donner le loisir de le rejoindre, & pour refaire le soldat de la fatigue de la mer, relâcha à la Favignagne, petite Isle voisine de Trapini en

Sicile. Le quatre du mois la flote remit à la voile, arriva à l'Isle de Linose, où le Vice-Roi trouva des lettres du Grand Maître, qui marquoient que du côté de Mugiaro, & vers la plage de Melecca, la descente étoit sûre, & qu'il y trouveroit bon fonds. Mais la manœuvre du Vice-Roi fit douter de nouveau que son dessein fût de profiter de cet avis ; au lieu d'entrer dans le canal du Goze, il cotoya l'Isle de Malte du côté du Midi, & se laissa reconnoître par les fregates Turques, qui sortoient de Marsa Syroc. Il sembloit qu'il cherchât moins à aborder, qu'à trouver quelque obstacle, qui l'obligeât de s'éloigner, & de retourner dans les ports de Sicile. Les hazards ordinaires en mer le firent naître tel qu'il pouvoit le souhaiter : il s'éleva la nuit un grand vent mêlé de pluye & d'orage, qui sépara l'avant-garde commandée par Cardone, du reste de la flote. Le calme étant revenu le matin, le Vice-Roi détacha quelques frégates legeres pour découvrir où le vent l'auroit poussé, & n'ayant pû rien apprendre, il reprit une seconde fois le chemin de la Sicile, doubla le Cap Passaro, descendit au Possal, où Cardonne qui l'avoit été chercher inutilement au Goze, le vint joindre : il avoit fait débarquer ses troupes. On commença alors à douter du secours, & on disoit assez publiquement que si Malte pouvoit être sauvée, ce ne seroit jamais que par la valeur invincible de ses Chevaliers. Ceux qui étoient sur la flote détestoient hautement la timide prudence du Vice-Roi, & son excès de précaution : & pour comble de malheur, plus de quinze cens soldats déserterent. L'armée en peu de jours fut réduite à moins de six mille hommes. Le Vice-Roi étonné d'une désertion si considerable, retomba dans ses irrésolutions ordinaires : il assembla le Conseil de guerre, & proposa de nouveau si on devoit tenter le secours de Malte. Pendant qu'on agitoit cette question, il s'éleva à la porte même du lieu où le Conseil étoit assemblé, un bruit confus de voix & de cris qui demandoient qu'on remît incessamment à la voile. Les Officiers Géneraux, qui par consideration pour le Vice-Roi n'opinoient que d'une maniere douteuse & équivoque, ne furent pas fâchez que le soldat plus hardi, & qui n'avoit rien à ménager, fût l'interprete de leurs sentimens. Le Vice-Roi les démêla aisément dans l'air de leur visage, & même par le silence qu'ils gardoient dans un tumulte excité par leurs propres soldats. Il se rendit aux vœux du Conseil & de toute l'armée : on se rembarqua le six, & le même jour après midi il parut à la vûe de Malte. Toute la flote entra avec de grands cris de joye dans le détroit ou le canal du Goze. Le Vice-Roi ne voulut point le soir & pendant la nuit hazarder une descente. Sa flote par son ordre jetta l'ancre, & se rangea proche les petites Isles de Comin & de Cominot. Le lendemain matin sept du mois, les vaisseaux entrerent dans l'anse ou calle de la Melecha, & débarquerent toutes les troupes, les armes & les munitions de guerre & de bouche, qui composoient le secours. Le Vice-Roi mit lui-même pied à terre, pour en faire la revûe : & après leur avoir vû prendre le chemin de la Cité notable, suivant les ordres du Roi son maître, il se rembarqua sur le champ pour retourner en Sicile. Mais avant son départ, & quand il se sepàra des Officiers Géneraux, il leur promit que dans le treize ou le quatorze du mois, il leur ameneroit encore quatre mille hommes qu'il attendoit d'Italie, & qui à ce qu'il leur dit, devoient être débarquez à Messine. Il y arriva en même tems plusieurs jeunes Seigneurs & Gentilshommes François, qui y étoient accourus dans l'impatience de signaler leur courage contre les Infideles. On comptoit parmi cette fleur de la Noblesse Françoise, dit M. de Thou, Philippe Strozzi, fils de Pierre, Maréchal de France; Timoleon de Cossé Brissac, aussi fils d'un Maréchal de France; Roger de Saint Larry de Bellegarde; Pierre de Bourdeilles de Brantosme; Hardouin de Villiers, Seigneur de la Riviere; & peu de jours avant eux, René le Voyer, Vicomte de Paulmi, Bailly de Touraine, étoit arrivé dans cette Isle pour passer au secours d'un Ordre, qui depuis trois cens ans, comptoit plusieurs de ses ancêtres au nombre de ses plus illustres Chevaliers. Tous ces jeunes Seigneurs aspiroient à s'embarquer avec le nouveau secours qu'on attendoit d'Italie.

Mustapha & Pialy sur le rapport de leurs espions, avoient toujours crû que le Vice-Roi n'avoit ramassé les vaisseaux & les galeres qui étoient dans les ports de Sicile, que pour tenter, à la faveur d'un combat naval, de faire entrer le secours dans le grand port, & le conduire par là jusqu'au pied du Château Saint-Ange. Pour prévenir ce dessein, le Bacha depuis peu de jours en avoit barré l'entrée

trée par une chaîne d'antennes, de pieux & de barques : & depuis que la flote Chrétienne avoit paru pour la premiere fois près de Linose, l'Amiral Turc avec toute l'armée navalle, se tenoit continuellement sur le fer, & devant le grand port, pour en défendre l'entrée aux Chrétiens.

Le débarquement du secours dans un endroit tout opposé, consterna également les deux Généraux ; ils craignoient à tous momens de voir fondre sur eux les principales forces de la Chrétienté ; & sans même s'instruire, selon les regles de la guerre, du nombre des troupes qui composoient ce secours, ils leverent le siege avec précipitation, retirerent leur garnison du Fort Saint Elme, abandonnerent même leur grosse artillerie, & se rembarquerent avec une précipitation peu differente d'une fuite ouverte & déclarée. Le Bacha ne fut pas plutôt dans son vaisseau, qu'il eut honte de s'être laissé surprendre par une terreur si subite. Un esclave échapé du grand bourg augmenta encore sa confusion en lui apprenant que ce secours qui avoit fait fuir seize mille hommes, n'étoit au plus composé que de six mille, encore harassez d'un voyage par mer, sans Général, & commandez seulement par des Chefs indépendans les uns des autres, peu unis entre eux, & qu'on ne croyoit pas, s'ils voyoient les Turcs dans leurs premiers postes, qu'ils osassent quitter les rochers & les défilez où ils étoient retranchez. Mais l'avis étoit venu trop tard ; & à moins de recommencer le siege tout de nouveau, les Infideles ne pouvoient plus compter sur leurs lignes, & sur leurs retranchemens.

Le Grand Maître ne les en vit pas plutôt éloignez pour se rembarquer, qu'il fit combler leurs tranchées, & ruiner leurs ouvrages. Les habitans, hommes, femmes & enfans, les Chevaliers même y avoient travaillé jour & nuit, avec cette joye & cette promptitude qu'ont des prisonniers, à qui il est permis de briser leurs fers. Le Grand Maître avoit envoyé dans le même tems une garnison dans le Fort Saint Elme, & les Turcs de dessus leur flote, eurent la douleur & la confusion de voir floter en l'air les enseignes de Saint Jean.

Le Bacha qui craignoit pour sa tête, & que le Sultan ne lui reprochât qu'il n'avoit osé voir ses ennemis en face, assembla le conseil de guerre: on délibera long-tems sur le parti qu'on devoit prendre. Le Vice-Roi d'Alger étoit d'avis qu'on remît les troupes à terre, & qu'on allât chercher les ennemis. Il fit voir au Bacha que s'ils n'étoient que six mille hommes, il pouvoit leur en opposer le double, & les combattre; que s'il en triomphoit, comme il y avoit lieu de l'esperer, par sa victoire il fermoit l'entrée de l'Isle au second secours que le Vice-Roi de Sicile devoit amener, & que les Chevaliers épuisez, réduits à un petit nombre, & manquant de soldats, seroient contraints de capituler. Pialy jaloux du crédit de Mustapha, & qui n'étoit pas fâché qu'il n'eût pas réussi dans son entreprise, se trouva d'un autre sentiment, & disoit qu'après avoir perdu l'élite de l'armée Ottomane, il étoit dangereux de commettre un reste de troupes découragées & affoiblies par un si long siege, contre des gens frais, & qui brûloient d'impatience d'en venir aux mains. Mais l'avis du Vice-Roi d'Alger, & pour lequel le Bacha se déclaroit, l'emporta de deux voix. Le débarquement fut résolu, & le Bacha outré contre lui-même d'avoir levé le siege si brusquement, & qui craignoit tout de la Porte, s'il y retournoit malheureux, résolut de vaincre, ou de se faire tuer à la tête de ce qui lui restoit de troupes, plutôt que de mourir par la main infâme d'un boureau. Il se fit mettre aussitôt à terre ; mais de la part de ses soldats, il trouva beaucoup de difficulté à les faire sortir des vaisseux. Ils se plaignoient de ce qu'après un siege si long & si meurtrier, on vouloit, disoient-ils, les ramener tout de nouveau à la boucherie. Il falut, pour ainsi dire les arracher de dessus la flote : & ce ne fut qu'à coups de bâton que leurs Officiers les firent débarquer. Le Bacha fit prendre à la meilleure partie le chemin de la Cité notable, où il esperoit rencontrer les Chrétiens. Et pour faciliter sa retraite & son rembarquement en cas de mauvais succès, il laissa au bord de la mer le Vice-Roi d'Alger avec quinze cens hommes : Pialy, qui depuis que les Chevaliers étoient rentrez dans le Fort Saint Elme, ne pouvoit plus rester dans le port Muzet, de concert avec ces deux Géneraux, fit retirer ses vaisseaux dans la cale de S. Paul.

Le Bacha s'avança ensuite pour aller chercher l'armée du secours. Ascagne de la Corne qui faisoit la fonction de Maréchal de camp, l'avoit fait retrancher sur une colline d'un difficile accès, à cause des défilez dont elle étoit environnée.

Le Grand Maître toujours attentif sur les démarches des Infideles, fit avertir les Chefs de l'armée Chrétienne qu'ils alloient avoir toutes les forces des Turcs sur les bras. On assembla aussitôt le conseil de guerre; Ascagne étoit d'avis qu'on attendît l'ennemi dans le camp; il représenta que les Turcs ne pouvoient attaquer par la tête & de front un endroit si fort par sa situation, sans s'exposer à être foudroyez par l'artillerie; que la Cité couvroit cet endroit d'un côté; que de l'autre il étoit défendu par un Monastere fortifié naturellement, & où l'on avoit jetté des troupes dont il faudroit que les Infideles essuyassent tout le feu; que n'ayant amené ni vivres, ni équipages, ils ne pourroient rester long-tems dans la plaine, exposez à toute l'ardeur du soleil; & qu'après quelques legeres escarmouches, on les contraindroit sans rien hazarder à se retirer, & à se rembarquer tout de nouveau.

Mais Alvare de Sande, le plus considerable des chefs de l'armée, fut d'un sentiment contraire; & pour faire oublier apparemment, par un avis hardi & conforme à son courage, celui que la complaisance pour le Vice-Roi lui avoit fait ouvrir dans le Conseil tenu à Messine, où il s'étoit opposé au secours de Malte; il opina alors à ce qu'on fît sortir toute l'armée; qu'on descendît de la colline, & qu'on allât au devant de l'ennemi. *Nous ne sommes pas venus si avant*, repartit-il à Ascagne, *pour ne rien hazarder, & pour demeurer ici spectateurs oisifs d'un nouvel assaut, que les Infideles, s'ils voyent qu'ils ne peuvent forcer nos retranchemens, donneront peut-être au grand bourg ou au*

Château de Saint Michel. *Il faut tout craindre*, ajouta-t-il, *du defefpoir des Turcs : & quelle honte pour nous, fi à notre vûe ils emportoient ces Places, qui après tout n'ont plus pour fortifications, & pour murailles, que le corps feul des Chevaliers qui les défendent ?*

De ces deux avis propofez dans le Confeil des Chrétiens, l'un étoit plus fûr, & l'autre plus hardi, mais auffi plus glorieux pour celui qui en étoit l'auteur. La plûpart des Officiers s'attacherent à ce dernier : les Chevaliers fur-tout qui étoient venus fur la flote de Sicile, opinoient hautement pour le combat. Ils n'étoient pas moins de deux cens Chevaliers ou Commandeurs ; & il n'y avoit prefque point de Commandeur qui n'eût amené avec lui plufieurs volontaires de fes amis, ou de fes parens, & un affez bon nombre de foldats : tout cela formoit un des plus forts bataillons de l'armée ; & ils déclarerent que fi elle ne fortoit pas de fes retranchemens, ils étoient réfolus, duffent-ils tous périr jufqu'au dernier, de percer au travers de l'armée ennemie pour fe jetter dans les Places affiegées.

On ne fut point obligé d'en venir à une fi fâcheufe extrêmité ; de Sande l'emporta à la pluralité des voix. Il defcendit dans la plaine à la tête du bataillon de la Religion, fuivi de toutes les troupes, & par Afcagne même, qui après avoir protefté contre les inconveniens qui pourroient arriver d'une entreprife qu'il traitoit de témeraire, ne laiffa pas de vouloir avoir part au péril ; la pique à la main il fut fe mêler parmi les Chevaliers, combattit aux premiers rangs, & fit voir que ceux qu'on accuse quelquefois de trop de circonspection dans les conseils, ne sont pas les moins braves dans l'action. Celle-ci se passa du côté des Chrétiens avec beaucoup de courage & de résolution. De Sande à la tête des Chevaliers chargea brusquement les Infideles, pendant que Vitelly les prit en flanc. Le soldat Turc, qu'on avoit traîné malgré lui au combat, soit par ressentiment contre son Géneral, soit qu'il fût accablé de la chaleur, bien loin de faire de son côté de génereux efforts pour vaincre, à peine voulut se battre. La plûpart se contenterent d'une décharge de leurs mousquets, & se voyant pressez par les Chrétiens, se débanderent, & s'enfuirent honteusement. Le Bacha qui s'en vit abandonné, de peur de tomber entre les mains des Chrétiens, fut réduit, malgré son courage, à la triste nécessité de suivre des lâches. On rapporte qu'il étoit si surpris & si troublé de la déroute de ses troupes, qu'en courant il tomba deux fois de cheval : & il auroit été pris sans le secours de quelques Officiers, qui aux dépens de leurs vies ou de leur liberté firent ferme pour lui donner le tems de remonter à cheval.

Les Chrétiens poursuivoient les Infideles avec ardeur : l'ennemi qui fuyoit devant eux, les empêchoit de sentir la chaleur brûlante du soleil. La plûpart des Chevaliers, qui étoient pesamment armez, pour suivre les Turcs de plus près se débarasserent de leurs cuirasses, & quoiqu'ils trouvassent la plûpart des Infideles hors de combat, couchez par terre à demi morts de soif & de lassitude, tout ce qu'ils rencontroient paſſoit par le fil de l'épée. Ce ne fut qu'avec des peines infinies, & après une perte conſiderable, que les Turcs gagnerent le bord de la mer. Juſques-là les Chrétiens avoient eu plus de peine à atteindre leurs ennemis qu'à les combattre; mais comme les plus vîtes, & ceux qui couroient plus légerement, s'étoient débandez à la pourſuite des fuyards, & qu'enyvrez de la victoire, ils ne gardoient plus ni ordre ni rang, le Vice-Roi d'Alger qui étoit couvert par la pointe d'un rocher, ſortit à la tête de ſes troupes de cette embuſcade, & les voyant en petit nombre, tomba ſur eux, en tua pluſieurs, & fit priſonniers les Chevaliers Marc de Tolede, Pierre de Yala, Ribatajada & un Chevalier Anglois dont on ignore le nom. Heureuſement Alvare de Sande ſurvint pendant ce combat avec quelques bataillons qu'il fit donner tête baiſſée contre les Algeriens, & le reſte des troupes Chrétiennes qui arrivoient à la file, l'ayant joint, pouſſerent tout ce qui ſe trouva devant eux, taillerent en pieces ceux qui leur réſiſtoient, délivrerent les priſonniers, & les Turcs déja vaincus par leur propre crainte, ne rendirent plus de combat, & ne chercherent qu'à ſe rembarquer : il ſe paſſa en cette derniere occaſion, un nouveau genre de combat.

L'Amiral Pialy, outre le feu des vaiſſeaux & du courſier de ſes galeres, pour favoriſer la retraite des Turcs, avoit bordé le rivage de chaloupes armées de ſes meilleurs Arquebuſiers, & qui tiroient continuellement contre les Chrétiens. Mais les Chevaliers & les ſoldats mépriſant le feu & le

{JEAN DE LA VALETTE.}

péril, acharnez à la poursuite de leurs ennemis, & au désespoir qu'ils échapassent à leurs armes, les poursuivoient jusques dans la mer; & on en vit plusieurs qui ayant de l'eau jusques sous les bras, allerent tuer des Turcs à coups de fusil à bord des galeres où ils tâchoient de se jetter. On prétend que les Turcs en ces differentes occasions, & pendant tout le siege ne perdirent pas moins de trente mille hommes. L'Amiral après avoir embarqué les débris d'une armée auparavant si formidable, mit à la voile, & prit la route de Sicile. Le Vice-Roi du haut du Château de Saragosse*, voyant passer cette flote, apprit sans couriers l'heureux succès du secours, & la levée du siege.

* C'est l'ancienne Syracuse, appellée aujourd'hui dans la Langue du Pays Saragoça.

Le Grand Seigneur n'en reçut les nouvelles qu'avec un violent chagrin, & jettant à terre & foulant aux pieds la lettre qu'il en avoit eue de Mustapha, il s'écria que ses armes n'étoient heureuses qu'entre ses mains; qu'au printems suivant il iroit lui-même à Malte, & qu'il en feroit passer les Chevaliers & les habitans par le tranchant de son épée. Cependant pour ne pas décrier ses armes, & pour amuser le peuple, qui veut être toujours trompé, au lieu de suivre la cruelle politique de ses predecesseurs, qui punissoient comme un crime le malheureux succès d'un Général, il fit publier dans Constantinople que le Bacha s'étoit rendu maître de l'Isle; qu'il en amenoit la plûpart des Chevaliers & du peuple en captivité, & que n'ayant pas jugé à propos de laisser des troupes en garnison sur un rocher, & dans une petite Isle éloignée & déserte, il en avoit fait sauter tous les Forts, ab-

battre

battre les maisons, & que si des corsaires Chrétiens étoient assez temeraires pour oser y revenir, ils seroient toujours en proye à ses flotes, & à la discretion de toutes les Puissances qui tiendroient la mer.

Quelque exagération qu'il y eût dans ces bruits, il est certain qu'après la levée du siege, la ville, ou ce qu'on appelloit le grand bourg de Malte ressembloit moins à une Place bien défendue, qu'à une ville emportée d'assaut, rasée, détruite après le pillage, & ensuite abandonnée par l'ennemi. Plus de deux cens soixante Chevaliers avoient été tuez en differens assauts; on comptoit jusqu'à huit mille hommes soldats ou habitans, qui avoient péri pendant le siege : & à peine quand les Turcs se retirerent, restoit-il dans le grand bourg & dans le Château de Saint Michel, en comptant même les Chevaliers, six cens hommes portant les armes, & encore la plûpart couverts de blessures.

On attribuoit une si grande perte, non seulement à la valeur des Turcs, mais encore aux lenteurs affectées du Vice-Roi : son nom étoit détesté par tous les Chevaliers des differentes nations de la Chrétienté : le Grand Maître même s'en plaignit depuis au Pape. Ce Pontife en écrivit au Roi d'Espagne ; & quoique le Vice-Roi n'eût agi en cela que sur des ordres secrets, qu'il en avoit reçûs, Philippe pour en éloigner le soupçon, condamna hautement ces retardemens : il tira même quelque tems après le Vice-Roi de la Sicile ; & quoiqu'il en eût reçû de grands services, il le laissa vieillir à

Naples dans une vie obscure, & sans lui donner aucune part dans le gouvernement.

Pendant que l'armée du secours, pour se rafraîchir après la fuite des Turcs, s'étoit retirée auprès de la Cité notable, les principaux Chefs, & tous les Chevaliers du secours, se rendirent dans le grand bourg pour y saluer le Grand Maître. Ils furent reçus de ce Prince, des Chevaliers de la Place, & de tous les habitans, comme leurs liberateurs. Les Chevaliers s'embrasserent avec de grands témoignages d'amitié & de tendresse ; mais quand les uns & les autres vinrent à se souvenir de la perte qu'ils avoient faite des plus illustres & des plus braves Chevaliers de la Religion ; qu'ils consideroient l'état déplorable des Places assiegées, les murailles & les fortifications détruites, l'artillerie pour la plûpart démontée, les maisons abbatues ou prêtes à tomber, les magasins sans poudres & sans provisions de guerre & de bouche, l'habitant pasle & défiguré, les Chevaliers & le Grand Maître même, la barbe & les cheveux négligez, les habits sales & en desordre, comme des gens qui depuis quatre mois ne s'étoient point la plûpart deshabillez, & plusieurs de ces braves Chevaliers encore avec ces bandages honorables qui couvroient les blessures qu'ils avoient reçues, un spectacle si touchant fit répandre bien des larmes aux uns & aux autres, soit par le souvenir de tant de malheurs, soit aussi de joye de ce que Malte étoit enfin sauvée ; & ce fut pour conserver la mémoire des grandes actions qui s'y étoient passées, qu'on donna au grand bourg qui en avoit été le principal theatre, le nom de *Cité victorieuse*, qu'il a conservé jusqu'à ce jour.

 Le Grand Maître y retint les Seigneurs qui commandoient les troupes du secours ; on les logea dans les endroits qui avoient été le moins endommagez par l'artillerie des Turcs ; ils y furent traitez honorablement, & servis même avec autant d'abondance qu'on le pouvoit dans une Place qui venoit de soutenir un siege de quatre mois. Les caresses du Grand Maître, & l'exemple de sa frugalité suppléérent à la délicatesse de la bonne chere : & quand ces Seigneurs prirent congé de lui, il les combla de presens, & répandit beaucoup d'argent parmi leurs troupes. Le trésor de l'Ordre en fut épuisé, & la Valette ne se réserva pour ainsi dire que l'esperance de le remplir dans la suite avec les dépouilles des Infideles : c'étoit un fond assuré, qui depuis plusieurs siecles, n'avoit jamais manqué à ces guerriers.

 La nouvelle de la défaite des Turcs se répandit bien-tôt dans toute la Chrétienté : ce fut le sujet d'une joye publique, & qui éclata par des illuminations, des feux, des prieres & des actions de graces solemnelles. Le nom de la Valette étoit célebré dans toutes les Nations, & sur-tout en Italie & en Espagne, dont les Chevaliers étoient pour ainsi dire les gardes-côtes & les protecteurs des Provinces maritimes. Le Pape Pie IV. & Philippe II. Roi d'Espagne, comme plus interessez à la conservation d'une Place dont ils tiroient de grands secours, donnerent à son intrépide défenseur des marques honorables de leur estime & de leur reconnoissance.

Le Gouverneur de Rome par ordre du S. Pere, annonça la levée du siege de Malte aux Romains par une décharge de toute son artillerie, & par des feux & des illuminations qu'on alluma dans toute cette capitale de la Chrétienté. Ce fut ce jour là comme une fête publique ; le Magistrat cessa ses fonctions ; l'artisan ferma sa boutique ; il n'y eut que les Eglises d'ouvertes, & le peuple y couroit en foule pour remercier Dieu de cet heureux évenement. Tous les habitans de l'Italie & d'Espagne, qui avoient des biens le long des côtes de la mer, depuis la levée du siege, se crurent à couvert des descentes & des incursions des corsaires.

Pie IV. ne s'en tint pas à des louanges steriles : & par un courier qu'il dépêcha exprès à Malte, il fit sçavoir au Grand Maître qu'il avoit résolu de le nommer incessamment au Cardinalat. Mais au retour du courier, on fut bien surpris d'apprendre qu'il se fût dispensé d'accepter une dignité qu'on avoit toujours regardée comme le témoignage & la récompense du mérite, quelquefois à la verité le prix de la faveur, mais toujours l'objet des vœux des plus grands Prélats, & dont des Princes même issus de Souverains se trouvoient honorez. La Valette avoit fondé le refus qu'il avoit fait de cette dignité, sur ce qu'il craignoit de confondre ensemble la Grande Maîtrise & le Cardinalat, deux grands titres, dit-il, qui exigeoient differentes fonctions, & qui au lieu de se soutenir réciproquement, ne feroient que s'embarasser. Il y en avoit qui se souvenant que le

Grand Maître d'Aubuſſon n'avoit pas été en priſe à ces ſcrupules, prenoient occaſion du refus de la Valette, de lui en faire un nouveau mérite, & de vanter ſa modeſtie. D'autres ſoupçonnoient que dans ce refus, il y entroit bien autant de politique que de modeſtie, & que ce Grand Maître ſe conſiderant juſtement comme Souverain, avoit aprehendé d'avilir ce grand titre par une dignité ſubalterne. Quoi qu'il en ſoit, il pria le Pape de tourner cette grace ſur un de ſes freres, alors Evêque de Vabres; mais la mort de Pie arrivée peu de tems après, empêcha le Prélat François de profiter de la recommandation du Grand Maître.

On peut dire que dans ces premiers mouvemens de joie qu'avoit produit dans toute l'Europe, mais ſurtout en Italie, la courageuſe réſiſtance de la Valette, & la levée du ſiege, il y avoit peu de choſe qu'on eût refuſé à un homme qu'on regardoit comme le heros de la Chrétienté; il recevoit de tous côtez des complimens ſur l'heureux ſuccès de ſes armes. Le Roi d'Eſpagne ſi intereſſé, comme on ſçait, à la conſervation de Malte, qui couvroit ſes Royaumes de Sicile & de Naples, lui envoya le Commandeur Maldonat, pour lui préſenter en plein Conſeil une épée & un poignard, dont la garde étoit d'or maſſif, & enrichie de diamans: & dans une eſpece de harangue qu'il lui fit, il dit que le Roi ſon Souverain le regardant comme un des plus grands Capitaines de ſon ſiecle, il le prioit de ſe ſervir de ces armes pour la défenſe de toute la Chrétienté.

Quoique le grand Maître reçût en même-tems

de pareils complimens de la plûpart des Princes de l'Europe, toutes ces députations si honorables ne le rassuroient pas contre une juste crainte de l'avenir. Le siege à la verité étoit levé, & les ennemis retirez; mais on armoit tout de nouveau dans le port de Constantinople. Toutes les nouvelles qui venoient de l'Orient, assuroient que le Grand Seigneur indigné du mauvais succès qu'avoient eu ses armes sous la conduite de Mustapha, avoit déclaré qu'il viendroit lui-même au printems prochain à la tête d'une armée formidable, attaquer Malte. Et en quel état ses troupes, quoiqu'elles n'eussent pas emporté les Places assiegées, avoient-elles laissé l'Isle entiere? La campagne étoit sans habitans; la plûpart des casals ou des villages brûlez; le grand bourg, la résidence particuliere du Couvent, les Forts de S. Elme & de S. Michel sans murailles; les fortifications ruinées, l'artillerie démontée, & les canons ou crevez ou brisez; les maisons abbatues, les citernes épuisées, les magasins vuides; ni vivres ni argent pour en acheter; peu de soldats dans les Places, & encore moins de Chevaliers: Malte dans un état si déplorable, ne lui paroissoit gueres moins en danger que pendant le siege même.

 Ces tristes réflexions ne lui laissoient aucun repos; d'anciens Commandeurs ausquels il confioit son inquiétude, & qui la partageoient, étoient d'avis d'abandonner une Isle qu'on ne pourroit jamais défendre, & de transporter le Couvent en Sicile. Mais la Valette, excité par la gloire qu'il venoit d'acquerir dans Malte, résolut de s'ensevelir sous ses ruines plûtôt que de l'abandonner; & l'extrêmité où il se voyoit réduit lui fournit des ressources, que le désespoir seul pouvoit justifier, & auxquelles même bien des Généraux auroient fait scrupule de recourir.

Le Grand Seigneur ne pouvoit venir à Malte, sans une puissante flote convenable à sa dignité, & nécessaire d'ailleurs pour transporter les troupes qu'il vouloit employer dans cette guerre. On y travailloit sans relâche dans l'Arsenal de Constantinople : un grand nombre de galeres & de galiotes étoient encore sur les chantiers. Le Grand Maître qui n'ignoroit pas que cet armement étoit destiné contre lui, trouva le moyen de faire mettre le feu dans cet Arsenal ; la violence de la poudre fit sauter les magasins ; la plûpart des galeres, qui n'étoient pas encore achevées, en furent consumées, & un grand nombre d'ouvriers périrent dans cet incendie. L'auteur de cette entreprise fut long-tems ignoré, & en profita : la guerre de Malte fut remise à un autre tems. Soliman ne se trouvant pas en état de mettre en mer une flote convenable à cette entreprise, & superieure à celle des Chrétiens, tourna l'effort de ses armes contre la Hongrie, & trouva la fin de ses jours au siege de Sigeth. Selim second son fils, déclara depuis la guerre aux Venitiens; & un Historien prétend que ce ne fut qu'en represailles de l'embrasement de l'Arsenal de Constantinople, qu'avant que de commencer la guerre de Chypre, il fit mettre le feu à l'Arsenal de Venise.

Le Grand Maître se voyant en sureté du côté de Soliman, au moins pour la campagne suivante,

JEAN DE LA VALETTE.

résolut de profiter de ce tems pour relever les fortifications que les Turcs avoient ruinées : & il fit même deſſein pour la défenſe des deux ports, de conſtruire dans la preſqu'Iſle qui les ſepare, une nouvelle Forterreſſe. Nous venons de voir que des differentes Places qu'on avoit fortifiées avant le ſiege, il n'y en avoit point de mieux ſituée que le Fort de Saint Elme, ſur-tout s'il eût été bâti plus regulierement. C'étoit comme la clef des deux ports: le Grand Maître ſans abandonner le ſoin des autres Places, forma le deſſein d'agrandir ce Fort, d'y ajouter de nouveaux ouvrages, & de conſtruire ſur la même langue de terre une Ville revêtue de toutes les fortifications que l'art pourroit inventer, & d'y tranſporter enſuite le Couvent & la réſidence des Chevaliers. Il jugea qu'ils y ſeroient plus en ſureté que dans le grand bourg, qui étoit commandé de tous côtez par des rochers & des collines dont il étoit environné.

Pour réuſſir dans cette entrepriſe, il faloit de grands ſecours, qu'on ne pouvoit eſperer que des principaux Souverains de la Chrétienté. Le Grand Maître envoya des Ambaſſadeurs au Pape, aux Rois de France, d'Eſpagne & de Portugal, & à differents Potentats d'Italie, pour leur repreſenter que ce n'étoit pas aſſez d'avoir ſauvé Malte dans la derniere occaſion par une courageuſe réſiſtance, ſi pour ſe maintenir dans cette Iſle on ne rétabliſſoit promptement les fortifications des Places que l'artillerie des Infideles avoit ruinées. Ces Miniſtres étoient chargez de leur communiquer le deſſein de la Valette pour la conſtruction d'une nouvelle

DE MALTE. LIV. XIII. 89

velle Ville, de leur en presenter le plan qu'il en avoit fait dresser, & de leur demander en même tems les secours nécessaires pour commencer un si grand ouvrage. Tous ces Princes donnerent de nouvelles louanges au zele du Grand Maître, & pour le seconder le Pape promit quinze mille écus, le Roi de France cent quarante mille livres, dont il assigna le payement sur les décimes de son Royaume; Philippe II. quatre-vingt-dix mille livres, le Roi de Portugal trente mille cruziades, & la plûpart des Commandeurs de l'Ordre, par un noble désinteressement, se dépouillerent de leurs biens & même de leurs meubles les plus prétieux, dont ils firent passer la valeur à Malte.

Le Grand Maître soutenu de ces secours fit venir des Ingenieurs & des Ouvriers de differens endroits de l'Italie : & après qu'on eut pris les alignemens nécessaires, ce Prince en habit de ceremonie accompagné du Conseil, & suivi de tous les Chevaliers, se rendit au mont Sceberras, où il mit la premiere pierre de la Cité nouvelle, sur laquelle on avoit gravé en Latin le decret du Conseil conçû à peu près en ces termes : *L'illustrissime & reverendissime Seigneur, frere Jean de la Valette, Grand Maître de l'Ordre Hospitalier & Militaire de Saint Jean de Jerusalem, considerant tous les perils ausquels ses Chevaliers & son peuple de Malte ont été exposez par les Infideles, au dernier siege, de concert avec le Conseil de l'Ordre, & pour s'opposer à de nouvelles entreprises de la part des Barbares, ayant formé le dessein de construire une Ville sur le mont Sceberras, aujourd'hui Jeudi vingt-huit du mois de*

Tome IV. M

JEAN DE LA VALETTE.

Mars de la présente année 1566; après avoir invoqué le Saint nom de Dieu, & demandé l'intercession de la Sainte Vierge sa mere, & de Saint Jean-Baptiste Patron titulaire de l'Ordre, pour attirer la bénediction du Ciel sur un ouvrage si important, le Seigneur Grand Maître en a posé la premiere pierre, sur laquelle on a gravé ses armes, qui sont de gueule au Lion d'or, & la nouvelle Ville par son ordre a été nommée la Cité de la Valette.

Pour conserver à la posterité la plus reculée la mémoire d'un évenement si considerable, on jetta dans les fondemens un grand nombre de médailles d'or & d'argent, qui représentoient cette nouvelle Ville, avec cette inscription, MELITA RENASCENS, *Malte renaissante*; & à l'exergue on avoit mis l'année & le jour de sa fondation.

Un travail assidu & dont personne ne se dispensoit suivit cette céremonie: chacun à sa maniere, & sans distinction du riche citoyen ou du pauvre habitant, s'y employoit avec joye & avec cet empressement que l'on a pour un ouvrage d'où dépend le salut public. Le Commandeur de la Fontaine fort estimé par sa capacité dans l'art des fortifications, avoit la principale direction, & comme la surintendance de tous ces travaux. Chaque Chevalier y contribuoit selon ses talens; les uns avec les galeres de la Religion, alloient chercher des materiaux dans les differens ports de Sicile & d'Italie; d'autres s'étoient arrêtez à Messine & à Siracuse, & quelques-uns étoient passé jusqu'à Lion pour y faire refondre l'artillerie. Plusieurs à la tête d'un grand nombre de pionniers travailloient à faire combler les tranchées, ou à débarasser les breches des décombres des murailles que le canon avoit abbatues. Il y en avoit qui faisoient charrier des pierres pour rétablir les fortifications, ou pour en construire de nouvelles.

Dans cette République militaire tout agissoit, tout travailloit : le Grand Maître sur-tout, pendant près de deux ans ne quitta point les ouvriers qu'il employoit à la nouvelle Ville : il y passoit les jours entiers, & on voyoit ce Prince au milieu des charpentiers & des maçons prendre ses repas comme un simple artisan, & souvent même y donner ses audiences & ses ordres.

Parmi cette foule de soins differens dont il étoit chargé, rien ne lui faisoit plus de peine que le défaut d'argent destiné au payement des ouvriers, & que les Receveurs de l'Ordre dans les Provinces d'au-delà la mer n'envoyoient pas toujours assez régulierement. Pour y suppléer, il fit fraper de la monnoye de cuivre, à laquelle il attacha une differente valeur, selon la grandeur differente dont elle étoit taillée. D'un côté on voyoit deux mains entrelassées, qui se touchoient ; & de l'autre, les armes de la Valette, écartelées avec celles de la Religion, & pour légende ces mots latins : NON ÆS, SED FIDES : *Faites moins attention au métal, qu'à la parole inviolable qu'on vous donne de le reprendre* : & en effet on ne manquoit jamais, sitôt qu'on avoit reçû de l'argent, de retirer cette monnoye : & par cette exactitude la confiance parmi le peuple s'établit si solidement, que le travail ne fut jamais ni discontinué ni même ralenti.

Au milieu de ces soins si dignes d'un Prince & d'un grand Capitaine, il s'éleva des troubles qui altererent la tranquillité du gouvernement. De jeunes Chevaliers Espagnols qui se croyoient tout permis par la joye que causoit la défaite des Turcs, consumoient leur tems dans les plaisirs de la table, qu'ils assaisonnoient souvent de chansons satiriques, & dans lesquelles sous prétexte de plaisanter & de débiter des bons mots, ils attaquoient également la gloire des plus braves Chevaliers, ou l'honneur des principales Dames Maltoises. Ces chansons devinrent bien-tôt publiques: on en porta des plaintes au Grand Maître. Le Prince, severe observateur de la discipline, n'apprit ces excès qu'avec une juste indignation; il ordonna aussi-tôt au Conseil & aux principaux Officiers de la Religion d'en informer. Les auteurs de ces libelles diffamatoires furent découverts; on instruisit leur procès. Pendant qu'on y travailloit avec application en plein Conseil, cette jeunesse effrenée, sans respect pour la presence du Grand Maître qui y présidoit, entra en foule dans la Chambre, arracha avec violence des mains du Vice-Chancelier la plume dont il écrivoit la Sentence qui avoit été prononcée contre les criminels, & jetta son écritoire par la fenêtre. Ces mutins favorisez de leurs complices secrets, & de leurs amis, se retirerent brusquement, gagnerent le bord de la mer, s'embarquerent dans de legeres felouques, & se sauverent en Sicile. Le Grand Maître irrité d'une rebellion qui n'avoit point d'exemple dans l'Ordre, les priva de l'habit, & les condamna, s'ils pouvoient être arrêtez, à finir leurs jours dans une prifon perpetuelle. Il envoya en même tems au Vice-Roi de Sicile le Chevalier Caprona pour les réclamer comme des rebelles & des deferteurs. Mais quelques ordres vrais ou feints que donnât le Vice-Roi, on ne put, ou on ne voulut pas les trouver. Ils ne s'arrêterent pas même en Sicile. Comme ils n'ignoroient pas le caractere ferme & inflexible du Grand Maître, chacun fe retira dans fon pays. Ils fe flaterent que la Valette étant fort âgé, auroit un fuccesseur moins fevere, & même moins autorifé : que du moins le benefice du tems ne leur pouvoit manquer, qui diminueroit la grandeur de leur faute.

Une affaire fi fâcheufe & d'un fi dangereux exemple, n'étoit pas encore affoupie, qu'il arriva au Grand Maître un nouveau fujet de chagrin. Un Florentin appellé Bonaccurfi, établi à Malte, y avoit époufé une jeune Dame d'une rare beauté, & que le Grand Maître avoit tenue fur les fonds de Baptême. Elle étoit originaire de l'Ifle de Rhodes, & iffue de ces genereux Rhodiens qui après la perte de cette Ifle, avoient fuivi la fortune de l'Ordre, & s'étoient attachez à la fuite de l'Ifle-Adam.

Le Florentin dans un tranfport de jaloufie poignarda fa femme; & malgré toutes les précautions que le Grand Maître prit pour le faire arrêter, fes compatriotes, foit Chevaliers ou autres, pour le fouftraire à la rigueur des Loix, trouverent le moyen de le faire paffer en Italie, c'eft-à-dire, dans un pays où les meurtres que la jaloufie faifoit commettre, étoient plus fouvent diffimulez que punis. Le Grand Maître au milieu de la gloire dont il étoit environné, sentit vivement les atteintes que de simples particuliers osoient donner à l'autorité souveraine. Attaché inviolablement à l'observation des loix, aussi juste estimateur du mérite, que severe vengeur du crime, il ne souffroit ni la vertu sans récompense, ni les fautes sans châtiment. Ces grandes qualitez le faisoient également craindre & révérer, & on n'ignoroit pas dans l'Ordre que le crédit & la faveur n'avoient aucun pouvoir auprès de lui, & qu'on n'en obtenoit point de graces, qu'on ne les eût meritées.

Cependant cette louable fermeté lui attira de la part du Pape même un nouveau sujet de mécontentement, qui ne contribua pas peu à abreger une vie si illustre. Quelques Cardinaux avides des grands biens que l'Ordre possedoit dans les differens Etats de la Chrétienté, sur-tout à Rome & en Italie, avoient insinué à differens Papes que la disposition des premieres dignitez de cette Religion militaire, leur appartenoit comme aux premiers Superieurs de tout l'Ordre : & sur ce fondement, ces Pontifes avoient souvent conferé le Grand Prieuré de Rome à des Cardinaux, leurs neveux, qu'ils rendoient capables par une dispense apostolique, & par la plénitude de la puissance des clefs, de posseder cette dignité militaire. Sur ce fondement le Prieuré de Rome étoit passé successivement entre les mains de plusieurs personnes du sacré College.

La Valette souffroit impatiemment cette distraction des biens de la Religion. Ce Grand Maître qui n'avoit pour objet que la gloire & l'interêt de son Ordre, peu different après tout de celui de la Chrétienté, en écrivit au Pape en des termes très pressans. Depuis la levée du siege de Malte, il avoit reçu de ce Pontife plusieurs Brefs remplis des témoignages les plus éclatans de son estime & de sa reconnoissance. La Valette lui marquoit par sa réponse que la seule récompense qu'il demandoit de ses services, étoit de laisser à son Ordre la disposition du Grand Prieuré de Rome. Pie V. trouvant sa requête aussi desinteressée à son égard, que juste par rapport à ses Chevaliers, l'assura par un Bref particulier qu'à la premiere vacance on ne troubleroit plus l'Ordre dans la jouissance de ses droits. Cependant le Cardinal Bernardini Salviati, qui étoit alors Grand Prieur de Rome, étant décédé, Pie V. ne laissa pas de conferer cette riche dignité au Cardinal Alexandrin son neveu, sans même l'assujettir, comme avoient été les autres Cardinaux Grands Prieurs, à payer les responsions & les redevances ordinaires au trésor général de l'Ordre.

Le Grand Maître fut sensiblement touché de ce manque de parole, sur-tout de la part d'un Pontife encore plus saint par la pureté de ses mœurs, & par son éminente pieté, que par le titre de sa dignité, la premiere du monde Chrétien. Il lui en écrivit aussi-tôt avec beaucoup de vivacité: & le Chevalier de Cambian son Ambassadeur lui rendit de sa part une lettre, où il lui representoit que si les Cardinaux de chaque nation s'emparoient des biens les plus considerables de son Ordre, il ne se

JEAN DE LA VALETTE.

trouveroit plus de fonds, suivant l'intention des Fondateurs, pour défendre les côtes & les vaisseaux de la Chrétienté, & pour continuer la guerre contre les Infideles. Le S. Pere sentit toute la force de ses raisons : il paroissoit même disposé à rendre le Grand Prieuré à l'Ordre ; mais comme les termes de la lettre du Grand Maître n'étoient pas assez mesurez, & que son Ambassadeur, de son chef, avoit eu l'imprudence d'en répandre des copies, le Pape blessé de ce manque de respect, fit défendre à Cambian de se presenter devant lui : nouveau sujet de chagrin pour le Grand Maître, & qui joint au mécontentement que lui avoient donné les jeunes Chevaliers, dont nous venons de parler, le jetta dans une profonde mélancolie.

Ce fut pour la dissiper que quelques jours après étant monté à cheval, suivi de son équipage de chasse, il se rendit dans la plaine voisine de la cale de S. Paul, pour y prendre le plaisir du vol de la perdrix. Mais comme il faisoit ce jour-là qui étoit le 19 de Juillet, une chaleur violente, il fut frapé à la tête d'un coup de soleil, qui lui fit quitter la chasse, & dont il ne revint qu'avec la fievre. Au bout de quelques jours la violence de son mal ne lui permettant pas de donner toute l'attention nécessaire aux affaires du gouvernement, il en remit le soin & toute son autorité aux Seigneurs du Conseil. Sa maladie dura encore près de trois semaines, & devenoit de jour en jour plus dangereuse : enfin s'apercevant de la diminution de ses forces, & que sa fin approchoit, il s'y prépara en bon Chrétien, & en vrai Religieux. Il reçut tous ses Sacremens

avec

avec de grands sentimens de pieté ; & afin de mourir dans un entier desapropriement conforme au vœu de pauvreté qu'il avoit fait en entrant dans l'Ordre, il envoya demander au Conseil la permission de disposer dans sa dépouille de cinquante esclaves qui lui appartenoient, & d'une somme de 12000 livres. Il employa une partie de cet argent à doter la Chapelle qu'il avoit fait construire dans la nouvelle Cité, & où il vouloit être enterré, & il legua le reste pour récompenser ses domestiques.

Il fit appeller ensuite les Seigneurs du Conseil & les principaux Commandeurs & Chevaliers, qui étoient pour lors à Malte ; il les exhorta dans les termes les plus touchans, à entretenir entr'eux la paix & l'union, & à rendre au Grand Maître qui seroit son successeur, l'obéissance dont ils avoient fait vœu au pied des Autels. On prétend qu'il leur désigna pour remplir cette grande dignité Frere Antoine de Tolede, Grand Prieur de Castille, comme un des sujets le plus capable de soutenir la gloire de l'Ordre. Il déclara qu'il pardonnoit aux Chevaliers qui pouvoient l'avoir offensé, & il pria même les Seigneurs du Conseil de rendre l'habit aux jeunes Chevaliers qu'il en avoit privez, s'ils jugeoient que cela se pût faire sans donner atteinte à la discipline : & s'adressant en particulier à ses neveux, il leur dit qu'ils ne trouveroient que dans la pratique de toutes les vertus de leur état les dignitez & la consideration, que les hommes cherchoient si ambitieusement par des cabales & par la protection des Grands. Il congedia enſuite les uns & les autres, & ne voulut plus entendre parler que des choſes qui concernoient ſon ſalut. Il ne fut pas long-tems ſans ſentir les approches de la mort ; ce guerrier, qui pendant toute ſa vie & au milieu des plus grands perils l'avoit enviſagée avec tant d'intrépidité, fut dans ce moment ſaiſi d'une frayeur ſalutaire : on l'entendit appeller pluſieurs fois à ſon ſecours ſon bon Ange ; mais ces nuages ſe diſſiperent bientôt, & plein de confiance dans la miſericorde de Dieu, il ſurmonta les horreurs de ce dernier combat : le calme ſe rétablit dans ſon eſprit & ſur ſon viſage ; & en prononçant dévotement le S. nom de Jeſus & de Marie, le vingt-un du mois d'Août 1568, il termina une vie illuſtre par une mort paiſible & chrétienne. Son corps fut dépoſé dans l'Egliſe de Saint Laurent, & dans la Chapelle de Nôtre-Dame de Philerme, en attendant qu'on le pût porter dans celle de Notre-Dame de la Victoire, qu'il avoit ordonné de conſtruire dans la nouvelle Cité de la Valette, où il avoit élû ſa ſépulture, & où il fut porté après l'élection de ſon ſucceſſeur.

Tout le Couvent s'aſſembla le lendemain pour proceder à cette élection. Si on eût ſuivi les intentions du dernier Grand Maître, Dom Antoine de Tolede, de la même Maiſon que le fameux Duc d'Albe, eût rempli cette grande dignité. C'étoit un Chevalier plein de la plus rare valeur, grand Capitaine, génereux, liberal, & ce qui étoit plus conſiderable, plein de ſentimens de pieté & de religion,

& attaché fur-tout à l'obfervation de fa regle, & des ftatuts de l'Ordre, mais un peu trop prévenu en faveur de fon illuftre naiffance. Ce fentiment qu'il eft toujours dangereux de faire éclater dans une République compofée de nobleffe, certain air de hauteur qu'il affectoit, la recommandation même de la Valette, défagreable à plufieurs Chevaliers par la feverité de fon commandement, tout cela fit craindre que Tolede ne lui reffemblât autant par fa fermeté que par fa valeur, & tourna les vœux & les fuffrages de l'Affemblée d'un autre côté. Il s'y trouva plufieurs competiteurs, tous Grands-Croix, des premiers & des plus anciens Chevaliers de l'Ordre.

Saint Clement afpiroità cette dignité : c'étoit un Chevalier Efpagnol, Pilier de la Langue d'Arragon, & qui par fon âge, fa longue réfidence dans le Couvent, fa modeftie, & pour avoir paffé par la plûpart des charges de la Religion, auroit pû parvenir à la premiere : mais fon extrême avarice, & une honteufe léfine avec laquelle il nourriffoit les Chevaliers de fon Auberge, le rendirent fi odieux & fi méprifable, qu'on ne daigna pas faire attention à fes prétentions.

Il y avoit alors à Malte deux Grands-Croix, l'un François appellé la Motte, & l'autre Efpagnol nommé Maldonat, amis particuliers, qui avoient fouvent fait la courfe enfemble, tous deux pleins de courage, & qui par une conformité de goût & de fentimens, avoient mis pour ainfi dire, en focieté leur gloire & le profit qu'ils faifoient par leurs prises. Ces deux Commandeurs, du vivant même de la Valette, & le voyant avancé en âge & consommé par les fatigues de la guerre, formerent le projet de faire tomber après sa mort la Grande Maîtrise à quelque Grand Croix qui leur en eût la principale obligation. Dans cette vûe, dès le vivant du Grand Maître, ils travaillerent à se faire des amis & des creatures, & à se rendre chefs d'un parti qui fût d'un grand poids dans l'élection. La Motte d'un caractere doux, poli & insinuant, n'eut pas de peine à se faire beaucoup d'amis. Ces qualitez manquoient à Maldonat, naturellement fier & hautain ; mais il les remplaçoit par des manieres pleines de franchise, par sa dépense, par sa liberalité & par les bons offices qu'il rendoit aux Chevaliers qui avoient servi sous lui, & dans les galeres qu'il commandoit. Le jour de l'élection étant indiqué, ils se rendirent la veille chez le Commandeur de Rivalle, de l'Illustre Maison des Ursins, qui étoit actuellement Grand Amiral de l'Ordre, chef de la Langue d'Italie, & qui avoit un grand nombre de creatures & de partisans. Rivalle qui se croyoit assuré de son élection, les reçut dans son lit : & sur ce qu'ils lui offrirent leurs suffrages & ceux de leurs amis, il ne répondoit à ces offres qu'avec une feinte moderation, & assez froidement. Les deux Commandeurs mécontens de l'air mysterieux qu'il affectoit, & blessez qu'il les eût reçus dans son lit, sortirent de son appartement. Maldonat qui étoit vif & fier, ne put s'empêcher de dire, qu'il seroit bien surpris si un homme qui la veille de l'élection gardoit le lit si tard, pouvoit être choisi le lendemain pour Grand Maître.

Ces deux Commandeurs rendirent compte à leurs amis de la maniere hautaine dont l'Amiral les avoit reçûs, & on convint qu'il falloit tourner les suffrages d'un autre côté. Maldonat dans cette conference tenta de déterminer cette Assemblée particuliere en sa faveur; mais ces Chevaliers prévenus de son humeur impérieuse, ne le crurent pas propre à gouverner des personnes de naissance, & élevées dans le sein de la liberté. On ne laissa pas de lui donner quelque espérance; mais en termes vagues, & il s'apperçût bientôt que ses amis les plus intimes lui manqueroient dans cette occasion: & la Motte même lui conseilla de se désister d'un projet qui ne pouvoit pas avoir de succès; & de concert ils résolurent de se déclarer en faveur du Chevalier de Monté, Grand Prieur de Capoue, qui étoit sur les rangs pour l'élection, & qui avoit même un parti considerable. Et dans le chagrin qu'ils avoient contre Rivalle, ils choisirent Monté, dans la vûe qu'étant comme eux de la Langue d'Italie, ils lui enleveroient une partie des voix & des suffrages de cette Langue. Les deux amis se rendirent chez lui; ce Seigneur avoit passé par toutes les charges & les dignitez de l'Ordre, Géneral des galeres, Amiral, Gouverneur du Château S. Ange, & de la presqu'Isle de la Sangle, où dans le dernier siege il avoit acquis beaucoup de gloire. La Motte & Maldonat le trouverent dans sa sale, environné d'un grand nombre de Chevaliers. Ils lui offrirent, comme ils avoient fait à Rivalle, leurs voix & celles de leurs amis. Monté plus habile que Rivalle, & qui sentit bien tout le crédit & le pouvoir qu'ils alloient avoir dans l'élection, les combla de caresses, & les assura de toute sa reconnoissance.

Le lendemain tout le Couvent s'assembla dans l'Eglise Priorale de S. Jean, & chaque Langue se rendit dans sa chapelle particuliere. On y proceda au choix de deux électeurs pour chaque Langue. La Motte fut du nombre, & nommé pour le Chevalier de l'élection. Il eut même l'adresse de faire nommer pour la plûpart des coélecteurs, ceux de ses amis dont il étoit le plus assuré. Le Président leur donna à chacun une balotte : comme ils étoient au nombre de seize électeurs, la Motte en qualité de Chevalier de l'élection, & pour éviter la parité, eut deux balotes. Après les sermens & les ceremonies ordinaires en cas pareil, & sur lesquelles on peut consulter le traité du Gouvernement de l'Ordre, qui fait le quinziéme Livre de cet Ouvrage, tous les électeurs à la pluralité des voix nommérent pour Grand Maître Frere PIERRE DE MONTE Grand Prieur de Capoue. Son nom étoit Guidalotti ; mais comme il se trouva petit neveu du côté des femmes du Pape Jules III. de la Maison de Monté, il en avoit pris le nom qu'il avoit illustré par sa valeur & par la courageuse résistance qu'il avoit faite pendant le siege de Malte aux assauts continuels que les Turcs avoient donnez par terre & par mer à la presqu'Isle de la Sangle.

Les premiers soins de ce nouveau Grand Maître, furent de rendre les derniers devoirs au corps de son prédecesseur : on l'avoit déposé, comme nous l'avons dit, dans l'Eglise de Notre-Dame de Philerme par ordre du Grand Maître : il fut embarqué sur la capitane désarmée, & sans arbre, tirée par deux autres galeres armées, parées de drap noir, & qui traînoient jusques dans l'eau, des enseignes & des bannieres aux armes des Turcs & des autres Infideles qu'il avoit vaincus. Deux autres galeres qui appartenoient au feu Grand Maître, suivoient aussi, couvertes de drap noir & avec des ornemens lugubres. Le Grand Maître alors regnant, les Seigneurs du Conseil, les Commandeurs & les principaux Chevaliers montoient ces deux galeres. La pompe funebre sortit du grand port en ce triste équipage, & entra dans le port Muset. La Maison du mort, ses Officiers & ses domestiques tous en grand deuil descendirent les premiers à terre. La plûpart avoient des flambeaux à la main, & d'autres portoient les étendarts pris sur les Turcs. Le Clergé marchoit après la Maison du Prince, & portoit son corps en chantant les prieres de l'Eglise. Le Grand Maître & tous les Seigneurs du Conseil venoient immédiatement après, & ils étoient suivis du gros des Chevaliers. Le corps du défunt fut porté dans la Chapelle de Notre-Dame de la Victoire, construite à ses dépens, & dans la Cité nouvelle où il avoit élû sa sépulture : il y fut mis en terre, & le service divin celebré ensuite avec les cérémonies de l'Eglise, & tous les honneurs qui étoient dûs à la mémoire d'un si grand homme.

Fin du treiziéme Livre.

LIVRE QUATORZIEME.
AVERTISSEMENT.

DE tous les Auteurs qui ont écrit l'Histoire générale de l'Ordre de Saint Jean de Jerusalem, soit en Italien, en Latin, en François, ou en Espagnol, il ne nous en est resté aucun qui ait étendu sa narration au de-là du dernier siege de Malte : tous ces Ecrivains, comme de concert, se sont bornez à une époque si fameuse, & ils ont cru apparemment qu'ils ne pouvoient finir plus heureusement leurs ouvrages, que par la fin d'une guerre si meurtriere ; peut-être aussi que les forces des deux partis également épuisées produisirent dans la suite moins de ces grands évenemens si dignes d'avoir place dans l'Histoire.

1565.

Quoi qu'il en soit de ces differens motifs, j'ai suivi la même méthode dans le plan & la distribution de mon ouvrage. Le treiziéme Livre finit à la levée du siege de Malte, & à la défaite de Mustapha, Géneral de Soliman II. J'y ai seulement ajouté ce qui se passa pendant les dernieres années du gouvernement de la Valette jusqu'à la mort de ce grand homme, la gloire & l'ornement de son siecle & de son Ordre. Si l'Histoire d'un Roi finit ordinairement avec sa vie, il n'en est pas de même de l'Histoire d'une République qui doit s'étendre aussi loin que dure la même forme du gouvernement. Ainsi les Auteurs qui après moi prendront soin de faire passer à la posterité la suite des évenemens arrivez dans cet Ordre, pourront com-

Tome IV. O

mencer leur ouvrage où le mien finit. Cependant en attendant que quelque Ecrivain nouveau daigne le continuer, ou que moi-même j'aye assez de santé, pour recueillir des mémoires, & pousser ma narration jusqu'à ces derniers tems, j'ai crû, pour la satisfaction du public, devoir joindre aux treize Livres qu'on vient de voir, un quatorziéme Livre par forme de simples Annales, & comme une espece de supplément, qui contienne sommairement les principaux évenemens qui sont arrivez dans cet Ordre depuis l'élection du Prieur de Monté, successeur immediat de la Valette, jusqu'à celle de Dom Manoel de Vilhena, qui gouverne aujourd'hui si heureusement ce grand Ordre.

ANNALES SOMMAIRES DE L'ORDRE DE SAINT JEAN DE JERUSALEM.

LE vingt-trois d'Août de l'année 1568, Frere PIERRE DE MONTE', ou DU MONT, Grand Prieur de Capouë, est élû pour Grand Maître. Son nom étoit Guidalotti; mais comme du côté des femmes il se trouva petit neveu du Pape Jules III. de la Maison de Monte, il en avoit pris le nom & les armes.

PIERRE DE MONTE'.
1568.

La Dame Hieronyme d'Olibo, Grande Prieure de la Maison Royale de Sixene, de l'Ordre de S. Jean de Jerusalem, située, comme nous l'avons dit, dans le Royaume d'Arragon, du consentement de toute sa Communauté rentra sous le gouvernement & la discipline particuliere des Grands Maîtres, dont depuis près de cent ans cette Maison s'étoit soustraite, sous prétexte qu'elle relevoit du Saint Siege.

1569.

Selim second Empereur des Turcs, entreprend la conquête de l'Isle de Chypre, & déclare à ce sujet la guerre aux Venitiens. Suite de cette guerre. Prise de Nicotie & de Famagouste par les Infideles : ce qui produit une ligue entre le Pape, le Roi d'Espagne & les Venitiens.

Les Chevaliers de S. Aubin, Roquelaure, & Ferrand de Coiro, fameux armateurs, font des prises considerables dans les mers d'Egypte, & jusques dans les bouches du Nil. Mais ces avantages qui ne tournoient qu'au profit de quelques particuliers, ne dédommagent pas la Religion de la grande

1570.

O ij

PIERRE DE MONTE'.

perte qu'elle fait par la défaite de Saint Clement; Lucchiali fameux corsaire, à la tête d'une puissante escadre surprend celle de Malte commandée par ce Chevalier, lui prend trois galeres, & force la capitane d'échouer au pied de la tour de Monchiaro dans l'Isle de Sicile. Ce triste évenement est suivi de la mort funeste de Saint Clement.

1571.

Bataille de Lepanthe entre les Chrétiens & les Infideles. Les Turcs y perdirent trente mille hommes; leur Général y fut tué; deux de ses enfans y resterent prisonniers avec cinq mille Officiers ou soldats. Vingt mille esclaves Chrétiens recouvrerent leur liberté : on prit aux Infideles cent quarante galeres, sans compter celles qui furent ou brûlées ou coulées à fond. Les Chrétiens de leur côté y perdirent sept mille six cens hommes, & quatorze Capitaines de galeres. Quoique la Religion n'y eût envoyé que trois galeres, les Chevaliers ne laisserent pas de s'y signaler.

Dans la même année le Grand Maître étant venu à bout par ses soins & sa dépense, d'achever la construction de la nouvelle Ville, appellée la Cité de la Valette, dont le Grand Maître de ce nom avoit jetté les fondemens, y transfere la résidence du Couvent.

Distribution des principales dignitez de l'Ordre. Frere François Burges est nommé Bailli de Majorque : Frere François d'Arquembourg Tourville, quitte la dignité d'Hospitalier pour prendre le Grand Prieuré de Champagne : Frere Pierre Pelloquin lui succede à la charge d'Hospitalier, après avoir quitté le Bailliage de la Morée, qui passe

par son abdication à Frere Guillaume de Malin-le-Lux: ce dernier se démet de la charge de Grand Trésorier, dont Frere Christophe de Montgaudri est pourvû. Depuis tous ces changemens le Grand Maître & le Conseil, sur la renonciation volontaire du Commandeur d'Arquembourg Tourville, & à la priere de Charles IX. conferent le Grand Prieuré de Champagne au Chevalier de Sevre.

Mort du Grand Maître de Monté, âgé de 76 ans.

Frere JEAN L'EVESQUE DE LA CASSIERE, de la Langue d'Auvergne, & Maréchal de l'Ordre, est élu Grand Maître; & le lendemain de son élection le Conseil complet lui défere la qualité de Prince souverain des Isles de Malte & du Goze.

Sous son gouvernement, il se fait une nouvelle promotion dans les dignitez de l'Ordre. Le Commandeur Frere Marc de la Goutte, de la Langue d'Auvergne, est fait Grand Maréchal de l'Ordre, charge vacante par l'élection de la Cassiere à la Grande Maîtrise. Le Commandeur Frere Hubert Solar est nommé Lieutenant du Grand Amiral, & ensuite Prieur de Lombardie. Frere Justinien General des Galeres, ayant accompli ses deux années de service, a pour successeur Frere Philippe Flach, Grand Bailli d'Allemagne. Frere François Pouget est fait Capitaine de la Capitane, & Frere Pompée Soard, Commandant de la galere de S. Pierre. Frere François Mego de l'Isle de Rhodes, après avoir exercé la charge d'Auditeur sous les Grands Maîtres d'Omedes, la Valette, Monté & la Cassiere, & par la promotion de Rojas Chapelain, à l'Evêché de Malte, est fait Vice-Chancelier de la Religion. Le Commandeur François de Moretton Chabrillan, & le Docteur Melchior Cagliares sont nommez en qualité de Syndics, pour examiner la conduite des Juges dans le civil & le criminel.

1573. Frere Jerôme de Guette Grand Conservateur, est nommé à l'ambassade de Rome, pour prêter le serment d'obedience au Pape Gregoire XIII. successeur de Pie V.

1574. On fait à Malte de grands préparatifs pour résister au Grand Seigneur Selim II. qui menaçoit l'Isle entiere d'y porter tout l'effort de ses armes; mais il les tourne contre la Goulette & la Ville de Thunis, dont il se rend maître.

C'est à cette année qu'on rapporte l'établissement de l'Inquisition dans l'Isle de Malte.

1575. Mort de Selim II. auquel succede Amurat III. l'aîné de ses enfans.

Grand differend entre l'Ordre & la République de Venise au sujet de la prise que font les Chevaliers, d'un vaisseau chargé de riches marchandises pour le compte de quelques Juifs.

Autre differend entre plusieurs Commandeurs de la Langue de Provence, au sujet du Grand Prieuré de Toulouse. Romegas est fait Général des galeres.

1576. A l'occasion des bruits qui couroient d'une prompte invasion que devoient faire les Turcs de l'Isle de Malte, on reproche au Grand Maître & au Conseil, que sous prétexte que le Roi d'Espagne avoit autant d'interêt qu'eux-mêmes à la conservation de cette Isle, ils demeuroient dans une oisiveté, qui pourroit être très-préjudiciable à la Religion.

Frere Jean-George de Schomborn est nommé par le Conseil pour remedier aux abus qui s'étoient introduits dans les Commanderies d'Allemagne, par la mauvaise administration des Receveurs particuliers.

Le Chevalier Mendose encore novice, arrive à Malte avec un Bref du Pape, qui ordonne qu'aussitôt qu'il aura fait ses vœux, il prenne la Grande Croix avec le titre de Turcopolier affecté à la Langue d'Angleterre ; ce qui cause un mécontentement géneral dans le Couvent, qui envoye des Ambassadeurs au Pape pour faire révoquer le Bref, accordé à un jeune homme sans experience, & qui alloit devenir un des huit Piliers ou chefs de tout l'Ordre.

L'affaire des Juifs de Venise se renouvelle. Le Senat par represailles, fait mettre en sequestre tous les biens que la Religion avoit dans les Etats de la République. Le Grand Maître envoye à ce sujet un Ambassadeur à Rome pour representer au Pape que ces Juifs n'étant point sujets de la République, il étoit d'usage & permis par toutes les loix de saisir la robe de l'ennemi, quoique portée sur un vaisseau ami, comme des effets de contrebande. Cette affaire se termina à la satisfaction du Senat ; les Chevaliers furent obligez de restituer le butin qu'ils avoient pris aux Juifs Levantins, & le Senat leva le sequestre.

Le Chevalier Correa Portugais est assassiné dans sa maison par six autres Chevaliers de la même nation, qui à la faveur de fausses barbes, s'étoient introduits dans son appartement. Ils sont arrêtez ; &

1577.

après qu'on leur a fait leur procès, le Juge séculier les condamne à être jettez dans la mer enfermez dans un sac.

Les corsaires d'Alger enlevent la galere de Saint Paul qui appartenoit à l'Ordre.

Il y avoit dans la Maison d'Autriche de la branche d'Allemagne, un jeune Prince appellé l'Archiduc Venceslas, qui prit la croix & l'habit de Chevalier de Malte. Le Pape à la priere du Roi d'Espagne lui donna un Bref du 10 Mars 1577, par forme de grace expectative, pour pouvoir jouir après la mort des Titulaires de la dignité de Grand-Croix, & des Prieurez de Castille, de Leon & du Bailliage de Lora : ce que le Grand Maître & le Conseil en consideration de la protection que la Religion recevoit du Roi d'Espagne, se virent obligez de passer après que le Prince Allemand eut fait ses vœux.

La France fit en ce tems-là un autre préjudice aux droits d'ancienneté & aux privileges de la Religion. Le Conseil de Henri III. ayant rendu un Arrêt qui autorisoit le Roi à nommer quelques-uns de ses sujets au Grand Prieuré d'Auvergne, ce Prince écrivit au Grand Maître pour obtenir en faveur de François de Lorraine frere de la Reine, les trois Grands Prieurez de France, de S. Gilles & de Champagne.

L'Ordre eut ensuite à essuyer une autre bourasque du côté de l'Allemagne, où dans une Diette on agita s'il ne seroit pas à propos d'obliger les Chevaliers de Malte Allemands de s'unir avec leurs Commanderies à l'Ordre Theutonique, pour le rendre

rendre plus puiſſant, & plus en état de ſe porter en Hongrie pour faire la guerre aux Infideles. Ce qui n'eut point d'effet par l'adreſſe & l'habileté du Commandeur Scaglia Piémontois, & Ambaſſadeur de l'Ordre à la Diette.

Le Grand Duc de Toſcane, avec la permiſſion du Grand Maître, envoye à Conſtantinople en qualité d'Ambaſſadeur, le Chevalier Bongianni-Giantigliazzi. Dans une converſation particuliere, le Grand Seigneur montrant un plan de la Cité de la Valette à cet Ambaſſadeur, lui demande ſi ce plan étoit fidele, & ſi la Place étoit auſſi fortifiée qu'elle paroiſſoit. *Seigneur*, lui répondit le Chevalier, *celui qui a levé ce plan, a oublié la principale partie de ſes fortifications, qui conſiſte dans le courage & la valeur de plus de mille Chevaliers toujours prêts à répandre juſqu'à la derniere goute de leur ſang pour la défenſe de cette Place.*

Troubles dans la Religion, cauſez par huit Chevaliers Caſtillans, qui ſe plaignoient du Grand Maître & du Conſeil, comme leur ayant fait grand tort & à toute leur Langue, par le conſentement qu'ils avoient donné à la diſpoſition que le Pape & le Roi d'Eſpagne avoient faite des Prieurez de Caſtille & de Leon, & du Bailliage de Lora, en faveur de l'Archiduc Wenceſlas. Les mécontens étoient pouſſez ſecretement par pluſieurs Grands-Croix qui fomentoient la ſedition. Le Grand Maître a recours au Pape qui fait citer ces mutins à comparoître devant lui; ils reconnoiſſent leur faute; & ſous prétexte qu'étant ſans Commanderies, ſans patrimoine & ſans argent, ils ne pouvoient pas entreprendre un pareil voyage, le Grand Maître en obtint la dispense du Pape: mais ils furent obligez de se presenter devant lui en plein Conseil, chacun un cierge à la main, pour lui faire & à tout le Conseil réparation, & lui demander pardon : ce qu'ils obtinrent après une severe reprimande que leur fit le Grand Maître.

Mort du Grand Prieur de Bohême. Les Empereurs s'étoient mis comme en possession d'y nommer ; & l'Ordre depuis long-tems ne jouissoit, ni de la dépouille des morts, ni du mortuaire, ni du vacant. Le Grand Maître & le Conseil nomment le Bailli de Schomborn pour Ambassadeur à la Cour Imperiale : ce Chevalier s'abouche dans Prague avec Frere Christophe de Verdemberg, tout puissant auprès de l'Empereur : & pour l'interesser à maintenir les droits de la Religion, le Bailli lui remit un acte & une Bulle du Grand Maître qui le nommoit Grand Prieur de Bohême : ce qui réussit suivant les vœux & les intentions du Grand Maître.

Dom Henri Roi de Portugal fait part au Grand Maître de la mort du Roi Dom Sebastien son neveu, qui avoit été tué le 22 Septembre 1578, à la bataille d'Alcacer où périrent aussi plusieurs Commandeurs de l'Ordre de S. Jean, & de son elevation sur le trône.

1579.

Freres Gargallo, Evêque de Malte, & Cressin, Prieur de l'Eglise, tous deux d'un esprit inquiet, commencerent à exciter la tempête qui s'éleva alors contre le Grand Maître leur bienfaicteur.

Mort de l'Archiduc Venceslas, Grand Prieur de

Castille & de Leon, suivie de celle de Dom Joan d'Autriche, fils naturel de Charles-Quint.

Frere Justinien Grand Prieur de Messine est nommé à l'ambassade de Castille & de Portugal, pour faire les complimens de condoleance sur la mort de tous ces Princes, & sur-tout pour s'assurer des secours necessaires pour résister aux Turcs qui menaçoient Malte d'une nouvelle entreprise sur toute cette Isle.

L'Evêque Gargalla par de nouvelles entreprises sur l'autorité du Grand Maître & du Conseil, prétend faire la visite juridique de l'Hôpital de la Cité notable; à quoi les Administrateurs qui ne reconnoissent que l'autorité du Grand Maître & du Conseil s'opposent. L'Evêque les excommunie; il est soutenu par le Clergé qui se cotise pour les frais de cette démarche. La Religion nomme Frere Damientaliata Maltois, Theologien, de l'Ordre de S. Dominique, pour défendre ses privileges. Les Magistrats des Citez presentent une requête au Grand Maître pour se plaindre que les creatures & les amis de l'Evêque sortoient en armes de son Palais, & maltraitoient les citoyens qui persistoient dans l'obéissance qu'ils devoient à leur Souverain. Le Grand Maître pour arrêter ce desordre, établit dans le bourg appellé la Cité victorieuse une garde de cinquante hommes.

Le Grand Maître fait part de ces mouvemens au Pape, auquel il envoye pour Ambassadeur Frere Hugues de Loubens de Verdalle: & par ses instructions, il le charge de demander au Souverain Pontife la confirmation des privileges accordez par ses prédecesseurs à la Religion, avec la permission pour le Prieur de l'Eglise, sur le refus de l'Evêque, de conferer les Ordres mineurs aux jeunes Clercs ou Diacots. Le Pape nomme l'Archevêque de Palerme pour connoître de ces differends ; mais ce Prélat étant arrivé à Malte, trouve les esprits si aigris, qu'il renvoye la connoissance de cette affaire au Saint Siege : & l'Evêque se rend à Rome pour y défendre sa conduite.

Grande conjuration contre la vie du Grand Maître, que trois Familiars de l'inquisition avoient résolu d'empoisonner : ils sont arrêtez, & ils chargent comme leurs complices plusieurs Chevaliers, même des Grands-Croix, & sur-tout le nommé Petrucci Inquisiteur à Malte. Des Chevaliers des trois Langues d'Italie, d'Arragon & de Castille entrent tumultuairement dans le Conseil, insultent le Grand Maître ; & sans respect pour sa dignité, le somment de déclarer quelle preuve il avoit qu'on eût conspiré contre sa vie. Et quoique le Vice-Chancelier leur témoignât qu'on n'en avoit jamais parlé dans le Conseil, ils exigerent que la Religion envoyât trois Ambassadeurs au Pape, qui furent Frere Antoine de Villars, Grand Prieur d'Auvergne, Fr. François Guiral, Bailli de Negrepont, & Fr. Antoine de Bologne, Bailli de Saint Etienne. Mais Bologne & Guiral ne voulant point se mêler d'une affaire si épineuse, se dispenserent sous prétexte d'infirmité de faire ce voyage : ce qui ralentit la chaleur & l'animosité des plus emportez.

On cite devant le Conseil de l'Ordre le Bailli de Brandebourg, & plusieurs Chevaliers du Bailliage de Sonneberg, qui sans respect pour leur profession, avoient embrassé la Religion Lutherienne.

L'Empereur prétend qu'il lui appartient de nommer au Grand Prieuré, & aux Commanderies du Royaume de Bohême.

Le Conseil soutenu de la plus grande partie du Couvent, se souleve contre la Cassiere. Trois sujets differens exciterent cette sédition. Le premier, c'est que ce Grand Maître avoit défendu aux Chevaliers de differentes Langues de se partialiser en faveur de la Nation, & des Souverains dont ils étoient nez sujets: parceque les Espagnols élevez depuis Charles-Quint à l'ombre de la puissance formidable de la Maison d'Autriche, vouloient que l'Ordre entier pliât sous cette puissance. La seconde cause fut que le Grand Maître par un ban public, avoit chassé du bourg & de la Cité de la Valette les filles & les femmes dont la conduite étoit de mauvais exemple, & qu'il les avoit forcées de sortir de l'Isle ou de se retirer dans des casals, & des villages éloignez de la résidence du Couvent. Le troisiéme sujet vint de l'ambition de quelques Grands-Croix, qui aspiroient à la Grande Maîtrise, & qui voyant que le Grand Maître, quoique très âgé, jouissoit d'une parfaite santé, & craignant de ne lui pouvoir survivre, résolurent par une déposition & une abdication forcée de faire vaquer sa dignité.

Les Langues de Castille & de Portugal, quelques-uns ajoutent celles d'Arragon & d'Allemagne, plusieurs Chevaliers des trois Langues de France, qui avoient à leur tête Mathurin de l'Escur, dit

JEAN DE LA CASSIERE.

1581.

P iij

Romegas, s'assemblent tumultuairement, se plaignent que le Grand Maître par ses differentes ordonnances, faisoit assez connoître que son esprit étoit baissé ; qu'il avoit plus d'attention à la conduite des femmes de Malte, qu'aux entreprises des Turcs & des Corsaires de Barbarie ; qu'il négligeoit de remplir les magasins de Malte ; que dans les conseils il dormoit toujours, & qu'il ne sembloit veiller que pour tourmenter ses Religieux: & sur cela ils lui envoyent des députez pour lui proposer, eu égard à son incapacité dans le gouvernement, de nommer un Lieutenant. Sur son refus, le Conseil complet s'assemble chez Frere Cressin, Prieur de l'Eglise, principal moteur de cette sédition, & on nomme pour Lieutenant du Magistere Romegas, Prieur de Toulouse & d'Irlande. Les Chevaliers Espagnols pour interesser les Langues de France, le préferent à d'autres de leur Nation. Tel fut le résultat de cette assemblée séditieuse, qui aboutit à suspendre de l'autorité legitime un Grand Maître recommandable par sa sagesse, sa pieté, & par sa valeur, pour mettre en sa place un Chevalier dévoré d'ambition, brave à la verité, & heureux dans ses courses, mais feroce, cruel à l'égard des ennemis, & qui ne meritoit que la qualité d'un redoutable Corsaire.

Outre Romegas le chef muet de cette conjuration, & qui en apparence sembloit ne faire que se prêter aux sentimens du plus grand nombre des Chevaliers, il y en avoit quatre autres qui agissoient à découvert contre le Grand Maître. Le premier étoit Cressin que le Grand Maître avoit fait

Prieur de l'Eglise. Ce malheureux parut le plus cruel ennemi de son bienfaicteur. Le second étoit le Bailli Rivalte, qui ayant manqué la Grande Maîtrise que Monte emporta à son préjudice, ne desesperoit pas d'y parvenir, si la Cassiere étoit déposé. Le troisiéme étoit Ducro Grand-Croix, & le quatriéme, creature de Romegas & son confident, étoit un François appellé le Commandeur de Maillo-Sacquenville.

 Ces quatre chefs de la sedition n'en demeurent pas là : & pour pousser la révolte & l'outrage encore plus loin, ils entrent à la tête de leurs complices, dans le Palais du Grand Maître, l'arrêtent en vertu d'un decret du Conseil, le mettent dans une chaise à découvert, l'environnent de soldats, & le conduisent comme un criminel dans le Château Saint-Ange où il fut retenu prisonnier : & on remarqua que pendant le chemin de la Cité de la Valette au Château, il eut à essuyer les cris & les outrages de plusieurs jeunes Chevaliers, & de ces femmes perdues qui l'insulterent, & lui firent des reproches sanglans ; mais qui devant des Juges équitables, faisoient son éloge, & tournoient à sa gloire.

 Les révoltez qui vouloient faire approuver leur entreprise par le Pape, le Superieur souverain de l'Ordre, lui dépêchent trois Ambassadeurs, à la tête desquels Romegas fit nommer Sacquenville son confident. Le Grand Maître, quoique renfermé étroitement, trouva le moyen de faire passer à Rome quatre autres Ambassadeurs, qui furent les Chevaliers de Blot Viviers, Pierre Roux de Beauvais, Frere Dom François de Guzman, & Frere Ange Pelleggrini.

Deux jours après, Chabrillan Géneral des galeres rentre dans le port de Malte à la tête des Chevaliers qui s'étoient embarquez avec lui. Il n'eut pas plutôt mis pied à terre, qu'il demanda à voir le Grand Maître. Les révoltez n'oserent le refuser : il entre dans le Château Saint-Ange, & offre au Grand Maître de le rétablir dans son autorité, & de le reconduire dans son Palais à la tête de 2000 hommes, tant des troupes qu'il avoit sur ses galeres, que d'un grand nombre de Chevaliers, & des plus gens de bien de l'Isle, qui détestoient la révolte des séditieux. Mais ce génereux vieillard lui répondit avec beaucoup de sagesse, qu'il attendoit son rétablissement de l'autorité du souverain Pontife, le premier Superieur de la Religion, & qu'il aimeroit mieux finir ses jours dans une prison, que d'être cause que ses Religieux qu'il regardoit toujours comme ses enfans, en vinssent aux mains à son sujet.

Les Ambassadeurs des deux partis arrivent à Rome : ceux des révoltez, pour disposer le Pape à consentir à la déposition du Grand Maître, le représentent comme un vieillard tombé en démence & incapable de gouverner son Ordre. Le Pape ne se laisse point surprendre, & il envoye à Malte Gaspard Viscomti, Auditeur de Rote, en qualité de son Nonce, pour prendre connoissance de cette affaire. Ce prélat étant arrivé à Malte, convoque l'Assemblée generale de tout le Couvent : il lui fait part de deux Brefs du Pape, dont il est porteur, l'un pour le Grand Maître, & l'autre pour Romegas, ausquels il est enjoint de se rendre à Rome.

Le

DE MALTE. LIV. XIV.

JEAN DE LA CASSIERE.

Le Roi de France ayant appris l'indigne traitement fait au Grand Maître par ses Religieux, lui envoye un Chevalier pour l'assurer qu'il employera toutes ses forces pour réduire les mutins dans leur devoir.

La Cassiere arrive à Rome, escorté de huit cens Chevaliers. Il entre dans cette capitale du monde Chrétien comme en triomphe. La Cour du Pape, les Maisons des Cardinaux, des Princes, & des Ambassadeurs vont bien loin au devant de lui. Le Pape le reçoit avec de grandes marques d'estime, le plaint, le console. Romegas sollicite une audience : mais le Pape lui fait dire qu'il ne le verra point qu'après qu'il aura abdiqué le titre de Lieutenant du Magistere. Romegas saisi de douleur en recevant de tels ordres, tombe évanoui : la fievre s'ensuit, & l'emporte en peu de jours. Ses partisans ont ordre d'aller se soumettre au Grand Maître. Le Commandeur de Sacquenville s'étant approché du Grand Maître, & se contentant de lui demander sa main pour la baiser, le Cardinal de Montate lui cria : *A genoux, Chevalier rebelle ; sans la bonté de votre digne Grand Maître, il y a plusieurs jours qu'on vous auroit coupé la tête dans la Place Navone.* Tout le monde à Malte rentre dans son devoir. Le Pape vouloit que le Grand Maître y retournât pour y jouir du rétablissement de son autorité ; mais Dieu en disposa autrement, & il mourut à Rome après trois mois de séjour. Son corps fut reporté à Malte, & son cœur déposé à Rome dans l'Eglise de Saint Louis. Le Pape y fit

Tome IV.

mettre cette inscription faite par le celebre M. Antoine Muret.

Fratri Joanni Episcopo, Magno Militiæ Hierosolymitanæ Magistro, viro fortissimo, religiosissimo, splendidissimo, cujus ut igne aurum, sic calumniis spectata ac probata integritas, etiam enituit, sacra sodalitas Militum Hierosolymitanorum patriæ, Principi optimo mœrens posuit. Vixit annos 78, obiit Romæ 12 Kalend. Januarii 1581.

1582. La mort du Grand Maître arrivée à Rome, fit craindre à tout l'Ordre que le Pape, comme premier Superieur, ne prétendît nommer son successeur. Ce fut le sujet d'une ambassade, & d'une celebre députation que le Couvent de Malte envoya à Grégoire XIII. pour le prier de conserver à l'Ordre le droit de l'élection. Gregoire fit consulter les Régistres de ses prédecesseurs, & sur-tout ceux de Boniface IX. d'Innocent VII. & de Gregoire XII. & après avoir pris son parti, il congedia les Ambassadeurs, avec l'assurance qu'il leur enverroit dans peu un Bref pour proceder à l'élection, mais sans s'expliquer plus ouvertement sur les intentions, dont il leur dit que le Seigneur Visconti son Nonce étoit bien instruit.

En effet le 12 de Janvier 1582, le Chapitre étant assemblé, & les seize électeurs choisis, le Nonce de Sa Sainteté leur présenta de sa part un Bref par lequel il leur étoit commandé de renfermer le droit d'élection passive dans trois sujets que le Pape leur proposoit; sçavoir, VERDALLE, Chevalier de la Langue de Provence, & Grand Commandeur;

Panisse, Grand Prieur de Saint Gilles, & Chabrillan, Bailli de Manosque. Verdalle qui avoit été longtems Ambassadeur à Rome, & qui étoit très-agreable au Pape, & à toute sa Cour, trouva le Chapitre dans la même disposition à son égard. Il fut choisi & proclamé pour Grand Maître : & le Pape ratifia son élection, & envoya un Bref pour incorporer, & réunir à la Grande Maîtrise la dignité de Turcopilier, attachée anciennement à la Langue d'Angleterre.

<small>HUGUES DE LOUBENX DE VERDALLE.</small>

Chapitre géneral où il se fait une taxe génerale sur tous les biens de la Religion.

<small>1583.</small>

Les Venitiens s'emparent de deux galeres de la Religion, par represailles de quelques marchandises prises sur des vaisseaux Turcs, & réclamez par des Marchands Venitiens.

Nouvelles fortifications ordonnées dans l'Isle de Goze.

La Langue d'Italie emporte la préseance sur celle d'Arragon.

Procès fait au Chevalier Avogadre Géneral des galeres, privé de sa charge, condamné à un an de prison ; & les revenus de son Bailliage pendant trois ans appliquez au Trésor commun.

<small>1584. 9 Janvier.</small>

Les galeres du Grand Duc vont en course de conserve avec les galeres de la Religion.

Frere Claude de Lorraine appellé le Chevalier d'Aumale arrive à Malte dans une galere qui lui appartient.

Jean André Doria Géneralissime des armées du Roi d'Espagne, arrive à Malte, & confere avec le Grand Maître.

Q ij

| Hugues | Bref du Pape, qui exclut les Chevaliers de pou-
| DE | voir parvenir à la dignité d'Evêque de Malte, ou
| Verdalle. | de Prieur de l'Eglise.

Mort du Pape Grégoire XIII. Election de Sixte cinq.

Un vaisseau Venitien arrêté par represailles, par les galeres de la Religion.

1585. L'année se passe dans la discussion des droits du Grand Maître, au sujet de la nomination du Géneral des galeres, & du Chevalier qui devoit monter la capitane.

1586. Défense de porter des pistolets de poche & des stilets: toutes armes qui ne conviennent qu'à des bandits & des assassins.

1587. Sacconai Grand Maréchal de l'Ordre est puni pour avoir enlevé des prisons de la Châtellenie le valet d'un Chevalier accusé de vol.

Charles d'Orleans est pourvû du Grand Prieuré de France, sans réserve, & de la même maniere qu'en avoit joui Henri d'Angoulême.

Frere Michel de Sevre Grand Prieur de Champagne, par une entreprise témeraire, appelle au Tribunal seculier, des Ordonnances du dernier Chapitre Géneral.

L'esprit de sédition continue dans le Couvent. Le Grand Maître va à Rome. Le Pape pour imposer silence aux mutins, le renvoye à Malte revêtu de la dignité de Cardinal.

1588. Differentes prises faites par les Chevaliers qui étoient en courses.

1589. Le Grand Maître choisit Jacques Bosio pour écrire l'histoire de l'Ordre, qui avoit déja été com-

mencée par le Commandeur Jean-Antoine Fossan.

Mort du Pape Sixte V. auquel succede Gregoire XIV.

Les Juifs & leurs effets par un Bref particulier du Pape, sont censez de bonne prise.

La peste fait de cruels ravages dans toute l'Isle de Malte. Les Jesuites s'y établissent, attirez par l'Evêque Gargallo.

Le Commandeur Jean Othon Bosio devient Vice-Chancelier.

Le Pape confere le Prieuré de Barlette vacant par la mort du Cardinal Scipion de Conzague, au Prince Ferdinand de Conzague, depuis Cardinal, & ensuite Duc de Mantoue.

Le Grand Prieuré de Venise, après avoir été possedé par le Cardinal Farneze, passe au Cardinal Colonne.

Henri IV. après la mort de Henri III. & pendant les guerres civiles de la Religion, dispose du Grand Prieuré d'Aquitaine en faveur du Commandeur de Chattes; & de celui d'Auvergne, en faveur du Baron de Bellegarde, quoique seculier.

La dignité de Cardinal, que le Pape avoit conferée au Grand Maître, ne peut arrêter l'humeur inquiete & séditieuse des mécontens: & ce Prince fatigué de leurs murmures & des plaintes continuelles qu'ils faisoient, passe à Rome, & meurt de chagrin.

Frere Dom MARTIN GARZEZ, de la Langue d'Arragon élû Grand Maître: Prince sans favoris, sans partialité, & dont le gouvernement fut agreable aux Chevaliers & au peuple.

HUGUES DE VERDALLE.

1590.

1591.

1592.

1593.

1594.

1595.

MARTIN GARZEZ.

1596.

MARTIN GARZEZ.

Le Pape Clement VIII. confere le Prieuré de Pife à Dom Antoine de Medicis.

1597. Les Turcs ravagent la Hongrie : & le Conseil de l'Ordre pour procurer du secours à cette Nation, déclare par un Edit solemnel, que la Religion tiendroit compte aux Chevaliers qui serviroient contre les Infideles, de leur résidence, comme s'ils restoient dans le Couvent, ou qu'ils fussent sur les vaisseaux de la Religion.

1598. L'Empereur Rodolphe II. par son diplome termine l'affaire de la Bohême à la satisfaction de l'Ordre.

1599. Nouveaux troubles à Malte au sujet des entreprises des Inquisiteurs, & que leurs successeurs ont poussées encore plus loin.

Le Grand Maître & le Conseil font un decret en faveur des Suisses, par lequel il est permis de recevoir leurs enfans dans le Prieuré d'Allemagne, pourvû que ces enfans soient issus en legitime mariage de pere, mere, ayeul & ayeule, bisayeul & bisayeule, tous Catholiques & legitimes, & qui n'ayent point exercé d'arts mécaniques, mais qui soient issus d'Officiers, de Capitaines, & de Commandans ausquels la profession des armes doit tenir lieu de noblesse.

Le siecle finit par des fortifications que le Grand Maître & le Conseil font faire dans le Château & l'Isle de Goze.

1600. Bailliage d'Armenie supprimé : grandes disputes entre les Langues d'Italie & d'Allemagne qui reclamoient l'une & l'autre le Prieuré de Hongrie.

Les Inquisiteurs, pour faire leur cour aux Papes,

font de jour en jour de nouvelles entreprises sur l'autorité du Grand Maître & du Conseil, & se rendent odieux & insuportables aux Chevaliers.

Mort du Grand Maître Dom Martin de Garzez. Frere ALOF DE VIGNACOUR, Grand Hospitalier de France est élû pour lui succeder. Ce Chevalier, de la Langue de France, & d'une Maison très-ancienne, de la Province de Picardie, étoit Grand-Croix, & Hospitalier de l'Ordre, quand son mérite l'éleva à la dignité de Grand Maître : & nous n'avons gueres de Magistere plus celebre que le sien, soit qu'on fasse attention à sa durée, qui fut de plus de vingt ans, soit qu'on considere les divers évenemens qui arriverent dans l'Ordre pendant son administration.

Le Grand Maître pour donner avis de son élection aux principaux Princes de la Chrétienté, leur dépêcha differens Ambassadeurs. Le Commandeur Frere Rodrigue Britto fut envoyé au Pape ; Frere Nicolas Dellamara à l'Empereur ; Frere Guillaume de Meaux Boisbaudran eut le même emploi auprès du Roi Très-Chrétien & Dom Bernard de Zuniga à la Cour du Roi Catholique.

L'Inquisiteur Veralli veut prendre connoissance des affaires du gouvernement ; en quoi il est favorisé ouvertement par le Pape Clement VIII.

Les galeres de la Religion s'emparent sur les côtes d'Afrique de la ville de Mahomette ; entreprise formée avec beaucoup de prudence, & exécutée avec une pareille valeur.

Emery de Chattes, Ambassadeur de l'Ordre auprès du Roi Henri IV.

ALOF DE VIGNA-COUR.

* Entreprise des Chevaliers sur les villes de Lepanthe & de Patras.

*1603.
* Chapitre géneral.

*1604.
Les galeres de la Religion ravagent l'Isle de Lango autrefois si chere aux Chevaliers, quand ils résidoient à Rhodes ; mais où leurs successeurs en haine des Turcs, firent 165 esclaves.

1605. Mort du Pape Clement VIII.

1606. Paul V. son successeur, confere à un de ses neveux trois Commanderies de la Langue d'Italie, quoiqu'elles n'eussent pas vacqué en Cour de Rome ; & peu après il confera encore la Commanderie de Benevent au Cardinal Buffaio.

1607. Projet d'un Chevalier Dalmate de nation, mais de la Langue d'Allemagne, proposé à l'Ordre pour obtenir des Polonois la restitution de la grande Commanderie de Posnanie tombée en des mains de seculiers, à condition d'établir dans ce Royaume un corps de Chevaliers qui serviroient à cheval contre les Turcs. Projet qui n'eut point d'execution par les obstacles que forma un Prince de la Maison de Radziwil, dont apparemment ses ancêtres ou ses parens s'étoient emparez.

1608. Troubles à Malte & dans l'Auberge & la Langue d'Allemage, parcequ'on avoit tenté de faire recevoir dans cette Langue Charles Comte de Brie, fils naturel de Henri Duc de Lorraine : l'affaire est poussée si loin, que les Allemands arrachent de dessus la porte de l'Auberge les armes du Grand Maître, & de la Religion, pour n'y laisser que celles de l'Empereur.

François

dont il s'empara. Il y fit cent trente esclaves, parmi lesquels se trouva le Cadis de Tunis son fils, & un Chiaous du Grand Seigneur, qui venoit de porter ses ordres à Alger, Tunis & Tripoli, & le long des côtes de Barbarie. Frere Gravié Servant d'armes, qui faisoit la course proche de Tripoli, prit peu après un autre vaisseau des Infideles, chargé de cent cinquante Janissaires, destinez pour renforcer la garnison de Gigibarta, forteresse de Barbarie.

RAPHAEL COTONER.

Vers la mi-Avril, Frere Paul Servant d'armes entra dans le port de Malte avec trois galeres du Roi très Chrétien, & le Grand Maître l'envoya visiter par son Senechal. Cet Officier étant monté à son Palais pour lui rendre ses devoirs, comme à son superieur, le Grand Maître le reçût avec beaucoup de caresses, & n'oublia aucune des marques d'estime qu'il crut devoir à son merite & à sa valeur, qui d'un simple Officier de marine l'avoit élevé à la dignité de Lieutenant du Grand Amiral de France.

Quoique le Grand Maître fit beaucoup de dépense pour faire passer de puissans secours en Candie, cependant par sa sage économie il se trouva encore des fonds considerables, dont il fit un digne usage, conforme à sa générosité naturelle, & à la magnificence d'un grand Prince. Il employa une partie de cette année à agrandir l'Infirmerie, & il enrichit en même tems l'Eglise Priorale de S. Jean, d'excellentes peintures, & de tableaux de dévotion, qui sont restez dans cette Eglise comme un monument perpetuel de sa pieté. Cependant les galeres de la Religion s'étant mises en mer,

Tome IV.   A a

RAPHAEL COTONER. joignirent près d'Augusta celles du Pape, dont l'escadre étoit commandée par le Prieur de Bichy : étant ensuite entrées dans l'Archipel, elles rencontrerent la flote Venitienne proche l'Isle d'Andro; & de concert elles chercherent celle des Turcs. Mais après avoir couru toutes ces mers, & n'en ayant pû apprendre de nouvelles, les alliez se separerent pour retourner dans leurs ports. Les galeres de Malte en faisant route, rencontrerent le long des côtes de la Calabre deux galiotes de Barbarie de quatorze bancs chacune, dont les Chevaliers après un leger combat se rendirent maîtres. On met dans cette même année un decret du Senat de Venise, qui considerant les services continuels que la République recevoit de l'Ordre, déclara que soit à Venise, soit dans tous les autres pays de sa domination, il seroit permis aux Chevaliers de Malte d'y paroître en armes : ce qui étoit défendu aux sujets naturels de la République.

1663. Au commencement de l'année 1663, le Doge fit de vives instances auprès du Grand Maître pour l'engager à faire sortir les galeres de l'Ordre de ses ports. Ce Prince crut d'abord que par respect pour le S. Siege, il devoit attendre celles du Pape : mais ayant appris que ce Pontife les retenoit à Civitavecchia, dans la crainte du juste ressentiment du Roi Très Chrétien, dont l'Ambassadeur & l'Ambassadrice avoient été insultez par la garde Corse du Pape, les galeres de la Religion se mirent en mer le quinze sous la conduite du Commandeur de Breslaw, & prirent la route du Levant : & après quelques prises de peu de consequence, que le

Géneral des galeres envoya à Malte, il joignit le vingt-deux de Mai la flote Venitienne proche de l'Isle d'Andro, commandée par le noble George Morosini, qui lui apprit que les Turcs cette année n'avoient point mis en mer leur flote, & qu'ainsi il faloit employer les forces des Alliez à faire des courses dans les mers, & le long des côtes des Infideles.

Le Grand Maître Cotoner meurt d'une fievre maligne & contagieuse, dont l'Isle, & sur-tout la Cité de la Valette étoit alors affligée : Prince digne de sa place, sage, plein de pieté, magnifique dans sa dépense, & qui n'eut jamais d'autre objet que la défense des Chrétiens, l'honneur de son Ordre, l'utilité & le soulagement de ses Religieux. Les Chevaliers de sa Langue lui firent ériger un magnifique mausolée dans la Chapelle d'Arragon, où l'on mit cette Epitaphe.

Araconum quicumque teris Melitense sacellum,
　Sacraque signa vides, siste viator iter.
Hic ille est primus Cotonera è stirpe Magister;
　Hic ille est Raphaël, conditus ante diem.
Talis erat cervix Melitensi digna corona:
　Tale fuit bello, consiliisque caput.
Cura, fides, pietas, genium, prudentia, robur
　Tot dederant vitæ pignora cara suæ,
Ut dum cœlestis citiùs raperetur ad arces,
　Ordinis hæc fuerit mors properata dolor.
Qui ne mutatas regni sentiret habenas,
　Germano rerum fræna regenda dedit.
Cætera ne quæras, primus de stirpe secundum
　Promeruit : satis hoc, perge viator iter.

Le vingt-trois Octobre, Bandinelli Prieur de l'Aigle, que le Grand Maître peu de jours avant sa mort avoit nommé pour Lieutenant du Magistere, ayant convoqué l'assemblée generale du Couvent pour l'élection d'un nouveau Grand Maître, il s'y trouva deux cens quatre-vingt-treize vocaux. Après les cérémonies préliminaires, il arriva dans cette élection ce qui n'avoit point eu encore d'exemple dans les élections précedentes, c'est que le frere d'un Grand Maître fut son successeur. Car quoiqu'il y eût alors dans l'Ordre & même à Malte d'excellens sujets qui pouvoient justement prétendre à cette dignité, le merite des deux freres étoit si généralement reconnu, qu'à peine l'aîné fut expiré, que toutes les voix, avant même l'élection, le peuple comme les Religieux, se déclarerent hautement en faveur de Frere NICOLAS COTONER, Bailli de Majorque; en sorte que les Electeurs, tant les vingt-un que les seize n'entrerent successivement dans le Conclave, que pour observer les formalitez prescrites par les statuts: & Frere Dom Emanuel Arrias Vice-Chancelier de l'Ordre, qui avoit été élû pour Chevalier de l'élection, le proclama à haute voix pour Grand Maître: le lendemain le Conseil complet lui défera la souveraineté des Isles de Malte & du Goze.

NICOLAS COTONER.

1664. Les Corsaires de Barbarie ayant étendu leurs brigandages jusques sur les côtes de Provence, le Roi Louis XIV. pour réprimer leur audace, fut conseillé d'établir une colonie sur les côtes de Barbarie, & d'y construire une Place & un port où ses vaisseaux trouvassent un azile, & d'où il pût être averti du

départ des escadres des Infideles. On lui proposa dans ce dessein le village de Gigeri, situé proche de la mer entre les villes d'Alger & de Bugie, à quinze milles de l'une & de l'autre. Près de ce village il y avoit un vieux Château bâti sur le sommet d'une montagne, & d'un abord presqu'inaccessible. Le Roi nomma pour l'exécution de ce projet le Duc de Beaufort, Grand Amiral de France, & il demanda au Grand Maître le secours des galeres de la Religion. Ce Prince lui envoya aussitôt l'escadre de Malte, qui joignit la flote du Roi dans le port Mahom. Les Chrétiens débarquerent leurs troupes sans y trouver d'obstacle ; on jetta aussi-tôt les fondemens d'un Fort qu'on avoit ordre de construire. Les Maures allarmez d'un dessein qui alloit à les assujettir, prirent les armes, & ruinerent à coups de canon les ouvrages commencez. Le Duc de Beaufort fit un détachement de sa cavalerie pour repousser l'ennemi ; mais ce corps n'ayant pas été soutenu par l'infanterie, les Maures avertis par leurs espions, que les François étoient en petit nombre, entrerent dans le village le sabre à la main, & forcerent les François à se retirer du côté de la mer. Le Duc de Beaufort ne se trouvant pas en état de se maintenir dans le pays, résolut de se rembarquer ; mais il ne put le faire si secretement, que les Maures n'en fussent avertis : & quatre cens hommes qui faisoient l'arriere-garde furent presque tous tuez ou pris prisonniers. Pour surcroit de malheur, un vaisseau du Roi appellé la Lune, qui étoit vieux & chargé de dix compagnies de cavallerie, fit naufrage à sept lieus de Toulon :

NICOLAS COTONER.

expedition aussi malheureuse que celle de l'Empereur Charles-Quint au siege d'Alger.

Suite de l'affaire du Commandeur de Poinci au sujet de l'Isle de Saint Christophe, que l'Ordre vend à une compagnie de Marchands François, qui sous la protection du Roi s'y établissent.

L'escadre de la Religion courut cette année toutes les mers de l'Archipel, sans faire aucune prise que de quelques felouques chargées de grains, & de marchandises pour le compte des Marchands Turcs. Deux vaisseaux commandez par les Chevaliers de Crainville & de Temericours furent plus heureux. De Crainville montoit un vaisseau de quarante pieces de canon, appellé le Jardin de Hollande, qu'il avoit enlevé l'année précedente à un corsaire d'Alger, quoiqu'il n'eût qu'une fregate de vingt-deux canons: & Temericours montoit cette même fregate: jeune Chevalier d'un grand courage, & qui s'étoit déja signalé en differentes occasions. Ces deux Chevaliers amis intimes, voguoient de conserve dans les mers du Levant. Ce fut dans le canal de l'Isle de Samos qu'ils rencontrerent une caravane qui faisoit route d'Alexandrie à Constantinople, forte de dix vaisseaux, & de douze saïques. Le nombre & les forces des ennemis ne firent qu'allumer le courage des deux Chevaliers: ils se pousserent au milieu de cette petite flote, en coulerent bas quelques vaisseaux, en prirent quatre des plus riches, & deux petits, & tournerent le reste en fuite.

Il se passa la même année une action qui éternisera à jamais la mémoire du Chevalier d'Hoquincourt: ce Chevalier étoit dans le port de l'Isle Daufine. Il y fut investi par trente-trois galeres du Grand Seigneur, qui portoient des troupes dans l'Isle de Candie. L'Amiral qui commandoit cette flote mit à terre, & fit avancer ce qu'il avoit de meilleurs Arquebusiers, qui tiroient continuellement contre le vaisseau Maltois; en même tems que les galeres Turques le foudroyoient avec toute leur artillerie. Les Infideles après avoir mis en pieces les manœuvres de ce vaisseau, s'avancerent pour monter à l'abordage. Les uns s'attachent à la pouppe, d'autres l'attaquent par la proue. Le Chevalier, comme s'il eût été invulnerable, faisoit face de tous côtez; & quoique son vaisseau fût blessé en plusieurs endroits, & qu'il eût perdu beaucoup de ses soldats, il précipitoit dans la mer autant de Turcs qu'il s'en présentoit à l'abordage. Le Géneral Turc indigné d'une si longue résistance, & honteux du peu d'effort que faisoient de près ses galeres, les obligea d'ouvrir leurs rangs, & de lui laisser un passage pour joindre lui-même ce vaisseau. En même tems il poussa sa capitane avec toute la force de sa chiourme; mais l'effort qu'il fit, jetta heureusement ce vaisseau hors du port, & un vent favorable s'étant levé, d'Hoquincourt gagna le premier port Chrétien, après avoir coulé à fond plusieurs galeres, & tué plus de six cens soldats.

Une action d'une valeur si déterminée méritoit un plus heureux sort que n'en eut peu après cet illustre Chevalier. Car la même campagne, montant le même vaisseau, un coup de vent le jetta contre un écueil proche de l'Isle de Scarpante. Le

NICOLAS COTONER.

NICOLAS COTONER. vaisseau fut brisé, & le Chevalier périt. Le Chevalier de Grilles son ami particulier, & cent soixante & dix soldats ou matelots furent envelopez dans ce naufrage.

Le Duc de Beaufort Grand Amiral de France, étant à la poursuite de quelques corsaires de Barbarie, arrive dans le port de Malte: il est salué par tout le canon des ports; mais il ne vit point le Grand Maître qui refusa de lui donner le titre d'Altesse. Peu après M. de la Haye Ambassadeur de France à la Porte passa pareillement à Malte où il eut pratique.

1666.

Mort de Philippe d'Autriche IV. du nom, Roi d'Espagne, auquel succede Dom Carlos son fils. Il s'ensuivit de ce changement de Souverain une nouvelle investiture, que le Duc de Sermonette Vice-Roi de Sicile donna à l'Ordre en la personne du Commandeur Galdian, Général des galeres, qui prêta les sermens de fidelité ordinaires en pareilles céremonies.

Le Commandeur d'Elbenne Général des galeres se rend avec son escadre à Barcelone pour escorter l'Imperatrice qui alloit se rendre auprès de l'Empereur, qui ne l'avoit encore épousée que par procureur. Cette Princesse, après avoir débarqué à Final, écrivit une Lettre très-obligeante au Grand Maître pour le remercier des bons offices qu'elle avoit reçûs du Général des galeres.

Le Pape fait trois Grands Croix, dont un de ses neveux fut le premier; les deux autres furent pris parmi les principaux Officiers du Palais Pontifical.

Le

Le Grand Visir Achmet avec un corps conside- NICOLAS
rable de troupes, se rend en Candie pour mettre COTONER.
fin à cette longue guerre, & au siege de la capi- 1667.
tale de l'Isle. Les Venitiens ont recours à leur ordinaire au Pape & au Grand Maître. Les escadres
de ces deux Puissances se joignent proche Augusta
d'où elles se rendent sur les côtes de Candie &
de l'Isle de Standia. Le noble François Morosini
étoit Généralissime de toute l'armée Chrétienne:
le noble Antoine Barbaro commandoit dans la Ville,
& le Marquis de Ville Piémontois étoit Commandant des armes: tous Géneraux pleins de valeur;
& quoique l'émulation les rendît ennemis &
jaloux de la gloire les uns des autres, ils ne laif-
soient pas de faire une vigoureuse défense.

Mort du Pape Alexandre VII. auquel succede
Clement IX.

Clement, suivant la possession où s'étoient mis
ses prédecesseurs, nomme au Bailliage de Sainte
Euphemie, vacant par la mort de Fr. Philippe
Sfondrat, le Chevalier Fr. Vincent Rospigliosi son
neveu; ce qui renouvella la douleur & les plaintes
de la Langue d'Italie, qui se voyoit continuellement dépouiller & aneantir par les nominations
papales.

Transaction entre le Prince Langrave de Hesse, 1668.
Cardinal & Grand Prieur d'Allemagne, & le Seigneur Jean de Wigers Conseiller Pensionnaire de
la Province de Hollande, au sujet des biens de
l'Ordre, dépendans de la Commanderie de Harlem,
située dans la Province de Hollande, & dont les

Tome IV. B b

Magistrats s'étoient emparez. Par cette transaction, la protection du Roi très-Chrétien, & la négociation du Comte d'Estrade, les Hollandois pour les biens de l'Ordre dont ils s'étoient emparez dans les Provinces de Hollande & de Westfrise, s'engagerent à payer à l'Ordre cent cinquante mille florins : & au moyen de ce payement l'Ordre renonça aux droits qu'il avoit sur ces biens ; sauf son recours sur les biens situez dans les autres Provinces, sur lesquelles il seroit permis d'en poursuivre la restitution ou du moins d'en tirer une compensation.

Le Marquis de Ville, Général des armées de terre dans l'Isle de Candie, quitte le service des Vénitiens, dont il étoit dégoûté par les mauvais traitemens qu'il avoit reçus du Général Morosini. L'Ambassadeur de Venise, avec la permission du Roi, propose au Marquis de Saint André-Monbrun de passer en Candie pour y commander en la même qualité. L'honneur de défendre une Place, à la conservation de laquelle tous les Princes Chrétiens s'interessoient, détermina le Marquis de Saint André à accepter ce commandement. Il partit en poste ; & après avoir passé par Venise, où il s'embarqua, il arriva dans l'Isle de Candie, & débarqua dans le port de la Tramate le vingt-un de Juin.

Le Géneral Morosini remporte une victoire navale sur les Turcs.

Il arrive en Candie un puissant secours de François, commandez par le Duc de Navailles, & qui consistoit en sept mille hommes. Le Duc de Beaufort, Grand Amiral de France, commandoit la flote.

Le Comte de Saint Paul, frere du Duc de Longueville, étoit à la tête des volontaires, parmi lesquels on comptoit le Duc de Château-Thierri, frere du Duc de Bouillon, le Duc de Roannez, & le Comte de la Feuillade.

La Religion toujours zelée pour la défense des Chrétiens, envoye en Candie un bataillon de quatre cens hommes commandez par Fr. Hector de Fay la Tour Mauburg.

Le Comte de Saint Paul à son retour de Candie, passe à Malte, où il est reçû avec beaucoup d'honneur après avoir fait sa quarantaine dans une maison située à la Bormole.

Le Duc de Navailles après le tems porté par ses instructions, s'en retourne en France.

Le bataillon de Malte, après avoir perdu beaucoup de monde, songe à se retirer d'une Place qui en peu de jours consumoit tous les secours qui lui arrivoient du dehors.

Quarante vaisseaux apportent en Candie un nouveau secours de quatre mille cinq cens hommes, la plûpart Allemands, parmi lesquels il y en avoit quatre cens des vassaux du Duc de Brunswic. Outre ce secours, arrive encore le Comte de Valdeck à la tête de trois mille hommes, & le Grand Maître de l'Ordre Teutonique envoye une compagnie choisie & bien armée de cent cinquante hommes, sans compter plusieurs Seigneurs volontaires, & de differentes nations, qui servoient sous l'étendart de la Religion.

Le Sieur de Temericourt frere aîné du Cheva-

NICOLAS COTONER.

1669.

lier de ce nom, courant les mers sous l'étendart de la Religion, prit un vaisseau Turc de quarante pieces de canon, proche l'Isle de Scarpante, commandé par le Corsaire Buba Assan. Il l'arma de nouveau, & se rendit avec un autre vaisseau de conserve commandé par le Chevalier de la Barre dans les mers d'Alexandrie, où ayant découvert deux Sultanes chargées de marchandises, il s'avança pour les empêcher de gagner le port. Comme son vaisseau étoit meilleur voillier que la conserve, il s'attacha à la Sultane qui étoit la plus avancée ; & après lui avoir fait essuyer sa bordée, se disposant déja de monter à l'abordage, il reçut un coup de mousquet à la tête qui ne l'empêcha pas, quoique renversé sur le tillac, d'exhorter ses Officiers & ses soldats à continuer le combat. Les Infideles voyant bien qu'ils n'échaperoient pas aux Chrétiens qui les avoient cramponez, par un coup de desespoir, mirent le feu à leurs poudres pour les faire périr avec eux. Le Chevalier de la Barre qui étoit prêt de se rendre maître de la seconde Sultane, voyant le péril où étoit son ami, abandonne la Sultane, court à son secours, & le separe du vaisseau qui brûloit. Mais Temericourt ne jouit point de sa victoire, étant mort le lendemain de sa blessure: & la Sultane que la Barre étoit à la veille de prendre, pendant le bon office qu'il rendoit à son ami, échapa, & gagna le port d'Alexandrie.

Le Grand Maître & le Conseil envoyent en qualité d'Ambassadeur en Portugal le Commandeur Fr. Antoine Correa de Sousa, Ecuyer du Grand Maître, pour faire compliment à Dom Pedro frere de Dom Alphonse Roi de Portugal, sur son mariage avec la Reine, femme de son frere, & qui avoit pris la régence de l'Etat. Il étoit chargé en même tems de redemander la jouissance du grand Prieuré de Crato, vacant par la mort du Cardinal Dom Ferdinand Infant d'Espagne. Mais les Ministres de Portugal s'étant rendus maîtres de ce riche Benefice, le Regent auquel ils firent entendre que la nomination & le patronage en appartenoient à la Couronne, répondit qu'il avoit besoin de tems pour éclaircir cette affaire. Cependant à la fin il relâcha ce Prieuré à Fr. Dom Jean de Sousa, qui en avoit le titre & le droit par une Bulle expresse du Couvent.

La prise de l'Isle de Candie, & la paix que les Venitiens avoient conclue avec les Turcs, font craindre au Grand Maître qu'ils ne tournent leurs armes contre l'Isle de Malte : & pour la mettre en état de résister à tous leurs efforts, ce Prince & son Conseil demandent au Duc de Savoye un Ingénieur habile, appellé Valpergo, qui vient par son ordre à Malte, & qui ordonne de nouvelles fortifications. La premiere fut nommée la Cotonere. On ajouta ensuite de nouveaux ouvrages à la Floriane avec une fausse braye, & deux boulevards, l'un du côté du port Muzet, & l'autre vers le grand port. Pour défendre entierement l'entrée du grand port, on construisit un Fort Royal, appellé Ricasoli, du nom d'un Commandeur qui donna à l'Ordre trente mille écus pour cet ouvrage.

Mort du Pape Clement IX. auquel succede   1671.

Clement X. qui écrit un Bref au Grand Maître, pour le congratuler fur les foins qu'il prenoit de fortifier une Ifle qui fervoit de boulevard à tous les Etats de la Chrétienté.

Le Chevalier de Vendofme, malgré toutes les oppofitions des anciens Chevaliers, obtient du Pape une grace expectative fur le Grand Prieuré de France. Ce bref ne fut enregiftré dans la Chancellerie de l'Ordre qu'à condition que le nouveau Grand Prieur dédommageroit le tréfor des droits de mortuaire & de vacant.

On reçoit dans l'Ordre le Prince Charles de Lorraine, fils du Duc d'Elbœuf, & Maurice de la Tour d'Auvergne, Duc de Château-Thierri, fils du Duc de Bouillon.

Le Grand Maître & le Confeil trouvant le nombre de Freres Servans d'armes exceffif, font un reglement qui défend d'en recevoir dans la fuite jufqu'à nouvel ordre.

1672. La difette des grains fe faifant fentir à Rome, le Pape en envoye chercher dans toute l'Italie : & le Cardinal Altieri fon neveu, écrit de fa part au Grand Maître, & le prie d'envoyer l'efcadre de la Religion pour efcorter fes vaiffeaux. L'ordre en fut donné auffi-tôt au Bailli de Harcourt, de la Maifon de Lorraine, Général des galeres, & au Chevalier de Fovelle Ecrainville, qui commandoit la Capitane.

Le Chevalier de Temericourt eft attaqué par cinq gros vaiffeaux de Tripoli : il fe défend avec tant de courage & d'intrépidité, qu'après en avoir démâté deux, & tué beaucoup de foldats, les Infideles desesperant de le pouvoir prendre, abandonnerent le combat, & le laisserent en liberté de continuer sa route. Mais il fut peu après surpris par une horrible tempête qui le jetta sur les côtes de Barbarie, où son vaisseau fut brisé, & pris par les Maures : on le conduisit à Tripoli, & delà à Andrinople. Mahomet III. qui y étoit alors, demanda si c'étoit lui qui seul avoit combattu cinq gros de ses vaisseaux de Tripoli. *Moi-même*, répondit le Chevalier. *De quel pays es-tu ?* repartit le Sultan. *François*, dit Temericourt. *Tu es donc un déserteur ?* continua Mahomet. *Car il y a une paix solemnelle entre moi & le Roi de France. Je suis François*, lui dit Temericourt ; *mais outre cette qualité, j'ai celle d'être Chevalier de Malte ; profession qui m'oblige à exposer ma vie contre tous les ennemis du nom Chrétien.* Le Grand Seigneur voulant l'engager à son service, l'envoya d'abord dans une prison où il fut traité avec beaucoup de douceur, & il lui fit offrir ensuite tous les partis avantageux qui pouvoient seduire un jeune guerrier de vingt-deux ans; & que s'il vouloit changer de religion, il le marieroit à une Princesse de son sang, & le feroit Bacha ou Grand Amiral. Mais ces offres magnifiques n'ébranlerent point le jeune Chevalier ; il y resista avec le même courage qu'il avoit fait aux armes des Infideles. Le Grand Seigneur irrité de sa fermeté, & pour tenter si la voye de rigueur ne l'ébranleroit point, le fit jetter dans un cachot pendant quinze jours. On lui fit souffrir les coups de bâton, la torture ; on en vint même jusqu'à

NICOLAS COTONER.

mutiler ses membres, sans que ce génereux Confesseur de Jesus-Christ fît autre chose que de l'invoquer, & lui demander la grace de mourir pour la confession de son saint nom. Enfin le Grand Seigneur lui fit couper la tête. Son corps étant demeuré au lieu de son supplice, Mahomet, pour le dérober à la veneration des Chrétiens, ordonna qu'il fût jetté dans la riviere, qui passe à Andrinople.

1673. Dispute entre les Commandans François & les Officiers de l'Ordre au sujet du salut : le Roi Louis XIV. prononce contre lui-même. Cette négociation très délicate réussit par l'habileté du Commandeur de Hautefeuille, Ambassadeur de l'Ordre auprès du Roi.

Les Mainotes, Grecs de religion, & qui habitent des montagnes dans la Morée, implorent le secours du Grand Maître pour se soustraire à la domination des Turcs. L'escadre de la Religion se rend sur leurs côtes ; mais les ayant trouvez peu unis, les uns soutenant le parti de la liberté, & les autres voulant rester fideles aux Turcs, les galeres de la Religion abandonnent cette entreprise.

L'an 1618, le Duc d'Ostrog, Seigneur Polonois, du consentement de la République, avoit substitué tous ses biens à l'Ordre de Malte. Cette grande Maison étant éteinte par la mort du Duc Alexandre d'Ostrog, le Chevalier Prince de Lubomirki en donne aussi-tôt avis au Grand Maître. Mais le Duc Demetrius petit Général de la Couronne, se prétendant heritier, sous prétexte qu'il avoit épousé

la

la sœur du Duc Alexandre, le Grand Maître en- NICOLAS
voya au Prince Lubomiski une procuration pour COTONER.
maintenir les droits de la Religion.

L'Amiral Fr. Paul Raffael Spinola, prend dans 1674.
le Golfe de Magra trois navires marchands, richement chargez.

Le Vice-Roi de Sicile demande le secours de
la Religion. Le Grand Maître lui envoye aussi-tôt
l'escadre des galeres, sur lesquelles s'embarquerent
plusieurs Grands-Croix, afin de marquer leur zele
pour le service du Roi d'Espagne, dont ils étoient
nez sujets. Cependant le Chevalier de Valbelle introduit dans Messine le secours de la France.

Fondation du Grand Maître Nicolas Cotoner
pour l'entretien de la Forteresse de Ricasoli dans
l'Isle de Malte.

Le Roi d'Angleterre déclare la guerre aux Tri- 1675.
politains, & ses vaisseaux sont bien reçus dans les
ports de Malte.

Frederic de Mogelin, Envoyé du Roi de Pologne, arrive à Malte, & presente de sa part au
Grand Maître une lettre de ce Prince, dans laquelle il lui marque que ses Etats étant continuellement infestez par les armes des Turcs, il lui
sera fort obligé de faire diversion par quelque
entreprise considerable. Le Grand Maître lui répond qu'en déferant aux sollicitations de S. M. Po-
lonoise, il ne fera que remplir les obligations de
sa profession ; que l'Ordre avoit toujours employé
ses forces contre les Infideles, mais qu'il alloit augmenter les armemens pour répondre aux besoins
& aux instances de Sa Majesté.

Tome IV.   Cc

Le Vice-Roi de Sicile prétend engager la Religion, comme féudataire de cette Couronne, à faire la guerre aux Meſſinois. Le Grand Maître lui répond que l'Ordre par ſon inſtitut, ne devoit jamais prendre parti dans les guerres entre Chrétiens, & qu'on ne trouveroit rien de ſemblable dans l'acte d'inféodation de l'Iſle de Malte.

On établit à Malte le Lazaret dans le Fort de Marza-muzet, & que de nos jours le Grand Maître Manoël a fait revêtir de fortifications très neceſſaires.

Charles II. Roi d'Angleterre écrit très obligeamment au Grand Maître pour le remercier de l'accueil favorable qu'il a fait à ſon Amiral, & à ſes vaiſſeaux, qu'il a reçûs dans le port de Malte.

1676. Les Genois embarquent des troupes du Milanois qu'ils tranſportent dans le port de Melazzo, où ſe trouvoient alors les galeres de la Religion commandées par le Bailli de Spinola, qui par complaiſance pour le Vice-Roi de Sicile, & ſans ſe ſouvenir des inſultes que l'eſcadre de la Religion avoit reçûes dans le port de Genes, conſent que la Patrone de cette Réublique occupe le poſte de la Patrone de Malte : ce fut ſans doute par prédilection pour ſa patrie ; & peut-être auſſi pour faire honneur à Auguſtin Durazzo, Commandant des Génois, qui avoit épouſé la niéce de Spinola.

Peſte affreuſe dans Malte, qui fait périr un grand nombre de Chevaliers, & beaucoup de peuple.

1677. Malte devenue preſque déſerte, ne peut plus fournir ſes galeres du même nombre de Chevaliers ; en ſorte que dans les caravanes où chaque galere avoit devant la peste vingt-un Chevaliers, le nombre cette année fut restraint à onze pour la capitane, & à neuf pour les autres galeres. NICOLAS COTONER.

La dignité de Maréchal étant vacante, le Commandeur Fr. Louis de Fay Gerlande, & Fr. René de Maisonseule, tous deux de la Langue d'Auvergne, de la même ancienneté de passage, & qui avoient eu les mêmes charges, prétendoient à l'exclusion l'un de l'autre à cette dignité. Après bien des disputes, le Grand Maître & des amis communs ne trouvant point de jour pour décider ce differend, firent convenir les prétendans de jouir de cette charge alternativement & de mois en mois.

Maisonseule meurt deux ans après cet accommodement. Gerlande resté seul se met en mer avec cinq galeres, & rencontre sur le cap Passaro deux corsaires d'Alger: mais au lieu d'aller à l'abordage, suivant ce qui se pratiquoit par les Chevaliers, il se contenta de canoner ces deux corsaires: ce qui fit regretter la Maisonseule, & murmurer hautement à Malte contre Gerlande, qui pour s'excuser prétendoit qu'il avoit le vent contraire. 1678.

Le Capitaine Pierre Fleches Majorquin, trouvant dans le même endroit un corsaire d'Alger, le coule à fond, sauve cent soldats Turcs, qu'il vendit depuis à la Religion cent piastres chaque esclave.

Le Pape veut terminer le differend entre la Religion & la République de Genes. Il en parle à l'Ambassadeur de Malte, qui par ordre de ses Superieurs répondit au Pape que la Religion étoit

Cc ij

fille d'obeiffance, & que quoiqu'offenfée par les Genois, elle fe foumettroit aveuglément à ce qu'il plairoit à Sa Sainteté de décider. Le Pape ne voulant point prendre fur lui le jugement de cette affaire, elle traîna encore quelque tems.

Dom Juan d'Autriche, Grand Prieur de Caftille étant mort, le Grand Maitre & le Confeil font deffein de diftraire de ce riche Bénefice huit mille ducats de revenu, en faveur de differentes perfonnes : mais le Roi d'Efpagne qui prétendoit au droit de Patronage fur ce Grand Prieuré, s'oppofe à la diminution de fon revenu.

1679. Paix conclue entre la France & l'Efpagne par le mariage de Charles II. avec la Princeffe Marie-Louife, fille aînée de Monfieur, frere du Roi Très-Chrétien. Fr. D. Juan de Villavitiofa va complimenter Sa Majefté Catholique au nom du Grand Maître, & obtient de ce Prince une traite de grains qui arrive à Malte dans le tems que la famine commençoit à fe faire fentir dans toute l'Ifle.

1680. Le Grand Maître qui depuis quelques années, étoit tombé dans une efpece de paralyfie, reffent de vives douleurs de la pierre & de la goute. Une fievre lente lui ôte infenfiblement fes forces fans diminuer rien de fon courage & de fa vigilance. Enfin la diffenterie l'oblige à fe mettre au lit. Il nomme pour Lieutenant du Magiftere Fr. Dom. Arland Seralte, Prieur de Catalogne, & meurt dans de grands fentimens de pieté le 29 Avril, âgé de 73 ans. Ce Prince, qui par fon habileté avoit procuré à fon frere la dignité de Grand Maître, ne dût fon élévation qu'à fon merite. Il fe foutint par une supériorité de génie qui le fit toujours respecter de ceux qui l'approchoient : habile dans les négotiations, hardi dans ses entreprises, & prudent dans le choix des moyens propres à la réussite : il eut tous ses Freres pour amis, ne fit jamais part de ses desseins qu'à un très-petit nombre d'entre eux, & n'eut point de confident. Il fut inhumé dans la Chapelle de la Langue d'Arragon, & on grava l'Epitaphe suivante sur son Mausolée.

D. O. M.

Fratri D. Nicolao Cottoner, Magno Hierosolimitani Ordinis Magistro, animi magnitudine, consilio, munificentiâ, majestate Principi, erecto ad Mahometis dedecus ex navigii rostris, ac Sultanæ prædâ trophœo : Melitâ magnificis extructionibus, Templorum nitore, explicato, munitoque urbis pomœrio, splendidè auctâ : cive è pestilentiæ faucibus pene rapto : Hierosolimitano Ordine, cui primus post Fratrem præfuit, legibus, auctoritate, spoliis amplificato : Republicâ difficillimis seculi, belli temporibus servata : verè magno quod tanti nominis mensuram gestis impleverit, pyramidem hanc excelsi testem animi D. D. C. fama superstes. Vixit in Magisterio annos XVI. menses VI. obiit 29 Aprilis 1680, ætatis 73. Post ejus obitum Executores Testamentarii tumulum hunc fieri mandavere.

Trois jours après les obseques de Cotoner, on s'assemble pour lui nommer un successeur. Les brigues commencées pendant sa maladie, continuent. Le Trésorier de Vignacourt assuré de dix suffrages, fait tous ses efforts pour réunir la Langue Espagnole en sa faveur, mais inutilement. Les Elec-

GREGOIRE CARAFE.

teurs nomment le Prieur de la Rochelle D. Grégoire Carafe, Napolitain. Tout le monde ap-
plaudit à ce choix, mais principalement
les Italiens ... vingt-huit ans n'a-
voit ... preuve par aucun de leur

... Grand Maître s'applique avec beau-
... de la Religion, &
... fortifications commencées par son

... reçu à Malte avec six vais-
... rendu maître, après
... que d'être pris lui-même.

... Colbert succede à Correa dans la
... Général des galeres de la Religion
... âgé de vingt-quatre ans
... maniere distinguée la fonction
... remet volontairement cette
... Moréa, qui sur la présentation
... donnée à son coûteur le Com-
... Portugais, secretaire du Tresor
... par le Commandeur Bovio,
... d'Angleterre.

... Evêque de Malte, est nom-
... de Lerida. Le Roi d'Espagne, sur la
présentation du Grand Maître, nomme à ce siége
Fr. David Cocco Palmieri, homme d'une rare probité.

Le Roi Très Chrétien écrit au Grand Maître
pour lui apprendre la naissance du Duc de Bourgogne. Grandes réjouissances à Malte : les Chevaliers François des trois Langues se distinguent par
de superbes fêtes.

Les Ducs de Ganfron & de Barwich viennent à Malte. Ce dernier reçoit des mains du Grand Maître la Croix & le titre de Grand Prieur d'Angleterre.

GREGOIRE CARAFE

Les Turcs affiegent la ville de Vienne avec une armée formidable. Jean Sobieski Roi de Pologne, le Duc de Lorraine, Généralissime des armées de l'Empereur, & le Duc de Baviere se réunissent pour la secourir. Les Infideles sont battus en plusieurs occasions, & enfin repoussez avec tant de perte pour eux, qu'à peine peuvent ils repasser le Danube.

1683.

Ce succès porte le Pape Innocent XI. à conclure une ligue avec l'Empereur, le Roi de Pologne & la République de Venise contre les ennemis du nom Chrétien. Le Grand Maître veut prendre part à une si louable entreprise, en écrit au Pape, & prépare toutes ses forces pour se joindre aux Confederez. L'escadre de la Religion se met en mer, sous les ordres du Bailli de Saint Etienne, jette l'épouvante sur toute la côte de Barbarie, & chasse les ennemis des deux Isles de Prévisa & de Sainte Maure.

1684.

Nouvel armement de la Religion commandé par Fr. Hector de la Tour Maubourg. La flote des Vénitiens, & les galeres du Pape joignent l'escadre de Malte à Messine. Morosini Généralissime de la République attaque Coron, & s'en rend maître malgré la vigoureuse résistance des Assiegez. Les Chevaliers s'y distinguent par des efforts incroyables de valeur, sur-tout en enlevant aux Infideles un Fort qu'ils avoient repris sur les Vénitiens. Le

1685.

Général de la Tour est tué dans cette attaque.

Le Fort S. Elme rebâti, & le Château S. Ange fortifié par les soins du Grand Maître.

Les Chevaliers se remettent en mer au printems sous la conduite d'Erbestin Grand Prieur de Hongrie, trouvent les galeres du Pape à Messine, & prennent ensemble la route du Levant. La flote Vénitienne les joint à l'Isle Sainte Maure. Ils assiegent le vieux Navarin, le prennent, & de-là vont attaquer le nouveau Navarin; Place importante par sa situation & par la commodité de son port, mais défendue par une forte garnison. Morosini s'en rend maître après quelques jours de siege; fait avancer la flote vers Modon ville plus forte, mais qu'il força également de se rendre. Plusieurs Chevaliers y périssent.

Les Confederez animez par de si heureux succès s'avancent vers *Naples de Romanie*, capitale du Royaume de Morée. Ils y débarquent le 30 Juillet, en forment le siege, mettent trois fois en fuite le *Serasquier* qui faisoit tous ses efforts pour les secourir, & la prennent après un mois d'une vigoureuse résistance de la part des assiegez. Le Général Erbestein reprend la route de Malte. Dix-neuf Chevaliers périrent à ce siege avec un nombre considerable de leurs soldats.

Le Commandeur D. Fortunat Carafe, Frere du Grand Maître, le Prince Jean-François de Medicis, Prieur de Pise, frere du Grand Duc, & Frere Leopold Kollonistch Evêque de Neustat, sont nommez Cardinaux.

On fait à Rome de nouveaux préparatifs pour le

le Levant. Le Grand Maître équipe huit galeres GREGOIRE
commandées par Frere Claude de Mechatein. CARAFE.
Descente en Dalmatie. Les trois flotes se réunissent devant Castel-nove qui se rend, & par là les
Vénitiens sont maîtres de tout le Golfe Adriatique.
Le Pape Innocent XI. écrit au Grand Maître pour
le féliciter sur la valeur que ses Chevaliers avoient
fait paroître dans cette expedition.

Le Duc d'Uxeda est nommé Vice-Roi de Sicile
en la place du Comte de S. Etienne, qui escorté
des galeres de Malte, va prendre possession de la
Vice-Royauté de Naples.

Frere D. Emmanuel Pinto de Fonseca est fait 1688.
Bailli d'Acres: Frere D. Felix Ingo d'Aierva quitte
la dignité de Grand Conservateur pour prendre le
Bailliage de Caspe. Frere Ximenes de la Fon-
taza Bailli de Negrepont est fait Grand-Conserva-
teur, & est remplacé dans le Bailliage, par le Grand
Chancelier Correa. Fr. D. Philippe Escoveda est
nommé Grand-Chancelier. Fr. Fabio-Gori obtient
le Bailliage de Venouse. Fr. Feretti Receveur de
Venise est fait Bailli de Sainte Euphemie. L'Amiral
Cavaretta prend le Bailliage de S. Etienne. Ave-
rardo de Medicis lui succede dans l'Amirauté; &
Spinelli Bailli d'Armenie est nommé géneral des
galeres.

L'escadre se remet en mer au printems sous la 1685.
conduite du Commandeur Mechatein. Le Genera-
lissime Morosini devenu Doge cette année même,
fait partir la flote de la République. Les deux armées réunies attaquent le Fort de Negrepont.
Le siege en est long & difficile ; & on est obligé

GREGOIRE CARAFE.

1690.

de l'abandonner, après y avoir perdu beaucoup de monde, 29 Chevaliers des plus braves y périrent.

Le Grand Maître est vivement touché de cette perte. Le chagrin joint à une retention d'urine lui donne la fievre; il fait son acte de dépropriement, nomme pour Lieutenant du Magistere Fr. Dom Charles Carafe son Sénéchal, & ne s'occupe plus que des pensées de l'éternité. Il meurt le 21 Juillet âgé de 76 ans, après neuf ans & dix mois de Magistere. Il sçut parfaitement allier l'humilité religieuse avec les vertus militaires, & se distingua principalement par son amour pour les pauvres. Son corps fut porté dans la Chapelle de la Langue d'Italie où il avoit lui-même fait construire son tombeau. On y lit cette Epitaphe, qu'il avoit aussi lui-même composée deux ans avant sa mort.

D. O. M.

Fr. D. Gregorius Carafa Aragonius è Principibus Roccellæ, Magnus Hierosolymitani Ordinis Magister, cui vivere, vitâ peractâ, in votis erat. Quia mortem primam qui prævenit, secundam evitat, hoc sibi adhuc vivens, non Mausoleum, sed tumulum posuit resurrecturo satis. An. Dom. MDCLXXXVIII.

L'Inscription suivante fut gravée sur le marbre qui est aux pieds de sa Statue.

Emeritos venerare cineres, viator. Hic jacet Fr. D. Gregorius Carafa ab Aragonia M. M. clarus genere, genio præclarior. Heroas, quos in nomine gessit, in virtute expressit. Effusâ comitate, diffusis triumphis, populos habuit amatores, orbem fecit admiratorem. Bis ad Hellespontum, toties ad Epirum, Pelopone-

sum, Illyrium, impertito ductu, prævalidâ ope classes delevit, Regias expugnavit. Munificentiâ, pietate Princeps laudatissimus. Urbem, Arces, Portus, Xenedochia, Templa ampliavit, restituit, ornavit. Publico semper Religionis bono curas impendit & studia. Ærarium ditissimo spolio cumulavit. Obiit die XXI. Julii, anno æt. LXXVI. Mag. X. Sal. MDCXC.

Nouvelles brigues pour l'élection : les suffrages se réunissent en faveur de Fr. ADRIEN DE VIGNACOURT Grand Trésorier de l'Ordre, neveu d'Alof de Vignacourt, qui en 1601 avoit été élevé à la même dignité. Il prend possession des deux Isles, & envoye à Palerme le Commandeur Riggio pour faire part de son élection au Duc d'Usseda, Vice-Roi de Sicile.

ADRIEN DE VIGNACOURT.

L'escadre revient du Levant où elle étoit allée joindre la flote de Venise, & donne à Malte la premiere nouvelle de la prise de Valonne : grandes réjouissances de cet heureux succès.

Le Grand Maître par ses liberalitez, remedie aux besoins pressans des veuves & des enfans de ceux de ses sujets qui étoient morts dans les dernieres guerres. Son exemple est suivi par plusieurs Chevaliers.

La Religion entretient une galiote bien armée pour donner la chasse aux corsaires de Barbarie, qui faisoient des courses continuelles sur la mer de Sicile, & jusques dans le canal des deux Isles.

1691.

Le Cardinal Pignatelli Napolitain est élevé au souverain Pontificat le huit Août sous le nom d'Innocent XII.

Le Grand Maître fait construire plusieurs ma-

ADRIEN DE VIGNACOURT. gafins, & fortifie par des travaux confiderables tous les lieux qui ne lui parurent pas en état de réfifter. Ce fut au milieu de ces occupations qui n'avoient pour objet que la fureté de la Religion, qu'il apprit par les lettres de l'Empereur Leopold I. que l'armée Imperiale, fous les ordres du Prince de Bade, venoit de remporter contre les Turcs une victoire fi complete, qu'il étoit refté 30 mille Infideles fur la place.

Grand & magnifique arfenal bâti à Malte pour y conftruire les galeres.

Les Miniftres de la Cour de Rome, dans une impofition extraordinaire, veulent y comprendre les biens de la Religion, à titre de biens Ecclé-fiaftiques. Le nouveau Pape de fon propre mouvement, & fans attendre les remontrances de l'Ordre, les en exempte : & par un Bref du fept Décembre, renouvelle la permiffion que fes prédéceffeurs avoient déja accordée, de porter le Saint Viatique dans les galeres.

1692. Le Grand Prieur de Meffine, Géneral des galeres, fe met en mer, & s'avance vers les côtes de Barbarie, fans rencontrer d'occafion de fignaler fon courage. Il prend fa route vers le Levant, joint les galeres du Pape à Meffine, & l'armée Venitienne à Naples de Romanie : toute la flote va attaquer la ville de Canée, Place importante par fon port, & l'une des plus agréables de l'Ifle de Candie. Après un fiege de 24 jours ils font contraints de fe retirer, parceque la faifon étoit trop avancée. L'efcadre de la Religion revient à Malte dans le tems que l'on y faifoit des réjouiffances

publiques pour la prise de la *Forteresse du grand Varadin*, par l'armée Imperiale.

Le Marquis d'Orvillé, neveu de Vignacourt, arrive à Malte, & y est reçû avec tous les honneurs qu'on a coutume de rendre aux neveux des Grands Maîtres regnans.

Un horrible tremblement de terre commencé le 11 Janvier à dix heures du soir, jette l'épouvante dans l'Isle. Il finit au bout de trois jours, après avoir renversé plusieurs édifices. Quatre galeres venues de Sicile apprennent au Grand Maître le malheur de la ville d'*Agosta*, que ce tremblement avoit renversée de fond en comble. Ce Prince y depêche le Géneral de l'escadre avec cinq galeres pour aller secourir les habitans, indique partout des prieres publiques, & trois jours de jeûne pour appaiser la colere de Dieu, & défend cette année les divertissemens ordinaires du carnaval. Il s'applique ensuite à réparer le dommage que le tremblement avoit fait dans l'Isle de Malte.

Plusieurs vaisseaux manquoient de mats, d'agrets & d'autres choses nécessaires pour se mettre en mer. Le Grand Maître fait venir d'Amsterdam tout ce qui manquoit à sa flote. Ensuite il donne ses ordres pour faire rétablir les magasins & les fours que la Religion avoit à Agosta. Le Commandeur Ferrao chargé de ce soin, fait rebâtir ces édifices beaucoup plus magnifiques qu'ils n'étoient, & y fait mettre les armes de Vignacourt.

Le Grand Prieur de Messine, après avoir cotoyé toutes les Isles de l'Archipel avec son escadre, revient au Golfe de Terreneuve, poursuit un vaisseau

ADRIEN
DE
VIGNA-
COURT.

1693.

ADRIEN DE VIGNA-COURT.

de Tunis de 130 soldats, vient à l'abordage, s'en rend maître après quelque résistance, & le ramene à Malte. Il y trouve le Grand Maître fort indisposé contre lui. On l'accusoit d'avoir évité l'attaque de trois vaisseaux de corsaires, & d'une tartane qu'il avoit rencontrez en allant vers le Levant. Le Géneral se disculpe en prouvant qu'il avoit poursuivi l'ennemi avec beaucoup de vigueur jusqu'au soir, bien résolu de l'attaquer le lendemain: mais que les corsaires avoient profité de la nuit pour s'échapper, & n'avoient plus reparu. Sur les enquêtes, & le procès verbal des dépositions, le Géneral est déclaré innocent.

1694.

Nouvel armement sous la conduite de Frere François Sigismond Comte de Thum, nommé Géneral en la place du Grand Prieur de Messine.

Prise de la ville de *Scio* après huit jours de siege.

Le Roi Très-Chrétien & le Duc de Savoye veulent lever des subsides sur les biens de la Religion qui se trouvent dans leurs Etats, sous prétexte des dépenses excessives de la guerre. Le Grand Maître leur représente les privileges de l'Ordre; & ces deux Princes se désistent de leur dessein.

Le Pape se rend arbitre des differends de la Religion & de la République de Genes, & reconcilie ces deux Puissances. Plusieurs Génois prennent l'habit de l'Ordre.

1695.

Le Géneral Sigismond se remet en mer, & poursuit un vaisseau de Tripoli. Il s'en rend maître après un combat de deux heures, & l'envoye à Malte, s'avançant toujours vers le Levant. Ce voyage est sans effet, parceque les Vénitiens ausquels il s'étoit joint, ne voulurent faire aucune entreprise, sous prétexte que la saison étoit trop avancée.

Maladie du Grand Maître : brigues pour l'élection prochaine, éteinte par sa convalescence. Le Pape fait présent à la Religion d'un grand nombre de forçats qu'il fait transporter à Malte.

Le Grand Maître attaqué d'une fievre violente, se dispose à la mort. Il nomme pour Lieutenant du Magistere le Bailli de Leza D. Gaspar Carnero, du Prieuré de Portugal, fait son acte de désapropriation, & meurt le quatre Fevrier, âgé de 79 ans, dont il en avoit passé près de sept dans le Magistere. La pieté & l'innocence des mœurs furent toujours le caractere de ce Prince. Sa droiture & son humeur bienfaisante le firent géneralement estimer : & jamais on ne lui fit d'autre reproche que de s'être laissé conduire par quelques favoris, qui étoient beaucoup plus occupez de leurs propres interêts, que de ceux de la Religion, & de l'honneur de celui qui leur donnoit toute sa confiance. On l'enterra dans la Chapelle de la Langue de France, où on lit cette Epitaphe.

D. O. M.
Eminentissimi Principis
Fr. Adriani de Vignacourt mortales exuviæ
    Sub hoc marmore quiescunt.
Si generis splendorem quæras,
    Habes in solo nomine,
Habes in affinitatibus penè Regiis.
    Si Religiosæ vitæ merita spectes,
Charitatem erga pauperes, & infirmos indefessam,
    Erga peste laborantes generosam
        Mirari poteris,

HISTOIRE DE L'ORDRE

Et ita intemeratam morum innocentiam,
Ut mori potius, quàm fœdari voluerit.
Magni Aloffii ex patre nepos,
Integritatis, fortitudinis, & Justitiæ laude
simillimus,
Tanti Principis famam est assecutus.
Vixit sanctissimè, sanctissimè obiit,
anno salutis 1697.

RAIMOND PERELLOS.

On s'assemble le sept Fevrier pour proceder à l'élection d'un Grand Maître: differentes factions partagent les Electeurs, qui enfin se réunissent en faveur de Fr. RAIMOND PERELLOS DE ROCCA-FULL, de la Langue d'Arragon, Bailli de Négrepont, âgé de 60 ans. Deux jours après, il prend possession de la souveraineté des deux Isles; & le quinze il assemble le Conseil dans le dessein de réformer les abus qui s'étoient introduits dans l'Ordre. Les Papes accordoient souvent aux importunitez & à l'ambition de quelques Chevaliers des Brefs pour être reçûs Grands-Croix de grace: d'où il arrivoit que les anciens qui se voyoient enlever par de jeunes gens une récompense dûe à leurs services, se retiroient dans leur patrie: devenus alors moins attachez à l'Ordre dont ils croyoient avoir lieu d'être mécontens, ils abandonnoient à leurs familles des biens que la Religion a grand interêt de se ménager. On résolut d'écrire à Sa Sainteté pour la supplier de ne plus accorder à l'avenir de pareils Brefs qui tendoient au renversement de la discipline. On fit aussi un réglement pour défendre à tous les Religieux de porter de l'argent & de l'or sur leurs habits; & on leur interdit absolument
ment

ment les jeux de hazard. Le Duc de Veragués, Vice-Roi de Sicile, qui depuis long-tems demandoit un Bref de Grand-Croix pour le Commandeur Riggio, Receveur de Palerme, continue vivement ses instances, & l'obtient, parcequ'on trouva ce Bref expedié par Vignacourt.

Paix conclue à Risvich entre la France & l'Espagne. Réjouissances publiques à Malte pour ce sujet. Boris Petrowits Seremetef proche parent du Czar, vient visiter le Grand Maître avec des lettres de recommandation du Pape & de l'Empereur. On le reçoit avec tout l'honneur dû à sa naissance & à son mérite.

Le Pape Innocent XII. juge les differends qui étoient depuis long-tems entre l'Evêque de Malte, & le Prieur de l'Eglise, au sujet de leur jurisdiction. Les deux partis se soumettent avec joye à la décision du S. Pere; & le Grand Maître par reconnoissance, fait ériger au Souverain Pontife une statue de bronze sur la principale porte de l'Eglise de la Victoire, avec cette inscription.

Innocentio XII. optimo & sanctissimo Pontifici, dissidiis compositis inter Ecclesiasticum & Magistrale forum exortis, utrique juribus piè servatis, pluribus commendis liberaliter restitutis: Em. & Rev. Dom. Fr. D. Raimondus de Perellos Roccafull grato & unanimi omnium voto tot tantaque beneficia æternitati dicavit. an. MDCIC.

Les galeres de la Religion attaquent deux vaisseaux de Tunis. Le vent devenu contraire tout à coup, les sépare, & donne moyen aux corsaires d'échapper. Le Grand Maître & le Conseil mal instruits de cet accident, & craignant que les Officiers n'ayent manqué à leur devoir, nomment des Commissaires, qui après un mur examen, les déchargent de tout soupçon.

Le Bailli Spinola, Général de l'escadre, qui s'étoit embarqué le quinze Fevrier, découvre vers la Sicile un vaisseau ennemi, & l'atteint à force de rames. La Capitane qui le poursuivoit de plus près, ayant perdu sa grande voile d'un coup de vent, Spinola se résout à l'abordage. Le combat fut sanglant des deux côtez. Le Commandeur Spinola, frere du Général, est blessé à mort auprès du Grand-Prieur de Messine qui combattoit appuyé sur son valet de chambre, parceque son grand âge ne lui permettoit pas de se soutenir. Le valet de chambre est tué, & le Grand Prieur s'attache d'une main au bois qui soutient la boussole, & continue le combat. Le vaisseau ennemi donne fortement de la proue dans la Capitane, & l'ouvre dans le tems que la victoire se déclaroit pour les Chevaliers. Le vent du Sud suivi d'un horrible tempête, disperse l'escadre. Le Commandeur Javon Capitaine du S. Paul, va au secours de ceux qui avoient fait naufrage dans la Capitane, en sauve cinquante, parmi lesquels étoient le Général Spinola, le Commandeur Brossia, & le Chevalier de S. Germain; & il s'obstine à rester dans le même endroit pour retirer les autres, malgré les remontrances du Pilote qui l'assuroit qu'ils étoient en grand danger: *Trop heureux*, disoit le Capitaine, *de perdre la vie pour la sauver à un seul de l'équipage*. Le vent neanmoins l'en éloigna malgré lui. Vingt-deux Chevaliers, & plus de cinq cens hommes, tant Officiers que soldats, périrent ou dans le combat ou dans le naufrage. Les autres galeres sont portées par la tempête vers le Levant, se rejoignent à Augouste, & reviennent ensemble à Malte. Le Grand Maître pourvoit à la subsistance des familles de ses sujets morts dans cette action.

Perellos voyoit depuis long-tems avec douleur, que depuis que la Religion s'étoit contentée d'entretenir une escadre de galeres, & qu'elle avoit cessé d'avoir des vaisseaux de guerre, les corsaires de Barbarie prenoient tous les jours des vaisseaux marchands Chrétiens, faisoient des descentes fréquentes sur les côtes d'Italie & d'Espagne, pilloient les villages, & réduisoient quantité de familles dans l'esclavage.

Les Chrétiens jettoient envain les yeux depuis plus de quatre-vingts ans du côté des Chevaliers de Malte leurs anciens protecteurs ; il s'étoit trouvé jusques-là trop d'obstacles à surmonter pour rétablir à Malte l'escadre des vaisseaux ; mais Perellos devenu Grand Maître, aidé des conseils du Bailli Zondodari, qui lui succeda, ne trouva point ces obstacles insurmontables ; & il détermina le Conseil plus aisément qu'il n'auroit crû ; ainsi dès qu'il eût amassé les fonds nécessaires pour la construction des vaisseaux, on chercha dans tout l'Ordre le Chevalier le plus intelligent pour présider à leur construction, & le plus en état de les commander. Le choix tomba sur le Chevalier de Saint Pierre, de Normandie, Capitaine des vaisseaux du

RAIMOND PERELLOS. Roi de France, qui obtint depuis par ses services la Commanderie Magistrale du Pieton : c'est à ce Commandeur, que nous devons le *Projet pour extirper les Corsaires de Barbarie*, qui a été imprimé dans les pays étrangers parmi les ouvrages de M. l'Abbé de Saint Pierre son frere, & qui avoit été fort approuvé par le Grand Maître.

La galere S. Paul est jettée par un coup de vent dans les rochers de la petite Isle d'Ostrica près de Palerme ; & malgré les soins du Géneral Javon, y périt avec trois Chevaliers, & soixante & dix hommes de l'équipage : le reste fut sauvé par les autres galeres.

1701. L'escadre retourne sur les côtes de Barbarie, & y rencontre la Sultane Binghen, gros vaisseau de quatre-vingt pieces de canon, & de trois cens hommes d'armes. Le combat fut long, & la perte considerable pour les deux partis, mais à l'avantage des Chevaliers qui ramenerent le vaisseau à Malte. Le Grand Maître fait placer dans l'Eglise de Saint Jean d'Aix, lieu de la naissance du Chevalier Ricard, l'étendart de ce vaisseau, pour honorer la valeur de ce Religieux qui avoit le plus contribué à cette victoire.

Mort de Charles II. Roi d'Espagne. Philippe V. lui succede, & confirme tous les privileges de l'Ordre.

Le Cardinal Albani est élevé au souverain Pontificat sous le nom de Clément XI. en la place d'Innocent XII.

L'escadre des galeres de la Religion va attaquer les Infideles jusques dans le port de la Goulette,

& revient à Malte avec un gros vaisseau & un bri- RAIMOND
gantin des ennemis : un Chevalier & quatre sol- PERELLOS.
dats perdirent la vie dans cette expédition.

 Le Grand Prieur d'Angleterre va à Rome en   1703.
qualité d'Ambassadeur extraordinaire pour obtenir
du Pape un réglement sur les prétentions de l'Inquisiteur de Malte au sujet de sa jurisdiction. L'affaire après quelques délais, se termine à la satisfaction du Grand Maître.

 L'escadre des vaisseaux commandée par le Che-   1706.
valier S. Pierre prend la route du Levant, rencontre
trois vaisseaux de Tunis, & les poursuit. Le vaisseau
S. Jacques perd son mât avant le combat, & se retire. Le S. Jean s'attache au vaisseau Amiral des ennemis, chargé de cinquante pieces de canon & de
trois cens soixante & dix soldats, & s'en rend maître, tandis que le reste de la flotte ennemie fuit
à toutes voiles. Ce bâtiment augmente l'escadre
de la Religion, sous le nom de Sainte Croix.

 Le Commandeur de Langon conduit à Oran un   1707.
convoi de munitions de guerre : & avec son seul
vaisseau de cinquante canons, il passe au milieu de
la flote d'Alger qui faisoit sur lui un feu continuel:
& malgré les efforts des Infideles, soutenus de la
présence de leur Roi, il introduit le secours dans la
Place. Cette action lui fit donner peu de tems après
la Lieutenance générale de l'escadre de la Religion,
& le commandement des vaisseaux.

 Le Roi d'Espagne écrit au Grand Maître pour   1708.
le prier d'envoyer une seconde fois l'escadre de la
Religion au secours d'Oran. On en fait les préparatifs, qui furent sans effet, parceque la nouvelle

E e iij

se répandit que les Infideles s'en étoient rendus maîtres, & que le Turc armoit puissamment.

Perellos affligé de cette nouvelle, se sent attaqué de la goute, & d'une fiévre violente. Il reçoit les Sacremens avec de grands sentimens de pieté, & se dispose à la mort, après avoir nommé le Grand-Prieur de Messine Tancrede de Sienne, pour Lieutenant du Magistere. Se trouvant un peu soulagé le lendemain, il donna à Fr. Alexandre Albani, neveu du Pape, & depuis Bailli d'Armenie, la Commanderie de Viterbe vacante par la mort de Rondinelli: ses forces lui revinrent peu à peu, & il recouvra entierement la santé.

Le bruit court qu'on fait à Constantinople un armement de vingt Sultanes, de quarante galeres, & de plusieurs petits bâtimens; & que tous ces préparatifs sont contre Malte. Le Conseil pour n'être point surpris, demande du secours au Pape, qui fait partir pour l'Isle une tartane chargée de poudre, de plusieurs autres provisions nécessaires pour soutenir un siege, & de cent cinquante soldats, avec promesse d'envoyer incessamment un secours plus considerable. Le Commandeur d'Allegre est envoyé au Roi Très-Chrétien; le Commandeur de Sannazar à Livourne; le Commandeur de Monteclair à Genes. Tous revinrent avec des forces considerables, & débarquerent à Malte un grand nombre de Chevaliers, qui accouroient de toutes parts pour contribuer à la défense de la Religion. On nomme les Officiers Géneraux; on partage les soldats en plusieurs corps; & on trouve près de dix mille hommes d'armes résolus de se bien défendre.

Cependant l'armement de Constantinople dont on avoit fait tant de bruit, se termine à cinq Sultanes qui vont se joindre à trois autres vaisseaux sortis des ports de Tunis & de Tripoly. On craint une descente dans l'Isle du Goze; on y transporte toutes les choses nécessaires pour la défendre; & Tancrede Grand Prieur de Messine, malgré ses infirmitez & son grand âge, obtient du Grand Maître la permission d'y passer. De concert avec le Commandeur de Langon, Lieutenant Général, & le Commandeur de Montfort, Gouverneur de l'Isle, il en rétablit les fortifications; & la met en état de résister. Mais l'ennemi désesperant peut-être de réussir dans cette entreprise, se contente de mettre le feu à quelques petits bâtimens qu'il trouve sur la côte, & reprend la route du Levant.

Le Grand Maître augmente considerablement les magazins que son prédécesseur avoit fait construire, facilite par ce moyen le commerce, & produit l'abondance dans ses Etats.

Sur la nouvelle que quatre Sultanes s'étoient mises en mer avec un brigantin dans le dessein de tenter une descente dans la Calabre, le Grand Maître fait partir l'escadre sous les ordres du Commandeur de Florigny. Au bout de quelques jours on découvre un gros vaisseau qu'on reconnoît pour la Capitane de Tripoly, commandée par le fameux corsaire Bassa Ali-Aintulla-Ogli-Stamboli. L'équipage étoit de six cens hommes, avec cinquante-six canons & quarante pierriers. Elle étoit suivie d'une Tartane de douze canons, de trente pierriers, & de 200 hommes commandez par Mah-

RAIMOND PERELLOS.

mut Ogli Casdagli, qui malgré les ordres de son Général, voulut soutenir l'attaque de l'escadre. Le Commandeur de Langon qui montoit le S. Jacques commence le combat à coups de canons; le feu se met aux voiles des vaisseaux ennemis, & embrase les deux bâtimens. Les Turcs désesperant de l'éteindre, se jettent à l'eau: les châloupes de la Religion se détachent pour les secourir: elles en retirent quatre cens, parmi lesquels étoit le *Rais* de la Capitane de Tripoly, & cinquante esclaves Chrétiens que l'on mit en liberté: cinq hommes du vaisseau Saint Jean périrent avec le Chevalier Pagani de Nocera.

1710.

Le Grand Maître fait venir des bleds du Levant, & remedie ainsi à la disette des Maltois ausquels le Vice-Roi de Sicile refusoit depuis plus d'un an les traites ordinaires.

Le Commandeur de Langon fait avancer l'escadre des vaisseaux vers les côtes de Barbarie. Il rencontre la Capitane d'Alger montée par cinq cens hommes, qui ne se rendent qu'après un long combat, & la perte de tous leurs Officiers. Cette victoire fut funeste à la Religion par la mort de ce Commandeur, que sa valeur & ses rares qualitez firent extrêmement regretter. Son corps fut porté à Cartagene, & enterré sous le grand Autel de la Cathedrale. Pour éterniser sa mémoire, le Grand Maître fit graver sur une pierre sépulchrale, placée dans la nef de l'Eglise de S. Jean, l'Epitaphe suivante.

D. O. M

D. O. M.

Fratri Joseph de Langon Alverno, cujus virtutem in ipso tyrocinii flore maturam Gallicæ naves fecére, Thraces sensére, Melitenses habuére victricem. Oranum dirâ obsidione cinctum, cum unica Religionis navi, cui præerat, onerariam ducens, penetratâ Algerii classe, ejusque Rege teste vel invito, militem & commeatum invexit. Generalis classium præfectus ad Tripolitanorum prætoriam incendendam plurimò momento fuit. Laudes tamen consilio & fortitudine sibi ubique coemptas in alios continuò transtulit. Supremâ tandem Algerii nave subactâ, acceptoque inde vulnere acerbo, victor fato cessit, die 18 Aprilis 1710. æt. 41. E. M. M. F. D. R. de Perellos-Roccafull ad benemerentiæ argumentum mortuo hoc mærens positum voluit Cenotaphium ad memoriæ perennitatem.

Entreprise de l'Inquisiteur de Malte sur l'Infirmerie de la Religion. Le Tribunal de l'Inquisition avoit été introduit dans l'Isle par Gregoire XIII. mais avec tant de ménagement, qu'on ne s'en étoit presque pas apperçû. Ce fut l'Evêque de Malte qui reçut le premier cette commission. Quelque tems après on en revêtit un Officier de la Cour de Rome; mais on lui enjoignit de ne proceder que conjointement avec le Grand Maître, l'Evêque, le Prieur de l'Eglise & le Vice-Chancelier: & même il ne lui étoit permis de connoître que du crime d'heresie. On ne s'avisa point de s'opposer alors à une autorité dont l'exercice demeuroit dans les premieres personnes de l'Ordre; & on ne prévit point que les Inquisiteurs pourroient dans la

RAIMOND PERELLOS.
Mémoire présenté à Louis XIV.

suite, se rendre, non seulement indépendans, mais insuportables à une Milice formée du sang le plus noble du monde chrétien, & dont l'Ordre est revêtu du caractere de Souverain sur ses Sujets.

Delci qui en 1711, exerçoit la fonction d'Inquisiteur, après avoir porté ses prétentions jusqu'à demander que le carosse du Grand Maître s'arrêtât à la rencontre du sien, ne crut pas devoir souffrir que l'Infirmerie de la Religion fût plus longtems exempte de sa jurisdiction. Ce lieu le plus privilegié de l'Ordre, * & confié à la garde des Chevaliers François les plus zelez pour leur liberté, ne reconnoît d'autre autorité que celle du Grand Hospitalier. Tout autre, de quelque qualité qu'il soit, ne peut y entrer sans laisser à la porte les marques de sa dignité. Les Officiers de l'Inquisition y entrerent par surprise, & commencerent à y faire des actes de visite. Le Commandeur d'Avernes de Bocage, Infirmier, averti de cette entreprise, vint promptement s'y opposer, les fit sortir sur le champ, & protesta de nullité contre tout ce qu'ils avoient pû faire en son absence.

7. Decemb.

1712. Le Grand Maître envoye à Rome le Grand Prieur Zondodari en qualité d'Ambassadeur de la Religion pour représenter au Pape les injustes prétentions de l'Inquisiteur. Le même Infirmier vient en France pour en instruire le Roi Très-Chrétien, qui en écrit vivement à Sa Sainteté, & l'engage à desavouer & à reprimer les entreprises du Député Romain.

* Le Maréchal même de l'Ordre ne peut entrer dans l'Infirmerie sans laisser à la porte son bâton de commandement.

Fr. Jacques de Noailles Ambassadeur de la Religion en France meurt à Paris âgé de 59 ans. Il est remplacé par le Bailli de la Vieuville qui fit son entrée le 4 de Decembre avec toutes les cérémonies qui se pratiquent aux entrées des Ambassadeurs des Souverains.

Le Commandeur Zondodari, Ambassadeur extraordinaire à Rome, renouvelle ses plaintes contre l'Inquisiteur, qui par des Patentes qu'il donnoit à un grand nombre de Maltois, prétendoit les exempter de l'obéissance due à leur Souverain.

Fr. Adrien de Langon, Commandant du vaisseau Sainte Catherine, attaque sept vaisseaux Algeriens, les met en fuite, & se rend maître de celui qu'on nommoit la D[...]e-lune, de 40 canons, & de 400 hommes d'équipages. Trente-six esclaves Chrétiens furent délivrez, & l'Ordre ne perdit que sept hommes dans ce combat.

Le Pape écrit au Grand Maître pour l'engager à envoyer les galeres de la Religion sur les côtes de l'Etat Ecclesiastique, où les Corsaires de Barbarie faisoient des prises continuelles.

Le Commandeur de Langon poursuit un Corsaire Algerien dont le vaisseau étoit de 56 canons, & de 500 hommes, l'atteint à la hauteur des Isles d'Hieres, le démâte entierement dans un combat de six heures; & ne pouvant l'obliger à se rendre, le coule à fond. On ne put sauver que deux Chrétiens & six Turcs.

Prise d'un autre vaisseau de Barbarie, dans lequel on fit quatre-vingt quinze esclaves.

Mort du Bailli de la Vieuville, Ambassadeur de

la Religion en France. Le Bailli de Mefmes lui succede en cette qualité.

Le grand armement qui fe faifoit à Conftantinople, donne lieu de craindre pour l'Ifle de Malte. Le Grand Maître écrit à tous les Chevaliers de fe tenir prêts pour partir au premier ordre, fait réparer toutes les fortifications, & munit l'Ifle de toutes les chofes néceffaires pour fa défenfe.

Les Chevaliers difperfez dans les differentes parties de l'Europe, fe raffemblent pour fe mettre en état de partir. Quelques-uns trop âgez pour faire le voyage, remettent leurs Commanderies au Grand Maître, afin que les revenus en foient employez à la défenfe de l'Ifle; d'autres veulent partir, quoique l'infirmité ou le grand âge les mettent hors d'état d'agir, afin d'aider du moins de leurs confeils.

1715. Les Chevaliers François, même les Novices, fignalent leur zele en s'engageant tous pour des fommes confiderables qu'ils employent à acheter une grande quantité d'armes, & de toute forte de munitions de guerre. Ils envoyent ce fecours à Malte, & conviennent de le fuivre de près. Cependant le Grand Maître tire cent cinquante mille écus du Tréfor, & emprunte en fon nom une fomme encore plus confiderable, avec laquelle il fait venir de divers endroits tout ce qui paroît néceffaire pour foutenir vigoureufement l'attaque : il obtient du Pape un fecours d'hommes & de galeres, & la permiffion de faire des levées dans l'Etat Eccléfiaftique.

Tandis que tout fe difpofoit à Malte pour ré-

sister à l'ennemi, un inconnu de bonne mine vint offrir ses services au Grand Maître en qualité d'Ingenieur. Ses offres furent acceptées d'autant plus volontiers, qu'il parut fort intelligent dans les fortifications. Quelques Chevaliers furent nommez pour lui faire voir tous les travaux, & sur-tout ceux de la Valette sur lesquels il leur donna de fort bons avis, & une grande idée de sa capacité. Deux jours après il ne parut plus, quelqu'exacte recherche que l'on en fît. On ne douta point que ce ne fût un espion envoyé par les Turcs pour reconnoître l'état de l'Isle. Cette avanture fit naître dans l'esprit du Grand Maître le dessein d'envoyer quelqu'homme sûr à Constantinople même, pour être plus parfaitement instruit des vûes du Grand Seigneur. André Veran de la ville d'Arles, qui depuis long-tems demeuroit à Malte, s'offrit pour cette commission, & partit avec un bâtiment chargé de marchandises, sous prétexte de commercer dans le Levant. Il débarqua d'abord à Napoli de Romanie, Capitale de la Morée, où il vit le Capitaine General de la République de Venise. Il apprit de ce Seigneur que l'armement des Turcs augmentoit tous les jours, mais qu'il ne paroissoit se faire que contre les Venitiens. Passant de-là aux Dardanelles, il sçut que les Infideles avoient déclaré la guerre à la République de Venise. Il arriva à Constantinople, où il vit le Comte des Alleurs, Ambassadeur de France, qui le prit sous sa protection, & l'informa au juste de tous les desseins de la Porte.

Cependant les Chevaliers arrivoient à Malte de toutes parts, & amenoient tous avec eux quelques

RAIMOND PERELLOS.

secours. On mit en mer ; & les vaisseaux de la Religion joignirent les galeres du Pape, pour se mettre en état d'aller à la rencontre de la flotte Ottomane. Veran revint à Malte, & on reconnut par le rapport de tout ce qu'il avoit vû des mouvemens de l'armée Turque, ou que le Grand Seigneur n'avoit point eu de dessein contre l'Isle, ou, ce qui est plus vrai-semblable, qu'il avoit été détourné de cette entreprise par la connoissance qu'il eut du bon état où elle se trouvoit par les soins du Grand Maître, & du grand nombre de Chevaliers qui s'y étoient rendus de toutes parts.

1716.

La République de Venise demande du secours au Grand Maître contre les Turcs. La Religion leur accorde cinq vaisseaux & quelques galeres, qui ayant poursuivi trois vaisseaux corsaires de Barbarie, en prennent un de cinquante-quatre canons & de cinq cens hommes d'équipage, qu'elles amenent à Malte, avec quatre saïques chargées de toute sorte de provisions.

Disputes entre les Commandans des escadres auxiliaires. Le Pape y remedie en donnant le titre de son Lieutenant General, au Commandant de l'escadre de Malte.

L'escadre de la Religion se rend maîtresse de plusieurs bâtimens Turcs, chargez de marchandises, qu'elle conduit à Corfou, où le Chevalier de Langon qui commandoit l'escadre du Pape, remporte plusieurs avantages sur les Infideles.

1717.

Les vaisseaux de la Religion renforcez de deux frégates, & de quelques bâtimens legers, se remettent en mer, pour se rejoindre aux Alliez. Un Ar-

mateur Maltois coule à fond un gros vaisseau Turc, & sauve une partie de l'équipage.

Combat naval entre les troupes auxiliaires & les Turcs près de l'Isle des cerfs. Les Infideles dont les vaisseaux furent extrêmement maltraitez, prennent la fuite après deux heures de canonade de part & d'autre. Les troupes auxiliaires ne firent aucune perte. Le Bailli de Bellefontaine qui commandoit l'armée navale, se signala extrêmement dans toute cette campagne, & fut reçu à son retour par le Grand Maître d'une maniere très distinguée.

L'escadre se remet en mer, augmentée du vaisseau Saint Jean de soixante & dix canons, & va joindre la flote Venitienne. Les Turcs se ralentissent, & l'armée Chrétienne trouve peu d'occasions de se signaler dans cette campagne.

Le Pape donne la Croix de Malte au fils naturel du Roi de Pologne.

Prise considerable de deux galeres de Constantinople richement chargées, dont les vaisseaux de la Religion se rendent maîtres dans l'Archipel. Le Bacha de Romelie alloit à Napoli de Romanie sur l'une de ces galeres avec toute sa famille.

Le Chevalier Fraguier, premier Enseigne de la Compagnie des Gardes du Grand Maître, apporte au Roi Très-Chrétien des oiseaux de proye, présent que les Grands Maîtres ont coutume de faire aux Rois de France.

Le Chevalier d'Orleans prête serment entre les mains du Roi pour le Grand Prieuré de France, vacant par la démission volontaire du Grand Prieur de Vendôme.

marginalia: RAIMOND PERELLOS. — 1718. — 1719. — 1720.

Le Grand Maître Raimond Perellos de Rocafull, extrêmement affoibli par son grand âge, & par une maladie de plus d'un an, meurt après un regne de vingt-deux ans. Ce Prince se distingua par sa liberalité envers les familles ruinées par les Infideles, augmenta considerablement les fortifications de son Isle, & n'obmit rien de ce qu'il crut propre à soutenir l'éclat & la gloire de son Ordre.

<small>MARC-ANTOINE ZONDODARI.</small>

Les Electeurs s'étant assemblez avec les cérémonies ordinaires, nomment pour Grand Maître le Bailli MARC-ANTOINE ZONDODARI, Siennois, que son illustre naissance & son merite personnel rendoient digne du Magistere. La joye de cette élection est augmentée par le gain de deux gros vaisseaux corsaires de Barbarie, qu'on ramene dans le même tems au port de l'Isle. Ce succès est suivi de près, de la prise de l'Amiral d'Alger de quatre-vingt canons, & de 500 hommes d'équipages.

Le Bailli Ruffo est nommé Général des galeres de la Religion. Le Grand Maître obtient un Bref du Pape, qui oblige tous les Chevaliers qui ont plus de trois cens livres de revenu, d'entretenir un soldat, chacun à leurs frais, pour la sureté de l'Isle : mais on ne voit pas que ce Bref ait eu aucun effet.

1721.

L'escadre que le Grand Maître avoit accordée au Roi d'Espagne pour la sureté de ses côtes, se met en mer sous les ordres du Bailli de Langon, & donne la chasse à une galiote de Barbarie, qui croisoit le long des côtes de Sardaigne. On ne peut l'atteindre ; mais on lui enleve un pinque qu'elle avoit pris depuis peu sur les Chrétiens. Le vaisseau Saint Jean monté par le Commandant, rencontre

* François de Lorraine, dit le Chevalier de Gurze, fait ses caravanes à Malte.

Les Chevaliers Fresenet, Mauros & Gaucourt surprennent la Forteresse de Lajazzo dans le golfe de ce nom, y entrent à la faveur d'un petard qui fit sauter la porte, y font un riche butin; & après en avoir rasé les fortifications, amenent plus de trois cens esclaves.

Année fatale à la France & à l'Ordre de Malte par l'assassinat de Henri le Grand.

Corinthe prise & pillée par les galeres de la Religion.

Le Prince de Vendosme nommé Géneral des galeres de l'Ordre.

Sur les avis que reçut le Grand Maître, que les corsaires d'Afrique vouloient tenter de se rendre maîtres de l'Isle de Goze, il y fait passer des troupes & des munitions de guerre & de bouche.

Nouvelle alarme dans la Langue d'Italie par une grace expectative que le Pape accorde à un fils du Duc de Modene sur la Commanderie de Regio-Grace, d'un dangereux exemple par les suites qu'elle pouvoit avoir.

Soixante galeres Turques paroissent devant l'Isle de Malte, & débarquent cinq mille hommes, mais qui ne purent faire d'esclaves par la précaution des habitans, qui s'étoient retirez dans les Places fortes.

Le Grand Maître fait faire un aqueduc qui conduit une source abondante, depuis la Cité de Malte appellée communément la Cité notable, jusques dans la Cité de la Valette, & dans la Place qui est

ALOF DE VIGNA-COUR.

*1609.

1610.

1611.

1612.

1613.

1614.

1615.

1616.

ALOF DE VIGNA-COUR.

1616.

devant le Palais des Grands Maîtres : ouvrage digne de la grandeur des Romains.

Le Duc de Nevers veut établir un Ordre nouveau, ou pour mieux dire, détacher de l'Ordre de S. Jean de Jerusalem l'ancien Ordre du S. Sepulchre. Frere Dom Louis Mendes de Vasconcellos, Bailli d'Acre, très habile dans les négociations, est dépêché à la Cour de France pour traverser les desseins du Duc. Etant arrivé en France en qualité d'Ambassadeur extraordinaire, il fut accompagné dans son audience par le Commandeur de Sillery, Ambassadeur ordinaire, par Frere de Saint Leger, Receveur du Prieuré de France, par le Commandeur de Formigeres, Capitaine des Gardes du Corps, du Commandeur de Girlande, & de ce qui se trouva de Chevaliers à Paris & à la Cour. Il presenta sa lettre au Roi, à laquelle ce Prince répondit aussi favorablement qu'on le pouvoit souhaiter, & les projets du Duc de Nevers n'eurent point de suite.

Facardin Prince des Druses vient à Malte implorer la protection & le secours de l'Ordre contre les persecutions du Grand Seigneur.

1617.

Bosio qui n'étoit que Chevalier de grace, voulant disputer la préseance à un Chevalier plus ancien que lui : on lui fit voir qu'on ne comptoit son ancienneté, que du jour de sa réhabilitation, & même qu'un Chevalier de grace ne pouvoit jamais parvenir aux dignitez de l'Ordre.

1618.

Le trésor fait fabriquer dans le port d'Amsterdam un galion, dont la construction revenoit à soixante mille écus d'or.

Nouvelles fortifications à la cale de Saint Paul de Marsa-Siraco, de Marsa-Scala, & dans la petite Isle de Comin située entre Malte & le Goze.

ALOY DE VIGNA-COUR.

Cagliares Evêque de Malte fait beaucoup d'entreprises contre l'autorité du Grand Maître & du Conseil : il va à Rome pour les soutenir, & laisse en son absence un grand Vicaire aussi brouillon que lui. Les jeunes Chevaliers de toutes les Langues, ne pouvant souffrir l'audace de ce mutin, le vont chercher en sa maison pour le jetter à la mer. Le Grand Maître se le fait rendre, & l'envoye à Rome avec son procès. Le Pape en paroît irrité, ordonne à son Inquisiteur d'en informer, & menace le Grand Maître & le Conseil des foudres de l'Eglise. Cette affaire fut terminée par la soumission du Grand Maître & du Conseil.

1619.

L'armée de la Ligue Catholique tente en vain de s'emparer de la ville de Suse sur la côte de Barbarie. Il parut un grand nombre de Chevaliers dans cette expedition, parmi lesquels on compte Frere Antoine Barras, Fr. François Juxs, Fr. de la Meusana, Fr. Merault de Pelons, Fr. Melchior de Gozon-Melac, Fr. Antoine Chevalier de grace, Capitaine d'infanterie au service du Roi Catholique; & parmi les blessez Fr. Alphonse Castel S. Pierre, Capitaine de la Capitane de l'Ordre, Fr. Antoine Mastrillo, Capitaine de la Patrone, Fr. Jean de Saligy, Auvergnac, F. Cesar de Saint Peryer, de la Langue de France, qui mourut à Malte de ses blessures, Fr. Azeredo Castillan, & Fr. Luys Mendez Vasconcellos Portugais.

François Ottoman, Religieux Dominicain, qui

1620.

ALOF DE VIGNA-COUR.

se disoit fils du Grand Seigneur Achmet, paroît à Malte, & y est reçû sur la recommandation du Cardinal Verally, Président de la Congregation des Catéchumenes.

Entreprise des galeres de la Religion sur Castel-Torneze. Le Commandeur Fr. Alphonse Castel S. Pierre est nommé par le Général des galeres pour conduire cette entreprise. On s'ouvre un passage avec trois petarts. Cette Place étoit comme le magasin de toute la Morée. Le Général des galeres est averti par un Grec que s'il ne se retire promptement, ses gens seront coupez par quatre mille Turcs qui n'étoient pas éloignez. On sonne la retraite, & S. Pierre qui a reçû le même avis, forme un escadron, & regagne le bord de la mer avec le butin & les prisonniers qu'il avoit faits.

1621.

Mort de Paul V. auquel Gregoire XV. succede, qui confirme par ses Bulles tous les privileges que ses prédecesseurs avoient accordez à l'Ordre.

1622.

Nouvelles plaintes de la Langue d'Italie, qui se voit privée de succeder aux Commanderies vacantes par la nomination souvent anticipée des Papes.

Le Commandeur de Chatte-Gessan envoyé à Malte par le Roi Louis XIII. pour demander à l'Ordre la jonction de ses galeres pour combattre les Huguenots.

Le Chevalier de Casselani de Montemedan reçoit ordre du Conseil de conduire à Marseille avec les galeres le grand galion fabriqué dans le port d'Amsterdam.

Le Grand Maître de Vignacour étant à la chasse & poursuivant un lievre dans la plus grande cha-

leur du mois d'Août, fut surpris d'une attaque   Alof de Vignacour.
d'apoplexie, comme il étoit arrivé cinquante ans
auparavant au Grand Maître Jean de la Valette.
On le porta à la Cité nouvelle, où il nomma pour
son Lieutenant Fr. Nicolas la Marra Grand Amiral de l'Ordre. Il reçût ensuite avec beaucoup de
dévotion les Sacremens de l'Eglise, fit sa desapropriation, & mourut le 14 de Septembre âgé de
75 ans.

  Le Chapitre s'assembla pour lui nommer un successeur. Il y avoit deux prétendans, Mendez de
Vasconcellos Portugais, Bailli d'Acres, & qui avoit
été Ambassadeur de l'Ordre à Rome & en France,
& de Paule, de la Langue de Provence, Grand
Prieur de S. Gilles. Frere Dom Luys Mendez eut
la préférence, & fut proclamé pour Grand Maître   Mendez Vasconcellos.
le 17 Septembre. A peine jouit-il de cette dignité
pendant six mois; & le peu de tems qu'il survécût   1623.
à Vignacour, fut employé à confirmer les sages
dispositions qu'il avoit faites. Vasconcellos âgé
de près de quatre-vingts ans mourut le 6 de Mars
1623.

  Le 10 du même mois on procéda à l'élection
d'un nouveau Grand Maître, & le choix du Couvent tomba sur Frere ANTOINE DE PAULE,   Antoine de Paule.
Prieur de S. Gilles, âgé de 31 ans. Le Commandeur de Tormegeres Ambassadeur de l'Ordre en
France étant décedé, on fit occuper une seconde fois
cette Place au Commandeur Durand de Villegagnon, pour notifier l'élection du nouveau Grand
Maître au Roi Louis XIII.

  Mort du Pape Gregoire XV, auquel succede

R iij

ANTOINE DE PAULE. Urbain VIII. ce Pontife fait recevoir Antoine Barberin son petit neveu, Chevalier de Justice avec dispense de caravane & de résidence.

Jean de Fonseca Novice Portugais, a la tête coupée à Malte dans la grande Place du Palais, après avoir été convaincu de vol & d'assassinat.

1624. Frere Faulcon Prieur de Capoue convaincu d'avoir détourné de la recette de Naples quinze mille ducats, sur celle de Rome deux mille écus, & de la dépouille du Grand Maître Louis Mendez, autres quinze mille ducats, est condamné à une prison perpetuelle où il mourut.

Le Grand Maître ne manque pas d'ennemis, & de ces gens qui à la faveur de leur effronterie, se flatent de faire passer pour des veritez les plus noires calomnies. Ils presentent au Pape un memoire, où ils disent que ce Grand Maître est un homme déreglé dans ses mœurs, grand simoniaque, & qui a acheté sa dignité argent comptant. De Paule envoye à Rome le Commandeur Frere Denis Polastron de la Hilliere, Chevalier d'une vie exemplaire, & qui le justifia avec beaucoup de gloire de toutes ces calomnies. A peine le Grand Maître étoit-il sorti de cette affaire, qu'il lui en survint une autre qui n'étoit pas moins difficile, en ce qu'il eut le Pape Urbain VIII. pour juge & partie. Ce Pontife se mit en possession de disposer des Commanderies de la Langue d'Italie : il avoit déja donné les deux Commanderies de Milan & de Bufalora à Dom Antoine Barberin son neveu, & il confera depuis celle d'Ascoly au Chevalier Machiavelly ; au Chevalier Frere Donat-Rustici celle de Volterre, & le droit d'ancienneté au Commandeur Frere Hubert Ricasoli, & la Commanderie de Monopoli au Chevalier Frere Alexandre Zambeccari. Ces nouvelles concessions, outre celles des Souverains Pontifes, Paul V. & Gregoire XV. qu'on faisoit monter à dix-sept Commanderies, souleverent toute la Langue d'Italie. Les Chevaliers refuserent de faire leurs caravanes, de monter les vaisseaux & les galeres de la Religion ; & la plûpart se retirerent chacun dans leurs maisons & dans le sein de leurs familles. Le Grand Maître, pour prévenir ce desordre, convoqua le Conseil, & d'un commun avis on dépêcha un Ambassadeur au Pape pour lui porter les justes plaintes de la Religion. En même tems on en envoya trois autres à ce même sujet aux principaux Souverains de la Chrétienté. Frere Jacques du Liege-Charault, Grand Hospitalier, fut destiné pour Rome ; Frere Jean Conrard de Rosbach, Bailli de Brandebourg, fut envoyé à l'Empereur ; la Marra Prieur de Messine, & Géneral des galeres, au Roi de France, & Frere Dom Jean Ximenes, Prieur de Navarre, au Roi Catholique. Ces Ambassadeurs étoient encore chargez de representer à ces Princes l'abus de certaines dispenses qu'on accordoit à Rome aux Chevaliers, par lesquelles il leur étoit permis de disposer de leurs effets au préjudice du trésor commun : ce qui ruinoit absolument la Religion. Nous dirons sur l'année 1626, le succès de l'ambassade de Rome.

L'Ordre fait une entreprise sur l'Isle de Sainte

Maure occupée par les Turcs, qui ne réussit point ; douze Chevaliers y furent tuez, sans un grand nombre de blessez.

Grand combat sur mer où la Religion perd deux galeres, le Saint Jean & le Saint François ; & il y eut plusieurs Chevaliers tuez, d'autres blessez, & quelques-uns faits esclaves.

1626. A ces malheurs il faut ajouter que le Pape malgré les remontrances du Grand Maître & du Conseil continue de donner les Commanderies dans la Langue d'Italie à ses parens.

1627. La Religion n'avoit entretenu jusqu'alors que cinq galeres ; le Grand Maître en fait construire une sixiéme.

1628. Urbain peu favorable à l'Ordre, non content de le dépouiller de ses principales Commanderies en Italie, & dont il revêtit ses parens, publie une Ordonnance *motu proprio*, par laquelle il change l'ordre observé jusqu'alors dans l'élection des Grands Maîtres.

1629. Frere Achiles d'Estampes Valençai, à la recommandation de Louis XIII. Roi de France, est fait Grand Croix de grace.

Antoine Bosio fils naturel du Bailli Frere Jean Otton, & qui avoit été adopté par son oncle Jacques Bosio, fit de grands progrès dans les belles lettres, & sur-tout dans la connoissance de l'Histoire Ecclesiastique ; en sorte que sa profonde capacité effaça les taches de sa naissance, comme on le peut voir par ses differens ouvrages, & sur-tout par celui de *Roma subterranea*. Il succede à son pere adoptif dans la charge d'Agent de l'Ordre à Rome, &
étant

étant resté le dernier de son nom, il recueillit cette année la succession générale de tous les biens de cette Maison.

1630.

Le Pape toujours attaché à réduire le gouvernement de l'Ordre, par raport à ses vûes secrettes veut changer l'ancien usage qui se pratiquoit dans les Chapitres géneraux.

1631.

Des esclaves Chrétiens qui composoient la chiourme d'une galere Turque, commandée par Manni-Beï de Famagouste dans l'Isle de Chypre, se révoltent, prennent les armes, tuent leur Patron & les soldats de la galere, ou les font sauter dans la mer, s'emparent de la galere même, & arrivent heureusement à Malte.

Chapitre géneral indiqué pour le onze de Mai. Le Pape consent qu'on y retienne l'ancien usage des seize Commissaires, deux par chacune Langue; mais il veut que l'Inquisiteur les préside, & qu'il puisse subdeleguer en sa place & en son absence qui il jugera à propos; qu'il ait le pouvoir de suspendre le Chapitre, & même de le proroger. Le Grand Maître fait assurer le Pape qu'il est très-disposé à lui obéir; mais que le corps de la Religion souffre impatiemment que Sa Sainteté prétende introduire dans le gouvernement une personne étrangere dans l'Ordre, avec le titre & l'autorité de Président. Le Pape n'ayant eu aucun égard à toutes ces remontrances, le Conseil crut devoir ceder. Mais afin d'éviter les saillies & les vivacitez de la jeunesse, on l'embarque pour l'envoyer en course pendant la tenue du Chapitre géneral.

Le Dimanche 11 de Mai 1631, on fait l'ouver-

Tome IV. S

ture de ce Chapitre, où présida le Serenissime Seigneur Fr. Antoine de Paule Grand Maître.

Le très-Reverend Imbroll, Prieur de l'Eglise.

BAILLIFS CONVENTUELS.

Fr. Claude Durré Ventarob, Grand Commandeur.
Fr. François Cremeaux, Grand Maréchal.
Fr. Tussin de Ternez Boisrigault, G. Hospitalier.
Fr. Philippe de Gaetan, Grand Amiral.
Fr. Louis de Moncade, Grand Conservateur.

GRANDS PRIEURS.

Frere Juste du Fay Gerlande, Prieur d'Auvergne.
Fr. George de Castelane d'Aluis, Prieur de Toulouze.
Fr. Antoine-Marie de Ciaïa, Prieur de Lombardie.
Fr. Nicolas Cavarretta, Prieur de Venise.
Fr. Nicolas de la Marra, Prieur de Messine.
Fr. Philippe Bardaxi, Châtelain d'Emposte.

BAILLIFS CAPITULAIRES.

Frere Signorin Gattenare, Bailli ou Prieur du Bailliage de Sainte Euphemie.
Fr. François Sans, Bailli de Negrepont.
Fr. Cesar Ferreti, Bailli ou Prieur de S. Etienne.
Fr. Alexandre Bensi, Bailli ou Prieur de la Sainte Trinité de Venouse.
Fr. Antoine Bracaccio, Bailli ou Prieur de S. Jean proche la mer de Naples.
Fr. Honofre de l'Hôpital, Bailli de Majorque.
Fr. François Puget Chessuel, Bailli de Manosque.

Fr. Juste de Brun Laliege, Bailli de Leon.
Fr. de Rosbach, Bailli de Brandebourg.
Fr. Jean de Bernoi Villeneuve, Bailli de l'Aigle.
Fr. Laurens de Figueroa, Bailli du Saint Sépulchre.
Fr. Lucius Grimaldi, Bailli de Pavie.
Fr. Louis de Britto Mascarnay, Bailli d'Acres.
Fr. Jacques-Christophe Abandlau, Bailli, &c.
Fr. Alexandre Orsi, Bailli, &c.

Lieutenans des Baillifs Conventuels.

Fr. Matthias-Jacques Phirt, Lieutenant du Bailli d'Allemagne.
Fr. Thomas Hozis, Lieutenant du Gr. Chancelier.

Procureurs des Prieurs.

Frere Biagio Brandao, Procureur du Serenissime Ferdinand Cardinal Infant, Administrateur du Prieuré de Portugal.

Fr. François Buonaroti, Proc. de l'Illustrissime Dom Jean-Charles de Medicis, Prieur de Pise.

Fr. Antoine Scalamonte, Proc. de l'Illustre Frere Aldobrandino Aldobrandini, Prieur de Rome.

Fr. Tristan de Villeneuve, Procureur de Frere Jacques de Mauleon la Bustide, Prieur de S. Gille.

Fr. Robert de Viole Soulere, Proc. de Frere Guillaume de Meaux Baudran, Prieur de France.

Fr. Charles de Vajure, Proc. de Frere Pierre de Beaujeu, Prieur de Champagne.

Fr. Jules Amasi, Proc. de Fr. Pierre Vintimille, Prieur de Capoue.

Fr. Martin de Redin, Prieur de Navarre, a suspendu par sa presence les pouvoirs de Fr. Ginesio Ruiz son Procureur.

Fr. Policarpe de Casteloi, Proc. de Fr. Pierre George Pridorsila, Prieur de Catalogne.

Fr. Louis Melzi, Proc. de Fr. Frederic Huntd, Prieur d'Ibernie.

Fr. Antoine Pontremoli, Chapelain de la Langue de Provence, Proc. de Fr. Arteman, Prieur de Hongrie.

Fr. Eberard, Baron d'Estain, Proc. de Fr. Theodore Rolman, Prieur de Dannemarc.

Fr. Dom Juan de Zuniga, Proc. de Dom Bernardin de Zuniga, Prieur de Castille & de Leon.

Procureurs des Baillifs Capitulaires.

Fr. Jean-Baptiste Calderari, Proc. de l'éminent Cardinal Cornaro, Grand Commandeur de Chypre.

Fr. Baldassar de Marzilla, Proc. de Fr. Lapert d'Arbiza, Bailli de Caspe.

Fr. François de Godoi, Proc. de Fr. Dom Diego de Guzman, Bailli de Lora.

Fr. Joachim de Challemaison, Proc. de Fr. Jacques de Chenu de Bellai, Bailli d'Armenie.

Fr. Gabriel Dorin de Ligny, Lieutenant & Proc. de Fr. Jacques du Liege-Charault, Tresorier Géneral.

Fr. Dom Luis de Cardenas, Proc. de l'illustre Bailli Fr. Caraffa.

Fr. Gaspard de Maisonseule, Proc. du Bailli Fr. Achiles d'Estampes Valençay.

Procureurs des Langues.

De Provence, Fr. François Bagarris.
D'Auvergne, Fr. Charles de Fay Gerlande.

De France, Fr. Alexandre de Grimonval.
D'Italie, Fr. Octave Ceoli.
D'Arragon, Catalogne & Navarre, Fr. Gerôme Bardaxi.
D'Allemagne, Fr. Jean-Jacques de Welthause.
De Castille & Portugal, Fr. Gabriel d'Angulo.

L'Ordre étant supprimé en Angleterre, on ne nomma point de Procureurs pour cette Langue.

Procureurs des Commandeurs des Prieurez.

Du Prieuré de S. Gilles, Fr. Henri de Latis-Entragues.
De Toloze, Fr. François de Crottes de la Menardie.
D'Auvergne, Fr. Pierre-Louis Chantellot-la-Chese.
De France, Fr. Pierre de Carvel de Merai.
De Champagne, Fr. Joachim de Sennevoi.
De Rome, Fr. Curtius Bombino.
De Lombardie, Fr. Alphonse Castel de S. Pierre.
De Venise, Fr. Fiorin Borso.
De Pise, Fr. Ugolin Grisoni.
De Barlette, Fr. Gerolamo-Zato.
De Messine, Fr. Philippe Moleti.
De Capoue, Fr. Alphonse Dura.
De la Châtellenie d'Emposte, Fr. Pierre Marzella.
De Catalogne, Fr. Melchior Dureta.
De Navarre, Fr. François Torreblanca.
D'Allemagne, Fr. Jean de Ropach.
De Castille & Leon, Fr. Alphonse de Angulo.

Compagnons du Grand Maitre.

De la Langue de Provence, Fr. Girolamo de Merle Beauchamps, Calvacadour du Grand Maître, & Fr. Pierre de Bernana Hornolach.

D'*Auvergne*, Fr. Baldaſſar d'Alben, & Fr. Foucaud Saint Aulaire.

De France, Fr. Adrien de Contremoulins, & Fr. François de la Grange.

D'Italie, Fr. Jean Minutolo, & Fr. Mario Alliata.

D'Arragon, Catalogne & Navarre, N. N.

Pour l'Angleterre, Fr. Jean-Baptiſte Macedonio, & Fr. Etienne del Portico.

D'Allemagne, Fr. Guillaume-Henri de Waſperg.

De Caſtille & Portugal, Fr. Gondiſalvo d'Albernoz, & Fr. Dom Bernardin de Norogna.

L'Inquiſiteur preſenta enſuite un Bref du Pape qui le nommoit pour préſider à l'élection des ſeize Commiſſaires nommez pour regler les affaires de la Religion; mais ſans qu'il y eût ſuffrage ni voix, & ſans qu'il ſe pût mêler de propoſer aucune affaire, ni d'ouvrir ſon avis. Le Grand Maître, ſoit ſageſſe, ſoit politique, laiſſa accepter ce Bref par le Chapitre, & on proceda enſuite à l'élection des Commiſſaires. Il y en eut deux pour chaque Langue.

Pour la Provence, Villanova Bailli d'Aquila, & Fr. François Crotte la Menardie.

Pour l'Auvergne, Gerlande, Prieur d'Auvergne, & la Liegue, Prieur de Lion.

Pour la France, Boisrigault Grand Hoſpitalier, & Fr. Gabriel Dorin de Legai.

Pour l'Italie, La Marra Prieur de Meſſine, & Gattinara Prieur de Sainte Euphemie.

Pour l'Arragon, Catalogne, & Navarre, Sans, Bailli de Negrepont, & Lhopital Bailli de Majorque.

Pour l'Angleterre, l'Inquiſiteur Seriſſori nomma

avec ordre du Pape Fr. Pierre-Louis Chantelot la Chefe, de la Langue d'Auvergne, & Fr. Dom Juan de Villaroel, du Prieuré de Caftille.

Pour l'Allemagne, le Bailli Fr. Jacque Chriftophe Abandlau, & Fr. Evrard Baron d'Eeftain.

Pour Caftille & Portugal, Fr. Thomas Hozes Lieutenant du Grand Chancelier, & Fr. Biagio Brandao.

Le Chapitre ayant remis entre les mains de ces seize Commiffaires toute fon autorité, ils fe retirerent avec l'Inquifiteur dans le Conclave qui s'affembla dans la fale du Palais de la Tour. L'Inquifiteur, comme nous l'avons dit, & fuivant l'intention du Pape, y préfida; mais fans avoir de fuffrage, & fans être en droit de faire aucune ouverture. Ce fut Boifrigault Grand Hofpitalier, qui comme le plus ancien des 16, propofa les affaires qu'il falloit examiner. Imbroll Prieur de l'Eglife, en qualité de Procureur du Grand Maître, Abela Vice-Chancelier, & Frere Pierre Turamini Secretaire du commun tréfor, intervinrent dans cette affemblée, qui par de fages reglemens, termina les affaires generales & les particulieres. Comme depuis ce tems-là il ne s'eft tenu aucun Chapitre, les Jugemens & les Reglemens de celui-ci fervent aujourd'hui de loi & de décifions fur les differends qui peuvent s'élever dans l'Ordre.

La Religion perd le long des côtes de Calabre la galere de S. Jean par la violence d'une tempête. L'équipage gagne terre, & on en retira depuis l'artillerie & les principaux effets.

1632.

On fait cette année l'énumeration de tous les

habitans des Isles de Malte & du Goze ; & outre les Religieux de l'Ordre, les Ecclesiastiques, & ce qu'on appelle à Malte *Familiares* de l'inquisition, il s'y trouve 51750 habitans, hommes, femmes & enfans.

Frere Imbroll Prieur de l'Eglise s'offre à l'Ordre pour en écrire l'Histoire, & on lui permet de prendre communication des Regiftres de la Chancellerie. L'année fuivante le Cardinal Barberini prefenta à la Religion pour le même ufage le Chevalier Frere Cefar Mugalotti, excelent fujet, & très verfé dans les belles Lettres. L'un & l'autre commença fon ouvrage, mais fans l'achever.

Les galeres de la Religion vers la fin d'Avril, fortent en courfe fous le commandement du Géneral Valdi, & prennent proche l'Isle de Zante quatre vaiffeaux ou navires chargez de 650 Mores ou Negres qu'on envoyoit de Barbarie à Constantinople. Le même Géneral donne un autre combat contre les corfaires de Tripoli, fur lefquels il fait trois cens trente-huit efclaves, & délivre foixante Chrétiens. Les Venitiens fe plaignent amerement que les galeres de l'Ordre faffent des prifes dans les mers, & fur les terres du domaine de la République. L'Ambaffadeur de Malte par ordre du Grand Maître, leur répond que la Religion rendroit volontiers les fujets du Grand Seigneur, pris dans le Golfe ; mais qu'à l'égard des corfaires, il les feroient vendre comme des fcelerats, ennemis de toutes les Religions & de toutes les Nations. Autre brouillerie avec la République de Luques, qui est fuivie d'un decret, de ne plus recevoir aucun de fes ses citadins pour Chevalier de Justice : le Pape termine ce differend.

Avantures du Prince Guchia qui se disoit fils de Mahomet III. & que sa mere, chrétienne d'origine, & de la Maison des Comnenes, fit passer en terre chrétienne, & l'y fit élever. La Religion embrasse le parti de ce Prince vrai ou faux.

Les Chrétiens Grecs de l'Orient & schismatiques, à prix d'argent qu'ils donnent aux Turcs, enlevent aux Franciscains de l'Europe la garde du S. Sepulchre, du Calvaire, de Bethléem, & des autres saints Lieux de la Palestine. Le Pape prie le Grand Maître & le Conseil, comme mieux instruits de la disposition de la Cour Ottomane, de faire restituer les clefs de ces saints Lieux aux Religieux Latins. Le Grand Maître & son Conseil sont d'avis d'avoir recours à la force des armes, & de n'épargner pas les Grecs schismatiques, quand ils tomberoient sous la puissance de quelques Princes Catholiques.

La trop grande facilité du Pape d'accorder la Grande Croix à de simples Chevaliers, détermine l'Ordre à s'opposer au bref qu'il avoit accordé au Chevalier de Souvré ; quoique son pere eût été Gouverneur du Roi Louis XIII.

Mort du Grand Maître de Paule âgé de près de quatre-vingt-cinq ans après une maladie qui dura près de trois mois. Son Epitaphe contient son éloge & son caractere.

Fratri Antonio de Paula magno militiæ Hierosolymitanæ Magistro, Principi gratissimo, splendidissimo, qui ob egregias animi dotes vivens in omnibus sui amorem, extinctus desiderium excitavit ; pacem mirificè

Tome IV. T

coluit & affluentiam ; Ordinis vires, opes addidit, auxit ; ampliori munire vallo Urbem aggressus cùm annum ageret Magisterii decimum quartum, ætatis suprà octogesimum, diuturno cum morbo constanter conflictus, semper se ipso major piissimè ac religiosissimè quievit in Domino septimo id. Junii anno Sal. 1636.

PAUL LASCARIS CASTELARD.

Le treize Juin 1636, Frere PAUL LASCARIS CASTELARD, Bailli de Manosque, issu des Comtes de Vintimille, & sorti des anciens Empereurs de Constantinople, est élû pour successeur d'Antoine de Paule. Le lendemain, suivant l'usage, le Conseil confere au nouveau Grand Maître la Souveraineté des Isles de Malte & du Goze avec tous les droits dont ses prédecesseurs avoient joui.

La cherté des grains se fait sentir à Malte : le Grand Maître a recours au Président de Sicile, qui refuse avec beaucoup de dureté d'en laisser sortir de cette Isle. Nari General des galeres s'adresse au Vice-Roi de Naples, qui permet la levée de six milles sommes de bleds francs, & quittes de toute imposition & des droits de sortie.

Lascaris fait frapper de nouvelles monnoyes pour payer les ouvriers qui travailloient continuellement à de nouvelles fortifications sous la conduite de Florian Ingenieur, & Colonel d'un regiment d'infanterie, que le Grand Maître honora de l'habit & de la Croix de la Religion.

Frere Dom Pierre de Vintimille, de la même Maison que le Grand Maître, fonde à perpetuité sous le nom de S. Pierre, le bois d'une galere, & il hypoteque cette fondation sur deux maisons qui lui appartenoient de mille écus de revenu sur le

mole de Messine. Cavaretta Prieur de Venise fait une pareille fondation pour une autre galere, qui devoit porter le nom de S. Nicolas : & le Commandeur Conrard Scheifurt de Merode, fonde dans la Langue d'Allemagne la Commanderie de Breslaw.

PAUL LASCARIS CASTELARD.

Le Grand Maître partage tous les habitans de Malte en differentes compagnies, ausquelles on fait prendre les armes : des Chevaliers sont préposez pour leur apprendre à s'en servir contre les courses, & les descentes des Turcs & des corsaires.

Le Duc de Montalte Vice-Roi de Sicile, le Président, & les autres Officiers du Roi d'Espagne, toujours envenimez contre la Religion, non seulement refusent la traite des grains ; mais ils ordonnent qu'on arrête dans les ports de l'Isle tous les vaisseaux de Malte qui y entreront. Le sujet de leur chagrin venoit de ce que les deux Couronnes de France & d'Espagne étant actuellement en guerre., des Chevaliers François qui montoient des vaisseaux ou des galeres de France, avoient fait des prises considerables à l'entrée des portes de Malte. Sur les ordres de cette regence, deux galeres de la Religion étant entrées dans le port de Siracuse, on se mit en état de les desarmer. Mais le Commandant ayant prévû leur dessein, sortit brusquement du port. Le Gouverneur ou le Commandant d'armes, pour le forcer à rentrer, lui lâcha toute l'artillerie du Château. Mais malgré ses canonades, il prit le large, & retourna à Malte. Cette conduite des Espagnols, si bons témoins des services rendus à leur Souverain pour la défense de

1637.

T ij

<small>PAUL
LASCARIS
CASTE-
LARD.</small>

ses Etats, scandalisa toute l'Europe, & on disoit, sur-tout dans les Cours d'Italie, que les galeres de Malte n'avoient jamais essuyé de coups de canon que de la part des corsaires & des Infideles. Le Duc de Montalte craignant que ces bruits, & les justes plaintes du Grand Maître ne parvinssent aux oreilles de son Roi, desavoua le Gouverneur de Siracuse, blama son action; & pour marque d'une plus grande satisfaction, promit de laisser sortir des grains pour être transportez à Malte.

Le Commandeur de Talembach, de la Langue d'Allemagne, offre à la Religion d'armer une galere à ses dépens : proposition qui fut reçue agreablement dans le Conseil; mais la guerre s'allumant de plus en plus dans l'Allemagne, le projet de Talembach n'eut point de suite.

La Commanderie de Sarrasine est fondée en Sicile ; & le Fondateur fut décoré de l'habit de la Religion avec l'usufruit de sa Commanderie pendant sa vie.

<small>1638.</small>

Des Chevaliers François armez par mer occupent le canal de Malte ; & pendant la guerre entre les deux Couronnes, font plusieurs prises sur les Espagnols. Le Capitaine Paul, Frere servant d'armes, & François de nation, enleve dans le même endroit un vaisseau Algerien : il le conduit à Malte, & y est bien reçu. Mais le Grand Maître lui défend, & à tous les Chevaliers de prendre les armes contre les Princes Chrétiens. Le Prince en écrit au Roi de France en termes très forts, lui representant que des Chevaliers navigeant sous sa baniere, venoient enlever des vaisseaux Siciliens;

ce qui interrompoit le commerce necessaire entre l'Isle de Sicile & celle de Malte, & aigrissoit l'esprit des Ministres du Roi d'Espagne, qui publioient que les armemens se faisoient de concert avec le Conseil de l'Ordre.

Le Commandeur de Charolt, Géneral des galeres, se met en course, prend d'abord plusieurs petits bâtimens, & tombe sur trois gros vaisseaux de Tripoli, qui escortoient un grand nombre d'autres bâtimens. Le Géneral de Malte, sans s'amuser à les canoner, se dispose à aller à l'abordage, & partage ses galeres. La Capitane & le S. Pierre, sous le commandement du Chevalier Fr. Jean Jerôme de Gallean-Châteauneuf, investit la Capitane des Infideles. Saint Nicolas & la Victoire sous le commandement de Fr. Jean-Baptiste Carraciolo, & Fr. Jean Brandao, attaque le vaisseau amiral : Sainte Ubaldesque & Saint Antoine commandez par Fr. Barthelemi Galiley, & Fr. François Talhuet, s'attachent au Vice-amiral. Le combat est sanglant, & les Infideles se défendent avec beaucoup de courage. Il y avoit dans cette petite flote, quatre cens cinquante soldats Turcs commandez par Ibrahim Raïs, dit la Becasse, renégat de Marseille, qui avoit servi long-tems de pilote sur les vaisseaux de la Religion, & dont la femme & les enfans étoient encore à Malte.

Mais ayant été pris par les Tripolitains, il se fit Mahometan, prit parti dans les armemens des Infideles, & par sa valeur & sa capacité parvint à la charge d'Amiral. Châteauneuf qui commandoit le S. Pierre, s'attacha à le combattre, & Marcel de

Châteauneuf, frere du Commandant, étant monté le premier à l'abordage suivi d'un bon nombre de Chevaliers, entre dans le vaisseau le sabre à la main, fait main basse sur les soldats Turcs, prend la Becasse, le traîne & le conduit à Galean de Châteauneuf son frere, auquel il avoit autrefois servi de pilote. Les autres Commandans n'eurent pas un succès moins favorable: toute cette petite flote fut prise sans qu'il en échapât un seul bâtiment. On fit trois cens douze esclaves, & le Géneral des galeres rentre victorieux dans le port de Malte avec vingt vaisseaux ou bâtimens chargez d'un riche butin. La Religion perdit plusieurs Chevaliers des plus braves dans ce combat, entre autres Fr. Denis de Viontessancourt, Fr. Bernard Perrot de Malmaison, Fr. David Sanbolin, Novice, & Fr. Nicolas de Biencourt servant d'armes, tous de la Langue de France; Fr. François Isnard, Fr. Ange Piolomini, & Fr. Philibert Gattinare, de la Langue d'Italie; Fr. Alonse Garzez de Marcilli, Novice Arragonois, & Fr. Gaspard de Sousa Portugais. Les blessez furent encore en plus grand nombre parmi des Chevaliers, qui ne sçavoient ce que c'étoit que de ménager leur vie.

Balagu Evêque de Malte pour grossir son Clergé, donne la Tonsure & les quatre Mineurs à tous les jeunes garçons de l'Îsle de Malte, qui se présentent. Ces nouveaux Ecclesiastiques à la faveur d'une couronne se dispensent de paroître dans les compagnies où ils étoient enrôlez, & de faire la garde à leur tour, & les autres fonctions militaires ausquelles le Grand Maître & le Conseil avoient assu-

jetti les Habitans. Le Roi d'Espagne & le Pape
Urbain VIII. blâment cette conduite de l'Evêque:
& les prétendus Clercs sont condamnez à porter
l'habit, la couronne, & à faire à l'Eglise les fonctions de cet état, autant qu'il en sera besoin ; &
ils ordonnent que ceux qui seront pris sans l'habit
clerical, seront obligez de faire la garde comme
les autres habitans seculiers.

Le Pape Urbain VIII. peu favorable à l'Ordre,
& qui sembloit avoir entrepris d'en renverser le
gouvernement, sans consulter le Grand Maître,
accorde aux anciens Commandeurs la permission
de tester : ce qui ruine entierement le trésor commun de l'Ordre, qui est par là privé de leur dépouille.

Seize galeres d'Alger se joignent dans le dessein
de faire une descente dans la Marche d'Ancone,
& de piller le riche trésor de Notre-Dame de
Lorette. Le noble Capello Géneral de l'armée
des Venitiens les rencontre, & les poursuit : ils se
refugient dans le port de la Valone, qui appartenoit au Grand Seigneur. Le Géneral Venitien les
y brûle sans respect pour leur azile : ce qui attira
la colere & les menaces du Grand Seigneur qu'on
n'apaisa qu'à force d'argent.

Quelques Chevaliers, qui ne faisoient que sortir de page, dans les jours de Carnaval se masquent
sous l'habit de Jesuites. Ces Peres en portent leur
plainte au Grand Maître, qui fait arrêter quelques-uns de ces jeunes gens. Leurs camarades
enfoncent la porte de la prison, & les délivrent.
Ils vont tous au College, jettent les meubles par

Paul Lascaris Castelard.

Amurat IV.

1639.

les fenêtres, & forcent le Grand Maître à consentir qu'ils soient transportez hors de l'Isle. Onze Jesuites furent embarquez, quatre seulement cachez dans la Cité de la Valette y resterent. Le Conseil & les Grands-Croix ne parurent pas trop fâchez de l'exil de ces Peres, qui à leur préjudice étoient en possession de gouverner les Grands Maîtres.

Fondation de deux Commanderies, celle de Nardo par Louis Antoine de Massa pour la Langue d'Italie; & celle de Nice, par le Grand Maître, pour la Langue de Provence.

1640.

Le Prince de Hesse d'Armstat Géneral des galeres, prend six vaisseaux de corsaires dans le port de la Goulette.

Année fatale à la Religion par la continuation de la guerre entre les Princes Chrétiens. Il y avoit vingt ans que le trésor commun n'avoit touché un écu de l'Allemagne. La plûpart des Commanderies de France & d'Italie étoient ruinées: le change fort cher; en sorte que d'un écu qui revenoit à treize ou quatorze tarins, à peine en pouvoit-on tirer onze, ce qui avoit obligé le Grand Maître & le Conseil, pour continuer les fortifications dans l'Isle, de prendre à la Banque de Genes, & à interêts cent mille ducats.

1641.

Nouveaux incidens avec les Venitiens, qui à leur ordinaire font mettre en sequestre les biens de la Religion.

Uladislas IV. Roi de Pologne écrit au Grand Maître, & prétend que les Commanderies de Bohême doivent être communes aux Chevaliers de Pologne comme à ceux de Bohême: les deux Prieurez étant de la même Langue. Guerre

* Guerre des Barberins contre le Duc de Parme, uquel, sous prétexte de ses dettes, ils vouloient nlever le Duché de Castro.

* Urbain VIII. ayant découvert qu'il s'étoit formé une ligue de plusieurs Souverains d'Italie, pour l'empêcher d'envahir les Etats du Duc de Parme, demande au Grand Maître qu'on lui envoye les galeres de la Religion : à quoi on obéit aussi-tôt. Mais les Princes alliez pour s'en venger, font saisir dans leurs Etats tous les biens de l'Ordre, & on n'en put avoir la main-levée, qu'en leur faisant voir qu'on avoit été contraint de déferer aux ordres du Pape, le premier superieur de la Religion; mais que les Chefs & les Commandeurs des galeres, avoient des ordres secrets de se tenir sur la défensive, selon l'esprit de l'Ordre, qui avoit toujours respecté le pavillon de tous les Princes Chrétiens.

Action mémorable du Géneral Boisbaudran qui s'expose à être enveloppé par huit galeres de corsaires, plûtôt que d'en abandonner une de la Religion, qui ayant une chiourme foible, n'avoit pû le suivre.

La saison étant encore favorable pour tenir la mer, le Grand Maître renvoya les galeres en course. Le vingt-huit de Septembre, les Chevaliers découvrirent à soixante & dix milles de Rhodes un vaisseau sous le vent, qui n'étoit éloigné que de quatre milles. La capitane s'en étant trouvée la plus proche, commença par lui donner la chasse : le Saint Jean & le Saint Joseph le joignirent bientôt, & voyant qu'il se préparoit à une rigoureuse défense, & qu'il faisoit un grand feu avec son canon & sa mousqueterie, les Chevaliers l'abordent, l'arrêtent avec leurs grapins, & le sabre à la main forcent les Infideles à mettre les armes bas, & à se rendre.

Trois autres galeres, à sçavoir le Saint Laurent commandé par Raphael Cotoner, la Sainte Marie par le Chevalier de Piancour, & la Victoire par le Chevalier Noel de Villegagnon Chanforest, rencontrent un grand galion, qui pour attirer les Chevaliers, dissimule ses forces & ne laisse point paroître son artillerie.

La Sainte Marie qui avoit sa chiourme en meilleur état, eut bientôt précedé les deux autres : & sans considerer la disproportion d'une seule galere contre un si grand vaisseau, le Chevalier de Piancour qui la commandoit, fut droit à l'abordage. Les autres galeres s'avancent à son secours. Après un combat de sept heures, les Infideles qui avoient vû tuer leur Capitaine & leurs principaux Officiers, se rendirent. La Religion y perdit neuf Chevaliers, Boisbaudran le Géneral, Piancour Capitaine de la Sainte Marie, le Chevalier Camille Scotti, Fr. Sebastien Bertonmombai, Charles Morans de Saint Marc, Freres Robert & Nicolas de Bouflers, & Fr. Etienne d'Alegre, tous Chevaliers novices, & Fr. Severin Ricard Allemand, Frere servant d'armes. Il y en eut un bien plus grand nombre de blessez. Les Turcs perdirent six cens hommes, & on fit sur eux un grand nombre de prisonniers ; entre autres une Dame du serail, qui par dévotion s'en alloit à la Mecque avec un jeune enfant qu'on disoit fils du Grand Seigneur Ibrahim, & qui entra depuis dans l'Ordre de S. Dominique, où il porta le nom de Pere Ottoman. Le butin fut d'un grand prix, & servit à dédommager le commun trésor des dépenses que la Religion faisoit pour ces armemens.

Ibrahim ayant appris la perte de son grand galion enlevé avec toutes les richesses dont il étoit chargé, envoye un heraut déclarer la guerre au Grand Maître & à l'Ordre.

On travaille avec soin à mettre les forces de la Religion en état de résister à la puissance formidable du grand Seigneur. On envoye chercher de tous côtez du secours, & des munitions de guerre & de bouche. Belle action & à jamais mémorable de Louis Vicomte d'Arpajon, Seigneur de la premiere qualité, & de la haute Noblesse du Royaume de France, qui fait prendre les armes à tous ses vassaux, leve deux mille hommes à ses dépens, charge plusieurs vaisseaux de munitions de guerre & de bouche, & accompagné de plusieurs Gentilshommes de ses parens & de ses amis, met à la voile, se rend à Malte, & presente au Grand Maître un secours si considerable, qu'il n'eût osé en esperer un pareil de plusieurs Souverains. Le Grand Maître crut ne pouvoir mieux reconnoître un service si important, qu'en lui déferant le Géneralat des armes, avec le pouvoir de se choisir lui-même trois Lieutenans géneraux pour commander sous ses ordres dans les endroits où il ne pourroit se transporter.

Il se trouva que la guerre dont le Turc menaçoit Malte, n'étoit qu'une fausse alarme : il s'attacha à l'Isle de Candie, assiegea & prit la Canée. Toutes ses forces tant de terre que de mer, de puissantes flotes, & des armées considerables fondirent dans cette Isle. Malte délivrée de l'effort de leurs armes, envoye son escadre au secours des assiegez. Le Vicomte d'Arpajon prend congé du Grand Maître. Ce Prince, de l'avis du Conseil, pour reconnoître le genereux secours qu'il lui avoit conduits, par une Bulle expresse lui donne la permission pour lui & pour son fils aîné de porter la Croix d'or de l'Ordre; qu'un de ses cadets ou de ses descendans seroit reçû de minorité quitte & & franc des droits de passage; qu'après sa profession il seroit honoré de la grande Croix; que les chefs & les aînez de leur Maison pourroient porter la Croix dans leur écu & dans leurs armes.

1646. Le Pape à la priere des Ministres d'Espagne, demande au Grand Maître la grande Croix en faveur de Dom Philippe fils du Roi de Tunis, qui s'étoit fait Chrétien. Le Conseil s'y oppose hautement par la répugnance de voir un Maure dont la conversion étoit fort équivoque, remplir une des premieres dignitez de la Religion.

1647. Frere Jey Maréchal de l'Ordre est nommé Géneral des galeres; mais il refuse cet emploi, fondé sur ce que la dignité de Maréchal lui donnoit le droit de commander par mer comme par terre. Et s'étant depuis embarqué pour aller joindre la flote Venitienne, il fit rencontre dans le canal de Malte, & proche le Cap Passaro d'un corsaire d'Alger; il en falut venir aux mains : & dans le combat, le Maréchal reçut un coup de mousquet dont il mourut.

Mazaniel excite une furieuse sedition dans Naples.

Avantures de Jacaya, Prince vrai ou faux du sang Ottoman ; ses lettres au Grand Maître. Le Cardinal Maurice de Savoye veut engager l'Ordre à se déclarer en faveur de ce Prince équivoque. Le Grand Maître s'en dispense sur ce que pour faire, dit-il, réussir les desseins de ce Turc, & faire valoir ses prétendus droits au thrône de Constantinople, il a besoin que les plus grands Princes de l'Europe entrent dans ce projet.

Le Pape Innocent X. au préjudice des privileges de l'Ordre, confere la Commanderie de Parme au jeune Maldachino, neveu de Dona Olimpia, belle-sœur du S. Pere. L'Ordre envoye des Ambassadeurs à tous les Princes Chrétiens pour se plaindre de cette injustice, & pour leur representer que la Religion ne pourroit pas continuer ses armemens contre les Infideles, si on la privoit de ses meilleures Commanderies.

Mort du Chevalier de Guise tué en voulant essayer un canon.

Les traitez de Munster & d'Osnabruk enlevent à l'Ordre un grand nombre de Commanderies en faveur des Princes Protestans d'Allemagne.

Famine dans l'Isle de Malte. Cinqmars commandant la galere S. François, rencontre un vaisseau Flamand chargé de deux mille sommes de bled qu'il venoit d'acheter dans la Pouille ; & sur le refus que faisoit le marchand de revendre ce bled au Grand Maître, il survint une tempête qui l'obligea de se réfugier dans le port de Malte, où il déchargea son grain au grand contentement du peuple.

Les galeres de la Religion, après avoir couru les mers du Levant, reviennent dans le port de Messine. Les Magistrats craignant que ces galeres en retournant à Malte, ne s'emparassent des vaisseaux marchands qui se trouveroient sur leur route chargez de grains, arrêtent comme par forme d'ôtage la galere S. Joseph, commandée par Dom Jean de Bichi, Capitaine de la Langue d'Italie, & laissent sortir de leur port les trois autres galeres commandées par trois Capitaines de la Langue de France. Ces Officiers rendent au Grand Maître une lettre des Magistrats de Messine, par laquelle ils lui marquent qu'ils n'ont arrêté la galere S. Joseph, que pour s'en servir contre le soulevement du peuple, qui souffroit beaucoup de la disette des grains. Le Grand Maître leur répond qu'il veut bien être persuadé que par cet arrêt si injurieux à l'Ordre, ils n'ont point eu intention de l'offenser; mais qu'ils font un grand tort au Christianisme, en empêchant que ses galeres ne retournent en Candie, au secours des Venitiens. Cependant le Grand Maître envoye dans le port d'Augusta charger des grains dont les Magistrats de cette Ville voulurent bien accommoder la Religion.

La famine augmente à Malte : le pain de froment manque jusque dans l'Infirmerie. Les Chevaliers sont réduits au pain d'orge. On envoye de tous côtez chercher des grains; mais on défend aux Commandans des vaisseaux de la Religion, e toucher aux ports de Meſſine & de Palerme.

Le Grand Seigneur Ibrahim eſt étranglé par une révolte des Janiſſaires ; & on met en ſa place Meemet IV. ſon fils aîné.

PAUL LASCARIS CASTILARD.
1648.

Caſſein Géneral des Turcs, malgré les révoluions arrivées dans cet Empire, continue vivement a guerre en Candie.

Grande diſpute agitée en la Cour de Rome entre e Grand Maître & Imbroll, Prieur de l'Egliſe. Ce rieur homme ſeditieux prétendoit pouvoir de ſon utorité, & ſans la participation du Grand Maître, onvoquer une aſſemblée des Freres Chapelains ; omme ſi ces Freres ſervans de l'Egliſe, & lui-même n'euſſent point dépendu du Grand Maître. Le econd chef de leur diſpute venoit de ce que ce rieur prétendoit qu'il n'appartenoit qu'à lui de viſiter les Religieuſes de l'Ordre, & de leur aſſigner des Confeſſeurs indépendemment du Grand Maître. Il s'agiſſoit de faire confirmer par le Pape les deux volumes des ſtatuts de la Religion, compilez par ce Prieur : & il étoit ſoupçonné de les avoir ajuſtez à ſes vûes ſecretes, au préjudice de l'autorité ſuprême & legitime des Superieurs de la Religion.

Bataille de Foggia à l'embouchure des Dardanelles, dans laquelle les Venitiens défirent les Turcs, leur prirent & leur brûlerent pluſieurs vaiſſeaux.

1649.

Continuation du ſiege de Candie, défendue par Mocenigo Capitaine géneral, Moroſini Provediteur, le Commandant des armes, & le Commandeur Balbiano Géneral des galeres de Malte, qui à cauſe de ſa grande experience étoit appellé dans tous les

PAUL LASCARIS CASTELARD.

conseils. Il étoit question alors d'une demi-lune au bastion de Betlem dont les Turcs s'étoient emparez : & cette prise pouvoit avoir de grandes consequences pour le reste de la Place. On agita cette affaire dans le Conseil, le Commandeur Balbiano s'offrit de reprendre cet ouvrage. Pour y réussir, il se mit à la tête de trente Chevaliers, & de cent des plus braves soldats de la Capitane, commandez par le Chevalier de Sales, neveu du S. Evêque de Genêve, connu sous le nom de S. François de Sales. L'attaque commence la nuit : les Chevaliers à la faveur des tenebres, montent sur le haut de la demi-lune, tuent tout ce qui s'oppose à leur chemin. Les Turcs surpris, se réveillent, font ferme, se défendent d'abord avec assez de vigueur ; mais n'étant pas en assez grand nombre pour résister aux Chevaliers, la plûpart prennent la fuite, sautent par dessus le parapet, & abandonnent la demi-lune.

Le Géneral Turc leur fait de grands reproches de leur lâcheté ; & pour en effacer la honte, ils reviennent le lendemain matin en plus grand nombre. Cassein pour faciliter leur entreprise, fait mettre le feu à un fourneau, qui fit sauter plusieurs Chevaliers, & entre autres celui de Sales ; ce Chevalier retombe dans la mine où il reste enseveli jusqu'à la ceinture. Ayant été déterré, si l'on peut se servir de cette expression, il perfectionne le logement, & fait perdre aux Turcs l'envie de renouveller l'attaque.

Malgré la pauvreté du trésor commun, & une cruelle famine qui avoit désolé l'Isle de Malte, le
Grand

Grand Maître fait construire le Fort de Ste Agathe sur la côte de la Meleca, qu'il fournit d'armes, de vivres, & d'une bonne troupe de Chevaliers pour s'opposer aux descentes des corsaires de ce côté-là.

PAUL LASCARIS CASTE-LARD.

Les Gouverneurs de Sicile, non contens d'avoir refusé à l'Ordre la traite des grains pour l'Isle de Malte, refusent encore à la Religion de pouvoir faire faire du biscuit pour ses galeres, sous prétexte qu'une pareille provision ne pouvoit manquer de porter préjudice aux sujets de Sa Majesté Catholique. Le Grand Maître envoye un Ambassadeur à Dom Juan d'Autriche, qui par son autorité leve tous ces obstacles.

1650.

Etablissement d'une Bibliotheque dans Malte, avec un reglement qui porte que tous les livres qui se trouveroient dans la dépouille des Chevaliers, ne seroient point vendus comme leurs autres effets ; mais qu'ils seroient transportez à Malte.

Le mécontentement des Ministres du Roi d'Espagne en Sicile se renouvelle contre la Religion à cause des prises continuelles que faisoient des vaisseaux François sur ceux de Sicile & d'Espagne ; & que la plûpart de ces vaisseaux François étoient commandez par des Chevaliers de la même nation. Ce qui empêche les galeres de la Religion de tirer aucune provision de la Sicile.

Differentes prises faites proche le Cap-Bon par les galeres de la Religion, & entre autres d'un vaisseau Anglois chargé pour le compte des Infideles. On y fit jusqu'à trente-deux prisonniers, du nombre desquels étoit Mehemet-ben-theff, fils du Roi de Maroc & de Fez, jeune homme âgé de vingt &

1651.

Tome IV.   X

un an. Au retour de cette courſe, les galeres de l'Ordre & celles du Pape joignent la flote des Venitiens.

Les Miniſtres & les Commandans Eſpagnols dans la Sicile, irritez de plus en plus des priſes continuelles que faiſoient des vaiſſeaux François, commandez la plûpart par des Chevaliers de cette nation, ordonnent le ſequeſtre de tous les biens que l'Ordre poſſedoit dans ce Royaume, avec défenſe de fournir pour Malte aucune proviſion, ni d'en ſouffrir les vaiſſeaux dans les ports de l'Iſle.

Le Grand Maître & le Conſeil ſurpris de ces ordres ſi rigoureux, tâchent d'adoucir l'eſprit du Roi d'Eſpagne, & font défenſe à tous les Chevaliers de ſe trouver dans des armemens qui ſe feroient contre des Princes Chrétiens: & les Agens de l'Ordre en la Cour de France renouvellent leurs inſtances à ce que les vaiſſeaux François ne viennent point attaquer les vaiſſeaux Eſpagnols dans le canal de Malte, & proche les côtes de la Sicile. On ajouta à Malte des ordres très-précis à tous les Commandans dans les ports, d'en éloigner les armateurs, & de ne les pas ſouffrir dans les ports de la Religion, comme il arriva depuis au Chevalier de la Carte, qui après un rude combat dans le travers du Goze, s'étant préſenté à la cale de Marza Siroco, fut obligé par des batteries qu'on y avoit dreſſées de s'en éloigner: ce qui étant parvenu à la connoiſſance de Dom Jean d'Autriche, Géneraliſſime du Roi d'Eſpagne, il leva le ſequeſtre, & rétablit la liberté du commerce entre Malte & la Sicile.

La chiourme des galeres de Malte étant fort affoiblie depuis tant de voyages qu'il avoit fallu faire en Candie, le Pape inſtruit de la peine que l'Ordre avoit de ſe remettre en mer, fit preſent au Grand Maître de deux cens cinquante forçats.

On conſtruit à Malte une ſeptiéme galere.

La Religion fait dans l'Amerique l'acquiſition de l'Iſle de Saint Chriſtophe ; ce fut au Chevalier de Poincy que l'Ordre en fut redevable. Il commandoit dans cette Iſle, dont une compagnie de marchands François étoit propriétaire ſous la protection de la Couronne de France. Ce Commandant y avoit fait conſtruire un Château fortifié en forme de Citadelle ; & il avoit pluſieurs vaiſſeaux pour la défenſe de l'Iſle contre les entrepriſes des corſaires. Ses ennemis redoutant ſa puiſſance, conſpirerent de le faire périr, ou du moins de le chaſſer de ſon gouvernement. Notre Chevalier inſtruit de leurs mauvais deſſeins, en écrit au Grand Maître, & lui mande que ſa dépouille étoit très conſiderable ; mais que s'il mouroit dans cette Iſle, cette compagnie de marchands, ou ſes propres ennemis s'en empareroient : qu'ainſi il demandoit qu'on lui envoyât un ou deux Chevaliers pour le remplacer s'il venoit à mourir ; afin que ſa ſucceſſion ne fût point perduë pour l'Ordre. Le Grand Maître renvoya la connoiſſance de cette affaire à Fr. Charles Huault de Montmagni, Receveur du Prieuré de France, avec une commiſſion expreſſe, en qualité de Procureur Général de l'Ordre, de ſe tranſporter dans les Iſles de l'Amerique qui relevoient de la Couronne de France, & avec le pouvoir de se choisir un autre Chevalier pour l'accompagner dans ce voyage, & pour le remplacer s'il venoit à mourir.

Le Grand Maître ne s'en tint point là : mais étant assuré de la bonne volonté du Chevalier de Poincy, qui n'agissoit dans toute cette affaire que pour le bien de l'Ordre, il s'adressa au Bailli de Souvré son Ambassadeur auprès du Roi très-Chrétien, & il le chargea de travailler à obtenir de ce Prince deux articles qui lui paroissoient très importans; le premier étoit de contenir par son autorité Royale les entreprises du sieur de Patrocles de Thoissi, chef du parti opposé au Commandeur de Poincy, & son ennemi capital; l'autre article consistoit à acquerir les droits des propriétaires de l'Isle, & de tâcher en même-tems d'y faire comprendre les Isles de Guadaloupe & de la Martinique, & autres Isles voisines.

Cette négociation fut conduite avec toute l'habileté possible par le Bailli de Souvré, & l'Isle de Saint Christophe fut vendue à l'Ordre par contrat passé à Paris, & ratifié à Malte. Cette cession se fit à deux conditions; la premiere, que l'Ordre s'obligeoit de payer aux habitans de l'Isle tout ce que la compagnie des Marchands propriétaires leur pouvoit devoir; la seconde, qu'il donneroit aux vendeurs une somme de cent vingt mille livres tournois. Dans ce marché on comprit non-seulement la proprieté & la Seigneurie de l'Isle de Saint Christophe, & des petites Isles voisines, comme Saint Barthelemi, Saint Martin, Sainte Croix & quelques autres, mais encore toutes les habitations, terres, esclaves noirs, marchandises, munitions & provisions : ce qui fut depuis confirmé par les Lettres Patentes du Roi Louis XIV. expediées à Paris au mois de Mars 1653. Après cette acquisition, le Grand Maître nomma le Chevalier de Sales pour aider de ses conseils le Bailli de Poincy, qui se trouvoit dans un âge fort avancé, & qui mourut peu de tems après. Mais la dépouille de ce Chevalier, bien loin d'enrichir l'Ordre, ne se trouva consister qu'en dettes passives, qu'il avoit contractées pour se soutenir dans ce gouvernement.

Les galeres de la Religion joignent la flote Venitienne, & prennent la route de Candie.

Des maladies contagieuses font périr une partie des soldats & de la chiourme de l'escadre de l'Ordre : le Géneral la ramene fort affoiblie. Au milieu du canal de Malte, il rencontre trois vaisseaux de Tripoli : on se canone de part & d'autre. Le Géneral Maltois ne se trouvant pas assez bien armé pour en venir à l'abordage, envoye à Malte demander du secours. Malgré tous les murmures de ce Couvent qui disoit que ce Géneral manquoit plûtôt de courage que de forces, & que c'étoit la premiere fois que les galeres de la Religion eussent passé une journée entiere à canoner des vaisseaux ennemis sans venir à l'abordage ; le Grand Maître fait partir un bon nombre de galeres, montées chacune par dix Chevaliers avec beaucoup de soldats, d'esclaves & de forçats. Mais pendant la nuit il s'étoit élevé un vent favorable aux Infideles, qui en profiterent, & mirent à la voile ; en sorte que le lendemain au matin, quand on se disposa à les attaquer, on s'apperçût de leur retraite, sans pouvoir reconnoître de quel côté ils avoient tourné : l'escadre fut obligée de rentrer dans le port de Malte au grand déplaisir du Grand Maître, qui s'attendoit à voir rentrer son petit neveu, Commandant de l'escadre, avec la gloire d'un heureux succès.

Grand differend arrivé à l'entrée de l'Ambassadeur de l'Empereur à Madrid, au sujet de la préseance entre l'Abbé Icontri Ambassadeur du Grand Duc de Toscane, & le Bailli Frere Dom Juan de Tordesillas, Ambassadeur de l'Ordre. L'Ambassadeur du Grand Duc prétend préceder celui de Malte, qui s'y oppose avec vigueur, & presente un memoire au Roi Catholique dans lequel il faisoit voir que de tems immemorial, les Ministres de l'Ordre de Malte, avoient précedé tous ceux qui n'étoient pas députez par des Rois, & qui n'avoient point entrée, quand les Rois d'Espagne tenoient chapelle. Cette contestation est décidée en faveur de l'Ambassadeur de Malte.

1654.

La Cour de France est mécontente de la conduite du Grand Maître, qui avoit défendu qu'on donnât pratique dans ses ports aux vaisseaux du Roi. Une flote Françoise s'étant trouvée dans le canal de Malte, très maltraitée par une furieuse tempête, se presenta devant les ports de l'Isle pour s'y mettre à l'abri. Le Grand Maître qui craignoit d'irriter les Espagnols, refuse l'entrée, & fait tirer le canon sur les vaisseaux du Roi. Tout le monde à la Cour traite cette action de crime de leze-majesté ; on ne parle pas moins que de réunir au

Domaine tous les biens que la Religion possedoit dans le Royaume. Le Grand Maître s'excuse sur les engagemens que ses prédecesseurs avoient pris du consentement de nos Rois avec Charles-Quint, & il envoye en Cour l'acte d'inféodation de l'Isle de Malte: enfin cette affaire s'accommode par l'habileté du Bailli de Souvré, & par le credit de M. de Lomenie, Secretaire d'Etat, dont un des enfans avoit été reçu depuis peu de minorité, & auquel le Grand Maître par reconnoissance, confera de grace la Commanderie de la Rochelle.

Les Venitiens empêchent les Turcs de sortir des Dardanelles; ce qui est suivi d'un combat où ces Infideles perdent quatorze vaisseaux, dont il y en a sept de brûlez, deux échouez à terre, & cinq de pris.

Les Genois font attaquer dans leur port cinq galeres de la Religion, qui en y entrant, s'étoient contentées de saluer la Ville, & la Capitane du Roi d'Espagne. Mais celle de Genes prétendant le salut, sur le refus des Chevaliers, les Magistrats firent dire au Commandant qu'ils alloient foudroyer ses galeres, & les couler à fond. Le Général des galeres, pour sauver son escadre, est réduit à leur donner satisfaction.

Au sortir du port, il rencontre un vaisseau Genois, qu'il envoye aussi-tôt le reconnoître. Ayant appris que ce n'étoit qu'un vaisseau marchand, il se contenta d'en déchirer le pavillon, qui portoit les armes de cette République, en attendant qu'il pût rencontrer des galeres ou des vaisseaux de guerre, sur lesquels il pût se venger de l'insulte qu'il venoit d'essuyer.

Decret du Conseil Souverain, qui déclare qu'il ne sera reçû aucun Genois dans l'Ordre, jusqu'à ce qu'on ait reçû satisfaction de la violence exercée contre l'escadre de la Religion.

L'escadre de Malte va joindre la flote des Venitiens qu'elle rencontre à l'entrée des bouches des Dardanelles, composée de vingt-quatre galeres, de sept galeasses & de vingt-huit vaisseaux de haut bord, sous le commandement du noble Laurens Marcello. L'armée du Grand Seigneur que commandoit le Bassa Sinan, s'avance pour déboucher le passage. Bataille entre les deux armées : les Turcs sont défaits par les Chrétiens qui remportent une victoire complete, suivie de la conquête de l'Isle de Tenedos. Mais cet avantage fut balancé par la mort du Géneral Venitien tué d'un coup de canon pendant la bataille.

Le Duc d'Ossone, Vice-Roi de Sicile étant mort, le Roi d'Espagne nomme pour lui succeder Frere Martin de Redin, de la Langue d'Arragon, qui se rend de Malte en Sicile pour prendre possession de sa nouvelle dignité.

On baptise à Malte le jeune Turc, cru fils d'Ibrahim, dont nous avons parlé, & Mehemet Binthesi qui passe pour le fils du Roi de Fez & de Maroc.

On peut dire que la guerre de Candie étoit la guerre de Malte ; cet Ordre ne manquant aucune année de mettre son escadre en mer pour la défense de cette Isle. Cette année les vaisseaux de la Religion joignirent dans le canal de Jero la flote Venitienne, commandée par le noble Lazare Mocenigo.

cenigo. Le deſſein particulier des Turcs étoit de reprendre l'Iſle de Tenedos. Mehemet Grand Viſir tenoit dans cette vûe proche des Dardanelles un grand corps de troupes prêtes à s'embarquer pour y faire une deſcente. La flote Chrétienne s'en étant approchée pour faire de l'eau, les Turcs tomberent ſur les troupes qu'on avoit miſes à terre, pouſſerent vivement un bataillon Allemand, qui ne pouvant ſoutenir leur furie, prit la fuite, & ſe renverſant ſur divers bataillons voiſins, y mit le déſordre & la confuſion. Les Turcs les pourſuivirent juſqu'au bord de la mer, & en taillerent en pieces un grand nombre, parmi leſquels on perdit le Chevalier de Teſſancour.

PAUL LASCARIS CASTELARD.

La flote Turque paroît forte de trente galeres, de neuf mahones, & de dix-huit vaiſſeaux, ſans compter les ſaïques & les autres petits bâtimens. Le Commandant avoit ordre de ſortir des bouches des Dardanelles & de n'oublier rien pour reprendre l'Iſle de Tenedos. Les galeres du Pape joignent la flote Chrétienne ſous le commandement du Prieur de Bichi, auquel le Géneral Venitien cede la préſeance par rapport au Souverain Pontife qu'il repreſentoit.

Nouvelle bataille navale aux Dardanelles entre les flotes des deux partis. Les Turcs ſont défaits. Le Géneral Venitien attribue la Victoire à la manœuvre & à la valeur de l'eſcadre de Malte, & envoye un brigantin exprès pour l'en féliciter. Mais ce Géneral voulant brûler quelques galeres Turques qui s'étoient refugiées ſous le Canon des forereſſes, & s'étant trop avancé, un boulet parti

Tome IV.   Y d'un de ces Châteaux, mit le feu à la Sainte Barbe de l'Amiral Venitien, & la fit fauter. Le Géneral périt dans cette incendie, & de sept cens hommes qui étoient sur son bord, il n'y en eut que deux cens cinquante qui furent sauvez par des saïques Chrétiennes qui s'avancerent à leur secours. L'armée des alliez se sépare, les galeres du Pape & de Malte reprennent la route du Ponant, & les Venitiens n'étant plus assez forts pour tenir la mer devant la flote des Infideles, les Turcs assiegent & reprennent Tenedos.

Mort du Grand Maître Lascaris, à l'âge de 97 ans. Le Bailli Lascaris son petit neveu lui fit dresser un magnifique mausolée dans la Chapelle de la Langue de Provence, qui se trouve dans l'Eglise Primatiale de Saint Jean, & on y lit cet épitaphe.

D. O. M.

Hic jacet Frater Joannes Paulus de Lascaris Castelard M. Magister & Melitæ Princeps qui nascendo ab Imperatoribus & Comitibus Vintimiliæ accepit nobilitatem, vivendo in Consiliis & legationibus fecit amplissimam, & moriendo inter omnium lacrymas reddidit immortalem. Regnavit annos XXI. inter Principes fortunatus, erga subditos pater patriæ, erga Religionem bene-merentissimus, septima triremi quam annuis redditibus stabilivit, nova commenda quam instituit, aliis atque aliis ædificiis quæ construxit, tot terrâ marique victoriis omnibus celebris, soli Deo semper affixus obiit die decimâ-quartâ Augusti, anno Domini 1657, ætatis suæ 97.

Après qu'on eut rendu les derniers devoirs au

Grand Maître, il fut question de lui nommer un successeur. Il se trouva à Malte deux factions toutes deux puissantes & redoutables. Martin de Redin Prieur de Navarre, & Vice-Roi de Sicile étoit à la tête de la premiere; & pendant son absence le Commandeur Dom Antoine Correa Sousa son ami intime avoit la conduite de son parti. Mais il s'étoit formé une autre brigue sous le nom d'escadron volant, composé d'anciens Commandeurs, & de Grands-Croix, qui avoient eu le plus de part dans le gouvernement sous le Regne précedent: l'Inquisiteur de Malte, ennemi de Redin étoit à la tête de cette cabale. Pour ruiner le parti opposé, il présenta un Bref du Pape en datte du 9 Décembre 1656, par lequel Sa Sainteté lui ordonnoit, en cas de la mort du Grand Maître Lascaris, de déclarer privez de voix active & passive tous les Chevaliers qui seroient convaincus d'avoir fait des brigues, & employé de l'argent, des promesses ou des menaces pour faire élire ou pour exclure quelqu'un; & que le Pape lui interdisoit le droit de suffrage comme à un méchant & à un simoniaque.

L'Inquisiteur prétendoit bien par cette déclaration de faire manquer l'élection de Redin; mais elle eut un effet tout contraire. Les Chevaliers de son parti, se crurent au contraire obligez pour leur honneur de persister dans leur premiere disposition. Malgré toutes les déclarations de l'Inquisiteur qui fit signifier par son Secretaire que Martin de Redin Prieur de Navarre étoit exclus de l'élection, comme un ambitieux qui avoit employé d'indignes moyens pour parvenir à la grande Maî-

172 HISTOIRE DE L'ORDRE
trife, ce Seigneur eut le plus grand nombre de suffrages, & fut proclamé Grand Maître. Odi au desespoir fit ses protestations. REDIN pour en éluder l'effet, envoya au Pape un Procès verbal de son élection, & il y joignit une déclaration que si sa personne étoit moins agreable à Sa Sainteté, il étoit prêt d'y renoncer. Le Pape qui ne vouloit pas s'abandonner à la passion de son Officier, & fâché qu'il eût commis son autorité contre un Chevalier Ministre du Roi d'Espagne, & estimé & souhaité par le plus grand nombre des Chevaliers, envoya à cet Inquisiteur un Bref par lequel il approuvoit l'élection du Grand Maître, il reçut ordre de le lui porter lui même, & de déclarer au Conseil que sa Sainteté le reconnoissoit pour le légitime Prince de Malte. Ainsi celui qui s'étoit opposé avec le plus de fureur & d'emportement à son élection, eut la mortification de le proclamer & d'en être le heraut. Le Prieur de Bichi neveu du Pape & General de ses galeres, se rendit à Malte, où il trouva le Grand Maître qui lui confera la riche Commanderie de Polizzi, située en Sicile. Et ce Seigneur le très-cher neveu du Saint Pere, ayant joint ses galeres à celles de la Religion, le Grand Maître vant qu'il sortît du port, lui fit present d'une Croix garnie de diamans estimée douze cens écus.

Les premiers soins du Grand Maître furent de pourvoir à la garde de l'Isle, & de prévenir les descentes des Infideles, sur-tout pendant la nuit. A cet effet il fit construire le long des côtes, & de distance en distance des tours où se retiroient les Paysans de chaque canton qui montoient la garde:

MARTIN DE REDIN.

1658.

& il fit même un fond de ses propres deniers pour la subsistance de ceux qui y seroient employez, & qui veilleroient pendant la nuit.

Le Pape rapelle l'Inquisiteur Odi ; & il est remplacé par Casanatte. Le Grand Maître ordonne que quand un Chevalier de la petite Croix sera revêtu de la dignité d'Ambassadeur, s'il se trouve dans la même Cour des Chevaliers Grands Croix, ils seront obligez pour l'honneur de la Religion, de l'accompagner & de le suivre dans toutes ses fonctions.

Les plus riches Commanderies deviennent successivement la proye des neveux des Papes. Alexandre VII. donne à Sigismond Chigi la Commanderie de Bologne : & il fait trois Commanderies de celle de Frano, dont il donne la meilleure à Charles Chigi.

Le Commandeur de Mandolx est nommé pour la seconde fois Géneral des galeres : il se met en mer avec son escadre pour joindre celle du Pape : il rencontre proche Augusta deux brigantins de Barbarie, dont il se rend maître : & les Infideles qui se trouverent sur ces vaisseaux, servirent à augmenter sa chiourme qui étoit fort affoiblie. Les deux escadres se joignent, & trouvent dans une Isle de l'Archipel une lettre du Géneral des Venitiens, qui leur donne avis que la flote du Grand Seigneur s'est retirée dans le port de Rhodes ; qu'elle en doit partir incessamment pour se rendre à Constantinople, & qu'il ne tiendra qu'à eux de se joindre à la grande flote pour combattre les Infideles, & partager avec lui la gloire de leur défaite. Les deux escadres faisant route, donnent la chasse à trois galeotes Turques. Une des trois échape par la vigueur de sa chiourme. Les deux autres échouent, & on en prend une. Le Géneral du Pape s'en rend maître, & la veut conduire à Civita-vecchia, pour faire connoître à son maître qu'il avoit vû les ennemis. Il déclare au Géneral de la Religion qu'il est résolu de retourner en Ponant ; proposition qui surprit extrêmement de Mandolx, qui ne pouvoit comprendre la raison de sa retraite : ce qui produisit de la part du Géneral de Malte des plaintes assez ameres, & même des paroles très dures. Mais rien ne pouvant fléchir le Prieur de Bichi qui avoit pris sa résolution ; le Géneral de Malte pour ne pas exposer l'escadre du Pape à être attaquée par les Infideles, ne jugea pas à propos de s'en separer : ils reprirent la route du Ponant, & chaque escadre se retira dans ses ports.

L'année suivante fut celebre par la paix entre les deux Couronnes de France & d'Espagne à la grande satisfaction du Grand Maître, & de tout son Ordre, qui se voyoit par cette paix en état de se maintenir dans la neutralité entre les Princes Chrétiens, dont la Religion depuis sa fondation, avoit toujours fait profession.

Le Grand Maître, après avoir souffert de grandes douleurs d'une pierre, du poids de quatre onces, mourut le six de Fevrier. Son Epitaphe contient ses services, & les differentes dignitez par lesquelles il avoit passé.

D. O. M.

Æternæ memoriæ sacrum M. Magistri D. de Redin, magni Xaverii ob genus propinqui, cujus ante ætatem præmatura virtus Siculæ, deindè Neapolitanæ classium præfecturam meruit. Adultus ad summum Pontificem & Hispaniarum Regem legatus, profectus exercitus regios apud Catalaunos & Calicos, cæterosque Hispaniæ populos summo cum Imperio rexit, indè victoriis meritis atque annis auctus, ex Priore Navarræ atque Siciliæ Pro-rege Princeps Melitæ electus Insulam propugnaculis ac turritis speculis, Urbes aggeribus horreis annonâ ac vario belli commitatu institutis munivit. Ducis Bullonii exemplum secutus expeditionis Hierosolymitanæ Principibus Europæ se ultrò vel Ducem vel Comitem obtulit. Obiit die sexta Februarii 1660, ætatis 70. Imperii tertio.

Après qu'on eût rendu les devoirs funebres au dernier Grand Maître, le Couvent s'assembla à son ordinaire pour procéder à l'élection de son successeur: les vingt & un Electeurs ayant balancé le merite & la capacité des prétendans, tous les suffrages se réunirent en la personne du Seigneur Fr. ANNET DE CLERMONT DE CHATTES GESSAN, Bailli de Lion: & il fut proclamé par le Chevalier de l'Election Grand Maître de l'Ordre de S. Jean de Jerusalem: deux jours après le Conseil lui défera la qualité de Prince Souverain des Isles de Malte & du Goze.

Ce titre de Souverain qui honore les Maisons des Chevaliers qui parviennent à la Grande Maîtrise, n'étoit point extraordinaire dans l'illustre Maison

ANNET
DE
CLERMONT

ANNET DE CLERMONT

de Clermont. Leurs ancêtres avant le traité de l'an 1340, fait entre Humbert Dauphin, & Ainard de Clermont, jouiſſoient de tous les droits de Souveraineté dans les Etats qu'ils poſſedoient entre le Dauphiné & la Savoye. Nous voyons dans l'Hiſtoire que les Vicomtes de Clermont levoient des troupes, faiſoient la guerre, des alliances & des traitez, & impoſoient ſur leurs ſujets les tributs qu'il leur plaiſoit avant le traité de 1340. Ces Vicomtes tenoient en tout tems de fortes garniſons dans les Villes & Châteaux de Chavacert & de Jauſſin; Places qui pour le tems paſſoient pour imprenables, ſituées l'une & l'autre ſur le bord de la riviere du Gué qui ſepare la Savoye des terres qui appartenoient aux Seigneurs de Clermont.

Annet de Clermont n'étoit parvenu à la Grande Maîtriſe, que par ſes vertus. Son courage, ſa pieté, un grand zele pour la Religion, des manieres pleines de bonté, & un accueil gracieux & toujours favorable qu'on en recevoit, faiſoient faire des vœux à tous les Chevaliers pour la durée de ſon regne : mais la providence en diſpoſa autrement. Ce grand homme qui ſembloit être né pour faire la félicité de ſon Ordre, trois mois après ſon élection, tomba malade des playes qu'il avoit reçûes au ſiege & à la priſe de Mahomette en Afrique, ſe rouvrirent, & il en mourut à l'âge de ſoixante & treize ans au milieu des larmes, & dans les bras de ſes Religieux. Son Epitaphe renferme ſon caractere, & les principales actions de ſa vie.

D. O. M.

D. O. M.

Hîc jacet Emin. Frater Annetus de Chattes Geſſan, qui à Comitibus Clarimontis ortum accepit, à Pontificibus ſacras claves & Thiaram, utramque per majores in Califto II. Sedis Apoſtolicæ acerrimos deffenſores. Hoc uno verè majorum omnium maximus quòd Tiaræ ſupremam Coronam adjunxit, creatus nemine diſcrepante ex Bajulivo Lugduni Mag. Magiſter & Melitæ Princeps. Eum apicem merita jam pridem exegerant, vota nunquam præſumpſerant; ſed virtutes tulerunt ſuffragium, pietas in divinis, prudentia in humanis, ſuavitas in congreſſu, majeſtas in inceſſu, Mareſcalli integritas, terræ mariſque imperium; de ſuo nihil ipſe contulit, niſi quod amicis obedivit. Regnavit ad perennem memoriam vix quatuor menſibus; brevis vitæ nulla pars periit: primam Religioni, ſecundam populo, tertiam ſibi, omnem Deo conſecravit. Obiit inter lacrymas & vota omnium, die ſecundâ Junii 1660, ætatis ſuæ ſeptuageſimo tertio.

Deux jours après qu'on eut rendu les derniers devoirs au Grand Maître de Chattes-Geſſan, le Chevalier de l'Arfevilliere, de la Langue d'Auvergne, grand Maréchal de l'Ordre, & que le défunt Grand Maître, peu de jours avant ſa mort, avoit nommé pour Lieutenant General du Magiſtere, convoqua l'aſſemblée génerale pour l'élection d'un nouveau Grand Maître. Après les cérémonies préliminaires en pareilles occaſions, chaque Langue ſe retira dans ſa Chapelle, pour proceder au choix des trois vocaux, qui devoient concourir à l'élection d'un Grand Maître, & d'un quatriéme ſuf-

Tome IV.

frage qui repreſentoit les Chevaliers de la Langue d'Angleterre.

1. Il ſe trouva dans la Langue de Caſtille & de Portugal trente-deux vocaux qui élurent le Chevalier de Ximenes grand Chancelier, Hozes Bailli de Lora, Barriga Vice-Chancelier, & pour la Langue d'Angleterre, le Commandeur Xelder.

2. La Langue d'Arragon, dans laquelle ſont renfermées la Catalogne & la Navarre, comprenoit trente-cinq vocaux, qui élurent Bueno Prieur de l'Egliſe, Galdian Prieur d'Armenie, Raphaël Cotoner, Adminiſtrateur du Bailliage de Majorque; & pour l'Angleterre on choiſit Nicolas Cotoner, frere de Raphaël.

3. L'Allemagne n'avoit dans le Couvent que douze vocaux, & leur choix tomba ſur le grand Bailli de Breſlaw, ſur Oſterhauſſen Grand Prieur de Dace ou de Danemarc, & ſur le Commandeur Oſotiſcki: on nomma pour l'Angleterre le Commandeur de la Tour.

4. Il y avoit ſoixante & dix-huit vocaux dans la Langue d'Italie, qui nommerent pour l'élection Sfondrat Bailli de Sainte Euphemie, Bandinelli Prieur de l'Aigle, avec le Prieur de la Rochelle; & pour l'Angleterre, Tancrede Bailli de Venouſe.

5. La France avoit cinquante-ſix vocaux, qui élurent Valençai Grand Prieur de Champagne, Antoine de Conflans Lieutenant du grand Hoſpitalier, le Commandeur Gilbert d'Elbene, & pour l'Angleterre Joachim de Callemaiſon.

6. Il ſe trouva quatre-vingt-neuf vocaux dans la Langue de Provence, qui choiſirent Monmejan,

grand Commandeur, Polastron la Hilliere, Prieur de Toulouse, Saint Marc Bailli de Manosque; & pour l'Angleterre le Bailli de Mandolx.

7. L'Auvergne resta dans la nef de l'Eglise, auprès du Maréchal de l'Arsevilliere, à cause de sa dignité de Lieutenant du Magistere. Il se trouva trente-cinq vocaux dans cette Langue, qui nommerent le Maréchal de l'Arsevilliere, Gerlande Bailli de Lion, avec le Commandeur de l'Arsevilliere frere du Lieutenant; & pour l'Angleterre le Commandeur de la Roche.

L'élection dont il s'agissoit ne se fit pas sans beaucoup de brigues & de cabales. Le Commandeur de Valençay, qui du vivant du dernier Grand Maître, aspiroit secretement à cette haute dignité, se croyoit assuré de neuf suffrages. Mais dans le tems de l'élection, plusieurs autres anciens Commandeurs se trouverent sur les rangs, parmi lesquels on comptoit le Maréchal de l'Arsevilliere, Raphaël Cotoner, Monmejan, Saint Marc & Hozez, dont nous venons de parler, qui tous, quoiqu'ils eussent chacun leur parti, s'accordoient à donner l'exclusion à Valençay, dont la brigue leur paroissoit la plus nombreuse & la plus redoutable.

Valençay pour affoiblir cette cabale, feignit de renoncer à ses esperances; & il faisoit entendre en particulier aux principaux chefs du parti opposé, qu'il concourroit volontiers avec ses neuf creatures à leur élection : ce qui tenoit les anciens Commandeurs en garde les uns contre les autres. Mais Bueno Prieur de l'Eglise, qui démêla l'artifice, leur fit comprendre que Valençay par ces pro-

Z ij

messes frauduleuses, ne cherchoit qu'à les desunir; & que pour lui faire voir qu'ils n'en étoient pas la duppe, & lui donner une entiere exclusion, ils devoient tous de concert compromettre leurs suffrages entre les mains d'un seul de leur parti, avec serment de concourir tous de bonne foi à l'élection de celui d'entre eux, qu'il jugeroit le plus digne de remplir la place de Grand Maître. Douze anciens Commandeurs ou Grands-Croix trouverent cette proposition raisonnable; & d'un commun consentement ils nommerent pour seul compromissaire Monmejan grand Commandeur, Chevalier d'une probité respectable, qui bien loin d'imiter la conduite que tint en pareille occasion le Grand Maître de Gozon, & de se nommer lui-même, déclara dans cette assemblée, qu'il croyoit qu'on ne pouvoit faire un meilleur choix que de la personne de Raphaël Cotoner, Bailli de Majorque.

Ces douze Electeurs concourant avec les neuf attachez au parti de Valençay, en choisirent trois autres parmi ceux qui avoient été nommez pour la Langue d'Angleterre : & ce furent le Bailli de Mandolx, Tancrede Bailli de Venouse, & Nicolas Cotoner Bailli de Negrepont. Ces vingt-quatre Electeurs élurent pour Président de l'élection Fr. Jean Dieu donné Prieur de Venise; pour Chevalier de l'élection, le Commandeur Fr. Denis Ceba, de la Langue d'Italie; le Commandeur Fr. François Deidie, Chapelain de l'élection, & le Commandeur Fr. Michel Porruel de la Langue d'Arragon, servant d'armes de l'élection. Cette élection fit cesser celle des 24, & ces derniers choisirent seuls

13 nouveaux électeurs, qui devoient avec eux trois faire le nombre de 18, & nommer enfin le G. Maître.
1. Barriga de la Langue de Castille & de Portugal, & Vice-Chancelier, fut le premier élû.
2. Le Commandeur Fr. Antoine de Glandeve Castelet, de la Langue de Provence, choisi pour la Langue d'Angleterre.
3. Le Commandeur Fr. Adrien de Contremolins, de la Langue de France.
4. Le Commandeur Fr. Louis de Fay Gerlende, de la Langue d'Auvergne.
5. Le Commandeur Fr. Adolfe Frederic de Reéde, de la Langue d'Allemagne.
6. Le Commandeur Fr. Henri de Villeneuve Torenque, de la Langue de Provence.
7. Le Commandeur Fr. Jean de Forsat, de la Langue d'Auvergne.
8. Le Commandeur Fr. Henri de la Salle, de la Langue de France.
9. Le Commandeur Fr. François Ricasoli, de la Langue d'Italie.
10. Le Commandeur Fr. Isidore d'Argai, de la Langue d'Arragon.
11. Le Commandeur Fr. Dom Antoine Correa de Soura de la Langue de Castille & Portugal, pour l'Angleterre.
12. Le Commandeur Fr. François Wratislau, de la Langue d'Allemagne.
13. Le Commandeur Dom Louis Kelder, de la Langue de Castille & de Portugal.

Les seize électeurs, après avoir prêté les sermens ordinaires, & s'être enfermez dans le Conclave, du haut de la tribune qui regarde dans l'Eglise, firent déclarer à haute voix par le Chevalier de l'élection, qu'ils avoient choisi pour Grand Maître le Seigneur Fr. Dom. Raphael Cotoner, Bailli de Majorque. On chanta aussi-tôt le *Te Deum* en action de graces : tous les Chevaliers ensuite après lui avoir baisé la main lui prêterent le serment d'obeïssance, & le lendemain le Conseil lui défera le titre de Prince souverain des Isles de Malte & du Goze.

Nous avons dit sur l'année 1645, que les Turcs après avoir menacé l'Isle de Malte d'une invasion prochaine, firent tomber l'effort de leurs armes sur celle de Candie, qui appartenoit à la République de Venise. Sainte Théodore fut la premiere Place qu'ils attaquerent. Ils l'emporterent sans beaucoup de résistance, & en firent passer la garnison par le fil de l'épée. Ils assiegerent ensuite la Canée par terre & par mer, & après un siege très-meurtrier, qui dura quarante jours, ils s'en rendirent maîtres. Le Commandant obtint une composition honorable, dont les articles furent executez de bonne-foi par les Infideles.

L'année suivante les galeres de Venise, celles du Pape & de l'Ordre de Malte débarquerent un gros corps de troupes, qui avoit à sa tête le Duc de la Valette. Ce Général tâcha de reprendre la Canée qu'il assiegea. Mais les Turcs survinrent avec un gros de troupes, & l'obligerent de lever le siege. Ils prirent ensuite Rethimo, Muscava, Melopotamo & Calamo. Leur principal dessein étoit d'assieger la capitale de l'Isle ; mais comme ils n'ignoroient pas que cette Place étoit fortifiée par l'art

& par la nature, & qu'il y avoit une garnison nombreuse & peu differente d'une armée, pour en empêcher les courses & pour bloquer la Place, ils firent construire un Fort qu'ils nommerent Candie la Neuve, où ils mirent six mille hommes de garnison.

Les armes des deux partis pendant plusieurs années eurent differens succès. Les Venitiens pressez par la puissance redoutable des Turcs demanderent du secours à la plûpart des Princes de l'Europe. Le Pape Alexandre VII. & Raphael Cotoner Grand Maître de Malte y envoyerent leurs galeres. Louis XIV. Roi de France, y fit passer aussi trois mille six cens hommes commandez par un Prince de la Maison d'Est. Ce Prince n'étant pas encore en état de s'embarquer, ce fut le Commandeur de Gremonville, d'une Maison illustre en Normandie, que le Roi nomma pour Lieutenant du Prince d'Est; & le Chevalier Paul, Servant d'armes, & un des plus habiles Officiers de mer qu'il y eût dans l'Europe, fut chargé du transport de ces troupes. Le Duc de Savoye envoya deux Régimens d'Infanterie de cinq cens hommes chacun. Les Genois offrirent un secours considerable d'hommes & d'argent, à condition d'être traitez d'égaux par les Venitiens. Mais comme il y avoit long-tems que ces deux Républiques contestoient entr'elles sur une dispute si délicate, les Venitiens jaloux de la superiorité, refuserent à cette condition le secours des Genois.

Le dessein des Géneraux Chrétiens étoit toujours de reprendre la ville de la Canée. Mais ne se trou-

Raphael Cotoner.

1660.
22 Avril.

vant pas assez de troupes pour en former le siege, & pour empêcher les Infideles d'y jetter du secours, on résolut de s'emparer de quelques Forts aux environs de la Suda, dont les Turcs étoient maîtres. On attaqua d'abord le poste de *Sancta Veneranda*, que l'Infanterie emporta l'épée à la main. Les Turcs accoururent au bruit de cette attaque: ils en vinrent aux mains avec le bataillon de Malte, qui les repoussa, & les mit en fuite. On prit ensuite Calogero, que les Turcs abandonnerent, & Calami qui ne tint que le tems nécessaire pour faire sa composition. Apricorno fit plus de résistance: la Place étoit d'un difficile accès à cause d'un chemin étroit par où il falloit passer, & que les Turcs avoient embarassé par un grand abbatis d'arbres. Quelques escadrons de cette nation sortirent de la Place pour reconnoître les forces des Chrétiens. Garenne Officier François, qui se trouva à la tête de deux escadrons, les chargea vivement: & les tourna en fuite. Mais quelques Turcs ayant remarqué que l'ardeur de sa poursuite lui avoit fait devancer de quelques pas le gros de sa troupe, tournerent bride, pousserent à lui, & d'un coup de sabre lui jetterent la tête à bas. La campagne se termina par differens succès. Les Chrétiens tantôt vainqueurs, & tantôt vaincus, se retirent à Cicalaria, lieu couvert d'un côté par des montagnes inaccessibles, & de l'autre par un bois; & les Turcs vont camper à Maleta.

1661. Le vingt-quatre de Janvier de l'année suivante, le Géneral des galeres de l'Ordre rencontra proche le cap Passaro en Sicile un vaisseau de Tunis, dont

contre quelques jours après un bâtiment Algerien de quarante pieces de canon, le joint, & s'en rend maître après une heure de combat. Vingt esclaves Chrétiens furent délivrez, & deux cens soixante Infideles faits esclaves. Peu de jours après, ils rencontrerent l'escadre de Tunis composée de la Capitane, de la Patrone & du Porc-Epy. Les deux premiers vaisseaux s'échaperent à la faveur de la nuit, après un long & rude combat ; mais le Porc-Epy, après avoir essuyé le feu jusqu'à dix heures du soir, fut contraint de se rendre. On délivra trente-deux Chrétiens qui étoient esclaves dans ce vaisseau. Ce succès dû à la valeur du Commandant Alognis de la Grois, jette la terreur sur les côtes de Barbarie, d'où les Armateurs refusent de se mettre en course.

Dom Carlo Conti, Prince de Poli, neveu du Pape, reçoit la Croix de l'Ordre des mains du Cardinal Pamphile, Grand Prieur de Rome.

Le Grand Maître attaqué depuis plus de six mois d'une espece de cangrêne dans les intestins, meurt le 16 Juin âgé de soixante-trois ans sept mois & quinze jours. Ce Prince recommandable par une rare pieté, travailla avec beaucoup de soin à fortifier l'Isle, fit de grandes aumônes, maintint autant par son exemple que par son autorité, la discipline dans son Ordre ; & il ne lui manqua pour remplir les grandes esperances qu'on avoit conçûes de lui, que de regner plus long-tems.

Fr. Dom Raimond d'Espong, Bailli de Negrepont, Lieutenant du Magistere, assemble le Conseil ; & après les cérémonies ordinaires, les Elec-

ANTOINE MANOEL DE VILLHENA. teurs nomment tout d'une voix pour Grand Maître D. ANTOINE MANOEL DE VILLHENA, Portugais, de la Langue de Castille, que sa naissance, ses vertus personnelles, & sa parfaite connoissance des maximes de l'Ordre rendent digne de cette élevation. Il avoit passé par toutes les Charges de la Religion, & s'en étoit acquitté avec distinction. A peine eut-il fini ses caravanes, qu'il fut fait Patron de la Capitane, & blessé dans une attaque de deux vaisseaux de Tripoli, que le Général Antoine Correa de Souza prit en 1680. Quatre ans après il fut fait Capitaine d'un des vaisseaux que la Religion envoya aux Venitiens pour leur faciliter la conquête de la Morée. On le nomma successivement Major, ensuite Colonel des Milices de la Campagne. En 1692, il eut le commandement de la huitiéme galere, & l'année suivante celui de la galere Saint Antoine. Il fut fait Grand-Croix de grace en 1696, Commissaire des armemens deux ans après, & Commissaire des guerres en 1701. La dignité de Grand Chancelier de l'Ordre lui fut conferée en 1713. Il la quitta trois ans après pour prendre celle de Bailli d'Acre ; fut nommé l'un des vingt & un Electeurs pour l'élection du Grand Maître Zondodari, & la même année fut créé Procureur du Trésor. Ces differentes Charges dans lesquelles il s'attira les applaudissemens de tout l'Ordre, furent autant de degrez, qui l'éleverent au Magistere.

Les premiers soins du nouveau Grand Maître, furent de mettre son Isle à couvert de l'attaque dont les Turcs la menaçoient toujours. Il fit construire le Fort Manoel dans la petite Isle de Marsa-Mous-

ciet, dont les Infideles auroient pû s'emparer aisément : ce qui auroit extrêmement facilité leurs entreprises : & il ordonna en même tems à tous les Chevaliers qui avoient atteint l'âge de dix-neuf ans de se rendre auprès de lui.

Les grands préparatifs de la Porte contre la Religion, avoient été faits à la persuasion d'un esclave nommé Hali, que Mehemet Effendi, Ambassadeur de la Porte en France avoit racheté en passant à Malte. Cet esclave aimé des Chevaliers, & favorisé du Grand Maître, avoit servi dans la Marine, & pendant dix ans avoit été l'Iman ou le Chef des esclaves Turcs qui étoient à Malte. De retour à Constantinople, il informa les Ministres de la Porte des forces de la Religion, & leur persuada qu'il étoit aisé de surprendre l'Isle par le moyen de ces esclaves toujours prêts à la révolte, & dont le nombre surpassoit celui des habitans : que pour y réussir, il falloit armer une escadre de dix vaisseaux, la conduire devant Malte, & attendre le succès des esclaves qui infailliblement prendroient les armes.

Ce projet plut au Grand Visir : Abdi Capitan, Chef d'escadre se mit en mer avec dix vaisseaux ; Hali s'embarqua avec le titre de Capitaine, & ils vinrent se présenter devant Malte : mais les sages précautions du Grand Maître les mirent hors d'état d'executer leur dessein. Ils se retirerent après quelques volées de canon, & Abdi Capitan fit tenir au Grand Maître la Lettre suivante.

Le Premier de l'Isle de Malte, les Chefs de son Conseil, & les Chefs des Langues de France, de Venise & autres Nations qui adorent le Messie, sont avertis

ANTOINE MANOEL DE VILLHENA.

par cette Lettre que nous avons été expressément envoyez par le Grand Seigneur, Maître de l'Univers, refuge du monde, pour leur ordonner de nous remettre tous les esclaves qui se trouvent dans leur misérable gouvernement ; afin qu'ils puissent se présenter à son suprême & auguste Trône. Telle est sa volonté, & la fin pour laquelle il nous a armez. Si vous manquez à obéir, de terribles châtimens vous feront repentir de votre faute. Envoyez votre réponse à Tunis.

Ce stile conforme à l'orgueil des Officiers du Grand Seigneur, n'empêcha point le Grand Maître d'y faire réponse, dans l'esperance de ménager par là la délivrance des esclaves Chrétiens. Sa Lettre écrite avec politesse & dignité contenoit; *Que l'Institut de son Ordre n'étoit pas de courir les mers pour faire des esclaves, mais de croiser avec ses armemens pour assurer la navigation des bâtimens Chrétiens: qu'ils n'attaquoient que ceux qui troubloient le commerce, & qui voulant mettre les Chrétiens en esclavage, méritoient d'y être eux-mêmes réduits : qu'ils n'avoient rien tant à cœur, que de délivrer ceux des leurs qui étoient dans les fers ; & que si Sa Hautesse avoit les mêmes intentions, ils étoient prêts de négocier la liberté réciproque des esclaves, ou par échange, ou par rançon, suivant l'usage reçu parmi les Princes ; que Sa Hautesse leur fit connoître ses intentions, & qu'ils n'oublieroient rien pour les seconder.*

1723. Cette réponse fut adressée à Monsieur le Marquis de Bonnac, pour lors Ambassadeur de France à Constantinople, pour la rendre à qui il jugeroit à propos des Ministres de la Porte. L'Ambassadeur de France jugeant par le contenu de la Lettre du

Grand Maître, & par la délicatesse avec laquelle elle étoit écrite, que ce Prince avoit eu dessein, non de répondre à un Chef d'escadre du Grand Seigneur, mais de faire connoître ses intentions au Grand Seigneur même par son premier Ministre, l'envoya au Grand Visir. Quelques jours après il lui en parla, & fut agréablement surpris de le trouver dans la disposition, non seulement de faire les échanges, mais même de négocier la paix avec la Religion de Malte. Le Marquis de Bonnac persuadé que cette paix ne pouvoit être que très avantageuse à l'Ordre & à tous les Etats Chrétiens, y travailla avec application, & ménagea tellement l'esprit du Grand Visir, qu'il avoit gagné par sa probité & sa franchise, plus encore que par la superiorité de son génie, que tous les articles qu'il proposa, furent acceptez. Il les envoya au Grand Maître, & en écrivit à la Cour de France, qui après un mûr examen, lui donna ordre de continuer à donner ses soins à la réussite de cette affaire.

Le Grand Maître fit examiner les propositions de la Porte, & envoya ses observations au Marquis de Bonnac. On aima mieux faire une tréve limitée, qu'une paix; on prit toutes les précautions nécessaires pour mettre l'Ordre à couvert de tout reproche; tout fut agréé par le Grand Visir. Voici les articles dont on étoit convenu.

1°. Que les esclaves seroient échangez réciproquement; & que s'il y en avoit plus d'un côté que de l'autre, les surnumeraires seroient délivrez pour cent piastres par tête.

2°. Qu'on ne comprendroit dans cet échange que les esclaves faits sous le pavillon Maltois, & sous le pavillon Turc.

3°. Que la tréve seroit de vingt ans; & qu'après ce tems écoulé, on pourroit en négocier une autre.

4°. Que les Barbaresques, ou Républiques d'Afrique ne seroient point comprises dans le traité; & que la Porte ne leur donneroit aucun secours, ni direct, ni indirect contre Malte.

5°. Que les Maltois auroient dans les Etats du Grand Seigneur les mêmes privileges que les François.

6°. Que ce traité seroit nul, dès qu'un Prince Chrétien auroit la guerre avec la Porte.

La nouvelle de ce traité fut reçûe dans Constantinople avec de grands applaudissemens. Mais le Capitan Bacha, fâché qu'une affaire qui regardoit la mer, eût été traitée sans lui, engagea tous les Officiers de la Marine à s'y opposer. Ils vinrent à bout de faire changer de langage au Grand Visir, qui voyant leur mécontentement unanime, ne crut pas devoir pousser la négociation plus loin. Il fit cependant connoître au Marquis de Bonnac, qu'il n'avoit point changé de vûe, & qu'il seroit aisé de renouer cette affaire, en prenant quelques mesures pour y faire consentir les Officiers de la Marine, que leur propre interêt doit infailliblement ramener à ce projet.

Pendant cette négociation, dont on n'a pas cru devoir interrompre le récit, le Grand Maître averti qu'un vaisseau de Tunis, suivi d'une Tartane, fai-

soit des courses entre les Isles de Maritimo & de Pantelerie, & qu'il avoit pris deux barques, l'une de Sicile, & l'autre de Genes, envoya le vaisseau Saint Jean, & une frégate à la découverte. Ils rencontrent les Corsaires, qui après les avoir poursuivi quelque tems pour les reconnoître, prennent le large, & tâchent de les éviter. La fregate Maltoise joint le vaisseau, & après un feu continuel de part & d'autre pendant quatre heures, le contraint de se rendre. Ce vaisseau excellent voilier, avoit été donné par le Grand Seigneur au Bey de Tripoli, auquel il servoit de Patronne. Il avoit quarante-huit canons & quatorze pierriers de fonte, avec quatre cens hommes d'équipage dont il ne resta que deux cens soixante-sept Turcs. Trente-trois esclaves Chrétiens recouvrent par là leur liberté. Cette victoire importante est dûe à la valeur du Chevalier de Chambray, qui commandoit la frégate. Le vaisseau S. Jean poursuit la Tartane, & s'en rend aussi le maître: on ramene les deux bâtimens à Malte.

Le Pape Benoît XIII. veut donner au Grand Maître & à l'Ordre de Malte une marque éclatante de son affection. Il dépêche à Malte un de ses Cameriers d'honneur, pour présenter à ce Prince l'Estoc* & le Casque béni solemnellement à la fête de Noël. Ce présent est reçu avec toute la reconnoissance possible par le Grand Maître, qui le regarde comme un nouveau motif de se signaler

ANTOINE MANOEL DE VILLHENA.

1725.

---

* L'Estoc est une épée d'argent doré, longue d'environ cinq pieds Le Casque est une espece de bonnet de velours pourpre, brodé d'or, garni d'un Saint Esprit de perles.

240 Histoire de l'Ordre, &c.

ANTOINE MANOEL DE VILLHENA. de plus en plus dans l'exercice de toutes les vertus, qui lui ont attiré si justement les respects de ses Freres, l'amitié des Princes de l'Europe, & la tendresse paternelle du souverain Pontife.

FIN.

DISSERTATION

DISSERTATION
AU SUJET DU GOUVERNEMENT ancien & moderne de l'Ordre Religieux & Militaire de Saint Jean de Jerusalem.

QUOIQU'ON doive trouver naturellement dans l'Histoire de cet Ordre ses premieres Loix, ses Statuts, & la forme originaire de son Gouvernement; cependant la suite des tems, & differentes conjonctures y ont amené insensiblement des changemens, qui sont inévitables dans la condition humaine : & ce seroit peu connoître l'inconstance & la foiblesse des hommes, que de juger de la constitution présente d'un Etat par ses anciens usages, & par la pratique de ses premiers siecles.

Cette consideration m'a déterminé, pour la satisfaction entiere des Lecteurs, d'ajouter à la fin de cet Ouvrage un Discours particulier de l'état où se trouve aujourd'hui l'Ordre de Malte. J'y traiterai d'abord des differentes Classes dans lesquelles cet Ordre est partagé. On examinera les preuves de Noblesse, qu'on exige pour être reçû dans le premier rang. On expliquera ensuite la nature des Commanderies, & les qualitez requises pour y parvenir. On passera delà aux dignitez qui donnent entrée, soit dans le Chapitre géneral, soit dans les Conseils. On trouvera à la suite de cet article une liſte des principales Charges de la Religion, & de ceux qui ont droit d'y nommer ; & on finira ce traité par la forme qui s'obſerve dans l'élection du Grand Maître, dignité ſinguliere, & dont celui qui en eſt revêtu, jouit à l'égard des habitans ſéculiers, de la ſouveraineté, & de tous les droits régaliens, en même tems que ce Prince n'eſt conſideré à l'égard des Chevaliers, que comme le Chef & le Supérieur d'une République Religieuſe & Militaire.

L'Egliſe renferme dans ſon ſein differens Ordres de Religieux, qui ſans exercer les mêmes fonctions, ont tous devant Dieu leur mérite particulier, & qui même par leur varieté contribuent chacun en leur maniere à la beauté de l'Egliſe. Les uns ſequeſtrez volontairement du commerce des hommes, enſevelis dans des ſolitudes, & enveloppez dans leur propre vertu, paſſent les jours dans la contemplation des véritez éternelles. D'autres plus répandus dans le monde, ont pour objet principal l'inſtruction du prochain, & le ſoulagement des Paſteurs, quand ils ſont appellez à leur ſecours dans le miniſtere Eccleſiaſtique. Il y en a qui tout brûlans de zéle pour la converſion des Infideles, vont annoncer la parole de Dieu aux extrêmitez de la terre. Le même zéle, mais animé par une autre eſpece de charité, depuis pluſieurs ſiecles a fait prendre les armes à un corps de Nobleſſe pour préſerver des Chrétiens de tomber dans les fers des Mahometans & des Infideles : & c'eſt de ces derniers Religieux dont je viens de finir l'Hiſtoire, que j'entreprens de repréſenter ici la forme du Gouvernement.

ARTICLE I.

Des differentes Classes qui se trouvent dans l'Ordre de Saint Jean.

Les Hospitaliers considerez simplement comme Religieux, sont partagez en trois Classes toutes differentes, soit par la naissance, le rang & les fonctions. La premiere Classe est composée de ceux qu'on nomme *Chevaliers de Justice*, c'est-à-dire, comme l'explique le Formulaire de leur Profession, qui par l'antique Noblesse de leur lignage méritent d'être admis à ce degré d'honneur : & ce sont ceux-là seulement qui peuvent parvenir aux dignitez de Baillifs & de Prieurs, qu'on appelle Grands-Croix, & à celle de Grand Maître. Le tems, souvent l'auteur des abus & du relâchement, a introduit l'usage d'admettre dans le rang des Chevaliers de justice, des personnes qu'on appelle *Chevaliers de grace* : ce sont ceux qui étant issus de peres nobles par leur extraction, & de meres roturieres, ont tâché de couvrir un défaut si remarquable, par quelque dispense du Pape.

La seconde Classe comprend des Religieux *Chapelains*, attachez par leur état à l'Eglise primatiale de Saint Jean, où ils font le service divin. On tire de ce corps des Aumôniers, soit pour le grand Hôpital de Malte, soit pour les vaisseaux & les galeres de la Religion ; & ils font la même fonction à la Chapelle du Grand Maître. Quoique dans tous les Etats de la Chrétienté, le Clergé, par raport à la dignité de son ministere, tienne le premier rang ; cependant les Chevaliers, quoique

A ij

purement Laïcs, précedent les Prêtres, & ont toute l'autorité ; *quia omnis potestas residet in primatibus:* & nous ne trouvons d'exemple d'un pareil Gouvernement, que parmi les Freres de la Charité, autre Ordre Hospitalier, où les Religieux Prêtres, attachez au service des Autels, non-seulement n'ont aucune part dans le Gouvernement, mais encore dépendent absolument de Supérieurs purement Laïcs.

Ce qu'on appelle la troisiéme Classe, contient les *Freres servans d'armes*, Religieux qui sans être ni Prêtres, ni Chevaliers, ne laissent pas soit à la guerre ou dans l'infirmerie, de servir sous les ordres des Chevaliers, & font comme eux quatre Caravanes, chacune de six mois. Ce corps de demi-Chevaliers, si on les peut appeler ainsi, étoit autrefois nombreux & considerable: l'Ordre en a tiré de grands services, & on a même anciennement désigné certain nombre de Commanderies, dont les Chapelains & les Freres Servans d'armes jouissent encore aujourd'hui en commun, & qui échoient aux uns & aux autres selon l'ancienneté de leur réception. Mais depuis quelques années le nombre des Freres Servans d'armes est fort diminué; il est même intervenu un decret qui jusqu'à nouvel ordre en suspend la réception.

Je ne parle point des Prêtres *d'Obédience*, qui sans être obligez d'aller jamais à Malte, reçoivent l'Habit Religieux, en font les vœux solemnels, & sont ensuite attachez au service particulier de quelque Eglise de l'Ordre sous l'autorité d'un Grand Prieur, ou d'un Commandeur. On trouve encore à Malte des Freres Servans *de stage*, efpece de donnez, occupez aux plus vils offices du Couvent & de l'Hôpital: détails de peu de confequence, dans lefquels je n'ai pas crû devoir faire entrer le Lecteur. Mais cette relation feroit imparfaite, fi je paffois fous filence les Dames Religieufes de cet Ordre, dont il y a des Maifons en France, en Italie, & dans les Efpagnes. Ces Dames pour être reçûes, font obligées de faire les mêmes preuves de nobleffe que les Chevaliers de Juftice : il y a même des Maifons celebres, comme celle de Sixene en Arragon, & Dalgoveira en Catalogne, dans lefquelles les preuves de nobleffe qui auroient été admifes pour recevoir un Chevalier, ne fuffiroient pas pour une Dame de Chœur ; & on demande dans ces deux Maifons que la nobleffe d'une prefentée foit fi ancienne & fi pure, qu'elle foit audeffus des degrez que les ftatuts exigent pour la réception des Chevaliers de Juftice.

ARTICLE II.

De la réception des Freres Chevaliers.

A prendre le terme de *Chevalerie* dans la notion génerale qu'il prefente d'abord, c'eft une profeffion de fervir à cheval dans les armées : ce qui parmi la plûpart des nations a toujours été une marque de nobleffe & de diftinction de l'état populaire. La qualité de *Chevalier*, dans le moyen âge a été reftrainte à des perfonnes nobles, qui, foit avant, ou après des combats & des batailles, avoient merité de recevoir de leur Géneral, comme le témoignage & la récompense de leur valeur, *l'Ordre de Chevalerie*, qu'on leur conferoit sur le champ de bataille par l'accolade & la ceinture militaire. Mais on n'accordoit jamais une distinction si honorable, qu'à des guerriers, issus d'anciens Chevaliers, & de race militaire, *ad militarem honorem*, dit l'Empereur Frederic II. *nullus accedat, qui non sit de genere militum.* Voilà deux sortes de Chevalerie, l'une seulement originaire, *genus militare*, & l'autre purement personnelle, *militaris honor*. C'est de cette seconde Chevalerie, qui ne s'acquiert que par sa propre valeur, que Theodore Hœping dit que personne ne naît Chevalier : *nemo Eques nascitur, sed per habentem potestatem solitâ sub formulâ.* Aussi Pierre de la Vigne, dans la vie de l'Empereur Frederic dont nous venons de parler, dit expressément : *Licèt generis nobilitas in posteros derivetur, non tamen equestris dignitas.* C'est pour ne pas confondre ces deux sortes de Chevaleries, l'une qui ne vient que des ancêtres, & l'autre qu'on n'acquiert que par ses propres armes, que quelques Historiens du moyen âge, pour désigner les Chevaliers ancêtres de celui dont ils parlent, se sont servis du terme de *Milites*, & qu'ils n'employent celui d'*Eques*, que pour marquer celui qui actuellement a reçû l'Ordre de Chevalerie.

Les Chevaliers de Saint Jean de Jerusalem, dans leur institution militaire, se conformerent à cet usage. Ce qui nous reste en France, & dans les Registres des Prieurez des trois Langues de cette nation, des noms d'anciens Chevaliers de cet Or-

1232.

dre, fait voir qu'ils étoient tous iſſus d'ancêtres guerriers, & de Gentilshommes de nom & d'armes. Mais comme par la ſuite des tems il s'eſt établi differens uſages, & que chaque nation s'eſt crue en droit de déterminer, & même d'étendre la nature de la nobleſſe, & d'en fixer les preuves, les premieres magiſtratures, & certaines charges civiles ont obtenu en France & en Italie, le même avantage que la nobleſſe purement militaire : & parmi ces deux nations, on reçoit actuellement pour Chevaliers, des perſonnes qui ſeroient rejettées en Allemagne. C'eſt ce qui m'engage à entrer dans le détail des differentes preuves qu'on exige dans la plûpart des Langues en faveur de la nobleſſe de ceux qui ſe preſentent, pour être admis dans l'Ordre en qualité de Chevaliers de Juſtice : & comme le Royaume de France comprend ſeul trois Langues, & que cette nation par conſequent fournit plus de Chevaliers qu'aucune autre, nous remarquerons ſuccinctement les differentes regles qu'on a obſervées en differens tems dans la récepception des Chevaliers. *Provence. Auvergne. France.*

Si on en croit les perſonnes ſçavantes dans l'art héraldique, c'eſt des Croiſades qu'eſt venu l'uſage des armoiries. Tant de croix de differentes figures, qu'on voit dans les écuſſons de l'ancienne nobleſſe en ſont la preuve ; & les couleurs, les émaux, le vair & le contrevair qu'on y rencontre, doivent leur origine aux pelleteries dont ces guerriers ornoient leurs cottes d'armes. La plûpart paſſoient à la Terre Sainte exprès pour y recevoir l'Ordre de Chevalerie ; & ils ſe croyoient trop dédommagez des périls & des fatigues d'un si long voyage; quand dans des batailles contre les Infideles, ils avoient reçû des Princes & des Géneraux l'accolade avec le titre de Chevalier. L'Ordre militaire, dont nous venons d'écrire l'Histoire, fut fondé dans le même esprit & sur le même modele. On ne reconnut pour Chevaliers, que ceux qui avant d'entrer dans la Religion, où avoient été décorez de ce titre, ou du moins étoient issus d'anciens Chevaliers: en sorte qu'on peut regarder cette portion de l'Ordre de Saint Jean, comme une Croisade, toute composée de noblesse. Anciennement on ne recevoit même qu'à Jerusalem & dans la Terre Sainte les Chevaliers qui se consacroient dans cette sainte milice. Nous voyons que les Gentilshommes y envoyoient leurs enfans tous jeunes pour être élevez dans la Maison Chef d'Ordre, dans l'esperance qu'ils s'y formeroient également à la pieté, & dans la science des armes; mais on n'y recevoit point ces jeunes Gentilshommes, qu'ils n'apportassent un témoignage autentique de la noblesse de leur origine, attestée par les Prieurs du pays où ils étoient nez: & avant leur départ, ces Prieurs devoient encore les munir de lettres de recommandation, & d'une promesse qu'ils seroient revêtus de l'Habit de l'Ordre, & admis à la profession des vœux solemnels, si-tôt qu'ils auroient atteint l'âge déterminé pour être faits Chevaliers: ce qui étoit fixé parmi les seculiers à la vingtiéme année. *Nullus*, dit un statut de l'Ordre fait en 1144, *ex hospitali miles fieri requirat, nisi, antequam habitum Religionis assumeret,*

ret, extiterit ei promissum : (*t)* *tunc quando in illa erit constitutus ætate, in qua sæcularis officii miles possit fieri, nihilominus tamen filii nobilium in Domo Hospitali nutriti, cùm ad ætatem militarem pervenerint, de voluntate Magistri & Præceptoris, & de consilio fratrum poterunt militia insigniri.*

Nous venons de voir que ce n'étoit que dans la Maison Chef d'Ordre qu'on reçut d'abord les jeunes Chevaliers ; mais les recrues dont on avoit besoin pour remplacer ceux qu'on perdoit continuellement en combatant contre les Infideles, obligerent les Chapitres & les souverains Conseils de l'Ordre, de consentir qu'après l'examen des preuves de noblesse, on donnât l'Habit aux Novices dans les grands Prieurez d'en de çà de la mer; & comme l'abus n'étoit pas encore introduit dans les Maisons nobles de faire des alliances inégales, & avec des femmes roturieres, toutes les attestations de la noblesse du presenté se réduisoient à faire mention des noms de son pere & de sa mere, qu'on supposoit avec justice être issus de Gentilshommes de nom & d'armes. On en verra la preuve dans la liste que nous donnerons à la suite de ce Discours, & on trouvera qu'en 1355, où commencent les plus anciens Registres du Grand Prieuré de France, on ne recevoit que des Gentilshommes dont les noms & les Maisons étoient connus, & même célébres dans leurs Provinces.

Mais cette même noblesse jusqu'alors si pure, épuisée par les dépenses inévitables dans la guerre, pour se soutenir, se vit bien-tôt réduite à trafiquer, pour ainsi dire, de la noblesse de son sang par des mariages inégaux : & on commença à voir des Seigneurs & des Gentilshommes de nom & d'armes, épouser de riches roturieres. La crainte que ces mesalliances n'avillissent l'Ordre par la réception de Chevaliers qui en fussent issus, engagea le Corps de la Religion, à faire un reglement par lequel il fut ordonné qu'on dresseroit un procès verbal soutenu de titres par écrit, qui établiroient la légitimation & la descendance du presenté avec les preuves de ses peres, meres, ayeuls, ayeules, bisayeuls & bisayeules audessus de cent ans, avec la peinture de ces huit quartiers ; & que le presenté justifieroit que ses bisayeuls avoient été reconnus pour Gentilshommes de nom & d'armes. Ce dernier article du statut subsiste encore aujourd'hui, au moins dans le stile du procès verbal. Mais la preuve de cette derniere condition requise pour les bisayeuls, ne me paroît pas bien aisée à faire en France, pour les Chevaliers qui n'ont pour tige de leur noblesse qu'un Secretaire du Roi, un noble de la cloche, un Maire ou un Echevin de quelqu'une de ces Villes qui conferent la noblesse à leurs Magistrats : & je ne comprens pas comment dans une généalogie, un homme qui n'a eu pour principe de sa noblesse qu'une de ces Charges qui ne font souche que dans un petit fils, peut-être employé dans des preuves de bisayeul, pour Gentilhomme de nom & d'armes, lui qui n'a arrêté qu'à force d'argent le sang roturier qui couloit dans ses veines, & qu'on n'a jamais vû les armes à la main pour le service de sa patrie. On ne peut gueres se tirer de l'embarras que cause cette qualité de Gentilhomme de nom & d'armes, qu'on exige dans un bifayeul, quelquefois marchand ennobli par une Charge de Robe, à moins de donner à ce titre une interprétation forcée : & il est bien extraordinaire qu'on prétende d'une Robe de Magistrat en faire comme la cotte d'arme d'un guerrier, & attacher à cette Robe les privileges de la vraye noblesse.

Cependant, malgré cette difficulté, qui après tout ne vient que de ce qu'on n'a voulu rien changer dans le stile ancien des statuts, nous sommes obligez d'avouer qu'on est très exact & très rigoureux dans les preuves de noblesse qu'on exige pour les huit quartiers du presenté. Ces preuves doivent être testimoniales, litterales, locales & secretes ; & c'est ce qu'il faut expliquer par un plus grand détail.

La premiere preuve est appellée *testimoniale*, parcequ'elle résulte du témoignage de quatre témoins nobles, & qui doivent être Gentilshommes de nom & d'armes. Les Commissaires qui sont ordinairement d'anciens Commandeurs, leur font prêter un serment solemnel de dire la verité : & même ils les interrogent séparément les uns des autres. S'il y a quelque chose qui puisse rendre suspecte cette nature de preuve, c'est qu'en France, ce sont les parens du presenté, ou le presenté même, qui administrent ces témoins.

La seconde preuve est appellée *litterale*, parcequ'on la tire des titres, contrats, aveux, dénombremens, que le presenté produit : sur quoi il est bon d'observer, que quoique les contrats de mariage, & les testamens, soient nécessaires pour établir la descendance & la legitimité du presenté; cependant ces actes ne suffisent point pour prouver sa noblesse, à cause de la facilité des Notaires à donner aux Parties contractantes les titres & les qualitez qu'elles veulent prendre, sans examiner si elles leur sont dûes. Mais au défaut de ces titres, qui ne forment qu'une simple énonciation, sans attribution de droit, on a recours au partage des terres nobles, aux actes de tutelles, aux lettres de garde-noble, aux actes de foi & hommage, aux aveux & dénombremens, aux brevets & provisions de Charges, portant titre de noblesse, aux bans & arriere-bans, & enfin aux tombeaux, épitaphes, armoiries, vitres & littres anciennes des Eglises.

On appelle la troisiéme preuve, *locale*, parceque les Commissaires sont obligez de se transporter sur le lieu de la naissance du presenté; & même, quand ils veulent être exacts, ils doivent passer jusques dans le pays de l'origine de sa famille, & sur l'endroit d'où sont sortis les ancêtres qu'il présente pour Gentilshommes de nom & d'armes; ou, si cet endroit est éloigné & situé dans un autre Prieuré, s'adresser au Prieur de ce canton, pour faire faire ces informations.

La troisiéme espece de preuve se tire d'une enquête secrette que les Commissaires font à l'insçû du presenté: on n'exige point que ces témoins soient nobles comme les quatre premiers; on n'a égard dans ce choix qu'à leur probité. Quand ces quatre sortes de preuves se trouvent solides, & conformes, les Commissaires en dressent un Procès verbal qui est porté au Chapitre du Prieuré: de-là il passe entre les mains de deux nouveaux Commissaires, qui examinent si dans les informations on a observé exactement toutes les regles prescrites par les Statuts : & quand il paroît qu'on n'y a rien oublié, ce Procès verbal avec ses preuves & le blason figuré des huit quartiers, est envoyé à Malte d'où il vient un ordre de donner l'habit de la Religion au Présenté. On vient de voir que pour les trois Langues qui sont dans le Royaume de France, sçavoir Provence, Auvergne & France, les Statuts & l'usage présent exigent que le Présenté justifie que ses bisayeuls paternels & maternels étoient Gentilshommes de nom & d'armes : ce qui forme, comme nous le venons de dire, les huit quartiers de noblesse.

Dans la Langue d'Italie on n'est obligé que de fournir quatre quartiers; mais il faut deux cens ans d'une noblesse reconnue pour chacun de ces quartiers, sçavoir celle du pere & de la mere, celle de l'ayeule paternelle & maternelle : & il faut faire voir que ces quatre Maisons ont eu chacune depuis 200 ans la qualité de Nobles. L'on n'exige pareillement le blason & les armes que de ces quatre familles, sans remonter comme en France jusqu'à la bisayeule. Il faut encore observer à l'égard de la Langue d'Italie, que dans les Républiques de Genes & de Luques, & dans les Etats du Grand Duc, le trafic & le commerce de banque ne déroge point comme dans les autres Prieurez de la même langue, & dans toutes les autres Langues de l'Ordre. On prétend que sur cet article on n'est pas plus scrupuleux à Rome & dans tous les Etats du

Pape, qu'à Genes & à Florence: sur quoi on peut dire que c'est faire des Chevaliers d'une Noblesse de bien bas aloi.

A l'égard des Langues d'Arragon & de Castille, l'aspirant doit présenter d'abord les noms de ses quatre quartiers, c'est-à-dire de son pere & de sa mere, de son ayeule paternelle, & de son ayeule maternelle, & déclarer par sa Requête de quels lieux ces quatre Maisons sont originaires: sur quoi le Chapitre du Prieuré où il s'est adressé dépêche secrettement des Commissaires qui s'y transportent pour informer si ces Maisons sont réputées pour nobles, & si elles ne descendent pas originairement de familles Juives ou Mahometanes. Si le rapport de ces Commissaires secrets est favorable au Presenté, on lui en donne d'autres pour faire des informations autentiques auprès des Seigneurs & des personnes les plus qualifiées de chaque canton; & ces Commissaires ont coutume de surprendre autant qu'ils peuvent ceux qu'ils veulent interroger, afin qu'ils ne soient pas prévenus. On se contente des dépositions de ces Seigneurs & de ces Gentilshommes, sans demander ni titres, ni contrats, comme on fait en France. Ainsi toute la preuve de noblesse dans les Prieurez des Espagnes, consiste en informations & en interrogations sur les quatre quartiers. On ajoute des visites dans les Eglises où sont les tombeaux, épitaphes, & autres marques d'honneur des ancêtres du Presenté, & pour examiner si leurs armoiries sont conformes à celles du Presenté. Car outre la preuve autentique de la religion & de la nobleffe du Prefenté, depuis la quatriéme géneration, on eft encore obligé de préfenter fur une feuille de papier un écu écartelé des quatres quartiers qui forment la preuve, c'eft-à-dire des quatre Maifons produites pour la preuve de nobleffe.

A l'égard du Portugal, qui fait partie de la Langue de Caftille, il n'eft pas néceffaire de faire les informations fecrettes & préliminaires fur la qualité des Maifons des quatre quartiers; parceque par un ancien ufage que les Rois de cette Nation ont établi, on conferve avec un grand foin dans des Regiftres publics, les noms de toutes les Maifons nobles du Royaume: & fi les quatre quartiers dont le prétendant eft defcendu, ne s'y trouvent point inferez, on ne paffe point aux informations publiques.

Il n'y a point dans l'Ordre de Malte de Langue & de nation, où les preuves foient plus rigoureufes, & fe faffent avec plus d'exactitude que dans l'Allemagne. On n'y admet point pour Chevaliers de Juftice, comme dans les autres Langues, les enfans naturels, & les bâtards des Souverains. Les enfans légitimes des premiers Magiftrats, & dont les Maifons font reconnues pour nobles, en font pareillement exclus; parceque leur nobleffe eft réputée nobleffe civile, qui ne peut pas entrer dans un Corps où l'on ne reçoit qu'une nobleffe militaire de nom & d'armes: & l'ufage de la Langue d'Allemagne eft d'exiger pour la réception des Chevaliers les preuves des feize quartiers, & les mêmes preuves qu'on exige dans les nobles

Colleges de cette nation. Les Gentilshommes qui déposent comme témoins, affirment par serment que ces seize quartiers sont très-nobles ; que la généalogie que le prétendant a presentée est très-fidele, & prouvée par des titres autentiques, & que tous les quartiers produits sont de Maisons déja reçûes dans les Assemblées des Cercles, & capables d'entrer dans tous les Colleges nobles. Il faut descendre d'un sang bien pur , & dont toutes les alliances soient bien nobles pour pouvoir faire preuve de ces seize quartiers. Cependant on est si rigoureux dans cette Langue, qu'on ne laisseroit pas passer un seul quartier qui auroit été refusé dans quelque College ; ce qui a fait dire que si quelque fils du Grand Seigneur, après s'être converti, vouloit se faire recevoir Chevalier dans la Langue d'Allemagne, il ne pourroit pas y être reçû, tant par le défaut de légitimation, que par la difficulté de fournir les seize quartiers du côté des femmes.

 Quand il ne manque rien aux preuves d'un Chevalier, il peut être reçû en trois tems , ou à trois âges differens. Il est reçû *de majorité* à seize ans , quoiqu'il ne soit obligé de se rendre à Malte qu'à vingt ; & il paye pour droit de passage environ deux cens soixante écus d'or, valant cent sols en espece. Secondement on peut entrer *Page* du Grand Maître : on y est reçû dès l'âge de douze ans, & on en sort à quinze : le droit de passage pour ce jeune Page, est à peu près le même que celui qu'on paye quand on est reçû de majorité. Enfin depuis environ un siecle, on fait des Chevaliers *de minorité*

rité & au berceau ; ufage très récent, que la paffion des peres & meres pour l'avancement de leurs enfans, a rendu très commun, & dont nous rapporterons très fuccinctement l'occafion.

Dans le tems que la Religion étoit en poffeffion de l'Ifle de Rhodes, il y avoit dans la ville de ce nom, un endroit appellé le *Collachium*, ou le Cloître, quartier deftiné pour le logement feul des Religieux, & féparé des habitans feculiers. Dans le Chapitre géneral tenu à Malte en 1631, il fut réfolu de conftruire un pareil cloître : il falloit pour l'execution de ce deffein un fond de cent mille écus. L'argent manquant dans le Tréfor, on réfolut, pour y fuppléer, d'accorder cent difpenfes pour recevoir dans l'Ordre cent jeunes enfans, à condition qu'ils donneroient chacun pour droit de paffage mille écus, fans compter d'autres menus droits. Les cent difpenfes furent bientôt remplies ; mais le Collachium ne fut point bâti : l'argent qui provint de ce prétexte fut employé à d'autres befoins, & on en a trouvé l'invention fi commode, qu'au defaut d'un Chapitre géneral, on a recours à l'autorité des Papes, les premiers Superieurs de l'Ordre, qui par des Brefs particuliers permettent cette réception de minorité, à condition de payer pour le droit de paffage trois cens trente-trois piftoles, & un tiers au prix courant des piftoles d'Efpagnes. Ce droit de reception eft appellé *droit de paffage*, & tire fon origine d'une fomme d'argent qu'un jeune Gentilhomme qui vouloit aller prendre l'habit à Jerufalem ou à Rhodes, payoit au Patron qui l'y conduifoit.

Telle est à peu près la forme qu'on observe dans la réception des Chevaliers de justice, & dans les preuves qu'on exige de leur noblesse. A l'égard des Freres Chapelains ou Conventuels, & des Freres Servans d'armes, qui ne sont point assujettis à ces sortes de preuves, ils ne laissent pas d'être obligez de faire voir qu'ils sont issus de parens honnêtes gens, qui n'ont jamais servi, ni pratiqué aucun art vil & mécanique; & de plus que leurs peres & meres, leurs ayeuls paternels & maternels, & eux-mêmes sont nez en légitime mariage. Ces Freres Servans soit d'Eglise ou d'armes, quoique issus de parens roturiers, ne laissent pas en qualité de Religieux, de faire partie du corps de l'Ordre conjointement avec les Chevaliers de justice, & ils sont appellez à l'élection du Grand Maître, à laquelle ils contribuent de leurs suffrages. Les Chapelains ont même l'avantage que c'est de leur corps qu'on tire l'Evêque de Malte & le Prieur de l'Eglise de Saint Jean, qui ont après le Grand Maître, ou en son absence après son Lieutenant, les premieres places dans le Conseil. Mais ce sont les seuls de ces deux dernieres Classes, qui ayent part au Gouvernement, & toute l'autorité est entre les mains des Chevaliers de justice. C'est pour les en dédommager qu'on leur a assigné quelques Commanderies ausquelles ils succedent tour à tour selon leur rang, & l'antiquité de leur réception: outre qu'ils sont reçûs & nourris comme les Chevaliers dans les Auberges de leur Langue.

Il y a à Malte sept palais qu'on nomme *Auberges*, où peuvent manger tous les Religieux, soit Chevaliers ou Freres servans, tant les profez que les novices des sept Langues. Les Commandeurs qu'on suppose assez riches pour subsister des revenus de leurs Commanderies, ne s'y présentent gueres: chaque Chef ou Pillier de l'Auberge, y occupe un appartement considerable. Le Trésor de l'Ordre lui fournit une somme soit en argent, en grains ou en huile, pour les alimens des Religieux de son Auberge. Sa table particuliere est servie avec une abondance qui se répand sur les tables voisines: mais avec tout cela les Religieux feroient souvent mauvaise chere, si le Pillier de l'Auberge ne suppléoit de ses propres fonds à ce qu'il tire du Trésor. Mais comme ceux qui tiennent l'Auberge ont droit à la premiere dignité vacante dans leur Langue, chacun cherche dans ses épargnes, ou dans la bourse de ses amis, de quoi soutenir avec honneur cette dépense. Si l'Auberge est vacante par la mort, ou la promotion du Pillier à une dignité superieure, le plus ancien Chevalier de la Langue y entre en sa place. Il est indifferent s'il est Commandeur ou simple Chevalier; il suffit qu'il soit le plus ancien Chevalier de sa Langue; qu'il ne doive rien au Trésor; & en cas qu'il possede des biens de l'Ordre, qu'il ait fait ses ameliorissemens, & le papier terrier; qu'il ait dix ans de résidence au Couvent; enfin qu'en vertu de son droit d'ancienneté, il ait requis la dignité vacante, qui toute onereuse qu'elle est, ne laisse pas d'être recherchée, parcequ'elle sert toujours de passage à une autre, qui par ses revenus dédommage amplement des frais qu'on a faits.

C'est ainsi que de jeunes Chevaliers, après avoir fait leurs caravanes, pour parvenir plûtôt à la Commanderie, demandent à armer des galeres. Quoique le Tréfor faffe toujours une partie de la dépenfe de ces armemens, il en coûte encore à ces jeunes Chevaliers des fommes affez confiderables, pour mériter d'en être dédommagez par une Commanderie de grace, qu'ils reçoivent ordinairement de la liberalité des Grands Maîtres.

Pour fubvenir à tant de dépenfes differentes, que l'Ordre eft obligé de faire, foit pour la nouriture des Chevaliers, l'entretien de l'Hôpital, & les armemens par terre & par mer, on en tire les fonds des prifes qu'on fait fur les Infideles, fur le droit de paffage, fur le mortuaire & le vacant. On appelle *mortuaire* les effets d'un Chevalier mort; & s'il eft Commandeur, le revenu du refte de l'année depuis fon décès jufqu'au premier jour de Mai en fuivant. Le vacant s'ouvre au profit de l'Ordre, & dure encore une année. Enfin le revenu le plus folide de l'Ordre confifte dans les Refponfions qu'on leve fur les Prieurez, les Bailliages & les Commanderies: emplois & dignitez dont nous allons traiter chacun en particulier.

ARTICLE III.

Des Dignitez, Prieurez, Bailliages & Commanderies attachées particulierement aux Chevaliers de Juftice.

On a vû dans l'Hiftoire qui précede ce Difcours, que l'Ordre eft partagé en huit Langues, fçavoir,

Provence, Auvergne, France, Italie, Arragon, Angleterre, Allemagne & Caſtille. Chaque Langue a une dignité particuliere qui lui eſt attachée. La Provence poſſede celle de Grand Commandeur. Le Maréchal eſt tiré de celle d'Auvergne. La Langue de France poſſede celle de Grand Hoſpitalier. L'Amiral eſt pris dans celle d'Italie. Le Drapier, qu'on appelle aujourd'hui le Grand Conſervateur, eſt de la Langue d'Arragon. Le Turcopolier, ou le Général de la Cavalerie, étoit autrefois de la Langue d'Angleterre; mais depuis le changement de Religion, qui s'eſt fait dans ce Royaume, le Sénechal du Grand Maître eſt revêtu de ce titre. La Langue d'Allemagne fournit le Grand Baillif de l'Ordre, & la Langue de Caſtille le Grand Chancelier.

Dans la Langue de Provence il y a deux grands Prieurez, Saint Gilles, & Thoulouſe, avec le Bailliage de Manoſque. Il y a dans le Prieuré de Saint Gilles cinquante-quatre Commanderies, & trente-cinq dans le Grand Prieuré de Thoulouſe.

La Langue d'Auvergne n'a qu'un Grand Prieuré, qui en porte le nom avec le Bailliage de Lyon, appellé anciennement le Bailliage de Lurveul: on trouve dans ce Prieuré quarante Commanderies de Chevaliers, & huit de Freres ſervans.

La Langue de France a trois grands Prieurez. Le grand Prieuré de France contient quarante-cinq Commanderies; celui d'Aquitaine, ſoixante-cinq; & le Grand Prieuré de Champagne, vingt-quatre.

On trouve dans la même Langue le Bailliage

de la Morée, dont le titre est à Paris à Saint Jean de Latran, & la Charge de grand Tréforier unie à la Commanderie de Saint Jean de Corbeil.

En Italie le Grand Prieur de Rome a fous lui dix-neuf Commandeurs ; le Prieur de Lombardie quarante-cinq ; le Prieur de Venife vingt-fept ; les Prieurs de Barlette & de Capoue en ont enfemble vingt-cinq ; le Prieur de Meffine douze ; le Prieur de Pife vingt-fix, & les Baillifs de Sainte Euphemie, de Saint Etienne de Monopoli, de la Trinité de Venoufe, & de Saint Jean de Naples, font compris dans la Langue d'Italie.

L'Arragon, la Catalogne & la Navarre compofent la Langue d'Arragon. Le Grand Prieur d'Arragon, appellé communément dans l'Hiftoire le Caftellan d'Empofte, a dans fa dépendance vingt-neuf Commanderies ; le Prieur de Catalogne vingt-huit, & le Prieur de Navarre dix-fept ; le Bailliage de Maïorque eft de cette Langue, dont le Bailli de Caps en Afrique dépendoit pareillement. Mais la Religion a perdu ce Bailliage par la perte de la ville de Tripoli & de fon territoire.

La Langue d'Angleterre & d'Ecoffe comprenoit autrefois le Prieuré d'Angleterre, ou de Saint Jean de Londres, & celui d'Irlande : il y avoit dans ces deux Prieurez trente-deux Commanderies outre le Bailliage de l'Aigle.

Le Grand Prieur d'Allemagne eft Prince du S. Empire, & demeure à Heitershem. Il a dans fa dépendance, tant dans la haute que la baffe Allemagne foixante-fept Commanderies, fans compter les Prieurs de Bohême & de Hongrie, & le Bailliage de Sonneberg à présent possedé en titre par des Lutheriens.

 La Castille, les Royaumes de Leon & de Portugal, composent la Langue que l'on nomme de Castille. Il y a vingt-sept Commanderies sous les Prieurs de Castille & de Leon ; & celui de Portugal appellé le Prieuré de Cratoena en a trente-une, sans compter le Bailliage de la Bouëde. Le titre *in partibus* de Bailli de Negrepont, est commun aux Langues de Castille & d'Arragon ; ainsi il se trouve actuellement près de cinq cens Commanderies dans l'Ordre, sans compter les Prieurez & les Bailliages. Les Commanderies, & generalement tous les biens de cet Ordre, en quelque pays qu'ils soient, appartiennent au Corps de la Religion. Anciennement ils étoient affermez à des Receveurs, & à des Fermiers seculiers, qui payoient le prix de leurs baux au commun trésor ; mais par l'éloignement où étoit la ville de Jerusalem, & depuis l'Isle de Rhodes, ces Fermiers seculiers s'étant trouvez peu fideles, on confera la regie de ces biens aux Grands Prieurs, chacun dans leur district. Ce qui n'étoit qu'une simple administration & un dépôt, devint bien-tôt entre leurs mains un titre de proprieté : sous differens prétexte, & souvent même sans prétexte, ils consumoient tous les revenus de la Religion. Ce desordre obligea les Chapitres generaux, & à leur défaut, le Conseil d'avoir recours à un nouvel expedient : on commit un Chevalier, dont on connoissoit la probité & le desinteressement, pour regir chaque terre, ou chaque portion des biens de l'Ordre, qui étoient dans le même canton. Mais il n'avoit cette administration que pour autant de tems que le Conseil le trouveroit à propos. La Religion le chargeoit quelquefois de l'éducation de quelques jeunes Chevaliers Novices, & il y avoit toujours dans cette petite Communauté un Frere Chapelain pour dire la Messe. Il leur étoit défendu de sortir des limites de leur maison, sans la permission du Chevalier Superieur : & ceux qu'on trouvoit en faute, étoient arrêtez & mis en prison. Ce Superieur dans les anciens titres s'appelloit *Précepteur*, & depuis *Commandeur*; nom qui signifioit seulement que l'éducation de ces jeunes Chevaliers, & le soin des biens de l'Ordre lui étoient recommandez. Il pouvoit prendre sur ces revenus une portion pour faire subsister sa Communauté, & assister les pauvres de son canton : & il devoit envoyer au commun trésor tous les ans une certaine somme proportionnée au revenu de la Commanderie : cette redevance fut appellée *Responsion*, & l'usage en dure jusqu'à présent : dans des tems de guerre, & selon les besoins de la Religion, les Chapitres generaux ont droit d'augmenter ces responsions. Je ne sçai si ce fut dans la vûe d'en tirer encore de plus considerables, qu'on rompit ces petites Communautez dont je viens de parler, ou si par un esprit de division elles se dissiperent d'elles-mêmes. Ce qui paroît de plus certain, c'est qu'on laissa l'administration d'une Commanderie à un seul Chevalier, & on le chargea quelquefois de payer des pensions qui tenoient lieu de la nourriture qu'il devoit fournir aux Chevaliers qui demeuroient avec lui.

Enfin

Enfin pour éviter les brigues & les cabales qui dans un corps militaire pouvoient avoir des suites fâcheuses, on résolut de confier l'administration de ces Commanderies aux Chevaliers selon leur rang d'ancienneté ; mais pour les tenir toujours dans la juste dépendance où ils doivent être de leurs Superieurs, on ne leur confie les Commanderies qu'à titre de pure administration pour un tems limité par le Conseil, *ad decem annos, & amplius, ad beneplacitum nostrum* ; ainsi que portent les provisions émanées de la Chancellerie de Malte : ce qui fait voir que ces sortes d'administrations étoient amovibles.

Des expressions si précises & si formelles prouvent bien que les Commanderies ne sont ni des titres, ni des bénéfices ; mais de simples concessions, dont l'Administrateur est comptable au commun trésor de l'Ordre, & amovible soit en cas de malversation dans sa régie, ou de mauvaise conduite dans ses mœurs. Les statuts *de prohibitionibus & pœnis*, disent formellement que si un Chevalier est justement soupçonné d'un mauvais commerce avec une personne du sexe, & qu'après avoir été averti il continue dans ce desordre, aussi-tôt, & sans autre forme de procès, il soit dépossedé de sa Commanderie, & de tout autre bien de l'Ordre. La même peine est prononcée dans ce statut contre les duellistes, les usuriers, ceux qui ont fait un faux serment, & contre les Receveurs de l'Ordre, qui auroient prévariqué dans leur recette. *Statim, expectatâ aliâ sententiâ, commendis, membris, & pensionibus privati censeantur, & sint.*

Mais aussi par le même esprit de regularité & de justice, si un Commandeur dans sa Commanderie n'a point causé de scandale ; s'il a eu soin des biens dont on lui a confié l'administration, comme feroit un bon pere de famille ; s'il a payé exactement les responsions qui doivent revenir au commun trésor ; s'il a entretenu & réédifié les Eglises & les bâtimens qui dépendent de sa Commanderie ; si dans les termes prescrits par les statuts il a fait faire le papier terrier des terres qui relevent de ses Fiefs ; enfin si selon l'esprit de son Ordre & ses propres obligations, il a eu grand soin des pauvres, la Religion comme une bonne mere, pour le récompenser de son exactitude, après cinq ans entiers d'une pareille administration, s'il vacque une Commanderie plus considerable, lui permet à son tour, & selon son ancienneté, de *l'émeutir*, c'est-à-dire de la requerir.

Mais au préalable, après les cinq ans qu'il a possedé sa premiere Commanderie, il doit obtenir de sa Langue des Commissaires, qui font un procès verbal du bon ordre dans lequel ils en ont trouvé les bâtimens & les biens : ce qui s'appelle dans cet ordre avoir fait ses *ameliorissemens* : & si ce procès verbal est reçû & approuvé à Malte, le Commandeur peut parvenir à une plus riche Commanderie. C'est à cette sage précaution que cet Ordre est redevable de la conservation de ses biens, & de ses bâtimens : n'y ayant point de Commandeur qui dans l'esperance d'acquerir de plus grands biens, n'ait un grand soin de ceux dont on lui a confié l'administration.

Outre les Commanderies, les Chevaliers par leur ancienneté & par leur merite, peuvent parvenir aux grandes dignitez de l'Ordre. J'ai déja parlé des Grands Prieurs, qui sont les Superieurs de tous les Religieux qui résident dans leur Prieuré. Ils sont chargez de veiller sur leur conduite, & au bon gouvernement des biens de la Religion; ils président aux Chapitres provinciaux : & lorsqu'ils sont absents, ils doivent nommer un Lieutenant qui en cette qualité a le pas sur tous les Chevaliers de la petite Croix.

Il y a encore dans l'Ordre trois sortes de Baillis, les Ballis conventuels, les Baillis capitulaires, & les Baillis de grace & *ad honores*. Les Baillis conventuels sont ainsi nommez, parcequ'ils doivent résider dans le Couvent. Ils sont choisis par les Langues, dont ils sont les Chefs & les *Pilliers* des Auberges. Ce sont les premiers Chevaliers après le Grand Maître : & quoique cette dignité s'émeutisse selon l'ancienneté de réception ; cependant on n'y est pas si étroitement obligé, qu'il ne soit libre aux Langues & au Conseil de choisir celui qui en paroît le plus digne.

Comme la Langue de Provence est la premiere de la Religion, elle en possede la premiere dignité, qui est celle de Grand Commandeur. Ce Bailli conventuel est le President né du commun trésor, & de la Chambre des Comptes. Il a la Sur-intendance des magasins, de l'arsenal & de l'artillerie; il en nomme les Officiers qu'il fait agréer par le Grand Maître & le Conseil, & il les prend dans quelle Langue il lui plaît. Son autorité s'étend jus- [Grand Commandeur.]

ques dans l'Eglise de S. Jean dont il nomme plusieurs Officiers : il a le même droit à l'infirmerie, & c'est lui qui choisit le petit Commandeur, dont la fonction est d'assister à la visite de la pharmacie de cet Hôpital.

Grand Maréchal.

La dignité de Maréchal est la seconde de l'Ordre, attachée à la Langue d'Auvergne, dont il est le Chef & le Pillier. Il commande militairement à tous les Religieux, à la réserve des Grands-Croix, de leurs Lieutenans, & des Chapelains. En tems de guerre, il confie le grand étendart de la Religion au Chevalier qu'il en juge le plus digne : il a droit de nommer le maître Ecuyer ; & quand il se trouve sur mer, il commande le Général des galeres, & même le Grand Amiral.

Grand Hospitalier.

Le soin des pauvres & des malades étant le premier objet de la fondation de l'Ordre, & comme la base de cette Religion, le trésor entretient à Malte un Hôpital dont la dépense monte par an à cinquante mille écus. Cet Hôpital est de la jurisdiction du Grand Hospitalier, qui est le troisiéme Bailli conventuel, & le Chef & le Pillier de la Langue de France. Il presente au Conseil l'Infirmier, qui doit toujours être un Chevalier de Justice, le Prieur de l'infirmerie, & deux Ecrivains, toutes charges qui ne durent que deux ans : pour les autres emplois, ce Seigneur y pourvoit de sa seule autorité.

Grand Amiral.

L'Amiral est chef de la Langue d'Italie : en l'absence du Maréchal, & en mer, il commande également aux soldats comme aux matelots : il nomme le Prud'homme & l'Ecrivain de l'arsenal ; &

lorsqu'il demande le Géneralat des galeres, le Grand Maître est obligé de le proposer au Conseil, qui l'admet ou le refuse selon qu'il le juge à propos.

Avant l'introduction du schisme & de l'heresie en Angleterre, Ecosse & Irlande, le Turcopolier étoit le chef de cette Langue. Il avoit en cette qualité le commandement de la cavalerie & des gardes marines. *Turcopole* signifioit anciennement dans le Levant un chevau-leger, ou une espece de dragon. Cette dignité ayant été éteinte par l'invasion que les heretiques firent de tous les biens que la Religion possedoit dans ces Isles, les fonctions du Turcopolier ont été déferées en partie au Sénéchal du Grand Maître. Le Turco-polier.

Le Grand Bailli est chef de la Langue d'Allemagne. Sa jurisdiction s'étend sur les fortifications de la Cité vieille, ancienne capitale de l'Isle. Il a la même autorité sur le Château du Goze, emploi dont les grands Baillis, dans le tems que l'Ordre regnoit à Rhodes, étoient en possession sur le Château de S. Pierre dans la Carie, comme on le peut voir dans l'Histoire. Le Grand Bailli.

La dignité de Chancelier est attachée au Pillier de Castille, Leon & Portugal. Le Chancelier présente le Vice-Chancelier au Conseil : il doit être présent aux Bulles que l'on scelle avec le sceau ordinaire, & doit signer les originaux. Il est porté par le statut trente-cinq *de bajulis*, qu'il doit sçavoir lire & écrire. Outre ces Baillis conventuels, les Chefs & les Pilliers de tout l'Ordre, on a admis dans la même qualité l'Evêque de Malte, & le Prieur de l'Eglise de S. Jean : dignitez communes Le Grand Chancelier. Evêque de Malte & Prieur de l'Eglise.

à toutes les Langues, & qui relevent ces Prélats du défaut de naissance, *à defectu natalium*, quoique tirez du corps & de la classe des Chapelains, qui par leur état, sont tous exclus de toutes les dignitez de l'Ordre.

24 Mars 1530.

Par l'acte d'inféodation que l'Empereur Charles-Quint fit en faveur de l'Ordre des Isles de Malte & du Goze, ce Prince se réserva pour lui & ses successeurs, Rois de Sicile, la nomination à l'Evêché ; & on convint que dans le cas d'une vacance, l'Ordre seroit obligé de lui présenter & à ses successeurs Rois de Sicile, trois Religieux Prêtres, dont il y en auroit un né dans les Etats de Sicile, & que ces Princes seroient en droit de choisir celui des trois qui leur seroit le plus agréable.

Le Prieur de l'Eglise de Saint Jean est censé comme le Prélat, & l'Ordinaire de tous les Religieux : il officie même pontificalement dans son Eglise, & dans toutes celles de Malte qui sont desservies par des Chapelains de l'Ordre, & y précede l'Evêque. Quand cette dignité est vacante, le Conseil permet aux Chapelains de s'assembler pour conferer sur l'élection de son successeur. On procede même à sa votation : on porte ensuite le scrutin au Conseil, qui sans égard pour ceux qui ont eu le plus grand nombre de voix dans l'assemblée des Chapelains, décide par ses seuls suffrages de cette dignité qui donne au Prieur comme à l'Evêque la premiere place dans les Chapitres & dans les Conseils, en qualité de Baillis conventuels.

De ces sept Baillis conventuels, il y en devroit toujours résider dans le Couvent au moins quatre ;

& même aucun d'eux ne peut s'absenter sans permission du Conseil complet. Pour obtenir cette permission, ils doivent avoir les deux tiers des suffrages; & pendant leur absence les Langues qui ne peuvent être sans ces Chefs, pour les remplacer, leur nomment aussi-tôt des Lieutenans. Lorsqu'un de ces Pilliers se trouve Géneral des galeres, & qu'il va en mer, quoiqu'il soit absent pour le service de la Religion, sa Langue nomme pareillement son Lieutenant, dont l'autorité finit si-tôt que ce Géneral rentre dans le port.

Quoique les Baillis capitulaires ne soient pas obligez comme les Baillis conventuels à une résidence actuelle dans le Couvent; cependant on ne peut pas tenir de Chapitre géneral sans ces Grands-Croix ou leurs Lieutenans. Ils sont pareillement obligez d'assister à tous les Chapitres provinciaux, ou du moins d'y envoyer de leur part un Chevalier qui les représente. Cette seconde espece de Baillis ne peuvent passer à la dignité de Baillis conventuels, par la raison que les uns doivent résider dans le Couvent, & les autres dans le Prieuré où est situé leur Bailliage. De tous ces Baillis capitulaires, il n'y avoit que le seul Bailli de Brandebourg qui eût comme les Grands Prieurs, des Commandeurs sous sa jurisdiction. Ce Bailliage en comptoit autrefois treize, qui en dépendoient; mais depuis qu'il est tombé entre les mains des Protestans, il y a eu six de ces Commanderies éteintes par les Lutheriens. Il en reste encore sept qui subsistent en titre: ce sont des Protestans qui les possedent. Ces Commandeurs heretiques ne laissent pas de porter la Croix, & de prendre le nom de Chevaliers : ils élisent entr'eux leur Bailli qui nomme à ces Commanderies. Plusieurs de ces prétendus Commandeurs ont demandé aux Grands Maîtres d'être reçus à Malte & sur les galeres de la Religion pour faire leurs caravanes ; mais la difference dans le culte n'a pas permis de les admettre dans une societé catholique. Quelques-uns n'ayant pû obtenir de combattre sous les enseignes de la Religion, par un principe de conscience ont été faire leurs caravanes en Hongrie contre les Turcs, quand la guerre étoit ouverte en ces pays là. On rapporte que par le même motif ils ont quelquefois envoyé à Malte des sommes considerables par forme de responsions : mais on n'a point eu d'égard à ces démarches apparentes de soumission & d'attachement pour le Corps de l'Ordre : & le titre de Bailli de Brandebourg est *émeuti* dans la Langue d'Allemagne, comme beaucoup d'autres Bailliages capitulaires le sont dans les autres Langues de l'Ordre ; quoique les biens & les revenus soient à présent possedez par les Infideles ou par des Protestans. Toutes ces dignitez étoient autrefois communes indistinctement à toutes les Langues, & ne duroient que d'un Chapitre géneral au plus prochain : c'étoit ce Chapitre qui les conferoit aux plus dignes. Mais depuis la fin du quatorziéme siecle elles ne furent plus conferées que dans les Langues ausquelles elles furent attachées. Les Chevaliers qui en sont pourvûs, portent sur la poitrine la grande Croix octogone de toile blanche, & précedent les Chevaliers de la petite

Croix,

Croix, quand même ils feroient leurs anciens de réception.

Les Chapitres géneraux accordoient quelquefois cette distinction honorable à de simples Chevaliers qui par leur valeur s'étoient distinguez contre les Infideles, & qui avoient rendu des services considerables à la Religion : on les appelloit Baillis de grace. Au défaut d'un Chapitre géneral le Grand Maître & le Conseil se maintinrent long-tems en possession de nommer ces Baillis *ad honores*: mais pour éluder des recommandations pressantes qui leur venoient continuellement de la part des Souverains de la Chrétienté, & en faveur des Chevaliers nez à la verité leurs sujets, mais souvent qui n'étoient pas les plus estimez dans la Religion ; le Grand Maître & le Conseil se dépouillerent d'eux-mêmes de ce droit. On croyoit par cette sage précaution avoir coupé pied à l'ambition de ces Chevaliers ; mais ceux qui étoient agitez de cette passion vive & inquiete, se servoient de la même recommandation auprès des Papes, qui se considerant avec justice comme les premiers Surieurs de tous les Ordres Religieux, suppléoient par leur autorité à l'absence & au défaut du Chapitre géneral. Il est vrai que les simples Chevaliers ou les Commandeurs qui par des Brefs des Papes, se font nommer Baillis de grace, quand il s'agit des Commanderies & des dignitez vacantes, n'acquierent pas dans les promotions, le droit de préceder les Chevaliers qui sont leurs anciens de réception ; en sorte qu'il ne leur reste de la protection des Princes qu'ils employent, que le droit de

Tome IV.   E

porter la grande Croix, l'entrée dans le Chapitre, & dans les conseils quand ils sont à Malte, & la préséance sur les Chevaliers leurs anciens, dans des assemblées & des jours de céremonie : tous vains honneurs pour la plûpart, & de pure representation.

ARTICLE IV.

Du Chapitre Géneral, & des differens Conseils de l'Ordre.

Ce qu'on appelle aujourd'hui l'Ordre de Malte, est une noble République dont le gouvernement semblable en partie à celui de Venise, tient plus de l'Aristocratique que de tout autre. Le Grand Maître, comme un autre Doge, en est le Chef; mais la suprême autorité réside dans le Chapitre géneral, Tribunal établi dès l'origine de cet Ordre pour décider des armemens, & pour remedier aux abus publics ou particuliers; on y traite de toutes les affaires Ecclésiastiques, civiles & militaires; on casse & on réforme d'anciens statuts dont l'observance n'est plus convenable, & on en fait de nouveaux qui subsistent sans appel jusques au prochain Chapitre.

Anciennement ces célébres assemblées se faisoient régulierement tous les cinq ans : quelquefois même, selon la nécessité des affaires, on les convoquoit tous les trois ans : mais dans la suite on ne les assembla plus que tous les dix ans, & depuis cent ans, au grand détriment de la discipline réguliere & militaire, on n'en a plus tenu aucun. Mais comme il peut arriver, & qu'il est à souhaitrer que le zele des Chevaliers, & la prudence des Grands Maîtres en faſſent revivre la pratique, nous ne laiſſerons pas de marquer ici de quelles perſonnes ces grandes aſſemblées étoient compoſées, & la forme qu'on y obſervoit, dautant plus que les mêmes dignitez au défaut du Chapitre général, ont droit d'entrer dans les Conſeils.

Quand tous les Chapelains étoient arrivez des differentes Provinces de la Chrétienté dans la Maiſon Chef d'Ordre, & ſoit à Jeruſalem, à Rhodes, ou à Malte, le Grand Maître, le jour déſigné pour l'ouverture du Chapitre, après avoir entendu une Meſſe ſolemnelle du S. Eſprit, entroit dans la ſale deſtinée pour cette aſſemblée : il prenoit ſa place ſous un dais, & ſur un thrône élevé de trois marches, & les Capitulans revêtus de dignitez, au nombre de cinquante-quatre, ſe plaçoient des deux côtez. Sçavoir:

1. L'Evêque.
2. Le Prieur de l'Egliſe.
3. Le Grand Commandeur.
4. Le Maréchal.
5. L'Hoſpitalier.
6. L'Amiral.
7. Le Grand Conſervateur.
8. Le Grand Bailli.
9. Le Grand Chancelier.
10. Le Grand Prieur de S. Gilles.
11. Le Grand Prieur d'Auvergne.
12. Le Grand Prieur de France.
13. Le Grand Prieur d'Aquitaine.
14. Le Grand Prieur de Champagne.
15. Le Grand Prieur de Toulouſe.
16. Le Grand Prieur de Rome.

17. Le Grand Prieur de Lombardie.
18. Le Grand Prieur de Venise.
19. Le Grand Prieur de Pise.
20. Le Grand Prieur de Barlette.
21. Le Grand Prieur de Messine.
22. Le Grand Prieur de Capoue.
23. Le Castellan d'Emposte, ou le Grand Prieur d'Arragon.
24. Le Grand Prieur de Crato ou de Portugal.
25. Le Grand Prieur d'Angleterre.
26. Le Grand Prieur de Navarre.
27. Le Grand Prieur d'Allemagne.
28. Le Grand Prieur d'Irlande.
29. Le Grand Prieur de Bohëme.
30. Le Grand Prieur de Hongrie.
31. Le Bailli de Sainte Euphemie.
32. Le Grand Prieur de Catalogne.
33. Le Bailli de Negrepont.
34. Le Bailli de la Morée.
35. Le Bailli de Venosa.
36. Le Bailli de S. Etienne.
37. Le Bailli de Maïorque.
38. Le Bailli de S. Jean de Naples.
39. Le Bailli de Lyon.
40. Le Bailli de Manosque.
41. Le Bailli de Brandebourg.
42. Le Bailli de Caspe.
43. Le Bailli de Lora.
44. Le Bailli de Laigle.
45. Le Bailli de Lango & Leza.
46. Le Bailli du Saint Sépulchre.
47. Le Bailli de Cremone.
48. Le Grand Trésorier.
49. Le Bailli de Neuvillas.
50. Le Bailli d'Acre.

51. Le Bailli de la Ro-
cella.
52. Le Bailli d'Armenie.
53. Le Bailli de Car-
loftad.
54. Le Bailli de Saint
Sebaftien.

Le second jour de l'Assemblée du Chapitre tous les Capitulans élisent à la pluralité des voix trois Commandeurs de trois Langues ou de trois Nations differentes, pour examiner les procurations de ceux qui representent les Langues, les Prieurez & les Prieurs & les Baillis absens; & après cet examen de leurs pouvoirs, on les admet à donner leurs suffrages; ou si ces pouvoirs ne sont pas en bonne forme, ils sont exclus de l'Assemblée. Quand le nombre des Capitulans est fixé, chacun à son tour & selon son rang & celui de sa Langue, pour marque d'une parfaite désapropriation, présente une bourse avec cinq pieces d'argent. Le Maréchal de l'Ordre par le même esprit, remet le grand étendart, & les hauts Officiers les marques de leur dignité, qu'ils ne reprennent que par une nouvelle concession du Chapitre; usage établi d'un tems immémorial dans cet Ordre, & qu'on ne peut trop estimer, supposé qu'il ne soit pas dégeneré en pure céremonie.

On nomme en même tems trois Commissaires de trois differentes nations, pour recevoir pendant les trois premiers jours, les Requêtes qui sont ensuite expediées ou rejettées par le Chapitre géneral; & comme le grand nombre des Capitulans qui le composent, dans l'examen de chaque matiere pourroient consommer trop de tems, on en renvoye la décision à un Comité composé de seize Capitulans tous Commandeurs.

Les sept Langues à la pluralité des voix en nomment chacune deux, & le Chapitre en choisit deux autres pour representer la Langue d'Angleterre. Ces seize Commissaires étant élûs prêtent serment entre les mains du Grand Maître, lequel avec le reste des Capitulans, promet réciproquement avec serment d'accepter & de ratifier tout ce qui sera arrêté & défini par les seize.

Le Comité se retire à part pour déliberer sur les affaires qu'on a apportées au Chapitre. Mais de peur que ces seize Commandeurs ne soient pas entierement instruits des véritables interêts de l'Ordre, & peut-être aussi de peur qu'ils ne forment des résolutions contraires à ceux du Grand Maître, son Procureur, le Vice-Chancelier & le Secretaire du Trésor sont admis dans cette Assemblée particuliere, mais sans droit de suffrages. Les seize seuls reglent, statuent & définissent souverainement & sans appel toutes les matieres dont le Chapitre leur a renvoyé le jugement : & comme ces grandes Assemblées ne doivent pas durer plus de quinze jours, s'il reste quelques affaires sur lesquelles on n'ait pas eu le tems de prononcer, on les remet à de nouveaux Commissaires qui prennent le nom de *Conseil des retentions.*

Outre ce Conseil provisoire & passager, au défaut du Chapitre géneral, il y a toujours à Malte quatre Conseils, le Conseil ordinaire, le complet, le secret, & le criminel.

Le Conseil ordinaire est composé du Grand

Maître, des Baillis Conventuels, de tous les Grands Croix qui se trouvent à Malte, des Procureurs des Langues & du plus ancien Chevalier pour celle d'Angleterre. C'est dans ce Conseil qu'on décide des contestations qui naissent au sujet des réceptions, pensions, Commenderies, Dignitez & autres matieres qui résultent des Bulles émanées de l'Ordre.

Le Conseil complet ne differe du Conseil ordinaire qu'en ce qu'on y ajoute pour chaque Langue deux anciens Chevaliers, qui pour y entrer, doivent avoir au moins cinq ans de résidence au Couvent. C'est à ce Conseil complet qu'on appelle des Sentences du Conseil ordinaire & des Sentences du Conseil criminel. Il n'y a pas long-tems qu'on a introduit l'usage d'appel à Rome, où au défaut d'un Chapitre géneral, on porte insensiblement toutes les affaires. C'est de la Cour de Rome que viennent les dispenses, les Chevaliers de minorité, les Chevaliers de grace, les Baislis & les Grands Croix de grace ; & il est à craindre qu'à force de répandre des graces sur les particuliers, on ne ruine à la fin le corps entier de la Religion.

C'est dans le Conseil secret qu'on traite des affaires d'Etat & des cas extraordinaires & imprévûs, qui demandent une prompte délibération. Quand il y a quelque plainte grave contre un Chevalier, ou contre un autre Religieux, c'est dans le Conseil criminel que cela se traite. Le Grand Maître ou son Lieutenant préside dans tous ces Conseils ; il n'y a que lui qui ait droit de proposer les matieres qu'on y doit agiter. Quand on recueille les suffrages, il a deux balotes, & dans l'égalité des voix la sienne forme la décision.

Il y a encore un autre Conseil appellé communément la Chambre du Trésor. Le Grand Commandeur Chef de la Langue de Provence en est le Président né. Pour subvenir aux frais immenses que l'Ordre est obligé de faire, on en prend les fonds sur les Responsions qu'on tire des Prieurez, Bailliages, Commanderies, sur le droit de passage, & sur les mortuaires & les vacans: on appelle mortuaire le revenu du reste de l'année d'une Commanderie depuis le jour du décès du Commandeur, jusqu'au premier jour de Mai ensuivant; & on apelle le vacant le revenu de l'année entiere, qui commence à ce premier jour de Mai, & finit l'année suivante à pareil jour. On comprend encore dans les revenus casuels de l'Ordre, les prises que la Religion fait sur les Infideles. Tous ces fonds differens sont administrez par la Chambre du Trésor, qui ne se peut assembler sans le Grand Commandeur ou son Lieutenant; & si le Grand Commandeur ou son Lieutenant n'étoient pas contens de ce qui se traite dans ce Tribunal, il suffit qu'ils se retirent de la Chambre pour rompre la séance.

Le Grand Commandeur a pour collegues deux Procureurs du trésor, qui sont toujours pris parmi les Grands-Croix. Le Grand Maître & le Conseil les changent tous les deux ans; mais non pas tous deux à la fois: afin qu'il en reste toujours un instruit des affaires & des interêts de l'Ordre. Le Grand Maître, par rapport à l'interêt qu'il peut avoir à la dispensation des revenus de l'Ordre, tient un Procureur

cureur dans cette Chambre qui y a son suffrage; lorsqu'il l'a nommé, il en donne part au Conseil.

Ce Procureur par rapport à la dignité de celui qu'il représente, précede dans ce Conseil le Conservateur conventuel & les Auditeurs des comptes. La Chambre peut donner des assignations jusqu'à la valeur de cinq cens écus : mais lorsqu'il s'agit d'une somme plus considerable, il faut avoir recours au Conseil qui en fait faire l'expedition en Chancellerie.

Le Grand Trésorier ou son Lieutenant a droit d'assister aux comptes qui se rendent au commun trésor. Anciennement ce Trésorier étoit compris au nombre des Baillis conventuels, & il avoit en dépôt la caisse de la Religion. Mais cette fonction ayant été transportée au Conservateur conventuel; & le Bailliage ayant été attaché à la Langue d'Allemagne, la grande Trésorerie est demeurée un Bailliage capitulaire attribué à la Langue de France.

Les Langues tous les deux ans nomment chacune un Chevalier pour être Auditeur des comptes; ils doivent être confirmez par le Conseil ordinaire dans lequel ils prêtent serment. Ils prennent place selon le rang des Langues qu'ils représentent; leur fonction est de se rendre à la Chambre toutes les fois qu'ils y sont appellez pour être présens aux comptes que rendent les Receveurs, & tous ceux qui sont chargez de l'administration des biens de l'Ordre.

En traitant des Baillis conventuels, nous avons parlé du Grand Conservateur. Anciennement son ministere duroit d'un Chapitre géneral à un autre:

mais depuis que ces assemblées paroissent supprimées, le Conseil complet le change tous les trois ans ; on le prend tour à tour dans toutes les Langues : ses fonctions doivent cesser pendant l'assemblée d'un Chapitre géneral ; & pendant la vacance du Magistere, elles sont suspendues.

La Charge de Secretaire du trésor est d'un grand détail ; c'est lui qui arrête & qui finit les comptes en présence des deux Auditeurs. Il donne & paye toutes les lettres de change ; & comme toutes les affaires du trésor passent par ses mains, on ne le change gueres sans de pressantes raisons.

Avant que les dignitez conventuelles & capitulaires fussent partagées entre les Langues, les Chapitres géneraux sans égard pour la nation, en disposoient en faveur des meilleurs sujets de l'Ordre. Mais depuis l'an 1466, elles ont été attachées en particulier à chaque Langue ; & les Pilliers ou Baillis conventuels dont nous venons de parler, quand ils ne sont pas remplis, sont en droit de reclamer les premieres dignitez qui vacquent ; ainsi dans la Langue de Provence, le Grand Commandeur peut requerir, ou le Grand Prieuré de Saint Gilles, ou le Grand Prieuré de Toulouse, ou le Bailliage de Manosque. Dans la Langue d'Auvergne le Grand Maréchal a droit sur le Grand Prieuré de ce nom, ou sur le Bailliage de Lion. : mais lorsqu'il est une fois pourvû d'un de ces titres, il ne peut plus en opter un autre.

Dans la Langue de France, quoique les Commanderies qui en dépendent, soient particulierement attachées à chaque Prieuré, cependant les grandes dignitez affectées à cette Langue sont communes entre tous les Chevaliers des trois Prieurez de la même Langue. Ainsi indépendemment des Prieurez, c'est l'ancienneté seule qui décide entre les Chevaliers de la Langue de France, des trois grands Prieurez, France, Aquitaine & Champagne, du Bailliage de la Morée dont la résidence est fixée dans Paris à Saint Jean de Latran, & de la Trésorerie que l'on a unie au Prieuré de Corbeil.

Dans la Langue d'Italie, les dignitez & les Commanderies sont communes.

Dans la Langue d'Arragon composée des Chevaliers de ce Royaume, de Catalogne & de la Navarre, si le Grand Conservateur est Arragonnois ou Valentien, il a droit sur la Castellenie d'Emposte, autrement dit le grand Prieuré d'Arragon.

Le Bailliage de Maïorque est commun entre les Maïorquins & les Catalans ; & le Bailliage de Capso est commun aux Arragonnois & aux Valentiens : on passe de ce Bailliage à la Castellenie d'Emposte.

Le Bailliage de Négrepont à présent *in partibus*, & possedé par les Turcs est alternatif pour son titre entre les Langues d'Arragon & de Castille : on peut le quitter pour prendre l'Auberge, & on en peut aussi sortir par l'émeutition du même Bailliage.

La dignité de Grand Bailli est commune entre les Chevaliers d'Allemagne, & ceux du Royaume de Bohême. Il donne droit sur le grand Prieuré d'Allemagne, plus ancien dans l'Ordre que le grand Bailliage.

Le Chancelier peut devenir Grand Prieur de Castille ; & quand il est revêtu de cette dignité, il devient Grand d'Espagne. Il y a en Portugal le grand Prieuré de Crato ; mais le Grand Chancelier ne peut l'émeutir pour ne se pas commettre avec le Roi de Portugal qui prétend que le Patronage de cette dignité appartient à sa Couronne.

Le grand Prieuré de Hongrie, anciennement pouvoit être émeuti par le Grand Commandeur Pillier de la Langue de Provence, & ensuite le même droit fut acquis à l'Amiral Pillier de la Langue d'Italie. Mais à présent par l'abdication des Italiens faite en 1603, cette dignité est tombée dans la Langue d'Allemagne, & est commune aux Chevaliers de cette nation, & à ceux de Bohême, Quoique les derniers Empereurs d'Allemagne ayent reconquis sur les Infideles la meilleure partie de la Hongrie, cependant l'Ordre n'a pû encore rentrer dans les Prieurez & les Commanderies de ce Royaume, quelques soins que s'en fût donné pendant son vivant le Cardinal Colonits, ancien Chevalier de Malte. Les Commanderies de Dace dépendantes du grand Prieuré de Hongrie, sont absolument perdues.

Quoique les Provinces de Transilvanie, de Valachie & de Moldavie composassent autrefois l'ancienne Dace ; cependant dans l'Ordre de S. Jean, on donnoit ce nom de Dace dans le langage du moyen âge aux Royaumes de Dannemarc, Suéde & Nortvege. On peut voir dans l'Histoire qui précede ce discours que le Grand Maître

Dieu donné de Gozon écrivit pendant son ministere dans les Provinces pour en faire venir les responsions, & qu'en 1464, on y envoya des Visiteurs pour y conserver la discipline réguliere & militaire.

ARTICLE V.

Des Charges & des Emplois qui se trouvent dans l'Ordre.

Le Grand Maître est en droit de se choisir un Lieutenant, & après l'avoir nommé il en donne part au Conseil, mais sans avoir besoin de son consentement & de son approbation. Ce Prince nomme pareillement le Sénechal de sa Maison : & le Titulaire quand il est muni d'un Bref du Pape, possede cette Charge à vie.

Le Vice-Chancelier presenté par le Grand Chancelier.
Le Secretaire du Trésor nommé par le Grand Maître.   *Nommez par le Conseil complet à vie.*
Le Maître Ecuyer à la nomination du Grand Maréchal.

Le Grand Maître nomme les Officiers suivans.

Le Cavalerizze, ou Grand Ecuyer.
Le Receveur des revenus du Grand Maître.
Le Maître d'Hôtel.
Le Procureur du Grand Maître au Trésor.
Le Chambrier Major.
Le sous-Maître d'Hôtel.
Le sous-Cavalerizze, ou premier Ecuyer.

Le Fauconnier.
Le Capitaine des Gardes.
Trois Auditeurs.
L'Aumônier & quatre Chapelains.
Quatre Chambriers.
Quatre Secretaires pour les Langues Latine, Françoise, Italienne & Espagnole.
Le Secretaire ou l'Intendant des biens de la Principauté.
Le Crédencier.
Le Garde-Manger.
Le Garde-Robes.

Conseillers du Conseil complet.

Quatorze Conseillers tirez des sept Langues.
Sept Auditeurs des Comptes du Trésor.
} *A la nomination des Langues, & approuvez par le Conseil.*

Deux Procureurs du Trésor Grands Croix, à la nomination du Grand Maître & approuvez par le le Conseil.

Le Conservateur Conventuel dont nous avons parlé en traitant des Baillis Conventuels.

Prud'homme du Conservateur, à la nomination du Grand Maître & du Conseil.

Castellan de la Castellenie : cette Charge commence le premier Mai, & dure deux ans.

Deux Procureurs des prisonniers, pauvres, veuves & orphelins ; *l'un Chevalier, & l'autre Prêtre, Chapelain ou Frere d'Obedience.*

Le Protecteur du Monastere de Sainte Ursule, *Grand-Croix.*

Deux Prud'hommes ou Contrôleurs de l'Eglise,	*Un Grand-Croix & un Chevalier.*
Trois Commissaires des pauvres mendians,	*Grands-Croix.*
Deux Commissaires des aumônes,	*1. Grand-Croix, 1. Chevalier.*
Deux Commissaires des pauvres femmes malades,	*Chevaliers.*
Deux Protecteurs des Catéchumenes & des Neophites,	*1. Grand-Croix, 1. Chevalier.*
Trois Commissaires de la Rédemption, au choix du Grand Maître,	*1. Grand-Croix, 2. Chevaliers.*

L'Infirmier, *un Chevalier de la Langue de France, à la presentation du Grand Hospitalier.*

Le Prieur & le sous-Prieur de l'Infirmier.	*Presentez par le Grand Hospitalier, & aprouvez par le Grand Maître & le Conseil.*
L'Ecrivain.	
L'Armoirier.	

Deux Prud'hommes, ou Contrôleurs de l'Infirmerie, *deux Chevaliers nommez par le Grand Maître, & approuvez par le Conseil.*

Quatre Commissaires des Guerres & des Fortifications, *quatre Grands-Croix des quatre Nations, France, Espagne, Italie & Allemagne.*

Quatre Commissaires de la Congrégation des galeres.	*4. Chevaliers des quatre Nations.*
Deux Commissaires pour la répartition des caravanes,	*2. Grands-Croix.*
Quatre Commissaires des armemens,	*3. Grands-Croix & un Chevalier.*

Un Président & quatre Commissaires de la Congrégation des vaisseaux des quatre Nations,	1. Grand-Croix & 4. Chevaliers.
Deux Commissaires de la Caisse des Pavillons,	1. Grand-Croix & 1. Chevalier.
Trois Commissaires des Novices de differentes Nations,	1. Grand-Croix & 2. Chevaliers.
Deux Commissaires des dépouilles,	Deux Chevaliers.
Deux Commissaires de la prison des Esclaves,	Deux Chevaliers.

Le Commandant de la Prison des Esclaves, Fr. Servant à la nomination du Grand Maître.

Deux Commissaires de la Monnoye,	2. Grand-Croix.
Quatre Commissaires de la Noblesse,	4. Chevaliers des quatre Nations.
Trois Commissaires des accords,	Trois Chevaliers.

Le Commandeur des greniers, 1. Chevalier à la présentation du Grand Commandeur.

Deux Prud'hommes ou Controleurs des Greniers,	Deux Chevaliers.
Deux Commissaires des maisons,	Deux Chevaliers.

Deux Commissaires de la santé, deux Chevaliers; mais lorsqu'il y a soupçon d'infection, on leur joint quatre Grands-Croix.

Le Commandeur de l'artillerie, 1. Chevalier à la nomination du Grand Commandeur.

Deux Prud'hommes de l'artillerie, Deux Chevaliers.

Deux Commissaires des soldats, Deux Chevaliers nommez par le Grand Maître.

Le

Le Fifcal. *Il eſt ordinairement Frere d'obedience.*

Le fous-Maître Ecuyer, *Fr. Servant nommé par le Grand Maître, mais qui en donne part au Conſeil.*

Le Portier de la Valette, *Fr. Servant à la nomination du Grand Maître.*

Le Commandeur de l'Arſenal, *Chevalier à la nomination du Grand Commandeur.*

Le Prud'homme de l'Arſenal, *Chevalier à la préſentation de l'Amiral.*

Sacriſtain.
Chandelier de l'Egliſe de S. Jean. } *Freres Chapelains à la nomination du Gr. Commandeur.*
Campanier.

Le Géneral des galeres. *Il choiſit le Capitaine de la capitane, & le preſente au Conſeil.*

Autant de Capitaines & de Patrons que de galeres.

Le Revediteur des galeres.

Le Commandant des vaiſſeaux.

Autant de Capitaines que de vaiſſeaux, & pluſieurs Officiers ſubalternes.

Le Provediteur des vaiſſeaux.

LES GOUVERNEURS.

Du Goze.
Saint Ange.
Saint Elme.
Ricaſoly.
Du Bourg.
De l'Iſle de la Sangle.
Le Capitaine de la Valette.
Les 7 Capitaines des Caſauls, ou Villages de la campagne.
Le Capitaine du Boſquet, *Fr. Servant.*
} *A la nomination du Grand Maître.*

Les trois Juges,
D'appel.
Du Criminel.
Du Civil.
} *Jurisconsultes & Docteurs ès Loix nommez par le Conseil.*

HORS DU COUVENT.

Trois Ambassadeurs ordinaires de la Religion.

M. le Bailli Baron de Schaden, Ambassadeur auprès du Pape.
M. le Bailli de Diestrenctin Ambassadeur auprès de l'Empereur.
M. le Bailli de Mesmes, Ambassadeur auprès du Roi de France.
M. le Bailli d'Avilla, Ambassadeur auprès du Roi d'Espagne.

A ROME.
A VIENNE.
A PARIS.
A MADRID.
} *Les Ambassadeurs de France & d'Espagne sont toujours Grand-Croix. Celui de Rome est souvent de la petite Croix; leur Charge dure trois ans, mais on les continue souvent.*

Il y a dans tous les Prieurez de la Religion des Receveurs que le Trésor présente au Conseil; leur fonction dure trois ans; on les continue quelquefois, & ils peuvent être Grands-Croix.

Pareillement il y a dans tous les Prieurez des Procureurs à la présentation du Trésor, & dont les fonctions durent trois ans.

La Monnoye se bat au coin & aux armes du Grand Maître regnant.

Le Grand Maître Dom Raimond Perellos de Rocafult est le premier qui a pris des Gardes; cette Compagnie est de cent cinquante hommes, & monte la Garde au Palais & aux deux Portes de la Cité de la Valette.

On doit supposer que le Grand Maître est le premier Collateur géneral de toutes les Charges dont on vient de parler, & dont on n'a point désigné le

DE L'ORDRE DE MALTE. 51

Collateur particulier; mais ce Prince est obligé de proposer sa nomination au Conseil, qui est en droit de l'admettre ou de la rejetter.

Telles sont à peu près les dignitez & les Charges de cet Ordre, dont celle de Grand Maître est la premiere & le comble des honneurs où un Chevalier de Justice peut parvenir : & pour en donner une connoissance distincte, nous allons expliquer la forme qui s'observe dans son élection, ses qualitez, ses droits, ses prérogatives, & d'où il tire ses forces & ses revenus.

ARTICLE VI.
De l'élection du Grand Maître.

Si-tôt que le Grand Maître est mort, le Conseil fait rompre son sceau ; & afin que la Religion ne demeure pas sans Chef, on élit le Lieutenant du Magistere, qui conjointement avec le Conseil, prend soin du gouvernement, sans cependant pouvoir faire aucune grace, ni toucher aux revenus de la Grande Maîtrise.

Le second jour on expose le corps du défunt dans la grande salle du Palais sur un catafalque,

---

Dans l'élection du Doge de Venise, tous les Nobles qui ont trente ans passez ; étant assemblez dans le Palais de Saint Marc, l'on met dans une urne autant de boules qu'il y a de Gentilshommes presens, trente desquelles sont dorées ; ceux à qui le sort les donne, en mettent devant la Seigneurie neuf dorées parmi les vingt-quatre blanches, & les neuf Gentilshommes à qui elles viennent, sont Electeurs de quarante autres tous de familles differentes ; mais parmi lesquelles il leur est permis de se comprendre eux-mêmes. Le sort les réduit à douze ; ces douze en élisent vingt-cinq. Le premier trois, & les autres chacun deux ; ces vingt-cinq tirant au sort comme les précedens, se réduisent à neuf qui en nomment quarante-cinq, chacun cinq ; les quarante-cinq reviennent à onze par le sort, & ceux-ci en élisent enfin quarante-un qui sont les derniers Electeurs du Doge, quand ils sont confirmez par le Grand Conseil ; car quand ils ne le sont pas, il en faut revenir à un autre quarante-un.

G ij

ayant à sa droite une armure complete, posée sur une table couverte d'un tapis de drap noir. On l'enterre sur le soir avec les solemnitez requises ; la fonction de Conservateur conventuel est suspendue pendant la vacance du Magistere. On nomme le même jour trois Chevaliers de differentes nations pour recevoir ce qui est dû au trésor par les Religieux qui prétendent donner leurs suffrages dans l'élection. On fait ensuite une liste de tous ceux qui peuvent être vocaux dans l'élection, & on l'affiche publiquement à la porte de l'Eglise de S. Jean : on affiche pareillement les noms de tous ceux qui étant débiteurs, sont exclus de l'élection pour cette fois.

Pour avoir voix dans l'élection du Grand Maître, il faut être reçû de justice, avoir au moins dix-huit ans, trois ans de résidence dans le Couvent, avoir fait trois caravanes, & ne devoir au plus au commun trésor que la somme de dix écus. Quoique les Freres Chapelains, pourvû qu'ils soient Prêtres, & les Freres Servans d'armes soient admis à donner leurs suffrages chacun dans la Langue dans laquelle ils ont été reçûs ; cependant ils n'en ont pas plus de part ensuite dans le gouvernement. Les Maltois qui par une dispense particuliere des Papes, ont été reçûs dans quelque Langue, ne sont point admis à donner leurs suffrages dans l'élection, & bien moins d'y concourir : apparemment qu'on leur a donné cette exclusion génerale pour prévenir la tentation que pourroit avoir un Grand Maître Maltois, de perpetuer la Souveraineté de l'Isle de Malte parmi ceux de sa nation.

Le troisiéme jour après le décès du Grand Maître, est toujours destiné pour proceder à l'élection de son successeur, & on ne differe point plus longtems un choix de cette importance, non seulement pour couper pied aux brigues & aux cabales, mais aussi pour éviter certaines prétentions de la Cour de Rome, où c'est une maxime que tant que la vacance est ouverte, le Pape a le droit de prévention à la nomination des Grands Maîtres ; ainsi le troisiéme jour après qu'on a célebré solemnellement une Messe du S. Esprit dans l'Eglise de S. Jean, tout le Couvent s'y assemble. Chaque Langue des sept qui composent le Corps de la Religion, se retire dans sa Chapelle, excepté celle d'où le Lieutenant du Magistere a été tiré, & qui prend sa place dans la nef de l'Eglise. Ces sept Langues doivent chacune choisir parmi ces Chevaliers trois Electeurs ausquels elles remettent le droit d'élection ; ce qui compose d'abord le nombre de vingt & un Electeurs.

Les Religieux enfermez dans leur Chapelle, écrivent tour à tour selon leur rang d'ancienneté, le nom du Chevalier de leur Langue qu'ils nomment pour être le premier des trois Electeurs qu'ils doivent fournir. Pour certifier leur élection, ils sont obligez de mettre leur nom propre au bas de leur bulletin, & ils le ferment ensuite avec le sceau de la Langue.

Lorsque tous les vocaux d'une Langue ont donné leurs suffrages de cette maniere, les Procureurs de la Langue prennent tous les billets ; & en les comptant en présence de toute la Langue, on verifie si leur nombre répond à celui des vocaux ; & s'il ne se rapportoit point, on les brûleroit à l'instant, & on recommenceroit une nouvelle votation jusqu'à ce que le nombre des bulletins répondît au nombre des Religieux qui ont droit de donner leurs suffrages.

Mais si tout se trouve dans l'Ordre, les Procureurs de la Langue avec les plus anciens ouvrent les billets du côté où est écrit le nom du Chevalier, qu'on nomme pour premier Electeur. On compte ensuite les suffrages donnez en faveur des autres Chevaliers qui ont concouru dans la même élection, & lorsqu'aucun de tous n'a eu le quart franc des balottes de sa Langue, il faut recommencer la votation jusqu'à ce qu'il se trouve un Chevalier qui ait eu le quart franc des suffrages, & celui-ci ayant prêté le serment marqué par les statuts entre les mains du Lieutenant du Magistere, monte au Conclave: ensuite tous les vocaux recommencent à baloter pour nommer les deux autres Electeurs qui l'emportent comme le premier à la pluralité des voix: mais ordinairement les trois Electeurs se trouvent nommez dès la premiere ballotation.

On entend dans une Langue par le quart franc des vocaux, un nombre qui ne se puisse pas trouver quatre fois parmi ceux qui composent cette Langue; ainsi le quart franc de neuf est trois, quatre de treize, cinq de dix-sept, &c. S'il arrive qu'il y ait égalité de suffrages avec le quart franc, l'ancien l'emporte, & les trois élûs, & qui doivent être ensuite Electeurs, montent au Conclave.

Chaque Langue choisit ensuite à la pluralité des suffrages un autre Chevalier pour représenter l'Angleterre dans le Conclave; & de ces sept Chevaliers, à la pluralité des voix on en fait monter trois pour représenter la Langue d'Angleterre. Ces trois nouveaux Electeurs doivent être pris de trois nations differentes. Il faut observer que si le Lieutenant du Magistere étoit nommé dans sa Langue pour un des trois Electeurs qu'elle doit fournir, le Conseil d'Etat lui en substitueroit sur le champ un autre, afin que le gouvernement ne demeurât pas sans Chef & sans Superieur.

Les trois Electeurs de chaque Langue étant donc assemblez dans le Conclave au nombre de vingt-un ; & ayant appellé avec eux les trois Electeurs pour la Langue d'Angleterre, font en tout vingt-quatre Chevaliers de justice ou Grands-Croix, parmi lesquels se peuvent trouver l'Evêque de Malte & le Prieur de l'Eglise que leurs dignitez relevent du défaut de naissance. Ces vingt-quatre ayant tous prêté serment entre les mains du Lieutenant du Magistere, élisent le Président de l'élection dont la nomination abolit la Charge du Lieutenant du Magistere, après quoi ils procedent à la nomination du *Triumvirat*, c'est-à-dire d'un Chevalier, d'un Prêtre Chapelain & d'un Frere Servant, entre les mains desquels les vingt-quatre premiers Electeurs remettent l'élection, & se retirent du Conclave.

Ce *Triumvirat* ayant prêté serment, & s'étant retiré dans la Chambre du Conclave, procedent entr'eux à l'élection d'un quatriéme Electeur ; & lorsque ce quatriéme eſt joint avec eux, ces quatre nouveaux Electeurs en éliſent un cinquiéme, & ainſi des autres juſqu'au nombre de treize, qui avec les trois premiers nommez par les vingt-quatre, font le nombre de ſeize Electeurs, deux pour chaque Langue, y compriſe celle d'Angleterre, ſans cependant obſerver la prééminence des Langues dans la nomination des huit premiers, y compris le *Triumvirat*. Mais dans la nomination de l'autre moitié, on a égard au rang que les Langues tiennent entr'elles; ainſi le ſixiéme de cette ſeconde moitié qui eſt le quatorziéme parmi les ſeize, eſt pris dans quelle Langue on veut pour repréſenter l'Angleterre.

Si le *Triumvirat* ne s'accordoit pas dans l'élection du quatriéme Electeur dont nous venons de parler, après une heure de tems, ils ſont obligez d'en nommer chacun un, leſquels ſont ballottez par les vingt-quatre premiers Electeurs, qui dans ce cas, tiennent leur ſcrutin dans la Sacriſtie, & celui des trois nommez par ceux du *Triumvirat*, qui a le plus de ſuffrages parmi les vingt-quatre, l'emporte : ſi chacun en avoit une égale quantité, l'ancien des trois ſeroit préferé. A meſure que ces treize ſont appellez, ils prêtent le ſerment accoutumé entre les mains du Préſident de l'élection avant de ſe joindre au *Triumvirat* ; & après qu'ils ſont tous joints, ils ballotent entr'eux un ou pluſieurs ſujets ; & celui qui a le plus grand nombre de ſuffrages, eſt fait Grand Maître. En cas de partage parmi les ſeize Electeurs, la voix du Chevalier de l'élection eſt déciſive, & emporte la balance

lance. Ce n'est pas sans sujet que les Chevaliers ont établi cette forme bizarre d'élection ; car ce sont ces differens changemens d'Electeurs, qui rompent toutes les mesures que peuvent prendre les particuliers : vû que tout dépend du choix de ceux que le sort favorise. Tous les artifices & toutes les brigues sont inutiles ; d'ailleurs c'est un moyen dans cette noble République de contenter presque tous les particuliers par la part qu'ils se flatent d'avoir eu à l'élection du Grand Maître.

Cette ballotation étant finie, le *Triumvirat* se separe des treize avec lesquels il vient de conclure l'élection ; & s'approchant de la balustrade de la Tribune qui est au dessus de la grande porte, le Chevalier de l'élection ayant le Chapelain à sa droite, & le Frere Servant à sa gauche, demande trois fois aux Religieux assemblez dans l'Eglise s'ils sont disposez à ratifier l'élection du Grand Maître qu'ils viennent de faire ; & lorsque toute l'assemblée a répondu qu'elle approuve leur choix, le Chevalier de l'élection le proclame à haute voix ; si le nouveau Grand Maître est présent, il va prendre place sous le dais. Il prête d'abord serment entre les mains du Prieur de l'Eglise, & après le *Te Deum* chanté en actions de graces, il reçoit l'obéissance de tous les Religieux, & de-là il est porté en triomphe au Palais. Le lendemain de l'élection, le trésor, pour racheter le pillage de cette Maison Magistrale, distribue trois écus à chaque Religieux Profès ou Novice. Et un jour ou deux après l'élection, le Conseil complet remet au nouveau Grand Maître la Souveraineté des Isles de Malte.

& du Goze ; en sorte que par sa nouvelle dignité, il réunit en sa personne la superiorité militaire & réguliere sur tous les Religieux de son Ordre, & en même tems la Souveraineté, & tous les droits regaliens sur les seculiers qui sont ses sujets. Mais cette autorité si legitime dans un Souverain, depuis l'établissement de l'Inquisition dans l'Isle de Malte, n'a pas laissé d'être affoiblie par les prétentions des Inquisiteurs. Anciennement le souverain Conseil de l'Ordre prenoit seul connoissance de tout ce qui pouvoit interesser la Foi & la Religion. Mais pendant le Magistere du Grand Maître de la Cassiere, les Evêques Cubelles & Royas ayant obtenu de Rome successivement que cette connoissance leur fût renvoyée, l'Ordre s'en trouvant offensé, eut recours au Pape Gregoire XIII. dont elle obtint, pour se venger, qu'on enverroit à Malte un Inquisiteur qui ôteroit cette jurisdiction à l'Evêque. Il est vrai que le Conseil de l'Ordre, pour la conservation de son autorité, exigea de ce Pontife que l'Officier de la Cour de Rome ne pourroit proceder que conjointement avec le Grand Maître, l'Evêque, le Prieur de l'Eglise, & le Vice-Chancelier de l'Ordre ; en sorte que l'autorité de ce Tribunal étoit partagée entre l'Inquisiteur & les principaux Officiers de la Religion.

Mais un si sage temperamment ne subsista pas long-tems : les Inquisiteurs par une espece d'émulation si ordinaire entr'eux, & sous prétexte de maintenir l'autorité du S. Siege, pour être les maîtres absolus dans leur Tribunal, non seulement se sont donnez d'autres Assesseurs ; mais par une e

DE L'ORDRE DE MALTE. 59

treprife qui a peu d'exemples, ils fe font faits un
fi grand nombre de ce qu'ils appellent *Familiers*
du faint Office, qu'ils en ont formé comme une
nouvelle domination, & des fujets, qui à la faveur de quelques Patentes de l'Inquifition, ne prétendent pas moins que de fe fouftraire à la Souveraineté de l'Ordre. Ces fujets de l'Ordre, qu'on
peut traiter de rebelles, compofent les deux tiers
des habitans de l'Ifle : en forte que tous ceux qui
ont de l'argent ou du crédit auprès de l'Inquifiteur, à la faveur de fa protection & de fes Patentes, prétendent n'être pas obligez de prendre les
armes fur les ordres du Grand Maître, quand il
s'agit de repouffer les Infideles qui font des def-
centes dans l'Ifle. Les vûes fecretes des Inquifiteurs
font apparemment, après avoir enlevé au Grand
Maître fes fujets naturels, de le réduire lui-même infenfiblement à la trifte condition de leur
inferieur. Et nous voyons dans un Memoire préfenté au Roi Louis XIV. de glorieufe mémoire, par
la Langue de France, que l'Inquifiteur de ce tems-
là, avoit eu l'audace, au préjudice du refpect qui
eft dû au caractere de Souverain, de vouloir affu-
jettir les Grands Maîtres, quand ils fe rencontrent,
à faire arrêter leur caroffe devant le fien. Après
cela il ne manquoit plus aux projets ambitieux de
cet Inquifiteur, que de s'emparer des revenus attachez à la dignité de Grand Maître, & tant de ceux
de la Principauté, que de la Grande Maîtrife.

Les revenus de la Principauté confiftent dans
les droits de l'Amirauté, à raifon de dix pour cent
fur toutes les prifes : on comprend dans les mêmes

H ij

revenus les douanes, affifes, gabelles, les terres du Domaine, fermes, maifons, jardins, les lods & ventes, amendes & confifcations.

Les revenus du Magiftere font compofez premierement de fix mille écus, que le Tréfor lui fournit tous les ans pour fa table, deux cens écus pour l'entretien de fon Palais & de fa maifon de plaifance : fomme bien modique par rapport à fa dignité, mais qui fait voir quelle étoit la frugalité & la temperance des tems où fut fait ce Reglement. Secondement, le Grand Maître retire une annate de toutes les Commanderies de grace qu'il donne tous les cinq ans dans chaque Prieuré; & il a encore dans chaque Prieuré la jouiffance perpetuelle d'une Commanderie, apellée *Chambre Magiftrale* ; parcequ'elle eft attachée au Magiftere. Le Prince les peut faire régir en fon nom, ou les donner à des Chevaliers qui par leurs fervices ont bien merité de l'Ordre : & quand le Grand Maître confere une de ces Commanderies Magiftrales à un Chevalier, ce Prince, outre deux annates qu'il en tire, peut encore fe réferver une penfion; mais en confideration de ces charges, le Chevalier qui eft gratifié de cette Commanderie, eft difpenfé de payer le mortuaire & le vacant.

Les Grands Maîtres ont fouvent des vaiffeaux armez en courfe; & dont les prifes reviennent à leur profit ; ils donnent pareillement permiffion, conjointement avec le Confeil, aux Chevaliers qui en ont le moyen, d'armer contre les Turcs avec pavillon Magiftral ; mais quant au négoce & à la marchandise, cette sorte de profit venal est interdit par les Statuts; d'ailleurs tout commerce est odieux à la plûpart des Langues, qui croiroient par là profit avilir la noblesse de leur origine.

Fin de la Dissertation sur le Gouvernement.

ANCIENS
ET NOUVEAUX STATUTS
DE L'ORDRE
DE SAINT JEAN DE JERUSALEM.

Traduits sur l'Edition de BORGOFORTE
de M. DC. LXXVI.

*De l'Ordonnance du Chapitre du Grand Prieuré
de France.*

CONFIRMATION

DES HUIT STATUTS FAITS AU Chapitre géneral de l'Ordre de Saint Jean de Jerusalem, tenu en 1588, & de tous les autres qui avoient été déja confirmez par le Pape Pie V. de sainte mémoire.

PAUL Evêque, Serviteur des serviteurs de Dieu, pour perpetuelle mémoire de la chose. Comme nous prenons un grand soin de la conduite de tous ceux qui sont engagez au service de Dieu, sous un habit Militaire ou Régulier, Nous leur accordons volontiers la Confirmation Apostolique des Statuts qu'ils ont faits eux-mêmes, lorsqu'ils tendent au même but, & qu'ils nous le demandent. Le Pape Sixte V. notre prédecesseur d'heureuse mémoire, avoit déja approuvé & confirmé les Statuts, les Etablissemens & les Coutumes observées dans l'Hôpital de Saint Jean de Jerusalem, recueillis en un Volume, sous le nom de Frere Hugues de Loubenx Verdale, Grand Maître de cet Hôpital, qui vivoit alors, & depuis, dans le Chapitre géneral dudit Hôpital, canoniquement assemblé, sous notre cher fils Alophe de Vignacour, autre Grand Maître du même Hôpital, après la publication des Ordonnances Capitulaires faites & publiées dans les Chapitres Géneraux précedens, après les avoir bien vûes & examinées, plusieurs de ces Statuts ayant été confirmez, corrigez ou annullez, même quelques-uns de ceux qui avoient été approuvez par le Pape Sixte, corrigez ou expliquez, & réduits en un Volume, Nous avions donné ordre d'en corriger quelques articles, approuvé & confirmé ces Statuts & Ordonnances, ainsi corrigées & expliquées. Mais comme depuis il nous a été exposé par François Lomellin Ambassadeur dudit Hôpital auprès de Nous & du Saint Siége Apostolique, au nom dudit Alophe Grand Maître, que depuis la Confirmation accordée par le Pape Sixte, dans un Chapitre général tenu sous le même Frere Hugues Grand Maître, l'on avoit fait encore huit autres Statuts, lesquels, quoique très-utiles au bon regime & gouvernement de cet Hôpital, à ce qu'il assure, & actuellement observez avec beaucoup d'exactitude, ne se trouvoient pas encore fortifiez par la Confirmation Apostolique, ni inserez parmi les autres Statuts & Etablissemens confirmez par le Pape Sixte notredit prédecesseur; cause pourquoi ledit Alophe Grand Maître, désiroit que lesdits huit Statuts, & les autres déja confirmez par ledit Pape Sixte, reçussent encore de Nous une nouvelle confirmation Apostolique: c'est pourquoi il Nous a fait très humblement supplier de lui vouloir sur ce dûement pourvoir par un effet de notre benignité Apostolique.

Nous donc bien informez des mérites singuliers dudit Hôpital, & voulant condescendre à ses prieres, après avoir fait examiner lesdits huit Statuts par nos très-chers fils Pompée Cardinal Prêtre, du Titre de Sainte Balbine, Arrigoni, & Jean Garzia Cardinal Prêtre, du Titre des Quatre Saints Couronnez, Mellini, approuvons & confirmons, au cas qu'ils se trouvent actuellement observez, & non autrement, même ceux qui ont été déja confirmez par le Pape Sixte notre prédecesseur, par ces Presentes: Voulons & commandons qu'ils soient exactement observez, & qu'ils sortent leur plein & entier effet, au lieu des anciennes Constitutions, qui se trouvent révoquées: Suppléons à tous les défauts & nullitez de fait & de droit qui pourroient s'y être glissez, nonobstant ce que dessus, les Constitutions & Ordonnances Apostoliques quelconques à ce contraires.

Ensuit la teneur desdits huits Statuts:

Nous ordonnons que tous ceux qui eux-mêmes, ou leurs peres auront exercé le commerce de la marchandise, qui auront été Banquiers ou Agens de Change, Caissiers ou Fermiers; qui auront tenu magasin, ou boutique de draps de soye, ou de laine, de grains, ou de quelque autre chose que ce soit, quand ils seroient Gentilshommes de nom & d'armes, de quelque état, Ville ou Province qu'ils soient originaires, ne puissent jamais être reçûs Freres Chevaliers.

Il a été reglé, que suivant la louable Coutume, l'on ne recevra dans l'Ordre aucune personne qui soit chargée de dettes, & que ceux qui eux-mêmes, ou dont les peres auront

auront possedé des terres, domaines, Justices, ou autres biens appartenants à l'Ordre, ne puissent y être reçûs, sans en avoir fait la restitution entiere : Enjoint aux Commissaires députez à recevoir les preuves, de s'en informer exactement, & d'interroger les témoins là-dessus.

Pour terminer les differends qui se meuvent quelquefois entre les creanciers des successions des Freres après leur mort : Nous ordonnons que l'on prendra par préference sur les effets par eux délaissez, tout ce qui se trouvera dû au commun Trésor, de quelque nature que puisse être la dette; l'on payera ensuite ce qui se trouvera dû aux domestiques du défunt : le reste se partagera entre les creanciers, suivant l'usage des lieux, & non pas comme il s'est pratiqué jusqu'à present.

Ordonnons que toutes les fois que le Receveur, ou le Procureur du commun Trésor, ou celui qui sera par eux commis, ira recevoir les droits de mortuaire & de dépouille, il soit toujours accompagné de quelqu'autre, & qu'après que l'on aura fermé les coffres & les portes, il fasse publier le jour & l'heure, où l'on commencera de travailler à l'inventaire, afin que les creanciers qui y sont interessez, puissent s'y trouver : Que le jour, & à l'heure marquée, il choisisse deux honnêtes gens, pour representer les creanciers vrais ou prétendus, avec un Notaire, en presence desquels il ouvrira les portes & les coffres, visitera & fera inserer dans un bon & fidele inventaire, en presence de deux ou de trois témoins, tous les effets qui s'y trouveront, de quelque nature qu'ils puissent être; en marquera la qualité, le nombre, le poids & la mesure moderne, suivant l'estimation qui en sera faite par les assistans, sans préjudice du quarantiéme Statut du present titre, qui sera executé pour tout le reste. Voulons & commandons que le même soit observé dans le Couvent par les venerables Procureurs, & par le Secretaire du commun Trésor.

Ordonnons que la dépouille des Prieurs, du Bailli d'Emposte, des Baillis, des Commandeurs, & de nos autres Freres qui mourront dans le Couvent, excepté celle du Grand Maître, se distribuera, non pas comme il s'est fait jusqu'à present; mais qu'elle sera vendue à l'encant le plûtôt que

Tome IV.   I

faire se pourra, & adjugée au plus offrant, au profit du commun Trésor. Révoquons tous les Statuts où il est parlé du grand joyau accordé au Grand Commandeur des dépouilles, qui doivent être estimées de ceux qui doivent y assister, du Conservateur Conventuel, du Maître Ecuyer, & du Secretaire du Trésor, lequel sera tenu de donner aux Chappelains la rétributiou accoutumée pour le trentenaire.

Quoique le Chapitre géneral soit le dernier & le suprême Tribunal de notre Ordre, puisque ses Statuts portent que ceux qui malicieusement auront surpris quelque grace, ou deguisé le fait, en soient privez, Nous ordonnons que les rescrits, ou les graces que l'on aura obtenues de notre Chapitre géneral, par subreption ou obreption, c'est-à-dire par un faux exposé, ou en déguisant la verité du fait, laquelle, suivant la regle, les rendroit nulles ou défectueuses, soient regardées comme inutiles : Voulons que le Maître & le Conseil en prennent connoissance, & rendent un Jugement sur l'obreption ou la subreption.

Ordonnons par maniere d'addition à l'article XI. que le Maître puisse accorder aux Freres de notre Ordre la permission & l'autorité de vendre & d'aliener quelqu'espece que ce soit de biens meubles ou immeubles à eux appartenans par succession ou legs de leurs peres, meres, ascendans ou collateraux, & d'en disposer entre-vifs, ou à cause de mort, & pour le recouvrement desdits biens, de comparoir, plaider & transiger en Jugement, & dehors.

Puisque le IX. Statut des contrats & des alienations, permet aux Prieurs & au Châtelain d'Emposte, de laisser à titre de cens annuel dans les Chapitres Provinciaux les terres & les possessions qui ne produisent aux Commendes & à la Religion, que très-peu d'utilité, pour les augmenter & les rendre meilleures, pour un tems préfix, qui ne passoit pas 29 années, ou qui alloit souvent à moins, aprés lequel ces terres retournoient aux Commandes & à la Religion en bien meilleur état, & qu'un tems aussi long avoit quelquefois produit de grands abus & de grands procès : Nous ordonnons qu'à l'avenir l'on ne donne plus à cens lesdites terres & possessions pour plus de neuf années, lesquelles expirées elles reviendront aux Commandes & à la

Religion, avec les ameliorations qui y auront été faites, sans avoir égard à l'ancien Statut qui permettoit de les donner à cens pour vingt-neuf années, lequel demeure révoqué.

Donné à Rome & Saint Marc, sous l'anneau du Pêcheur, le 29 de Juin 1609, le cinquiéme de notre Pontificat.

SCIPION COBELLUCY.

FRERE HUGUES DE LOUBENX VERDALE, PAR LA GRACE DE DIEU humble Maître de la Sainte Maison de l'Hôpital de Saint Jean de Jerusalem, Gardien des Pauvres de Jesus-Christ; & Nous Baillis, Prieurs, Commandeurs & Freres tenants en notre Seigneur le Conseil complet de rétention du Chapitre géneral, à tous nos Freres de ladite Maison en géneral, & à chacun d'eux en particulier, tant presens que futurs : Salut & dilection fraternelle. La condition inconstante & variable des choses humaines ne peut souffrir que l'on comprenne sous quelque loi que ce soit, certaines choses, qui dans tous les tems se trouvent reglées à propos ; ce que la prudence de nos anciens leur ayant fait reconnoître, ils jugerent qu'ils devoient abroger tout à fait plusieurs Reglemens faits par ceux qui les avoient précedez, ou y faire les changemens qu'ils trouveroient néceffaires. Nous nous fervons volontiers de leur exemple, Nous qui sommes revêtus de la même au-torité : Nous y sommes même contraints par la nécessité. Nous voyons que plusieurs Loix qu'ils avoient faites, qui étoient fort avantageuses au bien public en ce tems-là, sont devenues par les changemens arrivez dans les génies & les caracteres des hommes, ou tout à fait pernicieuses, ou incapables de produire aucune utilité. C'est ce qui nous a obligés de choisir dans notre Chapitre General, un certain nombre de gens d'une grande experience des affaires de cet Ordre, qu'ils avoient long-tems maniées. Nous les avons priez & exhortez de recueillir les anciens & les nouveaux Statuts qui avoient été observez parmi Nous jusqu'à present, avec toute l'exactitude possible, de les bien exa-

miner, & de casser, corriger, ou expliquer ceux qu'ils juge-
roient devoir être cassez, corrigez ou expliquez : ils se sont
acquittez de cet emploi avec autant de diligence que d'exactitude, en sorte que leur travail nous a paru très-avanta-
geux à la Religion : ils y ont ajouté quantité de choses qui
y manquoient, & Nous ont assuré qu'il n'y avoit que les
Statuts compris dans cet ouvrage, qui pussent être de quelque utilité.

ANCIENS ET NOUVEAUX STATUTS DE L'ORDRE
DE SAINT JEAN DE JERUSALEM,

Traduits sur l'Edition de BORGOFORTE
de M. DC. LXXVI.

*De l'Ordonnance du Chapitre du Grand Prieuré
de France.*

DE LA REGLE.
TITRE I.

*Regle des Hospitaliers, & de la Milice de S. Jean-Baptiste
de Jerusalem.*

Fr. RAIMOND DUPUY, MAITRE.

1. AU nom du Seigneur, *Amen.* Je Raimond, serviteur des pauvres de Jesus-Christ, & gardien de l'Hôpital de Jerusalem, avec le Conseil du Chapitre des Freres, ai fait les présens Reglemens pour être observez dans la Maison de l'Hôpital de Saint Jean-Baptiste de Jerusalem. Je veux donc que tous les Freres qui s'engageront au service des pauvres, & à la défense de l'Eglise Catholique, maintiennent & observent, avec la grace de Dieu, les trois choses qu'ils lui ont promises, qui sont la chasteté, l'obéïssance, c'est-à-dire, qu'ils feront exactement tout ce qui leur sera commandé par le Grand Maître, & de passer leur vie sans rien posseder en propre ; parceque Dieu leur demandera compte de ces trois choses, le jour du jugement.

Exercice de la Milice pour Jesus-Christ.

COUTUME.

2. Notre Ordre fut doté, augmenté & enrichi depuis sa premiere fondation, par la liberalité, l'aide & la faveur du S. Siege Aposto-

lique, des Rois, & des Princes Catholiques, & par la pieté des Fideles, de terres, de poſſeſſions, de droits de Juſtice, de graces, de privileges & d'exemptions; afin que les Chevaliers qui y auroient fait profeſſion, joigniſſent la Milice à la veritable charité, qui eſt la mere, & le fondement ſolide de toutes les vertus, à l'Hoſpitalité, & à l'attachement ſincere à la foi ; & qu'occupez de ces deux differentes fonctions, ils ne ſongeaſſent à ſe diſtinguer que par leur merite. Les ſoldats de Jeſus-Chriſt ſont uniquement deſtinez à combattre pour ſa gloire, pour maintenir ſon culte, & la Religion Catholique, aimer, reverer & conſerver la juſtice, favoriſer, ſoutenir & défendre ceux qui ſont dans l'oppreſſion, ſans negliger les devoirs de la ſainte Hoſpitalité.

Ainſi les Chevaliers de l'Hôpital, en s'acquittant avec pieté de l'un & de l'autre de ces devoirs, doivent porter ſur leur habit une Croix à huit pointes, afin qu'ils ſe ſouviennent de porter dans le cœur la Croix de Jeſus-Chriſt, ornée des huit vertus qui l'accompagnent; & qu'après avoir fait quantité d'aumônes, ils mettent l'épée à la main pour terraſſer les Mahometans, & tous ceux qui abandonnent la veritable Religion.

Dès qu'ils ſe ſont une fois dévouez à ces ſaints exercices, ils doivent s'animer par l'exemple des Machabées, ces ſaints ſoldats & Martyrs, qui ont ſi glorieuſement combattu pour maintenir leur Religion, qui avec un très petit nombre de troupes, ont ſouvent défait des armées formidables par l'aſſiſtance du Seigneur : ils doivent encore s'attacher à l'obſervation exacte qu'ils ont promiſe à Dieu en faiſant les trois vœux ordonnez par la regle, de chaſteté, d'obéïſſance, & de pauvreté, & à pratiquer toutes les autres vertus morales & théologiques, en ſorte qu'enflammez par la charité, ils ne craignent point de mettre l'épée à la main, & de s'expoſer avec prudence, temperance, & force à toute ſorte de dangers, pour la défenſe de la gloire de Jeſus-Chriſt, & de ſa ſainte Croix, pour la juſtice, pour les veuves & les orphelins. L'on ne ſçauroit marquer plus de charité, qu'en donnant ſa vie pour ſes amis, c'eſt-à-dire pour les Catholiques. C'eſt en quoi conſiſte leur devoir, leur vocation, le genre de vie qu'ils ont choiſi, leur juſtification & leur ſanctification, afin qu'en ſortant du pelerinage de cette vie mortelle, ils puiſſent parvenir à la récompenſe éternelle, pour laquelle Dieu les a créez.

Ceux qui ſeront convaincus d'avoir mal fait leur devoir, d'avoir fui, blâmé ou abandonné les occaſions, où ils auroient pû s'en acquitter, & la guerre entrepriſe pour les interêts de la Chrétienté, là punition des méchans, & le ſoulagement des bons, ſeront rigoureuſement punis, ſelon les ſtatuts & les coutumes de l'Ordre.

Les peines que meritent ceux qui n'observent pas la Regle & les Statuts.

Fr. RAIMOND BERENGER.

3. Pour empêcher que les Freres de notre Ordre ne négligent l'observation de la Regle & des Statuts, nous ordonnons & déclarons, que ce qui est contenu dans la Regle, oblige également l'ame & le corps, au lieu que la transgression des Statuts n'engage qu'à des peines corporelles, à moins que la Loi de Dieu, ou les saints Canons n'eussent ordonné ou défendu la même chose, sous peine de peché.

Fr. ANTOINE FLUVIAN.

4. Nous commandons que dans les assemblées qui se font pendant les jeûnes des Quatre-tems, la Regle soit lûe publiquement en présence de tous les Freres.

Fr. PIERRE D'AUBUSSON.

Nous ordonnons qu'après la lecture de la Regle, l'on fasse encore celle des Statuts suivans.

DE LA REGLE.

2. L'exercice de la Milice pour Jesus-Christ.
3. La peine de ceux qui manquent d'observer la Regle ou les Statuts.

DE LA RECEPTION DES FRERES.

3. De l'habit des Freres de l'Hôpital de Jerusalem.

DE L'EGLISE.

1. Du respect qui est dû aux choses divines & sacrées.
2. Des prieres que les Freres sont obligez de réciter chaque jour.
3. Les jours ausquels ils sont tenus de jeûner.
30. Les jours ausquels ils doivent porter le manteau.

DE L'HOSPITALITE'.

1. Que les Freres exercent l'Hospitalité.

DU COMMUN TRESOR.

22. De ceux qui doivent quelque chose à notre commun Trésor.

DU CHAPITRE.

1. Que les Freres se trouvent au Chapitre géneral.

DU MAITRE.

1. Que les Freres obéissent au Grand Maître.

DE L'OFFICE DES FRERES.

5. De la maniere honnête dont les Freres doivent être vêtus, & le suivant.
8. Que les Freres s'exercent aux armes.
9. Que les Freres fassent chaque année leur desapropriement.

DES COMMANDERIES.

38. Des résignations.
39. De la peine qu'encourent ceux qui résignent.
65. Que les Freres n'obtiennent ni Commandes ni Benefices hors de l'Ordre.

DES CONTRATS ET ALIENATIONS.

3. Que les Freres ne fassent aucun commerce.
4. La défense de l'usure.
5. Que l'on n'aliene point les biens de notre Ordre.
6. Qu'aucun Frere n'engage ou hypotheque les biens de notre Ordre.
10. Que les Freres n'alienent point les biens qu'ils auront acquis.

DES DE'FENSES ET DES PEINES.

1. Qu'il n'est pas permis aux Freres de faire des testamens, instituer des heritiers, ou faire des legs.
14. Que les Freres ne sortent pas du Couvent sans congé.
16. Que les Freres ne cherchent point de recommandations, pour obtenir des Commanderies.
32. Les cas pour lesquels l'on leur ôte l'habit, & les quatre suivans.
52. Des concubinaires publics, avec le suivant.
61. De l'obéissance.
64. Des peines de ceux qui n'assistent point à l'Office divin.

DE LA RECEPTION DES FRERES.

TITRE II.

Comment les Freres de l'Ordre de S. Jean de Jerusalem doivent être reçûs à la Profession.

COUTUME.

Ceux qui ont résolu de dédier leurs personnes au service des malades, & à la défense de la Religion Catholique, sous l'habit de notre Ordre, sont reçûs à la Profession en la maniere suivante. Ils doivent sçavoir qu'ils vont se revêtir d'un nouvel homme, & se confesser humblement de tous leurs pechez, suivant l'usage de l'Eglise ; & après avoir reçû l'absolution, se présenter en habit seculier, sans ceinture, pour paroître libres, dans le tems qu'ils vont se soumettre

mettre à un saint engagement, avec un cierge allumé, qui représente la Charité, entendre la Messe, & recevoir la sainte Communion.

Ils se présenteront ensuite avec respect à celui qui fera la cérémonie, pour lui demander d'être reçûs en la compagnie des Freres, & en la sainte Religion de l'Hôpital de Jerusalem. Il leur fera un petit discours pour les confirmer dans leur pieux dessein, pour leur faire comprendre combien il est salutaire, & avantageux de se consacrer au service des pauvres de Jesus-Christ, de vacquer aux œuvres de misericorde, de se dévouer au service & à la défense de la foi ; faveur que plusieurs avoient souhaittée, & qu'ils n'avoient pû obtenir : il leur marquera les engagemens de l'obéissance, & la severité des regles, qui ne leur permettront plus de se gouverner à leur volonté, qui les obligeront d'y renoncer, pour ne suivre dorénavant que celle de leurs Superieurs, en sorte que quand ils auront envie de faire une chose, le lien de l'obéissance les obligera d'en faire une autre.

Il demandera ensuite à celui qui veut faire profession, s'il est disposé à se soumettre à toutes ces obligations : s'il n'a point fait de vœux dans quelque autre Ordre : s'il a été marié : si son mariage a été consommé ; s'il est débiteur de sommes considerables ; s'il n'est point esclave ; parceque, s'il se trouvoit après ses vœux, qu'il eût fait quelqu'une de ces choses, ou qu'il fût en cet état, l'on lui ôteroit l'habit avec ignominie, comme à un trompeur ; & on le rendroit à celui à qui il appartiendroit.

S'il déclare qu'il n'est dans aucun de ces engagemens, le Frere qui le recevra, lui présentera le Missel ouvert, sur lequel il mettra les deux mains ; & après ces questions & ces réponses, il fera sa profession en ces termes :

» Je N. fais vœu & promesse à Dieu, à Sainte Marie toujours
» Vierge, Mere de Dieu, & à S. Jean-Baptiste, de rendre dorénavant, moyennant la grace de Dieu, une vraye obéissance au Superieur qu'il lui plaira de me donner, & qui sera choisi par notre
» Religion, de vivre sans proprieté, & de garder la chasteté. Dès qu'il aura retiré ses mains de dessus le Livre, le Frere qui le reçoit, lui dira : » Nous vous reconnoissons pour serviteur de Messieurs les » pauvres malades, & consacré à la défense de l'Eglise Catholique. Il répondra : Je me reconnois pour tel. Il baisera le Missel, sur lequel il le mettra, baisera l'Autel, & rapportera le Missel au Frere qui l'a reçû, en signe d'une veritable obéissance.

Le Frere qui le reçoit, prendra ensuite le manteau ; & lui montrant la Croix blanche qui est dessus, lui dira : » Croyez-vous, mon
» Frere, que ce soit là le signe de la sainte Croix, à laquelle fut at-
» taché, & mourut Jesus-Christ pour la rédemption de nos pechez ?
» Le nouveau reçu répondra : Oui, je le crois. Il ajoutera : C'est aussi
» le signe de notre Ordre, que nous vous commandons de porter

» continuellement sur vos habits ; ensuite de quoi le nouveau
reçû baisera le signe de la Croix. Celui qui le reçoit, lui mettra le
manteau sur les épaules, en sorte que sa Croix paroisse sur son esto-
mach du côté gauche, le baisera, & lui dira : » Prenez ce signe au
» nom de la Très Sainte Trinité, de Sainte Marie toujours Vierge,
» & de S. Jean-Baptiste, pour l'augmentation de la foi, la défense
» du nom Chrétien, & le service des pauvres. C'est pour cela, mon
» Frere, que nous vous mettons la Croix de ce côté, afin que vous
» l'aimiez de tout votre cœur ; que votre main droite combatte
» pour sa défense & sa conservation. S'il vous arrivoit jamais en
» combattant pour Jesus-Christ, contre les ennemis de la foi, de
» de leur tourner le dos, d'abandonner l'étendart de la Croix, &
» de prendre la fuite dans une aussi juste guerre, vous seriez dépouillé
» du signe très saint, suivant les statuts & les coutumes de l'Ordre,
» comme un prévaricateur du vœu que vous venez de faire, & re-
» tranché de notre Corps, comme un membre pourri ou gangrené.

Il lui attachera ensuite le manteau avec les cordons qu'il passera
au tour du col, & lui dira : » Recevez le joug du Seigneur, parce-
» qu'il est doux & leger, sous lequel vous trouverez le repos de votre
» ame. Nous ne vous promettons que du pain & de l'eau, sans au-
» cune délicatesse, & un habit modeste & de peu de prix. Nous vous
» faisons part, à vos peres & à vos parens, des bonnes œuvres de
» notre Ordre & de nos Freres, qui se font dans tout l'Univers, &
» qui s'y feront à l'avenir. Le Profès répondra *Amen*, c'est-à-dire,
Ainsi soit-il. Celui qui l'a reçu, & tous ceux qui s'y trouveront, l'em-
brasseront & le baiseront, en signe d'amitié, de paix, & de dilection
fraternelle. Les Prêtres, & particulierement celui qui aura dit la
Messe, diront les prieres suivantes.

Vous avez répandu sur nous, ô mon Dieu, les effets de votre
misericorde, au milieu de votre Temple. *Pseaume*. Le Seigneur est
grand : il est digne de toute sorte de louanges, dans la Cité de
Dieu, située sur la sainte montagne, *&c*.

Qu'il est doux & agreable de voir les Freres demeurer bien unis
ensemble! Gloire soit au Pere, & au Fils, & au S. Esprit, comme
il étoit, *&c*.

Vous avez répandu, *&c. Le Pseaume*, Qu'il est doux & agreable, *&c*. Gloire soit au Pere, *&c*. Vous avez répandu, *&c*. Kyrie
Eleison, Christe Eleison, Kyrie Eleison. Notre Pere, *&c*. Ne per-
mettez pas que nous tombions en tentation, *&c*. ℣. Conservez
votre serviteur, ℟. Qui espere en vous, mon Dieu. ℣. Envoyez-
lui du secours de votre Sanctuaire. ℟. Et de Sion de quoi se défendre. ℣. Que l'ennemi ne puisse lui nuire. ℟. Que le fils d'iniquité
n'entreprenne pas de le séduire. ℣. Servez-lui, Seigneur, de citadelle. ℟. Contre les desseins de l'ennemi, & de ceux qui le perse-
cuteront. ℣. Seigneur, écoutez ma priere. ℟. Que mes cris viennent jusqu'à vous. ℣. Le Seigneur soit avec vous. ℟. Et avec votre Esprit.

ORAISON.

MOn Dieu, qui convertissez les méchans, & qui ne voulez pas la mort des pécheurs, nous supplions très-humblement votre divine Majesté, de vouloir proteger & conserver par le secours continuel de votre grace, votre serviteur ici present, qui n'a de confiance qu'en votre misericorde, afin qu'il demeure toute sa vie attaché à votre service, sans pouvoir en être détourné par aucune tentation. Par Jesus-Christ, &c.

ORAISON.

Dieu éternel & tout-puissant, qui n'avez besoin de personne pour opérer toutes les merveilles qui paroissent à nos yeux, répandez sur N. votre serviteur l'esprit d'une grace salutaire, & afin qu'il puisse vous plaire par son attachement à la verité, répandez continuellement sur son cœur la rosée de votre benediction. Par Jesus-Christ, &c.

ORAISON.

Que le Seigneur vous reçoive au nombre de ses fideles serviteurs, & pendant que nous indignes, vous recevons dans nos prieres, qu'il vous accorde la grace de bien faire, la volonté de perseverer, & l'avantage de parvenir un jour à la vie éternelle, afin que comme la dilection fraternelle nous aura unis sur la terre, la misericorde de Dieu qui l'a fait naître, puisse vous unir dans les cieux avec ses fideles serviteurs. Nous l'en supplions par les merites de notre Seigneur Jesus-Christ Dieu, qui vit & regne avec le Pere & le Saint Esprit dans tous les siecles des siecles. *Amen.*

De la distinction des degrez parmi les Freres de notre Ordre.

COUTUME.

2. Il y en a de trois sortes : des Chevaliers, des Prêtres & des Servans. Les Prêtres sont divisez en deux classes : les uns sont Conventuels, & les autres d'Obedience : il y a de même de deux sortes de Servants : les premiers sont Servants d'armes, c'est à-dire reçûs dans le Couvent : les seconds sont Servants de stage ou d'office Quand quelqu'un se présente pour être reçû à faire profession dans l'Ordre avec toutes les qualitez nécessaires, suivant les Statuts & les Coutumes, s'il veut être Chevalier, il faut qu'il ait reçu l'ordre de Chevalerie d'un Prince Catholique, qui soit en état de le donner, avant de prendre l'habit, & d'être admis à la profession ; sinon il le recevra des mains de celui devant lequel il fera profession, ou de quelqu'autre Chevalier de l'Ordre ; ensuite de quoi il fera ses vœux de la maniere que l'on vient de marquer. Pour les Chapelains & les Servants

d'armes ou d'office, il n'eſt pas néceſſaire de les faire Chevaliers : il n'y a ni Statut ni Coutume qui y engage : on les admet directement à la profeſſion.

De l'habit des Freres de l'Hôpital de Jeruſalem.
Fr. RAIMOND DUPUY.

3. Il convient à notre profeſſion que tous les Freres de l'Hôpital ſoient tenus de porter un habit où un manteau noir, avec la Croix blanche.

Fr. NICOLAS DE LORGUE.

Nous ordonnons que dans l'exercice des armes, ils porteront par deſſus leurs habits un manteau rouge, avec la Croix blanche droite.

Des qualitez que doivent avoir ceux qui ſont reçûs à faire profeſſion dans notre Ordre.
Fr. HUGUES REVEL.

5. Nous ordonnons que dorénavant perſonne ne ſera reçû à la profeſſion, s'il n'eſt né en légitime mariage, ou dont le pere ſoit bâtard, excepté les enfans des Comtes, & des gens de plus grande qualité.

Fr. JEAN DE LA VALETTE.

6. Et que ces fils de Comtes, ou de grands Seigneurs ſoient nez d'un pere, dont le pere & l'ayeul paternels, (l'article 13 de ce Titre ajoute le biſayeul,) ayent été Comtes, ou gens de plus grande qualité.

Fr. CLAUDE DE LA SENGLE.

7. Et qu'ils ſoient nez d'une mere d'honnête condition. Il eſt encore défendu de donner l'habit de notre Ordre à aucun qui ſoit deſcendu de Juifs, de Marannes, de Sarraſins ou autres Mahometans, quoique ſes ancêtres euſſent été Princes, ou Comtes.

Fr. HUGUES DE LOUBENX VERDALE.

8. Nous défendons aux Langues & aux Prieurez de faire jamais aucune grace ſur un pareil défaut, & s'ils en font, nous les déclarons nulles, & de nulle valeur.

Fr. HUGUES REVEL.

9. Quiconque aura fait profeſſion dans un autre Ordre, ne ſera jamais reçû dans le nôtre ; au cas qu'il le ſoit, il ſera dépouillé de l'habit, dès que l'on ſera inſtruit de la premiere profeſſion qu'il aura faite.

Fr. CLAUDE DE LA SANGLE.

10. Qu'il soit chassé du Couvent, sans esperance de pouvoir jamais porter notre habit, ni tirer de l'Ordre des alimens, des pensions, des Commanderies, des membres de Commanderie ou autre chose, quelle qu'elle soit, même de grace speciale.

COUTUME.

11. Si quelqu'un se trouve débiteur de quelque somme considerable, ou qui aura contracté mariage, & l'aura consommé, il ne pourra être reçû.

Fr. ANTOINE FLUVIAN.

12. Non plus que celui qui aura fait un meurtre, ou qui aura mené dans le siecle une vie débauchée & corrompue.

Fr. PHILIPPE DE VILLERS L'ISLE-ADAM.

13. L'on ne donnera l'habit de l'Ordre à aucun qui n'ait atteint l'âge de dix-huit ans. Il est néanmoins permis au Maître de choisir huit enfans de quelle nation il lui plaira, & en quel degré que ce soit pour son service domestique, ausquels l'on ne pourra rien opposer pour l'âge, ou l'ancienneté : pourvû néanmoins qu'ils soient âgez de douze ans.

Fr. JEAN L'EVESQUE DE LA CASSIERE.

14. Ceux qui auront été choisis ou reçûs autrement, ne joüiront d'aucune prérogative d'ancienneté ou de résidence ; ne recevront ni table, ni solde du commun Trésor, quand ils auroient été choisis & reçûs par une grace particuliere du Grand Maître & des Langues.

LE MESME MAISTRE.

15. Pour nous conformer au Decret du saint Concile de Trente, nous ordonnons que personne ne soit admis à faire profession dans notre Ordre, avant les seize ans accomplis.

Fr. PHILIPPE DE VILLERS L'ISLE-ADAM.

16. Que l'on ne reçoive personne qui ne soit d'une bonne santé, libre de son corps, & propre à la fatigue : qui n'ait l'esprit sain, & qui ne soit de bonnes mœurs.

Des preuves nécessaires avant de recevoir un Chevalier.

Fr. HUGUES REVEL.

17. Ceux qui souhaiteront être reçûs Chevaliers, seront obligez de prouver par des titres incontestables qu'ils sont nez de parens nobles de nom & d'armes.

Des qualitez que doivent prouver les Freres Chappelains & Servants d'armes.

Fr. JEAN DE LA VALLETTE.

18. Quoique nos établiſſemens ne demandent point que l'on recherche la nobleſſe du ſang dans ceux qui y ſeront reçûs pour Freres Chapelains, ou Servants d'armes, l'on ne doit pas cependant les prendre dans la plus vile populace, ni ſans quelque choix, ce qui pourroit donner lieu à les mépriſer : c'eſt pourquoi nous ordonnons qu'à l'avenir aucun ne ſera reçû Frere Chapelain ou Servant d'armes, au dedans, ni au dehors du Couvent, même par grace ſpeciale des Langues, ou des Prieurez, qu'il n'ait juſtifié qu'outre les qualitez requiſes & néceſſaires par nos Statuts, il eſt né de parens gens de bien & d'honneur : qu'il ne s'eſt appliqué qu'à un travail honnête : qu'il n'a jamais ſervi à perſonne dans un emploi vil & mépriſable : que lui-même, ſon pere ni ſa mere n'ont jamais fait aucun métier ſordide ou méchanique de leurs mains : nous en exceptons ceux qui ſe ſeront ſignalez par les armes ou par des ſervices honorables qu'ils auront rendus à nôtre Ordre.

Fr. CLAUDE DE LA SENGLE.

19. Ceux qui voudront être reçûs dans notre Ordre, ſeront tenus de juſtifier qu'ils ſont nez dans la Langue ou Prieuré dans lequel ils demanderont d'être incorporez.

LE MESME MAISTRE.

20. Enfin ils ſeront obligez de faire les preuves requiſes par nos établiſſemens devant les Commiſſaires députez par le Prieur, ou le Chapitre Provincial, ou devant l'Aſſemblée même, & de les préſenter au Chapitre ou à l'Aſſemblée, pour y être lûes, aprouvées ou rejettées.

Fr. PHILIPPE DE VILLERS L'ISLE-ADAM.

21. Elles nous ſeront enſuite envoyées au Couvent, avec des pieces juſtificatives en bonne forme de tous les faits qui s'y trouveront contenus. Ainſi nous défendons de recevoir aucun Frere Chevalier hors du Couvent.

Fr. HUGUES DE LOUBENX VERDALE

22. Nous défendons d'accorder aucun délai, de faire ou de préſenter les preuves que l'on avoit accoutumé d'obtenir des Langues, des Prieurs ou du Maître ou de ſon Conſeil : déclarons nul & de nulle valeur tout ce qui ſe fera au préjudice du preſent Statut.

Fr. CLAUDE DE LA SENGLE.

23. Défendons auſſi de donner l'habit à aucun qui n'ait un manteau que nous appellons à bec ou de pointe, & une robbe longue, & qui n'ait, s'il eſt Chevalier, ou Frere Servant, des armes avec la caſaque.

De la peine de ceux qui auront été reçûs contre la diſpoſition des Etabliſſemens.

Fr. CLAUDE DE LA SENGLE.

24. Celui qui aura été reçû contre la forme des Etabliſſemens, s'il eſt Chevalier, ſera réduit à l'état de Frere Servant : s'il eſt Frere Chapelain, il deviendra Frere d'Obedience ; s'il eſt Frere Servant d'armes, il ſera réduit à la condition de Frere Servant d'office, & qu'il ſoit inhabile à poſſeder ni Commanderie, ni aucun autre bien de l'Ordre.

Que l'on ne faſſe aucune recherche ſur l'état de ceux qui auront été reçûs Chevaliers.

Fr. PHILIPPE DE VILLERS L'ISLE-ADAM.

25. Statuons & ordonnons que l'on ne fera plus aucune difficulté à ceux qui auront été reçûs dans le Couvent, en qualité de Chevaliers, ſur leur état, à moins que celui qui la propoſera ne ſe ſoumette à la peine du talion, c'eſt-à-dire, qu'au cas qu'il ne vienne pas à bout de prouver ce qu'il aura avancé, il ſera lui-même rabaiſſé au degré de Frere Servant ; aucun ne pourra être écouté dans la difficulté qu'il fera à un autre, s'il a déja cinq ans de poſſeſſion.

De la réception des Sœurs de notre Ordre.

Fr. HUGUES REVEL.

26. Nous permettons aux Prieurs, & au Châtelain *d'Empoſte*, d'admettre à la profeſſion de notre Ordre des Dames de bonnes mœurs, nées en légitime mariage de parens nobles.

Fr. CLAUDE DE LA SENGLE.

27. Pourvû qu'elles ſoient renfermées dans des Monaſteres.

De l'année de probation.

Fr. HUGUES DE LOUBENX VERDALE.

28. Nous déterminons qu'à l'avenir perſonne ne recevra l'habit dans le Couvent, s'il n'y a demeuré une année entiere, afin que l'on puiſſe juger de ſes mœurs, de ſa maniere de vivre, & de ſes diſ-

positions. Cette année lui sera comptée pour l'ancienneté, & la résidence : il aura la table & la solde, sans quoi il ne jouira pas de l'ancienneté de cette année.

De la réception des Freres Chapelains & Servans, pour le service des Commanderies.

Fr. ELION DE VILLE-NEUVE.

29. Qu'il ne soit permis à aucun de nos Freres, de quelque état ou condition qu'il soit, de recevoir aucun pour Frere de l'Ordre Chapelain ou Servant d'armes, lorsqu'ils en manquent pour leurs Eglises & Chapelles, ni de Freres Servans d'Office, pour leur service, ou des Commanderies qu'ils possedent.

Fr. PHILIPPE DE VILLERS L'ISLE-ADAM.

30. Quils ne soient auparavant approuvez par le Chapitre provincial, ou par l'assemblée à laquelle ils doivent être présentez : ils seront obligez de les nourir, vêtir, & loger à leurs dépens, ou de les pourvoir de quelque Benefice Ecclesiastique.

Que l'on fasse une matricule des Freres Chapelains & Servans qui auront été reçûs hors du Couvent.

LE MESME MAITRE.

Nous Commandons aux Prieurs & au Châtelain d'*Emposte*, de travailler à faire faire une matricule des Freres qui auront été reçus hors du Couvent, dans laquelle chacun d'eux sera instruit, sans quoi ils ne seront pas regardez comme Freres de l'Ordre, ne jouiront pas des privileges, & ne pourront pas obtenir les Benefices Ecclesiastiques qui en dépendent.

Fr. CLAUDE DE LA SENGLE.

32. Celui qui en aura reçû autrement qu'en la forme ci-dessus prescrite, soit Prieur, Bailli, ou Commandeur, demeurera privé de l'administration du Prieuré, Bailliage ou Commanderie, pendant cinq ans, durant lesquels tous les fruits en seront portez au commun Trésor. Si c'est un Frere du Couvent, il perdra cinq ans de son ancienneté, desquels profiteront ses Fiarnauds.

Que le Frere Servant ne poura devenir Chevalier.

Fr. ROGER DE PINS.

33. Il n'est pas à propos qu'un Religieux change l'état qu'il a une fois embrassé, & qu'il renverse s'en dessus dessous le degré de sa qualité. Ainsi nous défendons aux Freres Servans, de quelque

qualité

DE L'ORDRE DE S. JEAN DE JERUSALEM.

qualité qu'ils puissent être, de monter jamais au rang des Chevaliers : quand quelque Prince seculier ou autre les feroit Chevaliers, ils n'en seront pas moins obligez de se tenir dans le degré, le service & la solde des Freres Servans.

De la maniere de recevoir les Confreres ou Donnez.

COUTUME.

34. Ceux qui souhaittent d'être reçûs Confreres, ou Donnez de notre Ordre : doivent se présenter avec respect devant le Frere qui les reçoit, s'agenouiller, mettre les mains sur le Missel que le Frere tient entre les mains, & prononcer les paroles suivantes : » Je N. pro-
» mets à Dieu Tout-puissant, à la bienheureuse Vierge Marie Mere
» de Dieu, à S. Jean-Baptiste, & au Maître de la Religion de S.
» Jean de Jerusalem, que j'aurai, autant qu'il me sera possible,
» une veritable charité & amitié pour le Maître de cette Religion,
» pour les Freres, & pour tout l'Ordre : que je les défendrai eux &
» les biens de l'Ordre de toutes mes forces, & que si je ne me trouve
» pas en état de le faire, je leur ferai sçavoir tout ce que j'aurai pû dé-
» couvrir, qui pourroit leur faire de la peine : que je ne ferai jamais
» profession dans aucun autre Ordre, que celui de S. Jean, dans lequel
» quand je n'aurois pas fait profession, je supplie qu'après ma mort, l'on
» enterre mon corps dans le Cemetiere de la Religion : je promets
» encore de lui donner chaque année à la Fête de S. Jean-Baptiste,
» quelque chose en reconnoissance de la confraternité.

Après qu'il a prononcé ces paroles, celui qui le reçoit, doit lui dire : Puisque vous avez fait les promesses ci-dessus, nous recevons votre ame & celles de vos ancêtres à la participation de tous les Offices divins, bonnes œuvres, Oraisons & Messes, qui se diront à l'avenir dans notre Religion, que nous prions notre Seigneur J. C. de vouloir vous communiquer. Il le baisera ensuite, & après lui tous les Freres qui se trouveront présens. L'on écrira sur le Registre de la confraternité son nom, & ce qu'il aura promis de donner chaque année. Voilà ce que nous commandons d'être observé à la réception des Confreres, sans préjudice de l'usage de quelques Prieurez, qui pourroit se trouver different, lequel ils sont obligez de maintenir.

Fr. JEAN D'OMEDES.

35. Nous défendons aux Prieurs, au Châtelain *d'Emposte*, aux Baillis & à tous les autres Freres de notre Ordre, de recevoir personne pour Donat ou Confrere, sans l'ordre ou la commission du Maître, à peine d'être privez de l'habit, & pour ceux qui auront été reçus sans cela, de n'être point reconnus pour Confreres, & de ne jouir des privileges, ni des exemptions des Donats.

Tome IV.   L

Fr. CLAUDE DE LA SENGLE.

36. Les Confreres ou Donats porteront sur leur côté gauche de leur habit une Croix qui n'aura que trois branches, & qui manquera de celle de dessus, faute de quoi ils ne jouiront pas des privileges.

Des qualitez nécessaires à ceux que l'on recevra pour Donats.

Fr. JEAN DE LA VALETTE.

37. Il s'est glissé quelques abus dans la réception des Donats ou Confreres, ausquels nous avons résolu de remedier : ainsi nous défendons par le présent Statut, de recevoir à l'avenir, pour Donat ou Confrere, aucun seculier, de quelque état ou condition qu'il soit, sans permission ou commission du Maître ; ainsi qu'il a été déja reglé, & qu'il ne lui ait paru que le prétendant est d'honnête famille ; qu'il n'est point issu de parens, Juifs, Sarrasins, ni autres Mahometans : qu'il a mené une vie reglée : qu'il n'a été prévenu d'aucun crime : qu'il n'a jamais fait de métier sordide, ou méchanique, & qui n'ait fait présent à l'Ordre d'une partie de ses biens. Ceux qui auront été reçûs sans observer toutes ces formalitez, ou qui après l'avoir été, négligeront de porter cousue sur leurs habits la marque des Donats, ne sera point regardé comme tel, & ne jouira d'aucun des privileges attachez à cette qualité.

Nous en exceptons cependant la Congregation des Donats & Confreres de la Commanderie de *Modica*, dans laquelle l'on observe une coutume très ancienne, qui n'y est pas conforme. Les Donats de cette Congregation n'en seront pas moins tenus de faire, devant le Commandeur, leurs preuves de ce que dessus, nonobstant tous Statuts & Coutumes contraires.

La maniere d'ôter l'habit aux Freres.

COUTUME.

38. Dès que quelque Frere de notre Ordre aura commis un crime qui merite que l'on lui ôte l'habit, le Maître ou son Lieutenant revêtu de pouvoir quant à ce, rapportera au Conseil le crime & le délit, pour prendre son avis sur ce qu'il doit faire en cette occasion. Le Conseil après avoir meurement déliberé, lui ordonnera d'en rapporter les preuves. L'information ou les dépositions des témoins, seront reçûes en la forme prescrite par les Statuts & les Coutumes. Si le cas se trouve assez grave pour meriter la privation de l'habit, le Maître ou son Lieutenant en donnera sa plainte à l'Assemblée générale, qui sera convoquée pour cet effet au son de la cloche, en la maniere accoutumée. Il y proposera le crime de l'accusé tel qu'il

est ; ou s'il veut bien en couvrir l'atrocité, il se contentera de dire pour ne pas donner de mauvais exemple, que l'accusé a fait tort à la Religion de plus d'un marc d'argent en présence de l'accusé même qui y aura été conduit sous bonne & sûre garde par le maître Ecuyer.

Après la lecture de la plainte, le Maître ou son Lieutenant laissera aux Baillis de l'Egard le tems de l'examiner, & de voir les informations, les preuves, les interrogatoires de l'accusé, lesquels rendront ensuite leur Sentence, selon Dieu, la raison, les Statuts, & les louables Coutumes de la Religion.

Le Maître ou son Lieutenant nomme le Chef de *l'Egard*, & depute un Religieux honnête homme, pour s'y trouver en son nom, & faire toutes les procedures nécessaires : ensuite de quoi le Chef & les Baillis de *l'Egard* se retirent en un autre endroit, où se trouvent le Procureur du Maître d'un côté, & l'accusé de l'autre. Le Procureur demande que l'accusé soit privé de l'habit, suivant la grieveté de son crime : l'on permet à l'accusé de répondre & de se défendre. S'il avoue son crime, & qu'il en demande pardon, *l'Egard* va jusqu'à trois fois trouver le Maître & l'Assemblée, pour demander sa grace : si le Maître trouve que les Statuts lui permettent de l'accorder, l'on s'en tient là. S'il continue de demander que l'on fasse justice, *l'Egard* s'en retourne au lieu où il est venu.

Si l'accusé dénie le fait, l'on produit les témoins, les informations & les preuves ; & s'il se trouve convaincu par sa propre confession, ou par les dépositions des témoins, *l'Egard* prononce sa Sentence qui le condamne d'être dépouillé de l'habit. L'on appelle le Procureur du Maître, auquel on la communique : il le dispose à suivre *l'Egard* qui le conduit au Maître & à l'Assemblée : il demande grace encore une fois : il est encore appuyé de l'intercession de *l'Egard*. Mais si le Maître ou son Lieutenant continue dans son refus, & qu'il commande qu'on fasse lecture de la Sentence, le Chef & les Baillis de *l'Egard*, après un troisiéme commandement à eux fait en présence de l'accusé, lui prononcent sa Sentence, le déclarent convaincu du crime, & le condamnent à la privation de l'habit.

Quand la Sentence a été publiée, l'accusé se met à genoux devant le Maître ou son Lieutenant, & continue de demander sa grace. Il a le maître Ecuyer à son côté pour executer les ordres. C'est lui qui prononce la Sentence de privation, en disant à l'accusé : » Puis- » que vous vous êtes rendu par vos crimes & vos desordres, indi- » gne de porter à l'avenir le signe de la sainte Croix, & l'habit de » notre Ordre, que nous vous avions donné, dans l'opinion que » nous avions que vos mœurs étoient régulieres ; nous vous l'ô- » tons, suivant nos Statuts & nos Coutumes, pour donner du cou- » rage aux bons, de la crainte aux méchans ; & afin que vous ser- » viez d'exemple, nous vous séparons, & nous vous chassons de la

» noble compagnie de nos Freres : nous vous jettons dehors, comme
» un membre pourri & gangrené.

Après ces paroles, le Maître Ecuyer, de l'ordre du Maître ou de son Lieutenant, ôte l'habit à l'accusé en cette maniere. Au premier commandement, il met seulement la main sur le manteau du condamné : au second, il dénoue les cordons des manches à bec ou à pointe, & en jette une partie sur le devant : au troisième, il dénoue le cordon qui attache le manteau, & le lui ôte de dessus les épaules, en disant ces paroles : » De l'autorité du Superieur, je vous enleve » les liens du joug du Seigneur, lequel est véritablement doux, & » l'habit de notre Ordre, que vous vous êtes rendu indigne de porter; après quoi il le ramene dans la prison.

Lorsque l'accusé est absent, l'on commence par le citer, suivant la forme de nos Statuts & de nos Coutumes : s'il ne comparoît point, ou qu'il soit impossible de le prendre, au cas que le crime dont il est accusé ait été commis publiquement, & qu'il soit directement contre ce qui est prescrit par les Etablissemens, ou qu'il soit notoire, & qu'il doive être puni par la privation de l'habit, pourvû que l'on en ait des preuves suffisantes, l'on ne laisse pas de lui faire son procès par contumace, de le faire condamner par l'*Egard*, & par le Maître ou son Lieutenant, qui le déclare privé de l'habit, après avoir observé les formalitez ci-dessus. L'on porte un manteau au milieu de l'Assemblée ; & après le troisième commandement, le Maître Ecuyer le prend, & l'emporte pour faire affront à l'accusé.

La maniere de rendre l'habit à ceux qui en ont été privez.

COUTUME.

39. Notre Ordre a accoutumé d'user de bénignité & de misericorde envers ceux qui se repentent de leurs crimes, & qui en reviennent à une conduite plus moderée. Ainsi lorsque quelqu'un de nos Freres a été privé de l'habit pour ses fautes ; qu'il en a fait pénitence, qu'il paroît disposé à s'en corriger, qu'il a merité sa grace, suivant nos Statuts, & que l'on juge à propos de lui rendre l'habit, l'on en use de la maniere suivante.

Le Grand Maître ou son Lieutenant font convoquer l'Assemblée, ou congregation au son de la cloche ; où étant assis avec les Baillis, les Prieurs, & autres anciens, & les Chevaliers, comme à l'ordinaire, le Maître ou son Lieutenant commandent au Maître Ecuyer d'amener celui qui a été privé de l'habit, en habit seculier, ou même en chemise, & la corde au col, si son crime se trouve l'avoir merité : il arrive les mains jointes, entre lesquelles il porte un cierge allumé, qui marque qu'il recouvrera bientôt la charité & la dilection de l'Ordre.

En cet état, il se jette aux pieds du Maître, & le supplie avec respect de lui faire grace, de lui rendre l'habit, de le rétablir dans la

compagnie des Freres ; sur quoi le Maître lui fait cette réponse :
» Encore que l'on soit informé que vos fautes précédentes vous ont
» justement attiré la privation de notre habit ; cependant comme
» nous esperons que vous serez plus sage à l'avenir, nous vous par-
» donnons : nous vous rendons l'habit de notre Ordre, & nous vous
» rétablissons dans la compagnie de nos Freres. Tâchez donc de vivre
» à l'avenir d'une maniere si reglée, que nous ne trouvions plus d'oc-
» casion de vous faire éprouver une seconde fois la rigueur, & la
» severité de la justice : la grace que nous vous accordons est gran-
» de ; elle ne se fait que très-rarement. Nous souhaitons qu'elle de-
» vienne salutaire à votre ame & à votre corps.

Le Maître Ecuyer, de l'ordre du Maître, prend ensuite un manteau qu'il lui met sur les épaules, & le rattache avec les cordons, en
disant : » Recevez pour la seconde fois le joug du Seigneur, qui est
» doux & leger : qu'il puisse contribuer au salut de votre ame. Le nouveau Chevalier loue Dieu, & le remercie de sa bonté, & se dévoue
au service de l'Ordre.

Fr. CLAUDE DE LA SENGLE.

40. La restitution de l'habit ne peut se faire que de cette maniere ;
le Chevalier n'est pas rétabli pour cela dans son ancienneté, ni dans
sa résidence.

Ceux qui auront fait commerce ne seront pas reçûs Chevaliers.

Fr. HUGUES DE LOUBENX VERDALE.

41. Nous ordonnons que ceux qui auront fait commerce, ou dont
les parens l'auront fait, ou auront été Banquiers, Agens de Change ou
de banque, Changeurs, Caissiers ou Fermiers, ou auront vendu en
magazin ou en boutique, à poids ou à mesure des draps de soye ou
de laine, des grains, ou quelqu'autre denrée que ce soit, ne seront
point reçûs Chevaliers, quoique Gentilshommes de nom & d'armes,
dans quelque Seigneurie, Ville ou Province qu'ils soient nez. *

*Que l'on ne reçoive personne, dont le pere ou la mere détiennent
actuellement les biens de l'Ordre.*

LE MESME MAITRE.

42. Il a été déterminé par la Coutume, qui est en cela très-rai-
sonnable, que l'on ne recevra point dans l'Ordre des gens chargez
de dettes. Ainsi nous statuons & ordonnons que l'on n'y recevra point
non plus aucune personne, dont le pere aura détenu, ou qui détient

---

* *Excepté les Villes de Florence, de Genes & de Lucques, à l'égard desquelles il suffit que le prétendant n'ait pas trafiqué lui-même, quoique son pere l'ait fait.*

elle même les terres, possessions, Justices, ou quelqu'autre bien de l'Ordre que ce soit, sans les avoir restituez auparavant. Ordonnons aux Commissaires députez pour la réception des preuves, de s'en informer exactement, & de bien interroger les témoins sur cet article.

DE L'EGLISE.

TITRE III.

Du culte des choses divines.

COUTUME.

1. Le principal & le plus essentiel des devoirs de l'homme Religieux, est d'adorer Dieu, de le rêverer de tout son cœur, & de tout son esprit, & de s'attacher à tout ce qui regarde le culte qui lui est dû. Ainsi nous ordonnons & commandons à nos Freres d'avoir un respect singulier pour les choses sacrées & divines, afin d'obtenir de Dieu la force & le bonheur qui leur sont nécessaires, pour combattre contre les ennemis de Jesus-Christ.

Des Prieres que les Freres sont obligez de réciter chaque jour.

COUTUME.

2. Les Fondateurs de notre Ordre ordonnerent avec beaucoup de prudence, que nos Freres Chevaliers & Servans, qui doivent s'appliquer à l'Oraison pour élever leur esprit vers Dieu, ne seroient chargez que d'un petit nombre de prieres, qui ne les empêchassent pas de vacquer à l'Hospitalité, & à la défense de la foi : ils ordonnerent que tous nos Freres Profès de l'Ordre, Chevaliers & Servans, réciteroient chaque jour, à une ou à plusieurs reprises, cent cinquante fois l'Oraison Dominicale, enseignée par Jesus-Christ lui-même dans l'Evangile, au lieu des Heures Ecclésiastiques ; sçavoir treize pour les Matines du jour ; autant pour les Matines de Notre-Dame ; treize pour Prime ; quatorze pour Tierce, autant pour Sexte, autant pour None ; dix-huit pour Vêpres, quatorze pour Complies : quinze pour les quinze Pseaumes du matin, quatorze pour les Vigiles des Morts, & huit pour les Vêpres du même Office.

Il s'est encore établi une louable coutume, confirmée par le Pape, que ceux qui voudront, & qui en auront la commodité, reciteront l'Office de la Sainte Vierge ou celui des Morts, qu'ils ne seront pas obligez de réciter les *Pater noster*. Cependant les Freres Prêtres, Diacres, Soudiacres ou Clercs de notre Ordre, sont tenus de réciter le Breviaire Romain, si l'Ordre qu'ils auront reçû, les y engage. Nous commandons que tous les Freres s'acquittent exactement de ce devoir.

Les jours aufquels nos Freres font obligez de jeûner.

COUTUME.

3. Premierement tout le Carême, depuis le Mercredi de la Quinquagefime, jufqu'au jour de Pâques. Si la Fête de S. Marc l'Evangelifte, ou des grandes Litanies, tombe dans la femaine de Pâques, le jeûne fera remis jufqu'après l'octave. Les jours des Rogations qui arrivent devant l'Afcenfion de Notre-Seigneur, le lundi, le mardi & le mercredi. La veille de la Pentecôte: les Quatre-tems qui arrivent la femaine d'après, & les autres Quatre-tems. Les veilles de S. Jean-Baptifte, de S. Pierre & S. Paul, de tous les Apôtres, de S. Laurent Martyr, de l'Affomption, de la Conception, de la Nativité, de l'Annonciation, & de la Purification de la Sainte Vierge, de la Touffaints, & de la Nativité de Notre-Seigneur.

COUTUME.

4. Nos Freres Chevaliers Servans font obligez de recevoir trois fois l'an l'adorable Sacrement de l'Euchariftie, à Pâques, à la Pentecôte & à Noël.

Fr. JEAN L'EVESQUE DE LA CASSIERE.

5. Et au jour de S. Jean-Baptifte notre Patron: nous déclarons que les Clercs y font pareillement obligez, quoiqu'ils ne foient pas encore promûs aux Ordres facrez, même les Confreres ou Donats.

Du defapropriement, & de la confeffion que doivent faire les Freres, avant de s'embarquer.

Fr. PHILBERT DE NAILLAC.

6. Nous commandons à tous les Freres de notre Ordre, qui montent les galeres, ou autres vaiffeaux, de fe confeffer dévotement, & de faire le defapropriement, lequel fe dépofera clos, & fcellé de leurs cachets, entre les mains du Prieur de l'Eglife, de fon Vicaire, ou du Souprieur, à peine d'être foumis à faire la quarantaine à leur retour; & s'ils font Freres du Couvent, de perdre leur folde d'une année. Un Commandeur perdra les fruits d'une année de fa Commanderie, lefquels feront appliquez au commun Tréfor.

A qui les Freres font obligez de fe confeffer.

7. Nous défendons à nos Freres de fe confeffer à d'autres Prêtres, qu'au Prieur, ou à quelque Chapelain de notre Ordre, s'il s'en trouve: au cas qu'ils veuillent fe confeffer à d'autres, ils en demanderont la permiffion au Prieur, ou au Souprieur en fon abfence.

De la modestie que doivent observer les Freres pendant la célébration du Service divin.

Fr. ANTOINE FLUVIAN.

8. Nous défendons à nos Freres d'entrer dans le *Chanul* ou Chœur, pendant que l'on fait l'Office divin, & de s'appuyer sur l'Autel, afin qu'ils n'embarassent point le Prêtre, qui le célébre. Ceux qui contreviendront au présent Statut, seront punis par un jeûne de six semaines.

Que les Freres sont obligez en marchant, ou en s'asseyant, de garder l'ordre de l'ancienneté.

Fr. CLAUDE DE LA SENGLE.

9. Nous ajoutons au précedent Statut, que tous nos Freres, soit à l'Eglise, soit aux Processions, observent entre eux l'ordre de l'ancienneté: qu'aucun d'eux ne se place dans les bancs des Grands Prieurs, des Baillis, ou des Lieutenans des Baillis conventuels, sous la même peine que dessus.

Des Processions que l'on est obligé de faire.

COUTUME.

10. L'on fait dans l'Eglise de l'Hôpital les Processions suivantes, Aux Fêtes de la Purification, & de l'Assomption de la Sainte Vierge, de l'Ascension de Notre-Seigneur, du Corps de Dieu, & de Saint Jean-Baptiste. L'on va en Procession à l'Infirmerie tous les Dimanches & tous les Vendredis, pour obtenir de Dieu la paix, & qu'il n'arrive point de tremblemens de terre. L'on n'en fait en aucune autre fête, si elle n'arrive le Dimanche.

La solemnité que l'on doit faire le jour de la Nativité de la Sainte Vierge, pour la victoire gagnée à pareil jour.

Fr. JEAN DE LA VALLETTE.

11. Nous sommes obligez de célébrer avec beaucoup de révérence & de dévotion, la Fête de la Nativité de la Sainte Vierge Mere de Dieu, tant pour les bienfaits singuliers que nous, & notre Ordre avons reçûs de sa part, que pour l'heureuse victoire qu'elle nous a aidée à remporter en ce jour, contre les Barbares. Leur tyran ennemi déclaré du nom Chrétien, & particulierement de notre Ordre, avoit envoyé en 1565, une armée très puissante, & très bien fournie, assieger cette Isle; & lui ayant livré de terribles assauts par mer & par terre, qui furent continuez, sans interruption pendant quatre mois; forcé la citadelle de S. Elme, laquelle est située à

l'entrée

l'entrée du port, ruiné les autres forteresses, châteaux & bastions, renversé entierement les murailles, brûlé les maisons de plaisance, renversé les Eglises, & désolé la campagne. Nous nous trouvions réduits à un extrême danger : cependant par le secours de Dieu tout-puissant, par la bravoure, & la constance de nos Freres, nous avons soutenu les efforts de l'ennemi, avec tant de courage & de fermeté, qu'après l'arrivée du secours que nous envoyoit Philippe II. Roi d'Espagne, véritablement Catholique, commandé par le Général Dom Garcias de Tolede, Vice-Roi de Sicile, les Turcs affoiblis par les pertes que nous leur avions causées, épouvantez de l'arrivée de ces nouveaux ennemis, furent contraints de s'enfuir honteusement, après avoir vû tailler en pieces la meilleure partie de leur armée, sans avoir pû executer leur dessein.

C'est pourquoi nous, qui reconnoissons d'avoir obtenu cette victoire par le secours de Dieu tout-puissant, de la Sainte Vierge Marie sa mere, & de Saint Jean-Baptiste notre protecteur ; pour conserver dans notre Ordre la mémoire d'un bienfait aussi singulier, avons établi cette Loi, que nous voulons être perpétuellement & inviolablement observée, par laquelle nous commandons, statuons & ordonnons, que dans toutes les Eglises de notre Ordre, l'on célebre à l'avenir par des processions & autres solemnitez & cérémonies Ecclesiastiques, avec beaucoup de respect & de dévotion, la Fête de la Nativité de la Sainte Vierge ; qu'il y ait un Sermon à sa louange, puisque c'est par son intercession que nous avons obtenu une victoire aussi célebre, dans lequel Sermon l'on expliquera au peuple l'ordre & le progrès de cette Victoire, & que la veille de la même Fête l'on y fasse un service de *Requiem*, avec les prieres & les Oraisons accoutumées pour le repos des ames de nos Freres & autres, qui perdirent la vie en cette cruelle guerre, pour la foi & pour la Religion.

Voulons encore que dans ce Couvent l'on procure d'honnêtes mariages à six des filles que l'on a accoutumé d'y entretenir, aux dépens de l'Hôpital, & que s'il ne s'en trouve pas, l'on marie d'autres pauvres filles sages & vertueuses, au choix du Grand Maître, & qu'on leur donne à chacune cinquante écus de dot, compris leurs habits. Nous ordonnons & commandons expressément, en vertu de l'obédience, aux Prieurs, au Châtelain *d'Emposte*, aux Baillis, aux Commandeurs, & à tous les autres Freres de notre Ordre, de faire garder & observer, chacun en droit soi, & à ses dépens, notre presente Constitution dans leurs Eglises, & de la faire observer par tous ceux qu'il appartiendra.

Que l'on fasse des prieres pour la paix.

Fr. PHILIBERT DE NAILLAC.

12. Nous ordonnons que l'on fasse des prieres pour la paix dans toutes les Eglises & les Chapelles de notre Ordre, en la maniere

suivante. Le Prêtre qui célebrera la grande Messe, après avoir chanté le *Pater noster*, s'agenouillera devant l'Autel, & entonnera les prieres qui commencent par *Lætatus*, &c. & pour la paix & la tranquillité de l'Eglise Catholique, du peuple Chrétien, & de l'Ordre de S. Jean, par les faveurs, l'assistance & les revenus duquel nous sommes protegez & défendus de la tyrannie des Turcs.

Que l'on prie pour le Maître & pour l'Ordre.

Fr. PIERRE D'AUBUSSON.

13. Nous ordonnons qu'en toutes nos Eglises & nos Chapelles, en quelque partie du monde qu'elles soient situées, les Prêtres qui célebreront la sainte Messe, fassent dans leur *Memento*, une mention expresse du Maître & des Freres de nôtre Ordre, afin que Dieu leur fasse la grace de vaincre les ennemis de la Foi Catholique, à l'honneur de Dieu, pour la gloire, & l'Eglise duquel ils font la guerre, & qu'il plaise au Seigneur de conserver notre Ordre.

Des prieres que chacun doit réciter pour les Freres trépassez.

COUTUME.

14. L'on célebrera trente Messes pour le salut de l'ame de chaque Frere défunt, à la premiere desquelles chacun de ceux qui s'y trouveront, offrira un cierge & un denier, lesquels seront ensuite donnez aux Pauvres. Les Prêtres diront chacun une Messe : les Diacres, & les Soudiacres reciteront le Pseautier : les Chevaliers, & les Freres Servants chacun 150 *Pater noster*, ou l'Office des Morts, pour l'ame du Frere trépassé, outre les prieres qu'ils sont obligez de reciter chaque jour.

De la Messe qui doit être dite pour les Trépassez.

Fr. HUGUES REVEL.

15. Nous ordonnons que le Lundi de la Quinquagesime de chaque année, l'on célebre une Messe dans toutes les Eglises & les Chapelles de notre Ordre, où il y a des Prêtres députez, pour les Maîtres & les Freres trépassez, & que le Dimanche d'auparavant l'on chante les Vigiles des morts.

Fr. GUILLAUME DE VILLARET.

16. Voulons & commandons à tous les Freres d'y assister, & d'y offrir chacun un cierge & un denier. Le Maître est obligé de donner un Lys d'argent à chacun des Freres qui s'y trouveront.

Fr. CLAUDE DE LA SENGLE.

17. Le Frere qui négligera de s'y trouver sera puni par la septaine.

COUTUME.

18. Il doit y avoir Sermon dans l'Eglise du Couvent, tous les Dimanches de l'Avent, toutes les Fêtes de l'année, & pendant tout le Carême.

Fr. PIERRE DE CORNILLAN.

19. Nous ſtatuons & ordonnons que l'on lira tous les Vendredis dans les Egliſes de notre Ordre, les neuf Leçons de la ſainte Croix, ſi ce n'eſt pendant l'Avent, depuis la Septuageſime juſqu'à la Pentecôte, quand l'Office ſera de neuf Leçons, les Octaves des Fêtes, & le jeûne des Quatre-Tems.

Fr. ANTOINE FLUVIAN.

20. Nous défendons à tous les Freres de notre Ordre, de ſe donner la préſomption, ou la liberté de corriger, augmenter ou diminuer quoi que ce ſoit dans les Livres de nos Egliſes, ſans commiſſion du Prieur de l'Egliſe même. Si le cas arrive, il ſubira la peine de la quarantaine.

Fr. JACQUES DE MILLY.

21. L'on choiſira un homme ſçavant pour l'inſtruction des Clercs dans la Langue Latine, & un autre pour leur enſeigner le chant, qui ſeront ſtipendiez par le Tréſor.

De la promotion des Clercs aux Ordres ſacrez.

Fr. HUGUES REVEL.

22. Nous défendons à tous nos Freres, de quelque condition qu'ils ſoient, de faire promouvoir aux Ordres ſacrez aucun des Clercs qui auront fait profeſſion dans notre Ordre, ſans l'avoir préſenté au Prieur de l'Egliſe, & en avoir obtenu de lui la permiſſion : qu'ils ne pourront être faits Soudiacres avant l'âge de vingt-un ans, Diacres avant vingt-deux, ni Prêtres avant vingt-cinq. Que les Clercs qui n'auront pas fait profeſſion dans notre Ordre, ne ſeront point admis au ſervice de l'Hôpital, ſans juſtifier de leurs Lettres d'Ordination.

De l'ornement & de la réparation des Egliſes.

Fr. PHILBERT DE NAILLAC.

23. Nous ordonnons aux Baillis, Prieurs, Châtelain d'*Empoſte*, Baillis capitulaires, Commandeurs, & Freres qui gouvernent les Commanderies & les biens de notre Ordre, de faire inceſſamment réparer en bon & honorable état, les Egliſes & les Chapelles, de leur fournir des livres à leur uſage, des ornemens, des calices & autres choſes convenables au culte divin, à proportion du revenu

des Commanderies & des maisons, & de députer pour les desservir des Freres Chapelains de bonne vie & mœurs, au défaut desquels ils pourront y nommer d'autres Prêtres Séculiers ou Reguliers, en attendant qu'ils puissent en avoir de l'Ordre, pour faire le service exactement & dévotement.

Les Prieurs, & le Châtelain d'*Emposte* tiendront la main à l'execution de ce Reglement, & prescriront aux Commandeurs & aux Freres un tems pour y satisfaire : faute de quoi ils perdront les fruits des Maisons & Commanderies, jusqu'à ce qu'ils y ayent pourvû, sur lesquels neanmoins on leur laissera de quoi vivre & s'entretenir médiocrement. Si les Prieurs, & le Châtelain d'*Emposte* manquent à ce devoir, ils seront eux-mêmes obligez d'y satisfaire à leurs dépens, parceque ce soin fait une partie de leurs charges.

De la pension & provision dûe aux Curez & autres Béneficiers.

Fr. JEAN DE LA VALLETTE.

24. D'autant qu'il y a dans notre Ordre des Eglises chargées de cure d'ames, & d'autres Eglises & Chapelles, où l'on doit faire célebrer l'Office divin, qui ont si peu de revenu, qu'elles ne sçauroient entretenir honorablement un Curé, Vicaire perpétuel, ou Béneficier, nous ordonnons aux Prieurs, & au Châtelain d'Emposte d'examiner diligemment avec le Chapitre Provincial, les moyens qu'ils jugeront propres à assigner à ces Ecclesiastiques un entretien honnête & suffisant : ce que nous leur permettons de faire, afin qu'ils puissent supporter honorablement les charges de leur ministere, par l'union de quelque Bénéfice peu éloigné, par une honnête pension ou portion congrue, ou par quelque autre voye commode & raisonnable.

Des Prudhommes de l'Eglise.

Fr. JACQUES DE MILLY.

25. Ordonnons au Maître & à son Conseil ordinaire de choisir deux Religieux Prudhommes, de bonnes vie & mœurs, députez de toutes les Langues, dont ils ne se trouveront point, lesquels accompagnez du Prieur de l'Eglise ou d'un Chapelain qui sera par lui commis, comme suffisant & capable, examineront diligemment, si le service divin se fait exactement dans l'Eglise de S. Jean, & dans les Chapelles & les Oratoires qui en dépendent conformément aux Ordonnances, qui regardent le spirituel & le temporel de cette Eglise, & de ces Chapelles, & qu'ils répareront, corrigeront, & mettront en ordre tout ce qui s'y trouvera de défectueux.

Ils feront & garderont un inventaire fidele des titres qui concernent les fondations des Chapelles, les biens & possessions qui y ont été annexez, & des ornemens qui leur appartiennent, lequel ils présenteront au Maître & à son Conseil, en sortant de Charge, pour être remis à ceux qui feront nommez pour leur succeder.

Ils feront leur rapport aux Assemblées des Quatre-tems, de tout ce qu'ils auront remarqué dans leur administration, & de tout ce qui leur aura paru manquer, afin que le Maître & son Conseil y donnent ordre. Leur fonction ne durera qu'une année, s'ils ne sont continuez par le Maître & son Conseil ; pour leur donner la facilité de s'y appliquer, ils seront exempts de monter la garde.

Que tout ce qui se trouvera parmi les dépouilles des Freres, destiné au culte divin, sera délivré à l'Eglise du Couvent.

Fr. JEAN FERNANDE'S DE HEREDIA.

26. Nous ordonnons que toutes les choses destinées au culte divin, comme calices, vases d'or, d'argent, ou dorez, draps d'or & d'argent, ou de soye, ou autres choses semblables, qui se trouveront parmi les dépouilles de nos Freres décedez, tant deçà que delà la mer, soient délivrées à l'Eglise de notre Couvent, à moins qu'elles n'eussent été données par les Prieurs, Baillis ou Commandeurs, de leur vivant, aux Eglises particulieres des Commanderies, auquel cas nous voulons qu'elles leur demeurent, & que l'on en fasse un inventaire.

Des présens que les Prieurs nouvellement élûs sont obligez de faire à l'Eglise.

Fr. CLAUDE DE LA SENGLE.

27. Nous voulons que les Prieurs, & le Châtelain *d'Emposte*, quand ils auront été élûs, & qu'ils auront joui une année de leurs Prieurez, & de cette Châtellenie, soient tenus d'offrir à l'Eglise de notre Couvent, un présent de la valeur au moins de cinquante écus d'or, lequel ils seront tenus d'envoyer dans les six mois suivants, aux Prud'hommes de l'Eglise, faute de quoi ils en seront réputez débiteurs, & seront contraints de payer cette somme, comme si elle étoit dûe au commun Trésor.

Fr. JEAN L'EVESQUE DE LA CASSIERE.

28. Nous ajoutons que les Baillis capitulaires sont tenus, sous la même peine que les Prieurs, d'offrir à l'Eglise du Couvent un présent de valeur au moins de vingt-cinq écus d'or, après qu'ils auront joui une année du revenu de leurs Bailliages.

LE MESME MAISTRE.

29. Nous ordonnons que les Maîtres, qui, dans les cinq ans du jour de leur élection, n'auront pas fait présent à l'Eglise d'un ornement suffisant pour officier pontificalement, ne puissent jouir d'aucune grace, ni prééminence magistrale, ni conferer aucune Commanderie de grace.

Les jours ausquels les Freres doivent porter le manteau de pointe.

Fr. CLAUDE DE LA SENGLE.

30. Nos Freres sont tenus de porter la robe, ou le manteau de pointe, la veille de Noël à Vêpres, & le jour à la Messe & à Vêpres. Le jour de S. Etienne, à la Messe & à Vêpres ; le jour de S. Jean, à la Messe. Le jour de la Circoncision, à la Messe ; le jour de l'Epiphanie, à la Messe. Le jour de la Purification de la Sainte Vierge, à la Messe. Le jour des Rameaux, à la Messe. Les jeudi, vendredi, & samedi de la Semaine sainte, à tous les Offices. Le saint jour de Pâques, & le lendemain, à la Messe & à Vêpres. Le jour de l'Ascension, à la Messe. La veille de la Pentecôte, à Vêpres ; le jour & le lendemain, à la Messe & à Vêpres. Le jour de la Sainte Trinité, à la Messe & à Vêpres. La veille de S. Jean-Baptiste, à Vêpres, & le jour, à la Messe & à Vêpres. Les Fêtes de l'Invention & de l'Exaltation de Sainte Croix, à la Messe. Le jour de l'Assomption de la Sainte Vierge, à la Messe & à Vêpres. Le jour de la Décollation de S. Jean Baptiste, à la Messe. Le jour de la Nativité de la Sainte Vierge, à la Messe. Le jour de Toussaints, à la Messe & à Vêpres. Le jour des Morts, à la Messe, & toutes les fois que les Freres voudront communier.

Les Capitulans, quand ils vont au Chapitre géneral, les Baillis conventuels, ou leurs Lieutenans, les Prieurs, les Baillis Capitulaires, quand ils vont à *l'Egard*, ou à l'Assemblée, les seize Electeurs, quand ils s'assemblent pour l'Election du Maître, sont obligez de s'en revêtir, à peine d'être punis de la quarantaine.

DE L'HOSPITALITE'.

TITRE IV.

Que les Freres exercent l'Hospitalité.

COUTUME.

1. L'Hospitalité tient le premier rang, entre toutes les œuvres de pieté & d'humanité : tous les peuples Chrétiens en demeurent d'accord, parcequ'elle embrasse toutes les autres. Elle doit être exercée & respectée par tous les gens de bien, & sur-tout par ceux qui se distinguent par le nom de Chevaliers Hospitaliers. C'est pourquoi nous ne devons nous attacher plus particulierement à aucune autre fonction, qu'à celle dont notre Ordre tire sa dénomination.

Des Prudhommes de l'Infirmerie.

Fr. JEAN DE LASTIC.

2. Afin que notre Infirmerie soit gouvernée avec plus d'exactitude

DE L'ORDRE DE S. JEAN DE JERUSALEM.   95
& de diligence, nous ordonnons que chaque année, le Maître &
son Conseil choisiront deux Prudhommes de differentes Langues,
lesquels visiteront les malades avec beaucoup de soin ; & s'ils trouvent qu'il leur manque quelque chose qui dépende d'eux, ils y
pourvoiront sur le champ. L'Infirmier sera obligé chaque mois de
leur rendre compte par écrit de la dépense qui s'y sera faite, faute
de quoi celui qui y aura manqué, sera privé de son Office.

Ce que doivent faire les Prudhommes, le Secretaire de l'Infirmerie, &
le Commandeur de la petite Commanderie.

Fr. FABRICE DEL CARETTO.

3. Pour prévenir les accidens qui arrivent facilement, nous ordonnons que les Prudhommes de l'Infirmerie, dès qu'ils auront été
choisis par le Maître & le Conseil, prêtent le serment au Conseil
même, de bien & fidellement faire leurs fonctions, pour le soulagement de Messieurs les malades, & de faire un état jour par jour
de toute la dépense qui se fera, soit dans l'Apoticairerie, soit dans
l'Infirmerie, laquelle sera payée par le commun Trésor. Le même
serment sera prêté par le Secretaire de l'Infirmerie, dès qu'il aura
été présenté au Maître & à son Conseil par l'Hospitalier, suivant
l'ancien usage, & qu'il aura été agréé. Le Commandeur de la petite Commanderie en fera autant, & promettra de ne rien donner
aux malades, sans ordre des Medecins, & sans avoir parlé aux
Prudhommes, qui en feront mention dans leur état, sans quoi aucune dépense ne sera passée ni allouée dans les comptes.

Fr. JEAN DE LASTIC.

4. Les Prudhommes de l'Infirmerie examineront tous les soirs
la dépense qui s'y est faite pendant la journée, dont ils signeront
l'état, faute de quoi elle ne sera pas allouée par les Procureurs du
commun Trésor.

Que l'on fasse un inventaire des meubles de l'Infirmerie.

LE MESME MAISTRE.

5. Nous ordonnons aux Prudhommes & à l'Hospitalier de faire
chaque année une recherche exacte des legs, des donations, & des
meubles de l'Infirmerie, dont ils feront un inventaire en bonne forme, lequel ils signeront, & cachetteront de leurs cachets, en présence de l'Infirmier, du Prieur, & de deux témoins ; dans lequel ils
comprendront tous les meubles & ustanciles de l'Infirmerie, comme
vaisselle d'or, d'argent, d'étain & de cuivre : tous les lits, couvertures, linceuls, pavillons, & de tout ce qui en dépend, ensemble
de tous les meubles, & autres choses destinées au service de la
Chapelle du Palais, des chambres, de la cuisine, & des autres offi-

ces, dont ils marqueront l'estimation sur chaque article, & y apposeront une marque pour les reconnoître. Ils prendront soin que chaque chose soit placée en lieu sûr, net & convenable. Défendons à l'Infirmier d'en tirer aucune chose en cachette, ni à découvert, directement ni indirectement, de les changer, ni convertir en d'autres usages.

De la visite de l'Apoticairerie.

LE MESME MAISTRE.

6. Pour empêcher que la mauvaise qualité des médicamens n'incommode les malades, nous ordonnons que l'Apoticairerie sera visitée par l'Hospitalier & les Prudhommes, en présence des Medecins, aussi souvent qu'ils jugeront à propos ; & qu'en leur présence, les Medecins visitent & examinent les drogues avec beaucoup de soin ; si la boutique en est bien fournie ; qui sont celles qui y manquent ; afin qu'il n'y aille pas de la faute de l'Apoticaire, si les malades ne sont pas soulagez.

Fr. JACQUES DE MILLY.

7. Nous ordonnons à l'Infirmier, & aux Prudhommes de faire écrire sur une peau de parchemin les Statuts qui concernent l'Hospitalité, laquelle sera attachée sur une planche suspendue dans le Palais des malades, & exposée à la vûe de tout le monde ; afin que les Statuts qui sont faits pour eux, soient exactement observez.

Du cachet de l'Hospitalier.

LE MESME MAISTRE.

8. Pour la conservation des biens & des meubles destinez au service des malades, nous ordonnons à l'Hospitalier, ou à son Lieutenant d'avoir un cachet de fer, afin de marquer les couvertures, les garnitures, & les autres meubles qui peuvent le souffrir, pour empêcher qu'on ne les change, transporte ou aliene, lequel cachet sera mis dans un sac de cuir, scellé du sceau de l'Hospitalier, ou son Lieutenant, & des Prudhommes, & gardé par l'Infirmier. La vaisselle & les autres meubles dont on ne se servira pas tous les jours, se mettront dans un lieu separé, dont l'Infirmier & les Prudhommes garderont les clefs.

Que l'on députera un Chapelain avec le Prieur de l'Infirmerie.

Fr. JEAN DE LASTIC.

9. Nous voulons que l'Hospitalier depute un Chapelain de notre Ordre, de bonnes vie & mœurs, lequel il présentera d'abord au Prieur de l'Eglise, qui a droit de le confirmer. Le Chapelain dira
quatre

quatre Messes par semaine dans l'Infirmerie, & le Prieur trois, afin que les malades puissent l'entendre tous les jours : le Célébrant priera Dieu pour la santé de leurs ames & de leurs corps ; l'on lui donnera la rétribution ordinaire : ils seront tenus de les entendre en confession, de leur administrer l'Eucharistie, de les ensevelir après leur mort ; de faire enfin tout ce qui sera nécessaire pour le salut de leurs ames, & la sépulture de leurs corps.

De l'exemption du Prieur de l'Infirmerie.
Fr. JACQUES DE MILLY.

10. Le Prieur de l'Infirmerie doit être soigneux & attentif au service des malades, sur-tout pour ce qui regarde leur salut. C'est pourquoi nous lui ordonnons de n'y rien omettre, de leur dire la Messe, de leur administrer les Sacremens, & de s'acquitter fidelement de tous les autres devoirs. Afin qu'il le fasse plus commodément, nous l'exemptons des caravanes, & nous lui permettrons d'avoir un valet, pour l'entretien duquel il recevra du commun Trésor la même quantité de froment que reçoit un Frere Chevalier.

Des Medecins de l'Infirmerie.
Fr. JEAN DE LASTIC.

11. L'on appellera, pour le secours des malades, des Medecins sçavans & experimentez, lesquels prêteront le serment devant huit Freres des Langues, de travailler au soulagement des malades avec beaucoup de fidelité, suivant les sentimens des Medecins les plus approuvez : qu'ils les visiteront du moins deux fois le jour, pour donner leurs ordonnances, sans y manquer, quelque autre affaire qui puisse leur survenir. L'Infirmier s'y trouvera avec le Secretaire, pour écrire exactement tout ce qu'ils auront ordonné. Les Medecins seront stipendiez par le commun Trésor, & ne pourront recevoir aucune chose des malades mêmes pour leurs salaires.

Des Chirurgiens.
LE MESME MAITRE.

12. Nous ordonnons que pour le service des mêmes malades, l'on choisira deux Chirurgiens prudens, discrets, & très habiles dans leur profession, après les avoir fait examiner & approuver par les Medecins de l'Infirmerie, sans quoi nous défendons de les recevoir.

Que l'Infirmier visite les malades toutes les nuits.
LE MESME MAISTRE.

13. L'Infirmier doit avoir fort grand soin de ses malades, afin

qu'il ne leur arrive aucun accident par sa négligence. Nous voulons donc qu'accompagné d'un serviteur fidele, il aille les voir avec prudence & discretion, à l'heure de Complies, & au lever de l'aurore; qu'il leur parle, qu'il les exhorte, qu'il leur donne courage, & tout ce dont ils auront besoin. Les Prudhommes en y allant le matin, s'informeront s'il a fait son devoir; s'il y a manqué, ils lui en feront une réprimande, & lui ordonneront d'être plus exact à l'avenir, faute de quoi ils en nommeront un autre. L'Infirmier aura soin de ne donner aux malades que les viandes les meilleures & les plus délicates, des poulets, des poules, de bon pain & de bon vin, pour leur fournir de bonne nouriture : les Prudhommes sont aussi chargez du même soin.

De la modestie que doivent garder les malades dans l'Infirmerie.

LE MESME MAISTRE.

14. Pour moderer l'insolence & le peu de modestie que gardent quelquefois les malades, nous ordonnons que les Freres & les seculiers qui seront reçûs à l'Infirmerie, s'y comportent avec beaucoup d'honnêteté & de modestie. L'on ne donnera à aucun d'eux que ce que les Medecins leur auront ordonné : s'ils sont assez hardis, & assez importuns pour demander quelque autre chose, nous défendons de la leur donner. Les convalescens n'y feront aucun bruit : ils ne joueront ni aux dez, ni aux cartes, ni aux échets : ils ne liront ni histoires, ni chroniques à haute voix, quoiqu'ils puissent lire tout bas, & sans faire de bruit. Ceux qui ne se corrigeront point de cette mauvaise habitude, ne recevront plus rien de l'Infirmerie, seront mis hors de la compagnie, & iront vivre ailleurs comme il leur plaira : l'on se rend indigne du secours de la medecine, dès que l'on en méprise les regles, & les préceptes. L'Infirmier est obligé de faire observer ce reglement, à peine d'être déposé : les Freres pouront y demeurer encore jusqu'à dix jours après que le Medecin les aura congediez, & manger à la table des malades, où la dépense sera payée à l'Infirmier, sur le commun Trésor.

Fr. ALPHONSE DE PORTUGAL.

15. Quand les Freres tomberont malades, ils pouront demeurer trois jours entiers dans leurs chambres, où l'on leur enverra de l'Infirmerie tout ce dont ils auront besoin, tout de même que s'ils y étoient : mais s'ils n'y vont pas après ce tems-là, ils ne recevront plus rien de la Religion en cette qualité.

Que les Freres se confesseront, & feront leur desapropriement en entrant dans l'Infirmerie.

Fr. JEAN DE LASTIC.

16. Nous ordonnons que les Freres qui entreront à l'Infirmerie,

se confesseront & communieront dans les vingt-quatre heures, & feront leur desapropriement, ou déclaration de toutes les choses qui leur appartiennent, laquelle sera cachetée du cachet du Prieur de l'Infirmerie, à peine d'en être chassez, & de ne plus en recevoir aucun secours. Voulons que l'Infirmier entretienne un nombre suffisant de valets de bonnes mœurs, & diligens, & deux honnêtes femmes pour l'éducation des enfans exposez, que l'on aura soin de faire baptiser.

Fr. CLAUDE DE LA SENGLE.

17. Tous les desapropriemens de nos Freres, qui viendront à mourir, soit dans le Couvent, soit dehors, seront enregistrez dans la chambre des Comptes du commun Trésor.

Du testament que devront faire les seculiers malades dans notre Infirmerie.

Fr. JACQUES DE MILLY.

18. Ordonnons que tous les seculiers malades, qui sont reçus dans notre Infirmerie, se confesseront & communieront, après quoi le Prieur & les Prudhommes les avertiront de faire leur testament, lequel sera reçu par le Prieur, ou par le Secretaire de l'Infirmerie, en sa présence, même par un Prêtre en l'absence du Prieur, en présence de deux ou de trois témoins, & ne pourra être debattu, sans encourir les peines canoniques. Le Prieur & le Secretaire auront la même autorité de le recevoir, en présence du moins de deux témoins, comme feroient deux Notaires publics : il sera registré dans un livre, pour la conservation des droits de ceux qui auront interêt à la succession des défunts. Si les seculiers malades ne sont pas en état, ou ne veulent point faire de testament, l'Infirmier & les Prudhommes ordonneront au Prieur, ou au Secretaire, de faire inventaire de tout ce qui leur appartient, en présence de deux témoins, pour leur restituer, s'ils recouvrent leur santé : s'ils viennent à mourir, il sera délivré à ceux qui y auront interêt, & les effets déposez en lieu sûr, sous les clefs de l'Infirmier & des Prudhommes.

Fr. CLAUDE DE LA SENGLE.

19. Les Prudhommes sont chargez de faire executer ponctuellement les volontez des seculiers qui seront morts dans notre Infirmerie.

Comment on enterre les Freres après leur mort.

Fr. NICOLAS DE LORGUE.

20. Il est à propos dans les honneurs funebres que l'on rend à nos Freres, que leurs corps soient couverts de l'habit qui leur avoit été

donné en entrant, & qu'ils ont porté depuis dans la Religion : ainfi nous ordonnons que tous les Freres de l'Hôpital, lorfqu'il plaira à Dieu de les appeller, feront enterrez avec les manteaux à bec ou à pointe, & la Croix blanche.

Que les corps des feculiers morts, foient honorablement enfevelis.

Fr. JEAN DE LASTIC.

21. Nous voulons que les corps des feculiers qui mourront dans notre Infirmerie, foient honorablement portez à la fépulture : que les Chapelains y affifteront & prieront Dieu pour eux : que les quatre qui porteront la biere feront couverts de robes noires que l'on fera faire, & que l'on confervera à cet effet : l'Infirmier fera chargé de ce foin-là.

Qu'aucun ne paroiffe en deuil aux funerailles de nos Freres.

Fr. CLAUDE DE LA SENGLE.

22. Nous Ordonnons que les corps de nos Freres foient enterrez avec beaucoup d'honneur : Nous défendons cependant tant à nos Freres qu'aux Seculiers de s'y trouver en habit de deuil, quand ce feroit le Maître lui-même, en quelque lieu qu'il vienne à déceder.

De l'ouverture des coffres des morts.

Fr. JACQUES DE MILLY.

23. Pour empêcher que les effets des défunts ne foient détournez, nous défendons expreffément à toutes perfonnes d'ouvrir les coffres de ceux qui feront morts dans l'Infirmerie, qu'en prefence de l'Hofpitalier, de l'Infirmier & des deux Prudhommes. Si l'on y trouve quelques meubles qui puiffent fervir à l'Infirmerie, ils ne feront employez à nul autre ufage.

Des 400 florins laiffez à l'Infirmerie par Villeragut.

Fr. CLAUDE DE LA SENGLE.

24. Comme il eft raifonnable de fe conformer à la volonté des Teftateurs, il n'eft permis à aucun de nos Freres, de quelque autorité qu'il foit revêtu, de difpofer de la fomme qui a été leguée à notre Infirmerie par Frere Jacques de Villeragut, de ce qui y a été ajouté, & qui pourra l'être dans la fuite, finon au grand Confervateur de notre Couvent, qui pourra en difpofer pour le fervice des malades, fuivant la volonté des Teftateurs.

De la franchife de l'Infirmerie.

Fr. FABRICE DEL CARETTO.

25. Nous ordonnons qu'au cas que quelque criminel vienne fe réfugier dans nôtre Infirmerie, & que l'on doute qu'il puiffe s'en pré-

valoir, l'Hospitalier ou son Lieutenant sur la requisition du Châtelain, ou du Juge, ordonnera qu'il y soit sûrement gardé, jusqu'à ce que l'on en soit pleinement informé : s'il se trouve qu'il ait dû jouir de la franchise, on l'enverra hors de l'Isle par le premier vaisseau qui en sortira, comme cela se pratiquoit anciennement.

Les cas où il ne doit pas jouir de la franchise de l'Infirmerie.

Fr. CLAUDE DE LA SENGLE.

26. La franchise de l'Infirmerie ne servira ni aux assassins, ni à ceux qui volent de nuit à la campagne, aux incendiaires, ni aux Sodomites, ni à ceux qui auront fait des conspirations, ni aux larrons, ni à ceux qui auront fait un meurtre de guet à pens, de dessein formé, en trahison, ou par le poison, ni aux domestiques de nos Freres, ni à ceux qui auront donné du poison à nos Freres, aux Juges, ou aux Ministres de la Justice, ni aux débiteurs, ni à ceux qui auront commis un crime dans l'Infirmerie même, ou dans l'esperance de pouvoir s'y réfugier, ni aux Notaires faussaires, ni aux faux témoins, aux sacrileges, ni aux voleurs de grand chemin.

LE MESME MAISTRE.

27. Nous ordonnons que l'on continuera de distribuer ces aumônes qui ont accoutumé de l'être, dans nos Commanderies.

DU COMMUN TRESOR.
TITRE CINQUIEME.

Des Charges du commun Trésor, & des Reglemens qui sont à faire à ce sujet.

COUTUME.

1. Puisque les biens que possede notre Ordre, lui viennent de la liberalité des bonnes gens, pour soutenir la dépense de l'Hospitalité, & pour faire la guerre aux ennemis du nom Chrétien, nos Freres n'y ont aucun droit de proprieté, laquelle appartient entierement à l'Ordre : mais comme l'on ne sçauroit les faire valoir en commun, à cause de la distance des lieux, & de la difference des nations où ils sont situez, nos prédecesseurs en ont donné le soin à nos Freres en differens endroits, sous le titre de Commanderies ausquelles l'on a imposé des pensions payables chaque année, qui pourroient s'augmenter ou diminuer, suivant le tems & les circonstances.

Ainsi les Commandeurs sont obligez de rapporter au commun Trésor, du moins la cinquième partie des revenus, souvent le quart, quelquefois la moitié, ou même le tout, s'il est ainsi ordonné par le Chapitre géneral, lequel a seul l'autorité de regler & d'imposer ces pensions ou contributions, que nous appellons *Responsions*, ou Impositions : il détermine & déclare publiquement à quoi monte chaque Responsion. Il envoye ses ordres & ses mandemens scellez de son sceau, aux Prieurs, au Châtelain *d'Emposte*, & aux Chapitres Provinciaux, & leur enjoint de les faire payer à chaque Commandeur.

Que tous sont obligez de payer les droits du commun Trésor.
Fr. PIERRE D'AUBUSSON.

2. Nous ordonnons que tous les Prieurs, le Châtelain *d'Emposte*, les Baillis, les Commandeurs & les Freres, exemts & non exemts, à cause de leurs Prieurez, Châtellenie *d'Emposte*, Bailliages, Commanderies, Maisons & autres biens dépendants de l'Ordre, payent réellement & de fait, chaque année au Chapitre Provincial, & s'il ne s'en tient point, le jour de S. Jean-Baptiste, les droits du commun Trésor, établis ou à établir, avec les arrerages & autres choses par eux dûes, aux Receveurs & Procureurs qui seront députez à cet effet, nonobstant toutes clauses, graces & exemptions, qui ne pourront être accordées au préjudice du commun Trésor, sans aucun délai, excuse, appellation, opposition ou empêchement, même de guerre, saccagement, ou autre, quelle qu'elle soit.

Que les droits du commun Trésor sont payez sans diminution, nonobstant tous empêchemens.
LE MESME MAISTRE.

3. Si quelqu'un desdits Prieurez, Châtellenie *d'Emposte*, Bailliages, Commanderies ou autres Domaines dépendants de notre Ordre, se trouvoit endommagé par la guerre, les Impositions des Princes, les mauvaises recoltes, ou autre accident imprévû, quand il seroit entierement ruiné, le titulaire n'en seroit pas moins obligé de payer entierement & sans diminution les droits du commun Trésor, établis ou à établir, sans opposition ou délai, lesquels ne doivent point souffrir de semblables accidens; les Prieurs, Baillis, Commandeurs & autres administrateurs en étant seuls tenus, quand tous leurs revenus n'y suffiroient pas, parceque les Titulaires sont obligez de prévoir & de se précautionner contre les accidens qui peuvent arriver, par une bonne œconomie.

Changement de la maniere de compter les années du mortuaire & du vacant.
Fr. JEAN DE LA VALETTE.

4. L'usage a été jusqu'à present, qu'arrivant le décès des Prieurs, Baillis, Commandeurs & autres administrateurs des biens de l'Ordre, le commun Trésor a entre autres choses le droit de mortuaire & vacant, c'est-à-dire les fruits échûs depuis le décès du Titulaire, jusqu'à la Saint Jean-Baptiste suivante ; & depuis cette Fête, jus-

qu'à celle de l'année d'après : mais parceque cette maniere de compter donnoit lieu à quantité de contestations, nous avons jugé à propos de la changer & d'établir celle qui suit.

 Le mortuaire comprendra tous les revenus des Prieurez, Bailliages, Commanderies & autres administrations, depuis la mort du Titulaire, jusqu'à la Fête de S. Philippe & S. Jacques, qui arrive le premier de Mai ; & le vacant, tous ceux qu'il echera de percevoir dès ce jour-là jusqu'à pareil jour de l'année suivante, lesquels seront portez au commun Trésor, dès qu'elle sera expirée, sans neanmoins déroger aux Coutumes & Statuts qui portent que le payement des droits du Commun Trésor se fera au Chapitre Provincial, ou s'il ne s'en tient point, à la Nativité de S. Jean-Baptiste, lesquels demeureront en leur force & vertu.

Des droits que payeront au commun Trésor ceux qui obtiendront des Commanderies par résignation.

Fr. PIERRE D'AUBUSSON.

 Nous ordonnons que le revenu de deux années entieres de tous les Prieurez, Bailliages, Commanderies ou autres administrations qui passeront à un nouveau Titulaire, à titre de cession ou de résignation, sera porté au commun Trésor par le nouveau Titulaire, ou par le Receveur qui les touchera lui-même, ou les affermera à un autre, ce qui seroit encore plus à propos, à l'exception des Commanderies que l'on laisse pour ameliorer, ou qui sont permutées, selon la forme de nos Statuts.

Que les nouveaux Titulaires sont tenus des dettes dûes par le Résignant, lors de la résignation.

LE MESME MAISTRE.

 6. Les Prieurs, le Châtelain d'*Emposte*, les Baillis, les Commandeurs, & les nouveaux administrateurs, qui le seront devenus par voye de résignation, seront tenus de payer toutes les dettes ausquelles les Resignants se trouvent obligez avant la résignation. Bien entendu que ceux qui auront été pourvûs contre les Statuts & les Coutumes de l'Ordre n'auront aucun droit sur les Prieurez, Bailliages ou Commanderies.

Des Charges que doivent payer les possesseurs des Membres.

LE MESME MAISTRE.

 7. Nous ordonnons que tous les Freres de notre Ordre qui possederont des Membres, ou des Domaines dépendants des Prieurez, Châtellenie d'*Emposte*, Bailliages, Commanderies, ou autres administrations, soient tenus de payer les droits du commun Trésor, imposez & à imposer, à proportion de la valeur desdits Membres ou Domaines, ce qui s'executera en la maniere suivante. Quand on aura

imposé la moitié, le tiers, ou le quart des revenus de ces biens ; ceux qui les possedent payeront le quart, le tiers, ou la moitié des fruits, à proportion de leur véritable valeur, sans préjudice de la pension que s'est réservée le Prieur ou le Commandeur.

Fr. JEAN DE LA VALETTE.

8. Quoique les Freres de notre Ordre, qui possedent des Membres, des Prieurez, Bailliages ou Commanderies, qui n'auront pas payé leur part des *Responsions* ou Impositions au tems marqué, nonobstant le payement qui en a été fait par eux, par nos Prieurs, Baillis ou Commandeurs, à notre Receveur, qui peut poursuivre lequel d'entre eux il lui plaît, soient réputez débiteurs du commun Trésor, & incapables d'acquerir aucune Charge ou biens dans l'Ordre, jusqu'à ce qu'ils ayent satisfait lesdits Prieurs, Baillis ou Commandeurs : Nous voulons que lesdits Prieurs, Baillis ou Commandeurs, après une simple demande puissent saisir tous les revenus desdits Membres, ou se faire rembourser de tout ce qu'ils auront payé par les Fermiers, s'il y en a. Si les possesseurs des Membres s'y opposent & entreprennent de l'empêcher, les Membres seront sur le champ, sans autre forme de procès, réunis & incorporez aux Commanderies dont ils dépendent: l'on employera même, s'il en est besoin, l'assistance du bras séculier, pour contraindre les possesseurs au payement. Nous autorisons les Prieurs, le Châtelain *d'Emposte*, les Baillis & les Commandeurs à commettre quelqu'un de nos Freres, pour l'execution du present Statut, en lui payant les journées qu'il y aura employées, qu'ils reprendront sur les possesseurs des Membres.

Du mortuaire & du vacant que doivent payer les possesseurs des Membres.

Fr. PIERRE D'AUBUSSON.

9. Nous ordonnons qu'à la mort des Prieurs, du Châtelain *d'Emposte*, des Baillis & des Commandeurs, & toutes les autres fois que le cas y échera, l eMembres dépendants de la Châtellenie *d'Emposte*, des Bailliages & des Commanderies, & ceux qui les possederont, seront tenus de payer les droits de mortuaire & de vacant, de même que l'administration dont ils dépendent. Ordonnons que dans les Lettres & Bulles de celle des Membres, l'on fasse une réserve expresse des droits du commun Trésor, du mortuaire & du vacant : quand elle y seroit omise, elle n'y sera pas moins tacitement comprise, ni ceux qui en sont tenus, moins obligez de les payer.

Comment l'on doit faire le payement du mortuaire & du vacant, par ceux qui tiennent les Membres lors de la vacance de la Commanderie.

Fr. JEAN D'OMEDES.

10. Nous ordonnons que le Frere qui possedera l'un des Membres de la Commanderie vacante, s'il possede outre cela une

autre

DE L'ORDRE DE S. JEAN DE JERUSALEM.

autre Commanderie, sera tenu de payer le revenu entier du Membre de la Commanderie vacante, non pas suivant l'estimation commune de l'Ordre, mais suivant sa véritable valeur, lors du mortuaire & du vacant, ou sur le pied de la somme à laquelle le Membre auroit pû être affermé. Mais si le possesseur du Membre n'a pas d'autre Commanderie, il ne retiendra pour ses alimens que le tiers des revenus : les autres deux tiers seront payez au commun Trésor, sur le pied de leur véritable valeur.

Fr. CLAUDE DE LA SENGLE.

11. L'on en usera de même pour les pensions.

Fr. JEAN DE LA VALLETTE.

12. Nous déclarons que ceux qui n'auront point de Commanderie, mais qui auront deux ou plusieurs Membres ou pensions, seront tenus de porter au Trésor commun tous les revenus du Membre ou de la pension, lors de la vacance de la Commanderie dont ils dépendent, pourvû que tous lesdits Membres ou pensions ne dépendent pas de la même Commanderie, ou que celles dont ils dépendent, ne se trouvent pas vacantes en même tems. L'on sera alors obligé de laisser le tiers de tous ces revenus au Frere qui les possede ; le reste sera porté au commun Trésor. La division & le compte des revenus des Membres & des pensions, se feront par rapport aux mois, & non pas par rapport aux fruits, à leur véritable valeur, & au prix auquel les fruits pouvoient s'affermer dans ce tems-là.

Que les villages, les granges, & les maisons seront comprises dans le mortuaire & le vacant.

Fr. JEAN L'EVESQUE DE LA CASSIERE.

13. Nous ordonnons & déclarons que les villages, les granges & les maisons dépendantes des Commanderies, seront comprises dans le mortuaire & le vacant.

Que les fruits de la Commanderie qu'aucun Frere ne sera capable de posseder, seront portez au commun Trésor.

Fr. PHILIPPE DE VILLERS L'ISLE-ADAM.

14. Si, comme il arrive quelquefois dans la Langue, ou dans le Prieuré, il ne se trouve aucun Frere en état de posseder une Commanderie qui est vacante, nous ordonnons que les revenus en seront portez à notre commun Trésor, jusqu'à ce que quelqu'un l'obtienne dans les regles, à compter depuis l'ouverture du mortuaire & du vacant.

Tome IV.

Du droit de passage, que les Freres sont tenus de payer.
Fr. HUGUES DE LOUBENX VERDALE.

15. Nous ordonnons que tous ceux qui voudront faire profession dans notre Ordre, en qualité de Freres Chevaliers, payeront pour leur passage, au commun Trésor, ou à ceux qui en seront les Députez, avant d'être admis à la profession, deux cens écus d'or, en or ou leur valeur. Ceux qui demanderont d'être reçûs Freres Servans, en payeront cent cinquante, faute de quoi ils ne jouiront pas de l'ancienneté, laquelle ne se comptera que du jour qu'ils en auront fait le payement : celui qui les aura reçus à la profession sans cela, sera tenu de payer le passage pour eux, quelque commission qu'il en ait obtenue. Ceux qui l'auront payé, jouiront de leur ancienneté sans aucune contestation ; mais il ne suffira pas de payer dès qu'elle aura été commencée.

Fr. JEAN L'EVESQUE DE LA CASSIERE.

16. Nous déclarons que ceux qui auront fait profession dans notre Ordre en vertu d'un Bref du Pape, payeront le passage comme les autres.

LE MESME MAISTRE.

17. Ceux qui seront reçûs pour Confreres ou Donats dans notre Ordre, avec permission de porter la Croix, suivant l'article 36 de la réception des Freres, payeront pour leur passage au commun Trésor la somme de cinquante écus d'or, sans quoi ils ne seront pas censez reçûs.

Que les Bulles d'ancienneté ne fassent aucun préjudice au commun Trésor, au Maître, ni aux Prieurs.
Fr. PIERRE D'AUBUSSON.

18. Nous ordonnons que les anciennetez, ou expectatives, qui s'accordent pour bonnes raisons sur les Commanderies qui viendront à vacquer, ne puissent préjudicier aux interêts de notre commun Trésor, c'est-à-dire des dépouilles, mortuaires, vacans, & autres droits imposez & à imposer, ni aux dispositions qu'en feront les Prééminences Magistrales & Prieurales, ni des Chambres Magistrales, que nous voulons être conservées dans toute leur étendue.

En quel tems doivent se payer les droits du commun Trésor, & à quelles peines sont sujets ceux qui ne payent point.
Fr. CLAUDE DE LA SENGLE.

19. D'autant que la plûpart du tems les Freres de notre Ordre, qui ont l'administration des Prieurez, Bailliages, Commanderies, & autres biens, négligent ou refusent de payer les droits de notre

commun Tréſor, nous ſtatuons & ordonnons que faute de payement des *Reſponſions*, & impoſitions ordinaires & extraordinaires des mortuaires, vacants, arrerages ou quelque autre droit & dette que ce ſoit de notre commun Tréſor, dans le Chapitre Provincial, ou s'il ne ſe tient point, à la Nativité de S. Jean-Baptiſte, dès lors les Prieurez, Châtellenie *d'Empoſte*, Bailliages, Commanderies, Membres, & autres adminiſtrations, ſoient cenſées réunies à notre commun Tréſor, & qu'elles demeureront entre les mains des Receveurs ou autres à ce députez, qui en recevront les revenus, ou les affermeront à d'autres, juſqu'à ce que tout ce qui eſt dû au commun Tréſor, ait été payé, même des frais faits à ce ſujet.

Mais ſi nos Freres qui poſſedent les Prieurez, la Châtellenie *d'Empoſte*, les Bailliages, les Commanderies, les Membres ou autres biens, ou autres pour eux, entreprennent de réſiſter aux Receveurs, ou autres Députez, & de les empêcher de percevoir les revenus deſdits Prieurez, Châtellenie *d'Empoſte*, Bailliages, Commanderies & autres biens, & de les donner à d'autres Fermiers; dès lors, ſans autre ſommation, citation, procès, Sentence ou autre Déclaration, ils ſeront privez deſdits Prieurez, Châtellenie *d'Empoſte*, Bailliages, Commanderies, Membres & autres biens, quand ils ſeroient mineurs de quatorze ans, & dépourvûs de Curateur; s'il s'en trouvoit de tels, l'on n'y auroit aucun égard; & dans ce cas de réſiſtance l'on ajoutera foi pleine & entiere à ce qu'en dira ou écrira le Receveur.

Commandons aux Prieurs, & au Châtelain *d'Empoſte*, de faire exécuter, & ponctuellement obſerver le préſent Statut, faute de quoi ils ſeront privez de la prérogative de pouvoir retenir la cinquiéme chambre, & de conferer la Commanderie de grace, qui appartient à leur prééminence, en ſorte que les proviſions qu'ils en auront données, n'auront aucun effet.

Contre les débiteurs du commun Tréſor.
Fr. JEAN DE LA VALLETTE.

20. Comme il eſt inutile de faire des Loix, ſi elles ne ſont obſervées, ſur-tout celles qui preſcrivent la maniere de percevoir les droits du communTréſor, nousordonnons que le Statut ci-deſſus ſoit exactement obſervé ſans aucune exception, & que ceux qui n'auront pas entierement acquitté les droits & dettes dudit commun Tréſor, pendant le Chapitre Provincial, & s'il ne ſe tient pas, à la Nativité de S. J. B. entre les mains du Receveur, ſeront obligez d'aller en perſonne dans un mois, à compter du dernier jour du Chapitre, ou de lad. Fête de S. Jean, ou par Procureur fondé de procuration, ſans y être contraints, trouver le Receveur, quoiqu'ils n'en ayent été requis ni ſommez; de conſigner entre ſes mains tout ce qu'ils doivent, & d'en retirer quittance, faute de quoi leurs Prieurez, Châtellenie *d'Empoſte*, Bailliages, Commanderies, & autres biens par eux poſſedez, ſeront reputez avoir été nommément citez au Couvent, parceque le terme aſſigné par le

Chapitre général au Chapitre Provincial, les interpelle suffisamment au nom du Trésor ; en sorte que si dans neuf mois, à compter depuis la célébration du Chapitre Provincial, ou dudit jour de Saint Jean, ou depuis le mois dont on a parlé ci-dessus, ils ne se trouvent en personne dans le Couvent ; dès lors sans qu'il soit besoin d'autre Sentence ou Déclaration, de droit commun ils seront censez privez desdits Prieurez, Châtellenie d'*Emposte*, Bailliages, Commanderies & autres biens, à la provision desquels l'on pourra proceder en toute liberté.

En attendant, il sera permis aux Receveurs de saisir, régir & gouverner par leurs mains, au nom du commun Trésor, non seulement les Prieurez, Bailliages, Commanderies, & autres biens specialement affectez ausdites dettes ; mais encore tous les autres qui se trouveront possedez par ces débiteurs, jusqu'au payement entier, & de proceder suivant la forme du précedent Statut, auquel loin d'entendre déroger, nous voulons au contraire donner une nouvelle force. Commandons aux Receveurs, à peine d'être contraints eux-mêmes de payer la dette au double, de donner incessamment avis au Maître & au Couvent de la négligence des débiteurs.

LE MESME.
Fr. JEAN L'EVESQUE DE LA CASSIERE.

21. D'autant que plusieurs Freres de notre Ordre débiteurs du commun Trésor, nonobstant les Statuts, les établissemens & les ordonnances capitulaires contre eux faites, sans crainte de Dieu, ni zele pour la Religion, & au mépris des peines qui y sont contenues, different de payer ce qu'ils doivent à notre commun Trésor, nous défendons de les recevoir à l'avenir dans le Chapitre géneral, dans l'*Egard*, dans le Conseil ordinaire à l'élection des Maîtres, dans la Chambre des Comptes, dans les Congregations des Langues, & encore moins dans les collectes & les assemblées.

Des débiteurs condamnez par la Chambre des Comptes.
LE MESME MAISTRE.

22. Nous ordonnons que ceux qui auront administré les biens de notre Ordre, tant dans le Couvent que dehors, & qui au jugement de leurs comptes, auront été condamnez par la Chambre, au payement de quelques sommes, en cas d'appel à Nous & à notre Conseil, ne seront pas ouis, qu'ils n'ayent consigné la somme portée par le jugement.

Que les Fermiers des Commanderies ne payeront rien aux débiteurs du commun Trésor.
Fr. PIERRE D'AUBUSSON.

23. Voulant pourvoir plus severement à l'exécution des regle-

mens faits contre les mauvais payeurs, nous défendons à nos Freres à peine d'être privez de leurs Commanderies, aux vassaux à peine d'infraction de leur serment de fidelité, & aux Fermiers des Commanderies & autres biens, de payer aucune chose aux Commandeurs qui en auront été dépouillez, aux peines ci dessus, de la voir rayer dans leurs comptes, & de la payer deux fois. Voulons que les Prieurs, les Receveurs, & les Procureurs fassent publier dans chaque Chapitre Provincial, les Statuts faits contre les mauvais payeurs, lesquels n'en seront pas moins executez pour n'avoir pas été publiez.

Des débiteurs du commun Trésor.

Fr. BAPTISTE URSIN.

24. Défendons à tous les Freres de notre Ordre, de quelque qualité qu'ils soient, qui se trouveront débiteurs du commun Trésor, d'y obtenir aucune dignité, Commanderie, Office ou Bénéfice, qu'ils n'ayent entierement payé cette espece de dettes.

Fr. JEAN DE LA VALLETTE.

25. Ils ne pourront non plus être pourvûs de Membres, ni de pensions même de grace par le Maître, les Langues, les Prieurs, les Baillis, les Commandeurs ni autres de l'Ordre, ni en gratifier qui que ce soit.

Que ceux qui seront débiteurs du commun Trésor lors de la mutition, ne pourront obtenir ni dignitez, ni Cammanderies.

Fr. JEAN D'OMEDES.

26. Nous déterminons que le Frere qui sera débiteur du commun Trésor, lorsque l'on fera dans sa Langue la *mutition* des dignitez & des Commanderies, ne poura obtenir aucune de celles qui sont vacantes, quand il auroit déja remis ses Commanderies au Trésor pour le payement de ses dettes, ou qu'il les auroit payées depuis la *mutition*, il sera regardé comme tout à fait incapable de les posseder.

A qui l'on confiera le soin des Commanderies dont on aura dépouillé les mauvais payeurs.

Fr. CLAUDE DE LA SENGLE.

27. Nous ordonnons que les Prieurez, la Châtellenie *d'Emposte*, & les Commanderies que l'on ôtera aux mauvais payeurs, soient confiées par le Grand Maître & le Conseil à ceux des Freres qui se soumettront de payer les dettes de ceux qui en auront été dépouillez: l'on gardera neanmoins l'Ordre & le stile de la Religion, en préferant toujours ceux qui n'ont pas encore eu de *chevissement*, selon

leur degré d'ancienneté, s'ils veulent les accepter pour leur en tenir lieu, & payer les dettes du dépouillé.

S'il ne se trouve personne qui en veuille à ces conditions, l'on poura les confier indifféremment, comme de grace aux Commandeurs ou aux Freres du Couvent, en gardant l'Ordre de l'ancienneté, & à la charge de payer le Trésor. Si aucun d'eux ne se présente pour les accepter, elles demeureront entre les mains du commun Trésor qui en jouira jusqu'au payement des dettes.

Que quand les Freres seront privez de l'habit, le mortuaire & le vacant des Commanderies auront lieu.

Fr. JEAN L'EVESQUE DE LA CASSIERE.

25. Nous ordonnons que lorsque les Prieurs, le Châtelain d'*Emposte*, les Baillis ou les Commandeurs seront dépouillez de l'habit, pour quelque délit que ce puisse être, le mortuaire & le vacant de leurs Prieurez, Châtellenie d'*Emposte*, Bailliages & Commanderies soient portez au commun Trésor.

Des Commanderies qui seront ôtées aux débiteurs qui seront privez de l'habit de l'Ordre.

LE MESME MAISTRE.

29. Nous ordonnons que le commun Trésor jouira des Prieurez, Bailliages, Commanderies, & autres biens que les mauvais administrateurs auront perdus avec l'habit, lorsqu'ils se trouveront ses débiteurs, jusqu'à ce qu'il soit entierement payé des anciennes dettes, ensuite de quoi commenceront le mortuaire & le vacant : les nouveaux pourvûs n'en tireront aucun revenu, jusqu'après le payement de tout ce qui est dû au commun Trésor.

Que les biens des Freres décedez seront portez au commun Trésor.

Fr. CLAUDE DE LA SENGLE.

30. Tous les meubles de nos Freres morts au Couvent ou dehors, de quelqu'espece qu'ils puissent être (ce que nous appellons la dépouille) appartiennent de droit à notre commun Trésor, à l'exception de ceux des Freres Chapelains ou Servans d'Office, qui appartiennent à ceux dans les Prieurez, Bailliages ou Commanderies desquels ils auront fait leur résidence.

Quelle partie de la dépouille appartient à l'Eglise.

Fr. DIEU-DONNE' DE GOZON.

31. Nous exceptons encore tous les vases d'or, d'argent, ou dorez qui auront la forme d'un calice, & qui paroîtront avoir été dediez au ministere du S. Autel, ou de la Croix : les burettes, les reliquaires & toute autre sorte d'ornemens & de meubles Ecclesiastiques,

d'or, d'argent ou de soie, les Breviaires, les Psautiers, &c. lesquels appartiennent à l'Eglise, & la dépouille du Sénéchal & du Châtelain, du Maître & des autres Freres qui sont à son service lorsqu'elle doit lui être délivrée.

Quelle partie de la dépouille doit être laissée à la Commanderie.
LE MESME MAISTRE.

32. On laissera dans les Commanderies les meubles nécessaires pour l'usage ordinaire, comme les lits, les couvertures & autres qui se trouveront dans les Chambres, dans la dépense & dans la cuisine dont se servoit le défunt Commandeur ; les chars, les charettes & les autres instrumens de labourage. S'il s'y trouve des chevaux, des bœufs, des vaches, des moutons au-delà de ce qu'il doit y en avoir ordinairement, ce surplus se partagera entre la Commanderie même & le Commun Trésor.

Fr. JEAN DE LA VALLETTE.

33. Nous ordonnons que le Statut ci-dessus aura lieu dans les Commanderies dont le revenu aura été fondé sur le produit des animaux de cette espece ; mais que dans les autres ils appartiennent entierement au commun Trésor. Si l'on y trouve des chevaux ou des bœufs plus qu'il n'en faut pour le labourage, l'on en laissera la moitié par inventaire au futur Commandeur, & l'autre moitié au commun Trésor, laquelle pourra lui être laissée sous une redevance annuelle, ou pour le prix dont on conviendra. Nous déclarons que la Commanderie sera censée fondée sur ce produit, si cela s'est ainsi observé d'ancienneté, ou si le Commandeur se trouve avoir compris ces bestiaux dans un écrit en bonne forme présenté au Prieur & au Chapitre, ou à l'Assemblée Provinciale, ou dans la déclaration de ses ameliorations, ou avoir déclaré qu'il en a fait une nouvelle constitution.

Fr. JEAN D'OMEDES.

34. Les chevaux & les mulets des Freres décedez hors du Couvent, même les autres animaux propres à être montez ou souffrir la selle, appartiennent au commun Trésor, avec tout leur équipage.

Des armes qui se trouvent dans la dépouille des Freres.
Fr. CLAUDE DE LA SENGLE.

35. Toutes sortes d'armes offensives & défensives trouvées dans la dépouille de nos Freres morts dans le Couvent, ou au-delà de la mer appartiennent au Trésor, & doivent être mises ensemble, sous bonne & sûre garde, pour servir à la défense du Couvent, excepté les épées & les poignards.

Des Receveurs.
Fr. ROGER DE PINS.

36. Afin que les droits de notre commun Trésor puissent être reçus

& distribuez comme il appartient, voulons que le Maître & son Conseil établissent des Receveurs dans chaque Prieuré & dans la Chatellenie *d'Empoſte*, pour faire le recouvrement & la recette desdits droits, dont ils feront la dépense, suivant les ordres du Maître & du Conseil.

Du ſerment des Receveurs.

Fr. CLAUDE DE LA SENGLE.

37. Ceux qui seront reçûs dans le Couvent prêteront le serment entre les mains du Maître, & ceux qui seront reçûs dehors, entre celles du Prieur, de bien & fidellement s'acquitter de leurs fonctions qui ne dureront que trois ans : le Maître & son Conseil pourront les continuer, s'ils le jugent à propos.

Fr. JEAN L'EVESQUE DE LA CASSIERE.

38. Ils doivent, dans un mois après les trois ans expirez, remettre à leurs successeurs toutes les sommes de deniers, les pierreries, la vaisselle d'or & d'argent, les dépouilles, les inventaires, les mortuaires & tous autres biens de quelqu'espece que ce soit, appartenants au Trésor, avec un état de tous les débiteurs, à peine de privation des Commanderies, Membres, pensions & autres biens qu'ils tiennent de l'Ordre, lesquels seront appliquez audit Trésor. Six mois après ils doivent se rendre au Couvent pour rendre compte de leur recette, lesquels six mois leur tiendront lieu de résidence.

Mais s'ils se trouvent en reste par le jugement de leurs comptes, & qu'ils ne le payent point dans le mois suivant, ils seront mis en prison, & censez incapables d'obtenir des dignitez, biens ou charges de l'Ordre, dès le jour que leurs comptes auront été jugez. Ordonnons que leurs Commanderies, Membres, pensions & autres biens seront saisis par le Trésor, jusqu'à ce qu'ils ayent entierement peyé le principal, les dépens & les dommages & interêts.

De l'Office des Receveurs & Procureurs de notre commun Tréſor hors du Couvent.

Fr. CLAUDE DE LA SENGLE.

39. Chacun d'eux, dans l'étendue du Prieuré où il est établi, doit faire le recouvrement & la recette des *Reſponſions* & Impositions des Prieurs, Châtelain d'Emposte, Baillis, Commandeurs & autres qui possedent des biens de l'Ordre : du droit de passage des Freres, des arrerages dûs par les Freres, de leurs dépouilles, mortuaires & vacants dûs au Trésor par leur décès, & de tous autres biens, actions & dettes qui lui appartiennent, en quelque maniere que ce soit.

Si les Receveurs morts, malades, ou autrement empêchez se trouvoient hors d'état de faire ces fonctions : Voulons qu'elles soient faites par les Procureurs députez en chaque Prieuré. Les Receveurs

& les Procureurs feront tenus de fe trouver aux Chapitres Provinciaux, pour demander, recouvrer & fe faire payer defdites *Responfions*, Impofitions & autres dettes.

Comment doivent en ufer les Receveurs dans le recouvrement des droits de mortuaire & de dépouille.

Fr. PHILBERT DE NAILLAC.

40. Nous ordonnons que quand le Receveur ou le Procureur du Tréfor, ou autre à ce député, fe transportera pour recouvrer des droits de mortuaire ou de dépouille, il mene avec lui un Commandeur, ou quelqu'autre Frere qui foit gens de bien, les plus proches voifins du défunt, ou s'il n'en trouve point, un honnête féculier, avec un Notaire, en préfence defquels il vifitera & fera inventaire de tous les biens meubles, grains & fruits qu'il aura trouvez, lequel il fera encore figner de deux témoins. Il laiffera la Commanderie en l'état où il l'aura trouvée, même la moitié des meubles qui s'y feront trouvez d'augmentation, & en donnera un état bien certifié au Chapitre Provincial. S'il en ufe autrement, & qu'il faffe tort à l'Ordre d'un feul marc d'argent, il fera privé de l'habit.

Sur le même fujet.

Fr. CLAUDE DE LA SENGLE.

41. Les Receveurs, Procureurs ou Commiffaires font encore obligez de faire deux inventaires féparez, l'un de l'état de la Commanderie, l'autre des effets de la dépouille, qui appartiennent au Tréfor, en préfence des mêmes perfonnes, & un état de ce qui eft dû à la fucceffion. Ils ouvriront enfuite le *defapropriement* du défunt : ils enverront copie de l'état & du *defapropriement* à notre Couvent, dont le Secretaire transcrira l'un & l'autre dans un Regiftre different de celui du Prieuré, où nous voulons qu'il s'en tienne un. Si le Frere défunt n'a pas fait de *defapropriement*, ou fi le Receveur ne peut le recouvrer, il en donnera avis au Maître & au Couvent.

Déclaration des droits de dépouille & de mortuaire.

Fr. HUGUES DE LOUBENX VERDALE.

42. Pour diftinguer les droits de dépouille & de mortuaire, nous déclarons que les fruits qui fe trouveront fur terre lors du décès du poffeffeur, & qui n'auront pas été recueillis, appartiendront au mortuaire : ceux qui fe trouveront recueillis appartiendront à la dépouille.

Les Receveurs feront tenus de rendre compte au Chapitre Provincial de tout ce qu'ils auront reçû.

Fr. PHILBERT DE NAILLAC.

43. Les Receveurs feront tenus de rendre compte à chaque Cha-

pitre Provincial de tout ce qu'ils ont reçû pas le menu, & de tout ce qui reste à recouvrer, quoique les Prieurs ni le Chapitre n'ayent aucun pouvoir de juger leurs comptes, mais seulement de les ouir & de les signer. Le Jugement en appartient au Maître & au Couvent. Les Receveurs sont encore obligez de faire voir au Chapitre Provincial toutes les sommes de deniers qu'ils ont reçûes des droits du Trésor, en mortuaires, vacants ou autres choses. Dès que le Chapitre sera fini, le Prieur doit en donner avis au Maître & au Couvent, ausquels les Receveurs enverront aussi de leur côté des doubles de leurs comptes, qui seront registrez dans le Trésor, afin que l'on ait connoissance de ses affaires.

De l'état que doivent envoyer les Receveurs, de ceux qui ont payé, & de ceux qui ne l'ont pas fait.

Fr. CLAUDE DE LA SENGLE.

44. Incontinent après le Chapitre Provincial, les Receveurs sont obligez d'envoyer au Maître & au Couvent, avec les comptes de la derniere année, un état de ceux qui auront payé pendant le Chapitre, de ceux qui ne l'auront pas fait, des sommes qu'ils doivent, & de tous les deniers qu'ils auront reçûs, avec la cause de chaque dette. Ceux qui manqueront d'observer ce qui est prescrit par le present Statut & par le précedent, perdront les fruits d'une année entiere de leurs Commanderies ; si c'est un Frere du Couvent, il perdra une année de son ancienneté en faveur de ses *Fiarnauds*.

Les Receveurs ne peuvent prendre pour eux aucune partie de la dépouille.

Fr. BAPTISTE URSIN.

45. Nous défendons aux Receveurs des Prieurez & de la Châtellenie *d'Emposte*, de s'approprier aucuns lits, meubles ou autres choses qui dépendront de la dépouille des Prieurs, du Châtelain *d'Emposte*, Commandeurs ou Freres qui mourront dans lesdits Prieurez & Châtellenie. Ceux qui l'auront fait, seront dépouillez sur le champ de leur Office, & payeront au Trésor le double de ce qu'ils auront enlevé, nonobstant toutes Coutumes contraires.

Les Receveurs ne prendront rien de ce qui appartient aux Commanderies.

Fr. DIEU-DONNE' DE GOZON.

46. Les Receveurs en faisant le recouvrement de la dépouille, mortuaire ou autre chose, ne pourront s'approprier quoi que ce soit qui appartienne aux Commanderies ou aux Maisons. Ceux qui s'en donneront la liberté, seront obligez d'en faire la restitution & le rétablissement à leurs dépens. Voulons que notre Trésor en soit entierement déchargé, & qu'ils payent eux-mêmes la valeur du mor-

tuaire de la Commanderie, applicable à notre Tréſor, & qu'ils y ſoient contraints par le Prieur & le Châtelain, à la requête du Commandeur qui en ſouffrira; & qu'en cas de négligence de leur part, le Prieur & le Châtelain d'Empoſte y ſoient eux-mêmes contraints par le Maître & le Couvent.

Que les Receveurs doivent mettre en lieu ſûr les deniers de leur recette.

Fr. PIERRE D'AUBUSSON.

47. Nous ordonnons aux Receveurs de chaque Prieuré & de la Châtellenie *d'Empoſte*, de mettre entre les mains de perſonnes ſûres & fideles, les droits du Tréſor qu'ils auront reçûs, & qu'ils recevront ci-après, & d'en tirer de bonnes reconnoiſſances, ou de les garder pardevers eux en un lieu bien ſûr, & d'en rendre compte aux Prieurs & au Châtelain *d'Empoſte*, à leurs Lieutenans ou aux Commandeurs deſdits Prieurez ou Châtellenie, dans le Chapitre Provincial, & non ailleurs : afin même que l'on en ſoit ſuffiſamment inſtruit, ils y feront voir les reconnoiſſances des dépôts de ces deniers, pour empêcher qu'ils ne ſoient volez ou détournez, quelque accident qui puiſſe arriver. Ceux qui n'auront pas exactement obſervé le preſent Statut, ſeront privez de l'habit.

Que nonobſtant tous procès les Receveurs faſſent le recouvrement des droits du Tréſor.

Fr. JEAN DE LASTIC.

48. Nous ordonnons aux Receveurs de notre Tréſor de faire le recouvrement des droits qui lui appartiennent, ſans s'embaraſſer des prétentions de ceux qui pourroient avoir entre eux des procès pour raiſon de ce, & de recevoir ce qui lui appartient de ceux qui poſſedent les Prieurez, les Commanderies, ou les maiſons qui font le ſujet du procès, ſans préjudice des moyens & des interêts des Parties. Si ceux qui poſſedent les Commanderies en font la moindre difficulté, ils en ſeront dépouillez, comme de tout le droit qu'ils pouvoient y avoir : l'on procedera même contre eux, comme contre des deſobéïſſans & des rebelles.

Que les Receveurs prennent poſſeſſion des Commanderies chargées du mortuaire & du vacant, ſans aucune permiſſion.

Fr. CLAUDE DE LA SENGLE.

49. Nous ordonnons qu'incontinent après la mort des Prieurs, du Châtelain *d'Empoſte*, des Baillis, des Commandeurs, & des autres adminiſtrateurs de nos biens, ou qui y auront renoncé, les Receveurs & Procureurs de notre Tréſor, de leur autorité, ſans permiſſion d'aucun Juge, ou Cour de Juſtice, prennent au nom de la

Religion possession réelle & actuelle des Prieurez, Châtellenie d'*Emposte*, Commanderies & autres biens ; qu'ils en perçoivent les fruits, recouvrent les dépouilles, les mortuaires, les vacants, & autres dettes, & en jouissent jusqu'à ce que notre Trésor soit entierement payé.

Si quelqu'un de nos Freres s'avise de les traverser dans ladite prise de possession, ou dans la jouissance desdits biens, il sera privé de ses Prieurez, Commanderies & Offices : si c'est un Frere du Couvent, il perdra son droit d'ancienneté.

Contre les Receveurs qui négligeront le recouvrement des dettes.

LE MESME MAISTRE.

50. Les Receveurs qui négligeront de faire payer les dettes, & de mettre ès mains de notre Trésor, les Commanderies des débiteurs, comme il est ordonné par nos Statuts, en seront responsables en leur nom. Nous leur ordonnons la même chose, pour toutes les autres dettes du Trésor, au cas qu'à l'écheance ils manquent de faire les diligences necessaires, lesquelles ils seront tenus de rapporter au jugement de leurs comptes.

Que les procès que l'on fera, ni les Sentences que l'on obtiendra contre les mauvais payeurs, sous le nom des Receveurs, ne feront aucun préjudice à nos constitutions.

Fr. JEAN D'OMEDES.

51. Il arrive assez souvent que nos Receveurs, pour retirer plus facilement les droits dûs à notre Trésor par de mauvais payeurs, se pourvoyent suivant la forme prescrite par nos Statuts, ou autrement ; & comme quelques-uns craignent que cela ne fasse tort à nos constitutions, nous déclarons que toutes les fois que nos Receveurs procederont aux termes des Indults & Privileges Apostoliques ou autrement, devant quelque Juge ordinaire que ce soit, ou devant le Superieur de notre Ordre, même contre des mineurs de quatorze ans, dépourvûs de Curateurs, ou autres débiteurs de notre Trésor, jusqu'à obtenir des Sentences déclaratoires, portant privation des Prieurez, Châtellenie d'*Emposte*, Bailliages, Commanderies, Benefices, & biens en dépendans, en quelque maniere que ce puisse être, ce sera toujours sans préjudice de nos constitutions faites contre les débiteurs. Voulons & commandons qu'elles demeurent en leur force & vertu, & que les procedures, peines & autres choses qui les suivent, sortent leur plein & entier effet.

LE MESME MAISTRE.

52. Nous ordonnons que les registres de nos Receveurs, & autres écritures signées de leurs mains, fassent foi pleine & entiere contre

les débiteurs de notre Tréfor, fans qu'il foit befoin de rapporter d'autres preuves.

Des Procureurs du commun Tréfor dans le Couvent.

Fr. JEAN DE LASTIC.

53. L'on ne fçauroit avoir trop de foin ni d'exactitude pour la conservation des biens & des droits du Tréfor. C'eft pourquoi afin qu'ils foient mieux adminiftrez, outre le Grand Commandeur, lequel par la prééminence de fon Office, s'y trouve expreffément député, en forte que l'on ne peut l'en détacher, nous voulons que le Maître & fon Confeil, après une meure délibération, choififfent parmi les Prieurs ou les Baillis de l'Ordre, qui fe trouveront au Couvent, des Baillis capitulaires, ou les Lieutenans des Baillis conventuels, deux Religieux prudens & difcrets, pour y prendre garde, à qui ils feront prêter le ferment, & qu'ils ayent des coffres forts, garnis de bonnes ferrures à trois clefs, qui feront remifes à chacun d'eux. Ils auront de même le foin de mettre fous autres trois clefs, dans un magafin bien fûr, & bien propre à les conferver, les effets du Tréfor, d'où il ne fera tiré quoi que ce foit, qui ne foit marqué fur le regiftre du Commandeur, & du Secretaire du Tréfor, dont ils feront tenus chaque année de rendre compte au Maître & au Confeil en cette qualité.

De la réfidence que le Grand Commandeur eft obligé de faire dans le Couvent.

Fr. CLAUDE DE LA SENGLE.

54. Nous ordonnons que le Grand Commandeur fera fa réfidence dans le Couvent, d'où il ne pourra fortir pendant qu'il fera en place, & que les autres deux Procureurs du commun Tréfor, ferviront pendant deux ans, pendant lefquels il ne leur fera accordé aucun congé d'en fortir, ni de quitter leur emploi tous deux à la fois : on en changera un chaque année, au lieu duquel l'on en choifira un autre.

Du Confervateur du Tréfor.

Fr. JEAN DE LASTIC.

55. Nous ordonnons que l'on choifira pour Confervateur du Tréfor, afin d'en empêcher la diffipation, & en faire la diftribution néceffaire, un Frere qui y foit propre & bien difpofé, de quelque Langue que ce foit, lequel aura la difpofition de tous les deniers, meubles, & effets appartenans au Tréfor, les recevra, les conservera, & en fera la diftribution fuivant les ordres du Maître & du Confeil, après que le Grand Commandeur y aura joint fon attache.

Si le Confervateur eft Chevalier, & qu'il faffe fa réfidence dans le Couvent, il recevra du Tréfor cent ducats de *Rhodes*, pour fes appointemens : s'il eft Chapelain ou Servant d'armes, il ne recevra que cent florins de *Rhodes*, monnoye courante : fi on l'envoye du côté du Ponent, le Maître & le Conſeil lui donneront tels appointemens qu'ils jugeront à propos.

Le Conſervateur général ſera changé à chaque Chapitre général, & laiſſera ſa place à celui qui aura été nommé pour lui ſucceder, lequel ne pourra être tiré de la même Langue que ſon prédeceſſeur, qu'après dix années d'intervalle.

Des Auditeurs des Comptes.

LE MESME MAITRE.

56. Outre le Grand Commandeur, les deux Procureurs du Tréſor, & le Conſervateur général, l'on nommera encore un Frere de chacune des huit Langues, qui ſeront prépoſez pour examiner, ouir, & reconnoître la maniere dont on a uſé pour le maniement des deniers du Tréſor, & la diſpoſition de ſes affaires. Ils choiſiront euxmêmes un jour de chaque ſemaine pour y travailler ; s'ils y trouvent quelque choſe à réformer, ils en feront leur rapport au Grand Maître & au Conſeil ordinaire, leſquels ſeront tenus d'abandonner toute autre ſorte d'affaires, pour vacquer à celle-là.

Ces Freres ſeront élûs par chaque Langue, qui choiſira des gens de bien, ſages, & expérimentez en ce genre d'affaires, & préſentez au Maître & au Conſeil, devant qui ils prêteront ſerment de bien & fidelement veiller aux interêts du Tréſor, & d'empêcher en conſcience qu'il ne lui ſoit fait tort. Ces huit Freres aſſiſteront à l'examen des comptes qui ſe rendront au Maître & au Conſeil, & aux payemens qui ſeront faits par le Tréſor.

Fr. CLAUDE DE LA SENGLE.

57. Nous voulons que ces Auditeurs ſe changent tous les deux ans, non pas tous enſemble, mais de ſorte qu'il en reſte toujours quelques-uns des anciens.

Du Prudhomme du Conſervateur.

Fr. PIERRE D'AUBUSSON.

58. Nous enjoignons au Maître & au Conſeil, de choiſir un Frere de l'Ordre qu'ils jugeront propre à cet effet, lequel tiendra un regiſtre particulier, où il inſerera exactement, & nettement jour par jour, tout ce que recevra le Conſervateur général pour le Tréſor, à la recette duquel il aſſiſtera, de même qu'à la reddition de ſes comptes. Ainſi il y aura deux regiſtres, l'un deſquels ſera gardé par le Conſervateur, & l'autre par le Député, lequel fera mention de chaque partie de recette, dans l'un & dans l'autre.

Le Maître & le Conseil assigneront au Député tels appointemens à prendre sur le Tréfor qu'ils le jugeront à propos, & le continueront pour autant de tems qu'il leur plaira, après lequel lui-même, ou un autre qui y sera jugé propre, sera confirmé ou établi dans la même fonction.

Que l'on paye aux Creanciers des Freres défunts ce qui leur est dû.

F. JEAN DE VILLERS.

59. Il est ordonné que les dettes légitimes, & bien prouvez des Freres défunts, soient payées à leurs creanciers, sur le prix des meubles qu'ils auront laissez, sans néanmoins toucher à l'état de sa Commanderie : s'il n'est pas suffisant, l'on les payera sur l'estimation des biens immeubles que le Frere aura acquis au profit de la Religion, & non autrement.

Que l'année du mortuaire ne sera point employée à payer les dettes de la succession du Frere défunt.

Fr. JEAN L'EVESQUE DE LA CASSIERE.

60. Nous défendons aux Prieurs, au Châtelain d'*Emposte*, aux Chapitres Provinciaux, aux assemblées, aux Receveurs, & à tous autres, de payer, ni d'ordonner que l'on payera les dettes de nos Freres défunts, Prieurs, Baillis, ou Commandeurs, sur les revenus des mortuaires des Prieurez, Bailliages & Commanderies vacantes, lesquels appartiennent de droit au commun Tréfor, aux interêts duquel seront tenus de satisfaire ceux qui en auront autrement ordonné.

Que l'on fera une estimation de la dépouille des Baillis.

Fr. BAPTISTE URSIN.

61. Les effets provenants des dépouilles des Prieurs, des Baillis, des Commandeurs & des Freres qui mourront dans le Couvent, seront estimez par huit Freres anciens tirez de chaque Langue, à l'accoutumé.

Fr. CLAUDE DE LA SENGLE.

62. Laquelle estimation se fera à leur véritable valeur, & en presence de gens qui s'y entendent. Les Prieurs, les Baillis & les Lieutenans de Baillis, doivent seuls partager les dépouilles des Prieurs, Baillis ou Lieutenans de Baillis : celles des Commandeurs seront partagées entre les Commandeurs & les Freres du Couvent : & celles des Freres du Couvent, entre les Freres du Couvent Chevaliers.

Que les Freres malades donnent la déclaration de leurs biens.

Fr. ELION DE VILLE-NEUVE.

63. Tout ce que possedent nos Freres appartient à l'Ordre : ainsi

lorsqu'ils sont malades, l'obéissance les engage d'appeller auprès d'eux les deux Freres qui s'en trouveront les plus proches, l'un desquels sera Chapelain, si faire se peut, & l'autre honnête homme, auſquels ils déclareront tous leurs biens, meubles, deniers & autres, lesquels en feront un écrit qui sera cacheté du cachet du Frere malade, & de ceux des deux Freres en leur presence. Cet écrit sera ensuite remis au Procureur du Trésor, lequel le rendra au Frere s'il revient en convalescence. Il est défendu aux Freres qui s'y seront trouvez, sous peine de desobéissance, de rien reveler de ce qu'il contient, pendant la vie du Frere, à peine d'être privez du revenu de leurs Commanderies pendant dix ans: si ce sont des Freres du Couvent, la Religion en fera justice.

Si quelque Frere, de quelque condition qu'il soit, s'empare de la dépouille en tout ou en partie, sur la plainte que nous voulons en être faite, il sera chassé de la compagnie des Freres de l'Ordre. Si le Frere, dans sa maladie, refuse de faire ce que dessus, l'on en sera justice, dès que l'on en aura avis; puisque nonobstant son vœu de pauvreté, il n'a pas laissé d'acquerir des biens, & qu'il a depuis refusé de les déclarer.

Que l'on n'employe point à plaider les biens du commun Trésor.

Fr. PHILIBERT DE NAILLAC.

64. Défendons aux Prieurs, aux Commandeurs & aux Freres d'employer les biens & les droits du commun Trésor, de dépouille, de mortuaire & de vacant à former ou à soutenir des procès, ou à quelqu'autre usage que ce soit: leur enjoignons de les faire porter au commun Trésor, à peine contre ceux qui en auront détourné la valeur d'un marc d'argent, d'être privez de l'habit: s'il en manque moins, ils seront contraints de faire la quarantaine.

Que les Ambassadeurs soient payez de leurs Apointemens.

Fr. ANTOINE FLUVIAN.

65. Nous ne donnons pas de grands apointemens aux Ambassadeurs & aux Envoyez que nous sommes obligez de tenir suivant les occurrences en diverses parties du monde, parcequ'ils ne souffrent ni peine ni ennui du voyage, auſquels ils ne soient obligez de s'exposer pour le service de l'Ordre, & qu'ils doivent s'attendre à des récompenses bien plus considerables que celles qu'il leur destine. Le Prieur ou le Bailli qui sera chargé d'Ambassade du côté du Ponent, aura du Trésor deux ducats par jour: le Commandeur ne doit en avoir qu'un; mais si le Maître & le Conseil ne jugent pas qu'il en ait assez, l'on y ajoutera un demi ducat. Ceux qui seront envoyez du côté du Levant, auront les Apointemens qui seront reglez par le Maître & le Conseil, suivant l'importance de l'affaire & du voyage.

DE L'ORDRE DE S. JEAN DE JERUSALEM. 121

Dès que l'Ambassade sera finie, l'Ambassadeur sera obligé de revenir au Couvent pour en rendre compte au Maître & au Conseil, pour pouvoir former leur résolution. La prudence & l'exactitude de l'Ambassadeur obligeront de veiller à ses intérêts, & de ne pas l'oublier dans les promotions.

LE MESME MAISTRE.

66. Nous unissons à notre Trésor les grandes Commanderies de *Cypre*, de *Lango* & de *Nisaro*, ci-devant communes à toutes les Langues.

De la solde qui doit être payée aux Freres.

Fr. PIERRE RAIMOND ZACOSTA.

67. Nous ordonnons que la solde des Freres se payera pendant le mois de Septembre, afin qu'ils puissent s'en aider dans le besoin : ceux qui seront pourvûs des biens de l'Ordre, comme maisons ou autres revenus, au delà de 60 florins de *Rhodes* monnoie courante, ne prendront aucune solde, non plus que ceux qui seront pourvûs de Commanderies, de quelque valeur qu'elles soient.

Du joyau que prend le Grand Commandeur dans la dépouille des Freres.

Fr. BAPTISTE URSIN.

68. Statuons & ordonnons que nonobstant toute coutume contraire, le Grand Commandeur ou son Lieutenant ne puissent prendre dans les dépouilles des Freres défunts, aucun joyau de la valeur de plus de cinq florins de *Rhodes* monnoie courante, qui seront même déduits sur les Apointemens.

Que le Chapitre Géneral peut seul faire remise des dettes.

Fr. FABRICE DEL CARETTO.

69. Les choses qui sont destinées à l'utilité commune, ne doivent pas être détournées à des usages particuliers. Ainsi nous défendons à toutes personnes de quelque qualité, grade, office ou condition qu'elles soient, de remettre, relâcher ou donner aux débiteurs du Trésor aucune somme, quelle qu'elle soit, à quelque titre qu'elle soit dûe, sans connoissance de cause, laquelle n'appartient qu'au Maître & au Chapitre géneral. Celui qui l'aura entrepris sera censé l'avoir fait en son nom, en sorte que le Trésor se pourvoira contre lui pour le recouvrement de la somme remise, sans que le débiteur en soit pour cela déchargé, jusqu'à ce que le Trésor soit entierement satisfait de l'un ou de l'autre.

Des Lettres de Change.

Fr. JEAN DE L'ASTIC.

70. Nous défendons au Vice-Chancelier d'expedier aucune Lettre

de change ou aſſignation aux Freres, ni aux Séculiers, ſans en avoir reçû l'ordre du Maître & du Conſeil, enſuite duquel il appoſera un ſceau de plomb, & les enregiſtrera dans la Chancellerie. Elles doivent encore être ſignées ſous le pli du ſceau par le Conſervateur conventuel, & par le Secretaire du Tréſor, avant d'être délivrées aux Parties : elles ſont nulles s'il y manque quelqu'une de ces formalitez.

De l'entretien des chevaux pour la garde de l'Iſle.

Fr. BAPTISTE URSIN.

71. Nos Freres ſont obligez d'entretenir des chevaux pour la ſûreté de l'Iſle : le Tréſor eſt obligé de donner la montre pour toute l'année à tous ceux que le Maréchal ou ſon Lieutenant & d'honnêtes gens qui ſeront nommez pour cela, & qui auront prêté le ſerment de s'en acquitter fidelement, auront jugé propres à monter la garde : l'on ne donnera point la montre à ceux que le Maréchal & ces Meſſieurs n'y auront pas jugé propres.

Que le Tréſor fourniſſe de l'orge aux chevaux.

Fr. CLAUDE DE LA SENGLE.

72. Nous Ordonnons que notre commun Tréſor fournira lors de la montre, aux Freres, ſix ſommes d'orge pour chaque cheval qui aura paſſé en revûë. Faute d'orge, il leur payera un écu pour chaque ſomme. Les Freres qui auront pris de l'orge au Tréſor, ſeront tenus de ſortir de la garde de l'Iſle, dès que le Maître le leur aura commandé : ceux qui auront refuſé de ſortir avec les autres, ne recevront point d'orge de toute l'année.

De la maniere de payer les dettes des Freres défunts.

Fr. HUGUES DE LOUBENX VERDALE.

73. Pour regler les differends qui ſurviendront entre les creanciers des ſucceſſions des Freres défunts : Nous ordonnons que tout ce qui ſera dû au Tréſor, ſera payé par préference à toutes autres dettes, de quelque nature qu'elles ſoient : viendront enſuite les gages des domeſtiques, & les creanciers ſelon la datte de leurs hypoteques, comme l'on en uſe dans les ſucceſſions ordinaires, & non pas comme il s'eſt fait juſqu'à preſent.

Comment doit ſe faire l'inventaire de la dépouille.

LE MESME MAISTRE.

74. Nous ordonnons que quand le Receveur, ou le Procureur du Tréſor, ou leur député, ira recevoir les droits de mortuaire & de dépouille, il ſe fera accompagner, & qu'après que les coffres & les

portes auront été fermées & scellées, il sera publier le lieu, le jour & l'heure, où se fera l'inventaire, afin que les creanciers qui y auront interêt puissent s'y trouver.

Au jour & à l'heure marquez, il prendra deux honnêtes gens pour representer les Parties interessées, & un Notaire, en présence desquels il ouvrira les portes & les coffres, visitera & fera énoncer dans l'inventaire, après avoir encore appellé deux ou trois témoins, tous les effets, meubles, grains & fruits qui s'y seront trouvez, leur nombre, qualité, poids & mesure, & les fera estimer par ceux qui seront présens, sans préjudice de l'article 40 de ce Titre, qui sera executé pour tout le reste. Voulons que la même chose soit observée dans le Couvent par les vénérables Procureurs & le Secretaire du Trésor.

Que les dépouilles soient vendues dorenavant au profit du Trésor.

75. Nous ordonnons que la dépouille des Prieurs, Châtelain d'Emposte, Baillis, Commandeurs & autres nos Freres qui mourront dans le Couvent, excepté celle du Maître, sera distribuée, non pas comme l'on a fait jusqu'à présent, mais qu'elle soit vendue à l'encant à celui qui en donnera le plus, le plûtôt que faire se pourra, au profit du commun Trésor. Révoquons & annullons tous autres Statuts qui parlent du joyau qui se prenoit par le Grand Commandeur des dépouilles, de l'estimation qui s'en faisoit, & de ceux qui y assistoient, de même que les droits du Conservateur Conventuel, du Maître Ecuyer, & du Secretaire du Trésor. Le droit de trentenaire de l'assemblée des Chapelains sera payé comme à l'ordinaire par le commun Trésor.

DU CHAPITRE,
TANT GENERAL QUE PROVINCIAL.
TITRE VI.
Comment se tient le Chapitre Général.
COUTUME.

1. Nos prédécesseurs qui ont eu grand soin de tout ce qui regardoit les affaires publiques, avoient accoutumé d'ancienneté de convoquer & de tenir le Chapitre géneral pour réformer les mœurs des Religieux, rétablir le gouvernement, & regler tout ce qui concerne l'état, & l'utilité publique. C'est à leur exemple, que nous avons accoutumé de le tenir : on le commence toujours par l'invocation du Saint Esprit, sans l'assistance duquel l'on ne sçauroit rien entreprendre à propos : on lui demande la grace d'illuminer nos esprits, & de favoriser nos entreprises.

Dès que les Capitulans sont assemblez, ils accompagnent le Maître à l'Eglise où l'on se rend avant le soleil levé : le Prieur de l'Eglise chante une Messe solemnelle du S. Esprit, qu'ils doivent tous prier avec beaucoup de dévotion, de leur donner la grace d'entendement, avec laquelle ils puissent mettre en bon ordre les affaires qui se présenteront : à la fin de la Messe, le Maître, les Capitulans, & les Freres partent en procession de l'Eglise, précedez de l'étendart de la Religion, pour se rendre au lieu du Chapitre. Le Prieur de l'Eglise s'y trouve revêtu d'habits pontificaux. Les Chapelains, les Diacres, & les Clercs chantent le *Veni Creator*. Lorsqu'ils sont arrivez au Chapitre, tous chantent le ℣. *Salvos fac servos tuos* : l'on dit l'Oraison du Saint Esprit, & le Chapelain chante l'Evangile ; *Cùm venerit Filius hominis, &c.*

Le Maître, les Prieurs, le Châtelain *d'Emposte*, les Baillis, & les anciens Capitulans se placent chacun selon son rang, & on leur fait la lecture de la regle. L'on entend ensuite un Sermon sur le salut des ames, & l'utilité publique, après lequel les Chapelains, & ceux qui ne doivent pas assister au Chapitre, se retirent. Le Maître, s'il le veut bien, en fait un autre sur l'état de la Religion, & ce qui la concerne.

Le premier jour non ferié qui suit, les Capitulans se rassemblent : le Maître, & ceux du Conseil ordinaire élisent pour Commissaires quelques-uns d'entre eux, lesquels appellent le Vice-Chancelier, & examinent avec lui les pouvoirs donnez par les Prieurs, les Baillis & autres qui se trouvent absens, & qui devroient assister au Chapitre géneral : ils acceptent ceux qui leur paroissent suffisans, & mettent les autres de côté.

Les Baillis, les Prieurs, le Châtelain *d'Emposte*, & les anciens Capitulans vont ensuite baiser les mains du Maître, chacun en son rang : chacun d'eux lui présente une bourse sur laquelle son nom est écrit, & où sont enfermez cinq *janets* d'argent, pour marquer leur *desapropriement* : ils y attachent un mémoire qui comprend les devoirs de leurs Charges, & leur sentiment sur ce qu'ils estiment devoir être fait pour l'utilité publique, & les sceaux de leurs Offices, établis pour l'honneur & l'avantage commun. Le Maréchal y va à son tour présenter l'étendart de la Religion.

Après la présentation des bourses, des memoires, & de l'étendart, l'on fait un état de ceux qui sont incorporez dans le Chapitre : le Vice-Chancelier lit les mémoires à haute voix, suivant le rang de ceux qui les ont donnez, & l'on procede à l'élection des seize Capitulans, en la maniere suivante.

Les Freres Capitulans incorporez au Chapitre, dûement confessez & communiez, promettent par leur serment solemnel, de proceder & de juger justement, équitablement, & selon Dieu & leur conscience, les affaires qui leur seront proposées, & qu'ils n'ordonneront rien qui puisse faire préjudice à un tiers, autant qu'ils pourront le découvrir.

Le Maître ordonne ensuite aux Langues de s'assembler en particulier dans le Chapitre même, où chaque Langue choisit deux de ceux qui sont incorporez au Chapitre, qu'elle estime les plus propres, & les plus prudens, & les présente au Maître : si quelque Langue en manque, elle peut en emprunter d'une autre. L'on choisit par ce moyen seize personnes que l'on présente au Maître & au Chapitre. L'on leur fait prêter le serment, que dépouillez de toute sorte d'affection & d'interêt, ils n'ordonneront rien qui ne soit honorable & utile à la Religion & aux Freres.

Le Maître & le reste des Capitulans qui demeurent dans le Chapitre pour regler les autres affaires, leur en accordent le pouvoir par maniere de compromis, promettent par leur serment de s'en tenir à leur décision, & d'agréer tout ce qui aura été reglé & statué par les seize Capitulans, lesquels avec le Procureur du Maître, qui n'a que la voix consultative seulement, & le Vice-Chancelier, se retirent dans une autre Chambre, pour mettre par écrit leurs déliberations : c'est là qu'ils concluent ce qui doit se faire en la maniere suivante.

Ils déliberent d'abord sur l'imposition & la portion dont l'Ordre a besoin pour se soutenir : ils passent de-là au gouvernement du Trésor ; ils examinent les mémoires, réforment les usages, font de nouveaux Statuts, & reglent les affaires qui étoient restées indécises, qui concernent l'utilité publique. Dès qu'ils ont achevé, les cloches appellent tous les Freres, qui se rendent auprès du Maître & du Chapitre : les Chapelains y viennent en procession : le Vice-Chancelier publie à haute voix les nouveaux Statuts. Le Maître rend les bourses, les sceaux & l'étendart aux Baillis, au Maréchal & aux Prieurs. Les Chapelains récitent les Oraisons suivantes, & le Chapitre finit.

Oraisons qui doivent être récitées à la fin du Chapitre Géneral & Provincial.

COUTUME.

2. Il est juste qu'à la fin de toutes nos actions, nous élevions nos cœurs à Dieu, & que nous ayions recours à sa clémence, pour en obtenir le repos en cette vie, & la béatitude en l'autre ; c'est pourquoi à la fin du Chapitre Géneral ou Provincial, les Chapelains qui y seront venus en procession, ont accoutumé d'adresser à Dieu les prieres suivantes pour la paix de tous les Fideles, pour le repos des vivans & des morts. Nous ordonnons la continuation de cet usage.

Oraison pour la Paix.

Nous prions que notre Dieu, & notre Seigneur Jesus-Christ, veuille accorder la paix & la concorde à tous les Fideles Chrétiens ; qu'il empêche les guerres & les séditions ; qu'il mette un frein à la rage des Infideles , & qu'il dirige les voyes de tous les Chrétiens dans le chemin de la vie éternelle.

Oraison pour les fruits de la terre.

Nous prions que notre Dieu, & notre Seigneur Jesus-Christ veuille donner des fruits à la terre, les multiplier & les conserver.

Oraison pour le Pape.

Nous prions notre Dieu, & notre Seigneur Jesus-Christ, de ne point abandonner N. Pasteur de son troupeau, de le défendre continuellement par sa protection, d'augmenter sa foi & sa charité, afin qu'il parvienne à la vie éternelle, avec le troupeau qui lui a été confié.

Oraison pour les Cardinaux & les Prélats.

Nous prions notre Dieu, & notre Seigneur Jesus-Christ, de confirmer & conserver dans son saint service les Cardinaux de la Sainte Eglise Romaine, les Patriarches, les Archevêques, & tout le reste du Clergé.

Oraison pour l'Empereur & les Princes.

Nous prions notre Dieu, & notre Seigneur Jesus-Christ, de vouloir conserver en paix & en véritable union l'Empereur, les Rois, & les autres Princes Catholiques, & les animer à faire la guerre aux Barbares & aux Infideles, & à délivrer la Terre Sainte, & Jerusalem du joug de la servitude.

Oraison pour le Maître de l'Hôpital.

Nous prions notre Dieu, & notre Seigneur Jesus-Christ, de vouloir diriger N. au gouvernement de l'Hôpital de notre Ordre, & de nos Freres, & de le conserver long-tems en santé & en prosperité.

Oraison pour les Baillis & les Prieurs.

Nous prions notre Dieu, & notre Seigneur Jesus-Christ, de diriger & d'éclairer les Baillis, les Prieurs, & le Châtelain d'*Emposte*, de notre Ordre, afin qu'ils s'attachent à tout ce qui peut contribuer à son honneur & à son utilité.

Oraison pour les Freres de l'Hôpital.

Nous prions notre Dieu, & notre Seigneur Jesus-Christ, de conserver nos Freres, & de ne pas permettre que nous manquions d'accomplir nos vœux.

Oraison pour les malades & les esclaves.

Nous prions notre Dieu, & notre Seigneur Jesus-Christ, de guerir

& de délivrer les malades & les esclaves, afin qu'ils puissent venir lui en rendre graces dans sa Sainte Eglise.

Oraison pour les pécheurs.

Nous prions notre Dieu, & notre Seigneur Jesus-Christ, de délivrer tous les pécheurs des liens de leurs pechez, & de les conduire à la vie éternelle.

Oraison pour les Bienfaiteurs de notre Hôpital.

Nous prions notre Dieu, & notre Seigneur Jesus-Christ, de leur donner dès cette vie une juste récompense de leurs bienfaits, & après leur mort, la vie éternelle.

Oraison pour les Confreres & les Parens.

Nous prions pour les ames de nos Confreres, parens & alliez, & pour tous ceux qui reposent dans nos cimetieres. Le Pseaume *Deus misereatur*, le *De profundis*, &c. Kyrie eleison, &c.

ORAISON.

Mon Dieu qui êtes l'auteur de nos saints désirs, de nos salutaires desseins, & de nos bonnes actions, donnez à vos serviteurs la paix que le monde n'est pas capable de leur donner ; afin que nos cœurs se trouvant uniquement portez à l'observation de vos commandemens, & à couvert de toute crainte de la part des ennemis, nous puissions mener une vie tranquille sous votre protection. Par Jesus-Christ Notre Seigneur, &c.

Que les Freres viennent au Chapitre Géneral.

Fr. JEAN FERNANDES DE HEREDIA.

3. Il est ordonné aux Baillis, Prieurs, Châtelain d'*Emposte*, Commandeurs & autres, qui, à cause de leurs dignitez, sont incorporez au Chapitre Géneral, de s'y trouver, s'ils ne sont empêchez par des accidens qu'il leur soit presque impossible d'éviter, auquel cas ils y enverront un Procureur muni d'une procuration suffisante : ceux qui y manqueront, seront privez de l'habit, comme desobéissans.

Fr. CLAUDE DE LA SENGLE.

4. La peine pourra être moderée par le Prieur & le Chapitre Géneral.

De la résidence que doivent faire ceux qui doivent être admis au Chapitre, ou en quelque autre Conseil.

Fr. HUGUES DE LOUBENX VERDALE.

5. Il ne seroit pas juste que ceux qui ne sont pas informez des

constitutions & des Statuts de l'Ordre, & qui n'en ont pas manié les affaires, en fussent établis les juges: c'est pourquoi nous ordonnons que les Freres qui n'auront pas demeuré huit ans entiers tout de suite, ou par intervalles dans le Couvent, ne seront desormais admis, ni au Chapitre Géneral, ni en quelque autre Conseil que ce soit, où il s'agira de regler les affaires de l'Ordre, s'il n'a achevé ses cinq ans de résidence, excepté les Freres des vénerables Langues d'Angleterre & d'Allemagne.

Que les Procureurs ne seront pas admis au Chapitre général sans faire voir une bonne procuration.

Fr. PIERRE RAIMOND ZACOSTA.

6. Nous défendons au Maître & au Chapitre géneral d'y recevoir les Procureurs des Prieurs, Baillis, Châtelain *d'Emposte*, & Commandeurs, sans faire voir une procuration suffisante de leur part, qui leur donne pouvoir de comparoir au Chapitre, & de consentir à ses Déliberations. Ceux qui ne se trouveront en état ni de venir eux-mêmes, ni d'envoyer des Procureurs, seront censez y avoir acquiescé, & obligez de les observer, comme s'ils y avoient assisté.

Fr. CLAUDE DE LA SENGLE.

7. Nul Procureur constitué pour assister au Chapitre géneral, ne pourra en vertu de sa procuration, en quelques termes qu'elle soit conçûe, en substituer un autre en son lieu : il sera obligé de s'y trouver en personne. Si la procuration contient les noms de plusieurs Procureurs, le premier nommé sera préferé, si le constituant n'a marqué qu'il l'entendoit autrement.

Forme de la procuration des Prieurs & des Baillis, pour assister en leur nom au Chapitre Géneral.

LE MESME MAISTRE.

8. Nous Frere N. Chevalier de l'Hôpital de S. Jean de Jerusalem, humble Prieur ou Bailli du Prieuré, ou Bailliage de N. Nous confians en la prudence, probité, fidelité & industrie de nos Religieux Freres en Jesus-Christ, N. & N. les avons faits, constituez & députez, faisons, constituons & députons par ces Présentes, en la meilleure forme & maniere que nous le pouvons faire, pour nos vrais & légitimes Procureurs Géneraux & speciaux, absens comme presens, & chacun d'eux solidairement, en la maniere suivante. Premierement, ledit Frere N. seul & pour le tout, & en cas d'absence ou autre empêchement de l'un & de l'autre, notre Frere N. aussi seul, & pour le tout, pour comparoir pardevant l'Illustrissime Seigneur Grand Maître, & le prochain Chapitre géneral qui sera assemblé dans notre Couvent, assister & intervenir audit Chapitre en notre nom, & comme

me

me nous aurions pû faire specialement & expressément consentir, acquiescer & prêter consentement libre & volontaire à tous & chacun les Decrets, Constitutions, Statuts, Déliberations & Ordonnances dudit Chapitre géneral, & des Reverendissimes Seigneurs les seize Capitulaires, & géneralement faire, procurer & exercer toutes & chacune des choses qui seront jugées utiles & necessaires à ce que dessus, & que nous ferions, pourrions ou devrions faire nous mêmes, si nous étions présens audit Chapitre, ou que le cas requît un mandement special. Promettons de bonne foi d'avoir pour agréable, ferme & stable, & d'executer ponctuellement ce qui aura été fait & geré par eux, ou aucun d'eux, en vertu de notre presente procuration, en foi de quoi nous avons signé ces Présentes de notre main, & y avons fait apposer le cachet de nos armes. Donné à, &c.

Procuration des Commandeurs des Prieurez.

9. Nous N. N. Commandeurs du Prieuré de N. avec le Reverend Seigneur Frere N. Prieur dudit Prieuré, assemblez pour la tenue de notre Chapitre ou Assemblée Provinciale, faisons sçavoir que, &c. En foi de quoi nous avons fait signer ces Presentes de la main du Secretaire ou Notaire dudit Chapitre, & sceller de son sceau.

Si la procuration se donne par l'Assemblée, ou que l'on n'ait pas accoutumé de s'en servir dans ce Prieuré-là, les Commandeurs qui s'y trouveront, signeront la procuration de leur main, ou la feront signer par le Secretaire du Chapitre, ou un autre Notaire, & y apposeront leurs cachets, ou du moins deux ou trois d'entre eux.

Que quand on traitera des affaires particulieres de l'un des seize, il sera obligé de se retirer.

Fr. PIERRE D'AUBUSSON.

10. Il n'est pas raisonnable que lorsqu'on traite des affaires particulieres de quelqu'un, il se trouve tout ensemble Juge & Partie. Ainsi nous ordonnons que toutes les fois qu'il s'agira d'une affaire particuliere qui concernera l'un des Reverends seize, lequel y paroîtra Partie formelle, il sera obligé de se retirer, nonobstant quoi leurs Ordonnances seront executées comme si tous y avoient assisté.

Si quelqu'un des seize Capitulants se trouve malade, ou autrement empêché, on lui en substituera un autre.

Fr. JEAN L'EVESQUE DE LA CASSIERE.

11. Si quelqu'un des seize Capitulans tombe malade, ou se trouve légitimement empêché, en sorte qu'il ne puisse pas se rendre au Conseil pour travailler avec les autres, le Maître convoquera le Conseil & les Capitulans de la Langue du malade ; & après leur avoir fait prêter un nouveau serment, il leur ordonnera de s'assembler en

particulier pour en choisir un autre, lequel fera le même serment, & la même promesse qu'avoit fait celui à la place duquel il se trouve substitué.

De la modestie que doivent garder les seize Capitulans.

Fr. HUGUES DE LOUBENX VERDALE.

Il est quelques-fois arrivé que l'un des seize Capitulans sortant des termes de la modestie, a refusé de donner sa voix sur l'une des propositions faites par le Président, ce qui a dérangé le Conseil; d'où il peut arriver beaucoup d'inconvéniens & de dommage au bien public. C'est pourquoi nous avons ordonné, que si quelqu'un des seize Capitulans a la témerité de sortir volontairement de l'Assemblée qui represente l'Etat & la dignité de tout l'Ordre, pour brouiller les affaires qui s'y traitent, ou qui refusera de donner sa voix quand il en aura été averti par le Président, soit qu'il soit Prieur, Bailli, ou Commandeur, il perdra trois années du revenu de son Prieuré, Bailliage ou Commanderie, lesquels seront appliquez au Trésor : s'il est Frere du Couvent, il perdra trois années de son ancienneté, & sera chassé du Conseil : on en élira sur le champ un autre, suivant la forme du Statut précedent : celui qui aura été exclus sera privé de l'entrée du Chapitre géneral, du Conseil & de toute autre Congregation, même des autres dignitez qui viendront à vacquer.

Qu'il n'est permis à aucun Frere d'appeller ni de protester contre les Statuts des seize.

Fr. BAPTISTE URSIN.

13. Pour moderer l'insolence de quelques-uns, qui ne veulent jamais sortir d'affaires, afin de lasser par la dépense & le travail ceux qui ont raison au fonds : Nous voulons suivre la coutume de nos prédecesseurs, lesquels ont établi les seize Capitulans, pour regler & disposer des affaires de notre Ordre en dernier ressort, suivant laquelle il ne convient à aucun de nos Freres de contredire ni de s'opposer à leurs Statuts, Sentences & Ordonnances qui ont la force & l'autorité d'un véritable compromis, au lieu de s'y soumettre avec humilité : cependant quelques-uns d'eux, sans respect pour le serment qu'ils ont prêté, s'efforcent de contrevenir à cette institution, en sorte qu'il seroit d'un mauvais exemple & d'un extrême préjudice de ne pas recourir aux Statuts & aux Coutumes pour y remedier. C'est pourquoi désirant nous opposer à leur témerité, & nous raprocher des anciennes Coutumes, Nous défendons à tous les Freres de notre Ordre, qui sont incorporez au Chapitre géneral, & qui ont droit d'y assister, en quelque rang & dignité qu'ils puissent être constituez, d'appeller des Statuts, Sentences, Déliberations & Ordonnances des seize Capitulans, de les contester ou contredire de quel-

que maniere que ce soit. Ceux qui l'auront fait feront privez sur le champ des Commanderies & Bénéfices qu'ils possedent : si c'est un Frere du Couvent, il perdra sur le champ son ancienneté.

Combien doit durer le Chapitre général.

14. Nous ordonnons que le Chapitre général demeure ouvert pendant quinze jours non feriez, afin que l'on puisse y regler plus commodément les affaires qui se rencontrent : cependant le Maître & le Conseil complet pourront encore travailler pendant quelques jours qui y auront été réservez, après sa clôture, à la conclusion & à l'execution des affaires qui n'auront pas été tout à fait reglées.

Qui sont ceux qui sont obligez de se trouver au Chapitre Provincial.
Fr. CLAUDE DE LA SENGLE.

15. Tous les Baillis & les Commandeurs qui se trouvent dans la Province, sont obligez d'aller chaque année au Chapitre Provincial de leur Prieuré, à peine de payer au Trésor double *Responsion*, à moins qu'ils ne soient retenus par quelque empêchement légitime, qu'ils seront tenus de faire sçavoir au Chapitre par leur Procureur ; le Prieur doit aussi s'y trouver sous la même peine.

De la moderation que doivent garder les Capitulans.
Fr. PIERRE D'AUBUSSON.

16. Nous ordonnons aux Prieurs, au Châtelain d'Emposte, aux Commandeurs & aux Freres, de quelqu'état qu'ils soient, de garder dans les Chapitres Provinciaux, la maturité, la gravité, la temperance & la modestie ; en sorte que chacun puisse parler en son rang, dire son opinion & donner son suffrage sans emportement, sans injures & sans gestes mêmes qui sortent de la bien-seance, & proposer tranquillement ce qu'il estimera être de l'honneur & de l'avantage de la Religion : ceux qui y manqueront seront punis par la *Quarantaine*.

Que les Prieurs ne doivent favoriser personne dans le Chapitre Provincial.
Fr. ANTOINE FLUVIAN.

17. Défendons aux Prieurs & au Châtelain *d'Emposte* de parler ni de solliciter dans les Chapitres ou Assemblées Provinciales, pour ou contre aucun Frere présent ou absent : ils doivent uniquement s'attacher à bien comprendre les affaires, & à les décider à propos, sans embarasser les autres.

Que l'on lise la Regle & les Statuts dans les Chapitres Provinciaux.
Fr. CLAUDE DE LA SENGLE.

18. Rien ne fait plus de honte & de dommage que l'ignorance des Statuts & des Coutumes de l'Ordre, par lesquels la Religion se gou-

verne & se maintient, sur-tout une ignorance grossiere & affectée, qui lui a fait tort en plusieurs occasions. Pour remedier à ce mal, & afin que personne ne puisse plus prétendre cause d'ignorance: Nous ordonnons que les Statuts ci-après inserez sous la Bulle de plomb, seront envoyez dans tous les Prieurez, & presentez de notre part aux Prieurs ou Châtelain *d'Emposte*, & aux Receveurs du Trésor, ausquels nous commandons en vertu d'obedience de les faire lire à haute voix dans tous les Chapitres Provinciaux, après la Messe du S. Esprit, & la lecture de la Régle, avant de commencer aucun acte Capitulaire, afin qu'ils soient entendus & observez par tous les Freres. Si les Prieurs, le Châtelain *d'Emposte*, & les Receveurs négligent de s'acquitter de ce devoir, ils encourront la peine de désobéissance.

De la Regle.

La Regle des Hospitaliers & de la Milice de S. Jean de Jerusalem.
De la peine de ceux qui manqueront de l'observer.

Du commun Trésor.

Des charges du Trésor & des Reglemens à faire sur ce sujet.
Que tous sont obligez de payer les droits du Trésor.
Que les droits du Trésor se payent entierement, nonobstant tous empêchemens.
Des droits du mortuaire & du vacant, qui doivent être payez au Trésor.
Ce que doivent payer ceux qui possedent des Membres, & les trois suivans.
Du droit de passage qui doit être payé par les Freres.
Quand doivent se payer les droits du Trésor: peine de ceux qui y manquent.
Des dettes du Trésor, & le suivant.
Que les biens des Freres morts doivent être portez au Trésor, & les trois suivans.
De l'office du Receveur & du Procureur du Trésor hors du Couvent, & les trois suivans.
Contre les Receveurs qui négligent le recouvrement des dettes.

Du Chapitre.

Qui sont ceux qui sont obligez de se trouver au Chapitre.

Des Prieurs.

De la Jurisdiction des Prieurs.
Des sceaux des Prieurs, avec le suivant.

De l'Office des Freres.

De la garde des fortifications, avec le suivant.

Des Commanderies.

Des Résignations.

Que l'on ne donne aucun Membre ou Domaine aux Seculiers.
Que les Freres n'obtiennent ni Commanderies ni Bénefices hors de l'Ordre.
Que l'on ne députe aucun Séculier au Gouvernement des Commanderies.

Des Visites.

De la visite des Commanderies, & les deux suivans.

Des contrats & alienations.

Que l'on n'aliene point les biens de l'Ordre.
Qu'aucun Frere n'oblige ou hypoteque les biens de l'Ordre, & le suivant.
Que dans les Chapitres ou Assemblées Provinciales on ne traite point de l'alienation des biens de l'Ordre, & le suivant.
Que les Freres n'alienent point les biens qu'ils ont acquis.

Des Baux à Ferme.

Que le Bail du mortuaire & du vacant se fasse dans le Chapitre Provincial.
Que l'on ne fasse point de réparations pendant le mortuaire & le vacant.

Des défenses & des peines.

Que les Freres ne s'emparent point des Commanderies.
Que les Freres ne recherchent point de Lettres de recommandation pour obtenir des Commanderies, & le suivant.
Que personne ne mette la main sur les droits du Trésor.
De l'obédience.
Des mauvais administrateurs.

Que les rescrits & les graces obtenues du Chapitre géneral, sous un faux exposé, ou en taisant la vérité, soient de nulle valeur.

Fr. HUGUES DE LOUBENX VERDALE.

19. Quoique le Chapitre géneral soit le dernier & le souverain Tribunal de l'Ordre, cependant, puisque les Loix ont déterminé que ceux qui malicieusement exposent faux, ou suppriment la verité, ne doivent pas jouir du bénefice qui leur a été accordé: Nous voulons que les rescrits & les graces obtenues de notre Chapitre géneral par subreption ou obreption, c'est-à-dire en exposant faux ou en déguisant la verité, en sorte qu'il en résulte un défaut condamné par la Loi, n'ayent ni force ni vigueur. Déclarons que le Maître & le Conseil sont competents pour en connoître.

DU CONSEIL ET DES JUGES.
TITRE VII.

Les formalitez qui s'observent dans les Jugemens de l'Ordre.

COUTUME.

1. D'Autant que nos Freres sont plus obligez de s'appliquer à l'Hospitalité, & à l'exercice des armes, qu'à celui de la Justice, l'ancienne coutume que nous tenons de nos prédecesseurs, veut que les differends qui se forment entre eux, soient décidez sommairement, & sans figure de procès, verbalement, & non par écrit : que l'on n'en fasse aucun acte : que les Parties plaident elles-mêmes leur cause, & que l'on leur rende justice sur ce qui aura été allegué de part & d'autre. Elles peuvent cependant produire pour leur défense des écritures déja faites, comme des Sentences, des Enquêtes, & autres choses semblables, & amener des témoins qui seront examinez par le Conseil, ou par les Commissaires qu'il nommera, dont on écrira les dépositions, s'il est nécessaire.

Qui sont ceux qui doivent se trouver au Conseil de l'Ordre.

COUTUME.

2. Nous avons deux manieres de Conseil ; l'ordinaire, & le *complet*. Le premier est composé du Maître, du Lieutenant du Maître ou du Magistere, s'ils y sont ; de l'Evêque de Malte, qui s'y est introduit depuis quelque tems, du Prieur de l'Eglise, & des huit Baillis conventuels ou de leurs Lieutenans. L'on y admet encore les Prieurs des Provinces, les Baillis capitulaires qui se trouvent au Couvent, le Trésorier ou son Lieutenant, & le Sénéchal du Maître, lequel a voix consultative, sans être décisive. Le Conseil *complet* est composé des mêmes personnes, si elles sont présentes : l'on y ajoute deux Freres de chaque Langue : le Vice-Chancelier assiste à l'un & à l'autre.

Les huit Baillis conventuels ou leurs Lieutenans doivent toujours s'y trouver, sans quoi l'on ne peut tenir conseil : ils peuvent même le faire après avoir appellé les autres, quand ils n'y viendroient pas, & déterminer tout ce qui est de sa competence. L'on ne peut néanmoins tenir aucun conseil sans la présence du Maître ou son congé.

La forme du serment que prêtent ceux qui entrent dans le Conseil.

Fr. BAPTISTE URSIN.

3. Personne n'entrera au Conseil sans avoir prêté le serment solemnel entre les mains du Maître, de ne jamais révéler les choses

qui s'y feront traitées, déterminées & conclues : de ne dire son avis, & de ne rendre aucune Sentence par affection, par aversion, ni par corruption ; d'observer fidelement & sincerement les Statuts, & les coutumes de l'Ordre, tant dans les jugemens que dans les affaires publiques. Ceux qui y contreviendront, seront déclarez inhabiles à obtenir des Offices & des administrations de l'Ordre, regardez comme des parjures : leurs Sentences & leurs avis seront de nulle valeur.

Fr. PIERRE DU MONT.

4. Nous ordonnons que si quelqu'un des Ordinaires du Conseil est absent ou suspect, l'on en nommera un autre à sa place, lequel prêtera le serment, suivant la forme du précédent Statut. Déclarons que l'on ne pourra plus proposer de causes de suspicion contre aucun des membres du Conseil, après que les Commissaires auront fait leur rapport, & que les Parties auront plaidé & contredit.

Fr. PIERRE RAIMOND ZACOSTA.

5. Nous défendons de citer aucun de nos Freres de quelque qualité qu'il soit, si le Maître & le Conseil ordinaire n'en ont accordé la permission.

De la moderation que doivent garder les Conseillers.

Fr. BAPTISTE URSIN.

6. Afin que les affaires soient plus meurement traitées & examinées dans les Conseils, nous ordonnons que le Maître, les Baillis, les Prieurs, le Châtelain *d'Emposte*, & les autres qui les composent, entendent patiemment les Parties qui plaident devant eux, sans les interrompre par des questions : qu'ils écoutent leurs raisons, & ce qu'ils voudront alleguer, sans faire paroître qu'ils ayent envie d'en favoriser l'une au préjudice de l'autre, & qu'ils ayent plus d'estime pour l'une que pour l'autre. S'il leur arrivoit de faire quelque chose de contraire, la Partie qui s'en sera apperçûe, pourra recuser celui à qui cela sera arrivé, lequel sera tenu de sortir sur le champ de l'auditoire.

Quelles sont les affaires qui peuvent se porter au Conseil.

Fr. CLAUDE DE LA SENGLE.

7. Pour procurer l'expedition des affaires, nous ordonnons que l'on ne portera en chaque Conseil que trois causes seulement : que les Parties, avant d'y comparoir, fassent inscrire leurs noms à la Chancelletie, & la qualité de leur affaire : le Vice-Chancelier les fera appeller au Conseil, dans le rang où elles seront écrites. L'on ne comprend pas dans ce nombre des causes, les demandes des Commissaires.

Maniere d'examiner les témoins.

8. Nous ordonnons que les témoins produits dans le Couvent, prêtent le serment en présence des Parties, & soient ouis en leur absence. Ils seront interrogez separément sur l'affaire dont est question, le lieu, le tems où l'affaire est arrivée, & comment elle est venue à leur connoissance. L'on rédigera par écrit leurs réponses, s'il en est besoin.

Qu'il n'y aura que deux Procureurs pour plaider une cause.

Fr. RAIMOND ZACOSTA.

9. Pour éviter la confusion & la longueur des procès, nous ordonnons que quand il y aura un differend de Frere à Frere, de Langue à Langue, ou entre les Prieurs & le Châtelain d'*Emposte*, dans lequel l'on a besoin du ministere des Procureurs, devant le Conseil, l'*Egard*, ou les Commissaires, l'on ne doit jamais en employer plus d'un, pour chaque Partie, chacun desquels parlera & appuyera son droit des pieces qu'il aura entre les mains. Ils ne doivent paroître qu'en habit long & honnête, & sans armes. Les contrevenans seront punis de la quarantaine, pendant laquelle il leur sera permis de s'asseoir & de manger.

Fr. PHILBERT DE NAILLAC.

10. Nous défendons par de bonnes raisons aux seculiers d'assister à nos Conseils.

Qu'aucun Frere ne servira de Procureur à celui qui sera dans le Couvent.

Fr. JEAN FERNANDE'S DE HEREDIA.

11. Puisque l'ancienne coutume veut que les procès de l'Ordre se traitent sommairement pour en éviter la longueur, & que les Freres s'attachent à l'exercice des armes, au lieu de s'amuser à plaider; nous défendons, sous peine de quarantaine, à nos Freres, de servir de Procureurs les uns aux autres, lorsqu'ils seront dans le Couvent, & qu'ils ne seront pas assez malades pour ne pouvoir aller eux-mêmes à l'auditoire. Celui qui servira de Procureur à un absent, sera tenu de montrer la procuration au Superieur qui décidera si elle est suffisante. Les Freres Anglois ou Allemands, qui ne sçauront s'expliquer, de maniere qu'ils puissent être entendus dans le Couvent, pourront se servir de Procureur, quoiqu'ils soient présens.

Fr. CLAUDE DE LA SENGLE.

12. Ceux qui par un défaut de Langue ou autrement ne seront pas en état de représenter leurs raisons, pourront se servir de Procureurs. Nous laissons au jugement du Maître & du Conseil la liberté de le leur permettre.

DE L'ORDRE DE S. JEAN DE JERUSALEM.

Que les Baillis & les Prieurs puissent avoir des Procureurs.

Fr. PIERRE D'AUBUSSON.

13. Nous ordonnons que quand il y aura quelque differend entre les Baillis capitulaires ou conventuels, les Prieurs, & le Châtelain d'*Emposte* d'une part, les Commandeurs & les Freres du Couvent de l'autre, & les Prieurs, puissent constituer un Procureur pour plaider en leur nom, & défendre leurs intérêts.

Que dans les Tribunaux de l'Ordre, l'on ne permettra à aucun étranger de plaider pour les Religieux de l'Ordre.

Fr. PIERRE DE VILLERS L'ISLE-ADAM.

14. Pour empêcher que les procès, qui dans l'Ordre, doivent être sommaires, ne soient renversez sans dessus dessous, & ne soient prolongez par des chicaneries, nous défendons d'admettre des seculiers, ni même des reguliers d'un autre Ordre, à plaider devant le Maître, dans les Conseils, ni au Chapitre géneral, ni à *l'Egard*, ni devant les Commissaires députez par eux, par le Prieur de l'Eglise, ou par le Maréchal du Couvent, sans neanmoins que nous entendions déroger à la coutume qui permet aux seculiers de plaider leurs causes dans nos Chapitres Provinciaux, & autres Tribunaux.

Que les procès des Chevaliers, des Chapelains & des Servans soient décidez par le Maître & le Conseil.

Fr. JEAN DE LASTIC.

15. Comme notre intention est de distribuer également la justice à tous nos Freres, en sorte que le plus foible ne soit pas opprimé par le plus fort, nous réservons au Maître & au Conseil toutes les contestations qui arriveront pour cause de chevissement, ou d'amelioration, entre les Freres Chevaliers d'une part, & les Freres Chapelains ou Servans d'armes d'autre, pour être par eux jugées & décidées.

De la maniere de traiter les affaires dans les Conseils.

Fr. BAPTISTE URSIN.

16. Nous ordonnons que lorsqu'il y aura des affaires à traiter dans les Conseils, avant d'opiner, dès que la proposition en aura été faite, chaque Conseiller, sans garder d'autre ordre, pourra alleguer, dire & proposer tout ce qu'il jugera à propos ; & quand l'affaire aura été bien & dûement examinée & debattue, les voix seront *ballotées*, en sorte que la Partie qui aura eu plus de *ballotes*, aura gagné son procès. Ordonnons que toutes les affaires, de quelque nature qu'elles soient, même les criminelles, qui se traiteront dans

nos Conseils, se jugeront par le scrutin des ballotes, à peine de nullité.

Fr. JEAN D'OMEDES.

17. Le même s'observera dans les Chapitres Provinciaux, & dans les assemblées : tout ce qui sera fait au contraire, sera de nulle valeur.

De l'ordre & de la maniere de balloter.

18. Nos prédecesseurs étoient persuadez que la liberté des jugemens, & le secret des opinions étoient deux choses fort importantes à la République ; c'est pour cela qu'ils inventerent l'usage du ballotage ; mais dautant qu'ils ne nous ont laissé là-dessus aucune regle par écrit, nous ordonnons que quand il se trouvera deux ou plusieurs Competiteurs de quelque office ou dignité, elle sera ballotée pour tous ensemble, suivant l'ordre de leur ancienneté, pourvû qu'aucun d'eux ne se trouve Grand-Croix, ou revêtu de l'une des principales dignitez de l'Ordre, auquel cas on ballotera d'abord pour lui, en cette maniere.

Dès que l'on aura prêté le serment ordonné par les Statuts de l'Ordre, le Vice-Chancelier portera autant de boêtes comme il y aura de concurrens, les présentera d'abord au Maître, & ensuite à chacun des Conseillers, suivant son rang, afin qu'il mette sa ballote dans la boête qu'il lui plaira. L'on comptera ensuite les ballotes, & celui qui s'en trouvera un plus grand nombre, sera élû. Si le nombre se trouve égal, le plus ancien en religion l'emportera, pourvû que le *Fiarnaud* ne soit pas Grand-Croix, auquel cas il sera préféré. S'il se trouve du même passage, le choix sera renvoyé au Conseil *complet* ; de même que les autres differends où les voix seront partagées, pour y être decidez souverainement & sans appel.

Fr. RAIMOND BERENGER.

19. Nous ordonnons & déterminons que l'usage & la coutume ne l'emporteront point sur un statut écrit, au défaut duquel ils serviront de regle.

Des Appellations.

Fr. CLAUDE DE LA SENGLE.

20. Il est défendu à tous nos Freres d'appeller des decrets du Chapitre géneral, qui est le suprême Tribunal de l'Ordre. Il n'y aura pas non plus d'appel des jugemens rendus en matiere criminelle, où il s'agira de la correction ordonnée par la regle, ni de l'élection des Freres ou des Commandeurs pour être Baillis de la Grand-Croix. L'on peut cependant appeller de la promotion ou translation des Baillis à d'autres dignitez : mais l'appellation n'a pas lieu dans la création des Officiers, ni dans la nomination des Com-

missaires, ni dans la déclaration rendue sur la récusation proposée contre les Conseillers ou les Commissaires, ni à l'égard de l'exécution ou de l'ordre d'exécuter, ni pour les Sentences rendues entre des Freres dans les Chapitres Provinciaux dont la consequence ne passe pas cent écus..

Dans les affaires décidées entre les Freres & des seculiers, le Frere ne peut appeller de la Sentence rendue au Chapitre Provincial, de quelque consequence quelle puisse être. L'appellation sera reçue en tous les autres cas, par qui que ce soit qu'elle soit interjettée. Les incidens seront jugez par des Commissaires à ce députez: l'appel en sera porté devant ceux qui les auront commis; mais il ne sera pas permis d'appeller des Sentences qu'ils auront rendues.

Les Sentences appellées de *Lobia*, rendues sur des contestations qui ne passent pas dix écus, ne seront pas sujettes à l'appel. Si la somme est plus considerable, & que le procès soit de Frere à Frere, l'appel se portera au Conseil ordinaire: s'il est entre un Frere & un séculier, n'importe lequel des deux soit demandeur ou défendeur, l'appel s'en portera à l'audience, ou au Conseil. Les Sentences qui y auront été rendues, ou par des juges compromissaires, seront exécutées, sans que l'on puisse en appeller à aucun autre Tribunal.

Le tems dans lequel l'on doit appeller.

21. L'appellation doit être interjettée dans les dix jours de la prononciation & de la publication de la Sentence, si elle a été rendue dans le Couvent; & dans le même terme, quand elle auroit été rendue ailleurs, si la Partie s'y est trouvée, ou son Procureur. S'ils ne s'y sont trouvez ni l'un ni l'autre, les dix jours ne courront que de celui auquel elle sera venue à la connoissance de la partie, & ils vaudront un acquiescement. Mais l'on doit appeller de celles qui seront rendues par les Commissaires sur les incidens le jour même, ou le lendemain.

De l'ordre des appellations.

22. Les appellations interjettées du Prieur, & de l'Assemblée, ou du Prieur seul, sont portées au Chapitre Provincial, & de-là au Conseil ordinaire. Si la cause a commencé au Chapitre Provincial, l'appel se porte au Conseil ordinaire, & de-là au Conseil *complet*, en sorte neanmoins que si le Chapitre Provincial a confirmé la Sentence de l'Assemblée ou du Prieur, ou si le Conseil ordinaire a confirmé celle du Chapitre Provincial, où la cause avoit été d'abord introduite, leurs Sentences seront exécutées par provision, nonobstant l'appel. Si la cause a commencé au Conseil ordinaire, l'appel en sera porté au Conseil *complet*, & de-là au Chapitre géneral. Le Conseil *complet* pourra ajuger l'exécution provisoire de sa Sentence, en cas d'appel.

Le tems dans lequel l'on doit poursuivre & faire juger les appellations.

23. L'appel d'une Sentence rendue par le Prieur & l'Assemblée, ou par le Prieur seul, doit être décidée au premier Chapitre Provincial, faute de quoi il sera déclaré desert, s'il ne justifie d'un légitime empêchement. L'appel interjetté d'une Sentence du Chapitre Provincial au Conseil ordinaire, dure un an, ou même deux, si l'appellant a eu une juste cause de différer. L'appel des Sentences du Conseil ordinaire, au Conseil *complet*, ne dure que quatre mois, à compter du jour qu'il a été interjetté ; s'il est d'une Sentence du Conseil *complet*, l'Appellant est obligé de le faire juger au premier Chapitre géneral, faute de quoi il sera déclaré desert. L'appel des Sentences rendues sur des incidens, par des Commissaires, doit être terminé dans dix jours, à compter de celui auquel elles auront été prononcées.

Des appellations des Freres Chapelains d'obedience, ou des Freres Servans d'Office hors du Couvent.

24. Les Freres Chapelains d'obédience, ou les Freres Servans d'Office ou de Stage qui se trouveront grevez par le Prieur ou le Commandeur auquel ils sont soumis, pourront appeller au Prieur & à l'Assemblée, ou au Chapitre Provincial, lesquels décideront leurs contestations.

Que les Sentences seront écrites & publiées.

25. Les Decrets & les Sentences des Chapitres géneraux, des Conseils & des *Egards* dans le Couvent, seront écrites par le Vice-Chancelier ; & celles des Chapitres Provinciaux, & des Assemblées, par le Secretaire qui les publiera. Les unes & les autres seront transcrites dans un Registre.

De la moderation que doivent garder les Freres dans les Assemblées des Langues.

Fr. PIERRE D'AUBUSSON.

26. D'autant qu'il arrive souvent dans les Assemblées des Langues, que les Freres oubliant la modestie, l'honnêteté, & le respect ausquels les engage la sainte obédience, font des gestes, & ont des manieres desagréables pour leurs Prieurs & leurs Superieurs, à la honte de l'Ordre, & au préjudice du bien public, & troublent les déliberations & les consultations ; nous ordonnons que les Baillis, Prieurs, Commandeurs & Freres, de quelque qualité qu'ils soient, soient modestes & retenus dans les Assemblées des Langues qui se font au Couvent : que chacun & tienne la place qui lui appartient : qu'ils fassent attention à ce qui y sera proposé par les Baillis ou leurs Lieutenans, les Procureurs & les Freres, tant de leur Langue, que des autres, même les Parties interessées qui soûtiendront leurs droits, sans leur causer ni chagrin ni interruption, afin qu'après

avoir tranquillement entendu la nature du différend, ils puissent dire leurs avis chacun en son rang, & la Langue former sa délibération. Si quelqu'un s'en trouve grevé, il aura recours au Maître & au Conseil ordinaire, lesquels feront justice aux Parties après les avoir entendues. Ceux qui contreviendront au présent Statut, seront punis par la *Quarantaine*.

De l'usage des balotes dans les Langues.
Fr. CLAUDE DE LA SENGLE.

27. Afin que nos Freres puissent plus aisément donner leurs voix dans chaque Langue, nous ordonnons que quand il s'agira de traiter dans les Langues ou les Prieurez, de faire grace, ou de nommer aux Bailliages & dignitez, on se servira de ballotes, comme on fait dans les Conseils. On n'accordera les graces que du consentement unanime de tous les Freres.

Fr. PIERRE DU MONT.

28. Nous ordonnons qu'aucun Frere ne pourra donner sa voix dans les Assemblées, qu'il n'ait demeuré trois ans continuels, ou par intervalle dans le Couvent, excepté les Freres des venerables Langues d'Angleterre & d'Allemagne.

Des Collectes des Langues.

29. Nous ordonnons suivant l'ancienne Coutume, que les Freres ne pourront traiter dans les *Collectes des Auberges*, que des héritages, des maisons, des chambres ou des possessions de la Langue ou des Auberges. Nous leur défendons sous peine de desobéissance, d'y traiter ni conclure aucune chose qui interesse notre République, qui soit de consequence, ou au préjudice de la Coutume : leur délibération sera de nulle valeur.

De la même chose.
Fr. FABRICE DEL CARETTO.

30. Puisque nous sommes obligez de préferer le bien public à tout le reste, nous ordonnons que toutes les fois qu'il s'agira dans l'Assemblée ou Collecte de quelque Langue que ce soit, des réparations des maisons ou des chambres, de la culture ou rétablissement des vignes ou autres biens immeubles des Langues, & que les deux tiers des Freres de la Langue soient d'un même avis, leur délibération sera executée sans avoir égard à l'opposition de l'autre tiers, & sans préjudice aux usages des mêmes Langues, dans les autres cas où ils seront conservez dans leur vigueur.

Du congé des Baillis & des Prieurs, de se retirer du Couvent.
Fr. RAIMOND ZACOSTA.

31. Nous défendons au Maître de donner congé aux Baillis capitulaires ou conventuels, aux Prieurs, ni au Châtelain *d'Emposte*, de

se retirer du Couvent, sans l'avis du Conseil complet, dont les trois quarts y donneront les mains ; faute de quoi la déliberation sera nulle, de même que le congé du Maître, s'il est accordé sans cela. On procedera contre ceux qui seront partis sous ce prétendu congé, de même que contre ceux qui auront entrepris de se retirer sans en avoir obtenu un.

Fr. PIERRE D'AUBUSSON.

32. Il est neanmoins permis au Maître & au Conseil ordinaire d'en envoyer quelques-uns du côté du Ponent, ou ailleurs hors du Couvent, pourvû que ce soit pour les affaires generales de l'Ordre.

Des Lettres qui seront expediées par le Maître & le Conseil.

Fr. BAPTISTE URSIN.

33. Nous ordonnons que les Lettres Patentes de sauf-conduit, les congez de sortir du Couvent, les instructions, les lettres missives & autres Patentes accordées par le Maître & le Conseil ordinaire ou *complet*, seront expediées par le Vice-Chancelier, & signées de sa main. Elles seront aussi registrées en la Chancellerie, sans préjudice du droit du Vice-Chancelier ; faute de quoi elles ne seront pas revêtues de l'autorité du Conseil.

Fr. CLAUDE DE LA SENGLE.

34. Elles seront toutes scellées du sceau du Maître, en cire noire.

De l'Audience publique.

Fr. PHILIBERT DE NAILLAC.

35. Il a été sagement établi que l'on tiendroit l'Audience publique le Vendredi de chaque semaine. Le Maître ou son Lieutenant, les Baillis conventuels, les Prieurs capitulaires, le Châtelain d'*Emposte* & les autres qui ont accoutumé de se trouver au Conseil ordinaire ; le Châtelain, les Juges d'appel & ordinaires & le Vice-Chancelier y assisteront : l'on y lira & entendra les plaintes & les Requêtes des Seculiers : on y plaidera de part & d'autre ; on y pourvoira de maniere à les faire cesser, & on y rendra à chacun la justice qui lui est dûe.

Fr. CLAUDE DE LA SENGLE.

36. Le Capitaine & le Juge de notre Ville, & le Maître Notaire de la Châtellénie ont accoutumé de s'y trouver. Le Maître & le Conseil peuvent encore y appeller des gens de bien & sçavants, s'il est nécessaire.

De la censure des Officiers.

37. Il est juste que chacun rende compte de ses actions : ainsi nous ordonnons que le Châtelain, le sous-Châtelain, les Juges des appels & Ordinaire, le Capitaine, les Jurats, le Juge & tous les Officiers de notre Ville, qui ont accoutumé d'être censurez, le seront par

deux Commissaires, l'un Chevalier, & l'autre homme de lettres, choisis par le Maître & le Conseil, en sortant de Charge, & que l'on en aura choisi d'autres en leur place, comme il s'est pratiqué jusqu'à présent, pour punir ceux qui auront manqué à leur devoir.

De la Bulle du Maître & du Couvent.

38. On a inventé fort à propos la maniere de graver les Sceaux, les Bulles & les Coins, pour donner une autorité entiere aux actes qui contiennent les Déliberations. C'est pour cela qu'il a été ordonné qu'on feroit deux coins de fer, sur lesquels seroient gravez les portraits du Maître & des Baillis, pour servir de Bulle ou de Sceau au Couvent, avec lesquels seront scellées toutes les concessions, procurations, permutations, obligations, provisions & autres actes qui s'expedient par déliberation du Maître & du Couvent, du Conseil, ou du Chapitre géneral, & celles que l'on a accoutumé d'expedier sous la Bulle commune de plomb.

Que les Procureurs du commun Trésor ne soient pas exclus de la connoissance des affaires qui le regardent.

Fr. PIERRE D'AUBUSSON.

39. Nous déterminons que l'on ne pourra exclure les vénérables Grands Commandeur & Procureurs du Tresor de la connoissance & & de la décision des affaires qui le concernent, où ils ont accoutumé de se trouver d'ancienneté, parcequ'ils n'y ont aucun interêt particulier.

Fr. CLAUDE DE LA SENGLE.

40. En sorte neanmoins que pendant que l'on plaidera ils ne disent rien qui regarde la cause, & qu'ils nomment un Procureur pour l'instruire & la poursuivre au nom du Trésor.

Qu'aucun Frere n'en fasse citer un autre devant un Tribunal étranger.

Fr. PHILBERT DE NAILLAC.

41. Il ne convient point du tout à l'Ordre ; il lui a même souvent été fort dommageable, que nos Freres, qui se sont dévouez à la défense de la Foi, s'embarrassent dans des procès, & que méprisant l'obéissance, ils paroissent dans des Tribunaux étrangers : ils sont soumis à des Statuts, à des Usages & à un Tribunal où l'on peut défendre leurs interêts, & décider leurs contestations dans peu de tems, pour ne pas leur dérober celui qu'ils doivent employer à l'exercice des armes. Ainsi nous leur défendons par le présent Statut de faire citer, à quelque titre, ou sous quelque prétexte que ce soit, aucun de nos Freres, devant aucun Tribunal Ecclesiastique ou Séculier, autre que ceux de l'Ordre. Les contrevenants perdront leur ancienneté, & seront privez pendant cinq ans de toute sorte d'administration,

Fr. CLAUDE DE LA SENGLE.

42. Qiconque après avoir perdu son procès, appellera devant d'autres Juges que les nôtres, ou protestera même d'appeller, quoiqu'il n'ait point appellé ou poursuivi son appel, sera privé de la chose qui fait le sujet du procès.

Fr. JEAN L'EVESQUE DE LA CASSIERE.

43. Nous voulons que la même chose soit observée par les Freres Chapelains d'obédience, à peine d'être privez des Bénefices, Rectories & portions dont ils sont pourvûs, même de l'habit qui leur sera ôté sur le champ.

Des Feries qui s'observent dans les Tribunaux de l'Ordre.

JANVIER.
1. La Circoncision de N. S.
17. S. Antoine Abbé.
20. S. Fabien & S. Sebastien.
21. S. Publius.
25. La Conversion de S. Paul.

FEVRIER.
2. La Purification de N. D.
3. S. Blaise, Evêque & Martyr.
5. Ste Agathe, Vierge.
20. La Dédicace de l'Eglise de S. Jean-Baptiste.
22. La Chaire de S. Pierre.
24. S. Matthias, Apôtre.

MARS.
12. S. Gregoire, Pape.
19. S. Joseph, Confesseur.
25. L'Annonciation de N. D.

AVRIL.
23. S. Georges, Martyr.
25. S. Marc, Evangeliste.

MAY.
1. S. Philippe & S. Jacques, Ap.
3. L'Invention de Sainte Croix.
6. S. Jean Porte Latine.
28. S. Waldesce, Vierge Religieuse de l'Ordre.

JUIN.
11. S. Barnabé, Apôtre.
24. S. Jean-Baptiste, & toute l'Octave.

29. S. Pierre & S. Paul, Apôtres.
30. La Commemorat. de S. Paul.

JUILLET.
2. La Visitation de N. D.
22. Ste Marie-Magdeleine.
25. S. Jacques, Apôtre.
26. Ste Anne mere de N. D.
31. S. Ignace de Loyola, Confess.

AOUST
1. S. Pierre aux Liens.
4. S. Dominique, Confesseur.
6. La Transfiguration de N. S.
10. S. Laurent, Martyr.
15. L'Assomption de N. D.
24. S. Barthelemy, Apôtre.
28. S. Augustin, Evêque.
29. Décolation de S. Jean-Bapt.

SEPTEMBRE.
8. La Nativité de N. D.
14. L'Exaltation de Ste Croix.
21. S. Mathieu, Ap. & Evang.
29. S. Michel, Arcange.
30. S. Jerôme, Confesseur.

OCTOBRE.
1. Le S. Ange Gardien.
4. S. François, Confesseur.
18. S. Luc, Evangeliste.
28. S. Simon & S. Jude Apôtres.

NOVEMBRE.
1. La Toussaints.
2. Les Trépassez.

4. S. Charles Borromée.
11. S. Martin, Evêque.
21. La Presentation de N. D.
25. Ste Catherine, Vierge.
30. S. André, Apôtre.

DECEMBRE.
2. S. François Xavier.
6. S. Nicolas, Evêque.
7. S. Ambroise, Evêque.
8. La Conception de N. D.
13. Ste Luce, Vierge.
21. S. Thomas, Apôtre.
24. Depuis la veille de la Nativité de N. S. jusqu'à l'Epiphanie, & les deux jours suivans.

FESTES MOBILES.
Depuis le Jeudi de devant le Carnaval, jusqu'au jour des Cendres inclusivement.
Depuis le Samedi de devant les Rameaux, jusqu'à l'Octave de Pâques inclusivement.
Le jour de l'Ascension de N. S.
Le jour de la Pentecôte, & les deux suivans.
Le jour du Corps de Jesus-Christ, & l'octave inclusivement.

DE L'EGARD.

TITRE VIII.

De la maniere de tenir l'Egard.

1. DE peur que les esprits de nos Freres embarassez dans de longs procès, ne fussent détournez des devoirs de leur Profession, nos prédecesseurs trouverent une maniere de Jugement également facile & abregée, qu'ils nommerent l'Egard, qui se pratique ainsi.

On choisit huit Freres, un de chaque Langue ; on y en joint un autre, de quelque Langue que ce soit, pour être le Chef ou le Président de l'Egard, lequel est nommé par le Maître ou par le Maréchal, quand les Freres se trouvent de sa Jurisdiction. Les autres sont nommez par les Baillis, & publiez par le Maître Ecuyer, en sorte neanmoins que les Baillis n'en nomment aucun des Langues des Parties plaidantes, si elles ne l'ont approuvé.

On va de l'Egard au *Renfort* de l'Egard, en doublant le nombre des Freres, en sorte qu'il y en a deux de chaque Langue ; & de-là encore au Renfort du Renfort, où il s'en trouve trois, sans en changer le Chef ou Président qui a d'abord été nommé. Si les Parties ne s'en tiennent point au Jugement de ces trois Egards, l'on y joint l'Egard des Baillis, composé de huit Baillis conventuels, ou de leurs Lieutenants. Le Maître leur donne pour Président un autre Bailli, un Prieur, ou le Prieur de l'Eglise : mais s'il nomme un Bailli conventuel, on prend à sa place un Frere ancien de la même Langue.

Chacun d'eux n'a qu'une voix ; le Président seul en a deux, ou la ponderative, en cas de partage. Si dans une Langue il ne se trouve personne propre à cette fonction, on en prend dans les autres pour remplir le nombre ; en sorte que chaque Egard soit composé de neuf perfonnes. Si l'une des Parties, ou toutes les deux font Baillis ou Prieurs, le Préfident de tous les Egards fera Bailli ou Prieur.

Dès que les Parties comparoîtront devant l'Egard, le Préfident leur demande fi quelqu'un de leurs Juges leur eft fufpect; auquel cas celui qui fera indiqué fe retirera, & l'on en fera venir un autre. Le Demandeur propofe fa demande, quoique l'Egard ait été aſſemblé à la requête du Défendeur : la conteftation fe traite pleinement & fommairement, fans écritures de part ni d'autre : les Parties expliquent leurs raifons verbalement. On écoute les témoins, s'il y en a, fans écrire leurs dépofitions. L'on ne fe fert de Procureurs que pour ceux qui font abfens, ou pour ceux à qui il eft permis d'en avoir par les Statuts.

On renvoye les Parties dès qu'elles ont été ouies de part & d'autre ; les Freres de l'Egard s'affemblent pour examiner leurs raifons : on leur préfente enfuite deux boëtes ; l'une pour l'affirmative, l'autre pour la négative. Ceux qui font pour le demandeur mettent leurs balottes dans la premiere ; les autres dans la feconde, chacun felon fon rang d'ancienneté. On raffemble les balottes, avant que le Préfident prononce la Sentence : on rappelle les Parties pour leur demander fi elles veulent s'en tenir au Jugement de l'Egard, ou non : fi elles y confentent, on les renvoye encore, & le Préfident met fa balotte dans la boëte. On ouvre enfuite les boëtes en prefence de l'Egard, on compte les balottes : celui qui en a davantage gagne fa caufe : le Vice-Chancelier écrit la Sentence, & la rend publique.

Si les Parties ou l'une d'elles déclare qu'elle ne veut pas s'y tenir, le Vice-Chancelier compte encore une fois les balottes, & ajoute au bas de la Sentence le nombre qu'en a eu chacune des Parties. Cet écrit eft gardé par le Préfident. On appelle le Renfort, & fi les Parties ne font pas contentes, le Renfort du Renfort. On s'adreffe en dernier lieu au Renfort des Baillis, après lequel il n'y a plus de recours pour celui qui fe trouve condamné.

Quand on affemble le Renfort du Renfort, & l'Egard des Baillis, le Préfident du premier Egard doit s'y trouver avec quelques-uns de ceux qui y ont affifté, pour voir fi les Parties diront quelque chofe de plus que ce qu'elles ont dit dans les premiers Egards, qui ne compofent qu'un feul Jugement avec ce dernier. Lorfqu'elles ont achevé de parler, les Freres du premier Egard fe retirent, à l'exception du Préfident qui conferve fa place dans les Renforts. Enfin lorfqu'il eft queftion de prononcer la Sentence du Renfort des Baillis, le Préfident des premiers Egards donne fa balotte en préfence de celui des Baillis. On ouvre les boëtes : le Préfident des premiers Egards fait voir les voix comme elles y avoient été données, en prefence de quelques-uns des Freres qui s'y font trouvés : elles font comptées avec celles de l'Egard des Baillis : celle des Parties qui en a le plus, gagne fon procès, la Sentence s'execute.

Cependant les voix des Egards doivent être cachées non-feule-

DE L'ORDRE DE S. JEAN DE JERUSALEM. 147.
ment aux Parties, mais même d'un Egard à l'autre, jufqu'à la fin du Procès. Cette maniere de juger fut nommée par nos anciens, *Juftice de la Maifon*. On y procede même par défaut contre les abfents, s'ils ont été légitimement citez: il n'eft pas permis d'appeller des Sentences qui s'y rendent, parceque c'eft une efpece de compromis.

Les fujets pour lefquels on affemble les Egards.

COUTUME.

2. On affemble quelques fois les Egards pour connoître des plaintes que veulent faire le Maître, fon Lieutenant, le Maréchal, ou quelqu'autre Superieur. Il ne doit alors s'y trouver que les huit Baillis conventuels ou leurs Lieutenans, ou même huit Freres, aufquels le Maître donne pour Préfident un Prieur ou un Bailli. Si c'eft une affaire qui regarde le Maréchal, il choifira un Frere, lequel n'aura qu'une voix. Il n'y a plus de recours après la Sentence qu'il a rendue, ni aux autres Egards; elle eft toujours définitive. Le Bailli de la Langue de l'Accufé doit y affifter: l'on s'y détermine à la pluralité des voix.

L'Egard qui s'affemble fur la plainte du Maréchal ou de quelque autre Superieur, à l'exception du Maître, eft compofé de huit Freres pris dans chaque Langue, ou dans d'autres, quand quelqu'une en manque: la Sentence qu'il rend eft définitive comme celle de l'autre, & fans recours au Renfort. Il y a encore d'autres Egards formez fur des demandes & des differends mûs de particulier à particulier, en matiere civile ou criminelle, ou l'on a recours au Renfort, au Renfort du Renfort & aux Baillis.

Que l'on peut demander l'Egard contre l'ordre du Superieur.

Fr. GUILLAUME DE VILLARET.

3. Si le Maître ou autre Superieur ordonne à l'un de nos Freres quelque chofe qui foit contre les Statuts & les Coutumes de l'Ordre, le Frere pourra demander l'Egard. Si le Maître refufe ou differe de le lui accorder, il ne laiffera pas de continuer de le demander: il ne fera pas obligé d'obéir à l'ordre du Grand Maître, jufqu'à ce que l'Egard en ait décidé.

Fr. FERNANDES DE HEREDIA.

4. L'Egard ne prononce point de Sentences interlocutoires: il ne fe charge pas même de regler les incidents, jufqu'après la Sentence définitive qu'il a feule pour objet.

5. On n'accorde l'Egard pour aucune affaire qui ait été conclue, ou deftinée, ou commencée dans les Confeils dont toutes les Sentences doivent avoir leur pleine & entiere execution.

Fr. JEAN DE LASTIC.

6. Encore moins fur les procès mûs ou à mouvoir entre les Freres

Chevaliers, d'une part, & les Freres Chapelains ou Servants d'armes, d'autre part, ni sur les incidents qui en peuvent naître ou en dépendre.

Fr. PIERRE D'AUBUSSON.

Ni dans les affaires où il s'agit de l'interêt de notre commun Trésor, ou de ses prérogatives, ou de l'autorité & des prérogatives du même Maître, ni dans tout ce où il peut se trouver directement ou indirectement interessé.

Que le Conseil complet doit décider si l'on doit accorder l'Egard, ou non.

Fr. PIERRE RAIMOND ZACOSTA.

8. Pour terminer quantité de contestations formées sur la maniere d'accorder l'Egard, Nous ordonnons que quand un Frere le demandera au Maître, & que sa Partie soutiendra qu'il n'y a pas lieu de l'accorder, la difficulté sera décidée par le Maître & le Conseil complet. Si aucune des Parties ne s'y oppose, le Maître sera tenu de l'accorder sur le champ.

Que le Président & les Freres de l'Egard s'assemblent sans aucun délai: des recusations que l'on pourra proposer contre quelqu'un d'eux.

Fr. BAPTISTE URSIN.

9. Pour abréger les délais, & faire cesser toute sorte de soupçons, nous ordonnons que toutes les fois que l'Egard aura été accordé du consentement des Parties, ou par le Maître & le Conseil complet, le Maître sera tenu de nommer un Chef dans les deux jours suivans; faute de quoi le Conseil ordinaire le nommera s'il en est besoin. Les Baillis & les *Piliers* des Langues seront tenus dans les vingt-quatre heures, de députer de leurs Freres pour y assister: sur leur refus le Conseil y pourvoira: si les Parties récusent quelqu'un de ceux qui y seront appellez, elles proposeront leurs moyens de récusation au Maître & au Conseil ordinaire, qui jugeront de leur validité.

Le Chef & les Freres de l'Egard écouteront en silence & avec attention les moyens des Parties, sans les interrompre, pour ne faire paroître aucune affectation pour l'une d'entre elles, & garder parfaitement l'égalité. Ceux qui en agiront autrement, pourront être recusez, & seront obligez de se retirer, quand ce seroit le Président, sans que l'on soit obligé de dire les moyens de la suspicion.

De la moderation que doivent garder les Freres dans l'Egard.

10. Nous ordonnons que le Président ou Chef des Egards écoute les Parties qui plaideront devant lui, avec beaucoup d'attention, de silence & de prudence, sans les interrompre, ni de la voix ni du geste. Dès qu'elles auront cessé de parler, il demandera l'avis aux Freres de l'Egard qui sont autour de lui, & s'ils ont bien compris tout ce

qui a été allegué de part & d'autre. Si quelqu'un avoue qu'il ne les a pas assés bien entendues, il obligera les Parties de les répeter sommairement. Si elles ont laissé sur le Bureau des pieces ou des Bulles, le Vice-Chancelier en fera lecture aux Freres, afin qu'ils soient bien informez du fait.

Que les Freres de l'Egard sont tenus de prêter le serment.
Fr. RAIMOND ZACOSTA.

11. Nous ordonnons au Président de l'Egard de recevoir le serment de ceux qui y entreront, de garder le secret sur tout ce qui y aura été dit & déterminé, de n'en parler jamais à personne, & de donner leur avis suivant nos usages & nos louables Coutumes. Ceux qui y auront manqué, se trouveront inhabiles à posseder des Commanderies & des Offices dans l'Ordre le reste de leur vie.

Fr. JEAN FERNANDES DE HEREDIA.

12. Il est défendu de demander & d'accorder un second Egard outre le premier entre les mêmes Parties, que le premier ne soit terminé.

COUTUME.

13. On n'accorde point non plus d'Egard pour les affaires qui y ont été déja terminées.

Fr. PIERRE RAIMOND ZACOSTA.

14. Nous défendons de discuter dans l'Eglise les affaires de l'Egard, s'il ne s'agit de la correction & de la punition des Freres, comme de coutume.

DU MAISTRE.
TITRE IX.
Que les Freres obéissent au Maître.
Fr. ALPHONSE DE PORTUGAL.

1. L'Obéissance est préferable au sacrifice. Rien n'est plus capable d'entretenir l'observance de la Religion que la véritable & sincere obéissance, par laquelle les inferieurs plient le col sous le joug des Superieurs. Ainsi il a été sagement ordonné & déterminé que tous les Freres de l'Ordre de Jerusalem, de quelque état & qualité qu'ils soient, seront tenus d'obéir au Maître, pour l'amour de Notre-Seigneur Jesus-Christ.

Déclaration de l'obédience.
COUTUME.

2. Si la Regle enjoint aux Freres d'obéir au Maître en tout ce qu'il leur commandera sans exception, leur obéissance ne laisse pas

de se renfermer dans des bornes certaines, sans quoi il n'y a rien de bien ordonné : ces bornes sont les Regles, les Statuts, & les bonnes coutumes de l'Ordre, qui commandent aux Freres d'obéir au Maître en vûe de Jesus-Christ. Ainsi lorsque le Maître leur commande quelque chose au de-là de ce qu'ils ont promis, il commet un peché que J. C. ne nous oblige point de faire : il veut au contraire que nous ne fassions que de bonnes actions. C'est là le but de la Regle, auquel tous ses articles doivent être dirigez.

C'est ce qui a fait ordonner que quand le Superieur donnera aux Freres quelque ordre qui ne leur paroîtra pas convenir aux Statuts, & aux usages reçûs dans la Religion, il leur sera permis de demander l'Egard. C'est ainsi que s'entend l'obédience que nous avons vouée : elle ne doit pas nous engager au de-là des Statuts, & des bonnes coutumes de notre Ordre, que le Superieur est également obligé d'observer : s'il contrevient à son serment, rien n'engage le Frere à lui obéir.

Le Maître doit être Frere Chevalier né en légitime mariage de pere & de mere nobles.

Fr. HUGUES REVEL.

3. Il est à propos que le Chef de la milice soit revêtu de la dignité militaire. C'est pourquoi il a été ordonné que personne ne seroit élû Maître du S. Hôpital de Jerusalem, s'il n'étoit Frere Chevalier du même Ordre, né en légitime mariage de pere & de mere nobles.

Que le Maître qui sera élû pendant son absence du Couvent, ne sortira pas des terres & de la commission qu'il aura reçue.

Fr. FABRICE DEL CARETTO.

4. Nous défendons au Maître qui se trouvera en Ponent lors de son élection, en venant au Couvent pour le service de la Religion, de rien acheter, ou prendre par force aux dépens du commun Trésor, & de tirer des Receveurs ou Dépositaires de la Religion aucuns deniers au de-là de ce qui lui aura été ordonné par le Couvent. S'il se trouve avoir reçû quelque chose de plus, il sera obligé de le rendre de ses propres deniers.

Que les Commanderies, Offices & Benefices de celui qui sera élû Maître, soient censez vacants.

Fr. PIERRE RAIMOND ZACOSTA.

5. Nous ordonnons que dès que l'un de nos Freres aura été élû Maître, les Commanderies, Prieurez, Bailliages, Dignitez & Offices, dont il étoit revêtu, soient déclarez vacants ; la nomination en retournera au Maître & au Couvent, qui y pourvoiront suivant les Statuts & les coutumes de l'Ordre.

DE L'ORDRE DE S. JEAN DE JÉRUSALEM.

Que la promotion à la dignité de Maître produira le mortuaire & le vacant.

6. Nous voulons que quand quelqu'un aura été nommé Maître, cette dignité soit sujette au mortuaire, & les Prieuré, Châtellenie d'*Empoſte*, Bailliage, Commanderie ou autres biens de l'Ordre, qu'il possédoit au vacant.

Quels biens peut retenir le Maître de la dépouille de son prédécesseur.

Fr. ANTOINE FLUVIAN.

7. Il a été réglé que le nouveau Maître prendra dans la dépouille de son prédécesseur, la quantité de grains & de vin qui lui sera nécessaire, dès le jour de son élection, jusqu'à Noël suivant, tout le reste des grains, du vin & des provisions appartiendra au Trésor. Six cens marcs de vaisselle d'argent seulement, qui sont annexez à sa dignité, une coupe d'or, & une aiguiere, s'il s'en trouve. Tout le reste sera porté au Trésor.

Des Chambres Magiſtrales.

Fr. CLAUDE DE LA SENGLE.

8. Il s'est observé de tems immémorial, que pour soutenir le poids de la dignité de Maître de l'Ordre, avec plus de magnificence & de commodité, l'on lui assigne une Commanderie dans chaque Prieuré : on les nomme *Magiſtrales*, & elles ne peuvent plus en être séparées. Le Maître a cependant accoutumé de les donner à bail ou à pension à des Freres qu'il aime. Les voici :

Dans le Prieuré de S. Gilles, la Commanderie de Peſenas.
Dans le Prieuré de Toulouſe, celle de Puibran.
Dans le Prieuré d'Auvergne, celle de Salins.
Dans le Prieuré de France, celle d'Itenaut.
Dans le Prieuré d'Acquitaine, celle du Temple de la Rochelle.
Dans le Prieuré de Champagne, celle de Mets.
Dans le Prieuré de Lombardie, celle d'*Inverno*.
Dans le Prieuré de Rome, celle de *Mugnano*.
Dans le Prieuré de Veniſe, celle de *Treviſo*.
Dans le Prieuré de Piſe, celle de *Prato*.
Dans le Prieuré de Capoue, celle de *Liciano*.
Dans le Prieuré de Barlette, celle de *Brindiſi & Maraggio*.
Dans le Prieuré de Meſſine, celle de *Polizzi*.
Dans le Prieuré de Catalogne, celle de *Maſdea*.
Dans le Prieuré de Navarre, celle de *Calchetas*.
Dans la Châtellenie d'Empoſte, celle d'*Alliaga*.
Dans le Prieuré de Caſtille, celle d'*Olmos & del Vito*.
Dans le Prieuré de Portugal, celle de *Villacoua*.
Dans le Prieuré d'Angleterre, celle de *Peſlens*.

Dans le Prieuré d'Allemagne, celle de Bues.
Et dans celui de Bohême, celle de Wadiſlavie.

Que la Commanderie della Finica eſt une Chambre Magiſtrale.

Fr. JEAN DE LA VALETTE.

9. La Commanderie *della Finica* anciennement établie dans le Royaume de Chypre, doit encore être comptée parmi les Chambres Magiſtrales.

Que le Maître peut ſe faire un Lieutenant.

Fr. PIERRE DE CORNILLAN.

10. Quoique le Maître demeure dans le Couvent, il peut nommer ſon Lieutenant ou ſon Vicegerent, qui il lui plaît, & lui donner l'autorité qu'il juge à propos.

Quelles ſont les choſes que le Maître peut accorder aux Freres.

COUTUME.

11. Il peut leur accorder la faculté de retenir leurs habits, & autres meubles, d'aller en pelerinage, de manger en particulier dans leurs Maiſons, de ſortir du Couvent, de donner l'habit de l'Hôpital, d'aſſembler les Langues; & aux Baillis de défendre à quelqu'un de boire autre choſe que de l'eau : cette défenſe ne peut être levée par perſonne, dès que la cloche a ſonné : l'on eſt obligé d'avoir recours au Maître.

Quelles fautes peut pardonner le Maître.

Fr. CLAUDE DE LA SENGLE.

12. Le Maître ne peut pardonner à aucun, s'il a été auparavant condamné, ni à ceux qui auront été privez de l'habit pour toujours, que du conſentement du Chapitre géneral, & pour bonnes conſiderations. Il pourra changer la peine de ceux qui auront tiré du ſang à leurs Freres, & qui auront été privez de l'habit, ſuivant la forme des Statuts, à la priere des Baillis du Conſeil ; & au lieu de cette peine, leur ôter une année d'ancienneté, ou même plus, ſuivant les circonſtances & la qualité du délit, dont les *Fiarnauds* profiteront ; pourvû que celui contre qui l'accuſé s'eſt battu ne ſoit mort, ni eſtropié ; auquel cas il ne ſera pas permis de ſe départir de la rigueur des Statuts.

Que le Maître n'aliene point les revenus de ſa dignité.

Fr. FABRICE DEL CARETTO.

13. Nous déclarons nulles toutes donations qui pourront ſe faire ci-après par le Maître, des droits, prérogatives, prééminences & revenus.

venus de sa dignité au préjudice de ses successeurs, lesquels en vertu du présent Statut, y seront réunies après sa mort, si elles n'ont été confirmées par le Chapitre géneral ; ce qu'il ne doit jamais faire que pour de bonnes causes, & bien connues.

Sur le même sujet.
Fr. CLAUDE DE LA SENGLE.

14. Nous ordonnons que si le Maître étant malade, confére à quelqu'un, à vie ou à tems, ou autrement dispose de quelqu'une des Chambres Magistrales ou autres biens unis & incorporez à sa dignité, quand il en auroit obtenu la permission du Chapitre general, telle disposition soit de nulle valeur, s'il ne releve de cette maladie, & s'il ne survit trente jours après sa date. Nous voulons que la même chose s'observe dans les Prieurez & les Bailliages pour les Membres des Chambres Prieurales, & dans les Commanderies, pour les Membres de celles d'amelioration.

De la Bulle de plomb & de cire du Maître.
Fr. NICOLAS DE LORGUE.

15. Il est ordonné au Maître d'avoir une Bulle de plomb, où sera d'un côté son portrait, & de l'autre la marque ordinaire, pour expedier, buller, & rendre autentiques toutes les dépêches qui dépendent de son autorité, & prééminence Magistrale : il aura encore un cachet d'argent pour cacheter en cire noire les Lettres patentes, & autres qu'on a coutume d'expedier ainsi.

De la provision de vivres que l'on est obligé de faire.
Fr. PIERRE RAIMOND ZACOSTA.

16. Nous ordonnons que les Maîtres fassent de tems en tems bonne provision de mil & de froment, en sorte qu'il y en ait toujours pour un an.

Des quatre Chapelains du Palais Magistral.
Fr. FABRICE DEL CARETTO.

17. Afin que les saintes Reliques qui sont dans le Palais Magistral reçoivent la vénération qui leur est dûe, nous ordonnons que les quatre Chapelains du Palais, en l'absence du Maître, & pendant la vacance de sa dignité, y continuent nuit & jour le Service Divin, comme s'il y étoit ; & qu'avant de partir du Couvent, ils fassent les caravanes, comme de coutume.

Des biens qui appartiennent à la Dignité Magistrale.

18. Nous ordonnons que quand la Dignité Magistrale sera vacante,

le Grand Commandeur ou son Lieutenant, le Conservateur conventuel, & les Commissaires qui seront députez par le Conseil, après le serment solemnel par eux prêté, reçoivent par inventaire des Officiers du Palais Magistral, tous les meubles dont se servoit le précedent Maître, & qu'ils les conservent bien exactement. S'il s'en enleve quelqu'un, ils feront toute la diligence possible pour le recouvrer. L'on en usera de même pour l'écurie & l'état du Magistere. Toute la vaisselle d'or & d'argent appartient au commun Trésor. Nous abrogeons les mauvais usages introduits par les Officiers.

En l'absence du Maître les affaires sont traitées par les Régens, & le Conseil conjointement.

19. Nous ordonnons encore que si le Maître est absent du Couvent, ceux qui seront députez au gouvernement de la Religion, traiteront des affaires importantes qui la concernent conjointement avec le Conseil, y pourvoiront par le scrutin des ballotes, en observant la forme prescrite par les Statuts, déposeront les Officiers, en mettront d'autres en leurs places, pourvoiront aux Offices, aux Commanderies & aux Benefices, accorderont les graces & les rémissions. Tout ce qui se fera autrement, sera de nulle valeur.

Que le Maître puisse donner permission aux Freres de disposer de leurs biens de patrimoine.

Fr. HUGUES DE LOUBENX VERDALE.

20. Nous ordonnons par forme d'addition à l'article XI. que le Maître pourra encore donner permission aux Freres de l'Ordre de vendre, donner ou aliener quelque espece que ce soit de biens immeubles seulement, qui leur appartiennent par succession ou donation testamentaire de pere, mere, ayeuls, ayeules, ou collateraux, & d'en disposer, tant entre-vifs, qu'à cause de mort, & pour le recouvrement desdits biens, de comparoir, plaider, traiter & transiger, tant en jugement que dehors.

DES BAILLIS.
TITRE X.
De l'origine des Baillis.
COUTUME.

1. POur mettre le Maître en état de donner toute son attention au bon gouvernement de l'Ordre, nos prédécesseurs établirent un Senat qu'ils remplirent de personnes graves & signalées, avec titre de dignité, & pouvoir de l'assister. Ainsi furent instituez les

Conseillers de la Religion, c'est-à-dire le Grand Commandeur, le Maréchal, l'Hospitalier, l'Amiral, le Conservateur, le Turcopolier, le Grand Bailli, & le Grand Chancelier. L'on les appelle Baillis conventuels, parceque chacun d'eux est Président de sa Langue.

Quels Freres sont soumis à l'obéissance du Maréchal.
Fr. ALPHONSE DE PORTUGAL.

2. La sacrée Compagnie de l'Ordre demande que l'Inferieur soit soumis au Superieur ; c'est pourquoi il a été ordonné que tous les Freres, tant Chevaliers que Servans d'armes, obéissent au Maréchal. Nous exemptons neanmoins de cette obéissance les Baillis conventuels, & leurs Lieutenans ; les Prieurs, le Châtelain d'*Emposte*, les Baillis capitulaires, & les domestiques du Maître.

Que les gens d'armes étant sur mer soient soumis à l'Amiral, & au Maréchal s'il y est présent.
Fr. GUILLAUME DE VILLARET.

3. Il a été ordonné que l'Amiral commandera les galeres, & les vaisseaux de guerre de la Religion, & qu'il pourra retenir les galions, les galiotes & les gens d'armes, desquels le Trésor lui fournira les appointemens, & que les soldats de Marine, tant sur terre que sur mer, seront soumis à son autorité : mais si le Maréchal commande l'armement, l'Amiral & tous les autres recevront ses ordres. Les soldats de Marine qui mettront pied à terre, seront commandez par celui à qui le Maréchal en aura donné la commission : quand ils seront sur mer, soit à l'aller, soit au retour, ils recevront les ordres de l'Amiral, si le Maréchal ne s'y trouve pas.

4. Le Prieur de l'Eglise sera tenu de se trouver à toutes les assemblées ou congregations qui seront convoquées par le Maréchal.

Le Maréchal peut donner à qui il lui plaît l'étendart de la Religion.

5. Le Maréchal de l'Ordre a la prérogative de donner en tems de guerre à qui il lui plaît l'étendart de la Religion : il est neanmoins obligé de prendre là-dessus le Conseil du Maître ou de son Lieutenant.

6. Le Maréchal peut ordonner aux Freres qui auront manqué à leur devoir, de ne boire que de l'eau dans leurs chambres : les autres Baillis ne peuvent leur imposer cette pénitence, sans le congé du Maître.

Qu'en tems de guerre les Freres sont soumis aux ordres du Maréchal.

7. Si l'obéissance est toujours louable, c'est sur-tout en tems de guerre : ainsi tous les Freres sont alors soumis au Maréchal, excepté les Baillis conventuels & capitulaires, les Prieurs, le Châtelain

d'*Empoſte*, & les domeſtiques du Maître, lequel a droit de les commander, s'il eſt préſent, même le Maréchal ; de même que ſon Lieutenant en ſon abſence.

De l'autorité de l'Amiral ſur les armemens.

8. La prééminence de l'Office de l'Amiral veut que tous les Freres, & les ſéculiers qui compoſeront l'armée navale, ſoient ſoumis à l'Amiral, à moins que le Maître ou ſon Lieutenant ne la commandent en perſonne : tous les ſoldats de Marine, ou autres qui en tirent leur ſolde, lui ſont également ſoumis.

Des prérogatives de l'Amiral.

Fr. DIEU-DONNE' DE GOZON.

9. Quand la Religion armera des galeres ou d'autres vaiſſeaux, l'Amiral commandera les ſoldats de Marine & les forçats. Lui même, ou ceux qu'il aura commis, tireront leur ſolde du Tréſor pour la leur payer. Le Maître y prendra les proviſions néceſſaires pour les ſiens.

Les Baillis ne pourront deſtituer les Officiers par eux établis.

10. Il n'eſt pas digne de la gravité de ceux qui ſont établis pour commander les autres, de changer de ſentiment. Ainſi il n'eſt pas permis aux Baillis, quand ils auront une fois établi des Officiers, de les deſtituer, ſous quelque prétexte que ce ſoit, à moins que leur deſtitution n'ait été ordonnée par le Maître & le Conſeil ordinaire, pour une faute qui l'ait meritée, à peine d'être eux-mêmes punis par la Quarantaine, & de voir leur deſtitution inutile.

Que les Commandeurs de l'Arſenal, du Grenier & de la petite Commanderie, rendront compte tous les mois au Grand Commandeur.

Fr. ANTOINE FLUVIAN.

11. Pour la conſervation des biens de notre Ordre, nous commandons que les Commandeurs de l'Arſenal, du Grenier & de la petite Commanderie rendront compte de mois en mois au Grand Commandeur, de leur adminiſtration, & qu'ils lui délivreront ce qui leur reſtera entre les mains. Ceux qui y manqueront, ſeront privez de leurs Offices, comme de mauvais adminiſtrateurs, & ne pourront dans les cinq années ſuivantes obtenir aucune Commanderie. Le Commandeur de l'Arſenal ne fera ni dépenſe ni payement qu'en préſence du Grand Commandeur, s'il peut s'y trouver, ſi-non en préſence du Tréſorier Géneral.

DE L'ORDRE DE S. JEAN DE JERUSALEM.

De l'Office de Grand Bailli de la vénérable Langue d'Allemagne.

12. Pour faire connoître la dignité, la prééminence & l'emploi de l'Office de Grand Bailli de la vénérable Langue d'Allemagne, & résoudre toutes les difficultez qui pourroient se former à cet égard, même pour l'utilité, la convenance & la garde de notre Château de S. Pierre, lequel étant situé sur les terres des Turcs, fait à notre Ordre beaucoup d'honneur & d'ornement, parcequ'il sert souvent d'azile à des Chrétiens qui trouvent le moyen de s'échaper de la servitude : qu'il a d'ailleurs besoin d'être souvent visité, tant pour sa garnison, que pour l'état des armes, les munitions & les provisions de bouche & de guerre : Nous ordonnons que le Grand Bailli conventuel, Président de la vénérable Langue d'Allemagne, qui exerce à présent, & qui exercera à l'avenir cette importante Charge, ou son Lieutenant, fera en personne, du moins chaque année, ou plus souvent même, s'il est nécessaire, la visite de ce Château, où il sera conduit par une de nos galeres, ou autre vaisseau qu'il jugera plus commode : Voulons que nos Freres & les domestiques dont il sera accompagné, soient payez par le commun Trésor, de même que ceux qui montent les galeres de la Religion.

De ce que l'on doit observer dans la visite du Château de S. Pierre.

13. Comme il y a des mesures à prendre, & des régles à observer dans toutes sortes d'actions, le Grand Bailli ou son Lieutenant, en faisant la visite de ce Château, en conserveront & entretiendront la garnison, & les soldats qui leur paroîtront utiles, bien armez & bien déliberez : ils chasseront & ôteront la solde aux inutiles, & en mettront d'autres à la place qui soient plus propres à cette fonction : ils accorderont un délai à ceux qui leur paroîtront vigoureux, pour se pourvoir d'armes, s'ils en manquent ; faute de quoi ils ne toucheront pas la solde qui leur étoit destinée.

Restriction des pouvoirs du Grand Bailli.

14. Il est à propos que le Capitaine ou Gouverneur par nous député au Gouvernement de ce Château, ne soit pas soumis à l'autorité du Grand Bailli : ainsi nous ordonnons qu'il n'en aura aucune sur le Capitaine ni sur ses domestiques, sur ceux qui ont contribué à la conquête de ce Château, ni sur la garnison qui y passera de Smyrne pour le garder : il ne pourra leur ôter la solde, sans congé du Maître, à l'autorité duquel ils sont immédiatement soumis. Nous ordonnons cependant que tout ce qui a été ordonné en sa faveur dans les Chapitres generaux au sujet de ses gages & de sa dignité, soit ponctuellement observé.

Que le Capitaine du Château de S. Pierre favorisera la visite du Grand Bailli.

15. Rien ne contribue davantage à la conservation des Statuts, que

V iij

lorsqu'on les execute véritablement & sincerement. C'est pourquoi nous ordonnons que le Châtelain de ce Château obéira au Grand Bailli ou à son Lieutenant pendant la visite qu'ils en feront ; qu'il leur donnera conseil, aide & faveur quand ils le lui demanderont : à leur retour ils rendront compte par écrit au Maître, de l'état où ils ont trouvé toutes choses, & de ce qui leur est arrivé.

Fr. JEAN L'EVESQUE DE LA CASSIERE.

16. D'autant que le Grand Bailli ne peut plus jouir de la prééminence qui lui appartenoit pendant que nous étions à Rhodes, Nous lui donnons l'autorité de visiter la vieille Ville de Malte, & le Château del Goso.

Du Commandeur du Grenier & des Prudhommes, & de la prééminence du Grand Commandeur sur le Grenier.

Fr. JEAN DE LASTIC.

17. On doit avoir un grand soin de la conservation des grains & autres munitions de bouche ; & pour empêcher qu'elles ne se gâtent par la négligence, Nous ordonnons que tous les bleds, orges & autres grains, biscuits & autres munitions, seront serrez dans un grenier propre, sûr & bien bâti, où ils seront gardez sous deux clefs par un Religieux de bonnes mœurs & d'une fidelité éprouvée, qui sera élû Commandeur du Grenier, lequel en gardera l'une : l'autre sera donnée à deux Religieux de differentes Langues, choisis par le Maître & le Conseil, capables de faire cette fonction, lesquels seront changez tous les trois mois. Ils auront soin de la conservation & de la distribution du bled & des munitions : ils tiendront registre de la recette & de la dépense qui se fera sur les ordres du Grand Commandeur : ils remettront de mois en mois un double de leur compte au Maître & au Conseil : l'augmentation ou la diminution qui arriveront dans la distribution, seront au profit ou à la perte du Trésor : les Greniers ou Magasins seront scellez du sceau du Grand Commandeur. Celui du Grenier & les Prudhommes auront cependant un Magasin libre pour faire la distribution : ce Commandeur & celui de l'Arcenal auront chacun du Trésor vingt-cinq florins d'appointemens par année, outre la table & la solde.

Des Prudhommes de la petite Commanderie.

18. Pour veiller avec plus de soin sur l'Office de la petite Commanderie, Nous ordonnons au Maître & au Conseil de députer deux Religieux honnêtes gens, de differentes Langues, pour s'informer des fautes que l'on y aura faites, & on en donnera avis au Grand Commandeur, lequel aura soin d'y remedier promptement ; autrement on en fera rapport au Maître & au Conseil, lesquels y pourvoiront sui-

vant l'exigence du cas. Nous voulons encore que les Officiers du Grenier, de l'Arcenal, de la petite Commanderie, & de l'Aumône soient changez tous les deux ans.

Que le Maréchal n'exempte personne de la garde de la Tour.

19. On doit encore veiller très-exactement à la garde de notre Isle, laquelle est environnée de tant & de si puissans ennemis. Ainsi nous commandons à tous nos Freres qui reçoivent l'Ordre du Maréchal, de continuer toujours de monter la garde & de faire sentinelle aux tours qui leur sont marquées, dont le Maréchal ne pourra ni par lui, ni par autre exempter qui que ce soit, ni pour quelque raison que ce puisse être.

Que les chevaux du passage seront presentez au Maréchal.

20. Nous ordonnons que les chevaux du passage seront présentez au Maréchal & à deux Religieux députez à cet effet, & que ceux qui y seront jugez propres, seront marquez dans le Registre du Trésor par son Secretaire, de l'ordre du Maréchal.

Que l'on élira des Prudhommes sur l'Office du Maître Ecuyer, & que le Maréchal corrigera les défauts.

21. Pour obvier aux fraudes & à la négligence, nous ordonnons que le Maître & le Conseil ordinaire choisiront deux Religieux discrets, pour tenir l'œil sur tout ce qui regarde la Charge du Maître Ecuyer ; & s'ils y trouvent quelque chose qui ne convienne pas, qu'ils en avertissent le Maréchal, afin qu'il y mette ordre sur le champ, & qu'il châtie ceux qui auront manqué, suivant l'importance du cas. S'il n'y fait pas d'attention, on en avertira le Maître & le Conseil, qui feront ce qui sera necessaire.

Que l'Hospitalier choisira l'Infirmier & le présentera au Maître & au Conseil.

22. Il est tout à fait important de députer un Frere prudent & discret pour avoir soin de l'Hôpital, dont il sera le Chef & le Recteur, & des malades qu'il fera servir à propos. C'est pourquoi nous ordonnons que l'Hospitalier de notre Couvent choisira pour Infirmier un Frere de la Langue de France, s'il s'y en trouve quelqu'un qui soit capable de bien s'acquitter de cet emploi ; faute de quoi il le prendra dans quelqu'autre Langue que ce soit, indifferemment, & le présentera au Maître & au Conseil ordinaire, lesquels après l'avoir soigneusement examiné, le recevront ou le rejetteront. En ce dernier cas, l'Hospitalier se pourvoira d'un autre, qui servira pendant deux ans, au bout desquels le Maître & le Conseil s'informeront de la maniere dont il se sera acquitté de son devoir : s'ils en sont contents, ils le confirmeront pour autres deux ans ; sinon, on le déposera, &

on en choisira un autre. Le Secretaire de l'Infirmerie se changera aussi tous les deux ans, de même que l'Infirmier.

Fr. HUGUES DE LOUBENX VERDALE.

23. L'on ne choisira jamais pour Infirmier qu'un Frere Chevalier.

Quelques prérogatives du Grand Conservateur.

Fr. JEAN DE LASTIC.

24. Nous ordonnons au Grand Commandeur ou à son Lieutenant, & aux Procureurs de notre Trésor, de donner au Grand Conservateur, ou à son Lieutenant, lors des montres, tous les draps de laine, de lin, de canevas & de camelot, qui auront été destinez au payement de la solde, lesquels seront distribuez par le Grand Conservateur, & le Conservateur conventuel. Défendons de donner ou avancer à personne plus que ce que l'on a accoutumé de donner pour ne année : si on y manque, le Conservateur conventuel sera tenu de payer au Trésor la valeur de ce qu'il aura avancé, au prix du marché. Le Grand Conservateur ou son Lieutenant assisteront aux marchez que l'on fera pour les draps de laine, les toiles, les canevas & les camelots dont on aura besoin pour le payement de la solde, & à la distribution des dépouilles des Freres.

Que le Grand Conservateur donnera la permission de faire faire des habits.

25. Il n'est pas permis aux Freres qui ont fait vœu d'obéïssance, de vivre à leur fantaisie : leur soumission doit paroître en toutes choses. C'est pour cela que nous défendons aux Freres de se donner la liberté de se faire faire des habits courts ou longs, sans la permission du Grand Conservateur. Si quelqu'un l'entreprend, il s'en plaindra au Maréchal, & celui qui l'aura fait sera puni de la septaine.

Que le Turcopolier ne casse point les Turcopoles sans les entendre.

26. Il ne convient pas d'ôter à personne son emploi sans bonne raison : ainsi nous défendons au *Turcopolier* de destituer les *Turcopoles*, que la cause n'en soit connue : si quelqu'un d'eux a manqué à son devoir, il pourra le suspendre en presence de témoins dignes de foi, & lui ordonner de se trouver dans dix jours devant le Maître & le Conseil ordinaire, pour répondre à ce qu'il aura à proposer, afin que justice soit faite. Si l'accusé manque de comparoir il sera destitué, & le *Turcopolier* aura soin de le remplacer.

Comment les Turcopoles *doivent donner à manger au* Turcopolier.

27. Lorsque le *Turcopolier* fera sa visite dans notre Isle, chaque *Turcopole* sera obligé de lui donner à manger pendant deux jours seulement,

lement, encore ne doivent-ils pas être de fuite, pour ne pas charger nos fujets de trop de dépenfe.

Des Apointemens des Baillis.

Fr. CLAUDE DE LA SENGLE.

28. Il eſt juſte que ceux qui ont la peine d'exercer des charges, en reçoivent les honneurs & les émolumens. On ſe ſoumet plus volontiers au travail, quand on en eſpere la récompenſe. C'eſt pour cela que nous aſſignons aux Baillis conventuels de l'Ordre, pendant qu'ils demeureront dans le Couvent, ſoixante écus ſeulement d'appointement, qu'ils ne recevront point quand ils ſeront abſens. Leurs Lieutenans qui ſoutiendront la dépenſe des Auberges, en recevront du Tréſor quarante-cinq, le Prieur de l'Egliſe & le Tréſorier quarante-huit, & le Lieutenant du Tréſorier la moitié, nonobſtant tous Statuts & Ordonnances à ce contraires.

Du Tréſorier Géneral, & de ſa prérogative.

Fr. JEAN DE LASTIC.

29. Nous apliquons à perpétuité à la Langue de France la dignité de Tréſorier Géneral, lequel ſera en même-tems Bailli capitulaire. Il ſera obligé de faire réſidence continuelle au Couvent, & gardera le ſceau de fer commun dans un petit ſac, ſous les ſceaux ordinaires du Maître & des Baillis. Il aſſiſtera aux Conſeils, où il aura ſa voix comme Bailli capitulaire, & à l'examen des comptes du Tréſor avec les Baillis. S'il eſt Chevalier, il aura chaque année quarante-huit écus d'or d'appointement : s'il eſt Servant d'armes ou Chapelain, cent florins de Rhodes, monnoye courante.

De l'Ordre & de la préſéance des Baillis & des Prieurs.

30. Nous ordonnons que les Baillis, les Prieurs & le Châtelain d'Empoſte, tant dans le Couvent que dehors, aſſis, debout, en ſe promenant, ou en donnant leurs voix au Conſeil, ou ailleurs, ſoient placez comme par le paſſé.

Que les Donats obéiſſent aux Baillis.

31. Si nos Freres ſont tenus d'obéir aux Supérieurs, les Donats le ſont encore plus, puiſqu'ils ſont attachez au ſervice de l'Ordre. Ainſi nous leur commandons de ſervir dans les Auberges où ils auront été reçûs, & d'obéir à leur Bailli en tout ce qu'il leur commandera de permis & d'honnête, ou à celui qu'il aura choiſi pour tenir ſa place ; faute de quoi ils ſeront privez de la table & de la ſolde qu'ils reçoivent du Tréſor, à moins qu'ils n'en ayent une excuſe bien légitime, qui ſera jugée telle par le Maître & le Conſeil.

Que le Grand Commandeur présente les Officiers du Grenier de la petite Commanderie.

Fr. PIERRE RAIMOND ZACOSTA.

32. Nous ordonnons au Grand Commandeur de préfenter au Maître & au Confeil ordinaire, des Freres de quelque Langue que ce foit, qui lui foient bien connus, pour être Officiers du Grenier & de la petite Commanderie, qu'ils accepteront s'ils les jugent propres ; finon il en préfentera d'autres, que le Maître & le Confeil recevront, s'ils les trouvent bons.

Des prérogatives du Grand Commandeur & de l'Amiral, fur les Offices de l'Arcenal & de la Voute, ou des magafins.

33. Pour concilier les differends nez entre les Vénerables Grand Commandeur & les autres Freres de la Langue de Provence, d'une part; & l'Amiral, & les Freres de la Langue d'Italie, d'autre, au fujet des Offices de l'Arcenal & de *la Voute* ; Nous, après avoir bien entendu les Parties, difons & ordonnons par cette notre Sentence définitive, avec l'autorité du prefent Chapitre géneral, qu'à l'avenir le Grand Commandeur pourra & devra choifir & changer le Commandeur de l'Arcenal, fuivant la puiffance qu'il a accoutumé d'en avoir. Lequel Commandeur de l'Arcenal fera tenu de rendre compte de mois en mois de fon adminiftration devant les Auditeurs des Comptes députez par le Maître & le Confeil, & de faire un compte particulier de chaque chofe, afin que l'on fçache tout d'un coup ce qui en manque.

Et que l'Amiral pourra, fans préjudice du Grand Commandeur & de celui de l'Arcenal, nommer un Officier Prudhomme à lui bien connu, lequel pourra bâtir une maifon auprès de l'Arcenal, pour y entrer & en fortir quand bon lui femblera. Cet Officier fera obligé de tenir regiftre de tout ce qu'on aura acheté ou loué, comme fer, cordages, rames, fil, étoupe, rames, voiles & autres chofes dont le Commandeur de l'Arcenal fe chargera, de même que de toutes les dépenfes qui fe feront, lefquelles feront chaque jour vérifiées par le Prudhomme ; faute de quoi elles ne feront pas allouées dans les comptes : Qu'il ne partira pas de la Voute, pendant que l'on y travaillera pour le Tréfor : Que l'on fera inventaire de tout ce qui y eft, dont il fera donné des copies au Grand Commandeur, à l'Amiral & au Prudhomme qui fera de tems en tems en fonction, avec les augmentations & les diminutions qui y feront arrivées : Que chaque chofe fera mife dans un lieu propre à la conferver, & que le Commandeur & le Prudhomme auront une clef du Magafin.

L'Amiral choifira un Secretaire pour le Magafin, qui tiendra par fon ordre un Regiftre de tout ce qui y fera appartenant à la marine, qui ne fera jamais changé de place ; en forte que quand l'Amiral voudra fçavoir du Secretaire ce qu'il y a dans chaque endroit, ou fi chaque chose est bien conservée, il puisse en être exactement informé, de même que le Grand Commandeur.

Que le Prudhomme & le Secretaire feront soumis à la Jurisdiction de l'Amiral, qui pourra les déposer & leur en substituer d'autres, & que tous les billets de livraison seront cachetez du cachet du Grand Commandeur, à l'accoutumé. Le Commandeur de l'Arcenal & le Prudhomme auront chacun vingt florins d'appointemens, & le Secretaire ses gages accoutumez ; bien entendu qu'ils ne pourront tirer de la Voute de l'Arcenal aucune chose, comme rames, étoupes, voiles, &c. sans le congé du Maître, que pour servir à l'armement des galeres & des flutes de la Religion. Le Commandeur & le Prudhomme de l'Arcenal seront changez tous les deux ans, de même que tous les autres Officiers.

De l'institution d'un nouveau Bailli, sous le titre de Grand Chancelier.

34. Nous établissons un nouveau Bailli conventuel qui sera le huitiéme & dernier, lequel prendra seance après tous les autres, & se nommera Grand Chancelier, & jouira des appointemens ordinaires des Baillis. Cette dignité appartiendra dorénavant à la vénerable Langue d'Espagne, laquelle sera divisée en deux Langues sous la même Auberge ; parceque cette Nation est remplie de Chevaliers de mérite, qui ont rendu de très grands services à l'Ordre, sans neanmoins préjudicier aux qualitez, honneurs, préseances, prééminences & autres avantages des autres Baillis conventuels des Langues & du Trésorier Géneral, à qui appartient la garde la de Bulle commune de fer, ausquels ces Presentes serviront même de confirmation ; révoquons, cassons & annullons, du consentement universel des Freres de toutes les Langues, toutes les écritures, lettres, promesses & obligations nouvellement faites, en quels termes que ce puisse être, à l'occasion des differends mûs entre les sept Langues, nonobstant tous Statuts, Coutumes & Usages de l'Ordre, & autres choses à ce contraires.

De l'Election du Grand Chancelier.

35. Afin que le Bailli nommé Grand Chancelier soit élû de même que les autres Baillis, Nous défendons d'en élire aucun qui ne sçache lire & écrire.

Des prééminences du Grand Chancelier.

Fr. CLAUDE DE LA SENGLE.

36. Nous ordonnons que le Grand Chancelier aura sous lui un Vice-Chancelier, homme habile & suffisant, pour servir à l'Office de notre Chancellerie, après la mort duquel il présentera au Maître & au Conseil ordinaire deux ou plusieurs de nos Freres, habiles & disposez à bien remplir cette charge, l'un desquels sera reçû par le Maître & le Conseil.

De l'Office du Vice-Chancelier.

Fr. RAIMOND ZACOSTA.

37. Nous ordonnons que le Vice-Chancelier signera & expédiera tous les actes de la Chancellerie, comme de coutume, & qu'il en reçoive les émolumens, comme a fait jusqu'ici le Chancelier. Il ne pourra plomber les Lettres avec la Bulle commune, que le Grand Chancelier ou son Lieutenant ne soient présents au Conseil, pour signer seulement le *Gratis*, sur le repli de la Patente sans préjudice des droits de la Sénéchaussée.

Des écritures de la Chancellerie.

38. D'autant que les écritures de la Chancellerie sont communes à tout le monde, afin que chacun puisse défendre ses interêts, Nous ordonnons au Vice-Chancelier de délivrer les écritures, & les extraits des Livres de la Chancellerie, à ceux qui les demanderont, s'ils en ont besoin pour la défense de leur cause, sans en obtenir de permission, sauf les droits de la Chancellerie.

De la résidence des Baillis Conventuels.

Fr. PIERRE D'AUBUSSON.

39. Les Baillis conventuels, comme gens de conseil, sont obligez de se tenir auprès du Maître, afin de l'aider par leur prudence, à bien conduire les affaires de l'Ordre; ainsi il ne convient pas qu'ils s'absentent du Couvent, Si cependant il arrive des conjonctures qui les obligent d'en sortir, nous ordonnons qu'il n'en sortira jamais que trois à la fois, chacun selon son rang, & qu'ils y retourneront dans trois ans, à compter du jour de leur départ, faute de quoi ils seront privez de leurs Bailliages, sans autre avertissement, ni citation, & remplacez par le Maître & le Conseil.

Ceux qui seront élûs Baillis Conventuels en leur absence, seront tenus de venir au Couvent dans deux ans, & ne pourront prendre la Grande Croix hors du Couvent.

Fr. JEAN D'OMEDES.

40. Ceux qui seront élûs Conventuels pendant leur absence, seront tenus de retourner au Couvent dans deux ans, à compter du jour de leur élection: ils pourront cependant jouir des prérogatives & prééminences des Baillis conventuels, pour parvenir aux dignitez & aux Benefices de l'Ordre, faute de quoi ils ne jouiront d'aucune prérogative de Bailli conventuel, & seront censez privez desdits Bailliages, sans autre avertissement ni citation, en sorte que le Maître & le Conseil seront obligez de proceder à une autre élec-

DE L'Ordre de S. Jean de Jerusalem.
tion, sans préjudice de la *mutition* des Langues. Leur défendons en outre de prendre & de porter la Grande Croix, qu'ils ne se soient présentez devant le Maître & son Conseil.

Fr. HUGUES DE LOUBENX VERDALE.

41. Nous leur ordonnons de payer dix-huit mois après leur élection, à leurs Lieutenans, cinquante écus d'or par mois pour soutenir la dépense des Auberges. S'ils ne viennent pas au bout de deux ans, ils seront privez de leur dignité, comme il a été dit en l'article précedent.

Quand le Maréchal pourra faire grace aux condamnez.

COUTUME.

42. Si le Maréchal a donné plainte contre quelque Frere, & qu'il l'ait mis en Justice, il pourra lui pardonner avant qu'il sorte pour aller à l'Eglise, mais non pas après. Les Freres peuvent interceder pour l'accusé, & obtenir son pardon avant que la cloche sonne. Si elle a sonné, il n'y a plus que le Maître ou son Lieutenant qui puissent lui faire grace. Si le Maréchal ou autre Commandeur a fait la plainte ou le commandement par l'ordre du Maître, il ne lui est pas permis d'en dispenser.

Fr. CLAUDE DE LA SENGLE.

43. Nous permettons au Maréchal de député un Frere Chevalier, à lui bien connu, au lieu d'un séculier, pour faire l'Office de *Gonfalonnier* ou Porte-enseigne, nonobstant tous Statuts ou coutumes contraires.

Que l'on n'accorde point à d'autres qu'aux Baillis Conventuels l'ancienneté sur les Dignitez.

Fr. JEAN DE LA VALETTE.

44. Pour retrancher la matiere & l'occasion des procès qui ont été mûs plusieurs fois entre nos Freres sur l'ancienneté par laquelle on parvient aux dignitez, nous défendons d'accorder pour l'avenir aucune prérogative ou expectative, ou ce que nous appellons *ancienneté*, sur les Prieurez, Châtellenie *d'Emposte*, & Bailliages, à d'autres qu'aux Prieurs conventuels, à qui ces anciennetez appartiennent de droit & de coutume, à l'exclusion de tous les autres.

Si une importante necessité, ou une évidente utilité des Prieurez, des Langues dont ils dépendent, & de l'Ordre entier le demandent, & engagent de conferer ces dignitez à d'autres, la chose sera examinée par le Maître & le Conseil, & on les donnera du consentement des Freres des Langues, des Prieurez, ou de la Châtellenie d'*Emposte*, à qui en appartient la nomination, à des Freres de notre Ordre, anciens & de merite, qui auront toutes les qualitez requises par nos établissemens, pour posseder de semblables dignitez sans préjudice des Baillis conventuels en autres cas, & des concordats qui peuvent avoir été faits dans quelques Langues ou Prieurez, par lesquels il peut en avoir été autrement ordonné entre les Freres.

Du nombre des Langues, des Bailliages & des Prieurez.

COUTUME.

45. Quoique notre Ordre ait eu dès le commencement de sa fondation, & sur-tout depuis qu'il se vit enrichi, des Conseillers ornez de titres de dignitez, comme Assistans du Maître, on fut obligé dans la suite de distinguer les Langues, d'augmenter les Bailliages, & d'établir des Prieurs, afin que les Religieux renfermez dans les confins de certaines Jurisdictions, pussent plus aisément vacquer à leurs emplois, & veiller au gouvernement.

C'est ce qui donna lieu de distinguer peu à peu les huit Langues, d'augmenter les Baillis conventuels, qui en seroient les Présidens, & d'y joindre les titres de Baillis capitulaires, lesquels sont du Corps des Chapitres, & assistent au Conseil : en voici l'énumeration.

De la Langue de Provence.

Le Grand Commandeur, le Prieur de S. Gilles, le Prieur de Tholouse, le Bailli capitulaire de Manosque, qui fut institué du tems de Frere Jacques de Milly.

De la Langue d'Auvergne.

Le Maréchal, le Prieur d'Auvergne, le Bailli capitulaire de Lureil, qui fut institué du tems de Frere Baptiste Ursin, & qui prit le nom de Bailli de Lion sous le Frere Philippe de Villers l'Isle-Adam, & en changea encore sous Frere Jean l'Evêque de la Cassiere pour prendre celui de Devesset.

De la Langue de France.

L'Hospitalier, le Prieur de France, le Prieur d'Aquitaine, le Prieur de Champagne, le Bailli capitulaire de la Morée, établi depuis quelque tems, le Bailli capitulaire Trésorier géneral, établi du tems de Frere Jean de Lastic.

De la Langue d'Italie.

L'Amiral, le Prieur de Rome, le Prieur de Lombardie, le Prieur de Venise, le Prieur de Pise, le Prieur de Barlette, le Prieur de Messine, le Prieur de Capouë : les Baillis capitulaires de Sainte Euphemie, & de Saint Etienne près de Monopoli, de la très Sainte Trinité de Venouse, & de Saint Jean de Naples instituez depuis peu de tems.

De la Langue d'Arragon, de Catalogne & de Navarre.

Le Grand Conservateur, ainsi nommé du tems de Fr. Jean d'Omedes, le Châtelain d'*Emposte*, le Prieur de Catalogne, le Prieur de Navarre : les Baillis capitulaires de Majorque, & de Caspé, le premier institué du tems de Fr. Antoine Fluvian, l'autre du tems de Fr. Baptiste Ursin.

De la Langue d'Angleterre.

Le Turcopolier, le Prieur d'Angleterre, le Prieur d'Irlande, le Bailli capitulaire de l'Aigle.

De la Langue d'Allemagne.

Le Grand Bailli, le Prieur d'Allemagne, le Prieur de Bohême, le Prieur d'Hongrie, le Prieur de Dannemarc, le Bailli capitulaire de Brandebourg.

De la Langue de Castille, de Leon & de Portugal.

Le Grand Chancelier, le Prieur de Castille & de Leon, le Prieur de Portugal, le Bailli capitulaire de Lora, établi du tems de Frere Jean de la Valette, le Bailli de Lango ou de Lesa, établi du tems de Fr. Pierre de Monte, & uni pour toujours au Prieuré de Portugal, le Bailli de *las Nueves-Villas* établi du tems de Frere Jean l'Evêque de la Cassiere.

Le Prieur de l'Eglise de notre Ordre, & le Commandeur de Cypre, tous deux Baillis capitulaires, se prennent indifferemment dans toutes les Langues : le Bailli capitulaire de Negrepont se prend de même dans celles d'Arragon & de Castille, suivant l'accommodement fait entre elles.

DES PRIEURS.
TITRE XI.
Des Lieutenans des Prieurs.

Fr. CLAUDE DE LA SENGLE.

1. Afin que les affaires de l'Ordre soient gouvernées avec plus de soin, les Prieurs & le Châtelain d'*Emposte*, en partant de chez eux, doivent nommer un Frere Chevalier de l'Ordre, des plus anciens de leur Prieuré, homme de merite, qui ait de la capacité & de l'experience dans les affaires, pour leur tenir lieu de Lieutenant ou de Vicaire, convoquer les Assemblées, & rendre la justice à ceux qui se présentent pour la demander. Ce Lieutenant assistera aux Chapitres Provinciaux, & agira dans tout ce qui concerne les affaires publiques, comme feroient le Prieur ou le Châtelain d'*Emposte*. Si le Prieur présent est retenu par quelque empêchement légitime,

un Bailli, s'il s'en trouve, ou le plus ancien des Freres, présideront au Chapitre ou à l'Assemblée.

De la maniere d'élire le Lieutenant du Prieur.

Fr. HUGUES REVEL.

2. Nous ordonnons que si les Prieurs, ou le Châtelain d'*Emposte*, viennent à mourir au de-là de la mer, le Commandeur, dans la Commanderie duquel ils seront morts, fasse assembler autres douze Commandeurs, si faire se peut, du même Prieuré, & des plus voisins de sa Commanderie, lesquels après une meure déliberation, choisiront l'un des Freres du Prieuré, qu'ils jugeront le plus capable de cette Charge, pour tenir lieu du Prieur, & se faire obéir par les Freres du Prieuré, jusqu'à ce que le Maître & son Conseil, informez de la mort du défunt, y ayent autrement pourvû.

Si le Prieur ou Châtelain d'*Emposte* est mort hors des limites de son Prieuré, ou en quelque autre lieu que ce soit hors du Couvent, celui qu'il aura laissé à son départ pour son Lieutenant, ou Vice-gerent, tâchera aussi d'assembler douze Freres pour choisir un autre Lieutenant.

Fr. CLAUDE DE LA SENGLE.

3. Si un Prieur meurt dans l'une de ses Chambres Prieurales, le Commandeur qui en sera le plus proche, convoquera de même douze Commandeurs qui éliront un Lieutenant : mais si le Prieur défunt n'en a pas laissé en partant de son Prieuré, l'un des plus anciens Freres en assemblera d'autres, lesquels en éliront un en la même maniere.

Nul Frere ne peut être Lieutenant d'un autre Prieuré que du sien.

4. Il a été reglé qu'aucun Frere ne sera élû Lieutenant d'un autre Prieuré, ni Président d'un Prieuré dont il n'est point Membre, & où il ne possede point de Commanderie, excepté les Langues de Provence & d'Italie, entre lesquelles les Prieurez & les Commanderies sont possedées en commun.

De la Jurisdiction des Prieurs.

5. Les Prieurs & le Châtelain d'*Emposte*, à la tête du Chapitre Provincial ou de l'Assemblée, ont la Jurisdiction civile & criminelle, & la correction réguliere sur tous les Freres de l'Ordre, de quelque qualité qu'ils soient, qui demeurent dans l'étendue du Prieuré, ou de la Châtellenie, ou qui s'y rencontrent, dont ils ont usé, & peuvent user, en observant la forme prescrite par nos Statuts, sans déroger à la Jurisdiction des Commandeurs sur les Freres Chapelains d'Obedience, & les Servans d'Office ou de *Stage*, qui ont Obedience ou Stage dans leurs Commanderies, ni à la

DE L'ORDRE DE S. JEAN DE JERUSALEM. 169
la jurisdiction & autorité du Prieur de l'Eglise du Couvent, que lui donnent nos Statuts sur les Freres Chapelains.

Que les Freres Chapelains & Clercs soient soumis au Prieur de l'Eglise.

Fr. GUILLAUME DE VILLARET.

6. Le Prieur de l'Eglise qui est le Superieur des Chapelains & des Clercs, doit avoir sur eux une jurisdiction. C'est pourquoi les Freres Chapelains & Clercs de notre Ordre, qui sont dans le Couvent, & qui y viendront à l'avenir d'au-delà de la mer, doivent lui être soumis, excepté les Chapelains du Maître : il peut leur ordonner de célébrer avec devotion l'Office Divin, d'entendre les Confessions, d'administrer l'Eucharistie, & les autres Sacremens de l'Eglise aux Freres, & aux Confreres, si le Prieur occupé à d'autres affaires ne peut s'acquitter lui-même de ce devoir.

Que les Prieurs dans leurs Prieurez, & les Commandeurs dans leurs Commanderies, ont jurisdiction sur les Freres Chapelains.

Fr. PHILIBERT DE NAILLAC.

7. L'impunité cause souvent beaucoup de mal : plusieurs se laissent emporter à leurs mauvaises inclinations, quand personne ne se donne le soin de les corriger. Comme le Prieur de l'Eglise conventuelle, lequel a jurisdiction sur tous les Chapelains, avec pouvoir de les punir de leurs fautes, y réside continuellement, en sorte qu'il ne sçauroit punir celles qui se commettent au dehors par les Chapelains qui demeurent dans les Prieurez & les Commanderies, il a été ordonné, pour empêcher qu'elles ne demeurent impunies, & qu'elles ne donnent lieu de continuer dans le desordre, que les Prieurs & le Châtelain d'Emposte dans leurs Prieurez, & les Commandeurs dans leurs Commanderies, exerceront sur les Freres Chapelains qui y demeurent, la même jurisdiction & correction, selon la qualité des fautes que le Prieur de l'Eglise, dans le Couvent.

Si les Chapelains avertis & réprimandez par les Prieurs & les Commandeurs leurs Superieurs, ne laissent pas de persévérer dans la débauche, ils pourront être châtiez & punis par les Prieurs, tout de même que les Freres Chevaliers & Servans de la Religion, selon la forme de nos Statuts.

Si le Prieur de l'Eglise se rencontre dans les parties d'Occident, il exercera sa jurisdiction dans les Prieurez & les Commanderies où il se trouvera en personne, sur les Chapelains, & leur fera la correction : il fera la visite des Eglises, & les changemens qu'il trouvera à propos : il donnera ordre que le Service Divin s'y fasse régulierement, nonobstant ce qui a été ci-dessus statué en faveur des Prieurs & des Commandeurs.

Tome IV.   Y

Fr. CLAUDE DE LA SENGLE.

8. Personne n'a de jurisdiction sur les Freres Chapelains & Servans d'armes reçus dans le Couvent, si-non le Prieur & le Châtelain d'Emposte, avec l'Assemblée ou le Chapitre Provincial, comme l'on a accoutumé d'en user avec les Freres Chevaliers de l'Ordre. Si quelque autre ose l'entreprendre, il sera regardé comme desobéissant.

9. Le Prieur de l'Eglise peut choisir, nommer, & députer des Ecclésiastiques Visiteurs, & ses Vicaires, pour exercer sa jurisdiction spirituelle & ecclésiastique dans les Prieurez, la Châtellenie d'Emposte, les Bailliages & les Commanderies de la Religion sur les Chapelains & Clercs seculiers, & sur les laïques ses sujets & ses vassaux dans les lieux où les Prieurs, le Châtelain d'Emposte, les Baillis & les Commandeurs n'ont point de jurisdiction spirituelle, parce-que ceux d'entre eux qui l'ont, sont en état de nommer de pareils Vicaires.

Que les Prieurs n'ont pas l'autorité d'ôter l'habit, les Commanderies, les Membres, ni l'ancienneté aux Freres.

10. Nous défendons aux Prieurs, au Châtelain d'Emposte, & au Chapitre Provincial, de rendre contre aucun des Freres de l'Ordre, sujet à leur Jurisdiction, Sentence portant privation de l'habit, de la Commanderie, du Membre, du Bénefice ou autre bien, ou de l'ancienneté, ou qui le condamne à une prison perpétuelle. Si quelqu'un se trouve avoir merité ces peines, le Prieur & le Chapitre Provincial ou l'Assemblée, lui feront son procès, & en donneront avis au Maître & au Conseil, qui y pourvoiront suivant la justice ; tout ce qui sera fait autrement sera nul : ceux qui l'auront fait seront reputez desobéissans.

Des Regiſtres que les Prieurs seront obligez de tenir.

Fr. ELION DE VILLENEUVE.

11. Les Prieurs & le Châtelain d'Emposte sont obligez de tenir deux Regiſtres où sera énoncée la valeur de toutes les Commanderies, Maisons, Lieux, Domaines, Poſſeſſions & Benefices dépendants de leurs Prieurez en détail, tant pour le Chef, que pour les Membres, l'un desquels sera envoyé au Maître & au Couvent ; l'autre sera gardé par le Prieur, qui en donnera à chaque Commandeur un extrait de ce qui concerne sa Commanderie.

Des Archives que l'on doit faire dans chaque Prieuré.

Fr. CLAUDE DE LA SENGLE.

12. Nous enjoignons à chaque Prieur, à peine de perdre une année

des revenus de son Prieuré, applicable au Trésor, de destiner un lieu sûr dans la principale & la plus honorable maison de son Prieuré, & de la Châtellenie d'Emposte, ou ailleurs, s'il leur paroît plus sûr & plus commode pour faire une archive, tant à leurs dépens, qu'à ceux des Commandeurs, dans laquelle on enfermera tous les privileges, titres, actes & bulles autentiques, tant des Prieurez & Châtellenie d'Emposte, que des Commanderies & Bénefices qui sont situez dans leur étendue, & que les Commandeurs desdites Commanderies qui en ont entre les mains, seront obligez de les remettre dans l'Archive, à quoi faire ils seront contraints par les Prieurs & le Châtelain d'Emposte, par la saisie de leurs revenus qui seront appliquez au Trésor, jusqu'à ce qu'ils ayent obéi. Les Commandeurs pourront seulement en retenir des copies.

Des Sceaux des Prieurs.

Fr. PHILBERT DE NAILLAC.

13. Pour obvier aux fraudes, nous ordonnons aux Prieurs & au Châtelain d'Emposte, d'envoyer au Maître & au Couvent l'empreinte de leurs sceaux en cire, proprement enfermée dans une cassette scellée, en sorte qu'elle ne puisse se gâter, pour être mise & conservée dans le Trésor du Couvent, sous ceux du Maître & des Baillis conventuels, pour s'en servir en cas de besoin, à la confrontation & à la reconnoissance des fraudes qui se commettent assez ordinairement.

De la garde des Sceaux des Prieurez.

Fr. ANTOINE FLUVIAN.

14. Nous ordonnons que les Sceaux des Prieurez seront conservez sous les cachets des Prieurs, du Châtelain d'Emposte & des Commandeurs du Chapitre ou de l'Assemblée Provinciale, ou de la plus grande partie d'entre eux; en sorte que l'on ne puisse sceller aucune Lettre qu'en présence du Prieur & des Commandeurs qui assisteront au Chapitre Provincial, & que quatre Commandeurs au moins les ayent signées sous le repli, sans quoi elles seront de nulle valeur. Les obligations des Commandeurs & des Freres seront signées de la même maniere : s'ils ne les ont pas payées avant leur mort, ceux qui les ont signées avec les débiteurs, seront obligez de les acquitter, afin que personne ne s'avise de passer de semblables obligations au préjudice du commun Trésor.

Combien de Prieurs sont obligez de résider dans le Couvent.

Fr. PIERRE RAIMOND ZACOSTA.

15. Nous ordonnons que suivant la coutume ordinaire, trois Prieurs de l'Ordre, que le Maître aura appellez, seront tenus de faire leur résidence dans le Couvent pendant deux ans, à compter du jour de

leur arrivée. Si quelqu'un y manque, les revenus de la meilleure & de la plus prochaine Chambre Prieurale qu'il possede, seront portez dans le Trésor.

Que les Prieurs & les Baillis ne jouiront de leurs prééminences, que quand ils auront fait les diligences nécessaires pour s'en mettre en possession.

Fr. ANTOINE FLUVIAN.

16. Les Prieurs, le Châtelain d'Emposte & les Baillis ne jouiront des honneurs & des prééminences de leurs dignitez, que quand ils auront suffisamment justifié au Maître & au Conseil par de bonnes preuves, qu'ils ont fait toutes les diligences nécessaires pour s'en mettre en possession ; ensuite de quoi ils jouiront des honneurs, si le Maître & le Conseil le leur permettent.

DE L'OFFICE DES FRERES.
TITRE XII.
Que les Offices de l'Ordre ne se donnent qu'à nos Freres.

Fr. PHILBERT DE NAILLAC.

1. Nous voulons que les Offices de notre Ordre se donnent à nos Freres qui se trouveront propres à s'en bien acquitter, faute de quoi le Maître & le Conseil pourront y employer des personnes séculieres.

Que les Freres Servants soient employez aux Offices ordinaires.

Fr. JEAN DE LASTIC.

2. Nous voulons que les Freres Servants d'armes soient destinez aux Offices qui leur appartiennent d'ancienneté, comme la Voute, le Grenier, la petite Commanderie & autres Offices accoutumez d'être donnez à leur état. Si un Frere Chevalier s'avisoit de les demander, il seroit censé se réduire à l'Ordre des Freres Servants : il ne laisseroit pas d'en être pourvû, s'il paroissoit au Maître & au Conseil y être propre. Dès que ces Offices seront remplis, les Prud'hommes seront choisis par ceux à qui il appartient, pour avoir l'œil sur la conduite de ceux qui y auront été destinez ; ceux qui feront des fautes en seront punis comme ils le mériteront. Ces Officiers seront changez de deux ans en deux ans.

De la garde des fortifications.

Fr. PIERRE RAIMOND ZACOSTA.

3. On députera à la garde de nos Châteaux & fortifications, des Freres Chevaliers & Servants de l'Ordre : si on n'en trouve point, on se servira des Séculiers qu'on y jugera propres.

Fr. BAPTISTE URSIN.

4. Nous ordonnons aux Commandeurs de préferer pour la garde de nos Châteaux & fortifications du côté du Ponent, les Freres de l'Ordre, sans préjudice des interêts de notre commun Trésor.

Que les Freres doivent s'habiller honnêtement.

Fr. PIERRE RAIMOND ZACOSTA.

5. Il convient aux Religieux de ne pas négliger la politesse du corps & de l'esprit ; c'est pourquoi nous enjoignons à nos Freres de s'habiller décemment & honnêtement comme doivent l'être de véritables Religieux, avec défenses de porter dorénavant des habits peu convenables à leur état, même de courts, s'ils ne sont en voyage, dans les vaisseaux, ou employez à monter la garde. Ils sont obligez de porter l'habit long lorsqu'ils sont dans le Couvent & dans le Château, ou dans la distance d'un mille, à moins d'en avoir obtenu la dispense du Maître ou du Maréchal, ou qu'ils ne s'y trouvent contraints par l'exercice actuel d'un Office public, en cas de siege, où il s'agit de pourvoir la Ville qu'ils doivent défendre, des provisions & des munitions nécessaires, ou si l'on craint d'être obligé d'entrer en guerre. Ceux qui y manqueront seront punis de la septaine, verront confisquer leurs habits qui auront paru superflus, & seront appliquez au Trésor.

Fr. PIERRE D'AUBUSSON.

6. Il est à propos que ceux qui sont distinguez par leur dignité, le soient aussi par leurs habillemens, afin que les séculiers ne s'y trompent pas. Ainsi pour nous conformer aux Statuts de nos prédecesseurs, Nous défendons à nos Freres de porter dans le Couvent, hors de l'exercice des armes, des manteaux, des habits, des robbes, des culotes, des juppons ou des pourpoints, à bandes ou bigarrez de differentes couleurs, comme font les séculiers ; mais que tout leur habillement soit de la même couleur, à peine de la septaine, & de voir appliquer leurs habits au Trésor.

Comment les Freres doivent se comporter dans les Auberges.

Fr. CLAUDE DE LA SENGLE.

7. Nous ordonnons à nos Freres d'avoir du respect pour les Baillis Chefs des Auberges : d'y garder la modestie & la temperance en mangeant, sans y faire de révolte ni de bruit : de ne point sortir de table, que le Chapelain n'ait fait l'action de graces, à laquelle ils assisteront debout & découverts, & sans en avoir obtenu le congé du *Prieur*. à peine de la septaine pour la premiere fois, de la quarantaine pour la seconde ; & pour la troisième, de demeurer enfermez dans la tour, aussi long-tems qu'il plaira au Maître & au Conseil.

Que les Freres s'exercent aux armes.
Fr. JEAN L'EVESQUE DE LA CASSIERE.

8. Afin que nos Freres s'appliquent plus volontiers à l'exercice des armes, Nous ordonnons que tous les mois on proposera deux prix, l'un pour l'Arbalête, & l'autre pour l'Arquebuse, lesquels seront délivrez de mois en mois alternativement à ceux qui seront les plus adroits à l'un & à l'autre de ces exercices.

Que les Freres feront chaque année leur désapropriement.
Fr. CLAUDE DE LA SENGLE.

9. Nous ordonnons aux Prieurs, Baillis, Commandeurs & Freres, de faire chaque année leur *désapropriement*, dans lequel ils comprendront tous leurs effets & toutes leurs dettes actives & passives, & un détail exact de toutes leurs affaires. Ceux qui seront hors du Couvent, les porteront au Chapitre Provincial, où ils seront mis dans un coffre destiné à cet effet, bien clos & scellé ; ceux qui seront dans le Couvent, les remettront de même entre les mains du Maître ou des Procureurs du commun Trésor. On ne les ouvrira jamais qu'après leur mort.

DES ELECTIONS.
TITRE XIII.
La forme de l'élection du Maître de l'Hôpital de Jerusalem.

1. NOs anciens ont eu beaucoup de raison d'en user avec prudence & avec précaution dans l'élection du Maître, parceque c'est dans ce Chef & ce Superieur que consistent la stabilité & la fermeté de l'Ordre, & qu'il est fort important de bien choisir le Président qui doit gouverner une aussi noble Compagnie. Voici les Regles qu'ils nous ont laissées pour ne pas nous y tromper.

Dès que le Maître paroît fort malade, il doit pourvoir à la sureté de la Bulle de fer, des coins d'argent & du sceau secret, dont il avoit accoutumé de se servir, & les confier à un Religieux discret & honnête homme, ou les serrer en lieu sûr, afin que nul ne puisse s'en servir pour faire de faux actes. Si la griéveté de sa maladie, ou quelque autre embarras l'empêche d'y songer, le Sénéchal est obligé de s'en donner le soin. Si le Maître vient à mourir, celui à qui on les a confiez, les remettra incontinent après entre les mains du Conseil ordinaire, lequel les fera briser, de peur que quelqu'un n'en fasse un mauvais usage.

On ordonnera ensuite ce qui sera nécessaire pour la pompe funebre, afin qu'elle se fasse dévotement & honorablement, comme de coutume, après laquelle on assemblera le Conseil complet, pour choisir un Lieutenant du *Magistere*, dont l'Office durera jusqu'à ce qu'on ait élû un Commandeur de l'élection. On discutera & reglera dans le même Conseil complet toutes les affaires qui regardent le *Magistere*. Ses délibérations auront la même force que celles du Chapitre general.

On remettra à un autre tems le partage de la dépouille du Maître défunt que l'on mettra en sureté. Le Conseil se rassemblera dès le lendemain à la pointe du jour au son de la cloche. Le Lieutenant du *Magistere*, & les Freres qui se trouveront au Couvent, se trouveront dans l'Eglise, où après la Messe, le Lieutenant prendra place où il a accoutumé de se seoir dans les Assemblées publiques. Les Baillis, les Prieurs & les anciens étant placez, le Lieutenant leur fera entendre ce qui a donné lieu à l'Assemblée, & ordonnera à tous les Freres des huit Langues de s'assembler séparément. Chaque Langue ensuite selon son rang, excepté celle d'où a été tiré le Lieutenant; laquelle marchera la derniere, viendra prêter le serment solemnel sur la Croix de l'habit en présence du Lieutenant ou Vicegerent, & de toute l'Assemblée, de donner sa voix à un Frere de sa Langue présent & honnête homme, pour *Electionaire* du Commandeur de l'élection, & des trois Electeurs du Maître, un Chevalier, un Chapelain & un Servant d'armes, à l'effet de quoi il se servira de ballotes secrettes.

Dès que les huit *Electionaires* auront été nommez, ils se présenteront avec respect devant le Vicegerent: ils se mettront à genoux en présence de toute l'Assemblée; ils mettront les mains sur le Livre des Evangiles, & prêteront serment d'élire saintement & justement un Frere Chevalier homme de bien & discret parmi l'Assemblée, ou d'entre eux-mêmes pour Commandeur de l'élection. Ils entreront ensuite dans le Conclave où ils feront cette fonction avec des ballotes, & en viendront faire le rapport au Lieutenant & à l'Assemblée. Celui qu'ils auront élû, viendra se mettre à genoux devant le Vicegerent à qui il prêtera serment de bien & fidelement vacquer aux fonctions de la Charge de Commandeur de l'élection, après quoi le Vicegerent du Magistere, s'étant déposé, le Commandeur prendra sa place.

Les huit Electionaires se présenteront encore devant lui, & prêteront un nouveau serment d'élire un Chevalier, un Chapelain & un Servant d'armes, gens de bien & suffisans pour être Electeurs des trois Colleges, & leurs compagnons à l'élection du Maître. Le Commandeur de l'élection prêtera le même serment entre les mains du Vicegerent, s'il est l'un des Electionaires; si-non il demeurera dans l'Assemblée pour y présider.

Les huit Electionaires entreront ensuite dans le Conclave, où ils éliront par le scrutin des ballotes un Chevalier, un Chapelain & un Servant d'armes, pour être Electeurs avec eux, & les nommeront au Commandeur & à l'Assemblée. Leur fonction cessera dès ce moment : le Chevalier, le Chapelain & le Servant élûs se présenteront au Commandeur & à l'Assemblée, & prêteront le serment comme dessus, de bien & dûement choisir un quatriéme Electeur du Maître, d'autre Langue que de celle dont ils sont Membres. Ce quatriéme prêtera encore le même serment, & se joindra aux trois qui l'ont élû : tous les quatre en nommeront un cinquiéme, les cinq un sixiéme & ainsi de suite, jusqu'à ce qu'ils se trouvent au nombre de seize, en sorte neanmoins qu'il s'en trouve deux de chaque Langue, parmi lesquels il ne doit y avoir ni Bailli ni Grand-Croix. Dès que l'on aura élû le huitiéme, on prendra chacun des autres dans les huit Langues, chacune à son rang : s'il y en a quelqu'une où il ne s'en trouve point, l'on en prendra dans une autre.

Il ne doit jamais y avoir parmi les Electionaires plus de deux Chapelains, & de trois Servans d'armes ; il doit toujours y avoir du moins un Chapelain & un Servant, tous les autres doivent être Chevaliers, nez en légitime mariage. Le Chevalier qui a été d'abord élû avec le Chapelain & le Servant, s'appelle le Chevalier de l'élection, dont il demeure Président. C'est lui qui donne avis de l'élection à ceux qui s'y rencontrent : il a deux voix pour éviter le partage, au lieu que les autres n'ont que chacun la sienne. Celui qui en a le plus, devient Maître, & est reconnu pour tel.

Dès que les seize ont été élûs, le Commandeur de l'élection les avertit de se confesser, d'entendre la Messe, & de recevoir la Communion, afin qu'il plaise au Seigneur de les purifier de leurs pechez ; & d'éclairer leurs esprits, pour élire un bon, digne, & vertueux Maître. Ils vont ensuite se présenter devant le Commandeur de l'élection, & tous les Religieux ; puis la tête nue & à genoux, ils mettent les mains sur le bois de la vraye Croix, les saints Evangiles, & la Préface de la Messe, & ils prêtent l'un après l'autre, à haute & intelligible voix le serment en ces termes.

Je N. promets & jure par ce bois de la très sainte Croix, par les saints Evangiles de Dieu, & par les saintes paroles de la Préface, que laissant à part toute haine, crainte, amitié, esperance de récompense, & autre mauvaise affection, sans avoir devant les yeux, ni dans l'esprit autre chose que Dieu & Notre-Seigneur Jesus-Christ, la gloire & la louange de son saint Nom, l'honneur & l'avantage de notre Ordre, de nommer & élire justement & canoniquement, selon le mouvement de ma conscience, & autant que pourront s'étendre la force de mon jugement, & le discernement de mon esprit, pour Maître de l'Hôpital de S. Jean de Jerusalem, & de tout notre Ordre, entre tous les Freres Chevaliers qui le composent, présens ou absens, un Frere Chevalier né de légitime mariage; propre, bon, vertueux, suffisant & capable de remplir cette Charge. Je le jure ainsi : Ainsi Dieu veuille-t-il m'aider, le bois de la très sainte Croix, & les saintes Ecritures que je touche de ma main. Si je fais autrement, je suis persuadé que je m'expose à la damnation éternelle. Il doit ensuite baiser la Croix & les saintes Ecritures.

Après

Après que tous les Electeurs ont prêté le serment, le Commandeur de l'élection, & tous les Freres de l'Assemblée, jurent & promettent sur la croix de leur habit, d'accepter pour Superieur & pour Maître celui qui sera élû à la pluralité des voix, & de ratifier l'élection qui sera faite. Les seize Electeurs seretirent sur le champ, sans parler à personne, pour quelque cause que ce puisse être, & sans faire le moindre signe, dans le Conclave ; & après en avoir fermé les portes, de maniere que personne ne puisse y entrer, ils traitent entre eux de l'élection du Maître. Chacun d'eux est en état de dire librement sa pensée, de faire telle proposition qu'il lui plaît, telle peinture agréable ou desagréable de ceux qui sont proposez. Après que tout a été bien & dûement examiné, ils font l'élection du Maître, en mettant dans les boëtes couvertes autant de ballotes qu'il a été proposé de sujets, de même que l'on a accoutumé de faire dans le Conseil : celui qui a eu le plus grand nombre de suffrages se trouve élû, & est déclaré tel par le Chevalier de l'élection.

Aussi-tôt après, les Electeurs sortent du Conclave, & s'en vont dans la sale où sont assemblez le Commandeur de l'élection, & tous les Freres : & après leur avoir demandé trois fois s'ils tiennent pour ferme & stable l'élection qu'ils viennent de faire, & qu'il leur a été répondu trois fois affirmativement, le Chevalier de l'élection nomme à haute & intelligible voix celui qui a été choisi, en présence de tous les Electeurs. S'il se trouve présent, on le conduit en cérémonie devant le grand autel : & sur le volume des Statuts que l'on y a posé, il fait serment d'observer la Regle, les établissemens & les louables Coutumes de l'Ordre, d'en regler, ordonner & poursuivre les affaires avec le conseil des principaux & des Anciens. S'il est absent il prêtera le même serment à son retour, avant d'entrer dans les fonctions du *Magistere* : on choisit un Vicegerent pour les exercer en attendant. S'il est présent, il est obligé de nommer un Lieutenant.

Fr. NICOLAS DE L'ORGUE.

2. Nous défendons à nos Freres de porter des armes dans le lieu où se fera l'élection du Maître. Ceux qui y en porteront n'y auront point de voix, & s'il fait le sujet de la querelle, il sera chassé de l'Ordre.

Que l'élection des Baillis & des Prieurs se fera par le Maître & le Conseil ordinaire.

Fr. PIERRE D'AUBUSSON.

3. L'élection des Prieurs, du Châtelain d'Emposte & des Baillis se fait par le Maître & par le Conseil ordinaire, suivant l'ancienne coutume. Ainsi nous défendons à tous nos Freres, de quelque condition qu'ils soient, de proceder à l'élection de ces dignitez, de se trouver aux Assemblées qui seroient convoquées à cet effet, & d'y

donner leurs voix. Ceux qui auront fait une semblable faute, seront censez sur le champ privez de l'habit, sans esperance d'être jamais rétablis; l'élection sera nulle, & le prétendu Elû chassé de l'Ordre selon la coutume, s'il est justifié qu'il ait directement ou indirectement sollicité son élection. Nous en exceptons ceux qui peuvent être nommez par les Langues.

Fr. JEAN L'EVESQUE DE LA CASSIERE.

4. Nous défendons à tous ceux qui auront été reçûs de grace, ou qui ne seront pas Gentilshommes, d'aspirer à aucune dignité, & de s'opposer aux graces que l'on voudroit faire dans les Langues: ils doivent se contenter de leur *chevissement* & *améliorissement* : ils ne pourront jamais être du nombre des seize Electeurs du Maître, ni y avoir ballotes, ni suffrage.

De la maniere d'élire les Prieurs & les Baillis.

Fr. BAPTISTE URSIN.

5. Lorsque le Maître & le Conseil ordinaire procederont à l'élection d'un Bailli conventuel, dès que l'on aura écouté ceux qui se proposent pour remplir cette fonction, à l'accoutumée, & que l'on aura examiné leur mérite & leur conduite, Nous ordonnons au Maître, avant d'en venir aux ballotes, de recevoir le serment des Baillis & des Prieurs, à mesure qu'ils se présenteront, & sans avoir égard au rang ; qu'ils éliront une personne propre, utile, digne & d'un grand mérite, & qu'ils y auront plus d'égard qu'à l'ancienneté. Après quoi on en viendra au scrutin par les ballotes, suivant le nombre desquelles se fera l'élection. Celle du Prieur de l'Eglise, d'autres Prieurs & des Baillis capitulaires se fera de la même maniere. On aura toujours égard à la *mutition* des Langues à l'accoutumée.

De l'élection du Prieur de l'Eglise.

Fr. JACQUES DE MILLY.

6. Plus une dignité a de rapport avec le spirituel, plus on doit avoir d'attention à la bien remplir. Ainsi nous ordonnons que quand celle de Prieur de notre Eglise sera vacante, le Maître & le Conseil ordinaire s'assembleront pour en choisir un autre avec beaucoup d'exactitude & d'attention. Ils feront un serieux examen & de longues réflexions sur les mœurs, la doctrine & la suffisance de nos Chapelains de toutes les Langues : ils en choisiront un dont la conduite ait été reglée, bien instruit de tout ce qui concerne le service divin, lequel après son élection fera sa résidence continuelle dans le Couvent. Si des affaires pressantes l'obligent d'en sortir, le Maître & le Conseil ordinaire lui marqueront un tems dans lequel il sera obligé d'y retourner.

Fr. CLAUDE DE LA SENGLE.

7. Nous ajoutons que personne ne pourra être élû Prieur de notre Eglise, s'il n'est né d'un légitime mariage.

Que les Freres absents du Couvent ne seront point élûs Grands-Croix.

Fr. PIERRE DU MONT.

8. Comme il est fort nécessaire que les Freres anciens résident dans le Couvent, pour y rendre les services qui sont dûs au Public, Nous défendons d'élever à la dignité de Grand-Croix aucun Frere de la petite, qui se trouvera absent du Couvent, sans charge ou office de la Religion, à moins qu'il n'y fût retenu par quelque empêchement manifeste & légitime, lequel doit être présenté au Maître & au Conseil, avec un certificat public & autentique du Chapitre Provincial ou du Prieur & de l'Assemblée. Nous exceptons de cette Loi les Freres des vénerables Langues d'Angleterre & d'Allemagne.

De l'ancienneté requise en ceux qui sont faits Prieurs ou Baillis.

Fr. JEAN DE LASTIC.

9. Il est à propos que ceux que l'on choisit pour le gouvernement de l'Ordre, ayent la connoissance & l'experience nécessaires dans nos affaires, ce qui ne peut s'acquerir que par un long usage. Ainsi nous défendons d'élire aucun de nos Freres pour Prieur ou Bailli, qui n'ait porté notre habit, du moins pendant quinze ans, à compter du jour qu'il est entré dans le Couvent, & qui n'ait vécu sous l'obédience de l'Ordre, d'une maniere irréprehensible.

Fr. CLAUDE DE LA SENGLE.

10. Il faut même que de ces quinze ans, celui qu'on proposera en ait passé dix entiers dans le Couvent, tout de suite ou par intervalles.

Que les Freres en postulant les dignitez, ne se servent point de termes injurieux.

11. Nous défendons à nos Freres, quand ils postuleront les dignitez, de découvrir les vices, les fautes, ni rien qui puisse faire de la confusion à leurs concurrens: de se charger d'injures les uns les autres, & de rien avancer qui puisse faire tort à leur réputation : ils pourront néanmoins leur reprocher les défauts, qui selon nos Statuts sont capables d'empêcher qu'ils n'obtiennent la Charge dont il sera question, comme d'être débiteurs du commun trésor, de n'avoir pas fait la résidence requise par les Statuts, d'avoir laissé ruiner les Commanderies, de n'y avoir point fait d'ameliorissemens, & autres choses semblables. Ceux qui en useront autrement ne seront pas écoutez. Si quelqu'autre que les concurrens s'avise de faire de semblables repro-

ches, il perdra deux ans de son ancienneté, desquels on le déclarera déchû, avant de proceder à l'élection.

De l'élection du Procureur Général en Cour de Rome.
Fr. JACQUES DE MILLY.

12. Le Procureur de l'Ordre en Cour de Rome, est censé révoqué à chaque Chapitre général, qui est obligé de lui en substituer un autre. Le Maître & le Conseil peuvent cependant le révoquer sans attendre le Chapitre. Ils doivent faire beaucoup d'attention au choix qu'ils feront d'un sujet propre à remplir cet emploi : ils doivent jetter les yeux sur un Religieux sage, prudent & d'un grand mérite, lequel fera sa résidence à Rome, sera vêtu honorablement & avec un équipage proportionné. Il défendra les priviléges, les graces & les libertez de l'Ordre, les concessions, les donations & les provisions du Maître & du Conseil. Il s'opposera aux Freres révoltez & désobéissants, & les poursuivra rigoureusement : il appuyera sans aucun interêt de sa part, ceux qui seront demeurez dans l'obédience : il donnera avis au Maître & au Couvent de tout ce qui se passera : il se contentera des Apointemens qui lui seront fournis par le Trésor, sans rien demander ni recevoir des Freres qui l'auront employé pour leurs affaires particulieres.

De l'élection du Trésorier Général.
Fr. PIERRE D'AUBUSSON.

13. Nous ordonnons que le Trésorier Général, Bailli capitulaire de la vénérable Langue de France, sera élû par le Maître & le Conseil, de la maniere que s'élisent les autres Baillis capitulaires d'entre les Freres de la même Langue, en quoi l'on aura plus d'égard à son mérite particulier, sans préjudice de la *mutation* de cette Langue ; que le même Bailli Trésorier, sans perdre cette qualité, puisse s'absenter du Couvent avec le congé du Maître & du Conseil complet, de même qu'il s'accorde aux autres Baillis Capitulaires : qu'il jouisse, tant absent que present, des prérogatives ordinaires des Baillis, & qu'il ait la garde de la Bulle de fer, enfermée sous les sceaux, à la maniere accoutumée : à son départ du Couvent le Maître & le Conseil lui donneront un Lieutenant qui aura soin de cette Bulle, dont la conservation est très importante à l'Ordre.

De l'élection du Châtelain.
Fr. PIERRE RAIMOND ZACOSTA.

14. Nous ordonnons que l'Office du Châtelain sera accordé par le Maître & le Conseil complet, qui choisiront, suivant le rang des Langues, un Religieux qui y soit propre, & qui ait du moins huit

ans d'ancienneté. Le Maître par la prééminence de sa Charge, est en droit de lui nommer seul un Lieutenant.

La forme de l'élection du Châtelain.

Fr. FABRICE DEL CARETTO.

15. L'élection du Châtelain se fera de cette maniere. Le Pilier de la Langue, qui doit remplir cette Charge à son tour, donnera par écrit au Maître & au Conseil complet, les noms des Freres anciens qui sont au Couvent, du moins depuis huit ans : ils seront lûs dans le Conseil, où on examinera leurs personnes, que l'on fera ensuite passer par le scrutin des ballotes, & on choisira celui qui sera jugé le plus disposé à bien s'acquitter de cette Charge : on défend à la Langue d'en faire la mutition : on ne laissera entrer au Conseil aucun Frere pour la demander. Celui qui sera élû, viendra ensuite se présenter devant le Maître & le Conseil pour prêter le serment de s'en acquitter bien & fidelement, sans qu'ils en reçoivent aucune plainte.

De l'élection du Commandant des troupes de terre & de l'armée.

Fr. PIERRE RAIMOND ZACOSTA.

16. Le Commandant des troupes doit avoir beaucoup de fidelité & d'experience des affaires, & de tout ce qui est nécessaire à la défense de notre Isle. Ainsi nous voulons & ordonnons que le Maître & le Conseil à qui en appartient l'élection, en sorte neanmoins qu'il ait les trois quarts des voix, ayent plus d'égard au merite & à la capacité, qu'à l'ancienneté, sans faire cependant aucune injustice aux anciens ; en sorte que si la Langue d'Auvergne peut fournir un sujet propre à être Capitaine des troupes de terre, il soit préféré aux autres : si elle n'en a point, on en cherchera ailleurs pour cette fois, sans préjudice des droits de cette Langue & des anciens. Le même privilége appartient à la Langue d'Italie, pour l'élection du Capitaine de l'armée, au cas qu'il s'y trouve un sujet propre, faute de quoi on se pourvoira d'un autre pour cette fois, sans préjudice de la Langue & des anciens.

De l'élection des Juges de la Châtellenie.

Fr. JEAN DE LASTIC.

17. Le Maître & le Conseil ordinaire choisiront pour Juges ordinaires, & des appellations, des gens de bien, integres & sçavants, qui seront changez tous les deux ans, de peur que la continuation de leurs emplois ne les rende susceptibles de prévarication.

De l'élection des Procureurs des Pauvres.

Fr. BAPTISTE URSIN.

18. Le Maître & le Conseil complet députeront deux Religieux

sages & prudens pour avoir soin des prisonniers, des pauvres, des malades, des veuves & des orphelins, défendre leurs interêts, en sorte qu'ils ne souffrent ni tromperie, ni violence, ni injustice dans leurs affaires, & les présenter au Maître & au Conseil, & en quelque lieu que ce puisse être, afin que les affligez ne soient pas exposez aux calomnies & aux injustices.

Fr. CLAUDE DE LA SENGLE.

19. L'un de ces Procureurs sera homme de Lettres, & aura des appointemens.

De la garde que doivent monter quatre Freres dans la tour du Château de Rhodes.

Fr. AIMERY D'AMBOISE.

20. La ville de Rhodes se trouvant située sur les frontieres des Infideles, l'on doit avoir un soin extrême de la bien garder : ainsi nous ordonnons que le vénérable Maréchal, ou son Lieutenant, choisissent de tems en tems, lorsqu'ils le jugeront à propos, quatre Freres de Langues differentes, qui monteront toutes les nuits la garde dans la tour du Château de Rhodes, pendant toute l'année, l'un desquels en sera nommé le Capitaine ; qu'ils les visitent fréquemment ; qu'ils les corrigent s'ils ont mal fait ; qu'ils en chassent les inutiles, pour leur en substituer de meilleurs : il leur est défendu d'y retenir ceux qui auront manqué à leur devoir plus de trois fois.

Ces quatre Freres auront quatre-vingt-seize florins d'appointement par année, chacun vingt-quatre, à prendre sur notre commun Trésor, aux dépens neanmoins des vénérables Baillis conventuels & capitulaires, & de leurs Lieutenans, quand ils feront leur résidence à Rhodes, excepté le Prieur de l'Eglise ; en sorte que le Secretaire du Trésor, en rendant de trois mois en trois mois les comptes de leur table, leur décomptera à chacun à proportion la solde de ces quatre Chevaliers, pour le quartier qu'il leur aura payé. Cette ordonnance commencera de s'exécuter le premier de Mars prochain, & sera continuée à l'avenir. Nous abrogeons l'usage des collectes qui se faisoient entre les Baillis & leurs Lieutenans : nous ne voulons pas qu'ils soient obligez de rien donner, ni les autres Freres de monter cette garde, comme il s'est pratiqué jusqu'ici.

DES COMMANDERIES,
ET ADMINISTRATIONS.
TITRE XIV.
Fr. RAIMOND BERENGER.

1. Nous ordonnons que les Commanderies & les biens de l'Ordre soient administrez par des Freres anciens, gens de merite & de probité.

2. Nous défendons à nos Freres de posseder ensemble deux Bailliages ou Prieurez : ils doivent se contenter d'un seul, & veiller exactement à sa conservation.

Fr. DIEU-DONNE' DE GOZON.

3. Il est défendu aux Prieurs & au Châtelain d'Emposte, de posseder aucune Commanderie, Maison, ou Membre d'un autre Prieuré, sans le consentement du Maître & du Couvent, parceque chacun doit se tenir dans son territoire, & ne doit pas empêcher les autres de s'avancer.

Quelles Commanderies peuvent retenir ceux qui deviennent Prieurs.

Fr. JACQUES DE MILLY.

4. Les Baillis & les Commandeurs qui sont régulierement & canoniquement élûs Prieurs, sont tenus d'abandonner toutes les Commanderies dont ils se trouvoient pourvûs. Ils peuvent cependant se réserver les Chambres Magistrales qui leur avoient été conferées, celles qu'ils auront retirées des mains des seculiers, & celles qu'ils auront obtenues après que quelqu'autre en aura été dépouillé.

Fr. CLAUDE DE LA SENGLE.

5. Il est défendu aux Prieurs de permuter de quelque maniere que ce soit les Chambres Prieurales : ils doivent conserver celles qu'ils ont trouvées annexées au Prieuré.

Ceux qui auront des enfans n'obtiendront nul bien de l'Ordre.

Fr. PIERRE DE CORNILLAN.

6. Il a été déterminé que nul Frere qui aura été marié avant d'entrer dans l'Ordre, & qui aura des enfans, vivans lors de sa profession, ou quand la promotion se fera, ne poura obtenir l'administration d'aucun Prieuré, Châtellenie d'Emposte, Bailliage ou Commanderie.

En quel tems les Freres peuvent obtenir des Commanderies.

Fr. CLAUDE DE LA SENGLE.

7. Il a été ordonné qu'aucun de nos Freres, de quelque condition qu'il soit, ne pourra obtenir de Commanderies de grace ni de chevissement, si, après avoir pris l'habit, & fait profession, il n'a résidé pendant cinq ans de suite, ou par intervalles dans le Couvent, & qu'il ne puisse avoir ni pensions ni Membres, s'il n'y a résidé pendant trois ans, & payé le droit du passage. Nous ajoutons qu'aucun de nos Freres ne sera pourvû de Commanderies de chevissement, de grace ou d'ameliorissement, s'il n'est actuellement au Couvent, ou s'il n'a l'ancienneté ou l'expectative.

Des armemens ou caravanes nécessaires pour obtenir des Commanderies.

Fr. JEAN DE LA VALLETTE.

8. D'autant que la Religion a grand interêt de ne récompenser personne qui ne l'ait merité par ses services ; nous ordonnons qu'aucun Frere Chevalier ou Servant d'armes ne pourra obtenir des Commanderies de grace ou de chevissement, sans avoir fait par lui, ou par autre, trois caravanes completes, ou armemens sur les galeres de la Religion, excepté les Freres des vénérables Langues d'Angleterre & d'Allemagne, & ceux qui sont occupez au service de l'Ordre ou du Maître.

Fr PIERRE DU MONT.

9. Une année entiere de pareil service, est comptée pour une caravane, si ce n'est à l'égard des Pages du Maître qui sont obligez de les faire toutes trois, au tems qu'il leur sera marqué. Nul n'y sera reçû, qu'il n'ait du moins dix-sept ans accomplis.

Que les Receveurs qui sont dans les Prieurez, jouissent de l'ancienneté.

Fr. BAPTISTE URSIN.

10. Les Receveurs de notre Trésor, qui sont dans les Prieurez, & dans la Châtellenie d'Emposte, hors du Couvent, sont présumez jouir de l'ancienneté, & peuvent obtenir des Commanderies de chevissement, d'ameliorissement & de grace, du Maître ou d'autres : mais ils ne doivent pas compter sur celles dont d'autres auront été dépouillez faute de payement des droits dûs au commun Trésor, pour éviter toute sorte de supercheries.

Fr. CLAUDE DE LA SENGLE.

11. Ceux qui sont absents, & qui ont été envoyez dehors pour les affaires de la Religion, jouissent de l'ancienneté pendant leur
ambassade

ambaſſade ou leur commiſſion, de même que s'ils avoient réſidé dans le Couvent.

Que les Freres qui auront été pris par les Infideles en revenant au Couvent, jouiront de l'ancienneté pendant leur détention.

12. Nous ordonnons que ſi quelque Frere en partant d'Occident dans le deſſein de venir au Couvent, eſt pris en chemin par les Infideles, il ſoit réputé réſident pendant tout le tems de ſa priſon. De même le Commandeur qui en ſera parti avec le congé du Maître dans le deſſein de ſe rendre à ſa Commanderie, pour y réſider, & qui aura été pris par les Infideles, ſera cenſé y avoir réſidé pendant tout le tems qu'il aura demeuré entre leurs mains.

De l'obtention des Bulles de confirmation, après que l'on a obtenu une Commanderie par droit d'ancienneté.

Fr. PIERRE D'AUBUSSON.

13. Nous ordonnons que les Freres qui auront obtenu des Prieurez, Châtellenie d'Empoſte, Bailliages ou Commanderies, à quelque titre d'ancienneté que ce ſoit, obtiennent du Maître & du Conſeil dans un an, à compter du jour qu'ils en auront été pourvûs, des Bulles de confirmation.

Dans quel tems les Freres peuvent ameliorer les Commanderies.

14. Les Freres qui auront été pourvûs d'une Commanderie, ne pourront s'ameliorer d'une autre, qu'ils n'y ayent réſidé pendant cinq ans, & qu'ils n'en ayent payé le mortuaire, & l'annate ou vacant.

Fr. JEAN L'EVESQUE DE LA CASSIERE.

15. Les Prieurs, les Baillis & les Commandeurs, pendant qu'ils réſideront dans le Couvent, ou qu'ils en partiront, juſqu'à ce qu'ils ſoient arrivez dans leurs Prieurez, Bailliages ou Commanderies; & dès qu'ils en partiront, juſqu'à ce qu'ils arrivent au Couvent, ſeront cenſez y avoir réſidé.

Que les Freres ſont obligez d'ameliorer leurs Commanderies.

Fr. PIERRE D'AUBUSSON.

16. Aucun de nos Freres qui ſera pourvû d'une Commanderie de grace, ou de cheviſſement, ne pourra ſe chevir ou s'ameliorer, obtenir ni Prieuré ni Bailliage, qu'il n'ait juſtifié par de bonnes preuves qu'il a amelioré les Commanderies qu'il poſſedoit, à quelque titre qu'il en fût pourvû.

Fr. CLAUDE DE LA SENGLE.

17. La même chofe s'obfervera à l'égard de ceux qui poffedent des Membres, pour les engager à les ameliorer par la même raifon.

De l'amelioriffement que doivent faire les Baillis capitulaires.

Fr. PIERRE D'AUBUSSON.

18. Les Baillis capitulaires qui font en paifible poffeffion de leurs Bailliages, font tenus de les ameliorer : ainfi nous ordonnons qu'aucun d'entre eux ne foit pourvû de Prieuré ou de Bailliage conventuel, s'il n'a juftifié qu'il a amelioré le capitulaire qu'il poffede.

De l'amelioriffement des Chambres Magiftrales & Prieurales.

Fr. CLAUDE DE LA SENGLE.

19. Nos Freres à qui le Maître aura loué ou accordé la jouiffance de fes Chambres Magiftrales, n'obtiendront aucune Commanderie de cheviffement, d'amelioriffement, ou de dignité, s'ils n'ont amelioré les Chambres Magiftrales ; & les Prieurs ne pourront auffi obtenir la Commanderie qui appartient à leur prééminence, excepté la 5e Chambre, s'ils n'ont fait les amelioriffemens néceffaires à leur quatre Chambres Prieurales. On ne pourra cependant faire cette difficulté qu'à ceux qui auront joui cinq ans entiers des revenus des Bailliages, des Commanderies & des Membres, fi ce n'eft à l'égard des Chambres Magiftrales, fur lefquelles l'on déduit les deux premieres années, pendant lefquelles le revenu en appartient au Maître.

De l'amelioriffement dû par les Chapelains & les Servans d'armes.

Fr. JEAN L'EVESQUE DE LA CASSIERE.

20. D'autant que quelques Freres Chapelains & Servans d'armes, après avoir obtenu des Commanderies de cheviffement, fe mettent peu en peine d'y faire des amelioriffemens, nous ordonnons que dans les deux années d'après les cinq, du jour qu'ils font entrez en poffeffion, ils faffent dans leurs Commanderies, les amelioriffemens ordonnez par nos Statuts, & qu'ils en envoyent les procès verbaux au Couvent : faute de quoi ils perdront les revenus d'une année, qui feront portez au Tréfor.

A quels des Freres les Prieurs doivent accorder les Commanderies.

Fr. JEAN DE LASTIC.

21. Nous défendons aux Prieurs & au Châtelain d'Empofte, de conferer les Commanderies qui font à leur collation, fuivant nos Statuts, fi-non aux Freres qui auront été reçûs dans le Couvent, &

qui auront payé le passage ; faute de quoi leur collation sera nulle, & reviendra au Maître & au Couvent, qui en disposeront, suivant les coutumes de l'Ordre.

Comment les Prieurs conferent les Commanderies.

Fr. CLAUDE DE LA SENGLE.

29. Voici l'ordre que doivent garder les Prieurs & le Châtelain d'Emposte dans la collation des Commanderies qui dépendent d'eux. De cinq en cinq ans, si d'une Fête de S. Jacques & S. Philipe à l'autre il a vacqué plusieurs Commanderies hors du Couvent par la mort de deux ou de plusieurs Commandeurs ; premierement le Maître, si la collation lui en appartient, usera de sa grace & prééminence ; ensuite le Couvent, les Prieurs & le Châtelain d'Emposte : ou pour mieux s'expliquer, s'il vacque une Commanderie, elle sera à la disposition du Maître : s'il en vacque deux, l'une sera au Maître, & l'autre au Couvent : s'il y en a plus, & qu'il soit mort plusieurs Commandeurs hors du Couvent, dans l'étendue de la Langue de laquelle sera le Prieuré, après le Maître & le Couvent, le Prieur en aura une à sa disposition, de même que le Châtelain d'Emposte, pour leur prééminence, pourvû que le Prieuré & la Châtellenie d'Emposte ne soient pas actuellement en mortuaire ou en vacant. Toute autre disposition qui s'en fera, sera de nulle valeur ; ceux qui en auront disposé, seront privez de leur prééminence pendant un an.

Fr. JEAN DE LA VALLETTE.

30. Nous déclarons que les confins des Prieurez du Royaume de France, le comprennent tout entier, autant que s'étendent les Commanderies qui en dépendent : ceux des Prieurez d'Espagne, tous les Royaumes d'Espagne : ceux des Prieurez d'Italie, toutes les Provinces, même la Sicile : ceux d'Allemagne, toute l'Allemagne haute & basse : ceux d'Angleterre, les Royaumes d'Angleterre, d'Ecosse & d'Irlande. Les Commandeurs qui mourront sur mer, & hors des confins de leurs Prieurez, seront censez morts dans le Couvent.

Que les Prieurs en conferant les Commanderies, ne pourront retenir ni recevoir pour eux chose quelconque.

Fr. ANTOINE FLUVIAN.

31. Nous défendons aux Prieurs & au Châtelain d'Emposte, lorsqu'ils confereront des Commanderies, en vertu de leur prééminence, d'en retenir aucun Membre ni Maison, & de recevoir aucun présent, de quelqu'espece qu'il puisse être. Ceux qui contreviendront au présent Statut, seront privez des graces Prieurales pendant un an : la disposition qu'ils auront faite, tombera, & la Commanderie ainsi conferée appartiendra au Maître & au Couvent.

Que les Prieurs peuvent permuter la Commanderie qui est à leur disposition contre une autre.

Fr. JACQUES DE MILLY.

32. Nous permettons aux Prieurs & au Châtelain d'Emposte de conferer la Commanderie qui leur appartient, selon nos Statuts, à un Commandeur qui en possedera une autre de moindre revenu, laquelle il résignera entre les mains du Prieur, pour posseder celle qui lui aura été concedée au même titre que la premiere, & au Prieur de conferer celle qui aura été résignée entre ses mains, à celui qu'il lui plaira, laquelle le pourvû tiendra de sa grace, sans préjudice des droits du Commun Trésor.

De la cinquiéme Chambre que les Prieurs peuvent retenir.

Fr. RAIMOND BERENGER.

33. Nous permettons aux Prieurs & au Châtelain d'Emposte d'accepter ou retenir, outre les quatre Chambres Prieurales, au lieu de la cinquiéme, une Commanderie de celles qui tomberont à leur disposition, pour pourvoir plus commodément à la décence de leur état.

Des Commanderies où on a la Justice criminelle.

34. Nous nous remettons à la sagesse & à la discretion du Maître, des Baillis & des Conseillers du Conseil ordinaire, de conferer à nos Freres Chapelains les Commanderies ausquelles est attachée la Justice criminelle ; parceque le cas arrivant, nous esperons qu'ils en disposeront en leur conscience, & qu'ils feront attention à la qualité des personnes, & de la matiere.

Fr. PHILIPPE DE VILLERS L'ISLE-ADAM.

35. Les Commandeurs qui possedent des Commanderies de chevissement, peuvent les retenir pour amelioriffement, en justifiant qu'ils les ont améliorées.

Fr. CLAUDE DE LA SENGLE.

36. Après les avoir acceptées pour leur amelioriffement, & y en avoir fait d'autres, ils pourront cinq ans après en accepter une autre, pour leur second amelioriffement.

Des Résignations.

Fr. JACQUES DE MILLY.

37. Nous défendons aux Freres de l'Ordre de résigner à d'autres les Commanderies de chevissement, de grace, d'amelioriffement, ou en quelqu'autre maniere que ce soit, qu'entre les mains du Maître & du Couvent, à peine de nullité de la résignation.

De la peine de ceux qui résignent.
Fr. PIERRE D'AUBUSSON.

38. Outre la nullité de la résignation, les résignants seront encore privez des Commanderies, Membres & autres biens de l'Ordre qu'ils auront possedez, lesquels sans autre avertissement ni citation, tomberont à la collation du Maître & du Conseil, dès que cette résignation aura été justifiée, quoiqu'elle soit nulle d'elle-même.

De l'état auquel on doit laisser les Commanderies.
Fr. ANTOINE FLUVIAN.

39. Nous ordonnons que lorsque les Commandeurs passeront d'une Commanderie à l'autre, à titre d'amélioriffement, ils laissent celles qu'ils abandonnent au même état qu'ils les ont trouvées. Ceux qui en useront autrement, & qui dans un an n'auront pas soin de les rétablir, seront privez de celles qu'ils auront obtenues, & ne pourront en obtenir d'autres que cinq ans après.

De la permutation des Commanderies & des Membres.

40. Nous défendons aux Prieurs & au Châtelain d'Emposte de se donner la liberté de recevoir dans leurs Prieurez, les permutations faites entre les Freres, de quelque qualité qu'ils soient, des Commanderies & des Membres. Si les Freres se trouvent dans cette disposition, le Prieur en donnera avis au Maître & au Conseil, & leur enverra le traité de la permutation, un Mémoire de l'âge de Freres qui veulent permuter, & de la valeur & de la qualité des Commanderies, afin qu'ils soient dûement informez des causes de la permutation, & qu'après qu'elle aura été examinée dans la Langue de laquelle sont les Freres permutans, si la Langue y consent, le Maître & le Couvent puissent la confirmer, & le Prieur la mettre à execution. Les Prieurs, le Châtelain d'Emposte & les autres Superieurs qui en useront autrement, seront privez pendant une année du revenu de leurs Chambres Prieurales & Commanderies, qui sera appliqué au Trésor; & tout ce qui aura été fait au préjudice du présent Statut, sera de nulle valeur.

Si les Commandeurs ou les Freres s'avisent de faire autrement les permutations des Commanderies ou des Maisons, & entreprennent de s'en mettre en possession avant que le Maître, le Couvent & la Langue les ayent confirmées, ils en seront privez l'un & l'autre sur le champ: elles reviendront à la collation du Maître & du Couvent, qui pourront en gratifier les Freres anciens qui leur paroîtront le mériter: les permutans prétendus ne pourront en obtenir d'autres, que cinq ans après.

De l'union des Membres aux Commanderies.

41. Nous autorisons les Prieurs & le Châtelain d'Empoſte à unir, joindre & incorporer enſemble deux Commanderies d'un médiocre revenu, de l'avis & conſentement du Chapitre Provincial, & non autrement, pourvû que ces unions ne faſſent aucun préjudice au Commun Tréſor.

Et d'autant qu'il ſe trouve pluſieurs Membres ſi éloignez de la Commanderie dont ils dépendent, que le Commandeur ne ſçauroit veiller à leur conſervation, Nous permettons aux Prieurs & au Châtelain d'Empoſte de réunir ces Membres diſperſez, à d'autres Commanderies qui en ſont plus proches, avec l'agrément du Chapitre Provincial ; à la charge que les Commanderies auſquelles ils ſeront unis, payeront un plus grand droit au Tréſor, à proportion de l'augmentation qui y aura été faite, & que celles dont ils auront été démembrez, jouiront de pareille diminution, ce qui aura lieu, à compter du jour de l'union, lorſque les unes ou les autres viendront à vacquer. Les Titulaires des Commanderies auſquelles les Membres auront été unis, en prendront poſſeſſion incontinent après.

Que l'on procéde ſans délai à la mutition des Commanderies.

Fr. CLAUDE DE LA SENGLE.

42. Nous ordonnons au Maître & au Couvent de proceder à la *mutition* du Bailliage, du Prieuré ou de la Commanderie, dès qu'ils auront appris le décès du Prieur, du Bailli ou du Commandeur, & de pourvoir à ſon adminiſtration ; & afin que la nouvelle en paſſe pour ſûre, il ſuffira qu'elle ſoit certifiée par des Lettres du Prieur, du Receveur ou du Procureur du Prieuré dans lequel il ſera décédé, ou de quelqu'un de nos Freres qui certifiera l'avoir vû mort, pourvû qu'il n'y ait aucun intereſt, ou qu'il l'affirme après ſon arrivée dans le Couvent, même par un inſtrument autentique fait par un Juge ou par un Notaire.

De ceux qui ſont incapables de recevoir des Commanderies.

43. Tous ceux qui lors de la *mutition* d'un Prieuré, Bailliage ou Commanderie ſe trouveront incapables, de quelque maniere que ce ſoit, de le poſſeder, ne pourront en être pourvûs pour cette fois, quand leur incapacité auroit ceſſé depuis la *mutition*. Il en ſera de même pour ceux qui ne l'auront pas demandé.

De la conceſſion des Membres.

44. Il n'eſt permis aux Prieurs & au Châtelain d'Empoſte de donner qu'un Membre de chaque Chambre de leurs Prieurez, aux Baillis, de leurs Bailliages, & aux Commandeurs, des Commanderies qu'ils tiennent à titre d'amelioriſſement. Ces derniers ne pourront démem-

brer celles qu'ils possedent à titre de chevissement ou de grace du Maître, de la Langue ou du Prieur.

Fr. PHILIPPE DE VILLERS L'ISLE-ADAM.

45. Pourvû que la Commanderie, de laquelle le Membre a été détaché, vaille du moins par communes années quatre cens écus ou ducats de revenu, & qu'il n'en retranche que la cinquiéme partie.

Que l'on ne concede point de Membres pendant le mortuaire & le vacant.

Fr. PIERRE D'AUBUSSON.

46. Nous ordonnons que les Freres, qui selon le stile de la Religion, & la forme des Statuts, voudront passer à un autre Prieuré, Châtellenie d'Emposte ou Commanderie, pendant le mortuaire ou le vacant du Prieuré, Châtellenie d'Emposte ou Commanderie qu'ils auront envie de laisser ou d'accepter, ne puissent en détacher un ou plusieurs Membres, à peine de nullité du démembrement.

De la moderation qu'il faut garder en détachant les Membres.

47. On ne doit détacher que les Membres éloignez des Commanderies : si l'on en use autrement, le démembrement n'aura aucun effet, quoiqu'il ait été confirmé par le Chapitre général. On ne pourra détacher d'une Commanderie qu'un Membre à la fois : le Commandeur ne pourra disposer d'aucun autre, que celui qui en a été détaché, n'y ait été réuni.

Que les Commandeurs ne retiennent point les revenus des Membres qu'ils auront détachez.

Fr. PHILIPPE DE VILLERS L'ISLE-ADAM.

48. Si le Commandeur qui confere un Membre de sa Commanderie, s'en réserve les revenus, sous quelque prétexte que ce soit, outre la nullité de cette réserve, nous voulons qu'il soit privé pendant trois années entieres du revenu de toute sa Commanderie, lesquels seront appliquez au Trésor : celui qui aura accepté le Membre à cette condition, n'aura de trois ans de Commanderie.

Des pensions.

Fr. CLAUDE DE LA SENGLE.

49. La coutume ne permet qu'au Maître d'imposer des pensions sur les Commanderies, & à ceux à qui le Chapitre général l'aura nommément permis.

Fr. JEAN D'OMEDES.

50. Même quand cela se feroit par grace de la Langue ou du Maître, lequel ne poura permettre d'en traiter à peine de nullité.

De la forme de la confirmation des Membres.

Fr. JACQUES DE MILLY.

51. Nous ordonnons, pour éviter toute sorte de surprises, que le Prieur, le Châtelain d'Empofte, & le Chapitre Provincial puiſſent confirmer les conceſſions faites par les Commandeurs aux Freres ou aux Donats de l'Ordre, des Membres ou des Maiſons, à tems ou à vie, ſans préjudice des droits du Tréſor. Cette confirmation ne ſera ſcellée du ſceau du Prieuré, qu'après que le Commandeur & le Frere ou Donat, à qui la conceſſion aura été faite, ſe ſeront préſentez au Prieur & au Chapitre, & auront prêté ſerment qu'elle a été faite ſans fraude ni tromperie. Si l'un d'eux eſt au Couvent, cette déclaration pourra ſe faire par Procureur, le tout à peine de nullité.

Fr CLAUDE DE LA SENGLE.

52. On en uſera de même, lorſque les Membres ſeront conferez ou confirmez dans l'Aſſemblée des Langues & des Prieurez.

Que l'on ne donne aux Séculiers ni Membres ni Domaines.

53. Nous défendons aux Prieurs & au Châtelain d'Empofte, dans les Chapitres ou Aſſemblées Provinciales, ou ailleurs aux Commandeurs & aux Freres, de donner & changer, ou permuter les Commanderies, Membres, Champs, Domaines, ou rentes dépendantes de leurs Bénéfices, avec des ſéculiers ou autres perſonnes qui ne ſeront pas de notre Ordre, de quelque condition qu'elles ſoient, dont nous leur ôtons tout pouvoir & autorité. Ceux qui l'auront entrepris, ſeront ſur le champ privez de leurs Benefices, & ne pourront de dix ans en obtenir d'autres : tout ce qu'ils auront fait, demeurera nul.

Que les Membres ſe réuniſſent au Chef par la mort du poſſeſſeur.

Fr. FABRICE DEL CARETTO.

54. Nous déclarons, conformement aux anciennes coutumes de l'Ordre, que lors du décès de ceux qui poſſedent des Membres des Commanderies, ils ſoient réunis à celles dont ils dépendent, pour ne faire plus qu'un corps.

Des biens que les Freres auront retirez des mains des Séculiers.

Fr. ELION DE VILLE-NEUVE.

55. Nous ordonnons que les Freres qui auront fait rentrer dans l'Ordre des Commanderies, des rentes, des heritages, & des poſſeſſions occupées & retenues par des ſéculiers, ou des perſonnes étrangeres à l'Ordre, en jouiront le reſte de leur vie, par la conceſſion du Maître & du Couvent, ſans en payer au Tréſor d'autres reſponſions que celles que payoient les ſéculiers.

DE L'ORDRE DE S. JEAN DE JERUSALEM. 193
Fr. CLAUDE DE LA SENGLE.

56. Ils doivent cependant avertir les Commandeurs, aux Commanderies desquels appartenoient les biens occupez, de faire leurs diligences pour les récuperer, lesquels seront tenus de faire leur déclaration dans deux mois au Maître & au Conseil, ou au Prieur & au Chapitre Provincial, s'ils sont effectivement dans ce dessein : auquel cas, ils seront obligez de commencer le procès dans l'année qui suivra leur déclaration, contre ceux qui les retiennent ; faute de quoi il sera permis à celui de nos Freres qui voudra l'entreprendre, d'en poursuivre la restitution sous l'autorité du Maître & du Couvent, du Prieur & du Chapitre Provincial.

Que les biens acquis soient annexez à la plus prochaine Commanderie.
Fr. RAIMOND BERENGER.

57. Nous ordonnons que tous les biens immeubles qui seront donnez par les séculiers aux Freres de notre Ordre, où qu'ils auront acquis, ne seront ni vendus ni alienez, sans la permission du Maître & du Chapitre géneral, & qu'après la mort du Frere qui les aura acquis, ils seront unis au Bailliage ou à la Commanderie, dans les confins de laquelle ils se trouveront situez, quand il demeureroit ou mourroit hors de cette Commanderie. S'ils ne sont situez dans le territoire d'aucune Commanderie, ils seront unis à celle qui en sera la plus prochaine, & chargez d'une somme payable au Trésor.

Des Cens que les Freres auront achetés.
Fr. CLAUDE DE LA SENGLE.

58. Comme il arrive assez souvent que nos Freres, de leur plein gré, ou contraints par les conjonctures où ils se trouvent, achetent des cens ou rentes annuelles, rachetables à la volonté du vendeur, ou autrement, on a douté si on devoit les regarder comme meubles ou comme immeubles : Sur quoi nous déclarons qu'à moins qu'il ne paroisse par le contrat qu'elles peuvent être rachetées, elles seront réputées immeubles & appliquées à la plus prochaine Commanderie. S'il paroît par le contrat que la rente soit rachetable, elle sera réputée meuble, & appliquée au Trésor après la mort de l'acquereur, ce qui doit s'entendre de toutes les rentes acquises ou à acquerir.

De la provision des Bénefices Ecclesiastiques.
COUTUME.

59. Les Prieurs, dans leurs Chambres Prieurales, les Baillis & les Commandeurs dans leurs Commanderies, pourvoyent ou présentent aux Bénefices Ecclesiastiques, simples ou à charge d'ames qui

Tome IV.   B b

en dépendent, à moins que ce droit n'appartienne à d'autre par coutume ou privilege.

Fr. JEAN D'OMEDES.

60. Cependant s'ils viennent à vacquer par mort, résignation, privation, ou autrement, dans le Couvent ou dehors, & que le Maître s'y rencontre, la provision ou la présentation lui en appartient suivant l'usage, quand ils seroient même électifs, à moins qu'ils n'eussent été destinez, ou qu'ils n'eussent accoutumé d'être donnez pour chevissement.

Fr. CLAUDE DE LA SENGLE.

61. Si la vacance du Bénéfice arrive dans le tems du mortuaire ou du vacant, avant que l'on ait pourvû à l'administration du Prieuré ou de la Commanderie, & que le Prieur, Bailli ou Commandeur en ayent pris possession, y soient arrivez, ou y ayent envoyé un Procureur, avec pouvoir de conferer ou de présenter aux Bénefices, le Prieur, le Châtelain d'Emposte, ou en leur absence, le Receveur du Trésor dans la Commanderie, confereront ou présenteront, suivant le pouvoir que nous leur en accordons par le present Statut.

62. Nous ordonnons que le Maître conferera dans la huitaine, à compter du jour de la vacance, les Bénefices qui vacqueront dans le Couvent. Les Prieurs, les Baillis & les Commandeurs, aussi-tôt qu'ils en auront avis, seront tenus d'y nommer des Freres de l'Ordre, ou autres, après les avoir présentez avec l'habit au Chapitre ou Assemblée Provinciale, & qu'ils y auront été approuvez, suivant la forme des Statuts.

63. Nous défendons de conferer ou de présenter aux Bénefices Ecclesiastiques dont la collation ou la présentation appartient à l'Ordre, d'autres personnes que des Freres qui y auront fait profession.

Que les Freres n'obtiennent ni Commanderies, ni Bénefices hors de l'Ordre.

Fr. ANTOINE FLUVIAN.

64. Nous défendons à nos Frères, de quelque condition qu'ils soient, d'obtenir ou demander publiquement ni secrettement, par eux-mêmes ou par d'autres, directement ni indirectement les Prieurez, Châtellenie d'Emposte, Commanderies, Dignitez, Offices, Bénefices, maisons, héritages ou autres biens dependans de notre Ordre, de quelque personne que ce soit, sinon du Maître & du Couvent, & des Religieux de l'Ordre, suivant les Statuts. Ceux qui en auront autrement obtenu, demandé ou sollicité, seront tenus d'y renoncer sur le champ, & à tous les droits qu'ils pourroient y prétendre, entre les mains du Maître, ou pardevant un Notaire & des témoins, faute de quoi ils seront privez de l'habit, sans autre forme ni figure de procès, & enfermez dans une prison perpetuelle.

Que l'on ne commette nul Séculier à la régie des Commanderies.

Fr. DIEU-DONNÉ DE GOZON.

65. Nous défendons à tous les Commandeurs & administrateurs des biens de notre Ordre, à peine de privation de leurs Commanderies, de commettre des séculiers à leur administration. Nous leur enjoignons de la donner à un Frere de l'Ordre ou à un Donat qui sera accompagné d'un Frere, afin qu'elle se fasse avec plus de précaution.

DES VISITES.
TITRE XV.
Des Visites des Commanderies.

Fr. CLAUDE DE LA SENGLE.

1. Nous ordonnons aux Prieurs & au Châtelain d'Emposte, de faire en personne, de cinq en cinq ans, une exacte visite des Bailliages, Commanderies, Maisons, Membres, Hôpitaux, Eglises, Chappelles & autres lieux de leur dépendance, & de prendre garde à ce qu'il y aura de mal administré, afin que rien n'y déperisse, & de dresser des Procès verbaux de leur visite, dont ils enverront au Maître & au Couvent des copies en bonne forme.

S'ils s'en trouvent dispensez par maladie ou autre empêchement, ils feront choix de deux Freres, l'un Commandeur & l'autre Chappelain, qui soit aussi Commandeur, s'il s'en trouve; sinon un autre Frere Chappelain, gens fideles & propres à faire la visite; mais si dans le tems intermediaire quelque Commanderie menaçoit ruine, Nous voulons que sans attendre le terme, les Prieurs ou le Châtelain d'Emposte travaillent incessamment à la rétablir. On pourra même, si cela paroît commode ou nécessaire, députer plusieurs Freres, les uns après les autres, pour faire les visites, lesquels iront deux à deux visiter differentes Commanderies, afin que les visites se fassent avec plus de diligence.

De la visite des Chambres Prieurales.

2. Puisque l'on a donné aux Prieurs & au Châtelain d'Emposte le droit de visiter les autres, Nous ordonnons qu'ils seront eux-mêmes visitez, parceque tout Religieux doit être soumis à l'obéissance, & que l'on ne doit accorder à personne la licence de mal faire. On choisira donc de cinq ans en cinq ans au Chapitre Provincial deux Freres, l'un Commandeur & l'autre Chappelain, comme il est dit ci-dessus, gens sages & prudents, lesquels de notre autorité visiteront les Chambres Prieurales, leurs Membres & leurs Maisons, dres-

feront un Procès verbal de l'état où ils les auront trouvées, lequel ils communiqueront aux Prieurs, & leur prefcriront un tems dans lequel ils faffent les réparations qu'ils auront jugé néceffaires.

De la forme de la visite.

COUTUME.

3. Les Prieurs, le Châtelain d'Empofte & les Vifiteurs prendront avec eux le Secretaire du Chapitre Provincial, un Notaire, ou même un Frere de l'Ordre, s'ils le jugent à propos: dès qu'ils feront arrivez au lieu qui devra être vifité, ils donneront leurs premiers foins à ce qui regarde le fervice divin, les reliques, les joyaux, les ornemens de l'Eglife & des Chappelles, les Livres & autres chofes qui y font deftinées: ils s'informeront s'il s'y fait avec décence: fi l'Eglife eft Paroiffiale, fi le Curé ou Chappelain adminiftre les Sacremens comme ils doivent l'être: s'il eft fçavant & de bonnes mœurs: comment les biens & les revenus de la Commanderie font adminiftrez, quelle eft la maniere de vivre du Commandeur: ils feront mention du nom & de la valeur de chaque héritage, des granges & des manoirs des Villes & de la campagne, des papiers terriers du Chef, & des Membres, des Juftices, des prééminences, des facultez & des privileges, des charges, des procès pendants & indécis, des chofes occupées, & de ceux qui les occupent, de celles qui ont été alienées, ou qui font en mauvais état. Ils feront rétablir ce qui manque, & marqueront un tems dans lequel les réparations devront être faites, felon que les chofes leur paroîtront en avoir befoin. Ils enverront au Maître une copie en bonne forme de ce Procès verbal, fignée de leur main & cachetée de leurs cachets, afin que lui & le Couvent foient informez de l'état où font les biens de l'Ordre, & qu'ils puiffent y pourvoir.

De la peine de ceux qui ne font pas les vifites.

Fr. CLAUDE DE LA SENGLE.

4. Dès qu'il fera prouvé que le Prieur ou le Châtelain d'Empofte, ont négligé de faire leurs vifites, ils feront privez de toute forte de jurifdiction & de prééminence Prieurale. Les Députez du Chapitre Provincial, s'ils n'ont une excufe légitime, perdront les fruits d'une année de leurs Commanderies, qui s'appliqueront au Tréfor: fi ce font des Freres, ils en feront quittes pour une année de leur ancienneté. Les Vifiteurs encourront la même peine, s'il eft juftifié, que dans leurs vifites ils ayent été favorables aux Prieurs ou au Châtelain d'Empofte, & qu'ils ayent pallié les manquemens, & les fautes de leur adminiftration.

De la peine de ceux qui ne font pas les réparations marquées par les procès verbaux de vifite.

5. Les Prieurs, le Châtelain d'Empofte, & les Commandeurs qui

ne feront pas faire les réparations marquées par les procès verbaux de visite, suivant qu'il leur a été enjoint, seront privez, comme desobéissans & mauvais administrateurs, des Prieurez, Châtellenie d'Emposte, Bailliages, Commanderies, & de toute autre administration des biens de l'Ordre.

Que les Visiteurs ne fassent qu'une médiocre dépense.
Fr. ANTOINE FLUVIAN.

6. Nous ordonnons aux Prieurs & au Châtelain d!Emposte, dans la visite des Prieurez, & aux Commandeurs, dans celle des Commanderies, de ne faire qu'une médiocre dépense, en voitures & en domestiques, pour ne pas fouler les Commandeurs : d'y vivre avec temperance & modestie, en sorte que les Commandeurs n'ayent aucun lieu de s'en plaindre. S'il leur en arrivoit du dommage, le Prieur seroit tenu de le réparer.

Que l'on pourvoye promptement à la décadence des Commanderies.

7. Nous ordonnons aux Visiteurs des Commanderies, & des Chambres Prieurales, de faire exactement & diligemment leurs visites, afin que l'on y fasse les réparations nécessaires, en sorte que déduction faite des charges du Trésor, de ce qu'il faut pour l'entretien du Service Divin, de l'Hospitalité, des aumônes, & de la nourriture & habillement du Commandeur, tout le reste s'employe en bâtimens & en réparations. Si les Visiteurs, les Prieurs, le Châtelain d'Emposte, ou les Commandeurs ne font pas leur devoir, ils seront privez de leurs dignitez, qui seront dévolues au Maître & Couvent.

Que les Prieurs nomment un Chapelain pour la visite des Eglises.
Fr. JEAN DE LASTIC.

8. Il est permis aux Prieurs & au Châtelain d'Emposte, de choisir un Chapelain de l'Ordre pour visiter, réformer & rétablir dans les Eglises des Prieurez tout ce qui est destiné au Service Divin, dans les Eglises & les Chapelles, comme le S. Sacrement, les Reliques, & autres choses semblables ; outre le pouvoir que nous lui donnons, il sera encore revêtu de l'autorité du Prieur de l'Eglise.

De la visite des Commanderies pour obtenir des ameliorissemens.
Fr. CLAUDE DE LA SENGLE.

9. En visitant les Commanderies de ceux qui prétendent s'ameliorer, les Commissaires députez par le Prieur & le Châtelain d'Emposte, & le Chapitre Provincial, après avoir prêté le serment, sont obligez de le faire avec beaucoup de soin & d'exactitude, tant à l'égard du Chef, que des Membres & des Maisons : de voir par eux-

mêmes ce qui aura été amelioré, ou négligé par le Commandeur qui prétend l'ameliorer pendant qu'il a possedé la Commanderie: l'état des procès & des poursuites que l'on en fait, doivent être particulierement specifiez dans le procès verbal de visite, même de ceux qui sont indécis au sujet des biens & des heritages, des Commanderies & de leurs Membres : si le Commandeur les a bien & dûement poursuivis ou défendus, afin qu'après un meur examen des avantages & des dommages qu'il aura causez ou procurez à la Commanderie, l'on puisse juger de quel côté panche la balance.

Du serment que doivent prêter ceux dont les Commanderies sont visitées.

10. Afin qu'il ne reste pas la moindre chose dans les visites des Commanderies, sans être visitée, nous ordonnons que le Prieur, le Bailli ou le Commandeur dont on visitera la Commanderie ou son Procureur, après qu'elle sera achevée, sera tenu d'affirmer par serment, qu'il en a fidelement montré & indiqué tous les Membres, Maisons, Domaines & heritages, & que le tout a été bien & dûement visité. Si depuis il se trouve avoir soustrait quelque chose à la visite, le procès verbal en sera nul, & ne pourra servir de fondement au Commandeur pour obtenir un ameliorissement.

DES CONTRATS ET DES ALIENATIONS.
TITRE XVI.
Fr. ALPHONSE DE PORTUGAL.

1. Nous défendons aux Freres qui n'auront l'administration d'aucun Bailliage ou Commanderie, de rien vendre ni acheter, prêter ni emprunter quoi que ce soit, sans permission de leur Superieur.

Fr. CLAUDE DE LA SENGLE.

2. Tout ce qui sera fait au contraire sera nul : ceux qui l'auront fait, en seront punis, comme il sera ordonné par le Maître & le Conseil.

Que les Freres ne fassent aucun trafic.
Fr. ANTOINE FLUVIAN.

3. Il est défendu à nos Freres, de quelque condition qu'ils soient, de faire trafic, & d'acheter & de vendre des marchandises pour y gagner. Ceux qui en seront convaincus, seront condamnez à la quarantaine, & la moitié de leur marchandise sera appliquée à notre Trésor, l'autre moitié au Dénonciateur, s'il prouve bien la verité

de sa dénonciation. Si neanmoins quelqu'un d'eux, en venant au Couvent, se trouvoit embarassé de choses qu'il ne peut porter avec lui, & qui pussent s'égarer pendant son voyage, jugeoit à propos de les changer ou de les vendre, il ne seroit sujet à aucune peine pour l'avoir fait.

Défense de prêter à interêt, ou de l'usure.

4. Il est défendu à nos Freres, de quelque qualité qu'ils soient, de prêter à interêt, d'exercer l'usure, & de faire aucun contrat usuraire & illicite : rien n'est plus honteux, ni plus indigne d'un Religieux. Si au préjudice du présent Statut, fondé sur la Loi de Dieu qui le défend, quelqu'un est convaincu de l'avoir fait, s'il est un Commandeur, il sera privé de sa Commanderie, & ne pourra en obtenir d'autre de dix ans, pas même de chevissement ; sa Commanderie, & l'argent dont il s'est servi pour ce honteux commerce, seront confisquez au profit du Trésor : ce qu'il aura gagné par cette odieuse voye, au de-là du principal, sera restitué à ceux avec qui il aura été en commerce d'usure.

Que l'on n'aliene point les biens de l'Ordre.

Fr. HUGUES REVEL.

5. Il est défendu à tous les Freres de l'Ordre, de quelque condition qu'ils soient, & dans quelque necessité qu'ils puissent se trouver, de vendre, engager, donner à titre *d'acensement* perpetuel, hypothequer, ou autrement aliener à des Séculiers ou Agens qui n'en seront pas, les manoirs, heritages, vignes, terres ou droits des Prieurez, Commanderies ou Membres : de les donner en quelque maniere que ce soit, à jouir à vie ou pour un certain tems, sans la permission du Maître & du Chapitre géneral. Ceux qui l'auront fait, seront privez de l'habit ; & tout ce qu'ils auront fait, sera déclaré nul, & de nulle valeur.

Qu'aucun Frere n'engage ni hypotheque les biens de l'Ordre.

Fr. RAIMOND BERENGER.

6. Il n'est permis à aucun de nos Freres, de quelque autorité qu'il soit revêtu, sous prétexte du sceau des Prieurez, ou de quelque autre que ce puisse être, de vendre, engager ni aliener, ni autrement obliger les biens de l'Ordre, meubles ou immeubles, de les donner à jouir à vie ou à tems à des personnes séculieres, ni à des gens qui ne seront pas de notre Ordre, qu'avec la licence & le consentement du Maître & du Chapitre géneral, excepté les pensions que l'on donne aux Avocats de l'Ordre, qui doivent être honnêtes & moderées, sans être perpetuelles, & qui se prennent sur le Trésor. Ceux qui contreviendront au présent Statut, seront privez de l'habit, & ce qu'ils auront fait, sera nul.

Fr. PIERRE DE CORNILLAN.

7. Il n'eſt permis à aucun de nos Freres d'obliger les Commanderies ou les Benefices de l'Ordre, à peine de privation de l'habit, & de nullité de l'obligation.

Que l'on ne traite point de l'aliénation des biens de l'Ordre, dans les Chapitres ou Aſſemblées Provinciales.

Fr. PIERRE D'AUBUSSON.

8. Suivant les Statuts faits par nos prédéceſſeurs, auſquels nous voulons nous conformer, & apporter même plus de précaution, nous défendons à peine de privation des Prieurez, Bailliages, Commanderies & autres dignitez, aux Prieurs, au Châtelain d'Empoſte, aux Baillis, aux Commandeurs & à tous les Freres de l'Ordre, de ſe donner la liberté dans le Chapitre ou Aſſemblée Provinciale, ou ailleurs, de conſulter, propoſer, ni traiter d'aucune aliénation, hypotheque, vente, tranſport, donation, emphyteoſe temporelle ou perpetuelle, en quelques termes ou conditions que ce ſoit, des Commanderies, propriétez, Domaines & poſſeſſions de l'Ordre, de quelque condition qu'elles puiſſent être. S'ils en ſont convaincus, chacun d'eux ſera privé de la Commanderie qui tombera à la diſpoſition du Maître & du Couvent : ſi c'eſt un Frere du Couvent, il perdra toute ſon ancienneté.

9. L'on laiſſe cependant la liberté aux Prieurs, & au Châtelain d'Empoſte, de donner à cens annuel dans le Chapitre Provincial, ſuivant l'uſage du pays, les heritages deſquels la Commanderie ou la Religion tirent peu de revenu, pour les ameliorer & augmenter, pourvû que ce ſoit pour un tems préfix, qui ne paſſe pas vingt années, après lequel les choſes données à cens, retourneront à la Religion avec leurs meliorations.

Que les Freres n'alienent pas les biens qu'ils auront acquis.

Fr. ODON DE PINS.

10. Tout ce qu'acquiert le Religieux, eſt acquis à la Religion : ainſi il eſt défendu aux Freres de l'Ordre, de vendre, aliener, engager ou ſe défaire en quelque maniere que ce ſoit des biens, heritages, cens ou rentes annuelles, ou juriſdictions qu'ils auront acquiſes par achat, donation ou autre maniere quelle qu'elle ſoit, ſans le conſentement du Maître & du Chapitre géneral : ils en jouiront pendant leur vie, & nous leur défendons expreſſément d'établir deſſus aucune charge ou redevance envers aucun Seigneur Eccléſiaſtique ou Séculier, & d'en paſſer aucun titre à leur profit.

Fr.

DE L'ORDRE DE S. JEAN DE JERUSALEM. 201
Fr. CLAUDE DE LA SENGLE.

11. Nous ordonnons que dorénavant tous les Freres qui acheteront ou acquerront, à quelque titre que ce soit, dans l'Isle de Malthe ou dans celle de Gose, des héritages, terres, jardins, vignes ou autres immeubles, ne pourront les vendre, donner, aliener, léguer, ou autrement en disposer sans la permission expresse du Maître & du Conseil, que les acquereurs justifieront par un titre autentique, lequel sera nul s'il se trouve passé pendant la maladie dont le Frere qui a fait l'alienation sera décedé, & que cette clause ne soit point inserée dans l'acte capitulaire qui l'aura permis.

Révocation des alienations.

12. Nous cassons, révoquons & annullons toutes les ventes, donations, transports, cessions, engagemens, baux à longues années, ou à perpétuité faits par nos Freres, contre la disposition de nos Statuts, à des Séculiers ou autres personnes, sans l'autorité du Chapitre géneral : Nous les déclarons toutes nulles & de nulle valeur.

Que les Freres ne fassent pas de contrats simulez.

13. Nous défendons à nos Freres de faire à quelque occasion, ou sous quelque prétexte que ce soit, des contrats simulez, promesses, obligations ou donations de quelque chose, ou à quelque personne que ce puisse être : si cela leur arrive, & que celui en faveur duquel auront été faits ces contrats, ne s'en soit pas fait payer du vivant de celui qui les avoit consentis, il ne pourra en demander l'execution après sa mort : le Trésor n'en sera nullement tenu, parceque ce sont des contrats frauduleux.

Fr. HUGUES DE LOUBENX VERDALE.

14. Nous ajoutons qu'aucun de nos Freres étant malade, ne pourra faire de donations ou autres dispositions entre-vifs, promesses ou consignations de biens ou de deniers, attendu que tout appartient à l'Ordre. S'il en a fait, & qu'il ne passe pas les quarante jours au-delà, Nous déclarons que tout ce qu'il aura fait sera nul & de nulle valeur.

Fr. JEAN DE LA VALETTE.

15. Nous ordonnons que les treize Statuts ci-dessus soient observez à la rigueur, & que nos Freres qui auront fait de pareils contrats, soient déclarez infâmes : s'ils sont Commandeurs, ils perdront leurs Commanderies ; si ce sont des Freres, leur ancienneté. Les mêmes peines sont ordonnées contre tous ceux qui, au grand préjudice de l'Ordre, n'ont pas de honte de faire des billets & des blancs seings, quelque nom que l'on leur donne.

Fr. HUGUES DE LOUBENX VERDALE.

16. Le neuviéme article du titre des contrats & des alienations

Tome IV.   Cc

a permis aux Prieurs & au Châtelain d'Emposte, de donner au Chapitre Provincial à cens annuel les heritages, possessions & propriétez qui ne sont presque d'aucune utilité aux Commanderies & à la Religion, suivant l'usage du pays, afin de les ameliorer & en augmenter le revenu, pourvû que cela se fît pour un tems préfix, qui ne passât pas vingt-neuf années, après lesquelles, les héritages retourneroient aux Commanderies & à la Religion ; mais comme un tems aussi long a depuis produit de grands abus & des procès, Nous défendons de donner dorénavant à cens annuel ces héritages pour plus de neuf ans, après lesquels ils retourneront aux Commanderies & à la Religion avec leurs ameliorations : cassons & annullons l'ancien Statut qui permettoit de les donner pour vingt-neuf années.

DES LOUAGES
OU BAUX A FERME.
TITRE XVII.

Que le bail du mortuaire & du vacant se fasse au Chapitre Provincial.

Fr. PHILBERT DE NAILLAC.

1. Nous défendons à nos Receveurs d'entreprendre en maniere quelconque, de louer, affermer ou donner à rente les mortuaires & les vacants de nos Commanderies, ailleurs qu'au Chapitre Provincial, en présence du Prieur & de quatre anciens Commandeurs, & aux Prieurs, Châtelain d'Emposte ou Receveurs ; de les prendre sous leur nom, ni autrement, secrettement ni à découvert. Ceux qui le feront seront réputez desobéïssants & châtiez comme tels.

De la vente des dépouilles des Freres. Comment les Receveurs doivent faire les Baux.

Fr. AIMERI D'AMBOISE.

2. Nous ordonnons que les dépouilles des Freres soient vendues publiquement & à l'encan, au dernier encherisseur, excepté la vaisselle d'or & d'argent & les joyaux, que nous voulons être envoyez à nos Receveurs & dépositaires, pour les faire transferer dans le Couvent. Défendons d'y comprendre ce qui appartiendra aux Commanderies, suivant le Statut.

A l'égard des droits du vacant, afin qu'il ne se fasse aucun tort dans le bail à ferme qui s'en fera à notre commun Trésor, Nous ordonnons au Receveur de faire mettre des affiches dans le lieu de la Commanderie vacante, & autres d'alentour, portant que l'adjudication s'en fera au Chapitre Provincial qui sera tenu le tel jour, en tel lieu, au dernier enchérisseur. Il fera encore poser de semblables affiches au lieu où se tiendra le Chapitre, & aux lieux circonvoisins, & y menera avec lui celui qui en aura fait les offres les plus considerables.

Le vacant sera adjugé à celui qui en offrira le plus, même à un Séculier, quand un Frere qui n'en offriroit que la même somme, l'auroit depuis demandé. Si celui que le Receveur aura mené n'obtient pas le bail, il sera obligé de lui payer tous les frais de son voyage, même pour le retour.

Fr. PIERRE D'AUBUSSON.

3. Le bail qui aura été fait de la Commanderie n'empêchera point que celui qui en sera pourvû n'en prenne possession: les fruits & revenus n'en appartiendront pas moins à l'adjudicataire.

Que les baux des mortuaires & des vacants ne se fassent point dans le Couvent.

Fr. JEAN DE LA VALLETTE.

4. Nous défendons bien expressément de faire les baux des mortuaires & des vacants dans le Couvent, par le Maître & le Conseil, par les Procureurs du commun Trésor, ni autres, quels qu'ils soient.

Que pendant le mortuaire & le vacant on ne fera point de réparations dans les Commanderies.

Fr. ANTOINE FLUVIAN.

5. Nous défendons tant à nos Freres qu'à tous autres qui auront pris le bail des Commanderies, pendant le mortuaire & le vacant, d'y faire faire aucune réparation des bâtimens, si elles ne sont nécessaires, auquel cas l'on n'y fera qu'une dépense moderée, à proportion du revenu, par l'avis de deux ou trois Commandeurs; afin que les Freres qui en seront pourvûs, ne soient pas tellement chargez, par ces réparations, qu'ils se trouvent hors d'état d'y satisfaire; ceux qui auront entrepris de les faire sans cette précaution, n'en recevront aucun remboursement ni du commun Trésor, ni du Frere qui en sera pourvû.

Des dépenses qui se doivent faire dans les Commanderies, pendant le mortuaire & le vacant.

Fr. JEAN DE LA VALLETTE.

6. Nous ordonnons aux Receveurs, de bien & diligemment solliciter les procès mûs, ou qui commenceront au sujet des héritages & des possessions des Commanderies & de leurs Membres, aux dépens de notre Trésor, lequel en sera entierement remboursé par celui qui sera pourvû de la Commanderie, dans six mois après qu'il aura

commencé d'en tirer les revenus; faute de quoi il sera contraint de même que pour les autres dettes du Tréfor.

De qui on doit obtenir permiſſion d'affermer les Commanderies.

Fr. CLAUDE DE LA SENGLE.

7. Nous défendons aux Freres de l'Ordre, de quelque qualité qu'ils ſoient, de donner à bail ou à rente les Prieurez, Bailliages, Commanderies, Membres ou autres biens de l'Ordre, dont ils ont l'adminiſtration, ſans permiſſion du Maître, laquelle ne ſe donnera que pour trois ans, & ſans avances, ſi ce n'eſt à l'égard de ceux qui ſont dans le Couvent, ou qui voudront y venir, leſquels pourront ſe faire avancer le revenu d'une année ſeulement : bien entendu que ce ne ſera pas celle du mortuaire ou du vacant.

Fr. JEAN DE LA VALLETTE.

8. S'ils ne viennent pas au Couvent dans un an, à compter dès le jour du bail, ils perdront une année des revenus de la Commanderie, laquelle ſera portée au Tréſor, à moins qu'ils n'en ayent été empêchez par quelque maladie ou autre affaire importante, de laquelle ils donneront avis au Maître. Dès que l'empêchement ſera ceſſé, ils ſeront obligez de ſe trouver au Couvent dans le même terme, ſous la même peine.

A qui on ne doit point affermer les Commanderies.

Fr. CLAUDE DE LA SENGLE.

9. Ils ne pourront non plus les affermer à de puiſſans Seigneurs Eccleſiaſtiques ni Séculiers, à des Univerſitez, ni à des Colleges, ni à des gens qui après en avoir pris le bail ſous leur nom, pourroient leur en faire ceſſion, à peine de perdre une année du revenu de la choſe ainſi affermée, qui ſera portée à notre Tréſor, & de voir déclarer le bail nul & de nulle valeur. Voulons que l'on faſſe une clauſe de la permiſſion qui ſera accordée de paſſer bail.

Fr. JEAN L'EVESQUE DE LA CASSIERE.

10. Nous ordonnons aux Commandeurs, dès qu'ils auront paſſé les baux de leurs Commanderies, d'en envoyer des copies aux Receveurs; faute de quoi, au cas qu'ils viennent à mourir, les baux demeureront réſiliez, quand ils auroient été faits avec la permiſſion du Maître.

De l'arrentement de notre Commanderie de Cypre,

Fr. CLAUDE DE LA SENGLE.

11. Nous voulons qu'en cas de mort du Fermier de notre grande

Commanderie de Cypre, on en passe bail à l'un de nos Freres ou autre plus offrant, moyennant la somme qui sera reglée par le Maître & le Conseil. Tout ce qui s'en tirera sera porté à notre commun Trésor.

DES DÉFENSES, ET DES PEINES.
TITRE XVIII.

Il est défendu à nos Freres de faire ni testament, ni institution d'heritier, ni legs.

Fr. HUGUES REVEL.

1. Le vœu de pauvreté demande que nous soyions privez de la liberté de disposer de nos biens : ainsi il n'est nullement permis aux Prieurs, Châtelain d'Emposte, Baillis, Commandeurs ou autres Freres de l'Ordre, de faire ni testament, ni institution d'heritier ni legs ; donner ou laisser chose quelconque à leurs domestiques ou autres, si ce n'est les salaires ou les appointemens qui leur sont dûs : ils peuvent cependant déclarer quels sont leurs débiteurs ou leurs creanciers ; & s'ils en ont obtenu la permission du Maître, disposer avec moderation d'une partie de leurs biens.

Fr. CLAUDE DE LA SENGLE.

2. Laquelle partie n'excedera pas la cinquiéme de leur argent comptant & de leurs meubles, déduction faite de tout ce qui se trouvera dû à notre Trésor ou à d'autres, & de tout ce qui sera dû au Testateur, qui est entierement réservé au même Trésor. Le Maître ne pourra disposer que d'une partie de ses meubles avec la permission du Chapitre géneral & du Conseil complet, à l'article de la mort.

Fr. NICOLAS DE LORGUE.

3. Il n'est pas permis à nos Freres de tenir personne sur les saints fonds de Baptême, sans congé du Superieur, si ce n'est le fils d'un Baron, ou d'un plus grand Seigneur.

Que les Freres ne se mêlent point des affaires des Séculiers.

Fr. HUGUES REVEL.

4. Nous défendons à tous les Freres de notre Ordre de se mêler des affaires des Séculiers, qui sont poursuivis dans l'Isle pour des crimes qui meritent la mort, & de solliciter pour eux. Ils doivent

laisser agir la Justice séculiere, afin que ces gens-là soient punis, s'ils l'ont merité.

Fr. JEAN L'EVESQUE DE LA CASSIERE.

5. Nous accordons cependant aux accusez, de quelque crime qu'ils soient prévenus, la liberté de se défendre.

Fr. CLAUDE DE LA SENGLE.

6. Il est encore défendu à nos Freres de se mêler secretement ou publiquement, par eux ou par d'autres, des causes civiles des Séculiers, à peine d'en être griévement châtiez par l'ordre du Maître & du Conseil.

Que les Freres ne sollicitent point pour ceux qui auront manqué à leur devoir.

Fr. JEAN DE LASTIC.

7. Lorsqu'il s'agira de châtier quelque Frere pour ses fautes, nous défendons à tous les autres d'interceder pour lui, jusqu'à ce que la Sentence ait été redigée : ils pourront alors solliciter la moderation de la peine du condamné, nonobstant quoi celui à qui il appartient, pourra la mitiger, ou faire executer la Sentence à la rigueur.

Fr. ELION DE VILLENEUVE.

8. Il n'est permis à aucun de nos Freres, même aux Séculiers, de transporter ni conduire hors du Couvent aucune voiture, sans permission expresse du Maître, qui ne la donnera même que par l'avis de gens prudens.

Que les Freres ne s'obligent à personne par alliance ni par serment.

Fr. RAIMOND BERENGER.

9. Il n'est permis à aucun de nos Freres de s'engager avec qui que ce soit, par hommage, serment ou confederation, comme l'on fait en Espagne, ou autrement, sans congé du Maître, du Prieur ou du Châtelain d'Emposte, de s'unir en Congrégation, en Conseil ou en Assemblée particuliere, à peine de perdre l'habit, & de ne le recouvrer qu'à condition que de dix ans il ne sera pourvû d'aucun Bailliage ou Commanderie.

Que les Freres n'acceptent point de transports de choses litigieuses.

10. Nous défendons aux Freres & aux Donats de notre Ordre, d'acheter, recevoir ou accepter des Séculiers, aucune concession, donation ou cession de choses litigieuses, à peine pour les Freres d'être dépouillez de l'habit, & pour les Donats, d'être chassez de notre Compagnie & mis en prison.

Que les Freres ne s'écartent ni des Commanderies ni des Prieurez.

Fr. PHILBERT DE NAILLAC.

11. Nous défendons aux Commandeurs & aux Freres de notre Ordre, de sortir des Prieurez, Châtellenie d'Emposte, ou Commanderies, sous l'obédience desquelles ils se trouvent, sans la permission du Maître, du Prieur, du Châtelain d'Emposte, ou du Commandeur, lorsque la necessité ou le profit de l'Ordre le requerront. Il est même défendu aux Prieurs de sortir du Prieuré, sans congé du Maître ou de son Lieutenant, s'ils n'y sont obligez pour des affaires de consequence qui regardent l'Ordre, ou pour quelque autre raison importante & indispensable.

Les Commandeurs ne pourront sortir de leurs Commanderies, que pour venir au Couvent au service de la Religion, pour faire la fonction d'Ambassadeur, ou quelque autre commission approchante, ou au cas qu'il n'y eût pas de sureté pour eux de demeurer dans leurs Commanderies ; s'ils y manquent, ils en perdront le revenu pendant leur absence : il sera appliqué au commun Trésor.

Des Freres vagabonds.

Fr. ANTOINE FLUVIAN.

12. Nous ordonnons à tous les Commandeurs & à tous les Freres qui trouveront de nos Religieux vagabonds, hors de leur obédience, sans congé de leurs Superieurs, de les retenir, de les faire mettre en prison, & d'en donner avis au Prieur & au Châtelain d'Emposte, afin qu'il y pourvoye suivant les Statuts, & qu'il les traite comme des desobéissans.

Que les Freres ne sortent pas du Couvent sans permission.

Fr. JACQUES DE MILLY.

13. Il n'est permis à aucun de nos Freres, de quelque dignité qu'il soit revêtu, de sortir du Couvent, en cachette ni à découvert, sans un congé exprès du Maître par écrit. Ceux qui en useront autrement, seront sur le champ privez de l'habit, des Commanderies & des Bénéfices.

Que les Freres ne s'emparent point des Commanderies.

Fr. ANTOINE FLUVIAN.

14. Nous ordonnons que ceux de nos Freres qui auront la hardiesse de s'emparer ou de retenir les Commanderies, Membres, Maisons, ou autres biens & Bénéfices de l'Ordre, par force & violence, ou contre la volonté du Maître, du Prieur, du Châtelain d'Emposte, ou des Freres ausquels elles appartiennent, soient privez

de l'habit & emprisonnez : quand on leur feroit la grace de leur laisser l'habit, ils ne pourroient obtenir de dix ans, ni Commanderie ni autre Bénéfice. Le Prieur ou le Châtelain d'Emposte, à la requête du Frere à qui appartiennent la Commanderie ou autres biens, seront tenus d'employer la force pour en chasser l'usurpateur, & remettre en possession paisible celui qui en a été dûement pourvû : s'ils ne peuvent en venir à bout, le Prieur & le Frere à qui appartient la Commanderie, auront recours au bras séculier. Le Prieur est obligé d'exécuter ce qui lui est ordonné par le présent Statut, à peine de perdre l'une de ses Chambres Prieurales, s'il est prouvé qu'il en ait été requis, & qu'il l'ait négligé.

Et dautant que dans notre Prieuré d'Angleterre il y a peu, ou point de forteresses dans nos Commanderies, au moyen de quoi l'on ne sçauroit y faire de violence, le Prieur de ce Prieuré, à la premiere requête de celui qui aura été pourvû par le Maître & le Couvent, est obligé de le mettre en possession de la Commanderie ou du Bénéfice. S'il justifie par de bonnes preuves qu'il a interpellé le Détenteur de sortir de la Commanderie, & de lui en abandonner la possession, & le Prieur de l'y établir & de l'y maintenir, & qu'ils en ayent fait refus l'un & l'autre, le Prieur sera dépouillé de ses Chambres Prieurales, qui seront conferées par le Maître & le Couvent, à celui à qui l'on a refusé la possession de ses Commanderies.

Que les Freres ne recherchent point des lettres de recommandation pour obtenir des Commanderies.

Fr. ELION DE VILLENEUVE.

15. Il est défendu à nos Freres sous peine de desobéissance, de solliciter de qui que ce soit des lettres de recommandation ou de menaces, pour obtenir des Commanderies ou des Bénéfices de l'Ordre : ils pourront néanmoins en demander à ceux qui ont fait profession dans la Religion, pour faire foi des services qu'ils lui ont rendus, sans que leur refus puisse leur faire aucun préjudice.

Fr. PIERRE D'AUBUSSON.

16. Le Frere qui aura obtenu de pareilles lettres, perdra dix ans de son ancienneté : il pourra en être impunément accusé par qui que ce soit, afin que les Freres ne portent point leur insolence jusques-là.

Que les Freres qui seront pourvûs d'Offices de l'Ordre, n'arment aucun vaisseau.

Fr. EMERY D'AMBOISE.

17. Nous défendons aux Freres de notre Ordre, de quelque dignité qu'ils soient revêtus, à laquelle soit attachée l'administration

de

de la justice, comme notre Sénéchal, notre Châtelain, & les Officiers qui sont chargez de la régie des biens de l'Ordre, comme le Conservateur géneral, notre Maître de Chambre, notre Receveur, les Commandeurs du Grenier de l'Arsenal & de l'artillerie, ni ceux qui leur sont subordonnez, d'armer des vaisseaux sous leur nom, ou sous celui de personnes interposées, secretement ni à découvert, sous quelque prétexte que ce soit, pour courir sus, ou faire la guerre aux Infideles, d'entrer en societé dans les armemens faits par d'autres, à peine de perdre leur Charge, à laquelle il sera aussi-tôt pourvû, tout de même que si leur tems étoit expiré, & de confiscation du prix de l'armement, & de tous les profits qu'ils pourroient y avoir faits, qui seront portez à notre commun Trésor, à l'exception du tiers qui sera délivré au dénonciateur, sans exception ou diminution quelconque.

Le même Statut aura lieu pour les Capitaines des galeres, ou leurs Officiers qui armeront en course : leur permettons neanmoins d'armer des fustes ou des brigantins, pour accompagner les vaisseaux, au cas qu'ils ayent reçû des avis pour quelque affaire importante, ou s'il est nécessaire, sans crainte d'en être repris. Si cependant quelque Frere ou quelque Séculier avoit la temerité d'y mettre faussement son nom, ou d'entrer secretement en part avec ces Officiers, outre la confiscation de ce qu'il y auroit mis, il seroit puni comme faussaire & comme parjure.

Que personne ne puisse armer de vaisseaux dans le Couvent sans permission du Maître & du Conseil.

Fr. BAPTISTE URSIN.

18. Nous défendons d'armer dans le Couvent, ni galeres, ni galiottes, ni autres vaisseaux, de quelque espece que ce soit, tant aux Freres qu'aux Séculiers, sans permission du Maître & du Conseil ordinaire, à peine de confiscation du vaisseau au profit du Trésor.

Fr. RAIMOND ZACOSTA.

19. Cette permission se donnera par écrit : ceux qui s'en serviront pour armer, seront tenus de donner une sureté suffisante, qu'ils ne feront aucun mal aux Chrétiens ni à leurs biens. Elle ne s'accordera qu'aux Freres qui auront résidé dans le Couvent pendant cinq ans. Ceux qui viendront du côté du Ponent au secours de la Religion, n'en ont aucun besoin.

Fr. CLAUDE DE LA SENGLE.

20. Les Freres qui armeront avec la permission du Maître & du Conseil, jouiront de l'ancienneté, comme s'ils avoient résidé dans le Couvent.

Que l'on ne donne aucun sauf-conduit aux Corsaires.

Fr. PIERRE RAIMOND ZACOSTA.

21. Nous défendons à tous autres qu'au Maître & au Conseil ordinaire, de donner à l'avenir aucun sauf-conduit aux Corsaires, (ce qu'ils ne feront même qu'en cas de nécessité) moins encore aux fugitifs & aux banqueroutiers, si l'on n'y est engagé par des raisons très importantes.

Que le seul Maître & le Conseil puissent faire des tréves.

Fr. BAPTISTE URSIN.

22. Pour éviter le scandale & les autres maux qui pourroient en arriver, nous défendons de faire dans l'Ordre, ni paix ni tréve avec les Turcs, les Mores & autres Infideles, que par la déliberation du Maître & du Conseil complet; tout ce qui se fera sans cela, sera nul & de nulle valeur.

Que l'on ne transporte hors de l'Isle, ni machines, ni artillerie.

23. Nous ordonnons que les canons, les coulevrines, les machines, l'artillerie, la poudre & le salpêtre, qui appartiennent au Trésor, ne pourront être transportez hors de l'Isle & autres lieux de la Religion en quelque maniere, ou sous quelque prétexte que ce puisse être. Cependant le Maître & le Conseil complet pourront les en tirer en cas de nécessité, & les faire conduire ailleurs, ainsi que le cas le requerra.

Que les Freres ne se mêlent point des guerres des Princes Chrétiens.

Fr. JEAN FERNANDE'S DE HEREDIA.

24. Nous défendons à aucun de nos Freres de prendre parti dans les guerres que feront les Chrétiens les uns contre les autres, à peine de perdre l'habit : quand même il lui seroit rendu de grace speciale, il sera privé pendant dix ans de l'administration des Commanderies, & autres biens & Bénéfices de l'Ordre, d'aucun desquels il ne sera pourvû qu'après les dix ans expirez. Nous défendons pareillement aux Prieurs, au Châtelain d'Emposte & aux Commandeurs de permettre aux Freres de servir dans les armées des Princes Chrétiens, s'ils n'en ont reçû un ordre précis de celui auquel ils sont sujets, moyennant lequel ils pourront le leur permetttre, sans porter néanmoins alors les armes ou les enseignes de la Religion. S'il s'agissoit cependant de sa défense, & qu'ils fussent commandez par le Grand Prieur, il leur seroit libre de les porter.

Que personne ne demande d'Office dans le Conseil.

Fr. CLAUDE DE LA SENGLE.

25. Nous défendons à nos Freres de venir d'orénavant dans le

Conseil demander des Offices, & au Maître & au Conseil d'écouter de pareilles demandes : ils donneront eux-mêmes les Charges à ceux qu'ils jugeront capables de les bien remplir. Ceux qui contreviendront au présent Statut, ne pourront en obtenir aucune de toute l'année.

Que personne ne sorte de sa chambre sans l'habit.

26. Ceux qui sortiront sans l'habit, ou qui ne porteront pas la Croix de toile cousue sur leur habit, en sorte qu'elle puisse être vûe de tout le monde, seront condamnez pour la premiere fois à la quarantaine : pour la seconde, ils tiendront prison dans la tour pendant trois mois, & en cas de récidive, ils seront entierement privez de l'habit.

Que l'on ne puisse dire qu'un Frere est en justice, pour l'empêcher d'obtenir une Commanderie, qu'il n'ait été condamné.

27. Si quelqu'un de nos Freres est dénoncé ou accusé de quelque délit, faute ou négligence, il ne sera point réputé être en justice, pour l'empêcher d'obtenir les Commanderies de l'Ordre qui pourroient lui écheoir, qu'après sa condamnation, quand même il se trouveroit en prison. Celui qui aura été condamné, ne pourra obtenir aucune Commanderie, Bénéfice ou autre Office de l'Ordre, qu'il n'ait été absous ou qu'il n'ait subi la peine qui lui aura été imposée.

Que les Freres ne fassent point de bruit dans les Auberges.

28. Si quelqu'un de nos Freres fait des insolences ou des indécences dans les Auberges où ils mangent : s'il brise les portes, les bancs, les tables, ou quelque autre chose semblable, ou les jette dehors mal à propos, il sera puni par le Maître & le Conseil, à proportion de la faute qu'il aura commise, jusqu'à le priver de son ancienneté inclusivement. Celui qui aura maltraité les Pages, les serviteurs ou les esclaves du Pilier, sans effusion de sang, sera puni de la quarantaine pour la premiere fois, de six mois de prison pour la seconde, & de la perte de deux ans de son ancienneté pour la troisiéme. S'il y a effusion de sang, & que la blessure soit legere, il demeurera pour la premiere fois six mois en prison : si elle est considerable, il perdra son ancienneté.

Fr. JEAN L'EVESQUE DE LA CASSIERE.

29. Ceux qui auront dit des injures à un Frere dans le Palais Magistral, perdront trois années d'ancienneté acquise ou à acquerir : si c'est dans l'Auberge, ils n'en perdront que deux : s'ils mettent l'épée à la main, ou se donnent des soufflets, ils seront dépouillez de l'habit. Ceux qui se blesseront dans les lieux ci-dessus, seront irrémissiblement chassez. Si le blessé en meurt, outre la perte de l'habit, ils seront mis entre les mains du bras séculier.

Cas pour lesquels les Freres sont privez de l'habit.

Fr. NICOLAS LORGUE.

30. Il est honteux de voir porter notre habit par des gens souillez de crimes. On l'ôtera donc à ceux qui seront tombez dans les suivans, sçavoir l'héréfie, la sodomie, l'assassinat, le vol, ou qui se seront retirez chez les Infideles. On en privera aussi ceux qui auront abandonné notre banniere ou étendart, lorsqu'il est déployé contre les Infideles, qui auront quitté leurs Freres dans le combat, qui auront livré un Château ou autre Place aux Infideles : ceux qui auront conseillé, ou qui se trouveront complices de cette trahison ; ce qui est un cas réservé à la connoissance du Maître & du Conseil. Ceux qui sortiront d'un Château qui sert de frontiere du côté des Infideles, autrement que par la porte.

Ceux qui auront volontairement, & sans congé, abandonné jusqu'à trois fois la Religion, pour entrer dans une autre, n'y seront plus reçûs : ceux qui auront fait des faussetez : qui, pendant la guerre, seront allez en *maraude*, à pied ou à cheval, perdront l'habit, & ne pourront le recouvrer d'un an. Ceux qui auront accusé les autres de quelqu'un de ces crimes, & qui se seront soumis de le prouver, perdront l'habit, s'ils ne le justifient.

Fr. CLAUDE DE LA SENGLE.

31. Ceux qui auront falsifié des Lettres de notre Ordre ou autres, & ceux qui seront convaincus de parjure, en seront chassez.

Fr. PIERRE DE CORNILLAN.

32. Le Frere qui aura commis un homicide, sera privé de l'habit pour toujours, & sera enfermé dans une prison pour détourner les autres de commettre un pareil crime, & afin que notre Compagnie demeure en paix.

Fr. CLAUDE DE LA SENGLE.

33. Celui qui en cachete, ou de propos délibéré, en aura blessé un autre, soit Frere, soit Séculier, quoique legerement, perdra l'habit pour toujours.

Fr. JEAN L'EVESQUE DE LA CASSIERE.

34. Ceux qui auront été condamnez par le Tribunal de l'Inquisition, & qui auront porté le petit habit de pénitence, ne pourront plus être revêtus du nôtre : s'ils l'ont déja reçû, nous leur défendons de le porter.

De ceux qui battent les autres.

COUTUME.

35. Si un Frere en bat un autre, il sera mis en quarantaine : s'il

lui fait répandre du sang par ailleurs que par le nez ou la bouche, il perdra l'habit : s'il tâche de le frapper d'un coûteau, d'une épée, ou d'une pierre, il fera la quarantaine, quand il ne l'auroit pas blessé.

Moderation du précédent Statut.

Fr. JEAN L'EVESQUE DE LA CASSIERE.

36. Comme il nous paroît trop dur qu'un Frere perde l'habit pour une legere blessure, qui aura fait répandre du sang par ailleurs que par le nez ou la bouche, & qu'il est quelquefois à propos de temperer la rigueur des Loix, nous permettons au Maître & au Conseil de moderer la peine du Frere qui en aura blessé un autre, suivant la qualité & les circonstances du délit.

De la peine des Freres qui tuent les autres en trahison.

Fr. PIERRE DU MONT.

37. Le Frere qui tuera un autre Frere, ou un Séculier en trahison, de quelque espece d'armes qu'il se soit servi, ou qui l'aura fait tuer, sera privé de l'habit, & remis sur le champ au bras séculier. Les complices de son crime seront punis de la même peine.

Des peines de ceux qui présentent ou qui acceptent le duel.

Fr. JEAN L'EVESQUE DE LA CASSIERE.

38. Comme nous voulons nous opposer à l'impieté de ceux qui sans faire attention au salut de leurs ames, se battent en duel, & exposent leurs corps à une cruelle mort, Nous ordonnons que le Frere qui aura présenté le duel à un autre, de parole, par écrit, par un envoyé, ou de quelqu'autre maniere que ce soit, lequel duel l'appellé n'aura pas accepté, sera privé pour toujours de l'habit, sans esperance de rémission, outre les peines portées par le saint Concile de Trente, & par la Bulle du Pape Grégoire XIII. d'heureuse mémoire.

Si l'appellé l'accepte, quand il ne se trouveroit pas sur le lieu, ils seront l'un & l'autre dépouillez de l'habit, sans esperance de pardon : s'ils se portent sur le lieu, quand il n'y auroit pas de sang répandu, ils seront remis au bras Séculier. Celui qui aura donné occasion au duel, qui l'aura conseillé, aidé ou favorisé, de fait ou de droit, ou qui, en quelque maniere que ce soit aura persuadé à quelqu'un de faire un appel ; s'il a servi de second, il sera également privé de l'habit, de même que ceux qui auront été invitez d'y assister, ou qui auront attaché ou fait attacher le cartel en quelque lieu que ce soit.

Des Freres qui font du bruit de jour ou de nuit.

Fr. CLAUDE DE LA SENGLE.

39. Nous ordonnons que le Frere qui aura fait du bruit de jour ou

de nuit, contre un Frere ou autre, avec quelque sorte d'armes que ce soit, dans le Couvent ou en quelqu'autre lieu de l'Isle que ce soit, sera dépouillé de l'habit. Ceux qui seront trouvez masquez la nuit, avec des armes offensives dessus ou dessous leurs habits, seuls ou en compagnie, sans armes, soient mis en prison dans la tour pour six mois.

Des Juremens.
COUTUME.

40. Si quelqu'un de nos Freres jure publiquement, il en sera repris la premiere fois, & averti de ne le plus faire : s'il continue il fera la septaine, & ensuite la quarantaine : s'il ne se corrige point, il sera chassé de l'Ordre.

Des Blasphêmes.
Fr. PIERRE D'AUBUSSON.

41. Nous ordonnons que ceux qui renieront ou blasphêmeront le Saint Nom de Dieu, celui de la Sainte Vierge ou des Saints, soient mis à la quarantaine pour la premiere fois, dans la tour pendant deux mois pour la seconde, & pour la troisiéme, qu'ils y demeurent jusqu'a ce qu'il plaise au Maître & au Conseil de les en tirer.

Des Injures.
Fr. CLAUDE DE LA SENGLE.

42. Le Frere, qui dans une contestation contre un autre, lui aura dit des injures, fera la quarantaine, quoiqu'il demeure d'accord d'en avoir menti, & qu'il en est fâché. L'affront d'un démenti fera perdre deux ans d'ancienneté. S'il a dit des infamies, il sera puni par le Maître & le Conseil, selon la qualité de la personne & la grossiereté des injures. Celui qui donnera à un Frere un coup de canne, de bâton, ou un soufflet, perdra trois années d'ancienneté.

De ceux qui battent des Séculiers.
Fr. PIERRE RAIMOND ZACOSTA.

43. Nous ordonnons que s'il arrive à un Frere de l'Ordre de maltraiter un Séculier à coups de bâton, d'épée ou quelqu'autre instrument, en secret ou en public, par lui-même, ou par quelqu'autre personne, soit enfermé dans la tour pendant deux mois. Si les blessures sont considérables, il perdra l'ancienneté, de même s'il fait le vagabond, ou s'il se trouve de société avec un Bretteur. S'il lui arrive de tuer un homme, il sera privé de l'habit, sans esperance de le récuperer, & confiné dans une prison pour le reste de ses jours. Il n'en sera pas quitte pour la septaine ni pour la quarantaine, quand il auroit souffert l'une & l'autre.

De ceux qui troublent le Peuple.
Fr. AIMERY D'AMBOISE.

44. Nous ordonnons que quiconque, sans y être invité, ou con-

tre le gré du pere de famille, entrera dans la maison d'un Bourgeois ou d'un habitant, à leurs banquêts, nôces, ou autres affaires, perdra deux années de son ancienneté, dont ses Fiarnauds profiteront, sans esperance de restitution. Que ceux qui de jour ou de nuit feront violence aux portes ou aux fenêtres de nos sujets, outre les peines ci-dessus, seront mis en une rigoureuse prison, pour y demeurer autant qu'il plaira au Maître & au Conseil. L'accusateur pourra donner des Seculiers pour témoins. Ceux qui feront des mascarades seront punis de la même peine.

Fr. CLAUDE DE LA SENGLE.

45. Si quelqu'un brise pendant la nuit des portes ou des fenêtres, les fait murer, les remplit d'ordures, ou y jette des pierres, il perdra trois ans d'ancienneté : outre cela il sera libre au Maître & au Conseil de le punir de telle peine qu'ils aviseront. Celui qui y mettra le feu sera privé de l'habit, au cas qu'il ait fait du dommage : s'il n'en a point fait, il en sera quitte pour la perte de trois ans de son ancienneté.

Que personne ne mette la main sur les dépouilles, ni sur les droits du commun Tresor.

Fr. ELION DE VILLENEUVE.

46. Les dépouilles de nos Freres appartiennent de droit à notre Tresor : ainsi il n'est permis qu'à ceux à qui il en a confié l'autorité, de prendre, manier ou enlever l'argent comptant, la vaisselle d'or ou d'argent, les joyaux & tout ce qu'ont laissé les Freres decedez. Tout autre qui en aura pris au-delà de la valeur d'un marc d'argent, sera privé de l'habit : si ce qu'il en a pris ne vas jusques-là, il en sera quitte pour une quarantaine. Ceux qui mettront la main sur les Responsions & les droits qui appartiennent au Tresor, au Maître & au Couvent, perdra l'habit, & ce qui aura été enlevé sera rétabli & restitué au Tresor, aux dépens du ravisseur.

Moderation du précedent Statut.

47. D'autant qu'il paroît trop rigoureux d'ôter l'habit à un Religieux pour quelque somme que ce soit, pourvû qu'elle passe un marc d'argent, parceque les délits paroissent plus ou moins graves, suivant les circonstances qui les accompagnent & leur qualité qui doit être pesée exactement ; nous ordonnons que quand le Maître se plaindra qu'il a été fait tort à la Religion de plus d'un marc d'argent, sa plainte soit d'abord portée au Conseil où l'on examinera mûrement la nature du délit : s'il est prouvé par de bonnes dépositions, par des faits bien circonstanciez, ou par la confession de l'accusé, la plainte en sera portée devant l'Assemblée publique : l'accusé sera oui devant l'Egard, où la chose sera mûrement examinée : on y pesera la qua-

lité & les circonstances du délit d'un côté, & de l'autre les mœurs & la maniere de vivre de l'accusé, & après avoir bien examiné le tout, on en jugera suivant l'équité.

Fr. JEAN DE LA VALETTE.

48. Outre la peine portée par les précedens Statuts, nous ordonnons que si quelqu'un a enlevé les dépouilles ou autres droits du commun Tréfor, & que ses Fiarnauds puissent le justifier, ils lui seront préferez dans la distribution des Commanderies & autres biens : mais si après avoir articulé ce fait, ils ne peuvent venir à bout de le justifier, ils encourront la même peine.

Fr. DIEU-DONNE' DE GOZON.

49. Pour arrêter l'insolence des méchans. Nous ordonnons que tout Frere qui levera la tête contre son Superieur, se révoltera & s'emparera d'un Château ou d'une Place forte, contre le gré du Prieur ou du Châtelain d'Emposte duquel il dépend, soit condamné de perdre l'habit, & soit mis en prison.

Des Concubinaires.

Fr. ANTOINE FLUVIAN.

50. Il a été très sagement ordonné qu'aucun de nos Freres, de quelque condition qu'il soit, ne pourra avoir, tenir, ou entretenir des Concubines dans sa maison, ni ailleurs, ni les fréquenter. Si quelqu'un au mépris de sa réputation & de son honneur, entreprend de le faire, en est publiquement noté, ou en est convaincu par des témoins irréprochables, ou par sa propre confession, & qu'après avoir été averti trois fois par son Superieur d'éloigner de lui cette infamie, il ne laisse pas de continuer le même train de vie pendant 40 jours, à compter du premier avertissement qui lui aura été donné, s'il est Commandeur, il se trouvera privé de ses Commanderies, sans autre formalité. Si c'est un Frere du Couvent, il perdra sur le champ son ancienneté ; si l'un & l'autre en sont convaincus, ils seront dépouillez de l'habit, & au cas qu'il leur soit rendu, ils seront dix ans sans pouvoir obtenir de Commanderies, à compter du jour qu'ils auront été rétablis. Les Freres d'obedience seront privez de l'habit, & de toute sorte d'administration. Les Prieurs même & le Châtelain d'Emposte, qui seront convaincus de ce crime, s'ils ne s'en corrigent pas après en avoir été avertis en la maniere ci-dessus par le Maître & le Couvent, ils perdront l'habit & leurs Prieurez, comme il a été ci-dessus reglé à l'égard des autres.

Fr. PHILIPPE DE VILLERS L'ISLE-ADAM.

51. Si quelqu'un de nos Freres est assez hardi pour reconnoître publiquement & élever sans pudeur un enfant conçû hors du mariage légitime, que les Loix excluent de sa famille, lui donner son nom,

nom & l'entretenir dans sa maison, il sera perpetuellement exclus de toutes dignitez, Charges & Offices dans notre Ordre. Nous voulons que les Concubinaires publics, que l'on devroit qualifier d'incestueux, d'adulteres & de sacrileges, soient incapables d'en obtenir aucun bien, Dignité, Office, ni Bénefice, quel qu'il soit. S'ils s'en trouvent pourvûs, Nous ordonnons qu'ils en soient dépouillez, & chassez de notre Ordre.

Nous entendons par Concubinaires publics, non-seulement ceux dont le concubinage est connu, comme disent les Canons, par Sentence ou par confession faite en Jugement, ou parceque la chose est tellement notoire, qu'elle ne peut se déguiser; mais encore ceux qui sans aucune crainte de Dieu ni des hommes, sans aucun respect pour leur profession, entretiennent des Dames suspectes ou diffamées d'incontinence, demeurent avec elles, ou les voyent souvent & familierement.

Cas dans lesquels les Freres encourent la peine de la Septaine.

COUTUME.

52. Ceux qui manquent de se trouver aux Assemblées: ceux qui sortent de l'Office divin: ceux qui sortent de la Septaine sans rendre graces à Dieu: ceux qui interrompent les raisonnemens des Conseillers dans le Conseil: ceux qui mangent sans avoir leur habit: ceux qui se querelleront les uns les autres seront mis en Septaine, dès que leur Superieur s'en sera plaint.

Cas dans lesquels les Freres encourent la peine de la Quarantaine.

COUTUME.

53. Ceux qui manquent d'obéir aux commandemens qui leur sont faits en faisant l'exercice des armes, ne sçauroient être punis d'une moindre peine; ceux qui jouent aux cartes, ou aux dez, pour gagner ou perdre de l'argent: ceux qui entreprennent sur la fonction des autres: les Freres qui vont manger au cabaret.

Forme de l'execution de la Septaine.

COUTUME.

54. Le Frere qui y aura été condamné jeûnera sept jours entiers : on ne lui donnera le Mercredi & le Vendredi que du pain & de l'eau : il recevra chaque jour la discipline, en la maniere suivante. Après avoir ôté son manteau, il se mettra dévotement à genoux devant l'Autel, en présence d'un Prêtre de l'Ordre, qui le frapera d'une verge sur les épaules, en disant le Pseaume : *Deus misereatur nostri, &c. Kyrie eleison, Christe eleison. Pater noster, &c. Salvum fac servuum tuum,* ℟. *Deus meus sperantem in te.* ℣. *Mitte ei auxilium de Sancto,* ℟. *& de Sion tuere*

Tome IV. E e

eum. ℣. Esto ei, Domine, turris fortitudinis. ℟. A facie inimici. ℣. Domine, exaudi orationem meam ℟. Et clamor meus ad te veniat. ℣. Dominus vobiscum, ℟. & cum Spiritu tuo. Oremus Deus cui proprium, &c.
Le Frere se levera après cela, reprendra son manteau, & baisera le Bailli ou Superieur.

Forme de l'execution de la Quarantaine.

55. Celui qui y sera condamné, jeûnera pendant quarante jours de suite : les Mercredis & les Vendredis il sera réduit au pain & à l'eau, mangera à terre, & recevra la discipline en la maniere suivante. Il paroîtra devant le Prêtre dépouillé de tous ses habits, & les pieds nuds. Pendant que le Prêtre le frappera de la verge sur les épaules, il recitera le Pseaume *Miserere mei Deus*, & les Oraisons ci-dessus.

Ceux qui feront la Septaine ou la Quarantaine, ne doivent sortir de chez eux, que pour aller à l'Eglise, où ils doivent assister à tous les Offices. Ceux qui auront été condamnés à deux ou trois Septaines ou Quarantaines, ne recevront la discipline que pendant une Septaine ou Quarantaine. Ceux qui seront condamnez à la Quarantaine ou à la Septaine, en seront quittes pour la Quarantaine : ils ne pourront pendant ce tems-là mettre leurs armes ni le manteau de l'Ordre.

De celui qui aura été condamné trois fois à la tour.

Fr. PIERRE D'AUBUSSON.

56. Nous ordonnons que le Frere qui aura été condamné trois fois de demeurer prisonnier dans la tour perdra trois ans de son ancienneté, si le Maître & le Conseil ne jugent pas à propos de moderer cette peine, eu égard à la qualité du délit.

Que les Langues ni les Prieurez ne peuvent rendre l'ancienneté.

Fr. PIERRE DU MONT.

57. Nous ordonnons que ceux qui auront été condamnez de perdre leur ancienneté, ne pourront la récuperer par la grace des Langues ou des Prieurez, en sorte que le Maître ne puisse pas permettre d'en traiter. Si les Langues, ou les Prieurez l'ont accordée, Nous voulons qu'elle soit de nulle valeur.

De ceux qui quittent l'habit hors du Couvent.

Fr. ELION DE VILLENEUVE.

58. Si un Frere hors du Couvent, poussé par la tentation ou par son inconstance naturelle, s'avise d'abandonner l'habit de l'Ordre, & qu'ensuite touché de repentir, il veuille le reprendre, il pourra sûrement & librement venir au Couvent, & se rendre à l'Hôpital

DE L'ORDRE DE S. JEAN DE JERUSALEM. 219
des Malades, où l'Infirmier aura soin de lui fournir tout ce qui lui sera nécessaire, jusqu'à ce que le Maître & le Conseil ayent pris le parti de lui faire grace ou de la lui refuser: en ce dernier cas il lui sera libre de se retirer où il lui plaira.

De l'Obéissance.

Fr. CLAUDE DE LA SENGLE.

59. Nous n'avons rien qu'il nous soit plus important de conserver que l'obédience, sans laquelle il n'y a point de societé qui ne périsse. Ainsi nous ordonnons en conformité de nos anciens Statuts, que tous nos Freres en géneral, & chacun d'eux en particulier obéissent aux commandemens & aux commissions justes & honnêtes du Maître ou de leur Superieur, sans pouvoir s'en dispenser par quelque raison que ce puisse être. Les Freres qui y manqueront dans le Couvent, seront punis de la Septaine, pour la premiere fois, & de la quarantaine pour la seconde. Si quelqu'un est assez entêté pour ne pas obéir à la troisiéme, il perdra l'habit, en sorte neanmoins qu'il y ait eu des plaintes de toutes les desobéissances.

La même chose s'observera hors du Couvent, dans les Prieurez: bien entendu que la privation de l'habit sera toujours réservée au Maître & au Couvent, où les Prieurs doivent envoyer les procès qu'ils auront faits aux révoltez. Si quelqu'un de nos Freres qui sont hors du Couvent, reçoit un ordre du Maître, & refuse d'y obéir d'abord qu'il l'aura reçû, aussi-tôt que l'on sera assuré de sa désobéissance, si dans neuf jours après la réception il n'a expliqué au Maître les causes de son refus, & les raisons qu'il a eu de s'en dispenser, il sera privé de l'habit, sans autre forme de procès, sans citation ni avertissement.

Les Prieurs & le Châtelain d'Emposte, & leurs Lieutenans, sont obligez de faire executer à leurs dépens, chacun dans son district, les Sentences & les Ordonnances du Maître & du Conseil, & des Chapitres géneraux & Provinciaux, les Provisions, Mandemens, Citations & Rescrits envoyez par le Maître & le Couvent, qui leur seront adressez pour les affaires publiques de l'Ordre: ceux qui regarderont les affaires particulieres des Prieurez, seront executez aux dépens de ceux qui y auront interêt. S'ils refusent de le faire, après en avoir été dûement requis, ils perdront le revenu d'une année de l'une de leurs Chambres Prieurales pour la premiere fois, de deux années, pour la seconde ; & en cas de récidive, ce revenu sera porté au Trésor pendant le reste de leur vie. S'ils perseverent dans leur opiniâtreté ou négligence, ils seront privez de leurs Prieurez & de toute autre sorte d'administration.

Nous commandons à nos Receveurs dans les Prieurez, qu'au cas que les Prieurs refusent de faire cette dépense, ils l'avanceront eux-mêmes des deniers de notre Trésor, & l'employeront dans leurs comptes à la charge des Prieurs. Si ces ordres sont adressez aux Baillis, Commandeurs ou autres Freres, le Bailli & le Commandeur, pour le premier refus ou défaut de les executer, perdront le tiers du revenu d'une année de leur Bailliage ou Commanderie ; pour le second, les deux tiers ; pour le troisiéme, le revenu entier d'une année, qui sera porté au Trésor. Pour la quatriéme, ils seront entierement privez de la Baillie & de la Commanderie, qui retourneront à la disposition du Maître & du Chapitre. Les Freres du Couvent perdront pour le premier refus, une année de leur ancienneté, deux pour le second, trois pour le troisiéme, & tout à fait pour le quatriéme, au cas même que par ces Mandemens l'execution ne soit pas ordonnée sous de plus grandes peines : ils seront encore tenus de réparer le dommage que le retardement aura causé.

Des mauvais administrateurs.

60. Ceux qui par leur faute ou leur négligence auront laissé déperir les Prieurez, Châtellenie d'Emposte, Commanderies, Maisons ou autres biens dont l'administration leur aura été confiée, dès que l'on se sera apperçû du deperissement, seront privez pour toujours de cette administration, comme mauvais administrateurs, sans esperance d'en obtenir jamais aucune autre. Ceux qui dégraderont les forêts & les bois de haute futaye, seront punis de la même peine, à moins qu'ils n'en ayent employé le bois à la réparation des bâtimens dont l'entretien est à leur charge, ou au chaufage de leur maison, pour lequel ils ne se serviront même que de bois mort ou mort bois, ou autre qui ne produise aucun fruit. Pour les bois taillis qui se coupent après un certain nombre d'années, ils se conformeront à l'usage ordinaire du pays.

F. JEAN DE LA VALETTE.

61. Nous commandons encore aux Prieurs & au Châtelain d'Emposte, que dès qu'ils auront été avertis, ou qu'ils se seront eux-mêmes apperçûs, à quoi leur devoir les engage de veiller, de la paresse ou mauvaise œconomie de quelque administrateur, ils leur en ôtent l'administration, & la donnent à l'un de nos Freres qui soit prudent & fidele, pour les régir & gouverner, jusqu'à ce qu'ils en ayent fait une bonne information, dont ils donneront avis au Maître & au Couvent, afin qu'ils y mettent ordre.

Si le Prieur, le Châtelain d'Emposte, ou le Bailli sont eux-mêmes coupables d'un pareil délit, le Chapitre ou Assemblée Provinciale, après en avoir été exactement informée & convaincue, choisira, à la sollicitation du Receveur ou du Procureur du Trésor, un ou deux Commandeurs, gens de bien & d'une fidelité éprouvée, pour régir le Prieuré ou le Bailliage, jusqu'à ce que le Maître & le Couvent, à qui on enverra les informations, y mettent un ordre convenable, suivant leur prudence.

DE L'ORDRE DE S. JEAN DE JERUSALEM. 221

De la peine de ceux qui n'assistent point au Service divin.
Fr. CLAUDE DE LA SENGLE.

62. Nos Freres qui manqueront d'assister les jours de Fêtes dans l'Eglise de notre Couvent, au Service divin, & particulierement à la grande Messe, à Vêpres & aux processions solemnelles, à moins d'un empêchement légitime, seront punis de la Septaine : ceux qui seront trouvez pendant ce tems-là dans les rues ou sur la Place, ou se promeneront dans d'autres Eglises, souffriront la peine de la Quarantaine.

Que les Freres ne se disent point d'injures en plaidant.

63. Nous défendons à nos Freres de se dire des injures les uns aux autres, en présence du Maître & du Conseil, ou de quelqu'autre Tribunal de l'Ordre que ce soit, & des Commissaires qui leur auront été donnez. Ceux qui auront fait une pareille faute, si l'injure est grave, perdront leur cause sur le champ, sans autre preuve ni allegation, & seront mis en prison pour six mois : si elle est légere, ils en seront quittes pour trois mois.

Que les Freres ne portent point d'armes dans le Couvent pendant la tenue du Chapitre Géneral.
Fr. JEAN L'EVESQUE DE LA CASSIERE.

64. Nous défendons aux Freres de notre Ordre, de porter dans le Palais des armes offensives ou défensives pendant la tenue du Chapitre géneral, excepté les domestiques du Maître, & ceux à qui il en aura accordé la permission, à peine de perdre trois ans d'ancienneté acquise ou à acquerir.

DE LA SIGNIFICATION DES TERMES,
TITRE XIX.
Fr. CLAUDE DE LA SENGLE.

1. Sous le nom de Freres, on entend tous ceux qui ont fait profession dans l'Ordre.
2. Le Couvent est le lieu où sont le Maître ou son Lieutenant, l'Eglise, l'Infirmerie & les Auberges, ou les huit Langues.
3. Les Statuts & les établissemens de notre Ordre, sont ceux qui ont été faits, pour être observez à perpetuité, s'ils ne sont révoquez par un Chapitre general. Ces Ordonnances ne s'observent que d'un Chapitre à l'autre, excepté celles qui y sont expressément confirmées.
4. Auberge est un nom connu des François, des Espagnols & des

Italiens, pour signifier un lieu où l'on mange & où l'on s'assemble Nation par Nation.

5. Les Piliers sont les huit Baillis conventuels, Chefs, Présidens, & comme les colomnes de chaque Nation, que l'on nomme ordinairement Piliers.

6. Sous le nom de Bailli sont compris les Baillis conventuels, les Baillis capitulaires, les Prieurs & le Châtelain d'Emposte. Le terme de Bailli dans l'ancienne Langue Françoise, signifioit le Préfet ou l'Administrateur des Maisons ou autres héritages : delà vient que nos anciens donnerent aux Commanderies le nom de *Baillie* ou de Bailliage. On appelle encore en France *Bail* le louage fait d'un héritage pour certain tems, & à certaines conditions.

7. Maréchal, qui est toujours le Bailli conventuel de la vénérable Langue d'Auvergne, est un nom de guerre, que les François ont apporté d'Allemagne, pour signifier le *Tribun* d'un grand nombre de soldats.

8. Turcopolier, qui est le Bailli conventuel de la vénérable Langue d'Angleterre, prend son nom des *Turcopoles*, ou chevaux-legers, comme l'on voit par l'Histoire des guerres faites par les Chrétiens dans la Palestine.

9. Lorsqu'il est parlé du Conseil simplement dans nos Statuts, & dans les Livres de la Chancellerie, l'on ne doit entendre que le Conseil ordinaire.

10. Esgard est un mot françois, qui signifie considération ou respect. Ce Tribunal est très ancien : c'est le premier qui ait été élevé dans l'Hôpital.

11. Renfort est encore un mot pris de la même Langue, qui signifie corroboration ou fortification : ainsi renfort de renfort est comme qui diroit fortification de la fortification.

12. Tout ce qui se dit des Prieurs, s'entend du Châtelain d'Emposte : quand on parle des Prieurez, l'on entend aussi parler de cette Châtellenie.

13. Les termes françois d'Assemblée ou de congregation, signifient la même chose. On se sert du premier pour marquer quand nos Freres se trouvent ensemble pour traiter des affaires de l'Ordre.

14. Il doit se trouver dans toutes les Assemblées des Prieurez, qui se font hors du Couvent, du moins trois Freres qui ayent été reçus, outre le Président.

15. Sous le nom de Commanderie, l'on comprend les Prieurez, la Châtellenie d'Emposte, les Bailliages, les Domaines, les Membres, les Maisons, les heritages, & les biens de toute autre espece, qui appartiennent à l'Ordre.

16. Lorsque nos Statuts ou nos Bulles parlent de Bénéfice, elles s'entendent d'un Bénéfice Ecclésiastique, qui a, ou qui n'a pas charge d'ames.

17. Sous le nom de mortuaire, l'on entend tout le revenu de la Com-

manderie qui se perçoit depuis la mort du Commandeur, jusqu'au premier de Mai.

18. Le Vacant se prend pour les fruits d'une année entiere de la Commanderie qui suit le mortuaire : ils appartiennent aussi au Trésor.

19. Les arrerages sont de vieilles dettes, ou ce qui en reste à payer.

20. Les droits du commun Trésor sont les dépouilles des Freres décedez, le mortuaire, le vacant, les responsions & impositions, les pensions, les passages, & tout ce qui n'a pas été payé.

21. Faute de payement de ces droits, nos Freres peuvent être privez de leurs Commanderies & administrations, sans esperance d'en obtenir d'autres. Les autres dettes ne sont pas le même effet : il faut qu'ils ayent été légitimement admonestez de les payer, par les Receveurs, & les Procureurs dans les Prieurez, & par le Conservateur conventuel dans le Couvent ; qu'ils ayent été condamnez de les payer, ou qu'ils s'en soient reconnus débiteurs.

22. Chevissement vient de l'ancien mot françois *chevir*, qui signifioit se charger d'une entreprise dont on esperoit venir à bout. On appelle ainsi la premiere Commanderie que l'on obtient par le rang de son ancienneté.

23. Mutition est encore un ancien mot françois, qui signifioit nomination ou prononciation, comme *motir* signifioit nommer ou prononcer. Les Freres se servent de ce terme dans les Langues, pour déclarer celui à qui la Commanderie vacante a été conferée.

24. Les Fiarnauds sont ceux qui ont fait profession dans notre Ordre les derniers, comme qui diroit les Novices, c'est encore un vieux mot françois dont on se servoit durant les guerres de la Palestine : ceux qui y naissoient de peres Chrétiens, se nommoient *Polans* : ceux qui y venoient d'au de-là de la mer, étoient par eux nommez *Fiarnauds*.

25. Les Langues dans notre Ordre, sont les differentes nations.

26. La collecte se fait quand les Freres s'assemblent pour déliberer de quelque chose qui regarde leur Langue ou leur Auberge. Ce terme est aisé à entendre.

27. Ceux qui sont privez de l'habit, sont censez avoir perdu leurs Commanderies, leurs Bénéfices & leur ancienneté, quand l'acte n'en feroit aucune mention : on les renferme dans une prison pour le reste de leur vie.

28. Lorsque le Statut ne marque aucune peine, il est censé l'avoir laissée à la volonté du Superieur.

29. Plainte est un mot françois, qui est assez intelligible.

30. Caravane en Syriaque & en Arabe, signifie une compagnie d'hommes qui s'associent pour faire commerce ensemble. Nos anciens se servoient de ce terme pour signifier l'élite & le choix qu'ils faisoient des Freres pour les distribuer dans les garnisons & sur les galeres, ou pour les envoyer ailleurs tous ensemble.

31. Solde tire son nom de sol, terme usité entre les François, les Espagnols & les Italiens, pour signifier une espece de monnoye, qui étoit la paye des soldats.

32. Les Lis sont des piéces d'argent marquées d'une fleur de lis, tirées des armes de France. Il en faloit six pour faire un florin de Rhodes. Quelques-uns croyent qu'ils tirent leur nom de Robert de July Maître, qui ordonna que chaque année, le lundi gras, on donneroit un lis à chaque Frere : mais ce Reglement est peu certain.

33. Le florin de Rhodes vaut vingt *aspres turques* : l'aspre vaut 26 deniers de Rhodes : trois florins de Rhodes, six aspres, huit deniers font un écu sol.

34. Les janets étoient encore des deniers d'argent, qui tiroient leur nom de Jean Roi de Chypre, dont la figure y étoit imprimée.

35. Le désapropriement ou privation du propre se fait lorsque les Freres font leur déclaration de tout ce qu'ils ont en meubles ou effets mobiliers.

36. Les Freres qui meurent en venant au Couvent, ou en s'en retournant, sont présumez y être morts.

Fr. JEAN D'OMEDES.

37. Le nom de *Parens* dans les preuves des Freres Chevaliers, comprend le pere, la mere, les ayeuls, & les ayeules paternels & maternels.

CONCLUSION
DES STATUTS.
Fr. HUGUES DE LOUBENX VERDALE.

LE présent Chapitre ne veut, n'entend, ni ordonne que le présent renouvellement, réformation, & nouvelle publication de ces Statuts, déroge ou préjudicie directement ou indirectement aux dignitez & prérogatives de personne, quelle qu'elle soit. Ainsi nous nous servons de l'autorité du Chapitre, & y joignons la nôtre pour déliberer, déterminer, statuer, ordonner, & expressément déclarer que le présent renouvellement, arrangement & nouvelle forme de la Regle, des Statuts, des coutumes & des usages de notre Ordre, ne puisse sous quelque prétexte que ce soit, être tiré à consequence, au préjudice des rangs, ordres, sessions, préseances, autorité, prérogatives & prééminence du Maître, de l'Eglise, de l'Hôpital ou Infirmerie, du commun Trésor, des Baillis conventuels & capitulaires, des Prieurs, du Châtelain d'Emposte, des huit Langues, ni des Freres qui les composent, Chevaliers, Chapelains

&

& Servans ; des Collations, des Prieurez, des pactes, conventions, & concordats faits fur les Collations de grace, qui appartiennent aux Langues, aux Prieurez ou Châtellenie d'Emposte, des Freres qui les composent avec les Prieurs, & ce Châtelain. Voulons que lesdites prééminences, prérogatives & concordats faits avec lesdits Prieurs & Châtelain, au sujet desdites Collations, soient & demeurent réellement & de fait, au même état, force & vigueur qu'elles étoient avant le présent renouvellement, qui n'a été fait que sous cette réserve, & à cette intention, & non pour y faire aucun préjudice.

Lesquelles Loix & Statuts, après les avoir bien & exactement lûs, examinez & considerez, nous louons, approuvons, acceptons, & confirmons, comme saints, justes, utiles & nécessaires à notre Ordre, avec l'autorité du Chapitre géneral, les établissons & formons de nouveau : éteignons, révoquons, cassons, cancellons, & annullons tous autres Statuts, égards & usages contenus dans les anciens recueils de nos Statuts, quels qu'ils soient.

Déclarons néanmoins & statuons que le présent renouvellement ne fera aucun préjudice aux privileges & exemptions de notre Ordre, aux dignitez, rangs, sessions, prééminences & prérogatives du Maître, des Baillis, des Prieurs, du Châtelain d'Emposte, des Langues d'es Freres, de quelque degré ou condition qu'ils soient : leur commandons en vertu de sainte obédience, d'observer à l'avenir perpetuellement & inviolablement lesdits Statuts, & tout ce qui y est contenu, d'y obéir fidelement, de les tenir & garder comme de véritables Loix, & d'en procurer l'observation. En foi & témoignage de quoi nous avons fait mettre à ces présentes, notre sceau ordinaire de plomb. Donné à Malte en notre Couvent, pendant la tenue de notre Chapitre général, le 23 de Juillet M. D. LXXXIV.

Fr. DIEGO DE OVANDO, Vice-Chancelier.

ORDONNANCES
DU CHAPITRE GENERAL TENU l'an 1631, par l'Eminentissime & Révérendissime Grand Maître Fr. Antoine de Paule.

AU nom de la très-sainte & indivisible Trinité, Pere, Fils & Saint Esprit, *Amen*. Les seize Révérendissimes Seigneurs Capitulaires choisis par l'Eminentissime & Révérendissime Seigneur Frere Antoine de Paule Grand Maître, & le sacré Chapitre général, le mercredi quatorze de Mai 1631, troisiéme jour du Chapitre non férié, & députez Commissaires pour consulter, décerner & ordonner tout ce qui conviendroit à l'honneur & à l'utilité de la sacrée Religion & Milice de l'Hôpital de S. Jean de Jerusalem, s'étant retirez dès le même jour dans le Conclave ordinaire, en présence de l'Illustrissime Seigneur Louis Seristorio, Inquisiteur Général en cette Isle, de la part de N. S. P. le Pape Urbain VIII. & du S. Siege Apostolique, lequel y présidoit pour l'observation du Bref de S. S. dont il y avoit été fait lecture & publication le même jour, après avoir solemnellement prêté le serment, & reçû l'injonction du même Eminentissime & Révérendissime Seigneur Grand Maître, ayant toujours devant les yeux leur devoir & la forme des Statuts, dépouillez de toute sorte de passions & d'interêt, n'ayant en vûe que N. S. Jesus-Christ souffrant & mourant pour nous, & y ayant resté depuis ledit troisiéme jour jusqu'au vingtiéme capitulaire non férié, après que suivant le désir de Son Eminence, l'Illustrissime Seigneur Président eut d'autorité Apostolique prolongé le Chapitre, lesdits seize Seigneurs s'étant encore assemblez le sept du présent mois de Juin, au son de la cloche, sur la proposition faite par le vénérable Seigneur Frere Toussaints de Terves Boisgiraut Hospitalier, comme le principal d'entre eux, tous bien unis par la charité fraternelle, après avoir prudemment consulté & meurement déliberé sur chacun des points dont ils étoient chargez, & employé même le scrutin des ballotes, lorsqu'il a paru nécessaire, ont ordonné, statué & décerné ce qui s'ensuit.

DE LA REGLE.
TITRE I.

1. LEs seize Révérends Seigneurs, après avoir meurement considéré les difficultez qui se trouvoient dans l'exécution de ce qui avoit été autrefois ordonné touchant le *Collachio*, & combien il convenoit au Service de Dieu, & de la Religion d'établir un Noviciat, dans la forme où il a été commencé, en vertu du decret du vénérable Conseil du sept de Janvier 1629, pour les Chevaliers & les Servans d'armes, en trois Maisons differentes, pour chacune des Nations Françoise, Italienne & Espagnole, l'une desquelles pourra servir aux Allemands, à leur choix, & la Canoniale pour les Freres Chapelains, Clercs, Soudiacres, Diacres & Prêtres résidens dans le Couvent, qui seront tous obligez d'y entrer, suivant la disposition de l'article 3. de l'Ordonnance touchant l'Eglise, faite par le précedent Chapitre géneral, à l'exception de ceux qui sont actuellement employez aux Offices publics de la Religion, de son commun Trésor, au service de l'Eminentissime Grand Maître, du Palais Magistral, des deux Chambrées de Monseigneur l'Evêque de Malte, & des deux de Monseigneur le Prieur de l'Eglise, pourvû qu'ils soient actuellement demeurans dans ces Maisons. Voulons que tous les autres aillent y demeurer sous l'obéïdience & autorité du bien Révérend Prieur de l'Eglise, & de son Vice-Prieur, sous les peines contenues en l'article cinquante-neuf, du titre des défenses & des peines.

Et d'autant que le Trésor s'étant trouvé épuisé, comme il l'est actuellement, ces Ordonnances n'ont pû avoir jusqu'à présent leur exécution, il a été ordonné au scrutin des ballotes, que les premiers passages qui seront payez aux Ministres de la Religion pour les dispenses d'âge accordées par le présent Chapitre, & qui s'accorderont à l'avenir jusqu'à la somme de trente mille écus, soient & demeurent destinez, & employez au bâtiment des Maisons du Noviciat & de la Canoniale : voulant que tous ces deniers soient portez au Couvent, & remis dans un coffre placé dans la tour du Palais sous six clefs, dont l'une sera gardée par l'Eminentissime Grand Maître, & les autres par chacun des cinq Commissaires nommez du consentement de son Eminence, pour l'exécution de la présente Ordonnance, sçavoir le bien Révérend Frere Sauveur Imbroll, Prieur de l'Eglise, & Messieurs les Commandeurs Fr. Pierre-Louis de Chantillot la Chese, Fr. Alphonse Castel S. Pierre, Fr. Dom Juan de Villaroel, & Fr. Guillaume Henri de Valsperg, sous la surintendance & intervention de Son Eminence. Permettons au vénérable Conseil d'en nommer & substituer d'autres en cas de besoin,

& de donner les ordres nécessaires à la bonne direction d'une affaire aussi importante, & de faire expedier de main en main à la Requête desdits Commissaires, les Bulles d'assignation pour la remise de ces deniers. Laissons au choix de Son Eminence & des Commissaires, lequel de ces deux ouvrages l'on commencera le premier.

2. Ils ont accordé au scrutin des ballotes, aux Chevaliers qui seront députez par le vénérable Conseil, pour gouverner l'une des trois Maisons du Noviciat, & qui s'en seront bien & dûement acquittez pendant trois années entieres ; qui auront fait garder aux Novices une discipline réguliere, fourni les tables & donné la pittance, comme font les Piliers dans les Auberges, ils leur ont accordé, dis-je, le privilege du bon service, ni plus ni moins que s'ils avoient été Capitaines des galeres, pourvû que leur conduite ait été approuvée au vénérable Conseil, au seul scrutin des ballotes, sans s'expliquer de vive voix, comme il est nécessaire pour l'accorder à ces Capitaines.

3. Les mêmes Seigneurs, afin que nos Freres entendent & pratiquent plus facilement la Regle & les établissemens, & que libres de l'embarras des procès, ils puissent plus tranquillement vacquer au Service Divin, à la sainte Hospitalité, & à la Milice pour la défense de la Foi Catholique, après avoir consideré que depuis longtems l'on a accoutumé de lire les établissemens en Langue Italienne, comme la plus communément entendue dans les Chapitres généraux, les Assemblées, les Egards, les Conseils & autres Tribunaux de la Religion, ont commis le bien Révérend Frere Sauveur Imbroll, Prieur de l'Eglise, les vénérables Frere Juste de Fay Gerlande, Prieur d'Auvergne, Frere Signorin Gattinara, Prieur ou Bailli de Sainte Euphemie, & le Bailli Frere Jacques Christophe d'Andlo, pour, conjointement avec moi Vice-Chancelier, reconnoître & fidelement exécuter tout ce que lesdits seize Révérends Seigneurs ont établi, ordonné & publié dans le présent Chapitre géneral, rassembler les Statuts & Ordonnances capitulaires, sous certains titres, & les traduire tous en Italien, sans y ajouter rien de nouveau ; retrancher tout ce qui paroîtra inutile, ou révoqué, n'y laisser que ce qui sera utile & nécessaire, rapporter & distribuer sous chaque titre les nouveaux Statuts qui y auront le plus de connexité, & de joindre aux établissemens perpetuels certaines Ordonnances ausquelles l'usage & l'observation ont donné force de Loi, ainsi que l'ont déclaré les seize Révérends Seigneurs, sans que les vénérables Commissaires puissent faire ni défaire autrement que les seize Révérends Seigneurs ont ordonné & décretté, ce qu'ils seront tenus d'exécuter ponctuellement, en mettant les établissemens sous le nom de l'Eminentissime Grand Maître, dont ils composeront un volume. Ils n'y comprendront point les Ordonnances qui concernent les Auberges, la plûpart de celles qui parlent des galeres & autres moins importantes, qui se trouvent sous differens titres, lesquelles ont été faites en differentes occasions par les vénérables Conseils :

elles demeureront à la disposition & sous l'autorité de Son Eminence & du Conseil.

Dès qu'ils auront composé ce volume des établissemens, ce qu'ils seront tenus de faire dans une année, ils le présenteront à Son Eminence, & au vénérable Conseil complet, pour être revû, approuvé, publié au Chapitre géneral, & expedié sous la Bulle commune de plomb, ensuite imprimé & traduit en beau Latin, sous le bon plaisir néanmoins, & avec la confirmation de N. S. P. le Pape, & du Saint Siege Apostolique ; donnant pouvoir au Seigneur Grand Maître, & au Conseil complet, de subroger, en cas de besoin, un ou plusieurs autres Commissaires, pour l'exécution de la présente commission, même de prolonger le tems marqué à cet effet. Déclarant que tout ce qui sera fait, digeré & ordonné par lesdits Commissaires, ou ceux qui leur auront été subrogez, après l'approbation du vénérable Conseil complet, soit de même vigueur & autorité, & soit aussi inviolablement observé, comme si le tout avoit été fait par les seize Révérends Seigneurs, & publié dans le présent Chapitre général, sous ladite réserve de la confirmation Apostolique.

DE LA RECEPTION DES FRERES.

TITRE II.

Les seize Seigneurs ont corrigé le Statut suivant, & l'ont intitulé ainsi du consentement du Grand Maître & du Conseil, nécessaire à la Réception des Freres.

Fr. ALOPHE DE VIGNACOUR, MAISTRE.

Nous ordonnons par le présent Statut perpetuel & irrévocable, que ceux qui prétendront être reçus Chevaliers, quand leurs preuves ne souffriroient aucune difficulté, qu'elles auroient été reçûes pour bonnes & valables, & qu'elles auroient été contradictoirement approuvées dans un Tribunal, quel qu'il pût être, ils ne seront admis à l'habit, ni à la profession, sans le consentement du Grand Maître & du Conseil decreté par le scrutin des ballotes, & que les deux tiers n'ayent été en faveur du prétendant. Le Grand Maître & le Conseil ne seront jamais obligez de déclarer la cause du refus de leur consentement, lequel doit être encore balloté par le vénérable Conseil, après la fin du Noviciat.

La même chose sera observée pour l'admission des Freres Chapelains & Servans d'armes, en sorte que ceux qui seront reçus à l'habit ou à la profession, sans cette formalité, ne jouiront point du droit d'ancienneté ; au lieu que ceux qui auront été depuis légitimement reçûs avec ce consentement, seront regardez comme leurs anciens, & s'en prévaudront en toutes occasions.

1. Les seize Reverends Seigneurs, pour bonnes causes & considérations, après le scrutin des ballotes, ont expressément défendu de recevoir aucune Sœur dans le Monastere de nos Sœurs de Sainte Ursule de notre Ville Vallette, jusqu'au premier Chapitre géneral.

2. Les seize Reverends Seigneurs Capitulaires déclarent & défendent de recevoir à l'avenir dans le Couvent, ni au dehors qui que ce soit, & de lui donner l'habit de notre Ordre, que dans les trois degrez distinguez & déclarez dans les Statuts 2, 29 & 30 de la Réception des Freres, après avoir produit les preuves de leur Noblesse & de leur légitimité bonnes & valables, suivant la forme desdits Statuts, & autres : que tout ce qui sera fait au contraire soit tellement nul, que ce moyen puisse leur être objecté en toutes rencontres, comme suffisant pour renverser leur profession, & les contraindre par les voyes de la Justice, d'abandonner l'habit qu'on leur a donné mal à propos.

3. Les mêmes ont ordonné, après le scrutin des ballotes, qu'on effacera dans les établissemens, tous les termes qui font mention des Freres Servants, de Stage ou d'Office, & qu'on ne recevra plus à l'avenir dans la Religion de semblables Freres, lesquels ils suppriment par des raisons qui regardent la réputation & le meilleur état de la Religion.

4. Les mêmes ont confirmé & ordonné, que ceux qui auront été une fois admis dans un degré de grace, ne seront dans aucun degré de Justice, à peine de nullité de leur Réception.

5. Les mêmes ayant examiné le vingt-quatriéme Statut du Titre de la Réception des Freres, l'ont déclaré superflu, à cause de la prescription de cinq ans, & ont ordonné qu'il sera rayé dans le recueil des nouveaux Statuts.

6. Les mêmes ont ordonné que si un Frere, de quelqu'état & grade qu'il puisse être, a été reçû dans une Langue ou Prieuré, il ne puisse être reçû dans une autre Langue ou Prieuré, s'il ne renonce auparavant à la Langue & au Prieuré où il a été d'abord reçû, quand ce seroit par grace de la Langue ou du Prieuré.

7. Les mêmes, pour réprimer l'audace de quelques prétendants à la Réception, au préjudice des louables Constitutions de l'Ordre, & des Coutumes introduites en faveur de la véritable Noblesse, ont ordonné que ceux d'un pere ou d'un ayeul paternel ou maternel qui aura été Greffier, Notaire ou Tabellion public, ne seront jamais reçûs dans l'Ordre en qualité de Freres Chevaliers.

8. Les mêmes ont ordonné que les preuves de Noblesse pour les Chevaliers, seront reçûes & diligemment examinées par les Commissaires à ce députez, non-seulement dans le lieu de leur naissance, mais encore dans celui de l'origine de leurs familles, de leur pere, de leur mere, & de leurs ayeux ; faute de quoi elles seront rejettées

comme nulles, & les Commissaires obligez d'en faire ou d'en faire faire dans lesdits lieux de nouvelles à leurs dépens.

9. Les mêmes ont ordonné, sur la requête du vénérable Prieuré de Catalogne, des Catalans & des Majorquins, que les preuves de Noblesse s'y feront à l'avenir, de même que dans les autres Prieurez de la Religion en la forme & maniere suivante, & sous les déclarations y contenues; sçavoir,

Que les Chevaliers Majorquins ayent à se présenter au Chapitre Provincial avec leur Acte baptistaire, leur genealogie & l'écusson de leurs armes, & que le Chapitre nomme pour Commissaires, un Catalan & un Majorquin, de ceux qui se trouveront dans le Royaume de Majorque, pour faire les preuves conformement à nos Statuts; à l'effet de quoi ils consigneront cent écus entre les mains du Chevalier Catalan, pour aller à Majorque faire les preuves. Celui-ci est obligé de déclarer s'il veut y aller promptement, ou non, afin que le même Chapitre puisse en nommer un autre: & le Chevalier Majorquin, s'il ne sort pas de la Ville de Majorque, ne pourra demander aucun salaire.

S'ils se trouvoient obligez de sortir de cette Ville pour la preuve de quelques quartiers nécessaires, on donnera à chacun d'eux vingt-cinq reales de Castille par jour, à compter depuis celui de leur départ de ladite Ville de Majorque, jusqu'à leur retour dans la même Ville. Si on ne trouvoit point de Chevalier Catalan dans Majorque qui voulût faire ce voyage, le Chapitre Provincial nommeroit un autre Chevalier trouvé dans la Ville, pour y aller sans prétendre de salaire: les preuves peuvent être faites par quelque Chevalier profés que ce puisse être.

S'il ne se trouvoit à Majorque aucun Chevalier de l'Ordre, & que l'on en trouvât un Majorquin en Catalogne, propre à recevoir les preuves, qui voulût y aller, il auroit le même salaire que le Catalan, pour aller à Majorque. S'il ne s'en trouve point, on se servira d'un Chappelain de l'Ordre, de ceux qui sont à Majorque, pourvû qu'il ait fait profession, quoiqu'il n'ait pas fait autant de résidence comme il en faudroit pour recevoir des preuves.

Les Chevaliers Catalans feront leurs preuves avec les mêmes formalitez que les Majorquins, conformément aux Statuts de l'Ordre. Avant que les Commissaires sortent de Barcelone pour aller recevoir des preuves, on doit de même consigner pour chacun d'eux vingt-cinq reales de Castille par jour, à compter depuis leur départ, jusqu'à leur retour. Si la preuve se fait dans Barcelonne, il ne se fera nulle consignation, non plus qu'à Majorque. Les Commissaires nommeront tel Notaire public qu'ils aviseront, tant à Barcelone, qu'à Majorque.

Les prétendants ne se présenteront que de Mai à Mai, de Chapitre Provincial à Chapitre Provincial.

Les témoins ne seront pas reçûs à déposer, qu'ils n'ayent du moins quarante ans, afin que les preuves se fassent selon les Statuts de l'Ordre. Dès qu'elles seront achevées, les Commissaires y joindront leurs avis, & en feront un paquet qu'ils cacheteront de leurs armes, & l'enverront au Chapitre Provincial à Barcelonne. Ils ne doivent pas les remettre à la Partie jusques-là. S'il ne s'en tient point dans l'année suivante, & que les Prétendants puissent venir au Couvent, ils les leur remettront, soit Catalans, soit Majorquins, en faisant serment qu'ils n'ont pû les donner pendant ladite année, sçachant bien l'obligation où ils étoient de les donner au Chapitre, ou d'y faire le serment, afin que la Réception du Prétendant se fasse comme il est requis par nos Statuts.

Pour faire cesser les differends qu'il y avoit entre les Catalans & les Majorquins, au sujet des quartiers des Bourgeois, ils seront obligez de prouver qu'ils le sont depuis plus de cent ans, par les Rolles & les Matricules des Villes. Si on ne peut les trouver, la preuve s'en fera par témoins.

Ceux qui seront assemblez au Chapitre Provincial pour examiner les preuves, feront tous serment sur leur habit de ne rien reveler de ce qui aura été dit sur la vûe desdites preuves.

Dès que les Commissaires qui les auront faites, s'ils se trouvent présens, auront dit leur avis, ils sont obligez de se retirer pour ne pas assister, ni donner leurs voix à l'examen qui s'en fera.

Les Commissaires en faisant les preuves, sont obligez d'en faire deux originaux signez de leur main, & cachetez de leurs armes, & de leurs avis, dont l'un demeurera dans l'archive de Barcelone ; afin que si l'autre venoit à se perdre, le Prétendant pût en tirer une copie, pour n'être pas obligé de recommencer.

En matiere de preuves, les Opinants donneront secrettement leur voix au Chapitre Provincial, avec des ballotes, & non autrement.

Pour les preuves des Clercs, leur pauvreté empêche d'y rien innover.

On ne donnera au Notaire du Chapitre Provincial, que cinquante reales pour tous droits de commission & expedition des preuves.

Les cent écus de salaire qui se donnent au Chevalier Catalan pour aller à Majorque recevoir les preuves, & au Chevalier Majorquin pour aller à Barcelonne se payeront, sçavoir cinquante au Chapitre Provincial, quand il sera nommé Commissaire, & les autres cinquante, quand le Catalan sera arrivé à Majorque, à peine de nullité des preuves.

10. Les seize Reverends Seigneurs, pour procurer la paix & la tranquillité du Couvent, après le scrutin des ballotes, ont ordonné que tous les Freres de notre Ordre, de quelque degré qu'ils soient, même les Novices déja reçûs, jouiront de l'ancienneté, suivant l'ordre de leurs Réceptions faites avant la tenue du present Chapitre, en sorte qu'ils ne peuvent les changer au préjudice de quelqu'autre que ce soit, sous quelque prétexte que ce puisse être, & de
grace

grace du présent Chapitre général. Ils ont outre cela réduit à la voye de droit, toutes & chacune les graces faites & à faire au sujet des Réceptions & des anciennetez, suivant la forme des Statuts, & ordonné qu'elles seroient à l'avenir ainsi réglées par le vénérable Conseil.

11. Ils ont statué & ordonné que chaque Chevalier joindra à ses preuves un arbre géneálogique de ses ancêtres paternels & maternels, avec leurs armes peintes de leurs émaux & de leurs couleurs ; sçavoir celles de leur pere & de leur mere, de leurs ayeul & ayeule paternels, & de leurs ayeul & ayeule maternels. Leurs preuves vocales ou litterales feront foi, qu'au moins depuis cent ans, les familles dont ils descendent ont porté chacune les armes qui lui sont attribuées, faute de quoi ces preuves seront rejettées comme nulles.

12. Ils ont statué & ordonné que selon l'article vingt-un du titre de la Réception des Freres, aucun Frere Chevalier, Chappelain conventuel ou Servant d'armes, ne sera reçû hors du Couvent, quelque dispense qu'il en ait obtenue : que tous seront obligez d'y faire un Noviciat d'une année, d'y recevoir l'habit, & d'y faire profession dans les formes ordinaires : déclarant nul tout ce qui aura été fait au préjudice du présent Statut, & que les Freres Chevaliers, Chappelains ou Servants d'armes qui auront reçû l'habit hors du Couvent, n'acquierent par ce moyen aucune ancienneté.

Ils ont révoqué toutes les graces de rétention faites & à faire par le présent Chapitre & autres subsequents, à tous les Novices & autres qui ont été ou seront reçûs dans notre Ordre, de recevoir l'habit, faire le Noviciat & la profession hors du Couvent, à l'exception de celle qui a été accordée à Dom Michel de la Luera, fils légitime & naturel de l'illustrissime & excellentissime Seigneur Duc d'Albuquerque, Viceroi de Sicile.

13. Ils ont statué & ordonné après le scrutin des ballotes, qu'attendu qu'il est indécent à des Séculiers de porter l'habit de notre Ordre, comme font les Religieux, il ne sera plus permis à qui que ce soit de le porter, s'il n'a fait profession expresse de notre sainte Religion, ou s'il n'est Prince souverain. Si quelqu'autre que ce soit s'avise de le porter, ou qu'il lui ait été accordé sous prétexte de dévotion, il n'en obtiendra la permission qu'en payant à notre commun Trésor quatre mille écus d'or, de valeur de quatorze tarins, pour son passage, & en faisant voir qu'il est issu de parens nobles, tant du côté de son pere que de sa mere en légitime mariage, & non de Juifs, Sarrasins ou autres Mahometans.

14. Les mêmes seize Reverends Seigneurs, conformément au précedent Chapitre général, après le scrutin des ballotes, ont révoqué toutes les permissions de porter l'habit de l'Ordre, qui peuvent avoir été données, sous prétexte de dévotion, à des personnes séculieres, de quelque qualité & condition qu'ils soient, par le présent Chapitre général, ou qui pourroient l'être par le Conseil complet de rétention ;

toutes les permissions de recevoir l'habit d'obedience, accordées par le présent Chapitre géneral au préjudice des Statuts, ou à accorder par les Conseils complets de rétention.

Réservant cependant à l'Eminentissime Seigneur Grand Maître la faculté de donner l'habit de Chevalier de son obedience Magistrale, à quatre personnes, telles qu'il lui plaira de choisir, pourvû qu'il n'y ait que deux Italiens : qu'ils fassent preuve de leur légitimité ; qu'ils n'ont point fait de meurtre ; qu'ils n'ont point vécu dans le dérèglement ; qu'ils n'ont point consommé le mariage ; qu'ils n'ont fait profession dans aucun autre Ordre ; qu'ils ne sont point chargez de dettes ; qu'ils ne sont descendus de Juifs, de Sarrasins, ni d'Héretiques, & qu'ils n'ont jamais fait profession d'aucun art méchanique. Chacun d'eux payera à notre Trésor cent écus d'or à quatorze tarins, pour son passage.

15. Ils ont statué & ordonné en interpretation de l'article vingt-cinq de la Réception des Freres, que l'on ne fera à l'avenir aucune difficulté aux Freres Chevaliers, Chappelains ou Servants d'armes, sur leur état & ancienneté, cinq ans après leur réception dans le Couvent, sans préjudice des droits du Trésor, à l'exception néanmoins du reproche d'être descendu de Juifs, Marranes, Sarrasins ou autres Mahometans, lequel pourra leur être fait & décidé en Justice, en quelque tems que ce soit.

En réformant & corrigeant l'article sept du même titre, ils ont statué & ordonné qu'on ne donnera l'habit, ni recevra à faire profession de l'Ordre, pour quelque degré que ce soit, aucune personne descendue en quelque maniere que ce soit, de Juifs, Maranes, Sarrasins ou autres Mahometans, ou qui que ce soit réputé tel par le bruit commun : si quelqu'un se trouve avoir été reçû de grace, & fait profession en cet état, sa réception sera toujours nulle & de nulle valeur. Si le fait est bien prouvé, il doit être chassé de l'Ordre, & condamné de restituer tous les biens qu'il en a reçûs. Voulant que la présente Ordonnance soit lûe à tous les Novices reçus ou à recevoir, avant de les admettre à la profession, afin qu'ils n'en prétendent, en quelque tems que ce soit, cause d'ignorance.

16. Les mêmes seize Reverends Seigneurs ont révoqué à la requête des vénerables Langues, tous les autres Statuts & Ordonnances faites sur cette matiere, à l'exception de la suivante faite par la venerable Langue d'Allemagne, & ont corrigé le Statut ci-après, comme s'ensuit.

Ceux qui sont nez hors d'un légitime mariage.

Fr. ALOPHE DE VIGNACOUR, MAISTRE.

Nous défendons de recevoir à l'avenir pour Chevalier de notre Ordre aucune personne qui soit née hors d'un légitime mariage, excepté les enfans des Rois & des Princes Souverains, à l'exclusion de tous autres fils illégitimes, même des Ducs & Pairs de France, & des Grands d'Espagne.

17. Les mêmes seize Reverends Seigneurs, sur la demande de la vénerable Langue d'Allemagne, ont statué & ordonné, suivant l'ancienne & louable Coutume qui y a été observée de tout tems, que personne n'y sera reçû, qui ne soit né d'un légitime mariage, fût-il le fils d'un Prince Souverain : voulant que tous les bâtards géneralement en soient exclus à perpetuité.

18. Les mêmes Seigneurs, conformément au précedent Chapitre géneral, ont spécialement & expressément révoqué toutes les graces de Réception accordées ou à accorder, de quelque autorité, & sous quelque prétexte que ce soit, aux bâtards & illégitimes, lesquels ils ont voulu être perpétuellement exclus de l'entrée de l'Ordre, & ne pouvoir être reçûs pour Chevaliers, Chappelains, ni Servants d'armes, à peine de nullité de leur réception, sans préjudice du Statut ci-dessus fait à leur sujet.

19. Les mêmes Seigneurs ont ordonné que les Commissaires qui seront députez dans le Couvent par les vénerables Langues ou Prieurez, & la Châtellenie d'Emposte, pour examiner & faire le rapport des preuves de Noblesse & de la legitimité des Prétendants, en feront le rapport à la Langue, Prieuré ou Châtellenie d'Emposte, dans un mois au plus tard, à compter du jour qu'ils auront été nommez, à peine de vingt-cinq écus d'amende, payables à la venerable Langue, Prieuré ou Châtellenie, & d'en voir nommer d'autres, qui seront sujets à la même obligation & à la même peine.

20. Les mêmes Seigneurs, sur la demande de la vénerable Langue de Provence, ont ordonné que les preuves de Noblesse des Chevaliers, s'y feront de même que dans le vénerable Prieuré de Castille ; outre quoi les Commissaires feront écrire & recevoir les preuves par un Notaire Royal, & qu'ils seront tirez au sort d'une boëte où on aura mis des billets avec les noms de tous les Chevaliers de l'une & de l'autre Langue, qui sont capables de l'être, qui se trouveront dans la Province, & qui auront fait cinq années de residence dans le Couvent, où on tirera de même au sort les Commissaires des Prétendants qui se presenteront pour être reçûs dans cette Langue.

21. Les mêmes Seigneurs, sur la demande des vénerables Langues des Provinces d'Auvergne & de France, ont ordonné que ceux qui voudront être reçus au rang des Freres Chevaliers, ayent à prouver que leurs bisayeuls & bisayeules paternels & maternels étoient Gentilshommes de nom & d'armes, & leurs descendants, & ce par témoignages, titres, contrats, enseignemens ou obéïssances rendues aux Seigneurs ; en outre faire blasonner les armes des quatre lignes, & que les Commissaires pour faire preuve, ayent dix ans d'ancienneté, & cinq ans de résidence conventuelle.

22. Comme la vénerable Langue de France est composée de trois Prieurez, & qu'il peut arriver qu'il ne se trouve pas assez de Chevaliers de l'un de ces Prieurez propres à recevoir les preuves, il leur

est permis d'en prendre d'un autre, dont les noms seront pareillement tirez au fort, pour faire cette seule commission.

23. Les mêmes Seigneurs, sur la demande de la vénerable Langue d'Italie, ont de nouveau statué & ordonné que l'on y observera à l'avenir dans le choix des Commissaires, l'examen des témoins, la révision des preuves au Chapitre Provincial, & les procedures qui se feront dans le Couvent, & outre ce qui est commun aux autres Langues, les formalitez suivantes.

Les Prétendants presenteront au Chapitre Provincial un Mémoire contenant leur nom & leur surnom, ceux de leur pere & de leur mere, & ceux de leurs ayeuls & ayeules paternels & maternels, & leur Patrie. Pour faire le choix des Commissaires, le Chapitre fera écrire les noms des Commandeurs, & des Chevaliers de Justice du Prieuré, qui auront au moins douze ans d'ancienneté, & cinq de résidence dans le Couvent, sur des billets séparez; excepté celui du Lieutenant du Prieuré, qui ne se met point dans la boëte ; on y mettra tous les autres, & on en tirera au sort deux, pour recevoir toutes les preuves qu'il échoira de faire. La boëte fermée à deux clefs restera entre les mains du Prieur ou de son Lieutenant, lequel en gardera l'une; l'autre sera remise au plus ancien Chevalier, afin que si l'un des Commissaires se trouvoit hors d'état d'agir par maladie ou autre empêchement, le Prieur ou son Lieutenant, dans une Assemblée qu'il convoquera, puisse en tirer un autre, pour le substituer à celui qui ne peut agir, de la même maniere qu'il avoit été choisi.

Le Prieur ou son Lieutenant obligera le prétendant de consigner une somme raisonnable pour la dépense des Commissaires, la dépense & les journées du Notaire. Dès que les Commissaires auront reçû la commission, ils se transporteront au lieu de la naissance & de l'origine du Prétendant, où ils auront soin de recueillir les preuves, & de s'informer secrettement des témoins, qu'ils pourront entendre, & qu'ils choisiront eux-mêmes parmi les plus nobles, les plus honorables & les plus vieux habitans du lieu, gens de probité, de bonne réputation, de bonne conscience, & qui fréquentent souvent les Sacremens. Ils suivront exactement le modele des interrogatoires que voici.

Interrogatoires pour examiner les témoins dont on se servira pour les preuves des Chevaliers qui demanderont d'être reçûs dans la vénerable Langue d'Italie.

1. L'on demandera au témoin s'il est compere ou parent en quelque degré, de Monsieur N. dont il s'agit de faire les preuves ? s'il a sçû qu'il devoit être examiné ? si on lui a suggeré ce qu'il devoit déposer ?

2. S'il connoît Monsieur N ? depuis quel tems ? où il est né ? de qui il est fils ? quel âge il a ?

DE L'ORDRE DE S. JEAN DE JERUSALEM. 237

3. Si ledit sieur a été tenu, traité & réputé par ses pere & mere, comme leur fils commun, légitime & naturel ? si ceux qui l'ont connu, l'ont cru tel ?

4. Si les pere & mere dudit sieur ont été conjoints par légitime mariage ? si tous ceux qui les ont connus, ont cru qu'ils étoient véritablement mariez ?

5. Si ledit sieur est descendu d'une famille de tout tems Chrétienne, sans aucun mélange de Juifs, de Mores, de Sarrasins ou d'autres Infideles ?

6. Si ledit sieur est bien sain de corps & d'esprit, sans défaut ni empêchement de sa personne ? s'il est propre à l'exercice des armes ?

7. S'il a travaillé lui-même de quelque art méchanique ? s'il s'est mêlé de trafic ou de marchandise de laine, de soye ou autre ? s'il a été Agent de change ou de banque ? s'il a été Sécretaire ? de quel métier il s'est mêlé ? quelle espece de gens il a fréquenté ?

8. S'il a fait des meurtres ? s'il a été traduit en justice pour quelque crime ? s'il a vécu dans le scandale & dans le desordre ?

9. S'il a fait profession dans quelque autre Ordre Religieux ? s'il s'est marié ? s'il a consommé le mariage ? s'il est chargé de grosses dettes ?

10. S'il est né & descendu noblement du côté de son pere, de son ayeul, & de ses autres ancêtres, de la Maison N.

11. Si Dame N. sa mere est née & descendue du côté de N. son pere, son ayeul & autres ancêtres, de la Maison N ? si cette Maison est noble de nom & d'armes, au moins depuis deux cens ans en çà ?

12. Si Dame N. ayeule paternelle dudit sieur, est née & descendue noblement du côté de N. son pere, son ayeul & ses ancêtres, de la Maison N ? si elle est noble & ancienne comme dessus ?

13. Si Dame N. ayeule maternelle dudit sieur, est née & descendue noblement du côté de N. son pere, son ayeul & ses ancêtres, de la Maison N ? si elle est noble & ancienne comme dessus.

14. S'il sçait que quelqu'une de ces quatre familles, ou même ledit sieur N. occupent des terres, justices, revenus ou autres biens de la Religion ?

15. Si lesdites quatre Maisons, N, N, N, & N, desquelles descend ledit sieur N. sont nobles de nom & d'armes ? si elles sont publiquement reconnues pour telles ? depuis quel tems ? si elles sont toutes originaires de la ville de N ? ou s'il sçait d'où elles sont venues ?

16. Si le pere, la mere & les ayeux paternels & maternels dudit sieur N. étoient légitimes & naturels, communément reconnus pour tels, de tous ceux qui les connoissoient ?

17. Si les hommes de ces familles ont toujours vécu & vivent encore noblement de leurs revenus, & d'une maniere à se distinguer du peuple, sans avoir pratiqué aucun métier vil & méchanique ?

Gg iij

18. S'ils ont rempli de tems en tems, & s'ils rempliſſent encore dans la Ville des Charges, des Magiſtratures, des Dignitez & des Emplois de diſtinction qui ne ſe donnent ordinairement qu'à de véritables Gentilshommes ? quels étoient ou ſont ces gens-là ? quelles armes ils portoient ? où ils les ont vûes ? depuis quel tems ?

19. Si dans la nomination, élection & diſtribution de ces Charges, Magiſtratures, Dignitez & Emplois de conſequence, il ne ſe fourre point quelquefois des perſonnes de baſſe naiſſance, & nullement nobles ?

20. Si le pere, la mere, les ayeuls & les ayeules dudit ſieur N. ſont tombez dans quelque crime, qui ait pû répandre une tache ſur leur Nobleſſe ?

21. Si dans cette Ville l'on n'aggrege pas quelquefois à la Nobleſſe des familles roturieres ? ſi les quatre familles en queſtion ne ſont pas du nombre des aggregées, & depuis quel tems ?

22. Si le témoin ſçait tout ce qu'il a dépoſé, de ſcience certaine, par oui-dire, ou pour l'avoir trouvé par écrit ? qui ſont les autres Gentilshommes, qui peuvent en être informez ?

Après que le Notaire aura redigé & ſigné de ſa main toutes ces dépoſitions, les Commiſſaires y ajouteront leurs avis en termes clairs & intelligibles, ſans s'en remettre au Chapitre : s'ils ne le veulent pas faire, ils expliqueront du moins la cauſe de leur refus : ils les fermeront & cacheteront au dedans & au dehors de leurs cachets, afin que perſonne ne puiſſe en avoir communication que le Chapitre géneral ; & après les avoir fait ſigner par ceux qui y ſeront intervenu, on les fermera encore & les cachetera, pour les envoyer au Couvent, à la Langue d'Italie, avec une lettre ſéparée, ou un certificat portant que les preuves ont été vûes & examinées au Chapitre Provincial, ſans quoi elles ne ſeroient reçûes, ni dans la Langue, ni dans le Conſeil.

Toutes les preuves qui ſe trouveront faites ſans ces formalitez, ſeront nulles, & ne ſeront reçûes en maniere quelconque. Si un Frere a manqué de faire les requiſitions dûes aux Commiſſaires pour faire ſes preuves, ou que l'on n'ait pas bien obſervé le contenu au préſent Statut, ni fait les interrogatoires ci-deſſus preſcrits, enſorte que ces preuves puſſent ſouffrir conteſtation, il en ſera pour toute la dépenſe qui y aura été faite, & qui ſe fera dans celles qu'il faudra recommencer, & ſera tenu de payer au Tréſor une amende de cent écus d'or en or, juſqu'au payement de laquelle il ſera incapable, comme débiteur du Tréſor.

Dès que les preuves ſeront préſentées à la Langue, elle députera des Commiſſaires tirez au ſort, leſquels après les avoir vûes, en feront lecture dans l'Aſſemblée de la Langue.

Déclarons en outre que le contenu au Statut de Monſeigneur le Cardinal Grand Maître Verdale, qui parle de la marchandiſe, ne s'étend pas au de-là de la personne du prétendant, & que l'on n'aura aucun égard au commerce qu'auront fait son pere ni ses parens dans les villes de Genes, de Florence, de Pise & de Lucques.

23. La vénérable Langue d'Italie a encore souhaitté qu'il fût ajoûté, que dans les Chapitres & Assemblées Provinciales, avant de députer des Commissaires pour faire les preuves, on en nomme d'autres pour reconnoître les titres que le Prétendant voudra produire, pour la preuve de sa Noblesse : dès qu'ils auront été sommairement examinez, on nommera les autres Commissaires.

24. Les mêmes Seigneurs ont confirmé l'Ordonnance capitulaire faite au précedent Chapitre, qui permet à la vénérable Langue d'Italie, de ne recevoir de dix ans aucun Frere Servant, & l'ont prolongée jusqu'au premier Chapitre géneral, avant lequel on n'y recevra aucun Frere Servant.

25. Les mêmes Seigneurs, sur la demande de la même Langue, ont ordonné que l'on ne payera pas plus de trois écus d'or par jour à chacun des Commissaires qui seront députez pour aller recevoir les preuves pour leur dépense & celle de leurs domestiques, & la moitié au Notaire qui les écrira. Les Commissaires feront état au bas de leur procès verbal, de ce qu'ils auront reçû : lorsqu'il sera porté au Couvent, le Président fera voir ce qu'il leur avoit avancé : s'il se trouve qu'ils en ayent plus reçû que ne porte leur taxe, les Commissaires, ou celui d'entre eux qui se trouvera coupable, outre la restitution de cet excedent, seront desormais regardez comme incapables de faire des preuves ni des ameliorissemens, & le Prétendant qui n'aura pas découvert la verité, perdra trois ans de son ancienneté, dont ses Fiarnauds profiteront.

Voulans que cette Ordonnance soit inserée dans toutes les commissions, pour recevoir les preuves ; afin que personne n'en prétende cause d'ignorance, à l'égard du Prieuré de Lombardie, où les vivres sont devenus plus chers à cause de la guerre, les Commissaires qui feront les preuves, pourront encore prendre un écu d'or par jour jusqu'au premier Chapitre géneral.

26. Les mêmes Seigneurs, sur la demande du vénérable Prieur de Castille & de Leon, ont ordonné que ceux qui se présenteront pour y être reçûs devant le Prieur & le Chapitre Provincial, exposeront leur dessein dans une Requête, après la lecture de laquelle ils déclareront le lieu où ils sont nez, les noms & surnoms de leurs peres, de leurs meres & de leurs ayeuls & ayeules des deux côtez, & d'où ils sont originaires, & en laisseront un mémoire entre les mains du Sécretaire du Chapitre, lequel est obligé de leur garder le secret, avec une somme d'argent pour satisfaire aux frais des preuves, telle qu'elle aura été reglée par le Prieur & le Chapitre.

Le Prieur & le Chapitre députeront ensuite si secretement que le Prétendant n'en puisse être informé, deux Freres Chevaliers pour Commissaires, l'un desquels doit être Commandeur, gens prudens,

& exacts, pour recevoir les preuves, aufquels ils enjoindront, fous
telles peines qu'ils jugeront à propos, de fe tranfporter fans excufe
ni délai, après qu'ils auront prêté le ferment de bien & fidelement
s'acquitter de leur commiffion, dans le lieu de la naiffance du Prétendant, de fes parens & ayeuls, pour s'informer fecretement de fa
Nobleffe, & s'il a toutes les autres qualitez requifes par nos Statuts,
dreffer procès verbal écrit & figné de leurs mains, contenant tout
ce qu'ils auront découvert, auquel ils joindront leur fentiment fur
la validité ou invalidité des preuves, en feront un pacquet qu'ils
cacheteront de leurs cachets, & l'enverront par une voye bien
fûre au Prieur & au Chapitre, où le tout fera lû & examiné. Si le
Chapitre trouve les preuves bonnes & bien faites, il les remettra
au Prétendant, pour pourfuivre fa réception, & lui fera rendre le
furplus de fon argent, s'il fe trouve qu'il en ait trop avancé, le tout
à peine de nullité. Voulans au refte que l'on continue d'obferver
les mêmes formalitez que par le paffé, pour tout ce qui concerne la
confection des preuves, & que le préfent Statut foit inferé dans
toutes les commiffions qui s'expedieront deformais à cet effet.

Défendent aux mêmes Commiffaires de laiffer imparfaites celles
qu'ils auront une fois commencées, de loger, boire ni manger dans
la maifon du Prétendant, de fes parens, ni d'aucune perfonne fuf-
pecte de le favorifer : ils font au contraire obligez de fe déguifer,
autant qu'ils pourront, afin d'executer leur commiffion fans donner
lieu à la moindre fufpicion. Laiffent enfin au Prieur & au Chapitre
Provincial l'autorité de régler l'honoraire defdits Commiffaires,
lequel neanmoins ne pourra être moindre que de 40 reaux de Caftille,
pour chacun d'eux par jour, à proportion du tems qu'ils auront été
obligez d'y employer.

27. Les mêmes Seigneurs, à la priere dudit Prieuré de Caftille &
& de Leon, ont ordonné pour ledit Prieuré feulement, que dorenavant nul Commandeur ni Chevalier ne fera commis pour recevoir les preuves des Chevaliers Chapelains ou Servans d'armes,
s'il n'a douze années d'ancienneté, & cinq de réfidence dans le
Couvent : que l'original de ces preuves y foit porté, & qu'il y en
foit retenu une copie en bonne forme, pour prévenir les doutes &
les difficultez qui en pourroient naître, laquelle copie fera mife dans
l'archive, comme de coutume, pour y être ajoutée foi pleine &
entiere.

Que les Commiffaires députez pour recevoir les preuves de Nobleffe & d'ameliorifement foient tirez au fort entre les Freres Chevaliers feulement : que les Prieurs conventuels envoyent chaque
année au Secretaire dudit Chapitre, une lifte de ceux qui fe trouveront en état d'être choifis.

29. Les mêmes Seigneurs, à la priere du venerable Prieuré de
Portugal, ont défendu de délivrer dans les Chapitres ou Affemblées
Provinciales, aucune commiffion pour recevoir les preuves des Che-
valiers.

DE L'ORDRE DE S. JEAN DE JERUSALEM. 241

valiers, que le prétendant ne leur ait présenté sa généalogie, celle de son pere ou celle de son frere, à son choix, nonobstant ce qui a été ordonné dans le Chapitre géneral de 1578, qu'il seroit obligé de justifier du moins quatre degrez de noblesse, du côté paternel, bien reconnus dans le Livre du Roi ; à peine de payer par le Président qui aura signé la commission, sans avoir vû la genealogie, telle qu'elle est ci-dessus specifiée, deux cens écus au commun Trésor.

30. Les mêmes Seigneurs corrigeant le vingtiéme article du même titre, ont ordonné que les Commissions, pour les preuves des Chevaliers, des Chapelains, & des Freres Servans d'armes de toutes les vénérables Langues, doivent être demandées & expediées dans les Chapitres Provinciaux, ou dans les Assemblées Provinciales qui doivent se tenir six mois après, dans lesquels Chapitres ou Assemblées l'on pourra encore recevoir & expedier tout-à-fait lesdites preuves.

Si par accident on manquoit une année sans tenir Chapitre dans quelque Prieuré, on pourroit y convoquer deux Assemblées pour le même effet, l'une au mois de Mai, l'autre en Novembre ; ôtant au vénérable Conseil ordinaire le pouvoir de délivrer aucune commission pour faire les preuves, à peine de nullité. A l'égard de celles qui ont été déja faites & examinées par l'Assemblée, elles subsisteront pourvû qu'en tout le reste on les trouve bonnes & valables.

31. Les mêmes Seigneurs ont ordonné que si quelques preuves de noblesse, ou de légitimité étoient refusées dans le Chapitre ou l'Assemblée Provinciale, & que le Prétendant demandât qu'elles lui fussent remises, on n'en fera pas de difficulté, après néanmoins en avoir tiré une copie collationnée à ses dépens, pour être mise dans l'archive du Chapitre Provincial, & les avoir enfermées, sous le sceau du même Chapitre, sans préjudice de l'usage de la vénérable Langue ou Prieuré d'Allemagne qui s'observera comme d'ancienneté.

32. Les mêmes Seigneurs ont défendu de donner à l'avenir dans les Chapitres ou Assemblées Provinciales, des commissions de recevoir les preuves des Chevaliers, Chapelains ou Servans d'armes, que les prétendans ne s'y soient eux-mêmes presentez, afin que l'on connoisse s'ils sont sains d'esprit & de corps, en bonne santé, s'il ne leur manque aucun membre, s'ils sont propres à être appliquez au Service Divin, ou à l'exercice des armes, pour lequel ils se présentent. S'il leur manquoit quelqu'une de ces qualitez, il leur seroit inutile de faire des preuves.

33. Les mêmes Seigneurs ont défendu de délivrer dorénavant de commissions pour faire les preuves de noblesse des Chevaliers, ou de légitimité pour les Servans d'armes, qu'ils n'ayent du moins seize ans, & qu'ils n'ayent rapporté leur acte baptistaire en bonne forme pour le justifier ; déclarant que l'âge de dix-sept & de dix-huit ans, porté par l'article 13. du titre de la réception des Freres, est conve-

nable à l'instruction des preuves, & à l'examen & revision que l'on doit en faire dans les Chapitres & Assemblées Provinciales auſquelles elles doivent être preſentées, enſuite de quoi le Prétendant pourra les porter lui-même au Couvent en bonne forme.

34. Mais d'autant que, nonobſtant l'acte baptiſtaire qui devroit marquer certainement l'âge du Gentilhomme Prétendant, il paroît quelquefois beaucoup plus jeune, d'où il s'enſuit, ou que l'acte baptiſtaire eſt faux, ou que le Prétendant eſt un nain peu propre aux fonctions militaires, les mêmes Seigneurs, pour éviter cet inconvenient, ont ordonné que les Préſidens des Chapitres ou Aſſemblées Provinciales, qui n'auront pas été bien certains, ſur la foi de l'extrait baptiſtaire, que le Prétendant ait effectivement ſeize ans complets, & qui n'auront pas laiſſé de faire délivrer des commiſſions pour faire les preuves, payeront trois cens écus d'or d'amende au commun Tréſor ; & les Commiſſaires qui les auront reçûes, chacun cent, deſquels ils ſeront réputez débiteurs, juſqu'à ce qu'ils ayent effectivement payé, & incapables de recevoir des bienfaits de la Religion.

Dès que le Prétendant ſera arrivé au Couvent, avant ou après qu'il aura été preſenté à la Langue ou au Prieuré, il le ſera encore par le Pilier de ſa Langue au premier Conſeil qui ſe tiendra pour les affaires de l'Ordre ; & s'il ne paroît pas à ſa figure, qu'il ait effectivement l'âge porté par ſon acte baptiſtaire, il ne jouira ni de l'ancienneté, ni de la table ou ſolde, juſqu'au tems qui lui ſera marqué pour cela, par le vénérable Chapitre. Ses Fiarnauds auront pendant cinq ans la liberté de lui faire cette objection, & de la juſtifier, pour lui faire perdre autant de ſon ancienneté. Ajoutez que dans les trois vénérables Langues de France, les extraits baptiſtaires des Prétendans doivent être compulſez ſur les Regiſtres des Paroiſſes par l'Evêque, ſon Vicaire, ou ſon Official, leſquels Regiſtres ſeront encore préſentez aux Commiſſaires auſquels il eſt enjoint ſur leurs conſciences de les bien examiner.

35. Les mêmes Seigneurs, en confirmant l'article 18. du même titre, défendent de donner l'habit de l'Ordre à aucun Novice, qui pendant le Noviciat aura paru déreglé en ſes mœurs & en ſa conduite : ils ſe ſont déchargez là-deſſus, ſur la conſcience des Commiſſaires du Noviciat.

36. Les mêmes Seigneurs ayant fait attention aux inconveniens qui ſuivoient la précipitation avec laquelle on donnoit l'habit de la Religion à des enfans, ont défendu de le donner à l'avenir à aucun enfant, en quelque état qu'il ſe trouve, quand il ſeroit même Page du Grand Maître, lequel à la fin de ſon Noviciat, ne ſe trouvera pas en âge de faire la profeſſion, ſans quoi nul ne ſoit ſi hardi que de porter la Croix de toile ſur ſon habit dans le Couvent, ni au dehors, à peine de perdre deux ans de ſon ancienneté en faveur de ſes Fiarnauds, à l'exception des Pages qui ſont actuellement

DE L'ORDRE DE S. JEAN DE JERUSALEM. 243
dans le Couvent au service de l'Eminentissime Grand Maître.

37. Les mêmes Seigneurs ont ordonné que tous ceux qui viendront au Couvent, dans le dessein de recevoir l'habit, le reçoivent aussi-tôt que l'année de leur Noviciat sera finie, & fassent profession expresse de vivre & mourir dans l'Ordre, lequel ils ne pourront néanmoins commencer, qu'ils n'ayent quinze ans complets. S'il paroît par des actes bien registrez en la Chancellerie, qu'ils ayent été avertis un mois auparavant par les Maîtres des Novices, qu'ils devoient faire profession un mois après, ce qui demeure à la disposition & à l'arbitrage du Grand Maître, & qu'il n'ait tenu qu'à eux de faire profession, & de recevoir l'habit, ils seront censez, après ce terme expiré, avoir perdu l'ancienneté qu'ils auroient acquise dès ce tems-là, laquelle ne commencera de courir, à leur égard, que du jour qu'ils auront reçu l'habit, à quoi ils ne seront admis, qu'après avoir rempli toutes les conditions requises par les Statuts & Ordonnances capitulaires.

38. Les mêmes Seigneurs, en conformité de la derniere Bulle du Pape, ont ordonné que le Noviciat des Freres de la vénerable Langue d'Allemagne, se fera entierement en ce pays-là ou au Couvent, sans le partager.

39. Les mêmes Seigneurs, pour plusieurs raisons à eux bien connues, ont permis à tous ceux qui viendront au Couvent, des frontieres du vénerable Prieuré de Bohême, afin de s'enrôler dans la Religion, pour être Chevaliers, Chapelains ou Servans d'armes, de ne faire que six mois de Noviciat, à compter du jour qu'ils seront arrivez.

40. Les mêmes Seigneurs en expliquant l'art. 13. du même titre, où il est parlé des Pages de l'Eminentissime Grand Maître, ont ordonné après le scrutin des ballotes, qu'elle pourra en augmenter le nombre jusqu'à seize, lesquels doivent avoir douze ans complets, & ne peuvent être reçus, qu'ils ne soient venus au Couvent, pour servir personnellement & continuellement Son Eminence, jusqu'à ce qu'ils sortent de Page, à quinze ans passez, & qu'ils entrent au Noviciat. Son Eminence pourra en prendre d'autres, à proportion qu'ils y passeront. Quand ils auroient plus de douze ans, ils ne laisseroient pas d'être reçus Pages, & de servir Son Eminence, jusqu'à quinze ans complets, pour aller de même au Noviciat, en sorte neanmoins qu'il n'y ait jamais plus de seize Pages, & que la réception de chacun soit marquée sur les Regiftres de la Chancellerie, le tout à peine de nullité, sans qu'aucun d'eux puisse se prévaloir autrement de l'ancienneté, & des prétendus privileges des Pages Magiftraux.

41. Les mêmes Seigneurs, après le scrutin des ballotes, ont moderé la confirmation faite au présent Chapitre géneral, au sujet des réceptions des Pages de l'Eminentissime Grand Maître, faites depuis la publication du Chapitre géneral de 1612, & observées jus-

H h ij

qu'à préſent, leſquelles ils ont confirmées pour ce qui regarde l'ancienneté & la réſidence ſeulement. A l'égard de la taxe de 250 écus d'or en or, qu'ils doivent payer au Tréſor, outre le paſſage ordinaire, les privileges de minorité, ſuivant la conſtitution du precedent Chapitre géneral, ſont toujours entendus ſans préjudice du Tréſor, lequel a déja un droit acquis contre ceux qui n'ayant pas ſervi le Seigneur Grand Maître pendant toute leur quinziéme année, en ont autant perdu du privilege des Pages Magiſtraux, aux termes de l'Ordonnance précédente.

Au moyen de quoi leſdits Seigneurs ont ſtatué & ordonné, que tous leſdits Pages, qui n'auront pas entierement accompli le tems de leur ſervice, ſeront obligez, nonobſtant ladite confirmation, de payer la taxe de 350 écus d'or, en or, outre le paſſage ordinaire, dans trois ans, à compter du jour de la publication de la préſente Ordonnance, dans le Couvent, entre les mains du Conſervateur conventuel, ou dans les Prieurez, en celles des Déposſitaires & Receveurs du commun Tréſor : faute de quoi ils ſeront réputez débiteurs, & incapables, juſqu'à ce qu'ils y ayent entierement ſatisfait.

Réſervant cependant à l'Eminentiſſime Grand Maître, le pouvoir de faire telle grace qu'il lui plaira à douze deſdits Pages préſens auprès de ſa perſonne, ou abſens, à l'égard du préſent Statut. Commettant le vénerable Frere Juſte de Fay Gerlande, Prieur d'Auvergne, & les Freres Jerôme Zati, Melchior Duretta, & Everard de Stein, pour conjointement avec Son Eminence, faire les diligences néceſſaires pour tirer des Regiſtres ou autres Livres qu'il appartiendra, les noms & ſurnoms deſdits Pages qui n'ont pas entierement fait leur ſervice, pour en former un catalogue qu'ils dépoſeront à la vénerable Chambre des Comptes, afin qu'elle puiſſe impoſer à chacun d'eux ce qu'ils ſont obligez de payer, ſuivant la préſente Ordonnance.

42. Les mêmes Seigneurs ont défendu de recevoir dans les Langues ou les Prieurez, aucun de ceux qui ſe préſenteront pour être reçûs Freres Chapelains, qu'il n'ait été approuvé par la vénerable Aſſemblée des Chapelains, bien & dûement informée de ſa ſuffiſance : à condition qu'il ne ſera point reçû, qu'il n'ait pour lui les trois quarts des ſuffrages des Opinans, en ſorte que l'autre quart ne puiſſe empêcher ſa réception.

43. Les mêmes Seigneurs ont caſſé & annullé les Ordonnances qui preſcrivent les formalitez à obſerver dans la réception des Chapelains & des Servans d'armes, au ſujet des preuves, & ordonné l'obſervation de l'art. 18. du même titre, voulant qu'ils ſoient encore obligez de prouver que leurs ayeuls & ayeules paternels & maternels, étoient deſcendus de légitimes mariages.

44. Les mêmes Seigneurs ont ordonné que l'habit de l'Ordre, qu'il étoit autrefois permis de donner aux Chapelains d'Obedience,

pour desservir les Eglises des Commanderies, suivant les articles 29 & 30. du même titre, ne pourra être desormais donné qu'à des Prêtres approuvez par leurs Ordinaires, qui soient de bonne vie & mœurs, lesquels seront tenus, dans les Prieurez de la vénerable Langue d'Italie seulement, de faire une année de Noviciat, en la maniere qui leur sera prescrite par les Prieurs, avant d'être admis à la profession réguliere.

45. Les mêmes Seigneurs, pour bonnes causes & considerations, concernant le bien général de la Religion, ont défendu de recevoir aucun Frere Chapelain ou Servant d'armes, jusqu'à la célebration du prochain Chapitre général, hors des limites de la Nation de laquelle il se trouvera ; en sorte que ni dans le Couvent, ni au dehors, on ne pourra recevoir aucun Frere Chapelain ou Servant d'armes que dans la Langue ou le Prieuré où ils sont nez. Au moyen de quoi ils ont rejetté & ordonné être rejettées toutes les suppliques qui ont été présentées au present Chapitre général, & lui ont ôté tout pouvoir de les retenir, & à tout autre Tribunal d'en connoître jusqu'au prochain Chapitre général. Révoquant expressément toutes les graces qui pourroient avoir été faites là-dessus par le present Chapitre général aux Chapelains & aux Servans d'armes, lesquelles ils déclarent nulles.

46. Et dautant qu'il s'est introduit differens abus dans la concession de l'habit d'obédience aux Freres Chapelains sous prétexte du service des Commanderies, sur-tout dans quelques Prieurez de la vénerable Langue d'Italie, où on en a reçû un trop grand nombre, les mêmes Seigneurs ont commis le vénerable Frere Nicolas *della Marra*, Prieur de Messine, & Frere *Signorin Gattinara*, Prieur de Sainte Euphemie, pour s'informer exactement, le plûtôt que faire se pourra, du nombre des Chapelains répandus dans ce Prieuré & dans les Commanderies & dépendances, & de celui qui est nécessaire pour les desservir. Ils en feront leur rapport à un Conseil complet de rétention qui en limitera le nombre, au-delà duquel on n'en recevra plus, qu'à mesure qu'il en manquera. On observera au surplus les Statuts Capitulaires.

47. Les mêmes Seigneurs ont ordonné que lorsque les Chevaliers d'obédience Magistrale, & autres Freres d'obédience demanderont quelque Charge de Frere Conventuel, ils seront obligez de faire voir qu'ils ont toutes les qualitez qui y sont nécessaires, suivant les Statuts & Ordonnances capitulaires, sans quoi ils demeureront dans leur premier état.

48. Les mêmes Seigneurs ont révoqué toutes les graces faites par le present Chapitre général, ou qui pourroient être faites ci-après par le Conseil complet de rétention, de quelque reception que ce puisse être au degré de Chevalier, tant aux Séculiers, qu'aux Freres Servans reçûs dans leurs Langues ou Prieurez au rang des Freres Chevaliers : Voulant que tous restent soumis à la disposition des Statuts, & se tiennent dans leur Ordre. Ils ont à cet effet rejetté toutes

les fuppliques qui peuvent refter à décreter, avec défenfes d'en parler dans le Confeil de rétention, ni ailleurs, à l'exception de la grace qui a été accordée à Frere Sebaftien Proft à la priere de la vénerable Langue d'Auvergne.

49. Les mêmes Seigneurs ont ordonné que tous ceux qui feront reçûs Freres Chevaliers par l'autorité du prefent Chapitre géneral, ou qui le feront ci-après, de quelque maniere que ce foit, avec difpenfe d'âge, ou avant feize ans accomplis, à l'exception des Pages de l'Eminentiffime Grand Maître, qui auront payé le paffage à l'ordinaire, payeront au commun Tréfor, tant pour la difpenfe, que pour le paffage, mille écus d'or à quatorze tarins piece, ou leur valeur, entre les mains du Receveur conventuel, ou des Dépofitaires ou Receveurs des Prieurez, dans un an après la conceffion de la difpenfe, lequel terme pourra être prorogé d'un an par un Confeil complet de rétention, & en rapporteront la quittance paffée par devant Notaire ; faute de quoi ils ne jouiront point de la difpenfe, ni de leur Réception. S'ils ont payé cette fomme, elle fera dès lors acquife au Tréfor, qui ne fera tenu de la reftituer, en quelque cas, ni pour quelque caufe que ce puiffe être. Déclarant que lefdits mineurs ainfi difpenfez, ne font pas obligez de venir au Couvent, qu'ils n'ayent feize ans complets : s'ils y viennent auparavant, le Tréfor ne leur fournira ni la table, ni la folde. Ils payeront encore cinquante écus à douze tarins piece, à la Langue pour leur Réception.

50. Dautant que le Chapitre géneral a renvoyé aux mêmes Seigneurs toutes les fuppliques de ceux qui prétendent être reçûs Chevaliers avec difpenfe d'âge, dont on a fait une lifte, ils leur ont accordé à tous la grace par eux demandée, à la charge de faire leurs preuves, conformément aux Statuts du préfent Chapitre ; en forte que leur ancienneté dans la Langue ou Prieuré dans l'étendue duquel ils font nez, courra depuis qu'ils auront atteint l'âge de fix ans complets, en payant au Tréfor mille écus d'or à quatorze tarins piece pour leur paffage, aux termes de la précedente déclaration. Voulant que dès qu'ils auront préfenté au Couvent à la Chambre des Comptes la quittance de cette fomme payée dans un an, à compter de ce jourd'hui fept de Juin, jour de la publication du préfent Chapitre, & que leurs preuves de Nobleffe auront été reçûes dans le Couvent, on leur expedie le privilege de porter la petite Croix d'or de notre Ordre pendue au col.

Déclarant que tous ceux qui auront payé dans ledit terme les mille écus d'or de paffage, & qui fe trouveront avoir fix ans complets, foient tous d'un paffage, & comprent leur ancienneté de ce jour : Ordonnant que les Prieurs ou leurs Lieutenants, dès qu'ils en auront vû la quittance, convoquent l'Affemblée pour la réception des Prétendants, aufquels ils en délivreront un acte fuivant les Etabliffemens, les Ordonnances capitulaires, & les louables Coutumes des vénerables Langues & Prieurez, parcequ'ils ne peuvent

DE L'ORDRE DE S. JEAN DE JERUSALEM. 247
leur faire aucune grace au sujet des preuves ni des limites, mais
seulement de l'âge, & ont ordonné aux nouveaux reçûs de venir
au Couvent dans la vingt-cinquiéme année de leur âge, pour faire
leur Noviciat & la Profession dans leur vingt-sixiéme année; faute
de quoi ils seront privez de leur ancienneté en faveur de leurs
Fiarnauds.

51. Les mêmes Seigneurs, après le scrutin des ballotes, ont pareillement reçû tous ceux qui avoient donné leurs suppliques au présent Chapitre, pour être reçûs avec dispense d'âge au rang des Freres Servans d'armes, dans les Langues où ils étoient nez, les noms & surnoms desquels étoient contenus dans la liste, en payant aux Officiers du Trésor pour la dispense huit cens écus d'or à quatorze tarins piece, & le passage dans un an ou deux; si leur terme se trouve prorogé par le Conseil complet de rétention, sur la quittance duquel & autres conditions expliquées dans les deux Statuts précedens, ils commenceront de jouir de leur ancienneté, on ne leur accordera point le privilége de porter la Croix d'or pendue au col. Ils seront également tenus de payer aux vénerables Langues la taxe de cinquante écus à douze tarins par écu, comme les enfans qui auront été reçûs Freres Chevaliers.

52. Les mêmes Seigneurs, sur la priere de la vénerable Langue d'Allemagne, ont ordonné que les preuves de Noblesse des Freres Chevaliers se feront non-seulement sur l'arbre genealogique qui a été autrefois envoyé par le Chapitre Provincial, mais qu'elles s'étendront jusqu'aux seize quartiers des ayeules, suivant l'ancienneté & louable coutume de ce vénerable Prieuré.

53. Les mêmes Seigneurs après le scrutin des ballotes ont ordonné qu'à l'avenir tous ceux qui seront reçûs dans l'Ordre pour Freres Chapelains conventuels, Prêtres, Diacres ou Soudiacres, payeront 200 écus d'or en or, comme payent les Frs Servans d'armes, & les Clercs 100 écus d'or. Défendant de recevoir jusqu'au prochain Chapitre géneral, dans quélque Langue ou Prieuré que ce soit, ni Prêtres, ni Diacres, ni Soudiacres, mais seulement des Clercs jusqu'au nombre de vingt-un, qui ayent du moins dix ans, mais qui n'en ayent pas plus de quinze, sept desquels seront François, cinq Italiens, six Espagnols, & trois Allemands, lesquels à proportion qu'ils seront promûs aux Ordres sacrez, pourront être remplacez par d'autres, sans jamais passer ledit nombre de vingt-un. Ils ont dispensé de ce payement ceux qui servent actuellement dans la grande Eglise conventuelle; sçavoir, François & Etienne Pradal, Jean le Grand, Michel Dupas & Philippe Ortiz, lesquels ils ont voulu être compris dans le nombre des vingt-un, & dans le nombre assigné à chaque Nation.

54. Les mêmes Seigneurs ont révoqué toutes les graces faites par le présent Chapitre géneral, ou à faire par les vénerables Conseils de rétention, pour la réception des Freres Chapelains, Prêtres, Diacres, Soudiacres & Clercs, excepté celles qui ont été faites à

Dominique la Hoz, & Michel Pomar, Prêtres Aragonnois, & à Bernard Nichet neveu du Camerier Major de son Eminence, lequel sera neanmoins compris dans les vingt-un, & à Antoine Faria de Magallais, Portugais, à la charge de faire par eux les preuves nécessaires, & de payer le passage, tel qu'il est établi par la presente Ordonnance.

DE L'EGLISE.

TITRE III.

1. Les mêmes Seigneurs ont confirmé aux vénerables Langues la distribution des Chapelles qui sont dans la grande Eglise conventuelle de Saint Jean Baptiste notre Patron, telle qu'elle fut faite au Chapitre général de 1603, avec la déclaration faite dans le suivant & dernier Chapitre, au sujet de la Chapelle qui est à main droite, appellée ci-devant *de la Colonne du Seigneur*, & à present *des trois Rois*, laquelle appartient à la vénerable Langue d'Allemagne, & qui doit lui être conservée. Si l'Angleterre revient jamais au giron de la Sainte Eglise Catholique, le vénerable Conseil pourra pourvoir de Chapelles la vénerable Langue de cette Nation, suivant ses anciennes prééminences, par l'autorité du Chapitre général ; s'en remettant à la conscience des Piliers & des Procureurs des vénerables Langues, de pourvoir à l'execution & à l'observation des Statuts faits par ledit Chapitre général pour la distribution des Chapelles.

2. Les mêmes Seigneurs ont ordonné que toutes les fois que le bien Reverend Prieur de l'Eglise, ou son Vice-Prieur voudront faire des plaintes dans l'Assemblée des Chapelains, de quelqu'un d'entr'eux peu assidu au Service divin, ou accusé d'avoir péché contre les bonnes & louables coutumes de l'Ordre, refusé d'obéir au Prieur ou au Vice-Prieur, ou fait quelqu'autre chose qui mérite punition, lesdits bien-Reverend Prieur ou Vice-Prieur, ne seront point obligez de se retirer de l'Assemblée après les avoir faites, parcequ'ils n'y ont aucun interêt particulier : ils assisteront au Jugement, afin que l'on y rende aux accusez la justice qui leur est dûe, suivant les Statuts capitulaires. Défendant neanmoins au bien-Reverend Prieur & au Vice-Prieur de se mêler d'aucune affaire qui soit de la competence du Grand Maître & du Conseil.

3. Les mêmes Seigneurs, après le scrutin des ballotes, ont révoqué toutes les graces accordées par le present Chapitre général, ou qui pourroient se faire ci-après dans les rétentions, pour dispenser des Chapelains de l'assistance du Chœur, toutes lesquelles seront de nulle valeur.

4. Les mêmes Seigneurs ont ordonné que toutes les propositions se feront dans les vénerables Assemblées des Chapitres, par le bien
Reverend

DE L'ORDRE DE S. JEAN DE JERUSALEM. 249
Reverend Prieur de l'Eglife, auquel appartiendra la nomination des Officiers, qui devront être choifis, changez, confirmez, ou fubrogez, ou autres affaires femblables. Déclarant nul tout ce qui fe fera fait au préjudice de fes droits.

5. Les mêmes Seigneurs ont enjoint au bien-Reverend Prieur de faire ou faire faire chaque année la vifite de l'Eglife & de l'Infirmerie, & de tout ce qui eft confacré au Service divin; de s'informer fi les Sacremens font bien dévotement adminiftrez aux malades, fi on y dit régulierement la Meffe, & de corriger tout ce qu'il y trouvera de défectueux.

6. Les mêmes Seigneurs ont ordonné aux Freres Chapelains de notre Eglife conventuelle, d'aller du moins une fois le mois, fi le tems y eft propre, en proceffion à l'Infirmerie, comme on avoit autres fois accoutumé, fans qu'aucun puiffe s'en difpenfer, à peine de perdre leur diftribution d'une femaine, laquelle fera portée aux pauvres prifonniers, enjoignant au bien-Reverend Prieur, & à fes Prudhommes d'y tenir la main.

7. D'autant que les Saints Peres ont fagement introduit les Indulgences dans l'Eglife, que l'on doit exactement obferver & gagner, les mêmes Seigneurs ont ordonné qu'aux Prônes des Dimanches où on annonce les Fêtes & les jeûnes, on annonce auffi les Indulgences que les Freres pourront gagner dans notre Eglife, dans celle de l'Hôpital & autres lieux de dévotion.

8. Comme l'Ecriture fainte fait mention de l'honneur que l'on rendoit aux corps & aux reliques des Saints, dès le commencement de l'Eglife, les mêmes Seigneurs ont ordonné que l'on conferve celles que nous avons en tout honneur & reverence, & défendu de les tranfporter d'un lieu à un autre, fans la permiffion expreffe du Chapitre general. Et d'autant que la plûpart font affez mal enchâffées, ils ont permis aux Prieurs & aux Baillis d'employer le prefent qu'ils font tenus de faire à l'Eglife, à faire faire des Reliquaires d'or & d'argent, même à tous les Religieux qui en auront la dévotion, d'y faire graver leurs noms & leurs armes.

9. Les mêmes Seigneurs ayant confideré que le nombre des Meffes, dont les fondations ont été acceptées jufqu'ici par la vénerable Affemblée des Chapelains, eft tellement augmenté, que fi on continuoit d'en accepter, il feroit impoffible de les acquitter, ont défendu de plus accepter de pareilles fondations jufqu'au prochain Chapitre general, excepté celles de fon Eminence.

10. Ils ont encore ordonné que l'on continuera dans l'Eglife conventuelle de S. Jean-Baptifte notre Patron, la Chapelle du chant figuré, les jours de Fête folemnelle, des anniverfaires des Grands-Maîtres, & autres jours qu'il plaira au bien-Reverend Prieur de l'Eglife, & que le Grand Maître aura pleine autorité fur le Maître de cette Chapelle, fes Chantres & fes Muficiens, pour les changer, réformer, corriger & regler les Apointemens qui leur feront payez par

Tome IV.   Ii le Trésor, pourvû qu'ils ne passent pas soixante écus par mois, y compris ceux du Maître de Chapelle & de l'Organiste ; enjoignant de les réduire incessamment à cette somme. Défendant, sous telle peine qu'il écherra, au Maître de Chapelle & aux Musiciens, de porter au Chœur & autres lieux destinez à chanter les louanges du Seigneur, aucune sorte d'armes, & leur ordonnant de s'y trouver en soutane & en surplis.

11. Ils ont encore ordonné que si quelqu'un de nos Freres se trouve à l'extrêmité hors de l'Infirmerie, dès que le Reverend Prieur de l'Eglise en sera averti, il y envoye un ou plusieurs Chapelains Prêtres pour l'assister, jusqu'à ce qu'il soit mort ou hors de danger : ceux qui refuseront d'y aller, perdront la distribution de deux mois, qui tournera au profit de l'Assemblée.

12. Si quelqu'un de nos Freres meurt à telle heure que son corps puisse être enterré le matin, on chantera la Messe en presence du corps : le sous-Prieur ou un autre Chapelain en son absence, accompagné d'un Diacre & d'un Soudiacre revêtûs de chappes, feront l'enterrement, & non pas avec leurs manteaux à pointes, comme on faisoit auparavant ; faute d'observer ces ceremonies, ils n'auront point de part au trentenaire du défunt.

13. Afin que l'on célebre avec plus de solemnité la vénerable Fête de la Décollation de Saint Jean-Baptiste, Précurseur de Jesus-Christ, & notre Patron, ils ont ordonné que le bien-Reverend Prieur de l'Eglise officiera pontificalement aux premieres Vêpres, & que l'on en fera l'octave.

14. Que l'Ambassadeur & le Procureur Général de l'Ordre en Cour de Rome présenteront au nom de l'Ordre la supplique au Pape, & feront les diligences nécessaires pour parvenir à la beatification de quelques-uns de nos Saints, afin que l'on puisse en faire l'Office dans nos Eglises. Ordonnant au bien-Reverend Prieur d'y envoyer toutes les pieces qui feront nécessaires pour les informations & les instructions propres à faire réussir un aussi pieux dessein.

15. Que désormais aucun de nos Freres, de quelqu'état, dignité ou qualité qu'il soit, qui mourra dans le Couvent, ne pourra être enterré dans aucune autre Eglise, que dans la nôtre Conventuelle, ou dans le caveau ordinaire.

16. Que les Freres Chapelains compteront leur ancienneté & prendront seeance au Chœur, dans l'Assemblée, aux Processions & en toute autre occasion, du jour de leur réception dans la Langue ou dans le Prieuré, & non pas de celui de leur ordination à la Prêtrise, si ce n'est pendant qu'ils seront encore mineurs ; alors les Prêtres auront l'honneur & la derniere place.

17. Les mêmes Seigneurs, sur la demande du bien-Reverend Prieur de l'Eglise, après le scrutin des ballotes, ont permis à tous les Chapelains Prêtres de porter dans le Chœur & à la Procession, & non ailleurs, un camail noir, avec la Croix de notre habit, d'une grandeur

DE L'ORDRE DE S. JEAN DE JERUSALEM. 251
raisonnable sur l'épaule gauche : le camail ne sera que de drap de laine, doublé de noir, & se mettra sur le surplis.

18. Ils ont ordonné que tous les Chapelains, Prêtres, Diacres, Soudiacres ou Clercs qui desservent dans l'Eglise du Couvent, porteront le surplis tous les jours feriez & non feriez, & à toutes les heures, & s'en entretiendront à leurs dépens, à peine, s'ils ne tiennent pas de bénefice, de souffrir la septaine pour la premiere fois, la quarantaine pour la seconde, & pour la troisiéme, de la perte d'une année de leur ancienneté, au profit de leurs Fiarnauds.

Ils porteront encore le surplis aux Processions & autres cérémonies qui se font de tems en tems hors de l'Eglise. Si le bien-Reverend Prieur de l'Eglise, ou le Vice-Prieur en son absence, négligent de tenir la main à l'execution du present Statut, dès que le Maître ou le Procureur fiscal par son ordre en aura fait plainte au Conseil, le Prieur ou le Vice-Prieur perdront chaque fois dix écus qu'on leur retiendra sur les apointemens & les tables que fournit le Trésor, lesquels seront employez à la décoration de la Chapelle de S. Jean décollé.

Que la même chose sera observée par tous les Chapelains qui demeurent en Communauté, dans les Prieurez, Châtellenie d'Emposte, Bailliages & Commanderies, sous les mêmes peines, pour le premier & le second manquement, & d'une année de prison, pour le troisiéme. Commandant aux Prieurs, Châtelain d'Emposte, Baillis & Commandeurs de faire observer le present Statut.

19. Que les Chapelains conventuels, quand ils ne seroient que Clercs, qui seront hors du Couvent dans les Villes considerables, sont obligez d'assister à l'Office divin dans les Eglises de l'Ordre le jour de la Fête du Saint auquel elles sont dédiées, & autres où le bien-Reverend Prieur de l'Eglise doit officier pontificalement, à peine de dix écus d'amende payable au Trésor pour chaque contravention, & de ne point opiner d'un an dans les Chapitres & les Assemblées.

20. Que dès que les Clercs reçus & à recevoir auront atteint l'âge de vingt-un ans, ils soient diligemment examinez avant de leur accorder des dimissoires pour recevoir le sous-Diaconat, & que ceux qui ne paroîtront pas capables de passer jusqu'à la Prêtrise, soient mis au nombre des Servans d'armes, & payent leur passage dans l'année, à compter du jour qu'ils y auront passé, après le payement duquel leur ancienneté courra depuis celui auquel ils y auront été reçus, faute de quoi ils n'en auront point du tout. Le bien-Reverend Prieur nommera pour cet examen des Commissaires qui rendront compte au Maître & au Conseil de leur suffisance ou insuffisance, afin qu'ils puissent déliberer sur l'état auquel ils devront être rangez.

21. Puisque la Religion possede entre autres reliques, une Epine de la très-sainte Couronne de N. S. Jesus-Christ, de laquelle Frere Jacques de Milly Grand Maître avoit ordonné que l'on célébrât la

I i ij

Fête avec Office femi-double le 11 d'Août de chaque année, les mêmes Seigneurs qui ont regardé ce Statut comme digne de la pieté de l'Ordre, ont ordonné qu'on en rétabliroit l'obfervation avec Office double, & en ont chargé le bien-Reverend Prieur de l'Eglife.

22. Que tous les Freres de l'Ordre, de quelqu'état, dignité & condition qu'ils foient, affifteront à tout l'Office divin de la Fête de la Nativité de Saint Jean-Baptifte notre Patron & Protecteur, en quelque lieu qu'ils fe trouvent, dans les Eglifes de notre Ordre, s'il y en a, depuis les premieres Vêpres de la veille ; ceux qui y manqueront, à moins d'un empêchement légitime, payeront dix écus, pour être employez à l'achat d'un joyau ou d'un ornement qui fera donné à cette Eglife. Enjoignant au Prieur, Bailli ou Commandeur titulaire de cette Eglife, à fon Lieutenant ou Receveur, de faire executer le prefent Statut à la rigueur.

23. Que le jour de la Nativité de Saint Jean-Baptifte notre Patron, pendant que l'on fera la proceffion avec la Sainte Relique, on fera tirer le même nombre de coups de canon, qui fe tire à celle de la fête du Saint Sacrement.

24. Les mêmes Seigneurs ont jugé fuperflu l'art. 11. du titre de l'Eglife, puifqu'il fuffit que l'Eglife univerfelle l'ait ainfi décidé, de même que les articles 19 & 23 du même titre, qui font auffi inutiles, à quoi prendront garde ceux qui feront chargez de la compilation des nouveaux Statuts.

25. Les mêmes Seigneurs faifant réflexion fur l'article 62 du titre des défenfes & des peines, où il eft dit que nos Freres font obligez d'affifter à l'Office divin dans l'Eglife conventuelle, où ils font exhortez à aller fouvent dans la Chapelle qui y a été unie, pour y faire leurs dévotions & leurs exercices fpirituels, ont ordonné en execution de l'art. 18 du titre de l'Eglife, où il eft dit qu'outre l'Avent & le Carême, on y prêchera encore toutes les autres Fêtes de l'année, que cela fe faffe du moins chaque premier Dimanche du mois, lorfque le très-faint Sacrement eft expofé dans cette Chapelle.

26. Que nos Freres & nos Novices garderont les jeûnes commandez par la Sainte Eglife & par nos Statuts, à peine contre le Pilier qui aura donné à fouper dans les Auberges ces jours-là, de perdre fes Apointemens d'une année, qui feront appliquez au Tréfor, & contre le Frere novice qui aura demandé à fouper, de demeurer prifonnier dans la tour, fur la fimple plainte du Pilier, auffi longtems qu'il plaira à fes Superieurs.

27. Les mêmes Seigneurs ont défendu d'employer au fervice de l'Eglife, des forçats, des gens de galiotte, ni des nouveaux convertis. On doit fe fervir de deux ou trois bonnes gens, bien dévots, au choix de Monfeigneur l'Eminentiffime Grand Maître, à qui il fera donner par le Tréfor, un falaire honnête, & à chacun deux habits par an, longs jufqu'à mi-jambe, pour balayer & nettoyer l'Eglife, l'Oratoire & les Chapelles, aider au Sacriftain & au Sonneur, allu-

mer les cierges, chasser les chiens, & autres services semblables.

28. Les mêmes Seigneurs ont permis au vénerable Chapitre Provincial du Prieuré d'Allemagne, d'envoyer au Couvent, de cinq ans en cinq ans un Frere Chapelain d'obédience du Couvent de Cologne, ou de celui de Strasbourg, capable d'administrer les Sacremens aux Freres Allemands qui y résident. Auquel Frere, au cas qu'il soit approuvé par celui qui sera lors Prieur de l'Eglise, ils ont concedé la table & la solde, telle qu'elle se donne par le Trésor aux autres Chapelains conventuels, pendant qu'il y résidera.

29. En rappellant l'article 9. de ce titre confirmé dans le premier Chapitre du Grand Maître de Vignacour, pour l'observation des art. 4. & 5. du titre de l'Eglise, ils ont ordonné que tous les Freres résidens à Malte, de quelque degré & dignité qu'ils soient, qui ne feront pas voir qu'ils se sont confessez, & qu'ils ont communié aux quatre grandes Fêtes immediatement precedentes, comme ils y sont obligez par les Statuts, & qu'il leur aura été marqué par le bien Révérend Prieur de l'Eglise, ils seront privez de voix active & passive, en sorte qu'ils ne pourront assister aux Assemblées des Langues, aux Conseils & aux Tribunaux de la Religion, ni y donner leurs voix, dans laquelle incapacité ils demeureront six mois entiers. Ce qui s'executera contre eux toutes les fois qu'ils tomberont dans la même faute.

30. Que l'on portera le manteau à pointe à la Messe de la Dédicace de la grande Eglise conventuelle de notre glorieux Patron S. Jean-Baptiste, de même qu'aux premieres Vêpres de la Fête de sa Décollation. On ajoutera ces deux Fêtes en leurs places, dans le dernier Statut de ce titre.

31. Les mêmes Seigneurs, après le scrutin des ballotes, ont jugé à propos d'augmenter la valeur du joyau que les Prieurs & les Baillis sont tenus de présenter à notre Eglise conventuelle, suivant les art. 27 & 28. du titre de l'Eglise, en sorte qu'il sera à l'avenir de cent écus d'or, à 14 tarins piece : ordonnant que les Prieurs & les Baillis, dans dix-huit mois après qu'ils auront commencé de jouir des revenus de leurs Prieurez & Bailliages, seront obligez de l'envoyer, & de le faire remettre entre les mains des Prudhommes, de valeur effective de cent écus d'or, faute de quoi ils seront réputez débiteurs de pareille somme envers le Trésor, & le Receveur saisira leurs revenus jusqu'à concurrence de cette somme, pour l'envoyer au Couvent, & la faire remettre aux Prudhommes. Le Châtelain d'Emposte est dans la même obligation.

DE L'HOSPITALITÉ.
TITRE IV.

Les mêmes seize Réverends Seigneurs voulant renouveller la formule du serment que prêtoient autrefois les Prudhommes de l'Infirmerie entre les mains du Maître, après leur élection, ont ordonné qu'il se prêtera en la maniere suivante, laquelle sera écrite sur un tableau attaché dans l'Infirmerie, pour être en vûe de tout le monde.

Forme du serment des Prudhommes de la sainte Infirmerie.

Je N. Prudhomme de la sainte Infirmerie, fais à Dieu un serment solemnel d'employer toute sorte de diligence à la visite de Messieurs les malades; de leur donner toute la consolation possible, & toute la nourriture nécessaire en présence de l'Infirmier: d'avoir soin de reformer tous les manquemens dont je pourrai m'appercevoir; de visiter chaque jour les dépenses que l'on y fera; de signer de ma main toutes celles qui me paroîtront raisonnables; que je compterai de mois en mois, avec l'Infirmier de tout ce qu'il aura fourni pour Messieurs les malades; que je ferai dresser jour par jour un mémoire fort exact de tous les remedes qui seront tirez par l'ordre des Medecins, de la boutique de l'Apoticaire, dont j'aurai eu connoissance, lequel je signerai de ma main; que je n'en mettrai nul autre sur le compte du Trésor, & que je remplirai mes fonctions avec toute sorte de charité & d'exactitude, selon les Statuts & Ordonnances, & louables coutumes de notre Ordre. Ainsi m'aide Dieu & ses Saints Evangiles.

Les mêmes Seigneurs, après avoir examiné les Statuts faits par le vénerable Conseil, le 1. de Juin 1629, pour le bon gouvernement de l'Infirmerie, après le scrutin des ballotes, les ont approuvez & confirmez, & ordonné qu'ils seront executez comme Statuts capitulaires, & à cet effet inserez en cet endroit: les voici.

2. Que les Incurables ne seront plus placez dans un lieu séparé de l'Infirmerie, lequel demeurera supprimé, de même que la petite Maison destinée depuis quelques années, à recevoir des femmes malades, parceque la Religion est obligée de conserver le saint exercice de l'Hospitalité dans l'Hôtel de la sainte Infirmerie, sans multiplier les lieux à ce destinez, & charger le Trésor des salaires, pittances & autres choses accordées aux Officiers qui en avoient soin.

3. Que le Trésor ne fournira les remedes & autres choses nécessaires aux malades, qu'à ceux qui seront actuellement dans l'Infirmerie, & non pas à ceux qui voudront se faire traiter dans leurs

chambres, lesquels seront chargez de payer tout ce qu'on aura pris pour eux dans l'Apoticairerie par ordonnance du Medecin : voulant que les Prudhommes envoyent de six mois en six mois à la Chambre des Comptes un mémoire de ce qu'aura pris chacun d'eux, dont les articles seront taxez par le premier Medecin, sur lequel les vénerables Procureurs du Trésor regleront les sommes qui se trouveront dûes par chacun d'eux. Si cependant la maladie du Frere étoit d'une nature à ne pouvoir être reçûe dans l'Infirmerie, suivant l'avis des Medecins, l'Eminentissime Grand Maître en ordonnera ce qu'il jugera à propos, par le conseil du vénerable Hospitalier, ou de son Lieutenant.

4. Que l'on ne donnera hors de l'Infirmerie, ni pittances, ni médicamens qu'à de pauvres femmes, sur les ordonnances des Medecins gagez par le Trésor, ou par le peuple, signées de l'un des Commissaires députez pour la visite des pauvres malades, afin que l'Hôtel de l'Infirmerie demeure toujours libre pour recevoir les hommes malades sujets de l'Ordre & autres, qui s'y rendront pour se faire guerir de leurs maladies, suivant son ancienne & louable coutume.

5. Que nonobstant l'ordonnance ci-dessus, l'on ne laissera pas de continuer la charité que l'on a eûe jusqu'ici de fournir gratuitement des médicamens aux Monasteres de Sainte Ursule, des Pénitentes de la ville Vallette, & aux Capucins.

6. Qu'outre le Registre des testamens & des désapropriemens, le Secretaire de l'Infirmerie tiendra dans la sale sur une petite table, un grand Livre, dans lequel il écrira exactement le nom, le surnom & le pays de chaque malade, le jour & l'heure qu'il y aura été reçu, qu'il a été renvoyé, ou qu'il est décedé : chargeant étroitement la conscience du vénerable Hospitalier, ou de son Lieutenant, d'avoir soin que cet article soit ponctuellement observé, comme fort important au gouvernement de l'Infirmerie, à peine contre le Secretaire d'être privé de son Office.

7. Que nonobstant le Statut du précedent Chapitre géneral, il n'y aura plus que deux Prudhommes, qui feront leurs fonctions, & auront soin des malades dans l'Infirmerie, suivant nos Statuts : le vénerable Conseil en députera deux autres avec le titre de Commissaires Visiteurs, pour s'informer comment sont traitez les pauvres malades, à qui l'on fournit la nourriture & les médicamens, sur les ordonnances des Medecins, lesquels seront tenus de marquer les noms & les surnoms des malades, & les lieux de leur demeure, afin qu'elles soient ensuite paraphées par l'un des Commissaires, sans quoi les Prudhommes n'y auront aucun égard.

8. Que les Medecins & les Chirurgiens marqueront dans le Livre des ordonnances de l'Infirmerie, comme dans celles qu'ils donneront pour le dehors, le jour, le mois & l'année, & tout au long la qualité & la quantité des drogues & médicamens, sans se servir

d'abréviations ni de chifres : leur défendant d'écrire dans ce Livre aucune chose pour d'autres que pour ceux qui sont actuellement malades dans l'Infirmerie.

9. Que les deux Medecins Praticiens, & l'un des Chirurgiens stipendiez, couchent toutes les nuits sans y manquer, dans l'Infirmerie.

10. Que l'on ait un soin tout particulier d'obliger les malades, dès qu'ils auront été reçûs, de se disposer à recevoir les Sacremens de Pénitence & d'Eucharistie, sur-tout s'ils sont nos Freres, suivant l'article 16 de ce titre, de quoi nous chargeons bien expressément la conscience du Prieur & du Vice-Prieur de l'Infirmerie.

11. Que cette derniere Charge soit toujours donnée à un Maltois, à cause que la plûpart des malades sont vassaux de l'Ordre, sans préjudice de la prééminence qui appartient au vénerable Hospitalier.

12. Que l'on observe inviolablement les articles 5 & 8 de ce titre où il est parlé des biens & des meubles de l'Infirmerie, de l'inventaire que l'on en doit faire, & des marques qu'il faut y mettre pour empêcher qu'ils ne soient changez ou vendus.

13. Que les Prudhommes, entre autres diligences, se donnent quelquefois la peine de s'informer si on a donné à Messieurs les malades, les remedes qui leur ont été ordonnez par les Medecins, & qui sont écrits sur le Livre.

14. Ils ont supprimé l'abus qui s'étoit introduit, par lequel les Prudhommes se donnoient l'autorité de distribuer, aux dépens du commun Trésor, la pittance & autres choses de l'Infirmerie, sans ordonnance des Medecins ni des Superieurs, sous prétexte d'extraordinaire : ils ne peuvent disposer d'aucune chose, particulierement du pain, comme ils font à leur volonté, sous prétexte d'en faire l'aumône, qui doit se donner par les Commissaires qui sont nommez à cet effet, pour ne pas confondre les fonctions ; la leur regarde les malades : l'autre le soulagement des pauvres.

15. Suivant ce qui fut ordonné par le vénerable Conseil le 18 de Septembre 1579, ils ont ordonné, tant pour la commodité des malades, que pour la décharge du Trésor, que l'Apoticairerie de l'Infirmerie sera dorénavant fournie comme autrefois, par les Droguistes, & non pas par les Officiers du Trésor, & ce par l'ordre de ses vénerables Procureurs, qui feront les avances, & donneront toute sorte de facilitez aux Droguistes, pour l'emplette & la fourniture des drogues & médicamens nécessaires en tems convenable, laissant à leur prudence d'en faire le marché sur les états qui leur seront presentez par les Droguistes.

16. Les Medecins pourront, pour la commodité des Officiers séculiers à qui l'Ordre donne des appointemens, qui seront malades chez eux, leur ordonner des remedes de l'Infirmerie, qui leur seront précomptez, suivant la disposition des vénerables Procureurs du commun Trésor.

17. Que

17. Que l'on rétablisse le bon ordre pour la conservation des habits de ceux qui seront malades dans l'Infirmerie, lesquels doivent être enfermez dans des coffres, quand ce ne seroit que pour leur ôter le moyen de sortir, avant d'être bien guéris, & de faire d'autres excès.

18. Que l'on ne reçoive dans l'Infirmerie aucun séculier, pas même les domestiques des Chevaliers, sous prétexte de se purger par précaution, comme font plusieurs, sur-tout au printems, ce qui est fort à charge à la Religion, dont l'Institut est de soulager ceux qui sont actuellement malades dans l'Infirmerie.

19. Que les vénerables Procureurs du Trésor donnent aux Prud-hommes une instruction plus détaillée, pour recevoir les comptes de l'Infirmier : celle dont on se sert à présent, étant trop confuse & trop embarassée.

20. Afin que l'on ait toujours une connoissance parfaite de tous les meubles & ustanciles de l'Infirmerie, qui ont été donnez par les Exécuteurs des Fondations, pour le service de Messieurs les malades, ils ont ordonné au Secretaire de tenir un Regiftre separé, où l'on écrira sous les titres distinguez de chaque Fondation, la qualité des meubles que l'on aura reçûs, avec la datte de leur réception, & le nom de celui qui les a délivrez, laquelle réception sera signée par les Prudhommes sur le Livre même.

21. Que toutes les pittances qui se donnent hors de l'Infirmerie aux pauvres femmes malades, se donneront dorénavant en argent, & non en denrées.

22. Les mêmes Seigneurs, après le scrutin des ballotes, ont ordonné que le Statut de Monseigneur de Verdale, qui est le vingt-troisiéme du titre des Baillis, lequel regarde l'élection de l'Infirmier, sera observé selon sa forme & teneur, & que cet Officier sera toujours choisi parmi les Freres Chevaliers.

23. Les mêmes Seigneurs, ayant consideré que tous nos Freres étoient particulierement obligez d'exercer l'Hospitalité, & de servir eux-mêmes les malades, & que si nos Freres des vénerables Langues y alloient tous à la fois, il en arriveroit de la confusion, n'y ayant jamais eu de réglement à cet égard, ont ordonné, qu'à commencer après le Dimanche qui suivra la publication du présent Chapitre géneral, comme il appartient à la vénerable Langue de Provence de commencer, le vénerable Grand Commandeur, ou son Lieutenant, enverra à l'Infirmerie pour le service des malades, autant de Freres Chevaliers, Servans d'armes ou Novices, qu'il jugera nécessaire, du moins au nombre de sept, qui serviront toute la semaine, soir & matin. Ceux qui y manqueront après avoir été nommez par leur Pilier, seront punis de la Septaine.

24. Que les vénerables Hospitalier, & Grand Conservateur feront de six en six mois, la visite des meubles de l'Infirmerie, en présence des Prudhommes, à peine d'être privez de voix déliberative dans

les vénerables Conseils, jusqu'à ce qu'ils ayent effectivement exécuté le présent Statut.

25. Qu'outre les visites ordinaires, le Grand Maître, & le vénerable Conseil députeront de trois mois en trois mois, deux Commissaires du même Conseil, des plus considérables, & des plus intelligens, lesquels, pour la bonne direction de l'Infirmerie & le soulagement des malades, visiteront l'Infirmerie avec le vénerable Hospitalier, & s'informeront exactement de tout ce qui peut y contribuer, & qui peut y être préjudiciable, sur le rapport desquels le Grand Maître & le Conseil y mettront l'ordre qu'ils jugeront à propos, & convenable à la bonne direction de l'Infirmerie, & au soulagement des malades, quand il faudroit pour cela changer ou même abroger entièrement quelqu'une des Ordonnances capitulaires, qui la concernent, & en faire de nouvelles.

26. Que l'Infirmier donnera aux Prudhommes de l'Infirmerie un état juste & fidele du vin qui s'y consommera chaque jour, pour corriger les abus qui s'y sont introduits, au préjudice du commun Trésor ; ils le lui passeront dans ses comptes, aussi-bien que les poules, poulets, œufs & autres provisions, sur le pied qu'elles se vendent communément au marché, nonobstant la coutume & la taxe ordinaire qui pouvoient quelquefois lui être préjudiciables. Enjoignant aux Prudhommes de prendre garde que les provisions soient de bonne qualité, & propres au soulagement & au rétablissement de Messieurs les malades ; qu'elles soient fournies avec charité & liberalité, & que l'on ne néglige rien de tout ce qui peut être utile à l'ame & au corps, comme notre profession nous y engage.

27. Attendu la diversité des Langues de ceux qui sont à l'Infirmerie, les mêmes Seigneurs ont ordonné que le Prieur & le Vice-Prieur en entendent plusieurs, afin que les malades puissent plus aisément se confesser, sans préjudice du droit de les présenter, lequel appartient au vénerable Hospitalier, & à son Lieutenant, suivant les Statuts.

28. Que l'on comptera au Vice-Prieur de l'Infirmerie deux années de service actuel par lui rendu dans l'Infirmerie, pour une caravane, tout de même que s'il l'avoit faite lui-même sur les galeres de la Religion : ordonnant à la vénerable Assemblée des Chapelains de la lui passer sans contestation.

29. Ils ont remis à la prudence des vénerables Officiers du Trésor, de trouver quelque moyen d'empêcher les fraudes qui peuvent se commettre dans les comptes que l'on rend aux Prudhommes, de la distribution des medecines & autres drogues & médicamens, lorsque l'Apoticaire en fait la lecture.

30. Que le Medecin qui a son mois de service à commencer, visite les malades trois jours auparavant, avec celui qui doit finir le sien : qu'il ne puisse en mettre un autre en sa place pour la visite des malades, s'il ne l'est lui-même, ou s'il n'en est empêché par quel-

que accident qui donne lieu de l'en difpenfer, à peine de perdre fix tarins pour chaque contravention.

31. Que tous les Medecins & les Chirurgiens feront tenus de s'affembler une fois la femaine dans l'Infirmerie, pour confulter fur l'état des malades & des bleffez. Ceux qui ne s'y trouveront pas, perdront cinq écus fur leurs appointemens.

32. Qu'ils ne perdront qu'un tarin par jour pour la vifite des Freres qui feront malades dans leurs chambres, à peine de perdre un mois de leurs appointemens : qu'ils feront tenus de vifiter les Couvens des Filles de Sainte Urfule, des Pénitentes de la ville de la Vallette, & des Capucins, gratuitement, le mois d'après celui qu'ils feront fortis de l'Infirmerie, toutes les fois qu'ils y feront appellez, en forte qu'ils feront alternativement à l'Infirmerie, & aux vifites de dehors.

33. Que les deux Medecins qui ne font pas leur mois, faffent chacun une vifite par femaine, du moins à jours differens, à la prifon des efclaves.

34. D'autant que l'on diftribue quantité de remedes aux pauvres malades qui font hors de l'Infirmerie, l'un des Medecins & des Chirurgiens, qui ne font pas actuellement occupez à la vifite des malades, ne manque pas de leur rendre du moins une vifite gratuite par jour, ce qu'ils feront par mois ou par femaine à leur plus grande commodité. Ordonnons au vénerable Hofpitalier, ou à fon Lieutenant, de tenir la main à l'exécution du préfent Statut.

35. Que l'on entretiendra dans l'Infirmerie, aux dépens du Tréfor, un homme verfé dans la pratique de la médecine, lequel après avoir été dûement examiné par les Médecins, & préfenté au Grand Maître par le vénerable Hofpitalier, fournira les drogues, les médicamens, & autres chofes néceffaires aux malades, en tems convenable, fuivant les ordonnances des Medecins, aufquels il fera tenu de faire un rapport exact de l'état des malades, afin qu'ils foient en état de prévenir les accidens, & de ne rien ordonner que de bien à propos.

36. Qu'il fera obligé de fe trouver à l'Infirmerie, quand les Médecins y feront leur vifite, & de remarquer avec le Secretaire, ce qu'ils auront ordonné que l'on leur donne à manger, pour fuivre ces ordonnances.

37. Que les Chirurgiens ftipendiez feront tenus de vifiter les bleffez qui feront dans l'Infirmerie, autant de fois qu'il en fera befoin, faute de quoi le vénerable Hofpitalier les châtiera comme il jugera à propos.

38. Que pour prévenir les accidens qui peuvent leur arriver, & y apporter un prompt remede, il y aura toujours du moins un Chirurgien dans l'Infirmerie, lequel y fera fa réfidence.

39. Que l'on continuera de faire l'aumône aux pauvres Rhodiens, Maltois & autres ; aux orphelins & aux veuves, qui auront perdu

leurs maris & leurs peres, au service de la Religion, en distinguant neanmoins les honnêtes gens.

40. Ils ont depuis moderé le précedent Statut, & ordonné que les aumônes qui se donnent à diverses personnes sous le nom de Rhodiens, hors du Couvent, comme à Siracuse, à Messine & ailleurs, s'éteindront, à proportion qu'elles viendront à mourir, sans les continuer à leurs successeurs, comme il se faisoit auparavant, révoquant toutes les graces de rétention faites & à faire par le présent Chapitre, au préjudice du présent statut.

41. Que le commun Trésor fournira chaque année cinquante écus de douze tarins piece, pour la dépense qui se fait à la Cene du Jeudi Saint.

DU COMMUN TRESOR.

TITRE V.

1. Les seize Révérends Seigneurs, après avoir dûement consideré l'examen qui avoit été fait par les vénerables Commissaires députez par l'ordonnance du vénerable Conseil complet, en consequence de l'article 11. des Statuts du Chapitre, du compte de l'administration du Trésor, rendu par Frere Pierre Marie de *Turaminis*, Secretaire dudit Trésor, avec autant d'exactitude que de netteté, qui leur a fait comprendre que les responsions & les impositions qui ont été faites jusqu'à présent, jointes à ses revenus ordinaires & extraordinaires, diligemment recueillis par les Officiers, & payez, comme il se doit faire par les débiteurs, pourront suffire aux dépenses publiques qui sont nécessaires, & à porter les charges du Trésor, tant au dedans qu'au dehors du Couvent, & surtout à l'entretien des six galeres que l'on a résolu d'avoir; après differentes conferences tenues sur ce sujet, sont convenus qu'il ne faloit point, en ce tems-ci, si l'on vouloit maintenir l'état de la Religion, diminuer ni augmenter les charges des Commanderies.

C'est pourquoi, après le scrutin des ballotes, tellement uniforme, qu'il ne s'est pas trouvé une seule voix au contraire, ils ont confirmé les Responsions ordinaires, c'est à-dire les deux tiers des Annates, sur le pied de l'estimation qui en fut faite au premier Chapitre géneral tenu à Malte, & l'imposition des 40000 écus d'or, & de 50000 écus d'or sol faite par le Chapitre géneral de l'an 1588, avec lesd. Responsions ordinaires, & impositions de 40000 écus d'or, confirmées & continuées par le précedent Chapitre géneral de l'année 1612, lesquelles impositions de 40000 écus d'or d'une part, & de 50000 écus d'or sol, ils ont de rechef établies, & ordonné être portées au Trésor, sur tous les Prieurez, Châtellenie d'Emposte, Bailliages, Commanderies, Bénefices & biens quelconques de l'Ordre

DE L'ORDRE DE S. JEAN DE JERUSALEM. 261
de la Sainte Maison & Hôpital de S. Jean de Jerusalem, exemptes &
non exemptes, chacune à proportion de l'estimation de ses revenus,
faite par le Chapitre général dudit Ordre, tenu à Malte en 1583.

Lesquelles responsions & impositions susdites, ils ont ordonné
être payées, ainsi qu'il a été ordonné par ledit Chapitre général de
1588, & qu'elles ont été ou ont dû être payées jusqu'à present, lequel payement se fera à l'avenir aux Chapitres Provinciaux, & s'il
ne s'en tient point, à chaque Fête de la Nativité de S. Jean-Baptiste
notre Patron, à compter dès le mois de Juin de l'année prochaine,
pour continuer à l'avenir d'année en année, jusqu'à la célébration
du premier Chapitre général.

2. Les mêmes Seigneurs, après le scrutin des ballotes, ont tout
d'une voix confirmé, & où besoin seroit, de nouveau imposé sur les
Prieurez d'Allemagne & de Bohême, sur les Bailliages, Commanderies, Membres, Bénéfices & autres biens de la vénérable Langue
d'Allemagne, exempts & non exempts, & ordonné être payé pour
l'année courante, au Chapitre Provincial, ou s'il ne s'en tient point,
à la Saint Jean-Baptiste prochaine, & continué les années suivantes,
chacun leur part desdites responsions, & desdites sommes de 40000
écus d'or en or, & de 50000 d'or sol, suivant la répartition qui en
a été faite par ledit Chapitre de 1583, montant à 1605 écus d'or en
or, avec les responsions ordinaires, & l'autre imposition de 50000
écus, comme elle a été payée les années précédentes, y compris neanmoins, suivant le decret du pénultiéme Chapitre général, les 295
écus pour leur portion desdits 1605 écus d'or en or pour le contingent dudit Prieuré de Bohëme, & les Commanderies situées dans son
territoire, comme il est plus au long expliqué dans les actes dudit
Chapitre, qu'ils ont confirmez, & dont ils ont ordonné l'execution.

3. Et d'autant que l'on pourroit bien retrancher quelqu'une des
dépenses qui se font dans le Couvent, qui ont paru excessives aux
mêmes Seigneurs, pour en décharger en quelque maniere le Trésor,
ils ont commis le vénérable Frere Signorin de Gattinara, Frere
Gabriel Dorin Ligny, Lieutenant du Trésorier Géneral, & Frere
Don Gaspard *de Aldretta*, pour s'informer de celles qui se font sur
les galeres; le vénérable Frere Nicolas *della Marra* Prieur de Messine,
Frere Pierre de Chantelot la Chese, & Frere *Don Juan de Villaroel*, de celles qui se font dans l'Infirmerie; le vénérable Frere de
Fay Gerlande Prieur d'Auvergne, Frere Alphonse Castel Saint Pierre,
& Frere Blaise *Brandao*, de celles qui se font pour la prison des esclaves & pour celle de l'Eglise conventuelle; le vénérable Frere Nicolas *Cavaretta* Prieur de Venise, & Fr. François de Crotés la Menardie, lesquels en donneront leur rapport par écrit au Conseil
complet de rétention, ausquels ils pourront même donner avis de
ce que chacun d'eux aura remarqué de plus important, afin qu'il y
soit pourvû par ce Tribunal.

4. Les mêmes Seigneurs considerant l'autorité qui a été donnée

par les cinq derniers Chapitres généraux au Grand Maître & au vénerable Conseil complet, de pourvoir à tout ce qui seroit nécessaire aucas qu'on apprehendât un siege, & d'imposer la somme de 122000 écus, & rien au-delà, à une ou plusieurs fois, sur tous & un chacun les biens de l'Ordre, & d'en faire la répartition comme on avoit fait celle de 150000 écus, payable dans les termes qu'il leur plairoit de préfixer, ont de nouveau accordé la même autorité à l'Eminentissime Grand Maître present, & qui lors sera, & au venerable Conseil complet, de celle du Chapitre général dont ils sont revêtus, de pourvoir, en cas que l'Isle soit menacée de siege, à tout ce qui sera nécessaire pour une vigoureuse défense, d'imposer ensuite pareille somme de 122000 écus, sur tous & un chacun les biens de l'Ordre, & d'en disposer comme il est dit ci-dessus.

5. Les mêmes Seigneurs persuadez qu'il est juste que chacun contribue aux charges de l'Ordre, à proportion des biens qu'il en possede par ses responsions & ses contributions, pour conserver l'égalité entre les Freres, & de peur que les Prieurez, la Châtellenie d'Emposte, les Bailliages & les Commanderies ne soient plus chargez que de raison, ont ordonné que tous les Membres des Prieurez, de cette Châtellenie, des Bailliages & des Commanderies, même les pensions créées sur leurs revenus, en quelque maniere ou à quelque condition que ce soit, même par des obligations, quand les Bulles n'en auroient pas encore été expediées, qu'elles n'auroient point été taxées par le present Chapitre général pour les droits du Trésor, imposez & à imposer, à l'exception de celles des Chambres Magistrales, réservées & à réserver par l'Eminentissime Seigneur Grand Maître, seront tenus de contribuer au payement des 40000 écus d'or, des responsions ordinaires, & des 50000 écus, à proportion de leur revenu; en sorte que si, par exemple, une Commanderie de mille écus de rente est taxée à cent écus, le Membre ou la pension de 200 écus, en payera vingt; & ainsi des autres. Déclarant que le present Statut aura lieu en tous les Membres & Pensions créées, nonobstant que dans les Bulles ou Provisions, & dans les Decrets capitulaires, les responsions se trouvent taxées & non constituées, & que la taxe & estimation en soit si modique, qu'elle ne puisse monter à la portion à laquelle lesdits Membres & Pensions se trouvent imposées; voulant que ce qu'il s'en faut soit suppléé par ceux qui les possedent, sans avoir égard à choses quelconques à ce contraires.

6. Les mêmes Seigneurs sur la proposition à eux faite par le bien-Reverend Prieur de l'Eglise, Procureur de l'Eminentissime Grand Maître, que son intention n'est point de se charger de l'administration du Trésor, ainsi qu'il l'a déja plusieurs fois déclaré, ont ordonné que cette administration & toutes ses dépendances, seroient continuées par le vénerable Grand Commandeur & les Procureurs du Trésor, avec le Grand Consulteur conventuel, ainsi qu'il est porté par les Statuts.

7. Que les fours de la Religion seroient plûtôt donnez à ferme, que mis en régie; jugeant après le scrutin des ballotes, que le premier parti seroit plus utile à la Religion que le dernier, ils ont ordonné qu'ils seront donnez en bail le premier de Septembre prochain, à celui qui voudra faire de plus grandes avances, & de meilleures conditions, au sentiment des Procureurs du Trésor, sous l'approbation neanmoins de son Eminence & du Conseil, après que la chose aura passé par le Conseil de rétention, pour ce qui regarde le biscuit des galeres, le pain de l'Infirmerie & de la prison des esclaves, & qu'elle aura été examinée par les Commissaires à ce députez, afin de mieux examiner les personnes qui se présenteront pour prendre le bail, avec lesquelles l'Ordre a à s'engager.

8. Les mêmes ont ordonné pour de bonnes raisons, qui regardent l'utilité & le bon gouvernement de la République, que le Grand Maître d'à present, & ceux qui lui succederont, soit qu'ils ayent ou qu'ils n'ayent point le maniement du Trésor, pourront envoyer leur Sénechal, ou tel Procureur qu'il leur plaira de nommer, pour avoir sceance au Tribunal du Trésor, à l'Audience, à l'examen & au Jugement des comptes, aux traitez & à la définition de toute sorte d'affaires, quelles qu'elles soient, avec voix déliberative, active & passive, suivant leur degré de prééminence & d'ancienneté, & d'y faire tout ce que le Grand Maître aura jugé à propos de leur ordonner.

9. Que le Conservateur conventuel, ni le Procureur du Grand Maître ne seront point admis dans la Chambre des Comptes, sans avoir fait le serment que les Auditeurs ordinaires des Comptes sont obligez de prêter.

10. Que conformément aux Ordonnances des précedens Chapitres, les Responsions, Impositions & autres droits du commun Trésor, imposez & à imposer sur les Prieurez, Châtellenie d'Emposte, Bailliages, Commanderies, Membres & biens de l'Ordre, se payeront à l'avenir dans chaque Prieuré & Province, comme il s'est fait jusqu'à present, en monnoye d'or & d'argent courante dans le pays, suivant les Reglemens des Princes ausquels il est sujet.

11. Que la monnoye d'or & d'argent qui sera envoyée au Couvent par les Receveurs, sera du poids & alloi ordinaire, à peine d'en répondre en leur nom.

12. Que les droits de passage ordinaire seront payez; sçavoir pour les Freres Chevaliers 250 écus, & pour les Freres Servans d'armes, 200; à l'exception neanmoins de la vénerable Langue d'Allemagne, dont les Chevaliers ne payeront que 150 écus, & les Servans d'armes 200. Les Freres Chapelains, Prêtres, Diacres ou Soudiacres payeront autant que les Freres Servans d'armes, & les Clercs cent écus, ainsi qu'il a été déja ordonné, sous le titre de la réception des Freres.

Les écus qui se payeront pour le passage seront d'or, en or, ou leur véritable valeur; le payement s'en fera entre les mains du Conservateur conventuel, ou des dépositaires ou Receveurs établis dans les Provinces. Lesquels ainsi payez & reçûs dans les vénerables Langues ou Prieurez, ne pourront jamais être reftituez par le Tréfor, auquel ils font cenfez acquis, quand ceux qui les auront payez mourroient dans l'année du Noviciat, lefquels feront traitez dans leur maladie, & enterrez comme s'ils avoient fait profeffion, moins encore à ceux qui ne voudroient plus prendre l'habit.

Les fix Receveurs du Royaume de France feront mention dans les quittances qu'ils donneront du droit de paffage ordinaire, ou de difpenfe d'âge, de la valeur de chacune des efpeces qu'ils auront reçûes. On rendra le paffage à ceux qui n'auront pas été reçûs par le vénerable Confeil, par le défaut de preuves ou autrement, felon le tems que leur argent aura demeuré configné.

13. Les mêmes Seigneurs ont ordonné tout d'une voix après le fcrutin des balotes, que les Freres Servans d'armes qui ont été reçûs au préfent Chapitre géneral au degré de Chevaliers de grace de la Langue, ou qui le feront à l'avenir, outre le paffage qu'ils ont déja payé, payeront encore au commun Tréfor mille écus d'or de quatorze tarins piece, & cent à leur Langue de pareille valeur, à l'exception du Frere Sebaftien Proft, lequel en fera quitte pour payer l'excedent du paffage d'un Chevalier, à celui d'un Servant d'armes, en confideration de fon mérite & des fervices qu'il a rendus à la Religion.

14. Que tous les poids & les mefures de toute forte de grains, de légumes, de marchandifes, huile & autres, du Tréfor, de la Confervatoire, & autres de la Religion, hors ceux de la Boucherie, foient étalonnez fur les poids & les mefures ordinaires du Marché : que l'Office de Pefeur & de Mefureur de tout ce qui fe reçoit & fe délivre par le Tréfor, le Confervateur conventuel & autres Officiers, pour les tables des Freres, la cargaifon ou la décharge des galeres, & autres chofes femblables, foit exercé par un bon & fage Chrétien, de bonne vie & mœurs, & non pas par un infidele ou un efclave, lequel fera *affermenté*, comme on difoit, quand on étoit à Rhodes, fans lequel le Confervateur conventuel ne pourra rien diftribuer.

15. Que les Ordonnances faites par le vénerable Confeil, pour l'adminiftration & le bon régime de la confervation, le quatorze de Juillet 1628, lefquelles ils ont mûrement examinées, feront obfervées à l'avenir, fuivant les corrections qu'ils y ont faites ; que l'huile, le fer, le fuif, la cire, le papier, l'étain, le plomb, la chair falée & autres denrées, dont on fait provifion pour la fourniture du Couvent, & qui fe mettent dans *la Conferverie*, foient délivrées au Confervateur en efpece, & qu'il s'en déchargera de même dans les cahiers qu'il eft obligé de préfenter à la vénerable Chambre tous les fix mois.

16. Que les bois qui viennent de Venife ou d'ailleurs, feront remis au Commiffaire des Ouvrages, comme il fe pratiquoit il y a quelque tems, lequel fera tenu de rendre compte de la diftribution qu'il en aura faite.

17. Attendu

DE L'ORDRE DE S. JEAN DE JERUSALEM. 265

17. Attendu le dommage que souffre la Religion des poids & des mesures des denrées qui viennent de dehors, par le moyen desquelles les Receveurs se déchargent de plus grandes sommes que celles dont se charge le Conservateur, il est ordonné qu'à l'avenir on fera marché avec les Marchands de tout ce dont on aura besoin, si on en trouve qui veuillent entreprendre de les faire conduire à Malte dans leurs Magasins, à leurs risques, pour les délivrer à qui il sera ordonné par Messieurs du Trésor, suivant les occurrences & la nécessité : faute de trouver à faire de pareils marchez, les Receveurs qui voudront faire l'achat de pareilles denrées, les adresseront à leurs correspondants, qui les remettront entre les mains des Conservateurs. Il n'est pas juste que le Trésor y fasse d'aussi grosses pertes comme il a fait jusqu'à present.

18. Ils ont défendu, tant à nos Religieux qu'aux séculiers, de vendre aux Conservateurs, du lin, du ris & autres marchandises, ni à leurs Officiers, comme on avoit commencé de faire, & à eux d'en acheter sans la permission de son Eminence & de Messieurs du Trésor, à peine de confiscation des choses qui auroient été vendues autrement, dont le tiers seroit donné au dénonciateur. On tâchera même d'obliger le bien-Réverend Prieur de l'Eglise, de défendre sous peine d'excommunication, de contrevenir au present Statut. La Religion ne doit pas permettre qu'il entre dans ses magasins aucune chose qui n'ait été prise sur les Infideles par ses galeres, & ses vaisseaux, ou qui n'ait été achetée avec la permission ci-dessus.

19. Et d'autant que depuis plusieurs années en ça, il s'est introduit l'abus de donner des décharges de sommes considerables au préjudice des articles 41 & 70 du titre du commun Trésor, ils ont défendu à tous les Receveurs d'en donner de plus de cent écus, & au Secretaire du Trésor de les passer, à peine de perdre ses Apointemens d'une année entiere.

20. Comme on a examiné en présence de Messieurs les Procureurs du Trésor la mesure des draps que l'on fait venir de Barcelone, & des toiles que l'on tire de Lyon, il s'est trouvé que suivant les factures, la canne de Barcelone fait six palmes justes de notre canne, ce qui fait une difference de neuf palmes sur deux aunes ; ce qui les a obligez d'ordonner au Conservateur de recevoir les draps & les toiles de ces deux Villes, sur le pied de leur facture, & de laisser au Conservateur des draps & des toiles, autant de cannes par cent, que Messieurs les Procureurs du Trésor jugeront à propos, attendu que la distribution ne s'en fait point à la même mesure qu'elles ont été reçûes.

21. Que l'apurement des comptes rendus à la Chambre par le Conservateur, les Receveurs, les Procureurs, les Commandeurs du Grenier, de l'Artillerie, de l'Arsenal, des Fours & de tous autres administrateurs des biens & affaires de la Religion, tant dans le Couvent que dehors, sera fait par le Secretaire du Trésor, en pre-

sence de deux Auditeurs du Corps de la Chambre, qu'elle aura députée pour cet effet, & que tous les trois lui feront ensuite leur raport, tant du compte que du bilan, sur lequel elle en fera le dernier calcul & le jugement final, comme on a commencé de le pratiquer, à peine de nullité de l'apurement qui aura été fait d'une autre maniere.

22. Que dans le premier de Septembre prochain le Conservateur rendra compte, & se déchargera en espece de tout ce dont il a été chargé, & qu'ensuite il presentera de six mois en six mois un compte séparé, semblable à celui du Commissaire des Ouvrages, de tout ce qu'il aura reçû ou distribué pendant le semestre, pour l'audition duquel la Chambre députera deux Auditeurs qui y travailleront avec le Secretaire du Trésor, & lui en feront le raport, où sera mentionnée l'espece de chaque chose qui aura été délivrée.

23. Qu'à compter dudit jour premier de Septembre prochain, les Ecrivains des galeres ne donneront plus leurs reçûs à Monsieur le Conservateur, mais au Trésor en presence de deux Commissaires qui seront députez par la Chambre & le Secretaire du Trésor : le Controlleur des galeres s'y trouvera aussi pour vérifier les acquits qui auront été donnez, lesquelles ne seront passées ni alloüées par le Conservateur, si elles ne sont chargées & signées par l'Ecrivain, & que l'on tiendra un Registre pour le Trésor séparé de ceux des Ecrivains des galeres.

24. Que les denrées consignées ou à consigner en espece, à l'exception de celles qui sont détaillées dans l'Ordonnance du vénerable Conseil, seront remis dans les Chambres ou Magasins qu'il plaira aux Conservateurs d'indiquer, sous deux clefs, dont l'une sera remise au Conservateur conventuel, & l'autre à son Prudhomme, auquel il est enjoint par le present Statut, d'assister à la distribution qui se fera, tant aux Rèligieux qu'aux Séculiers, pendant deux jours de la semaine, qui seront choisis par le Conservateur.

25. Qu'à la remise qui se fera d'un Conservateur à l'autre, assisteront toujours deux Commissaires députez par l'Eminentissime Grand Maître, avec le Prudhomme de la Conservatoire : on avertira même les Auditeurs des Comptes, pour sçavoir s'ils veulent y assister.

26. Comme ils ont reconnu par experience que la maniere de ne changer le Conservateur conventuel, & d'en élire un autre qu'à chaque Chapitre géneral, peut être préjudiciable au Trésor, ils ont ordonné après le scrutin des ballotes, tout d'une voix, en expliquant l'article 55 du titre du Trésor, que l'élection du Conservateur conventuel se fera dorénavant de trois ans en trois ans par le Grand Maître & le Conseil complet, sans qu'il soit loisible de le continuer pour plus long tems, & que s'il arrive un Chapitre géneral, il sera déposé comme s'il avoit achevé le tems de son administration.

27. Les mêmes Seigneurs après les scrutin des ballotes, ont élû & confirmé pour Conservateur conventuel, le vénerable Fr. Philippe de

DE L'ORDRE DE S. JEAN DE JERUSALEM. 267
Gayette Amiral, pour exercer cette Charge suivant les Statuts, pendant trois ans, à commencer du premier de Septembre prochain, en conformité de l'Ordonnance précedente qu'ils ont voulu être exactement observée.

28. Voulant pourvoir à la décharge du Trésor, comme avoient fait les précedens Chapitres generaux, ils ont entierement abrogé l'abus qui s'étoit glissé, de payer ce que l'on appelloit le petit prix, ou le supplement de la valeur des denrées qui se donnoient pour les soldes, les gages & autres choses, & enjoint au Conservateur conventuel, & aux autres Officiers du Trésor, de faire faire la distribution des provisions, des marchandises & autres choses nécessaires, sur le pied de leur juste valeur, à laquelle, toutes déductions faites, il paroîtra qu'elles auront coûté, eu égard à l'augmentation & à la diminution qui peuvent y être survenues, & aux frais qu'il en a coûté pour les conduire à Malte.

Le Conservateur Conventuel & ses Officiers doivent avoir soin de faire faire une taxe de la valeur de chacune des choses ci-dessus par les Procureurs du Trésor, registrée en la Chambre des Comptes, à peine de payer en leur nom au Trésor tous les dommages-interêts qu'il pourroit en souffrir, comme ils les y ont condamnez en cas de contravention.

29. Mais pour empêcher que cette déclaration du prix ne fasse préjudice à nos Freres, ils ont ordonné que le Trésor continuera de leur donner les tables, comme par le passé, ainsi qu'a fait le précedent Chapitre géneral ; sçavoir que chaque Frere résident au Couvent, doit recevoir chaque année du Trésor pour sa table, soixante écus de douze tarins piece, en sorte que le Trésor doit leur fournir sur leurs tables de l'huile & du froment en espece ; sçavoir le *Cafis* d'huile pour trente tarins, & la *Saume* du froment pour cinq écus de 12 tarins piece, quoique l'un & l'autre lui ayent coûté plus ou moins cher, & qu'ils soient alors beaucoup plus chers que lors de l'achat qui en a été fait. Défendant au Trésor d'en délivrer pour chaque table plus de quatre *Saumes* de froment, & deux *Cafis* d'huile par année. Si quelqu'un en a besoin de davantage, il pourra en acheter au Grenier ou à la Conservatoire, aux prix que l'un & l'autre se vendent sur la Place.

Toutes les autres provisions, comme chairs, bois, marchandises & autres denrées qui seront prises au Trésor, au-de-là de ce qui est ci-dessus marqué pour les tables, seront payées sur le pied auquel elles sont délivrées au Conservateur conventuel, & aux autres Officiers. Défendent aux Freres qui mangent dans les Auberges, de demander aux Piliers, ou de prétendre qu'ils leur fournissent d'autres viandes que celles qu'on leur délivrera chaque jour à la Boucherie de la Religion.

30. Que l'on payera dorénavant les apointemens suivans ; sçavoir, au bien-Réverend Prieur de l'Eglise cent écus, à chacun des véne-

rables Baillis conventuels cent vingt écus, à leurs Lieutenans, pendant qu'ils feront la dépense des Auberges, cent écus ; au vénerable Tréforier cent écus, & à son Lieutenant cinquante, le tout à douze tarins piece, en argent comptant ou en denrées, sur le pied ci-dessus qui leur seront délivrées par le Tréfor.

31. Qu'outre les apointemens ci-dessus, les Piliers qui feront la dépense des Auberges, recevront encore du Tréfor quatre-vingts écus chaque année pour les gages du Cuisinier, du Sommelier & autres gens nécessaires au service des Auberges.

32. Qu'à compter d'aujourd'hui, jour de la publication des présens Statuts, le Gouverneur de l'Isle *del Gozzo*, les Capitaines d'armes de la Ville Vallette, de la *Victorieuse*, & de la *Senglée*, ni ceux des six Paroisses des *Cafals*, ne toucheront plus ni les gages ni les demies tables qu'ils tiroient du Tréfor. Que l'on retranchera de même chaque année au Commandeur de l'Artillerie seize écus trois tarins, au Commandeur de l'Arsenal trente-deux écus & demi, à celui du Grenier neuf écus, & au Prudhomme de la Confervatoire vingt-quatre écus ; le tout ainsi ordonné au scrutin des ballotes, tant pour les Officiers presens, que leurs successeurs.

33. Que les comptes des tables des Freres, qui, avec la permission de l'Eminentissime Grand Maître, ne mangent pas dans les Auberges, se rendent de six mois en six mois ; & que personne ne reçoive quoi que ce soit du Confervateur conventuel, du Commissaire du Grenier, ni de quelqu'autre Officier du Tréfor que ce puisse être, au-delà de ses trente écus par semestre. Si par la clôture du compte du semestre précedent quelqu'un se trouve débiteur, il ne recevra rien sur ses tables des semestres subsequens, jusqu'à ce que sa dette se trouve entierement payée, & qu'il le justifie par bonne quittance du Tréfor. Si cependant un Frere débiteur du Tréfor, à cause de ses tables ne se trouvoit pas en état de payer, il iroit manger dans son Auberge, dont le Pilier tireroit sa table du Tréfor, nonobstant la dette, mais le débiteur demeureroit incapable de toute charge, jusqu'à ce qu'il eût satisfait.

34. Que tous ceux qui tiennent table, soit Prieurs ou Baillis conventuels, faute de n'avoir fait le compte, dans les deux mois d'après le semestre, seront aussi incapables que s'ils étoient débiteurs du Tréfor, ce qui pourra leur être opposé par chacun de ceux qui y auront interêt, sur un certificat du Secretaire du Tréfor, portant que tel n'a pas fait ses comptes dans les deux mois après la fin de son semestre, ce qui arrivera pendant tous les mois d'Avril & d'Octobre, parceque les semestres commencent en Fevrier & en Août, s'il ne paye point dans tout le semestre suivant, ce qu'il avoit pris dans le précedent, il en payera le double, outre l'incapacité dans laquelle il sera tombé ; il y demeurera jusqu'à ce qu'il ait entierement satisfait.

35. Que la solde sera continuée, de même qu'elle a été reglée

par les précedens Chapitres géneraux, sçavoir aux Freres Chevaliers vingt-deux écus, aux Freres Chapelains & Servans d'armes, seize écus & six tarins, & aux Novices de quelque état qu'ils soient, sept écus par an, en deniers comptans à douze tarins piece monnoye de Malte, ou en drap, toile ou autres choses, dont le Trésor, & la Conservatoire se trouveront pourvûs, lesquels draps, toiles ou autres choses leur seront livrées au même prix que les vénerables Procureurs du Trésor les auront comptées, & qu'elles se comptent actuellement au Conservateur conventuel; ils lui ont défendu, à peine de radiation dans ses comptes, de payer aucune solde, que sur les billets expediez à la Chambre, lesquels, quoique signez par le Secretaire du Trésor, ne seront valables, s'ils ne sont contre-signez par le vénerable Grand Conservateur ou son Lieutenant. Que l'on ne pourra avancer plus d'un semestre aux Freres qui sont déja profès, & qui portent l'habit, sur leur solde, lesquels semestres dureront jusqu'à la fin de Fevrier & d'Août.

Que l'on ne donnera aux Novices aucune avance, de quelque rang qu'ils soient : on leur donnera, après que leur Noviciat sera fini, un ordre de recevoir les sept écus, & s'ils laissent passer l'année suivante, sans prendre l'habit, & sans faire la profession régulière, ils ne toucheront quoi que ce soit que les sept écus de la premiere année, à l'exception des Pages de l'Eminentissime Grand Maître, desquels on n'attendra pas la profession pour leur donner les sept écus. L'avance faite à un Frere de la solde d'une demie année, ne produira en sa personne aucune incapacité, s'il réside dans le Couvent.

36. Que l'on délivrera au Commissaire prééminent du Noviciat, la poudre nécessaire pour faire faire l'exercice aux Novices, laquelle il leur fera distribuer sur leurs récépissez, afin que l'on puisse en décompter la valeur sur la solde qui leur sera dûe.

37. Que tous nos Freres qui seront pourvûs de Bénéfices Eccléfiastiques dépendans de l'Ordre par la nomination du Maître, ou le consentement des Langues ou des Prieurez, de revenu de trente-cinq écus à douze tarins piece, & au de-là, ne reçoivent aucune solde du Trésor.

38. Que tous les Freres Chapelains Prêtres qui possedent à présent des Bénéfices, Cures, ou qui en possederont à l'avenir, à quelque titre que ce soit, soient obligez d'y aller faire leur résidence : ils ne recevront du Trésor ni table ni solde, s'ils veulent rester dans le Couvent.

39. Que quand le Conservateur conventuel voudra rendre son dernier compte, les vénerables Procureurs du Trésor examineront avec soin son Registre de recette, & lui alloueront toutes les parties qu'il justifiera par Pieces, avoir payé par l'ordre du Grand Maître, & des vénerables Procureurs du Trésor : celles qu'il aura payées autrement, lui seront rayées, sauf son recours contre ceux qui les ont touchées. Déclarant au surplus que ceux qui se trouveront mar-

quez sur ce Regiſtre comme débiteurs, ſoient réputez dans tous les Tribunaux, être tenus d'une auſſi dangereuſe dette, envers le Tréſor, telle qu'elle eſt marquée dans les vingt & vingt-uniéme articles du titre de la ſignification des termes, ſans qu'il ſoit néceſſaire de les en avertir autrement.

40. Qu'aucun Officier de la Religion, régulier ni ſéculier, ne reçoive du Conſervateur conventuel choſe quelconque, néceſſaire à ſon Office, ſans être allé, avec ſon Ecrivain, s'il en a, ou ſeul s'il n'en a point, repréſenter aux vénerables Procureurs du Tréſor le beſoin qu'il a de ce qu'il demande, & à quoi il veut l'employer, dont les Ecrivains feront une note qu'ils feront voir auſdits Procureurs; défendant au Conſervateur de la livrer qu'ils n'en ayent l'ordre par écrit deſdits Procureurs, faute de quoi elle ne lui ſera paſſée ni allouée dans ſes comptes, avec la quittance de celui qui l'aura reçûe.

41. Que Meſſieurs les Prudhommes de l'Infirmerie ne ſont pas compris dans l'Ordonnance ci-deſſus. Il peut arriver des cas, où il ſuffira que les quittances ſoient ſignées de leurs mains.

42. Que le Conſervateur conventuel recevra en payement des débiteurs du commun Tréſor, les quittances qui y auront été dûement expediées, ſur ce dont ils peuvent être tenus envers ledit Tréſor, ſans pouvoir les refuſer.

43. Que pour éviter quantité d'abus qui ſe commettoient au préjudice du Tréſor, les gages d'or & d'argent dépoſez entre les mains du Conſervateur conventuel par les débiteurs du Tréſor, pour la ſûreté de ſes créances, ne leur ſeront reſtituez, qu'après qu'ils y auront entierement ſatisfait : ſi la créance du Tréſor ſouffre quelque conteſtation, les gages demeureront dépoſez, juſqu'à ce qu'elle ſoit décidée : ſi le débiteur n'a ſoin de les retirer dans les ſix mois après, ils ſeront vendus au profit du Tréſor.

44. Que les places mortes que paye le Tréſor dans le Couvent à pluſieurs perſonnes qui les ont bien méritées, & qui ſe rempliſſent à meſure qu'elles vacquent, demeureront réduites à douze cens écus par an, & ſe rempliront comme par le paſſé, ſans exceder cette ſomme.

45. Que pour éviter pluſieurs inconveniens & dommages qui en ſont arrivez au Tréſor, lorſqu'un Frere qui en eſt débiteur, pour parvenir aux dignitez, biens, offices & voix, ou dans quelque autre vûe que ce ſoit, aura payé ce qu'il devoit, entre les mains du Conſervateur conventuel, cette ſomme ne pourra lui être reſtituée par l'ordre du Grand Maître, ni des Procureurs du Tréſor, quoique depuis ce payement, il ſoit venu des Lettres du Receveur ou du Procureur du Tréſor, qui marquent que le même payement a été fait entre leurs mains En ce cas, les Procureurs du Tréſor ordonneront au même Receveur ou Procureur de reſtituer ce qu'ils ont touché, ſans que le Conſervateur conventuel ſe deſſaiſiſſe de ce qu'il a reçû.

S'il se trouvoit cependant quelque autre dette cachée, ou prête à échoir, il ne se feroit point de restitution : ce qui se trouveroit avoir été reçû au de-là de la premiere, serviroit à la derniere.

46. Que les assignations des deniers de notre Trésor, se fassent par de simples Lettres de ses Procureurs signées de leur main, pour les lieux voisins de l'Isle, comme Sicile, Naples & Rome, & pour des sommes qui ne passent pas cinq cens ducats : toutes les autres seront expediées en la forme portée par les Statuts.

47. Que toutes les Lettres d'assignation pour les Freres ou autres qui doivent s'expedier par Bulle Magistrale, soient signées par le Conservateur & le Secretaire du Trésor, & registrées dans la Chambre des Comptes, comme on a accoutumé de faire pour les Bulles scellées en plomb.

48. Que les assignations des sommes payées entre les mains du Conservateur conventuel, qui se font par de simples Lettres des Procureurs du Trésor, outre leurs signatures, soient encore signées par le Conservateur & le secret.

49. Que tous les Officiers du Couvent, tant Religieux que Séculiers, qui ont le maniement des biens de la Religion, soient tenus chaque année d'en rendre compte.

50. Ceux qui seront comptables envers le Trésor, ou dont les comptes n'auront été clos ni arrêtez, ne pourront être élûs Procureurs, Auditeurs, Receveurs, ni Officiers du Trésor.

51. Que les Commissaires ou Prudhommes de la Fabrique, seront tenus à peine de privation de leur Office, de rendre compte de six en six mois, à la Chambre des Comptes, des bois, & autres choses qui leur auront été remises, auquel compte assistera l'Ecrivain de la Fabrique, pour compter de l'entrée & de la sortie, de tout ce qui leur aura été confié, dont il est obligé de tenir Registre.

52. Que l'on observera exactement l'article 17. du titre des Baillis, & que l'on nommera deux Prudhommes du Grenier, lesquels en auront effectivement une clef ; qu'ils tiendront un contrôle de tout ce qui sera reçû ou délivré ; qu'ils assisteront à la reddition des comptes du Commandeur : que lorsqu'on déchargera le froment, l'un se tiendra au magasin de la Marine, pour le recevoir, & aura une clef, & l'autre à la Cure où on le met ; que le compte se rende suivant la forme prescrite par le Statut, de l'exécution duquel le Grand Commandeur, & les Procureurs du Trésor, à peine d'être privez de voix déliberative dans le Conseil pendant six mois.

53. Que les Commandeurs de l'Artillerie & de l'Arsenal, donnent, de six mois en six mois, en Mars & en Septembre, un état de la quantité & de la qualité de tout ce qu'ils auront reçû & distribué aux venerables Procureurs du Trésor, lesquels, s'ils le jugent à propos, nommeront des Commissaires pour le vérifier. Si ces Commandeurs manquent de fournir cet état, ils seront sur le champ privez de leurs Offices, auxquels il sera incessamment pourvû, sur la nomination

du Grand Commandeur par le vénérable Conseil. Ce qui aura lieu à l'égard de celui de l'Arsenal, sans préjudice de l'article 33. du titre des Baillis, ainsi qu'il a été ordonné par le decret du vénérable Conseil, du trois d'Avril, de l'année derniere.

54. Afin que les Administrateurs des deniers du Trésor soient plus exacts à rendre leurs comptes, ils ont ordonné que les Receveurs, les Procureurs, les Ambassadeurs & les Envoyez, pour la sollicitation de quelque affaire, dès qu'elle sera finie, rendront compte de l'argent & autres choses par eux reçûes, dans six mois, pour ceux qui auront été en Italie, & dans huit, pour ceux qui auront été employez en France, en Espagne ou en Allemagne, faute de quoi ils seront réputez incapables d'obtenir, ni Charges, ni Dignitez, ni Commanderies, & d'assister aux Conseils & aux Assemblées des Langues, des Prieurez & autres quelconques, de même que s'ils étoient débiteurs du Trésor.

55. Que les Prudhommes du Grenier, de l'Arsenal, & de l'Artillerie, ayent une clef de chaque Magasin, hors celui de l'armement, dont la disposition est réservée au Commandeur de l'Artillerie, de même que ceux des Greniers, de l'Arsenal & de l'Artillerie, en sorte que l'on n'en pourra rien tirer qu'en leur présence, & sous les yeux des Commandeurs, avec défenses de rien vendre de tout ce qui y sera, à peine d'être privez de leurs Offices.

56. Que l'on ne donnera aux Officiers séculiers sur leurs salaires, ni bled du Grenier, ni pain du four, mais seulement à nos Religieux sur leurs tables, attendu qu'il en vient beaucoup moins des lieux d'où l'on avoit accoutumé d'en tirer par le passé, à peine de radiation dans les comptes du Commandeur du Grenier, & des Officiers du Four, de ce qu'ils leur auront livré. Pour les soldats & autres à qui l'on donne du bled, outre leur solde, on le leur payera en argent.

57. Que l'on ne fera plus à la Chambre des Comptes un second rapport d'une partie qui y aura été rayée, & qu'à cet effet le Secretaire du Trésor tiendra un Registre de toutes les décisions de cette Chambre. Si cependant quelqu'un croit avoir droit de s'en plaindre, il pourra en appeller dans dix jours, & porter son appel au vénérable Conseil, où il ne sera reçû qu'après avoir executé ce qui est porté par l'article 22. du titre du commun Trésor. S'il n'appelle point dans les dix jours, la déliberation passera en force de chose jugée; que dans les cas compris dans la disposition dudit article 22, l'Appellant aura un an entier pour poursuivre, & faire juger son appel; dans les autres cas, il n'aura que quatre mois.

58. Que les Auditeurs des Comptes soient tenus de se trouver à l'Assemblée de la Chambre, toutes les fois qu'ils en auront été avertis, à peine d'un écu d'amende, s'ils ne sont retenus par quelque empêchement légitime, pour la premiere fois, de deux pour la seconde, & de privation de leurs Charges pour la troisiéme, pour faciliter l'expedition des affaires. 59. D'autant

DE L'ORDRE DE S. JEAN DE JERUSALEM. 273

59. Dautant que quelques-uns de ceux qui ont été pourvûs des Commanderies des Chambres Magiſtrales, ou autres de grace, après la mort du Grand Maître, ſous prétexte qu'ils ont payé plus qu'ils ne devoient pour les Annates, quoiqu'ils ne l'ayent fait qu'après en être demeurez d'accord, prétendent retirer ce ſurplus du commun Tréſor, il eſt ordonné qu'ayant payé, ou promis de payer ces Annates ſur un pied fixé, il ne leur ſera permis pendant leur vie, ni à d'autres après leur mort, de demander au Tréſor aucune reſtitution de l'excedent.

60. Que les Penſionnaires n'auront rien à prétendre ſur la dépouille des Commandeurs décedez, ſur les Commanderies deſquels leurs penſions étoient aſſignées, pour les arrerages qui en ſont dûs, qu'une année ſeulement, & ce qui pouvoit être échû d'une autre le jour du décès, s'ils n'ont tiré des Commandeurs une obligation ou une promeſſe ſignée de leur main, ou qu'ils n'ayent commencé un procès contre eux pour raiſon de ce, en ſorte neanmoins que quand le Penſionnaire auroit obtenu Sentence là-deſſus à ſon profit, il ne pourra demander que trois années de ſa penſion, y compriſe celle en laquelle le Commandeur eſt décedé: les autres arrerages demeurant acquis au Tréſor, & réunis à la dépouille, ſur laquelle ils ſeront pris après toutes les autres dettes hypotécaires du Commandeur ou du Bailli, ou autres de quelque nature qu'elles ſoient.

61. Pour réparer en quelque maniere le dommage que peut cauſer aux Freres la diſpoſition du Statut précedent, fait en faveur du Tréſor, il a été ordonné, après le ſcrutin des ballotes, que tous les Prieurs, Baillis & Commandeurs payeront exactement leurs Penſionnaires, comme il eſt porté par la Bulle Magiſtrale, ou du Couvent qu'ils ont obtenu: que ceux d'entre eux qui ſeront débiteurs d'arrerages de deux années d'une penſion quelle qu'elle ſoit, ſeront regardez comme incapables & débiteurs de clair, comme s'ils l'étoient effectivement des impoſitions & reſponſions envers le Tréſor.

A l'égard des arrerages préſentement échûs des penſions dûes, les Prieurs, Baillis & Commandeurs auront un an, à compter de ce jourd'hui, jour de la publication du préſent Chapitre général, dans lequel chacun d'eux ſera tenu de payer tous les arrerages des penſions dont il ſe trouve chargé, faute de quoi il ſera reputé incapable & débiteur, comme deſſus. Que les Receveurs en envoyant au Couvent l'état de ceux qui ont manqué de payer les charges du Tréſor, y comprendront ceux qui n'ont pas payé les penſions, à quoi elles montent, & les noms de ceux à qui elles ſont dûes, ſans préjudice de l'exécution des Sentences obtenues par les Penſionnaires, tant dans le Couvent, que dans les Chapitres Provinciaux, ſuivant l'article 18. du titre des Commanderies.

62. Comme il arrive ſouvent que les domeſtiques de nos Freres, quoiqu'ils ayent été payez de leurs ſalaires pendant leur vie, ne laiſſent pas de les demander après leur mort, ſous prétexte qu'ils ont

servi tant d'années, quoiqu'il soit aisé de présumer qu'ils ont été payez, & qu'ils ont employé leurs salaires à s'habiller, & que leurs Maîtres ne les ont laissé manquer de rien ; il est ordonné que ceux qui ne rapporteront point de reconnoissance du défunt, ou qui ne lui auront pas fait d'action avant sa mort pour leurs salaires, soient présumez en avoir été payez, & ne pouvoir demander autre chose que celui de la derniere année, pour laquelle seule ils seroient en état de faire action, à moins que le contraire ne parût par le Registre, ou le dépropriement du défunt, auquel cas ils ne pourront néanmoins prétendre que leurs gages de trois ans, attendu qu'ils ont dû s'en faire payer par leurs Maîtres de leur vivant.

63. Que l'on envoyera aux Receveurs de chaque Prieuré une copie collationnée du dépropriement des Freres décedez dans le Couvent, qui y étoient attachez : les Procureurs du Trésor sont chargez de ce soin.

64. Que le Grand Maître & le Conseil continueront de nommer deux Prudhommes pour avoir soin du gouvernement & de la dépense des esclaves de la Religion, suivant les instructions qui leur seront données par le Maître qui a soin de l'administration du Trésor, ou par le Grand Commandeur, & les Procureurs du même Trésor.

65. Qu'aucun Frere ne sorte du Couvent, sans avoir payé ce qu'il doit au Trésor. Si le Vice-Chancelier s'avise de leur donner congé, sans avoir vû leur quittance finale, il sera tenu en son nom de payer tout ce qu'ils doivent. Si un Prieur, un Bailli ou un Commandeur s'en vont sans payer, ils perdront une année du revenu de leur Prieuré, Bailliage ou Commanderie, qui sera porté au Trésor, & le Frere Conventuel une année d'ancienneté.

66. Que le Vice-Chancelier ne donnera congé à aucun Frere de sortir du Couvent, que le Pilier, ou les Procureurs de la Langue dont il sera, ne lui ayent donné un certificat portant qu'il ne doit rien au Trésor.

67. Dautant que les Commanderies, & les autres biens de l'Ordre n'appartiennent point aux Freres, lesquels n'en ont que l'administration, il ne leur est pas permis de les engager, non plus que les pensions dont ils sont chargez, à quelque titre que ce soit, au préjudice de leur vœu de pauvreté, à peine de nullité de tout ce qu'ils auront fait au contraire, & que, suivant les anciens Statuts & Coutumes, les droits du Trésor soient toujours preferez à toute autre sorte de dettes, même celles qui proviendront des services personnels, ausquels ils étoient obligez.

68. Que les Donats ou Confreres de la demie-Croix de l'Ordre, payeront au Trésor cent écus d'or, en or, pour leur passage ; qu'il ne leur sera pas permis de la porter d'or, même par le Conseil complet de rétention. Ceux qui auront déja reçû l'habit, & ceux qui y auront été admis, porteront sur leur habit une demie-Croix de toile, laquelle y sera cousue de la longueur des deux tiers d'une

palme, mesure de Sicile, tout au plus ; sans quoi ils ne jouiront d'aucun des privileges de la Religion : il sera permis aux Freres & aux Familiers de l'Ordre de leur ôter le manteau & la demie-Croix d'or, s'ils s'ingerent de la porter ; sans avoir égard à toutes les graces qui peuvent leur avoir été accordées par le présent Chapitre géneral ; & à faire ci-après par les Conseils de rétention, de porter la demie-Croix, sans avoir payé le passage, ou de n'en payer que la moitié ; leur enjoignant de payer au Trésor le passage nouvellement ordonné, & de faire les preuves marquées dans l'article 27. du titre de la réception des Freres ; sans préjudice neanmoins de la Commanderie de *Modica*, & des privileges de la Confrerie de S. Jean, & S. Georges de Saragosse au Royaume d'Arragon.

69. Dautant que les Confreres & les Donats, sujets & vassaux des Prieurez, Bailliages & Commanderies de l'Ordre, ne font pas difficulté de causer de grands dommages au Trésor, aux Prieurez, aux Bailliages & aux Commanderies, sous prétexte des privileges de la Religion dont ils jouissent, les mêmes Seigneurs ont déclaré que ces privileges ne pouvoient être tirez à consequence au préjudice du Trésor & des revenus des Prieurs, Baillis ou Commandeurs, ausquels aucun privilege ne peut faire tort.

70. Que les comptes des Receveurs seront dorénavant dressez de la maniere qui sera reglée par les Procureurs du Trésor.

71. Ils ont laissé à l'Eminentissime Grand Maître le pouvoir de choisir les villes & les lieux, où se fera dorénavant la recette générale des droits du Trésor dans chaque Prieuré, & où les Receveurs seront obligez de faire leur résidence, d'une maniere qui convienne aux affaires publiques.

72. Que lorsque le vénerable Bailli de S. Georges de Lyon s'absentera de cette ville, le Receveur, pour le Prieuré d'Auvergne, sera tenu d'aller demeurer dans la Maison de la Commanderie, pour avoir soin des archives & des titres de la Religion, dont il payera cependant le loyer au Bailli, au retour duquel il sera tenu de la lui laisser libre, & d'en louer une autre.

73. Afin que les Receveurs, les Procureurs, les Dépositaires & autres Officiers du Trésor veillent avec plus de soin, à la conservation des deniers dont ils sont chargez, il est ordonné qu'ils en seront responsables en leur nom, & qu'ils ne seront point écoutez en disant qu'ils leur ont été volez, ou qu'ils sont perdus de quelque maniere que ce soit, & qu'ils ne pourront en être déchargez, ni par la Chambre des Comptes, ni par le Grand Maître.

74. Ils ont enjoint aux Prieurs de faire payer aux Commandeurs la Dixme Royale, dans les lieux où on a accoutumé de l'exiger, faute de quoi le Trésor ne leur fera aucune part du mortuaire ni du vacant.

75. Que si le Receveur du Trésor se trouve avoir marqué dans ses comptes quelqu'un de nos Freres, comme débiteur du Trésor, lequel fasse voir qu'il avoit payé avant la clôture desdits comptes,

il sera responsable envers ce Frere de tous les dépens, dommages, interêts qu'il aura soufferts par cette inadvertance, & tenu de l'en rembourser.

76. Que, suivant l'ancienne coutume, si un Commandeur a résigné sa Commanderie, & en a obtenu une meilleure, ou a été élevé à un Prieuré ou Bailliage Capitulaire, & qu'il vienne à mourir dans la Commanderie à laquelle il avoit renoncé, pendant le mortuaire ou le vacant du Prieuré, ou du Bailliage, des fruits de laquelle il devoit jouir, en attendant que le mortuaire ou le vacant du Prieuré, ou du Bailliage fût fini, les fruits de cette Commanderie tomberont en mortuaire & vacant, tout de même que s'il n'y avoit pas renoncé, & qu'il n'eût obtenu ni Prieuré, ni Bailliage : la même chose s'observera dans toutes les autres translations.

77. Les mêmes Seigneurs ont accordé à la vénerable Langue d'Allemagne, que la vaisselle d'argent qui se trouvera dans les dépouilles de ses Commandeurs, sera laissée où elle sera, pour l'honneur de la Commanderie, en sorte neanmoins que le successeur du feu Commandeur payera le tiers de sa valeur, sur le pied de huit florins d'or le marc, & donnera au Receveur bonne caution qu'il ne s'en défera point. On marquera dans le cautionnement, le poids & la valeur de la vaisselle, & la qualité de l'argent. Le Receveur sera tenu d'envoyer ce cautionnement au Couvent avec ses comptes, faute de quoi il demeurera responsable de la vaisselle, au cas qu'elle vienne à se dissiper.

78. Ils ont révoqué tout d'une voix, après le scrutin des ballotes, toutes les graces faites par le présent Chapitre géneral, & à faire dans les rétentions, pour les confirmations des Officiers, & les salaires à vie, donnez par la Religion, tant à nos Freres qu'aux Séculiers, dans la Maison ou au dehors, à l'exception de celle d'Avocat & Procureur du Trésor, qu'ils ont confirmée au Docteur Frere Paul-Antoine *Fiore*, en consideration des services qu'il a rendus à l'Ordre.

Contre les Receveurs qui font mal leur devoir.

Fr. MARTIN GARZES.

Puisque tous les droits du Trésor, & les revenus de la Religion destinez à soutenir la dépense de l'Hospitalité, repousser les ennemis du nom Chrétien, & défendre l'Isle de Malte, & notre Couvent qui est l'un des boulevards de la Chrétienté, passent par les mains des Receveurs ; il n'y a pas lieu de douter que les plus grands dommages & l'affoiblissement des forces de l'Ordre, ne tirent leur source que de leur négligence, & de leur mauvaise administration. C'est pourquoi nous déclarons que tous les Statuts & Reglemens cidevant faits contre les débiteurs du Trésor, regardent d'une maniere encore plus severe & plus rigoureuse, les Receveurs négligens, peu exa&s, débiteurs, & qui retiennent les effets à lui appartenans, & qu'ils méritent une peine encore plus grande. Ainsi, quand ils sortiront de leur emploi, s'ils manquent de remettre à leurs successeurs tout l'or, l'argent, les bijoux, les pierreries & toutes les autres choses qui appartiennent au Trésor, & s'ils ne présentent leurs comptes à la Chambre ; s'ils n'en payent les *debets*, ils seront sur le champ & sans autre figure de procès, dépouillez de leurs Commanderies, Membres & pensions, ausquelles il sera incessamment pourvû, à la requisition du Procureur fiscal ; & quoique suivant l'article 31 du titre des défenses & des peines, on dût les dépouiller de l'habit, comme des parjures & des infracteurs des Statuts, voulant neanmoins les traiter moins rigoureusement, nous nous contentons d'ordonner qu'ils seront renfermez dans une prison pour le reste de leur vie, comme contumaces, rebelles & désobeïssants, ce que nous ordonnons être executé.

79. Les mêmes Seigneurs, pour punir avec toute sorte de séverité les fautes des Receveurs, ont expliqué le present Statut de Monseigneur Garzes, en sorte qu'il n'aura lieu qu'à l'égard des Receveurs qui se trouveront en reste de mille écus, ou d'une moindre somme : mais que si leur *debet* est plus considerable, & qu'ils ne l'ayent pas entierement payé au Trésor dans l'année d'après le Jugement de leurs comptes, ils seront censez avoir encouru toutes les peines de la Loi ordinaire, contre le Peculat, privez de l'habit, comme des sacrileges qui ont fait au Public un vol de consequence de ce qui étoit destiné à l'entretien du Service divin dans les Eglises, de l'Hospitalité & de la guerre contre les Infideles, dont ils seront grievement punis, même renvoyez à la Cour temporelle de la Châtellenie, pour en être fait justice exemplaire, comme chose très necessaire pour le maintien de la Religion.

80. Qu'à l'avenir personne ne sera plus choisi pour Receveur, sans être Commandeur, & qu'après les trois ans de son administration, il n'y sera censé continué, qu'il n'ait été proposé au Conseil, & confirmé sur le raport qui y aura été fait par le Grand Commandeur & les vénérables Prieurs du Trésor, de la régularité de sa conduite & de ses services. Le decret de sa confirmation ne doit passer qu'aux deux tiers des voix du Conseil, sans quoi on en choisira un autre. La même chose s'observera à l'égard des Procureurs ordinaires des Provinces, & de ceux qui tirent des appointemens du Trésor. Que dans le Prieuré de Lombardie le service de l'Ordre demande qu'il n'y ait que deux Procureurs ordinaires, & que les Procureurs tant ordinaires qu'extraordinaires, auront du moins cinq ans de résidence conventuelle, & quatre caravanes ; faute de quoi ils ne jouiront pas de cette prérogative.

81. Que quand il sera question de députer un Procureur extraordinaire, ou accorder pour quelque tems un decret, pour jouir hors du Couvent de la prérogative de résidence conventuelle, il faudra avoir les quatre quints des voix du Conseil ; & qu'après six

mois, à compter de ce jour, toutes les procurations extraordinaires, & les decrets de concession de résidence hors du Couvent, seront censez révoquées, comme ils les révoquent, à l'exception de la procuration expediée en faveur de Frere *Lelio Brancaccio*.

82. Qu'à l'avenir on n'enverra aucun Ambassadeur extraordinaire, que le decret n'en ait passé au Conseil aux deux tiers des voix : pour le choix du sujet, il se fera à la pluralité des voix, comme à l'ordinaire.

83. Que l'on ne donnera que six écus d'or par jour au Chevalier qui aura été nommé Ambassadeur extraordinaire, quand il seroit Grand Croix, en quelque Pays qu'il soit envoyé, à compter de celui de son départ du Couvent, y compris les felouques, les chevaux, les littieres, la livrée & autre équipage, avec défenses de leur expedier des Lettres Patentes adressées aux Receveurs, pour en toucher de l'argent. On leur donnera seulement des Bulles d'assignation de sommes fixes, à recevoir en déduction de ce qui leur sera dû, à proportion de leurs journées.

84. Que tous les Receveurs du Trésor députez ou à députer dans tous les Prieurez de la Religion, seront tenus de donner avis une fois chaque mois à l'Eminentissime Grand Maître & aux Procureurs du Trésor, de tous les deniers par eux reçûs pour le compte du Trésor, de leur envoyer chaque année leurs comptes, & l'état des débiteurs, suivant les articles 43 & 44 de ce titre.

Si dans quelque Prieuré il ne se tenoit point de Chapitre Provincial, les comptes seront passez dans une Assemblée qui doit se tenir immédiatement après la Nativité de Saint Jean. Faute par les Receveurs d'y satisfaire dans les six mois après la tenue du Chapitre Provincial ou de l'Assemblée, ils seront destituez de leurs Charges : on leur enverra des successeurs. Commandant en vertu de la sainte Obedience au Secretaire du Trésor, de faire de six mois en six mois son raport au Grand Maître & au Conseil, des noms des Receveurs qui auront manqué de satisfaire au present Statut.

85. Que tous les Officiers de l'habit qui sont dans le Couvent pour faire les distributions de la Religion, soient changez de deux ans en deux ans, sans pouvoir être continuez plus long-tems, à l'exception du Conservateur conventuel, à l'égard duquel on observera ce qui a été ordonné.

86. Que le Procureur des causes du Trésor, à peine de perdre sa Charge & de restituer tous les gages qu'il en aura touchez, fera du moins une fois le mois, dans le Conseil complet ou ordinaire, & dans les Assemblées publiques des Quatre Tems, après la lecture de la Regle, celle de la liste des débiteurs du Trésor, lesquels en seront exclus sur le champ, afin de faire ressouvenir les Superieurs de proceder ou faire proceder contre les contumaces, suivant la rigueur des Statuts; chargeant de l'execution de cette Ordonnance le Grand Commandeur & les Procureurs du Trésor.

87. Comme les appointemens que reçoivent du Trésor les Secretaires des deux recettes du Prieuré de Castille, leur ont paru excessifs, ils les ont moderez, & ordonné que chacun d'eux n'aura plus que deux cens ducats d'or par année. Ils ont encore confirmé le Statut suivant, qu'ils ont ordonné être mis ensuite de l'art. 42 du titre du Commun Trésor.

Déclaration de la consistance de la dépouille & du mortuaire dans les Commanderies données en bail.

Fr. ALOPHE DE VIGNACOUR, MAISTRE.

Puisque le Statut ci-dessus n'a pas parlé des Commanderies qui sont en bail, nous déclarons & ordonnons par notre presente addition, que dans les Prieurez, Châtellenie d'Emposte, Bailliages & Commanderies qui se trouveront en bail, la division de la dépouille d'avec le mortuaire se fera à proportion des mois & des jours, c'est-à-dire que la partie du prix du bail qui aura couru depuis le premier de Mai, jusqu'au jour de la mort du Commandeur, appartiendra à la dépouille, & sera par consequent obligée de contribuer aux Responsions & Impositions qui se trouveront avoir dû être payées lors la mort du titulaire, depuis laquelle, jusqu'au premier de Mai suivant, l'autre partie du bail sera le mortuaire.

88. Les mêmes Seigneurs ont accordé à l'Avocat & au Procureur des causes du Trésor, qui se trouveront en place, s'ils sont Chapelains de l'Ordre, la dispense d'assister au Chœur, & les mêmes prérogatives dont jouissent les Ecrivains de la Chancellerie.

89. Que dans la révision des Statuts, toutes les fois qu'il sera parlé des florins de Rhodes, on en exprimera la valeur en monnoye de Malte.

90. Que tous ceux qui auront été Procureurs, ou qui auront manié les deniers des vénérables Langues & Prieurez, & qui se trouveront en reste, leur Charge finie, soient incapables, comme s'ils avoient été déclarez débiteurs du Trésor, de même que ceux qui dans un mois après n'auront pas payé aux Langues ou aux Prieurez ce qu'ils leur doivent.

91. Les mêmes Seigneurs ont encore révoqué toutes les graces & concessions faites par le present Chapitre géneral, ou à faire par les Conseils de rétention à nos Freres, de quelque degré, ou sous quelque prétexte que ce soit, d'avoir ni table ni solde hors du Couvent.

92. Après avoir bien examiné l'article 29 du titre du commun Trésor, qui traite des Commanderies dont on prive ceux à qui on ôte l'habit, ils l'ont trouvé très utile au bien public, & en le confirmant ils ont ordonné qu'il sera ci-après inviolablement observé : ils ont cependant déclaré pour d'importantes raisons, que dans le cas qui est arrivé au sujet de la Commanderies de *Larino*, vacante par la

privation de l'habit de Frere *Jules Falco*, elle ira après sa mort à la libre *mutition* de la vénerable Langue d'Italie, nonobstant ce Statut, sans préjudice des droits du Trésor, principalement du mortuaire & du vacant.

93. Ils ont ordonné en exécution de l'article 57 du même titre, que les vénerables Grand Commandeur & Procureurs du Trésor rendront compte chaque année de leur administration au vénerable Conseil, à peine d'y perdre leur suffrage pendant une année, & que le Secretaire du Trésor soit tenu de les en faire ressouvenir en tems convenable, à peine de perdre ses apointemens d'un an, & que dans tout le mois d'Août prochain, ils présenteront le premier compte de l'année courante.

DU CHAPITRE.
TITRE VI.

1. Les mêmes Seigneurs ont ordonné que moyennant la grace de Dieu, s'il n'arrive aucun empêchement, le prochain Chapitre géneral se tiendra le premier Dimanche d'Octobre 1641, jour auquel ils l'ont indiqué & ordonné que l'Eminentissime Grand Maître, & le vénerable Conseil complet, pourront le proroger s'il est nécessaire, suivant l'état & les circonstances des affaires.

2. Afin que les affaires dont on devra traiter dans les Chapitres géneraux soient décidées avec plus de prudence & de maturité, ils ont ordonné que dès que le vénerable Conseil complet aura ordonné qu'on expedie des citations pour être envoyées à tous les Prieurez de l'Ordre, au commencement de l'année qui precedera la tenue du Chapitre géneral, le même Conseil complet nommera un Commissaire de chaque Langue, pour faire le rolle public, & revoir les comptes du Trésor, avec ses Procureurs, le Conservateur conventuel & le Secretaire, pour représenter au Chapitre géneral l'état au vrai des affaires de la Religion. Le Procureur du Grand Maître, le vénerable Trésorier géneral ou son Lieutenant, & le vice-Chancelier doivent assister à leurs conferences.

3. Pour terminer les differends qui peuvent survenir sur la confection des rolles entre les Freres Chevaliers d'une part, & les Freres Chapelains & Servans d'armes, lesquels vont quelquefois jusqu'au Chapitre géneral, il est ordonné que pour la confection des rolles des Langues, qui doivent lui être présentez, on députera trois Freres Chevaliers & un Frere Chapelain ou Servant, & que lorsque les rolles seront examinez par chaque Langue, pour sçavoir si elle doit les approuver, les Freres Chapelains & Servans y seront écoutez, sur ce qu'ils auront à dire pour l'avantage de la Religion, de même que les Freres Chevaliers.

4. D'autant

4. D'autant qu'en certaines Langues les Freres conventuels prétendent que les Commandeurs n'ont pas droit d'assister à la confection des rolles, ils ont déclaré que les Commandeurs sont compris sous le nom de Freres, & qu'ils peuvent assister à la confection des rolles, avec voix déliberative.

5. Que l'on ne mettra rien dans les rolles des Prieurs, des Baillis, des Langues ni des Prieurez, qui n'ait un raport direct au bien de l'Ordre. Si quelqu'un a quelque chose de particulier à demander au Chapitre, il doit se pourvoir par Requête. Les rolles des Prieurs & des Baillis seront signez de leurs mains, & ceux des Langues par les Commissaires, sans quoi ils ne seront pas reçûs. Ceux des Prieurs, des Baillis ou des Prieurez le seront, pourvû qu'ils soient signez par le Secretaire du Chapitre, ou de la main d'un Notaire public.

6. Pour prévenir les difficultez qui peuvent naître au sujet de l'élection des seize Capitulaires, ils ont ordonné que les deux de chaque Langue doivent être choisis par ses Capitulans, non pas par un même scrutin, mais l'un après l'autre, & que l'on mettra autant de boëtes qu'il y aura de sujets proposez pour la premiere élection qui se fera à la pluralité des ballotes. On prendra garde que personne ne se nomme soi-même, ou se donne sa ballote ; ce qui doit se faire secrettement, en sorte que chaque proposé, avant de mettre sa ballote dans l'une des boëtes, autre que la sienne, fasse voir qu'il la tient à la main, & qu'ensuite la faisant voir ouverte, on soit persuadé qu'il l'a donnée. La même chose se pratiquera quand il faudra *voter* pour le second Capitulaire.

Si les voix sont partagées, le Corps du Chapitre confirmera celui qu'il jugera le plus capable, sans avoir égard à sa prééminence, ni à son ancienneté. On ne fera point l'élection du second, qu'il n'ait été statué sur celle du premier ; en cas de concurrence, celui des deux à qui il aura refusé la préference, pourra encore être élû la seconde fois, sans préjudice du Concordat fait entre les Prieurez de Castille & de Portugal, où les Capitulaires doivent être tirez des deux Nations.

7. Que celui qui sera subrogé à la place de l'un des seize Capitulaires, absent pour cause de maladie, ou autre empêchement, sera obligé de se retirer, dès que l'élû se présentera pour faire ses fonctions, lequel devra y être reçû de nouveau, sans difficulté.

8. Pour éviter la confusion du grand nombre de Requêtes qu'on a accoutumé de presenter au Chapitre general, ils ont ordonné que pendant qu'on examinera les pouvoirs des Capitulans, on députera des Commissaires pour recevoir les Requêtes données par nos Freres presents ou absens, lesquelles cependant ne seront pas reçûes, qu'ils ne les ayent signées. Les Commissaires vacqueront à cet examen les trois premiers jours non feriez des quinze qui sont destinez à la tenue du Chapitre, après lesquels aucune Requête ne sera ni reçûe, ni decretée, à peine de nullité.

9. Que toutes les causes & affaires qui auront été renvoyées par le Chapitre géneral & les Reverends Seigneurs seize, au Grand Maître & au Conseil complet de rétention, seront par eux terminées & décidées, sans pouvoir les renvoyer au Conseil ordinaire, excepté celles qui selon nos Statuts sont de sa competence.

10. Que les Chapitres Proviciaux seront tenus dans des lieux appartenans à l'Ordre, & non ailleurs, & qu'à la fin de chaque Chapitre on désignera le lieu où il devra s'assembler l'année suivante, afin que ceux qui devront s'y trouver en soient avertis. Si le Prieur est malade ou tellement embarassé qu'il ne puisse ou ne veuille y venir, son Lieutenant ou le plus ancien Commandeur le tiendra aux dépens du Prieur, lesquels ils ont taxez pour le Prieuré de Castille & de Leon, à 400 ducats, que le Receveur fournira pour lui, & qu'il mettra sur son compte. Que le Chapitre de ce Prieuré se tiendra alternativement dans la vieille Castille, & dans la nouvelle, & dans celui d'Allemagne, tantôt à Spire, tantôt à Fribourg.

11. Pour prévenir les contestations qui pourroient naître dans les Chapitres Provinciaux, pour l'ordre des séances entre les Baillis qui s'y rencontrent, & les Lieutenans des Prieurs, ils ont ordonné que dans tous les Chapitres & les Assemblées qui se tiendront, les Baillis présideront & prendront séance avant les Lieutenans, à moins qu'ils ne fussent Grands-Croix, & que les provisions ou autres actes du Chapitre ou de l'Assemblée seront intitulez de leur nom dans les expeditions qu'on en délivrera.

12. Que tous les Freres, de quelque grade ou condition qu'ils soient, quoiqu'ils n'ayent pas été reçûs dans le Couvent, auront droit d'assister aux Chapitres & aux Assemblées, sans y avoir cependant aucune voix déliberative.

13. Que le Secretaire des Chapitres & des Assemblées Provinciales sera toujours un Frere de l'Ordre, & jamais un Séculier. A l'égard du Prieuré de Castille & de Leon, si on y trouve un Frere Chevalier qui y soit propre, on le préferera aux autres. Celui qui exercera cet emploi, ne doit en attendre aucun honoraire du Trésor, en quelque Prieuré que ce soit.

14. Que les personnes Ecclesiastiques, Séculieres ou d'un autre Ordre, ne soient point admises aux Consultations qui s'y feront, à se trouver, ni demeurer enfermées dans la Chambre, bien entendu que les Séculiers qui auront quelque chose à y proposer, soit pour eux-mêmes, soit pour d'autres, sur leurs procurations, pourront y entrer, suivant la Coutume.

15. Que pour la commodité & l'avantage de la Religion, le Chapitre Provincial du Prieuré d'Auvergne se tiendra dorénavant à Lyon.

16. Que l'Assemblée du Chapitre Provincial du Prieuré de Venise soit annoncée auparavant aux Religieux des environs, du moins à Vicense, à Padoue & à Verone, à peine de nullité de ses délibérations.

17. Que nonobstant la Coutume de célebrer le Chapitre Provin-

cial du Prieuré de Castille & de Leon au mois de Septembre, & le Statut qui l'ordonne ainsi, ce Chapitre & ceux de tous les autres Prieurez de quelque Langue que ce soit, se tiendront dorénavant depuis le premier de Mai, jusqu'à la Saint Jean de chaque année, nonobstant toutes Coutumes contraires qu'ils ont abrogées, & que l'on payera dans ce tems-là, toutes les Responsions, Impositions & droits du Trésor, comme il est ordonné par les Statuts, & particulierement par l'article 19 du titre du commun Trésor.

18. Que dans les vénerables Conseils complets de rétention du Chapitre géneral, dans ceux qui s'y tiendront à l'avenir, même dans le Conclave des Reverends seize, lorsqu'il s'agira de faire des graces, & que les deux tiers des voix n'y auront pas concouru, la grace ne passera pas pour accordée.

Que les Reverends seize ne traitent d'aucune affaire particuliere, sans un decret exprès du Chapitre géneral.

Fr. MARTIN GARZE'S.

Nous ordonnons, conformément à la louable & ancienne Coutume de l'Ordre, en expliquant les articles 1 & 10 du titre du Chapitre, que les seize Reverends Seigneurs Capitulaires ne pourront dorénavant écouter, traiter, ni déliberer d'aucune affaire qui les regarde en leur nom, ni d'aucune grace à accorder à l'un d'entre eux, ou à quelqu'autre personne que ce soit, Religieuse ou séculiere, qu'elle ne soit énoncée dans une Requête, dont la lecture aura été faite publiquement dans le Chapitre géneral, rédigée par écrit dans son decret, & à eux renvoyée pour y statuer, à peine de nullité de tout ce qui aura été fait.

19. Que dans la nouvelle compilation des Statuts, l'on ajoutera au premier article du titre du Chapitre, que le Secretaire du Trésor entrera dans le Conclave des Reverends seize, lorsqu'il y aura des affaires qui le concerneront, & que dans les Statuts, au lieu du terme d'*Ecrivain du Trésor,* on mettra celui de *Secretaire du Trésor.*

Que l'on pourra prolonger la durée du Chapitre géneral.

Fr. ANTOINE DE PAULE, MAISTRE.

Voulons, en ajoutant à l'article 14 de ce titre, qu'à proportion des affaires, & pour les décider avec plus de maturité, les seize Capitulaires puissent ajouter aux quinze jours non feriez, que doit durer le Chapitre géneral, une huitaine utile, mais rien au-delà.

20. Que dans les Chapitres & Assemblées Provinciales nul Frere ne puisse avoir voix déliberative, s'il n'a fait profession & demeuré du moins trois ans dans le Couvent, ce qu'il sera tenu de justifier par un certificat du Secretaire du Trésor; ce qui ne regarde point les Chevaliers de la vénerable Langue d'Allemagne: révoquant toutes

les graces faites en Chapitre, & à faire dans les rétentions, contraires au préſent Statut, excepté celle qui a été faite au Chevalier Fr. Etienne *Sciatino*, pour de bonnes raiſons, ſeulement pour avoir voix dans le Prieuré de Meſſine, ſans avoir cette réſidence.

DU CONSEIL.
TITRE VII.

1. ILs ont ordonné en expliquant l'art. 3 du titre du Conſeil, que ceux qui ſeront ci-après reçûs dans les Conſeils, outre la profeſſion de foi que doivent faire quelques-uns, ſuivant la Bulle du Pape, feront le ſerment en la maniere ſuivante.

J. N. promets de dire mon avis dans toutes les Sentences & Decrets des Juſtices civiles & criminelles, & de l'état de la Religion, ſuivant le mouvement de ma conſcience : de garder toujours la forme des Statuts, & des louables Coutumes de l'Ordre, de ne réveler aucune des choſes qui doivent être tenues ſecrettes pour la conſervation de l'Etat & le bon gouvernement de la Religion : de ne parler à perſonne de ce qu'auront dit mes Confreres en opinant, ni de choſe qui ſera dite dans les Conſeils, qui pourroit être préjudiciable à un tiers. Je le jure & promets ſur cette ſainte Croix : Je prie Dieu de me faire la grace de l'accomplir : ſi je fais le contraire, mon ame en ſera reſponſable devant lui.

Que le ſerment ci-deſſus ſera préſumé avoir été fait par tous ceux qui ſont préſentement du Conſeil ordinaire & complet, & par tous ceux qui ſeront de main en main ſubrogez dans les Conſeils, au lieu de ceux qui ſeront devenus ſuſpects, & des abſens. Il ſuffira de l'avoir fait une fois, lorſqu'on aura été choiſi par le Conſeil, ſans le réiterer toutes les fois. Les Auditeurs des comptes ſont dans le même cas.

3. Dautant qu'il appartient aux gens graves d'être vêtus de long & d'une maniere décente, ſur-tout lorſqu'ils ſont à l'Audience, ils ont ordonné que les vénérables Conſeillers Grands-Croix, ne paroîtront au Conſeil, quand il ſera convoqué au ſon de la cloche, qu'avec leur habit long, nommé *Cloccia*, à peine de cent écus d'amende applicable au Tréſor pour chaque contravention; de pouvoir être récuſez comme ſuſpects, & exclus du Conſeil pour cette ſeule faute : on en excepte le Général des galeres.

4. Que les vénérables Prieurs, Baillis & leurs Lieutenans, Commandeurs & Freres, en quelque degré qu'ils ſoient, gardent la décence & la modeſtie, debout, aſſis en parlant & en écoutant les plaidoyers, ſans faire de geſtes, ni ſe tenir dans des poſtures indécentes en préſence du Grand Maître. Ceux qui auront péché contre le préſent Statut, ſeront punis comme le vénérable Conſeil l'ordonnera, à proportion de la faute qu'ils auront faite. La même Ordonnance aura lieu pour la Chambre des Comptes.

5. Sur ce qu'ils ont remarqué que l'on est obligé d'avoir beaucoup de soin de sa santé, sur-tout pendant les jours caniculaires, où les corps sont d'ordinaire dans la langueur, ils ont ordonné que les plaids cesseront depuis la S. Jean jusqu'à la S. Michel, dans tous nos Conseils, pendant lequel tems celui des appellations demeurera suspendu, à moins qu'il ne s'agisse de nommer à quelque dignité, d'affaires d'Etat, ou criminelles.

6. Attendu qu'il se trouve dans les Conseils complets, des gens peu instruits des affaires de l'Ordre, ils ont ordonné que chaque Langue nommera deux Freres anciens, suffisamment informez des Statuts & des affaires de l'Ordre, tels que l'on les choisit pour être Auditeurs des Comptes, lesquels après avoir été confirmez par le Conseil complet, & prêté le serment accoutumé, seront reçus, même dans les Conseils ordinaires & secrets, & autres Congrégations, où les Baillis & leurs Lieutenans peuvent se trouver en leur absence.

A condition neanmoins qu'ils auront 25 ans passez, & cinq ans au moins de résidence dans le Couvent, bien effective, sans qu'ils puissent se prévaloir de celle qu'ils auroient pû y faire pour un autre sur sa procuration, quand ce seroit celle d'un Receveur, ce qui s'observera de même pour les Auditeurs des Comptes, à l'exception du vénérable Prieuré de Portugal, dans lequel on pourroit ne pas trouver un Frere Chevalier revêtu de toutes ces qualitez, en sorte que l'on ne donne aucune atteinte au Concordat fait entre ce Prieuré, & celui de Castille, & de Leon, & de la Langue d'Allemagne.

7. Si le Conseil complet se trouve partagé, la Sentence du Conseil ordinaire sera réputée confirmée. Dans les affaires criminelles, la partie favorable au fisc l'emportera, comme il a été déclaré par le vénérable Conseil de 1608.

8. Dautant que les affaires de la Religion sont ordinairement sommaires, & qu'elles peuvent se terminer en peu de mots, il a été ordonné que nonobstant la conclusion en cause faite devant les Commissaires par les Parties, si elles veulent alleguer ou produire quelque autre chose devant le Conseil ordinaire ou complet, rien ne les en empêchera. Pourra neanmoins ledit Conseil décider lui-même la contestation, ou la renvoyer pardevant les Commissaires, avec les nouvelles productions ou allegations des Parties.

9. Que l'on ne proposera jamais aucune preuve vocale ni litterale, contre les actes passez en Chancellerie, dans la Chambre des Comptes, les Langues ni les Prieurez, sans inscription de faux, & sans s'exposer à la peine du Talion.

10. Afin que les procès soient plutôt terminez, il est ordonné, que dès que l'on aura interjetté appel du Conseil ordinaire, au Conseil complet, l'Intimé pourra anticiper les délais, poursuivre l'Appellant sur son appel, & l'obliger de le défendre.

11. Que par de bonnes considerations très convenables à la conservation de l'Ordre, à sa fondation, & à l'état de sa profession, les procès qui pourront naître ci-après, sur la réception ou le rejet des preuves de Noblesse pour les Chevaliers, & la légitimité pour les Chapelains & les Servans, après qu'elles auront été examinées dans les Chapitres Provinciaux, & dans les Langues & Prieurez, seront définitivement décidez par le Conseil ordinaire ; & en cas d'appel qui est permis, par le Conseil complet, sans autre appel, ni au Chapitre géneral, ni à quelque autre Tribunal que ce puisse être, en sorte que le procès demeure fini par la Sentence de ce Conseil.

12. Que pour conserver dans l'Ordre la pureté de la Noblesse, on ne recevra point d'autres avis là-dessus, dans les délibérations des Langues & des Prieurez, que ceux des Freres Chevaliers. Les Freres Chapelains ou Servans d'armes y auront leur suffrage en toute autre occasion.

13. Que si ceux qui prétendront à l'avenir se faire recevoir dans l'Ordre, en quelque rang que ce soit, souffrent un procès pour la validité de leurs preuves, ils n'auront du commun Trésor ni table, ni solde qu'à proportion du passage qu'ils lui auront payé, en sorte que quand il paroîtra par le compte du Secretaire du Trésor, qu'ils l'ont entierement consommé, ils seront obligez de se nourir, & de s'entretenir à leurs dépens. Si cependant, par la décision du procès, leurs preuves se trouvoient bonnes, ils ne seroient pas obligez de payer au Trésor un nouveau passage.

14. Que pour obvier aux fraudes & à l'insolence de quelques-uns, toutes les fois qu'un Prétendant présentera ses preuves à une Langue, ou à un Prieuré, les Freres qui s'y trouveront, soient tenus de les examiner, ou de députer pour cet effet des Commissaires qui donneront là-dessus leur sentiment par écrit, faute de quoi le Maître & le Conseil, sur la réquisition du Prétendant, les examineront eux-mêmes, ou nommeront des Commissaires qui le fassent, & qui déclarent ce qu'ils en pensent en justice.

15. Que quand les preuves de Noblesse doivent être revûes par le Conseil, de quelque maniere que l'affaire y soit portée, il députera des Commissaires pour les examiner, & qu'outre les deux de diverses nations que l'on a accoutumé de nommer, il en choisira un troisiéme non suspect, de celle du Prétendant, lesquels après avoir ouï les Parties, en feront leur rapport au Conseil. La même chose s'observera pour les ameliorissemens.

16. Que dans les procès qui se feront dans les Langues ou dans les Prieurez, si ceux qui veulent plaider, ne font pas les trois quarts de ceux qui y ont voix, ils plaideront en leur nom & à leurs périls, risques & fortunes.

17. Dautant qu'il est juste que chacun rende compte de son Office & de son administration, ils ont ordonné que les Capitaines des *Casaux*, & le Gouverneur des Isle & Citadelle de Gozé, seront

syndiquez de deux ans en deux ans, en sortant de Charge par deux Commissaires & un Jurisconsulte députez par le Grand Maître & le Conseil, de même que tous les Officiers qui auront administré les biens de la Religion, Freres ou Séculiers.

18. Dautant qu'on a vû par experience, que la maniere de députer des Commissaires aux causes qui se trouvent portées en trop grand nombre devant les Conseils, prescrite par le Chapitre géneral de l'an 1597, n'étoit pas assez commode dans la pratique pour l'administration de la justice; les mêmes Seigneurs, après avoir cassé le Statut fait dans ledit Chapitre géneral, ont ordonné qu'à l'avenir dans toutes les affaires, tant civiles que criminelles, où les Conseils, tant ordinaires que complets auront jugé à propos de députer des Commissaires pour ouir, referer ou pourvoir, le Maître, ou le Président du Conseil nommera six Freres anciens, honnêtes gens, bien instruits des Statuts & des usages de la Religion ; trois d'une Nation & trois de l'autre, suivant l'usage observé dans le Couvent dans la nomination des Commissaires de differentes Nations & Etats, suivant la diversité des Langues & des rangs des Parties plaidantes, dont les noms seront aussi-tôt écrits par le Vice-Chancelier sur autant de billets coupez de la même maniere, pliez & mis dans un sac, d'où on les tirera au sort, jusqu'à ce qu'il s'en trouve deux de Nations differentes, lesquels seront les Commissaires de la premiere affaire dont il s'agit ; on en usera de même pour la seconde, & pour toutes les autres causes & subrogations, en changeant les noms qui seront tirez au sort, suivant l'Ordre du Maître. Ces Commissaires ne pourront être recusez, sans alleguer de bonnes causes de suspicion, & les bien prouver.

19. Que les Parties, tant dans le Conseil ordinaire que dans le complet, doivent pleinement faire voir le merite de la cause, quoique l'une & l'autre, ou l'une d'elles demande des Commissaires : au cas que l'on en nomme, & qu'ils appellent des Jurisconsultes, ils leur feront signer leurs consultations.

20. S'il se forme quelque contestation entre les Baillis, ou entre un Bailli & un Commandeur, le Maître & le Conseil pourront nommer des Chevaliers pour Commissaires.

21. Que l'Eminentissime Grand Maître peut en donner dans les affaires civiles des Prieurs & des Baillis, en premiere instance.

22. Dautant que dans l'Ordre la justice doit se rendre sommairement, pour empêcher les chicanneries qui peuvent être également fâcheuses aux Juges & aux Parties, les mêmes ont ordonné que les Commissaires nommez ou à nommer, pour entendre les plaidoyers, & en faire leur rapport, en présence desquels les Parties doivent se tenir dans le respect, parcequ'ils representent le Maître & le Conseil, les feront citer devant eux au premier mandement, après la contestation en cause, sans attendre le second, & leur préfixeront un délai proportionné à la consequence de l'affaire, dans lequel elles

feront tenues d'expliquer leur droit & leurs moyens, proceder & conclure, à peine de défaut contre celle qui n'aura pas foin d'y fatisfaire, lequel défaut emportera le gain du procès pour la Partie adverfe.

23. Si les Commiſſaires nommez par le Conſeil ordinaire ou complet, ou à l'audience, pour ouïr & rapporter, ou pour juger définitivement, ou en quelque autre maniere que ce ſoit, deviennent ſuſpects, meurent, s'abſentent, ou qu'il leur ſurvienne quelque autre empêchement légitime, & que l'on ſoit obligé d'en nommer d'autres en leur place, le Maître, de ſon autorité, après avoir fait appeller les Parties, pourra leur en ſubroger un ou plufieurs pour la pourſuite du procès.

24. Que les Prieurs, Baillis ou Commandeurs qui ſans cauſe légitime refuſeront d'accepter un Office ou une Commiſſion qui leur aura été donnée par le Maître & le Conſeil, perdront une année du revenu de leur Prieuré, Bailliage ou Commanderie, qui ſera porté au Tréſor : ſi c'eſt un Frere conventuel, il perdra une année de ſon ancienneté, au profit de ſes Fiarnauds. Si la commiſſion eſt émanée du vénérable Maréchal, de ſon Lieutenant, ou des vénérables Procureurs du Tréſor, & que le Grand Commandeur, le Maréchal ou leurs Lieutenans s'en plaignent au Maître & au Conſeil, ils impoſeront au refuſant la peine qu'ils jugeront à propos.

25. Que dans les affaires criminelles, l'Accuſé pourra propoſer ſes cauſes de recuſation, pourvû qu'elles ſoient valables & légitimes, leſquelles ſeront jugées par le Maître & le Conſeil. Le même s'obſervera dans l'élection, & la promotion aux Prieurez, & aux Bailliages.

26. Que dès que les Commiſſaires nommez par le Conſeil y auront fait leur rapport, ils ſeront obligez d'en ſortir, quand ils ſeroient du nombre des Conſeillers. Il n'en eſt pas de même des commiſſions qui regardent l'Etat public, & le Gouvernement de l'Ordre.

27. Si quelqu'un des Commiſſaires ou des Juges députez par l'Audience, eſt ſuſpect à l'une des Parties, ou recuſé, elle ſera admiſe à la preuve de ſes faits, s'ils paroiſſent pertinens.

28. Lorſque quelque Docteur de l'Ordre ſera ſubrogé dans l'Audience publique, au lieu des Juges ordinaires, il prendra ſéance, & opinera devant tous les Séculiers, nonobſtant toutes déclarations faites au contraire.

29. Si quelqu'un de nos Freres, Conventuel, Commandeur, ou Bailli eſt fait priſonnier par les Infideles, le Maître & le Conſeil nommeront quelques-uns de ſes amis pour lui ſervir de Procureurs, ou de Curateurs, & leur donneront le pouvoir qu'ils jugeront à propos, de même qu'à ceux qui auront perdu l'eſprit, ſur-tout s'ils ſont Commandeurs, leſquels Curateurs ſeront tenus de rendre compte chaque année aux Procureurs du Tréſor, à peine d'en être déclarez débiteurs en leur nom.

30. Que

30. Que les Procureurs des Langues doivent en servir à ceux qui sont sur les galeres ou autres vaisseaux dans le Fort S. Elme, ou dans l'Isle du Goze, ou caravane, ou autrement, pour le service de la Religion, & aux prisonniers, s'ils n'en ont point d'autres, tout de même que s'ils en avoient une procuration expresse pour faire toutes leurs affaires.

31. Que les Parties se contenteront de plaider verbalement devant les Commissaires, les Conseils ou autres Tribunaux de la Religion : leur défendant de présenter aucun memoire, & aux Juges de le recevoir, même les opinions des Docteurs, dans les cas qui sont exprimez & reglez par les Statuts & les usages de la Religion, quoiqu'ils le puissent faire dans les autres.

32. Pour prévenir les inconveniens qui peuvent arriver au Conseil dans la décision des affaires criminelles, en sorte que celui qui sera jugé digne de punition à la pluralité des voix, ne puisse l'éviter, ils ont ordonné que l'on ne mettra plus dans des boëtes differentes les ballotes de ceux qui opinent pour une peine, & de ceux qui sont d'avis d'une autre : que l'on déliberera d'abord si l'Accusé doit être délivré ou condamné : si ce dernier parti l'emporte, on opinera ensuite sur le genre de la peine.

33. Ils ont défendu à nos Freres d'exercer à l'avenir l'Office de Procureur, qui paroît bas & mercenaire, dans les Conseils, & autres Tribunaux de la Religion, si ce n'est pour les Grands-Croix, & pour les Freres absents, pourvû qu'ils ayent été constituez les principaux Procureurs, & qu'ils ne paroissent pas subrogez, à peine de 50 écus d'amende applicable moitié au Trésor, moitié à l'Oratoire de S. Jean-Baptiste décollé, laquelle se payera sur le champ, sur l'ordonnance de l'Eminentissime Grand Maître, qui portera la contrainte.

34. Que l'article 31. du titre du Conseil, où il est parlé du congé de partir du Couvent pour les Prieurs & les Baillis, leur ayant paru trop rigoureux, & devoir être moderé, il suffira pour l'obtenir, d'avoir les deux tiers des voix du Conseil complet, par lequel il paroisse que celui qui le demande, ne doit rien au Trésor, à la Langue ni au Prieuré.

35. Afin que l'on soit instruit du cérémonial qui doit s'observer dans la réception des Grands Seigneurs & autres étrangers qui arrivent dans cette Ville, ils ont commis les vénerables Seigneurs Frere Dom Louis de *Moncada*, Grand Conservateur, Frere Juste *de Fay-Gerlande*, Prieur d'Auvergne, Frere Nicolas *della Marra*, Prieur de Messine, & Frere Jacques Christophe d'*Andelau*, lesquels après avoir bien examiné les remarques que l'on a faites en semblables occasions, lesquelles sont dans la Chancellerie, & dans les Livres du Trésor, en feront un recueil, & de tout ce qui leur paroîtra devoir y être ajouté, lequel ils communiqueront au vénerable Conseil complet

de retention par lequel le recueil sera confirmé, pour être suivi dans les occurrences.

36. Qu'aux termes de l'article 11. de ce titre, chacun de nos Freres doit se trouver en personne au Couvent, pour défendre ses intérêts; & au cas d'empêchement, de les représenter par écrit, à l'exception de Messieurs les Prieurs, Baillis & autres qui sont du corps du Conseil ordinaire, des Freres absens ou actuellement malades, & de ceux de la vénerable Langue d'Allemagne, nonobstant tous Statuts, coutumes, ou autres choses contraires.

37. Que les Commissaires députez en premiere instance ne décerneront de contrainte par corps contre aucun de nos Freres pour dette civile, sans un ordre du Grand Maître.

DU MAISTRE.

TITRE VIII.

1. Les mêmes Seigneurs ont tous d'une voix accordé à l'Eminentissime & Réverendissime Dom Frere Antoine de Paule, Grand Maître, les Isles de Malte & du Goze, & autres adjacentes, avec toutes & chacune leurs jurisdictions, droits, fruits, revenus, émolumens & dépendances, à la charge de payer les devoirs ordinaires, établis d'ancienneté, & qui se levent à présent, en confirmant le don qui lui en a été fait par le Conseil complet, & tout ce qui a suivi.

2. Ils ont de même confirmé toutes les collations & concessions de Commanderies, Membres & pensions faites par grace & prééminence Magistrale, tant par ledit Seigneur Grand Maître, que par ses prédécesseurs, même des Bénéfices Ecclésiastiques, en faveur des Freres, de quelque rang qu'ils fussent, qui s'en trouvent pourvûs par des Bulles Magistrales, nonobstant les défauts ou incapacitez, où ils pourroient s'être alors trouvez, en sorte qu'ils n'auront plus nul trouble à craindre, sans préjudice neanmoins des procès déja mûs pour raison de ce, & du droit que d'autres peuvent y avoir, dont on ne prétend pas les dépouiller.

3. Ils lui ont outre ce, constitué, & à ses successeurs, une pension annuelle de six mille écus, à douze tarins piece, qui lui sera délivrée par le Trésor, en argent comptant, ou en denrées évaluées à juste prix, de même qu'ils ont fait dans le précedent Chapitre géneral, pour les tables des Freres, afin qu'il ait de quoi s'entretenir suivant son état, laquelle pension ne sera jamais augmentée, diminuée, ni changée par qui que ce soit.

4. Qu'il ne pourra disposer en quelque maniere que ce soit pour son usage ou autrement des deniers, joyaux, or, argent, pierreries, grains, vivres, esclaves, munitions, & biens quelconques du Trésor, qu'en observant les Statuts à la rigueur.

DE L'ORDRE DE S. JEAN DE JERUSALEM.

5. Ils ont déchargé le même Trésor de l'entretien, réparations & augmentation des Palais, & bâtimens affectez au *Magistere*, dans les villes Vallette, Cité Notable Mont Verdale, & du parc ou bosquet; d'y faire des portes, des fenêtres, des vîtres & autres choses nécessaires ; de faire raccommoder les tapisseries, les tapis, la vaisselle d'or & d'argent, la batterie de cuivre, & pour toutes lesquelles choses le Trésor fournira seulement 200 écus, de 12 tarins piece, au Receveur de l'Eminentissime Grand Maître, lequel sera tenu de fournir le reste des revenus particuliers du Magistere.

6. Que les Commandeurs des Chambres Magistrales seront tenus d'en payer les pensions à l'Eminentissime Grand Maître, ou à son Receveur, dans le Couvent le jour de S. Jean-Baptiste, faute de quoi, après les quatre mois passez à compter depuis le Chapitre Provincial, ils payeront le double. S'ils laissent passer deux ans, sans payer tout ce qu'ils en doivent, ils seront privez de ces Chambres sans autre Sentence ni déclaration : l'Eminentissime Grand Maître sera en droit d'y pourvoir, tout de même que si elles avoient vacqué par mort, ou par cession.

7. Il pourra conferer l'Office de Sénéchal, toutes les fois qu'il vacquera par la cession de celui qui en étoit pourvû, pour toute la vie du Frere qu'il en aura pourvû.

8. Conformément à l'Ordonnance faite à ce sujet par le Chapitre géneral, ils ont de nouveau érigé en Chambre Magistrale du Prieuré d'Irlande, la Commanderie de *Kilbarri Killarie* & de *Croosbe*, au Comté de *Walterford*, avec tous ses Membres, & l'ont annexé à la Manse Magistrale, de même que les autres de pareille nature.

9. Attendu qu'il est fort important de choisir un homme fidele, pour ouvrir & fermer les portes de la ville Vallette, il est ordonné que le Grand Maître choisira un Frere à lui bien connu, sans préjudice du droit du vénerable Maréchal, auquel le Trésor donnera double table, pour s'en donner le soin.

10. Puisque l'on a reglé les cas dans lesquels les Freres de l'Ordre doivent être privez de l'habit pour toujours, ils ont ordonné que l'on inserera le terme de *pour toujours*, dans les Sentences qui seront prononcées par les Egards, suivant la qualité du crime, afin que l'on puisse distinguer ceux à qui le Grand Maître peut faire grace, suivant la disposition de l'article 11. de ce titre.

DES BAILLIS.

TITRE IX.

1. Les mêmes Seigneurs ont fait le Statut suivant, pour être mis immediatement après celui du Grand Maître de Vignacour,

qui traite des Fondations dont l'exécution a été commise au vénerable Grand Commandeur.

Des Fondations des VV. Prieurs de Luſſan, & de Gaillard-Bois.

Fr. ANTOINE DE PAULE, MAISTRE.

En approuvant & confirmant celles qui ont été faites par les vénerables Freres d'Eſparbais de Luſſan, Prieur de S. Gilles, & Frere Jacques de Gaillard-Bois Marconville, Prieur d'Acquitaine, pour la fabrique des galeres, nous ordonnons qu'elles ſeront entierement exécutées, ſuivant la pieuſe intention des Fondateurs, & la teneur des Fondations regiſtrées dans notre Chancellerie: & que pour conſerver la mémoire de toutes celles qui ont été faites, ou qui ſe feront dorénavant au profit de notre Tréſor, exciter nos Freres à les imiter, en avoir en tout tems une connoiſſance aiſée, & les faire exécuter plus ponctuellement, on en fera faire des copies, qui ſeront collées ſur des planches, ſuſpendues dans notre vénerable Chambre des Comptes, & qu'elles y demeurent expoſées à la vûe de tout le monde.

1. Pour terminer les differends qui pourroient naître pour le rang entre les Prieurs & les Baillis, ils ont ordonné que toutes les fois qu'il ſe préſentera quelque difficulté à ce ſujet, & que l'on n'aura pas de preuves certaines de leur inſtitution, le Prieur ou le Bailli qui aura été le premier élû, précedera, ſans préjudice des droits de l'autre, dont il pourra juſtifier toutes fois & quantes.

2. Que dorénavant les Baillis conventuels qui ne ſeront pas au Couvent lors de leur élection, ſeront tenus de faire, dès ce jour-là, la dépenſe des Auberges, ou de payer à leurs Lieutenans qui y ſeront, cent écus d'or, à quatorze tarins piece par mois, pendant les deux ans & demi que les Statuts leur donnent pour s'y rendre, excepté le vénerable Maréchal, l'Amiral, & le Grand Conſervateur, dont le premier, & le troiſiéme en cas d'abſence, ne payeront que cinquante écus, & le ſecond quatre-vingt, de même valeur. Ceux qui ſortent du Couvent, avec congé, doivent faire la même choſe, quand ils ſeroient envoyez dehors, pour les affaires de l'Ordre: que dès ce jour tous les Baillis ſont dans la même obligation, en ſorte que s'ils manquent de payer ces ſommes pour chaque ſemeſtre dans les mois de Fevrier & d'Août, ils ſeront incapables d'obtenir aucune autre Charge, juſqu'à ce qu'ils ayent entierement ſatisfait.

3. Que ſi un Bailli ou Prieur, ou le Châtelain d'Empoſte nomme ſuivant ſa prééminence un Officier Religieux ou Séculier que l'on n'ait pas accoutumé de préſenter au vénerable Conſeil, il ſera tenu de le préſenter au Grand Maître, qui après l'avoir examiné, pourra le recevoir, ou le rejetter.

DE L'ORDRE DE S. JEAN DE JERUSALEM. 293

4. Que les vénérables Baillis Capitulaires de Sainte Euphemie, de Saint Etienne, de la très-sainte Trinité de Venuse, & de Saint Jean *ad Mare Neapolis* seront dorénavant qualifiez Prieurs de leurs Bailliages, sans préjudice des autres Prieurs de Provinces, en sorte que cette nouvelle intitulation ne produira aucun changement à leur égard; & à l'égard des autres, ils demeureront Baillis Capitulaires comme devant.

5. Que le Prudhomme de l'Arsenal fera sa résidence dans la Ville *Vittoriosa*, pendant que l'Arsenal ne passera pas de deça, auquel cas ses Apointemens seront augmentez de trente-deux écus & demi, à douze tarins piece, qu'il ne touchera point, s'il n'y réside actuellement.

6. Que dans la nouvelle compilation qu'on fera des Statuts, on retranchera de l'article 29 du titre des Baillis, qui regarde le vénérable Trésorier, les termes suivans : *Au cas qu'il soit Chevalier; s'il est Servant d'armes ou Chapelain, cent florins de Rhodes.*

DES PRIEURS.

TITRE X.

1. LEs mêmes Seigneurs, pour empêcher que le peu d'attention à corriger les erreurs, ne soit cause d'un grand mal, ont ordonné que nos Freres & nos Sœurs qui sont dans les Monasteres de l'Ordre, même celles du *Saint Crucifix du Pont de la Reine*, dans la Navarre, soient sujets comme tous les autres, à la visite & correction des Prieurs & du Châtelain d'Empofte, dans les Prieurez desquels ils se trouveront situez, mais que l'on ne changera rien au Monastere de *Sixena* en Arragon, d'ancienne fondation, que le procès mû pour raison de ce, ne soit terminé. Celui des réformez de notre Ordre de Toulouse, reconnoîtra pour Superieur le Prieur de Saint Gilles, aux termes de sa fondation.

2. Que tous les Freres qui obtiendront ci-après des Commanderies de grace Prieurale, en payeront au Trésor une année de revenu, suivant la taxe qui en sera faite dans six mois, à compter de la datte des provisions; faute de quoi la concession sera nulle, & la Commanderie dévolue à la libre mutition de la Langue ou du Prieuré dont elle dépend,

DE L'OFFICE DES FRERES.
TITRE XI.

1. Les mêmes Seigneurs ayant remarqué que l'Ordonnance faite à Rhodes dans le dernier Chapitre géneral, donnoit atteinte au vœu d'obedience, en ordonnant que ceux qui auront vingt ans d'ancienneté, & dix ans de résidence dans le Couvent, seront dispensez des caravanes des galeres, ont ordonné que nonobstant ce Statut, l'Eminentissime Grand Maître d'à present & ses successeurs pourront, s'ils le jugent à propos, enjoindre à ces Freres anciens de monter les galeres, avec les caravanes ordinaires, sans qu'ils puissent s'en dispenser.

2. Que ceux qui ont été reçûs, & qui le seront à l'avenir, quoiqu'en minorité, de quelque maniere qu'ils l'ayent été, ne seront jubilez qu'après vingt cinq ans d'ancienneté & dix de résidence dans le Couvent, & qu'ils n'ayent fait du moins quatre caravanes sur les galeres.

3. Que personne à l'avenir ne sera exemt du partage des caravanes, si ce n'est les Officiers de la Religion, ceux de la personne & de la table du Grand Maître, lequel n'en retiendra pas plus de vingt-cinq, & les Piliers des Langues qui sont actuellement chargez de l'entretien des Auberges, lesquels ne pourront retenir avec eux qu'un Religieux; déclarant que le tems qu'on aura employé dans les Offices de la Religion, ne sera point du tout compté sur celui que l'on doit passer dans les caravanes, si ce n'est à l'égard des Officiers du Maître, ausquels on comptera deux années de service actuel, pour une année de caravane, comme s'ils l'avoient faite eux-mêmes.

4. Que les Freres qui étant dans le service de l'Ordre, auront été pris par les Infideles, recevront du Trésor pendant leur captivité la table & la solde, seront censez résidens dans le Couvent. Chaque année de détention leur vaudra une caravane, comme s'ils l'avoient faite sur les galeres. Leur table & leur solde seront délivrées à leurs curateurs qui les demanderont pour eux, pour servir à leur rachat ou à leur soulagement, comme il sera trouvé à propos par le Maître & le Conseil.

5. Que le premier Dimanche de Mai, ou le second, si le premier jour arrive un Dimanche, tous les Freres se trouveront dans leurs Auberges avec leurs armes, & passeront en revûe devant les Commissaires, suivant la Coutume.

6. Qu'en faveur de la liberté, les esclaves de l'un & de l'autre sexe, qui appartiendront à nos Freres, & qui seront nez de femmes Chrétiennes, & baptisez, ne pourront être vendus.

7. Que pour prévenir les abus qui se glissent dans la continuation des Officiers du Trésor, tous ces Officiers, même les Prudhommes

seront changez de deux ans en deux ans, & qu'un mois avant la fin de leur administration, ils en donneront leur démission entre les mains du Grand Maître, ou de celui à qui il appartiendra de la recevoir, à peine pour les Commandeurs, de perdre une demie année de leur revenu, & pour les Freres Conventuels, de cent écus d'amende payable au commun Tréſor.

Ils ont confirmé le Statut ſuivant, & l'ont rédigé en ces termes.

Des Caravanes que les Freres doivent faire ſur les galeres.

Fr. MARTIN GARZE'S.

Voulant pourvoir à l'armement de nos galeres, Nous ordonnons que tous les Freres Chevaliers & Servans d'armes ſeront tenus de faire en perſonne quatre caravanes ſur les galeres de la Religion, avant d'être capables de poſſeder des Commanderies, quelles qu'elles ſoient, & qu'on n'y admettra perſonne avant l'âge de vingt ans complets.

8. Que l'on ôtera de l'article 8 du titre des Commanderies, où il eſt parlé des caravanes, ces termes, *ou par autrui*: voulant que chacun les faſſe en perſonne: que les caravanes ſe répartiront dans toutes les Langues par ordre d'ancienneté, en ſorte que l'on ne puiſſe ſe remettre l'un ſur l'autre, & que celui dont le rang viendra, la faſſe lui-même, à peine de nullité, ſi quelqu'autre la fait pour lui & qu'elle ne ſerve ni à l'un ni à l'autre ; pour le rendre capable d'obtenir des Charges, bien moins encore s'il ſe trouvoit ſurnumeraire: ils ont remis à la prudence du Grand Maître d'en diſpenſer en cas de maladie.

9. Que le Frere Chevalier ou Servant d'armes qui n'aura pas fait ſes quatre caravanes, avant d'avoir atteint l'âge de 50 ans, demeurera incapable de plus obtenir aucune Commanderie, Bénefice ou Office de la Religion, quand il les feroit après cet âge : Déclarant qu'après une année, à compter d'aujourd'hui, chacun d'eux ſe trouvera compris dans la préſente diſpoſition, laquelle les oblige tous indifferemment.

10. Qu'à l'avenir les Gouverneurs de *Gozzo*, des Châteaux Saint Elme & Saint Ange, les Capitaines de la *Vallette*, de la *Vittorioſa*, & de la *Sengle*, ne pourvoiront plus aux places de ſoldats, vacantes par mort ou déſertion, ni d'*Alfiere*, Ecrivain, Sergent ou Caporal ; mais que tous ces Officiers, même ceux de la priſon des eſclaves, & des fours de la Religion ſeront pourvûs par l'Eminentiſſime Grand Maître, nonobſtant tous uſages contraires. Suppliant ſon Eminence, quand il s'agira de les remplir, d'avoir pour recommandez les gens de tête & de cœur, qui auront bien & long-tems ſervi ſur les galeres, & de les préferer à tous les autres prétendants.

DES ELECTIONS.
TITRE XII.

1. Es mêmes Seigneurs, pour faire honneur à la dignité Prieurale de notre grande Eglise conventuelle, & afin que l'Election s'en fasse canoniquement, & qu'elle ne devienne pas méprisable, ont ordonné qu'il sera actuellement fourni au Prieur par le Trésor 1200 écus à douze tarins piece, au lieu de la Commanderie d'Etat des Chevaliers de sa propre Langue & Prieuré, qu'on avoit accoutumé de donner aux Prieurs, pour la prééminence de leur Eglise Prieurale, laquelle demeurera dorénavant éteinte & supprimée.

2. D'autant que les Freres sont obligez de donner leur suffrage dans les Elections & les nominations des Etats, Offices & Dignitez, purement simplement l'esprit dégagé de toute sorte d'affection, ils ont défendu à tous & à chacun d'eux, de quelque état, office ou dignité qu'ils soient, de solliciter des suffrages pour soi, ni pour autrui, & d'en exiger aucune promesse; & à ceux qui y auront voix délibérative, de rien promettre à ce sujet, à peine d'être punis par le Maître & le Conseil, même de la perte de l'habit, suivant la conséquence de la chose.

3. Ils ont accordé au Maître & au Conseil de commettre deux Freres gens de bien à la Fabrique de la Religion, qui auront soin de compter matin & soir les Ouvriers qu'on employera, & d'en écrire les noms dans un Registre.

4. Que dans le nouveau recueil des Statuts on ajoûtera à l'art. 12 qui traite du Procureur Général en Cour de Rome, les paroles suivantes: *Ambassadeur auprès de Sa Sainteté notre Seigneur, & Procureur Général en Cour de Rome.*

DES COMMANDERIES.
TITRE XIII.

1. Es mêmes Seigneurs ont ordonné, que pour les Commanderies qui appartiennent à la prééminence & à la grace Magistrale, tant principales que celles qui seront permutées, son Eminence ne pourra en retenir, séparer, ni démembrer aucune partie à l'avenir. Pourront neanmoins le Grand Maître d'à present & ses successeurs les charger de pensions, jusqu'à la concurrence du quint de leur revenu dont ils pourront gratifier les Freres qui en seront capables: Déclarant que de grace Magistrale ils ne pourront rien donner aux Freres qui n'auront pas fait trois années de résidence conventuelle, & deux caravanes entieres, ou qui seront d'un Prieuré, & la Commanderie d'un autre, chacun desquels aura ses Commanderies

deries particulieres. Mais dans ceux où elles font communes à tous les Prieurez, comme dans les vénerables Langues de Provence & d'Italie, le Grand Maître pourra donner des Commanderies & des Pensions indifferemment à tous les Freres de la même Langue, de laquelle feront les Commanderies aufquelles il écherra de pourvoir de grace & de prééminence Magiftrale.

2. Que fon Eminence & fes fucceffeurs pourront conferer & partager par une ou plufieurs Bulles les penfions qui leur auront été réfignées à caufe de fes graces Magiftrales, tant pour les Commanderies de grace, que pour les Chambres Magiftrales. Le même fera permis aux Penfionnaires, qui cederont leurs penfions à d'autres: ils pourront les ceder entieres, ou s'en réferver une partie, en obtenant neanmoins le confentement du Commandeur, comme il a été déja déclaré par un Statut particulier.

3. Les mêmes Seigneurs ont encore permis à l'Eminentiffime Grand Maître & à fes fucceffeurs de retenir pour eux le revenu d'une année entiere de toutes les Commanderies qui fe trouvent à leur nomination, en vertu de leur prééminence, fuivant les Statuts, fans préjudice des droits du Tréfor impofez & à impofer, aufquels ils ne prétendent nullement déroger en accordant la prefente faculté: ordonnant que le revenu de ladite premiere année leur fera payé au terme préfix, & convenu, après la remife des Lettres ou Bulles, par ceux qui auront été pourvûs de ces Commanderies; faute de quoi le Grand Maître pourra révoquer la difpofition qu'il en a faite, & en pourvoir d'autres Freres, tels que bon lui femblera.

4. Ils lui ont permis de donner, conferer & laiffer à bail perpetuel fes Chambres Magiftrales, à tels Freres qu'il lui plaira, pourvû qu'ils foient des mêmes Langues ou Prieurez que les Chambres mêmes, fans préjudice des droits du Tréfor, & de fe réferver telle penfion qu'il jugera à propos: lefquelles collations, locations & arrentements feront de même force que s'ils avoient été faits par le Chapitre géneral.

5. De pouvoir permuter les Chambres Magiftrales avec des Commanderies de grace, & les Commanderies de grace avec les Chambres Magiftrales, & les conferer avec la même autorité que les autres graces & prééminences Magiftrales.

6. De pouvoir retenir & percevoir les revenus de deux années entieres des Chambres Magiftrales données à cens ou arrentement perpetuel, fans préjudice des droits du Tréfor. Lefquels revenus lui feront payez aux termes indiquez par les Lettres d'arrentement des Commanderies & Chambres Magiftrales; faute de quoi le Grand Maître pourra les révoquer, & en pourvoir d'autres Religieux.

7. De pouvoir retenir ou donner une ou plufieurs penfions, pourvû qu'elles n'excedent pas le quint du revenu des Commanderies & Chambres Magiftrales dont on vient de parler, & outre les penfions

ordinaires qui appartiennent aux Grands Maîtres, même les pensions, jusqu'à concurrence dudit quint :

8. De permuter les pensions réservées desdites Commanderies & Chambres Magistrales, avec d'autres pensions ou Membres, même de donner une pension pour un plus grand nombre, & même de distribuer celles qu'il aura obtenues par cette voye, à tels Freres qu'il lui plaira de la même Langue ou Prieuré.

9. S'il lui arrive de donner quelque Commanderie de grace, ou Chambre Magistrale, à un Frere qui ait un Membre ou une pension, il pourra retenir le Membre & cette Pension, pour en pourvoir tel Frere qu'il lui plaira, ou les permuter avec la Commanderie de grace ou Chambre Magistrale.

10. Puisqu'il lui est permis par nos Statuts de permuter une Commanderie à lui appartenante par sa grace Magistrale, avec un Frere qui ait une autre Commanderie, & de donner celle qu'il acquiert, de sa grace, à un autre Religieux & de retenir sur celle qu'il a donnée, une pension qui n'excede pas le quint du revenu de chaque année, ils lui ont aussi permis de retenir sur celle qu'il donne en échange, une semblable pension.

11. Ils lui ont permis de permuter deux fois les Commanderies qui appartiennent à sa grace & prééminence Magistrale, suivant les Statuts, & non seulement de la conferer à celui qui lui laissera l'une de celles qu'il possede, au même titre qu'il tenoit celle dont il étoit pourvû, suivant l'art. 25 du titre dess Commanderies ; mais même d'échanger encore une fois celle qu'il aura acquise par ladite permutation, & de la donner à un Commandeur autre que celui de qui il l'a eue, lequel lui en donnera l'une des siennes, pour la tenir au même titre que celle qu'il possedoit auparavant. Il pourra encore donner celle-ci à un autre Frere du même Prieuré & de la même Langue.

12. Qu'il ne pourra conferer les Commanderies qui appartiennent à sa grace Magistrale, que lorsqu'elles vaqueront par mort, par promotion à quelque dignité, ou par la renonciation des Freres qui auront été promûs.

13. Pour donner à nos Freres plus de commodité de soulager leur pauvreté, & de s'entretenir honnêtement, suivant ce qui fut ordonné au Chapitre géneral tenu du tems de Monseigneur le Grand Maître Frere Martin Garzes, & au dernier Chapitre du Grand Maître de Vignacour, les mêmes Seigneurs ont permis aux vénerables Prieurs, Baillis & Commandeurs d'ameliorissement, de créer des Pensions sur leurs Chambres Prieurales, Bailliages & Commanderies d'ameliorissement, par une ou plusieurs Lettres Patentes, à un ou plusieurs Religieux profes, non débiteurs du Trésor, & capables de posseder des pensions dans leurs Prieurez, pourvû qu'elles ne passent pas le quint du revenu des Chambres Prieurales & Commanderies d'ameliorissement, suivant la taxe de l'Imposition des 50000 écus : on suivra en donnant ces pensions l'ordre suivant.

Après que le don en aura été fait, le Pensionnaire, sur l'acte qui en aura été fait, sera obligé d'obtenir des Bulles du vénérable Conseil ordinaire, qui jugera de sa capacité ou de son incapacité, même de l'excès & qualité du quint.

Ils ont encore permis ausdits Seigneurs Prieurs, Baillis & Commandeurs d'ameliorissement, de donner des pensions pour supplément dudit quint ; & lorsqu'elles vaqueront, de les donner encore à d'autres Freres qui en seront capables, & non débiteurs du Trésor, en gardant toujours la regle ci-dessus prescrite ; qu'elle n'excede pas la valeur du quint du revenu du Bailliage, du Prieuré ou de la Commanderie, de quelque maniere que la pension vacante eût été imposée, au-dessous ou au-dessus du quint : leur ôtant cependant le pouvoir qu'ils avoient de donner des Membres, fondé sur des établissemens qu'ils ont cassez & annullez.

Ils ont encore permis aux Freres qui possedent des Commanderies de grace Magistrale, de donner à d'autres les Pensions qui viendront à vaquer, ou qu'ils auront eux-mêmes rachetées, pourvû qu'ils soient capables de les accepter. Seront tenus ceux qui en seront pourvûs, d'en demander des Bulles au Conseil ordinaire, à l'exception des Chambres Magistrales, dont les pensions ne pourront se donner une seconde fois, & à condition que celui qui donne la pension, ni celui qui la reçoit, ne seront alors débiteurs du Trésor. Ils ont finalement déclaré que toutes les creations desdites pensions doivent se faire par un acte de Chancellerie, ou pardevant Notaires, à peine de nullité.

14. Ils ont permis à nos Freres de changer les Pensions qu'ils auront de pareille valeur, & de les ceder à d'autres Freres capables, du consentement des Titulaires des Commanderies sur lesquelles elles seront établies, à condition de faire homologuer leur traité par le vénérable Conseil, & d'en obtenir des Bulles, & que ni l'un ni l'autre des permutans ne se trouvent redevables envers le Trésor.

15. Ils ont défendu aux Commandeurs & aux Beneficiers de constituer aucune Pension sur les Commanderies de chevissement, ni sur les Bénéfices Ecclesiastiques simples, ou à charge d'ames, à peine de nullité, sans avoir égard aux suppliques présentées au present Chapitre géneral, tendantes à obtenir la liberté d'y établir ou recevoir des pensions : ils ont révoqué toutes celles qu'ils pourroient avoir accordées jusqu'à present, & défendu aux Conseils de rétention d'en accorder aucune à l'avenir.

16. Après avoir dûement examiné l'article 40 du titre des Commanderies, où il est parlé de leur permutation, ils l'ont trouvé trop resserré, parcequ'il se trouve très-rarement de l'égalité entre la valeur des Commanderies, ou des Membres, & l'âge des permutans, & ont donné au vénérable Conseil ordinaire, comme représentant le Chapitre géneral, le pouvoir de confirmer toute sorte de permutations, de Commanderie à Commanderie, de Membre à Membre,

qui se feront entre Freres de même Langue ou Prieuré, & dérogé en tout ou en partie audit article 40, & à tout autre contraire, pourvû que les permutans ne doivent rien au Trésor, & qu'avant que la permutation soit approuvée par le vénerable Conseil, ils ayent obtenu le consentement de la plus grande partie des Freres de la Langue ou du Prieuré où les choses échangées sont situées, à peine de nullité.

17. Pour obvier à quelques abus qui s'étoient introduits, & en conformité de l'Ordonnance du précedent Chapitre géneral, ils ont défendu aux venerables Prieurs, Châtelain d'Emposte, Baillis & Commandeurs, de quelque rang qu'ils soient, de donner des Offices de Justice, ou autres de leurs Prieurez, Châtellenie, Bailliages ou Commanderies à vie, pour récompense de service, mais seulement pour en jouir tant qu'il leur plaira : Annullant toutes les Provisions desdits Offices, données ou à donner, non conformes au present Statut, & quelqu'autre espece de graces que ce soit qui auroient été concedées par le present Chapitre géneral, ou qui pourroient l'être ci-après par les Conseils de rétention.

18. Que les Prieurs, les Baillis & les Commandeurs des Prieurez de la Châtellenie d'Emposte, des Bailliages & des Commanderies sur les revenus desquelles seront placées les pensions, soient tenus de les payer réellement & de fait aux Pensionnaires ou à leurs Procureurs, à chaque Chapitre Provincial, lequel faute de ce leur en délivrera des executoires, outre la peine d'incapacité qu'encourront les mauvais payeurs, aux termes du Statut nouvellement ajouté au titre du commun Trésor.

19. En conformité de l'article 16 du titre des Commanderies, ils ont ordonné que pour celles qui auront été conferées & obtenues de la prééminence & grace Magistrale, suivant les articles 14 & 25 du même titre, on ne pourra objecter le défaut d'ameliorissement, que six ans après que le pourvû aura commencé à jouir des revenus, ce qui ne se fait qu'après la fin du mortuaire & du vacant, dans lesquelles six années est comprise celle dont le revenu est dû au Grand Maître.

20. D'autant que quelques Commandeurs prétendent n'être point tenus de faire, ni de justifier qu'ils ont fait des ameliorissemens dans les Commanderies qu'ils tiennent à titre de permutation, sous prétexte qu'en ayant fait dans celles qu'ils ont permutées, ils sont dispensez d'en faire dans celles qu'ils ont acquises par cette voye; ils ont ordonné, pour prévenir toute sorte de contestations, que l'on pourra objecter le défaut d'ameliorissement, même dans les Commanderies permutées & obtenues, tant de grace Capitulaire & Magistrale, que par déliberation des Langues & du Couvent, ou autrement par voye de permutation, après cinq ans, à compter du jour que le pourvû aura commencé de jouir des revenus, ou après six ans, en y comprenant l'année qui appartient au Grand Maître, comme il est porté par le Statut précedent.

21. Les mêmes Seigneurs ont ajouté aux articles 20, 21 & 22 du titre des Commanderies, qu'à l'avenir, dès que les Commandeurs auront achevé d'en faire faire les papiers terriers, à quoi ils sont obligez tous les vingt-cinq ans, par les Statuts, chacun d'eux aura soin d'en faire mettre une copie en bonne forme, dans l'archive du Prieuré, ou dans les actes du Chapitre Provincial d'où dépend sa Commanderie, de laquelle remise il rapportera un certificat dans le Procès verbal de ses amelioriſſemens.

Que s'il ne s'eſt pas encore écoulé 25 ans depuis le dernier papier terrier, en sorte qu'il ait pû se dispenser d'en faire faire un nouveau, il sera obligé de rapporter dans ce procès verbal, de bonnes preuves, que celui dont il repréſente la copie eſt en bonne forme, & conforme à celui qui eſt dans l'archive du Prieuré, ou dans les actes du Chapitre Provincial. Au cas qu'elle n'y ait pas encore été remise, il sera obligé de la faire faire à ses dépens, avant de finir le procès verbal de ses amelioriſſemens, & de la faire effectivement remettre dans l'archive, ou dans les actes du Chapitre, de laquelle remise il rapportera un bon certificat, qui sera inséré dans le procès verbal.

Si enfin il paroît qu'il n'y a pas encore 25 ans, que l'un de ses prédécesseurs dans la Commanderie, a remis cette copie dans l'archive, il lui suffira d'en produire le certificat, & de le faire énoncer dans le procès verbal. Tous ceux qui se feront dorénavant, après la publication du préſent Statut dans les Chapitres & Aſſemblées Provinciales, où l'on aura manqué d'obſerver tout ce qui eſt ci-deſſus preſcrit, au sujet des papiers terriers, & des copies, seront nuls, & de nulle valeur, & rejettez comme tels.

22. Dautant que les Commandeurs & autres, sous prétexte qu'ils ont fait les amelioriſſemens dans leurs Commanderies, dans un tems où ils n'étoient point obligez de faire faire de nouveau papier terrier, ne veulent plus s'en donner la peine, même après que les 25 ans sont expirez, ils ont déclaré qu'en ce cas, les Commandeurs & autres y sont obligez suivant les Statuts, & à envoyer au Couvent de bonnes preuves, qu'ils ont ſatisfait à cette obligation; faute de quoi ils seront déclarez aussi incapables, que s'ils n'avoient fait aucun amelioriſſement, sans préjudice de l'article 23. du même titre.

23. Les mêmes Seigneurs ont ordonné pour d'importantes conſiderations, que l'on ne fera plus de procès verbaux des amelioriſſemens faits par les Commandeurs dans leurs Commanderies, que trois ans après qu'ils auront commencé de jouir des revenus : ceux qui auront été faits auparavant, ne seront point reçûs, excepté pour les Commanderies qui ſont tenuës à titre de permutation de la grace Magiſtrale, ou du consentement des Langues, ou des Prieurez, ou à quelque autre titre que ce ſoit, au cas que les Commandeurs n'ayent point fait d'amelioriſſement dans celles qu'ils ont cedées, auquel cas les trois

ans doivent être comptez du jour qu'ils sont entrez en possession de la nouvelle Commanderie, de même que les cinq ou six ans marquez pour justifier des ameliorissemens, si toutes fois dans la Commanderie qu'a quitté le Commandeur, il se trouve qu'il n'ait fait aucun ameliorissement.

24. Dautant qu'il y a des Commanderies où il n'y a point de maison, ou que s'il y en a, elles ne sont point logeables, les Commandeurs prétendent s'exempter d'y demeurer les cinq ans portez par les Statuts, ils ont ordonné que ces Commandeurs, excepté ceux des vénérables Prieurez de Catalogne, & de Navarre, des Chapelains d'Etat, & des Servans d'armes, entre autres ameliorissemens, seront tenus de faire bâtir à leurs dépens des maisons logeables, pour eux & leurs successeurs, ou d'en acheter de toutes faites, dans les lieux de ces Commanderies les plus propres à habiter. Ceux qui auront satisfait au présent Statut, en faisant voir qu'ils ont employé mille écus au bâtiment ou à l'achat, seront censez avoir rempli leur cinq ans de résidence, quoiqu'ils n'y ayent que peu ou point demeuré. Autrement ils seront obligez de la faire entiere, soit dans la Commanderie, ou dans le Couvent, s'ils n'ont entierement exécuté ce qui est porté par le présent Statut.

25. Ils ont confirmé l'Ordonnance du précedent Chapitre general, portée en l'article 25. du même titre, qui oblige les Prieurs & les Baillis des vénérables Langues d'Espagne de faire les ameliorissemens & les papiers terriers dans leurs Prieurez, Châtellenie d'Emposte, & Bailliages, tout de même que les Commandeurs, à peine de payer successivement de doubles responsions au commun Trésor pour chacune des années, où ils auront négligé de s'acquitter de ce devoir, au-de-là du terme prescrit, & autres peines comminées par les Statuts. Ajoutant que non seulement ceux dont on vient de parler, mais encore tous les Prieurs, & les Baillis des autres vénérables Langues, sont tenus de faire les ameliorissemens, & les terriers sous les mêmes peines de payer double responsion, & autres portées par les Statuts.

26. Que les Freres Chapelains & Servans d'armes, de quelque Langue qu'ils soient, sont tenus de faire les ameliorissemens, & les papiers terriers de leurs Commanderies, de même que les Freres Chevaliers, à peine d'être déclarez incapables. S'ils laissent passer deux ans, sans y avoir satisfait, le Chapitre Provincial députera des Commissaires, qui feront faire des ameliorissemens & les papiers terriers, s'il y a 25. ans qu'il n'en ait été fait, aux dépens desdits Chapelains & Servans d'armes, qui y auront manqué, & recevront des revenus des Commanderies, autant qu'il en faudra pour la conservation des biens de l'Ordre.

27. Pour prévenir toute sorte de procès & de differends, ils ont déclaré que les Freres d'une Langue ou d'un Prieuré, qui dans le tems de la *mutition* des Prieurez, Châtellenie d'Emposte, Baillia-

ges, Dignitez & Commanderies, auront préfenté les preuves de leurs ameliorifſemens faits ſuivant les Statuts, leſquelles auront été déclarées bonnes & valables, pourront obtenir leſdits Prieurez, Bailliages, Commanderies, & autres Dignitez, en ſorte qu'encore que l'on doive faire ſur le champ dans les Langues & les Prieurez la mutition des Dignitez de Grands-Croix, comme il eſt porté par l'article 42. de ce titre, on ne procedera à l'élection ou promotion du Prieur, ou du Bailli, que huit jours après la mutition, s'il s'eſt déja formé, ou qu'il ſe forme alors un procès au ſujet des ameliorifſemens, pendant laquelle huitaine le procès ſera jugé par les Conſeils : l'on ſuivra dans tout le reſte la forme preſcrite par les Statuts.

28. Dautant qu'il arrive quelquefois du tumulte dans les Aſſemblées des Langues ou des Prieurez, qui les oblige de ſe ſéparer, ce qui ſe fait même ſouvent tout exprès, au préjudice de ceux qui demandent, ou qui ſe préſentent pour demander ; ils ont ordonné, que lorſque les Langues s'aſſembleront avec le congé du Grand Maître, pour traiter de la mutition, ou de quelque autre affaire que ce ſoit, il ſoit loiſible à tous les Freres, nonobſtant le tumulte, de former leur demande, & de la faire écrire ſur la minute, ou brouillard de la Langue, ou du Prieuré, & inſerer dans le Regiſtre de la Chancellerie. Cette demande faite & écrite de la ſorte, tiendra lieu de mutition, & donnera à celui qui l'aura faite autant de droit que ſi la Langue ou le Prieuré avoient achevé leur délibération, & que la mutition y eût été faite, en ſorte qu'une mutition poſterieurement faite, n'y donnera aucune atteinte.

29. Les mêmes Seigneurs perſuadez qu'il eſt fort important aux Commanderies que les Commandeurs y faſſent leur réſidence, ont ordonné tout d'une voix, que celle qu'ils feront dans le Couvent, deux ans après être entrez en poſſeſſion de leurs revenus, ne leur tiendra pas lieu de celle de cinq ans, qu'ils ſont obligez de faire dans leurs Commanderies, s'ils n'en ſont diſpenſez par le Grand Maître & le Conſeil, & retenus dans le Couvent pour y exercer quelque Office ou Charge publique de la Religion, ou du Grand Maître, ou par quelque autre légitime empêchement, ſur quoi l'on s'en remettra à la déclaration qu'en feront le Maître & le Conſeil. Le Commandeur de quelque état qu'il ſoit, qui voudra reſter dans le Couvent après les deux ans, ſans y être retenu, comme on vient de dire, n'aura plus la table du commun Tréſor.

30. Pour lever & prévenir toutes les difficultez, nées & à naître entre nos Freres au ſujet des ancienuetez pour *chevir*, ou meliorer, ils ont déclaré que dorénavant il n'y aura plus, ni diſtinction, ni difference à cet égard, entre les ancienuetez, & que l'on pourra les donner à tous les Commandeurs qui ſe trouveront au Couvent, qui ſeront capables de les obtenir, & qu'ils faſſent paroître qu'ils y ont réſidé cinq ans, & les ameliorifſemens par eux faits dans leurs Com-

manderies, dûement reçûs & approuvez par le Couvent.

Le Commandeur qui est pourvû de plusieurs Commanderies, à quelque titre que ce soit, satisfait à l'obligation de résider cinq ans, en demeurant pendant ce tems-là, soit dans une seule, soit dans toutes tour à tour, ou dans leurs Membres, quand il s'en absente par ordre du Grand Maître & du Conseil, pour les affaires publiques de l'Ordre, ou qu'il réside dans le Couvent, suivant la disposition du précedent Statut.

On garde l'ordre suivant les anciennetez, pour parvenir au *chevissement*. On les accorde dans la vénerable Langue de Provence, à douze Freres Chevaliers, & à cinq Freres Chapelains, ou Servans d'armes. Dans celle d'Auvergne, à sept Chevaliers, & quatre Chapelains, ou Servans. Dans le Prieuré de France à sept Chevaliers, & quatre Chapelains ou Servans. Dans le Prieuré d'Aquitaine, à six Chevaliers, & deux Chapelains & Servans. Dans celui de Champagne, à quatre Chevaliers, & deux Chapelains & Servans. Dans la vénerable Langue d'Italie, à vingt-huit Chevaliers, & six Chapelains & Servans. Dans la Châtellenie d'Emposte, à huit Chevaliers, & quatre Chapelains & Servans. Dans le Prieuré de Catalogne, à six Chevaliers, & deux Chapelains & Servans. Dans le Prieuré de Navarre, à trois Chevaliers, & une aux Chapelains ou Servans. Dans la vénerable Langue d'Angleterre, une aux Chevaliers. Dans la vénerable Langue d'Allemagne, à cinq Chevaliers, & une aux Chapelains & Servans. Dans le Prieuré de Bohême, une aux Chevaliers, & une aux Chapelains & Servans. Dans le Prieuré de Castille & de Leon, à onze Chevaliers, & quatre aux Chapelains & Servans. Dans le Prieuré de Portugal, à sept Chevaliers, & à deux Chapelains & Servans, & pas davantage, quand cela se feroit par grace de la Langue, laquelle ils ont déclarée nulle en ce cas: avec défenses au Grand Maître de permettre d'en traiter, à peine de nullité de sa permission.

Bien entendu que les anciennetez pour *chevir*, ne seront accordées ci-après qu'aux Freres plus anciens, capables d'obtenir des Commanderies, qui résideront actuellement dans le Couvent, nonobstant toutes choses à ce contraires, & que le Chapitre général ait expressément & specialement permis à l'un de nos Freres, de parvenir à son ancienneté de justice hors du Couvent. S'il y en vient quelque autre plus ancien, il attendra qu'il lui en arrive quelqu'une de celles qui seront données. Tous ceux qui seront du même passage, n'auront qu'une ancienneté.

31. Que dorénavant dans toutes les Langues & Prieurez, on ne pourra *mutir*, conceder, ni accorder aucune ancienneté pour *chevir*, si-non par mort, ou après que ceux qui ont les anciennetez, seront réellement chevis, & pourvûs de la Commanderie de leur premier chevissement, en sorte qu'après que le mortuaire & le vacant seront finis, ils seront entrez dans la possession actuelle des revenus dudit chevissement

chevillement. Alors feulement les anciennetez pour chevir étant vacantes, ils doivent être muties & pourvûs.

Que perfonne n'eft obligé de renoncer à fon ancienneté pour chevir dans la demande, & la mutition des Commanderies, ni durant le mortuaire & le vacant defdites Commanderies demandées, quand il arriveroit que dans ce tems-là plufieurs Commanderies feroient muties & demandées, fuivant l'ufage de la Religion. Chacun retiendra fon ancienneté, jufqu'à ce qu'il foit chevi & pourvû. Si quelqu'un de nos Freres fe donne la liberté de renoncer avant ce tems-là à l'ancienneté qui lui eft acquife, il ne pourra plus en obtenir d'autre pour chevir, de quelque maniere qu'elle vacque, & il fera obligé de fe trouver au Couvent en perfonne, s'il veut obtenir un chevillement; faute de quoi il fera déclaré incapable. Ils exceptent neanmoins de la préfente conftitution, les vénérables Langues d'Arragon, de Navarre, de Catalogne, de Caftille & de Portugal, où les anciennetez pourront fe mutir auffi-tôt après la mutition des Commanderies, felon la coutume, ancienne & moderne.

32. Les mêmes Seigneurs, en confirmant le decret du Chapitre géneral, ont révoqué, & révoquent toutes les anciennetez, expectatives, ou droits acquis, concedez par le préfent Chapitre, & par les précedens, ou par les Confeils, ou qui pourroient être concedez à l'avenir par les Confeils complets de retention, de grace fpeciale, & contre la forme des Statuts, au fujet de quelques Dignitez que ce puiffe être, de Grands-Croix, Prieurez & Bailliages, & des facultez de les obtenir, nonobftant que l'on foit abfent du Couvent, lefquelles ils déclarent nulles, & ordonnent que tous les Freres qui en ont obtenu, ou en obtiendront, feront foumis à la déclaration & obfervation des decrets faits fur cette matiere.

33. Ils ont de même révoqué & révoquent d'une commune voix, toutes les graces faites par le préfent Chapitre géneral, & à faire par les Confeils complets de retention, tant des caravanes, & de la réfidence, que des anciennetez pour chevir ou meliorer, hors du Couvent, de la prérogative de *Jubilation*, de la faculté de recevoir & d'obtenir, nonobftant l'abfence du Couvent, toute forte d'anciennetez de juftice, pour chevir, ou meliorer hors du Couvent, & de tout autre fupplément obtenu fur lefdits cas: voulant que tous les Freres fe tiennent à la difpofition des Statuts, à l'exception de la grace accordée par le Chapitre géneral à Frere Hiacynthe le Blanc Chapelain pour le fupplément de fa réfidence conventuelle feulement, en forte qu'il puiffe inceffamment jouir de l'ancienneté, pour fe chevir, en confideration de la réfidence qu'il fera à l'Eglife *de la fuen fanta*, dont il fera pourvû.

34. Ils ont de même révoqué, & révoquent, conformément au précedent Chapitre géneral, toutes & chacunes les graces faites par le préfent Chapitre, ou à faire par les Confeils complets de retention, à nos Freres, de jouir des Membres ou des penfions affectées

Tome IV. Q q

sur des Prieurez, Bailliages ou Commanderies non dépendantes de la Langue, ou du Prieuré où ils ont été reçûs, à la réserve de celle qui a été accordée tout d'une voix à Frere Dom Thomas de Hoses, Lieutenant du Grand Chancelier, de donner une pension de deux cens ducats à son neveu, qui a été reçû dans la vénérable Langue d'Italie, du consentement du vénérable Prieuré de Castille, de Leon, donné suivant le decret du Chapitre :

35. Toutes les graces & facultez accordées par le présent Chapitre général, & à accorder par les Conseils complets de retention, au sujet des ameliorissemens & des papiers terriers, des défauts qui s'y rencontrent, & des délais de faire les ameliorissemens, & de renouveller les papiers-terriers :

36. Toutes les graces accordées par le présent Chapitre général, & à accorder par les Conseils complets de retention aux Prieurs, Baillis, Commandeurs & Freres, de donner des pensions à des Séculiers, même aux Donats de l'Ordre & aux Séculiers, & Donats, d'en accepter des Religieux.

37. Pour engager nos Freres à retirer les biens de l'Ordre qui sont entre les mains des Séculiers, ils ont ajouté à l'article 55. du titre des Commanderies, que la jouissance des biens ainsi récuperez, sera laissée aux Freres qui jouissent des Commanderies dont ils dépendent pendant leur vie.

38. Pour exciter la diligence de nos Freres à travailler au recouvrement des biens qui leur ont été commis, ils ont ordonné que ceux qui auront obtenu une Commanderie sous le titre de la retirer des mains de ceux qui la possedent contre la forme de nos Statuts, seront tenus de justifier au Couvent dans un an après, des diligences qu'ils auront faites pour cela ; faute de quoi le Prieuré ou la Langue d'où dépendra la Commanderie, seront en droit de proroger le délai, ou de donner la Commanderie à un autre Frere.

39. Ils ont enjoint aux Prieurs & au Châtelain d'Empoſte, d'avoir plus de soin de conserver les titres, & de perfectionner les archives de leurs Prieurez, suivant l'article 12. du titre des Prieurs, & de faire faire chacun un inventaire exact, de tous & chacun les titres originaux & autres, qui sont à présent dans les archives, & de ceux qui y seront mis à l'avenir, sous la peine portée par ledit article, & que lorsqu'ils seront dans leurs Prieurez, ils gardent eux-mêmes les clefs de leurs archives, & que quand ils en sortiront, ils les remettent entre les mains de leurs Lieutenans, ou des anciens qui en tiendront la place en ce pays-là.

40. Que les Prieurs, & le Châtelain d'Empoſte dans leurs Prieurez & Châtellenie, & les Commandeurs dans leurs Commanderies, obligent les Chapelains qui seront pourvûs des Bénéfices de l'Ordre, d'en prendre l'habit dans le tems marqué par nos Statuts. Si les Commandeurs négligent de le faire, les Prieurs & le Châtelain pourront en pourvoir d'autres.

41. Ils ont très févérement défendu au vénerable Prieur de Castille, au Chapitre & à l'Assemblée de cette Province, de donner permission aux Chapelains de l'Ordre, qui seront pourvûs de Bénéfices-Cures, de n'y point résider, à l'exception d'un pour le service du Prieur, & de deux pour les Sécretairies des recettes de ce Royaume. Voulant que tous les autres s'acquittent de l'emploi dont ils se sont chargez, en desservant, & résidant dans les Bénéfices dont ils se trouvent pourvûs.

42. Ils ont ordonné que l'on supprimera dans le nouveau recueil des Statuts, les articles 34 & 65. du titre des Commanderies, parceque l'un parle des chevissemens avec la justice criminelle, qui sont déja établis, & l'autre défend de commettre des Séculiers à la régie des Commanderies, puisque l'on s'est accoutumé de les leur donner à ferme ; ce qui rend ces deux Statuts très inutiles.

DES VISITES.
TITRE XIV.

1. Les mêmes Seigneurs ayant consideré que les guerres dont la France a été tourmentée, ont ruiné beaucoup de Châteaux & de Maisons fortes des Commanderies, où l'on mettoit en prison les vassaux à qui on faisoit le procès, lesquels on est obligé de mettre dans des prisons empruntées ; ce qui fait bien du tort aux justices de la Religion, & des Commanderies ; pour à quoi obvier ils ont ordonné à tous les Prieurs, Baillis & Commandeurs dans les Commanderies desquels les Châteaux & les Maisons fortes se trouvent ruinez, de les faire rétablir dans cinq ans du mieux que faire se pourra ; faute de quoi les Prieurs seront privez de la prééminence de la cinquiéme Chambre, & de pourvoir à la Commanderie qui dépend de leur grace Prieurale : les Baillis & les Commandeurs ne pourront se meliorer, qu'ils n'ayent satisfait au présent Statut, & que le Château ou Maison forte ne soit tellement réparé ou rebâti, que le Commandeur puisse y demeurer, & les prisonniers y être en sureté. Au cas qu'il y ait satisfait, ces réparations lui tiendront lieu d'ameliorissement & de résidence de cinq ans, sans décharger neanmoins personne de l'obligation de faire faire les papiers terriers de 25 en 25 ans.

2. Que les procès verbaux de visite seront déposez dans la Chancellerie, & conservez avec les autres titres de l'Ordre.

3. Qu'en explication de l'article 1. du titre des Visites, lorsqu'on ne trouvera pas de Chapelain conventuel ou d'obedience assez habile pour le joindre au Frere Chevalier qui sera nommé Commissaire, on lui donnera un Prêtre séculier pour l'accompagner, jugé capable de cet emploi.

4. Que les Commissaires pour la visite des amelioriſſemens des Chambres Magiſtrales seront nommez par le Maître & le Conseil, & feront leur rapport d'abord au Maître, & ensuite à la Langue, lesquels députeront chacun un Commissaire pour l'examiner. S'ils ne peuvent s'accorder, leur differend sera reglé par le Conseil.

5. Qu'en explication de l'article 9. du titre des Visites, les Commandeurs feront dorénavant obligez de rapporter dans les preuves de leurs amelioriſſemens, des copies des baux, & des inventaires des biens de leurs Commanderies aux Commissaires députez : au cas qu'ils en ayent joui par leurs mains, & qu'ils n'en ayent pas fait de baux, les Commissaires s'informeront exactement de ce à quoi peut monter leur revenu, & en faire mention dans leurs procès verbaux.

6. En consideration de la dépense que doivent faire les Commissaires dans leurs visites, pour leurs domestiques & leur équipage, ils ont ordonné, conformément aux anciens Statuts, que les Commandeurs ne seront tenus de leur payer quoi que ce soit en argent, si-non de leur donner à manger, pendant qu'ils seront occupez à la visite de leurs Commanderies & de leurs Membres, nonobstant tous Statuts & Ordonnances à ce contraires. Le reste de la dépense qui se fera pour aller d'une Commanderie à l'autre, sera faite aux dépens des Prieurs & du Châtelain d'Empoſte, que leur devoir oblige de faire ces visites.

7. Sur la remontrance faite par les Commandeurs des vénérables Langues de Castille & de Portugal, fondée sur les raisons y contenues, qui regardent l'avantage des Commanderies & du Trésor, ils ont ordonné que dans les Prieurez de celles de Castille & de Leon, & de Portugal, les visites des Commmanderies se feront dorénavant aux dépens des Commandeurs, qui seront obligez d'y contribuer chacun pour sa part, comme ils faisoient autrefois.

8. Que dans le nouveau recueil des Statuts, on supprimera du dernier article du titre des Visites, les termes suivans. *Et s'il s'eſt melioré, il reprendra la Commanderie qu'il avoit laiſſée*, comme chose impossible dans l'execution.

9. Dautant qu'il y a plusieurs Prieurez, où l'on n'a fait aucune visite depuis long-tems, suivant la disposition des Statuts, & particulierement des trois premiers du présent titre ; ce qui a beaucoup nui aux interêts de l'Ordre ; ils ont ordonné à tous les Prieurs, & au Châtelain d'Empoſte, de les commencer ou faire commencer dans six mois par eux-mêmes, ou par des Visiteurs qu'ils nommeront conformément aux Statuts, dans les lieux où elles n'ont point été faites, comme chose très-importante au patrimoine, & à la Jurisdiction de l'Ordre ; faute de quoi ils ont enjoint au premier Conseil complet, agissant en cela au nom du Chapitre géneral, de choisir des Visiteurs prudens & capables de cet emploi, dans toutes les Provinces où ils seront nécessaires, même plusieurs pour la même Province, s'il est

à propos, pour faire plus promptement & plus commodément des visites & des procès verbaux, desquels ils enverront des copies en bonne forme au Couvent, pour être conservées dans la Chancellerie.

DES CONTRATS ET ALIENATIONS.
TITRE XV.

1. Les mêmes Seigneurs ont ordonné, que toutes les promesses ou obligations faites par les Freres dans le Couvent soient nulles, si elles ne sont signées de la main du vénerable Maréchal ou de son Lieutenant, & cachetées de son cachet.

2. D'autant que les Commandeurs des Prieurez d'Allemagne contractent souvent quantité de dettes au préjudice de leurs Commanderies & de leurs successeurs qui se trouvent obligez de les payer, ils ont ordonné qu'aucun Frere des Prieurez de la haute ni de la basse Allemagne, ne pourra s'obliger sans la permission du Prieur & du Chapitre Provincial, qui ne la leur accorderont que pour une somme modique, qui ne fasse tort à l'Ordre, ni au successeur, pour une cause très-légitime & très nécessaire ; enjoignant aux Prieurs, dans le cours de leurs visites, de s'informer exactement des dettes des Commandeurs, d'en dresser un état qu'ils enverront au Couvent, même les Commandeurs qu'ils auront trouvé oberez, & une description exacte de l'état de leurs affaires ; leurs Commanderies demeureront cependant entre les mains du Chapitre, qui en employera les revenus au payement de leurs dettes.

3. En expliquant, où besoin seroit, les articles 57 & 58 du titre des Commanderies, ils ont déclaré que les biens immeubles acquis par nos Freres sous faculté de rachat, ne sont pas du nombre de ceux qui doivent être annexez aux Commanderies voisines après la mort de l'acquereur : c'est une dépouille qui appartient entierement au Trésor.

4. Pour exciter davantage nos Freres à faire bâtir des maisons dans la ville *Vallette*, ils ont permis à ceux qui en auront bâti, de les vendre, aliener, même d'en disposer par testament en faveur de qui bon leur semblera ; même à ceux qui en ont bâti dans les villes *Vittoriosa* & de la *Sengle*. Ils ont accordé pareille faculté à ceux qui en ont acheté dans lesdites Villes.

5. Que lorsque l'un de nos Freres propriétaire de quelqu'une de ces Maisons mourra, sans en avoir disposé, le Trésor y succedera, & non pas les Langues, suivant l'usage qui s'en étoit introduit mal à propos, & que les dettes de celui qui en aura disposé, tant avant que depuis la disposition, si elle n'est faite entre-vifs, & irrévocable, seront payées sur le prix de la Maison, & non pas sur sa dépouille.

6. Ils ont encore ajouté que ceux qui se seront trouvez débiteurs

du Tréfor, lors de la donation entre-vifs, ou autre difpofition, ne jouiront pas de ce privilege, & que leur difpofition fera réputée de nulle valeur.

7. En confirmant l'article 8 du titre des contrats & alienations, où il eft défendu de traiter dans les Chapitres ou Affemblées Provinciales, de l'alienation des biens de l'Ordre, ils ont ordonné que les Freres, de quelque état, dignité & condition qu'ils foient, qui fe feront trouvez aux Chapitres ou Affemblées Provinciales, où on aura propofé ou traité quelque chofe de contraire audit Statut, ou qui y auront dit leur avis; s'ils font Prieurs, Baillis ou Commandeurs, ils perdront fur le champ deux années du revenu de leurs Prieurez, Bailliages ou Commanderies qui feront appliquées au Tréfor, fans autre forme ni figure de procès; s'ils font Freres conventuels, ils perdront deux années de leur ancienneté, outre la peine portée par les mêmes Statuts, qu'ils encourront, dès qu'ils en feront convaincus.

8. Que dans le nouveau recueil des Statuts, on fupprimera celui de Monfeigneur de Verdale, qui défend de donner les biens incultes de l'Ordre, pour plus de neuf ans, & qu'on laiffera dans le titre des contrats & alienations, l'article 9, qui permet de les laiffer en jouiffance pour vingt-neuf ans.

9. Ils ont confirmé & renouvellé l'art. 12, & révoqué toutes les ventes, donations, tranfports, ceffions, engagemens par hypoteque, Baux à emphyteofe à perpetuité, ou à longues années faits par nos Freres contre la difpofition de nos Statuts à des Séculiers ou autres perfonnes, fans l'autorité du Chapitre géneral, & les ont déclarez nuls & de nulle valeur.

10. Après avoir mûrement déliberé fur l'art. 14 du même titre, où il eft parlé des donations entre-vifs, ou autres difpofitions & promeffes, confignations de deniers ou autres biens poffedez par nos Freres, s'ils ne furvivent 40 jours après, ils l'ont abrogé & réduit au même état que s'il n'avoit jamais été fait, comme oppofé au vœu de pauvreté & au premier article du titre des défenfes & des peines, bleffant la confcience des Religieux, & très préjudiciable au Tréfor.

11. En expliquant les articles 10 & 12 du même titre, pour prévenir toute forte de fcrupules, ils ont dit & déterminé qu'il étoit permis aux Commandeurs qui prendront des biens immeubles en payement des arrerages de leurs baux; ce qu'ils juftifieront par les Sentences des Juges & autres procedures, de les vendre & en difpofer fans autre permiffion.

12. Ils ont tous d'une voix révoqué toutes les graces accordées par le préfent Chapitre géneral, ou qui s'accorderont ci-après dans les Confeils de rétention à nos Freres de difpofer de leurs biens, meubles, deniers, ou autres quelconques au-delà du quint, même des immeubles acquis ou à acquerir hors du Couvent, qui ne viennent pas de leur patrimoine, d'aliener, échanger, donner à cens perpetuel, ou à tems, ou couper des bois de l'Ordre, contre la dif-

position des Statuts : voulant que toutes les permissions, decréts ou commissions obtenues à cette fin, soient présumées nulles & de nulle valeur, & ont ordonné que le tout seroit ramené à la disposition des Statuts & des Ordonnances capitulaires.

DES BAUX A FERME.
TITRE XVI.

1. Les mêmes Seigneurs, en corrigeant l'art. 7 du titre des Baux à Ferme, ont défendu à tous nos Freres, même à ceux qui seront résidents au Couvent, ou qui voudront y venir, de recevoir par anticipation les revenus d'une année de leurs Prieurez, Bailliages, Commanderies, Membres & autres biens de l'Ordre, même de leur en accorder aucune permission.

2. En expliquant l'article 7 du même titre, ils ont permis à l'Eminentissime Grand Maître, d'accorder des permissions d'affermer les Prieurez, Bailliages & Commanderies pour cinq ans, & au-dessous, après que le mortuaire & le vacant seront expirez, en sorte neanmoins que leur successeur sera obligé d'entretenir le bail qu'ils en auront fait pendant trois ans, & pas davantage.

3. Que les arrentemens des Prieurez, Bailliages & Commanderies seront continuez aux Preneurs, aux termes du bail qui leur en a été fait par le défunt Prieur, Commandeur ou Bailli. S'il se trouve expiré, ou qu'il n'en ait point été fait, outre les Reglemens sur ce faits par les Statuts, ils ont ordonné que les Receveurs du Trésor dans chaque Prieuré, en feront sous de bonnes & suffisantes cautions d'en bien payer le prix à chaque terme. Si les Receveurs les laissent sans exiger des cautions bonnes & valables, ils seront obligez d'en payer le prix au Trésor en leur nom propre & privé.

4. Que l'Ordonnance ci-dessus sera ajoutée à l'art. 2 du titre des Baux à Ferme, au lieu de ces termes qu'on y trouve, & *quant au droit du vacant, ne*, qu'ils ont ordonné être supprimez jusqu'à la fin de l'article.

5. Que l'arrentement du mortuaire & du vacant sera donné au dernier encherisseur, sans préferer le Religieux au Séculier, en cas qu'ils en offrent un prix égal, & que le Receveur en fera faire des publications, tant dans le lieu de la Commanderie, que dans les lieux voisins.

DES DEFENSES ET DES PEINES.
TITRE XVII.

1. SI quelqu'un est accusé d'un crime qui mérite la privation de l'habit, le Maître, après en avoir été bien informé, pourra

sans aucune déliberation du Conseil, le faire mettre en prison, & députer des Commissaires pour lui faire son procès, lequel sera jugé par le Maître & le Conseil. Les Prisonniers qui s'évaderont avant leur Jugement, seront tenus pour convaincus du crime dont ils auront été accusez, & condamnez sur le champ sans autre forme ni figure de procès. Ceux qui auront été condamnez de tenir prison dans la tour ou dans *la fosse*, & qui se seront évadez, seront privez de l'habit pour toute peine.

2. Les Freres à qui leur Superieur aura commandé d'aller en prison, ou de se tenir dans leur Chambre, & qui en seront sortis sans sa permission, perdront pour la premiere fois une année de leur ancienneté, deux pour la seconde, & l'habit à la troisiéme.

3. D'autant que quelques-uns de nos Freres s'imaginant qu'on ne sçauroit avoir des preuves de leurs crimes, s'abandonnent à en commettre des plus énormes, les mêmes Seigneurs ont ordonné, que quoique les preuves n'aillent qu'à la torture, on ne laissera pas de les condamner à une peine extraordinaire & arbitraire.

4. Que dans les crimes atroces, & dont la preuve est difficile, les Religieux pourront être privez de l'habit simplement, ou pour toujours par les Conseils ou les *Egards*, sur des indices graves & des présomptions. Si le crime est atroce, & qu'il paroisse mériter une grieve punition, le criminel sera remis entre les mains du bras Séculier, c'est-à-dire à la Châtellenie ou Cour du Grand Maître, où son procès sera examiné de nouveau, & jugé sans avoir égard aux Sentences rendues dans les Tribunaux de l'Ordre. On n'y renvoyera pas cependant les Religieux qui auront reçû les Ordres sacrez, ou qui auront servi l'Eglise avec l'habit & la tonsure Ecclesiastique. Dès qu'on leur aura ôté l'habit de l'Ordre, on les remettra à la Cour de l'Evêque, & à ceux qui sont en droit de les juger pour en faire justice, conformément aux decrets faits par le vénerable Conseil, touchant ceux qui après avoir été privez de l'habit, doivent être renvoyez au bras Séculier.

5. Les mêmes Seigneurs en confirmant le decret fait par le vénerable Conseil, le dernier d'Octobre 1629, afin d'éloigner autant qu'il est possible de ce saint Ordre l'usage détestable des duels, ont ordonné qu'il sera procédé contre les Freres Novices ou Profès, qui se battront dorénavant hors des portes de la Ville *Vallette*, ou sur ses murs & bastions, comme contre des criminels accusez de duel, contre lesquels l'accusation du Fiscal est clairement prouvée, & qu'ils seront condamnez aux termes de l'art. 38 de ce titre, qui traite du duel.

6. Que les deux articles suivans soient réduits à un seul qui en contienne la substance, pour les cas qui peuvent arriver, & qu'on en ôte tous les termes superflus. Ils ont approuvé le decret du vénerable Conseil du premier de Décembre 1686, abregé & corrigé l'autre decret du même Conseil du 24. de Novembre 1597, qui

traite

traite de la maniere de remettre les criminels au bras Séculier, & de les juger sur les informations en la maniere militaire, sans avoir égard à autre chose qu'à la verité du fait. Il est nécessaire d'en user ainsi, pour retenir les méchans, comme il est expliqué par ces decrets, lesquels ils veulent passer en force de Decrets capitulaires, tels qu'ils s'ensuivent.

Le premier de Décembre 1586, après avoir entendu la proposition faite par l'Illustrissime & Reverendissime Grand Maître ; sçavoir si on a compris dans la Constitution du dernier Chapitre general, qui ordonne que l'on donnera aux Accusez les moyens de se défendre, & si on recevra leurs appellations, les Accusez & les cas dans lesquels l'Ordre & l'Egard privent un Religieux de l'habit, & le remettent au bras Séculier pour le punir, puisqu'elle ne s'explique qu'en termes generaux, & qu'elle ne paroît comprendre que les vassaux & sujets seculiers, & que le genre ne déroge nullement à l'espece, à moins qu'il n'en soit fait mention expresse, & que l'ancien usage de l'Ordre veut que l'on procede contre ceux qui ont été privez de l'habit, & livrez au bras Séculier, & qu'on en fasse justice par le ministere du Magistrat temporel, à la maniere militaire, & sans faire attention à autre chose qu'à la verité du fait, après que les Accusez ont été ouis par leur bouche, comme il se pratique par l'Egard, sans avoir égard à leurs appellations ;

L'Illustrissime & Réverendissime Grand Maître, & le vénérable Conseil, après mûre déliberation, & après avoir longuement consideré les scandales & les inconveniens qui naîtroient, si on en usoit autrement que comme on a fait par le passé, ont déclaré tout d'une voix, que le cas susdit, où les Freres après avoir été privez de l'habit, sont livrez au bras Séculier, n'est point compris dans la disposition generale dudit Chapitre general, & que l'usage de l'Ordre est fondé sur des raisons particulieres pour proceder en semblables cas, & faire justice en la maniere militaire, sur la seule verité du fait, sans admettre aucune appellation, ordonnant que le Juge seculier se conformera à cet ancien usage.

7. Comme on a douté s'il faloit aussi proceder en la maniere accoutumée contre les Novices de l'Ordre & leurs complices, comme il a été ordonné par le précedent Statut, contre les Religieux profès privez de l'habit, les mêmes Seigneurs ont ordonné qu'on procedera de même contre les Novices qui devront être livrez au bras Séculier & leurs complices, de la même maniere, & que l'on en fera justice comme elle se fait ordinairement au Conseil de guerre.

8. Que quand on accordera à quelqu'un de nos Freres accusé d'un crime commis hors du Couvent, la liberté de se défendre, & qu'il sera question de recoler les témoins à leurs dépositions, ils seront examinez sur tout le fait.

9. Que les Freres qui viendront au Couvent, ou qui y seront conduits en qualité d'accusez de quelque crime par eux commis, ne

jouiront point de la prérogative de résidence conventuelle, qu'ils n'ayent été juſtifiez & élargis, déclarant néanmoins qu'ils ne ſeront pas privez de la ſolde.

10. Que nul Frere, quand ce ſeroit un Bailli, ne reçoive ou cache dans ſa maiſon des accuſez pourſuivis par la Juſtice pour des crimes: & que ſi le Châtelain ou ſon Lieutenant, les ont eux-mêmes vû entrer dans les maiſons, dans le tems qu'ils étoient pourſuivis par leurs Officiers, ils pourront les y aller chercher & les enlever. Si quelqu'un de nos Freres ſe donne la liberté de les cacher, ou d'empêcher le Châtelain ou ſon Lieutenant de les arrêter, ſi c'eſt un Prieur, un Bailli ou un Commandeur, il perdra une année du revenu de ſon Prieuré, Bailliage ou Commanderie, qui ſera appliqué au Tréſor : ſi c'eſt un Frere Conventuel, il perdra deux ans de ſon ancienneté, en faveur de ſes Fiarnauds.

11. Qu'il eſt permis à tous Miniſtres, tant Religieux que Séculiers de reconnoître tous nos Freres qu'ils trouveront dans les rues pendant la nuit, après que la cloche aura ſonné : ceux qui leur réſiſteront, pour s'empêcher d'être reconnus, tiendront priſon dans la tour pendant ſix mois.

12. D'autant que nonobſtant les défenſes qui en ont été faites, pluſieurs Religieux gardent des Arquebuſes à rouë & à fuſil, qui ſont des armes diaboliques, les mêmes Seigneurs ont ordonné à tous nos Freres de déclarer tous leurs piſtolets qui n'auront pas deux palmes ou demie canne de long, & de les remettre dans le mois d'après leur arrivée de dehors du Couvent, entre les mains du Commandeur de l'artillerie, après lequel terme il ne leur ſera plus permis de les porter dehors, ni de les garder dans leurs Chambres, à peine d'être privez de l'habit pour toujours, à l'exception de ceux à qui le Grand Maître en aura accordé la permiſſion par écrit. Ceux qui porteront des poignards appellez *Smagliatori*, *Fuſetti*, ou *Stiletti*, ſeront punis de la même peine.

13. Que nul de nos Freres qui ſera ſur les galeres de caravane ou de ſecours ne ſoit aſſez hardi pour les abandonner, au préjudice du vœu d'obéïſſance qu'il a fait, ni à Malthe ni ailleurs, & de paroître négligent dans un ſervice auſſi important à la Religion. Ceux qui oſeront demeurer à terre, encourront la peine de ſix mois de priſon, & la perte de deux années de leur ancienneté, acquiſes ou à acquerir, en faveur de leurs Fiarnauds : ils ſeront même déclarez incapables pendant leſdites deux années d'obtenir ni Office ni Bénéfice dans la Religion, d'avoir ſéance dans aucun de ſes Tribunaux, même dans les Langues & Prieurez : leurs Fiarnauds auront un droit acquis à leur préjudice, qui ne leur ſera ôté par aucune grace obtenue ou à obtenir, de les préceder & de les exclure, en vertu de la Sentence qui aura été rendue contre eux par le vénérable Conſeil, dont le Vice-Chancelier ſera obligé de délivrer une copie en bonne forme à ceux qui la demanderont, nonobſtant tous uſages contraires pra-

tiquez en matiere criminelle, à moins que ceux qui auront abandonné les galeres, ne rapportent un congé par écrit du Géneral ou du Capitaine de la galere qu'ils auront montée en son absence, attestée par le Roi ou le Chirurgien, qui contienne une cause légitime, pour laquelle le congé leur aura été donné, & de la certitude de laquelle il n'y ait aucun lieu de douter.

14. Que les Freres Chapelains ne sortiront point du Couvent qu'ils n'ayent fait leurs caravanes ordinaires, ou qu'ils n'ayent donné bonne caution de les faire à l'avenir.

15. S'il se trouve un Frere, de quelque état & condition qu'il soit, assez hardi pour jouer ses armes, quelles qu'elles soient, elles seront confisquées au profit du Trésor, & les Freres qui auront joué ensemble, seront privez par le seul fait d'une année de leur ancienneté en faveur de leurs Fiarnauds, s'ils sont conventuels: s'il y en a un qui soit Commandeur, il perdra deux années du revenu de ses Commanderies & autres Bénéfices applicables au Trésor, desquelles il sera déclaré débiteur, jusqu'à ce qu'il les ait payées. Ceux qui auront joué leurs habits, seront punis de la quarantaine.

16. Pour obvier aux scandales & au bruit qui se fait quelquefois dans les Assemblées des Langues, ils ont ordonné que nul Frere n'y portera, non plus que dans celles des Prieurez & des Collectes, ni épée, ni poignard, ni autre espece d'armes, quelle qu'elle soit, à peine de perdre une année d'ancienneté pour chaque contravention. Enjoignant aux Piliers ou autres Présidens, d'avertir avant de mettre aucune proposition sur le tapis, tous ceux qui doivent y assister, de laisser leurs armes à la porte, & que lorsqu'ils iront faire au Grand Maître leur raport de ce qui y aura été déliberé, ils lui fassent leurs plaintes de ceux qui auront contrevenu au present Statut, à peine de perdre une année du revenu des biens qu'ils tiennent de la Religion.

17. Que lorsqu'un Frere de nôtre Ordre aura été tué par des valets ou des scelerats, ce qui arrive quelquesfois; le Receveur du Trésor du plus prochain Prieuré, du consentement du Prieur & de l'Assemblée de la Province, fasse les poursuites nécessaires contre les assassins, & leurs complices, pardevant les Juges qui en doivent connoître, aux dépens de la dépouille du mort; & si elle ne suffit pas, aux frais du commun Trésor.

18. Que le Frere qui aura couché hors des murs de la ville *Vallette*, même à l'occasion de la chasse, sans congé exprès de l'Eminentissime Grand Maître, ou du V. Maréchal, lequel ne doit pas même l'accorder sans en avoir communiqué avec son Eminence, sera puni par une prison de six mois pour la premiere fois, & par la perte d'une année de son ancienneté pour la seconde.

19. En confirmant, & neanmoins corrigeant l'ancienne Ordonnance, ils ont défendu aux Freres Chevaliers de nôtre Ordre, de se rendre domestiques de qui que ce soit, si ce n'est des Empereurs, des Rois, des Princes Souverains, des fils, des freres, ou des autres

Princes de leur Sang., & du Grand Maître, à peine de perdre trois années de leur ancienneté, acquises ou à acquerir en faveur de leurs Fiarnauds ; ce qui pourra toujours leur être objecté, quand il s'agira d'acquerir une Commanderie de chevissement, ou autre, quand il n'y auroit pas eu de Sentence prononcée, pour en être pourvûs à leur exclusion.

20. Les mêmes Seigneurs ont révoqué l'art. 20. de ce titre, fait par le précedent Chapitre géneral, & ont restitué aux vénerables Langues & aux Prieurez la faculté de faire des graces, lorsque les deux tiers des voix y auront concouru, mais en sorte qu'elles obtiennent seulement leur effet, après qu'elles auront été confirmées dans le vénerable Conseil complet, par le concours des trois quarts des voix, à peine de nullité.

21. Que les Freres qui n'auront pas dix-huit ans complets, ne pourront balloter, ni donner leur suffrage dans les Langues & les Prieurez, quand ils auroient trois ans de résidence conventuelle.

22. Que tous les Freres de l'Ordre & de l'habit, pourront avec le congé du Grand Maître, qui sera actuellement en place, faire sortir, conduire hors de l'Isle de Malte, & envoyer où il leur plaira leurs esclaves, de quelque genre, secte, sexe ou nation qu'ils soient, sans payer le droit ordinaire à la porte, ou autre quel qu'il soit, duquel ils les ont déclaré tout à fait exempts ; en justifiant neanmoins qu'ils leur appartiennent, & non à autre. Si on découvre qu'ils ayent seulement entrepris de les faire passer en fraude, les esclaves ou le prix qui en proviendra, seront confisquez au profit du Grand Maître.

23. D'autant que les Séculiers sont en possession de tems immémorial de comparoir & de plaider eux-mêmes leurs causes dans la Chambre des Comptes, ils ont défendu à tous nos Freres d'y plaider pour eux, non plus que dans l'Audience publique, dans les causes où le Trésor aura interêt, à peine de vingt-cinq écus d'amende au profit du Trésor pour la premiere fois, de 50 écus pour la seconde, & de perdre deux ans d'ancienneté pour la troisiéme.

24. Que les Religieux ne se mêlent en façon quelconque des affaires civiles ni criminelles des Séculiers ; ce qui leur est défendu par les art. 4, 5 & 6 du titre des défenses & des peines, à peine de perdre pour la premiere fois une année de leur ancienneté, deux années pour la seconde, & l'habit pour la troisiéme. Ils doivent encore se servir de Procureurs, & ne point se trouver dans les Cours Séculieres quand ils plaideront contre des Séculiers, sous les mêmes peines.

25. D'autant que les Langues ont demandé dans leurs Rolles, qu'on mit une différence entre les Freres Chevaliers & les Servans d'armes, les mêmes Seigneurs ont défendu à ces derniers de porter la Croix de toile sur leur habit, plus longue qu'une demie palme de la canne ou mesure de Sicile, & d'en mettre d'or ni de dorées, à peine si c'est un Commandeur, de perdre deux années du revenu de sa Commanderie au profit du Trésor, pour chaque contravention ; si c'est un Frere

conventuel, deux années de son ancienneté en faveur de ses Fiarnauds;

Leur enjoignant, lorsqu'ils passeront quelque acte, contrat ou autre instrument, d'y faire inserer cette qualité : permettent à quiconque de nos Freres qui les aura surpris en contravention, d'en informer de son autorité, & d'en donner avis au Grand Maître & au Conseil, qui les puniront comme ils l'auront merité. Que jusqu'au prochain Chapitre géneral, son Eminence avec qui le present Statut a été concerté, ne pourra accorder aux Freres Servans d'armes la liberté de porter la Croix d'or.

26. Que le Grand Maître, eu égard à la qualité des personnes, & à l'atrocité du délit, après avoir pris l'avis des Juges d'appel, & ordinaires, & autres personnes qu'il lui plaira, pourra ordonner que l'on leur fasse le procès sur le champ, de la maniere que l'on en use dans le Royaume de Sicile. Il peut ordonner, s'il le juge à propos, que le procès & la Sentence seront examinez sommairement par les Juges d'appel.

27. Que dans toutes les autres affaires criminelles ou mixtes, on fera le procès le plus sommairement que faire se pourra, en gardant neanmoins toutes les formalitez établies par le droit ou la coutume. On réservera pour la fin du procès, tous les incidens qui ne seront pas d'un préalable nécessaire : on accordera aux Accusez les moyens de se défendre ; & l'appel dans les cas où il est permis de l'interjetter, avec cette précaution, que les délais accordez par le Juge, soient les plus courts que faire se pourra : qu'il ait plus d'égard aux défenses qui seront tirées du droit naturel, qu'à la subtilité des Loix : qu'il instruise le procès d'une maniere que l'innocence d'un chacun soit bien conservée, & bien défendue : qu'il y donne toute son application ; que la temerité des criminels soit réprimée, & bannie, de même que la calomnie, & les calomniateurs.

28. Que les Sentences en matiere criminelle sujettes à l'appel, doivent porter le terme de *nullité*, & que le Condamné doit en appeller dans trois jours après qu'elles auront été prononcées ; faute de quoi elles seront exécutées. En cas d'appel, le procès sera porté au Tribunal qui doit le juger dans dix jours, si elle est émanée de la Châtellenie ; dans quinze, si elle a été prononcée par le Juge d'une Ville considerable ; & dans vingt jours, si le procès a été jugé au *Gozzo*, à compter de sa prononciation ou signification, faute de quoi l'appel sera déclaré péri, & la Sentence exécutée ; à moins que le Grand Maître n'ordonne qu'elle sera revûe par les Juges d'appel, pour de bonnes considerations.

29. Ils ont défendu aux Juges ordinaires, & d'appel, & aux maîtres Notaires de postuler pour personne, en qualité d'Avocats, ou de Procureurs, s'il ne s'agit des affaires publiques de la Religion, ou s'il ne leur a été enjoint par le Grand Maître.

30. Ils ont ordonné, tout d'une voix, que les Séculiers qui auront

administré les biens de la Religion, & que l'on aura jugé par Sentence s'être mal acquittez de leur devoir, outre les peines auſquelles ils pourront être condamnez, ſeront encore déclarez incapables de toutes Charges & Offices.

31. Qu'à l'art. 20. de ce même titre, on ajoûtera ces termes : ſans préjudice du Tréſor, pour la table & pour la ſolde.

32. Que nulle femme ou fille libertine ne demeurera dans les grandes rues de S. Jacques, de S. Georges, ou Royale, & de S. Jean de cette Ville *Vallette*, où eſt le Couvent, ni dans les deux ruelles, dont l'une eſt ſituée vis-à-vis la grande porte de l'Egliſe conventuelle, & continue au-deſſous du Palais, & l'autre paſſe ſous la Chancellerie, moins encore dans les rues de traverſe, à commencer dès le bout de la Ville, juſqu'à celle qui paſſe entre la maiſon du feu Commandeur de Montreal, & de l'Egliſe de *Porto Salvo*, quand elles y auroient des maiſons à elles appartenantes ; en remettant l'exécution du préſent Statut au Grand Maître, & au vénérable Conſeil, ſous les peines & autres bons ordres qu'il leur plaira d'y établir.

DE LA CHANCELLERIE.

TITRE XVIII.

1. Les mêmes Seigneurs ont ordonné que les Reglemens de la Chancellerie demeureront ſoumis à la correction, approbation ou changement qu'il plaira à l'Eminentiſſime Grand Maître, & au vénérable Conſeil d'y apporter, ſuivant les occurrences, afin quelle ſoit toujours bien gouvernée.

2. Ils ont approuvé le Regiſtre que l'on a accoutumé de tenir depuis quelques années, pour y écrire les decrets & les déliberations qui regardent les affaires d'Etat, & ordonné qu'il ſera continué à l'avenir, de la maniere dont il a été commencé par un decret du vénérable Conſeil.

3. Que dans les decrets & les Sentences du vénérable Conſeil, & autres actes de la Chancellerie, Chambre des Comptes & autres Tribunaux de la Religion, on ne donnera le titre de *Seigneur* à qui que ce ſoit, & que l'on donnera aux Grands-Croix celui de *vénérable*.

4. Ils ont remis au Grand Maître & au Conſeil ordinaire de choiſir un ſujet propre à ſoulager le Vice-Chancelier, & à tenir ſa place en ſon abſence, afin d'avoir ſoin de bien conſerver les Livres & les Regiſtres de la Chancellerie, en ſorte que perſonne ne les examine, qu'il n'y ait un député pour le voir faire ; & d'examiner les anciens Regiſtres, & en avoir ſoin, auquel on aſſignera des appointemens raiſonnables, & de faire tout ce qu'ils jugeront néceſſaire, & propre à y maintenir le bon ordre. Ajoutant que celui qui ſera

DE L'Ordre de S. Jean de Jerusalem.

commis pour être Lieutenant du Vice-Chancelier, & l'aider, lui soit agréable, & soit présenté par le vénérable Grand Chancelier, ou par son Lieutenant.

5. De pourvoir & d'ordonner avec la même autorité que le Chapitre géneral, tout ce que le Grand Maître jugera nécessaire, tant pour copier & bien conserver les Livres de la Chancellerie, pour en augmenter le nombre des Ecrivains, s'il en est besoin pour faciliter les expeditions, & la *Pandecte*, afin qu'il soit si commodément pourvû au Vice-Chancelier & aux Ecrivains, que le Tréfor soit entierement, ou à peu de chose près, déchargé de la dépense de la Chancellerie, & de tout ce qui en dépend.

6. Après avoir fait attention à la multitude d'affaires dont est chaque jour chargé le Vice-Chancelier, à l'expedition desquelles lui seul ne pouvant suffire, les mêmes Seigneurs ont jugé à propos de députer deux personnes pour les mettre par écrit, & si ce sont des Clercs, de les dispenser du service qu'ils doivent à l'Eglise, pendant qu'ils y travailleront, sans qu'ils perdent la part qui leur revient dans les dépouilles, qui sont données pour le trentenaire des Freres, quand ils n'y assisteroient point, & d'accepter quelque Charge que ce soit dans leur Langue, malgré eux; voulant au contraire qu'ils jouissent des plus grandes prérogatives & exemptions. Les Séculiers qui y travaillent, outre lesdits deux Religieux, sont aussi exempts de toute sorte de Charges, même de monter la garde pendant qu'ils y seront employez.

7. Ils ont défendu au Scribe du Tréfor d'enregistrer sur les Livres de la Chambre des Comptes où on écrit la réception des Freres, la réception d'aucun Frere, sans en avoir vû l'acte expedié en Chancellerie en bonne forme.

8. Et dautant qu'après la mutition dans les Langues, & l'élection faite dans les Conseils des Prieurez, Bailliages & Commanderies, la plûpart laissent leurs Bulles à la Chancellerie; ce qui est fort dommageable à l'Ordre, ils ont ordonné que si ceux qui ont été pourvûs, sont actuellement au Couvent, ils seront tenus dans le mois d'après la mutition de la Langue ou du Prieuré, ou au cas qu'il fût survenu quelque contestation à ce sujet, après la Sentence définitive du Conseil, & toute sorte de graces Magistrales, de retirer leurs expeditions de la Chancellerie, & d'en payer les droits accoutumez, à peine de 25 écus d'amende applicable au Tréfor.

S'ils sont absens du Couvent, leurs Procureurs, seront tenus d'en solliciter l'expedition en leur nom, & de la retirer sur la même peine. Sur laquelle somme se prendront les frais de l'expedition de la Bulle, qui se payera au Vice-Chancelier, & on envoyera les Bulles où il faudra.

9. Pour éviter le danger qu'il y auroit si les Registres de la Chancellerie étoient mis indifferemment entre les mains de tout le monde, ils ont défendu de les laisser voir à personne, qu'à celui qui sera com-

mis à cet effet, auquel il fera donné pour fa peine de chercher les privileges, les Bulles, & autres actes, une demie *aigle* ou *réale* par année, des actes dont il aura fait la perquifition à la Requête des Parties. Si elles peuvent en indiquer la date, elles ne payeront que le droit du Vice-Chancelier.

10. Que le Tréfor fera tenu de fournir au Vice Chancelier un logement qui convienne à fon emploi ; les livres, le parchemin, le papier, le plomb, la cire & autres chofes dont il aura befoin pour fes expeditions, & pour les affaires publiques de l'Ordre & du Tréfor feulement.

11. Que les Receveurs travaillent à avoir des copies de toutes les Sentences ci-devant rendues, ou qui fe rendront à l'avenir dans tous les Tribunaux, dont la décifion fera favorable à l'Ordre, lefquelles ils envoyeront au Couvent en bonne forme, pour être conservées dans la Chancellerie, dans un Regiftre particulier, pour que l'Ordre en foit informé, & qu'il puiffe s'en prévaloir en pareil cas.

Que tous les Ambaffadeurs, en fortant de Charge, remettent à leurs fucceffeurs tous les privileges, livres, procès, Sentences, & autres écritures dont ils auront dû faire faire un inventaire, duquel ils feront tenus d'envoyer au Couvent une copie en bonne forme, pour être dépofée en la Chancellerie.

DES AUBERGES.

TITRE XIX.

1. Les mêmes Seigneurs ont ordonné que les Réglemens faits pour les Auberges pourront être fuivis, corrigez ou changez comme il plaira à l'Eminentiffime Grand Maître, & au vénérable Confeil, dans les occafions où il s'agira du bon gouvernement de l'Ordre.

2. Ils ont confirmé les Réglemens fuivans, faits & publiez dans les précedens Chapitres généraux, qu'ils ont réformez en la maniere qui s'enfuit :

Que fuivant l'ancien ufage, les Piliers doivent donner à manger aux Freres la quantité de mouton, de bœuf & de geniffe qui leur aura été livrée par le Tréfor, fur le pied d'une réale par jour. S'il n'y a que du porc frais ou falé, ils n'auront que les deux tiers. S'il n'y a pas de viande, & les jours d'abftinence, il leur donnera à chacun une portion honnête de poiffon, ou quatre œufs pour leur pittance.

Il leur donnera du pain & du vin convenables, dont ceux qui uferont mal, feront mis à la feptaine : les Freres n'ameneront point de chiens à qui il faut trop de pain. Si les chiens y vont, on les en chaffera, fans que leur maître ofe s'en plaindre fous la même peine.

Aucun

Aucun Frere, pendant qu'il mangera à l'Auberge, n'envoyera dehors, pain, vin, viande, ni autre chose à manger, sous la même peine. Le Pilier fournira à chaque Frere un *quartuccio* de vin pur & six pains par jour.

Le Pilier sera obligé d'envoyer trois fois la semaine hors de l'Auberge, la pittance à ceux qui la demanderont, pourvû qu'ils n'ayent pas déjeûné à l'Auberge ce jour-là, auquel cas on la leur refusera, même à ceux qui la demanderont, après que le Maître de sale aura mangé. Le Pilier donnera à déjeûner le matin entre les deux Messes, & le soir à goûter, entre le dîner & l'*Ave Maria*.

Celui qui ne sera pas content du pain, du vin & des viandes que l'on lui aura donnez, ne s'en plaindra qu'au Pilier, & non au Maître de sale, au Cuisinier, ou au Dépensier. S'il a tort de se plaindre, il sera puni les deux premieres fois de la Septaine ; s'il a raison, on y mettra ordre.

Le Frere qui aura maltraité un domestique du Pilier, sans effusion de sang, sera condamné sur le champ, pour la premiere fois, à la Quarantaine ; pour la seconde, à six mois de prison dans la tour ; pour la troisiéme, il perdra deux années de son ancienneté, suivant les Statuts : s'il y a effusion de sang, il sera puni encore plus sévérement.

Qu'aucun Frere ne se donne la liberté d'entrer dans la cuisine, ni dans la dépense, malgré le Maître de sale : ceux qui le feront, seront mis en Septaine pour la premiere & la seconde fois, & pour la troisiéme en Quarantaine.

Que l'on ne porte dehors ni vaisselle ni ustancile de l'Auberge : s'il s'en perd quelque piece, celui qui l'aura emportée, sera obligé de la payer, & de faire la Septaine. Si les serviteurs disent, ou font quelque chose qui puisse engager les Freres à les maltraiter, ils s'en plaindront au Pilier, afin qu'il y mette ordre. S'il y manque, ils s'adresseront au Grand Maître ou au Maréchal.

Lorsque le Pilier se plaindra au Grand Maître ou au Maréchal de quelque déreglement, il en sera cru, sans qu'il soit besoin d'en faire d'enquête, & sans que le Pilier sorte du Couvent, on rendra sur le champ Sentence contre le Frere dont il se sera plaint, conforme à la qualité de sa faute.

DES GALERES.

TITRE XX.

1. Les mêmes Seigneurs ont ordonné que les Réglemens ci-devant faits, concernans les galeres, pourront être exécutez, changez ou corrigez par son Eminence, & le vénérable Conseil, dans les occasions où il sera à propos de le faire ; parceque c'est en cela que

consistent l'honneur, la réputation & la sureté de l'Ordre, sur-tout depuis que les Infideles se servent d'Arquebuses renforcées. C'est pourquoi ils ont ordonné, tout d'une voix, que toutes les fois que l'on fera partir des caravanes ou des secours, à commencer dès la premiere fois, les Freres seront armez de mousquets, qui leur seront délivrez par le Trésor sur leurs tables & leur solde, à peine de ne point voir compter leur caravane, & d'être traitez comme desobéissans. Et afin que tous deviennent propres à manier le mousquet, ils ont encore ordonné que l'on ne donnera la caravane ou le secours, qu'à ceux qui auront 25 ans complets.

2. Que tous les soldats des galeres seront Mousquetaires, & les Mariniers ou Scapoli, Arquebusiers.

3. Ils ont révoqué toutes les graces & privileges qui pourroient être accordées dans les Conseils complets de retention, au préjudice de l'Ordonnance faite par le précedent Chapitre géneral, qui regarde les Freres qui n'ont pas effectivement tenu le Généralat, ni la Capitainerie d'aucune galere, pendant deux ans entiers, suivant ladite Ordonnance; révoquant, cassant & annulant tous privileges de cette espece, accordez, ou à accorder dans les rétentions, en faveur des Chevaliers, qui n'ont point été Capitaines de galions ou autres vaisseaux de la Religion; voulant que ladite Ordonnance ne puisse jamais s'étendre jusqu'à accorder de semblables privileges à d'autres Capitaines qu'à ceux des galeres, après qu'ils auront fini les deux années de leur emploi, approuvez & concedez, suivant la même Ordonnance, & non autrement; approuvant cependant, & confirmant les graces faites par le présent Chapitre général, à Frere Henri de Merlés Beauchamp Commandeur, & à Frere Dom Louis de Cardenas, & celle qui avoit été faite auparavant par le vénérable Conseil, à Frere Guillaume de Chissey Commandeur, lesquelles sortiront leur plein & entier effet.

4. Ils ont commis le vénérable Amiral, & le Commandant géneral des galeres, & leurs successeurs, pour composer la congregation du bon gouvernement des galeres, avec les quatre Commissaires, qui seront choisis par le Maître & le Conseil, l'un desquels sera changé chaque semestre, & un autre nommé à sa place, & trois de ces Députez en feroient les fonctions, quand les autres trois négligeroient de s'y trouver.

Ils auront un soin particulier de tout ce qui regarde leur Police, la paye, les provisions, & qui sera nécessaire pour l'entretien des galeres de la Religion, sur lesquelles ils auront de fréquentes conférences, pour le retranchement de tout ce qui leur paroîtra superflu, la réformation des abus, & la fourniture de tout ce dont elles auront besoin. A l'égard des provisions & des changemens qu'il y aura à faire, ils en donneront avis au Grand Maître & au Conseil, qui donneront sur le champ les ordres convenables à la conservation des galeres & des biens du Trésor.

DE L'ORDRE DE S. JEAN DE JERUSALEM.

5. Que tous les hommes de *Cap*, qui sont sur les galeres, soient payez comptant, du moins de six mois en six mois, & que l'on trouve le moyen de le faire des deniers qui viendront des Provinces dont on mettra chaque année 35000 écus dans la tour, qui seront destinez à cet usage.

6. Que le vénérable Grand Commandeur & les Procureurs du Trésor choisissent un habile & fidele Ecrivain, à qui ils donneront tels apointemens qu'ils jugeront à propos, lequel résidera dans la basse ville Vallette, sous l'obédience du vénérable Amiral, & desd. Commissaires, & aura toujours par devers soi des copies des états de chaque galere, que les Officiers seront tenus de lui remettre à leur départ, en sorte cependant qu'il ne soit fait aucun préjudice aux prééminences de quelque Officier que ce soit, ni pour le présent, ni pour l'avenir.

7. Pour mettre en état, & en meilleure forme la navigation des galeres de la Religion, dans lesquelles consiste la réputation & la sureté de tout l'Ordre, ils ont établi les articles suivans, qu'ils veulent être observez comme de véritables Loix : & ayant d'abord consideré que la Charge de Capitaine géneral des galeres de la Religion ne donne tant d'autorité & de prééminence, qu'afin qu'il soit géneralement respecté & estimé, ils ont ordonné que lorsqu'il sera choisi parmi les Freres de la petite Croix, il ne laissera pas de se trouver au Conseil, toutes les fois que l'on y parlera d'affaires qui concernent l'état & le bon gouvernement de la Religion, excepté les affaires civiles & criminelles ; mais qu'il y sera placé après tous ceux qui en sont, même après le Sénéchal, & qu'il n'y aura que la voix consultative, & non la délibérative.

8. Qu'après la publication du présent Chapitre géneral, personne ne sera élû Capitaine des galeres de la Religion, qu'il n'ait dix ans d'ancienneté, 25 années d'âge, & qu'il n'ait fait du moins trois caravanes en personne sur les galeres, à l'exception des Freres des vénérables Langues d'Angleterre & d'Allemagne.

9. Que tous ceux qui auront été Généraux & Capitaines des galeres, qui auront rempli cette fonction pendant deux années entieres, & dont la conduite aura été approuvée par le Grand Maître & le Conseil, pourront en obtenir un decret de privilege, qui sera de même force que s'il avoit été donné par le Chapitre général, de pouvoir être pourvûs, quoiqu'ils se trouvent hors du Couvent, de quelque Dignité, Commanderie de chevissement, ameliorissement ou grace Magistrale, Office, Bénéfice ou pension quelle qu'elle soit, & être traitez & privilegiez de même que s'ils avoient demeuré dans le Couvent ; déclarant au surplus que la confirmation qu'ils sont tenus d'en obtenir du Conseil, se donnera par ballotes seulement, & non par voix, & que cette confirmation ne leur servira, & ne les rendra capables d'aucune chose, si ce n'est pour la décharge de leurs caravanes, en tout ou en partie, & pour la résidence dans le Couvent ;

mais non pas pour la résidence de dix, ou de cinq ans dans le Couvent, ou dans les Commanderies, qui pourra s'achever dans le Couvent ou dehors.

10. Que le Capitaine des galeres qui sera convaincu d'avoir trafiqué, ou d'avoir embarqué des marchandises, dont il aura reçû le fret, sera privé du privilege du *Bien servi*, à l'exception des vivres qui se menent à Malte, pour la provision de l'Isle.

11. Que les *Agozzins* des galeres, qui sont, ou qui seront en fonction, donneront bonne & suffisante caution, jusqu'à mille écus du moins, de rendre bon compte des esclaves, & autres effets du Trésor, qui leur auront été remis entre les mains ; faute de quoi l'on en mettra d'autres à leurs places qui seront en état de fournir la même caution.

12. Ils ont corrigé l'article 18. de l'Imprimé, & ordonné que les Chapelains des galeres, quand elles seront hors de Malte, seront tenus de dire la Messe tous les jours sur la poupe de la Capitane, selon leur rang d'ancienneté : quand ils seront à Malte, ils la diront tous les Dimanches & toutes les Fêtes.

13. Ils ont encore corrigé l'article 35. qui parle des qualitez que doivent avoir les *Rois*, & les *Cherche-mers* des galeres, & ordonné qu'il n'y en aura point qui n'ait 25 ans & trois caravanes.

14. En expliquant & étendant l'article 56. pour lever les doutes & les difficultez qui peuvent naître, sur-tout dans le tems du combat, ils ont ordonné qu'au cas que le Capitaine de la galere soit tué, le Patron de la galere commandera jusqu'à la fin de l'action, s'il est Chevalier de Justice : s'il ne l'est pas, ce sera le Roi de la galere : au cas que la Capitane ne se trouve pas dans l'escadre, l'ancien qui la commande, choisira, de l'avis des autres Capitaines le Chevalier qui commandera la flote, jusqu'à son retour à Malte.

15. Ils ont réformé l'article 68. qui traite du Medecin des galeres, parcequ'il a présentement des appointemens fixes.

16. Ils ont ordonné que l'on ne demandera plus au vénérable Conseil des certificats de *bien servi*, pour les Capitaines des galeres, ni pour le Général même, qu'ils n'ayent rendu leurs comptes, & qu'ils ne rapportent un certificat de l'Ecrivain du Trésor, qu'ils ne lui doivent quoi que ce soit.

17. Dautant que l'état militaire ne sçauroit se maintenir sans obéïssance, ils ont ordonné que dès que le Conseil sera convaincu qu'un Capitaine aura desobéi, ou qu'il n'aura pas exécuté les ordres du Général, en ce qui regarde la guerre & la navigation, il sera privé, pour la premiere faute du revenu d'une année de ses Commanderies, & autres biens qu'il tient de la Religion, laquelle sera appliquée au commun Trésor : & jusqu'à ce qu'il ait payé, il sera incapable d'obtenir aucun autre bien. S'il n'en tient point, il perdra deux ans de son ancienneté, au profit de ses Fiarnauds ; la seconde faute sera doubler la peine ; à la troisiéme il perdra l'habit.

18. Ils ont ordonné dans la même vûe, que tous les Freres Profés, & Novices obéiront aux Capitaines, dont ils recevront les ordres, comme de leurs Officiers majors.

19. D'autant qu'il n'y a rien de plus important que d'éviter toute occasion de querelles dans un lieu aussi dangereux que les galeres, ils ont ordonné que tout Frere Profés ou Novice sur les galeres, qui dira quelque chose d'injurieux à l'honneur d'un autre Frere Profés ou Novice, sera privé de l'habit, & déclaré incapable de le recevoir une seconde fois. Ceux qui auront donné des soufflets, des coups de bâton, ou mis la main à aucune sorte d'armes, quoiqu'ils n'ayent pas blessé leurs Confreres, seront de même privez de l'habit, & livrez au bras Séculier, comme mauvais soldats, indignes de vivre, & perturbateurs de la discipline militaire.

20. Si celui qui aura reçû l'affront, & qui aura été provoqué, sous prétexte de s'en décharger, ose dans la galere même, donner un démenti, une nasarde, ou un coup de bâton ou mettre la main à quelque sorte d'armes que ce soit, tombera sur le champ dans la même peine; il doit se tenir en repos, puisque le present Statut déclare, que tout l'affront demeure à celui qui a commencé la noise, lequel outre l'infamie dont il se couvrira par ce moyen, sera châtié de la maniere ci-dessus expliquée, sans aucune esperance de rémission.

21. Les soldats ou les Séculiers qui auront prétendu faire affront à d'autres, seront mis à la chaîne & à la rame sans rémission, pour servir deux ans la barbe rase, trois ans pour une nasarde ou un coup de bâton: s'ils ont mis la main aux armes, ils serviront de forçats toute leur vie.

22. Que dès qu'il arrivera sur les galeres quelqu'un des incidens ci-dessus expliquez, le Capitaine sera obligé d'en donner avis au Grand Maître par une Lettre signée de sa main. S'il paroît au Grand Maître & au Conseil qu'il y ait manqué, ils le condamneront à perdre trois ans de son ancienneté, & en une amende de trente écus d'or envers le Trésor, jusqu'au payement de laquelle il sera incapable d'obtenir aucune chose; s'il est de l'habit, le Général des Galeres le mettra en Justice les fers aux pieds, & lui fera faire le procès qu'il enverra ensuite clos & scellé au Grand Maître & au Conseil, à peine de payer au Trésor par le Général 500 ducats. Si le Criminel est Séculier, il en fera lui-même justice sur le lieu.

23. Afin que personne n'en prétende cause d'ignorance, ils ont ordonné que toutes les fois que les galeres sortiront du port, pour quelque voyage que ce puisse être, le Général & les Capitaines feront lire publiquement les presentes Ordonnances, & publier à son de trompe ce qui doit être observé avec la derniere exactitude.

24. Que dans toutes les galeres de la Religion, lorsqu'elles seront en voyage, on continuera les dévotions ordinaires de la Messe *seche*, ou sans consecration, les Prieres ordinaires au Sauveur du monde, à la glorieuse Vierge Marie, Saint Jean-Baptiste notre Patron, &

autres Saints : Que tous nos Religieux réciteront exactement chaque jour les prieres auſquelles ils ſont obligez : qu'ils obſerveront particulierement l'art. 6 du titre de l'Egliſe, qui leur enjoint de ſe confeſſer & de communier avant de partir pour les caravanes, & autres voyages, & de laiſſer leur déſapropriement entre les mains du Reverend Prieur ou du ſous-Prieur de l'Egliſe, faute de quoi le même Statut ſera executé à la rigueur.

25. Que tous les Dimanches & Fêtes principales de l'année, ſi les galeres ſe trouvent à Malthe, ou en quelque autre port de la Chrétienté, qui ſoit ſûr & habité, nos Chapelains diront la Meſſe ſur la poupe de la capitane en vertu du Bref du Pape Sixte V. d'heureuſe mémoire, inſeré dans les Regiſtres des Conſeils de l'an 1585, fol. 151, & ce chacun à ſon tour, ſelon l'ordre qu'ils y mettront eux-mêmes, avec toute la dévotion & l'éclat qui conviennent à un ſi grand myſtere : enjoignant au vénerable Général de faire bien couvrir l'Autel, de peur du mauvais tems, & de faire ſaluer le Saint Sacrement avec des trompettes ou des chants, comme il le jugera plus à propos.

26. Que les Chapelains de la caravane auront un grand ſoin des ames qu'on a confiées à leur conduite, & que pendant que les galeres ſeront hors de Malthe, dans un lieu commode, les Freres ſe confeſſeront aux Fêtes marquées par les Statuts, & recevront la ſainte Communion : ils en rendront compte au Reverend Prieur de l'Egliſe, en execution de la nouvelle Conſtitution.

27. Le Chapelain donnera tous ſes ſoins à diſpoſer tout le monde à la réception de ces deux Sacremens, & entendra les confeſſions des Freres & autres bleſſez ou malades qui ſeront ſur la flote.

28. Les Reverends Chapelains qui feront la caravane, ſeront reſpectez & bien traitez : enjoignant au vénerable Géneral & aux Capitaines des galeres d'en avoir un ſoin tout particulier, & de les maintenir dans la poſſeſſion où ils ſont de manger au *Cap de la Traverſolle*, à côté du Capitaine.

29. Que les Chapelains Prêtres qui vont en caravane, coucheront dans le Scandalato en dedans, à main gauche, du côté de la campagne.

30. Lorſque les galeres rencontreront un vaiſſeau des Infideles, qui ne faſſe point de réſiſtance, & qui ſe rende dès qu'on lui aura donné la chaſſe, il ne ſera inveſti d'aucune de nos galeres : il eſt même défendu d'en approcher de ſi près qu'on y puiſſe ſauter, à peine de payer par les Capitaines qui feront le contraire, deux années du revenu de leurs Commanderies ; ou s'ils n'en ont point, cinq cens écus au Tréſor : ils ne permettront non plus à perſonne d'y aller à la nage, à peine contre les Freres de perdre l'habit, & contre les Séculiers, d'être mis à la rame pour dix ans.

Le vénerable Géneral enverra le Capitaine de ſa capitane, ou quelqu'autre ancien Frere Chevalier tel qu'il lui plaira, pour avec le *Reveditenr*, faire l'inventaire des effets qui ſe trouveront dans ce vaisseau : ils y meneront avec eux les Ecrivains de la capitane & ceux du *Revediteur*, lesquels travailleront à l'inventaire fidelement & diligemment : si le vaisseau Infidele fait résistance, on fera tout ce que l'on pourra, pour empêcher qu'il ne soit pillé. On aura sur-tout l'œil sur les esclaves, pour prévenir leurs mauvais desseins : on retiendra à la chaîne, même les *Bonnevoglies*, de peur qu'ils n'y sautent & qu'ils ne laissent les galeres désarmées ; si ce n'est lorsqu'on aura à faire contre des vaisseaux de rame, auquel cas on pourra les détacher. Enjoignant neanmoins au vénerable Géneral de châtier séverement ceux qui oseront se jetter à la nage pour aller piller les vaisseaux, & qui pour y entrer, auront laissé leur épée, leur poignard, leur Arquebuse avec la méche allumée, ou des boëtes à poudre en leurs places, ce qui pourroit donner lieu aux esclaves de faire du désordre :

Déclarant que les armes & les effets pris sur l'ennemi, appartiendront aux vaisseaux qui auront combattu, & seront laissez à ceux qui s'en seront saisis, avec défenses en vertu de la sainte Obedience, & sous les peines qu'il plaira au vénerable Conseil d'arbitrer, à tous nos Freres de leur rien enlever de ce qu'ils auront justement acquis ; s'il survient là dessus quelque difficulté, elle sera souverainement décidée par le vénerable Géneral. Si quelque Religieux refuse de lui obéir, il en donnera avis au vénerable Conseil, qui ne manquera pas de le châtier.

Le Géneral donnera aux Fretes Chevaliers vingt pour cent, & aux Séculiers 15 seulement, de l'argent des prises qu'ils auront découvertes. Afin d'éviter la confusion, il n'enverra au vaisseau ennemi que l'on aura rencontré, que le nombre de vaisseaux qu'il jugera nécessaire pour s'en emparer, & promettra les récompenses accoutumées à ceux qui y seront entrez les premiers. Si on rencontre une escadre plus forte que la nôtre, le vénerable Géneral, après avoir pris Conseil des Capitaines, prendra une bonne & prompte résolution, dans laquelle il aura toujours égard à l'honneur de la Religion, & à la conservation de ses galeres ; en tout évenement il fera paroître une valeur & une fermeté dignes d'un Chevalier Religieux & distingué. Quand il faudra combattre sur mer, le Géneral & les Capitaines choisiront un Chevalier ou autre pour commencer le combat, & laisseront les autres à la garde des galeres : Ordonnant sur-tout qu'ils se tiennent chacun dans le poste qui lui a été marqué, jusqu'à ce que chacun soit rentré dans sa propre galere.

31. Pour prévenir les dangers & les inconveniens où on s'est quelquefois trouvé, il est défendu à tous nos Religieux, de quelque état ou condition qu'ils soient, d'abandonner les galeres, pour monter sur d'autres vaisseaux, & de combattre s'ils ne sont commandez par le vénerable Géneral, ou par les Capitaines, pour aller aider le *Revediteur*, ou pour empêcher quelque désordre, à peine, pour les Commandeurs, les Possesseurs des Membres, & les Pensionnai-

res, de perdre quatre années du revenu de leurs Commanderies, Membres & penſions, qui feront appliquées au Tréſor; & pour les autres, de quatre années de leur ancienneté & autres reſervées au vénerable Conſeil, ſuivant la qualité de la faute : enjoignant au vénerable Géneral de donner au Maître & au Conſeil une relation exacte de tout ce qui ſe ſera paſſé tant ſur la capitane, que ſur les autres galeres.

32. Si le butin ſe trouve compoſé de choſes de prix & qui tienne peu de place, le tout ſera fidelement embarqué ſur les galeſes mêmes: ſi on a pris un vaiſſeau riche & de conſequence, les galeres l'eſcorteront & le méneront dans ces mers; s'il eſt de moindre qualité, on l'amarrera & le pourvoira de tout ce qui ſera néceſſaire; on y mettra une perſonne qui ſoit capable de le commander, de le conduire, & de rendre compte de ſa Charge, & à qui on ordonnera de venir en droiture de ce côté-ci. Enjoignant au vénerable Géneral & aux Capitaines de faire de même ſans toucher ailleurs, ſi ce n'eſt en cas de chaſſe, de mauvais tems ou autre néceſſité. Si on eſt contraint de coucher en terre Chrétienne, on ne permettra à perſonne de mettre pied à terre.

33. Que hors les cas de néceſſité, les galeres partiront de jour du port de Malthe : la capitane fera tirer le coup de partance à midi : tous les Chevaliers, Freres de caravane & autres, doivent être montez dans la demie heure ſuivante, après laquelle on fera la recherche. Les galeres ſortiront du port le plus promptement qu'il leur ſera poſſible, avec leurs *Eſquifs* & petites fregates, & iront ſe placer au-delà, à l'endroit qui leur paroîtra le plus convenable pour leur départ. Ils feront là la revûë des armes, & la diſtribution des lieux où chacun devra combattre & ſe coucher, du plomb & de la poudre autant qu'il en faudra, ſuivant l'ordre qui ſera ci-après preſcrit.

34. Dès que les eſquifs & les petites fregates ſeront dans les galeres, il ne ſera permis à aucune barqué d'en approcher, ſous telles peines qu'il aura plû au Grand Maître de faire publier.

35. Comme les galeres doivent ordinairement partir de jour, ils ont ordonné que dans les comptes des tables des Chevaliers & des Freres, qui doivent les monter, & qui avoient accoutumé de manger à l'Auberge, on donnera le jour du départ un bon dîner aux Piliers des Auberges, & à ceux qui s'y trouveront ; & le ſoir bien à ſouper au vénerable Géneral, & aux Capitaines des galeres ſur leſquelles ils ſe feront embarquez.

36. Que dès que les galeres ſeront hors du port, on fera lire le rolle des Chevaliers, & des Freres de caravane, pour reconnoître qui ſont ceux de l'habit qui y manquent, & qui ſont demeurez à terre, deſquels le vénerable Géneral & les Capitaines ſont obligez en vertu de la Sainte Obedience, & en conſcience d'envoyer les noms au Grand Maître, pour en faire juſtice : ils enverront encore les noms des hommes de *Cap*, qui ſe ſeront trouvez manquer, afin qu'ils ſoient punis.

37. Dès

DE L'ORDRE DE S. JEAN DE JERUSALEM.

37. Dès que les galeres feront de retour dans le port, le Procureur fifcal de la Religion, par ordre de l'Eminentiffime Grand Maître, fe fera donner par les Ecrivains des galeres, un Rolle de tous les Chevaliers & Freres qui fe trouveront fur leurs Regiftres ayant table, & qui ont mangé fur chaque galere pendant le voyage, afin que le Grand Maître puiffe confronter les Rolles ; fçavoir & convaincre ceux qui devant être de la caravane, ne fe feront pas embarquez, & les châtier.

38. Pour prévenir les difputes qui furviennent ordinairement dans la répartition des poftes fur les galeres où l'ancienneté des Freres n'eft point connue, ils ont ordonné que dorénavant tous les Freres qui feront de l'armement, en montant les galeres doivent porter avec eux un certificat de leur réception dans la Langue ou le Prieuré, bien figné, afin que chacun puiffe fçavoir le pofte qui lui appartient, fuivant le degré de fon ancienneté.

39. Chacun des Freres eft obligé de coucher la nuit dans fon pofte, & laiffer libre l'endroit ordinaire de la poupe, qui doit être rempli par le Capitaine, les Officiers & les Matelots pour le fervice de la galere, à peine d'être renvoyé au Couvent, & d'être mis au cachot pendant trois mois.

40. Pour éviter l'embaras des galeres, ils ont défendu à tous les Freres de l'armement, d'y porter ni ballots ni coffres de bois, mais feulement chacun une valife de cuir, ou de drap, à peine de confifcation des ballots & coffres de bois, & de tout l'argent qui s'y trouvera au profit du Tréfor, & contre le Capitaine qui en aura fouffert l'embarquement, d'une amende de fix écus d'or par ballot ou coffre.

41. Qu'à l'exception du Capitaine, nul de nos Freres n'embarquera fur les galeres aucune forte de vivres, pain, vin, viande, bois ou autre forte de provifions, fi ce n'eft dans les voyages de Levant ou de Barbarie, qui fe feront précifément pour faire des courfes fur les Infideles, dans lefquels les Freres de l'armement pourront, avec la permiffion du Capitaine, embarquer une quantité moderée de provifions, qui ne puiffe caufer aucun embaras, à peine d'être mis pour trois mois au cachot.

42. Qu'aucun de nos Freres ne pourra s'embarquer comme paffager, fans permiffion du vénerable Général, qui commandera la galere. S'il y en a un grand nombre, le Général les diftribuera avec leurs effets fur toutes les galeres comme il pourra pour le mieux. Ceux qui fe feront embarquez fans cela feront punis comme defobéiffans, par la confifcation au profit du Tréfor, de tous leurs effets qui fe trouveront fur la galere, & d'une année du revenu de leurs Commanderies, s'ils en ont. S'ils n'en ont pas, ni autre bien de la Religion, d'une année de leur ancienneté en faveur de leurs Fiarnauds.

43. Les caravanes qui fe partageront dureront fix mois chacune, à commencer dès le premier de Juillet, jufqu'au dernier de Décembre, & dès le premier de Janvier, jufqu'au dernier de Juin, au moyen

Tome IV.   Tt

de quoi elles seront renouvellées tour à tour, & changées de six mois en six mois.

44. Le vénerable Géneral aura la prééminence & l'autorité toutes les fois qu'on fera une nouvelle caravane, de choisir la moitié des Freres, dont il aura besoin dans toutes les Langues, pour l'armement de la capitane : les autres Freres dont on aura besoin pour remplir l'armement, lui seront donnez par les Commissaires, établis pour en faire la répartition.

45. Ils ont ordonné tout d'une voix, que le vénerable Géneral & les Capitaines doivent faire sur les galeres leur retenue de poupe, où ils pourront comprendre les Freres qu'il leur plaira, à l'exception du Roi & du *Cherche-mer*. Qu'en cas de combat les retenus ne pourront en partir sans ordre du Géneral, ou du Capitaine, à peine de six mois de prison, & que cette caravane ne leur soit point comptée.

46. Q'aucun Religieux obligé à la caravane, ne pourra partir du Couvent ni des galeres, même avec le congé du Grand Maître, qu'elle ne soit achevée, ou qu'avec la permission du même, il n'ait mis à sa place un autre Frere qui la fasse pour lui, à peine d'être châtié comme désobéissant.

47. Pour prévenir les fraudes qui se commettent dans la distribution de la poudre & du plomb, choses qui méritent d'être soigneusement conservées, à cause du besoin que l'on en a pendant la guerre, ils ont ordonné qu'elle ne se fera que par les ordres du vénerable Géneral, & non par celui des Cherche-mer, lesquels pourront y assister pour les interêts du Trésor.

48. Que les magasins de poudre & de plomb seront fermez à deux clefs, dont l'une sera entre les mains du Capitaine ou de son Lieutenant, & l'autre sera remise au Maître Bombardier, pour éviter les abus qui s'y commettent, & qu'au retour de chaque voyage, le Capitaine ou son Lieutenant qui aura cette clef, avec le Maître Bombardier & le Commandeur de l'artillerie, en rendront compte au Commandeur du Trésor, afin que l'on sçache la quantité de la poudre qui aura été consommée, & le nombre des coups qui auront été tirez.

49. Dès qu'on aura fait la distribution de la poudre & du plomb, il ne s'en donnera plus, s'il n'y a pas eu de combat, qu'à ceux qui en auront véritablement besoin.

50. Qu'en chaque galere on fera de trois mois en trois mois la revûe génerale de tous les hommes de Cap avec leurs armes, ausquels on donnera six écus chaque fois pour le prix qu'ils tireront, à prendre sur le Trésor : il se donnera à celui qui aura le mieux tiré.

51. On ne recevra dans les galeres aucun valet de Chevalier ou de Frere Servant, qui n'ait du moins vingt ans, en état de porter les armes, avec son Arquebuse & son casque.

52. Pendant la navigation, s'il arrive de donner ou de prendre

la chasse, tous les Freres doivent aller ou demeurer sous la couverture, suivant les ordres du Capitaine. Ceux qui n'obéiront point, seront marquez & mis au cachot pour trois mois, ou punis de plus grande peine, suivant la qualité de la desobéissance.

53. D'autant que la Charge des galeres est particulierement confiée au vénerable Géneral & aux Capitaines, qui sont obligez d'en rendre compte au péril de leur vie & de leur honneur, il est raisonnable qu'ils en ayent le commandement, tant dans la navigation, que lorsqu'il s'agit de combattre & de les conduire de maniere qu'elles exécutent les instructions qui leur auront été données par le vénerable Conseil; il est défendu au Roi, aux Cherche-mer, aux Chevaliers & aux Freres qui sont sur les galeres, de se mêler du gouvernement dans ces occasions: ils doivent au contraire recevoir & executer les ordres du vénerable Géneral & des Capitaines, sans réplique ni contradiction, à peine d'être punis comme desobéissans.

54. Les Capitaines & les Freres doivent l'honneur & le respect au vénerable Géneral, lequel represente la personne du Grand Maître. Si les Capitaines font du désordre, refusent d'obéir & manquent à leur devoir, le vénerable Géneral pourra les priver de leurs Charges, & les remplacer par d'anciens Chevaliers qui commanderont les galeres jusqu'à leur retour à Malthe, où ils en feront leurs plaintes au Grand Maître & au Conseil, qui en feront une rigoureuse justice. Si quelqu'un d'entre eux refusoit d'obéir au Géneral, & de quitter sa Charge, il perdroit sur le champ trois années du revenu des Commanderies & autres biens qu'il tient de la Religion, ou s'il n'en avoit point, trois années de son ancienneté. Le vénerable Conseil sur la seule plainte du Géneral rendra sa Sentence là-dessus par le seul scrutin des ballotes, sans s'expliquer de vive voix. Si le vénerable Géneral fait sa plainte contre quelqu'un des Capitaines ou des Freres qui auront fait la caravane; l'Accusé ne pourra proposer contre lui aucun moyen de suspicion: s'il est du Conseil, il donnera sa ballote, & fera justice comme les autres.

55. Toutes les fois que les galeres se trouveront dans des Isles abandonnées, des ports, des ponts, des caps ou autres lieux déserts, où sont des Villes, terres & lieux de *Spiaggia* sans ports, aucun Frere ne se donnera la liberté de descendre à terre, étant défendu aux Capitaines de le leur permettre. Ceux qui désobéiront seront mis en justice sur le champ, & quand on sera de retour au Couvent, sur la plainte du Géneral ou des Capitaines qui en seront crûs à leur simple déclaration, ils seront mis au cachot pour six mois.

56. Lorsque les galeres feront descente dans le Pays des Infideles, le Roi ni les Cherche-mer ne mettront point pied à terre, & demeureront sur les galeres, à peine de six mois de prison, & de perte de cette caravane.

57. Lorsque les galeres seront en route, aucune de celles qui vont de conserve, ni aucun de leurs Patrons ne se donnera la liberté de prendre

le vent au deſſus de la capitane, qu'en cas de grande néceſſité: comme de donner ou de recevoir la chaſſe, ou de courir fortune. Celui des Comites qui l'entreprendra hors de ces cas-là, contre la volonté du Général, ſera privé de ſon Office, & châtié de trois *eſtrapades* de corde, ou même d'un plus grand nombre, ſuivant l'ordre du Général, lequel pourra commuer ſa peine, avec le retranchement d'un certain nombre de mois de ſa paye, dont le Tréſor profitera, lequel nombre il aura ſoin d'expliquer, afin qu'il ſoit marqué ſur le Regiſtre du *Reve ſiteur*. Si le Capitaine y a donné lieu, le Général pourra le priver de ſa Charge, & faire procéder contre lui, ſuivant la rigueur des nouvelles Conſtitutions.

58. Les galeres marcheront au-deſſus ou au-deſſous du vent, ſuivant l'ancienneté de leurs Capitaines, qui leur ſervira de régle pour les noms & dans toutes les autres occaſions.

59. On gardera de même l'ordre de l'ancienneté, quand il faudra entrer dans les ports, ou prendre des poſtes, excepté les lieux déſerts.

60. Nul Capitaine de galere ne pourra ſaluer d'un coup de canon, ſans congé du Général, à peine de cent écus d'amende applicable au Tréſor pour chaque contravention.

61. Dès que les galeres ſeront arrivées au poſte marqué, tous les Capitaines doivent ſe rendre à la capitane pour recevoir du Géneral les ordres qu'il aura à donner à chacun d'eux. Si le mauvais tems, ou quelque autre choſe, les a obligées de ſe ſéparer, à meſure qu'elles arriveront au rendez-vous, les Capitaines iront rendre compte au Général de tout ce qui leur eſt arrivé.

62. Si la tempête & le danger de ſe perdre entierement contraignoient de décharger le vaiſſeau, on aura un ſoin particulier de conſerver les voiles & le *palamento*.

63. Il eſt de juſtice, que dans tous les accidens de quelque importance, ſoit de guerre, ſoit de navigation, le Général avant de ſe réſoudre, tienne Conſeil, & prenne les avis des Capitaines des galeres, auquel Conſeil, pour éviter la confuſion, toutes les fois qu'il ſera néceſſaire de l'aſſembler, on n'appellera que les Capitaines, & nul autre Chevalier, s'il ne s'en trouve de la grande Croix. S'il eſt queſtion d'un fait de marine, on y appellera les Pilotes & les Matelots qu'il plaira au Général.

64. Dès que le Capitaine de la capitane aura été confirmé par le vénérable Conſeil, il jouira des mêmes honneurs, prééminences & autorité que les autres Capitaines des galeres: il ſe trouvera à tous les Conſeils, Conſultations & Aſſemblées, où il aura rang, ſéance & voix déliberative ſuivant ſon ancienneté, avec les autres Capitaines, nonobſtant tous uſages & Coutumes contraires, & le decret du vénérable Conſeil du 6 de Mai 1596, lequel demeure expreſſément révoqué.

65. Si par aventure le vénérable Général venoit à mourir, ou manquer à la Capitane, par bleſſure, maladie ou autrement, le Ca-

pitaine de ce vaisseau continuera de le commander ; l'étendard sera porté par le plus ancien Capitaine, lequel commandera & sera obéi tout de même que le Général. Le Capitaine de la Capitane prendra le dessous du vent avec sa galere, & voguera dans l'ordre de son ancienneté, jusqu'à ce que l'on sera de retour au Couvent, où le vénérable Conseil pourvoira au besoin.

66. S'il meurt dans le voyage, ou hors du port quelqu'un des Capitaines des galeres, celui de la Capitane ira commander à sa place, jusqu'à ce que l'on soit de retour au Couvent, où le vénérable Conseil y pourvoira.

67. A l'entrée des ports ou des Villes, où il y a des Châteaux ou des Citadelles que l'on a accoutumé de saluer, la Capitane saluera de quatre coups seulement, sçavoir de deux demi-canons, ou sugri, & de deux smirigli, si autrement il n'en est ordonné par le vénérable Général, qui fera saluer les Villes de consequence en la maniere accoutumée. S'il y a un Vice-Roi, ou un Grand Prince, toutes les galeres salueront de quatre coups semblables. Quand les galeres seront saluées par d'autres vaisseaux, la Capitane seule répondra d'un coup de smirigli & non pas davantage.

68. Les gens de *Cap* seront respectez & bien traitez. Il est défendu, en vertu de sainte Obedience, à nos Freres, de leur dire, ni faire rien de desobligeant, sous peine d'en être châtiez fort sévérement sur la moindre plainte, par le vénérable Conseil. La moindre punition pour cette sorte de fautes, sera de trois mois de cachot. Personne n'entreprendra de maltraiter aucun homme de la Chiourme : celui qui en aura été offensé, s'en plaindra au vénérable Général, & aux Capitaines à qui la connoissance en appartient, suivant l'ancien usage.

69. Afin que les effets des galeres soient plus exactement conservez, il est ordonné que dès qu'il y entrera un nouveau Capitaine, on lui en remettra un inventaire contenant le nombre, le poids & la qualité de l'artillerie, des voiles, des sarties, & autres fournitures, dont il sera tenu de rendre compte en sortant de Charge, & de les remettre à son successeur, lesquels seront obligez d'en faire un nouvel inventaire.

70. Les Ecrivains des galeres rendront compte au Trésor à chaque voyage de la cargaison & de la consommation qui s'y sera faite du biscuit, de la poudre, du plomb, des voiles, des sarties, & autres choses pour leur entretien pendant le voyage.

71. Tous les Ecrivains seront tenus de donner caution avant le départ jusqu'à 2000 écus, des comptes qu'ils rendront à leur retour, de tous les effets acquis, & dommages soufferts par le Trésor, faute d'equoi on leur ôtera leur emploi, & on le donnera à d'autres qui seront en état de fournir caution, jusqu'à la concurrence de cette somme.

72. Les Capitaines, les Officiers des galeres, ni autres, ne pour-

ront donner aux gens de Cap ou de Chiourme, aucun effet quel qu'il soit, à peine de le payer en leur nom, sans la permission du Grand Maître & des vénérables Procureurs du Tréfor.

73. Il est défendu à tous les Capitaines de faire aucune dépense extraordinaire pour les galeres, sans le confentement du *Revediteur*, ou en son absence, du Roi ou de l'ancien, dont il rapportera le confentement par écrit, lorsqu'il préfentera ses comptes, faute de quoi ces articles lui feront rayez.

74. Le Comite ne pourra tailler ni *gumene*, ni fattiame, qu'en préfence du Capitaine, du Revediteur, & du Roi; l'Ecrivain la marquera sur son Regiftre.

75. Si l'Ecrivain est assez hardi, pour faire mention d'un déferteur, comme s'il avoit obtenu son congé, outre la perte de son Office, il sera encore châtié suivant l'énormité de son crime.

76. Le mémoire de la dépense qui se fera sur les galeres, pour les bleffez & les malades, Religieux ou Séculiers, sera signé par le Roi, en qualité de Prudhomme de l'Infirmerie. Lorsqu'il s'agira de le payer, il sera préfenté au Tréfor, lequel en rembourfera le Capitaine.

77. En abrogeant le decret du Chapitre général de 1597, portant qu'il y auroit sur les galeres un Auditeur général avec son Greffier, pour faire le procès aux Accufez, ils ont donné pouvoir au vénérable Général des galeres, au Régent ou au Capitaine ancien qui les commandera, même à celui de chaque galere, si elle se trouve feule, que s'il s'y commet quelque crime affez grave pour mériter que la Juftice en faffe une severe & prompte punition, de choifir quelque Séculier homme de Lettres, pour Juge ou Auditeur, lequel, dès que l'on fera arrivé à quelque Ville ou endroit où se trouveront les galeres, ou la galere dans laquelle a été commis le crime, pourra faire fommairement le procès à l'Accufé, en la maniere militaire; ses honoraires feront payez sur la folde ou la confiscation de l'Accufé, faute de quoi ils feront allouez dans les comptes du vénérable Général, du Régent ou du Capitaine, qui aura fait inftruire le procès.

78. Ils ont de même abrogé le falaire qui se donnoit au Medecin qui montoit les galeres, & remis à Son Eminence de les pourvoir de Médecins à chaque voyage, comme elle le jugera à propos.

79. Ils ont encore réduit le falaire des Barbiers, à ce qu'ils recevront des hommes de Cap, & des *Bonnevoglies*, 22 écus par an, & leur pittance qui revient à douze écus par mois.

80. Les Ecrivains & les Agozzins feront tenus de faire toutes les femaines, la revûe des habits des efclaves & des gens de galiotte; faute de quoi s'il se trouve quelqu'un des gens de Chiourme qui manque de caban, ou de l'habit qui lui aura été donné en dernier lieu, les Ecrivains, & les Agozzins feront tenus de le payer; ils perdront même un mois de folde, dont le Tréfor profitera. Lorf-

qu'ils donneront des habits neufs, ils donneront les vieux par compte à celui qui les aura fournis.

81. Les Ecrivains seront obligez de tenir compte de tout le biscuit qui se portera sur les galeres, & de le distribuer par compte, jour par jour: ils en donneront à chacun demi *rolle* pour dîner, & autant pour souper, en présence du *Revediteur*, ou de celui qu'il aura commis pour tenir sa place. Ils donneront chaque jour au Capitaine un état du biscuit qu'ils auront distribué, que le Capitaine remettra à son retour aux vénérables Procureurs du Trésor, & à la Chambre des Comptes.

82. Lorsque les galeres partiront d'un lieu, où on aura la commodité d'avoir du pain frais, les Capitaines seront obligez d'en faire prendre pour les gens de Cap; faute de quoi ils payeront les deux tiers du biscuit qui se sera mangé.

83. Le pain des galeres dans Malte, ni dehors, ne sera reçû qu'en présence du Revediteur, pour l'interêt du Trésor, qui en paye les deux tiers.

84. Le vénérable Général, & les Capitaines des galeres auront soin de faire donner tous les jours de la *menestre* à la Chiourme, & lorsqu'elle travaillera, du vin, de l'huile, du vinaigre & du fromage, comme ils y sont obligez. Il est enjoint au Revediteur, au Roï, ou au plus ancien d'y tenir la main; & qu'au cas que quelque Capitaine vînt à y manquer, ils en fassent faire une note à l'Ecrivain, lequel au retour, donnera une liste des jours que l'on aura manqué à la Chambre des Comptes, laquelle retiendra ce qui en sera dû à la Chiourme, sur la paye des Capitaines.

85. Lorsque les galeres seront rentrées dans le port de Malte, les *Agozzins* seront obligez, dans les 24 heures d'après, de conduire à la prison des esclaves de cette ville Vallette, tous les forçats & les esclaves, tant du Trésor, que des particuliers qui sont à la solde de la Religion, & de les remettre au Capitaine des esclaves. Ils retiendront seulement trente forçats ou esclaves, pour le service ordinaire de la galere, à peine d'être privez de leurs Offices, & punis de quatre coups de corde. Si le Capitaine ose empêcher l'Agozzin de faire son devoir en cette occasion, il payera autant d'amendes de dix écus, qu'il sera tombé de fois en pareille faute.

86. Si par la faute, la négligence ou la perfidie des Comites, ou autres Officiers, il arrive quelque dommage aux galeres, comme du bucco des arbres, des antennes, des voiles, des éperons, des rames, du timon, ou autres fournissemens, outre le châtiment qu'ils en recevront, le Revediteur ou l'Ecrivain en fera sur le champ une note, dont il fera son rapport aux vénérables Procureurs du Trésor, qui en chargeront l'Officier coupable, & le condamneront sur sa solde, au quadruple de la véritable valeur du dommage qu'il aura causé.

87. Les Comites ne pourront prêter ou faire crédit dans leur ta-

verne aux gens de galiotte, plus de six tarins par mois, à peine de perdre l'excedent.

88. Les Comites ne pourront vendre du vin qu'à la mesure qui leur sera donnée par le Capitaine, à peine de confiscation de tout ce qu'ils en auront au profit de la Chiourme.

89. Le vénérable Général, ni les Capitaines ne pourront donner congé à aucun, que trois mois avant qu'ils sortent de Charge, après quoi ils seront tenus de remettre à leurs successeurs autant de bonnes voglies qu'ils en ont reçû, excepté ceux qui seront morts, ou qui auront eu leur congé par un decret du Grand Maître, ou de la Chambre des Comptes ; faute de quoi le vénérable Conseil ne leur accordera pas le privilege de *bien servi*.

90. Les galeres ne pourront charger sous couverture hors du port de Malte, ni balles, ni ballots de marchandise, pour le compte d'autres, que du Trésor ; enjoignant au Revediteur, au Roi & au Cherche-mer, d'en faire la visite, de les confisquer, & d'en débarrasser le vaisseau.

91. Lorsque les galeres partiront pour quelque lieu de la Chrétienté, & à leur retour à Malte, le Revediteur, le Maître Ecuyer, & les Fiscaux de la Religion & de la Châtellenie, feront une exacte recherche sur les galeres ; & s'ils y trouvent quelques balles ou caisses de marchandises qui appartiennent à nos Religieux, elles seront confisquées au profit du Trésor, & au profit du Maître ; si elles sont à des Séculiers, outre la peine qu'il plaira au vénérable Conseil d'imposer aux Capitaines, & aux Patrons qui entreprendront d'empêcher cette visite, on s'en tiendra sur cet empêchement, à la déclaration du maître Ecuyer, confirmée par son serment, sur laquelle on procedera contre eux, & on les punira comme ils le méritent.

92. Le vénérable Général, ni les Capitaines des galeres ne doivent jamais faire de difficulté d'embarquer dessus tous les effets du Trésor & de la Religion, suivant l'ordre qu'ils en auront reçû du vénérable Conseil, ou des Procureurs du Trésor ; s'ils le refusent, ils payeront en leur nom au Trésor, ce qu'il lui en aura coûté pour les faire porter par d'autres vaisseaux, & tous les dommages-interêts qui lui en arriveront.

93. Si l'on est obligé de charger les galeres de quelque effet de l'Ordre, ou d'y embarquer des gens de qualité, la répartition s'en fera entre les galeres par le vénérable Général, dont les ordres seront exécutez par les Capitaines, sous les mêmes peines.

94. Le vénérable Général, ni les Capitaines ne pourront donner congé aux Officiers & hommes de Cap, ou de Chiourme, de rester à terre à Malte, en Sicile, ou en quelque autre lieu que ce soit, & de recevoir cependant la solde de la Religion ; au cas qu'ils ayent donné un pareil congé de tirer la solde, sans servir actuellement sur les galeres, elle ne leur sera nullement payée : enjoignant aux Ecrivains de bien marquer sur leurs Registres, ceux qui seront restez

DE L'ORDRE DE S. JEAN DE JERUSALEM. 337
à terre, sans, ou avec congé, & d'en rendre compte aux Procureurs du Trésor ; faute de quoi ils perdront leur solde d'une année.

95. Le vénérable Général, ni les Capitaines ne pourront charger du bois sur les galeres, que pour la provision ordinaire. S'ils mâtent audessus de la couverture quelque chose d'embarrassant, ils perdront les tables de tous les Freres du voyage : ce qu'ils auront chargé, demeurera acquis au Trésor.

96. Ils ont défendu de jouer sur les galeres, à des jeux qui ne sont pas permis à des Religieux, & chargé la conscience du vénérable Général, & des Capitaines, de l'empêcher. Si quelques-uns ne laissent pas de le faire, la plainte en sera portée au vénérable Conseil, qui punira les coupables.

97. Celui qui fera sur les galeres la moindre querelle, outre les autres peines déja marquées, perdra encore sa caravanne, qui ne lui sera pas comptée. La même chose est ordonnée contre ceux qui blasphêmeront le S. nom du Seigneur, celui de la Sainte Vierge, ou des Saints.

98. Tous les Freres qui monteront les galeres, les galiottes, ou autres vaisseaux de Son Eminence, jouiront des mêmes graces & prérogatives, que ceux qui sont de caravane sur les galeres de la Religion.

99. On ne doit pas faire travailler les esclaves de galere hors du tems, & au-de-là de ce qu'ils sont obligez. Il est défendu au vénérable Général, Capitaines, Patrons & autres Officiers, de les faire travailler pour eux, ou pour d'autres particuliers, sous telle peine qui sera reglée par le vénérable Conseil.

100. Dès qu'il se présentera à la galere un homme de cap, il sera présenté par l'Ecrivain, au Revediteur, qui en mettra le nom sur son Registre ; faute de quoi il ne touchera ni table, ni solde, que du jour qu'il aura été enregistré.

CONCLUSION DES ORDONNANCES CAPITULAIRES.

Ils ont enfin voulu que toutes les Ordonnances ci-dessus soient observées & exécutées : révoquant tous Statuts faits dans les précédens Chapitres généraux sur les affaires publiques de la Religion, autres que ceux ci-dessus faits, ou approuvez. Ceux qui regardent particulierement le Grand Maître, les Langues, les Prieurez, les Freres ou autres personnes privées, qui ne s'y trouvent pas expressément révoquez, & qui ne sont faits que pour un tems, demeureront en leur force & vertu.

Tom. IV. Vu

LISTE ALPHABETIQUE

DES FRERES CHEVALIERS
de l'Ordre de Saint Jean de Jerusalem, de la vénerable Langue de Provence, dont les noms se trouvent dans les Registres des deux Grands-Prieurez de S. Gilles & de Toulouse.

A

Henry d'*Abbadie d'Arbocave*, 1703. d'or, au Loup passant & enchaîné de gueules, contre un Cyprès de sinople, au chef d'azur, chargé d'un croissant d'argent entre deux étoiles d'or.

Pierre d'*Abon-Reynier*, 15.. facé, amanché d'or & d'azur, les extrêmitez arondies.

François d'*Abzac*, 1549, d'argent à une bande d'azur, chargée en cœur d'un besan d'or avec une bordure d'azur, chargée de neuf besans d'or qui est d'Abzac, écartelé d'azur, à une face d'or accompagnée de six fleurs-de-lys de même, qui est Barrière, & sur le tout de gueules à trois Leopards d'or l'un sur l'autre.

François d'Abzac la Douze, 1555.
Gabriel d'Abzac la Douze, 1560.
Charles *Adhemar de Monteil*, 1654. d'or à trois bandes d'azur, écartelé de Castelane, qui est de gueule au Château sommé de trois tours d'or.
Louis Adhemar de Monteil-Grignan, 1602.
Jean-Louis Adhemar de Monteil-Grignan, 1603.
Baltazar d'*Agout*, 1571. d'or au loup ravissant d'azur armé, lampassé de gueule.
Roland d'Agout-d'Angles, 1597.
Marc-Antoine d'Agout-Seillons, 1611.
François d'Agout-Seillons, 1616.
Gaspard d'Agout-Olieres, César d'Agout-Seillons, 1616.
Claude d'Agout-d'Angles, 1620.
Gaspard & Esprit d'Agout-Olieres, 1627.
Jacques d'Agout-la-Baume, 1630.
Pierre d'Agout Olieres, 1630.
Gaspard d'Agout Olieres, Commandeur de Barbantane, &c. 16...
Melchion d'Agout-Olieres, 1633.

Thomas d'Agout-Chanoulle, 1633.
Charles, Honoré & Joseph d'Agout-Roquefeuil-Seillons, 1634.
Charles d'Agout-Roquefeuil, 1638.
Honoré d'Agout-Roquefeuil, 1650.
Joseph d'Agout, 1651.
Esprit d'Agout, 1652.
Joseph d'Agout-Roquefeuil, 1652.
Joseph d'Agout-Olieres, 1656.
Joseph *des Aigues*, 1649.
Jacques des Aigues, 1684.
Nicolas & Louis d'*Aiguieres*, 1569. de gueules à six besans d'argent posez 5. en sautoir, & le sixiéme en pointe.
Claude d'Aiguieres-Mejanes, 1582.
Charles d'Aiguieres-Trignian, 1661.
Jean-Pierre *Aimé* de Saint Julien, 1611.
Jean-Baptiste d'*Alagonia-Mairargues*, 1537. d'argent à six tourteaux de sable, posez en pal 3 & 3.
Jean d'Alagonia-Mairargues, neveu du précedent.
Michel d'*Albert-Sainte-Croix*, 1674. de gueules à trois croissans d'or.
Michel d'Albert-Sainte Croix, 1678.
Joseph d'Albert-Saint-Martin, 1697.
Antoine d'Albert-Saint-Martin, 1698.
Jean-Joseph d'Albert-Saint-Hipolite, 1708.
Surleon d'*Albertas - Gemenos*, 1617. de gueules au Loup rampant ravissant d'or.
Surleon d'Albertas-Sainte Maime, 1650.
François d'Albertas-Sainte-Maime. Jean-Ignace d'Albertas-Mairargues, 1658.
Michel-Jules d'Albertas de Jouques, 1658.
Surleon d'Albertas-Sainte-Maime, 1663.
Pierre d'Albertas-Sainte-Maime, 1682.
Pierre-Ange d'Albertas-Jouques, 1700.
Guillaume d'*Alboy*, 1424.
Felix d'Alboy Montrozier, 1660. . . . . . une épée & un arbre à côté l'un de l'autre.
Charles *Allemand*, Grand Prieur de S. Gilles, 1499. de gueules semé de fleurs-de-lys d'or à la bande d'argent, brochant sur le tout.
Joseph Allemand-Châteauneuf, 1565. d'azur à une herce d'or posée en bande, écartelé de cinq points d'or équipolez à quatre d'azur.
Thomas d'Allemand 1616.
Etienne d'Allemand-de-Chateauneuf, 1624.
Guillaume d'Allemand, 1632.
Paul d'Allemand-Chateauneuf, 1658.
Philippe d'Allemand-Chateauneuf, 1659.
Joseph-Hyacinthe d'Allemand-Chateauneuf, 1681.
Jean d'*Alou*, 1669.

Jacques d'Alou la Molette 1598. d'or au bœuf passant de gueules.
Joseph-Louis des Alrics-Cornillane, 1661. parti au premier de gueules au chevron d'or accompagné de trois croisettes de même 2. & 1. & un chef d'argent chargé d'une comete à plusieurs rais de gueules, au second de gueules à la bande d'argent chargée de trois merletes de sable.
Esprit-Joseph des Alrics du Rousset, 1677.
Joseph d'*Amalric de Lambert*, 1576. de gueules à trois bandes d'or.
François d'*Amboise-Aubijoux*, 1582. palé d'or & de gueules.
Jacques d'*Ancezune-Caderousse*, 1618. de gueules à deux dragons monstrueux affrontez, ayant face humaine, chacun posé sur un de ses pieds, de l'autre tenant sa barbe qui se termine en tête de serpent, ayant leur queue retroussée derriere le dos, & terminée de même en tête de serpent, aussi-bien que chaque griffe de leurs pieds.
Jean-François d'*Antiquemarette-Villeneuve*, 1586. de gueules au lion d'argent, à la cottice d'or, bordé de sinople sur le tout.
Honoré d'*Arbaud-Bargemont*, 1607. d'azur au chevron d'argent au chef d'or chargé d'une étoile de gueules.
Honoré d'Arbaud, 1618.
Jean-Baptiste d'Arbaud-Peinier, 1621.
Antoine-François d'Arbaud de Bresé, 1653.
François d'Arbaud-Brec-Châteauvieux, 1700.
Philibert d'*Arces*, 1567. d'azur au franc quartier d'or posé au canton dextre.
Philibert d'Arces, 1587.
Pierre d'*Arcussia d'Esparon*, 1545. d'or à la face d'azur, accompagnée de 3 arcs à tirer de gueules cousus de même & posez en pal, 2 & 1.
Michel d'Arcussia Puimisson. Charles, Henri & autre Charles d'Arcussia, 1597.
Charles d'Arcussia, 1604.
Charles & Louis d'Arcussia d'Esparron, 1630.
Melchion d'Arcussia, 1653.
Sextius d'Arcussia du Revest, 1658.
Jean-Thomas d'*Ardenne*, 1673.
Nicolas d'*Arennes-Septemes*, 1635. de gueules à 2 jumelles d'or, & sur le tour d'azur à une foi d'argent vétue de pourpre posée en bande & mouvante d'une mée aussi d'argent.
Henri d'Arennes, 1670.
Jean d'*Arlande-Mirabel*, 1475. d'argent à 10 mouchetures d'hermines de sable, 4, 3, 2 & 1.
Claude d'*Arlatan-Beaumont*, 1549. d'argent à 5 lozanges de gueules posées en croix.
Jean d'*Arlemps-Courcelles*, 1551.
Nicolas d'*Armand-Mison*, 1697. d'azur à une face rehaussée d'or,

accompagnée en chef d'une Couronne Ducale, & en pointe d'un chevron; le tout d'or.

Leon d'Armand-Mison, 1698. d'azur à une face en devise, surmontée d'une Couronne, & soutenue d'un chevron abaissé; le tout d'or.

Pierre d'*Arnaut-d'Ornoulhac*, 1620. parti au premier de gueules à une épée d'argent posée en pal; au second de gueules à trois faces d'or.

Pierre d'Arnaut d'Ornoulhac, 1625.

Charles d'Arnaut, 1635.

Joseph d'Arnaut de l'Epinasse, 1703.

Jacques d'*Arpajon*, 1548. de gueules à une harpe d'or cordée de même.

Jean d'Arpajon 1606.

Jean-Pierre d'Arpajon, 1609.

Bertrand d'Arpajon-Brouquiez, 1621.

Jean d'*Arrerac*, 1608. trois pins & une étoile en chef.

Etienne d'*Arsac*, 1546.

Alexandre & Crétien d'*Artaud de Montauband*, 1618. de gueules à 3 tours en forme de château d'or, maçonnées de sable & posées, 2 & 1.

Charles d'*Astoaud*, 1539. de gueules à l'aigle d'or béqué, & onglé d'azur.

Charles d'Astoaud-Murs, 1541.

Claude d'Astoaud-Murs, 1545.

Jacques d'Astoaud-Velleron, 1595.

Louis d'Astoaud-Bezaure, 1619.

Cosme d'Astoaud-Velleron, 1637.

Baltasar d'Astoaud-Murs, 1658.

Louis d'Astoaud-Murs, 1662.

Louis d'Astoaud-Murs, 1665.

Louis d'Astoaud-Murs, 1688.

Paul-Alphonse d'Astoaud-Murs, 1692.

François d'*Astorg de Segreville*, 1572. d'azur à un aigle d'argent.

Claude d'*Aube du Tourret*, 1543. d'or à l'ours en pied de gueules.

Claude d'Aube du Tourret-Roquemartine, 1547.

Antoine d'Aube-Roquemartine, 1566.

Jacques d'Aube-Roquemartine, 1606.

Jacques d'Aube-Roquemartine, 1616.

Robert d'Aube.

Charles *Auleric*, 1591. d'or à un arbre de sinople, & un lion de gueules s'appuyant contre, & un chef d'azur chargé de trois étoiles d'or.

Sebastien d'Auderic de Lastans, 1647.

Jean & Adam d'*Audibert de Lussan*, 1582. de gueules au lion d'or.

Jean d'Audibert de Lussan, 1584.

Joseph Audibert-Lussan, 1665.

Alexandre-Louis d'Audibert de Luſſan, 1719.
Pierre d'*Aulede-Leſtonnac*, 1656. d'azur au lion d'or.
Thibaut d'Aulede-Leſtonnac, 1658.
François-Thomas d'*Aurel*, 1712. d'or à la croix d'azur.
Sextius d'*Auribeau*, 1664.
Jacques d'*Auſnet*, 1632.
Jacques d'*Auſſun*, 1631. d'or à l'ours paſſant de ſable.
Jean d'*Autane-Bonneval*, 1549. d'argent à la croix de gueules au chef d'azur, chargé de 3 étoiles d'or.
Jacques-Elzear d'*Autric*, 1658. de gueules à 5 éperviers d'or, poſez 2-2 & 1. longez de ſable & grilletez d'or.
Marc-Antoine d'Autric-Vintimille, 1670.
Charles d'*Aimier d'Arques*, 1551. d'azur à un oiſeau s'eſſorant d'or, ſurmonté de deux étoiles de même, au chef couſu de gueules, chargé d'un croiſſant d'argent, entre deux étoiles d'or.

B

Louis de *Bagaris*, 1599.
René de *Bailleul*, 1646.
Charles de *Balaſuc*, 1557. d'azur à un demi vol d'argent poſé en pal.
Abſic *Balbi*, 1442. d'or à un bélier de ſable accolé d'argent.
Jean de *Balzac*, 1639.
Claude du *Bar*, 1677.
Jean-Baptiſte de *Barcillon-Mauvans*, 1643. d'azur à 2 ſautoirs alaiſés ou racourcis rangez en face d'or, & ſurmontez d'une étoile de même poſée au milieu du chef.
Jacques de *Baroncelli-Javon*, 1594. bandé d'argent & de gueules de 6 pieces.
Chriſtophe de Baroncelli-Javon, 1634.
Paul de Baroncelli-Javon, 1673.
Paul-Joſeph de Baroncelli-Javon, 1704.
Agricole-Dominique de Baroncelli-Javon, 1706.
Louis de *Barras*, 1522. facé d'or & d'azur de 6 pieces.
Jean de Barras-Mirabeau, 1536.
Jean de Barras-Mirabeau, 1539.
Jean de Barras-Melan, 1545.
François de Barras-Mirabeau, 1546.
Pierre de Barras-Melan, 1547.
François de Barras-la Robine, 1547.
Helion de Barras-Mirabeau, 1551.
Louis de Barras-Melan, 1559.
Gaſpard de Barras-la-Pene, 1559.
Annibal de Barras, 1571.
Annibal de Barras-Mirabeau, 1572.
Jacques de Barras, 1580.

Antoine de Barras-Mirabeau, 1582.
Antoine de Barras, 1583.
Charles de Barras-Cluman, 1583.
Melchion de Barras, 1594.
Claude de Barras Cluman, 1594.
Melchion de Barras-Cluman, 1595.
Melchion de Barras-Cluman, 1600.
Claude de Barras, 1605.
Louis de Barras-Melan, 1609.
Antoine & Jean de Barras-Melan, 1610.
Charles de Barras-Melan, 1612.
Jean de Barras, 1619.
Pierre de Barras-Laure, 1610.
Pierre de Barras, 1621.
Frederic de Barras-la Pene, 1631.
Charles de Barras-la-Pene, 1634.
Charles de Barras-Melan, 1641.
Melchion de Barras-Clumane, 1642.
Louis de Barras, 1645.
Antoine de Barras, 1663.
Antoine de Barras, 1665.
André de Barras-la Pene, 1667.
Antoine de Barras-la Pene, 1670.
Charles de Barras, 1672.
Charles de Barras-la-Pene, 1673.
Michel de *Barthelemy-Sainte Croix*, 1568. d'azur à la montagne d'or, accompagné de deux étoiles de même, deux en chef & une en pointe.
Jean de Barthelemy-Sainte Croix, 1656.
Jean-Henry de la *Barthe de la Hage*, 1723. écartelé au premier & quatriéme d'or à trois pals de gueules au second & troisiéme d'argent à trois flammes d'azur, mises en pal, & rangées en face.
Philippe-François de la Barthe-Giscaro, 1619.
Bertrand de la Barthe-Giscaro, 1620.
Charles de la Barthe-Giscaro, 1624.
Charles de la Barthe-Giscaro, 1625.
Honorat de *Baschi-Saint Esteve*, 1473. d'argent à une face de sable; les cadets ont mis pour brisure de gueules à un écusson en abîme d'argent, chargé d'une face de sable; & couronné d'une couronne de Comte cousue d'or.
Bernardin de Baschi, qui se trouva à la défense de Rhodes, 1480.
Octavien de Baschi, 1567, Commandeur de Douzaines.
Mathieu de Baschi, 1567.
Charles de Baschi-Saint Pierre, 1610. de gueules à l'écu renversé, chargé d'une face de sable.
Louis de Baschi-Saint Pierre, 1647.

Leonard

DE LA LANGUE DE PROVENCE.

Leonard du *Baſtic*, 1571. d'azur à la bande d'or, accompagnée de trois pommes de pin de même, poſées 2 & 1.

Philippe de *Baudean de Parabere*, 1637. d'or à un arbre arraché de ſinople, écartelé d'argent à deux ours de ſable.

François de la *Baume de Suze*, 1623. d'or à trois chevrons de ſable, au chef d'azur, chargé d'un lion iſſant d'or.

François de *Bauſſet*, 1644, Commandeur de Condat, d'azur, &c.

Alexandre de *Bauſſet*, 1658. d'azur au chevron d'or, accompagné en chef de deux étoiles à 6 rais de même, & en pointe d'une montagne d'or.

Marſeille-Antoine de Bauſſet, 1672. Commandeur de S. Blaiſe du Mont.

Joſeph-Laurent, & Anne-Joſeph de *Beaumont-Briſon*.

Philippe de *Beaujeu*, 1699.

Pierre de *Beauvoir-de Grimoard-du Roure*, 1546. écartelé au premier & au quatriéme, coupé, émanché d'azur & d'or qui eſt de Grimoard au ſecond & troiſiéme de ſable à un lion d'argent, à la bordure dentelée de même qui eſt de Beauvoir, & ſur le tout d'or à un chêne, qu'en Languedoc on appelle un Roure, de ſinople.

Gaſton de Beauvoir-de Grimoard-du Roure, 1672.

Michel de *Bedos-Ferrieres*, 1633. de gueules à trois croiſſans montans d'argent, ſurmontez de trois étoiles d'or, le tout mis en face, & accompagné de huit coquilles d'argent poſées en orle.

Jean de *Belhade*, 1633. d'argent à un lion de gueules écartelé d'azur à trois faces d'or.

Alexandre de *Benque*, 1597. de gueules à la croix d'or.

Leon-Paul de Benque, 1659.

François-Paul de *Beon-Caſaux*, 1612. depuis Grand-Prieur de Toulouſe, d'or à deux vaches paſſantes gueules, accolées, clarinées & accornées d'azur, poſées l'une ſur l'autre.

Charles de Beon du Maſſez, 1622.

Jean-Louis de Beon du Maſſez, 1627.

François-Paul de Beon-Maſſez-Caſaux, 1677.

Joſeph de Beon du Maſſez-Caſaux, 1682.

Bernard de Beon du Maſſez-Caſaux, 1693.

Pierre de *Berail-Merville*, 1630. émanché de gueules & d'argent.

François de Berail-Mazerolles, 1700.

Gaſpard & François de *Berard-Montalet*, 1608. de gueules à un demi vol d'argent, ſurmonté d'une face en deviſe d'or, joignant un chef d'azur, chargé d'une étoile d'or.

Guyon de *Berenguier-Bertholene*, 1533.

Barthelemy de *Bermond de Rouſſet*, 1534. d'or à un cœur de gueules.

Hugues de Bermond du Caylar Deſpondallan-Puiſſegur.

Nicolas de Bermond, 1550.

François de *Bernon de Ceire*, 16.. d'azur au chevron d'or, accompagné en chef d'une étoile de même, accoſtée de deux roſes d'argent, & en pointes deux roses d'argent surmontées d'une étoile d'or.

André-Thomas de Bernon, 1606.

Honoré de *Berre-Colongue*, 1554. de gueules à un Château ouvert donjonné de trois tours d'argent maçonné de sable & brisé, ou chargé d'une cotice alisée d'azur.

André de Berre, 1588.

Jean & Charles de Berre, freres du précedent, 1592.

Pierre de Berre-Collongue, 1594.

Jean-Antoine de Berre-Saint Julien, 1597. d'azur à une bande d'or.

Gaspar de Berre-Collongue, 1602.

Louis de Berre, 1611.

Edouard de Berre, 1616.

Frederic de Berre, 1629.

Gaspard de Berre-Saint-Julien, 1634.

Hercules de Berre, 1635.

Jean-Antoine de Berre, 1642.

Cesar de Berre, 1643.

Honoré de Berre, 1652.

André de Berre, 1658.

François de Berre-Saint Julien, 1660.

Jean de *Bertier de Puisaguel*, 1627. d'or à un taureau de gueules, accorné & onglé d'azur, & chargé de cinq étoiles d'argent.

Gerard & George de *Berton-Crillon*; 1566. coticé d'or & d'azur de dix pieces.

Ariste de Berton-Crillon, 1587.

Philippe de Berton-Crillon, 1620.

Jacques de Berton, 1630.

Philippe de Berton-Crillon, 1651.

Jean-Louis de Berton-Crillon, 1661.

Antoine le Berton d'Aiguille, 1638. écartelé au 1. & 4. d'or à un serpent d'azur, couronné de même, & langué de gueules, au 2 & 3. à trois forces de sable, posées 2 & 1.

François le Berton d'Aiguille, 1638.

Salomon le Berton, 1678.

François de *Bertrand-Carmain*, 1620. d'or à un cerf de gueules couché au pied d'un palmier de sinople, & un chef d'azur, chargé d'une étoile d'or, entre deux coquilles d'argent.

Bernard de Besolles, 1521.

Louis de *Binos-Gordan-d'Arros*, 1627. d'or à la roue de gueule, soutenant un chardon de Sinople.

François de *Biord*, 1604. d'azur à trois pals d'or & une face de gueules brochant sur le tout, chargée de trois molletes d'or.

Honoré de Biord, 1635.

François de Biord, 1638.

Louis de *Blacas-Taurenes*, 1533. d'argent à la comete de seize rais de gueules.

Honoré de Blacas d'Aups, 1547.
Jean de Blacas Taurenes, 1548.
Jean de Blacas, 1550.
George de Blacas-d'Aups, 1556.
Isnard de Blacas-d'Aups, 1559.
Antoine, Gaspar & Horace de Blacas, 1604, & suivantes.
Annibal de Blacas-Redortier, 1607.
Baltazar de Blaças, 1611.
Pierre de Blacas, 1620.
Jean & Pierre de Blacas-Carros, 1630.
Pierre de Blacas-Carros, 1631.
Jean de Blacas-la-Nouguiere, 1632.
Jean de Blacas-Carros, 1633.
Jean de Blacas-Taurenes, 1633.
Jean de Blacas-Taurenes, 1634.
Charles de Blacas, 1636.
Claude de Blacas-Carros, 1637.
Louis de Blacas-la-Nouguiere, 1637.
Honoré de Blacas-Carros, 1639.
Gaspar de Blacas-Carros, 1640.
Gaspar de Blacas-d'Aups, 1645.
Gaspar de Blacas-Varignon, 1646.
Jean-Paul de Blacas-Carros, 1646.
Jean-Paul de Blacas-Carros, 1647.
Gaspar de Blacas d'Aups, 1652.
Cleophas de Blacas, 1657.
Cleopatre de Blacas-Taurenes, 1664.
Louis de Blacas, 1666.
Pierre de Blacas-Carros, 1679.
Antoine de Blacas d'Aups, 1723.
François de Blacas-Carros, 1723.
Pierre de Blacas-Carros, 1723.
Jean-Simon de Blacas d'Aups, 1724.
Jacques de Blacas d'Aups, 1724.
Alexandre-Joseph-Claude-Cesar de Blacas d'Aups, 1724.
Jean-Joseph-Simon de Blacas d'Aups, 1724.
Jean & Pierre de *Blancaz ou Blancard-Neaules*, 1576. d'or à un lion coupé de gueules & d'argent, ayant la pate dextre du devant d'argent, & la senextre du derriere de gueules.
Bernard *Blanc-Montagut*, 1546. coupé d'azur & de gueules, l'azur chargé d'une croix d'argent, accostée de deux étoiles d'or, & le gueules d'un cigne d'argent nageant dans une riviere de même, & surmonté d'un chevron d'argent.
Jean le Blanc de la Rouviere, 1608.
Jean le Blanc de la Rouviere sieur de la Roquete, 1610.
Jean le Blanc, 1640. d'azur à trois étoiles d'or en chef, & une co-

lombe d'argent en pointe, soutenue d'un croissant de même, & tenant un rameau d'olivier de sinople.

Paul-Esprit de *Blegiers-Taulignan*, 1715. d'azur au mouton d'argent, onglé & accorné de même, surmonté en chef d'une étoile d'or.

François de *Blein de Pouet-Barry*, 1700. parti au premier d'argent, à la bande de gueules, chargée de trois croissants d'argent ; au second de gueules à trois bandes d'argent, celle du milieu chargée de trois molettes de sables.

Louis de *Blou-Laval*, 1574. d'argent à un cyprès de sinople.

Henri de Blou-Laval, 1613.

Henri de Blou-Laval, 1620.

Honoré *Bochard de Champigny*, 1639. d'azur à un croissant d'or, surmonté d'une étoile de même.

Jean-Baptiste de *Boffin-d'Argenson*, 1668. d'or à un bœuf de gueules, & un chef d'azur, chargé de trois Croix du calvaire.

François de Boffin la Saune, 1677.

Jean de *Boinade-la Faurie*, 1589.

François de *Bois-Baudry de Trans*, 1646.

Raimond de *Bologne d'Alençon*, 1549. d'or à une pate d'ours mise en bande de sable, chargée de six bezans d'or 3, 2 & 1.

François de *Bonald*, 1716. écartelé au premier & quatriéme d'azur, à l'aigle éployé d'or, au 2. & 3. d'or, au griffon rempant de gueules.

François de *Boniface-la-Mole*, 1585. de gueules à trois faces d'argent.

Pierre de *Bonne*, 1549. de gueules au Lion d'or, au chef cousu d'azur, chargé de trois roses de gueules.

Raimond de Bonne, 1551.

Thomas de *Bonneau-Verdus*, 1603.

Louis de *Bonnefons-Presques*, 1665. d'azur à la bande d'or.

François de Bonnefons-Presques, 1704.

Jean-Blaise de *Bonnefoy-Villiers*, 1613. d'azur à une brebis passante d'argent, au chef d'or, chargé de trois croisettes de gueules.

Michel *Bot*, 1531. de gueules à un Château d'or ouvert, ajouré de deux fenêtres à la Gothique, & sommé de trois tours pavillonnées de même.

Michel Bot, 1631.

Antoine du *Bosquet*.

Arnaud du Bosquet.

Louis *Bouchard d'Aubeterre*, 1587. de gueules à trois leopards d'or, armez & languez d'argent, écartelé d'un lozangé d'or & d'azur au chef de gueules.

Henri de *Boucaud*, 1694. d'azur à trois tiges de chêne renversées d'or, les glands de même posez 2. & 1. & une étoile en chef aussi d'or.

Philippe de Boucaud, 1694.

Armand de *Bourbon-Malause*, 1699. d'azur à trois fleurs-de-lys d'or à la barre d'argent.

Amic de *Bourcier de Barre*, 1600. d'or à une colomne d'argent, soutenue de deux Lions affrontez d'or.
Jean de *Boufet*, en 1517. d'argent au Lion d'azur, armé & lampassé de gueules, couronné d'or, écartelé d'azur à trois fleurs de lys d'or 2. & 1. & une rose de gueules sur la pointe de l'écu.
Pons Brandelis de Boufet-Roquépine, 1609.
Pierre-Pons du Boufet-Poudenas, 1655.
Octavien du Boufet-Bivès, 1657.
Sebastien de *Bouvard Roussieu*, 1633. de gueules à trois rencontres d'or.
Pierre-Jules de *Boyer-Bandols*, 1702, d'azur à une étoile d'or chargée d'un écusson d'azur à une fleur-de-lys d'or au chef d'argent.
Charles de Boyer de Sorgues 1704. écartelé au premier & quatriéme d'or à trois hures de Sanglier de sable, à la défense d'argent 2 & 1. & au troisiéme d'azur à trois besans d'or mis en bande.
Sextius Luc de Boyer d'Ayguilles, 1723.
Alexandre-Jean-Baptiste de Boyer d'Ayguilles, 1724.
Tristan de *Bozene-Aubais*, 1547. d'or à l'ours de sable armé & lampassé de gueules, éclairé d'argent.
Alexandre de *Brail d'Alou*, 1612. parti emmenché de gueules & d'argent.
Pierre-René de Brail-Merville, 1659.
Georges de *Brancas*, 1584. d'azur à un pal d'argent chargé de trois tours de gueules, & accosté de quatre pates de Lion d'or mouvantes des deux côtez de l'écu.
Thomas, Henry & Antoine de Brancas, 1693.
Louis-Paul de Brancas de Cereste.
Louis de *Brancion*, 1714. d'or à trois faces ondées d'azur, cimier; un More tenant de la main droite une gerbe de bled d'or, support deux Lions d'or, & autrefois un Lion & un Griffon.
Jacques de *Breil-Chaffenon*, 1646.
Pie-Anne *de Brette de Thurin*, 1631. écartelé au 1. & 4. d'or à trois aigles de sable, posez 2 & 1. & au 2 & 3 d'azur à un lion d'or.
Antoine-Scipion de *Brihail d'Alou*, 1646.
François du *Broch*, 1550.
Gaspard du Broch, 1554.
Jean *Brotin* 1546. de gueules au portail d'argent cotoyé de deux tours inégales de même crenelées de trois creneaux de sable.
Taillebot & Amé de Brottin.
Claude & Jean de Brottin.
Louis de *Brun de Castelane Royon*, 1645. parti au premier d'azur, à une hache d'armes dont le manche est d'or, au second de Castelane.
André de Brun de Castelane-Mujoux, 1683.
Pierre *Brunet*, 1616. d'or à un levrier rampant de gueules, & une bordure componée d'argent & de sable.
Honoré Brunet, 1620.

LISTE DES CHEVALIERS

Jean de *Bruyeres-Chalabre*, 1585. d'or au Lion de fable.
Jean-Bruyeres-Chalabre, 1684.
Mathieu du *Buiſſon d'Auſſonne*, 1165. d'or à un Buiſſon de ſinople, & un chef d'argent chargé d'un Lion naiſſant de ſable.
Gaſton de Buiſſon-Beauteville, 1631.
Gaſpard du Buiſſon-Beauteville, 1634.
Henri du Buiſſon Bournazel, 1662. écartelé au premier de gueules au Lion d'or; au ſecond d'azur à trois coquilles d'argent; au troiſiéme d'argent, à une plante de ſinople; au quatriéme d'argent à trois Chevrons de gueules.

C

Nicolas de *Cabré-Roquevaire*, 1713. de gueules à une chevre ſaillante d'argent, ſurmontée d'une fleur-de-lys en chef.
Jean-Baptiſte de Cabré-Roquevaire, 1716.
Charles de *Cadenet-Tamerlet*, 1629. d'azur à trois chaînes d'or poſées en bande, écartelées d'azur à un taureau furieux d'or, & ſur le tout de gueules à une tour d'argent.
Charles, Jean & François de Cadenet-Tamerlet, freres, en 1629, 1635, 1636.
Jean-Baptiſte de Cadenet de Tamerlet, en 1661.
Joſeph de *Caila de Caſſagnes*, 1581. de gueules à un Lion d.
Anſelme de *Cais*, 1637. d'or au Lion d'azur, lampaſſé & couronné de gueules.
Jean-Baptiſte de Cais, 1663.
Amedée de Cais, 1668.
Joſeph & Pierre de Cais-la Foſſede, 1664 & 1668.
Amedée de Cais 1669.
Jean de *Calmonti*, 1600. écartelé au 1. & 4. à un lion de.... au 2 & 3 de.... à 2 faces.
Jacques de *Calvi de Reillane*, 1653. échiqueté d'argent & de ſable, & écartelé de Reillane, qui eſt d'azur à un ſoc de charrue d'argent.
Louis de *Calvimont de Montagne*, en 1605. de ſable au Lion d'or, écartelé de gueules à la tour d'or.
Gabriel Calvimont Saint Martial, 1605.
Louis-Dominique de *Cambit-Velleron*, 1674. d'azur à un pin d'or de ſix montagnes de même, accoſtées de deux lions affrontez, auſſi d'or.
Jean-Louis de *Caminade*, 1632. de gueules à un levrier rampant d'or, colté d'azur.
Jean de *Campagnhac*.
Henry de Campagnhac.
Bernardde Campagnhac.
François de Campagnhac.
François de *Candiere*, 1540.
Jean de Candiere-Granval, 1549.

Antoine de la *Capelle*.
Jean-André *Capel*, 1674. d'azur à une andre d'or accompagnée en chef de trois branches de Laurier de même mouvantes de son anneau.
Claude Capel-Peillon, 1644.
Philippe-Emanuel Capel-Peillon, 1662. d'or émanché en face de gueules.
Jean-Paul de *Cardaillac-d'Ozon en Bigorre*, le 22 Juin 1651. Commandeur de Rifcle en Gafcogne, & du Nom-Dieu, d'azur à une tige de chardon arrachées d'or, & une bordure d'argent, chargées de 8 échiquiers de fable.
Arnaud de Cardaillac de Loumé, le 24 Octobre 1653. Commandeur de Mauleon, de Soule, de S. Criftol en Languedoc, & de Marfeille.
Arnaud de Cardaillac de Loumé, le fix Décembre 1683.
Arnaud de Cardaillac d'Ozon, le premier Décembre, 1686.
Jean-Charles de Cardaillac d'Ozon, le cinq Décembre 1700.
Jofeph de *Cafaux-Laran*, 1669. d'azur à quatre pointes de giron d'or, mouvantes de la pointe de l'écu, à une devife ondée d'argent, furmontée d'un cigne de même.
François, Laurent & Louis de *Cariolis*, 1653. d'azur à deux chevrons d'or accompagnez en pointe d'une Rofe d'argent.
Jofeph de Cariolis d'Efpinouze, 1723.
Gabriel de *Caffagnet-Tilladet*, 1573.
Aimeric de Caffagnet-Fiemarcon, 1708. d'azur à la bande d'azur, écartelé de Lomagne, qui eft de gueules au Lion d'argent, & fur le tout de gueules pur, qui eft Narbonne.
Jofeph de *Caftelane*, en 1506.
Antoine de Caftelane, 1531. de gueules au Château ouvert crenelé & fommé de trois tout d'or, maçonné de fable.
Jean-Antoine de Caftelane, 1538.
Gafpard de Caftelane Saint Julien, 1553.
Jean de Caftelane d'Aluis, 1553.
Thomas & Charles de Caftelane-Salernes, 1564. & 1579.
Melchion de Caftelane-Claret, 1568,
Annibal & Afcanie de Caftelane-Tournon, 1573.
George de Caftelane d'Aluis, 1576.
François de Caftelane d'Aluis, 1579.
Gafpard de Caftelane-Montmejan, 1579.
François de Caftelane d'Aluis, 1582.
Scipion de Caftelane d'Aluis, 1582.
François de Caftelane Mazaugues, 1583.
Claude de Caftelane-Montmejan, 1583.
Philibert de Caftelane d'Aluis, 1590.
Hercules de Caftelane d'Aluis, 1592.
René de Caftelane-Mazaugues, 1593.

Baltazart de Castelane-Mazaugues, 1599.
Helion & Jean de Castelane de Claret, 1604.
Honoré de Castelane du Biosc, 1604.
Gaspard de Castelane-Montmejan, 1608.
Gaspard de Castelane d'Aluis, 1611.
Charles de Castelane Saint Yeurs, 1614.
Jean-Baptiste de Castelane d'Andon, 1619.
Jean de Castelane-Majastres, 1622.
Jean-François de Castelane-Loubere, 1622. d'azur à un Château sommé de trois tours pavillonnées avec leurs girouettes d'argent.
Jean-Gaspard de Castelane-Chaudon, 1623.
Frederic de Castelane d'Aluis, 1627.
Annibal de Castelane d'Aluis, 1630.
Henry de Castelane-Tournon, 1634.
Henry de Castelane Montmejan, 1634.
Jean-Baptiste de Castelane-Montmejan, 1635.
André de Castelane-Tournon, 1638.
Scipion & Jean-Baptiste de Castelane-Esparron, 1640.
Jean-Louis de Castelane, 1640.
Scipion de Castelane-Esparron, 1642.
André de Castelane-Tournon, 1642.
Henri de Castelane-Tournon, 1642.
Henry de Castelane-Magnan, 1643.
Scipion de Castelane-Tournon, 1647.
Alexandre de Castelane, 1647.
Alexandre de Castelane Esparron, 1651.
Bernard de Castelane-la-Fraissinouze, 1651.
Gaspard de Castelane-Mazaugues, 1656.
Jacques & Louis de Castelane-Mazaugues, 1656.
Jean-Baptiste de Castelane Esparron, 1658.
Laurent de Castelane, 1659.
Gaspard de Castelane-Montmejan, 1660.
Alexandre de Castelane-Mazaugues, 1662.
Joseph de Castelane-Mazaugues, 1665.
Joseph de Castelane-Mazaugues d'Andon, 1666.
Jean-Baptiste de Castelane-Chaudon, 1666.
François-Boniface de Castelane-Chaudon, 1672.
André de Castelane-Majolx, 1683.
Pierre de Castelane-Esparron, 1686.
Boniface de Castelane-Esparron, 1693.
Gaspard de Castelane Esparron, 1695.
Louis de Castelane-Esparron, 1697.
Louis de Castelane, 1711.
Honoré de Castelane-Majolx, 1714.
Honoré Brun Castelane-Majolx, 1714., parti au premier d'azur à la hache d'armes d'argent, enmanchée d'or, qui est de Brun ;

au

DE LA LANGUE DE PROVENCE. 353
au second de gueules à la tour d'or sommée de trois donjons de
même, qui est de Castelane.

Cesar-Henri de Castelane-Majastres, 1716. de gueules, au Château
ouvert d'or, crenelé, sommé de trois tours de même, maçonné
de sable.

Constantin-Boniface de Castelane-Esparron, 1718. écartelé au premier & quatriéme de gueules à la tour d'or, au 2 & 3 d'argent,
au lion de sable qui est de Bretenoux.

Jean de *Castelnau-Bretenoux*, 1450.

Jean-François de Castelnau-la-Loubere, 1622. d'azur à un Château
sommé de trois tours pavillonnées avec leurs girouettes d'argent.

Pierre de Castelnau-Serviez, 1623. de gueules à la tour de sable
sommée de trois donjons crenelez de même écartelé de Caumont,
qui est d'azur au Lion d'argent armé & lampassé de gueules.

Guiot de *Castelpers*, 1491. d'argent au Château de sable sommé de
trois tours.

Samuel de Castelpers, 1603.

Esprit de *Casterus* de Languedoc, 1646. écartelé au 1. & 4. de gueules à une tour d'argent ; au 2. & 3. d'or à 3 masses d'argent.

Esprit de Casteras-Sourgnac, 1650.

Claude, Honoré & Jean de *Castillon du Castellet*, 1582. de gueules à
trois annelets d'argent, 2. & 1.

André de Castillon-Cucuron, 1584.

André de Castillon-Cucuron, 1613.

Georges & Louis de Castillon Saint Victor 1614. d'azur à une tour
couverte d'argent, surmontée d'un croissant de même, & soutenue par deux Lions rampans d'or.

Honoré de Castillon, 1633.

Cosme de Castillon, 1647.

François de Castillon-Castellet, 1648.

Antoine & Gilbert de *Cajarc-Galganet*, 1540. de gueules à une bande
d'or. *

Louis-Anne de Catolan, 1712. d'argent au Levrier de sable, accollé
d'or, au chef d'azur, chargé de trois étoiles d'or.

Gabriel de *Caubatens Roquarlan*, 1619.

Jean-George de Caulet, 1657. de gueules au Lion d'or armé &
lampassé de même à la face d'azur chargé de trois étoiles d'or.

Jacques de Caulet, 1690.

Joseph-Jacques de Caulet, 1698.

Ange de *Caumont de Berbiguieres*, 1550. d'azur à trois Leopards
couronnez d'or, posez l'un sur l'autre.

Poncet du *Caylar de Spondeillan*, 1522.

François du Caylar de Spondeillan, 1642. d'or à trois bandes de
gueules au chef d'or, chargé d'un Lion naissant de sable, soutenu

* Ces deux Chevaliers ont été omis à la page 350, & doivent être placer avant Jean de
Calmesii.

d'une devise cousue d'or, chargée de trois trefles de sable.
Pierre de *Caylus*, 1537, écartelé au premier d'azur à trois oiseaux d'argent, au quatriéme de gueules au Dauphin d'or.
Jean-Pierre de Caylus-Colombiere, 1568.
Jean de *Ceisez-Sirac*, 1568.
Pierre de *Chabaud*, 1551.
Antoine de Chabaud, 1551.
René & Pascal de Chabaud, 1571.
Philippe-Emanuel de Chabaud-Tourettes, 1604.
Honoré de Chabaud-Tourettes, 1605.
Jean-Jacques de Chabaud-Tourettes, 1619.
Honoré de Chabaud, 1641.
Philippe-Emanuel Chabaud-Tourettes, 1653.
Jacques *Chailan*, 1645. d'or à un cœur de gueules, d'où sort une pensée de sinople.
Fouquet de *Chailar*, 1552. d'azur à un chat passant d'or à la bordure de gueules, chargée en chef de trois étoiles d'or.
Henri-Louis de *Chaluet*, 1684. au premier & quatriéme d'azur à la bande d'or chargée de trois croisettes de gueules, accompagnée en chef d'une tête de Lion arrachée & lampassée de gueules & d'une quinte-feuille de même en pointe, qui est de Chaluet; au second & troisiéme de gueules, au Levrier rampant d'argent, accolé de gueules à la bordure d'or.
Joseph de Chaluet, 1690.
Louis-Philippe de Chaluet, 1720.
Anne de *Chambert-Bisanet*, 1661. d'or à la face de gueules, chargée de trois fleurs de lys d'argent.
Jean-Baptiste de *Chaponay-Fesins*, 1666. d'azur à trois cocqs d'or, armez, cretez & barbez de gueules.
Joseph de Chaponay-Fesins, 1716.
Christophe de *Charry*.
Alexandre de Charry.
Claude *Chastain*, 1578. d'argent au Lion de gueules, traversé d'une face d'azur chargée de trois croisettes d'or.
Antoine de *Chateauneuf d'Entraigues*, 1560. d'azur au Château d'argent fermé & maçonné de sable, & flanqué d'une grosse tour quarrée, à d'extre aussi d'argent & maçonnée de sable, le tout sur une terrasse aussi d'argent.
Scipion de Chateauneuf-Moleges, 1570.
Jean-François de Chateauneuf-Moleges, 1585.
Jacques de Chateauneuf-Moleges, 1595.
Jean de Chateauneuf-Moleges, 16..
Charles-Marc de Chateauneuf, 1601.
Charles de Chateauneuf de Randon, 1625. d'or à trois pals d'azur, au chef de gueules, parti du Tournel qui est de gueules à une pointe d'argent.

DE LA LANGUE DE PROVENCE.

. . . . de Chateauneuf-Moleges, 1637.
Anne-Guerin de Chateauneuf de Randon, 1672.
Pierre-Thomas de Chateauneuf, 1699.
Louis-Thomas de Chateauneuf, 1706.
Arnaud de Chateauneuf...
Pierre de Chateauneuf...
Marie-Modeste de Châteauneuf...
André de *Chaza de la Roche-Henri*, 1616. d'or à l'arbre de sinople, à une bande d'azur chargée de trois étoiles d'argent.
Claude de *Cheilus*, 1540. d'azur au Dauphin & au Levrier courant, affrontez, le premier d'argent, l'autre d'or, accollé de gueules.
François de Cheilus, 1553.
Pierre de *Chevery la-Reole*, 1607. de gueules à trois billettes d'argent, écartelées d'argent à une tête de Maure de sable.
René du *Chirou Davi*, 1647.
Melchion de *Clapiers-Puget*, 1616. facé d'azur & d'argent, de six pieces au chef d'or.
Gaspard de Clapiers-Seguiran, 1633.
Antoine de Clapiers-Seguiran, 1634.
Charles de Clapiers-Colongue, 1640.
Joseph de Clapiers, 1658.
François de Clapiers de Greoux, 1673.
Alphonse de Clapiers-Jouques-Greoux, 1683.
Louis-Lazare de Clapiers....
Robert de *Claret-Trucheu*, 1548. de gueules à deux clefs posées en pal, adossées au chef d'argent, chargées de trois merlettes de sable.
Nicolas Edouard de Claret Saint Felix, 1584. de gueules à trois peles d'argent.
François de *Claveson*, 1567. de gueules à la bande d'or chargée de trois clefs de sable.
Jean de Clemens, 1616. d'argent à trois pals de gueules.
André de Clemens, 1620.
Louis & André de Clemens-Ventabren, 1656.
Jean-Baptiste de Clemens, 1664.
Joseph de Clemens, 1669.
Charles de Clemens, 1670.
Louis *Clergue de Guimare*, 1546.
Louis de *Clermont du Bosc*, 1669. facé d'or & de gueules de 6 pieces au chef cousu d'argent chargé de cinq hermines.
Pierre de Clermont Bosc, 1679.
Perceval & Antoine de *Clermont Chaste*, Chevaliers de Rhodes, de gueules à deux clefs d'argent, adossées & passées en sautoir.
Aimar de Clermont-Chaste, Grand Maréchal de l'Ordre.
Gaspard de Clermont-Chaste....
René de Clermont-Chaste, 1669.

ry ij

Ignace de Clermont-Chaste, 1684. Commandeur de Sainte Eulalie.
Annet de Clermont-Chaste-Gessans élû Grand Maître en 1660.
Etienne de Clermont-Montoison, 1688.
François de Clermont-Montoison, 1709. de gueules à deux clefs d'argent, adossées & passées en sautoir, brisé en chef d'une pointe de diamans d'argent.
Pierre de Clermont Rochechouard, 1712. écartelé au premier d'azur à la Croix d'or, au second de France, au troisiéme d'argent à quatre chevrons de sable, au quatriéme parti au premier d'Arragon, au second de Bearn, & sur le tout facé, ondé d'argent & de gueules de six pieces.
Baltazar de *Collaus de Beaume*, 1528.
Henri & Pierre de Collaus, 1560.
André du *Colombier*, 1559. d'argent à cinq cotices de gueules.
Antoine de *Combert*, 1551.
Mathurin de Combert, 1551.
Honoré de *Constantin*, 1652. d'argent à la bande de gueules, accompagnée de six rocs de même.
Jean-Baptiste de Constantin, 1653.
Jacques de *Cordon* . . . . écartelé au premier & quatriéme d'or à la Croix de gueules, au second & troisiéme d'or à la bande de gueules, chargée de trois coquilles de sable ; pour cimier & support des lions d'or.
Aimeric de *Cordurier*, 1555. d'azur à une colomne d'or entortillée d'un serpent de même au chef de gueules.
Guillaume de *Cormis*, 1362.
Raphaël de Cormis, 1372.
Raphaël de Cormis 1394.
Jean de Cormis, 1411.
Honorat de Cormis, 1493.
Artus de Cormis, 1530. d'azur à deux lions d'or affrontez, armez & lampassez de sable, soutenant un cœur d'argent.
Annet de *Corn*, 1544. d'azur à deux cors de chasse d'argent l'un sur l'autre, écartelé, bandé d'argent & de gueules de six pieces.
Jean de Corn, dit d'Ampare, 1549.
Marcel de *Corneillan*, 1521. d'or à trois corneilles de sable.
Jean de Corneillan, 1559.
Augustin de Corneillan-Magrin, 1630.
Jacques de Corneillan . . .
Philippe de Corneillan . . .
Olivier *Corsier*, 1585.
Jean-Philippe du *Cos-la-Hite*, 1607. d'azur à l'épée d'or posée en barre, traversant un cœur de même accompagné de trois étoiles aussi d'or, 2 & 1.
Joseph de Cos-la-Hite, 1700.
Guillaume de *Coursac*, 1522. d'azur à la bande d'or chargée de trois

étoiles de gueules, & surmontée en chef d'un lion d'or armé & lampassé de gueules.
Olivier de *Coursien-Cesseras*, 1586.
Roch-François de la *Croix-Castries*, 1679. d'azur à la Croix d'or.
Joachim de la Croix-Pisançon, 1681.
François de la *Cropte de la Maynardie*, 1598. d'azur à une bande d'or accompagnée de deux fleurs de lys de même.
Guyot du *Cros de Plauezès*, 1571. d'azur au lion couronné d'or.
Antoine-François de *Crose-Laincel*, 1662. d'azur à trois pals d'or sommez d'une trangle de même, à trois étoiles aussi d'or rangées en chef.
Joseph de Crose-Laincel, 1666.
Louis de *Crussol*, 1557. facé d'or & de sinople de six pieces.
Alexandre de Crussol d'Usez, 1627.
Bernard de Crussol d'Usez, 1639.
Alexandre de Crussol d'Usez, 1660.
Alexandre de Crussol d'Usez-Amboise, 1662.
Philippe-Emanuel de Crussol, 1687.
Beraud de *Crusy-Marsillac*, 1587. d'azur à trois roses d'argent.
Bernard de Crusy-Marsillac, 1590.
Louis-François de Crusy-Marsillac, 1689. écartelé au premier & quatrième d'azur à trois roses d'argent, 2 & 1. au second & troisième d'or à trois faces de gueules.
Philippe de Crusy-Marsillac, 1701.
Antoine de *Cubieres-Ribaute*, 1601. d'azur à un lion d'or armé & lampassé de gueules.
Hélie de *Cugnac-Caussade*, 1551. gironné d'argent & de gueules de huit pieces.
Bernard de *Cursol*, 1644. de gueules au lion d'argent, surmonté d'une étoile, & d'un croissant de même.

D

Jean de *Damian*, 1658. de gueules à une étoile à huit rais d'argent, au chef d'or chargé d'un aigle issant de sable.
François de Damian-Vernegue, 1662.
Henri de Damian, 1667.
Scipion-Antoine de Damian, 1668.
François de Damian-Vernegue, 1696.
... *Daudriet*, 1591.
Aimé de *Dax d'Axat*, 1704.
Charles de *Deimier d'Arques*, 1653. d'azur à un aigle d'argent, le vol étendu, béqué & membré d'or, accompagné en chef de deux étoiles de même, & en pointe d'un croissant d'argent accosté de deux étoiles d'or.
Antoine *Delfin-le-Comte de la Tresne*, 1716. de gueules au lion ram-

pant d'or, accompagné de deux étoiles de même.
Gaspard de *Demandols-la-Palu*, 1530. d'or à trois faces de sable au chef de gueules, chargé d'une main apaumée d'argent.
Honoré de Demandols, 1531.
Louis de Demandols, 1534.
George de Demandols-Trigance, 1555.
Nicolas de Demandols-Trigance, 1563.
Claude de Demandols-Trigance, 1606.
Pierre de Demandols-Trigance, 1607.
Gaspar de Demandols-Trigance, 1609.
Charles de Demandols, 1616.
François de Demandols, 1621.
Baltasar de Demandols, 1626.
Pierre de Demandols-Chateauneuf, 1627.
Gaspar de Demandols, 1630.
Honoré de Demandols, 1631.
Louis de Demandols, 1634.
Jean de Demandols, 1636.
Charles de Demandols, 1637.
François de Demandols, 1642.
François de Demandols-Trigance, 1642.
Honoré de Demandols, 1642.
Jean de Demandols-Trigance, 1643.
Honoré de Demandols, 1646.
Baltasar de Demandols, 1646.
Pierre de Demandols, 1658.
Pierre de Demandols, 1662.
Anne *Donas*, 1703.
Jean-Baptiste de *Doni de Gouls*, 1658. d'azur à un lion d'or, & une bande de gueules brochant sur le tout chargée de trois croissans d'argent.
Jean-Baptiste de Doni, 1661.
Joseph de Doni de Beauchamp, 1661.
Louis de Doni de Beauchamp, 1685.
Thomas *Dorel*, 1712. d'or à la Croix d'azur.
Rodolphe *Doria*, 1549. d'or coupé d'argent à un aigle couronné de sable brochant sur le tout, béqué & membré de gueules.
Alexandre Doria, 1597.
Jean-Baptiste Doria, 1618.
François-Joseph Doria, 1660.
Pierre Doria, 1661.
François-Gaspar Doria, 1670.
Louis *Dourete*, 1553.
Joseph de *Droulhn de S. Christophe*, 1682. d'argent au chevron de gueules de trois quintefeuilles de sinople, deux en chef & une en pointe.

Pierre de *Durand-Sartoux*, 1635. parti d'or & de gueules au lion couronné de fable brochant fur le tout.
Jean-Baptifte de Durand-Sartoux, 1641.
Antoine Durand de Vibrac, 1665.
Jean-Baptifte de Durand-Sartoux, 1691.
Pierre de *Durfort*, 1549. écartelé au premier & quatriéme d'argent à une bande d'azur, au 2 & 3 de gueules à un lion d'argent.
Claude de Durfort-Civrac, 1663.
Claude de Durfort-Civrac, 1664.

E

Jean-Pierre *Emé de Saint Jul'en*, 1611. d'azur à un mouton paffant d'argent, au chef d'or chargé de trois têtes de bœufs de fable.
Guyot d'*Egure - Armagnac*, 1547.
Louis de *l'Epine-Aulan*, 1526. d'argent à la Croix de gueules accompagnée au premier canton d'un Aubepin de finople.
Philibert de l'Epine d'Aulan, 1603.
François-Joachim de l'Epine du Pouet, 1665.
Guillaume de l'Epine du Pouet, 1665.
Guillaume de l'Epine du Pouet 1667.
Henri de l'Epine du Pouet, 1680.
Paul-Jean-François-Jofeph de l'Epine de Pouet, 1703.
Louis François de l'Epine, 1705.
Nicolas-Hyacinthe d'*Entraigues*, 1709. d'azur au chevron d'argent, accompagné de trois griffons d'or, 2. en chef affrontez, & 1. en pointe.
Louis d'*Efcairac-Lauture*, 1669. de... à trois bandes de... & un chef de... chargé de trois étoiles de...
Henry & Jean d'*Efcales-Bras*, 1584. d'argent à un griffon de gueules & un bâton de fable mis en bande, brochant fur le tout.
Jean-Antoine *Efcalin des Aimars*, 1634. de gueules à un écuffon d'or chargé de trois bandes d'azur mifes au quartier dextre du chef, & trois croix clechées, vuidées & pommetées d'or, pofées une au quartier fenextre, & les deux autres au 3. & 4. quartier.
Bernard d'*Efparbez de la Fitte*, Commandeur de S. Nazaire, &c. 1488. de gueules à une face d'argent, accompagnée de trois merletes de fable.
Guillerme d'Efparbez, Commandeur d'Abrin, 1523.
Jean d'Efparbez tué en 1562.
François d'Efparbez-Luffan, 1553.
Jacques d'Efparbez de Luffan de Carbonneau, 1613.
Bertrand d'Efparbez de Luffan, 1550.
Jean-Paul d'Efparbez-Carbonneau, 1608.
Gratien & François d'Efparbez de Carbonneau, 1618.
Leon d'Efparbez de Luffan d'Aubeterre, 1628, écartelé au 1. & 4. d'Efparbez, comme ci-deffus ; au 2. de gueules à trois leopards

d'or, & au 3. lozangé d'or & d'azur, à un chef de gueules.
Pierre d'Esparbez de Lussan, 1660.
Jean-François d'Esparbez de Lussan-la-Motte, 1667.
Etienne d'Esparbez-Lussan, 1704.
Rostaing des *Estards-Laudun de Gout*, 1561.
Jean des Estards-Laudun, 1562.
Charles d'*Estaing-Murol*, 1607. d'azur à trois fleurs de lys d'or, & un chef de même.
Guillaume de *l'Estang de Parade*, 1510. d'or au Lion d'azur, lampassé & armé de gueules.
Gaucher de l'Estang de Parade, 1554.
Pierre-Joseph de l'Estang de Parade, 1669.
Genest de l'Estang.
Rodolphe de l'Estang.
Antoine de l'*Estrade*, 1550. d'argent au Lion de gueules.
François de l'Estrade, 1557.
Jean-Louis d'*Estuard-Mars*, 1688.
Aimeric l'*Evêque Saint Etienne*, 1604. d'azur à un chevron d'or accompagné en chef d'une fleur de lys à dextre, & d'une étoile à senextre, & en pointe d'un Lion, le tout d'or.
Etienne d'*Eyguivieres-Saint-Gilles*, 1547.

F

Maximilien de *Fabres*, 1586. de gueules à une tête de bœuf d'or.
Marc-Antoine de Fabres-Pontfra, 16..
Charles de Fabres-Pontfra, 1664.
Jean *Fabri-Fabregues*, 1648. d'argent à un pal d'azur & un chef de gueules chargé de trois écussons d'or.
Antoine de Fabri-Fabregues, 1653.
Antoine-Melchion de Fabri-Fabregues, 1654.
Gaspard Fabri-Fabregues, 1660.
Charles de Fabri-Mazan, 1664.
François Fabri-Fabregues, 1672.
Marc-Antoine de Fabri-Mazan, 1677.
Boniface du *Fallet*, 1513.
Jean-Christophle du Fallet, 1521.
Henri du Fallet, 1595.
Hyacinthe-Antoine du Fallet, 1709.
Antoine Hercules de *la Fare*, 1622. d'azur à trois flambeaux d'or allumez de gueules.
Etienne-Joseph de la Fare 1668.
Jean de Faret, 1539.
Jean de *Faudoas*, en 1521. d'azur à la croix d'or.
François de Faudoas Saint Aubin, 1565.
Bertrand de Faudoas-Cabanac, 1619.

Claude

DE LA LANGUE DE PROVENCE.

Claude de *Faudran-Laval*, 1561. d'azur à une pointe d'or.
Honoré *Faure de la Figarede*, 1607. écartelé au 1. & 4. d'argent, à trois cloux ou fers de lance de sable, posez 2. & 1. au 2. & 3. de gueules, au lion d'or : le tout surmonté d'un chef d'azur à trois étoiles d'or.
Antoine Faure de Fogeirolles, 1642. de gueules à trois bandes d'or.
Alexandre de *Fay-Peraud*, 1622. de gueules à la bande d'or chargée d'une Fouine d'azur.
Henry du *Fayayrd des Combes*, 1635. d'argent à l'arbre de sinople.
Joachim de *Fayn-Rochepierre*, 1689. d'azur à la tour d'argent maçonnée, crenelée de sable, soutenue de deux Lions d'or armez, lampassez de gueules, & en chef trois coquilles d'or.
Joseph-Placide de Fayn-Rochepierre, 1694.
Charles de *Fayoles-Puiredon*, 1611. écartelé au premier & quatriéme d'argent au lambel de gueules, au second & troisiéme d'argent, à trois Lions de gueules, 2 & 1.
Jean-Baptiste de *Felix la Reynarde*, 1639. écartelé au premier & quatriéme de gueules à une bande d'argent chargée d'une F. de sable; au second & troisiéme de gueules à un Lion d'or & une bande d'azur brochant sur le tout.
Joseph de Felix de la Reynarde, 1641. Grand-Prieur de S. Gilles.
Pierre de Felix de la Reynarde, 1668. Commandeur de Beaulieu & de Raissac.
Jean-Baptiste de Felix la Reynarde, 1670.
Scipion de Felix, 1671. Commandeur du Bastic.
Jean-Baptiste de Felix la Reynarde, 1672.
Philippe de Felix la Reynarde, 1686.
François de Felix d'Ollieres, 1696.
Louis-Nicolas-Victor Felix la Reynarde du May, 1712. écartelé au 1. & 4. de gueules à la bande d'argent, chargée de trois F. de sable, qui est Felix ; au 2. & 3. de gueules à un lion d'or, traversé d'une bande d'azur, qui est la Reynarde.
Lazare de Felix d'Ollieres, 1725.
Charles *Ferrier*, 1632. bandé d'or & de sable de six pieces.
Madelon Ferrier de Saint Julien, 1640.
Charles-Marcel Ferrier, 1653.
Jean-Honoré Ferrier, 1668.
Aimar de *Ferrieres-Sauvebeuf*, 1549. de gueules au pal d'argent, à la bordure de dix creneaux de même.
Mondot de *Ferron*, 1551.
Mansuet *Flotte de Meaux*, 1544, de gueules au lion d'or lampassé & armé d'argent.
Jean Flotte la Bastie, 1549. lozangé d'or & de gueules au chef d'or.
Claude Flotte de Meaux, 1565.
Melchion Flotte la Bastie, 1566.
Gaspard Flotte-Cuebris, 1590.

Tome IV. Z z

Jean Flotte la Baftie, 1594.
François & Jean de Flotte-Cuebris, 1630.
Henri Flotte, 1723. d'azur à trois colombes d'or, becquées & membrées de fable, 2 & 1. furmontées en chef d'un lambel de trois pendants d'argent.
Louis de *Foiffard*, 1572. d'argent à trois faces de gueules, & un lambel à trois pendans de même, pofé au côté dextre du chef.
Baltazar Foiflar Saint Jeannet, 1572.
Louis de Foiffard Saint Jeannet, 1667.
Livio *Fondut*, 1654.
Gafpard & Jean de *Forbin la Barbent*, 1584. d'or à un chevron d'azur accompagné de trois têtes de leopards arrachées de fable, lampaffées de gueules, pofées 2 en chef & 1 en pointe.
Nicolas de Forbin-Soliers, 1584.
Henri & Pierre de Forbin-Gardane, 1586.
Albert de Forbin-Bonneval, 1589.
Allemand & Melchion de Forbin-la-Roque, 1615.
François de Forbin, 1615.
Vincens de Forbin-la-Fare, 1621.
Louis de Forbin-Gardane, 1628.
Louis de Forbin-Gardane, 1629.
Jean-Louis de Forbin-la-Marthe, 1632.
Jean & Vincent de Forbin-Opede, 1633.
Melchion de Forbin-Janfon, 1634.
Vincent de Forbin-Meinier-Opede, 1635.
Jean de Forbin-Meinier-Opede, 1636.
Charles & Louis de Forbin-la-Marthe, 1637.
Rolin de Forbin-la-Fare, 1638.
Albert de Forbin-Janfon, 1650.
Rainaud de Forbin Sainte Croix, 1652.
Henri-Mitte de Forbin-Opede, 1665.
Pierre-Jofeph de Forbin d'Opede, 1668.
Pierre-Jofeph de Forbin-Opede, 1669.
Michel-François de Forbin-Janfon, 1672.
Mathieu & Jacques de *Foreft-Blacons*, 1540.
Frrançois de *Forefta-Collongue*, 1619. palé de fix pieces d'or & de gueules à une bande de gueules brochant fur le tout.
Jean-Baptifte de Forefta-Colongues, 1641.
Chriftophe de Forefta, 1642.
Jofeph de Forefta-Colongue, 1652.
Jean-Auguftin de Forefta, 1655.
Sauveur de Forefta Colongues, 1666.
François de Forefta-Venelle, 1669.
Dominique de *Fortia-Montreal*, 1631, d'azur à une tour ronde crenelée de quatre pieces d'argent, maçonnée de fable, & pofée fur un tertre de finople.

Laurent de Fortia-Montreal, 1634.
Joseph de Fortia de Piles, 1657.
Guerin de *Foucaud*, 1565. d'azur au lion d'or, armé & lampassé de même, au chef d'or chargé de trois molettes d'éperon de sable.
François de Foucaud, 1631.
François de Foucaud, 1632.
François-Jacques de Foucaud, 1722.
Jean-Gilles de *Fougasse-la-Bartalasse*, 1603. de gueules au chef d'argent chargé de trois roses de gueules mises en face.
Antoine de Fougasse, 1636.
Joachim de Fougasse-la-Bastie, 1653.
Paul-Charles de Fougasse la-Bastie, 1656.
Jean-Vincent de Fougasse-la-Bastie, 1658.
Thomas de Fougasse-la-Bastie, 1663.
Joseph de Fougasse-la-Bastie, 1681.
Jean-François de Fougasse-la-Bastie, 1718.
Germain de Fougasse-la Bastie ....
Melchior du *Four-Montastruc*, 1620. d'or à trois corbeaux de sable posez 2 & 1.
Gabriel-Jean de *Fournel de Puiseguin*, Diocese de Bourdeaux, Prieuré de Toulouse, reçû en 1693, porte de sable à la licorne passante d'argent, & un chef de gueules chargé de trois étoiles d'or.
François de la *Framondie*, 1549. d'or au lion de gueules, au chef d'azur à trois étoiles d'or.
Jacques de *Franc*, 1666. d'or au chevron d'azur chargé de trois têtes de Ducs d'or, accompagné en pointe d'un francoulis ou corbeau de sable.
Louis de Franc-Mongey, 1715.
Gaspard *Frottier-la-Messeliere*, 1623. Commandeur de Nantes, d'argent à un pal de gueules, accosté de dix lozanges de même, posées 2-2 & 1. de chaque côté.
Charles Frottier de la Messeliere.

G

Louis de *Gabaris*, 1599.
Pierre de *Gabriac*, 1545. de gueules à 7 lozanges d'or, 3-3 & 1.
François de *Gaillard-Bellafaire*, 1658. d'azur à trois faces d'or, au chef cousu de gueules chargé de trois roses d'argent.
Joseph de Gaillard-Bellafaire, 1661.
Joseph de Gaillard, 1667.
Vincent-Sauveur de Gaillard, 1668.
Vincent-Sauveur de Gaillard, 1669.
Jean-Augustin de Gaillard, 1670.
Louis de *Galean*, 1592. bandé d'or & d'azur de six pieces au chef de gueules, chargé d'un lion passant d'or.
Jean-Baptiste de Galean, 1599.

Jean-Jerome de Galean, 1616.
Lazare-Marcel de Galean, 1616.
Marc-Antoine de Galean-Caftelnau, 1652.
Octave de Galean, 1654.
Octave de Galean, 1657.
Octavien de Galean-Châteauneaf, 1658.
Jean-Baptifte de Galean, 1665.
Melchion de Galean, 1671.
Melchion de Galean, 1672.
Octave de Galean, 1674.
Octave de Galean, 1675.
Octave de Galean, 1713.
Antoine de *Galiens-Vedene*, 1592. d'argent à une bande d'or bordée de fable, & accompagnée de deux rofes de gueules.
Jofeph de Galiens des Iffards, 1596.
Louis de Galiens des Iffards, 1596.
Louis de Galiens-Vedene, 1620.
Pompée de Galiens-Vedene, 1621.
Henri de Galiens-Vedene, 1623.
Louis de Galiens des Iffards, 1629.
Claude de Galiens des Iffards, 1632.
Henri de Galiens des Iffards, 1641.
Louis de Galiens-Vedene, 1661.
Jean-Baptifte de Galiens-Caftelnau, 1664.
Charles-Felix de Galiens-Vedene, 1710.
Bernard de *Gallart*, 1536. d'or à trois corneilles de fable, béquées & membrées de gueules.
Jean de *Gameville*, 1554. de gueules au lion leopardé d'or, à la bordure de même.
Arnaud de Gameville, 1560.
Jean-Antoine de *Garaud*, 1631. écartelé au 1. & 4. d'azur à une faffe d'or, accompagnée de trois coquilles d'argent; au 2. & 3. d'azur à une tour fur une montagne d'argent, furmontée d'un foleil d'or.
Anne de la *Garde-Chambonas*, 1597, d'azur au chef d'argent.
Touffaint de *Garde de Vins*, 1621. d'azur à une tour d'argent fur une terraffe de même accoftée de deux étoiles d'or, écartelé d'Agout qui eft d'or, au loup raviffant d'azur.
Albert de Garde de Vins, 1641.
François-Antoine de Garde de Vins, 1661.
Jean de Garde de Vins, 1671.
Jean-Auguftin de *Garnier du Rouffet*, 1628. d'argent à trois chevrons de gueules au chef coufu d'or.
Jean-Auguftin de Garnier du Rouffet, 1629.
Charles de Garnier du Rouffet, 1656.
Jacques de Garnier du Rouffet, 1660.
Guillaume de Garnier du Rouffet, 1662.

Gaspar de Garnier du Rousset, 1663.
Pierre de Garnier S. Julien, 1670.
Pierre de Garnier S. Julien, 1671.
Alexandre de Garnier S. Julien, 1674.
Alexandre de Garnier S. Julien, 1675.
François de Garnier S. Julien, 1682.
François de Garnier S. Julien, 1683.
Louis de Garnier S. Julien-Fonblanche, 1695.
Jean de Garnier S. Julien, 1695.
Surleon de Garnier S. Julien, 1696.
Antoine de Garnier-Fonblanche, 1697.
Jean de *Garric*, 1593.
François de *Garsabal de Reculat*, 1613. d'azur à quatre rochs d'échiquier d'or.
Jean de Garsabal, 1666.
Jean de *Gaspari*, 1672. d'azur à une fleur-de-lys d'or en cœur, accompagnée de trois étoiles de même, 2 en chef & 1 en pointe.
Joseph de Gaspari, 1673.
François-Joseph de *Gasqui-Bregançon*, 1651. écartelé en sautoir de gueules & d'or à deux fleurs-de-lys, & deux roses de l'un en l'autre.
François de *Gassian-Seillons*, 1677.
Henri de *Gast*, 1623. d'azur à 5 besans d'or 2-2 & 1.
Jean-Charles de Gast, 1954.
Louis de Gast, 1664.
Michel de Gast, 1689.
Louis de Gast, 1695.
Charles-Joseph de Gast, 1721.
Jean-Louis de *Gaubert-Caminade*, 1632.
Jacques-Philippe de *Gaufreteau des Francs*.
René de *Gaulejac-Peccavel*, 1588. parti d'argent & de gueules.
Jean de *Gautier-Aiguines*, 1643. d'azur au chevron d'or accompagné en chef de deux étoiles de même, & en pointe d'une colombe d'argent.
Jean-Louis de Gautier-Aiguines, 1662.
Antoine de Gautier-Aiguines, 1717.
Joseph-Paul de Gautier-Valabre, 1718.
Jean-Baptiste Ignace de Gautier-Valabre, 1720.
Pierre-Adrien de *Gelas de Leberon*, 1574. d'azur au lion d'or armé & lampassé de gueules, cimier & supports de même, & pour devise, *virtute duce*.
Daniel-François de Gelas d'Ambres, 1688.
Jacques de *Genas d'Aiguilles*, 1547. d'argent au genest de sinople boutonné d'or.
Jean de Genas, 1576.
Jean de Genas-Aiguilles, 1577.

Jacques de *Georges-Fons*, 28 Oct. 1547.
Jacques de *Georges-Taraud*, 1655. de gueules à une face d'or chargée d'un cœur de gueules, & accompagnée de trois étoiles d'argent 2 en chef, & 1. en pointe.
Jean de Georges-Taraud, 1656.
Marquis de *Gept-Ginestet*, 1649. d'argent à trois molettes de gueules, 2. & 1.
Helie de la *Geart-Montbadon*, 1634.
Fouquet de *Gerente*, 1516. d'or à un sautoir de gueules.
Baltasar de Gerente-la-Bruyere, 1573.
Claude de Gerente-la-Bruyere, 1576.
Jean de Gerente, 1576.
Jean-Baptiste de Gerente-Carri, 1619.
Claude-François de Gerente, 1627.
Jean-Baptiste de Gerente, 1629.
Claude de Gerente-la-Bruyere, 1634.
Louis de Gerente-la-Bruyere, 1635.
Henri de Gerente, 1650.
François de Gerente, 1662.
Louis-Gabriel de Gerente-la-Bruyere, 1666.
Dominique de Gerente-la-Bruyere, 1711
François-Gabriel de Gerente, 1716.
Esprit Henri de Gerente-la-Bruyere, 1724.
Emanuel & Cyprien *Gilier-Puigareau*, 1646. d'or à un chevron d'azur, accompagné de trois macles de gueules.
Jean-Joseph de *Ginestoux S. Maurice*, 1666. d'or au lion de gueules, armé & lampassé de sable, écartelé d'argent à 3 faces de gueules crenelées chacune de 3 pieces qui est de Montdardier.
Marquet de *Gironde*, 1533. d'or à la Croix de Toulouse de gueules.
Jean des *Gitons-Baronniere*, 1646. Commandeur d'Amboise, d'azur à trois gettons d'or.
Jean de *Glandevez*, en 1522. facé d'or & de gueules de six pieces.
Etienne de Glandevez, 1530.
Jacques de Glandevez Cuges, 1540.
Blaise de Glandevez-Beaudiment, 1545.
Honoré de Glandevez-Puipin, 1546.
Honoré de Glandevez, 1548.
Honoré de Glandevez-Puipin, 1548.
Charles de Glandevez Puipin, 1550.
Artus & Honoré de Glandevez-Puipin, 1550.
Honoré de Glandevez-Puimichel, 1550.
Charles de Glandevez-Puipin, 1552.
Melchion de Glandevez-Puipin, 1553.
Artus de Glandevez-Puipin, 1563.
Jacques de Glandevez-Entrevaux, 1569.
Gabriel de Glandevez-Puimichel, 1570.

Jacques de Glandevez-Entrevaux, 1571.
Jean de Glandevez-Montblanc, 1574.
Joseph de Glandevez-Guerz, 1578.
...... de Glandevez-Puimichel, 1581.
Claude de Glandevez-Puipin, 1585.
Charles & Joseph de Glandevez-Puimichel, 1585.
Antoine, Jean & Jacques de Glandevez-Cuges, 1592.
Annibal de Glandevez, 1593.
Constans de Glandevez-Puipin, 1594.
Sauveur de Glandevez-Cuges, 1595.
Antoine & Louis de Glandevez-Entrevaux, 1605.
François & Antoine de Glandevez-Entrevaux, 1606.
Jean de Glandevez-Puimichel, 1610.
Jean de Glandevez Castellet, 1620.
Jean-Baptiste de Glandevez, 1624.
Jacques de Glandevez, 1631.
Scipion de Glandevez-Montblanc, 1632.
Honoré de Glandevez-Montblanc, 1632.
Jean-Baptiste de Glandevez, 1634.
Charles de Glandevez-Cuges, 1635.
Charles de Glendevez, 1636.
Claude de Glandevez, 1636.
Sauveur de Glandevez-Porrieres, 1639.
Toussaint de Glandevez-Cuges, 1642.
Claude de Glandevez-Castellet, 1643.
Claude de Glandevez Castellet, 1644.
Antoine de Glandevez Saint Cassien, 1646.
Antoine de Glandevez Castelet, 1646.
Jean-Antoine de Glandevez-Porrieres, 1646.
Jean Baptiste de Glandevez-Cuges, 1646.
Jean-Antoine de Glandevez-Porrieres, 1647.
François de Glandevez-Montblanc, 1647.
Louis de Glandevez-Baudiment, 1648.
Claude de Glandevez Saint Cassien, 1651.
Jean de Glandevez-Castellet, 1651.
François de Glandevez, 1652.
Jean de Glandevez-Castellet, 1652.
Charles de Glandevez-Porrieres, 1652.
Gaspard de Glandevez du Bignosc, 1653.
François de Glandevez-Puimichel, 1653.
François de Glandevez-Porrieres, 1654.
Jacques-Charles de Glandevez-Puipin, 1654.
Gaspard de Glandevez Bignosc, 1659.
Pierre de Glandevez-Porrieres, 1660.
Victor & Jean Baptiste de Glandevez, 1666.
Victor de Glandevez-Porrieres, 1671.

Louis de Glandevez-Baudiment, 1672.
Victor de Glandevez-Porrieres, 1672.
Louis de Glandevez-Canet, 1673.
Pierre de Glandevez-Castelet, 1674.
Joseph de Glandevez-Porrieres, 1675.
Jean de Glandevez-Baudiment, 1676.
Pierre de Glandevez-Castelet, 1677.
Antoine de Glandevez-Rousset, 1677.
François de Glandevez, 1677.
Jean de Glandevez-Beaudinar, 1678.
Jean de Glandevez-Canet......
François de Glandevez-Castelet, 1679.
François de Glandevez, 1683.
Claude Glandevez-Castelet, 1684.
Claude de Glandevez-Castelet, 1685.
François de Glandevez, 1685.
François de Glandevez Niozelles.....
André de Glandevez-Castelet, 1693.
André de Glandevez Castellet, 1694.
Pierre André de Glandevez-Castellet, 1702.
Charles de Glandevez-Niozelles, 1706.
François de Glandevez-Castelet, 1712.
Jean de *Gleon*, 1525. facé d'argent & de gueules de six pieces, écartelé d'azur au chevron d'or ; & sur le tout échiqueté d'argent & de gueules.
Jean de Gleon, 1554.
Jean-Baptiste de *Gombert-Dromond*, 1660. écartelé au 1. & 4. d'azur au lion d'or : au 2. & 3. de gueules à un Château d'argent.
Jean *de Gontaut Saint Geniez*, 1554. écartelé d'or & de gueules.
Charles de Gontaut-Roussillon, 1666.
Geraud de *Goulard*-Castelnau, 1517.
Jacques de Goulard, 1538.
Jean *Gourdon-Genouillac de Vaillac*, 1631. parti au 1. dazur, à trois étoiles d'argent, posées en pal ; au 2. d'or à 3 bandes de gueules.
Charles-Gaston de Gourdon-Genouillac de Vaillac, 1666.
Jean de *Gouzens*, 1572. d'argent à trois bandes d'azur au chef de gueules, chargé de trois fleurs-de-lys d'or.
Jean de Gozon-Paliers, 1588.
Pierre de *Gozon Saint-Victor*, en 1516. de gueules à la bande d'azur bordée d'argent, à une bordure componée d'argent.
Pierre de Gozon-Melac, 1516.
François de Gozon, 1521.
Jean de Gozon-Orlionac, 1559.
Bernard de Gozon, 1562.
Bernard de Gozon-Melac, 1565.
Jean de Gozon-Melac, 1591.

Jean

Jean de Gozon, 1604.
Dieu-donné de Gozon-Montmour, 1654.
André & Pierre *Grain de Saint Marsaut*, 1581. de gueules à 3 aigles d'or, 2. & 1.
Jean-Baptiste de *Gramont-Vacheres*, 1715. d'or au lion rampant d'azur, armé & lampassé de gueules.
Jean-François de Gramont-Vachere, 1715.
Paul-Antoine de *Gras-Preigne*, 1700. tiercé en bande au premier d'or, au second d'argent, au troisième de gueules à trois aiglets essorant & ayant les têtes contournées de sable, membrées, bequées & couronnées d'or.
André de Gras-Preigne, 1705.
Joseph de Gras-Preuille.
Baltazard de Gras-Preuille, 1706.
René de Gras-Preuille, 1707.
Jean-Baptiste de *Grasse*, 1522. d'or à un lion de sable couronné, lampassé & armé de gueules.
Charles & Jerome de Grasse-Briançon, 1547.
Honoré de Grasse-Montauroux, 1601.
Honoré de Grasse-Cabris, 1601. d'or à trois chevrons de gueules.
Michel de Grasse-Cabris, 1603.
Jean de Grasse-Montauroux, 1607.
Henri de Grasse-Montauroux, 1608.
Christophe de Grasse S. Tropez, 1614.
Henri de Grasse-Briançon, 1615.
François de Grasse, 1615.
Charles de Grasse-Cabris, 1620.
Cesar de Grasse-Cabris, 1620.
Jean de Grasse-Cabris, 1620.
Honoré de Grasse-Cabris, 1620.
Gaspard de Grasse du Bar, 1620.
Baltazar de Grasse Saint Tropez 1625.
Baltazar de Grasse, 1632.
Pierre de Grasse du Bar, 1632.
Pierre de Grasse du Bar, 1634.
Jean de Grasse, 1635.
Jean de Grasse-Couletes, 1636.
Jean-Paul de Grasse Montauroux, 1637.
Jean-François de Grasse, 1646.
Jean-Joseph de Grasse Montauroux, 1666.
Blaise de Grasse-Montauroux, 1669.
Leon de Grasse du Bar, 1675.
Louis de Grasse-Montauroux, 1689.
Jean-Baptiste de Grasse-Montauroux, 1706.
Baltazard de *Gratian-Seillons*, 1677. d'argent à cinq tourteaux de sable posez en sautoir.

Jean-Baptiste de *Gratel-Dolomieu*, 1698. d'azur au griffon d'or.
Pierre & Michel de *Granbois*, 1706, voyez ci-après, de *Rafelis*.
Jacques de *Graves-Serignan*, 1571. d'azur à trois faces ondées d'argent écartelé d'or à cinq Merlettes de sable posées en sautoir.
Philippe de la *Graviere*, 1591. d... à un lion d... au chef de... chargé de trois coquilles d...
François de *Grenier*, 1552, de gueules au chef d'or.
Baltazard de *Grignan*, 1634. de gueules à un chevron d'or accompagné en chef de deux croix de Jerusalem de même, & en pointe d'une rose d'argent.
Jean-Baptiste de Grignan d'Auteville, 1668.
Honoré de *Grille*, 1543. de gueules à une bande d'argent chargée d'un grillon de sable.
Gabriel de Grille-Cassillac, 1625.
Trophime de Grille, 1652.
Jean-Augustin de Grille, 1660.
André de Grille 1693. aujourd'hui Capitaine d'un des vaisseaux de la Religion.
Gaspard-Joachim de Grille-Robiac, 1702.
Honoré-François de Grille d'Estoublons, 1719.
Pierre de de *Grillet*, 1612. de gueules à une face ondée d'or, accompagnée en chef d'un lion passant d'argent, & en pointe de trois belans d'or.
Gabriel de Grillet 1624.
Imperial de *Grimaldi*, 1549. fuselé d'argent & de gueules.
Jean-Baptiste de Grimaldi, 1566.
Cesar de Grimaldi-Gatieres, 1594.
Imperial & Charles de Grimaldi-Gatieres, 1603.
Jean-François de Grimaldi de Beuil, 1603.
Jean-Cesar de Grimaldi de Beuil, 1609.
Claude de Grimaldi-Courbons, 1632.
Felix de Grimaldi, 1658.
Pierre de Grimaldi-Courbons, 1666.
Charles de Grimaldi d'Antibe, 1681.
Ignace-Louis Felix de Grimaldi, 1712.
Frederic de *Grimaud-Antibes*, 1547. fuselé d'argent & de gueules.
Claude de Grimaud de Nice, 1616.
François-Frederic de Grimaud-Courbons, 1614.
Claude de Grimaud, 1632.
Claude de Grimaud, 1644.
Felix de Grimaud de Nice, 1657.
Charles de Grimaud-Regusse, 1667.
Baltazard de *Grimoard du Roure*, 1551, écartelé au premier & quatriéme, coupé, émanché d'azur & d'or qui est de Grimoard ; au second & troisiéme de sable, au lion d'argent, la bordure dentelée de même, qui est de Beauvoir, & sur le tout d'azur à l'arbre arraché de sinople, qui est du Roure.

Charles de Grimoard du Roure, 1664.
Louis & Gaston de Grimoard du Roure, 1671.
Baltazard de Grimoard du Roure, 1671.
Bernard de *Grossolles de Caumont*, 1477. de gueules à un lion d'or, couronné de même, naissant d'un lac d'argent, & un chef cousu d'azur, chargé de trois étoiles d'or.
.... de Grossolles d'Angeville, 1635.
Jean de Grossoles de Flamarens, 1566. & Jean-Arnaud son frere 15.... écartelé au 1. & 4. de Grossoles, comme ci-dessus ; au 2 & 3. tranché de gueules & d'or, qui est de Montastruc.
Jean de *Gruel-Laborel*, 1530. de gueules à trois grues d'argent.
Jean de Gruel-Laborel, 1610.
Jean de *Guerin*, 1644. de gueules à la colombe essorant d'argent, bequée & membrée d'or.
Esprit de Guerin, 1652.
Charles de Guerin, 1657.
Charles de Guerin, 1695.
Jean-Baptiste de Guerin, 1700.
Charles Probat de Guerin, 1701.
Louis de Guerin de Tansin, 1716. d'or à un Laurier arraché de sinople, au chef de gueules chargé d'une étoile d'or cotoyée de deux besans de même.
Charles de *Guerres*, 1530.
Louis de Guerre, 1540.
Pierre-Raimond de *Guers*, 1485.
Sebastien & Guillaume de Guers-Castelnau, 1553. d'or à un croissant renversé de gueules.
Guillaume de Guers-Castelnau, 1556.
Charles *Guiballi*, 1536.
Bernard de *Guibert-la-Rostide*, 1611. d'azur au lys de chêne fleuri, d'or accompagné de trois étoiles d'or, deux en chef & une en pointe.
Antoine de *Guiffrey du Frenoy*, 1608. d'or à la bande de gueules chargée d'un griffon d'argent.
Palamedes de *Guillen-Montjustin*, 1624. d'argent à un écu en cœur, chargé d'un lys d'argent, à une bordure d'azur chargée de huit étoiles d'or.
Louis de *Guimibal de Beraudie*, 1610.
Denis *Guiran*, 1544. d'azur à la bande d'or accompagnée de deux colombes d'argent bequées & membrées de gueules à la bordure engrêlée de même.
Jerôme de Guiran la Brillane, 1687.
Joseph de Guiran la Brillane, 1692.
Louis de Guiran la Brillane, 1692.
Benoît de *Guiscard*.
Horace de *Gubernatis*, 1700. coupé de gueules & d'argent à six croix

treflées, au pied fiché de l'un en l'autre, & rangées, 1, 2-2, & 1. Jerôme-Marcel de Gubernatis, 1713.

H

Antoine-Jean du *Hautpoul-Cassaignoles*, 1671. d'or à 2 faces de gueules accompagnées de six cocqs de sable cretez, bequez & barbez de gueules, & posez 3, 2 & 1.
Louis-François du Hautpoul-Rennes, 1672.
Joseph du Hautpoul, 1717.
Jean d'*Hebrard Saint Sulpice*, 1549. parti de gueules & d'argent.
Antoine d'Hebrard dit Pelegrin, 1594.
Gaudens d'*Hebrail*, 1556. d'azur à deux lievres d'or passants l'un sur l'autre.
Corbeiran d'Hebrail, 1585.
Alexandre d'Hebrail, 1614.
Antoine-Scipion d'Hebrail, 1645.
Jean-Baptiste d'*Herail-Brisis*, 1666. d'azur au n'avire d'or voilé & équipé d'argent, & voguant sur une mer aussi d'argent.
Pierre de l'*Here-Glandages*, 1538. d'argent à un lion de gueules.
Jean *Huchet de Langonner*, 1646.

I

Thomas de la *Jardine*, 1594. d'or vairé de sable, écartelé de gueules à trois coquilles d'or.
Jean-Vincent de la Jardine, 1628.
Gaspard de la Jardine, 1631.
Gaspard de la Jardine, 1639.
Dominique de la *Javie-Ricard*, 1696.
Jean de *Saint Jean en Bearn*, 1555. d'azur à une bande d...... accompagnée de deux cotices d...... chargées de huit rochs d'échiquier d.
Antoine de S. Jean S. Projet, 1558.
Antoine de S. Jean-Mousoulens, 1636.
Antoine de S. Jean-la Bastide-Mousoulens, 1646.
Charles de S. Jean-Mousoulens, 1647.
Antoine de S. Jean-Mousoulens, 1647.
Jacques d'*Iseran de Beauvoir*, 1578. d'azur au griffon d'or, au chef cousu de gueules.
Josseran d'*Isnard*, 1526. de gueules freté d'argent.
Gaspard d'Isnard de Salon, 1542.
Jean-Jacques d'Isnard de Fraissinet, 1589. d'azur au sautoir d'argent, accompagné de quatre Molettes d'or.
Jean d'Isnard, 1627.
Jean-François d'Isnard, 16..

Joseph d'Isnard, 1724.
Gaspar-Alexandre de *Johannis-la-Brillane*, 1631, d'or au lion de sable, armé & lampassé d'argent, au chef d'azur chargé de 3 étoiles d'or.
Jean-Augustin de Johannis-la-Brillane, 1638.
Jean-Baptiste de Johannis-Châteauneuf, 1647.
Jean-Augustin de Johannis-la-Brillane, 1668.
Charles de Johannis-Châteauneuf, 1668.
Charles de *Joigny-Bellebrune*, 1701. de gueules à un aigle esployé d'argent, béqué & membré d'or.
François *Isoard de Chenerilles*, 1578. d'or à une face de gueules accompagnée de trois loups naissans de sable, lampassez & armez de gueules, deux en chef & un en pointe.
François-Bertrand d'Isoard, 1660.
Pierre d'Isoard-Fraissinet, 1660.
Jean-Paul d'Isoard, 1664.
Baltasar d'Isoard, 1666.
Paul d'Isoard, 1671.
Jacques de la *Jugie-Rieux*, 1584. d'or à la face d'azur, parti d'or au lion de gueules qui est de Puydeval.
Henri de *S. Julien-Ferrier d'Auribeau*, 1691.
Antoine de *Justas-Châteaufort*, 1543.

L

Raimond du *Lac-la-Clausse*, 1667. d'argent à une bordure de gueules.
Raimond du Lac-la-Clausse, 1668.
Jean-Melchion du Lac-la-Clausse, 1678.
Joseph de *Laidet-Calissane*, 1657. de gueules à une tour ronde pavillonnée d'or.
Joseph Laidet de Calissane, 1661.
Pierre Laidet-Calissane, 1667.
Jacques de Laidet-Calissane, 1668.
Joseph de Laidet-Sigoyer, 1669.
Jean de Laidet-Sigoyer, 1701.
Louis de Laidet-Sigoyer, 1712.
Jean-Hiacinte de *Lagnes-Junius*, 1668.
Frederic de *Lambez Marembat*, 1588. écartelé au 1. & 4. d.. au lion d.. & au 2 & 3. ondé en pointe d.. & surmonté de deux besans.
François de *Lamejan de Jamet*, 1611.
Jacques de *Landes de S. Palais*, 1647. écartelé au 1. & 4. d'azur à un oye nageant dans une riviere de même ; au 2. & 3. de gueules à 7 fers de piques d'argent, posez 4. & 3.
Jacques de *Laffont S. Projet*, 1683. d'argent à une bande de gueules : Voyez la *Font*.

Jean-Olivier *Laſſere*, 1646. Voyez la *Sere*.
Jean de *Lambertie-Montbron*, 1603. d'azur à deux chevrons d'or.
Jean-Louis de *Langor-Monbadon*, 1640.
Leon de *Lanſac-Roquetaillade*, 1638. écartelé au 1. & 4. d'or à un lion de gueules ; au 2. d'or à un aigle éployé à 2. têtes de ſable ; au 3. facé, ondé, enté d'azur & d'argent.
Antoine de *Lari de la Tour*, 1612. d'azur à un pal d'or, accoſté de quatre autres de ſinople, au chef d'or chargé de trois corbeaux de ſable.
Jean-Louis de *Larroquan-Thous*, 1603. de gueules au roc d'argent, au chef d'argent, chargé de 2 orles de gueules : voyez la *Roquan*.
Jean-Baptiſte de *Laſcaris*, 1551. de gueules à un aigle à deux têtes d'or.
François de Laſcaris, 1554.
Honoré de Laſcaris, 1555.
Jean-Paul de Laſcaris, 1584.
Auguſtin de Laſcaris, 1594.
Annibal de Laſcaris, 1610.
Celeſtin de Laſcaris, 1634.
Jean Paul de Laſcaris, 1637.
Jean-Paul de Laſcaris-Caſtellar, 1638.
Claude-François de Laſcaris-Caſtellar, 1638.
Gaſpar de Laſcaris-Caſtellar, 1638.
Gaſpar de Laſcaris, & Claude-François de Laſcaris ſon frere, 1670.
George & Pierre de *Latier*, 1567. d'azur à trois fretes ou lacs d'amour d'argent, au chef de même.
André de Latier, 1608.
Charles de Latier-Bayane, 1635.
Joſeph de Latier S. Paulet, 1693.
Claude-Martin du *Lau*, 1701. d'or au laurier arraché de ſinople, traverſé d'un lion paſſant de gueules, armé & lampaſſé de même.
Jean-Charles de *Lauris-Taillades*, 1677. d'argent à trois bandes, celle du milieu de ſinople, les deux autres de gueules.
Jacques de *Lavedan*, 1517.
Louis de *Laugier-Verdaches*, 1643. d'argent au lion rampant de gueules.
Marc-Antoine de Laugier-Verdaches, 1662.
Jean-Baptiſte de Laugier-Beaucouſe, 1715.
Fulcrand de *Lauſieres*, 1485. d'or à un yeuſe de ſinople.
François de Lauſieres-Sainte-Bauliſe, 1645.
Jean-Antoine de Lauſieres-Sainte-Bauliſe, 1656.
Jean-Luc de Lauſieres-Sainte-Bauliſe, 1699.
Paul-Henri de Lauſieres-Sainte-Bauliſe, 1699.
Honoré de *Leaumond d'Arſac*, 1634. d'azur au faucon d'argent, perché, lié & grilleté de même.
Honoré de Leaumond-Puy-Gaillard, 1636.

René de Leaumond-Puy-Gaillard, 1701.
Florent de *Lentillac*, 1593. de gueules à la bande d'argent.
Pierre de *Lefcheraine*, 1554. d'azur à un bâton écotté d'or de sept nœuds, quatre dessus & trois dessous ; & pour support deux cirenes, pour cimier une cirene se regardant dans un miroir, & pour devise, sans tache.
Claude de Lefcheraine, 1607.
Baltafar de Lefcheraine, 1607.
Maturin de *Lefcout-Romegas*, 1547. parti au premier d'or à trois rochs d'échiquier de gueules; au second d'or à trois faces de gueules.
Maturin Lefcout-Romegas, 1565.
Renaud de Lefcout-Romegas, 1574.
Hercules de Lefcout-Romegas, 1609.
Maturin de Lefcout-Romegas, 1666.
Jean de *Lefcure*, 1513.
Pierre de Lefcure, 1514.
Barthelemi de Lefcure, 1631.
Antoine de *Leftrade*, 1550. d'argent à un lion de gueules.
Joseph de *Levis-Gaudiez*, 1671. d'or à trois chevrons de fable.
Alexis de Levis, 1677.
Christophe-François de Levis - Ventadour, 1606.
Antoine de *Liberton de Figueville*, 1639.
Antoine-Gabriel de *Ligondez*, 1716. d'azur semé de moletes d'or au lion rampant de même, brochant sur le tout.
André des *Comtes de Linguella*, 1592. bande d'azur & d'or de six pieces.
Annet du *Lion*, 1556.
Louis de *Loches*, 1654.
François de *Lombard Saint Benoift*, 1663. d'or à trois sempervives de sinople tigées de même, & posées 2 & 1.
Joseph de Lombard-Castellet, 1674.
Henri de Lombard-Benoift, 1993.
Pierre de Lombard - Castellet, 1698.
Jean *le Long*, 1669. d'or à un croissant d'azur entre un aigle éployé de sable, & un arbre de sinople planté sur une terrasse de même, au chef d'azur chargé de trois étoiles d'argent.
Charles & Guillaume de *Lopis-la-Fare*, 1660. de gueules au Château à deux tours d'argent, au loup passant d'or.
Marcel de Lopis-la-Fare, 1715.
Pierre de *Loques-Puimichel*, 1626. d'or à l'ours arrêté de gueules sommé d'une étoile de même.
Sebastien du *Loric-Lafcourmes-Laftours*, 1647.
Pons de *Lordat*, 1162. d'or à la croix de gueules.
Jacques de Lordat, 1640.
Jacques de Lordat de Bram, 1644.

Louis de Lordat de Bram, 1695.
Paul-Jacques de Lordat de Bram, 1696.
François de Lordat, 1700.
David de *Losse*, 1664. écartelé au premier d'azur à neuf étoiles posées 2 & 1. au second de gueules à deux faces d'argent au chef d'hermines; au troisiéme de Roquefeuil & au quatriéme d'azur, à la bande d'or, accompagnée en chef d'une étoile de même à la bordure d'or.
Hugues de *Loubens-Verdale*, 1545. de gueules au loup rempant d'or.
Gratian de Loubens, 1591.
Hugues de Loubens-Verdale, 1632.
Hugues de Loubens-Verdale, 1642.
Jean-François de la *Loubere*, 1625.
Jacques de *Louet Calvisson*, 1557, d'or à trois lambels de gueules posez l'un sur l'autre.
Jacques de Louet-Calvisson, 1560.
Louis de Louet-Aujargues, 1609.
Anne de Louet Saint-Ariban, 1617. parti au premier d'or au Château de gueules sommé d'une hache d'armes entre deux donjons de même; au second d'argent au noyer de sinople, & sur le tout d'or pur.
Louis de Louet-Calvisson, 1642.
Anne-François de Louet Ornaison, 1667.
François de Louet-Ornaison, 1670.
Charles-Louis de *Loupiac-la-Deveze*, 1664.
Jacques de *Louvet-Calvisson*, 1560.
Louis de Louvet-Nogaret-Calvisson, 1607.
...... de Louvet-Calvisson, 1617.
Louis de Louvet de Murat de Calvisson, 1643.
François de Louvet de Calvisson, 1670. d'azur à 4 pals d'or, accompagnez de roses d'or.
Jean de *Luppé*, 1513, d'azur à trois bandes d'or.
Jean-Bertrand de Luppé-Garrané, 1597.
Bertrand de Luppé-Garrané, 1600.
Jean-Gaston de Luppé-Castillon, 1623.
Gaston de Luppé-Castillon, 1627.
Marc-Roger de Luppé du Garrané, 1715.
Lion de *Lussan*, 1625.
Alexandre-Louis-Audibert de Lussan-Marcillac, 1719.

M

Louis de *Macanan*, 1544.
Joseph de *Madron*, 1662. d'or à un bœuf passant de gueules, au chef d'azur chargé de trois étoiles d'or.
Louis de *Maigne de la Salevave*, 1660. d'azur à une main dextre apaumée d'argent.

Bernard de *Maignaud-Montagut*, 1575. de gueules à trois befans d'or.
Jean de Maignaud-Montagut, 1627.
Jean de *Maillac*, 1547. d'azur à trois maffes d'or, 2 & 1.
Jean de Maillac, 1549.
Vidal de Maillac, 1549.
Antoine de *Maireville* dit *Agafin*, 1593. d'argent à trois nielles de finople, portant chacune trois fleurs d'argent.
Antoine de *Malenfant de Preiffac*, 1602. écartelé au premier & quatriéme à un aigle éployé d'argent; au 2 & 3 de gueules à trois faces vivrées d'argent, à une bande d'azur chargée de trois fleurs de lys d'or, brochant fur le tout.
Guyon de *Malleville-Tegra*, 1595. de gueules à 3 molettes d'argent.
André de la *Mamye*, 1662.
Jacques de *Marcel-Crochan*, 1599. d'argent à la bande de gueules, chargée de trois croiffans d'argent.
Jean, Jerôme & Lazare Marcel de Galean, 1616.
Jacques de Marcel-Crochan, 1639.
Michel de Marcel-Crochan, 1648.
Charles de Marcel-Ferrier, 1653. bandé d'or & de fable de fix pieces.
Jean-Baptifte de Marcel de Blain du Poët, préfenté en 1658.
Laurent-Marcel de Blein du Poët, 1693.
Salomon de *Margalet-Miribel*, 1614. d'azur à trois croiffans montans, pofez en pal l'un fur l'autre d'argent.
Henri de Margalet-Miribel, 1615.
Antoine de Margalet-Miribel, 1624.
Charles de Margalet, 1625.
Jofeph-Antoine de Margalet S. Auguile, 1670.
Antoine de Margalet, 1671.
Alexis de Margalet, 1696.
François-Louis de Margalet, 1696.
Jean de *Mars-Liviers*, 1571. d'azur à une bande d'argent, accompagnée de deux étoiles de même, au chef d'argent.
François de Mars-Liviers, 1597.
Jean-Victoire de Mars-Liviers, 1641.
François de *Marfeille* des Comtes de Vintimille, 1598.
Baltazar de Marfeille des Comtes de Vintimille, 1601. V. *Vintimille*.
André de *Martin-Puylobier*, 1561. d'azur à une colombe effovant d'argent, portant dans fon bec un rameau d'olivier de finople.
Charles de Martin-Puylobier, 1580.
Charles-Paul de Martin-Puylobier, 1594.
Melchion de Martin-Puylobier, 1610.
André & Etienne de Martin-Puylobier, 1623.
Pierre de Martin-Puylobier, 1626.
Charles de Martin, 1628.
Charles Martin-Puylobier, 1629.

Henri de Martin, 1633.
Louis de Martin de Viviez, 1665. d'azur à trois oyseaux volans d'argent, 2 & 1. à la pointe ondée d'or, & de gueules de quatre pieces.
Joseph de Martin-Puylobier, 1696.
Joseph de Martin-Puylobier, 1697.
François de Martin-Puylobier, 1698.
Antoine de Martin-Puylobier, 1702.
Louis de Martin-Puylobier, 1706.
Jean-Pierre de Martin-Puylobier, 1709.
Cesar de la *Martonie*, 1603. de gueules au lion d'or.
Jean de *Marzac de Saulhac*, 1571. d'azur à trois rochs d'Echiquier d'argent.
Jacques de *Mas-Massals*, 1618. de gueules à un Tau ou croix de Saint Antoine d'argent, accosté à senextre d'un arbre arraché de sinople.
Jean-Baptiste du Mas-Castelane-Allemagne, 1631, d'azur à une face d'or, accompagnée de trois besans de même, écartelée de Castelano qui est de gueules à un Château sommé de trois tours d'or.
Jean du Mas de Castelane-Allemagne, 16 . . .
Marsal de *Massas*, 1546. d'argent à la bande de sable.
Pierre & Louis de *Massués-Vercoiran*, 1565. d'azur aux cornets d'or.
Joseph-François de *Massencome-la-Garde-Monluc*, 1663. d'azur au loup rampant d'or, écartelé d'or au tourteau de gueules.
Antoine-Alexandre-Augustin de *Matharel*, 1676. d'azur à la croix d'or cantonnée de trois étoiles d'argent à la terrasse de gueules, posée en pointe, & chargée de trois lozanges d'or, rangez en face.
Antoine de *Matheron-Salignac*, 1614. d'azur à une voile en poupe d'argent, attachée à une antenne posée en face d'or, liée de gueules, & accompagnée en pointe d'un rocher d'or, sur une mer de pourpre.
François de *Mathieu du Revest*, 1624. de gueules à trois colombes d'argent.
Philippe-Auguste de *Maubec-Cartoux*, d'or à deux leopards passans l'un sur l'autre de gueules.
Jean-Jacques de *Mauleon-la-Bastide*, 1571. de gueules, au lion d'argent.
Antoine de Mauleon, 1618.
François de Mauleon-Savilhan, 1674.
Jean-Scipion de *Maurel d'Arragon*, 1650. d'azur à un chevron d'or; & trois molettes d'éperon de même, 2 & 1.
Antoine de la *Mazeres-Gramont*, 1598. d'azur à deux loups passans d'or.
Mansuet de *Meaux*, 1544.
André de *Meiran d'Ubaye*, 1592, palé contrepalé de cinq pieces

d'argent, & d'azur à une face d'or brochant sur le tout.

Jacques de Meiran d'Ubaye, 1649.

Bernard de *Melignan-Triguan*, 1567. d'azur au lion d'or, écartelé d'argent à la plante d'artichaud de sinople.

Thomas-Joseph de *Merles-Beauchamps*, 1634. d'azur à la bande d'argent, chargée de trois merles de sable à la bordure d'or.

Jean-Baptiste de *Michaëlis*, 1661. d'or à une face d'azur, chargée de trois croix fleuronnées au pied fiché d'or, accompagné de trois sempervives de sinople sans tige, l'écu bordé, engrelé de gueules.

Charles de Michaëlis, 1669.

Pierre-Paul de *Miossens-Sanson*, 1624. écartelé au 1 & 4 d'azur à un lion d'or; au 2 & 3 d'or plein.

Paul-Jean de *Mistral-Mondragon*, 1654. de sinople à un chevron d'or chargé de trois trefles d'azur, écartelé de Mondragon qui est de gueules à un dragon monstrueux, ayant face humaine, sa queue aboutissant en serpent appuyé sur un de ses pieds, & de l'autre tenant sa barbe aboutissant aussi en serpent.

Joseph de *Modenes-Pommerol*, 1699.

Anne de *Molette-Morangers*, 1665. d'azur au cor de chasse d'argent lié de même, accompagné de trois molettes d'éperon aussi d'argent, 2 en chef, & un en pointe.

Ferrand de *Moncalme-Castellet* 1597. d'azur à trois colombes d'argent béquées & membrées de gueules, de sable à la tour écartelée surmontée de trois tourelles d'argent.

Antoine de *Mondenard*, 1549. écartelé d'argent & d'azur.

Madelon de *Monier de Sausses*, 1649. de gueules au chevron d'or, accompagné de trois têtes d'aigle, arrachées d'argent.

Louis de Monier-Sausses, 1709.

Jean de *Mourlhon-Laumiere*, 1644. d'azur à un lion accompagné de trois besans d'or.

Jean de *Mons-Savasse*, 1592. bandé d'or & de sable de huit pieces.

Jean de Mons-Savasse, 1599.

Jean de Mons-Verlieu-Savasse, 1629. d'or à quatre bandes de sable.

Pierre de Mons-la-Caussade, 1638.

Pierre de Mons-la-Caussade, 1639.

Jean-Baptiste de Mons-Savasse, 1663.

Jean de Mons-Savasse, 1667. d'or à quatre bandes d'or.

Jean François de Mons, 1667.

Jean de Mons, 1670.

Joseph de Mons-la-Caussade, 1671.

Jean Pons de Mons-Caussade, 1671.

Antoine de *Monstier-Ventaron*, 1549. d'azur au lion d'or.

Joseph de Monstier.

Jean de *Monstvejols*, 1554. de gueules à la croix fleurdelisée d'or, à la bordure componée de huit pieces d'argent.

Charles de Monstvejols, 1718. de gueules à la croix fleurdelisée d'or,

accompagnée de six billettes de même mises en ordre.
Jean-Blaise du *Mont*, ou de *Mun*, 1691. d'azur au mont d'or.
Roger du Mont, 1634.
Jean du Mont, 1675. écartelé au premier & quatriéme d'azur, au monde ou mont d'or, au 2 & 3 de sinople.
Jean du Mont de Cardaillac-Sarlabous, 1672.
Jean de *Montagut-Fromigeres*, 1526. de gueules à une tour donjonnée de trois pieces l'une sur l'autre d'argent.
Jerôme de Montagut-Fromigeres, 1559.
Joachim de Montagut-Fromigeres, 1572.
Henri-Antoine de Montagut, 1613.
Pierre de Montagut, 1627.
Joseph de Montagut-Bouzols, 1653.
Joseph de Montagut-Fromigeres, 1669.
Joseph de Montagut-Bouzols, 1685.
Michel de Montagut.
Nicolas de *Montaud-Castelnau*, 1628. lozangé d'argent & d'azur.
Philippe Timoleon de Montaut-Labat, 1649. d'argent à l'arbre de sinople accosté de deux corbeaux affrontez de sable.
Mathieu de *Montblanc-Sausses*, 1563. à la face accompagnée de deux miroirs ronds.
Guillaume de *Montesquieu*, 1551. d'argent à quatre chevrons de sable.
Claude de *Monteynaud-la-Pierre*, 1608. vairé au chef de . . . . chargé d'un lion naissant de . . . .
Jean de *Montfaucon-Roquetaillade*, 1625. de gueules à un faucon d'argent posé sur un coupeau de même.
François de Montfaucon, 1625.
Pierre de *Montlezun*, 1513. d'argent au lion couronné de gueules, & neuf corneilles de sable béquées & membrées de gueules, posées en orle.
François de Montlezun, 1581.
François de Monlezun-Campaigne, 1682.
Hypolite-Joseph de Montlezun-Besmaux, 1644.
Philippe-Antoine de Montlezun, 1687.
Jean de *Montluc*, 1556.
Jules, bâtard de *Montmorenci*, 1578.
Melchion de *Montolieu*, 1584. facé d'or & d'azur de six pieces.
Jean de Montolieu, 1593.
Pierre de Montolieu, 1597.
Honoré de Montolieu, 1604.
Charles de Montolieu, 1682.
Michel de Montolieu, 1701.
Scipion-François de Montolieu, 1701.
Jean-Augustin de Montolieu, 1701.
François-Ciprien de Montolieu, 1701.

Nicolas de Montolieu, 1702.
Pierre & Sebastien de *Montredon*, 1572. de gueules au lion d'or à la bordure d.... componée de huit compons d'or.
Jean & Gaspard de Montredon, 1613.
Louis de *Moreilhan*, 1632. d'or à un chevron d'azur, accompagné de trois mouchetures d'hermine de sable.
François & Christophe de *Moretton-Chabrillan*, 1546. d'azur à une tour d'argent donjonnée de trois pieces de même, & une pate d'ours d'or mouvante en bande de la pointe du flanc senextre de l'écu, & touchant à la porte de la tour.
Bertrand de Moretton-Chabrillan, 1621.
Claude de Morettoh, 1624. d'or au Château d'azur sommé de trois tours.
Claude de Moretton-Chabrillan, 1665.
Joseph Toussaint de Moretton-Chabrillan, 1711.
Louis de Moretton-Chabrillan, 1713.
Apollinaire de Moretton-Chabrillan, 1709.
Guigue de *Morges*, 1549. d'azur à trois têtes arrachées de lion d'or, lampassées de gueules couronnées d'argent.
François de Morges-Ventaron, 1625.
François Morges, 1723.
Marc-Antoine de *Morlhon-Laumiere*, 1658. d'argent au lion de sable.
Claude de Morlhon-Laumiere, 1677.
Gaspar de la *Motte*, 1547. de gueules au leopard d'or traversé d'une face d'azur, & un chef d'or chargé d'un aigle de sable.
Charles de la Motte d'Issault, 1653. d'argent à trois saulx de sinople, posez sur une terrasse de même.
Philippe-Joseph de la Motte-Saint-Pardous, 1660.
Charles de la Motte d'Orleans, 1666.
Jean de *Mottet*, 1628. d'azur à trois bandes d'argent, au chef cousu de gueules, chargé de trois lozanges aussi d'argent.
Antoine de *Mourene*, 1578.
Jean de *Murat*, 1559.
Henri de *Murviel*, 1624. écartelé au 1. & 4. parti d'or, & de gueules, au 2. & 3. d'or, au Château sommé de trois donjons pavillonnez d'azur, maçonnez d'argent.
Henri de Murviel, 1625.
Jean-Louis de Murviel, 1659.

N

François de *Naucase*, 1593. d'argent au lion passant de sable, armé & lampassé de gueules, surmonté d'une vache passante de gueules, accornée, clarinée & accolée de sable, au chef d'azur, chargé d'un navire d'argent.

André de *Nemont*, 1659. d'or à trois cors de sable enguichez de gueules.

Richard de *Nini-Claret*, 1586. écartelé au 1. & 4. d'azur à un arc-en-ciel, accompagné en chef de trois étoiles d'or, & en pointe d'un soleil de même ; au 2. & 3. de Nini, de gueules à un Château sommé de trois tours d'argent.

Jean de *Noble des Plats S. Amadour*, 1647. écartelé au 1. d'or ; au 2. & 3. d'azur, & au 4. d'argent : les deux premiers quartiers chargez d'un aigle à deux têtes, parti de sable & d'argent, & couronné d'or.

Pierre de *Nogaret*, 1552. d'or au noyer de sinople, au chef de gueules chargé d'une croix d'argent.

Nicolas de Nogaret-Roqueferiere, 1557.

Louis de Nogaret-Calvisson, 1639.

Pierre de *Noue*, 1515. lozangé d'or & de gueules.

Hector de Noue, 1569.

Hector de Noue, 1573.

Hector de Noue, 1576.

Alexandre de Noue-Montoussin, 1587.

Alexandre de Noue-Monlezun, 1589.

Jean-Baptiste-Joseph de *Nupces*, 1701. d'azur à deux chevrons d'or, accompagnez de deux étoiles en chef d'argent, & d'un croissant de même en pointe.

François de Nupces, 1704.

O

François d'*Olivier*, 1663. d'azur à 3 colombes d'argent volantes, rangées en bande, la première portant en son bec un rameau d'Olivier de sinople.

Joseph d'Olivier, ou Olivaris, 1700.

Charles-Felix d'*Oraison-Boulbon*, 1642. de gueules à trois faces ondées d'or.

Louis d'Oraison-Boulbon, 1645.

Odet d'*Orbessan*, 1560.

Philippe-Pierre d'Orbessan-Lissac, 1619. d'azur au lion d'or, écartelé d'azur au besan d'or.

Baltasar d'*Orleans-la-Motte*, 1717. de gueules au lion rampant d'or, traversé d'une cotice d'azur, le chef d'or chargé d'un aigle éployé de sable.

P

Chavarin de *Pageza d'Aza*, 1330. de gueules au chef d'argent.

Philippe de Pageza, 1686.

Bertrand de Pageza d'Aza, 1697.

Jean-François de *Pallavicini*, 1701. cinq points d'or équipoez de

4. d'azur, au chef d'or chargé d'une eſtacade alezée de ſable.
Jean-Barthélemy de Pallavicini-Sforce, 1711.
Joſeph de *Paniſſe-Montfaucon*, 1547. d'azur à 12. épis de bled d'or, poſez 6, 4. & 2.
Jean de Paniſſe, 1570.
Charles de Paniſſe-Merveilles, 1582.
Octave de Paniſſe, 1613.
Joſeph de Paniſſe-Oiſelet, 1618.
Aimar de *Pardaillan*, 1557.
Jean-Louis de Pardaillan-Gondrin-Montéſpan, 1620. écartelé au 1. d'or, à un Château de gueules, ſommé de trois tours de même, & ſurmonté de trois têtes de Mores de ſable, tortillées d'argent : au 2. & 3. d'argent à trois faces ondées d'azur ; au 4. d'or à trois tourteaux de gueules, 2. & 1. ſeneſtrées d'une clef de même pérye en pal, & ſur le tout d'argent à un lion de gueules, & une bordure de ſinople, chargée de ſept écuſſons d'or, à une bordure de gueules.
François-Joſeph de *Pavée-Villevieille*, 1685. d'azur à trois chevrons d'or.
Louis-Henry-Annibal de Pavée-Villevielle, 1708.
Arnaud de *Pavie-Fourquevaux*, 1651. vairé d'or & de ſinople.
Antoine de *Paule*, 1571. d'azur à un Paon rouant d'or ſur une gerbe de même, & un chef de gueules, chargé de trois étoiles d'or.
Antoine de Paule, 1572.
Antoine de Paule, 1649.
Jean-Antoine de Paule, 1652.
François de Paule, 1672.
Pierre de *Parvieres*, 1513.
Charles de *Pechpeyrou-Guitaud*, 1612. d'argent au lion de ſable, armé, lampaſſé, & couronné de gueules.
Charles de Pechpeyrou Comenge-Guitaud, 1621.
Charles de Pechpeyrou-Comenge-Guitaud, 1631.
Charles de Pechpeyrou-Comenge-Guitaud, 1651.
François de Pechpeyrou-Beaucaire, 1667.
Hector *Pelegrin-la-Roque*, 1540. de gueules à un bourdon d'argent, poſé en pal, & accoſté de deux coquilles de même.
Bernard de *Penne-la-Ferrandie*, 1584.
Jean de *Perier d'Allons*, 1688.
Louis de *Peruſſis*, 1609. d'azur à trois poires d'or, tigées & feuillées de même, poſées 2. & 1.
Fabrice de Peruſſis du Baron, 1642.
François *Petit de la Guierche*, Commandeur de l'Iſle Bouchard, 1646.
Louis *Picher-la-Roche-Picher*, Commandeur de Mauleon, 1646.
Jacques de *Pichon-Pradelle*, 1612. d'azur au chevron d'or, accompagné en chef de deux étoiles de même, & en pointe d'un croiſ-

sant d'argent, surmonté d'un agneau passant de même.
Jacques de Pichon-Muscadel, 1663.
Jacques de Pichon; 1664.
Odon de *Pins*, 1294. de gueules à trois pommes de pin d'or, la pointe en haut. G. M.
Girard de Pins, 1335.
Roger de Pins, 1355.
François de Pins, 1525.
Louis de Pins-Monbrun, 1554.
Bertrand de Pins, 1560.
René de Pins, 1571.
François de Pins, 1593.
Roger de Pins, 1671.
Roger de Pins, 1695.
Clemens de Pins, 1700.
Clemens de Pins, 1704.
François-Clemens de Pins, 1712.
Clemens de Pins, 1715.
Joseph-François de *Piolenc*, 1684. de gueules à six épics de blé d'or, posez 3. 2. & 1. à une bordure engrelée d'or.
Henri-Augustin de Piolenc, 1691.
Joseph-Gaspar de *Plantavit-Margon*, 1663. d'azur à un arche d'or, flotant sur des ondes d'argent, suportant une colombe d'or onglée, béquée de gueules, & tenant en son bec un rameau d'Olivier de sinople, écartelé d'azur à trois fleurs de lys fleuries d'or, posées 2. & 1. qui est d'Assas.
François-Marie de *Pocapaglia*, 1555.
Jean-Paul de Pocapaglia, 1588.
Jean-Baptiste de Pocapaglia, 1588.
Gabriel de *Podenas*, 1534. d'argent à quatre faces ondées d'azur.
Jean de *Poitiers-Alan*, 1491. d'azur à 6 besans d'argent, 3. 2. & 1. & un chef d'or.
Denis de *Polastron*, 1519. d'argent au lion de sable.
Jean-François de Polastron-la-Hiliere, 1557.
Denis de Polastron-la-Hiliere, 1592.
Jean-Gabriel de Polastron-la-Hiliere, 1646.
François de Polastron-la-Hiliere S. Cassien, 1651.
Charles de Polastron, 1662.
Jerôme de Polastron-la-Hiliere, 1697.
Bertrand *Poloquin*, 1582.
Jean de *Pompadour*, 1621.
Bertrand de Pompadour, 1621.
Bertrand de Pompadour, 1623.
Jean-Baptiste de *Pomat*, 1612.
Jean-Baptiste de Pomat, 1613.
Rostaing de *Pons*, 1571. d... à la tête de bœuf.

Antoine

Antoine du *Pont*, 1560. écartelé en fautoir d'azur & d'or à une tête de lion arrachée d'or, pofée fur l'azur.
Jean-Baptifte du Pont, 1557.
Louis du Pont, 1572.
Pierre du Pont du Goult, 1624.
Pierre du Pont du Gean, 1628.
Jean-Baptifte de *Pontac-Monplaifir*, 1603. de gueules à un pont de trois arches d'argent, maçonné de fable.
Charles de Pontac, 1625.
Louis-François de Pontac, 1674.
Jean-Antoine de *Portanier* 1652. d'azur à la bande d'argent, accompagnée de deux rofes de même.
Honorat de *Pontevez*, 1532. de gueules au pont de deux arches d'or, écartelé d'or à un loup d'azur.
François de Pontevez, 1539.
Claude & Pierre de Pontevez, 1540.
Honoré de Pontevez d'Amirat, 1552.
Antoine de Pontevez, 1561.
Gafpar de Pontevez, 1563.
Gafpar de Pontevez, 1565.
Gafpar de Pontevez, 1567.
François de Pontevez, 1569.
Jofeph-François de Pontevez, 1572.
Jacques de Pontevez, 1572.
Jean-Baptifte, Fouques & Baltafar de Pontevez, 1573.
Antoine de Pontevez, 1573.
Louis de Pontevez, 1573.
Antoine de Pontevez, 1576.
François de Pontevez, 1579.
François & Baltafar de Pontevez, 1613.
Jean de Pontevez, 1614.
Jean de Pontevez 1617.
François de Pontevez, 1618.
Jean de Pontevez Caftellar, 1631.
Gafpar de Pontevez-Bargeme, 1633.
Gabriel de Pontevez-Biez, 1640.
Gabriel de Pontevez-Buous, 1642.
Gafpar de Pontevez-Bargeme, 1642.
Alexandre de Pontevez-Bargeme, 1644.
François de Pontevez S. André, 1648.
Claude de Pontevez-Bargeme, 1658.
Antoine de Pontevez-Giens, 1660.
Annibal de Pontevez-Bargeme, 1661.
Jofeph & Jean de Pontevez-Bargeme, 1663.
Pierre de Pontevez-Bargeme, 1666.
Jofeph-François de Pontevez-Giens, 1672.

Claude de Pontevez-Bargeme, 1678.
Henri de Pontevez, 1679.
Henri de Pontevez-Bargeme, 1683.
Alexandre de Pontevez, 1685.
Louis de Pontevez-Tournon, 1695.
Alphonse de Pontevez - Mauboufquet, 1700. écartelé au 1. & 4. de gueules, au pont de deux arches d'argent, maçonné de sable qui est Pontevez; au 2. & 3. d'or au loup ravissant d'azur qui est Agoust.
François de Pontevez-Tournon, 1700.
Jean-Baptiste de Pontevez-Tournon, 1706.
Louis de Pontevez-Mauboufquet, 1708.
Jean François de Pontevez, 1710.
Alexandre de *Pontis*, 1606. de gueules à un pont à deux arches d'argent sur une riviere de même.
François de Pontis, 1664.
Porcellus *Porcellet*, 1194. d'or au porc paffant ou truye de fable.
Guillaume de Porcellet, 1200.
Godefroy de Porcellet, 1266.
Jean de Porcellet, 1485.
Taneguy de Porcellet-Maillane, 1519.
Jean de Porcellet-Fos, 1539.
Jean de Porcellet-Fos, 1541.
Robert de Porcellet-Maillane, 1547.
Jean de Porcellet-Fos, 1561.
Jean de Porcellet-Maillane, 1582.
Pierre de Porcellet d'Ubaye, 1592.
Maurice de Porcellet d'Ubaye, 1592.
Jean de Porcellet, 1612.
Jean de Porcellet, 1637.
Marc-Henri de Porcellet, 1657.
François-Louis de Porcellet, 1694.
François-Louis de Porcellet, 1710.
Joseph-Auguste de Porcellet, 1714.
François-Joseph de Porcellet, 1715.
Gabriel de *Poudenas*, 1539.
François de Poudenas, 1609.
Antoine de *Poudenx*, 1712. d'or à trois levriers de gueules paffans l'un fur l'autre.
Pierre-Emanuel de *Pourroy-Laube-Riviere*, 1724. d'or à trois pals de gueules, au chef d'azur, chargé de trois mollettes d'argent mifes en face.
Pierre de *Pracontal*, 1525. d'or au chef d'azur chargé de trois fleurs de lys d'or.
Jean du *Pré*, 1625, d'azur à trois trefles d'or.
Henri du Pré, 1657.
René du Pré, 1659.

René du Pré, 1660.
Joseph du Pré, 1666.
Antoine de *Preissac*, 1528. écartelé au 1. & 4. d'argent, au lion de gueules, armé, lampassé & couronné d'azur, parti d'azur à trois faces d'argent ; au 2. & 3. d'or au lion de gueules, armé & lampassé d'azur, l'écu bordé d'azur, qui est de Marestaing.
Charles de Preissac, 1532.
Louis de Preissac-Esclignac, 1670.
François de *Privat - Fontanilles*, 1656. d'or à la croix de gueules, accompagnée de 4 serpens de sinople.
Guillaume de *Provenquieres - Monjaux*, d'azur à deux rameaux de Provenche d'or, passez en double sautoir.
Jean de Provenquieres-Monjaux, 1669.
Joseph de *Prunier-Beauchaine-Saint-André*, 1700. de gueules à la tour donjonnée d'argent, maçonnée, crenelée de sable.
Guy del *Puech du Carmoux*, 1612. d'argent à une Croix Patriarchale de gueules.
François de *Puget*, 1541. de gueules à une étoile à plusieurs rais d'argent, écartelé d'or à un belier de sable accolé d'argent.
Jacques de Puget, 1544.
Gaspard de Puget, 1547.
François de Puget, 1549.
Louis de Puget, 1555.
Melchior de Puget - Roquebrune, 1557. d'or à une montagne de gueules, sommée d'une fleur de lys, au pied fiché de même.
Boniface de Puget, 1559.
Antoine de Puget, 1561.
Jerôme de Puget, 1569.
Honoré de Puget-Chastuel, 1570. d'argent à la vache passante de gueules, sommée entre les deux cornes d'une étoile d'or.
Jean-François de Puget, 1575.
Claude de Puget, 1593.
Claude de Puget, 1595.
Antoine de Puget, 1601.
François de Puget-Barbantane, 1623.
Jean de Puget-Chastuel, 1635.
César de Puget, 1639.
Marc-Antoine de Puget-Cabassole, 1658.
Joseph de Puget-Clapiers, 1659.
François de Puget-Riviere, 1663.
François de Puget, 1666.
Valentin de Puget, 1671.
Pierre de Puget-Saint-André, 1674.
Antoine de Puget-Châteauneuf, 1682.
Valentin de Puget-Saint-André, 1684.
Sextius de Puget-Barbantane, 1695.

Jean-Baptiste de Puget-Barbantane, 1718.
Joseph-Honoré de Puget-Barbantane, 1723.
Domenge du *Puy*, 1516.
Claude du Puy-Rochefort, 1567. d'or au lion de gueules, armé & lampassé d'azur.
François du Puy-Trigonan, 1604.
Louis du Puy-Saint-André, 1715.

Q

Honoré de *Quiqueran de Beaujeu*, 1582. parti d'or & d'azur émanché de l'un en l'autre.
Claude de Quiqueran-Ventabren, 1629.
François de Quiqueran-Beaujeu, 1634.
Paul-Antoine de Quiqueran-Beaujeu, 1637.
Jean de Quiqueran-Ventabren, 1647.
François-Louis de Quiqueran-Ventabren, 1655.
Jacques & autre Jacques de Quiqueran, 1657.

R

Honoré de *Rabasse de Vergons*, 1631. d'azur à un Château d'argent composé de cinq tours rangées, celle du milieu plus élevée que les deux autres, & celles-ci que leurs voisines en décroissant, accompagné en pointe d'une trufle, qui en provençal, s'appelle une rabasse, aussi d'argent.
Lazare de Rabasse-Vergons, 1661
Jean de *Rabastens-Paulin*, 1545. de sable à trois raves d'argent, ou au naturel.
Imbert-Louis de *Rabat-Vasselieu*, 1635.
Pierre de *Rafelis-Rognes*, 1626. d'azur à trois chevrons d'or.
Pierre de Rafelis-Granbois, 1706. écartelé au 1. & 4. d'or à une croix recroisetée d'azur; au 2 & 3 de gueules, à un roc d'Echiquier d'argent.
Michel-Jules de Rafelis-Granbois, 1706.
Jean de *Raimond-Modene*, 1550. d'argent à la croix de gueules, chargée de cinq coquilles d'argent.
Antoine de Raimond-Modene, 1552.
François Raimond Modene, 1557.
Marc-Antoine de Raimond d'Eaux, 1561. d'or à trois aigrettes de sable, rangées en face, & accompagnées de trois faces d'azur, 2 audessus des aigrettes, & une audessous.
Pierre de Raimond d'Eaux, 1562.
Conrard de Raimond-Modene-Pomerols, 1567.
Pierre de Raimond d'Eaux, 1568.
Jacques de Raimond Modene, 1592.

Gabriel-Philippe de Raimond, 1598.
Paul de Raimond-Modene, 1603.
Jean-Baptiste de Raimond, 1603.
Louis de Raimond-Modene, 1606.
Jean-Baptiste de Raimond, 1633.
Jean de Raimond-la-Visclede, 1633. d'or à six tourteaux de gueules posez 2-2 & 2. dans une égale distance.
Conrard de Raimond. Modene-Pomerols, 1640.
Conrard de Raimond-Modene & Pomerols, 1641.
Charles de Raimond-Modene, 1658.
Joseph de Raimond-Modene-Pomerols, 1660.
Jean de Raimond d'Eaux, 1662.
Jean-François de Raimond Modene, 1664.
Conrard de Raimond-Modene-Pomerols, 1676.
Joseph de Raimond d'Eaux, 1677.
Louis-Joseph de Raimond, 1685.
Louis de Raimond d'Eaux, 1687.
François de Raimond d'Eaux, 1693.
Scipion-Joseph de Raimond d'Eaux, 1697.
Paul-Cajetan de Raimond-Modene, 1698.
Melchior-Joseph, & Jean-Baptiste de Raimond-Modene-Pomerols, 1700.
Gaspard de Raimond d'Eaux, 1703.
Jean-Joseph de Raimond-Modene, 1707.
Jean-Baptiste de Raimond-Pomerols, 1709.
Baltazar de Raimond d'Eaux, 1709.
Jean-Baptiste de Raimond-Pomerols, 1710.
Joseph de Raimond d'Eaux, 1714.
Louis François de Raimond-Modene, 1715.
Pierre-Antoine de Raimond d'Eaux, 1717.
Jean-Baptiste de *Rame-Castelane*, 1669. d'argent au lion de sable, armé, lampassé de gueules.
Antoine de *Ranc-Vibrac*, 1661. d'azur au rocher d'or, chargé de 2 palmes de même, accostées de 2 roses aussi d'or, & surmontées en chef d'un croissant d'argent.
Claude de *Raoux*, 1654. d'or à une croix patée de sable, bordée de gueules.
Charles-Antoine de Raoux, 1665.
Joseph de *Raousset*, 1697. d'or à une croix patée de sable, bordée de gueules.
Charles-Jean-Baptiste de Raousset, 1698.
Jean-Baptiste-Didier de Raousset, 1698.
Joseph-Antoine-Benoît de Raousset, 1699.
Melchior-Jean-Antoine de Raousset, 1699.
Jacques de *Rascas*, 1670. d'or à une croix fleuronnée, au pied fiché de gueules, au chef d'azur chargé d'une étoile à huit rais d'or.

André de Rafcas-Canet, 1683.
Joseph-Hugues de Rafcas-Canet, 1692.
Jean-Gabriel de *Rafpaud-Colomiez*, 1608. d'azur au lion d'argent.
Gaspard de *Raxi-Flaffan*, 1661. d'or à un aigle Imperial de fable, & une bande ondée d'argent brochant fur le tout.
Charles de Raxi-Flaffan, 1661.
Charles de Raxi, 1663.
François de *Rate - Cambous*, 1614. d'azur à trois étoiles d'argent, 2 & 1.
Jean de Rate-Cambous, 1614.
François de Rate, 1615.
Jacques de *Calvi de Reillane*, 1653. échiqueté d'argent & de fable, & écartelé de Reillane, qui eft d'azur à un foc de charrue d'argent, pofé en bande. *Voyez Calvi.*
André-François de Reilhane, 1681.
Alexandre de Reilhane, 1691.
Pierre de *Remufat*, 1547. une gerbe accompagnée de deux étoiles.
Louis de *Renaud*, 1422. de gueules à dix lozanges d'or, jointes enfemble, & pofées 4-4 & 2.
Gilles de Renaud, 1637.
Philippes-Emanuel de Renaud d'Alain, 1637.
Jean *Ricard*, Commandeur d'Aix en 1364. d'or au griffon de gueules.
Raimond Ricard, 1446.
Guillaume Ricard, 1470.
Raimond Ricard, 1522.
Ange-Sextius de Ricard, 1698. d'or au griffon de gueules, au chef d'azur, chargé d'une fleur de lys d'or.
Jules-Vincent de Ricard, 1698.
Dominique de Ricard, 1700.
Jules de Ricard, 1704.
Jean-Etienne de Ricard, 1709.
Jean-Baptifte de Ricard, 1710.
Marc de la *Richardie d'Auliac*, 1703.
Jean du *Rieu*, 1619. d'azur à trois ondes d'argent, furmontées d'une face de même, & de trois fleurs de lys d'or, rangées en chef.
Thomas-Albert de *Riqueti-Mirabeau*, 1639. d'azur à la bande d'or, accompagnée vers le canton feneftre du chef d'une demi fleur de lys, dont il fort un lys de jardin d'argent, & trois rofes d'argent mifes en bande du côté de la pointe.
Thomas-Albert Riqueti, 1640.
François de Riqueti-Mirabeau, 1645.
François de Riqueti, 1647.
Louis de Riqueti-Mirabeau, 1650.
François-Annibal de Riqueti, 1667.
Jean-Antoine de Riqueti-Mirabeau, 1678.
Victor de Riqueti-Mirabeau, 1716.

Thomas de *Riviere*, 1550. de gueules à la croix componée d'or & d'azur.
François-Emanuel de Riviere, 16...
Paul-Antoine *de Robins-Gravezon*, 1604. facé d'or & de gueules de de quatre pieces, l'or chargé de trois merlettes de fable, posées 2. & 1.
Torquat de Robins-Gravezon, 1614.
Richard de Robins-Barbantane, 1652.
Jean-François de Robins-Barbantane, 1654.
Guy de Robins Barbantane, 1658.
Paul-Antoine de Robins-Gravezon, 1671.
Charles-Augustin de Robins-Barbantane, 1674.
Antoine de Robins-Graveson, 1674.
Joseph-Marc-Antoine de Robins-Barbantane, 1692.
Henri de Robins-Pradal de Beauregard, 1701.
Pierre de *Rochas*, 1522. de gueule à une rose sans tige d'or, au croissant d'argent.
Baltazar & Honoré de Rochas-Aiglun, 1556.
Baltazar & Honoré de Rochas, 1557.
...... Rochas-Aiglun, 1575.
Guyot de Rochas-Aiglun, 1579.
Louis de la *Roche*, 1655. écartelé au 1 & 4 de gueules à 3 rocs d'échiquier d'or, 2 & 1; au 2 & 3 d'azur à une croix d'argent.
Antoine de la Roche-Lavedan, 1661.
François de *Rochechouard*, 1545. facé, enté d'argent & de gueules de 6 pieces.
Honoré de Rochechouard-Faudoas, 1550.
Jean-Pierre de Rochechouard-Clermont, 1662.
Jean-Joseph de Rochechouard-Barbasan-Faudoas, 1664.
Joseph de Rochechouart-Faudoas, 1669.
Pierre de Rochechouard-Clermont, 1712. écartelé au 1 d'azur à la croix d'or; au 2 de France, au 3 d'argent à 4 chevrons de sable: au quatriéme parti au 1 d'Arragon; au deuxiéme de Bearn : & sur le tout facé, enté, ondé d'argent & de gueules de six piéces.
Jean de *Rocosel*, 1564. d'azur à trois rocs d'Echiquier d'or, 2. 1.
Charles-Antoine de *Rodel*, 1528. d'azur à la bande échiquetée d'or & de gueules de trois traits.
Jean & autre Jean de *Rodulph*, 1574. échiqueté d'or & de gueules, chargé d'une lisse, ou pont de bois d'or, & d'une étoile de même.
Arnaud & François de Rodulph-Beauvezer, 1614.
Jean de *Rois-Ledignan*, 1584. d'azur à l'aigle éployé à deux têtes d'or.
François des *Rolands*, 1583. d'azur au cor de chasse d'or, lié, virolé & enguiché de gueules à trois pals retraits de même, mouvant du chef.

Antoine des Rolands, 1597.
Pierre des Rolands-Reillanete, 1646.
Jean des Rolands-Reillanete, 1653.
Jean des Rolands-Cabanes, 1653.
Joseph des Rolands-Reauville, 1677.
Joseph des Rolands de Reauville, 1695.
Jean-Antoine-Louis-François des Rolands-Reillanete, 1700.
Jean-Baptiste-Joseph des Rolands-Reillanete, 1700.
Paul-Augustin des Rolands-Reauville, 1704.
Joseph-Guillaume des Rolands-Reauville, 1713.
Antoine des Rolands-Reauville, 1724.
Bertrand de *Romieu*, 1337. d'or à une gibeciere ou bourse de pelerin d'azur houpée de même, & chargée d'une coquille d'argent, coupé de gueules à trois pals d'argent, raitrez, plantez sur une terrasse de sinople, & liez d'une chaîne d'or.
Joachim de Romieu, 1549.
Aimon de Romieu, 1592.
Gaspard de Romieu, 1624.
Gilles de Romieu, 1644.
Gaspard de Romieu, 1659.
Trophimes de Romieu, 1688.
Jean-Charles de Romieu, 1691.
Paul-Antoine de Romieu, 1714.
Fouleran de la *Roquan*, 1551. d'or à trois rocs d'échiquier de gueules, posez 2. & 1.
Jacques de la Roquan, 1593.
Jean-Bertrand de la Roquan d'Aiguebert, 1654.
Raimond de la *Roqua-la-Breigne*, 1567. d.... à trois rocs d'Echiquier d.... à la bordure d....
Jean-Pelicier de la Roque, 15....
François de *Roquefeuil*, 1510. échiqueté d'or & de gueules de 30 trous, 5 rangs sur 6. chargez chacun d'une cordeliere de l'un en l'autre.
Jacques de Roquefeuil-Convertis, 1531.
Louis de Roquefeuil-Convertis, 1537.
Jean de Roquefeuil-la-Roquette, 1559. de gueules écartelé par un filet d'or à 12 cordelieres de même, 3. dans chaque quartier.
Jean de Roquefeuil, 1560.
Jacques de Roquefeuil du Pinet, 1630.
Jean-Antoine de Roquefeuil, 1643.
Gilbert-Henri de Roquefeuil, 1660.
Gilbert-Henri de Roquefeuil, 1669.
Pierre de Roquefeuil-Londres, 1670.
François de Roquefeuil, 1671.
François de Roquefeuil-Gabriac, 1672.
François de Roquefeuil-Gabriac, 1674.

Gilbert

DE LA LANGUE DE PROVENCE.

Gilbert-Henri de Roquefeuil-la-Roquette, 1674.
Louis de Roquefeuil-Gabriac, 1678.
Charles de *Roquefort-Marquain*, 1677.
Pierre de *Roquelaure-Saint-Aubin*, 1556. d'azur à trois rocs d'Echiquier d'argent.
Bernard de Roquelaure, 1565.
Jean-Pierre & Scipion de Roquelaure-Sanfas, 16....
Louis de Roquelaure-SaintAubin, 1607.
Antoine de Roquelaure, 1626.
Louis-Armand de Roquelaure, 1640.
Dominique de *Roquemaure*, 1646. d'argent au lion de sable.
Paul de Roquemaure, 1678.
Jean de *Roquemaurel*, 1651. d'azur à trois rocs d'Echiquier d'or, au chef d'argent, chargé d'un levrier de sable.
Annibal de *Roquiftons-Saint-Laurens*, 1608. de gueules à deux lions affrontez d'argent, suportant d'une de leurs pattes un demi vol d'or.
Annibal de Roquiftons-Saint-Laurens, 1618.
Raimond de *Rouch-Arnoye*, 1559. d'azur au monde d'argent, sommé d'une croix de même, & de trois faces ondées d'or, au chef chargé de trois roses de gueules.
André de *Rouffet d'Aurons*, 1640. d'azur à une face d'argent, chargée de trois roses de gueules.
Charles de Rouffet, 1641.
Joseph de Rouffet, 1678.
Charles de *Rouvillafc*, 1596. d'argent au lion de gueules.
Pierre de *Roux-Beauvefer*, 1555. d'argent à trois pals de gueules, à la bande d'azur, brochant sur le tout, chargée de trois besans d'or.
Baptifte de Roux de Lamanon, 1560.
Gaspard de Roux-Targue, 1594.
Pierre de Roux-Champfleury, 1605. de sinople à trois arbres arrachez d'argent.
Jean de Roux-Targue, 1606.
Charles de Roux-Beauvefer, 1625.
Jean-Valentin de Roux-Beauvefer, 1632.
Joseph de Roux-Saint-Laurent, 1633. facé d'argent & de gueules de six pieces, au chef d'azur, chargé d'une molette d'or.
Claude de Roux-Saint-Laurent, 1641.
Claude de Roux-Saint-Laurent, 1642.
Pierre de Roux-Champfleury, 1657.
Jean-Baptifte de Roux-Gaubert, 1701. d'azur à une bande d'or, accompagnée en chef d'une colombe efforant d'argent, & en pointe d'un lion rampant d'or.
Jacques-Joseph Benoît de Roux-Gaubert, 1714.
Honoré-Henri de Roux-Gaubert, 1719.

Tom. IV.   D d d

Jacques de Roux d'Arbaud, 1714. écartelé au 1. & 4. d'azur à la bande d'or, accompagnée en chef d'une colombe essorant d'argent, béquée & membrée de gueules, & d'un lion passant d'or en pointe ; & au 2. & 3. d'azur, au chevron d'argent, au chef d'or chargé d'une étoile de gueules.

Jacques *Rouxel de Medavi*, grand Prieur d'Aquitaine, 1646. d'or à trois coqs de gueules, posez 2 & 1.

Jean-Pierre de *Ruynal*, 1579. de... à un renard passant de...

S

Jean de *Sabateris*, 1651. d'azur à un bâton ou bourdon de pelerin d'or, posé en bande, échelé par deux oiseaux affrontez de sinople, bequez de gueules & membrez d'or.

Claude de *Sabran-Ansoüis*, 1531. de gueules à un lion d'argent.

Melchior de Sabran, 1546.

Cesar de Sabran-Romoules, 1628.

Claude de Sabran, 1631.

Antoine & Jean-François de Sabran, 1649.

Jean de Sabran, 1651.

Honoré de Sabran-Beaudinar, 1652.

Elzear & Jean-François de Sabran-d'Aiguine, 1658.

Charles de Sabran-Beaudinar, 1668.

Nicolas de Sabran, 1675.

Baltazar de Sabran-Baudinar, 1677.

François de Sabran-Salaperiere 1678.

Michel de Sabran, 1693.

François de *Sade*, 1638. de gueules à une étoile à 8 rais d'or, chargée d'un Aigle Imperial à 2 têtes de sable, couronnées & bequées de gueules.

Richard de Sade-Mazan, 1639.

Antoine de Sade-Eyguieres 1662.

Antoine de Sade, 1667.

Jacques de Sade-Eyguieres, 1677.

Joseph-Marie de Sade-Mazan, 1692.

Richard de Sade-Mazan, 1715.

Joseph de Sade-Eyguieres, 1716.

Jean-Baptiste de Sade-Mazan, 1718.

François de *Saffalin-Vacheres*, 1554. de gueules à une ombre de soleil d'or au chef cousu d'azur, chargé de trois étoiles à 8 rais, chacune d'azur.

Jean-Baptiste Saffalin-Vacheres, 1596.

Joseph de *Sagnes*, 1644. [1]

Joseph de Sagnes, 1649.

Laurent *Saignet* dit *d'Astoaud*, 15...

Louis de *Sailhac* ou *Sailliac*, 1555. écartelé au 1 & 4 de... à un lion

DE LA LANGUE DE PROVENCE.

de... & au 2 & 3 de.... à trois rocs d'échiquier de.....
Guiot de *Sales* 1513. d'azur à 2 faces de gueules bordées d'or, accompagnées d'un croissant & de deux étoiles d'argent, mises en pal.
Tristan de Sales, tué au siege de Rhodes en 1522.
Pierre de Sales, 1547.
Bertrand de Sales, 1583.
Janus de Sales, 1608.
Urbain de Sales de Lescoublere, 1646. d'argent à trois annelets de sable.
Charles de Sales, 1644. tué en Amerique en 1666.
Georges de Sales, 1692.
Claude de *Salier*-la-*Touche*, 1684.
Jean de *Sarret*, 1550. d'azur à deux lions affrontez d'or, armez & lampassez, soutenant une étoile d'argent, qui est posée sur un rocher de même mouvant de la pointe de l'écu.
Jean de Sarret d'Agnac, 1551.
Jean de Sarret-Fabregues, 1596.
Guillaume-Antoine de *Sassenage*, 1644. burelé d'argent & d'azur de dix pieces au lion de gueules armé, lampassé & couronné d'or.
Guion de *Saugniac*, 1550. un lion à la bordure componée ou crenelée.
Guion de Saugniac Belcastel, 1598.
Jean-Joseph de *Secondat-Montesquieu*, 1640. d'azur à la face d'or, accompagnée en chef de deux coquilles d'argent, & en pointe d'un croissant de même.
Jean de *Seiches*, 1567. d'argent à un corbeau de sable bequé & membré de gueules.
François de *Seguier-Bouloc*, 1559. de... à un lion de.... & un chef de.... chargé de trois coquilles de...
Philippe Seguier-de-la-Graviere, 1591.
François-Gabriel de *Seguins-Cabassole*, 1623. d'azur à une huppe essorant d'argent onglée & bequée de gueules, accompagnée de sept étoiles, quatre en chef, rangées en faces, & trois en pointe, rangées aussi en face.
Charles de Seguins-Cabassole, 1642.
Joseph de Seguins-Piegon, 1642.
Claude de Seguins-Cabassole, 1642.
Claude de Seguins-Beaumettes, 1660.
Joseph de Seguins-Beaumettes, 1660.
Esprit-Joseph de Seguins-Cabassole, 1694.
André de Seguins de Bus Cabassole, 1695.
Antoine de *Seguiran-Bouc*, 1636. d'azur au cerf élancé d'or.
Antoine de Seguiran-Bouc, 1637.
Annibal de Seguiran, 1653.
Annibal de Seguiran, 1657.

Sextius de Seguiran Auribeau 1663.
Jean-Baptiste de Seguiran-Auribeau, 16..
Pierre de *Segur*, 1684. écaatelé au premier & quatriéme d'argent à un lion de gueules ; au 2 & 3 de gueules plein, & une bordure de même, chargée de neuf besants d'or.
Jean de *Seiches*, 1567. d'argent à un corbeau de sable, bequé & membré de gueules.
Claude de *Seignoret-Fabresan*, 1640. de gueules à un chevron d'or au chef de sable, soutenu d'or & chargé d'un aigle de même, posé entre deux émanchez aussi d'or, chargez chacun d'un aigle de sable.
Claude de Seignoret-Fabresan, 1645.
Jean de Seignoret-Fabresan, 1646.
Claude de Seignoret-Fabresan, 1696.
Antoine de *Selves*, 1581. parti au premier à une tour d.   à deux faces d.
Jean-Olivier de la *Serre*, 1646. d'argent à un cerf contourné & saillant de sable, & un chef d'azur chargé de trois étoiles d'or.
Jacques du *Serres-d'Orcieres*, ... d'azur au cerf d'or, au chef d'argent, chargé de trois roses de gueules.
Alexis de *Servient*. .... d'azur à trois bandes d'or, retraites vers la partie du chef, surmontées d'un lion regardant, d'or.
Christophe de *Seytres-Caumons*, 1584. d'or a un lion rempant de gueules à une bande de sable brochant sur le tout, chargée de trois coquilles d'argent.
François de Seytres, Ambassadeur à Rome, 1634.
Charles-François de Seytres, 1640.
François de *Signier-Piozin*, 1655. de ... à six écussons d'argent, posez 3, 2 & 1.
Jean de Signier, 1660.
François de Signier, 1698.
Alexandre de *Silbeul-Saint-Ferriol*, 1642. bandé d'or & d'azur de six pieces au chef de gueules, chargé d'une fleur de lys d'or.
Jean de *Simiane-Gordes*, 1526. d'or semé de châteaux & de fleurs de lys d'azur.
Jean de Simiane, 1534.
Baltazar de Simiane-de-Gordes, 1546.
Baltazar de Simiane-la-Coste, 1555.
Melchior de Simiane, tué en 1537.
Bertrand de Simiane-la-Coste, 1567.
Gilbert de Simiane-la-Coste, 1567.
Gaspar de Simiane-la-Coste, 1613.
François de Simiane-la-Coste, 1631.
Henri de Simiane, 1650.
François de Simiane-la-Coste, 1656.
Henri de Simiane-la-Coste, 1658.

DE LA LANGUE DE PROVENCE.

Gaspar de Simiane, 1661.
Claude de Simiane, 1663.
Claude de Simiane-la-Coste, 1665.
Joseph de Simiane, 1670.
François-Ignace de Simiane, 1672.
Claude de Simiane-la-Coste, 1675.
Claude de Simiane, 1692.
Secret de Simiane, 1715.
Marc de Simiane-la-Coste, 15..
Claude de Simiane-Gordes, 15..
François de *Soluges*, 1603. de gueules au soleil d'or.
Jean de Solages-Saint-Jean-d'Alzac, 1615.
Pierre de *Soligniac*, 1519.
Herard de *Souillac*, 1572. d'or à trois épées de gueules mises en pal, la pointe en bas.
Baltazar-François de *Soubiras*, 1701. d'or au coq de sable, creté de gueules, posé sur une terrasse de sinople.
Gaspard de *Soubiran*, 1546. d'argent à une bande de gueules, chargée d'un croissant d'argent.
Jean de Soubiran-d'Arifat, 1555.
Amblard de Soubiran-Arifat, 1577.
Philippe de Soubiran-Arifat, 1582.
Antoine de Soubiran-Arifat, 1618.
André de Soubiran-Arifat, 1619.
Jean-Philippe de Soubiran-Arifat, 1639.
Jean-Philippe de Soubiran-Arifat, 1641.
Pierre-Thomas de Soubiran, 1684.
Alexandre de Soubiran-Arifat.
Henri de *Suarez-d'Aulan*, 1718. d'azur à une tour crenelée de trois pieces d'or, maçonnée de sable, surmontée d'un aigle éployé d'or, bequé, membré & couronné de même.
Benoît de Suarez-d'Aulan, 1719.

T

Anne de *Talerans-de-Grignaux-Chalais*, 1618. de gueules à trois lions couronnez d'or, 2. & 1.
François de Talerans de Grignaux-Chalais, 1661.
Daniel de Talerans-de-Grignaux-Chalais, 1666.
François du *Talboet*, 1646. Commandeur de Moulins & de Loudun.
Jean-Charles de *Taillade d'Ampas*, 1677.
Gilbert de *Thaits-Peon*, 1571. de gueules à deux faces engrelées d'argent.
Pierre-Ignace de *Thaon du Revel-Saint-André*, 1719. coupé en chef d'azur à une étoile d'or, au canton dextre, & en pointe à la chevre d'or, tenant dans sa bouche une vipere de même ; ladite chevre issante d'un fleuve au naturel.

Jean-Baptiste de Thaon-Saint-André, 1720.
Jean de *Targue-Mirabeau*, 1527. écartelé en fautoir d'azur & d'or, l'or chargé de deux pals d'azur.
Louis de *Terzac - Montberaud*, 1567. de gueules au chef d'or, furmonté d'azur à trois fleurs de lys d'or.
Louis de Terzac-Montberaud, 1599.
François de Terzac-Montberaud, 1661.
Jean François de Terzac-Montberaud, 1662.
François de *Tefle-la-Motte*, 1609. parti au premier d'azur à un lion contourné à fenextre d'or, au 2 de gueules à une colonne d'argent.
Antoine de *Thefan-Venafque*, 1540. au 1. & 4. écartelé d'or & d'azur; au 2. & 3. de gueules, à la croix vuidée & pommetée de 12 pieces d'or, & une cotice de gueules brochant fur le tout.
Jacques de Thefan-Venafque, 1541.
François de Thefan-Venafque, 1549.
Antoine de Thefan, 1558.
Claude de Thefan, 1560.
Cathelin de Thefan, 1565.
François de Thefan, 1565.
Gafpard de Thefan-Saint-Genies, 1594.
Claude de Thefan-Venafque, 1604.
Efprit de Thefan-Venafque, 1612.
Guillaume de Thefan-Saze, 1633.
Efprit de Thefan, 1648.
Charles de Thefan, 1648.
François de Thefan-Venafque, 1653.
Paul de Thefan Venafque, 1655.
Jofeph de Thefan-Venafque, 1660.
Charles-Jofeph de Thefan-Venafque, 1663.
Jofeph-Gabriel de Thefan Venafque, 1700.
Paul-Marie de Thefan-Venafque, 1721.
Pierre de *Thibaud-Gaujac*, 1600. de fable à un arbre d'or & un fautoir de gueules, brochant fur le tout.
Pierre de Thibaud-Tizati, 1667.
Jean de Thibaud-Tizati, 1668.
Louis de *Tholon-Sainte-Jalle*, 1526. de finople au jars ou cigne d'argent membré d'or.
Jean-Baptiste de *Thomas-Millaud*, 1622. écartelé de gueules & d'azur à une croix d'or perronnée, & aupied fiché, brochant fur le tout.
Henri de Thomas-Sainte-Marguerite, 1631.
Antoine de Thomas-Pierrefeu, 1634.
François de Thomas-Sainte-Marguerite, 1634.
Boniface de Thomas-Pierrefeu, 1635.
François de Thomas d'Evenes, 1647.
Melchior de Thomas-Pierrefeu, 1655.

Annibal & François-Filandre de Thomas, 1655.
Jean de Thomas-Pierrefeu, 1656.
Gaspard & Jean-Baptiste de Thomas-Sainte-Marguerite, 1657.
Guillaume, Joseph & Louis de Thomas-Evenes, 1657.
Jean de Thomas d'Ardenne, 1665.
Melchior de Thomas-Pierrefeu, 1666.
Henri de Thomas-Sainte-Marguerite, 1675.
Paul de Thomas-la-Garde, 1694.
Jean-Baptiste-Barthelemy de Thomas-Millaud, 1697.
Joseph de Thomas-Châteauneuf, 1698.
Jean-Joseph-Robert de Thomas-Millaud-Gignac, 1713.
Felix de *Thoron-la-Copede*, 1692. d'azur au chien barbet d'argent, surmonté de trois besans de même.
Jean de *Tiembrune*, 1609. d'or au massacre de cerf, de sable.
Henri de Tiembrune-Valence, 1677.
Jean-Louis de *Tonduti-Falicon*, 1658.
Louis de Tonduti, 1654.
Jerôme de Tonduti-Falicon, 1687.
Charles de *Touchet*, 1575.
Jean de *Touges-Noaillan*, 1517. d'azur à deux besans d'or en pal.
Jacques de Touges-Noaillan, 1580.
Jean-Louis de Touges-Noaillan, 1624.
Jean de *Toulouse-Lautrec*, 1612. de gueules à la croix de Toulouze d'or, écartelé de gueules, à un lion d'argent, couronné d'or.
Honorat de la *Tour*, 1533. d'azur à la tour donjonnée d'argent, semée de fleurs de lys d'or.
Robert de la Tour, 1551.
Antoine de la Tour-Limeuil.
Jacques de la Tour-Reniez, 1557. tué à Malte le 7 Août 1565. d'azur à une tour d'or.
Antoine de la Tour, 1570.
Arnaud de *la Treille-Troubieres*, 1593. d'or à une treille de sable, au chef de gueules, chargé d'un lion naissant d'or, armé & lampassé de gueules, & ne montrant que la moitié de sa queue.
Henri de *Tremolet-Montpesat*, 1598. d'azur à un cigne nageant sur une riviere au naturel en pointe, & trois étoiles d'or en chef.
Annibal de Tremolet-Montpesat, 1633.
François de Tremolet, 1671.
Jean-François de Tremolet-Montpesat, 1676.
Auguste de *Tressemanes*, 1572. d'argent à une face d'azur, chargée de trois étoiles d'or, & accompagnée de trois roses de gueules posées deux en chef & l'autre en pointe, à une bordure de gueules, chargée de huit besans d'or.
Marion de Tressemanes, 1576.
Vincent de Tressemanes-Chastuel, 1582.
François de Tressemanes-Chastuel, 1612.

Gaspard de Tressemanes-Chastuel-Brunet, 1635.
Antoine & Augustin de Tressemanes-Chastuel, 1673.
André de Tressemanes, 1679.
Joseph-Charles de Tressemanes, 1704.
Pierre, Guillaume & François de *Tubieres-Verseuil*, 1570. d'azur à deux lions affrontez d'or, soutenans une flame de gueules, écartelé de Grimoard.
Louis de Tubieres de Grimoard, 1624.
Bernardin de la *Tude-Ganges*, 1652. écartelé d'argent & de sable.
Jean-Pons de la Tude-Ganges, 1664.
Louis de la Tude-Ganges, 1715.
Gaspard de *Tulle-Villefranche*, 1657. d'argent à un pal de gueules, chargé de papillons volans d'argent.
Paul de Tulles-Villefranche, 1660.
François de *Turene d'Aïnac*, 1661. coticé d'or & d'azur.
Jean-Amable de Turene d'Aïnac, 1716. d'or à quatre bandes de gueules.

V

Esprit de *Vacheres*, 1567. palé, contre-palé d'argent & d'azur de 6 pieces, & une face d'argent brochant sur le tout.
Georges de Vacheres du Revest, 15. . . .
Jean-Baptiste de *Vachon-Belmont*, 1653. de sable à la vache d'or.
Jean-Baptiste de Vachon-Belmont, 1661.
Jean de Vachon-Belmont, 1691.
Hercules de *Valavoire*, 1573. de sable à un faucon essorant d'argent, longé de gueules, & grilleté d'or, écartelé de gueules pur.
Palamedes de Valavoire, 1642.
Jean de la *Vallette-Parisot*, 1515. de gueules à un gerfaut d'argent, parti de gueules à un lion d'or.
Begot de la Vallette-Parisot, 1550.
Henri de la Vallette de Cornusson, 1550.
Henri & . . . . . . de la Vallette-Cornusson, 1554.
Jean de la Vallette-Cornusson, 1556.
François de la Vallette-Parisot, 1558.
Antoine de la Vallette-Parisot, 1559.
François de la Vallette-Parisot, 1562.
Jean de la Vallette-Cornusson, 1588.
François de la Valette-Cornusson, 1604.
Luc de *Vallin*, Maréchal de Rhodes en 1350; de gueules à une bande, accompagnée de six pieces d'argent & d'azur.
Hugues de Vallin, Commandeur du Temple de Vaux en 1396.
Jean de Vallin, vivoit en 1500.
Baltazard de Vallin, 16..
Pierre de Vallin . . . . . . 16..
Cesar de Vallin . . . . . . 16..

Joseph - Henri de Vallin, 1696.
Claude-Marie de Vallin, 169..
Honoré-Marie de Vallin.......
Jean-Baptiste de *Valbelle*, 1640. Bailli Grand - Croix : d'azur à un levrier rampant d'argent.
Bruno de Valbelle, 1641. Commandeur de la Tronquiére.
Alfonse de Valbelle, 1647. Commandeur de Montfrein.
Leon-Alfonse de Valbelle Saint Simphorien, 1658.
Louis de Valbelle-Mairargues, 1658.
Paul-Ignace de Valbelle-Mairargues, 1660f
Joseph-Antoine de Valbelle-Monfuron, 1668.
Ignace de Valbelle, 1671.
Claude de Valbelle-Mairargues, 1673.
Bertrand de *Varadier-Saint-Andiol*, 1548. d'or à 3 annelets d'azur, 2 & 1.
Robert de Varadier-Gaubert, 1580.
Bertrand de Varadier-Saint-Andiol, 1582.
Nicolas de Varadier-Saint-Andiol, 1646.
Claude de Varadier-Saint-Andiol, 1654.
Claude & Melchior de Varadier, 1659.
Melchior de Varadier, 1672.
François-Louis de Varadier, 1677.
Louis-Hipolite de *Varagne - Belesta*, 1701. d'azur à une croix d'or, bordée de sable.
Jean-Sebastien de Varagne-Belesta, 1713. d'or à la croix de sable.
Jean-Baptiste de Varagne-Belesta, 1716.
Jean de *Vassadel-Vaqueiras*, 1508. de gueules à une croix d'or, accompagnée de trois croisettes patées de même, écartelé de gueules à trois bandes d'or.
Guillaume de Vassadel-Vaqueiras, 1564.
Gratien de *Vaugué - Rochecolombe*, 1595. d'azur à un coq d'argent, creté & barbé de gueules.
Gaspar de Vaugué, 1600.
Charles de Vaugué, 1664.
Pierre Ignace de *Vaux de l'alanim*, 1712. de gueules à un lion d'argent.
Philippe de *Vento*, 1513. échiqueté d'argent & de gueules.
Guillaume de Vento, 1633.
Honoré & Louis de Vento, 1638.
Gaspar de Vento-Pennes, 1647.
Laurent de Vento - Pennes, 1669.
Toussaint de Vento - Pennes, 1694.
Paul & Laurent de Vento - Pennes, 1696.
Toussaint de Vento - Pennes, 1721.
Jean de *Verdelin*, 15... d'or à la face de sinople, chargée d'un oiseau de même, becqué & membré de gueules.
Louis de Verdelin, 1546.
Jean-Jacques de Verdelin, 1648.
Louis de Verdelin, 1670.

Dominique-Jean-Jacques de Verdelin, 1693.
Hyacinthe-Louis de Verdelin, 1697.
Pancrace-Paul-Thomas de Verdelin, 1701.
Gence-François-Louis de Verdelin, 1701.
Charles de *Verduzan*, 1588. d'azur à deux besans d'argent posez l'un sur l'autre.
Charles de Verduzan, 1591.
Jean-Paul de Verduzan S. Cric, 1608.
Jean-Roger de Verduzan-Miran, 1678.
Joseph de Verduzan Miran, 1678.
Philippe de la *Vergne-Tressan*, 1489. d'argent au chef de gueules, chargé de trois coquilles d'argent, ombrées de sable.
Charles de la Vergne-Monbasin, 1612.
Antoine du *Verney*, Commandeur de Chazelle en Forest, 1492. de gueules au chef échiqueté d'or & de ... de trois traits.
Louis de *Vesc de Montjous*, 1518. palé d'argent & d'azur de six pieces, au chef d'or.
André de Vesc de Comps, 1551.
Louis de Vesc-Beconne, 1690.
René le *Vexel du Tertre*, 1646.
Joseph de *Veynes du Prayet*, 1708. de gueules à trois bandes d'or.
Beranger de *Viescamps*......
Charles de *Vignes-la-Bastide*, 1645. d'or à la vache passante de gueules, accornée, accolée & clarinée d'azur à une bande d'argent, chargée de trois tourteaux de gueules.
Charles de Vignes-la-Bastide-Parisot, 1688.
Pierre-Ignace-Joseph de Vignes-la-Bastide, 1694.
François-Charles-Augustin de Vignes-la-Bastide, 1700.
Charles-Augustin de Vignes-Parisot, 1700.
Jean de Vignes-la-Bastide, 1704.
Gabriel-Bonaventure de Vignes-la-Bastide-Parisot, 1708.
Jacques de *Viguyer*, 1706. d'or à la bande d'azur, chargée d'une rose d'argent, & accompagnée de trois étoiles de sable, deux en chef & l'autre en pointe.
Antoine de Viguyer, 1714.
Nicolas de *Villages-la-Salle*, 1571. d'argent à un double delta, ou deux triangles entrelassez l'un dans l'autre de sable enfermant un cœur de gueules.
Charles & Louis de Villages, 1618.
Nicolas Thomas de Villages, 1620. Bailly de Manosque.
Gaspard de Villages, 1640.
Paul-Antoine de Villages-la-Chassagne, 1649.
Arnaud de Villages-la-Salle, 1664.
Gaspard de Villages, 1665.
Jacques de Villages-la-Chassagne, 1671.
Thomas de Villages, 1678.
Jacques de Villages-la-Chassagne-Muroux, 1683.

Gaspard de Villages-la-Grationne, 1685.
Gaspard de Villages-la-Salle, 1685.
Nicolas de Villages, 1693.
Leon de Villages-la-Salle, 1722.
Laurent de *Villefallet*, 1528.
Marc-Antoine de *Villamur-Paillès*, 1598. d'or à trois pals de gueules, écartelé de gueules, au lion d'or.
Etienne de *Villeneuve-Groliere*, 1495. de gueules fretté de six lances d'or, les interstices semez d'écussons de même.
Giraud de Villeneuve des Arcs, 1519.
Etienne de Villeneuve-Vence, 1521.
Pierre de Villeneuve-Vence, 1521.
François de Villeneuve-Tourette-les-Vence, 1562.
Gaspard de Villeneuve, 1563.
Jean de Villeneuve-Tourettes, 1565.
Gaspard de Villeneuve la-Berliere, 1566.
Jean de Villeneuve-Châteauneuf, 1567. portoit au 1. & 4. de Villeneuve ; & au 2. & 3. de Lascaris qui est au 1. & 4. de gueules, au chef d'or ; & au 2. & 3. de gueules à l'aigle Imperial d'or.
Nicolas de Villeneuve-Vauclause, 1567.
Antoine de Villeneuve-Monts, 1571.
Antoine de Villeneuve-la-Croisille, 1578. de gueules à l'épée d'argent en bande, la pointe en bas.
Gaspard de Villeneuve-Vauclause, 1583.
Jules-Cesar de Villeneuve-Trans, 1584. de gueules fretté de 6 lances d'or, les interstices semez d'écussons de même, sur le tout un écu d'azur, chargé d'une fleur de lys d'or, en vertu de la concession faite à cette branche par Louis XII. registrée au Parlement d'Aix ainsi que l'érection du Marquisat de Trans en 1505.
Tristan de Villeneuve-Maurens, 1591.
Gaspard & Honoré de Villeneuve, 1592.
Jean de Villeneuve-Lascaris, 1592.
Gaspard & Honoré de Villeneuve-Villevieille, 1593.
Arnaud de Villeneuve-Trans, 1595.
Claude de Villeneuve-Barreme, 1599.
Charles de Villeneuve-Tourettes-les-Vence, 1600.
Jean de Villeneuve-Tourettes, 1600.
Jean de Villeneuve-Châteauneuf, 1601.
Antoine de Villeneuve-Ribaut, 1602. d'azur au lion d'or.
Henri & Scipion de Villeneuve, 1604.
Claude de Villeneuve-Clemensane, 1604.
Gaspard de Villeneuve-lez-Vence, 1604.
François de Villeneuve-Clemensane, 1604.
Louis de Villeneuve-Barreme, 1605.
Claude de Villeneuve-Tourettes-lez-Vence, 1605.
Jean-Baptiste de Villeneuve-Torenq...
Jean-Baptiste & René de Villeneuve-Tourene, 1606.

Charles de Villeneuve-Tourettes-lez-Vence, 1607.
Paul de Villeneuve de la Croisette, 1610.
Charles de Villeneuve - 1612.
François de Villeneuve-Clemenfane, 1612.
Henri de Villeneuve-Tourene, 1613.
Jean de Villeneuve-Tourettes-lez-Fayance, 1615.
Henri de Villeneuve-Torenq, 1615.
Jean Raimond de Villeneuve, 1615.
Jean de Villeneuve-Tourettes, 1615.
Arnaud de Villeneuve-Torenq, 1616.
Arnaud de Villeneuve-Tourene, 1617.
Jean de Villeneuve-Fayance, 1620.
Jean de Villeneuve, 1625.
Antoine & Charles-Eleonor de Villeneuve-Arcs, 1625. Cette branche a obtenu en 1612 pareille concession que celle de Trans, regiftrée audit Parlement d'Aix, avec l'érection faite en même tems de la Terre des Arcs en titre de Marquifat.
Alexandre de Villeneuve, 1625.
Marfeille de Villeneuve-Villevieille, 1627.
Antoine de Villeneuve-Clemenfane, 1627.
Cefar de Villeneuve-Napoulle-Bauregard, 1627.
Antoine de Villeneuve, 1628.
Laurens de Villeneuve-Maurens, 1632.
Jean de Villeneuve-Villevieille, 1632.
Cefar de Villeneuve-Vence, 1633.
Jean & Cefar de Villeneuve-Tourene, 1633.
François de Villeneuve-Trans, 1634.
Claude de Villeneuve, 1635.
Claude de Villeneuve-Tourettes, 1637.
Laurens de Villeneuve-Maurens, 1637.
Antoine & François-Alexandre de Villeneuve-Frayeffe, 1637.
Alexandre de Villeneuve-Vence, 1639.
Cefar de Villeneuve-Tourene, 1639.
Alexandre de Villeneuve-Graulieres, 1640.
Charles de Villeneuve-Cluman, 1641.
Criftophe de Villeneuve-Vence, 1641.
Jean de Villeneuve-Flamarens, 1643.
Gafpard de Villeneuve-Saint-Germain, 1644.
Charles de Villeneuve-Cluman, 1645.
Melchior de Villeneuve-Cananilles, 1647.
Jean de Villeneuve-Flamarens, 1647.
Charles de Villeneuve-Cluman, 1648.
Claude de Villeneuve-Torenee, 1648.
Jean de Villeneuve-Flamarens, 1649.
Claude de Villeneuve-Vence, 1653.
Jean de Villeneuve-Graulieres, 1655.
Louis de Villeneuve-Tourettes-lez-Vence, 1656.

Cefar de Villeneuve-Beauregard, 1657.
Pierre de Villeneuve-Beauregard, 1659.
Gaspard de Villeneuve-Vence, 1661.
Pierre-Julien de Villeneuve-Beauregard, 1663.
Charles de Villeneuve-Tourettes-lez-Vence, 1664.
Jean de Villeneuve-Verne, 1671.
Jean de Villeneuve-Graulieres-Vence, 1673.
François de Villeneuve-Tourettes, 1682.
Jean-Baptiste de Villeneuve-Beauregard, 1698.
Thomas de Villeneuve-Trans, 1699.
Alain de *Vincens-Causans*, 1531. d'azur à trois croissans d'argent, 2. 1. & 6 étoiles d'or, 3. en chef & 3. en pointe, & sur le tout d'or, au lion de sable, armé, couronné & lampassé de gueules.
Scipion de Vincens-Causans, 1583.
Guillaume de Vincens-Savoillan, 1584.
Gabriel de Vincens-Savoillan, 1590.
Jean de Vincens de la Jardine, 1628.
Claude de Vincens-Pourpiac, 1631.
Pierre de Vincens-Causans, 1631.
Jean-François de Vincens-Savoillan, 1643.
Louis de Vincens-Causans, 1715.
Jules & Hercules de *Vintimille du Revest*, 1570. de gueules au chef d'or écartelé de Lascaris qui est de gueules à un aigle à 2. têtes d'or.
Guillaume de Vintimille du Revest, 1570.
Bertrand de Vintimille des Comtes de Marseilles d'Ollioules, 1547. écartelé au premier & quatriéme de gueules au chef d'or; au deuxiéme & troisiéme de gueules au lion couronné d'or.
Honoré de Vintimille, 1556.
Pierre de Vintimille, 1567.
Baltazar de Vintimille, 1601.
Louis des Comtes de Vintimille-Monpesat, 1608.
François des Comtes de Vintimille, 1618. Commandeur de Montpellier.
Jean-Baptiste de Vintimille-Monpesat, 1623. coupé au premier d'argent à trois épis de Millet; au second de sable à un arbre arraché de....
Louis-Joseph de Vintimille des Comtes de Marseilles du Luc, 1626.
Gaspard de Vintimille des Comtes de Marseilles du Luc, 1633.
Jean des Comtes de Vintimille-Montpesat, 1656.
Jean-Baptiste de Vintimille, 1669.
Marc-Antoine de Vintimille, 1671.
Joseph d'Autric de Vintimille-Beaudun, 1698.
Jean-Charles de Vintimille-Montpesat, 1713.
Jean-Baptiste-Hubert de Vintimille, 1724.
Jean-Joseph de *Vitalis-Pourcieux*, 1715. d'azur à une tour crenelée de 4 pieces d'argent, massonnée de sable, posée sur une terrasse de sinople, & accostée à dextre d'une palme d'or, & à senextre d'un lys d'argent tigé de sinople.

Honoré *Vival de Nice*, 1614. parti de gueules & d'or, au chef d'or à un aigle issant de sable.
Charles du *Vivier*, 1649.
Severin de *Voisins*, 1532. de gueules à trois lozanges d'or mises en face.
Blaise de Voisins, 1547.
Bernard de Voisins, 1565. Ce Bernard fut relevé de ses vœux l'an 1589, *pour pouvoir soutenir le nom de l'illustre famille de Voisins*, ainsi qu'il est porté par la dispense du Pape Sixte V.
Blaise de Voisins, 1565.
Timoleon de Voisins, 1571.
Pierre de Voisins, Commandeur de Massillargues, 1578.
Bertrand de Voisins, 1589.
Timoleon de Voisins-Pennes, 1601.
Accurse de Voisins-Blagnac, 1664.
Jean-Baptiste de Voisins-Pennes, 1682.
Philippe d'*Urre*, 1536. d'argent à la bande de gueules, chargée en chef d'une étoile d'argent.
Charles d'Urre, 1552. Commandeur de Tesiere.
Claude d'Urre, 1577.
François d'Urre du Puy-Saint-Martin, 1582.
Alexandre d'Urre-la-Touche, 1594.
Louis d'Urre du Puy-Saint-Martin, 1600.
Laurent d'Urre, 1603.
Paul d'Urre-Molans, 1604.
Louis d'Urre-Brettes, 1605.
Jean-Bertrand d'Urre, 1618.
Antoine-François d'Urre, 1624.
Claude d'Urre-Paris, 1646.
Jean d'Urre, 1647.
Laurent d'Urre-Brettes, 1654.
Jean d'Urre-Paris, 1658.
Gabriel d'Urre-Graves, 1676.
Joseph d'Urre-Grané, 1712. d'argent à la bande de gueules, chargée de trois étoiles d'or.
Louis d'Urre de Tesiere, 1719.
Louis d'*Usson-Bonac*, 1705. écartelé au 1. de gueules au lion d'argent; au 2. & 3. d'azur au roc d'échiquier d'or; au 4. d'or à 3 pals de gueules.
Jacques d'*Ustou-la-Molette*, Diocese de Comenge, 1598. d'or au taureau rampant de gueules.

Dignitez de la vénérable Langue de Provence en 1726.

Fr. RENÉ DU PRÉ, *Grand Commandeur*.
Fr. FELIX GRIMALDI, *Grand Prieur de S. Gilles*.
Fr. OCTAVE DE GALEAN, *Grand Prieur de Toulouze*.
Fr. JEAN-AUGUSTIN DE GRILLE, *Bailli de Manosque*.

CORRECTIONS ET ADDITIONS
dans la Langue de Provence.

Page 339. *ligne* 46. Melcnion, *lisez* Melchion.

Pag. 141. *lisez* 341. *lig.* 7. après 1677. *ajoutez* tiercé en face au premier d'argent au soleil de gueules, au deuxiéme de gueules au chevron d'or accompagné de trois croix patées d'argent : ces deux quartiers pour des Alrics, & au troisiéme d'or semé de tours & de fleurs de lys d'azur, qui est de Simiane.

Ibid. lig. 28. après gueules, *ôtez* cousus de même &c.

Ibid. lig. 36. après 1673. *ajoutez*, écartelé au premier d'or au lion contourné, couronné, lampassé & la queue fourchue de gueules, au deuxiéme d'argent à trois fusées de gueules posées en pal, rangées en face, surmontées d'un lambel de même, au troisiéme d'or à trois chevrons de sable, au quatriéme palé d'or & d'azur de dix piéces, & sur le tout échiqueté d'or & d'azur.

Pag. 344. *lig.* 27. deux, *lisez* trois.

Pag. 345. *lig.* 13 après Brison, *ajoutez*, parti au premier d'azur au chêne arraché d'or, ayant les branches passées en sautoir, au deuxiéme de gueules au lion rampant d'or, au chef échiqueté d'argent & de sable de trois traits. Vivarez.

Ibid. lig. 43. Despondallan, *lisez*, Despondeilan.

Ibid. lig. 43. Puissegur, *lisez*, Puisserguier.

Ibid. lig. 43. après Puissegur, *ajoutez*, d'or à trois fers de cheval de gueules posez, 2 & 1, écartelé de gueules au lion d'or.

Pag. 346. *lig.* 6. alisée, *lisez*, alaisée.

Pag. 348. *lig.* 15. après calvaire, *ajoutez*, de.

Ibid. lig. 46. après d'or, *ôtez*, à la barre d'argent, *& ajoutez*, à la bande de gueules & une barre d'argent racourcies & posées en sautoir au cœur de l'écu.

Pag. 349. *lig.* 6. après 1609. *ajoutez*, porte le lion seul.

Ibid. lig. 16. à la ligne, *ajoutez*, Luc de Boyer Dayguilles, 1725.

Pag. 350. *lig.* 35. après un pin d'or, *ôtez*, de six montagnes, *& lisez*, sur une terrasse.

Pag. 351. *lig.* 11. après 8. *ajoutez*, rocs.

Pag. 355. *lig.* 25. Trucheu, *lisez*, Truchenu.

Pag. 365. *lig.* 2 S. Julien, *lisez*, Julhans, & aux 8 lignes suivantes de même. après 1670. *ajoutez*, de gueules à une tour d'argent posée sur un rocher & sommée d'une tourelle de même.

Ibid. lig. 30. après francs, *ajoutez*, d'azur à trois pattes de griffon d'or posées 2 & 1.

Ibid. lig. 37. après 1718. *ajoutez*, d'azur à deux éperons d'or posez en pal, les molettes en haut au chef d'argent chargé de trois étoiles de gueules: écartelé d'or au griffon de gueules, au chef d'azur chargé d'une fleur de lys d'or.

Pag. 371. *lig.* 37. à la ligne, *ajoutez*, Gayetan-Xavier de Guillin-Pascalis, 1725. écartelé au premier & quatriéme de sable au chevron d'or, accompagné en pointe d'un besan d'or & surmonté d'un chef de gueules, chargé d'une croix potencée d'or, au deuxiéme & troisiéme d'or à trois pattes d'ours de sable ; & sur le tout burelé de gueules & d'or au chef d'hermines.

Pag. 372. *lig.* 18. à la ligne, *ajoutez*, Dominique d'Hostagetr en 1625, parti, coupé, tranché, taillé, d'or & d'azur à la croix dentellée de l'un & de l'autre, chargée en cœur d'une fleur de lys d'or dans une lozange d'azur.

Jean-François d'Hoftager en 1664.
Ibid. lig. 26. la Jarie, *lisez*, la javi. C'est le même Dominique de Ricard, dit la Javi, à lettre R.
Ibid. lig. 30. S. Jean, *lisez*, Jean.
Pag. 373. lig. 1. à la ligne, *ajoutez*, Charles d'Isnard, 1725.
Ibid. lig. 39. Lamejan, *lisez*, Lamezan : après Jamet, *ajoutez*, d'azur à la main gauche d'argent mouvante du flanc dextre de l'écu tenant une fleur de lys d'or.
Pag. 376. lig. 4. après étoiles, *ajoutez*, d'or.
Pag. 376. lig. 5. 2 & 1. *lisez*, 3. 3 & 3.
Ibid. lig. 39. *ôtez* cette ligne.
Pag. 377. lig. 14. la Mamy, *lisez*, la Maimye-Clairac.
Pag. 379. lig. 11. Sanson, *lisez*, Sansou.
Ibid. lig. 18. *ôtez* cette ligne. après 1699. *ajoutez* d'argent à la croix.
Ibid. lig. 19. Marangers, *lisez*, Morangiers.
Pag. 380. lig. 14. Monteynaud, *lisez*, Monteynard.
Pag. 381. lig. 29. après 1660. *ajoutez*, de sable au lion couronné d'argent.
Pag. 382. lig. 1. Nemont, *lisez*, Nemond.
Pag. 383. l. 43. après 1646. *ajoutez*, de sable à la bande d'argent chargée d'un lion de gueules.
Pag. 384. lig. 36. d'azur, *lisez*, de sinople.
Ibid. lig. 41. après 1621. *ajoutez*, d'azur à trois tours d'argent maçonnées de sable, posées 2 & 1.
Pag. 386. lig. 35. Poudenas, *lisez*, Podenas : *ajoutez*, d'argent à trois faces ondées de sinople.
Pag. 391. lig. 25. 17. 28. 29 & 30. Rochechouard, *lisez*, Rochechouart.
Pag. 392. lig. 32. trous, *lisez*, piéces.
Pag. 395. lig. 3. après 1677. *ajoutez*, échiqueté d'or & d'azur au chef d'argent chargé de trois rocs d'échiquier d'or, l'écu bordé d'une bordure componée d'or & de gueules.
Ibid. lig. 14. après de sable, *ajoutez*, colleté de gueules.
Pag. 395. lig. 20. après d'or, *ajoutez*, brochant sur le tout.
Pag. 396. lig. 34. châteaux, *lisez*, tours.
Ibid. lig. 22. regardant, *lisez*, issant.
Pag. 397. lig. 14. Herard, *lisez*, Erard, & *ajoutez* :
Helie de Souillac ; le 28 Mai 1586 : d'or à trois épées de gueules, posées en pal, les pointes en bas.
Pag. 398. lig. 12. après d'azur, *ajoutez*, à la bande de gueules brochante sur le tout.
Pag. 399. lig. 8. après Paul, *ajoutez*, Pierre & Joseph-Paul de Thomas la Garde, freres.
Ibid. lig. 39. à la ligne, Charles-Louis de la Tour Lachau de Montauban, 1725. d'azur à la tour d'argent maçonnée de sable, au chef de gueules chargé de trois casques d'or.
Pag. 400. lig. 15. après d'azur, *ajoutez*, de huit pieces.
Ibid. lig. 16. *ôtez* d'or à quatre bandes de gueules.
Ibid. lig. 40. accompagnée, *lisez*, componée.
Pierre-Joseph de Caissot, 1725 ; d'or à l'aigle éployé de sable, becqué, membré & couronné de gueules, & chargé en abîme d'un écusson de gueules au chef d'argent, sur le tout au bras de fer, armé d'une massüe de même.
Augustin de Gerente la Bruyere, 1725, d'or au sautoir de gueules.
Claude-Louis du Laux, 1726 ; d'or à l'olivier arraché de sinople, surmonté d'un lion passant de gueules.
Paul-Alphonse-François d'Urre, 1725 ; d'argent à la bande de gueules chargée de trois étoiles d'or.

LISTE CHRONOLOGIQUE

DES FRERES CHEVALIERS
de Saint Jean de Jerusalem, dont les preuves se trouvent dans les Archives de la vénérable Langue d'Auvergne, avec leurs noms & leurs armes.

DIGNITEZ DE LA V. LANGUE D'AUVERGNE
en 1726.

Fr. PERNAC, *Maréchal de l'Ordre.*
Fr. DE S. MAURIS, *Grand-Prieur.*
Fr. BEAUPOIL DE S. AULAIRE, *Bailly de Lion.*

1516.

JEAN le Long, dit de l'Orme, Bourbonois ; reçu le cinquième May : d'azur au chevron d'or, accompagné de trois étoiles d'argent, 2. en chef & 1. en pointe.

1517.

Gabriel de l'Eftang ; reçu le 3. Decembre, Dauphiné : d'azur à trois faces d'argent, maſſonnées & crenelées de fable, la premiere de 5 crenaux, la ſeconde de 4. & la troiſiéme de 3. ouverte au milieu en porte.

Claude de Soreau, dit S. Geran ; reçu le 3. Decembre, de Bourbonnois : d'argent au ſureau arraché de ſinople.

Briand de Grivel, dit Groſſove ; reçu le 3. Decembre, Berry : d'or à la bande échiquetée de ſable & d'or de deux tirets.

Bernardin de Faleos, dit la Blache ; reçu le 30. Decembre : d'azur au faulcon d'argent, aux jets & ſonnettes de même. Dauphiné.

1519.

Gilbert du Boſt, Baujolois ; reçu le 10. Septembre : d'argent au chataignier arraché de ſinople, fruitté d'or, ayant au pied une hure de ſanglier de ſable.

Jean Thomaſſin ; reçu le 10. Septembre, Franche-Comté : d'azur à la croix écotée & alaizée d'or.

Antoine le Groin ; le 10. Septembre, en Bourbonnois & Berry : d'argent à trois têtes de lion, arrachées de gueules, couronnées d'or.

Jacques de Fougieres ; le 10. Septembre, Bourbonnois : d'azur à la faſſe d'argent, accompagnée de quatre étoiles d'or, 1. en chef & 3. en pointe.

Liste des Chevaliers

Bertrand de Lont ; le 10. Septembre, Bourbonnois : d'azur au chevron d'or, accompagné de trois étoiles d'argent, 2. en chef & 1. en pointe.

1521.

Theodore de la Baume ; le 21. Septembre en Bresse : d'or à la bande vivrée d'azur.

François de Maugiron ; le 21. Septembre, en Dauphiné : gironné d'argent & de sable.

Philippe de Grivel-Grossove ; le 21. Septembre, Berry : d'or à la bande échiquetée de sable & d'or de deux traits.

1523.

Louis de Lastic ; le 12. Mai Auvergne : de gueules à la face d'argent.

1526.

Guy de la Roque ; le 27 Octobre. d'azur à deux chiens affrontez d'argent, au chef d'or chargé de deux rocs d'échiquier de sable.

1527.

Pierre du Breuil, dit Fougouin ; le 24. Decembre : d'azur à trois faces ondées d'argent.

Michel de Bardenenche ; le 24. Decembre. Dauphiné : d'argent treillissé de gueules, cloué d'or.

1528.

Antoine le Long ; le 30 Janvier. Bourbonois : d'azur au chevron d'or, accompagné de trois étoiles d'argent, 2. en chef, & 1. en pointe.

Antoine de Bressolle, dit Morterole ; le 30 Janvier. Bourbonois : d'azur à trois bandes d'argent.

Annet de Varax ; le 24. Mars. en Savoye, écartelé de vair & de gueules.

François du Joux ; le 16 Juin. en Franche-Comté : d'azur freté d'or de huit pieces.

Nicolas de Tournemine ; le 16 Juin. écartelé d'or & d'azur.

Antoine de S. Aubin ; le 16 Juin. en Bourbonois : d'argent à un écusson de sable surmonté de trois merlettes en chef, mises en face de même.

Hugues de Vilard de Blanc-Fossé ; le 17 Juin. Bourbonois : d'hermine au chef de gueules, chargé d'un lion naissant d'or.

Jean de Levesque ; le 4 Septembre. de la Marche : d'argent au lion rempant de gueules.

Marc d'Aubigny ; le 4. Septembre. Bourbonois : d'or à la bande de gueules, chargée de trois lions d'argent.

Etienne de Bost ; le 17 Septembre, de Poitou : d'azur au chevron d'or, accompagné de trois glands de même.

Pierre de Monfort ; le 11 Decembre, de Savoye : d'or à trois pals d'azur.

DE LA LANGUE D'AUVERGNE.
1529.

Julien Jaquaut ; le 10 Fevrier Maconois : d'azur à la face d'or, accompagnée de trois étoiles de même, 2. en chef, & 1. en pointe.

Gilbert de Serpens ; le 14 Mars. de Bourbonois : d'or au lion rempant d'azur, armé, lampaſſé & couronné de gueules.

Hugues de Nagu, dit Varenes ; le 27 Mars. Baujolois : d'azur à trois fuſées d'argent miſes en face.

Louis de Chatillon ; le 27 Avril. en Savoye : d'argent à la croix de gueules, Commandeur de Compeziens ou de Genevois.

Louis de Lange, dit la Chenault ; le 28 Juin. Berry d'azur au croiſſant montant d'argent, ſurmonté d'une étoile de même.

1532.

Jean de Levy, dit Charlus ; le 12 Avril de Bourbonois : d'or à trois chevrons de ſable.

Simphorien de Chivron ; le 12 Avril, de Savoye : d'azur au chevron de gueules, accompagné de trois lions rempans d'or, 2. en chef, affrontez, & 1. en pointe.

Etienne de Fraigne ; le 12 Avril. Bourbonois : d'or à la croix encrée & nilée de ſable. G. P.

Louis des Eſcures ; le 12 Avril. Bourbonois : de ſinople à la croix ancrée d'argent, chargée en cœur d'une molette de ſable.

Louis de Bardenenche, dit Souſſault ; le 12 Avril. Dauphiné : d'argent trielliſſé de gueules, cloué d'or.

Girard du Fay, dit S. Roman ; le 12 Avril. Dauphiné : de gueules à la bande d'or, chargée d'une foüine d'azur.

Claude de Chevriers ; le 12 Avril. Maconois : d'argent à trois chevrons de gueules, à la bordure engrêlée d'azur.

Pierre de la Chaſtre ; le 12 Avril. de Bourbonois : d'argent au lion rempant de ſable, armé & lampaſſé de gueules.

François de Mouxy ; le 12 Avril, en Fouſſigny, échiqueté d'or & d'azur.

1534.

Guillaume le Groin de Villebouche ; le 9 Janvier Bourbonois : d'argent à trois têtes de lion, arrachées de gueules, & couronnées d'or.

Charles d'Herpin, dit du Coudray ; le 19 Fevrier. en Berry ; d'argent à deux manches mal taillées de gueules, poſées l'une ſur l'autre, & chargées chacune de 5 ſautoirs d'or, & une bordure de gueules.

Charles de Thianges du Croſet ; le 19 Fevrier. Combraille : d'argent à trois trefles de gueules, 2. & 1.

Pierre de la Goutte ; le 19 Fevrier. de Bourbonnois : écartelé au premier & quatriéme d'azur, à la croix patée d'or, cantonnée de 4 croiſettes de même ; au 2. & 3. de gueules à trois larmes d'argent, 2. & 1.

A ij

LISTE DES CHEVALIERS

Charles du Puy ; le 19 Fevrier. Auvergne : bandé d'argent & de gueules, à la face d'or brochant sur le tout, chargé de trois roses de sinople.

1535.

Claude la Bussiere ; le 25 Mai d'Auvergne : d'azur à la face d'or, au lion issant de même, en chef, & accompagné en pointe de trois coquilles de même, 2. & 1.

1537.

Jean de Chalus ; le 3 Mars en Bourbonnois : de sable semé d'étoiles d'or, à un poisson de même mis en bande à la bordure de gueules.

François de S. Julien ; le 3 Mars. la Marche : de sable semé de billettes d'or au lion rampant de même.

1638.

Gilbert le Long, dit Chenillac ; le 18 Juin Bourbonois : d'azur au chevron d'or, accompagné de trois étoiles d'argent, 2. en chef, & 1. en pointe.

Jean de Vyry ; le 18 Juin. Savoye : palé d'argent & de gueules de six pieces.

Blaise de Troussebois ; le 18 Juin. en Berry & Bourbonois : d'or au lion rampant d'azur, armé & lampassé de gueules.

1539.

Jean de Trolliere ; le 11 Juillet Bourbonois : d'azur à trois têtes & cols de mules muselées d'or.

Antoine de Bridiers ; le 10 Octobre. la Marche : d'or à la bande de gueules.

1540.

Antoine de Couppier ; le 15 Decembre. Dauphiné : d'hermine au chef de gueules.

Philibert de Lempe ; le 15 Decembre. Dauphiné : coupé de gueules & d'argent au lion rempant de l'un en l'autre.

Jacques de Prunier ; le 15 Decembre. Dauphiné : de gueules à la tour donjonnée & crenelée d'argent, massonnée de sable.

1541.

Gabriel de Breschard ; le 20 Mai. Bourbonois : d'azur à trois bandes d'argent.

Geofroy de Baronnat ; le 20 May. Dauphiné : d'or à 3 girouettes d'azur, mises en face, au chef de gueules chargé d'un lion passant d'argent, armé & lampassé de gueules.

1542.

Louis de Moustier, dit Saragousse ; le 12 Août. Dauphiné : d'azur au lion rempant d'or.

Claude de Roche-Baron ; le 12 Août. Dauphiné : de gueules au chef échiqueté d'argent & d'azur de deux traits.

André de Ramade, dit Tranet ; le 12 Août. Auvergne : de sinople à la bande engrelée d'or.

François de Verboux ; le 30 Decembre. Savoye : d'azur à la tou crenelée d'argent, maſſonnée de ſable.

1545.

Bertrand de Bois - Bertrand ; le 16 Mai. Berry : d'argent à trois merlettes de ſable, 2. & 1.

1546.

Jacques de Serpens, dit la Bunyard ; le 2 Octobre. de Bourbonois : d'or au lion rempant d'azur, armé, lampaſſé & couronné de gueules.

Luc de Viry, dit la Foreſt ; le 2 Octobre. Bourbonois : d'azur à trois pales d'argent.

Pierre de Gamache ; le 2 Octobre. en Berry : d'argent au chef d'azur.

François de Lange, dit la Chenault ; le 2 Octobre. Bourbonois : d'azur au chevron d'or, accompagné de trois étoiles d'argent, 2. en chef, & 1. en pointe.

Pierre de Sales ; le 3 Decembre. Savoye : d'azur à deux faces de gueules bordées d'or, l'azur chargé en chef d'un croiſſant, montant d'or en cœur & en pointe d'une étoile de même.

1548.

Georges de Diou ; le 7 Janvier. Charolois : facé d'argent & d'azur de ſix pieces à la bordure de gueules.

Jean de Sacconyn ; le 30 Août. Bourbonois : de gueules ſemé de billettes d'argent à la bande de même, chargé d'un lyonceau de ſable vers le canton dextre du chef.

Jean de Marſilly ; le 30 Août. Charolois : de ſable à trois faces d'or à la bordure de gueules.

Claude de Villeneuve ; le 30 Août. Franche-Comté : de ſable à 5 beſans d'argent en ſautoir.

Guyot d'Aubuſſon ; le 30 Août. de la Marche : d'or à la croix ancrée & nillée de gueules.

Claude de Marit ; le 3 Decembre. en Berry : d'argent à la croix patée de gueules.

1549.

Jean de Leugny ; le 9 Septembre. en Bourgogne : d'azur à ſept billettes d'or, 3. en chef, 1. en cœur, 2. en orle, & 1. en pointe, & trois quintefeuilles de même, 2. & 1.

Jean de Ligondez ; le 9 Septembre. de la Marche : d'azur ſemé de molettes d'or, au lion rempant de même ſur le tout.

François de Groin, dit Mocbel ; le 5 Octobre. Berry : d'argent à trois têtes de lion, arrachées de gueules, couronnées d'or.

Claude de Sacconin ; le 29 Decembre. Bourbonois, de gueules, ſemé de billettes d'argent à la bande de même, chargé d'un lyonceau de ſable vers le canton dextre du chef.

1550.

Guillaume de Gilbertet ; le 19 Juillet... d'azur à la face d'argent.

A iij

1551.

Jean de Poipon ; le 18 Fevrier. de Savoye : écartelé d'or & d'azur.

Charles de S. Germain - Dachon ; le 10 Avril. Bourbonois : d'or femé de fleurs de lys d'azur.

Abel de Bridier ; le 10 Avril. de la Marche : d'or à la bande de gueules.

François de Thianges ; le 22 Juin. Combraille : d'argent à trois trefles de gueules.

Archambault de Bonnefon de Bioufat ; le 14 Août. Auvergne : d'azur à la bande ondée d'argent.

Bernardin de S. Julien, dit Verniere ; le 14 Août. de la Marche : de fable femé de billettes d'or, au lion rempant de même.

Simon de Foudras, le 14 Août, Maconnois : d'azur à trois faces d'argent.

Claude de Forfat ; le 30 Decembre. Auvergne : de gueules à la fleur de lys d'or.

Claude de Rochefort, dit la Valette ; le 14 Août. Auvergne : de gueules à la bande ondée d'argent, accompagnée de fix canettes de même, 3. en chef, & 3. en pointe mifes en orles.

1552.

Gilbert de Chevrier, dit Pody ; le 25 Août. .. d'argent au fau-toir de gueules, à la bordure de fable, chargée de huit fleurs de lys d'or.

1553.

Jean de Nofieres ; le 23 Janvier... d'azur à trois coquilles d'ar-gent, 2 & 1. au chef d'or.

Pierre de Grammont ; le 23 Janvier. de Franche-Comté : d'azur à trois têtes de Reyne de carnation, couronnées d'or.

Jean de Cleriad du Pafquier : d'azur à la bande vivrée d'or, ac-compagnée de deux croix treflées aux pieds fichez d'or.

1554.

Jacques Revel ; le 20 Avril. Auvergne : de gueules au lion rem-pant d'argent.

Claude de Montmorillon ; le 20 Avril. .. d'or à l'aigle éployé de gueules.

Antoine de Villemontel ; le 20 Avril. .. d'azur au chef d'or, au lion iffant de gueules, à la bordure engrelée d'azur.

François de Montchenu ; le 20 Avril. Dauphiné : de gueules à la bande engrelée d'argent, chargée d'un aigle d'azur, & accompa-gnée d'un croiffant montant d'argent, au canton fenextre du chef.

Claude de Liobart ; le 20 Avril. de Breffe : d'or au lion leopardé, rempant de gueules, armé & lampaffé de même.

Claude de Lefcherenne ; le 24 Juillet. de Savoye : d'azur à la bande écottée d'or.

Louis d'Orgerolles, dit S. Polque ; le 18 Octobre. Bourbonois : écartelé au premier & quatriéme de gueules, à la champagne d'or, au lion naiſſant de même ; au deux & trois d'or à trois faces de gueules

1555.

Philippes de Gilbertet ; le 10 Juin. Auvergne : d'azur à la face d'argent.

Pierre de Saconnin ; le 10 Juin. Bourbonois : de gueules ſemé de billettes d'argent, à la bande de même, chargé d'un lionceau de ſable vers le canton dextre du chef.

François de Montal, dit la Prade ; le 10 Juin... d'argent à 3 hermines, 2. & 1.

Louis de la Souche ; le 10 Juin. de Bourbonois : d'argent à deux leopards de ſable, armez, lampaſſez & couronnez de gueules paſſant l'un ſur l'autre.

Hierôme de Villemontet ; le 10 Juin. d'azur au chef d'or, au lion iſſant de gueules, à la bordure engrelée d'azur.

1556.

Georges de Bertrand, dit la Coſte ; le 9 Fevrier. Berry : lozangé d'hermine & de gueules.

Claude de Montechenu, dit S. Jean ; le 10 Fevrier. Dauphiné : de gueules à la bande engrelée d'argent, chargée d'un aigle d'azur, & accompagné d'un croiſſant montant d'argent, au canton ſenextre du chef.

Jacques de Virieu ; le 10 Fevrier. Dauphiné : de gueules à trois vires d'argent l'une dans l'autre.

1557.

Charles de Bonnefont-Biouſat ; le 10 Fevrier. Auvergne : d'azur à la bande ondée d'argent.

1558.

Louis Charpin, dit Genetine ; le 1 Juin. Forez : d'argent à la croix ancrée de gueules, au franc cartier d'azur, chargé d'une étoile d'or.

1559.

Philippe de S. Georges ; le 16 Decembre. Bourgogne : d'argent à la croix de gueules.

1560.

Louis de Gironde ; le 3 Juin. porte d'argent à trois molettes d'éperon de ſable, & une merlette en abîme de même.

Antoine Chovigny, dit Blot ; le 25 Août. Auvergne : écartelé au 1. & 4. de ſable, au lion rempant d'or, & une bordure engrelée d'argent ; au 2. & 3. d'argent à trois bandes de gueules.

Juſt de Bron, dit la Liegue ; le 26 Septembre. Dauphiné : écartelé au 1. & 4. d'or, à la face de gueules, au lion iſſant de ſable, armé & lampaſſé de gueules ; au 2. & 3. d'or, à la face ondée de ſable.

Annet de Viry ; le 30 Decembre. Bourbonois : d'argent à 3 crocodiles de ſinople mis en pale.

1561.

Guillaume Damas de S. Bonart, le 8 Mars. Dombes : d'or à la croix ancrée de gueules.

Claude de la Rocheymon de la Ville du Bois ; le 19 Avril. de la Marche : de sable semé d'étoiles d'or, au lion rempant de même.

Antoine de l'Estang, dit S. Christophe ; le 19 Avril. Dauphiné : d'azur à trois faces d'argent, massonnées & crenelées de sable ; la premiere de cinq crenaux, la seconde de 4. la troisiéme de 3. ouverte au milieu en porte.

Claude de Foudras ; le 19 Avril. Maconnois : d'azur à trois faces d'argent.

Jean de Cremeaux ; le 15 Juin.... de gueules à troix croix treflées au pied fiché d'or, 2. & 1. au chef d'argent chargé d'une face ondée d'azur.

1562.

Hierôme de Bourbon-Busset ; le 21 Avril. Auvergne : de Bourbon ancien qui est d'azur à trois fleurs de lys d'or ; 2 & 1. au bâton de gueules péri en bande, & un chef de Jerusalem.

Artaud de Rochebaron ; le 21 Avril. .... de gueules au chef échiqueté d'argent & d'azur de deux traits.

Annet de S. Germain ; le 15 Juin. Dauphiné : d'or à la bande d'azur chargée de de trois croissans montans d'argent.

1564.

Gilbert le Long ; le 13 Juillet. Bourbonois : d'azur au chevron d'or, accompagné de 3 étoiles d'argent ; 2. en chef, & 1. en pointe.

1565.

Alain de Montal ; le 14 Fevrier .... d'argent à trois hermines, 2. & 1.

Antoine de Talaru-Chalmazel ; le 20 Septembre. Lyonnois : écartelé au 1. & 4. parti d'or & d'azur à la bande de gueules ; au 2. & 3. de sable semé d'étoiles d'or, au lion rempant de même.

Jean d'Aubusson ; le 26 Septembre. de la Marche : d'or à la croix ancrée & nilée de gueules.

1566.

Adrien de Jacquelin ; le 4 Mai. Franche-Comté : d'azur à 3 étoiles d'argent, 2. & 1.

Claude d'Ortans ; le 21 Mai. Bresse : de gueules à la face d'argent, accompagnée de trois annelets de même ; 2. en chef, & 1. en pointe.

Pierre du Verney, dit la Garde ; le 27 Mai. ... d'argent à sept hermines de sable, 3-3 & 1.

Henri de Villeneuve, le 5 Juin. Franche-Comté : de sable à cinq besans d'argent en sautoir.

Aymar de Clermont-Chaste ; le 25 Juin. Dauphiné : de gueules à deux clefs d'argent, addossées & passées en sautoir.

Aymar

DE LA LANGUE D'AUVERGNE.

Aymar d'Ifimieux ; le 25 Juin. Savoye : de gueules à six rofes d'argent, 3. en chef, & 3. en pointe.

1568.

Leonard d'Angeville ; le 23 Septembre, de Bugey : de sinople à deux faces ondées d'argent.

1569.

François de Chavagnac ; le 2 Août. Auvergne : d'argent à l'aigle éployé de fable, membré & béqué de gueules.

Charles de Rouffignac ; le 4. Novembre. Limoufin : d'or au lion rempant de gueules.

Guillaume de Neufville ; le 4. Novembre. Limoufin : de fable à l'aigle éployé d'argent.

Claude de Villars-Blanc-Foffé ; le 4. Novembre. Bourbonois : d'hermine au chef de gueules, au lion iffant d'or.

Gabriel le Long, dit Chenillac; le 4. Novembre. Bourbonois : d'azur au chevron d'or, accompagné de 3 étoiles d'argent, 2. en chef, & 1. en pointe.

Cefar de Leynieres, dit la Boudy ; le 4 Novembre. Auvergne : de sinople au lion rempant d'or, couronné d'une couronne antique de gueules.

Jean de Vy, dit la Foreft ; le 4. Novembre. Franche-Comté : écartelé au 1. & 4. d'or à trois bandes de gueules ; au 2. & 3. d'argent, au lion rempant de fable, lampaffé & couronné de gueules.

François de Soudeille ; le 4. Novembre. Limoufin : échiqueté d'argent & d'azur.

Bernard d'Angeville ; le 30 Decembre. de Bugey : de sinople à 2 faces ondées d'argent.

Jean Fernande de Vaudrey ; le 30 Decembre. Franche-Comté : coupé, emmanché d'argent & de gueules.

1570.

Pierre de la Porte ; le premier Juillet. Dauphiné : de gueules à la croix d'or.

Jacques Brachet, dit Palnau ; le 2 Novembre, en Poitou : écartelé au 1. & 4. d'azur à deux chiens braques d'argent paffant l'un fur l'autre ; au 2. & 3. d'azur, au lion rempant d'or.

Guillaume de Neuville ; le 30 Decembre. Limoufin : de fable à l'aigle éployé d'argent.

Jean de Maleret, dit Luffac ; le 30 Decembre. Bourbonois : d'or au fautoir d'azur chargé en chef d'un lionceau de gueules.

1571.

Antoine de Chavigny, dit Blot ; le 2 Août ; en Bourbonois & Auvergne : écartelé au 1. & 4. de fable, au lion rempant d'or à la bordure engrelée d'argent ; au 2. & 3. d'argent à trois bandes de gueules.

Jean de Ballerin, dit Meflon ; le 2 Août. Combraille : échiqueté d'argent & de gueules.

Jean de S. Julien, dit la Chafote-Perudette ; le 29 Decembre ; de la Marche : de fable femé de billettes d'or au lion rempant de même, armé & lampaffé de gueules.

1572.

Jean de Lange ; le premier Fevrier. Berry : d'azur au croiffant montant d'argent, furmonté d'une étoile de même.

François de Philip, dit S. Viance ; le 19 Mai. Limoufin, écartelé au premier & quatriéme d'azur, au cor de chaffe d'or lié, & enguiché de même ; au fecond & troifiéme, d'azur à 5 cotices dor.

Pierre de Serre ; le 20 Juin. Bourbonois : au maffacre de gueules, furmonté de 3 lozanges de même, mal ordonnées de 3. & 2. de fable, rangées en faces.

Jean de S. Julien, dit Perudete ; le 20 Juin. de la Marche : de fable femé de billettes d'or, au lion rempant de même, lampaffé de gueules.

François de Villelume, dit Barmontes, le 20 Juin. Auvergne : d'azur à dix befans d'argent, 4. 3. 2. 1.

Jean de Chalus, dit Vialevelour ; le 20 Juin. Bourbonois : de fable femé d'étoiles d'or, au poiffon de même mis en bande, à la bordure engrelée de gueules.

François de la Verne, dit Vauvrile ; le 20 Juin. en Berry : de gueules à deux étoiles d'argent en chef, & un croiffant montant de même en pointe.

Sebaftien de Monferran ; le 11 Juillet. Bugey : palé d'argent & de fable de fix pieces au chef de gueules.

Georges de Luffinge ; le 9 Decembre. Savoye : bandé d'argent & de gueules de fix pieces.

Laurens de Marette ; le 29 Decembre. Savoye : écartelé au 1. & 4. d'azur à deux faces d'argent ; au 2. & 3 d'or, au chef emmanché d'azur à une cottice de gueules brochant fur le tout.

Claude de Lefcherenne ; le 29 Decembre. Savoye, d'azur à la bande écottée d'or.

Antoine de Chateaubodeau ; le 30 Decembre. Combraille : d'azur au chevron d'or, accompagné de trois quintefeuilles de même, 2. en chef, & 1. en pointe, laquelle eft furmontée d'un croiffant d'argent.

Jeorges de Viry ; le 30 Decembre. Bourbonois : d'argent à trois crocodiles de finople mis en pal.

1573.

Claude du Buflevant, dit Flugny ; le 7 Septembre. Dauphiné : d'azur à la croix clechée, avidée & fleuronnée d'argent.

François de Philip, dit S. Viance ; le 4 Fevrier. Limoufin : écartelé au premier & quatriéme d'azur, au cor de chaffe d'or lié & enguiché de même ; au fecond & troifiéme d'azur à cinq cottices d'or.

François de Ballerin ; le 4 Mars. Combraille : échiqueté d'argent & de gueules.

Etienne de Berger ; le 12 Avril. Bugey : d'azur à 3 chevrons d'or.
Jean de Lange, dit la Chenau ; le 15 Mai. Berry : d'azur au croissant montant d'argent, surmonté d'une étoile de même.
Guillaume de la Richardie ; le 15 Juin. Auvergne : de gueules à la bande d'argent, chargée de trois étoiles d'azur.
Louis de Sauzet, dit Destignieres ; le 14 Octobre. Marche : d'argent à six fusées de gueules, mises en face, surmontées en chef de quatre canettes de même. G. P.
Gabriel de la Celle-Boiry ; le 13 Novembre. de la Marche : d'argent à l'aigle éployé d'azur, béqué & membré d'or.

1574.

Gilbert de l'Estrange ; le 27 Mai. de la Marche : de gueules à deux lions rempans & addossez d'or, surmontez d'un leopard passant d'argent.
François de la Roche, dit Sabosan ; le 23 Juin. Auvergne : d'azur à 3 têtes & cols de licorne d'argent, 2. & 1.
François de Ballerin, dit de la Maison-Neuve ; le 8 Juillet. Combraille : échiqueté d'argent & de gueules.
Archambault de la Salle de Vievre ; le 8 Juillet. Bourbonois : d'argent au chevron de gueules, accompagné de trois fleurs de lys de même ; 2. en chef & 1. en pointe.
Sebastien de Montferran ; le 30 Decembre. Bugey : palé d'argent & de sable de six pieces, au chef de gueules.

1575.

Georges de Lussinges, dit Leshalme ; le 5 Juin. Savoye : bandé d'argent & de gueules de six pieces.

1576.

Guillaume de la Richardie ; le 10 Juillet. Auvergne : de gueules à la bande d'argent, chargée de trois étoiles d'azur.
Claude de Nozieres ; le 10 Juillet. Berry : d'azur à trois coquilles d'argent, 2. & 1. au chef d'or.
François Breschard, dit le Ponsur ; le 10 Juillet. Bourbonois : d'azur à trois bandes d'argent.
Joseph de Bron, dit la Liesgue ; le 10 Juillet. Dauphiné : écartelé au premier & quatriéme d'or à la face de gueules, au lion issant de sable, armé & lampassé de gueules ; au 2. & 3. d'or à la face ondée de sable.

1577.

Laurens de Virieu-Puperieres ; le 18 Mars. Dauphiné : de gueules à 3 vires d'argent.
Martial de Monamy ; le 20 Mars. Baujolois : d'azur à la bande d'or, accompagnée en chef d'une étoile d'argent, & en pointe d'une rose d'or.
Claude de Villeneuve ; le 18 Mai. Franche-Comté : de sable à 5 besans d'argent, 2. 1. & 2.
Louis de Beaufort ; le 8 Juillet. en Bugey : de gueules au lion rempant d'argent, armé, & lampassé d'azur.

François des Francieres, dit Coudray ; le 8 Juillet. Berry : d'argent à la bande de sable.
Jean de Morlat, dit de Doyx ; le 8 Juillet. Auvergne : d'azur à une licorne rempante d'argent.
Jean de Torchefelon ; le 8 Juillet. Dauphiné : au chef d'hermine chargé de trois bandes d'azur.
Laurens de Virieu ; le 25 Decembre. Dauphiné : de gueules à trois vires d'argent.
Jacques de Montferran ; le 2 Avril. Bugey, palé d'argent & de sable de six pieces, au chef de gueules.

1578.

Juft de Fay, dit Gerlande ; le 2 Avril. Velay : parti au 1. de gueules à la bande d'or, chargée d'une foüene d'azur, au 2. d'argent, au lion rempant de sable.
Claude de Cleron ; le 2 Avril. Franche-Comté : de gueules à la croix d'argent, cantonnées de quatre croix treflées de même.
Archambault de S. Aubin, dit Saragouce ; le 2 Juin. en Bourbonois : d'argent à un écusson de sable, surmonté de trois merlettes en chef, mises en face.
Annet de Viry ; le 2 Juin. Savoye : d'azur à trois pals d'argent.
Claude de Roche-Baron, dit Montarchy ; le 2 Juin. Maconois : de gueules au chef échiqueté d'argent, & d'azur de deux traits.
Sebastien de S. Julien, dit Perudete ; le 28 Août. de la Marche : de sable semé de billettes d'or, au lion rempant de même, armé & lampassé de gueules.
Emanuel de Lussinge ; le 28 Août. Savoye : bandé d'argent & de gueules de six pieces.
Barthelemy de Gerard ; le 28 Août. Dauphiné : d'azur à la bande échiquetée d'argent & de sable de trois traits.
Jean Damanzé, dit Chaufailles ; le 3 Octobre. Maconois : de gueules à trois coquilles d'or, 2. & 1.
Laurens de Bressieu, dit de Beauersant ; le 30 Novembre. Dauphiné : de gueules à trois faces de vair.
Diegue de Virieu ; le 30 Decembre. Dauphiné : de gueules à trois vires d'argent.
Robert de la Salles, le 30 Decembre. Auvergne : de gueules à la tour crenelée de cinq pieces d'argent, seneftrée & portinée de sable, accompagnée en pointe de deux bâtons écottez d'or, passé en sautoir.
Gabriel de Blot ; le 30 Decembre. Bourbonois & Auvergne : écartelé au 1. & 4. de sable, au lion rempant d'or, à la bordure engrelée d'argent ; au 2. & 3. d'argent à trois bandes de gueules.
Geofroy de la Roche ; le 31 Decembre. Auvergne : d'azur à trois têtes & cols de licorne d'argent.
Sebastien de S. Julien, dit Perudette ; le 31 Decembre. de la Marche : de sable semé de billettes d'or, au lion rempant de même.

DE LA LANGUE D'AUVERGNE.

1579.

Gilbert d'Orgerolles ; le 30 Août. Bourbonois : écartelé au 1. & 4. de gueules à la champagne d'or, au lion naissant de même ; au 2. & 3. d'or à trois faces de gueules.

Claude de Villeneuve ; le 30 Septembre. Franche-Comté : de sable à cinq besans d'argent, 2. 1. & 2.

Jacques de Boyaux ; le 20 Octobre. Bourbonois : d'azur à trois boyaux d'argent en face, les extrêmitez de gueules entremêlées de six trefles d'or, 3. 2. & 1.

Laurens de Bressieu ; le 30 Septembre. Dauphiné : de gueules à trois faces de vair.

Paul de Chamblat ; le 30 Decembre. Velay : coupé en chef d'argent, au corbeau de sable sur une terrasse de sinople, & en pointe de gueules au levrier courant d'argent, & une face d'azur chargée de trois roses d'or brochant sur le tout.

1580.

Jacques de Vorrion ; le 11 Janvier. Lyonnois : de sable au chevron d'argent.

Gabriel de la Souche ; le 12 Janvier. Bourbonois : d'argent à deux leopards de sable, armé, lampassé & couronné de gueules passant l'un sur l'autre.

Antoine de Riddes ; le 12 Janvier. Savoye : d'azur au Château d'or addextré d'une tour de même, massonnée & fenestrée de sable, ayant une étoile d'or au milieu de la porte ouverte d'azur.

Antoine d'Isimieux ; le 30 Decembre. Dauphiné : de gueules à six roses d'argent, 3. en chef, & 3. en pointe.

Georges de Lussinges ; le 30 Decembre. Savoye : bandé d'argent & de gueules de six pieces.

Jean de Fay-la-Tour. Maubourg ; le 30 Decembre. Velay : de gueules à la bande d'or, chargée d'une fouine d'azur.

1581.

François de Cremeaux, dit Chamoillet ; le 19 Juin. de gueules à 3. croix treflées au pied fiché d'or, 2. & 1. au chef d'argent chargé d'une face ondée d'azur.

Claude de Loche, le 29 Juillet. en Savoye : de gueules à trois glands d'or, 2. & 1. au chef d'argent chargé d'un croissant montant d'azur.

Berar de Loche ; le 29 Juillet. en Savoye : de gueules à trois glands d'or, 2. & 1. au chef d'argent chargé d'un croissant montant d'azur.

André de Montfort ; le 29 Juillet. en Savoye : d'or à trois pals d'azur.

Jean de Riddes ; le 29 Juillet. en Savoye : d'azur au Château d'or addextré d'une tour de même, massonné & fenestré de sable, ayant une étoile d'or au milieu de la porte ouverte d'azur.

LISTE DES CHEVALIERS

Paul de Savari ; le 29 Juillet. Lyonnois : écartelé d'argent & de sable.

Jean de Saint Tants ; le 29 Juillet. Velay : d'azur à la perdrix d'argent sur un tertre de même.

Pierre-Louis de Chantelot ; le 29 Juillet : d'azur au lion rempant d'or. Bourbonois.

François de Verboux ; le 26 Août : d'azur à la tour crenelée d'argent, maſſonnée de ſable. Savoye.

Georges de Manton, dit Beaumont ; le 26 Août : de gueules au lion rempant d'argent, armé & lampaſſé de même, traverſé d'une cotice d'azur. Savoye.

1582.

Chriſtophe de la Riviere ; le 6 Fevrier. Charolois : d'or au chevron de gueules.

Paul de Chamblat ; le 3 Avril. Velay : coupé en chef d'argent au corbeau de ſable ſur une terraſſe de ſinople, & en pointe de gueules au levrier courant d'argent & une face d'azur chargée de trois roſes d'or brochant ſur le tout.

Antoine de la Baulme ; le 3 Juin. en Breſſe : d'or à la bande vivrée d'azur.

Laurens de la Poeppe dit Ferrieres ; le 14 Juillet. en Dauphiné : de gueules à la face d'argent.

Antoine de Maulins ; le 5 Octobre. Franche-Comté : de gueules à la croix ancrée & nilée d'argent.

Antoine d'Iſimieux ; le 15 Novembre. Dauphiné : à ſix roſes d'argent, trois en chef & trois en pointe.

Philippe de Lange ; le 15 Novembre. Berry : d'azur au croiſſant montant d'argent ſurmonté d'une étoile de même.

Antoine de Riddes ; le 10 Décembre. Savoye : d'azur au Château addextré d'une tour de même, maçonnée & feneſtrée de ſable, ayant une étoile d'or au milieu de la porte ouverte d'azur.

Gerard de Loche ; le 15 Décembre. en Savoye : de gueules à trois glands d'or, 2 & 1. au chef d'argent chargé d'un croiſſant montant d'azur.

Imbert de Saluces ; le 25 Décembre. Savoye : d'or au chef d'azur.

Antoine de la Barge ; le 30 Décembre. Auvergne : d'argent à la bande de ſable.

Jean de Riddes ; le 30 Décembre. Savoye : d'azur au Château d'or addextré d'une tour de même, maçonnée & feneſtrée de ſable, ayant une étoile d'or au milieu de la porte ouverte d'azur.

Georges de Manthon, dit de Beaumont ; du 30 Décemdre. en Savoye : de gueules au lion rempant d'argent armé & lampaſſé de même, traverſé d'une cotice d'azur.

1583.

Lendrion Gilbertet ; le 26 Fevrier. Auvergne : d'azur à la face d'argent.

François de Gorfes ; le 18 Juin. Auvergne : de gueules à cinq cotices d'or.

1584.

Gilbert de Chambon ; le 3 Novembre. Bourbonnois : de fable à trois chevrons d'argent chargez d'hermine, furmontez d'or à la face de gueules, accompagnez en chef de deux merlettes.

Jean de Vy ; le 6 Novembre. Franche-Comté : d'argent au lion rempant de fable, lampaffé de gueules & couronné d'or.

Guy de Chambon ; le 30 Novembre. Bourbonnois : de fable à trois chevrons d'argent chargez d'hermine, furmontez d'or à la face de gueules, accompagné en chef de deux merlettes.

Laurens de la Poeppe ; le 20 Décembre. Dauphiné : de gueules à la face d'argent.

1585.

Jacques de Cordon ; le 18 Fevrier. Savoye : écartelé d'argent & de gueules.

Sebaftien de la Balme ; le 18 Fevrier. Dauphiné : palé de gueules & d'or de fix pieces à la bande de fable, brochant fur le tout.

Claude des Ecures ; le 13 Novembre : de finople à la croix encrée d'argent, chargée en cœur d'une étoile de fable. Bourbonois.

Antoine de la Baulme ; le 30 Decembre : d'or à la bande vivrée d'azur. Franche-Comté.

1586.

Gabriel de Groin ; le 9 Mars : d'argent à trois têtes de lion, arrachées de gueules, couronnées d'or, 2. & 1. Bourbonois.

Gilbert de Groin, dit Villebouche ; le 9 Mars : d'argent à trois têtes de lion, arrachées de gueules, couronnées d'or, 2. & 1. Bourbonois.

Pierre de Bar, dit Buranlure ; le 10 Novembre : burelé d'or, d'azur & d'argent de neuf pieces. Bourbonois.

Sebaftien de Berthoulat, dit Ranchon ; le 10 Novembre : d'azur à trois chardrons d'or, 2. & 1. Berry.

Benigne de Vy-Mabouloir ; le 10 Novembre : écartelé au premier & quatriéme d'or à trois bandes de gueules ; au 2. & 3. d'argent, au lion rempant de fable, lampaffé & couronné de gueules. Franche-Comté.

François d'Amas d'Annecy ; le 10 Novembre : d'or à la croix encrée & nilée de gueules. Maconois.

François de la Roche, dit de Chamblas ; le 30 Decembre : d'argent à la face d'azur, chargée de trois rofes d'argent, accompagnée en chef d'un corbeau de fable, & en pointe d'un levrier courant de gueules, au collier d'argent. Velay.

1587.

Jean de Fay, dit la Tour-Maubourg ; le 6 Fevrier : de gueules à la bande d'or, chargée d'une fouine d'azur. Velay.

1588.

Jacques de Lange, dit la Chenau ; le 5 Mars : d'azur au croissant montant d'argent, surmonté d'une étoile de même. Berry.

Geofroy de la Porte ; le 10 Juin : d'or à trois canettes de gueules, 2. & 1.

François du Bost, dit Coudigniac ; le 9 Decembre : d'azur à la bande d'or, accompagnée de deux étoiles d'argent, 1. en chef, & l'au- en pointe. Auvergne.

Philippe de S. Viance ; le 30 Decembre : écartelé au premier & quatriéme d'azur, au cor de chasse d'or lié & enguiché de même ; au 2. & 3. burelé d'or & d'azur. Limousin.

1590.

Guillaume de Guadagne ; le 30 Avril : de gueules à la croix engrelée d'or.

Jean-Baptiste de S. Mauris ; coupé en chef d'azur, à l'aigle éployé d'or, & en pointe de gueule à la croix de S. Maurice d'argent.

1591.

Claude d'Andelot ; le 28 Novembre : échiqueté d'azur & d'argent, au lion rempant de gueules, armé & couronné d'or. Franche-Comté.

1592.

Louis de Morge ; le 23 Août : d'azur à trois têtes de lyon, arrachées d'or, & couronnées d'argent, 2. & 1. Dauphiné.

Jacques de Lange ; le 30 Decembre : d'azur au croissant montant d'argent, surmonté d'une étoile de même. Bourbonois.

1593.

Gilbert de Villemontet ; le 27 Janvier : d'azur à la bordure engre- lée d'or, au chef d'or, au lion issant de gueules à la bordure en- grelée d'azur. Auvergne.

1594.

Jean-Baptiste de Vy-d'Iacoulan ; le 17 Août : écartelé au premier & quatriéme d'or à trois bandes de gueules ; au 2. & 3. d'argent, au lion rempant de sable, lampassé & couronné de gueules. Franche-Comté.

Antoine de Vaudré ; le 26 Octobre : coupé, emmenché d'argent & de gueules. Franche-Comté.

1595.

Philippe de Beaufort de Canillac ; le 8 Août : écartelé au premier & quatriéme d'argent, au levrier rempant d'azur, à la bordure engrelée de même ; au 2. & 3. d'argent à la bande de gueules ac- compagnée de six roses de même mises en orle, & sur le tout de sable semé de billettes d'argent, & un lion rempant d'or, lam- passé de gueules brochant sur le tout. Auvergne.

Bertrand d'Albon ; le 30 Decembre : de sable à la croix d'or. Lyonnois.

Jean

DE LA LANGUE D'AUVERGNE.

1596.

Gaspard d'Aurillac de Babote, dit Vialier ; le 2. Août : d'argent à 2. bandes d'azur. Savoye.

Jean-Claude de Cleron ; le 30 Octobre : de gueules à la croix d'argent, cantonée de 4 croix treflées de même. Franche-Comté.

1597.

Pierre de Barton, dit Massenon ; le 13 Août : d'azur au cerf couché d'or, au chef échiqueté d'argent & de gueules de trois traits. De la Marche.

Bernardin Falcos, dit la Blache ; le 15 Août : d'azur au faucon d'argent, au jets & sonnettes de même. Dauphiné.

Claude de la Sale, dit de Colombiere ; le 30 Decembre : de gueules à la tour crenelée de cinq pieces d'argent fenestrée & portillée de sable, accompagnée en pointe de deux bâtons écottez d'or, passez en sautoir. Auvergne.

Jean-Claude du Cleron ; le 30 Decembre : de gueules à la croix d'argent, cantonnée de 4 croix treflées de même. Franche-Comté.

1599.

François de la Trolliere ; le 4 Juin : d'azur à trois têtes & cols de mules, muselées d'or, 2. & 1. Bourbonois.

Jacques de Fougieres ; le 21 Juillet : d'azur à la face d'argent, accompagnée de quatre étoiles d'or, 1. en chef, & 3. en pointe. Bourbonois.

Claude d'Aubiere ; le 21 Juillet : d'or à la face de sable. Auvergne.

François des Francieres ; le 30 Decembre : d'argent à la bande de sable. Berry.

Jean-Louis de Rolat de Brugeac ; le 30 Decembre : d'argent à trois faces de sable. Bourbonois.

Jean de Damas ; le 30 Decembre : d'or à la croix encrée & nilée de gueules. Maconnois.

Archambault de S. Aubin ; le 30 Decembre : d'argent à un écusson de sable, surmonté de trois merlettes en chef, mises en faces. Bourbonois.

Jean d'Amanzé de Chaufaille ; le 30 Decembre : de gueules à trois coquilles d'or, 2. & 1. Maconnois.

Henri de Montrichard ; le 30 Decembre : de vair à la croix de gueules. Franche-Comté.

1600.

Guillaume de Chiffey ; reçu le 25 Juillet : emmanché d'argent & de sable à trois roses d'or en chef, mises en faces. Franche-Comté.

Just de Fay Gerlande ; parti au premier de gueules à la bande d'or chargée d'une fouine d'azur ; au 2. d'argent, au lion rampant de sable. Velay.

1601.

Ardouin d'Aubusson, dit la Feuillade ; le 5 Septembre : d'or à la croix ancrée de gueules. de la Marche.

Tome IV.   C *

Guy de Pot, dit de Rhodes ; le 5 Septembre : d'or à la face d'azur. Berry.

1602.

Pierre de Carbonieres, dit la Barthe ; le 8 Mars : d'azur à quatre bandes d'argent, chargées de charbons de fable ardens de gueules. Auvergne.

1603.

Raimond de Foudras ; le 12 Août : d'azur à trois faces d'argent. Maconnois.

Bertrand d'Albon, dit S. Forgeulx ; le 12. Août : de fable à la croix d'or. Dauphiné.

Pierre de S. Julien ; le 12 Août : de fable femé de billettes d'or, au lion rampant de même. De la Marche.

Bernard de Roche-Dragon, dit Puifclavau ; le 12 Août : d'azur au lion de gueules. De la Marche.

Anne de Bethoulat, dit la Grange-Fromentau ; le 12 Août : de fable au chevron d'argent, accompagné de trois pommes de pin d'or, 2. en chef, & 1. en pointe. Berry.

François de Fredeville ; le 12 Août : d'argent à la croix engrelée de gueules. Auvergne.

Jean-Louis de Rolat, dit Brugeat ; le 12 Août : d'argent à trois faces de fable. Bourbonois.

Philippe de Chevron-la-Villette : d'azur au chevron de gueules, accompagné de 3 lions rampans d'or, armez, lampaffez de gueules, 2. en chefs affrontez, & 1. en pointe. Savoye.

1604.

François de Rouffigniac, dit Saurat ; le 10 Juin : d'or au lion rampant de gueules. Limoufin.

Philippe de Malleffet, dit Chaftelus, le 31 Juillet ; d'or au lion rampant de gueules au chef d'azur, chargé de trois étoiles d'argent mifes en face. De la Marche.

François de Barton ; le 31 Juillet : d'azur au cerf couché d'or, au chef échiqueté d'argent & de gueules de trois traits. De la Marche.

Charles de Breffieux ; le 31 Juillet : de gueules à trois faces de vair. Dauphiné.

Annet de Chaftes-Clermont ; le 31 Juillet : de gueules à deux clefs d'argent adoffées & mifes en fautoir ; a été G. M. Dauphiné.

Aimard de Claveffon ; le 30 Juillet : écartelé au premier & quatriéme de gueules, à la croix engrelée d'or ; au fecond & troifiéme de gueules à la bande d'or, chargée de trois clefs de fable. Dauphiné.

Gilbert du Crocq d'Auterat ; le 11 Août : d'or à deux faces de finople. Auvergne.

Gilbert le Long, dit de Chenillac ; le 21 Novembre : d'azur au chevron d'or, accompagné de trois étoiles d'argent ; 2. en chef & une en pointe. Bourbonois.

Pierre de la Poeppe ; le 30 Decembre : de gueules à la face d'argent. Dauphiné.

1605.

Guy de Bar ; le 4 Janvier : tiercé & retiercé en face d'or d'azur & d'argent. Limousin.

Pierre de Montjouvent ; le 10 Mai : de gueules au fautoir engrelé d'argent. De Bresse.

Charles de Portier ; le 19 Juillet : d'argent à deux lions rempans d'azur, armez, lampassez de gueules, separez par une cotice d'azur. Savoye.

Siphorien de S. Julien, dit Chozet ; le 10 Août : de sable semé de billettes d'or, au lion rampant de même. De la Marche.

Jean de S. Julien ; le 10 Août : de sable semé de billettes d'or au lion rampant de même. De la Marche.

Claude de Meschatin ; le 10 Août : d'azur au massacre d'or, au chef d'argent. Bourbonois.

Antoine de Langon ; le 10 Août : de gueules à une tour crenelée de quatre pieces d'argent, massonnée, fenestrée & portillée de sable. Dauphiné.

Cesar de Grolée - Vireville ; le 1. Septembre : gironné d'or & de sable de huit pieces. Dauphiné.

François Defefevres ; le 1. Octobre : de sinople à la croix ancrée d'argent, chargée en cœur d'une étoile de sable. Bourbonois.

Jacques de Mosnard ; le 3 Novembre : d'argent à la face de gueules, accompagnée de trois aigles éployées d'azur ; 2. en chef, & 1. en pointe. De la Marche.

1606.

Jean de Saligny ; le 8 Fevrier : écartelé au premier & quatrième de gueules à l'aigle éployé d'argent, couronné d'or au 2. & 3. de gueules à trois tours d'argent, massonnées & crenelées de sable, 2. & 1. Charolois.

Gilbert de S. Aubin, dit Lespine ; le 28 Mai : d'argent à un écusson de sable, surmonté de trois merlettes en chef, mises en face. Bourbonois.

Claude de S. Aubin, dit de Saligny ; le 28 Mai : d'argent à un écusson de sable, surmonté de trois merlettes en chef, mises en face. Bourbonois.

Guy de Baronnat ; le 27 Août : d'or à trois giroettes d'azur, mises en face ; au chef de gueules chargé d'un lion passant d'argent, armé, lampassé d'azur. Dauphiné.

Jean de Baronnat ; le 27 Août : d'or à trois giroettes d'azur, mises en face ; au chef de gueules chargé d'un lion passant d'argent, armé, lampassé d'azur.

Achile d'Estampes ; le 27 Août : d'azur à deux girons d'or mis en chevron au chef d'argent, chargez de trois Couronnes Ducales de gueules, mises en face. Touraine.

Charles de Faſſion de Sainte-Jay ; le 27 Août : porte de gueules à la croix d'or cantonnée en chef de deux étoiles de même , & de deux roſes d'argent en pointe. Dauphiné.

Louis de Bar-Buranlure ; le 17 Octobre : burelé d'or, d'azur & d'argent de neuf pieces. Berry.

1607.

Jean-Jacques d'Albon , le 27 Mai : de ſable à la croix d'or. Lionnois.

Claude de Montagnac de Larfeuillere ; le 9 Juillet : de ſable au ſautoir d'argent, accompagné de quatre mollettes de même. Auvergne.

Jean de la Goutte ; le 9 Juillet : écartelé au premier & quatriéme d'azur à la croix patée d'or , cantonnée de quatre croiſettes de même ; au ſecond & troiſiéme de gueules à trois larmes d'argent, 2. & 1. Bourbonois.

Antoine de Claviere ; le 13 Juillet : de gueules au bras ganté d'argent, mouvant du côté droit de l'écu, tenant ſur le poing deux faucons affrontez d'or, aux jets de ſable. Dauphiné.

Emanuel de Syriſier ; le 8 Août : d'or au chef d'azur chargé d'une comete d'or. Savoye.

Henri d'Apechon ; le 13 Octobre : d'or ſemé de fleurs de lys d'azur. Bourbonois.

Baltazard de Leſcherenne ; le 7 Novembre : d'azur à la bande écottée d'or.

1608.

Hector de la Rivoire ; le 2 Janvier : de gueules au lion rampant d'argent, armé & lampaſſé de ſable. Vivarez.

Henri de Simiane, dit la Coſte ; le 13 Mars : d'or ſemé de fleurs de lys & de tours d'azur. Dauphiné.

Blaiſe d'Arfeuille ; le 27 Juillet : d'azur à trois étoiles d'or, 2. & 1. & une fleur de lys de même miſe en cœur. De la Marche.

Antoine de Riddes ; le 30 Juillet : d'azur au Château d'or adextré d'une tour de même, maſſonnée & feneſtrée de ſable, ayant une étoile d'or au milieu de la porte ouverte d'azur. Savoye.

Charles de Fay, dit Gerlande ; le 9 Octobre : parti au premier de gueules à la bande d'or, chargée d'une fouine d'azur ; au 2. d'or, au lion rampant de ſable couronné d'or.

Jean de Sales ; le 2 Novembre : d'azur à deux faces de gueules bordées d'or , l'azur chargé en chef d'un croiſſant d'or en cœur, & en pointe d'une étoile de même. Savoye.

Philibert de Varax ; le 2 Novembre : écartelé de vair & de gueules. Savoye.

Gilbert de Mehun, dit la Ferté ; le 30 Decembre : écartelé, au premier & quatriéme contre écartelé d'argent & de gueules, au 2. & 3. d'hermine, au ſautoir de gueules. Berry.

DE LA LANGUE D'AUVERGNE.
1609.

Jean de la Goutte ; le 4 Juillet : écartelé au premier & quatriéme d'azur à la croix patée d'or, cantonée de quatre croisettes de même ; au second & troisiéme de gueules à trois larmes d'argent, 2. & 1. Bourbonois.

François d'Anlesy de Menetou ; le 9 Août : d'argent au lion rampant d'or. Berry.

François de Comblat de Vic ; le 9 Août : d'azur à trois têtes de lion, arrachées d'or, lampassées de gueules, 2. & 1. & une étoile d'argent mise en abîme. Auvergne.

Annet d'Orgerolles ; le 9 Août : écastelé au premier & quatriéme de gueules à la champagne d'or, au lion naissant de même ; au deux & troisiéme d'or à trois faces de gueules. Lyonois.

Jean de S. Julien, dit la Chasette ; le 9 Août : de sable semé de billettes d'or, au lion rampant de même. De la Marche.

1610.

Jean d'Auradour, dit S. Gervasy ; le 17 Août : de gueules à la croix clechée, vuidée & pometée d'or. Auvergne.

Claude de Levy, dit Charlus ; le 17 Août : d'or à trois chevrons de sable. Bourbonois.

Claude d'Albon, dit Chaseul ; le 17 Août : de sable à la croix d'or. Lyonois.

Claude de Bec, dit la Bussiere ; le 17 Août : d'argent à un aigle éployé à deux têtes de sable. Lyonois.

François de Bertrand, dit Beuvron ; le 17 Août : l'ozangé de gueules & d'hermine. Bourbonois.

Gilbert de S. Aubin ; le 17 Août : d'argent à un écusson de sable, surmonté de 3 merlettes en chef, mises en face. Bourbonois.

1611.

Octavien de Murinès ; le 10 Août : de gueules au lion rampant d'or. Dauphiné.

Charles de Brichanteau ; le 26 Octobre : d'azur à 6 besans d'argent, 3. 2. & 1. Berry.

Jean de Montjournal ; le 30 Decembre ; écartelé au 1. & 4. de sable à 3 fleurs de lys d'argent, 2 & 1. au 2. & 3. d'argent, au lion rampant de sable couronné d'or. Bourbonois.

1612.

Philibert de Cleron ; le 2 Mars : de gueules à la croix d'argent cantonnée de 4 croix treflées de même. Franche-Comté.

Ferdinand d'Andelot ; le 2 Mars : échiqueté d'argent & d'azur, au lion rampant de gueules, armé, lampassé & couronné d'or. Franche-Comté.

Jean de Montjouvent ; le 18 Avril : de gueules au sautoir engrelé d'argent. Bresse.

Gaspard de Dreuille ; le 7 Mai : d'azur au lion rampant d'or, armé, lampassé & couronné de gueules. Bourbonois.

Jacques de Fricon, dit la Dauge; le 5 Juillet : d'argent à la bande ondée de sable. De la Marche.

François de Fricon, dit la Dauge; le 5 Juillet : d'argent à la bande ondée de sable. De la Marche.

Charles de Montagnac, dit l'Arfeuillere ; le 20 Juillet : de sable au sautoir d'argent, accompagné de quatre molettes de même. Auvergne.

Foucault de S. Aulaire : de gueules à trois couples d'argent, 2. & 1. Limousin.

Jean de la Roche-Aymon ; le 20 Juillet : de sable semé d'étoiles d'or, au lion rampant de même. Combraille.

Charles du Chastelet ; le 20 Juillet : d'or à la bande de gueules, chargée de trois fleurs de lys d'argent. Franche-Comté.

1613.

François d'Ortan ; le 26 Mars : de gueules à la face d'argent, accompagnée de trois annelets de même, 2. en chef, & 1. en pointe. Bresse.

Jacques de Saligny ; le 29 Juillet : écartelé au 1. & 4. de gueules à l'aigle éployé d'argent, couronné d'or ; au deux & troisième de gueules à trois tours d'argent, massonnées & crenelées de sable, 2. & 1. Charolois.

Claude de Loches ; le 20 Decembre : de gueules à trois glands d'or, au chef d'argent chargé d'un croissant montant d'azur. Savoye.

Dominique de la Forest ; le 20 Decembre : de sable à deux faces d'argent. Savoye.

Philibert de la Fayette ; le 20 Decembre : de gueules à une bande d'or à la bordure de vair. Auvergne.

Claude de Champestieres ; le 20 Decembre : de vair à un écusson de gueules, chargé d'un chevron d'or. Auvergne.

Nicolas de Noblet-Tercillac ; le 20 Decembre : de gueules au chevron d'or, accompagné d'une gerbe de même en pointe. Berry.

1614.

Gaspard de la Gruterie-Maisonseule ; le 14 Janvier : d'azur au chien courant d'argent, accompagné de trois fleurs de lys d'or, 2. & 1. Vivarez.

Claude de Pardessus ; le 14 Janvier : d'argent au chevron de sable, accompagné de trois coquilles de gueules, 2. en chef & 1. en pointe. Franche-Comté.

Gaspard de Poisieux ; le 14 Janvier : de gueules à deux chevrons d'argent, au chef de même. Dauphiné.

Jean de Fay-la-Tour-Maubourg ; le 14 Janvier : de gueules à la bande d'or chargée d'une fouine d'azur. Velay.

Gaspard de la Fayette ; le 14 Janvier : de gueules à la bande d'or, à la bordure de vair. Auvergne.

Charles de S. Priest ; le 14 Janvier : d'argent équipolé de cinq points d'azur. En Forest.

Louis du Mesnil de Simon ; le 26 Juin : d'argent à six mains apaumées de gueules, 3. 2. & 1.
Jacques de Gordon ; le 19 Novembre : écartelé d'argent & de gueules. Savoye.
Claude de la Richardie ; le 14 Decembre : de gueules à la bande d'argent, chargée de trois étoiles d'azur. Auvergne.

1615.

Jacques de S. Maur-Lourdoue ; le 27 Mai : d'argent à deux oyes de de gueules l'une sur l'autre. De la Marche.
Jean de Forsat ; le 27 Mai : de gueules à la fleur de lys d'or. Limousin.
Hector de Duin de Mareschal : écartelé au 1. & 4. d'or à la croix de gueules ; au 2. & 3. d'or à la bande de gueules, chargée de trois coquilles d'argent. Savoye.
Charles de Ballore ; le 30 Mai : d'azur à la croix engrelée d'or. Bourbonois.
Leonard de Vaudray ; le 11 Août : coupé, emmenché d'argent & de gueules. Franche-Comté.
Etienne d'Orgerolles de Coulmieres ; le 7 Septembre : écartelé au 1. & 4. de gueules à la champagne d'or, au lion naissant de même ; au 2. & 3. d'or à trois faces de gueules. Limousin.
Guillaume de Dortan ; le 7 Septembre : de gueules à la face d'argent, accompagnée de trois annelets de même, 2. en chef & 1. en pointe. Bresse.

1616.

François de S. Germain, dit Merieu ; le 10 Octobre : d'or à la bande d'azur chargée de trois croissans montans d'argent. Dauphiné.

1617.

Pierre de Montaigu ; le 13 Juin : de gueules au croissant montant d'argent. Franche-Comté.
Leonor de Moustier ; le 23 Juin : de gueules au chevron d'argent, accompagné de trois aigles d'or, 2. en chef affrontez ; & 1. en pointe. Franche-Comté.
Marc-Antoine de Vy de Maillerencours ; le 17 Août : d'argent au lion rampant de sable, lampassé de gueules, & couronné d'or. Franche-Comté.
Leonard de Chaussecourtes ; le 17 Août : parti emmenché d'azur & d'argent. de Combraille & de la Marche.
Louis de Chaussecourtes ; le 17 Août : parti emmenché d'azur & d'argent. De Combraille & de la Marche.
Jacques de Chaussecourtes ; le 17 Août : parti emmenché d'azur & d'argent. De Combraille & de la Marche.
Gabriel de Ramilly, dit Charnay ; le 17 Août : d'azur à 3 bandes d'argent. Bourgogne.
Baltazard de la Motte ; d'azur à l'aigle essorant d'argent. Bourbonois.

Gabriel de Clauzet, dit Moillon ; le 28 Septembre : d'argent à la face de gueules chargée de deux coquilles d'or, accompagnée de deux têtes de Turc au naturel, tortillée d'argent. Berry.

François d'Iseran ; le 28 Decembre : d'azur au grifon rampant d'argent, au chef cousu de gueules. Dauphiné.

Jean d'Oiselet ; le 28 Decembre : de gueules à la bande vivrée d'or. Franche-Comté.

1618.

Gabriel de Ramilly ; le 15 Mars : d'azur à trois bandes d'argent. Bourgogne.

Abel d'Isimieux ; le 23 Octobre : de gueules à six roses d'argent, 3. en chef, & 3. en pointe. Dauphiné.

Imbert de la Poeppe ; le 23 Octobre : de gueules à la face d'argent. Lyonnois.

Robert d'Estampes ; le 23 Octobre : d'azur à deux girons d'or mis en chevron, au chef d'argent, chargé de trois Couronnes Ducales de gueules mises en face. Berry.

1619.

Gilbert de Stud, dit d'Assay ; le 10 Janvier : écartelé au 1. & 4. d'or à trois pals de sable ; au second & troisiéme d'or, au cœur de gueules. Berry.

Pierre du Mesnil-Simon-Beaujeu ; le 10 Janvier : d'argent à 6 mains apaumées de gueules, 3. 2. & 1. Berry.

Gabriel de la Richardie ; le 10 Janvier : de gueules à la bande d'argent, chargée de trois étoiles d'azur. Auvergne.

Jean de Faye, dit la Porte ; le 9 Mars : d'argent à la quintefeuille de gueules. Limousin.

Claude de Blot-le-Vivier ; le 9 Mars : écartelé au premier & quatriéme de sable, au lion rampant d'or, à la bordure engrelée d'argent ; au second & troisiéme d'argent à trois bandes de gueules. Auvergne.

Gabriel d'Estaing ; le 9 Mars : d'azur à trois fleurs de lys d'or, 2. & 1. un chef d'or. Auvergne.

Louis de la Rable du Lude ; le 22 Mai : de gueules au chevron d'or, accompagné de trois erables arrachez d'or, 2. en chef, & 1. en pointe. Berry.

Antoine de S. Viance ; le 22 Mai : écartelé au premier & quatriéme d'azur, au cor de chasse d'or, lié & enguiché de même ; au second & troisiéme, burelé d'or & d'azur de dix pieces. Limousin.

Alexandre de Chevriers ; le 19 Novembre : d'argent à trois chevrons de gueules à la bordure dentelée d'azur. Maconois.

1620.

Jean de Girard S. Paul ; le 28 Janvier : d'azur à la bande échiquetée d'argent & de sable de trois traits. Dauphiné.

Etienne le Noir de Lanein ; le 28 Janvier : de gueules à la bande engrelée d'argent. Lyonnois.

Guillaume

Guillaume de la Tour S. Quentin ; le 14 Mai : d'or à la bande de gueules, chargée vers le canton dextre du chef, d'une lozange d'azur. Franche-Comté.

Pierre de Laygue ; le 14 Mai : d'azur à la bande d'or, accompagnée de six lozanges de même, 3. en chef, & 3. en pointe mises en orle. Dauphiné.

Michel de S. Julien-Flayat ; le 18 Decembre : de sable semé de billettes d'or, au lion rempant de même. De la Marche.

Melchior de Flechieres : d'azur au sautoir d'or, accompagné de 4 aiglettes d'argent. Savoye.

1621.

Jacques de la Rochefoucault ; le premier Fevrier : burelé d'argent & d'azur à trois chevrons de gueules brochant sur le tout. Auvergne.

Claude de Montjouvent ; le 4 Mai : de gueules au sautoir engrelé d'argent. Bresse.

Jean de Lambertie ; le 7 Mai : d'azur à deux chevrons d'or. Limousin.

Pierre de Jossineau de Fayat ; le premier Juillet : de gueules au chef d'or. Limousin.

Antoine de Laurens-Puy-Lagarde ; le 18 Novembre : de gueules à l'épée d'argent garnie d'or mise en bande, accompagnée de six roses d'argent mises de même. Limousin.

Christophle de Sacconin-Bressoles ; le 22 Novembre : de gueules semé de billettes d'argent à la bande de même, chargée d'un lionceau de sable vers le canton dextre du chef. Bourbonois.

François du Puget-Vernay ; le 22 Novembre : d'or à trois pals de gueules, au chef d'argent, chargé d'un aigle éployé de sable. Bresse.

Renaud de Sainte Colombe ; le 22 Novembre : écartelé d'argent & d'azur. Baujolois.

Claude de Laygue ; le 24 Novembre : de gueules semé de larmes d'argent, au chef cousu d'azur. Dauphiné.

1622.

Nicolas de Montchenu ; le 8 Août : de gueules à la bande engrelée d'argent, chargée d'un aigle d'azur, & accompagnée d'un croissant montant d'argent, au canton senestre du chef. Dauphiné.

Claude de Laygue ; le 8 Août : de gueules semé de larmes d'argent, au chef cousu d'azur. Dauphiné.

François de Voissent ; le 30 Octobre : de gueules à la bande d'or, accompagnée d'une comete de même en pointe au chef d'argent chargé d'un croissant montant d'azur. Dauphiné.

Guillaume d'Aubusson ; le 19 Novembre : d'or à la croix encrée, & nilée de gueules. De la Marche.

1623.

Louis de Vignaud ; le 2 Août : d'azur au chevron d'argent, accompagné de deux étoiles d'argent en chef, & d'un croissant montant de même en pointe. De la Marche.

Jacques de Montagnac ; le 11 Septembre : de sable au sautoir d'argent accompagné de 4 molettes de même. De la Marche.

Antoine de Cremeaux ; le 25 Septembre : de gueules à trois croix treflées le pied fiché d'or, 2. & 1. au chef d'argent chargé d'une face ondée d'azur. Lyonois.

Charles de Cro ; le 25 Septembre : d'azur à trois chevrons d'or, accompagné de trois coquilles de même, 2. en chef, & 1. en pointe. En Forest.

Jean de Chevriers ; le 25 Septembre : d'argent à trois chevrons de gueules à la bordure d'entelée d'azur. Bresse.

Louis de la Rivoire ; le 25 Septembre : de gueules au lion rempant d'argent, armé & lampassé de sable. Vivarez.

Philibert de Lussinge ; le 18 Novembre : bandé d'argent & de gueules de six pieces. Savoye.

1624.

Alphonce de Brichanteau ; le 15 Avril : d'azur à six besans d'argent, 3. 2. & 1. Berry.

Charles de Cremeaux ; le 2 Août : de gueules à trois croix treflées, le pied fiché d'or, 2. & 1. au chef d'argent chargé d'une face ondée d'azur. Lyonois.

1625.

François de Breschard-la-Motte ; le 27 Fevrier : d'azur à 3 bandes d'argent. Bourbonois.

Antoine d'Arcy d'Ailly ; le 27 Fevrier : de gueules à trois arcs d'argent, rangez l'un sur l'autre. En Forest.

Antoine de Vichy-Champron ; le 27 Fevrier : de vair. Maconois.

Louis des Escures ; le 27 Fevrier : de sinople à la croix ancrée d'argent, chargée en cœur d'une étoile de sable. Bourbonois.

Guillaume de Razes ; le 27 Fevrier : palé d'argent & de gueules, au chef d'or. Berry.

Jean de Cremeaux ; le 24 Avril : de gueules à trois croix treflées au pied fiché d'or, 2. & 1. au chef d'argent chargé d'une face ondée d'azur. Lyonois.

François de la Roche-Lambert ; le 24 Avril : d'argent au chevron d'azur, au chef de gueules. Auvergne.

Louis d'Estaing ; le 24 Avril : d'azur à trois fleurs de lys d'or, 2. & 1. & un chef d'or. Auvergne.

Baltazard de Vallin ; le 30 Août : de gueules à la bande componée d'argent & d'azur. Dauphiné.

1626.

Charles d'Aubusson ; le 17 Fevrier : d'or à la croix ancrée & nilée de gueules. De la Marche.

Pierre Dumont-la-Lande ; le 25 Mars : d'or à la croix ancrée de sable. Berry.

Charles Silvain de Fougieres ; le 20 Avril : d'azur à la face d'argent, accompagnée de 4 étoiles d'or, 1. en chef, & 3. en pointe. Bourbonois.

Leon de Villeneuve ; le 27 Septembre : de sable à cinq besans dargent, 2. 1. 2. Franche-Comté.

1627.

Charles de S. Maur ; le 17 Mars : d'argent à deux signes de gueules. De la Marche.

Jacques Dumont-la-Lande ; le 24 Mars : d'or à la croix ancrée de sable. Berry.

Maurice de S. Germain, dit Merieus ; le 24 Mars : d'or à la bande d'azur. Dauphiné.

François de Mallezet de Chastelus ; le 6 Octobre : d'or au lion rempant de gueules, au chef d'azur chargé de trois étoiles d'argent mises en face. De la Marche.

Louis de Mareschal-Franchesse ; le 6 Octobre : d'or à trois rondettes d'azur, chargée chacune d'une étoile d'argent. Bourbonois.

Philibert des Escures ; le 6 Octobre de sinople à la croix ancrée d'argent, chargée en cœur d'une étoile de sable. Bourbonois.

Jean-Louis de Montagnac ; le 6 Octobre : de sable au sautoir d'argent accompagné de 4 mollettes de même. Combraille.

1628.

Claude de Boissat ; le 25 Mai : de gueules à la bande d'argent, accostée de six besans d'or. Dauphiné.

Gabriel de Vachon-Bellegarde ; le 29 Mai : de sable à la vache passante d'or. Dauphiné.

Alexandre de Seyvert d'Urigny ; le 20 Juin : coupé en chef d'argent à trois bandes de gueules, & en pointe d'azur à trois roses d'argent, 2. & 1. Lyonois.

Alexandre de Costaing-Pusignan ; le 29 Juilllet : d'azur à la face d'argent, accompagnée de quatre lozanges d'or en chef, & mises en face, & de 6. en pointe, 4. & 2. de même. Dauphiné.

Gilbert de Stud-Assay : écartelé au 1. & 4. d'or à trois pals de sable ; au 2. & 3. d'or, au cœur de gueules. Berry.

1629.

Alexandre de Bigny d'Aisnay ; le 22 Mars : d'azur au lion rampant d'argent, armé, lampassé de gueules, accompagné de cinq poissons d'argent, mis en pal, 2-2 & 1. Bourbonois.

Affriquain de Montaigu ; le 24 Avril : de gueules au croissant montant d'argent. Franche-Comté.

Paul de Thianges du Creuset ; le 24 Avril : d'argent à trois trefles de gueules, 2. & 1. Bourbonois.

Louis d'Estaing ; le 28 Juin : d'azur à trois fleurs de lys d'or, 2. & 1. & un chef d'or. Auvergne.

Henri de Bigny d'Aisnay ; le 28 Juin : d'azur au lion rampant d'argent, armé, lampassé de gueules, accompagné de cinq poissons d'argent mis en pal, 2. 2. & 1. Bourbonois.

Jacques de Leſtang ; le 11 Octobre : d'azur à trois faces d'argent, maſſoneées & crenelées de ſable, la premiere de cinq creneaux, la ſeconde de quatre, la troiſiéme de trois, & ouverte au milieu en porte. Dauphiné.

Charles de Montjouvent ; le 30 Novembre : de gueules au ſautoir engrelé d'argent. Breſſe.

1630.

Michel du Boſt de Codigniae ; le 11. Juillet : d'azur à la bande d'or accompagnée de deux étoiles d'argent, 1. en chef, & l'autre en pointe. Auvergne.

Pierre de Beauverger-Montgon ; le 11 Juillet : burelé d'argent & d'azur, flanqué d'hermine. Auvergne.

Jean de Beauredon du Puy ; le 10 Octobre : de gueules à deux lions rempans, & affrontez d'or. Auvergne.

1631.

François de Laubepin Sainte Colombe ; le 3 Juillet : écartelé d'argent & d'azur. Baujolois.

Antoine de Bravards Deyſac ; le 29 Decembre : d'azur au chevron d'or, accompagné de trois billettes de même, 2. en chef, & 1. en pointe. Auvergne.

Claude de Tenay S. Chriſtophle ; le 29 Decembre : écartelé au 1. & 4. d'or à la bande de ſable ; au 2. & 3. d'or à la bande engrelée de ſable. Maconnois.

Proſper de Luſſinges ; le 29 Decembre : bandé d'argent & de gueules de ſix pieces. Savoye.

François de Bocſzoſel ; le 29 Decembre : d'or au chef échiqueté d'argent & d'azur de deux traits. Dauphiné.

Louis de Fay-Gerlande ; le 29 Decembre : parti au 1. de gueules à la bande d'or, chargée d'une fouine d'azur ; au 2. d'or au lion rampant de ſable couronné d'or. Velay.

1632.

François de Chevriers ; le 15 Novembre : d'argent à trois chevrons de gueules à la bordure dentelée d'azur. Maconnois.

Jacques d'Authun ; le 15 Novembre : de gueules à la croix engrelée d'or. Dauphiné.

Antoine de Montjouvent ; le 15 Novembre : de gueules au ſautoir engrelé d'argent. Breſſe.

1633.

Raymond de Foudras de Coutanſſon ; le 3 Juin, d'azur à trois faces d'argent. En Foreſt.

Jean-François de Bigny d'Aiſnay ; le 3 Juin : d'azur au lion rampant d'argent, armé, lampaſſé de gueules, accompagné de cinq poiſſons d'argent, mis en pal, 2. 2. & 1. Bourbonois.

Gilbert de Roſtaing ; le 3 Juin : d'or à la bande d'azur, chargée de trois corneilles d'or, & ſoutenue d'un filet de gueules. Dauphiné.

René de Meun de la Ferté ; le 12 Juillet : écartelé au 1. & 4. d'hermine, au fautoir de gueules ; au 2. & 3. contre-écartelé de gueules & d'argent. Berry.

Arnaud le Loup, dit Montphan ; le 12 Juillet : d'azur au loup paffant d'or, onglé & lampaffé de gueules. Bourbonois.

Bernard de la Roche-Dragon-Puifclavau ; le 12 Juillet : d'azur au lion rempant de gueules. De la Marche.

Chriftophle de Roftaing ; le 12 Juillet : d'azur à une roue d'or, & une face hauffée de même. En Foreft.

François de Clermont de Chafte ; le 12 Août : de gueules à deux clefs d'argent, adoffées & paffées en fautoir, furmontées d'une fleur de lys d'or. Dauphiné.

Aymard de Leftang ; le 12 Août : d'azur à trois faces d'argent, maffonnées & crenelées de fable ; la premiere de cinq creneaux, la feconde de quatre, & la troifiéme de trois, ouverte au milieu en porte. Dauphiné.

1634.

Claude du Creft ; le 6 Mars : coupé en chef d'argent, au lion iffant de fable, armé, lampaffé & couronné de gueules, & en pointe d'azur à trois bandes de gueules. Charolois.

Philippe de la Trolliere ; le 6 Mars : d'azur à trois têtes & cols de mules, mufelées d'or, 2. & 1. Bourbonois.

Gabriel de Bertrand, dit Beaulieu ; le 6 Mars : lozangé d'hermine & de gueules. Berry.

Anatoile du Scey ; le 6 Mars : de fable au lion rampant femé de croix trefflées d'or, & couronnées de même. Franche-Comté.

Claude du Joffroy ; le 21 Juillet : facé d'or & de fable de fix pieces, la feconde chargée de deux croifettes d'argent. Franche-Comté.

Melchior de Livron-Savigny ; le 21 Juillet : de gueules à la bande d'argent, accoftée de deux cottices de même. Savoye.

Gabriel du Boucheron-d'Ambrugeat ; le 6 Août : d'or à trois lions rampans de gueules, 2. & 1. Limoufin.

1635.

Gabriel Turquan ; le 21 Janvier : d'argent au chevron de gueules, accompagné de trois têtes de Mores, tortillées d'argent, 2. en chef, & une en pointe. Lyonois.

Claude du Boulieu du Mazel ; le 11 Juin : lozangé d'or & de gueules. Velay.

Jacques du Buiffon ; le 4 Juillet : d'argent à trois lauriers arrachez de finople mis en face. Lyonois.

Jean de Bar-Buranlure ; le 4 Juillet : tiercé & retiercé en face d'or, d'azur & d'argent. Berry.

Claude de Matmier ; le 2 Novembre : de gueules au tigre rampant d'argent. Franche-Comté.

1636.

George le Fort de Villemandeur ; le 27 Fevrier : d'azur au chevron d'or accompagné de trois befans d'argent, 2. en chef, & un en pointe. Berry.

Charles de Marans ; le 27 Fevrier : facé contre-facé d'or & d'azur, au chef palé de même, flanqué d'azur à deux girons d'or, & fur le tout un écuffon d'argent. Berry.

Gabriel de la Poeppe-Serrieres ; le 27 Fevrier : de gueules à la face d'argent. Dauphiné.

François de la Poeppe ; le 27 Fevrier : de gueules à la face d'argent. Dauphiné.

Jacques d'Amanzé-Chofailles ; le 27 Fevrier : de gueules à trois coquilles d'or, 2 & 1. Maconnois.

Michel de S. Julien de S. Marc ; le 7 Juillet : de fable femé de billettes d'or, au lion rampant de même. Auvergne.

Alexandre Talaru-Charmazel ; le 15 Juillet : écartelé au premier & quatriéme, parti d'or & d'azur à la bande de gueules ; au fecond & troifiéme de fable femé d'étoiles d'or, au lion rampant de même. Lyonois.

1638.

René de Maifonfeule ; le 15 Novembre : d'azur au chien courant d'argent, accompagné de trois fleurs de lys d'or, 2. en chef, & 1. en pointe. Vivarez.

Paul de Felines de la Renaudie ; le 24 Decembre : d'azur au foleil brillant d'or. Limoufin.

1639.

Edme de Drée-la-Serre ; le 11 Janvier : de gueules à cinq canettes d'argent, 2. 2. & 1. Maconnois.

Pierre de Paffier ; le 5 Mars : d'azur au fautoir d'or, accompagné de deux étoiles, une en chef & une en pointe, & de 2 lozanges en flanc de même. Savoye.

Baltazard d'Angeville ; le 5 Mars : de finople à deux faces ondées d'argent. Bugey.

Charles de l'Ornay, le 5 Mars de gueules au lion rampant d'argent, traverfé d'une cotice d'azur, chargée vers le canton dextre d'une rofe d'or. Savoye.

Claude de Marefte ; le 5 Mars : écartelé au 1. & 4. d'azur à deux faces d'argent ; au fecond & troifiéme d'or, au chef emmenché d'azur, & une cottice de gueules brochant fur le tout. Savoye.

Amable-Philibert de Montfort ; le 5 Mars : d'or à trois pals d'azur. Savoye.

Jean la Flotte-Terny ; le 5 Mars : lozangé de gueules & d'argent, au chef d'or. Dauphiné.

Jean de Fay-la-Baftie ; le 23 Juillet : écartelé au 1. & 4. de gueules à la bande d'or chargée d'une fouine d'azur ; au 2. & 3. d'or au lion rampant de fable, armé, lampaffé & couronné de gueules. Velay.

Renaud de Mailleret ; le 23 Juillet : d'or au fautoir d'azur, chargé en chef d'un lionceau de gueules. Limoufin.

Pierre des Roches - Herpin ; le 23 Juillet : d'azur à la bande de gueules, & un lion rampant d'argent, brochant sur le tout, armé, lampassé & couronné de gueules. Berry.

1640.

Jean de Salagnac ; le 15 Juin : d'or à trois bandes de sinople. Limousin.

Claude de la Poeppe, dit Vertrieu ; le 1. Decembre : de gueules à la face d'argent. Dauphiné.

François de Chauvéron de la Motte ; le 1. Decembre : d'argent au pal bandé de sable & d'or. Berry.

1641.

Antoine de Fougerolles ; le 22 Avril : de gueules à trois bandes d'or. Vivarez.

Claude de Ligondès S. Domet ; le 22 Avril : d'azur au lion rampant d'or, accompagné de trois étoiles de même, 2. en chef, & une en pointe.

Pierre de Ballore ; le 22 Avril : d'azur à la croix engrelée d'or. Charolois.

Henri de Gourdan ; le 22 Avril : d'azur au coq d'or crêté & barbelé de gueules. Vivarez.

1642.

Hector de S. Georges ; le 12 Janvier : d'argent à la croix de gueules. Duché de Bourgogne.

François de Rostaing ; le 12 Janvier : d'or à la bande d'azur, chargée de trois corneilles d'or, & soutenue d'un filet de gueules. Dauphiné.

Jacques de Langon ; le 12 Janvier : de gueules à la tour d'argent, crenelée de quatre pieces, maçonnées, fenestrées & portillées de sable. Dauphiné.

Annet de Pollod de S. Agnin ; le 2 Août : d'or fretté de gueules de six pieces. Dauphiné.

Alexandre de Sainte Colombe ; le 11 Decembre : écartelé d'azur & d'argent. Baujolois.

1643.

Antoine de Fay-Gerlande ; le 12 Août : parti au 1. de gueules à la bande d'or, chargée d'une fouine d'azur ; au 2. d'argent, au lion rampant de sable. Velay.

Jean-Joachim de Falcos-la-Blanche ; le 12 Août : d'azur au faucon d'argent, aux jets & sonnettes de même. Dauphiné.

Gaspard de Ballore ; le 12 Août : d'azur à la croix engrelée d'or. Charolois.

Charles de Sales ; le 24 Novembre : d'azur à deux faces de gueules bordées d'or, l'azur chargé en chef d'un croissant montant d'or en cœur, & en pointe d'une étoile de même. Savoye.

1644.

Michel Josian de Grandval ; le 1. Decembre : d'azur à un mufle de lion d'or, accompagné de trois coquilles d'argent, 2. & 1. à la bordure de gueules. Charolois.

François de Fougieres du Creux ; le 1. Decembre : d'azur à la face d'argent, accompagnée de quatre étoiles d'or, 1. en chef, & 3. en pointe. Bourbonois.

Charles de Chanteret ; le 1. Decembre : d'or au chevron de gueules, accompagné de trois trefles de sable, 2. en chef, & 1. en pointe. Franche-Comté.

François Hugon du Prat ; le 1. Decembre : d'azur à 2 lions rampans d'or, armez & lampassez de gueules. Limousin.

1645.

Gilbert de Villelume ; le 5 Mars : d'azur à dix besans d'argent, 4. 3. 2. & 1. Auvergne.

Claude de la Richardie ; le 5 Mars : de gueules à la bande d'argent chargée de trois étoiles d'azur. Auvergne.

1646.

Charles de Fassion Sainte Jay ; le 6 Septembre : de gueules à la croix d'or, accompagnée en chef de deux étoiles de même, & en pointe de 2 roses d'argent, Maréchal & Général des galeres. Dauphiné.

1647.

Claude de Mesnil de Simon ; le 18 Avril : d'argent à six mains apaumées de gueules. Berry.

Claude-Marie de Fay-la-Tour-Maubourg ; le 18 Avril : de gueules à la bande d'or, chargée d'une fouine d'azur. Velay.

Jean de Lestrange ; le 29 Decembre : de gueules à deux lions rampans, & adossez d'or, surmontez d'un leopard passant d'argent. De la Marche.

Guy de Jonas de Bisseret ; le 29 Decembre : d'azur à la bande engrelée d'or. Berry.

Claude Hugon du Prat ; le 29 Decembre : d'azur à deux lions rampans d'or, armez & lampassez de gueules. Limousin.

Jean Chambon de Desternes ; le 29 Novembre : coupé en chef d'or, à la face de gueules, accompagnée en chef de deux merlettes, & en pointe de sable à trois chevrons d'hermine. Combraille.

Jean de Dreuille ; le 29 Novembre : d'azur au lion rampant d'or, couronné de même. Bourbonois.

1648.

Antoine de Grimaud de Besgue ; le 20 Novembre : d'azur à 3 têtes de mules d'or, muselées de sable, & clarinées d'argent, 2. & 1. sans oreilles. Dauphiné.

1650.

Gilbert de Fougieres du Cluseau ; le 26 Janvier : d'azur à la face d'argent, accompagnée de 4 étoiles d'or, 1. en chef, & 3. en pointe. Bourbonois.

Charles de Villars ; le 26 Janvier : d'azur à trois mollettes d'or, 2. &

DE LA LANGUE D'AUVERGNE.

2. & 1. au chef d'argent, chargé d'un lion passant de gueules. Lyonois.

Jacques de Villelume ; le 26 Janvier : d'azur à dix besans d'argent, 4. 3. 2. & 1. Auvergne.

Edmont de Briord ; le 26 Janvier : d'or à la bande de sable. Bresse.

Louis de Fontete ; le 3 Fevrier : d'azur à trois faces d'or. Charolois.

Jean de la Baume-Forsat ; le 11 Avril : écartelé au 1. & 4. de sinople, au belier passant d'or, au 2. & 3. d'or, au chef de sinople, à l'aigle éployé de sable, béqué de gueules. Limousin.

Adrien de la Poeppe ; le 1. Juin : de gueules à la face d'argent. Dauphiné.

Leonard de Sainte Colombe ; le 1. Juin : écartelé d'argent & d'azur. Baujolois.

Pierre de Vallin ; le 1. Juin : de gueules à la bande componée d'azur & d'argent. Dauphiné.

1651.

Hector de Charpin de Genetines ; le 14. Fevrier : d'azur à la croix encrée de gueules, au franc quartier d'azur, chargée d'une étoile d'or. En Forest.

Georges de Popillon du Riau ; le 17 Fevrier : d'azur à la face d'or, accompagnée de 3 quintefeuilles d'argent, 2. en chef & 1. en pointe. Bourbonois.

Jean de S. Viance ; le 8 Mai : écartelé au 1. & 4. d'azur, au cor de chasse d'or, lié & enguiché de même ; au 2. & 3. burelé d'or & d'azur de dix pieces. Limousin.

François de Montmorin S. Heran ; le 8 Mai : de gueules au lion d'argent, armé & lampassé d'azur, l'écu semé de mollettes d'éperon de même. Auvergne.

Robert de Lignerac ; le 23 Novembre : d'argent à 3 pals de gueules. Auvergne.

Jacques de Vailte-Lallemand ; le 1. Decembre : d'azur à la face de sable, accompagnée de trois trefles de gueules, 2. en chef & 1. en pointe. Franche-Comté.

1652.

Leonet de Dreuille ; le 12 Fevrier : d'azur au lion rampant d'or, couronné d'argent. Bourbonois.

François de Farrou de la Valliere ; le 12 Fevrier : d'azur à trois têtes de lion, arrachées d'or, 2. & 1. Berry.

Gilbert de la Roche-Coudun ; le 25 Decembre : d'azur à 3 bandes d'or. Franche-Comté.

Gabriel de Boyaux-Colombiere ; le 12 Fevrier : d'azur à 3 boyaux d'argent mis en face, les extrêmitez de gueules, entremêlées de de six trefles d'or, 3. 2. & 1. Bourbonois.

François de la Barge ; le 12 Fevrier : d'argent à la bande de sable. Auvergne.

Claude de Montagnac-Larfeuillere ; le 22. Avril : de sable au sautoir d'argent, accompagné de quatre mollettes de même. Auvergne.

Louis de Fougieres du Clusau ; le 17 Juin : d'azur à la face d'argent, accompagnée de quatre étoiles d'or, 1. en chef, & 2. en pointe. Bourbonois.

Theodose d'Estampes ; le 17 Juin : d'azur à deux girons d'or mis en chevron, au chef d'argent chargé de trois Couronnes Ducales de gueules. Berry.

Louis de Ligondès ; le 17 Juin : d'azur semé de molletes d'or, & un lion rampant de même. De la Marche.

Leonard d'Arfeuille ; le 27 Septembre : d'azur à la fleur de lys d'or, accompagnée de trois étoiles de même, deux en chef, & une en pointe. Bourbonois.

1623.

Isaac de Casting de Manadau ; le 17 Janvier : d'argent au lion rampant de sable, couronné de même. Limousin.

François de Montroux de Perissat ; le 26 Novembre : d'or à la bande de sable chargée de trois étoiles d'argent ; & accompagnée en chef d'une branche de laurier de sinople tenu par un lion rampant de gueules, armé, lampassé, couronné de même. Limousin.

1654.

Jacques de l'Orme-Pagnac ; le 12 Janvier : d'argent à 3 merlettes de sable, 2. & 1. accompagnées de neuf étoiles de même, 3. 3. & 3. Auvergne.

Jean de la Roche-Dragon-Lavoreille ; le 12 Janvier : d'azur au lion rampant d'or, armé & lampassé de gueules. Limousin.

Joseph de Cagnol ; le 8 Avril : coupé en chef d'argent, à l'aigle éployé de sable, couronné de même, en pointe échiqueté d'or & de gueules de trois traits. Savoye.

Baltazard de Diene-Chavagnac ; le 12 Juin : d'azur au chevron d'argent, accompagné de trois croissans montans d'or, 2. en chef, & 1. en pointe. Auvergne.

Antoine de Pons-la-Grange ; le 12 Juin : de gueules à trois faces d'or. Auvergne.

Henri de Bethoular ; le 29 Decembre : de sable au chevron d'argent, accompagné de trois pommes de pin d'or, 2. en chef, & 1. en pointe. Berry.

François d'Anteroche ; le 24 Decembre : d'azur à la bande d'or, chargée de trois mouchetures d'hermines, & accompagnée de deux croisettes d'or, une en chef, & l'autre en pointe, surmontées en chef de trois ondes d'argent. Auvergne.

Marie de Fay-la-Tour-Maubourg ; le 24 Decembre : de gueules à la bande d'or, chargée d'une fouine d'azur. Velay.

Paul-Laurens des Gentils, dit Lussenay ; le 24 Decembre : de sable à l'aigle éployé d'argent à deux têtes, & couronné d'or à la bordure d'argent, chargée de huit croisettes patées de sable. Bourbonois.

1656.

Henri de Gratté de Dolomieux ; le 26 Janvier : d'azur au grifon rampant d'or. Dauphiné.

Marc de Gratté ; le 26 Janvier : d'azur au grifon rampant d'or. Dauphiné.

Etienne de Foudras de Châteautiers ; le 28 Fevrier : d'azur à trois faces d'argent. Maconnois.

Claude de Meschatin-la-Faye ; le 28 Fevrier : d'azur au massacre d'or mis en face au chef d'argent. Bourbonois.

César de Grolée de Montbreton ; le 28 Fevrier : gironné d'or & de sable de huit pieces. Dauphiné.

Hyerôme d'Aubusson ; le 23 Juillet : d'or à la croix ancrée ou niléc de gueules. De la Marche.

Jacques de la Fayette ; le 10 Octobre : de gueules à la bande d'or, à la bordure de vair. Auvergne.

Baltazard de Pons ; le 4 Decembre : de gueules à trois faces d'or. Auvergne.

Claude d'Andrault de Langeron ; le 9 Decembre : écartelé au 1. & 4. d'azur à 3 étoiles d'argent, 2. & 1. au 2. & 3. de gueules à 3 faces ondées d'argent, à la bande d'azur semée de fleurs de lys d'or brochant sur le tout. En Forest.

1657.

Pierre du Clausel ; le 7 Août : d'argent à la face de gueules chargée de deux coquilles d'or, & accompagnée de deux têtes de Mores, tortillées d'argent, une en chef, & l'autre en pointe. Berry.

Dominique de Rochefort de Lussay ; le 7 Août : d'azur à douze billettes d'or, 4. 3. 4. & 1. au chef d'argent, au lion passant de gueules. Berry.

Claude de Lestang ; le 23 Septembre : d'azur à trois faces d'argent, massonnées & crenelées de sable ; la premiere de cinq creneaux, la seconde de quatre, & la troisiéme de trois ouverte au milieu en porte. Dauphiné.

Jacques de Fougieres ; le 25 Septembre : d'azur à la face d'argent, accompagnée de quatre étoiles d'or, 1. en chef, & 3. en pointe. Bourbonois.

Leon de Ligondès de Genouillac ; le 3 Decembre : d'azur semé de mollettes d'or, au lion rampant de même. De la Marche.

1658.

Louis de la Marche-Parnac ; le 10 Janvier : d'argent au chef de gueules. Poitou.

Charles - Louis d'Oradour ; le 31 Janvier : de gueules à la croix clechée, vuidée & pometée d'or. Auvergne.

César de Valin ; le 19 Août : de gueules à la bande componée d'argent & d'azur. Dauphiné.

Claude de Mareschal-Franchesse ; le 19 Août : d'or à trois rondettes d'azur, chargées chacune d'une étoile d'argent. Bourbonois.

Gabriel d'Arcy d'Ally ; le 19 Août : d'or à trois arcs d'arbalête mis en face l'un sur l'autre. En Forest.

Antoine de Fougieres ; le 19 Août : d'azur à la face d'argent, accompagnée de quatre éroiles d'or, une en chef, & 3. en pointe. Bourbonois.

Isaac d'Estampes de Valancey ; le 27 Septembre : d'azur à deux girons d'or mis en chevron, au chef d'argent, chargé de trois Couronnes Ducales de gueules. Berry.

Joseph d'Izeran ; le 17 Decembre : d'azur au grifon rampant d'argent, au chef cousu de gueules. Dauphiné.

1659.

Jean de Neuvillars ; le 14. Fevrier : d'azur à la tour d'argent, massonnée & portinée de sable, accompagnée de huit fleurs de lys d'or mises en orle. Limousin.

Silvestre de Grolée-Vireville ; le 14. Fevrier : gironné d'or & de sable de huit pieces. Dauphiné.

Antoine de Charpin-Genetines ; le 26 Juin : d'argent à la croix ancrée de gueules, au franc quartier d'azur, chargé d'une étoile d'or.

Philibert de Grolée : le 26 Juin : gironné d'or & de sable de huit pieces. Dauphiné.

Clair de Mouxi de Loches ; le 26 Juin : échiqueté d'or & d'azur. Foussigny.

Claude de Vireville-Monbreton ; le 31 Septembre : gironné d'or & de sable de huit pieces. Dauphiné.

Charles d'Aubusson ; le 15 Novembre : d'or à la croix ancrée ou nilée de gueules. De la Marche.

1660.

Leon de Ligondès ; le 22 Mars : d'azur semé de mollettes d'or, au lion rampant de même. De la Marche.

Robert d'Estampes d'Antry ; le 22 Mars : d'azur à deux girons d'or mis en chevron, au chef d'argent de trois Couronnes Ducales de gueules. Berry.

Geoffroy du Saillant ; le 3 Decembre : écartelé au 1. & 4. de sable à l'aigle éployé d'or ; au 2. & 3. d'argent, au lambel de 3. pendans de gueules. Limousin.

François du Brachet de Mas-Laurent ; le 3. Decembre : écartelé au premier & quatriéme d'azur à deux chiens braques d'argent passant l'un sur l'autre ; au second & troiziéme d'azur, au lion rampant d'or, lampassé de gueules. Limousin.

Louis de Chaussecourtes ; le 3 Decembre : parti emmanché d'or & d'azur. De la Marche.

Charles de Bertrand du Lys S. Georges ; le 3 Decembre : lozangé d'hermine & de gueules. Berry.

Hermand du Crosey ; le 3 Decembre : d'argent à l'ours rampant de fable, armé & lampaffé de gueules. Franche-Comté.

Antoine de Riddes ; le 3 Decembre : d'azur au Château d'or addextré d'une tour crenelée de même, maffonnée de fable, la porte ouverte Savoye.

Joseph de la Motte ; le 3 Decembre : de fable au lion rampant d'argent, lampaffé & couronné d'or. Limoufin.

Henri de Mialet de Fargues ; le 3 Decembre : d'azur à trois étoiles d'argent, 2. & 1. au chef d'or. Auvergne.

Jean de S. Viance ; le 3 Decembre : écartelé au 1. & 4. d'azur, au cor de chaffe d'or, lié & enguiché de même ; au 2. & 3. burelé d'or & d'azur de dix pieces. Limoufin.

1661.

Pierre la Chapelle de Jumilhac ; le 17 Mai : d'azur à une Chapelle d'or. Limoufin.

1662.

Claude de Bertrand de Villebuffieres ; le 2 Fevrier : lozangé d'hermine & de gueules. Berry.

François de Bonneval ; le 2 Fevrier : d'azur au lion rampant d'or, armé & lampaffé de gueules. Limoufin.

Gafpard d'Albon ; le 19 Mai : de fable à la croix d'or. Lyonois.

Annet de Meschatin ; le 19 Mai : d'azur au maffacre d'or mis en face, au chef d'argent. Bourbonois.

François Foucault de S. Aulaire ; le 11 Juin : de gueules à 3 couples de chiens d'argent, 2. & 1. Limoufin.

François de Morard ; le 21 Decembre : d'azur au franc quartier d'or & une rofe d'argent à fenextre en chef. Dauphiné.

René de Drie-la-Serre ; le 21 Decembre : de gueules à cinq canettes d'argent, 2. 2. & 1. Maconnois.

1663.

François du Péroux ; le 3 Janvier : de gueules à trois chevrons d'or, & 1. pal de même brochant fur le tout. Bourbonois.

François de Brachet-Maflauron ; le 3 Janvier : écartelé au 1. & 4. d'azur à deux chiens braques d'argent, paffant l'un fur l'autre ; au 2. & 3. d'azur au lion rampant d'or, lampaffé de gueules. Limoufin.

Jacques Boyaux-Colombiere ; le 3 Janvier : d'azur à trois boyaux d'argent en face, les extrêmitez de gueules, entremêlées de fix trefles d'or, 3. 2. & 1. Bourbonois.

Martin de Marefchal-Francheffe ; le 3 Janvier : d'or à trois rondettes d'azur, chargées chacune d'une étoile d'argent. Bourbonois.

Aimé de Marefchal-Francheffe ; le 3 Janvier : d'or à trois rondettes chargées chacune d'une étoile d'argent. Bourbonois.

1664.

Antoine de Maifonfeule ; le 18 Mai : d'azur au chien courant d'argent, accompagné de trois fleurs de lys d'or, 2. en chef & 1. en pointe. Vivarez.

E iij

Georges d'Yforet ; le 9 Juillet : d'argent à deux faces d'azur. Berry.
Joseph de Vidonne de Villy ; le 16 Août : écartelé au 1. & 4. à la bande d'or ; au 2. & 3. facé d'or & de gueules de six pieces. Savoye.
François de Camus d'Arginy ; le 2 Septembre : d'azur à trois croissans montans d'argent, deux & un, & une étoile d'or en abîme. Baujolois.

1665.

Gabriel du Crox de Grolée ; le 10 Janvier : d'azur à la face d'or, accompagnée en chef de 2 croix alaisées d'argent, & en pointe d'une étoile d'or. Lyonois.
Leonard de Chevrier S. Mauris ; le 10 Janvier : d'argent à trois chevrons de gueules à la bordure engrelée d'azur. Maconois.
Jacques d'Arcy d'Ally ; le 10 Janvier : de gueules à trois arcs d'arbalêtes d'argent mis en face l'un sur l'autre. En Forest.
Jacques de Montagnac, dit Lignieres ; le 10 Janvier : de sable au sautoir d'argent, accompagné de quatre mollettes de même. Auvergne.
Charles de la Marche-Parnac ; le 13 Fevrier : d'argent au chef de gueules. Poitou.
Annet de la Roche-Loudun ; le 25 Juillet : d'azur au lion rampant d'or. Berry.
Jacques de Sainte Colombe-Laupebin ; le 12 Novembre : écartelé d'argent & d'azur. Baujolois.

1666.

Claude de Faffion Sainte Jay ; le 3 Fevrier : de gueules à la croix d'or, cantonnée en chef de deux étoiles d'or, & en pointe de deux roses d'agent. Dauphiné.
Michel de Boisse ; le 3 Fevrier : facé d'hermine & de gueules de six pieces. Limousin.
Camille Digoine du Palais ; le 27 Mai : échiqueté d'argent & de sable. En Forest.
Louis de Grolée ; le 12 Juillet : gironné d'or & de sable de 8 pieces. Dauphiné.
Pierre-François de la Rochcaymon ; le 23 Juillet : de sable semé d'étoiles d'or, au lion rampant de même, brochant sur le tout. De la Marche.
Louis des Escures ; le 23 Août : de sinople à la croix ancrée d'argent, chargée en cœur d'une étoile de sable. Bourbonois.
Jean-Louis d'Oradour d'Authesat ; le 24 Septembre : de gueules à la croix clechée, vuidée & pometée d'or. Auvergne.
Charles-Louis d'Oradour d'Authesat ; le 24 Septembre : de gueules à la croix clechée, vuidée & pometée d'or. Auvergne.
Jacques-Laurent du Crox de Grolée ; le 26 Septembre : d'azur à la face d'or, accompagnée en chef de deux croix alaisées d'argent, & en pointe d'une étoile d'or. Lyonois.

1667.

Georges de Bertrand de Beuvron ; le 16 Mars : lozangé d'hermine & de gueules. Bourbonois.

Honorat de Boiflinard-Margou ; le 13 Juillet : d'or au chêne de finople. Berry.

Jacques-Marie d'Oradour d'Authefat ; le 13 Juillet : de gueules à la croix clechée, vuidée & pometée d'or. Auvergne.

Louis de Livron-Savigny ; le 13 Juillet : de gueules à la bande d'argent, accoftée de deux cottices de même. Savoye.

Joachim de S. Benoift de la Charme ; le 13 Juillet : d'azur au chevron d'argent. Franche-Comté.

1668.

Leon de Dreuille ; le 2 Juillet : d'azur au lion rampant d'or, couronné de même, & lampaffé de gueules. Bourbonois.

Alexandre de Clermont ; le 23 Août : de gueules à deux clefs d'argent adoffées & mifes en fautoir. Dauphiné.

Jean-Louis de Montagnac ; le 2 Novembre : de fable au fautoir d'argent, accompagné de quatre mollettes de même. Auvergne.

Denis-François de Bourrelier-Malpas-Mantry ; le 7 Decembre : d'azur à la face d'or, accompagnée de trois trefles d'argent, 2. en chef & 1. en pointe. Franche-Comté.

1669.

Robert de Fontefte ; le 14 Janvier : d'azur à trois faces d'or. Charolois.

Charles d'Arcy d'Ally ; le 7 Juillet : de gueules à trois arcs d'arbalête d'argent, mis en face l'un fur l'autre. Baujolois.

Jean de Ramilly ; le 7 Juillet : d'azur à trois bandes d'argent. Bourbonois.

Jean de la Vaur de Sainte Fortunade ; le 30 Novembre : parti au premier d'argent à trois rocs d'Echiquier d'or ; au 2. d'or, au lion rampant de fable, couronné de même, moucheté & lampaffé de gueules. Limoufin.

Antoine de Fay-la-Tour-Maubourg ; le 30 Novembre : de gueules à la bande d'or, chargée d'une fouine d'azur. Velay.

René de Clermont-Chafte ; le 23 Decembre : de gueules à 2 clefs d'argent, adoffées & paffées en fautoir. Dauphiné.

1670.

Maximilien de Beauverger-Montgon ; le 12 Août : écartelé au 1. & 4. d'or à trois trois faces de fable ; au 2. & 3. échiqueté d'argent & d'azur, au chef de gueules, & fur le tout burelé d'argent & d'azur flanqué d'hermine. Auvergne.

1671.

Pierre-Renaud de Cage ; le premier Juillet : d'argent à deux faces de gueules, accompagnées de fix merlettes, trois, deux & une. Limoufin.

Jean-Paul de la Rivoire ; le 19 Janvier : de gueules au lion rampant d'argent, armé & lampassé de sable. Vivarez.

Jacques d'Oradour d'Authesat; le 19 Janvier : de gueules à la croix clechée, vuidée & pometée d'or. Auvergne.

Hypolite d'Estampes ; le 6 Juin : d'azur à deux girons d'or mis en chevron au chef d'argent, chargé de trois Couronnes Ducales de gueules. Berry.

Pierre d'Estaing ; le 24 Juillet : d'azur à trois fleurs de lys d'or, 2. & 1. au chef d'or. Auvergne.

Emanuel de Conflans ; le 19 Juillet : de gueules à la face d'argent, frettée de sable de six pieces. Franche-Comté.

Jean-Baptiste de Clermont-Chaste ; le 17 Août : de gueules à deux clefs d'argent, adossées & passées en sautoir. Dauphiné.

Antoine-Marie de Maisonseule ; le 29 Juillet : d'azur au chien courant d'argent, accompagné de trois fleurs de lys d'or, 2. en chef, & 1. en pointe. Velay.

Marie de la Guiche-Sivignon ; le 31 Octobre : de sinople au sautoir d'or. Charolois.

François de S. Julien S. Marc ; le 2 Decembre : de sable semé de billettes d'or, au lion rampant de même, armé, lampassé & vilené de gueules. De la Marche.

1672.

François de S. Germain ; le 3 Avril : d'or à la bande de sable, chargée de trois têtes de loup d'argent. Dauphiné.

Joseph de Girard de S. Paul ; le 14 Mai : d'azur à la bande échiquetée d'argent & de sable de trois traits. Dauphiné.

Claude-François de Thiard-Bissy ; le 6 Decembre : d'or à trois écrevisses de gueules mises en pal, 2. & 1. Franche-Comté.

Pierre de S. Mauris ; le 6 Decembre : de sable à deux faces d'argent. Franche-Comté.

1673.

Charles de Galien de Chabon ; le 3 Août : d'azur au lion rampant d'or, traversé d'une face de sinople, chargée de trois besans d'argent. Baujolois.

Antoine de Ponstalendre ; le 23 Août : de gueules à trois faces d'or. Auvergne.

Baptiste de la Baulme-Montchalin ; le 23 Août : palé de gueules & d'or de six pieces à la bande de sable brochante sur le tout. Dauphiné.

Jean de Beauverger-Montgon ; le 23 Septembre : écartelé au 1. & 4. d'or à trois faces de sable ; au 2. & 3. échiqueté d'argent & d'azur, au chef de gueules, & sur le tout burelé d'argent & d'azur flanqué d'hermine.

François de Linron-Savigny ; le 23 Septembre : de gueules à la bande d'argent, accostée de deux cottices de même. Savoye.

Charles de Verdonnée ; le 23 Septembre : d'azur au lion rampant d'argent, armé & lampassé de gueules à la bordure de vair. Auvergne. Joachim

1674.

Joachim de Beauverger-Montgon ; le 21 Janvier : écartelé au 1. & 4. d'or à trois faces de sable ; au 2. & 3. échiqueté d'argent & d'azur, au chef de gueules, & sur le tout burelé d'argent & d'azur flanqué d'hermine. Auvergne.

François Damas du Breuil ; le 15 Mars : d'or à la croix ancrée ou nilée de gueules. Dombe.

François de Montagnac-l'Arfeuillere ; le 15 Septembre : de sable au sautoir d'argent, accompagné de 4. molettes de même. Auvergne.

Maximilien de Beauverger-Montgon ; le 15 Septembre : écartelé au 1. & 4. d'or à trois faces de sable ; au 2. & 3. échiqueté d'argent & d'azur, au chef de gueules, & sur le tout burelé d'argent & d'azur flanqué d'hermine. Auvergne.

1675.

Aléxandre de Chaponay ; le 14 Avril : d'azur à trois chapons d'or, crêtez, barbelez & membrez de gueules. Dauphiné.

Claude de Fougieres du Creux ; le 2 Mai : d'azur à la face d'argent accompagnée de quatre étoiles d'or, 1. en chef, & 3. en pointe. Bourbonois.

Hyacinte de Montfort ; le 2 Mai : d'or à trois pals d'azur. Savoye.

Claude-François de Lescherenne ; le 4 Juillet : d'azur à la bande écottée d'or. Savoye.

Silvain de Gaucourt ; le 6 Juillet : d'hermine à 2 barres, addossées de gueules. Berry.

Pierre-Jean de Falcos ; le 22 Juillet : d'azur au faulcon d'argent, aux jets & sonnettes de même. Dauphiné.

Henri de Vogué-Gourdan ; le 11 Septembre : d'azur au coq d'or, crêté & barbelé de gueules. Vivarez.

Charles-Louis de la Rochefoucault-Gondras ; le 11 Septembre : burelé d'argent & d'azur à trois chevrons de gueules, brochant sur le tout, le premier brisé. Maconnois.

Jean de Gruet ; le 11 Septembre : d'or à une colonne d'azur, accostée de six étoiles de même. Savoye.

Paul de Gaucourt ; le 11 Septembre : d'hermine à 2 barres addossées de gueules. Berry.

Anselme de Mareschal ; le 5 Octobre : écartelé au 1. & 4. d'or à la bande de gueules, chargée de 3 coquilles d'argent ; au 2. & 3. d'or à 2 poissons d'azur mis en pal. Savoye.

1676.

Antoine-Joseph de Chevriers ; le 31 Janvier : d'argent à trois chevrons de gueules, à la bordure engrelée d'azur. Maconnois.

Joseph de la Rochaymond-Barmon ; le 7 Mars : de sable semé d'étoiles d'or, & au lion rampant de même brochant sur le tout. De la Marche.

Maximilien d'Estaing ; le 7 Septembre : d'azur à trois fleurs de lys d'or, 2. & 1. au chef d'or. Auvergne.

LISTE DES CHEVALIERS

1677.

Louis de Chambon-Marsillac ; le 10 Janvier : de sable à trois chevrons d'argent, chargez d'hermine, surmontez d'or à la face de gueules, accompagnée en chef de deux merlettes. Bourbonois.

Gilbert de la Roche-Loudun ; le 6 Juillet : d'azur au lion rampant d'or. Berry.

1678.

Baltazard de Mascon du Chey ; le 2 Fevrier : de gueules à la face d'argent, accompagnée de trois étoiles d'or, 2. en chef & 1. en pointe. Auvergne.

Alexandre de Foudras-Chateautiers ; le 4 Fevrier : d'azur à trois faces d'argent. Maconnois.

Just-Henri Dicace de Maugiron ; le 4 Fevrier : malgironé d'argent & de sable de six pieces. Dauphiné.

Claude d'Aubery de Vatan ; le 23 Juin : d'or à 5 faces de gueules. Berry.

Bernard de Fonteste ; le 4 Decembre : d'azur à trois faces d'or. Maconnois.

François de Ramilly ; le 4 Decembre : d'azur à trois bandes d'argent. Bourgogne.

1679.

François de Ligondès - Saint - Domet ; le 26 Janvier : d'azur semé de mollettes d'or, au lion rampant de même, brochant sur le tout. Berry.

Charles-Louis de Froissard de Broissia ; le 2 Mai : d'azur au cerf élancé d'or. Franche-Comté.

Blaise de Mascon du Chey ; le 29 Mai : de gueules à la face d'argent, accompagnée de 3 étoiles d'or, 2. en chef & 1. en pointe. Auvergne.

Claude-François d'Andraud de Langeron ; le 29 Juin : écartelé au 1. & 4. d'azur, à 3 étoiles d'argent, 2. & 1. au 2 & 3. de gueules à trois faces ondées d'argent à la bande d'azur, chargée de fleurs de lys d'or, brochant sur le tout. En Forest.

Claude de Fontanet-la-Vallette ; le 28 Decembre : écartelé d'argent & d'azur à la cotice de gueules, brochant sur le tout. En Forest.

Hector-Eleonor de Sainte Colombe-Laubepin ; le 28 Decembre : écartelé au premier & quatriéme, contre - écartelé d'argent & d'azur ; au second & troisiéme d'argent à trois bandes de gueules. Baujolois.

1680.

François-Gilbert de Mascon du Chey ; le 2 Janvier : de gueules à la face d'argent, accompagnée de 3 étoiles d'or, 2. en chef & 1. en pointe. Auvergne.

François de la Celle-Boirry ; le 7 Fevrier : d'argent à l'aigle éployé d'azur, béqué & membré d'or. De la Marche.

Philibert de Fay-la-Tour-Maubourg ; le 19 Mars : de gueules à la

DE LA LANGUE D'AUVERGNE.

bande d'or, chargée d'une fouine d'azur. Velay.

Jean de Rigaud de Laygue-Serezin ; le 28 Juin : d'azur à la bande d'or, accompagnée de six lozanges de même, 3. en chef & 3. en pointe, mises en orles. Dauphiné.

François de Barbançois-Sarfey ; le 28 Juillet : de sable à 3 mufles d'or. Berry.

François-Bonaventure de Blitervuich ; le 20 Septembre : coupé, émenché de gueules & d'or. Franche-Comté.

Henri de la Porte ; le 2 Decembre : de gueules à la croix d'or. Dauphiné.

Jean d'Angeville ; le 2 Decembre : de sinople à deux faces ondées d'argent. Bugey.

Gabriel de Ponstalendre ; le 2 Decembre : de gueules à trois faces d'or. Auvergne.

1681.

Joseph-Charles de la Bastide-Château-Morand ; le 4 Juillet : écartelé au 1. & 4. d'or à six fuselles de gueules, mises en face ; au 2. & 3. d'argent, au lion rampant de gueules, armé, lampassé & couronné d'azur. Limousin.

François-Abel de Loras ; le 27 Decembre : de gueules à la face lozangée d'or & d'azur. Dauphiné.

1682.

Claude de Sainte Colombe ; le 7 Mars : écartelé d'argent & d'azur. Baujolois.

Gilbert de Rochemonteil ; le 7 Mars : de gueules au levrier rampant d'argent, au collier de gueules. Auvergne.

Claude de Blonay ; le 7 Mars : de sable au lion rampant d'or, armé, lampassé & viléné de gueules. Savoye.

Gabriel-François de Chambon - Marsillac ; le 27 Mai : de sable à trois chevrons d'argent, chargez d'hermine, surmontez d'or à la face de gueules, accompagnée en chef de deux merlettes. Bourbonois.

François Damas ; le 6 Août : d'or à la croix encrée & nilée de gueules. Dombes.

Charles de Doichet ; le 6 Août : écartelé au 1. & 4. d'azur à la tour crenelée d'argent, massonnée & portinée de sable ; au 2. & 3. de gueules à la licorne passante d'argent, ayant le pied droit de devant levé. Auvergne.

Charles de Ruissel-la-Ferté ; le 9 Novembre : de gueules à 2 demivols d'argent. Berry.

Alexandre-Antoine de Loverot ; le 22 Novembre : d'argent au pal d'azur à la face de gueules brochant sur le tout, chargée d'un lion issant d'or. Franche-Comté.

Jean de Corn de Caissac ; le 7 Decembre : d'azur à deux cors de chasse d'or, liez & enguichez de gueules, mis l'un sur l'autre. Limousin.

Silvain de Gaucourt ; le 7 Decembre : d'hermine à 2 barres addoſſées de gueules. Berry.
Claude-Aymar de Dorton ; le 19 Decembre : de gueules à la face d'argent, accompagnée de trois annelets de même, 2. en chef, & 1. en pointe. Breſſe.

1683.

Charles de Barbançois-Sarſey ; le 9 Fevrier : de ſable à trois muſles d'or. Berry.
Joſeph de Langon ; le 8 Juin : de gueules à une tour crenelée de quatre pieces d'argent, maſſonnée, feneſtrée & portinée de ſable. Dauphiné.
Claude de Chevriers de Taney ; le 4 Juillet : d'argent à trois chevrons de de gueules, à la bordure engrelée d'azur. Maconnois.
Jean-Joſeph de Caiſſac ; le 4 Juillet : d'argent au chevron d'azur, accompagné de 2 étoiles en chef, & d'un lion rampant en pointe de même. Auvergne.
Claude de Chevriers de Taney ; le 9 Juillet : d'argent à trois chevrons de gueules à la bordure engrelée d'azur. Maconnois.
Jacques-François de Vaitte-Lallemand ; le 30 Juillet : d'argent à la face de ſable, accompagnée de 3 trefles de gueules, 2. en chef, & 1. en pointe à la bordure d'hermine. Franche-Comté.

1684.

Jean-Baptiſte-Louis de Bocſoſel de Mongontier ; le 27 Mars : d'or au chef échiqueté d'argent & d'azur de deux traits. Dauphiné.
Bertrand de Moreton de Chambrillan ; le 1. Avril : d'azur à une tour crenelée de cinq pieces, ſommée de de trois donjons ou terrions, chacun crenelé de trois pieces, le tout d'argent, maſſonné de ſable à la patte d'ours d'or mouvante du quartier ſenextre de la pointe, & touchant la porte de la tour. Dauphiné.
Gaſpard de Thianges ; le 22 Avril : d'argent à 3 trefles de gueules, 2. & 1. Combraille.
Louis de S. Hilaire ; le 8 Juillet : d'or à 3 fers de pique de ſable. 2. & 1. Bourbonois.
François-Marie de Sarron ; le 1. Septembre : d'argent au grifon rampant de gueules. Baujolois.
Ignace de Clermont-Chaſte ; en Decembre : de gueules à deux clefs d'argent, adoſſées & paſſées en ſautoir. Dauphiné.

1685.

Bertrand de Vichy-Champron ; le 26 Janvier : de vair. Maconnois.
Claude-François de Montfalcon S. Pierre ; le 26 Janvier : écartelé au 1. & 4. d'argent à l'aigle éployé de ſable, béqué & membré d'or ; au ſecond & troiſiéme contre-écartelé d'hermine & de gueules. Savoye.
Claude-François de Grammont ; le 20 Mai : écartelé au premier & quatriéme d'azur à trois buſts de Reynes d'or, 2. & 1. au ſecond & troiſiéme de gueules à l'aigle éployé d'argent, couronné d'or. Franche-Comté.

Emanuel-Gaspard de Grammont ; le 20 Mai : écartelé au premier & quatriéme d'azur à trois busts de Reynes d'or, 2. & 1. au 2. & 3. de gueules à l'aigle éployé d'argent, couronné d'or. Franche-Comté.

Pierre de la Richardie de Besse ; le 2 Juin : de gueules à la bande d'argent, chargée de trois étoiles d'azur. Auvergne.

Vincent de Vogué-Gourdan ; le 2 Août : d'azur au coq d'or crêté, barbelé de gueules. En Vivarez.

Marcelin de Marcelange-d'Arçon ; le 18 Decembre : d'or au lion rampant de sable, armé, lampassé & couronné de gueules. Bourbonois.

1686.

Louis de S. Maur ; le 1. Mai : d'argent à deux oyes de gueules. De la Marche.

François d'Arcy d'Ally ; le 1. Mai : de gueules à trois arcs d'arbalêtres d'argent mis en face l'un sur l'autre. En Forest.

Joseph de la Rochedragon-la-Voreille ; le 9 Mai : d'azur au lion rampant d'or, armé & lampassé de gueules. De la Marche.

Nicolas de Prunier de Lemps ; le 28 Juin : de gueules à la tour donjonnée & crenelée d'argent, massonnée & portinée de sable. Dauphiné.

Jean-Maximilien d'Estaing du Terrail ; le 22 Novembre : d'azur à trois fleurs de lys d'or, 2. & 1. au chef d'or. Auvergne.

Charles du Perou-Mazieres ; le 27 Novembre : de gueules à trois chevrons d'argent, & 1. pal de même brochant sur le tout. Berry.

Charles de Châteaubodeau ; le 27 Novembre : d'azur au chevron d'or, accompagné de trois quintefeuilles de même, 2. en chef, & 1. en pointe, laquelle est surmontée d'un croissant d'argent. De la Marche.

Paschal du Prel ; le 17 Novembre : de gueules au chef cousu de sinople, chargé d'un pal d'or. Franche-Comté.

1687.

François-Bertrand de Beaumont ; le 28 Mai : lozangé d'hermine & de gueules. Berry.

Gaspard de la Platiere ; le 22 Septembre : d'argent au chevron de gueules, accompagné de trois rocs d'échiquiers de sable, 2. en chef, & 1. en pointe. Bourbonois.

1688.

Amable de Thianges ; le 18 Juin : d'argent à trois trefles de gueules, 2. & 1. Combraille.

François de Foudras Courcenay ; le 24 Juillet : d'azur à trois faces d'argent. Baujolois.

Pierre de Langon ; le 19 Juin : de gueules à une tour crenelée de quatre pieces d'argent, massonnée & fenestrée, & portinée de sable. Dauphiné.

Victor de Falcos ; le 24 Août : d'azur au faulcon d'argent, aux jets & sonnettes de même. Dauphiné.

Philibert-Bernard de Froissard de Broissia ; le 17 Septembre : d'azur au cerf élancé d'or. Franche-Comté.

1689.

Marc de la Richardie d'Auliac ; le 17 Janvier : de gueules à la bande d'argent, chargée de trois étoiles d'azur. Auvergne.

Louis de Gaspard du Sou ; le 18 Janvier : d'azur au chevron d'or, accompagné de trois étoiles de même, 2. en chef & 1. en pointe, au chef d'argent, chargé de trois bandes de gueules. Lyonois.

Hugues-Antoine de Rostaing ; le 22 Juillet : d'or à la bande d'azur, chargée de trois corneilles d'or, & soutenue d'un filet de gueules. Dauphiné.

Michel de Ligondès ; le 22 Juillet : d'azur semé de mollettes d'or, au lion rampant de même. Combraille.

1691.

Jacques de Sainte Colombe du Poyet ; le 25 Août : écartelé d'argent & d'azur. Baujolois.

1692.

Charles-Joseph de Castagniere-Châteauneuf ; le 23 Janvier : d'or au chataignier de sinople, fruité d'or. Savoye.

1693.

Charles de Saillant ; le 11 Mai : écartelé au 1. & 4. de sable à l'aigle éployé d'or ; au 2. & 3. d'argent au lambel de trois pendants de gueules. Limousin.

Theodore Pomponne de la Rocheaymon-Barmon ; le 14 Decembre : de sable semé d'étoiles d'or, au lion rampant de même. Combraille.

1694.

Jean-Marie Motier de Champestieres de Vissac ; le 15 Janvier : de gueules à la bande d'or, à la bordure de vair. Auvergne.

Albert d'Ussel-Châteauvert ; le 17 Janvier : d'azur à un batant de porte d'or, brisé & cloué de sable, accompagné de trois étoiles d'or, 2 en chef & 1. en pointe. De la Marche.

Jacques de Camus d'Arginy ; le 19 Fevrier : d'azur à trois croissans montans d'argent, & une étoile d'or en abîme. Baujolois.

Louis de Bosredon-la-Breuille ; le 19 Fevrier : écartelé au 1. & 4. de vair ; au 2. & 3. de gueules à deux lions d'or passant l'un sur l'autre, couronnez de même. De la Marche.

Georges de Sales d'Annecy ; le 4 Avril : d'azur à deux faces de gueules, bordées d'or, l'azur chargé en chef d'un croissant montant d'or, en cœur & en pointe d'une étoile de même. Savoye.

1695.

Jean de la Rochedragon-la-Voreille ; le 12 Août : d'azur au lion rampant d'or, armé & lampassé de gueules. De la Marche.

Louis de Rolat-Marcay ; le 7 Septembre : d'argent à trois faces de sable. Bourbonois.

Antoine-Leonor de Charpin-Genetines ; le 30 Septembre : d'argent

DE LA LANGUE D'AUVERGNE.

à la croix ancrée & nilée de gueules, au franc quartier d'azur, chargé d'une étoile d'or. En Forest.

Leonard d'Uſſel Châteauvert; le 19 Octobre : d'azur à un batant de porte d'or, briſé & cloué de ſable, accompagné de trois étoiles d'or, 2. en chef & 1. en pointe. De la Marche.

Jean de Felines-la-Renaudie ; le 27 Novembre : d'azur au ſoleil brillant d'or. Limouſin.

Jean-François du Chaſtellet ; le 30 Decembre : d'or à la bande de gueules, chargée de trois fleurs de lys d'argent. Franche-Comté.

1696.

Claude de Falcos du Metrail ; le 6 Mars : d'azur au faulcon d'argent, aux jets & ſonnettes de même Dauphiné.

Jean-Baptiſte de Châteauneuf de Rochebonne ; le 16 Avril : de gueules à trois tours donjonnées & crenelées d'or, maſſonnées de de ſable, 2. & 1. Lyonois.

Honoré-Marie de Vallin-Rouſſet ; le 24 Avril : de gueules à la bande componnée d'argent & d'azur. Dauphiné.

Michel de Leſtrange ; le 15 Mai : de gueules à deux lions rampans, & adoſſez d'or, ſurmontez d'un leopard paſſant d'argent. De la Marche.

Claude de Grolée ; le 12 Juin : gironné d'argent & de ſable de huit pieces. Dauphiné.

Jacques de Fontanges ; le 9 Juillet : de gueules au chef d'or, chargé de trois fleurs de lys d'azur, miſes en face. Limouſin.

1697.

Jacques de la Rocheaymon Barmon ; le 9 Septembre : de ſable ſemé d'étoiles d'or, au lion rampant de même. Combraille.

Adrien de Langon ; le 9 Septembre : de gueules à une tour crenelée de 4 pieces d'argent, maſſonnée, feneſtrée & portinée de ſable. Dauphiné.

Joſeph-Henri de Valin ; le 9 Septembre : de gueules à la bande componée d'argent & d'azur. Dauphiné.

Jacques de Mareſchal-Francesche ; le 3 Octobre : d'or à 3 rondettes d'azur, chargées chacune d'une étoile d'argent. Bourbonois.

Joſeph de Grolée ; le 24 Decembre : gironné d'argent & de ſable de huit pieces. Dauphiné.

1698.

Louis-François d'Uſſel S. Martial ; le 20 Janvier : d'azur à un battant de porte d'or, briſé & cloué de ſable, accompagné de trois étoiles d'or, 2. en chef & 1. en pointe. De la Marche.

Jean-Raymond de Felines-la-Renaudie ; le 14 Mai : d'azur au ſoleil brillant d'or. Limouſin.

Antoine-Joſeph de Stud ; le 9 Juillet : écartelé au premier & quatriéme d'or à 3 pals de ſable ; au 2. & 3. d'or, au cœur de gueules. Berry.

1699.

Pierre-Louis de la Rochefoucault-Lanjac ; le 14 Avril : burelé d'argent & d'azur à trois chevrons de gueules, brochant sur le tout. Auvergne.

Joseph de Doin-Mareschal-la-Valdizere ; le 26 Juin : écartelé au 1. & 4. d'or à la croix de gueules ; au 2. & 3. d'or à la bande de gueules, chargée de trois coquilles de sable. Savoye.

Gabriel de Thianges ; le 25 Juin : d'argent à 3 trefles de gueules. Combraille.

Antoine de Nobles-Chenelettes ; le 7 Octobre : d'azur au sautoir d'or. Maconnois.

François Froissard-Broissia ; le 12 Octobre : d'azur au cerf rampant d'argent. Franche-Comté.

Albert de Groin-la-Romagere ; le 22 Août : d'argent à trois têtes de lions arrachées de gueules, couronnées d'or. Bourbonois.

1700.

François de Groin-la-Romagere ; le 8 Janvier : d'argent à trois têtes de lions, arrachées de gueules, couronnées d'or. Bourbonois.

Joseph Guy de Bosredon-Vatange ; le 14 Janvier : écartelé au 1. & 4. d'azur, au lion rampant d'argent ; au 2. & 3. de vair. Auvergne.

Jean de Fricon de Parsac ; le 23 Juin : d'argent à la bande engrelée de sable. De la Marche.

Mathieu de Neuchese ; le 20 Juillet : de gueules à neuf mollettes d'argent, 3-3 & 3. Bourbonois.

Ferdinand de Langon ; le 26 Juillet : de gueules à une tour crenelée de 4 pieces d'argent, massonnée, fenestrée & portinée de sable. Dauphiné.

Claude de Diene-Chavagnac ; le 9 Août : d'azur au chevron d'argent, accompagné de trois croissans montans d'or, 2. en chef & 1. en pointe. Auvergne.

Joseph de Fassion-Sainte-Jay ; le 16 Decembre : de gueules à la croix d'or, cantonnée en chef de deux étoiles de même, & en pointe de deux étoiles de même. Dauphiné.

1701.

Claude de Galand de Chavance ; le 8 Mars : d'argent au sautoir engrelé de gueules, accompagné de 2 tours crenelées de gueules, 1. en chef & l'autre en pointe en flanc, & de deux lyonceaux affrontez de sable. Bresse.

Philibert du Saillant ; le 2 Juillet : écartelé au 1. & 4. de sable à l'aigle éployé d'or ; au 2. & 3. d'argent au lambel de trois pendans de gueules. Perigord.

Joseph de Groin-la-Romagere ; le 2 Juillet : d'argent à trois têtes de lyons, arrachées de gueules, couronnées d'or. Bourbonois.

Vincent-

DE LA LANGUE D'AUVERGNE.

Vincent-François de Poix-Marescreux ; le 2 Juillet : de sable à trois aigles éployez d'or, 2. & 1 Berry.

Jean-Alexis de Boislinard-Margou ; le 17 Juillet : d'argent à un chêne de sinople. Berry.

Charles-Louis de Petrement ; le 5 Septembre : d'azur à 3 pommes de pin d'or, 2. en chef & une en pointe. Franche-Comté.

Jean de S. Viance-Puymege ; le 3 Octobre : écartelé au premier & quatriéme d'azur, au cor de chasse d'or lié & enguiché de même ; au second & troisiéme burelé d'or & d'azur de dix pieces. Limousin.

Leonard de Thianges ; le 8 Octobre : d'argent à 3 trefles de gueules, 2. & 1. Combraille.

Joseph-Laurent de Beaumont-Brison ; le 28 Octobre : parti au 1. d'azur, au chêne arraché d'or, ayant les branches passées en sautoir ; au 2. de gueules, au lion rampant d'or, au chef échiqueté d'argent & de sable de trois traits. Vivarez.

Anne-Joseph de Beaumont-Brison ; le 28 Octobre : parti au premier d'azur, au chêne arraché d'or, ayant les branches passées en sautoir ; au 2. de gueules, au lion rampant d'or, au chef échiqueté d'argent & de sable de trois traits. Vivarez.

Pierre-Louis de Gerlande ; le 28 Octobre : parti au 1. de gueules à la bande d'or, chargée d'une fouine d'azur ; au 2. d'argent, au lion rampant de sable. . . . .

Jacques de Corn-Caissac ; d'azur à 2 cors de chasse d'or, liez & enguichez de gueules, mis l'un sur l'autre. Limousin.

1702.

Jean-Eleonor de Montjouvent ; le 12 Janvier : de gueules au sautoir engrelé d'argent. Bresse.

Jean-Baptiste de S. Viance ; le 27 Janvier : écartelé au 1. & 4. d'azur, au cor de chasse d'or, lié & enguiché de même ; au 2. & 3. burelé d'or & d'azur. Limousin.

Federic Cleriad du Pasquier-la-Vilette ; le 2 Janvier : d'azur à la bande vivrée d'or, accompagnée de deux croix trefflées, au pied fiché de même, une en chef & l'autre en pointe. Franche-Comté.

Jacques de Montjouvent ; le 7 Avril : de gueules au sautoir engrelé d'argent. Bresse.

Claude de Montagnac ; le 13 Mai : de sable au sautoir d'argent, accompagné de 4 mollettes de même. Bourbonois.

Antoine-Bernard-Joseph de S. Mauris d'Augerans ; le 19 Juin : coupé en chef d'azur, à l'aigle éployé d'or, & en pointe de gueules à la croix de S. Maurice d'argent. Franche-Comté.

Claude-Louis de Poligny ; le 19 Juin : de gueules au chevron d'argent. Franche-Comté.

Charles-Antoine de Poligny ; le 19 Juin : de gueules au chevron d'argent. Franche-Comté.

LISTE DES CHEVALIERS

Louis-Joseph de S. Mauris-Chatenoy ; le 17 Juillet : de sable à 2 faces d'argent. Franche-Comté.

Pierre du Perou ; le 3 Septembre : d'argent à 3 chevrons de gueules & un pal brochant sur le tout. Berry.

Jean de Bertrand Madon ; le 15 Decembre : lozangé d'hermine & de gueules. Berry.

1703.

Antoine-Joseph de Laube ; le 15 Mars : d'azur au cerf d'or franchissant un rocher d'argent. Maçonnois.

Henri de Bertrand-Madon ; le 15 Decembre : lozangé d'hermine & & de gueules. Berry.

François-Joachim du Saix de Chervé ; le 30 Juin : écartelé d'or & de gueules. Baujolois.

1704.

François de Bron ; le 8 Août : d'or au chevron de gueules, accompagné de trois perroquets de sinople, 2. en chef & 1. en pointe. Bourbonois.

1705.

Jean-Baptiste de Langon ; le 8 Avril : de gueules à la tour crenelée de 4 pieces d'argent, maçonnée, fenestrée & portinée de sable. Dauphiné.

Jean-Charles de Germigney ; le 11. Avril : d'azur à deux licornes affrontées d'or, croisant leurs cornes. Franche-Comté.

Gaspard de la Richardie de Bresse ; le 15 Septembre : de gueules à la bande d'argent, chargée de trois étoiles d'azur. Auvergne.

Charles-Louis de la Richardie de Besse ; le 15 Septembre : de gueules à la bande d'argent, chargée de trois étoiles d'azur. Auvergne.

1706.

Gilbert de Montagnac ; le 22 Decembre : de sable au sautoir d'argent, accompagné de 4 molettes de même. Bourbonois.

1708.

Joseph de Maubourg ; le 14 Mars : de gueules à la bande d'or, chargée d'une fouine d'azur. Velay.

1709.

Pierre-François de Moreal de Vernois ; le 15 Juillet : d'azur à quatre aigles éployez d'argent. Franche-Comté.

Leonard d'Ussel ; le 2 Decembre : d'azur à un batant de porte d'or brisé & cloué de sable, accompagné de trois étoiles d'or, 2. en chef & 1. en pointe. De la Marche.

1710.

Louis de Severac ; le 25 Janvier : d'or au sautoir de gueules à bordure dentelée de même. Auvergne.

Jean-François de Bosredon-Vatange ; le 17 Juillet : écartelé au 1. & 4. d'azur, au lion rampant d'argent ; au 2. & 3. de vair. Auvergne.

Leon de Dreuille ; le 19 Juillet : d'azur au lion rampant d'or, couronné de même, & lampassé de gueules. Bourbonois.

1711.

Jean-François de Boyaux-Colombieres ; le 3 Juillet : d'azur à trois boyaux d'argent en face, les extrêmitez de gueules entremêlées de six trefles d'or, 3. 2. & 1. Bourbonois.

Gabriel de Montagnac ; le 4 Juillet : de sable au sautoir d'argent, accompagné de 4 molettes de même. Bourbonois.

Jean Legier de Masson d'Authume ; le 30 Septembre : d'azur au chevron d'or, accompagné de 3 glands de même, 2. en chef & 1. en pointe. Franche-Comté.

1712.

François de Ligondès ; le 6 Decembre : d'azur semé de molettes d'or, au lion rampant de même sur le tout. Bourbonois.

1713.

Pierre-Louis de Fay-Gerlande ; le 13 Fevrier : de gueules à la bande d'or, chargée d'une fouine d'azur. Velay.

Blaise d'Aydie ; le 6 Avril : de gueules à 4 lievres courans d'argent, passant l'un sur l'autre. Perigord.

George-Etienne-Joachim de Busson-Chandivert ; le 19 Juin : parti d'argent & de gueules à trois quintefeuilles mises en bande de l'un à l'autre. Franche-Comté.

Ignace-Philippe de Petrement ; le 19 Juin : d'azur à trois pommes de pins d'or, 2. en chef & 1. en pointe. Franche-Comté.

François Cleriad du Pasquier-la-Villette ; le 19 Août : d'azur à la bande vivrée d'or, accompagnée de deux croix treflées au pied fiché de même, une en chef, & l'autre en pointe. Franche-Comté.

Claude-François-Marie de Salive ; le 19 Août : palé de gueules & d'argent de six pieces, au chef d'azur, chargé de trois coquilles d'argent, mises en face. Franche-Comté.

1714.

Louis de Brancion, le 13 Janvier : d'azur à trois faces ondées d'or. Franche-Comté.

François-Aleman de Vaux-Champiers ; le premier Juin : de gueules semé de fleurs de lys d'or, à la bande d'argent brochant sur le tout. Dauphiné.

Edouard de Beaufort-Canillac-Montboissier ; le 21 Juin : écartelé au premier & quatriéme d'argent, au levrier rampant d'azur à la bordure engrelée de même ; au second & troisiéme d'argent à la bande de gueules, accompagnée de six roses de même, mises en orle, & sur le tout de sable semé de billettes d'argent, & un lion rampant d'or, lampassé de gueules brochant sur le tout. Auvergne.

Charles-Marie-Joseph du Pret ; le 10 Decembre : de gueules au chevron engrelé d'argent, accompagné de trois étoiles d'or,

G ij

deux en chef & une en pointe. Franche-Comté.
Charles-Henri de Beaufort-Canillac-Monboissier ; le 11 Decembre : écartelé au premier & quatriéme d'argent, au levrier rampant d'azur à la bordure engrelée de même ; au second & troisiéme d'argent, à la bande de gueules, accompagnée de six roses de même, mises en orle, & sur le tout de sable semé de billettes d'argent, & un lion rampant d'or, lampassé de gueules, brochant sur le tout. Auvergne.

1715.

Benoît d'Araud de Montmelard ; le 2 Janvier : d'or à la face de vair. Baujolois.
Jacques de Sainte Colombe du Poyet ; le 13 Fevrier : écartelé d'argent & d'azur. Baujolois.
Joseph-Henri de Monspey-la-Valliere ; le 18 Fevrier : d'argent à deux chevrons de sable, au chef d'azur. Baujolois.
Raymond d'Igoine du Palais ; le 24 Mai : échiqueté d'argent & de sable. En Forest.
François-Philibert de Montfalcon S. Pierre ; le 6 Juin : écartelé au premier & quatriéme d'argent, à l'aigle éployé de sable, béqué & membré d'or ; au 2. & 3. contre-écartelé d'hermine & de gueules. Savoye.

1716.

Jean de Philip S. Viance : le 28 Janvier : écartelé au premier & quatriéme d'azur ; au cor de chasse d'or, lié & enguiché de même ; au 2. & 3. burelé d'or & d'azur. Limousin.
Nicolas de Moreal-Commenaille de Vernois ; le 29 Octobre : d'azur à quatre aigles éployez d'argent. Franche-Comté.
Louis-Antoine de Savary de Lancosme ; le 6 Decembre : écartelé d'argent & de sable. Berry.

1717.

Jean-François de Bosredon-Vielvoisson ; le 9 Janvier : écartelé au premier & quatriéme d'azur, au lion rampant d'argent, au 2. & 3. de vair. Auvergne.
Louis-Joseph de Mons-Savasse ; le 9 Septembre : bandé d'or & de sable de huit pieces. Dauphiné.

1718.

Louis Hyacinte d'Alinge ; le 5 Juin : de gueules à la croix d'or. Savoye.
Jacques-Bernard-Bellot de Villette ; le 19 Decembre : d'azur à trois lozanges d'argent, 2. & 1. au chef d'or bastilé de trois pieces. Franche-Comté.

1720.

Felicien de Mons-Savasse ; le 6 Mars : bandé d'or & de sable de huit pieces. Dauphiné.
Mathias-Marie-Louis de Rolat-Marsay ; le 23 Juin : d'argent à trois faces de sable. Bourbonois.

François des Roches-Herpin ; le 29 Juillet : d'argent à la bande fuselée de gueules. Berry.
François de Paule de Sourdeilles ; le 12 Septembre : échiqueté d'argent & d'azur. Limousin.
Jacques de Soudeille : le 12 Novembre : échiqueté d'argent & d'a-
zur. Limousin.

1721.

Pierre d'Aperoux ; le 12 Novembre : de gueules à trois chevrons
d'or, brisez d'un pal de même. Bourbonois.
Charles le Groin ; le 12 Novembre : d'argent aux trois groins de
gueules, couronnez d'or, deux en chef & un en pointe. Bourbonois.
François-Aimé d'Ussel ; le 12 Novembre : d'azur à la porte d'or,
clouée & ferrée de sable, chargée de trois étoiles d'or, deux en
chef & une en pointe. Limousin.
Henri d'Ussel ; le 12 Novembre : d'azur à la porte d'or, clouée &
ferrée de sable, chargée de trois étoiles d'or, deux en chef & une
en pointe. Limousin.

1723.

Louis de la Rocheaymond ; le 12 Novembre : de sable au lion
d'or rampant, lampassé de gueules, & semé d'étoiles d'or. De
la Marche.
Pierre de Tournon de Meyres ; le 12 Novembre : parti au premier
d'azur, semé de fleurs de lys d'or ; au second de gueules au lion
d'or. Vivarez.
Augustin & Hugues de Langon : de gueule à une tour crenelée de
4 pieces, massonnée, fenestrée & portinée de sable.

1724.

Jean-Joseph de Mealet de Fargues : le 12 Novembre : d'azur à une
face d'or en chef, accompagnée de trois étoiles d'argent, deux en
chef & une en pointe. Auvergne.

1725.

Jean de Mealet de Fargues ; le premier Juin : d'azur à une face d'or
en chef, accompagnée de trois étoiles d'argent, deux en chef &
une en pointe. Auvergne.

1726.

Charles-Joseph de Grollier de Servieres ; le 16 Fevrier : d'azur
à trois étoiles d'argent en chef, & de trois tourteaux d'or en
pointe. Lyonois.

*On n'a pas trouvé les noms de Baptême, ni la date de la reception
des Freres Chevaliers, qui suivent.*

Mathay . . . . . d'azur à une méluzine yssant d'une cuve d'or & couronnée de même.
Grollier, Lyonois ; d'azur à trois étoiles d'argent mises en face,

surmntées d'un lambel de trois pendants d'or, accompagnées, en pointe de trois besants d'or rangez en faces.
Reillac ; palé de gueules & d'or de dix piéces.
Bordeilles, Auvergne ; d'azur à trois demis vols d'or, 2 & 1.
Chargere .... d'azur au lion passant d'or, lampassé de gueules, surmonté de trois trefles d'argent mis en face.
Saint-Phalle .... d'or à la croix ancré de sinople.
Maulbec .... Dauphiné ; de gueules à deux leopards d'or passants l'un sur l'autre.
Pra ...... Franche-Comté ; de gueules à la bande d'argent accompagnée de deux cors de chasse, liez & enguichez de même, un en chef & l'autre en pointe.
Herpin dit Coudray ..... d'argent au bras sans mains, vêtu de gueules,
Du Guyé .... en Savoye ; d'azur à la quinte feuille d'or surmonté d'une face de même.
Seyturier .... en Bresse ; d'azur à deux faux d'argent emmanchées d'or, & passées en sautoir.
Rochefort .... échiqueté de sable.
Papillon .... à trois papillons d'argent, 2 & 1.
Du Vernay .... d'argent à la croix d'or racourcie de gueules, chargée en cœur d'un sautoir d'argent, à la bordure dentelée d'azur.
Rochefort .... écartelé au premier & quatriéme d'azur à deux chevrons d'argent, au 2 & 3 d'azur à la tour d'argent.
Darçon .... en Auvergne ; d'azur au chevron d'or, accompagné de trois étoiles de même, deux en chef & un en pointe.
La Riviere, en Berry ; d'azur à la tour d'argent crenelée de quatre creneaux, massonnée & portinée de sable.
Lurieux .... en Savoye ; d'or au chevron de sable, Commandeur de Genevois.

Liste des Freres Chevaliers dont on n'a point trouvé les armes dans les preuves inferées dans les Archives de la venerable Langue d'Auvergne.

Gaspar la Valiere, reçû le 27 Août 1516.
Hugues de Montroufa, reçû le 22 Septembre 1516.
Jacques d'Aigrade, reçû le 3 Décembre 1517.
Humbert de Montmorel, reçû le 3 Décembre 1617.
Gabriel du Rouy, reçû le 10 Septembre 1519.
Jean de Poligniay ; le 7 Août 1520.
Claude de la Brosse, le 21 Septembre 1521.
François des Hottes, le 21 Septembre 1521.
Pierre de Journac, le 21 Septembre 1521.
Jean de Saint-Fies dit de Senas, le 21 Septembre 1521.
Charles du Chief, le 21 Septembre, 1521.

Claude le Coq, le 21 Septembre 1521.
Henry de Corino dit de Saint-Pale, le 6 Septembre 1524.
Pierre de Chaboly, le 4 Janvier 1527.
Antoine de la Tour, le 27 Avril 1528.
Giles Sapier, le 16 Juin 1528.
François de Saufer, le 4 Septembre 1528.
Jean de Riboy, le 4 Septembre 1528.
Antoine du Ras, le 17 Septembre 1528.
Albert de Fancon, le 10 Octobre 1528.
Mathieu de Gratton, le 15 Décembre 1528.
Philibert de Fancon, le 10 Mai 1529.
Charles de Panjot, le 28 Juin 1529.
Jean des Fons, le 5 Juillet 1530.
Louis de Can, le 15 Janvier 1531.
Jean de la Borde, le 12 Avril 1532.
Humbert de Gruffy, le 12 Avril 1532.
Jean de Montmiras, le 12 Avril 1532.
Laurens de Brefle, le 12 Avril 1532.
Jean de Vançay, le 12 Avril 1532.
Gilbert de la Gilliere, le 19 Février 1534.
Antoine de Seurat, le 19 Février 1534.
Jean de Laure, le 19 Février 1534.
Pierre de Grou, le 19 Février 1534.
Louis de Glegny, le 19 Février 1534.
François Poyet, le 19 Février 1534.
Jean de Verfey, le 19 Février 1534.
Charles du Mont, le 25 Mai 1535.
Jean de Muffard, le 25 Mai 1535.
François de Menefin, le 3 Mars 1537.
Georges de Plaignier, le 3 Janvier 1538.
Claude de Montelier dit la Forest, le 18 Juin 1538.
Jean de Ganay dit Chaftenay, le 11 Juillet 1539.
Michel du Mont, le 11 Juillet 1539.
Louis de Brandon dit Saufet, le 20 Mai 1541.
Pierre de Combles, le 20 Mai 1541.
Annet de Vaux dit de Sales, le 10 Mai 1543.
Charles d'Amanzay, le 10 Mai 1543.
Louis de la Chambre, le 29 Mai 1545.
Louis de Floffat, le 29 Mai 1545.
Gilbert de Farges dit la Tour-Gouion, le 15 Octobre 1545.
Archambaud Vienniffe dit de la Sale, le 30 Décembre 1545, Bourbonois.
Gabriel de Bonrarde, le 7 Août 1546.
Jacques de Guy dit de la Tournelle, le 9 Août 1546.
Claude de la Roche dit la Motte-Morgon, le 2 Octobre 1546.
Jean de Montmorin, le 2 Octobre 1546.

LISTE DES CHEVALIERS

Pierre de Farges dit Barneuf, le 2 Octobre 1546.
Jean de Gaste de Lupp, le 2 Octobre 1546.
Annet du Pegron de Saint-Hilaire, le 2 Octobre 1546.
Thomas de la Tour dit Murat, le 2 Octobre 1546.
Antoine de la Roche-Salernet, le 2 Octobre 1546.
Gilbert de Contarmaret de Marsilly, le 2 Octobre 1546.
Joseph d'Uussel, le 3 Decembre 1546.
Marc de Relaure dit Montfort, le 27 Septembre 1547.
Robert Guillomenche, le 7 Decembre 1547.
Alexandre de la Gortoise, le 30 Août 1548.
Jean de Vernoux, le 30 Août, 1548.
Huges de Cresle, le 30 Août 1548.
Robert de Brussieres dit de la Torre, le 30 Août 1548.
Jean de la Porte, le 30 Août 1548.
Jacques-Guy de la Tournelle, le 30 Août 1548.
Louis de Vachet, le 6 Juillet 1549.
Antoine du Pignion, le 23 Décembre 1549.
Jean de Condan, le 23 Décembre 1549.
Adrien de Lugy, le 19 Juillet 1550.
Georges Geyrat dit Boussette, le 19 Novembre 1550.
Nicolas de Blancle-Layne, le 6 Decembre 1550.
Bertrand Dauses, le 18 Février 1551.
Lancelot de la Buyssieres, le 14 Août 1551.
Pierre de Chantemerle dit la Lotte, le 14 Août 1551.
Pierre de Vigier, le 14 Mars 1552.
Claude de Tersat dit Cambor, le 20 Avril 1554.
André de Vigier, le 20 Avril 1554.
Jean de Clavieres, le 20 Avril 1554.
Claude de Grilliere, le 10 Juin 1555.
Guy de Mialet de Fargues, le 10 Juin 1555. Limouzin.
Antoine de Condat, le 10 Juin 1555.
François de Chabou dit Feullan, le 9 Février 1556.
François de Villemarin, le 9 Février 1556.
Charles de Chanredon, le 10 Février 1556.
Jean de Saint Cirgue dit la Vauve, le 10 Février 1557.
Pierre de Capoise, le 16 Décembre 1559.
Philippe de Genest, le 19 Avril 1561.
Gilbert de Sare, le 19 Avril 1561.
François de Raffin dit Montil, le 19 Avril 1561.
André de Solorney, le 21 Avril 1562.
Annet de Glanret, le 21 Avril 1562.
Jacques de la Brosse, le 7 Octobre 1563.
Jacques de Ressy, le 30 Décembre 1565. Baujolois.
David Cristophe de la Fressange, le 25 Juin 1566. Velay.
Philibert de Maloye, le 25 Juin 1566.
Fromenton . . . . . 1566. Dauphiné.

Lonat

DE LA LANGUE D'AUVERGNE.

Lonat ..... 1566. Dauphiné.
Philibert de Mabart, le 2 Septembre, 1569.
Claude de Lermite, le 4 Novembre 1569.
Antoine de Janet dit Châteaubodeau, le 4 Novembre 1569.
François de Doine dit Cordebœuf, le 4 Novembre 1569.
Jean de Noleret, le 8 Avril 1571.
Cefar de Saint-Hiryen, le 8 Avril 1571. Berry.
Jacques de Thelus de la Maifon-Neuve, le 10 Juin 1572.
Louis de Logdain, dit la Cofte, le 20 Juin 1572.
Claude de Martel, le 30 Decembre, 1572. Dauphiné.
François de Laverne, le 30 Decembre 1572. Berry.
Claude de Battevent, le 30 Decembre 1572.
Jacques de Cabeftet, le 7 Septembre 1573.
Guillaume de Serviere, le 14 Janvier 1573.
Gilbert de Saint-Amour, le 15 Juin 1573. Maconois.
Jean de Marlat, le 23 Decembre 1573. Auvergne.
Guillaume de Seymier, le 25 Decembre 1574. Auvergne.
Louis de la Gehellié, le 30 Decembre 1575. Limoufin.
Gilbert de Guyot, le 25 Decembre 1577. La Marche.
Hercule Pontrin, dit Amberieu, le 28 Août 1578. Dauphiné.
Joiger de Vernat, le 28 Août 1578.
Pierre-Louis de Chinteret, le 31 Decembre 1578.
Antoine Doiron, dit Saint-Jeu, le 28 Avril 1579. Bourbonois.
François de Saint-Chamant dit du Peſchier, le 28 Avril 1579.
Jean Richard dit la Tour, le 19 Août 1579. Combraille.
Gabriel de la Font, le 25 Août 1579.
Martial du Boys dit Richemont, le 9 Janvier 1581.
Louis Allemoiny, dit Janaillac, le 19 Juin 1581.
Michel des Mons, dit Villemontré, le 19 Juin 1581.
Gabriel de Baude-Duyx, dit Vaulx, le 19 Juin 1581.
Gilbert de Fargues, le 29 Juillet 1581. Auvergne.
Jean de Saint-Huys, dit d'Ayguemorte, le 30 Decembre 1581. Berry.
Jean Duprat ..... 1581.
Jean de Binans, le 13 Novembre 1582. Franche-Comté.
François de Contremorel, dit de Scavoy, le 15 Novembre 1582. Berry.
Louis de Courbeau, le 9 Decembre 1582.
François de Saint-Chamant du Peſchier, le 20 Decembre 1582. Limoufin.
Antoine de la Borde, le 26 Février 1583. Limoufin.
Antoine de Marc, dit Châteaurou, le 9 Janvier 1584. Bourbonois.
Jean de Lois, le 4 Juillet 1584.
Jean-Philibert de Beaumon-Caria, le 14 Février 1585.
Gilbert de Villemontet, le 30 Decembre 1585.
François de Routemaret, le 30 Decembre 1585.
Claude de la Verſure, le 18 Juillet 1588.

Tome IV. H*

François du Lac de Pharlac, le 20 Juillet 1589. Auvergne.
François Dapchier, le 11 Juillet 1590. Velay.
François du Lac, dit Donval, le 25 Août 1592.
Jean de Prat, le 26 Octobre 1594.
Antoine Pascal de Colombiere, le 8 Août 1595.
Claude de Montroignon, dit des Crotes, le 8 Août 1595. Auvergne.
Antoine de Rebey, le 30 Décembre 1595. Lyonois.
Claude, dit la Sale Colombiere, le 13 Août 1597.
Antoine de Rebey, le 13 Août 1597. Lyonois.
François de la Tour, dit Vernainet, le 13 Août 1597. Limousin.
Sebastien Daron, le 3 Decembre 1597. Franche-Comté.
Gilbert Danglara, le 30 Décembre 1597. Auvergne.
Philippe Raquin des Gouttes, le 4 Janvier 1599. Bourbonois.
Henry de Montrical, le 21 Juillet 1599.
Guillaume de Chiret, le 29 Juillet 1599.
Pierre de Machy, dit Trevené, le 26 Août 1601.
André de Chivalet, dit Chaumon. Dauphiné.
Philippes de Chanron, le 3 Mai 1604.
Guillaume de Salins, le 11 Août 1604.
Philippes de la Loue, de Berry, le premier Septembre 1605.
Pierre de Combre, le 28 Mai 1606.
Philippes de Loré, le 13 Mars 1607.
François de Falosle, le 4 Juin 1607.
Jacques de Mouart, dit Savar, le 14 Decembre 1607.
Jean de Capon, dit Lamberica, le 22 Octobre 1609.
Jean-Baptiste de S. Mauris, dit Lune, le 14 Décembre 1609.
Pierre d'Aubery, le 14 Mai 1613.
Hector de Doin, le 28 Janvier 1620.
Jean de Fonichant, le 14 Mai 1620.
François de Broissars, le 20 Avril 1623.
Nicolas de Vouery dit Vidonne, le 21 Août 1632.
Claude de Varde, le 3 Juin 1633.
Daniel Dufaux, le 22 Juillet 1633.
Christophe du Charioz, le 7 Decembre 1636.
Claude de Tournay, le 5 Mars 1639.
Charles Silvarin de Fougieus, le 23 Juillet 1639.
Joseph de Noblot des Carmes, le 12 Août 1643.
Leon de Charry des Gouttes, le 14 Février 1659. Bourbonois.
Charles de Fournieres de Cas, le 17 Novembre 1660.
Amable de Lande, le 3 Décembre 1660.
Armand de Trosty, le 3 Janvier 1663.
Jean-Claude de Bruel, le 13 Juillet 1667.
Charles de Montsalvin, le 23 Décembre 1670.
Camille des Gouttes, le 9 Janvier 1671.
Antoine-Gabriel Dauxonne-Dasuyarp, le 22 Juin 1672.

Louis de Lignaud, le 24 Septembre 1686.
Jean-Jacques de Chatellard, le 24 Février 1699.
François de Carbonieres, le 27 Mars 1705.
Claude-Marie de Valin, le 23 Juillet 1705.
Pierre du Peroux, le premier Decembre 1705.
Silvain de Gaucourt, le 2 Avril 1706.
Pie de Faffion Sainte-Jay, le 28 Mai 1706.
François des Roches-Coudray, le 4 Octobre 1706.
Charles-Adrien de Confens de Courfy, le 26 Mars 1707.
Etienne Gaffau de la Vienne, le 7 Novembre 1708.
Pompée de Pontevès, le 12 Juin 1709.
Joseph de Mialet, le 23 Juin 1711.
Jacques de Soudeilles, le 14 Octobre 1712.
Louis-François de Paul de Soudeilles, le 14 Octobre 1712.
Joseph-Robert de Lignerac, le 6 Juin 1714.
Nicolas-François le Prunier de Lemps, le 28 Mai 1715.
François de Bocozel de Morgontier, le 20 Novembre 1715.
François-Emanuel de Vateville, le 21 Novembre 1715.
Charles de Rochefort, le 7 Juillet 1716.
Charles de Bigny, le 28 Novembre 1716.
Antoine-Charles-René de Laftic, le 7 Janvier 1719.
Bernard de Chargere, le 19 Mars 1720.
Claude de Boifay, le 23 Mai 1720.
Jean d'Antremont de Bellegarde, le 17 Juillet 1720.
Marien-Annet de Boucheron d'Ambrugeat, 1721.
François-Gaspard d'Hennevay, le 28 Mars 1721.
Antoine-Angelique-Daniel Daydié de Riberac, le 10 Janvier 1721.

LISTE CHRONOLOGIQUE

DES FRERES CHEVALIERS de l'Ordre de Saint Jean de Jerusalem de la Vénérable Langue de France, dont les noms se trouvent, tant dans les Regiſtres des trois grands Prieurez de France, d'Aquitaine & de Champagne qui compoſent cette Langue, que dans les Regiſtres de Malte.

DIGNITEZ DE LADITE VENERABLE LANGUE en 1726.

Fr. LOUIS-LOUVEL DE GLISY, *Grand Hoſpitalier.*
Fr. JEAN-PHILIPPE D'ORLEANS, *Grand Prieur de France.*
Fr. ANTOINE-THEODORIC GODET DE SOUDE', *Grand Prieur d'Aquitaine.*
Fr. CHARLES-ANTOINE DES FOURNEAUX DE CRUICKENBOURG, *Grand-Prieur de Champagne.*
Fr. HENRI-PERROT, *Bailli de la Morée.*
Fr. FRANÇOIS DAUVET-DESMARETS, *Grand Treſorier.*

GRAND PRIEURE' DE FRANCE.

Le commencement de cette Liſte a été tirée des Regiſtres du Temple.

LE huitiéme jour de Mars 1357 à Paris, octroya Monſeigneur [le Grand Prieur] à Meſſire P. de Villiers, Chevalier du Guet, & Capitaine de Paris, que toutes fois que paſſage ſe fera à Jean de Villiers, Ecuyer, fils dudit Chevalier, venra & adreſchié de tout ce qu'il faut à Frere Chevalier de l'Hôpital; voulant paſſer outremer au Couvent à Rhodes, & li requerira l'habit de l'Hôpital, ſi comme il devra, il li donra & vêtira, & le recevra en Frere, & ſain & entier de ſes membres, & Chevalier avant toute œuvre.

Le 2 Octobre, 1363, Robinet d'Eſtouteville.
Le 5 Octobre 1363, Colinet de Campremy.
Le 16 Août 1370, Guillaume de Creſpelaine.
Le 20 Janvier 1370, Colin de Guigneville.
Le 8 Septembre 1372, Colinet de Puiſieux, fils de Thibault de Puiſieux.
Le 8 Janvier 1372, Jean de Trye, fils de Regnault de Trye, dit Billebaut.
Le 28 Decembre 1373, Jean de Campremy.
Le 24 Février 1373, Colart de Franqueville, Ecuyer.
Au mois de Février 1379, Louis de Gougeuil de Rouville.

Robert le Fevre.
Henri Rouffel.
A la Chandeleur 1386, Mahiet de Ravenel.
Guillaume de Proveroy, Ecuyer.
Au Chapitre de 1388, Jean le Brun.
A la Chandeleur, 1388, Gilles de Gognies.
Au Chapitre de 1394, Johannet de Girefme.
Au Chapitre de 1398, le Mecredi après la fête S. Barnabé, Guillaume de Tenremonde, Ecuyer.
Au Chapitre de S. Barnabé 1408, Guyon de Beauvillier.
Au Chapitre de S. Barnabé 1409, Drouet de la Neufville.
Au Chapitre de S. Barnabé 1410, Hofte de la Hobarderie, Ecuyer.
Au Chapitre de S. Barnabé 1415, Guillaume Daverch.
Le 16 Juin 1456, Sarrafin du Fay.
Affemblée du 5 Février 1456, Robinet de Brouchy.
Chapitre du 15 Juin 1457, Mathieu de Sully.
Le 18 dudit mois, Antoine de Pas.
Affemblée du 5 Février 1457, Raymond de Biquebourge.
Affemblée du 5 Janvier 1460. David de la Neufville.
Chapitre du 6 Mai 1461, Jacques de Jumont.
Chapitre du 21 Juin 1464, Antoine de Bretel, fils de Flament de Bretel.
Chapitre du 18 Juin 1465, Gerard . . . . . na... e Meaux.
Le 19 dud. mois a été prefenté Jean Bernadin, que Meffieurs n'ont ofé recevoir, comme n'ayant pouvoir, fans congé du Grand-Maître.
Le 20 de Juin 1465, a été prefenté Nicolas des Landes, fils du Seigneur Pierre des Landes. Le Prieur a répondu que s'il plaît à Monfeigneur le Maître de lui envoyer commiffion, il le recevra.
Chapitre S. Barnabé 1470, Pierre d'Inteville.
Même Chapitre, Charles de Bruniers.
Chapitre du 18 Mars 1470, Louis de Vaudré.
Nicolas de Montmirel.
Chapitre S. Barnabé 1472, Simon Damatte.
Chapitre du 15 Février 1474, Bertrand Voyer.
Chapitre S. Barnabé 1476, Antoine de Miraumont.
Bertrand de Crequy.
Même Chapitre, Gerard, Bâtard de Nevers.
Chapitre de S. Barnabé, 1483, Michel de Harlimont.
Chapitre de 1484, Antoine Mauroy.
Jean de Clere.
Guillaume de Monchau.
Jean d'Aunoy.
Louis Girefme.
Jean du Fay.
Hubert de la Ferté.
Hugues de Brunefay, reçû en 1498; d'argent à la face de gueules, le canton dextre chargé d'un écuffon, bandé d'argent & de gueules.

Antoine de Montholon, reçû à Rhodes du tems du Grand-Maître d'Aubusson ; d'azur au mouton passant d'argent, surmonté de trois roses d'or rangées en chef.
Jean de Goussancourt ..... d'hermines au chef de gueules. De Picardie.
Chapitre extraordinaire, du 21 Mars 1500, Henri le Picard.
Chapitre de S. Barnabé 1502, Robert d'Aché : chevronné d'or & de gueules. Commandeur de Sommereux en 1523.
Assemblée du Mecredi après la Notre-Dame de Mars, 1503, en presence de Reverend Seigneur Frere Emery d'Amboise, Grand-Maître de Rhodes.
Jacques de Bourbon Bâtard de Liege.
Pierre de Hertoghe.
Jacques de Saint-Merry.
Jean de Halenviller.
Tenne de Honvault, natif de Hesdin.
Pierre le Cornu.
Guillaume de Guistelle, natif de Saint-Omer.
Nicolas de Melun. Diocese de Meaux.
Chapitre de S. Barnabé, 1505, Hector de Saint-Phalle de la haute Maison ; de gueules à trois casques d'argent, mis de côté, 2 & 1.
Assemblée du 9 Mars 1505, Baltazar d'Apremont ; de gueules à la croix d'argent. Commandeur de Senlis en 1523.
Bertrand de Rouvroy ; de sable à la croix d'argent chargée de cinq coquilles de gueules. Commandeur de Villedieu-la-Montagne en 1523.
Chapitre S. Barnabé 1506, Jean de Cousery.
Jean de Heltouf.
Pierre de Quatre-Livres.
Jean d'Aché.
Gabriel de Crequy.
Pierre de Crecy.
Antoine d'Averhoult.
Chapitre de S. Barnabé 1509, Claude de Montmorency.
Chapitre de S. Barnabé 1510, François Piedefer.
Jacques d'Ognies.
Claude d'Ancienville ; de gueules à trois marteaux de maçon d'argent emmanchez d'or, dentellez de sable à dextre. Commandeur d'Auxerre en 1523.
Nicolas de Bellay.
Chapitre de S. Barnabé, 12 Juin 1512.
Vernou d'Anthenay.
Jean de Marle.
Etienne de Vieuxpont ; d'argent à dix annelets de gueules, 3. 3. 3 & 1. Commandeur de Saint Vaubourg en 1523.
Claude de Sainte-Maure.

Claude d'Angeul.
Jean d'Humieres; d'argent fretté de fable. Commandeur de Hautaverne en 1523.
François de Donquerre.
Jacques de la Cheruc.
Antoine de Ver.
Louis d'Inteville; de fable à deux léopards d'or lampaffez de gueules. Commandeur de Villedieu en 1523.
François de Gouy.
Pierre de la Fontaine; lozangé d'or & de gueules à trois bandes d'azur brochantes fur le tout. Grand Prieur de France.
François de Cenefme.
Jean de Lions-Defpaux; d'azur à la tête de léopard d'or.
Jean du Sart.
Pierre Spifame.
Chapitre de 1516.
Antoine du Bois de Favieres; d'argent au lion de fable.
François de Lions-Defpaux, frere de Jean ci-deffus, porté comme lui.
Antoine de Warignies de Blainville; de gueules à trois chevrons d'argent. Commandeur d'Orleans en 1527.
Antoine de Conty.
Jean de Villiers.
Georges & Jean de Courtignon.
Chapitre du 21 Avril 1517. François de Betheville.
Chapitre de 1518. François de la Haye.
Triftan Fretel.
Jean Morier.
Jean des Foffez.
Hubert de Royfin.
Claude Lucas.
Chapitre de 1519; Jacques de Galot.
Adrien de Saint-Phale.
Philippes de Lignes.
Roland de Rouy, reçû à Meffine en 1523; d'argent à fept lozanges de gueules, 3, 3 & 1. Commandeur de Fieffes en 1529.
Claude de Lions-Defpaux, reçû en 1523; d'azur à la tête de léopard d'or.
Georges de Courtignon, reçû à Meffine en 1523; d'or au chef de gueules, chargé d'un lion naiffant d'or. Commandeur de Maupas en 1529.
Merry d'Amboife..... pallé d'or & de gueules.
David de Sarcus..... de gueules au fautoir d'argent, cantonné de quatre merlettes de même. Diocefe d'Amiens.
Philippes de Gouy-Campremy..... d'azur à quatre faces d'or.
Charles des Urfins..... bandé d'argent & de gueules au chef d'argent, chargé d'une rofe de gueules foutenue d'or à l'anguille d'azur. Grand Prieur d'Aquitaine.
Nicolas Jubert..... écartelé au premier & quatriéme d'azur à la

croix racourcie d'or, au deuxiéme & troisiéme d'azur à cinq fers de lance à l'antique, d'argent, 3 & 2.

Martin de Besançon ..... d'or à la tête de Maure de sable, tortillée d'argent, mise en cœur, accompagnée de trois trefles de sinople.

Antoine Chabot ; d'or à 3 chabots de gueules. Grand Prieur de France.

Louis Budé ..... d'argent au chevron de gueules, accompagné de trois grappes de raisin renversées de pourpre.

Hierôme de Homblieres .... d'azur au sautoir d'or cantonné de 12 billettes de même. Commandeur de Chanteraine en 1523.

Tristan de Marle ..... d'argent à la bande de sable chargée de trois molettes d'éperon d'argent.

Georges de Bailleul .... de gueules au sautoir de vair.

Antoine de Bligni-Cressi .... palé d'or & de gueules au chef d'azur.

Claude de Vaux-Hocquincourt .... d'argent à trois têtes de Maures de sable, tortillées d'argent : étoit à Candie après la perte de Rhodes en 1523.

Robert de Miraulmont, reçû en 1524 ; d'argent à trois tourteaux de gueules. De Picardie.

Guillaume de Malin de Luxe .... d'azur au sauvage d'or à la massue levée de même, parti d'argent, au lion de gueules.

Cristophe de Hazeville-Vaulchamps .... d'argent à cinq merlettes de sable, 2, 2 & 1.

Claude de Fontaine ...... d'or à trois écussons de vair, bordez de gueules. Diocese d'Amiens.

René de Moretz de Garancieres, reçû en 1524 ; d'or à six annelets de sable, 3, 2 & 1.

Louis de Bufferant.
Jean de Mercatel.
Louis le Bouteiller.
Jacques de Vieuxpont.
Antoine de Piennes.
Florent de Mercatel.
Pierre d'Ancienville.
Jacques de Thumery.
Jacques Desguets.
Jean de Bailleul.
Pierre d'Allonville.
Jacques de Fouilleuse.
Jean de Cottrel.
Saladin de Montmorillon.
Geoffroy de la Rama.
Marc de Rosmadec.
Antoine de Bonneval.
François-Louis de Gouy.
Nicolas d'Elbene.
François de Meaux.
Christophe de Guisselin.

Louis

Louis de Vallée-Passey, 1524. d'azur au lion d'argent.
Antoine de Montholon, reçû à Rhodes du tems du Grand-Maître d'Aubusson; d'azur au mouton passant d'argent, surmonté de 3 roses d'or rangées en chef.
Cristophe le Coq d'Egrenai, reçû en 1524 ; d'azur à trois coqs d'or.
Jean de Harlay de Beaumont .... d'argent à deux pals de sable : Commandeur en 1524.
Jean du Vandel, reçû en 1525 ; de gueules à trois gantelets d'hermines. De Nivernois.
Gilles de Bazincourt, reçû en 1525 ; de sinople à la face d'argent, surmontée d'une molette d'éperon de même.
Guillaume du Fay-Châteaurouge, reçû en 1525 ; d'argent semé de fleurs de lys de sable. Diocese de Beauvais.
Jean de Belloy, 15... d'argent à quatre bandes de gueules. Diocese de Beauvais.
Louis de Dormans, 15 ... d'azur à trois têtes de leopards d'or, lampassez de gueules.
Jean de Crequy, 15... d'or au crequier de gueules.
Charles de Hesselin - Gascoutt, 15 .. d'or à deux faces d'azur semé de croisettes fleuronnées de l'une en l'autre : vivoit en 1525.
François de la Haye; d'argent à quatre croissants de gueules : vivoit en 1525.
Pierre Spifame ; de gueules à l'aigle d'argent. Commandeur en 1525.
Jean du Sart ; de gueules à la bande vivrée d'argent. Commandeur de Roux & Merlan en 1525.
Michel d'Argillemont ; de gueules à trois pals de vair au chef d'or, chargé de trois merlettes de sable. Commandeur de S. Etienne en 1525.
Guillaume Lochart, Commandeur de Chanut ; mort en 1525.
Corneille de Hombrouck ; d'argent à deux fleurs de lys de gueules, au canton palé d'or & de gueules de cinq pieces, ayant un canton d'hermines. Commandeur de Flandres en 1525.

1526.

Charles de Hangest du Mesnil-Saint-Georges ; échiqueté d'argent & de gueules à la bande d'azur, chargée de trois coquilles d'or. De Picardie.
Jean de Tournemine - la - Hunaudaye ; écartelé d'or & d'azur. De Bretagne.
Jacques de Limoges ; d'argent à six tourteaux de gueules, 3, 2 & 1.
Jacques de S. Merry-Guerceville, Commandeur d'Ivry ; d'or à trois jumelles de sable. De Beausse.
Merry de Combault de Larbour, Bailly de la Morée ; d'or à trois merlettes de sable, au chef de gueules. D'Aquitaine.
Bourbon, bâtard 15...... d'azur à trois fleurs de lys d'or.

au bâton de gueules, peri en barre. Grand Prieur de France en 1535.

1527.

Adrien d'Hodicq - d'Avocq ; d'argent à la croix anerée de gueules. D'Amiens.

Louis de Crequy ; d'or au crequier de gueules. De Picardie.

Antoine de Harville ; de gueules à la croix d'argent de 5 coquilles de fable.

Jean de Courtenay ; d'or à trois tourteaux de gueules.

Nicolas du Bellay ; d'argent à la bande fuzelée de gueules, accompagnée de six fleurs de lys d'azur. Commandeur de Fieffes en 1527.

François Piedefer ; échiqueté d'or & d'azur. Commandeur de la Croix en Brie en 1527.

Antoine de Varinieres-Blainville : de gueules à trois chevrons d'argent. Commandeur d'Orleans en 1527.

1528.

Jean des Fosses ; de finople à deux lions addoffez d'argent, armez & lampaffez d'or, paffez en fautoir, & leurs queues paffées en double fautoir.

Jean de Gallot de Favieres ; d'argent au chevron de gueules, accompagné de deux chevrons plus petits de même, accompagnez de 9 tourteaux de gueules, 2. 3. 3. & 1. Du Pays-Chartrain.

Charles d'Aché de Serquigny ; chevronné d'or & de gueules. Diocefe d'Evreux.

Antoine de Challemaifon : d'argent à la face d'azur, chargée d'une rofe d'or, cotoyée de deux étoiles de même.

Jacques de Sainte Maure ; d'argent à la face de gueules, Grand-Prieur de Champagne en 1528.

Charles de Refuge ; d'argent à deux faces de gueules à deux ferpens affrontez tortillans, & mis en pal d'azur, brochant fur le tout ; le chef brifé d'une rofe de gueules.

Jean de Vieilmaifon ; lozangé d'argent & d'azur au chef de gueules. Diocefe de Sens : vivoit en 1528.

René de Morel-Catheville, 15.. d'azur à trois glands renverfez d'or.

Jean Piedefer, Grand-Prieur de Champagne, 15.. échiqueté d'or & d'azur.

1529.

Pierre d'Eftourmel ; de gueules à la croix dentelée d'argent.

Adrien de la Riviere ; d'argent au lion de fable à la bordure de gueules. Diocefe d'Amiens.

Jean de Condé de Vendieres ; d'or à trois manches mal taillées de gueules. Diocefe de Soiffons.

Claude de Ligny de Raray ; de gueules à la face d'or, au chef échiqueté d'argent & d'azur de trois traits. Diocefe de Senlis.

Jacques d'Erquemboure de Tourville....

Claude de Hombliçres ; d'azur au fautoir d'or, accompagné de 12 billettes de même.
Antoine de Boufflers ; d'argent à trois molettes d'éperon de gueules, accompagnées de 9 croix recroisettées, 3. 3. 2. & 1.
Nicolas d'Yrbeuf......
Robert d'Aché ; chevronné d'or & de gueules.
Pierre de Pommereu ; d'azur au chevron d'or, accompagné de trois pommes de même.
François de Courtille de Fretoy ; d'azur au lion d'argent lampassé de gueules, chargé à l'épaule d'un écu d'or, au lion de sable. Commandeur de Honcourt en 1529.
Jacques d'Apremont-Nantheuil 15... de gueules à la croix d'argent. Diocese de Reims.
Jacques de Vuignacourt d'Aurigny ; d'argent au chevron de gueules, accompagné de trois molettes d'éperon de sable, au chef d'azur chargé de trois fleurs de lys d'or. Commandeur d'Ivry en 1529.
Denis de Viel-Chastel de Vertilli, 15.. de gueules à la tour d'or.
Philippe de Proissy ; de sable à trois lions d'argent : vivoit en 1529.
Moretz de Garantieres ; d'or à six annelets de sable, 3. 2. & 1.

1530.

Jacques de Gomer du Breuil ; d'or à huit merlettes de gueules, 4. 3. & 1.
Jean de Gaillardbois-Marconville ; d'argent à six annelets de sable, 3. 2. & 1. Diocese de Rouen.
François de Roguée de Ville ; d'argent à la face de gueules. Diocese de Noyon.
Calais de la Barre, Commandeur de Chastons.
Jean Hesselin de Gondrecourt ; d'or à deux faces d'azur, semée de croisettes fleuronnées de l'un en l'autre. De Picardie.
Guyon de Baillon, 15.. de gueules à la tête de leopard d'or bouclée de trois baillons entrelassez de même.
Jean de Chailly, 15.. vairé d'argent & de sable.

1531.

Guy de la Grange-Billemont ; lozangé d'or & de sable, au franc canton d'argent à 9 croissans de gueules, 3. 3. & 3. & une étoille de même mise en cœur.
Adrien de Clarhout ; de sable au chef d'argent, chargé de deux molettes d'éperon de gueules. Diocese de Therouanne.
Pierre des Essarts ; de gueules à trois croissans d'or.
Jacques des Boues ; d'azur à trois lozanges d'argent mises en bande.
Jean de Cochefilet ; d'argent à deux leopards de gueules.
Jean de Babute......
Jean Lescot de Lissy ; de sable à une tête & col de cerf d'argent, ramée d'or, écartelé d'azur à trois rocs d'or à la bordure de gueules. De Brie.

Nicolas Durand de Villegagnon ; d'argent à trois chevrons de gueules, accompagnez de trois croix recroisettées, & au pied fiché de sable : vivoit en 1531. Diocese de Paris.
Thierry de Linden.... de gueules à la croix d'or, brisée d'un lambel d'azur ; armes qui furent prises en l'an 1096. en quittant les anciennes armes de Linden ; Maison descendue des Comtes d'Est en Italie, qui étoient parti d'azur & de gueules, à l'aigle d'argent, béqueté & membré d'or, brochant sur le tout. De la Duché de Gueldres.
Jacques de Meaux-Chery ; d'argent à cinq couronnes d'épine de sable, 2. 2 & 1. De Picardie.
Charles de Monceaux 15 .. échiqueté d'or & de gueules.
Charles de Montreuil ; d'argent au chevron de gueules, accompagné de trois tourteaux de sinople, au chef de vair. De Picardie.
François-Olivier de Leuville, 15.. d'azur à six besans, 3. 2. & 1. au chef d'argent, chargé d'un lion naissant de sable. De Paris.
Pierre-Philippe de Billy, Receveur du Grand Maître l'Isle-Adam 15.. d'argent au chevron de gueules, accompagné de trois glands & trois olives de sinople, un gland & une olive liez ensemble de gueules, le tout surmonté d'un chef d'azur, chargé de 3 étoiles d'or.
Adrien Talmet ; d'azur à trois faces d'or, le tout chargé en cœur d'un écu d'argent à la croix ancrée de gueules, accompagnée de quatre étoiles d'azur.
Antoine de Vaudray-Saint-Phalle ; d'argent au chef emmanché de gueules d'une piece & deux demies.
Emille Viallard ; d'azur au sautoir d'or, cantonné de quatre croix ancrées de même.

1532.

Charles de la Rama du Plessis-Herault ; échiqueté d'or & d'azur au lion de sable, brochant sur le tout.
Louis de Crevecœur de Vienne ; d'argent au sautoir de gueules. Diocese de Sens.
Guillaume de Cornu-d'Ormes ; d'or au massacre de cerf de gueules, surmonté d'un aigle éployé de sable. Diocese d'Evreux.
Paris du Gard ..... d'azur à trois oyes d'or, 2 & 1.

1533.

Claude de Lyons-Despaux ; d'azur à la tête de leopard d'or.
Charles de Trazegines ; coticé d'or & d'azur à l'ombre de lion brochant sur le tout. Diocese de Liege.
Jean de la Ballue-Villepreux ; d'or au chevron de sable, accompagné de trois têtes de lion de gueules.

1534.

Louis d'Avesnes ; bandé d'or & de gueules.
Guillaume de Fleury ; d'argent à six fleurs de lys de sable, 3, 2 & 1. Diocese de Paris.

Geoffroy de Brichanteau ; d'azur à fix befants d'argent, 3, 2 & 1. Dioceſe de Sens.
Louis d'Hodicq ; d'argent à la croix ancrée de gueules. Dioceſe d'Amiens.

1535.

François de Noir-Fontaine ; de gueules à trois étriers avec leurs étrivieres d'or. Dioceſe de Soiſſons.
Jacques Griſel ; d'argent au crequier d'azur.
Guillaume d'Argouges ; écartelé d'or & d'azur à trois quintefeuilles de gueules, brochant ſur le tout.
Iſambart du Boſc-Radepont ; de gueules à la croix échiquetée d'argent, & de ſable de deux traits, accompagnée de quatre lions d'or.
Nicolas de Montmirail, d'argent à la bande endenchée d'argent & de gueules.
Baſtien d'Argilliers ; d'argent à la face de gueules, accompagnée de trois trefles de même.
Charles d'Orleans du Breuil ; facé d'argent & de ſinople à ſept annelets de gueules, mis en orle de gueules, 2, 3 & 1, ſur l'argent.
Louis le Prevoſt de Malaſſis ; échiqueté d'or & d'azur au franc canton d'or chargé d'un griffon de ſable. De Paris.
Jean Alleaume de Bouilly ; d'azur à trois chevrons d'or, accompagnez de trois beſants de même. De Brie.
Claude-Jacques d'Apremont ; de gueules à la croix d'argent.
Giron de Caſtagnerre ; tranché d'argent & d'azur au beſant d'or ſur le tout.
Cerdan de Cordes-la-Chapelle ; d'azur au lion d'argent, tenant en ſes pates de devant un monde d'or, à deux lions adoſſez de gueules. Flamand.
Hautecloc ; d'azur au chef d'argent, chargé de trois pals d'azur.
Jean de Drayac ; de gueules à l'aigle d'or. de Picardie.
Jean Fretart dit Lotebon ; de gueules fretté d'argent.
Bernard de Longueval-Haraucourt ; bandé de gueules & de Vair. De Picardie.
Hugues de Longueval ; bandé de gueules & de vair.
Jacques Hurault ; d'or à la croix d'azur, accompagnée de quatre ſoleils de gueules.
François de la Liere ; d'argent à deux bandes de gueules, accompagnées de deux billetes de même. De Picardie.
Antoine de Marigny de la Touche ; d'argent à deux faces d'azur.

1536.

Antoine de Lymermont. . . . . .
Anne de Boulainvilliers de Froville ; Maiſon deſcendue de celle de Croy en Flandres, porte comme elle d'argent à trois faces de gueules. Dioceſe de Beauvais.

Adrien de Gand de Villain ; de fable au chef d'argent. Diocefe de Cambray.

Antoine des Hayes d'Epinay Saint Luc ; écartelé au premier & quatriéme d'hermines à la face de gueules, chargée de trois boucles d'or, qui eft des Hayes, & au deux & trois d'argent au chevron d'azur chargé de 11 befants d'or, qui eft d'Efpinay. Diocefe de Rouen.

Claude de Saint-Blaife de Brugny ; d'azur à la pointe d'argent. Diocefe de Soiffons.

Jacques de Lanharé-Tiercelieu ; d'argent à deux bandes de fable De Brie.

Claude de Lanharé-Monceaux ; d'argent à deux bandes de fable.

François de Hericourt ; d'argent à la croix de gueules, chargée de cinq coquilles d'or. De Picardie.

Claude de Harlay de Beaumont ; d'argent à deux pals de fable.

1537.

Guillaume Guillards de Vielmarcolles ; de gueules à deux bourdons d'or mis en chevron, accompagnez de trois rochers d'argent. Diocefe de Sens.

Jean Piedefer-Guiencourt ; échiqueté d'or & d'azur. Diocefe de Sens.

1538.

François Defcrones-Briqueville ; de gueules à fix annelets d'argent, 3, 2 & 1. Diocefe de Chartres.

François de Longperier de Corval ; d'azur à trois annelets d'or. Diocefe de Rouen.

1539.

Antoine de Bufferolles du Mefnil..... Diocefe de Soiffons.

Alexandre de Montigny ; échiqueté d'argent & d'azur à la bande engrêlée de gueules brochant fur le tout. Diocefe de Sens.

Charles de Blocqeaux de l'Eftre ; de fable à la face d'argent, furmontée d'un croiffant de même. Diocefe de Meaux.

Jean le Roy du Mefnil ; facé d'or & de gueules, à 17 fleurs de lys de l'un en l'autre, 4. 3. 4. 3. 2 & 1. Diocefe d'Evreux.

Guillaume de Séelle de Leftanville ; d'argent au chevron de gueules, accompagné de trois lions de fable. Diocefe de Beauvais.

Guillaume de la Fontaine-d'Ognon ; lozangé d'or & de gueules à trois bandes d'azur brochant fur le tout. Diocefe de Senlis.

Michel de Seure de Lumigny ; écartelé au premier & quatriéme. Diocefe de Meaux.

Philippe de Barville du Couldray ; d'azur au lion d'or, accompagné de cinq fleurs de lys de même, 2, 2 & 1.

Philibert Lhuillier de Saint-Mefmain ; d'azur à trois coquilles d'or au lion de même, mifes en cœur.

Aimé de Noue ; échiqueté d'argent & d'azur au chef de gueules.

Jean de Hervieu de Vallogne ; de gueules au chevron d'or accompagné de trois glands de même.
Jacques de Vieuxpont ; d'argent à dix annelets de gueules, 3. 3. 2 & 1.
Jean Mesnard dit Mesnardiere. . . .
Jean des Hayes d'Espinay-Saint-Luc ; écartelé au premier & dernier d'hermines à la face de gueules chargée de trois boucles d'or, au deuxiéme & troisiéme d'argent au chevron d'azur chargé de 11 besants d'or.

1540.

Antoine Micaut de Lespine ; d'argent à 3 têtes de Maure de sable, tortillées d'argent.
Jean de Maupas. . . . .
Thomas de Myée-Guespray ; d'azur à la face d'or, accompagnée de trois besans de même.
Antoine de la Haye-Bonneville ; d'argent à quatre croissans de gueules. Diocese d'Amiens.
Georges de Courtignon-la-Motte ; d'or au chef de gueules, chargé d'un lion naissant d'or. Diocese de Soissons.
Louis de Hazeville-Vaulchamps ; d'argent à cinq merlettes de sable, 2. 2. & 1.
Claude de Hazeville-Vauchamps ; d'argent à cinq merlettes de sable, 2. 2. & 1.
Louis de Mailloc-Sacquenville ; de gueules à trois maillets d'argent. Diocese de Rouen.
Guillaume le Picard d'Atilly ; d'azur au lion d'or. De Paris.

1541.

Jean de Bethune ; d'argent à la face de gueules.
Claude de la Vigne-Bulcy ; d'or à l'aigle de sable, au chef de gueules, chargé de trois fers de piques d'argent. Diocese d'Auxerre.
Jacques d'Arquinvillier ; d'hermine papelonné de gueules. De Picardie.
Thibaut de Sautereau de Villers ; d'azur à trois croissans d'or. Diocese de Rouen.
Philibert de Chauvigny ; facé, anté d'argent & de gueules de six pieces. Diocese d'Auxerre.
Baugeois de Fontaine-la-Neuville ; d'or à trois écussons de vair, bordez de gueules. Diocese d'Amiens.
Jean Davy de la Brullerie ; d'azur à la croix ancrée d'argent. Diocese de Sens.
Valentin de Bezanne ; d'azur au lion d'argent, à l'orle de 8 besans de même.
Jean de Cuvyler de Coucy ; de gueules à la bande d'or, brisée en chef d'un lion d'azur.
Antoine de Hericourt ; d'argent à la croix de gueules, chargée de cinq coquilles d'or. De Picardie.

Nicolas de Feuquerolles-Cantelou ; d'or à la branche de feugere de sinople mise en bande, au chef de sable.
François de Runes-Vallenglart ; d'argent au sautoir d'azur, accompagné de quatre aigles de sable.
Antoine de Fontaines ; d'or à trois écussons de vair, bordez de gueules. Diocese d'Amiens.
Jacques de Roucy de Meyré ; de gueules au choux effeuillé d'or. Diocese de Reims.
Hugues de Hallencourt ; d'argent à la bande de sable, accompagnée de deux cottices de même.

1542.

Gallias le Secq de la Cressonniere ; d'argent au chevron de gueules accompagné de trois annelets de même.
Louis du Belloy ; d'argent à 3 faces de gueules. Diocese d'Amiens.

1543.

Jacques Deffiez de la Ronce ; d'argent à cinq fusées de gueules, posées en face. Diocese de Chartres.
Antoine d'Aumalle : d'argent à la bande de gueules, chargée de trois besans d'or.
Nicolas de Fouillieuse-Flavacourt ; d'argent papelonné de gueules, chaque piece chargée d'un trefle renversé de même. Diocese de Rouen.
Jean de la Tour ; d'or au grifon de gueules.
Geoffroy de Centurion ; d'or à la bande échiquetée d'argent & de gueules de trois traits surmontez d'une rose de gueules, feuillée de sinople.
Antoine de Bailleul ; de gueules au sautoir de vair. Diocese de Therouanne.

1544.

Adrien de Lanharé de Chevrieres ; d'argent à deux bandes de sable. Diocese de Sens.
Philippes de Fouilleuse-Flavacourt ; d'argent papelonné de gueules, chaque piece chargée d'un trefle renversé de même. Diocese de Rouen.
Pierre de la Boue-Silly ; de sinople à trois pals de vair, au chef d'or.
François de Salviati, Commandeur de Fieffes ; d'argent à trois bandes bretessées de gueules.
Jean le Boutiller de Moussy ; écartelé d'or & de gueules.
Jean de Villiers ; d'azur à trois croissans d'argent. Commandeur de Beauvais en Gastinois.

1545.

Jean de Saint Martin des Garennes ; de gueules à la nille du moulin d'or, cotoyée de deux demies fleurs de lys de même mouvantes du trait de l'écu Diocese de Sens.
Aimond de Beaumont du Boulay ; d'azur à la face d'or, chargée de trois annelets de sable. De Gastinois.

Adrien

DE LA LANGUE DE FRANCE.

Adrien de Roguée de Ville ; d'argent à la face de gueules. Diocese de Noyon.
Claude de Rommecourt ; d'argent à la bande de gueules, chargée de trois coquilles d'argent. Diocese de Troyes.
Oudart de S. Blymont ; d'or au fautoir dentellé de fable. Diocese d'Amiens.
Jacques de Biencourt-Poutrincourt ; de fable au lion d'argent, armé, lampaffé & couronné d'or. Diocese d'Amiens.
Philippes de Flandres ; d'or au lion de fable, armé & lampaffé de gueules. Diocese de Tournay.

1546.

Jean d'Aigneville-Harchelaines ; écartelé au 1. & 4. d'argent, à l'orle de fable ; au 2. & 3. d'argent à trois fleurs de lys, au pied nouri de gueules. Diocese d'Amiens.
Hugues du Sart de Thiery ; de gueules à la bande vivrée d'argent. Diocese de Meaux.
Edme de Villerçau ; de fable au lion d'argent, accompagné de cinq fleurs de lys d'or, 2. 2. & 1. Diocese de Beauvais.
Nicolas de Verdelot des Prez ; d'or à la croix de fable. Diocese de Troyes.
Nicolas de Myfec-Villiers-Loys . . . . . . Diocese de Sens.
Raoul de Chaumont-Boiffy ; facé d'argent & de gueules de huit pieces. Diocese de Rouen.
Pierre de Longueil de Maifons ; d'azur à trois rofes d'argent, au chef d'or, chargé de trois rofes de gueules. Diocese de Paris.
Oudard de Gerefmes ; d'or à la croix ancrée de fable.

1547.

Pierre d'Allonville : d'argent à deux faces de fable.
André de Soeffons de Pothieres : d'argent à deux faces de fable, furmontées d'un lambel de même.
Adrien de la Riviere-Sainte Genevieve : d'argent à la bande d'azur, chargée de trois boucles d'or, accompagnées de fept merlettes de fable, 4. en chef & 3. en pointe ; au franc canton de gueules, brochant fur le tout. Diocese de Beauvais.
Emery Uvas, dit Bligny ; d'argent à la face de finople. de Bruxelles.
Girard de la Vvicht ; d'or fretté de fable. Diocese de Tournay.

1548.

Pierre Bruflard ; de gueules à la bande d'or, chargée d'une traînée, & cinq barillets de poudre de fable.
Guy Aurillot de Champlaftreux ; d'argent à la tête de Maure de fable, tortillée de gueules, accompagnée de trois trefles de finople. De Paris.
Criftophe de Cotteblanche ; d'azur à trois cottes d'armes d'argent, 2 & 1.
François des Places . . . .

Tome IV.   K*

Annibal de Sallezard ; écartelé au premier & quatriéme de gueules à cinq étoiles d'or mises en fautoir, au fecond & troifiéme d'or à cinq feuilles de fable, mifes aussi en fautoir.
Loth de Bonneval de Jouy ; d'argent à la face d'azur chargée de trois coquilles d'or, accompagnée de deux rofes de gueules en chef, & d'une merlette de fable en pointe.
Roch de Saint-Peryer-Maupertuis ; écartelé d'argent & d'azur à la cotice de gueules, brochant fur le tout.

1549.

Jacques de Belloy ; d'argent à quatre bandes de gueules. De Picardie.
Charles de Courtenay ; écartelé au premier & quatriéme d'azur à trois fleurs de lys d'or, qui eft de France, & au fecond & troifiéme d'or à trois tourteaux de gueules, qui eft de Courtenay. Diocefe de Sens.
Bon de Roucy ; de gueules au choux effeuillé d'or. Diocefe de Rheims.
Breton Defprez dit d'Hercules ; d'argent à trois merlettes de fable au chef de même, chargé de trois bandes d'argent. Diocefe de Beauvais.
Jean de Romain de Fontaines ; écartelé au premier & quatriéme de gueules à la tour d'or, & au fecond & troifiéme de fable au lion d'argent couronné d'or. Diocefe de Senlis.
Jacques de Gonnelieu ; d'or à la bande de fable. Diocefe de Cambray.
Jacques de Piedefer-Bourdregnault ; échiqueté d'or & d'azur. Diocefe de Sens.
Louis de Mefmes-Marolles ; d'argent au chevron de gueules, accompagné de trois Merlettes de fable. Diocefe de Senlis.
Louis du Fay-Châteaurouge ; d'argent femé de fleurs de lys de fable. Diocefe de Beauvais.
Leonard de Pontaillier ; de gueules au lion d'or armé, couronné & lampaffé d'azur. Diocefe de Nevers.
Claude de Conftant-Fourpertuis . . . . . Diocefe d'Orleans.
Guillaume de Condé de Vendieres ; d'or à trois manches mal taillées de gueules. Diocefe de Soiffons.
Guillaume Cordelier-Mongazon-Chenevieres ; d'azur à deux gerbes d'or au franc quartier d'argent, chargé d'un lion de fable. Diocefe de Paris.
Louis le Prevoft ; de gueules au fautoir d'argent, chargé de cinq étoiles de même. Diocefe de Sens.
Louis de Cenafme ou Cenefme-Luzarches ; d'or au lion de gueules. De Picardie.
François de Millaut de Vaulx . . . . . . Diocefe de Sens.
Charles de Montigny ; échiqueté d'argent & d'azur à la bande engrelée de gueules, brochant fur le tout.

Jean de Gonnelieu ; d'or à la bande de sable. Diocese de Cambray.

1550.

Nicolas de la Fontaine d'Ognon ; lozangé d'or & de gueules à trois bandes d'azur, brochant sur le tout. Diocese de de Senlis.

Charles de Fleury de Carrouge ; d'argent à six fleurs de lys de sable, 3, 2 & 1. Diocese de Meaux.

François de Gouy-Camprémy ; d'azur à quatre faces d'or.

Claude de Dangeul ; facé d'or & d'azur à la bande d'argent brochant sur le tout.

Jean de Costard ; d'argent au lion de sable, armé & lampassé de gueules, surmonté à senextre d'une étoile de même. De Normandie.

1551.

Robert du Pont d'Eschully ; d'argent à une face de sable, chargée d'une molette d'éperon d'or, accompagnée de trois roses de gueules.

François du Courtil dit Fretoy ; d'azur au lion d'argent, lampassé de gueules, chargé à l'épaule d'un écu d'or au lion de sable.

Alderard de la Rouere-Chamoy ; d'argent à la croix ancrée de sable, chargée en cœur d'une lozange d'argent.

Jean Coustances la Fredonniere ; porte d'azur à deux faces d'or, accompagnées de trois besants de même. Diocese de Chartres.

Cristophe Hesselin de Gascourt ; d'or à deux faces d'azur semées de croix fleuronnées de l'une en l'autre. Diocese de Paris.

François de Conflans ; d'azur semé de billettes d'or au lion de même, armé & lampassé de gueules. Diocese de Soissons.

Charles du Clement de Vuault ; d'or à trois bandes de gueules treflées. Diocese de Beauvais.

1552.

Guy Baudouin ; de sable à deux épées d'argent passées en sautoir, la pointe en bas, accompagnées de douze billettes de même.

Nicolas de Homblieres ; d'azur au sautoir d'or, accompagné de douze billettes de même.

1553.

Jacques des Ursins dit la Chapelle ; bandé d'argent & de gueules, au chef d'argent chargé d'une rose de gueules, soutenue d'or à l'anguille d'azur.

Guillaume de Refuge de la Ravigniere ; d'argent à deux faces de gueules, & deux serpens tortillans, affrontez & mis en pal d'azur, brochant sur le tout. Diocese d'Orleans.

1554.

Jean de Mailly de Seilly ; d'or à trois maillets de sinople à l'écusson en cœur, parti d'or & d'azur à la croix ancrée de gueules, brochant sur le tout. Diocese de Beauvais.

Charles de Barlaymont ; facé de vair & de gueules. Flamand.

Claude de Chery ; d'azur au chevron d'or, accompagné de trois quintefeuilles d'argent. Diocese de Nevers.
Michel de la Fontaine Bachets ; lozangé d'or & de gueules à trois bandes d'azur, brochant fur le tout. De Picardie.
Louis de Roguée de Ville ; d'argent à la face de gueules. Diocese de Noyon.

1555.

Criftophe de Sorel de Villiers ; de gueules à deux leopards d'or. Diocese de Noyon.
Jean Poftel d'Ormoy ; d'argent au lion de fable, armé, couronné & lampaffé d'or. Diocese de Paris.
Jacques de Meaux de Charny ; d'argent à cinq couronnes d'épines de fable. Diocese de Meaux.
Hubert Feret de Montlaurents ; facé d'argent & de fable.
Philippes du Glas dit Ployart ; d'azur au château de trois tours couvertes d'argent.
René de Véelu - Baby ; de finople à trois aletions d'or.
Antoine de la Chauffée d'Arreft ; d'azur à neuf croiffants d'argent, 3, 3 & 1 à trois befants d'or. Diocese de Troyes, mais d'une Maifon de Picardie.
Efprit de Brunefay - Quincy ; d'argent à la face de gueules, le canton dextre chargé d'un écuffon bandé d'argent & de gueules.

1556.

Juvenal de Lanoy dit Molinoux ; d'argent à trois lions de finople, armez, lampaffez & couronnez d'or. Diocese de Sens.
Philippes de Chafteler-Moulbaix ; d'argent à la bande de gueules, furmontée d'un lion de fable. Du Hainault.
Pierre de Piedefer-Bourdregnault ; échiqueté d'or & d'azur.

1557.

Bernard de Merode ; d'or à quatre pals de gueules à la bordure engrelée d'azur. De Brabant.
Louis le Boutiller de Sainte Genevieve ; écartelé d'or & de gueules. Diocese de Rouen.

1558.

Jean de Meaux de Marly ; d'argent à cinq couronnes d'épines de fable, 2, 2 & 1. Diocese de Paris.
Jean de Caurel - Tagny ; d'argent à trois fufées de gueules, mifes en bandes. Diocese d'Amiens.
Georges Regnier de Guerchy ; d'azur à fix befants d'argent, 3, 2 & 1.

1559.

Charles de Refuge ; d'argent à deux faces de gueules, à deux ferpens affrontez tortillans & mis en pal d'azur, brochant fur le tout, le chef brifé d'une rofe de gueules. Né à Paris, mais d'une branche de Picardie.

Nicolas de Monchy d'Inqueſſant ; de gueules à trois maillets d'or à la bordure de même. Diocese de Soiſſons.

1560.

Simon de Clinchamp - Caude-Coſte ; d'argent à trois fanons de gueules, pendants d'un bâton racourci de même, mis en face vers le chef. Diocese de Lizieux.

Nicolas de Moy ; de gueules fretté d'or.

Henri de Crecy ; d'argent au lion de ſable, couronné d'or, armé & lampaſſé de gueules.

1561.

Troilus de Montbaſon ; de gueules au lion d'or.

1563.

Jean de Guierna de Beranger ; d'argent à trois merlettes de ſable. Diocese de Chartres.

Jean de Wanguetin ; d'or à la croix fleurdelyſée de gueules à la cotice d'azur, brochant ſur le tout. Diocese d'Artas.

1564.

Jean de Bethizy ; d'azur fretté d'or. Diocese d'Amiens.

1565.

Jacques d'Argences d'Origny ; d'azur à trois fermaux d'or. Diocese d'Evreux.

Claude du Roux de Sigy ; d'azur à trois têtes de leopard d'or. Diocese de Sens.

Etienne du Roüil de Bray ; de gueules au chevron d'argent, accompagné de trois fers à cheval d'or, les deux du chef ſurmontez d'une demie face en deviſe d'hermines, mouvante du flanc dextre. Diocese d'Evreux.

Claude de Vaulpergue ; facé d'argent & de gueules à une tige de trois branches de chanvre d'argent, brochant ſur le tout. Diocese de Soiſſons, mais d'une famille originaire de Piedmond.

Aloph de Wignacourt ; d'argent à trois fleurs de lys au pied coupé de gueules, ſurmonté d'un lambel de ſable. Diocese de Beauvais.

Magdelon de Broully-Mainville ; d'argent au lion de ſinople, armé, lampaſſé & couronné de gueules. De Picardie.

1566.

Artus de Piennes ; d'azur à la face d'or, accompagnée de ſix billettes de même. Diocese de Beauvais.

Adrien de Morel - Cateville ; d'azur à trois glands renverſez d'or. Diocese de Rouen.

Antoine de Bailleul ; de gueules au ſautoir de vair. Diocese de Therouanne.

Gabriel de Limoges-Saint-Juſt ; d'argent à ſix tourteaux de gueuless, 3, 2 & 1. Diocese de Rouen.

Martin de Gonnelieu ; d'or à la bande de ſable. Diocese de Cambray.

Jean de Levemont de Moufflaines ; facé d'argent & d'azur à la manche mal-taillée de gueules, brochant sur le tout. Diocese de Rouen.

Thibault de Saisseval de Pissy; d'azur à deux barbaux adossez d'argent. Diocese d'Amiens.

Pierre de Bertaucourt; d'argent à deux bars adossez de sable, accompagnez de sept croix recroisettées de gueules. Diocese de Beauvais.

Jacques d'Outremont; coupé de gueules & de sable au lion d'argent brochant sur le tout.

Anne de la Fontaine de Lesche lozangé d'or & de gueules. De Picardie.

Gaspard de Parthenai-Foucancourt; d'argent au chevron de sable, accompagné de trois tourteaux de gueules. Diocese de Laon.

1567.

François de Lorraine de Guise; coupé d'un trait parti de trois au premier quartier du chef facé d'argent & de gueules de huit pieces, qui est Hongrie: au second d'azur semé de fleurs de lys d'or au lambel de gueules, qui est de Naples: au troisiéme d'argent à la croix potencée d'or, accompagnée de quatre croisettes de même, qui est de Jerusalem: au quatriéme d'or à quatre pals de gueules, qui est d'Arragon: au premier quartier de la pointe d'azur semé de fleurs de lys d'or à la bordure de gueules, qui est d'Anjou: au second d'azur au lion couronné d'or, armé & lampassé de gueules, qui est de Gueldres: au troisiéme d'or au lion de sable, armé & lampassé de gueules, qui est de Flandres: au quatriéme d'azur semé de croix recroisettées au pied fiché d'or à deux bars adossez de même, qui est de Bar; & sur le tout d'or à la bande de gueules, chargée de trois alerions d'argent, qui est de Lorraine; le tout brisé d'un lambel de gueules vers le chef, qui est la marque de Cadet que porte la branche de Guise.

Adrien de Noue; échiqueté d'argent & d'azur au chef de gueules.

Antoine de Carondelet de Postelles; d'azur à la bande d'or, accompagnée de six besants de même. Diocese de Cambray, mais d'une Maison venue de Bourgogne.

Claude le Cornu; d'or au massacre de cerf de gueules, surmonté d'un aigle éployé de sable. Diocese d'Evreux.

Hugues des Friches-Brasseuse; d'azur à la bande d'argent, chargée de trois défenses de sanglier de sable, accompagnées de deux annelets d'argent enfermant chacun une croix de même. Diocese de Senlis.

Thierri de la Boissiere; de sable au sautoir d'or. Il fut tué au siége d'amiens en 1597.

1568.

Floris de Cortembach dit Helmont; d'or à trois bandes de gueules. Diocese de Liege.

1569.
Louis d'Argilliers ; d'or à la face de gueules, accompagnée de trois trefles de même. Diocese de Beauvais.
Denis de Lannoy - d'Ameraucourt ; échiqueté d'or & d'azur. Diocese d'Amiens.
Gedeon Blondel Joigny de Bellebrune ; écartelé au premier & quatriéme de gueules à l'aigle d'argent, & au second & troisiéme d'argent à trois aigles de gueules, armez & bequez d'azur, qui est de Marle. Diocese de Therouanne.
François de Prouville - Harpoulieu ; de sinople à la croix engrelée d'argent. Diocese de Beauvais.
Mathieu de Véelu-Baby ; de sinople à trois alerions d'or.
1570.
Antoine de Mornay Villarceaulx ; burellé d'argent & de gueules au lion de sable brochant sur le tout, armé, lampassé & couronné d'or. Diocese de Rouen.
Claude de Droyn ; d'argent à trois roses de gueules. Diocese de Soissons.
Jacques de Vesnois de Ruilly ; d'or à six fleurs de lys de sable, 3, 2 & 1. Diocese d'Evreux.
Claude de Feuqueroles-Cantelou ; d'or à la branche de fougere de sinople, mise en bande au chef de sable. Diocese de Rouen.
Charles de Gaillarbois - Marconville ; d'argent à six annelets de sable, 3, 2 & 1. Diocese de Rouen.
Raoul Spifame des Granges ; de gueules à l'aigle d'argent. De Brie.
Cristophe le Boulleur de Montgaudry ; d'azur au mont d'or, mis en cœur, accompagné de trois besants de même. De Paris.
1571.
Joachim de Reilhac ; écartelé au premier & quatriéme de gueules à l'aigle d'or, & au second & troisiéme d'argent au lion de sable. Diocese de Meaux.
Claude de Louvet-Carnetecourt. . . . . . . Diocese de Beauvais.
1572.
Charles de Villiers-Vaulbuyn ; d'argent à la bande de sable, chargée de trois fleurs de lys d'or. Diocese de Beauvais.
1573.
Adrien de Brion ; d'argent à trois pals de gueules. Diocese de Soissons.
Claude de Noel de Conardin ; d'azur au chevron d'or, accompagné de trois aigles d'argent armez, membrez & becquez de gueules. Diocese de Soissons.
Nicolas Aguenyn dit le Duc ; de gueules à trois chevrons d'or, accompagnez de trois besants de même, le tout surmonté d'un chef aussi d'or. De Paris.
Jacques de Harlay de Sancy ; d'argent à deux pals de sable. De Paris.

Louis du Fay - Puifieux ; d'argent femé de fleurs de lys de fable. Diocefe de Laon.
Elie de Vaudray ; d'argent au chef emmanché d'une piece & deux demies de gueules.

1574.

François de Brion ; d'argent à trois pals de gueules. Diocefe de Soiffons.
François de Lanfernat - Prunieres ; d'azur au chevron d'or chargé de deux lions affrontez de gueules, accompagné de trois bourdons d'or. Diocefe de Sens.
François de Myé-Guefpray ; d'azur à la face d'or, accompagnée de trois befants de même. Diocefe de Seez.
Jacques de Gaillarbois-Marconville ; d'argent à fix annelets de fable, 3, 2 & 1. Diocefe de Rouen.

1575.

Criftophe de Bonvouft d'Aulnay ; d'argent à deux faces d'azur, accompagnées de fix merlettes de fable, 3, 2 & 1. Diocefe de Seez.
Gilles de Vieuxpont ; d'argent à dix annelets de gueules, 3, 3, 3 & 1. Diocefe de Seez.

1576.

Guillaume de Garges - Macquelines ; d'or au lion de gueules. Diocefe d'Auxerre.
Jean de Vachot du Pleffier ; d'argent à deux bandes de fable au chef d'or.
Claude de Luc ; d'azur au brochet d'argent mis en face, furmonté d'une étoile d'or.

1577.

François de Lorraine de Guife ; Grand Prieur de France. Les armes comme ci-deffus fous l'année 1567.
Guy le Picart d'Atilly ; d'azur au lion d'or. De Paris.
Marc de la Fontaine des Bachets ; lozangé d'or & de gueules à trois bandes d'azur brochant fur le tout. Diocefe de Senlis.
Hugues de Fouilleufe Flavacourt ; d'argent papellonné de gueules, chaque piece chargée d'un trefle renverfé de même. Diocefe de Rouen.
Jean de Conti - Gaucourt ; d'or au lion de gueules, chargé de trois bandes de vair. Diocefe de Paris.

1578.

Antoine de Lombelon ; de gueules au chevron d'or. Diocefe d'Evreux.
Louis de Montliart ; d'azur à trois befants d'argent. Diocefe de Sens.
Louis du Sart de Thury ; de gueules à la bande vivrée d'argent. Diocefe de Meaux.
François de Roguée de Ville ; d'argent à la face de gueules.

François

François de Vesnois de Ruilly ; d or à six fleurs de lys de sable, 3, 2 & 1. Diocese d'Evreux.

1579.

Guillaume de Meaux de Boisbaudran ; d'argent à cinq couronnes d'épines de sable, 2, 2 & 1. Du Bailliage de Melun.

Claude de Lanharé - Tiercelieu ; d'argent à deux bandes de sable. Diocese de Sens.

Jacques de Mesme-Marolles ; d'argent au chevron de gueules, accompagné de trois merlettes de sable. Diocese de Senlis.

Hercules-François de la Salle ; d'azur à deux éperons d'or posez en face l'un sur l'autre, celui de la pointe contourné, le dessous des pieds de gueules liez l'un avec l'autre en cœur avec un ruban de gueules. Diocese de Chartres, mais d'une Maison descendue du pays de Basque.

1580.

Charles de la Grange - Trianon ; de gueules au chevron d'argent chargé d'un autre chevron dentellé des deux côtez de sable, le tout accompagné de trois croissants d'or. De Paris.

Jacques de Saint-Blimon ; d'or au sautoir dentellé de sable. Diocese d'Amiens.

Nicolas de la Noë de Gizay ; d'azur à la face d'or accompagnée de deux molettes d'éperon de même, une en chef, & l'autre en pointe. Diocese d'Evreux.

1581.

Antoine du Belloy Saint-Martin ; d'argent à trois faces de gueules. Diocese d'Amiens.

Baltazar de Caignou ; d'argent à 3 bandes d'azur. Diocese du Mans.

Louis de Morel - Catheville ; d'azur à trois glands renversez d'or. Diocese de Rouen.

Marin de Clinchamp de la Buysardiere ; d'argent à la bande vivrée de gueules, accompagnée de six merlettes de même. Diocese du Mans.

1582.

Adrien le Danois-Geoffroyville ; d'azur à la croix d'argent fleurdelysée d'or. Diocese de Rheims.

Gedeon de Bournonville ; de sable au lion d'argent couronné d'or Diocese d'Amiens.

Jacques de Fumée de Bourdeilles ; d'azur à deux faces d'or, accompagnées de six besans de même, 3, 2 & 1. Né à Paris, mais d'une Maison de Touraine.

Jacques de Gomer du Breuil ; d'or à sept merlettes de gueules, 4, 2 & 1. Diocese de Soissons.

Jean de Sarcus de Courselles ; de gueules au sautoir d'argent, accompagné de quatre merlettes de même. Diocese d'Amiens.

Robert d'Oriault de Hauteville ; d'or à l'aigle à deux têtes de gueules. Diocese de Rheims.

Tome IV.   L *

Jean-Jacques d'Uriault de Hauteville, frere du précedent ; d'or à l'aigle à deux têtes de gueules.

1583.

Anne des Essarts de Magneulx ; de gueules à trois croissants d'or. Diocese d'Amiens.

Georges de Sailly ; de gueules à la face d'or chargée de trois croix fleuronnées d'azur, accompagnées de trois têtes de butor arrachées d'or. Diocese de Rouen.

Jacques de Martinet-Peinabeïaux ; dazur à trois chevrons d'argent accompagnez de trois martinets ou hirondelles de même, celles du chef affrontées. Diocese de Sens.

Jean de Brion-Mortfontaine ; d'argent à trois pals de gueules. Diocese de Soissons.

Jacques de la Boue-Silly ; de sinople à trois pals de vair au chef d'or. Diocese de Laon.

Pierre de Grambus ; d'argent à la face de gueules, surmontée d'une vivre de même. Diocese d'Amiens.

René de Rivery-Potonville ; de gueules à trois pals de vair au franc canton d'or. Diocese d'Amiens.

1584.

Cristophe de Garges de Villers ; d'or au lion de gueules. Diocese de Soissons.

Amador de la Porte ; de gueules au croissant d'hermines. Diocese de Paris, mais d'une Maison de Poitou.

Pierre Violle ; d'or à trois chevrons de sable, qui ont la pointe tranchée & taillée. Diocese de Chartres.

Antoine de la Rochefoucault dit Chaumont ; burelé d'argent & d'azur à trois chevrons de gueules brochant sur le tout, celui du chef écimé.

Claude de Myée-Guespray ; d'azur à la face d'or, accompagnée de trois besans de même.

René Hurault ; d'or à la croix d'azur, accompagnée de quatre soleils de gueules.

Regnault de Luc ; d'azur au brochet d'argent mis en face, surmonté d'une étoile d'or.

Emery de Pericard ; d'or au chevron d'azur accompagné en pointe d'un ancre de sable au chef d'azur, chargé de trois molettes d'éperon d'or.

Claude de Lorraine de Guise, comme ci-devant......

Henri d'Angoulesme, fils naturel du Roi Henri II. d'azur à trois fleurs de lys d'or au lambel d'argent, chargé de trois de croissans de gueules au bâton de même, peri en barre : a été Grand Prieur de France.

Charles de Valois, fils naturel du Roi Charles IX. d'azur à trois fleurs de lys d'or au bâton de gueules peri en barre : a été Grand Prieur de France.

Claude de Crevecœur ; d'argent au fautoir de gueules. Diocefe de Chartres.

Louis de la Chaftaigneraye de Fourny ; d'argent au lion d'azur femé de fleurs de lys d'or. D'une Maifon de Touraine.

Louis de Montgomery ; écartelé au premier & quatriéme d'azur à trois fleurs de lys d'or, & au fecond & troifiéme de gueules à trois coquilles d'or. Diocefe de Sens.

Nicolas du Tot de Vairnainville ; de gueules à trois têtes d'aigles arrachées d'or. Diocefe d'Evreux. Il fut tué au fiége de Rouen le 39 Janvier 1592 au fort de Sainte Catherine, à la tête d'un détachement qu'il commandoit.

Paul-Luillier de Saint-Mefmin ; d'azur au lion d'or accompagné de trois coquilles de même. Diocefe de Paris.

Pierre Vion de Huanville ; de gueules à trois aigles d'argent. Diocefe de Chartres.

Pierre Durand de Villegagnon ; d'argent à trois chevrons de gueules accompagnez de trois croix recroifettées au pied fiché de fable. De Paris.

1585.

Charles Cothereau de Glabec ; d'azur au chevron d'argent accompagné de trois cocqs d'or. Diocefe d'Amiens.

Charles Faucq de Poully ; d'azur à trois faulx d'argent emmenchez d'or. Diocefe de Rouen.

François Doullé de Neuville ; d'azur au chevron d'or accompagné de trois ognons de lys de même. Diocefe de Rouen.

Guillaume de la Riviere Sainte Genevieve ; d'argent à la bande d'azur chargée de trois boucles d'or, accompagnées de fept merlettes de fable, quatre en chef & trois en pointe au franc canton de gueules brochant fur le tout. Diocefe de Beauvais.

Jacob de la Fontaine des Bachets ; lozangé d'or & de gueules à trois bandes d'azur brochant fur le tout.

Jean Maskarel de Hermanville ; d'argent à la face d'azur diaprée d'or de trois pieces, celle du milieu chargée d'un aigle à deux têtes auffi d'or, & les deux autres, chacune d'un lion affronté de même, le tout accompagné de trois rofes de gueules. Diocefe de Rouen.

René Doullé de Neuville ; d'azur au chevron d'or acccompagné de trois ognons de lys de même. Diocefe de Rouen.

1586.

Claude de Ravenel-Sablonnieres ; de gueules à fix croiffans d'argent mis en pal, 3 & 3, foutenant chacun une étoile d'or, & une autre étoile de même en pointe, le tout brifé d'une hache d'argent mife en pal, emmenchée d'or. Diocefe de Soiffons.

Abel du Crocq-Chennevieres ; de fable femé de fleurs de lys d'or au fautoir d'argent brochant fur le tout. De l'Ifle de France.

Criftophe d'Apremont-Nantheuil ; de gueules à la croix d'argent. Diocefe de Rheims.

Charles le Picart-Sevigny ; d'azur au lion d'or. Diocese de Rheims.
Jean d'Apremont-Nantheuil ; de gueules à la croix d'argent.
Jean de Courtenay - Chevillon ; écartelé au premier & quatriéme d'azur à trois fleurs de lys d'or à la bordure engrelée de gueules, & au second & troisiéme d'or à trois tourteaux de gueules. Diocese de Sens.

1587.

François de Bertaucourt ; d'argent à deux bars adossez de sable, accompagnez de sept croix recroisettées de gueules. Diocese de Beauvais.
Charles Bâtard d'Orleans ; d'azur à trois fleurs de lys d'or au lambel d'argent & bâton de même peri en barre.

1588.

Emille de Morru Saint-Martin ; écartelé au premier & quatriéme d'argent à trois pals de gueules, & au second & troisiéme d'argent a la face d'azur chargée d'un croissant d'argent. De Paris.
François du Mansel Saint Liger ; écartelé au premier & quatrieme d'argent à la croix de gueules, chargée de cinq coquilles d'argent, & au second & troisiéme de sinople à trois merlettes d'éperon d'argent. Diocese de Chartres.

1589.

Jacques de Saint-Blimon-Soupplicourt ; d'or au sautoir dentellé de de sable. Diocese d'Amiens.
Nicolas de la Fontaine d'Ognon ; lozangé d'or & de gueules à trois bandes d'azur brochant sur le tout. Diocese de Senlis.
Philippes de Namur ; d'or au lion de sable armé, lampassé & couronné de gueules. Du Comté de Namur.

1590.

François d'Espinay Saint-Luc ; d'argent au chevron d'azur chargé de onze besans d'or. Né à Paris.
Charles de Fourneau de Cruychembourg ; d'azur semé de billettes d'or au chevron de même brochant sur le tout. Diocese de Malines.

1593.

Olivier de Giverlay-Champoullet ; facé d'or & d'azur. Diocese de Sens.
Hector de Crevecœur de Vienne ; d'argent au sautoir de gueules. Diocese de Sens.
Hierôme Seguier de Saint-Brisson ; d'azur au chevron d'or surmonté de deux étoiles de même au mouton passant d'argent vers la pointe. Diocese de Paris.

1594.

Cristophe de Brunefay de la Courrouge ; d'argent à la face de gueules, le canton dextre chargé d'un écu bandé d'argent & de gueules. Diocese de Sens.
Jean-François de Vion-Tessencourt ; de gueules à trois aigles d'argent. Diocese de Rouen.

François de Faulcon de Rys ; écartelé au premier & quatriéme de gueules à la pate de de lion d'or mife en bande, furmontée d'un lambel d'argent, & au fecond & troifiéme d'argent au taureau rampant de fable, accollé de gueules, d'où pend un écu de même chargé d'une croix d'or, qui eft de Bucely. Diocefe de Paris, mais d'une Maifon de Languedoc.

Gabriel de Morainvillier d'Orgeville ; d'argent à neuf merlettes de fable, 3. 3. 2 & 1. Diocefe de Chartres.

Louis du Souhic de la Ferriere ; d'argent à trois alerions de gueules écartelez d'or à deux bandes de gueules. Diocefe d'Amiens.

Louis de Balzac d'Antragues ; d'azur à trois fautoirs d'argent au chef d'or chargé de trois fautoirs rangez d'azur. Diocefe de Chartres.

1595.

Dreux Courtin de Rofay ; d'azur à trois croiffans d'or. Diocefe de Paris.

Jean d'Anjorant de Cloye ; d'azur à trois lys fleuris d'argent feuillez de finople.

Claude de Coufin Saint-Denis ; d'azur à trois molettes d'éperon d'or. Diocefe de Séez.

Jean de Fontaine la Neuville ; d'or à trois écuffons de vair, bordez de gueules. Diocefe d'Amiens.

Jacques Rouxel-Medavi ; d'argent à trois cocqs de gueules. Diocefe de Séez.

Louis de Fumée des Roches ; d'azur à deux faces d'or accompagnées de fix befans de même, 3, 2 & 1. Né à Paris, mais d'une Maifon de Touraine.

Maximilien de Dampont ; d'argent à la face de fable foutenant un lion léopardé de même, lampaffé de gueules. Du Vexin François.

Pierre Clauffe de Marchaulmont ; d'azur au chevron d'argent accompagné de trois têtes de léopard d'or, bouclées d'argent. Diocefe de Sens, mais d'une Maifon defcendue du Duché de Cleves.

Sigifmond de Franay d'Anify ; palé d'argent & d'azur. Diocefe de Nevers.

François Seguier la Verriere ; d'azur au chevron d'or furmonté de deux étoiles d'or & un mouton paffant d'argent. Diocefe de Paris.

1596.

Jacques de Harlay ; d'argent à deux pals de fable. Diocefe de Sens.

Jacques de Martinet. Peinabeïaux ; d'azur à trois chevrons d'argent accompagnez de trois Martinets ou hirondelles de même, celles du chef affrontées. Diocefe de Sens.

René de Bouilloney la Boutonniere ; d'azur à neuf croifettes d'argent, 4, 3 & 2. Diocefe de Séez.

Jean du Quesnel-Coupigny ; de gueules à trois quintefeuilles d'hermines. Diocese de Séez.

René Groignet de Vaffé ; d'or à trois faces d'azur. Diocese de Chartres.

1597.

Charles du Crocq de Viermes ; de fable femé de fleurs de lys d'or au fautoir d'argent brochant fur le tout. Diocese de Beauvais.

Charles de la Fontaine - Malgeneftre ; lozangé d'or & de gueules à trois bandes d'azur brochant fur le tout. Diocese de Senlis. Il a été 33 ans Commandeur de Villers - le - Temple, où il eft enterré.

Claude Dauvet des Marefts ; bandé de gueules & d'argent, la premiere bande d'argent chargée d'un lion de fable. Diocese de Sens.

Guillaume de Rambures ; d'or à trois faces de gueules. De Picardie.

Gabriel de la Fontaine - Malgeneftre ; lozangé d'or & de gueules à trois bandes d'azur brochant fur le tout. Diocese de Senlis.

Jean de Bouelles ; de gueules au vol d'or, au pal d'argent brochant fur le tout. Diocese de Noyon.

Nicolas Brettel de Gremonville ; d'or au chevron de gueules chargé vers la cime d'une fleur de lys d'or, accompagné de trois molettes d'éperon d'azur au chef de même, chargé d'un poiffon nommé Bretel, d'argent. Diocese de Rouen.

1598.

Auguftin d'Amours ; d'argent à trois cloux de fable, 2 & 1, furmontez d'un porc-efpic paffant de même. De Paris.

Charles de Clinchamp - Caudecofte ; d'argent à trois fanons de gueules, pendants d'un bâton racourcy de même, mis en face. Diocese de Lizieux.

François de la Tour - Landry - Châteauroux ; d'or à la face crenelée de trois pieces vers le chef de gueules, maçonnée de fable. De Paris.

Jean le Comte de Nonant ; d'azur au chevron d'or, accompagné en pointe de trois befans mal rangez d'or. Diocese de Lizieux.

Claude Mallon de Jupeaux ; d'azur à trois canettes d'argent.

Jean de Midorge ; d'azur au chevron d'or accompagné de trois épics d'orge de même. De Paris.

Michel de Conty-Gaucourt ; d'or au lion de gueules chargé de trois bandes de vair. Diocese d'Amiens.

Noel Brulart de Sillery ; de gueules à la bande d'or chargée d'une traînée de poudre & cinq barillets de fable. De Paris.

Charles-François de Franfure de Villers ; d'argent à la face de gueules chargée de trois befants d'or. De Picardie.

1599.

Henry Gayant de Varaftre ; d'azur au chevron d'or accompagné de deux croiffans de même en chef, & d'un aigle d'argent en pointe surmonté d'une fleur de lys d'or. De Paris.

1600.

Alphonse de Brichanteau-Nangis; d'azur à six besans d'argent, 3, 2 & 1. Diocese de Sens.

Louis Morin de Paroy; d'azur à la bande d'or chargée de trois têtes de Maures de sable, tortillées d'argent. Diocese de Paris.

1601.

Louis de Hamel Bellenglise; de gueules au chef d'or chargé de trois molettes d'éperon de sable. De Picardie.

Jacob de Foyal d'Allonnes; de gueules à quatre chevrons d'argent. Diocese de Sens.

1602.

Antoine du Rouil de Bray; de gueules au chevron d'argent accompagné de trois fers à cheval d'or, les deux du chef soutenus d'une demie face d'hermines mouvante du flanc dextre. Diocese d'Evreux.

Claude de Lancry de Bains; d'or à trois ancres de sable. Diocese de Beauvais.

François de Piedefer-Champlost; échiqueté d'or & d'azur. Diocese de Sens.

Geoffroi de Ligneris; d'or au lion de sable, écartelé de gueules, fretté d'argent. Diocese de Chartres.

Jean de Mondion-Favincourt; d'or à trois faces d'azur au chef de gueules chargé de trois roses d'argent. Diocese de Rouen.

François de Lorraine de Guise, comme ci-devant.

Jean-Florent Schetz de Grobbendoncq; d'argent au corbeau de sable. Diocese de Malines.

Jean Cabero de Spinosa; de gueules à deux cloches sans battans d'argent, mises à côté l'une de l'autre à la bordure d'or, dans laquelle sont écrits ces mots, *Campanas de Aumes non sonaren la meis*, de sable. Né à Bruxelles, mais d'une maison d'Espagne.

Jean de Monceaux la Houssaye; échiqueté d'or & de gueules. Diocese de Beauvais.

Louis de Perrin du Bus; de gueules à la bande d'or chargée de trois lions de sable. Diocese de Beauvais.

Nicolas de Paris-Boissy; d'azur à la face d'or accompagnée de trois roses rangées en chef, & d'une tour en pointe, le tout d'or. Diocese de Meaux.

Philippes de Milly du Plesier; de sable au chef d'argent. Diocese d'Amiens.

1603.

Charles de Nossey-Boucey; d'argent à trois faces de sable accompagnées de dix merlettes de même, 4, 3, 2 & 1. De Normandie.

François de de Roguée de Ville; d'argent à la face de gueules. Diocese de Noyon.

Gilles le Myre d'Angerville ; de gueules au chevron d'argent, accompagné de trois coquilles d'or. Diocese de Lizieux.
Jean de Varroc-Jambedelou ; de gueules a six rocs d'échiquier d'argent, 3, 2 & 1. Diocese de Coutance.
Jean de la Riviere - Dampbernard ; de sable à la bande d'argent. Diocese d'Auxerre.
Joseph de Courtenay du Chesné ; écartelé au premier & quatriéme d'azur à trois fleurs de lys d'or, au second & troisiéme d'or à trois tourteaux de gueules, le tout accompagné d'une bordure engrelée de gueules. Diocese d'Auxerre.
Louis de la Riviere d'Ampbernard ; de sable à la bande d'argent.
Nicolas de la Gandille d'Oudeauville ; d'argent au sautoir de gueules chargé de cinq besans d'or, surmonté d'une molette d'éperon de sable. De Normandie.
Pierre de Caruel de Merey ; d'argent à trois merlettes de sable. Diocese d'Evreux.
Savinien de la Guarigue-Miromont ; de gueules à trois têtes de lion d'or. Né dans le Diocese de Sens, mais d'une Maison de l'Evêché d'Auch.
Philippes de Guissencourt ; d'argent à la bande de sable accompagnée de trois merlettes de même, deux en chef & une en pointe. Diocese de Rouen.

1604.

Anne de Campremy du Breuil ; d'argent à la bande de gueules accompagnée de six merlettes de sable. De Brie.
Charles Brehier d'Arqueville ; d'or à trois merlettes de sable. Diocese de Rouen.
Claude de la Rouere-Chamoy ; d'argent à la croix ancrée de sable, chargée en cœur d'une lozange d'argent. Diocese de Troyes.
François de la Rouere-Chamoy, frere du précedent.
François Allegrain de Dian ; parti de gueules & d'argent à la croix ancrée de l'un en l'autre. De Paris, descendu de la Maison de Cayeu.
Gabriel du Roux de Tachy ; d'azur à trois têtes de leopard d'or. Diocese de Sens.
Jacques Hennequin de Cury ; vairé d'or & d'azur au chef de gueules chargé d'un lion léopardé d'argent. De Paris.
Jean de Lancry de Prompleroy ; d'or à trois ancres de sable. Diocese de Beauvais.
Jean de Gaillarbois-Marconville ; d'argent à six annelets de sable. Diocese de Rouen.
Jacques de Clermont de Thury ; de gueules à deux clefs adossées & mises en sautoir d'argent. Diocese d'Orleans.
Jean de Callonne-Courtebonne ; d'argent à l'aigle de sable membré & becqué de gueules. Diocese de Boulogne.
Louis Olivier de Leuville ; d'azur à six besans d'or, 3, 2 & 1, au chef d'argent chargé d'un lion naissant de sable. De Paris.

Maximilien

DE LA LANGUE DE FRANCE.

Maximilien de Foſſez ; une croix anîlée de gueules, cantonnée au premier & quatriéme d'azur au château d'argent, & au ſecond & troiſiéme d'hermines. Dioceſe de Chartres.

Philippes de Lonvilliers-Poincy ; de gueules à l'aigle d'argent écartelé d'or à la croix rencrée de gueules, & ſur le tout d'argent à trois faces de gueules. Il a été Commandeur du membre de la Madelene Saint-Thomas, près Joigny, en 1619, Chef d'eſcadre des vaiſſeaux du Roi en Bretagne en 1622, Bailly & Commandeur d'Oiſemont en 1624, Commandeur de Coulours en 1640, Grand-Croix de l'Ordre, & Gouverneur & Lieutenant Général pour le Roi dans toutes les iſles de l'Amerique, terres & confins en dépendans en 1651.

1605.

Antoine des Foſſés-Colliolles ; de ſinople à deux lions adoſſez d'argent, armez & lampaſſez d'or paſſez en ſautoir, leurs queues paſſées en double ſautoir. De l'Iſle de France.

François d'Haplaincourt ; d'azur à la croix d'argent chargée de cinq coquilles de gueules. Dioceſe de Laon.

Henry du Chaſtelet-Moyencourt ; de gueules à la face d'argent accompagnée de trois tours d'or. Dioceſe d'Amiens.

Henry de Lancry de Bains, d'or à 3 ancres de ſable. Dioceſe de Beauvais.

Adrien de Sarcus de Frichamps ; de gueules au ſautoir d'argent cantonné de quatre merlettes de même. De Picardie.

Jean du Cautel-Dampcourt ; d'argent à trois fuſées de gueules miſes en bande. Dioceſe d'Amiens.

Jacques de Chenu du Belloy ; d'hermines au chef lozangé de gueules & d'or.

Jacques de Souvré ; d'azur à cinq bandes d'or. Né à Paris, mais d'une Maiſon de Touraine.

Jean de Franconville ; d'hermines au chef dentellé de gueules. Dioceſe de Beauvais.

Louis d'Eſtampes la Ferté-Imbault ; d'azur à deux girons d'or, poſez en chevron au chef d'argent chargé de trois couronnes de gueules. Dioceſe d'Auxerre.

1606.

Criſtophe de Havart-Senantes ; de gueules à la bande d'or frettée de ſable, accompagnée de ſix coquilles d'argent miſes en orles. Dioceſe de Chartres.

François Hennequin de Cury ; vairé d'or & d'azur au chef de gueules chargé d'un lion léopardé d'argent. De Paris.

Alexandre de Vendôme, fils naturel du Roi Henri IV. d'azur à trois fleurs de lys d'or au bâton de gueules peri en barre : a été Grand Prieur de France, & Général des galeres de Malte.

Guillaume Mallon de Morieu ; d'azur à trois canettes d'argent. De Paris, mais d'une Maiſon du Vendômois.

Tome IV. M*

Claude de Miraulmont; d'argent à trois tourteaux de gueules. Né à Paris, mais d'une Maison de Picardie.

Nicolas de Foulongne du Londel; d'azur à trois faces d'or à la bande de gueules brochant sur le tout, chargées de trois coquilles d'argent. Diocèse de Séez.

1607.

Gilbert de Vieilbourg; d'azur à la face d'argent chargée à dextre d'un T de sable, & à senextre d'une étoile de même. Diocèse d'Auxerre.

Alexandre de Grimonval - Faverolles; d'argent à trois faces de gueules, la premiere du chef chargée de trois merlettes d'argent. Diocèse de Soissons.

Edouard de Tumery - Boissize; d'or à la croix de gueules accompagnée de quatre boutons de roses au naturel. De Paris.

Claude de Saint-Phalle de Neuilly; d'or à la croix ancrée de sinople. Diocèse de Sens.

François de Rochechouart de Jars; de gueules à trois faces ondées & entées d'argent. Diocèse de Beauvais, mais d'une Maison de Poitou.

François de Rupierre - Suruye; d'azur à trois pals d'or. De Normandie.

Joseph de Montigny; échiqueté d'argent & d'azur à la bande engrelée de gueules brochant sur le tout. Diocèse de Sens.

Jean de Véelu-Baby; de sinople à alerions d'or. Diocèse de Sens.

Gilles de Bernart de Courmênil; d'argent au chevron de sable accompagné de trois tresles de sinople, deux en chef & un en pointe : a été Commandeur des Commanderies de Sours & Arnille, & de Sainte - Vaubourg sur Seine; Capitaine de la galere Saint Paul en 1633, Receveur de l'Ordre au grand Prieuré de France. De Normandie.

Martin le Mestayer de la Haye le Comte; d'azur à trois aigles d'argent. De Normandie.

Nicolas du Puy Saint-Germain; d'or à la bande de sable chargée de trois roses d'argent au chef d'azur chargé de trois étoiles d'or. De Paris.

Philibert de Boufflers; d'argent à trois molettes d'éperon de gueules, accompagnées de neuf croix recroisettées de même, 3, 3, 2 & 1. Diocèse de Beauvais.

Pierre de Chamissot d'Andevannes; d'argent à cinq tresles mis en sautoir de sable, & au-dessous deux mains affrontées & renversées de même. Diocèse de Rheims.

Philippes de Meaux-Rocourt; d'argent à cinq couronnes d'épine de sable, 2, 2 & 1. Diocèse de Senlis.

Scipion de Grailly; d'argent à trois tourteaux de gueules. Diocèse de Sens.

1608.

Henry d'Estampes-Vallançay; d'azur à deux girons d'or posez en chevron au chef d'argent chargé de trois couronnes de gueules. Né en Picardie.

Antoine de Beauclerc - Fremigny ; de gueules au chevron d'or accompagné de deux têtes de loup en chef , & d'un loup passant de même. Diocese de Sens.

Charles de Lorraine .... Comte de Brie, bâtard du Duc de Bar.

Charles le Cat de Bazancourt; d'argent à trois tourteaux de sable.

François de Courseulle-Rouvray ; écartelé d'argent & d'azur. Diocese de Chartres.

François de Blecourt - Betthancourt ; de gueules au lion d'argent. Diocese de Noyon.

Jacques Sanguin de Livry ; d'azur à la bande d'argent accompagnée de trois glands d'or en chef, & de deux pates de griffon de même en pointe, avec trois demies roses d'argent bordant l'écu. De Paris.

Philibert - Tristan de Maignelay ; de gueules à la bande d'or. De Paris.

Philippes de Cauchon-Trelon ; de gueules au griffon d'or. Diocese de Rheims.

1609.

Jean de la Barre-Gerigny ; d'azur à trois glands feuillez & renversez d'or, ceux du chef affrontez. Diocese d'Auxerre.

Jean Costart de la Motte ; d'argent au lion de sable surmonté d'une étoile de gueules vers le canton senextre. Diocese de Bayeux.

1610.

Jean de Vieuxpont-Fatouville ; d'argent à dix annelets de gueules, 3. 3. 3 & 1. Diocese de Seez.

Cesar de Lanharé de Maison-rouge ; d'argent à deux bandes de sable. Diocese de Troyes.

Ferdinand de Neuville d'Alincourt ; d'azur au chevron d'or accompagné de trois croix ancrées de même. De Paris.

Alexandre-François d'Elbene ; d'azur à deux bâtons fleurdelysez, enracinez & passez en sautoir d'argent. De Paris, mais d'une Maison de Florence.

Barthelemy Ferer de Montlaurents, facé d'argent & de sable. Diocese de Rheims.

Jacques Davy de la Pommeraye ; reçû le 29 Octobre : d'azur au chevron d'or accompagné de trois harpes de même, celles du chef affrontées. Diocese de Coutances.

Jean des Acres de l'Aigle ; reçû le 14 Novembre : d'argent à trois aigles de sable. Diocese d'Evreux.

Pierre des Guets la Potiniere ; reçû le 24 Novembre : d'argent au chevron de gueules chargé de cinq besans d'argent, l'écu brisé d'une molette d'éperon de sable vers le canton dextre. Diocèse de Chartres.

Georges de Lannoy de Serens ; reçû le 24 Novembre : échiqueté d'or & d'azur. Du Vexin.

Pierre de Midorge ; reçû le 29 Novembre : d'azur au chevron d'or accompagné de trois épics d'orges de même. De Paris.

François Thibouſt du Grez ; reçû le 29 Novembre : d'argent à deux quintefeuilles en chef, & une fleur de lys en pointe, le tout de gueules. Diocèse de Seez.

Charles de Feuqueroles.Cantelou ; reçû le 29 Novembre : d'or à la branche de fougere de sinople mise en pal au chef de sable. Diocèse de Rouen.

Claude de Namur ; d'or au lion de sable armé, lampassé & couronné de gueules. De Flandres.

1611.

Michel de Biencourt-Poutrincourt ; de sable au lion d'argent armé, lampassé & couronné d'or. Diocèse d'Amiens.

Joachim de Challemaison ; d'argent à la face d'azur chargée d'une rose d'or côtoyée de deux étoiles de même. Diocèse de Sens.

Antoine de Roucy de Manre ; reçû le 6 Avril : de gueules au choux effeuillé d'or mis en forme de crequier. Diocèse de Rheims.

René de Joigny - Bellebrunne ; reçû le 23 Août : de gueules à l'aigle d'argent écartelé d'argent à trois aigles de gueules becquez & membrez d'azur. Bailliage de Chaumont.

Adrien de Contremoulins ; reçû le 23 Août : de gueules au lion d'argent accompagné de trois roses d'or. De Normandie.

Jean de Tumery la Cambe ; reçû le 21 Octobre : d'or à la croix de gueules accompagnée de quatre boutons de roses au naturel. De Normandie.

Lancelot de Moutiers - Boisroger ; reçû le 21 Octobre : d'or à trois chevrons de gueules. Diocèse d'Evreux.

Leonord de Boulainvilliers d'Ampval ; reçû le 21 Octobre : d'argent à trois faces de gueules. Diocèse de Rouen.

1612.

Jean Lescot de Lisſy ; reçû le 30 Mai : de sable à une tête & col de cerf d'argent ramé d'or, écartelé d'azur à trois rocs d'échiquier d'or à la bordure de gueules. De Paris.

Alphonse de Miremont - Berrieux ; reçû le 30 Mai : d'azur au pal d'argent fretté de sable de douze pieces, côtoyé de deux fers de lance d'argent emmanchez d'or. Diocèse de Laon.

Jacques de Gaune-Conigy ; reçû le 30 Mai : d'argent à la bande de gueules chargée de trois coquilles d'or. Diocèse de Soiſſons.

René d'Angennes la Louppe ; reçû le 30 Mai : de sable au sautoir d'argent brisé d'une coquille de gueules. Diocèse de Chartres.

Jacques de Carel-Mercey ; reçû le 30 Mai : d'hermines à trois carreaux d'azur. Diocèse d'Evreux.

Louis de Limoges-Reneville ; le 30 Mai : d'argent à six tourteaux de gueules. Diocese de Rouen.

Louis de Baudry-Piancourt ; le 30 Mai : de sable à 3 mains droites apaumées d'or. Diocese de Lisieux.

Louis de Cugnac d'Ismonville ; le 30 Mai : parti, coupé, taillé, trenché d'argent & de gueules. Diocese d'Orleans.

Geoffroy Luillier d'Orgeval ; le 30 Mai : d'azur à trois coquilles d'or, brisé d'un lion de même en cœur. Diocese de Paris.

Charles Maskarel Boisgeoffroy ; le 30 de Mai : d'argent à la face d'azur diaprée d'or de trois pieces, celle du milieu enfermant un aigle à deux têtes d'or, & les deux autres chacune un lion de même, affrontée, le tout accompagné de trois roses de gueules. Diocese de Rouen.

Cesar d'Oraison ; le 30 Mai : d'azur à trois chaînes d'or mises en bande à la bordure semée de France, qui est de Cadenet, écartelé de gueules à la face d'or, qui est d'Oraison, & sur le tout d'azur à trois faces ondées d'argent, qui est d'Aquet. Diocese de Lisieux, mais d'une Maison de Provence.

Louis de Bernard-Champigny ; le 30 Mai : écartelé de sable & d'argent à 4 rocs d'échiquier de l'un en l'autre, à l'écu sur le tout d'azur, à la fleur de lys d'or. Diocese de Sens.

Pierre de Limoges-Saint-Just ; le 30 Mai : d'argent à six tourteaux de gueules, 3. 2. & 1. De Normandie.

Louis de Meaux-la-Ramée ; le 27 Juillet : d'argent à 5 couronnes d'épine de sable, 2. 2. & 1. Diocese de Meaux.

Claude de Faulcon de Frainville ; le 10 Septembre : de gueules à la pate de lion mise en bande, surmontée d'un lambel d'argent, écartelé d'argent au aureau rampant de sable, accolé de gueules, d'où pend un écu de même, chargé d'une croix d'or, à la bordure dentelée de sable, qui est de Bucely. De Paris.

Jacques de Goullard d'Invillier ; le 8 Octobre : d'azur à une main dextre apaumée d'argent. Diocese d'Orleans.

Robert Violle de Soulerre ; le 12 Novembre : d'or à trois chevrons de sable, la pointe tranchée & taillée. Diocese de Chartres.

Pierre d'Escoubleau de Sourdis ; le 12 Novembre : parti d'azur & de gueules, à la bande d'or brochant sur le tout. Diocese de Sens.

Cesar de Saint Peryer-Maupertuis : écartelé d'argent & d'azur à la cottice de gueules brochant sur le tout, brisé d'une bordure de gueules. De Picardie.

1613.

Pierre de Haurech de Prelle de Vallenciennes ; le 22 Janvier : gironné de gueules & d'or, le gueules semé de croisettes au pied fiché d'or à la bordure de gueules, chargée de huit croix potencées d'argent. De Valencienne.

Gilbert d'Elbene ; le premier Mai : d'azur à deux bâtons fleurdelisez, enracinez & passez en sautoir d'argent. De Paris.

Jacques de la Riviere-Sainte Genevieve ; le 14 Mai : d'argent à la bande d'azur, chargée de trois boucles d'or, accompagnée de sept merlettes de sable, 4. en chef, & 3. en pointe, au franc canton de gueules, brochant sur le tout. De Picardie.

Jacques d'Oullé de Neuville ; le 16 Mai : d'azur au chevron d'or, & trois ognons de lys de même. Diocese de Rouen.

Philippes de Hennin-Lietard ; le 23 Juillet : de gueules à la barre d'or. Diocese de Cambrai.

Charles Duval de Couppeauville ; le 23 Juillet : d'azur au bâton écoté & mis en bande d'or, accompagné vers le chef d'un pot de fleurs, & en pointe d'un lion, le tout d'or écartelé d'argent à la face de gueules, accompagnée de trois rocs d'échiquier de sable. Diocese de Rouen.

Jacques de Bulleux de Cresmenil ; le 23 Juillet : d'azur au chef d'or. Du pays d'Artois.

Louis de Montecler de Charné ; le 12 Août : de gueules au lion couronné d'or. Diocese de Sées.

Louis Violle d'Atis : d'or à trois chevrons de sable dont la cime est tranchée & taillée. Diocese de Paris.

Antoine de Mailly ; le 19 Août : d'or à trois maillets de sinople à l'écu en cœur, parti d'or & d'azur, à la croix ancrée de gueules, brochant sur les deux. Diocese de Beauvais.

Charles de Guiry de Roncieres ; le 20 Decembre : d'argent à trois quintefeuilles de sable. Diocese de Rouen.

1614.

Adrien de Gentils de Puygollet ; le 24 Mars : d'azur au chevron d'or, accompagné de trois roues de Sainte Catherine de même, & une épée d'argent mise en pal, brochant sur le tout. Diocese de Sens.

Antoine de Conflans-Saint-Remy : d'azur semé de billettes d'or, au lion de même. Diocese de Soissons.

François de Brocq-Cinqmars ; le 3 Mai : de sable à six fusées d'argent mises en bande. Diocese de Chartres, mais d'une Maison de Touraine.

Nicolas de Saint Blimon d'Ordré : d'or au sautoir dentellé de sable. Diocese d'Amiens.

Maurice Droullin de Chanteloup ; le 10 Juillet : d'argent au chevron de gueules, accompagné de trois quintefeuilles de sinople. Diocese de Sées.

Guillaume de Neuville-Boisguillaume ; le 21 Novembre : d'hermine fretté de gueules. Diocese de Sées.

1615.

Philippes de Billy-Montguinard ; le 18 Mars : vairé d'or & d'azur à trois faces de gueules sur le tout. Diocese d'Orleans.

François de Brouillard-Coursan ; le 30 Mai : d'argent à 2 leopards de gueules. Diocese de Sens.

Gallien de Croixmare-Saint-Juſt ; le 3 Mai : d'azur au leopard d'or ſurmonté d'une croiſette de même au canton dextre d'argent. Dioceſe de Rouen.

Louis Duglas d'Arancy ; le 10 Septembre : d'azur au Château de trois tours d'argent. Dioceſe de Laon.

Philippes de Roncherolles : d'argent à deux faces de gueules, écartelé d'argent, à la croix de gueules, chargée de cinq coquilles d'or, qui eſt de Hangeſt, & ſur le tout d'or au lion de ſable. De Normandie.

1616.

Jean du Vauborel de Lapantis ; d'azur à la tour d'argent. Dioceſe d'Avranche.

Charles Romé de Vernouillet ; le 23 Decembre : d'azur au chevron d'or, accompagné de deux étoiles en chef, & d'une bellette paſſante en pointe, le tout d'or. Dioceſe de Rouen.

Louis d'Ouchy de Sacy ; le 23 Decembre : d'argent au chevron d'azur, accompagné de 3 tourteaux de gueules. Dioceſe de Sées.

1617.

Antoine du Sart de Thury : de gueules à la bande vivrée d'argent. Du pays de Valois.

Chriſtofle de Garges de la Villeneuve ; le 28 Août : d'or au lion de gueules. Dioceſe de Soiſſons.

1618.

Gilles de Choyſeul du Pleſſis-Praſlain ; le 19 Fevrier : d'azur à la croix d'or, accompagnée de 18 bellettes de même, 5. 5. 4. & 4. écartelé de gueules au lion d'argent, armé, lampaſſé & couronné d'or, qui eſt d'Aigremont, & ſur-tout d'or à trois faces de ſable, qui eſt du Pleſſis. De Paris.

Jean-Baptiſte de Maes de Bodeghen ; le 10 Mars : de ſable à deux fleurs de neſflier d'argent au franc canton d'or, chargé de deux fuſils appuyez l'un ſur l'autre de gueules. Dioceſe de Malines.

René de Longueval-Maniquan ; le 13 Avril : bandé de gueules & de vair. De Picardie.

Louis de Havart-Senantes : de gueules à la bande d'or, frettée de ſable, accompagnée de ſix coquilles d'argent miſes en orle. Dioceſe de Chartres.

1619.

Charles Cauchon d'Avize ; le 10 Janvier : de gueules au griffon d'or. Dioceſe de Reims.

Louis de Grailly ; le 11 Janvier : d'argent à 3 tourteaux de gueules. Dioceſe de Sens.

Gabriel d'Auvet des Maretzs ; le 14 Mai : écartelé au premier parti à dextre, échiqueté d'or & d'azur, au chef de même, chargé de trois fleurs de lys d'or, qui eſt de Vermandois ; à ſenextre, le ſable à la croix d'argent, chargée de cinq coquilles de gueules, qui eſt de Rouvray ; au 2. d'or, au chevron de gueules, chargé vers le chef d'une fleur de lys d'argent, accompagné de 3 aiglettes d'azur, qui est de la Trimouille ; au 3. de Montmorency ; au 4. d'azur semé de croisettes d'argent, au lion de même ; & sur le tout de Dauvet, comme dessus. Diocese de Sens.

Charles de Boufflers ; le 19 Mai : d'argent à trois molettes d'éperon de gueules, accompagnées de neuf croix recroisettées de même, 3. 3. 2. & 1. Diocese de Beauvais.

Jean de Limoges : comme dessus. De Normandie.

Olivier de Brunefay Quincy : d'argent à la face de gueules, le canton dextre chargé d'un écu bandé d'argent & de gueules. Diocese de Sens.

François Brulart de Genlis : de gueules à la bande d'or, chargée d'une traînée, & de 5 barillets de poudre de sable. De Picardie.

Gabriel de Monluc-Balagny, dont les preuves ne se trouvent point, aparoît avoir été reçu le 28 Septembre : écartelé au 1. d'azur, au loup d'or ; au 2. & 3. d'or au tourteau de gueules, & au 4. d'or à la louve rampante d'azur.

1620.

Oudart de Saint Blimon ; le dernier Mars : d'or au sautoir dentellé de sable. Diocese d'Amiens.

Charles de Sabrevois des Mousseaux ; le 17 Juillet : d'argent à la face de gueules, accompagnée de six roses de même. Diocese de Chartres.

François de la Grange-Billemont : le 17 Juillet : lozangé d'or & de sable, au franc canton d'argent, chargé de 9 croissans de gueules, celui du milieu soutenant une étoile de même. Diocese d'Amiens.

Charles de Verdelot de Villiers-Saint-Georges ; le 17 Juillet : d'or à la croix de sable.

Gaspard de Gaudechart du Fayel de Bachevillier : d'argent à l'orle de neuf merlettes de gueules. Diocese de Beauvais.

Louis de Carvoisin d'Achy ; le 10 Août : d'or à la bande de gueules, au chef d'azur. Diocese de Beauvais.

Henri du Teil-Samoy ; le 8 Decembre : d'azur à cinq chevrons d'or, écartelé de gueules à la croix patée d'or. De Basse-Normandie.

Anne de Valliquerville : emmenché d'argent & de gueules de dix pieces. De Normandie.

Robert de Monthiers-Boisroger : d'or à trois chevrons de gueules. Diocese d'Evreux.

Guillaume de Cullan-la-Brosse : d'argent semé de tourteaux de sable, au sautoir engrêlé de gueules, brochant sur le tout. De Brie.

1621.

Philippes de Mornay-Villarceaux : burelé d'or & de gueules, au lion de sable brochant sur le tout. Diocese de Rouen.

Henri de Croixmare-Saint-Just ; le 7 Mai : d'azur au leopard d'or, surmonté d'une croisette de même, au canton dextre. Diocese de Rouen. Adrien

Adrien de Vignacourt ; le 21 Juillet : d'argent à trois fleurs de lys au pied coupé de gueules. De Picardie.

Leon-François de Neuville-Villeroy : d'azur au chevron d'or, accompagné de trois croix ancrées de même.

Jacques de Ricarville-la-Vallouyne ; le 10 Août : d'argent à la bande dentellée de sable, accompagnée de 6 annelets de gueules. Diocese de Rouen.

Jean Bafan de Flamanville ; le 14 Août : d'azur à quatre faces d'argent, surmontées d'un lion leopardé de même. De Basse - Normandie.

Nicolas de Cullan de Saint Ouen ; le 14 Août : d'argent semé de tourteaux de sable, au sautoir engrêlé de gueules, brochant sur le tout. De Brie.

Jean de Nollent-Coullarville ; le 14 Août : d'argent à la fleur de lys de gueules mise en cœur, accompagnée de trois roses de même. De Normandie.

Dominique de Longueüil de Maisons : d'azur à trois roses d'argent, au chef d'or chargé de trois roses de gueules. Diocese de Paris.

1622.

Gabriel de Monceaux d'Hanvoilles ; le 21 Fevrier : échiqueté d'or & de gueules, à l'écu de gueules, au lion d'or. Diocese de Beauvais.

François Pellevé du Saulçay : de gueule à la tête d'homme, en profil d'argent, au poil levé d'or. Diocese de Rouen.

Louis de Pestivien de Cuvillier ; vairé d'argent & de sable. Diocese de Soissons.

Charles Huault de Montmagny ; le 3 Août : d'or à la face d'azur, chargée de trois mollettes d'éperon d'or, accompagnée de trois coquerelles ou bouquets de noisettes de gueules. De Paris.

François d'Auvet de Rieux ; le 8 Août : bandé de gueules & d'argent ; la premiere bande d'argent, brisée d'un lion de sable. Diocese de Sens.

Jacques de Tilly ; le 19 Octobre : d'or à la fleur de lys de gueules, écartelé de gueules, à l'aigle d'argent. De Normandie.

Charles de Gourmont de Gié ; le 19 Octobre : d'argent au croissant de sable, au chef de gueules, chargé de trois roses d'or. Diocese de Coutance.

Louis de Saint Peryer-Maupertuis : écartelé d'argent & d'azur, à la cotice de gueules, brochant sur le tout, & la bordure de même. De Picardie.

1623.

Jacques de Vaussé de Laulnay ; le 23 Janvier : de gueules à une épée d'argent, mise en pal, la pointe en haut, cotoyée de deux fleurs de lys de même, au chef d'or, chargé de trois annelets d'azur.

André du Fay de la Mesengere ; le 23 Janvier : de gueules à la croix d'argent, cantonnée de 4 molettes d'éperon de même. Diocese de Rouen.

Pierre-Lazare de Selve de Cromieres ; le 2 Août : d'azur à deux faces ondées d'argent. Diocese d'Orleans.

François Seigneuret de la Borde ; le 2 Août : d'or à la face vivrée d'azur, accompagnée de trois aigles de fable.

Gilles de Gruel de la Frette : d'argent à trois faces de fable. De Normandie.

Christophe Perrot de la Malmaison ; le 15 Septembre : d'azur à deux croissans l'un sur l'autre, adossez d'or, au chef d'argent, chargé de trois aigles à deux têtes de fable. De Paris.

François de Guilbert-Coullonce ; le 15 Septembre : de gueules à trois bandes d'argent. Diocese de Bayeux.

Pierre de Gourmont de Courcy ; le 17 Septembre : d'argent au croissant de fable, au chef de gueules, chargé de trois roses d'or. Diocese de Coutances.

Jacques de Sainte Marie d'Esquilly : d'argent à deux faces d'azur, & six merlettes de gueules, 3. 2. & 1. Diocese de Coutances.

1624.

Nicolas de Courcy-Magny ; le 9 Janvier : d'azur fretté d'or. De Normandie.

Antoine le Fort de Bonnebosc ; le 4 Mars : de gueules au chevron d'or, accompagné de trois croissans d'argent. Diocese de Rouen.

Hélie du Tillet ; le 6 Septembre : d'azur au chevron d'or, accompagné de trois étoiles de même ; écartelé d'or à trois chabots de gueules sur le tout d'argent, à la croix patée & racourcie d'azur, qui est du Tillet. Diocese de Paris.

Louis de Megrigny ; le 6 Septembre : d'argent au lion de fable, parti de gueules à la bande d'argent, foutenant un épervier d'or. De Paris.

Pierre de Boubers-Vaugenlieu : d'or à la croix de fable, chargée de cinq coquilles d'argent. Diocese de Beauvais.

Jacques de Coullon du Pray ; le 6 Septembre : échiqueté d'argent & d'azur. Diocese de Chartres.

Pierre de Cullan ; le 6 Septembre : d'argent, femé de tourteaux de fable, au fautoir engrêlé de gueules, brochant fur le tout. De Brye.

François Piedefer de Guiencourt : échiqueté d'or & d'azur. De Paris.

1625.

Etienne de Nollent de Bonbanville ; le 9 Janvier : de finople au chef de gueules, à l'aigle d'argent, brochant fur le tout, béqué & membré d'or. Diocese de Lizieux.

Guillaume-Simon de Parfouru ; le 9 Janvier : d'azur au croissant d'argent mis en cœur, accompagné de trois fleurs de lys d'or. Diocese de Coutances.

Louis de Stut de Tracy ; le 27 Fevrier : d'or à trois pals de fable, écartelé d'or, au cœur de gueules. Diocefe de Sens.
Louis Arbalefte de Melun ; le 2 Avril : d'or au fautoir dentellé de fable, accompagné de 4 arbalêtes de gueules. Diocefe de Sens.
Damien Martel du Parc ; le 4 Juin : d'or à trois marteaux de fable. Diocefe d'Evreux.
François du Manfel-Saint-Liger ; d'argent à la croix de gueules, chargée de cinq coquilles d'argent, écartelé de finople à trois molettes d'éperon d'or. Diocefe de Chartres.
Louis de Lorraine de Guife ; le 3 Octobre : reçu fans preuves, comme les autres Princes de cette Maifon, comme deffus.
François-Ignace de Tardieu de Melleville : d'azur au chevron d'or, accompagné de deux croiffans en chef, & d'une croix patée en pointe, le tout d'argent au chef de gueules, chargé d'une étoile d'or. De Paris.
Jacques de la Motte-Houdancourt ; le 17 Novembre : d'azur à la tour d'argent, écartelé d'argent, au levrier rampant de gueules, accollé d'or, accompagné de trois tourteaux de gueules, furmonté d'un lambel de même. Diocefe de Beauvais.

1626.

Jacques de Seran d'Audrieu ; le 9 Janvier : d'azur à trois croiffans d'or. Diocefe de Sées.
François le Sens de Folleville ; le 9 Janvier : de gueules au chevron d'or, accompagné de 3 encenfoirs d'argent. Diocefe d'Evreux.
Guillaume du Fay de la Mefengere ; le 9 Janvier : de gueules à la croix d'argent, cantonnée de quatre molettes d'éperon de même. Diocefe de Rouen.
Maurice Droullin de Chanteloup ; le 21 Avril : d'argent au chevron de gueules, accompagné de 3 quintefeuilles de finople. Diocefe de Sées.
Ariftarque-Louis de Tardieu de Melleville ; d'azur au chevron d'or, accompagné de 2 croiffans en chef, & d'une croix patée en pointe, le tout d'argent, au chef de gueules, chargé d'une étoile d'or.
Louis de Saint Simon ; le 24 Mars : écartelé au 1. & 4. parti de Vermandois, qui eft échiqueté d'or & d'azur, au chef de France, & de Rouvroi, qui eft de fable, à la croix d'argent chargée de 5 coquilles de gueules ; au 2. & 3. d'or à la face de gueules, & fur le tout lozangé de gueules & d'argent, au chef d'or. De Picardie.
Jacques de Carnin de Goumecourt ; le 20 Mai : de gueules à trois têtes de léopard d'or. De Flandres.
Jean du Fresnoy ; le 14 Août : d'or au fautoir de fable. De Picardie.
Louis de Longueil-Sevre ; le 23 Decembre : d'azur à trois rofes d'argent, au chef d'or, chargé de trois rofes de gueules. De Paris.
Louis de Boubers de Vaugenlieu ; le 23 Decembre : d'or à la croix de fable, chargée de 5 coquilles d'argent. Diocefe de Beauvais.

1627.

Jacques du Four de Longuerue ; le 21 Janvier : d'azur à trois croiſſans d'or, & une étoile de même en cœur. Dioceſe de Rouen.

André de Saveuſe de Bouquinville ; le 14 Avril : de gueules à la
bande d'or, accompagnée de ſix billettes de même. De Picardie.

François Martel de Chambines ; le 9 Août : d'or à trois marteaux
de gueules. Dioceſe d'Evreux.

André de Bellemare-Duranville ; le 9 Août : de gueules, à la face
d'argent, accompagnée de 3 carpes de même, poſées en face.
Dioceſe de Liſieux.

François de Bonvouſt d'Aulnay ; le 17 Decembre : d'argent à deux
faces d'azur, accompagnées de ſix merlettes de ſable, 3. 2 & 1.
Dioceſe de Sées.

1628.

Claude de Bethizy de Maiſyer ; le 7 Juin : d'azur fretté d'or. De
Picardie.

Jacques de Grainville d'Eſtanville ; le 26 Juillet : d'azur à la face
d'argent, accompagnée de ſix merlettes d'or. Dioceſe de Rouen.

Philippes-Bernard de Champigny ; le 14 Decembre : écartelé de
ſable & d'argent à 4 rocs d'échiquier de l'un en l'autre, ſur le
tout d'azur à la fleur de lys d'or. Dioceſe de Sens.

1629.

René Luillier d'Orville ; le 8 Janvier : d'azur à trois coquilles d'or,
& un lion de même en cœur. De Brie.

Jean de Roncherolles de Maineville : d'argent à 2 faces de gueules,
écartelé d'argent à la croix de gueules, chargée de cinq coquilles
d'or, qui eſt de Hangeſt, & ſur le tout de Chaſtillon ſur Marne.
De Normandie.

Charles de Machault ; le 2 Avril : d'argent à trois têtes de corbeau,
arrachées de ſable. De Paris.

Henri de la Grange d'Arquian ; le 24 Juillet : d'azur à trois ran-
chers d'or, qui eſt de la Grange-Montigny à un écu ſur le tout
de ſable à trois têtes de loup d'or, qui eſt d'Arquian. Dioceſe de
Boulogne.

Antoine le Tonnelier de Breteuil : d'azur à l'épervier à vol éployé,
grilleté & longé d'or. De Paris.

Henri de la Salle ; le premier Octobre : d'azur à deux éperons d'or,
poſez en face l'un ſur l'autre, celui de la pointe contourné le deſ-
ſous de gueules, lié en cœur d'un ruban de même. Dioceſe de
Paris.

Charles Pot de Roddes : d'or à la face d'azur, ſurmontée d'un lambel de gueules. Dioceſe de Paris.

1630.

Charles de Bonneval ; le 3 Janvier : d'argent à la face d'azur, chargée de deux coquilles d'or, accompagnées de 3 roſes de gueules

en chef, & d'une merlette de sable en pointe. De Gastinois.

Nicolas de Chevestre de Cyntray ; le 3 Janvier : d'azur à trois chevestres ou hibous d'or, & une molette d'éperon de même en chef. Diocese d'Evreux.

Anne Lestendart de Bully ; le 3 Janvier : d'argent au lion de sable, armé & lampassé de gueules, chargé à l'épaule d'un écu facé d'argent & de gueules de huit pieces. De Normandie.

Jacques de Fleurigny-la-Forest ; le 3 Janvier : écartelé au premier & quatriéme de sable à trois roses d'argent, au pal de gueules brochant sur celle de la pointe, qui est le Clerc : au second & troisiéme de sinople, au chef d'or, au lion de gueules brochant sur le tout, qui est de Fleurigny. Diocese de Sens.

François de Vaudetart-Persan : facé d'azur & d'argent. De Paris.

Jacques de Guedon de la Rouere : d'argent à la croix ancrée de sable, chargée en cœur d'une lozange d'argent, qui est de la Rouere : écartelé d'or à la bande d'azur, chargée de trois étoiles d'argent, qui est de Guedon. Diocese de Soissons.

Alexandre Huault de Bussy : d'or à la face d'azur, chargée de trois molettes d'éperon d'or, accompagnée de trois coquerelles ou ou bouquets de noisettes de gueules. De Paris.

Jacques de Croixmare ; le 7 Mars : d'azur au léopard d'or. Diocese d'Evreux.

Jacques de Belloy de Francieres ; le 22 Août : d'argent à quatre bandes de gueules. Diocese de Beauvais.

Pierre de Signac du Plessis, le 22 Avril : de gueules au cigne d'argent.

François de Crequi ; le 20 Mai : d'or au crequier de gueules.

Mathieu Molé, le 8 Mai : de gueules au chevron d or, accompagné de deux étoiles de même en chef, & d'un croissant d'argent en pointe, écartelé d'argent au lion de sable, qui est de Megrigny. De Paris.

Jacques des Boues-Coutenant ; le premier Juillet : d'azur à trois lozanges d'argent mises en bande. Du Vexin, mais d'une Maison de Champagne.

Gilles d'Ostrel de Chambligneul ; le 14 Octobre : d'azur à 3 dragons ailez d'or. Du Pays-Bas.

Antoine Osmond : de gueules au vol d'argent, chargé d hermines.

1631.

Louis d'Auvet des Marets d'Yvry ; le 2 Janvier, comme ci-dessus. Diocese de Sens.

Denis de Vion de Tessancourt ; le 2 Janvier : de gueules à trois aigles d'argent. Du Vexin.

Jean de Richebourg ; le 2 Janvier : d'argent à la bande de gueules, à la bordure de même. Diocese de Troyes.

Gilles Mallard de Fontaines ; le 2 Janvier : d'azur à la face d'or, chargée d'un fer de mulet de sable, cotoyé de deux lozanges de gueules. Diocese de Lisieux.

Jean-Louis de Fiefque de la Vaigne ; le 22 Janvier : bandé d'azur & d'argent. De Paris, mais d'une Maison de Gennes.
Albert de Roncherolles de Pont-Saint-Pierre ; le 23 Avril, comme dessus. De Normandie.
François Brethel de Gremonville ; le 7 Juin : d'or au chevron de gueules, chargé vers la pointe d'une fleur de lys d'or, & trois molettes d'éperon d'azur, au chef de même, chargé d'un poisson nommé Brethel d'argent. Diocese de Rouen.
Robert de la Val-la-Feigne ; le 7 Juin : d'or à la croix de gueules, chargée de cinq coquilles d'argent, accompagnées de 16 alerions d'azur. Diocese d'Evreux.
Antoine des Friches-Brasseuse ; le 7 Juin : d'azur à la bande d'argent, chargée de trois défenses de Sanglier de sable, accompagnées de deux annelets d'argent, enfermant chacun une croix de même. Diocese de Senlis.
François-Alexandre de Crevant-Cyngé ; le 7 Juin : écartelé d'argent & d'azur. Diocese de Chartres.
Jacques Bretel de Gremonville ; le 7 Juin, comme dessus. Diocese de Rouen.
Jacques du Moncel de Gouy ; le 7 Juin : d'azur au chevron d'or, accompagné de trois canettes d'argent.
Philippes de la Place-Fumechon ; le 7 Juin : d'azur à l'étoile à six rais d'or, surmonté d'un lambel de même. Diocese de Rouen.
Charles le Veneur de Tilléres ; le 7 Juin : d'argent à la bande d'azur, chargée de trois sautoirs d'or. De Normandie.
Maximilien Dabos de Binanville ; le 7 Juin : de sable au chevron d'or, accompagné de trois roses d'argent. Du Vexin.
François de Mesgrigny ; le 7 Juin : d'argent au lion de sable, parti de gueules à la bande d'argent, soutenant un épervier d'or. De Paris.
Raoul Duval de Coppeauville ; le 7 Juin : d'azur au bâton écotté & mis en bande, accompagné d'un pot de fleurs en chef & en pointe d'un lion, le tout d'or, écartelé d'argent à la face de gueules, accompagnée de trois rocs d'échiquier de sable. Diocese de Rouen.
René Durand de Villegagnon ; le 7 Juin : d'argent à trois chevrons de gueules, accompagnez de trois croix recroisettées au pied fiché de sable. De Brie.
Louis-Romé de Fresquiennes ; le 7 Juin : d'azur au chevron d'or, accompagné de deux molettes d'éperon de même en chef, & d'un renard courant de même en pointe. Diocese de Rouen.
Jacques le Brun de Boisguillaume ; le 7 Juin : coupé de gueules & d'or, au lion de l'un en l'autre. De Normandie.
Jean-François Damas d'Anlezi ; le 7 Juin : d'or à la croix ancrée de gueules, à la bordure d'azur. Diocese de Nevers.
Timoleon Hotman de Fontenay ; le 7 Juin : parti emmenché d'ar-

gent & de gueules de dix pieces. De Paris, mais d'une Maison descendue du Duché de Cleves.

Alexandre de Bailleul ; le 7 Juin : d'argent à la face de gueules, accompagnée de trois hermines de sable. Du pays de Caux.

Germain-Charlet d'Esbly ; le 7 Juin : d'or à l'aigle de sable. De Paris.

Antoine Turgot de Saint Clair ; le 7 Juin : d'hermines fretté de gueules. Diocese de Rouen.

Charles Luillier d'Orville ; le 7 Juin : d'azur à trois coquilles d'or, & un lion de même en cœur. De Brie.

Michel de Fouilleuse-Flavacourt ; le 7 Juin : d'argent papelloné de gueules ; chaque piece ayant un treffle renversé de même. De Rouen.

Jacques Maignart de Bernieres ; le 7 Juin : d'azur à la bande d'argent, chargée de trois quintefeuilles de gueules. Diocese de Rouen.

Paul d'Aubusson de la Feuillade ; le 7 Juin : d'or à la croix ancrée de gueules.

Charles Maignart de Bernieres ; le 7 Juin, comme dessus.

Etienne d'Aligre ; le 7 Juin : burelé d'or & d'azur, au chef d'azur, chargé de trois soleils d'or. De Paris.

Robert de Berulle ; le 7 Juin : de gueules au chevron d'or, accompagné de trois molettes d'éperon de même. Diocese de Paris.

Etienne Ragnyer de Poussé ; le 7 Juin : d'argent au sautoir de sable, & quatre perdrix rouges au naturel.

Olivier de Souloigne d'Anctoville ; le 7 Juin : d'azur à trois faces d'or, à la bande de gueules, chargée de trois coquilles d'argent brochant sur le tout. Diocese de Bayeux.

Louis Maupeou ; le 7 Juin : d'argent au porc-épic de sable. De Paris.

Yves-Bathazard de Montbron de Fontaines ; le 7 Juin : burelé d'argent & d'azur, écartelé de gueules. De Paris, mais d'une Maison de Poitou.

Robert le Roux du Bourg-Theroulde ; le 7 Juin : d'azur au chevron d'or, & trois têtes de leopard de même. Diocese de Rouen.

Charles de la Grange-Billemont ; le 7 Juin : lozangé d'or & de sable, au franc canton d'argent, chargé de neuf croissans de gueules, celui du milieu soutenant une étoile de même. Diocese de Soissons.

François Cauchon de Neuflize ; le 7 Juin : de gueules au griffon d'or. Diocese de Sens.

Antoine des Champs-Marcilly ; le 7 Juin : d'or à trois chevrons de sable, accompagnez de trois annelets de même. Diocese de Paris.

Henri-Jubert de Brecourt ; le 7 Juin : d'azur à la croix racourcie d'or, écartelé d'azur à cinq fers de l'ances à lantique d'argent. Diocese d'Evreux.

François de Pommereu-la-Brétesche ; le 7 Juin : d'azur au chevron d'or, accompagné de trois pommes de même. De Paris.

Henri de Festart de Bocourt ; le 7 Juin : d'argent à trois faces de gueules. De Picardie.

Charles de Festard de Bocourt ; le 7 Juin, comme dessus. De Picardie.

Bernabé Perrot de la Malmaison ; le 7 Juin : d'azur à trois croissans adossez, & mis l'un sur l'autre d'or, au chef d'argent, chargé de trois aigles à deux têtes de sable. De Paris.

Pierre Feuvrier de Changi ; le 30 Juillet : d'azur à trois chevrons d'argent, accompagnez de six hermines vers le chef, 3. & 3. & de 3 malrangées vers la pointe aussi d'argent, le tout surmonté d'une tierce de même. Diocese de Meaux.

Jacques Drozay de Sainte Marie ; le 30 Juillet : d'azur au chevron d'argent, chargé de cinq coquilles de sable, accompagnées de trois croissans d'or. Diocese de Lisieux.

Antoine-Louis de Bréhant de l'Isle ; le 30 Juillet : de gueules à 7 macles d'or, 3. 3. & 1. Né à Paris, mais d'une Maison de Bretagne.

Jacques de Thieuville-Bricquebosq ; le 21 Decembre : d'argent à deux bandes de gueules, accompagnées de sept coquilles de même, 1. 3. & 3. De Basse-Normandie.

François d'Anssienville ; le 21 Decembre : de gueules à trois marteaux de maçon d'argent, emmenchez d'or, dentelez à dextre de sable.

Philippes de Montagu : de sable à 3 mains gauches d'argent. Diocese de Lisieux.

1632.

Gaspard de Bellievre ; le 13 Mars : d'azur à la face d'argent, accompagnée de trois trefles d'or. De Paris.

Noel Durand de Villegagnon de Chamforest ; le 30 Mars : d'argent à trois chevrons de gueules, accompagnez de trois croix recroisettées au pied fiché de sable. De Paris.

François de la Fontaine des Bachets ; le 30 Mars : lozangé d'or & de gueules à trois bandes d'azur brochant sur le tout. Diocese de Senlis.

Charles Durand de Villegagnon-Champforest ; le 3 Mars : d'argent à trois chevrons de gueules, accompagnez de trois croix recroisettées au pied fiché de sable. De Paris.

Philippes de Mornay-Chenu de Monchevreuil ; le 5 Avril : burelé d'argent & de gueules, au lion de sable brochant sur le tout, couronné, armé & lampassé d'or. Diocese de Rouen.

Balthazard-Philippes de Gand, dit Villain ; le 8 Juillet : de sable au chef d'argent. Diocese de Bruxelles.

Louis

Louis de Crevant-Bauché ; le 18 Septembre : écartelé d'argent &
d'azur.
Antoine Gobelin de Morainvillier ; le premier Decembre : d'azur
au chevron d'or, accompagné de deux étoiles d'or en chef, &
d'un demi-vol de même en pointe. De Paris.

1633.

Louis Roguée de Ville ; le 5 Mai : d'argent à la face de gueules.
Diocese de Noyon.
Etienne Texier de Hautefeuille ; le 30 Mai : de gueules à la levrette
courante en face d'argent, accollée d'or, surmontée d'un croissant
de même. De Paris.
Auguſtin Sevin de Quincy ; le 7 Juin : d'azur à une gerbe de bled
d'or. De Brie.
Antoine de Maſparaulte-Chenevieres ; le 30 Août : d'argent au lion
de gueules, à la bordure d'or, chargée de 8 tourteaux de gueules
ſurchargée d'une étoile d'or. De Paris.
Louis de Chaugy de Rouſſillon ; le 24 Novembre : écartelé d'or &
de gueules, qui eſt de Chaugy, contre-écartelé d'or, échiqueté
d'azur. De Paris.
Adrien Martel de Fontaines ; le 22 Decembre : d'or à trois marteaux de gueules. Du Pays de Caux.
Pierre Prudhomme de Hailly ; le 22 Decembre : de ſinople à l'aigle d'or béqué & membré de gueules. Dioceſe de Tournay.
Antoine de Guillon de Richebourg ; le 22 Decembre : d'azur au
ſautoir d'or. De Paris, mais d'une Maiſon du Velay.
Charles de Rupierre de Survye ; le 22 Decembre : d'azur à trois
pals d'or. De Normandie.
Jacques le Ver de Caux ; le 25 Decembre : d'argent à trois verats
paſſans de ſable, 2 & 1. accompagnez de neuf trefles de même.
Dioceſe d'Amiens.

1634.

Antoine de Mailly de Haucourt ; le 8 Mars : d'or à trois maillets
de ſinople. Dioceſe de Rouen.
Antoine Tambonneau ; le 8 Avril : d'azur à la face d'or, accompagnée de trois molettes d'éperon en chef, & d'une aigle à deux
têtes en pointe, le tout d'or. De Paris.
Nicolas de la Mare du Theil ; le 8 Avril : d'azur au heron d'argent. De Normandie.
Nicolas de Nolent-Coullerville ; le 16 Août : d'argent à la fleur de
lys de gueules, miſe en cœur, accompagnée de trois roſes de
même. De Normandie.
Jacques des Maretz-Belleſoſſe ; le 16 Août : d'azur à trois croiſſans d'argent. Dioceſe de Rouen.

1635.

Charles de Noſſey-Boucey ; le 22 Janvier : d'argent à trois faces de sable, accompagnées de dix merlettes de même, 4. 3. 2. & 1. De Normandie.

François du Perron-Benesville, dont les preuves sont en Chancellerie : d'azur au chevron d'argent, accompagné de trois tours d'or.

Louis Fraye Despesses ; le 10 Mai : d'argent à la bande d'azur, de trois têtes & cols de licorne d'or. De Paris.

Anne de Fieubet de Castanet ; le 20 Juillet : d'azur au chevron d'or, accompagné de deux croissans d'argent en chef, & d'une roche de même mouvante de la pointe. De Paris, mais d'une famille de Languedoc.

Charles de Myron ; le 3 Novembre : de gueules au miroir rond, à l'antique d'argent, cerclé d'or à pointes pommetées de même. De Paris, mais d'une Maison originaire d'Espagne.

1636.

Jean de Chaulnes ; le 27 Février : d'azur au chevron d'or accompagné de trois cloux d'argent. De Paris.

Louis le Vaillant de Rebais ; le 7 Juin : d'azur au bras armé d'argent sortant d'un nuage de même, mouvant du flanc senextre, tenant une épée aussi d'argent montée d'or. De Normandie.

1637.

Maximilien de Grieu ; le 17 Février : de sable à trois grues d'argent tenant chacune de leurs pieds levez une pierre de même. De Paris.

Gabriel de la Haye de Coulonces ; le 17 Février : de gueules à six lozanges d'argent, 3, 2 & 1. Diocese de Séez.

Robert du Quesne du Boscage ; le 17 Février : d'argent au lion de sable lampassé de gueules. Diocese de Rouen.

Hector de Véelu-Baby ; le 11 Avril : de sinople à trois alerions d'or. Diocese de Sens.

Dominique de Monchy d'Hocquincourt ; le 20 Avril : de gueules à trois maillets d'or. Diocese d'Amiens.

Joachim le Bourgeois de Heauville ; le 5 Mai : d'hermines au croissant de gueules. Diocese de Coutances.

Nicolas le Bigot de Gastines ; le 12 Juillet : d'argent à la face de sable chargée de trois lozanges d'or, accompagnée de trois trefles de sinople. Diocese de Paris.

Jean Menard de Bellefontaine ; le 15 Juillet : d'azur à une flamme d'or brûlant une main d'argent posée en face, le tout accompagné de trois étoiles d'or. De Paris.

René du Hamel - Villechien ; le 19 Septembre : d'azur au chevron d'argent accompagné de trois roses de même. Diocese d'Avranches.

Ernest - François de Riviere d'Arschot ; le 19 Septembre : d'argent à trois fleurs de lys de sable. Diocese de Malines.

Armand de Joyeuse-Grandpré ; le 12 Novembre : palé d'or & d'azur au chef de gueules chargé de trois hydres d'or, écartelé d'azur au lion d'argent à la bordure de gueules chargée de huit fleurs de lys d'or, qui est de Saint Didier. Diocese de Rheims.

1638.

Michel du Bosch-Hermival ; le 17 Mars : d'hermines au lion de sable armé, lampassé & couronné d'or. Diocese de Rouen.

Antoine Bardouil de la Bardouillere ; le 17 Mars : de sable à la face d'or accompagnée de trois tridents d'argent. Diocese d'Evreux.

Antoine d'Osmont de Beufvilliers ; le 17 Mars : de gueules au vol d'hermines. De Normandie.

Jacques Camus de Pontcarré ; le 17 Mars : d'azur à trois croissans d'or, & une étoile de même en cœur. De Paris.

Josias de Meaux de Douy ; le 17 Mars : d'argent à cinq couronnes d'épines de sable, 2, 2 & 1. Diocese de Meaux.

Roch Racault de Reuly ; le 18 Mars : d'azur à la bande d'argent. Diocese de Sens.

Jean Costart de la Motte ; le 18 Mars : d'argent au lion de sable, & une étoile de gueules vers le canton senextre. Diocese de Bayeux.

Joachim du Belloy de Saint Martin ; le 26 Mai : d'argent à trois faces de gueules. Diocese d'Amiens.

Charles de Vion de Tessancourt ; le 19 Juin : de gueules à trois aigles d'argent. Du Vexin.

Michel de Tumery-Boissize ; le 13 Juillet : d'or à la croix de gueules accompagnée de quatre boutons de rose au naturel. De Paris.

Rogier de Crevant d'Humieres ; le 15 Septembre : écartelé d'argent & d'azur, contreé-cartelé d'argent fretté de sable, qui est d'Humieres.

1639.

Ignace Rouhault de Gamaches ; de sable à deux léopards d'or armez & lampassez de gueules. Diocese d'Amiens.

Henry de Beon du Masses de Luxembourg ; le 14 Avril : d'or à deux vaches passantes de gueules, accornées, accollées, clairinées & onglées d'azur, qui est de Beon ; écartelé de Castelbayard, & sur le tout de Luxembourg. De Paris, mais d'une Maison de Gascogne.

François de Souvré ; le 25 Juin : d'azur à cinq bandes d'or.

René de Machault de Villepreux ; le 11 Juillet : d'argent à trois têtes de corbeau arrachées de sable. De Paris.

François d'Aubusson, dont les preuves ne se trouvent pas dans les Archives ; mais par les livres de la Langue, apparoît avoir été reçû le 19 Novembre : d'or à la croix ancrée de gueules.

Honorat Bochart de Champigny, dont les preuves ne se trouvent pas dans les Archives, apparoît avoir été reçû le premier Decembre : d'azur au croissant d'or surmonté d'une étoile de même.

1640.

François-Octave de Fleurigny le Clerc ; le 6 Février : de fable à trois rofes d'argent au pal de gueules brochant fur celle de la pointe, qui eft de le Clerc ; écartelé de finople au chef d'or au lion de gueules brochant fur le tout, qui eft de Fleurigny. Diocefe de Sens.

Claude de Louviers - Vaulchamps ; d'or à la face de gueules accompagnée de trois têtes de loup de fable. Diocefe de Soiffons.

Guillaume de Bernart d'Avernes ; le 16 Mars : d'argent au chevron de fable accompagné de trois trefles de finople, deux en chef & un en pointe : il a été Commandant d'un vaiffeau de guerre, mort à Malthe en 1675. De Normandie.

Jean de Mafcranny ; le 20 Mars : de gueules à trois faces vivrées d'argent au chef coufu de gueules chargé d'un aigle d'argent, membré, becqué & couronné d'or, cotoyé à dextre d'une clef d'argent enrichie d'or, & à fenextre d'un cafque auffi d'argent enrichi d'or, le tout brifé d'un écu d'azur à la fleur de lys d'or. De Paris.

François de Bigars de la Londe ; le 22 Mars : d'argent à deux faces de gueules. De Normandie.

Euftache de Bernart d'Avernes, frere de Guillaume ; le 4 Juin : d'argent au chevron de fable accompagné de trois trefles de finople, deux en chef & un en pointe : il a été Capitaine Commandant un vaiffeau de guerre portant pavillon de Malte, Capitaine de galere, Commandeur des Commanderies de Sainte Vaubourg fur Seine, Moify, Fontaine fous Monfdidier ; Receveur & Procureur Général de l'Ordre, Lieutenant de Monfieur de Vendôme Grand Prieur de France : mort au Temple à Paris en 1692. De Normandie.

Louis de Giffard de la Pierre ; d'azur à trois faces ondées d'or à la bande de gueules, fur le tout chargé de trois lions d'or. Diocefe de Rouen.

Charles-Claude Brulart de Sillery ; le 16 Juillet : de gueules à la bande d'or chargee d'une traînée de poudre mife en onde de fable, avec cinq barillets de même. De Paris.

Antoine le Fort de Bonnebofc ; le 6 Novembre : de gueules au chevron d'or accompagné de trois croiffans d'argent. Diocefe de Rouen.

Louis d'Amours ; le 27 Novembre : d'argent à trois clous de fable furmontez d'un porc épic paffant de même. De Paris.

Gabriel du Chaftelet de Frenieres ; le 12 Avril : de gueules à la face d'argent accompagnée de trois tours d'or. De Picardie.

Charles-François des Effarts-Lignieres ; de gueules à trois croiffans d'or. Diocefe d'Amiens.

1641.

Charles du Ruel de Saint-Maurice ; le 8 Février : d'or au lion de gueules issant du flanc senextre. Diocese de Sens.

Antoine de Houel de la Paumeraye ; le 19 Mai : palé d'or & d'azur. Diocese de Rouen.

Urbain le Boutiller, dont les preuves ne se trouvent pas dans les Archives, suivant le livre de la Langue est reçû le 20 Octobre : écartelé d'or & de gueules. De Picardie.

François de Noue de Villers ; le 11 Decembre : échiqueté d'argent & d'azur au chef de gueules. De Picardie.

Balthazar de Crevant d'Humieres de Brigueuil ; écartelé d'argent & d'azur, & contre-écartelé d'argent fretté de sable, qui est d'Humieres. De Picardie.

Guillaume de Vergeur Saint-Soupplet ; d'azur à la face d'argent chargée de trois hermines de sable, accompagnées de trois étoiles couronnées d'or.

1643.

Tanneguy l'Allemant de Passy ; le 12 Janvier : d'argent au chevron d'azur chargé de trois étoiles d'or au chef de gueules chargé de trois molettes d'éperon d'or. De Paris.

Jacques Bernart de Courmenil ; le 12 Janvier : d'argent au chevron de sable accompagné de trois trefles de sinople, deux en chef & un en pointe : il est mort à Malte en 1651. Diocese de Séez.

Louis le Nourry du Mesnil-Ponthoray ; le 12 Janvier : de gueules à deux chevrons d'argent accompagnez de trois molettes d'éperon de même. Diocese d'Evreux.

François de Bouilloney de la Boutonniere ; le 12 Janvier : d'azur à neuf croisettes d'argent, 4, 3 & 2. De Normandie.

Jacques de Ricarville la Vallouyne ; le 26 Janvier : d'argent à la bande dentellée de sable, accompagnée de six annelets de gueules. Diocese de Rouen.

Nicolas de Paris-Boissy ; le 4 Fevrier : d'azur la face d'or, accompagné de trois roses rangées en chef, & d'une tour en pointe, le tout d'or. Diocese de Meaux.

Jean de Montmorin de Saint-Herem ; le 7 Février : de gueules semé de molettes d'éperon d'argent au lion de même brochant sur le tout. Diocese de Sens, mais d'une maison d'Auvergne.

Jacques de Clermont-Tonnerre ; le 11 Février : de gueules à deux clefs passées en sautoir d'argent. Né à Paris.

Louis de Clermont-Tonnerre : le 11 Février. Les armes comme ci-dessus.

François-Charles de Montmorin Saint-Herem ; le 11 Février. Les armes comme ci-devant.

Robert d'O ; le 7 Mai : d'hermines au chef dentellé de gueules. Diocese de Beauvais.

Claude de Fortias ; le 29 Décembre : d'azur à la tour d'or sur un mont de même mouvant de la pointe. De Paris.

1644.

Louis de Baudry-Piancourt ; le 5 Février : de sable à trois mains droites d'or, 2 & 1. Diocese d'Evreux.

André de Bigars de Saint-Aubin ; le 5 Février : d'argent à deux faces de gueules. Diocese de Lizieux.

Jacques de Bonneville ; le 5 Février : d'argent à deux lions léopardez de gueules. Diocese d'Evreux.

Jean de Mathan de Semilly ; le 5 Février : facé d'or & de gueules de huit pieces au chef de gueules chargé d'un lion léopardé d'or. Diocese de Rouen.

Gabriel de Goué de de Villeneuve ; le 5 Février : d'or au lion de gueules. Diocese de Sens.

Robert Anglebermer de Lagny ; le 5 Février : d'azur fretté d'or. Diocese de Chartres.

Hubert de Cullan-Monceaux ; le 16 Février : d'argent semé de tourteaux de sable au sautoir engrêlé de gueules brochant sur le tout. De Brie.

Honoré de Carvoisin de Viefvillier ; le 18 Février : d'or à la bande de gueules au chef d'azur. Diocese de Beauvais.

Louis de Chaûmont ; le 20 Février : facé d'argent & de gueules de huit pieces. Diocese de Rouen.

Jean d'Aligre ; le premier Décembre : burellé d'or & d'azur au chef d'azur chargé de trois soleils d'or. De Paris.

Alphonse de la Gaudille d'Oudeauville ; le premier Decembre : d'argent au sautoir de gueules chargé de cinq besans d'or, surmontez d'une molette d'éperon de sable. De Normandie.

François de Mahiel Saint-Clair ; le 3 Decembre : d'azur à trois boucles d'or au chef de même chargé de trois roses de gueules. Diocese d'Evreux.

1645.

Claude Anglebermer de Lagny ; le 26 Janvier : d'azur fretté d'or. Diocese de Chartres.

Leonord de Beaulieu-Besthomas ; le 15 Février : d'argent au croissant mis de côté de sable en cœur, accompagné de six croix à huit pointes de même mises en orles, 3, 2 & 1. Diocese de Chartres.

François de Beaurepaire-Cauvigni ; le 6 Avril : d'azur à trois gerbes de bled d'or. Diocese de Séez.

Guillaume de Véelu de Passy ; le 18 Mai : de sinople à trois alerions d'or. De Brie.

Claude de Clinchamp-Bellegarde ; le 3 Juin : d'argent à trois fanons de gueules pendants d'un bâton racourci de même mis en face. Diocese d'Evreux.

Thierry de Celles ; le 9 Juin : d'hermines à la bande de gueules accompagnée de deux cotices de même. De Flandres.

Charles-César du Cambout de Coaslin ; le 12 Juin : de gueules à 3 faces échiquetées d'argent & d'azur de deux traits. D'une Maison son de Bretagne.

Alexandre-Bernard de Lomenie de Brienne; le 16 Juin : d'or à l'arbre de sinople au chef d'azur chargé de trois lozanges d'argent. De Paris.

Claude de Beauclere d'Acheres ; le 17 Juin : de gueules au chevron d'or accompagné de deux têtes de loup en chef, & d'un loup entier de même en pointe au chef d'azur chargé d'un croissant d'argent. De Paris.

Claude de Mesme ; le 28 Juin : écartelé au premier d'or au croissant de sable au deuxième & troisième d'argent à deux lions léopardez de gueules, au quatrième d'or à l'étoile de sable, la pointe ondée d'azur au chef de gueules. De Paris.

Jacques de Héere de Vaudoy ; le 30 Juillet : d'argent au chevron de sable accompagné de deux coquilles de même en chef, & d'une étoile de gueules en pointe. De Paris.

Guillaume de la Court-Maltot ; le 26 Octobre : d'azur à trois cœurs d'or. Diocese de Bayeux.

Louis de Mallortie-Campigny ; le 6 Decembre : d'azur à deux chevrons d'or accompagnez de 3 fers de picques renversez d'argent. Diocese de Lizieux.

1646.

Nicolas de Navinavet de la Dourandiere ; le 5 Mars : d'azur au chevron d'or accompagné de trois navaux couronnez de même. De Paris.

Jacques l'Abbé d'Ussy ; le 2 Septembre : d'argent au sautoir de sinople. Diocese de Séez.

Louis du Passage de Sinchery ; le 2 Decembre : de sable à 3 faces ondées d'or. Diocese de Laon.

1647.

Louis d'Aché de Fontenay ; le 8 Mars : chevronné d'or & de gueules. Diocese de Bayeux.

Anne-Hilarion de Costantin de Tourville ; le 11 Avril : de gueules au bras armé d'argent mouvant du côté senextre, tenant une épée de même, senestrée vers le chef d'un casque à visiere, ouverte aussi d'argent. Diocese de Coutance.

Charles Sevin de Bandeville ; le 9 Mai : d'azur à la gerbe de bled d'or. De Paris.

Louis de Manneville-Auzouville ; le 12 Juillet : de sable à l'aigle à deux têtes d'argent, béqué & membré de gueules. Diocese de Meaux.

Gabriel Colbert de Saint Poüanges ; le 18 Novembre : d'or à la couleuvre tortillante, & mise en pal d'azur. De Paris.

Gabriel de Cassagnet-Tilhadet ; le 19 Novembre : d'azur à la bande d'or. De Paris, mais d'une Maison de Gascogne.

Louis Feydeau de Vaugien ; le 17 Decembre : d'azur au chevron d'or, accompagné de trois coquilles de même. De Paris.

François. Achard du Pin ; le 17 Decembre : d'azur au lion d'argent, armé & lampassé de gueules à deux faces de gueules brochantes sur le tout. Diocese de Lisieux.

1648.

Louis-Alphonse de Lorraine d'Harcourt ; le 3 Août : les armes de Lorraine ci-devant, le tout brisé d'une bordure de gueules, chargé de huit besans d'argent.

1649.

Joachim d'Illiers d'Antragues : d'or à six annelets de gueules. Diocese de Paris.

Pierre de Brilhac ; le 15 Avril : d'azur au chevron d'argent, chargé de cinq roses de gueules, accompagné de trois molettes d'éperon d'or. De Paris.

Jean-Antoine de Saint Simon-Beuzeville ; le 15 Decembre : de sinople à trois lions d'argent, ceux du chef affrontez. Diocese de Coutance.

1650.

Antoine le Tonnelier de Breteuil ; le 5 Fevrier : d'azur à l'épervier essorant à vol éployé d'or, grilleté & longé de même. De Paris.

Louis de Bonissant de Roncerolles ; le 8 Fevrier : d'argent au cor de chasse de sable, lié de gueules, accompagné de trois molettes d'éperon de même. Diocese de Rouen.

Augustin Phelippaux de la Vrilliere : d'azur semé de bacinets d'or, au franc canton d'hermines, écartelé d'argent à 3 lézards montans de sinople. De Paris.

1651.

Daniel de Hangest d'Hargenlieu ; le 17 Fevrier : échiqueté d'argent & de sable, à la croix d'argent. Diocese de Beauvais.

Theodore de Reffuge ; le 20 Fevrier : d'argent à deux faces de gueules, à deux serpens affrontez tortillans, & mis en pal, brochans sur le tout d'azur. De Paris.

Jacques de Matignon ; le premier Mars : d'argent au lion de gueules armé, couronné, & lampassé d'or. De Normandie.

Guillaume Briçonnet ; le 13 Juin : d'azur à la bande componée d'or & de gueules de cinq pieces, la seconde chargée d'une étoile d'or, accompagnée d'une autre étoile de même vers le chef.

Maximilien de l'Isle d'Andrezy ; le 14 Août : de gueules à la face d'argent, & sept merlettes de même, 4 & 3. Diocese de Paris.

Claude Vipart de Silly ; le 14 Août : d'argent au lion de sable. De Normandie.

Englebert de Brias-Hernicourt ; le 9 Septembre : d'or à la face de sable, surmontée de trois cigognes de même, béquées & membrées de gueules. Du Pays d'Artois.

Pierre

Pierre Dauvet de Rieux ; le 19 Octobre : bandé de gueules & d'argent, la seconde bande chargée d'un lion de sable. Diocese de Sens.

1652.

Emanuel de Ligny ; le 12 Fevrier : de gueules à la face d'or, au chef échiqueté d'argent & d'azur de trois traits. Diocese de Soissons.

Louis-Henri de Bourbon-Soissons ; le 12 Juin : fils naturel de Louis de Bourbon, Comte de Soissons, porte de France au bâton de gueules péri en barre, à la bordure de même.

1654.

Felix du Fay-Heugueville ; le 7 Juin : de gueules à la croix d'argent, cantonnée de 4 molettes d'éperon de même. Diocese de Rouen.

Maximilien de Tilly-Blaru ; le 20 Fevrier : d'or à la fleur de lys de gueules. Diocese d'Evreux.

Guillaume de Thieuville ; le 21 Fevrier : d'argent à deux bandes de gueules, accompagnées de sept coquilles de même. Diocese de Coutance.

François du Moncel de Martinvast ; le 25 Fevrier : de gueules à trois lozanges d'argent. De Normandie.

Jacob de Fouille d'Escrainville ; le 24 Decembre : d'azur au sautoir dentelé d'argent, accompagné de 4 dragons volants d'or. Diocese de Rouen.

Philippes le Pelderin de Gauville ; le 24 Decembre : d'or au chevron échiqueté de gueules & d'argent de deux traits, au chef de sable, chargé de trois coquilles d'or. Diocese d'Evreux.

Denis de Gaillard de Courcy ; le 26 Janvier : écartelé au premier de Gaillart, qui est d'argent semé de trefles de gueules à deux croix de Saint Antoine de même, rangées en face, & deux perroquets affrontez de sinople en pointe ; au second de Saints, de gueules à la face d'or, au chef échiqueté d'argent & d'azur de trois traits, parti de Hangest qui est d'argent à la croix de gueules, chargée de cinq coquilles d'argent ; au troisiéme de Bourbon-Angoulesme de France au lambel d'argent, chargé de trois croissans d'azur ; & au quatriéme de Beaufremont, qui est de gueules semé de trefles d'or à deux bars adossez de même, parti d'Apremont de gueules à la croix d'argent. Diocese d'Orleans.

1655.

Claude de Chambly-Monhenault ; le 21 Fevrier : d'argent à la croix engrelée d'azur, chargée de cinq fleurs de lys d'or ; le premier canton chargé d'un écu de gueules à trois coquilles d'or. Diocese de Laon.

Evrard de Fourneau de Cruychenbourg de la Chapelle ; le 11 Juillet : d'azur semé de billettes d'or, au chevron de même. De Bruxelles.

Louis de Rabodanges ; le 19 Decembre : d'or à la croix ancrée de gueules, écartelé de gueules à 3 coquilles d'or. Diocese de Séez.

1656.

Jacques de Montigny : échiqueté d'argent & d'azur à la bande engrêlée de gueules sur le tout.

Antoine le Fort de Vilemandeur ; le 8 Fevrier : d'azur au chevron d'or, accompagné de trois besans de même. Diocese de Sens.

Jacques de Novince d'Aubigny ; le 8 Fevrier : d'azur au lion d'or, surmonté d'une face en devise de même, chargée de trois roses de gueules. Diocese de Bayeux.

François d'Escoubleau-Sourdis ; le 8 Fevrier : parti d'azur & de gueules, à la bande d'or, brochante sur le tout.

Louis de Rochechouart ; le 26 Avril : de gueules à trois faces nebulées d'argent. De Beausse.

Louis de la Vieville de Cermoise ; le 2 Mai : facé d'agent & de gueules de huit pieces.

Charles Vion-Tessancourt ; le 6 Mai : de gueules à trois aigles d'argent. Du Vexin.

Hierosme de la Haye-Vantelay ; le 12 Juin : parti de trois traits, chevronné d'or & de gueules de l'un en l'autre de 12 pieces. De Paris, mais d'une Maison originaire de Champagne.

Jean-Armand de Courtenay ; le 16 Juin : de France écartelé de Courtenay, d'or à trois tourteaux de gueules, 2. & 1, à la bordure engrêlée de gueules. Diocese de Sens.

Jean-Baptiste de Montbron ; le 20 Octobre : burelé d'argent & d'azur, écartelé de gueules. Diocese de Sens.

Alexandre-César d'O ; le 20 Octobre : d'hermines à un chef endenché de gueules. Diocese de Beauvais.

Augustin Sevin de Quincy ; le 22 Novembre : d'azur à la gerbe de bled d'or. De Brie.

Dominique de Manneville-Auzouville ; le 22 Novembre : de sable à l'aigle à 2 têtes d'argent, béqué & membré de gueules. Diocese de Meaux.

Louis du Deffand de Saint Loup d'Ordon ; le 22 Novembre : d'argent à la bande de sable, surmontée d'une merlette de même. Diocese de Sens.

1657.

Alexandre de Chevestre-Cintray ; le 11 Janvier : d'azur à 3 chevestres ou hibous d'or. Diocese d'Evreux.

Jean-François Cadot de Sebeville ; le 22 Fevrier : de gueules à trois roses d'or, à la hure de sanglier au naturel, mise en cœur, couronnée d'or. Diocese de Coutance.

Marc-Aureille de Giverville de Saint Maclou ; le 19 Mars : d'or à la face d'azur, chargée d'un croissant d'argent, accompagnée de 4 molettes d'éperon de sable. Diocese de Rouen.

Adrien de Jallot de Beaumont ; le 10 Avril : d'azur au chevron d'argent, chargé de 3 merlettes de sable, accompagnées de 3 trefles d'or. Diocese de Coutance.

Jacques de Noailles ; le 14 Août : de gueules à la bande d'or. Né à Paris, mais d'une Maison de Limosin.

Hierosme de Belloy de Castillon ; le 14 Septembre : d'argent à 4 bandes de gueules. Diocese de Beauvais.

Pierre Sublet de Romilly ; le 3 Octobre : d'azur au pal crenelé & contre-crenelé d'or, maçonné de sable, chargé d'un autre pal aussi de sable. De Paris. Il fut fait esclave en servant la Religion.

Gilbert-Antoine Bouthillier de Chavigny ; le 25 Novembre : d'azur à trois fusées d'or mises en face. De Paris.

Louis Bouthillier de Chavigny, frere du précedent.

1658.

Honoré de Monchy d'Hoequincourt ; le 10 Janvier : de gueules à trois maillets d'or. Diocese d'Amiens.

Jean le Cocq de Corbeville ; le 8 Mars : d'azur à trois cocqs d'or. De Paris.

Camille de Champelais-Courcelles ; le 27 Avril : d'argent à trois faces de gueules, le chef chargé de trois aigles à deux têtes, rangées de sable. De Paris, mais d'une Maison de Poitou.

Jacques de Beringhen ; le 3 Juin : d'argent à 3 pals d'azur, au chef de gueules, chargé de 2 fleurs de Nesflier d'argent. Né à Paris, mais d'une Maison du Duché de Cleves.

Bernard de Baradat ; le 6 Juillet ; d'azur à la face d'or, accompagnée de trois roses d'argent. Diocese de Soissons.

Guy Bochart de Champigny ; le 15 Juillet : d'azur au croissant d'or, surmonté d'une étoile de même. De Paris.

Louis de Fleurigny-le-Clerc ; le 20 Août : écartelé au premier & quatriéme de sable à trois roses d'argent, au pal de gueules brochant sur celle de la pointe, qui est de le Clerc ; & au 2. & 3. de sinople, au chef d'or, au lion de gueules brochant sur le tout, qui est de Fleurigny. Diocese de Sens.

Guillaume Ribier ; le 25 Août : d'azur à la tête & col de licorne d'argent, surmontée d'une face en devise, ondée de même. De Paris.

Henri Perrot de Saint Dié ; le 9 Decembre : d'azur à deux croissans l'un sur l'autre, adossez d'or, au chef d'argent, chargé de 3 aigles à deux têtes de sable. De Paris.

Pierre Phelypeaux de la Vrilliere : d'azur semé de bacinets d'or, au franc canton d'hermines, écartelé d'argent à trois lézards, montans de sinople.

1659.

Jacques de Fleurigny-le-Clerc-la-Valliere, frere de Louis de Fleurigny les armes comme dessus ; le 16 Fevrier. Diocese de Sens.

Octave de Brizay de Denonville ; le 18 Avril : facé d'argent & de gueules de huit pieces. Diocese de Chartres.

Louis-Alphonce de Castille-Chenoise ; le 6 Octobre : d'azur à la tour d'or, donjonnée de trois pieces. De Brie.

Jean-François de Jallot de Beaumont ; le 23 Decembre : d'azur au chevron d'argent, chargé de trois merlettes de sable, & accompagné de trois trefles d'or. Diocese de Coutance.

Robert de Gourmont de Gié ; le 23 Decembre : d'argent au croissant de sable, au chef de gueules, chargé de trois roses d'or. Diocese de Coutance.

Balthazar de la Mothe-Montberard de Nogent ; le 23 Decembre : d'azur à trois roses d'or. Diocese de Paris.

1660.

Louis le Tonnelier de Breteuil, frere d'Antoine de Breteuil ; le 12 Fevrier : les armes comme dessus. De Paris.

René-Hervé Davy de Sorthoville ; le 11 Mars : d'azur au chevron d'or, accompagné de 3 harpes de même. Diocese de Coutance.

Jacques - Antoine du Quesnel - Coupigny d'Allaigre ; le 11 Mars : de gueules à trois quintefeuilles d'hermines. Diocese de Sées.

Dominique de Beauclerc d'Acheres, frere de Claude ; le 20 Mars : les armes comme dessus. De Paris.

François de Carel Mercey ; le 20 Mars : d'hermines à trois carreaux d'azur. Diocese d'Evreux.

Michel Brulart de Genlis ; le 6 Decembre : de gueules à la bande d'or, chargée d'une traînée, & cinq barillets de poudre de sable. Diocese de Noyon.

Hardouin Brulart de Genlis-Bethancourt, frere du précedent ; le 6 Decembre : les armes comme dessus. Diocese de Noyon.

Hugues de Fleurigny-le-Clerc-Vauvilliers, frere de Louis ; le 19 Decembre : les armes comme dessus. Diocese de Sens.

Philippes le Moictier de Thumberel ; le 19 Decembre : de gueules au chevron d'or, accompagné de trois gerbes de bled de même. Diocese de Beauvais.

1661.

Felix le Comte de Fontaines ; le 22 Janvier : d'azur au chevron d'argent, accompagné vers la pointe de trois besans mal rangez d'or. Diocese de Lisieux.

Nicolas de Gaudechart de Bachivillier ; le 8 Mars : d'argent à l'orle de 9 merlettes de gueules. Diocese de Beauvais. Il étoit Commandeur de Soissons & de Santeni, & Trésorier de l'Ordre de Malte en 1710.

Nicolas de Cullan, frere de Hubert ; le 26 Mars : les armes comme dessus. De Brie.

Omer Bazin de Bezons ; le 20 Mai : d'azur à trois couronnes d'or. De Paris.

Antoine-René de Boullenc de Bailleul, le 23 Juin : d'azur à la face d'or, chargée de trois tourteaux de gueules, accompagnée de 3 épics de bled d'or. Diocese d'Evreux.

Joseph de Montbron d'Ampval, frere de Jean-Baptiste de Montbron ; le 6 de Juillet ; les armes comme dessus. Diocese de Sens.

François Seigneuret de la Borde ; le 23 Juillet : d'or à la face vivrée d'azur, accompagnée de trois aigles de sable.

Louis Roger de Blecourt-Tincourt : de gueules au lion d'argent. Diocese d'Amiens.

Pierre le Bret de Flacourt ; le 6 Août : d'or au sautoir de gueules, accompagné de 4 merlettes de sable, à l'écu en abîme d'argent, au lion de sable, armé & lampassé de gueules. Chef d'escadre des armées navales du Roi en 1690. De Paris.

Eustache de Montbron de Sourdon, frere de Jean-Baptiste & de Joseph ; le 8 Août : les armes comme dessus. Diocese de Sens.

Jacques-Auguste Maynard de Bellefontaine, frere de Jean ; le 10 Septembre : comme dessus. De Paris.

Laurent Martel ; le 26 Mai : à trois bandes d'or, au champ de gueules.

1662.

Armand de Bethune d'Orval ; le 14 Janvier : d'argent à la face de gueules, surmontée d'un lambel de même. De Paris.

Jean-Baptiste Briçonnet ; le 2 Fevrier : d'azur à la bande componée d'or & de gueules de cinq pieces, la seconde chargée d'une étoile d'or, accompagnée vers le chef d'une autre étoile de même. De Paris.

Louis de Gomer de Luzancy ; le 28 Fevrier : d'or à huit merlettes de gueules, 4. 3. & 1. Diocese de Meaux.

Ignace-Constantin de la Tour d'Auvergne de Bouillon ; le 17 Juillet : écartelé au premier & quatriéme semé de France, à la tour d'argent, qui est de la Tour ; au second d'or à 3 tourteaux de gueules, qui est de Boulogne : au troisiéme coticé d'or & de gueules de douze pieces, qui est de Turenne : sur le tout parti à dextre de gueules à la face d'argent, à senextre d'or au Gonfanon de gueules frangé de sinople, qui est d'Auvergne.

Michel de la Potterie ; le 22 Août : d'argent à la potence de sable, mise en pal. Diocese de Beauvais.

Charles Vaultier de Rubercy ; le 23 Août : de sable au lion d'argent semé de billettes de sable, armé & lampassé de gueules. Diocese de Bayeux.

Antoine-Charles de Gaune-Conigy ; le 8 Septembre : d'argent à la bande de gueules, chargée de trois coquilles d'or. Diocese de Soissons.

Robert le Fevre de Caumartin ; le 15 Septembre : d'azur à 5 burelles d'argent. De Paris.

Felix le Fevre de Caumartin-Saint-Port, frere du précedent ; le 15 Septembre : les armes comme dessus. Né en Suisse.

Alexandre-Eustache de Reffuge, frere de Theodore ; le 20 Decembre : les armes comme dessus. De Paris.

René de Maupeou ; le 20 Decembre : d'argent au porc-épic de sable. De Paris.

Philippes de Mazoyer-Verneuil de Villeferin ; le 12 Decembre :
d'argent à trois cœurs de gueules. Diocefe de Paris.
François d'Abancourt de Courcelles ; le 21 Decembre : d'argent à
l'aigle de gueules, membré & béqué d'or. Diocefe de Beauvais.
Charles Cauchon d'Avife ; le 21 Decembre : de gueules au griffon
d'or. Diocefe de Reims.

1663.

Charles de Rogres de Champignelle ; le 7 Mai : gironné d'argent
& de gueules de douze pieces. Diocefe de Sens.
Nicolas de la Baume-Montrevel ; le 12 Mai : d'or à la bande vivrée
d'azur. Né à Paris, mais d'une Maifon d'Auvergne.
Paul Olier de Nointel ; le 12 Mai : d'or au chevron de gueules,
accompagné de 3 grappes de raifin, renverfées d'azur. De Paris.
Jacques d'Eftrades ; le 13 Mai : d'azur au pin d'or, à l'once d'argent marquetée de fable, giffant au pied pofé fur une motte
de finople, mouvante de la pointe. De Paris, mais d'une Maifon
de Gafcogne.
Guy de Chaumont, Marquis de Guitry, étant Grand-Maitre de la
Garde - Robe du Roy, demanda en 1663 commiffion pour être
reçû, & le fut fans aller à Malte : facé d'argent & de gueules de
huit pieces.
Antoine de Saint Sauveur ; le 7 Août : d'argent au chevron d'azur,
accompagné de deux étoiles en chef, & d'une rofe en pointe de
gueules. Diocefe de Bayeux.
Gabriel d'Abos de Themericourt ; le 7 Août : de fable au chevron
d'or, accompagné de trois rofes d'argent. Du Vexin.
Jacques d'Anneville de Chiffrevaft ; reçû de minorité le 13 Decembre : d'hermines à la face de gueules. Diocefe de Coutance.

1664.

François d'Auvet des Marets d'Auvillars ; le 17 Janvier : bandé de
gueules & d'argent ; la premiere bande d'argent, chargée d'un
lion de fable. Diocefe d'Evreux.
Louis de la Salle ; le 23 Février : d'azur à deux éperons d'or, pofez en face, celui de la pointe contourné, ayant leurs deffous de
gueules, liez en cœur l'un avec l'autre d'un ruban de même.
Diocefe de Chartres.
Henri de Rogres de Champignelle, frere de Charles ; le 22 Mars :
les armes comme deffus. Diocefe de Sens.
Chriftophe du Pleffier de Bafincourt ; le 22 Mars : d'argent à la
face de gueules vivrée d'argent, écartelé d'or à 5 rocs de fable,
mis en fautoir. Diocefe de Beauvais.
Jacques-Louis le Nourry du Mefnil-Ponthoray ; le 5 Juin de gueules à 2 chevrons d'argent, accompagnez de 3 molettes d'éperon
de même. Diocefe d'Evreux.
Timoleon Teftu de Balincourt ; le 16 Août : d'or à trois lions léopardez de fable, celui du milieu contourné. Diocefe de Beauvais.

Mederic le Févre de Mormans, le 11 Septembre : d'azur à 5 faces d'argent. De Paris.
François Boucher d'Orsay, le 24 Novembre : de gueules semé de croisettes d'argent, au lion d'or. De Paris.
Jean le Coigneux, le 24 Novembre : d'azur à trois porcs-épics d'or. De Paris.
Emanuel de Guénégaud : de gueules au lion d'or. De Paris.
Alphonce de Cullan-la-Brosse ; reçû de minorité le 29 Decembre : d'argent semé de tourteaux de sable, au sautoir engrelé de gueules brochant sur le tout. Diocese de Meaux.

1665.

Mathieu de Lezay de Lusignan, le 6 Fevrier : burelé d'argent & d'azur, qui sont les armes pleines de Lusignan, & portoit auparavant brisé d'un franc canton, & de huit merlettes mises en orles de gueules.
Gabriel le Bigot de Gastines ; le 13 Fevrier : les armes comme dessus. De Paris.
Alophe du Plessier de Basincourt, le 15 Mars : les armes comme dessus. Diocese de Beauvais.
Martin-Dominique de Vassé de Chastillon, le 27 Mars : d'or à trois faces d'azur. Diocese de Chartres.
Claude Pottier de Novion, le 11 Mai : d'azur à 2 mains droites apaumées d'or, au franc canton échiqueté d'argent & d'azur. De Paris.
Jules-Auguste Pottier de Gesvres ; le 23 Mai : écartelé au premier de Luxembourg ; au second de Bourbon-Condé ; au troisiéme de Lorraine-d'Aumal ; au quatriéme d'Apremont : & sur le tout de Pottier, comme dessus.
Henri Cauchon-Davise de Lheri, frere de Charles, le 31 Mai, les armes comme dessus.
Albert de Bauquemare ; le 18 Août : d'azur au chevron d'or, accompagné de trois têtes de léopard de même. Diocese de Rouen.
François du Rozel de Cagny, le 7 Septembre : de gueules à trois roses d'argent. Diocese de Bayeux.
Henri de Lorraine d'Harcourt, le 15 Novembre ; comme dessus.
Charles de Lorraine d'Harcourt ; le 15 Novembre : comme dessus.

1666.

Alexandre d'Illiers d'Antragues, frere de Joachim, le 31 Juin : les armes comme dessus.
Charles de Bellemare de Duranville, le 31 Juillet : de gueules à la face d'argent, accompagnée de trois poissons de même, posez en face. Diocese de Lisieux.
Philippes de Vendôme, reçû de minorité, d'azur à trois fleurs de lys d'or, au bâton péri en bande de gueules, chargé de 3 lionceaux d'argent.
Nicolas de Fresnoy ; le 30 Avril : d'or au sautoir de sable.

François de Gouftimefnil-Martel ; le 23 Août : d'or à 3 marteaux de gueules. Diocefe de Rouen.

Louis Louvet de Glify ; le 23 Août : d'or à trois hures de fanglier de fable. Diocefe d'Amiens.

Robert Jallot de Beaumont, frere d'Adrien ; le 23 Août : les armes comme deffus. Diocefe de Coutance.

Jean-Baptifte le Marinier de Cany ; le 14 Novembre : de gueules au pal d'argent, chargé de trois coquilles d'azur. Diocefe de Rouen.

Nicole le Marinier de Cany-Barville, frere du précedent ; le 14 Novembre : les armes comme deffus. Diocefe de Rouen.

Pierre de Neuville de la Frenaye ; le 24 Décembre : d'hermines fretté de gueules. Diocefe de Sées.

Chriftophe Lardenois de Ville ; le 24 Décembre : d'azur à la face d'argent, chargée d'une autre face de fable, furchargée d'une chaîne d'argent.

Euftache de Vauquelin des Chefnes : d'azur au chevron d'argent, accompagné de trois croiffans de même, deux en chef & l'autre en pointe ; celui de la pointe furmonté d'une molette d'éperon auffi d'argent. Commandeur de la Commanderie d'Orleans en 1702.

Adrien de Mellechaftel ; reçû de minorité le 29 Août : d'argent à 3 croiffans de gueules. Diocefe de Beauvais.

Charles-Antoine de Fourneau ; reçû de minorité le premier Mai : d'azur femé de billettes d'or, au chevron de même. Diocefe d'Anvers.

1667.

Alexandre Adrien de Chambon d'Arbouville ; le 15 Fevrier : facé d'or & d'azur. Diocefe de Chartres.

Charles Feydeau de Vaugien, frere de Louis ; le 11 Mars : comme deffus. De Paris.

Louis-Cefar du Merle de Blancbuiffon ; le 15 Mars : de gueules à trois quintefeuilles d'argent. De Normandie.

Antoine-Martin Colbert de Seignelay ; le premier Août : d'or à la couleuvre tortillante, & mife en pal d'azur. De Paris.

Euftache de Bernart Davernes ; le 17 Août : d'argent au chevron de fable accompagné de trois trefles de finople, deux en chef & une en pointe : Commandeur de la Commanderie de Chamu en 1701, & de la Commanderie d'Abbeville en 1713 ; Receveur & Procureur général de l'Ordre de Malte au grand Prieuré de France en 1720. Diocefe de Lizieux.

Claude-Louis de Saiffeval ; le 3 Octobre : d'azur à deux barbaux adoffez d'argent. Diocefe d'Amiens.

Alexandre Gouffier de Thois ; le 18 Octobre : d'or à trois gemelles de fable. De Picardie.

Louis-

Louis-Leonord d'Abos de Themericourt, frere de Gabriel ; le 9 Novembre. Les armes comme ci-dessus.

Charles le Fevre d'Ormesson ; le 7 Decembre : d'azur à 3 lys fleuris d'argent. De Paris.

1668.

Denis de Choiseul d'Hostel ; le premier Mars : écartelé au premier de gueules au lion d'argent armé, lampassé & couronné d'or, au deuxième facé d'or & de sable, au troisième d'argent à la face de gueules, & au quatrième d'or au lion de sable armé, lampassé de gueules, sur le tout de Choiseul. De Paris.

René de Clinchamp de Bellegarde ; le 20 Avril : d'argent à trois fanons de gueules pendants d'un bâton racourci de même mis en face.

Antoine-Claude de Caillebot de la Salle ; le 27 Janvier : d'or à six annelets de gueules, 3, 2 & 1. Né à Paris.

Julles de Savoye de Soissons ; le premier Juillet : écartelé, au premier contreécartelé, au premier de Jerusalem, au deuxième burelé d'argent & d'azur au lion de gueules, qui est de Luzignan-Chypre ; au troisième d'or au lion de gueules, qui est d'Armenie ; an quatrième de Luxembourg ; au deuxième & grand quartier parti à dextre de gueules au cheval effrayé & contourné d'argent, qui est de Saxe ancien ; à senextre facé d'or & de sable au cancerlin de sinople mis en bande brochant sur le tout, qui est de Saxe moderne ; enté en pointe d'or à trois bouterolles d'épée de gueules, qui est d'Angrie ; au troisième & grand quartier parti, à dextre d'argent semé de billettes de sable au lion de même, qui est de Chablais ; à senextre de sable au lion d'argent, qui est d'Aouste ; au quatrième & grand quartier parti, à dextre cinq points d'or équipolez à quatre d'azur, qui est de Geheve ; à senextre d'argent au chef de gueules, qui est de Montferrat, & sur le tout de gueules à la croix d'argent brisée d'une bordure d'azur, qui est de Savoye-Soissons.

Jean-Georges de Mouchy ou Monchy d'Hoequincour ; le 17 Avril : de gueules à trois maillets d'or à la bordure dentellée de même. Diocese de Paris.

François-Emanuel de Savoye-Soissons, frere de Jules ; le premier Juillet, comme dessus.

Jerôme-Philippes Chesnel de Meux ; le 18 Août : d'argent à trois bâtons escottez de sinople, mis en pal, 2 & 1. Diocese de Soissons.

Jean de Mathan de Semilly ; le 7 Septembre : facé d'or & de gueules de huit pieces au chef de gueules chargé d'un lion léopardé d'or. Diocese de Bayeux.

François de Saint-Phalle-Villefranche ; le 18 Septembre : d'or à la croix ancrée de sinople. Diocese de Sens.

Tome IV.

Claude-Robert Aubery ; le 13 Octobre : d'or à cinq faces de gueules. De Paris.

François-Raoul Brethel de Gremonville ; le 2 Novembre : d'or au chevron de gueules chargé vers sa pointe d'une fleur de lys d'or, & accompagné de trois molettes d'éperon d'azur au chef d'azur, chargé d'un poisson nommé Brethel, d'argent. Diocese de Rouen.

Achilles Barrin de la Galissonniete ; le 2 Novembre : d'azur à trois papillons d'or, 2 & 1.

Jean-Baptiste Osmond d'Aubry ; le 12 Novembre : de gueules au vol d'hermines. Diocese de Lizieux.

Jean-Jacques Amelot ; le 24 Novembre : d'azur à trois cœurs d'or & un soleil de même en chef. de Paris.

Joseph-Ignace de Voyer de Paulmy d'Argenson ; le dernier Decembre : d'azur à deux léopards couronnez d'or écartelé d'argent à la face de sable, & sur le tout par privilege de la République de Venise, de gueules au léopard de Saint Marc d'or, qui sont les armes de ladite République. De Paris, mais d'une Famille de Touraine.

1669.

François de Comenge ; le 29 Mars : de gueules à quatre otelles ou croix patées d'argent mises en sautoir. Né à Paris, mais d'une Famille de Gascogne.

Jean-François Damas de Crux ; le 8 Mai : d'or à la croix ancrée de gueules. Diocese de Nevers.

Louis-Marie-François le Tellier de Louvois ; le 26 Mai : d'azur à trois lezards d'argent mis en pal, 2 & 1, au chef de gueules chargé de trois étoiles d'or. De Paris.

Eustache de Bernart Davernes de la Châtellenie ; le 2 Juin : d'argent au chevron de sable accompagné de trois trefles de sinople, deux en chef & une en pointe : Commandeur des Commanderies de Sainte-Vaubourg sur Seine en 1698, & de Maupas en Picardie en 1716. Diocese de Livieux.

Jacques-Antoine de Camprond de Gorges ; le 7 Juillet : d'argent à la quintefeuille de gueules. Diocese de Coutance.

Georges Jubert du Thil ; le 11 Octobre : d'azur à la croix racourcie d'or, écartelé d'azur à cinq fers de lance à l'antique, d'argent, 3 & 2. Diocese de Rouen.

Jean-Baptiste d'Herbouville de Saint Jean ; le dernier Octobre : de gueules à la fleur de lys d'or. Diocese de Rouen.

Henri de Guenegaud, frere d'Emanuel ; le dernier Octobre : les armes comme ci-devant. Diocese de Meaux.

René de Capendu-Boursonnes ; le 12 Novembre : d'argent à trois faces de gueules surmontées de trois merlettes de sable en chef. Diocese de Soissons.

Jean-Anne de Fouille-Escrainville ; le 22 Decembre : d'azur au sautoir dentellé d'argent accompagné de quatre dragons aîlez d'or. Diocese de Rouen.

1670.

Charles-Martial Davy de la Pailleterie ; le 23 Janvier : d'azur à trois aigles d'or tenant en cœur un anneau d'argent, ceux du chef avec les pieds, & celui de la pointe avec le becq. Diocese de Rouen.

Claude-François des Reaulx ; le 23 Janvier : d'or au lion de sable ayant la face humaine au naturel. Diocese de Troyes.

Henri de Fouilleuse de Flavacourt ; le 25 Janvier : d'argent papelonné de gueules, chaque piece ayant un trefle renversé de même. Diocese de Rouen.

Claude-Joseph le Jay de la Maisonrouge ; le 26 Janvier : d'azur à l'aigle d'or regardant un soleil de même au canton dextre, cantonné aux trois cantons de trois aiglettes aussi d'or. De Paris.

Emanuel-Theodose de la Tour d'Auvergne de Bouillon neveu d'Ignace Constantin ; le 10 Avril : les armes comme ci-devant.

Helie Camus de Pontcarré ; le 10 Mai ; d'azur à trois croissans d'or, & une étoile de même en cœur. De Paris.

François Maignart de Bernieres ; le 7 Octobre : d'azur à la bande d'argent chargée de trois quintefeuilles de gueules. Diocese de Rouen.

1671.

Jacques-Claude de Véelu de Passy ; le premier Janvier : de sinople à trois alerions d'or. Diocese de Sens.

Georges le Cordier du Troncq ; le 9 Janvier : d'azur à la bande d'argent chargée de cinq lozanges de gueules, & accompagnée de deux molettes d'éperon d'or. Diocese de Rouen.

Pierre-Cesar de Miremont-Berrieux ; le 9 Janvier : d'azur au pal d'argent fretté de sable de douze pieces, côtoyé de deux fers de lance d'argent emmanchez d'or. Diocese de Rheims.

Bernard de Baradat, frere de Bernard, ci-devant ; le 20 Janvier : les armes comme dessus. Diocese de Soissons.

Michel de Verthamon ; le 15 Avril : écartelé au premier de gueules au lion d'or, au deuxiéme & troisiéme cinq points d'or équipolez à quatre d'azur, & au quatriéme de gueules pur. De Paris.

Guillaume-François de Bernart Davernes de Bocage ; le 16 Avril : d'argent au chevron de sable accompagné de trois trefles de sinople, deux en chef & un en pointe : Castelan en 1706, Infirmier en 1710, Commandeur de la Commanderie de Laon en 1716. Diocese de Lizieux.

Henri-Maurice de la Tour d'Auvergne de Bouillon, frere d'Ignace-Constantin ; le 2 Mai. Les armes comme ci-devant.

Louis-Anne de Rogres, frere de Charles; le 13 Juin : les armes comme dessus. Diocese de Sens.

Jacques-François du Bouzet de Rosquepine ; le 15 Juin : d'argent au lion d'azur couronné & lampassé d'or, mais d'une Maison de Gascogne. Diocese de Laon.

Charles Gouffier de Thois, frere d'Alexandre ; le 3 Juillet : les armes comme dessus. De Picardie.

1672.

Joseph-Laurents de Vins ; le 25 Janvier : d'azur à la tour d'argent côtoyée de deux étoiles d'or, écartelé d'or au loup d'azur. Né à Paris, mais d'une Maison de Provence.

Pierre des Reaux, frere de Claude-François ; le 17 Mai : les armes comme ci-dessus. Diocese de Troyes.

Jacques de Rogres de Langlée, frere de Charles ; le 17 Mai : les armes comme dessus. Diocese de Sens.

Jerôme-François de la Chaussée d'Arrest ; le 30 Mai : d'azur à neuf croissans d'argent, 3. 3. 2. & 1, & trois besans d'or. Diocese d'Amiens.

François-Gabriel-Henri Foucault de Saint-Germain-Beaupré ; le 31 Août : d'azur semé de fleurs de lys d'or.

1673.

Louis des Reaulx ; le 4 Janvier, frere de Claude-François & de Pierre : les armes comme ci-dessus. Diocese de Troyes.

Guillaume-François de Herissy-Fierville ; le 4 Janvier : d'argent à trois herissons de gueules. Diocese de Bayeux.

Pierre-Gilbert Colbert de Villacerf ; le 22 Mars : d'or à la couleuvre tortillante, & mise en pal d'azur. Diocese de Paris.

Jean-Maximilien de Belleforiere-Soyecourt ; le 19 Juin : de sable semé de fleurs de lys d'or.

Charles de Brouilly-Vvartigny ; d'argent au lion de sinople armé, lampassé & couronné de gueules. Diocese de Soissons.

Augustin-Scipion de Brouilly de Vvartigny, frere du précedent; les armes comme dessus. Diocese de Soissons.

1674.

Jean-Baptiste de Fresnoy, frere de Nicolas ; le 2 Avril. Les armes comme ci-dessus.

François-Charles de Gaillarbois-Marcouville ; le 10 Mai : d'argent à six annelets de sable, 3, 2 & 1. Diocese de Rouen.

Guillaume de la Salle ; le premier Août : d'azur à deux éperons d'or, celui de la pointe contourné ayant leurs dessous de gueules liez en cœur l'un avec l'autre d'un ruban de même. Diocese de Paris.

1675.

Gabriel de Caílonne de Courtebourne ; le 19 Janvier : d'argent à l'aigle de sable membré & becqué de gueules. Diocese de Boulogne.

Jean Bauïn ; le 21 Juin : d'azur au chevron d'or, accompagné de trois mains dextres d'argent : mort Maréchal de camp, & Gouverneur de Furnes,

Balthazar-Henri de Fourcy; le 25 Juillet: d'azur à l'aigle d'or, au chef d'argent, chargé de trois tourteaux de gueules. Diocese de Paris.

Jacob de Rogres de Champignelle, frere de Charles; le 14 Decembre. Les armes comme ci-devant.

1676.

Thomas Puchot des Alleurs; d'azur à l'aigle à deux têtes d'or au chef de même. Diocese de Rouen.

François-Pierre de Vion de Grosrouvre de Tessencourt; de gueules à trois aigles d'argent. Diocese de Chartres.

François-Antoine le Fort de Bonnebosc; le 31 Janvier: de gueules au chevron d'or, accompagné de trois croissans d'argent. Diocese de Rouen.

Claude-Jean-Baptiste le Bascle d'Argenteuil; le 24 Avril: de gueules à trois macles d'argent. Diocese de Sens.

Chrétien-Louis de Montmorency de Luxembourg; le 6 Juin: d'or à la croix de gueules, cantonnée de seize alerions d'azur, & sur le tout d'argent, au lion de gueules, armé, lampassé & couronné d'or, la queue nouée, fourchue & passée en sautoir.

Charles-Blaise le Bascle d'Argenteuil, frere de Jean-Baptiste; le 20 Juillet: mêmes armes. Diocese de Sens.

1677.

René des Reaulx, frere de Claude-François, de Pierre & de Louis; le 11 Janvier: les armes comme ci-devant. Diocese de Troyes.

Philippes de Benoise; le 11 Janvier: d'argent à la face d'azur chargée d'une fleur de lys d'or, accompagnée de trois roses de gueules. De Paris.

Charles de Bragelonnes; le 7 Février: de gueules à la face d'argent chargée d'un vannet en forme de coquille de sable, accompagnée de trois molettes d'éperon d'or. Diocese de Paris.

Charles de Feuquerolles-Cantelou; le 17 Février: d'or à la branche de fougere de sinople mise en pal au chef de sable. Diocese de Rouen.

Jean de Lamoignon; le 6 Juin: lozangé d'argent & de sable au franc canton d'hermines. Diocese d'Auxerre, mais d'une Maison de Nivernois.

Adrien-Claude le Tellier; le 13 Octobre: d'azur à trois lezards d'argent mis en pal au chef de gueules chargé de trois étoiles d'or. De Paris.

1678.

Charles-Pierre de Benoise, frere de Philippe; le 4 Février: les armes comme dessus: il a été Lieutenant de galeres du Roi en 1684, mort sur la Capitane de Malte en 1720. Diocese de Paris.

Claude-Gabriel Testu de Balincourt d'Hedouville, frere de Timoleon; le 4 Février: les armes comme ci-devant. Diocese de Paris.

Robert-Jean-Antoine de Franquetot d'Auxais; le 5 Février: de gueules à la face d'or chargée de trois molettes d'éperon d'azur, & accompagnée de trois croiſſans d'or. Diocèſe de Coutance.

François - Georges le Cordier de Varaville ; le 30 Juillet : d'azur à la bande d'argent chargée de cinq lozanges de gueules, accompagnée de deux molettes d'éperon d'or. Diocèſe d'Evreux.

Alexandre le Tellier de Louvois, frere de Louis-Marie-François ; le 20 Novembre ; d'azur à trois lezards d'argent mis en pal 2 & 1, au chef de gueules chargé de trois étoiles d'or. Diocèſe de Paris.

Jean de la Vieuville ; écartelé au premier & quatriéme facé d'or & d'azur de huit pieces à trois annelets de gueules rangez en chef brochant ſur les deux premieres ; au deuxiéme & troiſiéme d'O, & ſur le tout d'argent à ſept feuilles de houx d'argent, 3, 3 & 1, qui eſt de la Vieuville. De Paris.

Jacques - François de Gourmont de Courcy ; d'argent au croiſſant de ſable au chef de gueules chargé de trois roſes d'or. Diocèſe de Coutance.

1679.

Pierre de Moucy ; le 27 Janvier : d'or au pin de ſinople, fruité d'or au chef d'azur chargé de trois étoiles d'or. Diocèſe de Paris.

Victor-Alexandre d'Aſſignies d'Alloyne ; facé de gueules & de vair. D'Artois.

François du Sart de Thury ; le 8 Mai : de gueules à la bande vivrée d'argent. Diocèſe de Rouen.

François Alexandre de Vieuxpont ; le 25 Juin : d'argent à dix annelets de gueules, 3. 3. 3 & 1. Né à Paris, mais d'une Maiſon de Normandie.

Jean Pierre le Baſcle d'Argenteuil de Mailly, frere de Claude-Jean-Baptiſte ; le 3 Septembre : de gueules à trois macles d'argent. Diocèſe de Sens.

Louis Fouquet ; le 21 Décembre : d'argent à l'écureuil rampant de gueules. Diocèſe de Sens.

1680.

Guillaume-Euſtache d'Anneville ; le 2 Janvier : d'hermines à la face de gueules. Diocèſe de Coutance. Il eſt frere de Jacques reçû de minorité le 13 Decembre 1663.

Pierre Aubery de Cauverville ; le 2 Janvier : de gueules à trois têtes de levriers accollées d'argent. Diocèſe de Lizieux.

Edouard - Nicolas Bazan de Flamanville ; le 2 Janvier : d'azur à quatre faces d'argent ſurmontées d'un lion léopardé de même. Diocèſe de Coutance.

Pierre Buſquet ; le 2 Janvier : d'argent à la face de gueules accompagnée d'un cœur en chef & d'une roſe de même en pointe, le cœur côtoyé de deux molettes d'éperon de ſable. Diocèſe de Rouen.

Guillaume de Callone de Courtebourne ; le 2 Janvier : d'argent à l'aigle de fable becqué & membré de gueules. Diocefe de Boulogne.

Gabriel-Jacques de la Haye de Coulonce ; de gueules à fix lozanges d'argent, 3, 2 & 1. Diocefe de Lizieux.

Antoine Coftart de la Motte ; d'argent au lion de fable armé & lampaffé de gueules. Diocefe de Bayeux.

Gabriel-Adrien de Limoges Saint-Saen ; le 13 Juin : d'argent à fix tourteaux de gueules, 3, 2 & 1. Diocefe de Rouen.

Georges d'Auray de Saint-Pois ; le 15 Août : lozangé d'or & d'azur. Diocefe d'Avranches.

Gafton du Bofch d'Hermival ; le 14 Août : d'hermines au lion de fable armé, lampaffé & couronné d'or. Diocefe de Lizieux.

Jacques le Blanc du Roullet de la Croifette ; d'azur à trois licornes rampantes d'argent, 2 & 1. Diocefe d'Evreux.

Jofeph de Droulin de Saint Criftophe ; le 12 Decembre : d'argent au chevron de gueules accompagné de trois quintefeuilles de finople. Diocefe de Séez.

Gabriel-Charles de Bernart d'Avernes de Chaumont : d'argent au chevron de fable, accompagné de trois treffles de finople, deux en chef, & un en pointe. Capitaine commandant un vaiffeau de la Religion en l'an 1710. Commandeur de la Commanderie de la Ville-Dieu en Dreugefin en 1716.

1681.

Jofeph-Hiacinte du Glas ; le 25 Janvier : d'azur au Château de 3 tours d'argent, chargé en cœur d'un écu d'argent, au cœur de gueules, couronné d'or, au chef d'azur, chargé de trois étoiles d'argent. Diocefe de Laon.

Charles-François Gouyon de Condé ; le 22 Mars : d'azur au chevron d'or, accompagné de trois lozanges de même. Diocefe de Laon.

Henri Bouthillier de Rancé ; en Mars : écartelé au premier d'azur à trois fufées d'or, mifes en face ; au fecond d'argent, à la bande fufelée de fable ; au troifiéme d'hermines, & au quatriéme d'or à la croix de gueules. Diocefe de Chartres.

François le Maire de Parifis-Fontaine ; le 21 Mai : d'argent à trois lozanges de gueules. Diocefe de Beauvais.

Ciprien le Févre de la Barre ; le 21 Mai : d'azur au chevron d'or, accompagné de deux étoilles en chef, & d'un foucy feuillé en pointe, le tout d'or. De Paris.

Louis-Hyacinte de Caftel de Saint Pierre ; en Juin : de gueules au chevron d'argent, accompagné de trois rofes d'or. Diocefe de Coutance.

Antoine-François de Caftel de Saint Pierre, frere du précedent : comme deffus. Diocefe Coutance.

Hubert-Claude de Fleurigny ; le 16 Novembre : neveu de Louis de Fleurigny le Clerc, ci-devant.

1682.

Louis de Froullay ; reçû de minorité : d'argent au sautoir de gueules, bordé & engrelé de sable, au lambel de gueules en chef.

François Aprix de Morienne : d'azur à la tour d'argent écartelée d'argent à trois oyseaux de sable. Diocese de Rouen.

Hubert des Friches-Doria de Brasseuse ; d'azur à la bande d'argent chargée de trois défenses d'éléphant de sable, & accosté de deux roues d'horloge. Diocese d'Amiens.

Eustache de Vauquelin des Chesnes : comme dessus. Commandeur de la Commanderie de Boux & Merlan en 1715.

Charles d'Harcourt de Bevron ; de gueules à deux faces d'or.

1683.

Antoine-Jean-Baptiste de Fleurigny ; le 9 Fevrier : frere d'Hubert-Claude, ci-dessus.

Nicolas de Grieux ; le 15 Juin : de sable à trois grues d'argent, tenant le vigilance d'or, 2 & 1.

François & Gilles le Maistre, freres ; le 19 Juin : d'azur à trois loups d'or, 2 & 1.

Nicolas le Bascle ; le 13 Novembre : de gueules à trois macles d'argent.

Jean-Baptiste des Acres de l'Aigle ; d'argent à trois aigles de sable, 2 & 1.

François-Catherine de Neuville.

André Clerel ; le 15 Novembre : d'argent à la face de sable surmonté de trois merlettes de même, & en pointe de trois tourteaux d'azur.

Gabriel de la Plastiere.

Jean-François de Caradas ; d'argent au chevron d'azur accompagné de trois roses de gueules, tigées & feuillées de sinople.

1684.

Antoine-Jean-Baptiste de Fleurigni, Commandeur de la Croix en Brie. Les armes comme ci-dessus.

Nicolas de Senicourt de Sesseval ; le 18 Mai.

Pierre Blouet de Camilli ; le 14 Novembre : d'azur au lion d'or armé & lampassé de gueules, & un chef cousu de gueules chargé d'un cœur d'or, & accosté de deux croissans d'argent.

Joseph de Laval-Montmorency ; le 15 Novembre : Commandeur de Louviers, Vaumon & de Thors. De Montmorency, la croix chargée de cinq coquilles d'argent.

Bruno-Emmanuel Langlois de Motteville ; le 16 Novembre : de gueules à deux lions passans d'or, & un chef d'azur chargé de trois besans d'argent.

Claude-Alexandre de Pont de Renepont ; le 24 Avril : de sable à la bande d'argent chargée d'un lion de gueules, accompagnée d'un croissant d'argent accosté d'une étoile de même, & d'une autre en pointe aussi d'argent.

Paul-

1685.

Paul-Hippolitte de Beauvilliers de Saint-Agnan; le 4 Mars: facé de six pieces d'argent & de sinople, l'argent chargé de six merlettes de gueules, trois en chef, deux en face, & une en pointe.

Antoine-Eustache d'Osmond; le 15 Juin. Les armes ci dessus.

Jean-François de Chevestre de Cintray; le 21 Août: d'azur à trois hiboux d'or, 2 & 1.

Louis le Roux d'Infreville; le 13 Novembre: de gueules à 3 roses d'argent.

Henri de Villeneuve-Trans; le 13 Novembre.

Jean-Nicolas de Megrigni; le 14 Novembre: d'argent au lion de sable.

Pierre de la Vove: de sable à six besans d'argent, 3. 2. & 1.

Nicolas-Emanuel-Bruno-Langlois de Motteville: comme Langlois de Motte ville ci-dessus.

1686.

Georges de Monchi; le 29 Avril: de gueules à trois maillets d'or.

Pierre-Ambroise de Doynel de Montécot; le 25 Mai: d'argent au chevron de gueules accompagné de trois merlettes de sable, deux en chef & une en pointe.

Gabriel de Doynel de Montécot; le 26 Mai: mêmes armes que dessus.

Michel-Seraphim des Escottetz; le 14 Juin: d'argent à 3 quintefeuilles de gueules.

Gabriel de Monchi d'Hocquincourt; le 18 Juin: comme dessus.

Alexandre-Thomas du Bois de Givri; le 13 Novembre: écartelé au premier & quatriéme d'azur à six besans d'or, 3. 2 & 1. & un chef d'argent, chargé d'un lion naissant de sable; au 2. & 3. d'or à trois bandes de gueules; celles du milieu chargées de 3 étoiles d'argent: & sur le tout d'or à trois clous de la Passion de sable, & un chef d'azur chargé de trois aigles d'argent.

Jean-François de Caradas du Heron: d'argent au chevron d'azur, accomgné de trois roses de gueules, tigées & feuillées de sinople.

Nicolas Maignard de Bernieres; le 14 Novembre: d'azur à une bande d'argent, chargée de trois quinte-feuilles de gueules.

Charles-Antoine de Poussemothe de Thiercenville, Commandeur d'Orleans & de Fiolette: d'azur à trois lys au naturel, & entez en pointe, cousus de sable à l'étoile d'or.

Eustache le Veneur de Tillieres, Commandeur de Hauteavesne: d'argent à la bande d'azur, chargée de trois sautoirs d'or.

1687.

Henri de Crevecœur; le 8 Avril: de gueules au sautoir d'or.

Gabriel-Etienne-Louis Texier d'Hautefeuille; le 13 Juin: de gueules à une levrette courante d'argent, surmontée d'un croissant d'or.

Philippe-Alexandre de Conflans ; le 17 Juillet : d'azur femé de billettes d'or, au lion de même brochant fur le tout.
Louis-Armand de Pouffemothe de l'Etoile de Graville, Commandeur d'Ivry-le-Temple ; le 13 Novembre : comme deffus.
Paul-Roger de la Luzerne de Beuzeville, Commandeur d'Auxerre: d'azur à la croix ancrée d'or, chargée de 5 coquilles de gueules.
Gilbert Poiffon du Mefnil ; le 17 Novembre : de gueules au Dauphin d'argent, accompagné en pointe de 3 coquilles d'or, deux & une.
Paul-Hypolyte Sanguin de Livri ; le 2 Decembre : d'azur à la bande d'argent, accompagnée en chef de trois glands d'or, & en pointe de deux pattes de griffon de même, & de trois demies rofes d'argent, mouvantes de la pointe de l'écu.

1688.

Jacques de Johane de Somery ; le 22 Mai : de gueules au lion d'or écartelé, parti au premier d'azur à trois faces d'or, au fecond de fable à trois coquilles d'argent, pofées en pal.
Hubert-Claude de Fleurigny ; le 21 Juin : comme deffus.
Pierre-Alexandre de Pouffemothe de Thiercenville : comme deffus.
Antoine de Buffevant de Percey ; le 23 Août : de gueules à trois lances d'or, brifées en trois bagues d'or.
René-François de Froullay de Teffé ; le 29 Septembre : d'argent au fautoir de gueules, engrêlé de fable.
Louis-Henri Colbert ; le 20 Novembre : comme deffus.

1689.

Antoine le Fevre de la Malmaifon ; le 17 Janvier : d'azur au chevron d'or, accompagné de deux étoiles en chef de même, & d'un fouci en pointe, auffi d'or.
Henri Colbert de Maulevrier ; le 21 Mars : comme deffus.
Louis Courtain de Villers ; le 23 Mai : d'azur à trois croiffans montans d'or, deux en chef, & un en pointe.
Annibal-Jules de Senneterre ; le 30 Juin : d'azur à cinq fufées d'argent, rangées en face.
Jean-Antoine, & Chriftophe-Edouard-François de Thumeri Boiffize ; le 19 Novembre : d'or à la croix de gueules, cantonnée de quatre boutons de rofes au naturel.

1690.

André-Jofeph de Mercaftel ; le 4 Mars.
Claude-Adrien le Roux d'Efneval ; le 27 Avril : d'azur au chevron d'argent, accompagné de trois têtes de léopard d'or, deux en chef, & un en pointe.
Antoine-François de Roncherolles ; le 30 Octobre : d'argent à deux faces de gueules.
François-Jean Fraguyer ; le 16 Novembre : d'azur à la face d'argent, accompagnée de trois grappes de raifin d'or.

1691.

Charles-Louis de Belloy ; le 7 Juillet.
Eugene-François de Croix ; le 13 Novembre.
Urfin Camus de Pontcarré ; le 14 Novembre : d'azur à l'étoile d'or, accompagnée de trois croiffans d'argent.
Jean-Jacques de Mefme ; le 15 Novembre : écartelé au premier d'or, au croiffant montant de fable ; au fecond & troifiéme d'argent, aux deux lions léopardez de gueules l'un fur l'autre ; au quatriéme d'or à une étoile de fable, au chef de gueules, à une onde d'azur pofée en pointe ; au chef coufu de la Religion, qui eft de gueules à la croix d'argent, l'écu pofé fur la croix de l'Ordre, & environné d'un Chapelet, d'où pend une pareille croix.

1692.

Guillaume-Georges de Gouffier ; 14 Avril : d'or à trois jumelles de fable.
Emanuel-Maurice de la Tour d'Auvergne ; le 7 Mai : les armes comme deffus.
Louis-François & Louis-Vincent du Bouchet de Sourches ; le 16 Juin : d'argent à deux faces de fable.
François-Dominique de Bragelongne : comme deffus.
Alphonfe-Ignace de Lorraine d'Armagnac ; le 16 Juin : tous les quartiers de Lorraine, Guife- & une bordure de gueules, chargée de huit befans d'or.
Albert-François de Croy, Comte de Solre : écartelé au premier & quatriéme d'argent à trois faces de gueules ; au fecond & troifiéme d'argent à trois doloirs de gueules, les deux du chef adoffez.
Alexandre de Cheveftre de Cintray ; le 14 Juillet : les armes comme deffus.
Adrien de la Viefville de Vignacourt ; le 18 Juillet : burelé d'or & d'azur de huit pieces, les deux en chef, chargés de trois annelets de gueules.
Augufte-Eugene de Belloy de Catillon ; le 18 Juillet : d'argent à 4 bandes de gueules.
Conftantin-Louis d'Eftourmel ; le 18 Juillet : de gueules à la croix engrêlée d'argent.
Timoleon de Gouffier de Thois ; le 21 Juillet : d'or à trois jumelles de fable.
François de Beringhen ; le 16 Octobre : d'argent à trois pals de gueules, au chef d'azur, chargé de deux fleurs de neflier d'argent, boutonnées & pointées d'or.
Claude-Armand de Beringhen ; le 17 Octobre : les armes comme deffus.
Pierre-Guillaume de Bailleul ; le 15 Novembre : parti d'hermines & de gueules.

1693.

Victor Fera de Rouville ; le 21 Fevrier : d'argent au lion d'azur, armé & lampaſſé de gueules, chargé d'une fleur de lys d'or ſur l'épaule gauche.

François Béat de Vignacourt ; le 21 Fevrier : d'argent à trois fleurs de lys, au pied nouri de gueules, deux en chef & une en pointe, avec un lambel auſſi de gueules en chef.

Charles-François de Beaunay du Tot ; le 13 Juin.

Louis-Leon d'Illiers ; le 3 Juillet : d'or à ſix annelets de gueules, 3. 2 & 1.

Victor de Broglio ; le 10 Juillet : d'or au ſautoir ancré d'azur.

Auguſte-Leon de Bullion de Bonnelles ; le 10 Juillet : d'azur à trois faces ondées d'argent au lion d'or iſſant de la premiere face, écartelé d'argent à une bande de gueules, accompagnée de ſix coquilles de même, poſées trois en chef, & trois en pointe.

Charles de Pierrepont ; le 13 Novembre : d'azur à trois pals d'or, & un chef de gueules.

François de Cugnac de Dampierre : gironné d'argent & de gueules.

1694.

Balthaſar-Phelypeaux de Châteauneuf ; le premier Mars : écartelé au premier & quatriéme d'azur ſemé de baſſinets, ou quatre feuilles d'or, au franc quartier d'hermines, au 2. & 3. d'argent à trois lézards de ſinople, poſez en pal, 2. & 1.

François-Emanuel de Ligny ; le 15 Juin : de gueules à la face d'or, au chef échiqueté d'argent & d'azur de trois traits.

Henri-Louis Beaupoil de S. Aulaire de Lanmary ; le 16 Juin : de gueules à trois couples de chiens d'argent, liez d'azur.

Philippes de Freſnoy ; le 21 Juin : d'or au ſautoir de ſable.

Anne de Faucon de Rys, & Jean-Baptiſte de Faucon de Rys, le 30 Août : de gueules à une patte de lion d'or, poſée en bande ; écartelé d'argent à un taureau furieux de ſable, & une bordure dentelée de même.

Pierre-François le Viconte de Blangy ; le 19 Octobre : d'azur à trois coquilles d'or, deux en chef, & une en pointe.

Jean-Baptiſte-Edouard de Pouſſemothe de l'Etoile de Graville ; le 13 Novembre : les armes comme deſſus.

Gilles-Pierre-Laurent de Thyremois de Tertu ; le 17 Novembre : d'azur au ſautoir d'argent, chargé de 5 cornets de gueules, liez de ſinople.

Henri-Camil de Beringhen ; le 20 Decembre : d'argent à trois pals de gueules, au chef d'azur, chargé de deux fleurs de neflier d'argent, boutonnées & pointées d'or.

1695.

Pierre-Guillaume-René de Thyremois de Tertu, frere du précedent ; le 26 Avril.

Pierre-Louis de Brevedant de Sahurs ; le 18 Mai : d'argent à trois anilles de moulin de sable, deux en chef, & une en pointe, au chef d'azur, chargé de cinq befans d'or.
Joseph de Lancry de Pronleroy ; le 19 Mai : d'or à trois ancres de sable, deux en chef, & une en pointe.
François Guyon de la Vauguyon ; le 16 Juin.
François-Henri du Prat de Barbançon ; le 25 Juin : d'or à la face de sable, accompagnée de trois trefles de sinople, deux en chef, & un en pointe.
Louis d'Argouges ; le 29 Juillet : écartelé d'or & d'azur, chargé de trois quintefeuilles de gueules, deux en chef, & une en pointe. Il mourut au mois d'Août 1725, Commandeur de Saint Remi en Poitou, chargé des affaires de France à Malte.
Hierosme-Alexandre le Ver de Caux ; le 22 Août : d'argent à trois sangliers de sable, accompagnez de neuf trefles de même, trois en chef, trois en faces, & trois en pointe.
Paul-Victor-Auguste le Févre de Caumartin ; le 14 Novembre : d'argent à cinq burelles d'azur.
Charles de Thieuville de Bricquebosc ; le 17 Novembre : d'argent à deux bandes de gueules, accompagnées de sept coquilles de même, deux, trois & deux.
Jacques-Auguste de Harlayde Bonnœil ; le 7 Decembre : d'argent à deux pals de sable.

1696.

Pierre de Gondrin d'Antin ; le 3 Mars : écartelé au premier de sinople, chargé d'un écu d'or, au lion rampant de gueules, accompagné de six écussons d'or, bordez de gueules, trois en chef, deux & un en pointe ; le deuxième mi-parti d'or à quatre pals de gueules, le troisième d'or à un lion de sable, le quatrième d'azur à une cloche d'argent, bataillée de sable, le cinquième d'azur à une fleur de lys d'or, le sixième d'azur pointé & ondé de trois pieces d'argent, le septième d'argent à trois faces ondées d'azur, le huitième d'or à trois tourteaux de gueules, à la clef de sable, sur le tout de gueules à une tour d'or, chargée de trois têtes de Mores, bandées d'argent.
Louis-François de Belloy de Francieres ; le 14 Juin : d'argent à 4 bandes de gueules.
Edme, & Sebastien Charles de Choiseul, freres ; le 19 Juin : d'azur à la croix d'or, cantonnée de dix-huit billettes de même, dix en chef, & huit en pointe.
Adrien-Charles de Vignacourt ; le 25 Juillet : d'argent à trois fleurs de lys, au pied nouri de gueules, deux en chef & une en pointe.
André de Menou de Charnifiy ; le 13 Novembre : de gueules à la bande d'or, des Anges pour support, & deux guidons, l'un de France, & l'autre de Bretagne.
Louis le Cogneux ; le 14 Novembre : d'azur à trois porcs-épics d'or.

Urfe-Victor de Tamboneaux : d'azur à la face d'or, accompagnée en chef de trois molettes de même, & en pointe d'un aigle à 2 têtes auffi d'or.

Henri de Franquetot de Coigny : de gueules à la face d'or, chargée de trois étoiles d'azur, & accompagnées de trois croiffans d'or.

Jean-Charles Cheveftre de Cintray ; le 23 Novembre.

Charles-Louis de Houel de Merainville ; le 20 Decembre : d'azur à trois pals d'or.

1697.

Gabriel Calonne de Courtebonne ; le 13 Mars : d'argent à l'aigle éployé de fable, béqueté & armé de gueules.

Louis-Céfar le Tellier ; le 4 Mai : d'azur à trois lézards pofez en pal d'argent, au chef coufu de gueules, chargé de trois étoiles d'or.

Gabriel-Hierofme de Bullion ; le 27 Mai : écartelé au premier & quatriéme d'azur à trois faces ondées d'argent, au lion d'or iffant de la premiere face ; au fecond & troifiéme d'argent à une bande de gueules, accompagnée de fix coquilles de même, pofées trois en chef, & trois en pointe.

Augufte-Leon de Bullion.

André du Quefne de Franlieu ; le 14 Juin ; d'argent au lion de fable.

Nicolas de Blottefiere ; le 15 Juin : d'or à trois chevrons de fable.

Jean-Antoine le Foreftier d'Offeville.

Henri-Paul de la Luzerne de Beuzeville ; le 18 Octobre : d'azur à la croix ancrée d'or, chargée de cinq coquilles de gueules.

Gabriel de Razilly ; le 31 Octobre : de gueules à trois fleurs de lys d'argent, deux en chef, & une en pointe.

Jacques-François de Briçonnet ; le 13 Novembre : d'azur à la bande componée d'or & de gueules : le 1. compon de gueules, chargé d'une étoile d'or, & accompagné en chef d'une autre étoile de même.

Claude - Alexandre le Tonnelier de Breteuil : d'azur au faucon s'effiorant d'or, grilleté & longé de même.

Armand-Louis-Jofeph Foucaud de Saint Germain-Beaupré ; le 16 Novembre : d'azur femé de fleurs de lys d'or.

Jean-Ovide-Anne de Mydorge ; le 24 Decembre : d'azur au chevron d'or, accompagné de trois épics d'orges, deux en chef, & un en pointe.

1698.

Pierre-François de Polaftron ; le 27 Mars : d'argent au lion rampant de fable, armé & lampaffé de gueules.

Jacques le Fort de Bonnebofc ; le 13 Juin. Les armes ci-deffus.

Jacques-Felix de Murdrac de Grenneville ; le 14 Juin : de gueules à deux jumelles d'or en face, furmontées d'un lion paffant de même.

François de Brenne de Monfay ; le 16 Juin.

Blaise de Chaumejan de Fourilles : d'or à la croix ancré de gueules.

Paul Tanneguy du Bosc ; le 10 Septembre : de gueules à la croix échiquetée de sable & d'argent de trois traits, & cantonnée de 4 lions d'or.

Abdon-Victor de Riancourt d'Orival ; le 27 Septembre : d'argent à trois faces de gueules frettées d'or.

François-Margueritte Lottin de Charny ; le 13 Novembre : échiqueté d'argent & d'azur.

Antoine-Martel ; le 18 Novembre : d'or à 3 marteaux de gueules.

Charles-Marie de la Vieuxville ; le 29 Decembre : d'argent à sept feuilles de hou d'azur, trois, & trois, & une.

1699.

François-Louis d'Estourmel ; le 5 Avril : de gueules à la croix engrêlée d'argent.

Philippe-Charles d'Etampes ; le premier Juin : d'azur à 2 pointes d'or, surmontées d'un chef d'argent, chargé de trois couronnes de gueules.

Louis César le Tellier ; le 12 Juin : d'azur à trois lézards d'argent, posez en pal, au chef cousu de gueules, chargé de trois étoiles d'or.

Louis-Jacques de la Courde Basseroy ; le 25 Juillet : d'azur à trois cœurs d'or, deux en chef, & un en pointe.

Louis Alexandre de Mailly ; le 22 Août : d'or à trois maillets de sinople, deux en chef & un en pointe.

Marc-Antoine-Henri de Brevedent de Sahurs ; le premier Septembre : les armes comme dessus.

Louis-Pierre de Brevedent de Sahurs.

Gabriel de Calonne de Courtebonne, Commandeur de Fontaine sous Mondidier : les armes comme dessus.

François-Henri du Prat de Barbançon ; le 14 Novembre : les armes comme dessus..

Joseph de Lancry : d'or à trois ancres de sable.

Anne-Jacques de Bullion ; le 18 Novembre : les armes comme dessus.

Guy de la Rochefoucault ; le 22 Decembre : burelé de dix pieces d'argent & d'azur à trois chevrons de gueules, brochant sur le tout.

Jerosme-Louvel de Glisy : d'or à trois hures de sanglier de sable, soutenues de deux licornes.

1700.

Pierre-Hubert le Pesant de Boisguilbert ; le 8 Janvier : d'azur au chevron d'or, accompagné de deux têtes de lion, arrachées d'or en chef, & d'un cœur aussi d'or en pointe.

Jacques-Louis du Moustier de Sainte Marie ; le 8 Janvier : de sable à la croix fleurdelizée d'argent, accompagnée de quatre roses aussi d'argent.

Charles-Dominique de l'Eſtendart d'Angerville ; le 27 Janvier : d'argent au lion de ſable rampant, armé, lampaſſé de gueules, chargé d'un écuſſon d'argent ſur l'épaule gauche ſurchargée de quatre faces de gueules

Claude-Henri du Boſc ; le premier Mars : de gueules à la croix échiquetée d'argent & de ſable de 3 traits, & cantonnée de quatre lions d'or.

Guy-Antoine de Saint Simon de Courtaumer ; le 21 Mars : de ſinople à trois lions d'argent, armez & lampaſſez de gueules, deux en chef, & un en pointe.

Guy-Louis de Guines de Bonnieres ; le 4 Avril : vairé d'or & d'azur.

Amable-Paul-Jean-Baptiſte de Capendu de Bourſonne ; le 24 Mai : d'argent à trois faces de gueules avec trois merlettes de ſable en chef.

Charles de Belloy de Francieres ; le 28 Mai : d'argent à quatre bandes de gueules.

Emanuel Dieu-Donné de Hautefort de Surville ; le 9 Août : d'or à trois forces de ſable, deux en chef, & une en pointe.

Timoleon d'Hotman ; le 31 Août : parti émanché de dix pieces d'argent & de gueules en face.

Mathieu d'Hotman ; le 27 Septembre : les armes comme deſſus.

Paul de Vion de Gaillon ; le 28 Septembre : de gueules à trois aigles d'argent, béquetez, & onglez d'or.

Jean-François de Hennot ; le 26 Novembre : de gueules au croiſſant d'argent, accompagné de deux étoiles d'or, deux en chef, & une en pointe.

Alexandre de Loubert de Martainville ; le 16 Decembre : d'azur à cinq épics d'orge d'or, trois en chef, & deux en pointe.

1701.

Jacques de Chambray ; le 28 Mars : d'hermines, à 3 tourteaux de gueules.

Jacques Bertin de Croy de Solre ; le 26 Mai : écartelé au premier & quatriéme d'argent à trois faces de gueules ; au ſecond & troiſiéme d'argent à trois doloires contournées de gueules, deux & une.

Philippes de Bernart d'Avernes ; le 26 Juin : au chevron de ſable, accompagné de trois trefles de ſinople, deux en chef, & un en pointe.

Maurice-Charles de Broglio ; le 24 Octobre : les armes comme ci-deſſus.

Jean-François de Fraguyer ; le 20 Decembre : d'azur à la face d'argent, accompagnée de trois grappes de raiſin d'or, deux en chef, & une en pointe.

Jean-Baptiſte de Bernart d'Avernes : d'argent au chevron de ſable, accompagné de trois trefles de ſinople, deux en chef & une en pointe.

Euſtache.

DE LA LANGUE DE FRANCE. 137

Euſtache-Henri de Bernart d'Avernes de Chambry : les armes comme deſſus.
Antoine de Bernart d'Avernes : les armes comme deſſus.
Philippes de Bernart d'Avernes : les armes comme deſſus.
Ceſar de Coëtlogon ; reçû de minorité : de gueules à trois écuſſons d'hermines, deux en chef, un en pointe.
Jacques-François de Chambrai ; reçû Page du Grand-Maître : d'hermines à trois tourteaux degueules, deux en chef, & un en pointe.
Jacques-Sulpice de Mons ; reçû de minorité.
Jacques Bertin de Croy de Solre-Molembais ; reçû de minorité : les armes comme deſſus.
Pierre-Nicolas de Bezet.
Louis-Bernard Colbert de Linieres ; reçû de minorité : les armes comme deſſus.
Jean-François de Hennot de Theville ; les armes ci-après, ſous l'année 1718.
Theodore-Marie de Carnin ; de gueules à trois têtes de léopard d'or, 2 & 1.
Charles-Alexandre de Grieu ; reçû Page du Grand-Maître : de ſable à trois grues d'argent, tenant chacune leur patte levée, un caillou d'or.

1702.

Jean-François de Monchy de Viſmes ; le 12 Janvier : de gueules à trois maillets d'or, deux en chef, & un en pointe.
Philippe de Coſtard de Saint Leger ; le 12 Janvier : burelé d'argent & de ſable de cinq pieces.
Jean Paul de Coſſé de Briſſac ; le 29 Janvier : de ſable à trois faces d'or, denchées par le bas.
Timoleon de Coſſé de Briſſac ; le 29 Janvier : les armes comme deſſus.
René Bernard le Berceur de Fontenay ; le 15 Mars : d'azur à la fleur de lys d'or, ſoutenue d'un croiſſant d'argent.
Gabriel-Balthazard de Gondrin d'Antin ; le 18 Mai : les armes comme deſſus.
Philippes de Mathan ; le 20 Mai : de gueules à deux jumelles d'or, & un lion d'or paſſant en chef, lampaſſé de gueules.
Jean-Baptiſte-Pierre-Joſeph de Lannion ; le 17 Juillet : d'argent à trois merlettes de ſable, deux & une au chef de gueules, chargé de trois quintefeuilles d'argent.
Charles Boucher d'Orſay ; le 16 Septembre : de gueules ſemé de croiſettes d'argent, au lion d'or, brochant ſur le tout.
Jean-Baptiſte de Brillhac ; reçû de minorité le 7 Janvier : d'azur au chevron d'argent, chargé de cinq roſes de gueules, & accompagné de trois molettes d'or.
Louis-Antoine de Gontault Biron ; reçû de minorité, le 26 Avril : écartelé d'or & de gueules.

Tome IV. S*

Henri de Caffagnet de Tilladet - Fimarcon; reçû de minorité, le 17 Juillet: écartelé au premier & quatriéme d'azur à la bande d'or au deuziéme & troifiéme de gueules au lion d'argent, & fur le tout de gueules plein.

1703.

François-Margueritte Lottin de Charny; le 12 Mars: échiqueté d'argent & d'azur, & mi-parti d'azur, au lion d'or, rampant avec un lambel d'argent en chef.

Louis-Leon le Bouthillier de Chavigny; le 9 Avril: d'azur à trois fufées d'or, rangées en face.

Paul-Maximilien Hurault de Vibray; de minorité, le 10 Avril: d'or à la croix d'azur, cantonnnée de quatre ombres de foleil de gueules.

Claude de Colongues, reçû Chevalier de grace fans preuves ni armes; le 25 Mai.

Jean-Baptifte-Louis d'Aubery de Vatan; le 29 Juin: d'or à cinq faces de gueules.

Jean-Antoine de Mefgrigny de Villebertin; le 23 Juillet: d'argent au lion rampant de fable.

Jean-Frederic & Paul-Hierofme de Phelypeaux de Pontchartrain; le 4 Août: écartelé au premier & quatriéme d'azur, femé de quatre-feuilles d'or, au canton d'hermines; au fecond & troifiéme d'argent à trois lézards de finople, deux en chef, & un en pointe.

Louis-François de Lefpine; le 23 Juillet.

Charles-François du Mefnil-Jourdan, de minorité le 9 Novembre: d'azur au chevron abaiffé d'or, accompagné de fix coquilles d'argent, cinq en chef pofées 3 & 2, & une en pointe.

1704.

Guillaume de Bonneville; reçû de minorité le 26 Janvier: d'argent à deux lions de gueules, paffant l'un fur l'autre.

Florent-François du Chaftelet de Lomont; le 25 Mars: d'or à la bande de gueules, chargée de trois fleurs de lys d'argent.

Marie-Jofeph-Pacifique de Salpervicq de Grigny; le 25 Mars: vairé d'argent & d'azur, au franc canton d'hermine.

Jacques-Palemon-Alexis de Salpervicq de Grigny; le 25 Mars: les armes comme deffus.

Gabriel de Bricqueville de la Luzerne; le 14 Mai: palé de fix pieces d'or & de gueules.

Jean-Louis de Mefgrigny de Villebertin; le 13 Septembre: d'argent au lion rampant de fable.

Louis-François le Tellier de Souvré de Rebenac; reçû de minorité le 23 Octobre: écartelé au 1. & 4. d'azur à trois lézards d'argent, pofez en pal, au chef de gueules, chargé de trois étoiles d'or, qui eft de le Tellier; au 2. & 3. d'azur à cinq cotices d'or, qui eft de Souvré, & fur le tout de la Barthe-Rebenac, qui eft écartelé au 1. & 4. d'argent, au chamois d'azur ; au 2. & 3. d'azur, à la tour d'or.

1705.

Hugues-René de Cossé de Brissac ; reçû de minorité le 27 Mars : les armes comme dessus.

Guy-Louis de Guines de Bonnieres de Soastres ; reçû de minorité le 4 Avril : vairé d'or & d'azur.

Henri-Hierosme de Gouffier ; le 16 Avril : d'or à trois jumelles de sable.

Louis-Bernard Louvel de Glisy : d'or à trois hures de sanglier de sable.

Charles-Jean-Pierre de Barantin ; reçû de minorité le premier Mai : d'azur à trois faces, la premiere d'or, les deux autres ondées d'argent, le tout surmonté de trois étoiles d'or.

Jean-Baptiste François-Felix Arnaud de Pomponne ; reçû de minorité le 10 Juin : d'azur au chevron d'or, accompagné en chef de deux palmes, & en pointe d'une montagne de même.

Louis-Jacques de Calonne-Courtebonnes ; de minorité le 24 Juin : les armes comme dessus.

Jean-René d'Andigné ; de minorité le 24 Juin : d'argent à trois aigles de gueules, béquez & membrez d'azur, posez 2. en chef, & 1. en pointe.

François de Bernart d'Avernes ; le 18 Juillet : d'argent au chevron de sable, accompagné de trois trefles de sinople, deux en chef, & un en pointe.

Henri-Louis-Antoine des Essarts de Linieres ; de minorité le 7 Août : de gueules à 3 croissans d'or, 2. en chef, & 1. en pointe.

1706.

Hilarion Frezeau de la Frezelieres ; de minorité le 7 Avril : burelé d'argent & de gueules, à la cotice d'or brochant sur le tout.

Jean-Charles de la Rue de Bernieres de Boisroger ; le 25 Avril : d'argent à trois feuilles de Rhue de sinople, deux en chef, & une en pointe.

Charles-Auguste le Tonnelier de Breteuil ; de minorité le 11 Mai : les armes comme dessus.

Charles-Achilles-Paul de Kaërhouart ; le 28 Mai : d'argent à la roue de sable, accompagnée de trois croix de même, deux en chef, & une en pointe.

Jean-Baptiste-Artus d'Assignies ; de minorité le 26 Juillet : d'hermines au chef de gueules, chargé d'une vive d'or.

Charles-Henri de Phelypeaux de Pontchartrain ; le 22 Août : écartelé au premier & quatriéme d'azur, semé de quatre-feuilles d'or, au canton d'hermine ; au second & troisiéme, d'argent à trois lézards de sinople, deux en chef, & un en pointe.

1707.

Charles-Hyppolite des Acres de l'Aigle ; le 20 Mai : d'argent à trois

aigles déployez de fable, deux en chef, & un en pointe.
Nicolas de Monfures d'Auvilliers ; le 16 Juin : de fable à la croix d'argent, chargée de cinq boucles ou fermeaux de gueules.
Martin de Bricqueville de la Luzerne ; le 15 Août : palé de fix pièces d'or & de gueules.

1709.

François Bitaut ; le 26 Mars : d'argent au chevron d'azur, accompagné de trois têtes d'aigle de fable, arrachées.
Jacques-François Picot de Combreux ; le 19 Mars : d'or au chevron d'azur, accompagné de trois fallots de gueules avec un chef de même.
Hervé le Febvre du Quefnoi ; le 17 Mai ; d'azur à la face d'or, furmontée de deux croix fleurdelifées, auffi d'or.

1710.

Jean-Baptifte d'Affignies ; de minorité le premier Juin : les armes comme deffus.
Louis-Charles le Pellerin de Gauville ; le 20 Juin : d'or au chevron échiqueté d'argent & de gueules, au chef de fable, chargé de trois coquilles d'or.

1711.

Louis-Michel le Febvre d'Eaubonne ; le 2 Janvier : d'azur à trois lys de jardin d'argent, boutonnez d'or, feuillez de finople, deux en chef, & un en pointe.
Charles-François de Marcouville de Gaillardbois ; le 5 Janvier : d'argent à fix annelets de fable, trois, deux & un.
Bonaventure le Febvre d'Eaubonne ; le 25 Fevrier : les armes comme deffus.
Charles-Henri de Cardevac d'Havrincourt ; le 24 Avril : d'hermine, au chef de fable.
Jean-Baptifte-Hermenigilde de Vignacourt ; le 10 Juin : d'argent à trois fleurs de lys, au pied nouri de gueules, deux en chef, & une en pointe.
Euftache-Sebaftien de la Rue de Sillant ; le 23 Juin : d'argent à trois feuilles de Rhue de finople, deux en chef, & une en pointe.
Claude-Charles-Urbain de Vion de Gaillon ; le 18 Août : de gueules à trois aigles d'argent, béquetez & onglez d'or.
Alexandre de Blottefiere de Vauchelle ; le 18 Septembre : d'or à trois chevrons de fable.

1712.

Louis Gabriel Filleul de Chenets ; le 22 Janvier : palé, contrepalé de fix pieces d'or & d'azur à la bordure de gueules, chargée de huit bezans d'or.
Achille-Hardouin Morel d'Aubigny ; le 22 Juin : d'or au lion de finople, armé, lampaffé & couronné d'argent.
Charles Cafimir de Rogres de Champignelle ; le 20 Juillet : gironné d'argent & de gueules de douze pieces.

Claude-Thomas-Sibille-Gaspard-Nicolas-Dorothée de Roncherolles ; le premier Août : les armes comme dessus.
Eugene de Croismare ; le 2 Août : d'azur au lion passant d'or.
Alexandre de Belloy de Catillon ; le 6 Août : d'argent à quatre bandes de gueules.
Alexis-Simon de Heere ; le 18 Août : d'argent au chevron de sable, accompagné de deux coquilles de même en chef, & d'une étoile de gueules en pointe.
François-David du Merle ; le 18 Novembre : de gueules à 3 quintefeuilles d'argent, deux en chef, & une en pointe.

1713.

Antoine-Chrétien de Nicolay ; le 4 Fevrier : d'azur au levrier d'argent, accolé de gueules, bordé & bouclé d'or.
Jean-Baptiste Testu de Balincourt ; le 11 Fevrier : d'or à trois lions, passans de sable, celui du milieu contourné.
Bernard - Testu de Balincourt ; le 18 Fevrier : les armes comme dessus.
Elizabeth-Theodore le Tonnelier de Breteuil ; le 19 Mars : d'azur à l'épervier essorant d'or, le vol ployé avec les jets & grillets.
Fançois Cugnac de Dampierre ; le 19 Mars : gironné d'argent & de gueules de huit pieces.
Robert de Crequy ; le 19 Juillet : d'or au crequier de gueules.

1714.

Felix-Urbain de Lamoignon ; le 4 Janvier : lozangé d'argent & de sable, au franc quartier d'hermine.
Marcou-Louis de Gaillardbois de Marcouville ; le 27 Avril : les armes comme dessus.
Jean-François de Guines de Bonnieres ; le 27 Avril : vairé d'or & d'azur.
Jean du Merle de Blancbuisson ; le 4 Mai : les armes comme dessus.
Jacques-Armand de Rogres de Champignelle ; le 23 Mai : gironné d'argent & de gueules de douze pieces.
Joachim de Dreux ; le 23 Mai : d'azur au chevron d'or, accompagné de deux roses d'argent en chef, & d'un soleil d'or en pointe.
Jean-Denis de Heere ; le 24 Mai : les armes comme dessus.
Charles-Pierre de Saint Pol-Hecourt ; le 29 Août : d'argent au sautoir de sable dentelé.

1715.

Jacques de Lorraine ; le premier Mars : d'or à la bande de gueules, chargée de trois alerions d'argent.
Eustache-Louis d'Osmond ; reçû de minorité le 8 Avril : de gueules au vol d'hermines.
Charles-Theophile de Bethizy de Mezieres ; le 27 Avril : d'azur fretté d'or.
Charles-Marie de Guines de Bonnieres de Soüastre ; le 29 Mai : les armes comme dessus.

Alexandre-Charles-François de la Viefville d'Orvilé ; le 29 Mai : facé d'or & d'azur de huit pieces, les deux en chef, chargées de trois annelets de gueules.

Auguste-Antoine de la Viefville ; le 4 Juillet : les armes comme dessus.

Eleonor-Felix de Rozen ; le 31 Octobre : d'or à 3 roses de gueules, deux en chef, & une en pointe.

Louis de Franc-Mongey ; le 21 Novembre ; d'azur au chevron d'or, chargé de trois têtes de léopard de sable, soutenu d'un francolin d'argent en pointe.

1716.

Charles-Louis-Louvel de Glisy ; le 3 Janvier : d'or à trois hures de sanglier de sable, deux en chef, & une en pointe.

Jean-Philippes legitimé d'Orleans ; reçû de minorité par Bref donné à Rome le 17 Juillet 1716, enregistré en la Chancellerie à Malte le 16 Août de la même année, Grand Prieur de France le 20 Septembre 1719.

1717.

Hyppolite-Alexandre de Rommillé de la Chesnelaye ; le 9 Janvier : d'azur à deux léopards l'un sur l'autre, couronnez d'or, armez & lampassez de gueules.

Victor de Vigny ; le 20 Mars : d'argent cantonné de quatre lions de gueules, & en cœur un écusson d'azur, chargé d'une face d'or avec une merlette d'or en chef, & une autre merlette aussi d'or en pointe, accompagnée de deux coquilles d'argent.

1718.

Jacques-Jean de Franssures de Villers ; le 16 Mars ; d'argent à la face de gueules, chargée de trois bezans d'or.

Theodore-Louis du Merle du Blancbuisson ; le 5 Août : les armes comme dessus.

Achille-Hardouin de Morelles d'Aubigny ; le 14 Novembre : les armes comme dessus.

Joseph de Hennot de Theville ; le 28 Novembre : de gueules au croissant montant d'argent, accompagné de trois étoiles d'or, deux en chef & une en pointe.

1719.

Jean-Baptiste de Gaillardbois de Marcouville ; le 9 Juillet : les armes comme dessus.

Robert de Crequy-Hemond ; le 14 Novembre : d'or au crequier de gueules.

Emanuel-Philippes de Brune de Villecomme : d'argent à une face de gueules, chargée de trois rocs d'or, & surmontée de trois merlettes de sable.

Louis de Roches-Herpin ; le 30 Decembre : d'argent à la bande de fusées sans nombre de gueules.

Charles-Eustache Osmond : les armes comme dessus.

1720.

Michel-Marie-François de Roncherolles ; le 27 Janvier : les armes comme dessus.

Philippe-Louis de la Planche de Mortieres ; le 28 Janvier : d'azur au chevron d'or, au chef d'argent, chargé de trois merlettes de sable.

Alexandre-Eleonor le Metayer ; le 9 Mars : d'azur à trois aigles rangées en face, & éployées d'argent.

Louis-Alexandre de Mailly ; le 15 Juin : d'azur à trois maillets de sinople, deux en chef, & un en pointe.

Jean-Antoine de la Roche de Fontenilles ; le 26 Octobre : écartelé au premier d'or à trois faces de gueules, au second d'or à 2 lions passant de gueules, à la bordure de sinople, chargée de huit besans d'or ; au troisiéme palé d'or & de gueules, au quatriéme contre-écartelé ; au premier & quatriéme d'or au tourteau de gueules, au second & troisiéme, au loup ravissant d'or, & sur le tout des grands quartiers d'azur à trois rocs d'échiquier d'or.

Eustache-Louis Osmond : les armes comme dessus.

1721.

René Martel ; le premier Fevrier : les armes comme dessus.

Aymard-Chrétien-François-Michel de Nicolay ; le 28 Mars : les armes comme dessus.

Jean-Louis de Bernard de Champigny ; le 18 Juin : écartelé de sable & d'argent à quatre rocs d'échiquier de l'un en l'autre, & sur le tout d'azur à une fleur de lys d'or.

Ferdinand-Joseph de la Puente.

Joseph-Antoine de Levy ; le 9 Octobre : d'or à trois chevrons de sable.

Hyppolite-François Sanguin de Livry : le 25 Novembre : les armes comme dessus.

1723.

Charles-Bernardin Davy d'Amfreville ; le 16 Janvier : d'azur au chevron d'or, accompagné de trois harpes de même.

Charles Bernardin Davy d'Amfreville, frere du précedent.

Charles-François de Mondion, reçû Chevalier de grace le 15 Février sans preuves ni armes.

Louis-Leon le Bouthiller ; le 14 Mai : les armes comme dessus.

Henri-Hierosme Gouffier ; le 13 Octobre : les armes comme ci-dessus.

Charles-Gabriel-Dominique de Cardevac d'Havrincour : les armes comme dessus.

Nicolas-Gillain de Vilsteren ; d'or à trois chevrons de sable.

1724.

Nicolas-Tolentin-Xavier-Gillain de Brune : les armes comme ci-dessus.

Nicolas-Pierre des Nos ; le 3 Juillet : d'argent au lion de sable, couronné d'une couronne de fleurs de lys de même, armé & lampassé de gueules.
Gaspard-Louis-Gillain de Brune : les armes comme dessus.
Hubert-Louis de Culant ; reçû de minorité.

1725.

Charles-François de Fay de Puisieux ; le 21 Juin : d'argent semé de fleurs de lys.
Felicien des Bernetz ; le 15 Novembre : d'or à trois chevrons de gueules.
Charles-Camille de Remigni de Joux, & Louis-Marie de Remigni de Joux : d'azur à la face d'or, surmontée de trois étoiles d'or.

1726.

Anne-Hilarion du Plessis-Chastillon ; le 21 Fevrier : d'argent à trois quinte-feuilles ou feuilles de nefflier de gueules, deux en chef, & une en pointe.

LISTE CHRONOLOGIQUE
DES FRERES CHEVALIERS
de Saint Jean de Jerusalem, du Grand Prieuré d'Aquitaine.

Jean Chauveron de la Motte : d'argent au pal bandé d'or & de sable.
Bertrand Pelloquin : de gueules à la tour d'argent.
Jacques Bonnin de Monthomar : de sable à la croix ancrée d'argent.
Jacques Ysoré : d'argent à deux faces d'azur.
Claude de Poissy : lozangé d'argent & de gueules.
Jean Goullard ; d'azur au lion couronné d'or, à la bordure de même.
Philippes Bonnin de Monthomar : de sable à la croix ancrée d'argent.
Louis de la Roche-la-Boullaye : d'hermines à trois faces ondées de gueules.
Gabriel de Chaugé ou Chaugy : écartelé d'or & de gueules.
Ambroise Chastaignier : d'or au lion léopardé & posé de sinople.
Christophe Sigongne : de sable à la croix d'argent, chargée d'une autre croix dentelée de gueules, accompagnée de quatre coquilles d'or.
Michel Pillot de la Tihonnière.
Jean de Nouzillac : de gueules à la croix racourcie d'or, accompagnée de 4 croisettes d'argent.
Antoine Aimer : d'argent à une face componée de sable & de gueules de 4 pieces.
Pierre de Rechine-Voisin : de gueules à la fleur de lys d'argent.
Roland de Kermenec.
Olivier d'Aulx : d'or à trois aigles de sable.
Charles Chappron : d'argent à trois chapperons de gueules.
Jean de Neucheze : de gueules à 9 molettes d'éperon d'argent, 3. 3. & 3.
Jean Chasteau : de gueules à trois salieres à l'antique d'argent.
Charles de Norroy : d'argent à la face de gueules, & un lion naissant de sable.
Jean de Francieres : d'argent à la bande de sable.
Leon du Ployer : de gueules au lion d'argent couronné d'or, accompagné de 5 quintefeuilles de même.

Tome IV.   T*

François de Neufport de Lerbaudiere, 1540.
Jean des Noues : de gueules à la fleur de lys d'or, surmontée d'un lambel d'argent.
Guillaume de Norroy : d'argent à la face de gueules, au lion naissant de sable.
Guillaume d'Appellevoisin : de gueules à la herse d'or.
Philippes Kerleau : d'azur au cerf effrayé d'or, Commandeur de la Guerche en 1523.
Louis de Vieux : burelé d'argent & d'azur, à l'aigle de gueules brochant sur le tout, fut reçû en 1546.
François de Nochieres, qui a été Commandeur d'Angers en 1523.
François Bonnard du Marais : d'argent à la face de gueules, accompagnée de cinq glands renverfez de sinople, 3 & 2.
Leon de Montalamber : d'argent à la croix anylée de sable, côtoyée vers le chef de deux lozanges de même. A Messine en 1525.
André Masson de la Vairronniere : d'argent à cinq lozanges de gueules, 3. & 2.
Leon de Sainte Maure Montauzier : d'argent à la face de gueules, reçû en 1531.
Jean de Barreau : d'azur à trois sceptres fleurdelysez d'or mis en barre, à la bande de gueules sur le tout, étoit en 1531.
François Vigier de la Lardiere : d'azur à la croix ancrée d'argent, reçû en 1537.
Jean d'Aulnis, dit Pondevie, étoit en 1524.
Magdelon Groussin ou Groussy, dit Boingly, reçû en 1525.
Jean Kahideuc : de sable à trois têtes de léopard d'or, lampassé de gueules, 1527.
Jacob Baudet : d'azur à l'épée d'argent mise en pal, la pointe en haut, à la face de gueules brochante sur le tout, reçû en 1535.
Philippes de Perdicque, 1524.
Antoine d'Appellevoisin : de gueules à la herse d'or. A Messine, 1523.
Lancelot de la Frenaye : d'argent à deux faces de gueules, à l'orles de 8 merlettes de même.
Alain de Boisern do Bretagne : d'azur au chevron d'argent, accompagné de trois têtes de léopard d'or.
Antoine de Tranchelion : de gueules au lion d'argent, traversé en barre d'une épée de même, montée d'or, tenue par un poing d'argent mouvant du bas de l'écu, étoit en 1532.
Jacques Pelloquin : de gueules à la tour d'argent, Commandeur des Roches en 1523.
Antoine de Saint Gelais, dit Saligne : d'azur à la croix racourcie d'argent, 1531.
Pierre Cartiers, dit Vermettes ; étoit à Messine en 1523.
Louis Bernard de Montebise : d'azur à la licorne passante d'argent, Commandeur de Molçon en 1523.

Charles d'Echalard-la-Boulaye : d'azur au chevron d'or. A Messine, 1523.
Gilbert Gombault, dit Briagué : d'argent à trois pals de gueules, étoit en 1523.
Jean Suriette : de gueules à l'aigle à deux têtes, couronné d'argent.
Mathurin de la Boucherie : d'azur au cerf passant d'or, Commandeur d'Aretin, 1524.
Guillaume-Germain de Forgettes. A Messine ; 1523.
Giron Chastaigner : d'or au lion léopardé & posé de sinople, 1523.
René le Pauvre : d'argent à la bande de sinople, brisée d'un lambel d'azur, Commandeur en 1523.
François de Choisy : d'azur à trois coquilles d'or, reçû en 1528.
David du Chesne : d'argent à trois chevrons de sable.
Pierre Gouriault : de gueules au croissant d'argent : Hospitalier en 1523.
Joachim Marvilleau : d'azur à la face d'or, accompagnée de trois molettes d'éperon d'argent.
Jacques Baudet de Martrye : d'azur à l'épée d'argent, mise en pal, la pointe en haut, à la face de gueules, brochant sur le tout.
Jean de Villiers : d'argent à la bande de gueules, accompagnée d'une rose de même vers le chef, étoit en 1531.
Pierre de Beaumont des Dorides : de gueules à l'aigle d'or, à l'orle de fers de lances d'argent, étoit en 1526.
Jean de Bechillon : d'argent à trois fusées de sable, mises en face.
Jacques Sauvestre de Clisson ; palé d'argent & de sable ; celles d'argent semées de treffles de gueules. A Messine en 1523.
Paul de Livenne, dit Vousan : d'argent à la face de sable, frettée d'or, accompagnée de trois étoiles de sable, étoit en 1524.
Henry Suyrot ; reçû en 1529 : gironné d'argent & de gueules de 8 pieces, les girons d'argent chargez de chacun 3 faces de gueules. De Poitou.
François d'Arrot : de sable à deux signes affrontez, ayant le col contourné & entrelassé l'un dans l'autre d'argent, membrez & béquez d'or, tenans un anneau d'or en leur bec.
François de Souscelle : de gueules à trois chevrons d'argent, étoit en 1526.
Louis Gourdeau : d'argent à l'aigle de sable, armé & béqué de de gueules, Commandeur de Thevalle, 1523.
Regnault Ysoré de Plumartin : d'argent à deux faces d'azur, 1528.
Joachim de Saint Simon : d'or à la face de gueules, Commandeur de Moulins, étoit en 1527.
Jean-Aubin de Malicorne, Lieutenant d'Hospitalier en 1523 : de sable à 3 poissons d'argent, posez en face l'un sur l'autre.
Charles des Ursins : bandé d'argent & de gueules, au chef d'argent, chargé d'une rose de gueules, soutenu d'or ; il étoit Prieur d'Acquitaine en 1527.
Magdelon Frettart : de gueules fretté d'argent, 1525.
Roux de Vivonne : d'hermines au chef de gueules.

Pierre de la Forest : de gueules à la croix bourdonnée d'hermines; Commandeur de Villedieu en 1523.

Jean de la Roche-Andry, Commandeur de Nantes en 1527 : lozangé de gueules & d'argent ; chaque piece d'argent chargée de huit burelles d'azur.

Christophe Acton d'Availles : d'argent semé de fleurs de lys d'azur, au franc canton de gueules, étoit en 1526.

François Rousseau de la Guillottiere : d'argent à la bande de gueules, accompagnée de 6 roseaux de sinople, fleuris de sable, étoit en 1524.

Jacques Aimer : d'argent à la face componée de sable & de gueules de 4 pieces, Commandeur de Quimper en 1527.

Pierre de Nesdez, Commandeur de la Feuillée en 1529.

Charles Charruyau de Montorgueil ; de gueules à trois roues d'or, étoit en 1531.

Jacques d'Appellevoisin ; de gueules à la herse d'or, étoit en 1532.

Antoine de Perdicque, étoit en 1532.

Antoine de Harville de Vilennes, 1529, Diocese de Poix, mais d'une Maison de Beausse ; de gueules à la croix d'argent, chargée de 5 coquilles de sable.

Eutrope de Caisleros, étoit en 1525.

Simon de Charnacé ; d'azur à trois croix pattées d'or, reçû en 1523.

Pierre de Cluys ; d'argent au lion d'azur.

Yvon Buffeteau du Coudray, reçû en 1523.

Jean Audebert de l'Aubuge, reçû en 1523 ; d'or au sautoir d'azur, Diocese de Poitiers.

Jourdain Audebert, reçû en 1523 ; d'or au sautoir d'azur.

Pierre d'Aubigné de la Besnardiere, 1524 : de gueules à 4 fusées d'argent, rangées en face. Du Pays d'Anjou.

Jean Gourjault, 1525 ; de gueules au croissant d'argent.

Joachim du Puy du Fou, 1525, de gueules à trois macles d'argent.

Antoine de Tranchelion, 1541 ; de gueules au lion d'argent, traversé d'une épée de même mise en barre, montée d'or.

Louis de Granges-Montfermier, 1528 ; de gueules fretté de vair, au chef d'or, chargé d'un lambel de sable. Diocese de Maillezays.

Jacques Heruet, reçû en 1528 ; d'azur à trois grains d'orge d'or.

Leon Savary-Bretignolle, 1528 ; d'argent à la croix de gueules, à la bordure de pourpre, chargée de 9 besans d'argent.

François du Chilleau, 1547 ; de sable à trois moutons paissans d'argent. De Poitou.

Jacques de Chasteauchalons, 1528 ; d'argent à la bande d'azur, chargée de trois tours d'or, au lambel de gueules sur le tout.

François de Moussy-Boismorant, 1528 ; d'or au chef de gueules, chargé d'un lion passant d'argent. Diocese de Poitiers.

Jean d'Oualle ou d'Onvalle de Preugny, 1528.

Pierre Pelloquin de la Plesse, 1528 ; de gueules à la tour d'argent, Diocese de Poitiers.

Louis de Harville de Vilennes, 1529 ; de gueules à la croix d'argent, chargée de cinq coquilles de sable. Il étoit frere d'Antoine, ci-dessus.
Gilles le Pauvre de la Vau, 1529 ; d'argent à la bande de sinople, au lambel d'azur. Diocese de Poitiers.
Jacques Leurault de Varennes, 1529.
François de Sejourne du Courtil, 1529.
François de la Bouyssiere, 1529 ; de gueules à sept annelets d'or, 3.3. & 1. au lambel de même. Diocese de Treguier.
Jean d'Ansellon de Clisy, 1529 ; de gueules semé de fleurs de lys d'argent, au franc canton de même, chargé d'une fleur de lys d'azur. Diocese de Tours.
Jean Chambre, dit Lescoussois, 1530.
François de Pons de Montfort, en 1530 : d'argent à une face bandée d'or & de gueules. Maison de Perigord.
Noël Pichier de la Roche, Diocese de Poitiers, en 1531 : d'argent à trois pichiers ou pots à l'eau de gueules.
François le Vayer de la Maison-Neuve, 1531 ; d'argent à la croix de sable, chargée de cinq besans d'argent, bordez d'or.
Gilles des Chasteigniers, 1533 ; d'argent à la croix ancrée de gueules, à la bordure de sable, chargée de 8 besans d'or.
Pierre de Caulnys du Chaillou, 1533. Diocese de Poitiers.
Joachim Poussard de l'Homelliere, 1535 ; d'azur à trois soleils d'or, à l'écu en cœur de gueules, au pal de vair. Diocese de Poitiers.
Germain de Puyrigaud de Chazettes, 1535 ; d'azur à la croix d'or, cantonnée de vingt hermines d'argent. Diocese de Xaintes.
Jean Pinart de la Croix, 1536 ; de gueules à trois coupes couvertes d'argent. Diocese du Mans.
Guy Rorteau de la Crestiniere, 1536 ; de gueules au lion d'argent couronné d'or. Diocese de Poitiers.
François d'Availloles de Roncée, 1538 ; de sable à la face d'argent, chargée de cinq lozanges de gueules, accompagnée de six fleurs de lys d'argent. Diocese de Tours.
Roland de la Longueraye, 1539. Diocese de Luçon.
René Frottier de la Messeliere, 1539 ; d'argent au pal de gueules, côtoyé de cinq lozanges de même à chaque côté, 2. 2. & 1. Diocese de Poitiers.
Olivier Brossin des Rouzieres, 1539 ; d'azur au chevron d'or.
Jacques de Lonsine des Moulins, 1539.
Gilles de Lescouet de la Moguelaye, 1539 ; de sable à un épervier d'argent, armé, béqué & grilleté d'or, accompagné de trois coquilles d'argent. De Bretagne.
François Savary de Leschasserie, 1539 ; comme dessus.
Ambroise du Vergier de la Fucardiere, 1540 : de sinople à la croix d'argent, chargée en cœur d'une coquille de gueules, accompagnée de quatre coquilles d'argent, le tout brisé d'une bordure d'azur. Diocese d'Angers.

Jacques de la Rochefoucault de Neuly, 1540 ; burelé d'argent & d'azur à trois chevrons de gueules brochant sur le tout. Diocèse d'Angoulesme.

Pierre Nicolleau, 1540 ; d'or à trois trefles d'azur. Diocèse de Luçon.

Gabriel de Pons, 1542 ; d'or à la face bandée d'or & de gueules.

Auger de Montalambert, 1542 ; d'argent à la croix anyllée de sable, côtoyée vers le chef de deux lozanges de même. Diocèse de Poitiers.

Antoine Ayrard du Fouillou, 1542. Diocèse de Xaintes.

Alexis de Grenoillion de Reigny, 1542 ; facé d'or & de sinople à une cotice d'or brochant sur le tout.

Georges Maistre de la Papiniere, 1542 ; d'argent au sautoir engrêlé de gueules, accompagné de quatre coquilles de même. Diocèse de Luçon.

Gabriel de Montalambert de Vaulx, 1542 ; d'argent à la croix anyllée de sable, côtoyée vers le chef de deux lozanges de même. Diocèse de Xaintes.

René le Cirier de Semeur, 1543 ; d'argent à quatre hermines de sable, cantonnées, & une étoile de gueules en cœur.

Jacob de Vigier de la Lardiere, 1543 ; d'azur à la croix ancrée d'argent ou de sinople, au lion d'argent. Diocèse de Luçon.

Pierre d'Argences de Soucy ; de gueules à la fleur de lys d'argent. Diocèse de Poitiers.

Christophe Suriette de Laubereye, 1543 ; de gueules à l'aigle à 2. têtes, couronné d'argent. Du Perche.

Marc Jarnaud de la Garnerye, 1544. Diocèse de Maillesais.

Claude de Craon de Coullaines, 1544 ; lozangé d'or & de gueules. Diocèse de Poitiers.

François de Mouffy-Boismoran, 1545 ; d'or au chef de gueules, chargé d'un lion passant d'argent.

Thibault Rynault du Heron, 1545 ; de gueules à cinq fusées d'argent, rangées en face.

Louis Chauvin de la Chutelliere, 1545 ; d'argent à l'aigle d'azur, écartelé de burellé d'argent & d'azur.

Jean Puyverd de Serzé, 1545 ; de gueules au lion d'argent, armé, lampassé & couronné d'or, à la fleur de lys de même, au canton dextre. Diocèse de Poitiers.

Jacques Aubineau de la Riscatelliere, 1545 ; lozangé d'or & de gueules. Diocèse de Poitiers.

Marin Raimond de la Michelliere, 1545 ; lozangé d'or & d'azur.

Michel le Bel de la Tour, 1545 ; d'or fretté d'azur. Diocèse de Rennes.

Philippes le Verault de Varennes, 1546. neveu de Jacques, ci-devant.

Louis de Neucheze, 1546 ; de gueules à neuf molettes d'éperon d'argent, 3. 3. & 3.

Jean de Saint Hillaire de Retail, 1546 ; de gueules à deux épées montées d'or, mises en sautoir. Diocese de Luçon.
René de Puytesson, 1546 ; de sable à la croix ancrée d'or.
Jean de Malleveau de la Mangottiere, 1546.
Charles du Plessis-Richelieu, 1546 ; d'argent à trois chevrons de gueules.
Frederic de Moussy-Boismorant, 1546 ; d'or au chef de gueules, chargé d'un lion passant d'argent.
Nicolas Pelloquin de la Plesse, 1546 ; de gueules à la tour d'argent.
Antoine des Mares de Breüil, 1546. Diocese de Poitiers.
François de la Mandcaye de Montreuil, 1546. Diocese du Mans, mais d'une Maison de Bretagne.
Briand des Gittons-Baronniere, 1546 ; d'azur à trois jettons d'or. Diocese de Poitiers.
Guillaume de Thorodes, 1546 ; de gueules à la bande de sable, séparée de 4 bâtons d'azur mis en barre, entre lesquels il y a 3 lions d'or.
Guillaume Mehec des Fontaines, 1546. Diocese de Xaintes.
René d'Allonhe du Breüil, 1546 ; lozangé d'argent & de sable. Diocese de Poitiers.
Olivier de la Tour de Bonnemie, 1546 ; d'or à l'aigle de gueules, béqué & membré d'or, à la bordure d'azur, chargée de onze besans d'or. Diocese de Xaintes.
Hugues d'Argy, 1547 ; facé d'or & d'azur. Diocese de Tours.
Louis d'Aulx du Bournois, 1547 ; d'or à trois aigles de sable. Diocese de Poitiers.
Jean Jay, 1547 ; d'argent à trois faces ondées de gueules.

1548.
Mathurin Guiteau de la Touche ; de gueules au léopard lionné d'argent. Diocese de Poitiers.
Christophe Giborreau ; de gueules à la croix patée d'argent.
Helie de Montalais ; d'or à trois chevrons renversez d'azur.
Georges Rorteau de la Roche ; de gueules au lion d'argent couronné d'or. Diocese de Poitiers.
Antoine de la Touche-Marigny ; d'or au lion de sable, couronné de gueules. Diocese de Poitiers.
Tristan de Puygny de Puydoré ; d'argent au lion couronné d'azur. Diocese de Maillezais.
René Audebert de Laubuge ; d'or au sautoir d'azur. Diocese de Poitiers.
Jacques de la Haye ; de sable au lion léopardé d'or, armé, lampassé & couronné de gueules. Diocese de Poitiers.
Philippes Bigot d'Islay ; échiqueté d'argent & de gueules. Diocese de Maillezais.

1550.
Rolland du Quelenec, dit Cœursoly ; d'hermines au chef de gueules, chargé de trois fleurs de lys d'or.

François Tison d'Argencé ; de gueules à deux lions léopardez d'or. Diocese d'Angoulesme.

Jean de Barbesiers de Boisberthon ; fuzelé d'argent & de gueules. Diocese de Xaintes.

Charles de Savonnieres-la-Bretesche ; de gueules à la croix patée & alaisée d'or.

Charles de Chambes - Montsoreau ; d'azur semé de fleurs de lys d'argent, au lion de gueules. Diocese de Tours.

1551.

Jean Petit de Boisfichet ; de sable à la bande d'argent, chargée d'un lion de gueules. Diocese de Maillezais.

René Aymard de la Roche ; d'argent au chevron de sable, chargé de trois coquilles d'or. Diocese de Poitiers.

Guillaume de Burlé d'Arcye ; d'or à 2 croix racourcies de gueules, mises l'une sur l'autre. Diocese de Xaintes.

Bonnaventure Gombault de Champfleury ; d'argent à trois pals de gueules. Diocese de Xaintes.

Antoine Aucher du Puy ; d'azur à trois miroirs bordez d'argent. Diocese de Poitiers.

Valentin du Floyer de la Burcerie ; de gueules au lion d'argent, couronné d'or, accompagné de 5 quintefeuilles de même, 2. 2. & 1. Diocese de Luçon.

1552.

Louis d'Arrot ; de sable à deux signes affrontez d'argent, ayant le col contourné & entrelassé l'un dans l'autre, membrez & béquez d'or, tenant un anneau de même de leur becq.

Maurice de Ternes-Boisgirault ; d'hermines à la croix de gueules. Diocese de Poitiers.

1553.

Gilles de Saint Hillaire de Retail ; de gueules à deux épées d'argent, montées d'or, mises en sautoir. Diocese de Luçon.

1554.

Bertrand Foucher du Gué ; de sable au lion d'argent. Diocese de Luçon.

Antoine Turpin de Crissé ; lozangé d'or & de gueules.

Pierre d'Allonhe des Arotz ; lozangé d'argent & de sable.

1555.

Gabriel Goullard de la Geffardiere ; d'azur au lion couronné d'or, à la bordure de même. Diocese de Maillezais.

Jean Sauvestre de Clisson ; palé d'argent & de sable, l'argent semé de treffles de gueules. Diocese de Maillezais.

René de la Forest de la Fretiere ; de gueules à la croix bourdonnée d'hermines. Diocese de Luçon.

Leon de la Haye ; de sable au lion leopardé d'or, armé, lampassé & couronné de gueules.

Jean Hirel du Hastres. De Bretagne.

Robert

Robert de Chazé ; de gueules au lion d'or, ou à 6 aigles d'argent, 3. 2. & 1. Diocefe d'Angers.
Jean Gazeau des Fontaines ; d'argent à trois treffles de fable.

1556.

Antoine de la Motte-Longlée ; de gueules à trois lions d'argent.
Guillaume de Linieres d'Amaillou ; d'argent à la face de gueules, à la bordure de fable, chargée de huit befans d'or. Diocefe de Maillezais.
Olivier des Mares du Breüil frere d'Antoine des Mares, ci-devant. Diocefe de Poitiers.
Jean de Vernon de Chauffery ; de gueules à la croix d'or, chargée de cinq tourteaux de fable. Diocefe de Luçon.
Jean Aimard de la Roche ; d'argent au chevron de fable, chargé de trois coquilles d'or. Diocefe de Poitiers.
Gafpard Aimard de la Roche ; d'argent au chevron de fable, chargé de trois coquilles d'or. Diocefe de Poitiers.

1557.

Jacques de la Court de la Bretonniere ; d'argent à trois molettes d'éperon de gueules, au chef de même, chargé de trois molettes d'éperon d'argent.

1558.

Jacques Claveufrier de la Rouffeliere ; d'azur à quatre clefs d'or, pofées en croix, attachées en cœur par un anneau de même. Diocefe de Poitiers.
Louis Audebert de l'Aubuge ; d'or au fautoir d'azur.
François de Granges-Montfermier ; de gueules fretté de vair, au chef d'or, chargé d'un lambel de fable. Diocefe de Maillezais.
Louis Chaftaigner : d'or au lion léopardé & pofé de finople.

1559.

Artus Bonnet du Breüillac : de fable à trois befans d'or. Diocefe de Poitiers.

1560.

Henri d'Appellevoifin de la Bodinatiere : de gueules à la herfe d'or. Diocefe de Maillezais.
Guillaume de la Motte-Longlée : de gueules à trois lions d'argent. Diocefe de Nantes.

1561.

Louis de la Porte de la Vallade : de gueules au croiffant d'hermine. Diocefe d'Anjou.
Antoine de Beaumont des Dorides : de gueules à l'aigle d'or, à l'orles de fers de lances d'argent.
Emanuel de Roüy de Buffieres : de fable au chevron d'argent. Diocefe de Tours.
André-Robert de Lizardiere : d'argent à 3 quintaines de gueules. Diocefe de Luçon.

Nicolas Poictevin Dupleſſis-Landry : de gueules à trois haches d'armes d'argent, le manche de ſable, & le bou d'argent miſes en pal, 2. & 1. Dioceſe de Luçon.

1562.

Raoul-Trimorel de la Trunolerye. Dioceſe de Nantes.
Jacques Dupuy du Fou : de gueules à trois macles d'argent.
Yvon-Jourdain de Kerverzic : d'azur au croiſſant d'argent. Dioceſe de Treguier.

1563.

Georges de Granges-Montfermier : de gueules fretté de vair, au chef d'or, chargé d'un lambel de ſable.
Pierre Bureau de la Motte : d'azur au chevron potencé, & contre-potencé d'argent, accompagné de trois phioles d'or. Dioceſe de Poitiers.
François de Marans des Homes-Saint-Martin : facé & contre-facé d'or & d'azur, au chef palé & contre-palé de même de 3 pieces, flanqué à dextre & à ſeneſtre d'azur à un giron d'or ſur le tout, un écu de gueules. Dioceſe de Maillezais.

1565.

Jean de Beaumanoir du Beſſo : d'azur à onze billettes d'argent, quatre, trois & quatre, écartelé d'or à trois chevrons de ſable, qui eſt du Beſſo.

1566.

Louis Baudet de la Marche : d'azur à l'épée d'argent miſe en pal à la face de gueules brochant ſur le tout. Dioceſe de Tours.
Claude de la Croix-Bertinieres : d'argent à la croix de ſable. Dioceſe de Poitiers.
Pierre-Guerin de Bagny : de ſable à trois lions d'or. Dioceſe de Poitiers.
Jean Barbeſiers : fuzelé d'argent & de gueules. Dioceſe de Xaintes.
André de Boju-la-Menolliere : d'azur à trois quintefeuilles d'argent.
Leon de Frugieres de Villiers. Dioceſe de Tours.
Aimé de Cheſnes ; de gueules à deux renards courans en face d'or, celui de la pointe contourné. Dioceſe de Poitiers.

1567.

Claude d'Aulx du Bournoys : d'or à trois aigles de ſable. Dioceſe de Poitiers.
Jean Yſoré de Saint Aubin : d'argent à deux faces d'azur. Dioceſe de Tours.
René de la Tigernere de Marchais : de ſable à la croix patée & racourcie d'or en cœur, accompagnée de deux lozanges en chef, & d'un croiſſant de même en pointe. Dioceſe de Maillezais.
Claude de Percil des Genetz : d'hermine à trois tourteaux d'azur. Dioceſe de Tours.

Hugues de Percil, son frere: les armes comme dessus.
Jean Lancombleau de la Rouillere. Diocese de Tours.

1568.

Roland de Botloy de Kerquestin: écartelé d'or & d'azur. Diocese de Dol en Bretagne.

1569.

Jean le Cirier de Semur: d'argent à quatre hermines de sable, cantonnées, & une étoile de gueules en cœur. Diocese du Mans.
Jean Tiercelin de la Roche: d'argent à deux tierces d'azur, posées en sautoir, accompagnées de quatre merlettes de sable.

1570.

Pierre Clerambault des Briffieres: burelé d'argent & de sable de 8 pieces. Diocese d'Angers.
Simon Cheminée de Boisbenest: d'argent au léopard d'azur, couronné d'or, au chef de gueules, chargé de trois têtes de lion d'argent, lampassées & couronnées d'or. Diocese de Nantes.
Christophe Jousseaume du Courboureau: de gueules à trois croix patées d'argent, à la bordure d'hermines. Diocese de Maillezais.
Claude Foucher du Tesson: de sable au lion d'argent. Diocese de Xaintes.

1571.

Pierre de Grenoillon de Reigny: facé d'or & de sinople à une cotice d'or brochant sur le tout. Diocese de Poitiers.
Louis d'Appellevoisin de la Bodinatiere: de gueules à la herse d'or. Diocese de Maillezais.
François d'Appellevoisin de la Bodinatiere, frere de Louis & d'Henri: les armes comme dessus.
Louis Viault de Buygonnet: d'argent au chevron de gueules, accompagné de trois coquilles de sable. Diocese de Maillezais.
Pierre Viault de Buygonnet, son frere: les armes comme dessus.

1572.

Jean Grignon de la Fourestrie: de gueules à trois clefs d'or, mises en pal, deux & une. Diocese de Luçon.
Gabriel de Rochechouart-Sircy: de gueules à trois faces nébulées d'argent.
René Goheau de la Brossardiere. Diocese d'Angers, mais d'une Maison de Bretagne.

1573.

Simon d'Aubigné de Boismozé: de gueules à quatre fusées d'argent, rangées en face.
Gabriel le Petit de la Vauguyon: fuzelé d'or & de gueules. Diocese de Poitiers.

1574.

Jacques de Bonnefont de Presque: d'azur à la bande d'argent, écartelé de gueules, au besant d'argent, surmonté d'un lambel d'or. Diocese de Tours.

François de Richomme de la Goberie : d'azur à trois côtes d'argent mises en face, 2. & 1. Diocese d'Angers.

1575.

Jean de Talhoüet : lozangé d'argent & de sable. Diocese de Vannes.
Corantin du Plexis de la Bayejarno : d'argent à un chien passant d'azur. Diocese de S. Malo.
Jacques Gerault de la Mogatrie. Diocese d'Angers.
Adam de Bellanger de Thorigny : lozangé d'or & de gueules, écartelé d'azur, à la bande d'argent, chargée de trois croisettes de gueules. Diocese du Mans.
Sydrac de Baillou du Boisdais : d'or à deux faces de gueules. Diocese de Rennes.

1576.

Jacques de la Chapellerie de Larceau : d'argent à quatre pattes de griffon de sable, cantonnées. Diocese de Poitiers.
Maurice de Vernon de la Motte : de gueules à la croix d'or, chargée de cinq tourteaux de sable.

1577.

René de Linieres d'Amaillon : d'argent à la face de gueules, à la bordure de sable, chargée de huit besans d'or. Diocese de Poitiers.
Claude de Linieres d'Amaillou, frere de René.
François de Kerbouric-la-Boissiere : d'argent au sautoir de sable, accompagné de 4 roses de gueules. Diocese de Tours.

1578.

Toussaint-Viault de Buyguonnet : d'argent au chevron de gueules, de trois coquilles de sable. Diocese de Maillezais.
Gaspard-Acton de Lymons : d'argent semé de fleurs de lys d'azur, au franc canton de gueules. Diocese de Poitiers.
Charles de Vivonne : d'hermines au chef de gueules.
Simon le Petit de la Hacquiniere : fuzelé d'or & de gueules. Diocese de Poitiers.
Robert Veré de la Bruere : d'or à trois merlettes de sable, à la bordure de gueules, chargée de onze besans d'or. Diocese de Poitiers.
Maximilien de Marconnay : de gueules à trois pals de vair, au chef d'or. Diocese de Poitiers.

1579.

Ambroise de Gennes de Launay : d'hermines à la face de gueules. Diocese d'Angers.

1580.

Pierre de Montigny : d'argent au lion de gueules, chargé à l'épaule d'une étoile d'or, à l'orle de huit coquilles d'azur. Diocese de Vannes, mais d'une Maison du Bailliage de Caen en Basse-Normandie.

Hugues Foucher du Tesson : de sable au lion d'argent. Diocese de Xaintes.
Louis de Grailly des Serteaux : d'argent à 3 tourteaux de gueules. Diocese de Poitiers.
Jacques Coffin de la Godiniere. Diocese de Tours.

1581.
Maurice de Lesmeleuc de la Salle : de gueules à un épervier d'or, accompagné de trois coquilles d'argent.
François de Lesmeleuc de la Salle, son frere : de gueules à un épervier d'or, accompagné de trois coquilles d'argent.
Gabriel de Champlais de la Bourdiliere : d'argent à trois faces de gueules, surmontées en chef de trois aigles à deux têtes de sable. Diocese de Poitiers.
François Gouffier de Boissy : d'or à trois jumelles de sable. Diocese de Poitiers.
Charles Gouffier de Boissy, son frere : d'or à trois jumelles de sable. Diocese de Poitiers.
Jacques Lestang du Breuil : d'argent à sept fusées de gueules, 4 & 3. Diocese de Poitiers.

1582.
Raymond de la Tour : de gueules à trois chevrons d'argent. Diocese de Xaintes.
Pierre Grain de S. Marsault du Parcoul : de gueules à trois demi-vols d'or, ceux du chef affrontez. Diocese de Xaintes.
André Grain de S. Marsault du Parcoul, son frere.
Roland du Vau des Forges : d'azur à trois aigles d'or. Diocese d'Angers.
François de Montaigu du Boisdavy : d'azur à deux lions d'or, mis à côtez l'un de l'autre, couronnez & lampassez d'argent. Diocese d'Angers.

1583.
Louis des Francs de la Bretonniere : d'argent à deux faces de sable. Diocese de Poitiers.

1584.
Simon le Cornu de la Courbe : d'or au massacre de cerf de gueules, surmonté d'un aigle à deux têtes de sable. Diocese du Mans.
Jean du Cambout de Valleron : de gueules à trois faces échiquetées d'argent & d'azur. Diocese de S. Brieu.

1585.
Charles Prezcau de Lorzeliniere : d'azur au sautoir engrêlé d'argent, accompagné de quatre coquilles de même. Diocese de Nantes.

1586.
Jacques du Liege du Charrault : de gueules à l'épée d'argent mise en bande. Diocese de Poitiers.

Ambroise des Escottez de la Chevallerie : d'argent à trois quintefeuilles de gueules. Diocese du Mans.

1587.
Toussaint de Ternes : d'hermines à la Croix de gueules. Diocese de Poitiers.

1589.
René Goullard de la Geffardiere : d'azur au lion couronné d'or, à la bordure de même. Diocese de Poitiers.

Georges Goullard, frere du précedent : d'azur au lion couronné d'or, à la bordure de même.

1590.
Claude Barjot de Moussy : d'azur au Griffon d'or, & une étoile de même au canton dextre. Diocese de Tours.

1591.
Gabriel de Razilly : de gueules à trois fleurs de lys d'argent. Diocese de Poitiers.

1592.
René de Saint Offange : d'azur au chevron d'argent, accompagné de trois molettes d'éperon de même. Diocese d'Angers.

Guy-Turpin de Crissé : lozangé d'argent & de gueules. Diocese de Poitiers.

1594.
Jean Petit de Salvert : d'or à trois croix patées d'azur, à un cœur de gueules au milieu. Diocese de Maillezais.

Claude de Montaigu de Boisdavy : d'azur à deux lions d'or, mis à côté l'un de l'autre, couronnez & lampassez d'argent. Diocese d'Angers.

Jacques Bonnin de la Regneuze : de sable à la croix ancrée d'argent. Diocese de Poitiers.

Jacques Brossin de Messars : d'azur au chevron d'or. Diocese de Tours.

Philippes de Nouzillac : de gueules à la croix racourcie d'or, accompagnée de quatre croisettes d'argent. Diocese de Maillezais.

Pierre Guerand de Grousteau : d'azur à la bande d'argent, accompagnée de cinq lozanges d'or, deux en chef, & trois en pointe. Diocese de Poitiers.

1595.
Claude de Maillé de Brezé : d'or à trois faces ondées de gueules. Diocese de Maillezais.

Olivier de Coublant de la Touche : de gueules à deux aigles mis en face d'argent. Diocese d'Angers.

Lancelot-Pierre du Plessis-Baudoin : d'or à la croix patée & racourcie de gueules. Diocese de Poitiers.

Louis de Coustances de Baillon : d'azur à deux faces d'argent, accompagnées de trois besans de même. Diocese de Tours.

DU PRIEURE' D'AQUITAINE.

François de Voyer de Poulliers : d'azur à deux léopards d'or, passans l'un sur l'autre. Diocese d'Angers.

François le Petit de la Hacquiniere : fuzelé d'or & de gueules. Diocese de Poitiers.

1596.

Isaac Viault de l'Allier : d'argent au chevron de gueules accompagné de trois coquilles de sable. Diocese de Poitiers.

Pierre Foucrand de la Noue : d'argent à trois porcs-épics de sable. Diocese de Luçon.

Urbain de Salles de Lescoublere : d'argent à trois annelets de sable, à la bordure de gueules. Diocese d'Angers.

1597.

Georges Chenu du Basplessis : d'hermines au chef d'or, chargé de cinq lozanges de gueules. Diocese d'Angers.

Jean d'Andigné de Chanjust : d'argent à trois aigles de gueules. Diocese d'Angers.

Louis de Bonnin de la Regneuze : de sable à la croix ancrée d'argent. Diocese de Poitiers.

René-Sibille de la Buronniere : d'azur à la bande d'or, chargée de 3 quinte-feuilles de gueules.

Charles de Saint Offange : d'azur au chevron d'argent, accompagné de trois molettes d'éperon de même. Diocese d'Angers.

Charles d'Andigné : d'argent à trois aigles de gueules. Diocese de Poitiers.

Gabriel de Chambes-Boisboudrant : d'azur semé de fleurs de lys d'argent au lion de gueules, brochant sur le tout. Diocese de Poitiers.

1598.

Aimable Suyrot des Champs : gironné d'argent & de gueules de 8 pieces, les girons d'argent chargez chacun de trois faces de gueules. Diocese de Poitiers.

1599.

Charles de Couhé de Lestang. Diocese de Poitiers.

René de la Jaille : d'argent à la bande fuzelée de gueules. Du Loudunois.

Artus de S. Jouin : de gueules au lion d'argent. Du pays d'Anjou.

Pierre de Vonnes-Fontenay : d'or à la face d'azur, accompagnée de six billettes de même, trois en chef & trois en pointe. Diocese de Tours.

1601.

Antoine Masson de la Noue : d'argent à 5 lozanges de gueules, 3. & 2. Diocese de Luçon.

Gabriel Dorin de Ligné ; le 7 Novembre : de sable à 3 allouettes huppées d'argent. De Maillezais.

Charles de Maillé de Brezé ; le 7 Novembre : d'or à trois faces ondées de gueules. Diocese de Maillezais.

Charles Chenu du Baſpleſſis ; le 7 Novembre : d'hermines au chef
de gueules , chargé de cinq lozanges d'or. Dioceſe de Maillezais.

Louis Jay de Villeneuve ; le 7 Novembre : d'argent à trois faces
ondées de gueules. Dioceſe de Poitiers.

1 6 0 2.

Henri d'Auguſtin de Courbat ; le 14 Août : de gueules à la bande
d'argent. Dioceſe de Tours.

Jean du Bois de Buſſiere ; le 14 Août : d'or à trois chevilles de
ſable, la pointe en bas, au chef d'azur chargé de trois aigles rangez d'argent. Dioceſe de Tours.

1 6 0 3.

Antoine de Juſſac de la Folaine : d'argent à quatre faces ondées de
gueules. Dioceſe de Tours.

André Cenami ; le 12 Août : d'or au lion de gueules. Dioceſe de
Tours, mais originaire de la ville de Lucques en Italie.

Jean Grain de Saint Marſault ; le 12 Août : de gueules à trois
demi-vols d'or, ceux du chef affrontez. Dioceſe d'Angers.

Pierre Poictevin de la Bidolliere ; le 12 Août : d'azur à l'aigle d'argent, armé & béqué de gueules. Dioceſe de Poitiers.

François le Baſcle du Pin ; le 12 Août : de gueules à trois macles
d'argent. Dioceſe d'Angers.

Henri Grain de Saint Marſault ; le 12 Août : de gueules à trois
demi-vols d'or, ceux du chef affrontez. Dioceſe d'Angouleſme.

1 6 0 5.

René Moreau du Feuillet ; le 4 Janvier : de gueules à l'épée d'argent, montée d'or, miſe en pal, la pointe en bas. Dioceſe de
Tours.

Iſaac de Raſilly ; le 14 Janvier : de gueules à trois fleurs de lys
d'argent. Dioceſe de Poitiers.

Joachim de Menou ; le 6 Avril : de gueules à la bande d'argent.
Dioceſe de Tours.

Abraham des Collins ; le 13 Juin : d'argent au griffon de gueules,
couronné d'or. Dioceſe d'Angers.

Charles de Cherité de Voiſine ; le 17 Juin : d'azur au ſautoir d'argent, & quatre croix patées d'or. Dioceſe d'Angers.

Nicolas Sigongne de Fretay ; le 23 Août : de ſable à la croix d'argent, chargée d'une autre croix dentellée de gueules, accompagnée de 4 coquilles d'or. Dioceſe de Tours.

1 6 0 6.

Ambroiſe de Periers du Bouchet ; le 18 Fevrier : d'azur ſemé de
larmes d'or, au lion de même, armé, lampaſſé & couronné de
gueules. Dioceſe d'Angers.

Bonaventure de la Chaſtaigneraye de Fourny ; le 18 Fevrier : d'or
à trois faces de gueules, au lambel de ſable écartelé d'argent,
au chef de gueules, au lion d'azur brochant ſur le tout, qui eſt
de

de Vendosme ancien, sur le tout d'argent au lion d'azur semé de fleurs de lys d'or, qui est de la Chastaigneraye. Diocese de Tours.

René Barlot du Chastellier ; le 17 Août : de sable à trois croix pattées d'argent. Diocese de Maillezais.

Jacques de Lesmerie du Breüil ; le 17 Août : d'argent à trois feuilles de chesne de sinople. Diocese de Poitiers.

Jean des Gittons-Barronniere ; le 17 Août : d'azur à trois gittons d'or. Diocese de Poitiers.

Gilles Peschard de la Botthelleraye ; le 17 Août : de gueules à la bande d'or, chargée de trois roses d'azur, accompagnée de quatre Ducs couronnez d'argent. Diocese de S. Malo.

1607.

Pierre de Boussay de la Tour ; le 11 Août : de sable au lion couronné d'or, armé & lampassé de gueules. Diocese de Poitiers.

Jacques de la Rochefoucault de Neuilly ; le 17 Août : burelé d'argent & d'azur à trois chevrons de gueules sur le tout. Diocese de Tours.

1608.

Jacques Conaisque de Marteau ; le 28 Juillet : d'hermines. Diocese de Tours.

François de Talhoüet ; le 11 Octobre : d'argent à trois pommes de pin de gueules. Diocese de Vannes.

Michel-Sibille de la Buronniere ; le 11 Octobre : d'azur à la bande d'or, chargée de trois quinte-feuilles de gueules. Diocese d'Angers.

François Budes du Tertrejouan ; le 11 Octobre : d'argent au pin de sinople, chargé de trois pommes d'or, dont l'une soutient un épervier de même, accosté vers son tronc de deux fleurs de lys de gueules. Diocese de S. Brieu.

1609.

Roland de Peguineau de Villeaumaire ; le 26 Janvier : d'azur à la face d'argent accompagnée de trois pommes de pin renversées d'or. Diocese de Tours.

Astianax Pichier de la Roche ; le 2 Octobre : d'argent à trois pichiers ou pots à l'eau de sable. Diocese de Poitiers.

René de Rousselé de Sachay ; d'or à trois pals d'azur à la bande de gueules brochant sur le tout, chargée d'une autre bande d'argent. Diocese de Tours.

1610.

René de la Rochefoucault de Bayers ; le premier Février : burellé d'argent & d'azur à trois chevrons de gueules brochant sur le tout. Diocese de Xaintes.

Antoine-Bernard de Montdebize ; le 21 Juillet : d'azur à la licorne passante d'argent. Diocese de Tours.

René de Savonnieres la Bretesche ; le 29 Octobre : de gueules à la croix patée & alaisée d'or. Diocese de Nantes.

Damien de Savonieres la Bretefche ; le 29 Octobre : mêmes armes. Diocefe de Nantes.

René le Vexel du Tertre ; le 29 Octobre : d'argent à la croix fleurdelifée de fable. Diocefe du Mans.

1611.

Gafpard de la Beraudiere de l'Iflejourdan ; le 23 Août : d'azur à la croix racourcie, & dentellée par les extrêmitez d'argent, écartelé d'or à l'aigle à deux têtes de gueules, armé, lampaffé & couronné de finople. Diocefe de Poitiers.

Louis Ronffard de Glatigny ; le 23 Août : de fable à trois poiffons d'argent mis en face l'un fur l'autre. Diocefe du Mans.

François de Boifbaudry de Trans ; le 23 Août : d'or à deux faces de fable chargées de cinq annelets d'argent, 3 & 2. Diocefe de Saint Brieu.

Emanuel Gilier de Puygareau ; le 23 Août : d'or au chevron d'azur accompagné de trois macles de gueules. Diocefe de Poitiers.

Artus Chenel de Meux ; d'argent à trois bâtons efcottez de finople, 2 & 1. Diocefe de Xaintes.

Jacques Brufneau de la Rabaftelliere ; le 25 Octobre : d'argent à fept brunettes de fable, 3. 3 & 1, le bec & les pieds d'or. Diocefe de Luçon.

1612.

Charles du Gaft de Mongauger ; le 30 Mai : d'or à cinq tourteaux d'azur, 2. 2 & 1. Né à Amboife, mais originaire du Comtat d'Avignon.

Jacques de Frefneau de Marigny ; le 30 Mai : d'argent au chevron de gueules. Diocefe de Tours.

Charles de Chaftaigner de la Blouere ; le 30 Mai : d'or au lion léopardé & pofé de finople. Diocefe de Poitiers.

Paul Cheminée de la Mefnardiere ; le 30 Mai : d'argent au léopard d'azur couronné d'or au chef de gueules chargé de trois têtes de lion d'argent couronnées & lampaffées d'or. Diocefe d'Angers.

Calais de Vanffay de Breftel ; le 30 Mai : d'azur à trois befans d'argent chargez chacun d'une hermine de fable. Diocefe du Mans.

Jean Chevalier de la Coindardiere ; le 6 Septembre : de gueules à trois clefs d'or, 2 & 1, à la bordure d'azur. Diocefe de Poitiers.

François du Breil de Rais ; le 12 Novembre : d'azur au lion d'argent couronné, armé & lampaffé de fable. Diocefe de Saint Malo.

1613.

Charles Frottier de la Fougeraye ; le 23 Juillet : d'argent au pal de gueules côtoyé de cinq lozanges de même de chaque côté, 2, 2 & 1. Diocefe de Poitiers.

Hippolite de Linieres de la Bourbeliere ; d'argent à la face de gueules à la bordure de fable chargée de huit befans d'or. Diocefe de Poitiers.

1614.

Simon du Vergier de la Roche-Jacquelin ; le 21 Août : de sinople à la croix d'argent chargée en cœur d'une coquille de gueules, accompagnée de quatre coquilles d'argent. Diocese de Maillezais.

1615.

Magdelon de Vildon de Pereffons ; le 19 Juin : d'argent à trois faces ondées de gueules. Diocese de Xaintes.

René du Bailleul ; le 19 Juin : d'argent à trois têtes de loup de sable coupées & lampaffées de gueules. Diocese du Mans.

Hercule de Conigan de Cangé ; le 15 Octobre : d'argent à la perle de sable, écartelé d'or à trois boucles d'azur. Diocese de Nantes.

Jacques de Jalesnes ; le 15 Octobre : d'argent à trois quintefeuilles de gueules percées d'or. Diocese d'Angers.

1616.

Martin Fumée des Roches ; le premier Août : d'azur à deux faces d'or accompagnées de six besans d'argent, 3, 2 & 1. Diocese de Tours.

1617.

Jean Berault de Beauvais-Riou ; le 10 Juillet : de gueules au loup-cervier passant d'argent accompagné de trois coquilles de même. Diocese d'Angers.

René de Chastaigner de Rouvre ; le 10 Juillet : d'or au lion léopardé & posé de sinople. Diocese de Poitiers.

Samuel Mauras de Chaffenon ; le 10 Août : d'argent au chevron de sable accompagné de trois étoiles de même. Diocese de Maillezais.

Jacques Pichier de la Roche ; le 18 Août : d'argent à trois pichiers ou pots à l'eau de sable. Diocese de Poitiers.

René Baudry d'Affon ; d'argent à trois faces d'azur. Diocese du Mans.

1618.

Louis Baudry d'Affon ; le 10 Juillet, frere de René, ci-dessus.

Olivier de Budes ; d'argent au pin de sinople chargé de trois pommes d'or, dont l'une soutient un épervier de même, accosté vers son tronc de deux fleurs de lys de gueules. Diocese de Saint Brieu.

Georges de la Trimouille ; le 3 Octobre : d'or au chevron de gueules accompagné de trois aigles d'azur. Diocese de Luçon.

Nicolas de Juffac d'Ambleville ; le 3 Octobre : d'argent à quatre faces ondées de gueules, surmontées d'un lambel d'azur de 5 pieces. Diocese d'Angoulême.

André de Courtarvel Saint-Remy ; le 3 Octobre : d'azur au sautoir d'or accompagné de seize lozanges de même, 3 & 1 en chaque canton. Diocese du Mans.

1619.

Leon Barjot de Mouffy ; le 11 Octobre : d'azur au griffon d'or, &

une étoile de même vers le canton dextre. Diocese de Tours.
1620.
Henri le Cirier de Semur ; le 17 Juillet : d'argent à quatre mouchetures cantonnées d'hermines de sable, & une étoile de gueules au milieu. Diocese du Mans.
1622.
René de Sevigné d'Olivet ; le 24 Decembre : écartelé d'argent & de sable. Diocese de Rennes.

Jacques Mauras de Chassenon ; le 24 Decembre : d'argent au chevron de sable accompagné de trois étoiles de même. Diocese de Maillezais.
1623.
Hector le Pauvre de Lavau ; le 12 Janvier : d'argent à la bande de sinople au lambel d'azur. Diocese de Poitiers.

Louis Robin de la Tremblaye ; le 23 Juin : de gueules au griffon d'argent armé & becqué d'or, accompagné de trois croissans de même. Diocese de Poitiers.

Gaspard Frottier de la Messeliere ; le 12 Septembre : d'argent au pal de gueules côtoyé de 5 lozanges de même de chaque côté, 2, 2 & 1. Diocese de Poitiers.

Jacques du Breuil de Chassenon ; le 23 Septembre : d'argent à la croix ancrée de gueules. Diocese de Maillezais.

François de Neucheze ; le 23 Septembre : de gueules à neuf molettes d'éperon d'argent, 3, 3 & 3. Diocese de Poitiers.

François Petit de la Guerche ; le 17 Novembre : de sable à la bande d'argent chargée d'un lion de gueules. Diocese de la Rochelle.
1624.
Pierre Briend de Brez ; le 20 Septembre : d'argent à la face de sable accompagnée de six rocs d'échiquier de même. Diocese d'Angers.

Louis de Villeneuve-Boisgrolleau ; le 20 Septembre : de gueules à trois chevrons d'hermines. Diocese d'Angers.

Louis de Torchard de la Panne ; d'or à cinq bandes de gueules au franc canton d'argent chargé d'un porc épic de sable. Diocese du Mans.

François Binet de Montifroy ; de gueules au chef d'or chargé de trois croix recroisettées, & au pied fiché d'azur. Diocese de Tours.
1625.
Hardouin de Voyer de Paulmy ; le 10 Novembre : d'azur à deux léopards couronnez d'or. Diocese de Tours.

Guy d'Allogny de Boismorand ; le 10 Novembre : de gueules à 3 fleurs de lys d'argent. Diocese de Poitiers.
1626.
Charles Gouffier de Roannais ; le 5 Mars : d'or à trois jumelles de sable. Diocese de Maillezais.

René Foucrand de la Nouhe ; le 5 Mars : d'argent à trois porcs épics de fable. Diocefe de Luçon.
Louis du Vergier de Buygonnet ; le 5 Mars : de finople à la croix d'argent chargée en cœur d'une coquille de gueules accompagnée de quatre coquilles d'argent. Diocefe de Maillezais.
Jacques de la Belinaye ; le 4 Juillet : d'argent à trois têtes de belier de fable. Diocefe de Rennes.
Pierre Cecillon du Cofquet ; le 23 Decembre : d'azur à trois fufées d'or, 2 & 1. Diocefe de Nantes.
Achilles de Barbezieres-Chemerault ; fufellé d'argent & de gueules. Diocefe de Poitiers.

1627.

Jean de Rechinevoifin de Guron ; le 8 Février : de gueules à la fleur de lys d'argent. Diocefe de Poitiers.
Louis Charbonneau de Lechafferie ; le 27 Juin : d'azur à dix fleurs de lys d'or, 4, 3, 2 & 1, & trois écuffons d'argent. Diocefe de Nantes.
François de Nefmond ; le 27 Juin : de fable à trois cors de chaffe d'or. Diocefe d'Angoulême.
Philippes Beufvier des Palliniers ; le 5 Octobre : d'azur à trois têtes de bœuf d'argent couronné d'or. Diocefe de Luçon.
Pierre Acton de Marfay ; le 12 Octobre : d'argent femé de fleurs de lys d'azur au franc canton de gueules. Diocefe de Poitiers.
Pierre de Rochechouart - Montpipeau ; d'argent à trois faces nébulées de gueules. Diocefe de Poitiers.

1628.

François le Blanc de la Valliere ; le 7 Juin : coupé de gueules & d'or au léopard lionné d'argent fur gueules, & fable fur or. Diocefe de Tours.

1629.

Antoine Thoumaffet de la Boiflinière ; le 27 Mars : une face en devife de fable, le chef d'azur chargé d'un griffon paffant d'or armé lampaffé de gueules, fa pointe d'argent à cinq hermines de fable.
Gafpard Chappron de Bourneuf ; le 24 Avril : d'argent à trois chapprons de gueules en profil. Diocefe de Poitiers.
Baptifte - Roger de Monbel de Champeron ; le premier Octobre : d'argent au lion de fable lampaffé de gueules à la bande de même chargée de trois coquilles d'or brochant fur le tout. Diocefe de Tours.

1630.

Olivier Rigault de Millepied ; le 22 Avril : d'argent à trois tourteaux de fable. Diocefe d'Angers.

1631.

François de Laval la Feigne ; le 7 Juin : d'or à la croix de gueules chargée de 5 coquilles d'argent, & accompagnée de seize alerions d'azur. Diocese du Mans.

René de Sallo de Semagne ; le 7 Juin : de gueules à trois rocs d'argent. Diocese de Luçon.

Gaspard de Comminges de la Ferriere ; le 7 Juin : de gueules à quatre ottelles d'argent mises en sautoir. Diocese de Xaintes.

Antoine de Raity-Vitré ; le 7 Juin : de gueules au cigne d'argent nageant sur une riviere au naturel, mouvante de la pointe, le canton dextre chargé d'une comette d'or. Diocese de Poitiers.

Charles de Boju de la Menolliere ; le 7 Juin : d'azur à trois quintefeuilles d'argent. Diocese de Luçon.

Antoine de Raity-Vitré ; le 7 Juin : les mêmes armes de son frere, ci-dessus. Diocese de Poitiers.

Jean-Denis de Polastron de la Hilliere ; le 7 Juin : d'argent au lion de sable armé & lampassé de gueules. Diocese de Tours.

Bonaventure Gilier de Puygareau ; le 7 Juin : d'or au chevron d'azur accompagné de trois macles de gueules. Diocese de Poitiers.

1632.

Sebastien Barton de Montbas ; le 17 Juin : d'azur au cerf couché d'or au chef échiqueté d'or & de gueules de trois traits. Diocese de Poitiers.

Pierre Barton de Montbas ; le 17 Juin : frere du précedent.

François-Levesque de Marconnay ; le 27 Juin : d'or à trois bandes de gueules. Diocese de Poitiers.

Lancelot de Chouppes ; le 17 Juin : d'azur à trois croisettes d'argent. Diocese de Poitiers.

Claude de Gibot de la Perriniere ; le 15 Novembre : d'argent au léopard de sable. Diocese du Mans.

1633.

François Thibault de la Carte ; le premier Avril : d'azur à la tour d'argent. Diocese de Poitiers.

François de Livenne-Verdille ; le 26 Août : d'argent à la face de sable frettée d'or, accompagnée de trois étoiles de sable. Diocese de Poitiers.

1634.

Charles de Savonnieres la Bretesche ; le premier Septembre : de gueules à la croix patée & alaisée d'or. Diocese de Nantes.

1635.

Guillaume Pinart de Cadoallan ; le 11 Decembre : facé, ondé d'or & d'azur au chef de gueules chargé d'une pomme de pin d'or. Diocese de Treguier.

1637.

Antoine Poictevin du Plessis-Landry ; le 17 Février : de gueules à trois haches d'argent mises en pal, 2 & 1, dont le manche est de sable, & le bout d'argent. Diocese de Luçon.

Gilles de Laval Boifdauphin ; le 12 Novembre : d'or à la croix de gueules chargée de cinq coquilles d'argent, accompagnée de feize alerions d'azur. Diocefe d'Angers.

Claude des Herbiers de Leftanduere ; le 7 Decembre : de gueules à trois faces d'or. Diocefe de Luçon.

1638.

François de la Rochefoucault de Bayers ; le 3 Mai : burellé d'argent & d'azur à trois chevrons de gueules. Diocefe d'Angoulême.

1640.

Claude Barjot de Mouffy ; le 27 Septembre : d'azur au griffon d'or à l'étoile de même au canton dextre. Diocefe de Tours.

1641.

Louis & Guillaume d'Arfac de Ternay, freres; le 14 Janvier: de fable à l'aigle d'argent armé & becqué de gueules. Diocefe de Poitiers.

Charles de Chambes - Montforeau ; le 22 Février : d'azur femé de fleurs de lys d'argent au lion de gueules brochant fur le tout. Diocefe de Tours.

1642.

François de Bellangers - Vautourneult ; le 11 Decembre : de fable à trois lions d'argent armez, lampaffez & couronnez d'or. Diocefe du Mans.

Jofeph de Chambes-Montforeau ; d'azur femé de fleurs de lys d'argent au lion de gueules brochant fur le tout. Diocefe de Tours.

1643.

Jacques de Ferrieres-Champigny ; le premier Juillet : d'azur à trois pommes de pin renverfées d'or à la bordure de gueules. Diocefe de Poitiers.

Céfar Paluftre de Chambonneau ; le 21 Décembre : de gueules à la riviere mife en face d'argent foutenant un cigne de même au chef d'or chargé d'une étoile d'azur. Diocefe de Poitiers.

1644.

François Chabot ; d'or à trois fabots de gueules. Il paroît avoir été reçu le 5 Février, fes preuves ne fe trouvent pas dans les Archives de la Langue.

Claude de Marbeuf ; le 24 Février : d'azur à deux épées d'argent, la pointe en bas montées d'or, mifes en fautoir. Diocefe de Rennes.

René de Crocelay de la Viollays ; le 5 de Novembre : d'argent à la bande de gueules accompagnée de trois trefles de fable. Diocefe de Nantes.

1645.

Jean-Baptifte de Romilly de la Chefnelaye ; le 16 May : d'azur à 2 léopards d'or armez & couronnez de gueules. Diocefe de Rennes.

Charles-Hilaire de la Rochefoucault de Marcillac ; le 2 Octobre : burellé d'argent & d'azur à trois chevrons de gueules brochant fur le tout. Diocefe d'Angoulême.

Claude de Montigny; le 30 Novembre: d'argent au lion de gueules chargé à l'épaule d'une étoile d'or à l'orle de huit coquilles d'azur. Diocese de Rennes.

Jean Huchet de Kerbiguet ; le 2 Decembre : d'azur à six mortoises d'argent, 3, 2 & 1, au lambel de même. Diocese de Rennes.

Joseph-Robert de Chaon ; d'azur au lion d'or. Diocese de Luçon.

1647.

Claude d'Acigné Grand-Bois ; le 6 Novembre : d'hermines à la face de gueules chargée de trois fleurs de lys d'or. Diocese d'Angers.

Charles de Villiers-Laubardiere; le 29 Novembre : d'argent à la bande de gueules surmontée d'une rose de même. Diocese d'Angers.

Louis Charbonneau de la Moriciere ; d'azur à trois écussons d'argent accompagnez de dix fleurs de lys d'or, 4, 3, 2 & 1. Diocese de Nantes.

1648.

François Poute de Château-Dompierre ; le 3 Mars : d'argent à trois chevrons de sable. Diocese de Poitiers.

François Chevalier du Tais ; le 25 Juillet ; de gueules à trois clefs d'or 2 & 1. à la bordure d'azur. Diocese de Poitiers.

Guy de la Brunetiere du Plessis de Gesté ; le 12 Octobre : d'hermines à trois chevrons de gueules. Diocese d'Angers.

Leonord de Salmon du Chastellier ; le 11 Decembre : d'azur au chevron d'or accompagné de trois têtes de lion de même lampassées de gueules. Diocese du Mans.

1649.

Gabriel Thibault de la Carte ; le 20 Avril : d'azur à la tour d'argent. Diocese de Poitiers.

1650.

François-Joseph de Beauvau du Rivau ; le 26 Janvier : d'argent à quatre lions cantonnez de gueules, armez & lampassez d'azur ; brisé en cœur d'un bâton escotté de même péri en pal. Diocese de Tours.

Mathurin Foucrand de la Nouhe ; le 26 Janvier : d'argent à trois porcs épics de sable. Diocese de Luçon.

René de Menou ; de gueules à la bande d'argent. Diocese de Tours.

Gilles Jegou de Kervillio ; d'argent à trois écus en banniere chargez chacun d'une croix d'or, & un cor de sable en cœur. Diocese de Cornouailles.

Claude de Brilhac de Nouzieres ; le 6 Septembre : d'azur au chevron d'argent chargé de cinq roses de gueules, & accompagné de trois molettes d'éperon d'or. Diocese de Poitiers.

Charles du Plantis-Landreau ; le premier Octobre : d'or fretté de sable, écartelé de la Guionniere, & sur le tout de Rouhault. Diocese de Poitiers.

Philippes

DU PRIEURÉ D'AQUITAINE.

Philippes de Montaigu de Boifdavy ; le 27 Octobre : d'azur à deux lions d'or, mis à côté l'un de l'autre, couronnez & lampaſſez d'argent. Dioceſe d'Angers.

Charles de Segrais : d'azur à la croix d'or, accompagnée de douze treffles d'argent. Dioceſe du Mans.

1651.

Olivier du Perrier du Mené ; le 25 Fevrier : d'azur à dix billettes d'or, 4. 3. 2. & 1. Dioceſe de Treguier.

Louis de Beauvau du Rivau ; le 23 Août, frere de Joſeph : comme deſſus. Dioceſe de Tours.

Leon Chauveron de la Motte ; le 9 Septembre : d'argent au pal bandé d'or & de ſable. Dioceſe de Tours.

Jacques de Cherité-la-Verdrie ; le 4 Octobre : d'azur au ſautoir d'argent, accompagné de 4 croix pattées d'or. Dioceſe d'Angers.

Guy du Puy-Saint-Medard ; le 23 Octobre : de ſinople à la bande d'or, accompagnée de ſix merlettes de même. Dioceſe du Mans.

René-Pierre de Kerſauſon ; le 23 Octobre : de gueules à la boucle d'argent. Dioceſe de Luçon.

Claude Budes ; le 23 Novembre : d'argent au pin de ſinople, chargé de trois pommes d'or, dont l'une ſoutient un épervier de même, accoſté vers ſon tronc de deux treffles de lys de gueules. Dioceſe de Rennes.

1653.

Renaud Budes du Tertrejouan ; le 23 Novembre : frere de Claude ci-deſſus. Dioceſe de Rennes.

Jean-Armand de Coſſé-Briſſac ; le 24 Janvier : ſde ſable à trois faces d'or dentellées par le bas. Dioceſe d'Angers.

Jacques de la Barre-Hautepierre ; le 20 Fevrier : d'or à trois fuzées d'azur, miſes en face, écartelé, facé d'or & d'azur de ſix pieces. Dioceſe d'Angers.

Pierre de Kerpoiſſon ; le 5 Juillet : d'or au lion de gueules. Dioceſe de Nantes.

Touſſaint Doineau de la Charrie ; le 14 Novembre : de gueules à trois roſes d'argent. Dioceſe de Luçon.

Leonor de la Barre-Saulnay ; le 24 Novembre : d'argent à trois lions de ſable, armez, lampaſſez & couronnez d'or. Dioceſe de Tours.

Gabriel d'Arrot de Luſliere ; le 24 Novembre : de ſable à deux cignes affrontez d'argent, ayant la tête contournée, & le col entrelaſſé l'un dans l'autre, tenans dans leur bec un anneau d'or, membrez & béquez de même. Dioceſe de Luçon.

1654.

Charles Charbonneau de la Forteſcuyere ; le 26 Septembre : d'azur à dix fleurs de lys d'or, 4. 3. 2. & 1. & trois écuſſons d'argent. Dioceſe de Luçon.

Tome IV.   Y*

Marc-Triſtan du Perrier du Mené : d'azur à dix billettes d'or, 4. 3. 2. & 1. Diocese de Treguier.

Charles le Roux des Aubiers ; le 29 Septembre : gironné d'argent & de ſable de huit pieces. Diocese de Nantes.

Jean-Baptiſte de Seſmaiſons ; le 29 Septembre : de gueules à trois tours couvertes d'or. Diocese de Nantes.

1655.

Gabriel de Bruc ; le dernier Septembre : d'argent à la roſe de gueules à ſix feuilles ſimples percées d'or. Diocese de Nantes.

Chriſtophe Jegou de Kervillio ; le dernier Septembre : d'argent à trois écuſſons en banniere d'azur, chargé chacun d'une croix d'or, & un cor de chaſſe de ſable en cœur. Diocese de Cornouailles.

1656.

Pierre du Bailleul de la Pierre ; le 8 Fevrier : d'argent à trois têtes de loup de ſable, coupées & lampaſſées de gueules. Diocese du Mans.

Jean Baudet de la Feneſtre ; le 5 Juillet : d'azur à l'épée d'argent, miſe en pal, la pointe en haut a la face de gueules brochant ſur le tout. Diocese de la Rochelle.

Marc-Iacinte de Roſmadec ; le 20 Octobre : palé d'argent & d'azur. Diocese de Vannes.

Charles de Beaumanoir de Lavardin, le 4 Decembre : d'azur à 11 billettes d'argent, 4. 3. & 4. Diocese du Mans.

Charles de la Rochefoucault-Marcillac ; le 4 Decembre : burelé d'argent & d'azur à trois chevrons de gueules brochans ſur le tout, le premier à la pointe coupée. Diocese de Poitiers.

1657.

Louis le Gacoing de la Muſſe ; le 5 Juin : d'or au chevron de gueules, accompagné de trois roſes de même. Diocese de Nantes.

Benjamin du Breuil-Helion de Combes ; le 16 Novembre : d'argent au lion de ſable, couronné & lampaſſé d'or. Diocese de Poitiers.

Gabriel Charbonneau de Lechaſſerie ; le 16 Novembre : d'azur à 3 écuſſons d'argent, & dix fleurs de lys d'or, 4. 3. 2. & 1. Diocese de Nantes.

Philippes-Auguſtin du Bois de la Ferté ; le 13 Decembre : de gueules à trois croix pattées d'argent. Diocese d'Angers.

1659.

François-Marie des Bancs de Mareuil ; le 8 Juillet : d'argent à l'aigle de ſable. Diocese de Tours.

François de l'Eſpronniere de Vris ; le 10 Juillet : d'hermine fretté de gueules. Diocese de la Rochelle.

Jacques de Voyer de Paulmy ; le 11 Mars : d'azur à deux léopards couronnez d'or. Diocese de Tours.

Raimond Jay de Montonneau ; le 30 Septembre : d'argent à trois faces ondées de gueules. Diocese d'Angouleſme.

DU PRIEURÉ D'AQUITAINE.

1660.

Marc-Antoine de Voyer de Paulmy, frere de Jacques ci-dessus; le 20 Janvier : d'azur à deux léopards couronnez d'or.

François de Gennes; le 12 Fevrier : d'hermines à la face de gueules. Diocese d'Angers.

Charles du Breuil-Helion de Combes; le 26 Octobre: d'argent au lion de sable, armé, lampassé & couronné d'or. Diocese de Poitiers.

Gabriel du Bois de la Ferté ; le 26 Octobre : de gueules à 3 croix patées d'argent. Diocese d'Angers.

René de Marconnay de Cursay ; le 26 Octobre : de gueules à trois pals de vair, au chef d'or. Diocese de Poitiers.

1661.

Charles de Messemé : de gueules à 6 feuilles de palmier d'or, appointées en cœur. Diocese de Poitiers.

Charles-Louis Petit de la Guerche ; le 10 Juillet : de sable à la bande d'argent, chargée d'un lion de gueules. Diocese de la Rochelle.

Pierre-Gabriel du Bellay ; reçû de minorité le 8 Août : d'argent à la bande fuselée de gueules, accompagnée de six fleurs de lys d'azur mises en orles. Diocese d'Angers.

Paul de la Belinaye ; le 10 Septembre : d'argent à trois têtes de bélier de sable. Diocese de Rennes

Charles de Villiers-Lauberdiere ; le 10 Septembre : d'argent à la bande de gueules, accompagnée d'une rose vers le chef. Diocese d'Angers.

Laurent-Martel ; le 10 Septembre : d'or à trois marteaux de gueules. Diocese de Poitiers.

Charles du Bellay des Buars ; le 10 Septembre : d'argent à la bande fuselée de gueules, accompagnée de six fleurs de lys d'azur. Diocese d'Angers.

1662.

Roland Barrin de la Gallissonniere ; le 28 Fevrier : d'azur à 3 papillons d'or. Diocese de Rennes.

Charles de S. Pern du Laté ; le 19 Mai : d'azur à dix mortoises d'argent, 4. 3. 2. & 1. Diocese de Nantes.

Jean de la Bourdonnaye ; le 27 Mai : de gueules à trois bourdons d'argent, 2 & 1, mis en pal, la pointe en bas. Diocese de Nantes.

François de Courbon de Blenac ; le 23 Août : d'azur à trois boucles d'or. Diocese de Xaintonges.

Pierre de la Noue ; le 15 Septembre : d'azur à la croix d'argent accompagnée de quatre gerbes de bled d'or. Diocese de Rennes.

1663.

Louis de Brilhac ; le 4 Janvier : d'azur au chevron d'argent chargé de cinq roses de gueules & accompagné de trois molettes d'éperon d'or. Diocese de Poitiers.

François de Rosmadec ; le 2 Juillet : palé d'argent & d'azur. Diocese de Vannes.

René de Lage ; le 2 Juillet : d'or à l'aigle à deux têtes de gueules becqué & membré d'azur. Diocese de Vannes.

Pierre de Serent ; le 2 Juillet : d'or à trois quintefeuilles de sable. Diocese de Vannes.

Paul de Coué de Betz de Lusignan ; le 7 Août : écartelé d'or & d'azur à quatre merlettes de l'un en l'autre. Diocese de Tours.

François de Coué de Lusignan de Betz ; le 7 Août : frere de Paul. Diocese de Tours.

Philippes Quatrebarbe de la Rongere ; le 7 Octobre : de sable à la bande d'argent, & deux cotices de même. Diocese du Mans.

Henri de Maillé de Benehart ; reçû de minorité le 21 Novembre: d'or à trois faces ondées de gueules. Diocese du Mans.

1664.

René-Chrétien de Kerabel ; le 5 Juin : de sinople à la face d'or accompagnée de trois casques mis de côté de même. Diocese de Treguier.

Louis du Boisjourdan ; le 14 Juin : d'or semé de fleurs de lys d'azur à trois lozanges de gueules sur le tout. Diocese du Mans.

Henri Lancelot de Juigné de la Brossiniere ; le 14 Juin : d'argent au lion de gueules ayant la tête d'or lampassée de gueules. Diocese d'Angers.

René-Eustache de Jys ; le 20 Septembre : de gueules à la face d'argent chargée de quatre hermines de sable, & surmontée de deux fleurs de lys d'argent. Diocese de Rennes.

1665.

Jacques de Royers de la Brisoliere ; le 10 Janvier : d'or à deux merlettes affrontées de sable, & une fleur de lys de gueules en pointe. Diocese du Mans.

Louis de Tusseau de Maisontiers ; le 10 Janvier : d'argent à trois croissans de gueules. Diocese de Poitiers.

Louis Chevalier de Saulx ; le 10 Janvier : de gueules à trois clefs d'or mises en pal, 2 & 1, à la bordure d'azur. Diocese de Poitiers.

Laurent-Bonaventure de Savonnieres de la Bretesche ; le 15 Mars : de gueules à la croix patée & racourcie d'or. Diocese de Nantes.

Joseph de Sanson-Millon ; le 25 Juillet : écartelé d'or & de gueules, au lion de l'un en de l'autre. Diocese du Mans.

Claude de Sanson-Millon ; frere de Joseph. Diocese du Mans.

Claude rené de Courterne la Barre ; le 14 Septembre : d'azur à deux faces d'argent surmontées d'un lion léopardé de même. Diocese du Mans.

François de la Corbinaye de Bourgon ; le 12 Novembre : d'argent à la croix dentelée de gueules, cantonnée de quatre corbeaux de sable. Diocese du Mans.

1666.

Jean Frezeau de la Frezeliere ; le 4 Juin : burelé d'argent & de gueules à la cotice d'or brochante fur le tout. Diocefe d'Angers.

Alexis de Juffac de la Moriniere; le 23 Août : d'argent à quatre faces ondées de gueules. Diocefe de Tours.

François de la Bourdonnaye; le 20 Septembre : de gueules à trois bourdons d'argent mis en pal, 2 & 1, la pointe en bas. Diocefe de Nantes.

Charles de Granges Puyguyon; le 14 Novembre : de gueules fretté de vair au chef d'or chargé d'un lambel de fable. Diocefe de la Rochelle.

1667.

Charles-Anne de Chouppes; le 2 Mars : d'azur à trois croifettes d'argent. Diocefe d'Angers.

Charles de la Brunetiere du Pleffis de Gefté; le 19 Avril : d'hermine à trois chevrons de gueules. Diocefe d'Angers.

Jean de Neucheze; le 12 Juillet : de gueules à neuf molettes d'éperon d'argent, 3, 3 & 3. Diocefe de Poitiers. Commandeur d'Artins, & de Coudrie.

Robert de Sallo de Semagne; le 28 Novembre : de gueules à trois rocs d'argent. Diocefe de la Rochelle. Commandeur du Temple près Mauleon.

1668.

François Viault du Breuillac; le 21 Avril : d'argent au chevron de gueules, accompagné de trois coquilles de fable. Diocefe de Poitiers.

Philippes-Joseph de Lefmerie de Lucé; le 3 Juin : d'argent à trois feuilles de chêne de finople. Diocefe d'Angoulême. Commandeur de Leblifons & de Fretay.

Pierre-David de Gibot de la Perriniere; le 7 Juillet : d'argent au léopard de fable. Diocefe du Mans.

Jean-Baptifte de Monteffon; le 2 Novembre : d'argent à trois quintefeuilles d'azur. Diocefe du Mans.

René-Jean de Sauvaget des Clos; le 10 Août : de gueules à la croix patée d'argent. Diocefe de Saint Brieu.

Henri de Frouché du Gué; le 8 Novembre ; de fable au lion d'argent. Diocefe de Luçon.

1669.

Gilbert Quatrebarbes de la Rongere; le 31 Août : de fable à la bande d'argent accompagnée de deux cotices de même. Diocefe du Mans.

Louis de la Gueriniere de la Roche-Henri; le 31 Août : d'azur au chevron d'or accompagné de trois croiflans d'argent. Diocefe de Luçon.

1670.

François-Marie de la Corbiere de Juvigné; le 4 Avril : d'argent au lion de fable, armé, lampaffé & couronné de gueules. Diocefe de Rennes.

1671.

François Brochard de la Roche ; le 16 Janvier : d'argent au pal de gueules côtoyé de deux pals d'azur. Diocese de la Rochelle. Commandeur de Villegaſt.

Paul Guyot de Chaſlonne ; le 25 Avril : d'or à trois perroquets de ſinople accollez, membrez & becquez de gueules. Diocese de Poitiers.

1672.

Jacques de Brilhac ; le 29 Juin : d'azur au chevron d'argent chargé de cinq roſes de gueules & accompagné de trois molettes d'éperon d'or. Diocese de Poitiers. Commandeur de Sainte Catherine de Nantes.

Henri de Bechillon d'Irlaud ; le 29 Juin ; d'argent à trois fuſées de ſable miſes en face. Diocese de Xaintes. Commandeur de Bourgneuf.

Joſeph - Georges de Sauvaget des Clos ; le dernier Juillet : de gueules à la croix patée d'argent. Diocese de Saint Brieu.

Charles Frottier de la Meſſeliere ; le 21 Novembre : d'argent au pal de gueules côtoyé de cinq lozanges de même de chaque côté, 2, 2 & 1. Diocese de Poitiers. Commandeur de l'ancien Temple d'Angers.

1674.

Louis de Brilhac ; le 24 Septembre : d'azur au chevron d'argent chargé de cinq roſes de gueules & accompagné de trois molettes d'éperon d'or. Diocese de Xaintes. Commandeur de Balan.

1675.

Gilles de Goué ; le 6 Septembre : d'or au lion de gueules. Diocese du Mans.

1676.

Eſprit - René des Herbiers - Leſtanduere ; le 14 Mars : de gueules à trois faces d'or. Diocese de Luçon.

Louis-Auguſtin Chabot de Jarnac ; d'or à trois chabots de gueules. Diocese de Xaintes.

1677.

Luc-René de Marbeuf ; de minorité le 3 Avril : d'azur à deux épées d'argent miſes en ſautoir, la pointe en bas, montées d'or. Diocese de Rennes. Commandeur de l'Hôpital ancien d'Angers, dit Thoré.

René de Marbeuf ; de minorité le 3 Avril : frere du précedent. Diocese de Rennes.

Armand Barlot du Chaſtelier ; le 3 Juillet : de ſable à trois croix patées d'argent. Diocese de Maillezais.

Guillaume du Cambout ; le 3 Juillet : de gueules à trois faces échid'argent & d'azur. Diocese de Nantes.

Pierre-Gabriel du Beſlé.

1678.

Louis - Alexandre de Vaſſé ; le 2 Juin : d'or à trois faces d'azur. Diocese du Mans.

Louis-René de la Brunetiere du Pleſſis de Geſté ; d'hermines à 3 chevrons de gueules. Diocèſe d'Angers.

1679.

François de Noſſay de la Forges ; le 12 Janvier : d'argent à trois faces de ſable accompagnées de dix merlettes de même, 4, 3, 2 & 1. Diocèſe de Poitiers.

Jean Leſmerie : d'argent à trois feuilles de chêne de ſinople.

Jean-Etienne Boynet de la Touche ; reçû de minorité le 18 Juillet : d'argent au lion de gueules au chef d'azur. Diocèſe de Poitiers.

1680.

René-Gabriel de la Barre-Saulnay ; le 6 Septembre : d'argent à trois lions de ſable armez, lampaſſez & couronnez d'or. Diocèſe de Poitiers. Commandeur de Guelian.

Gabriel Cazeau de la Coupperie ; d'azur au chhevron d'or accompagné de trois trefles de même. Diocèſe de Luçon.

1681.

Pierre-Alexis Goyet de la Raturiere ; d'azur au chevron d'or accompagné de trois pélicans de même, écartelé d'argent à trois bandes de gueules. Diocèſe de Tours.

Gabriel du Chillau ; de ſable à trois moutons paſſans d'argent. Diocèſe de Poitiers. Commandeur d'Antigni, & de la Guierche.

Jean-François de Boullie-Turquan de Renom ; le 3 Octobre : d'azur à la bande d'argent accompagnée de deux croiſſans de même, un en chef & un en pointe ; écartelé au ſecond & troiſième d'argent au chevron de gueules accompagné de trois têtes de Maures, deux en chef & une en pointe frontées d'un bandeau d'argent.

1682.

Charles-Henri de Sainte Maure ; le 3 Octobre : d'argent à la face de gueules. Diocèſe d'Angoulème.

Alexandre-René de Morel d'Aubigny ; d'or au lion de ſinople armé, lampaſſé & couronné d'argent. Diocèſe d'Anjou.

René Porcheron de Sainte-Jaſme de Beroute ; d'or au chevron d'azur accompagné de deux hures de ſanglier affrontées en chef de ſable, armées & allumées d'argent, & un porc épic en pointe de ſable. Diocèſe de Poitiers.

1683.

André-Marie de Montecler : de gueules au lion couronné d'or. Commandeur de la Villedieu, & de l'Iſle Bouchart.

Jacques de Raity de Villeneuve.

Louis d'Allogny : de gueules à trois fleurs de lys d'argent.

1684.

Louis-Leonord-Alphonce de la Barre de Saunay : d'argent à trois lions de ſable, armez, lampaſſez & couronnez d'or.

Charles Barjot : d'azur au griffon d'or, & une étoile de même au canton dextre de l'écu.

1685.
Jozias-François de Brilhac : les armes de Jacques, ci-dessus.
Alexis d'Allogny de la Groye : les armes de Louis, ci-dessus.
Alexandre de la Roche de Gueimps.

1686.
Sebastien de Robien : d'azur à dix billettes d'argent, 4. 3. 2. & 1.
Jean-Louis de la Bourdonnaye de Coëtyon : de gueules à trois bourdons d'argent mis en pal, 2 & 1.

1687.
Jacques du Bessay ; Commandeur d'Amboise.
Charles Hardouin de Maillé de la Tour Landry : d'or à trois faces ondées, entées & nébulées de gueules.

1688.
Toussaint de Querhoant : écartelé au premier & quatriéme échiqueté d'or & de gueules ; au deuxiéme & troisiéme d'azur à la fleur de lys d'or en chef, & deux macles de même en face, & sur le tout lozangé d'argent & de sable.
Paul Jaillard ; le 21 Mai : d'azur à trois tours d'or maçonnées de de sable, deux en chef & une en pointe.

1689.
Leonor-Louis-Alphonce d'Orvaux.
Jean-Baptiste Thibault de la Carte : d'azur à la tour d'argent maçonnée de sable.
Henri-Joseph Chasteigner : d'or au lion passant de sinople.
Charles-Gabriel Jonques.

1690.
François Armel de Lanion : d'argent à trois merlettes de sable, au chef de gueules chargé de trois quintefeuilles d'argent. Il fut tué au combat de Malaga en 1704, sous le nom de Marquis de Crenan.

1691.
Philippe-Michel Maillé de la Tour Landry : les armes de Charles-Hardouin, ci-dessus.
Anne-François de la Bellinaye : d'argent à trois têtes de belier de sable, 2 & 1.

1693.
Lancelot de Savonniere la Bretesche : de gueules à la croix patée & alaisée d'argent.
André-Marie de Montecler : les armes ci-dessus. Commandeur de la Guierche.
Louis de Saint-George : d'argent à la croix de gueules.
Gabriel de Bruc : d'argent à la rose de six feuilles de gueules, percée d'or.

1694.
Jean-Gabriel de Fournel : de sable à la licorne passante d'argent, au chef cousu de gueules, chargé de trois étoiles d'or.

DU PRIEURE' D'AQUITAINE.

Jacques de Ferriere de Champigny.

1696.

Melchior - Louis de Razilly : de gueules à trois fleurs de lys d'argent.

Jacques-Philippes de la Bouviniere.

1698.

François-Anne de la Bourdonnaye ; le 11 Septembre : de gueules à trois bourdons de pelerin d'argent, posez en pal.

Antoine de Martel ; le 19 Decembre : de gueules à trois marteaux d'or, deux en chef & un en pointe.

Joseph-René de Martel de Landrepoutre ; les armes comme dessus.

1699.

Sebastien-Jean de Miromesnil.

Alexis le Vacher : d'or à trois têtes de vaches de gueules, posées de front, 2 & 1.

Claude-Joseph-Marie de Boynet : d'argent au lion de gueules, au chef d'azur.

Anne-Charles de Tudert de la Bournaliere : d'or à deux lozanges d'azur rangées en face, au chef d'azur, chargé de trois besans d'or.

Baltazard de Rousselot de Château Renault.

Jacques-Cesar Couraud de la Rochechevreuse ; le 9 Février : de sable à la croix alaisée d'argent.

1700.

René de Martel : les armes comme ci-dessus.

Claude - Sylvestre le Senéchal de Carcado ; le 20 Janvier : d'azur à neuf macles d'or, 3. 3 & 3.

Helie de Guynot d'Aircy ; le 21 Mars : d'azur à trois pals au pied fiché & alaisé d'argent, surmontez de trois étoiles d'or en chef.

Gilbert de la Haye de Montbault du Chastellier ; le premier Juin : d'or au croissant de gueules bordé de sable à six étoiles de gueules, trois en chef, deux & une en pointe à la bordure d'azur chargée de six besans d'argent, trois en chef, deux en face, & un en pointe.

Jean - François de Laurancye ; le 18 Août : d'azur à l'aigle à deux têtes d'argent, éployée, membrée & béquetée d'or.

Séraphin de Beufvier d'Espaligny ; le 27 Août : d'azur à trois massacres de bœufs d'argent cornez d'or, deux en chef & un en pointe.

1701.

Jean Poulte du Château - Dom - Pierre ; d'argent à trois chevrons de sable.

Jean de Martel - Dercé ; le premier Février : les armes comme ci-dessus.

Gabriel - Cesar Couraud de la Rochechevreuse ; le 23 Mai : frere

de Jacques-Cefar, ci-devant, & porte comme lui.
Victor-Henri le Roux de la Corbiniere ; le 17 Octobre : d'azur au lion d'or armé, lampaffé & couronné de gueules.

1702.

Charles-Joseph de Boisjourdan ; le 19 Juin : d'or femé de fleurs de lys d'azur à trois carreaux de gueules, deux en chef & un en pointe.

1703.

Pierre-Jean-Baptiste de Perfy ; le 9 Fevrier : d'argent à trois befans de fable, deux en chef & un en pointe, accompagnez de neuf hermines aufli de fable, trois en chef, trois en face, & trois en pointe.
Charles de Guynot de Dercye ; le 22 Mai : les armes comme ci-devant.

1704.

Jean-Baptifte d'Andigné ; le 11 Août : d'argent à trois aigles éployez de gueules, béquetez & onglez d'azur.
René-Vincent de Meffemé de Saint Chriftophe : de gueules à fix feuilles de palmier d'or, appointées en cœur.
Charles-Martian le Mefneuft du Chaftellier de Brequigny : d'or à la face de gueules, chargée d'un léopard d'argent, & accompagnée de trois rofes de gueules.

1705.

François de la Rivierre ; le 15 Mars : d'azur à la croix engrêlée d'or.

1709.

Charles-Hyacinte de Bouvens ; le 18 Mars : de gueules à la croix dentellée d'argent.
François-Claude de Penfenteunio ; le 18 Mars : burelé d'argent & de gueules de dix pieces.
Charles-François Dandigné ; le 3 Décembre : les armes comme ci-devant.

1710.

Achille-Charles-Paul de Kaërhouart ; d'argent à la roue d'horloge de fable, accompagnée de trois croix de même, deux en chef & une en pointe.
Gabriel de Bouvens ; le 14 Mars : les armes comme ci-deffus.

1711.

Louis de Froullay ; le 4 Juillet : d'argent au fautoir de gueules engrêlé de fable.
Alexis-Henri-François de Villeden de Sanfay ; le 17 Septembre : d'argent à trois faces ondées de gueules.
Jofeph-Henri d'Andigné de Maineuf ; le 12 Septembre : les armes comme ci-devant.
Luc-Jofeph de Bruc ; d'argent à la rofe de fix feuilles de gueules percée d'or.

1712.

Bernardin-Hippolite de Marbeuf; le 24 Mars: d'azur à deux épées posées en sautoir, les lames d'argent, les gardes & poignées d'or, les pointes en bas.

Jacques Thibault de la Carte; le 21 Octobre: d'azur à la tour d'argent crenelée de sable.

1713.

Achille-Louis de Ruellan; le 3 Novembre: d'argent au lion de sable lampassé, armé & couronné d'or.

1714.

Jean-Hardouin de Maillé de la Tour-Landry; le 22 Juin: coupé de Maillé & de la Tour-Landry; sçavoir en chef, d'or à trois faces ondées de gueules, qui est de Maillé, en pointe d'or à la face crenelée de gueules.

Eutrope-Alexandre du Breuil.

1715.

Joseph-Antoine-Eleonor-Isidore de Maillé la Tour-Landry; le 22 Janvier: les armes comme ci-dessus.

Julien-Victor-Claude Gigault de Bellefonds; le 19 Mars: d'azur au chevron d'or accompagné de trois lozanges d'argent, deux en chef & une en pointe.

Guy-Hilarion le Bec de Lievre; le 17 Avril: de sable à deux croix pometées au pied fiché d'argent en chef, & d'une coquille de même en pointe.

1716.

Charles de Castelanne; le 4 Mai: de gueules à un château d'or sommé de trois tours, & accompagné de trois fleurs de lys de même, deux en face & une en pointe.

Claude-Eugene de Beauvau; le 8 Mai: d'argent cantonné de quatre lionceaux de gueules.

François-Jacques de Guinebault de la Grostiere; le 20 Octobre: de gueules à trois roses d'argent, deux en chef, & une en pointe.

1717.

George-François de Montecler; le 2 Avril: de gueules au lion d'or armé, lampassé & couronné de même.

Charles-François de Tudert; le 2 Avril: d'or à deux lozanges d'azur au chef d'azur chargé de trois besans d'or.

Pierre-Guy le Bel de la Jalliere; le premier Decembre: d'or fretté de six pieces d'azur.

François-Alexandre de la Lande des Plains; le premier Decembre: d'or au cornet de chasse de sable lié de même au chef de gueules chargé de trois étoiles d'or soutenu d'une face de sable.

1718.

Nicolas Gerardin; le 4 Janvier: d'argent semé d'hermines au sautoir de gueules distingué en cœur d'une étoile d'argent chargée d'une autre étoile de sable.

René-Antoine du Chaffault de la Cenardiere.

1719.

René de Jacob de Tigné ; reçû Chevalier de grace le 11 Mars sans preuves ni armes.

Jean-Baptiste-Charles-Joseph Camille de Crespy de la Mabilliere ; le 3 Decembre : burelé d'or & d'azur de dix pieces.

Auguste-François du Boul de Cintré ; le 3 Decembre : d'or à la bande de gueules.

1720.

Denis-Louis Dassé ; le 7 Mai ; émanché d'argent & de sable de huit pieces en face.

Charles-Gabriel du Chilleau ; le 4 Juin ; de sable à trois moutons passans d'argent, deux un chef & un en pointe.

1721.

Charles-Claude de Monty de Launay ; le 6 Mai : d'azur à la bande d'or accompagnée de deux montagnes de chacune six coppeaux de même, une en chef & l'autre en pointe.

1723.

René de Jacob de Tigné, neveu du premier ci-dessus en 1719 ; reçû Chevalier de grace le 25 Août.

1724.

Charles de Monty, reçû Page du Grand-Maître le 12 Octobre ; il est frere de Charles-Claude, ci-devant.

1725.

Nicolas-Pierre Desnos ; le 8 Mai : d'argent au lion de sable couronné d'une couronne de fleurs de lys de même, armé & lampassé de gueules.

François-Louis-Auguste de Cumont ; le 8 Mai.

François-Nicolas de la Dive de Sainte-Foy ; le 8 Mai : d'azur au lion d'or armé & lampassé de gueules.

Charles-Auguste Grellier de Consize ; le 8 Mai.

LISTE CHRONOLOGIQUE
DES FRERES CHEVALIERS
de Saint Jean de Jerusalem, du Grand Prieuré de Champagne.

1336.

Nicolas de Sommiévre; d'azur à deux massacres de cerf d'or posez en pal l'un sur l'autre. Commandeur de Thors, autrement Chaumont en Bassigny.

1380.

Charles de Sommiévre. Les armes comme dessus.

1410.

Charles-Saladin d'Anglure; d'or semé de piéces emportées en forme de croissans de gueules, soutenant des grillets d'argent.

1450.

Mathieu de Choiseul; d'azur à la croix d'or cantonnée de dix-huit billettes de même, 5. 5. & 4. 4. Commandeur de Valeur.

1470.

Pierre de Beaufrémont; vairé d'or & de gueules. Commandeur de la Romagne.

Charles de Choiseul de Lanques; les armes comme dessus. Commandeur de Valeur.

1480.

Amé de Croissy; de gueules à la croix d'or. Commandeur de Belle-Croix.

Jean de Ligneville; lozangé d'or & de sable. Commandeur de Marbotte.

1500.

Jean du Chatelet; d'or à la bande de gueules chargée de trois fleurs de lys d'argent. Commandeur de Chalon sur Saône.

15..

Jean Piedefer; échiqueté d'or & d'azur. Grand Prieur de Champagne.

1512.

Charles de Saint Belin; d'azur à trois têtes de belier d'argent cornées d'or.

1522.

François de Fresnel; d'azur à trois bandes d'or au chef d'argent chargé d'un lion naissant de sable : Commandeur de la Romagne. Il fut tué à la prise de Rhodes.

Z iij

Jean d'Eltouf de Pradine ; écartelé d'argent & de fable à la bordure engrêlée de gueules : Commandeur de Chalon fur Saône. Il fut bleſſé à la priſe de Rhodes, & ſuccéda à la Commanderie de la Romagne vacante par la mort de François de Freſnel, ci-deſſus nommé.

1523.

Pierre de Pytoys de Chaudenay. Commandeur de Belle-Croix.

1524.

Guillaume de Malin de Lux ; d'azur au ſauvage d'or tenant une maſſue levée de même, parti d'argent au lion de gueules.

1527.

Baltazar du Chatelet ; les armes comme deſſus.
Charles d'Achey ; de gueules à deux haches d'armes d'or adoſſées & miſes en pal. D'une Maiſon du Comté de Bourgogne.
Jean de Choiſeul du Pleſſy-Pralin. Les armes comme deſſus.

1528.

Guy le Beuf de Guyonvelle ; de gueules au lion d'argent.

1529.

Nicolas Rouxel des Roches ; vairé à trois pals de gueules au chef d'or chargé de deux tourteaux de gueules. Dioceſe de Metz.
Baptiſte du Chatelet. Les armes comme deſſus.

1530.

Calixte de la Barge ; d'argent à trois lions de ſable, armez & lampaſſez d'or. Commandeur de Chalon ſur Saône.
Jean du Haultoy ; d'argent à trois bandes de gueules.

1532.

Antoine de Choiſeul Rimaucourt. Les armes comme deſſus.

1534.

Louis d'Eſguilly ; palé d'or & d'azur. Commandeur de la Romagne.
Claude de Malin, dit Digoyne. Les armes comme deſſus.
Jacques de Choiſeul. Les armes comme deſſus.
Claude de Barbas ; de gueules à trois Jumelles d'argent. De Lorraine.
Jacques de Savigny ; de gueules à trois lions d'argent couronnez d'or.
Louis de Mandelot de Paſſy ; d'argent à la face d'azur.
Jean de Gournay ; de gueules à trois tours d'argent miſes en bande. De Lorraine.

1537.

Jean de Villeſuzarche ou Villeſuaſtre.

1538.

Joachim de Choiſeul d'Aigremont ; les armes comme deſſus. Dioceſe de Toul.
Antoine Toignel des Penſes ; de gueules à trois chevres d'or couchées l'une ſur l'autre.
Jean d'Anglure Bourlemont ; les armes comme deſſus, écartelées de Bourlemont, qui eſt facé d'or & de gueules de huit pieces.

1539.

Jacques de la Colonges ; d'argent à trois merlettes d'azur. De Bourgogne.

Nicolas de Senailly Rimaucourt ; de sable à trois chevrons d'or.
Nicolas de Ludres ; bandé d'or & d'azur à la bordure engrêlée de gueules. Diocese de Chalon sur Saône.

1540.

Charles de Sommiévre ; les armes comme dessus. Commandeur de la Romagne.
Antoine de Fuffey ; d'argent à la face de gueules, accompagnée de six merlettes de sable. Diocese d'Autun.
Liébaut de Choiseul ; les armes comme dessus. Diocese de Toul.

1541.

Michel des Boves de Rancé ; d'azur à trois lozanges d'argent posez en bande. Diocese de Langres.
Jean de Trestondam ; d'azur à trois chevrons d'or en bandes côtoyez de deux cottices de même.

1543.

Nicolas d'Aleschamps, dit Brye ; d'or au chevron de gueules accompagné de trois écrevisses de même.
Jean du Blé ; de gueules à trois chevrons d'or.
Joachim de la Palu de Bouligneux ; de gueules à la croix d'hermines.
Pierre d'Eguilly. Les armes comme dessus.
Antoine de Mauroy ; d'azur au chevron d'or accompagné de trois couronnes Royales de même.
Charles d'Urre de Tessiers ; d'argent à la bande de gueules, chargée de trois étoiles d'argent.
Pierre de Chantemerle ; d'or à deux faces de gueules, & neuf merlettes de même, 4. 2 & 3.
Jean de la Tour ; de gueules au griffon d'or.

1545.

Gaspard de Choiseul de Lanques. Les armes comme dessus.
Africain de Choiseul de Lanques, frere du précédent.

1546.

Nicolas de Sommiévre de Lignon ; les armes comme dessus. Diocese de Chaalons sur Marne.
Bernardin de Haraucourt ; d'or à la croix de gueules au franc canton d'argent chargé d'un lion de sable.
Pierre de Rochechouart ; de gueules à trois faces ondées, entées & nébulées d'argent.

1548.

André de Saulciéres de Tenance ; de gueules au lion couronné d'or.
Charles de Montereul. Diocese de Langres.
Claude de Traves ; d'azur à la croix d'or accompagnée de dix-huit billettes de même.

1549.

Jean Damas de Marsilly ; d'or à la croix ancrée de gueules.
Antoine Damas de Marsilly, frere du précédent ; tous deux nez dans le Diocese de Chalon sur Saône.

Jacques-Palatin de Dio de Montperoux; facé d'or & d'azur à la bordure de gueules. De Bourgogne.

1550.

Jean d'Amanzé; de gueules à trois coquilles d'or. De Bourgogne.
Pierre de Francieres de Miffelier; d'argent à la bande de fable.

1555.

Pierre d'Eltouf de Pradines; écartelé d'argent & de fable à la bordure engrélée de gueules, & fur le tout d'hermines au chef de gueules chargé d'un croiffant d'argent côtoyé de 2 quintefeuilles d'or.
Charles de Saint Belin. Les armes comme deffus.

1556.

Claude de Chatenay de Lanty; d'argent au cocq de finople, membré, becqué, crêté & couronné de gueules, accompagné de 3 rofes de même boutonnées d'or.
Gabriel de Chatenay-Lanty, frere du précédent.

1559.

Hardy de Choifeul de Chevigny; d'azur à la croix accompagnée de dix-huit billettes de même, dix en chef & huit en pointe, écartelé de gueules au lion d'argent couronné d'or. Diocefe d'Autun.

1560.

Jean-Philibert de Foiffy-Chameffon; d'azur au cigne d'argent becqué & membré de fable. Commandeur de la Romagne, Grand Prieur de Champagne.
Baptifte de Mailly; de gueules à trois maillets d'or. Diocefe de Chalon.
Georges du Haultoy de Recycourt; d'argent à trois bandes de gueules. Diocefe de Verdun.

1563.

Yves de Saulcieres de Tenance; de gueules au lion couronné d'or.
Jacques-Philippes de Ligneville de Tantonville; lozangé d'or & de fable.

1565.

Adrien de Pontailler; de gueules au lion d'or, armé, lampaffé & couronné d'azur.
Aimé de Malin; d'azur au Sauvage d'or, tenant fa maffue levée de même, parti d'argent au lion de gueules.

1566.

François de Beaujeu; d'argent à cinq faces de gueules. Diocefe de Langres.
Pierre Damas de Marcilly; d'or à la croix ancrée de gueules.
Alexandre de Mailly, D'Arc furThil; de gueules à trois maillets d'or.
Philippes de Tuillier de Hardemont; d'or femé de billettes de gueules à la clef de même pofée en pal.
Jean de Cambray; de gueules à la face d'argent potencée & contrepotencée d'azur, accompagnée de trois loups rampants d'or.

Jacques

Jacques de Rachecourt, dit Aufferville; d'or à la tour de fable. Du pays Meſſin.
Joachim de Marcheville; d'azur à ſix beſans d'argent.
François de Vienne; de gueules à l'aigle d'or.

1568.

Octavien de Saint-Ligier; d'argent à la face de gueules frettée d'or, accompagnée de trois étoiles de ſable.

1569.

Gabriel de la Guiche; de ſinople au ſautoir d'or. Diocèſe de Chalon ſur Saône.
Humbert de Malin de Lux; d'azur au ſauvage d'or tenant ſa maſſue levée de même, parti d'argent au lion de gueules. Diocèſe d'Autun.
Georges de Mandre de Monthureux; d'azur à la bande d'or accompagnée de quatre billettes de même. Diocèſe de Langres.
Claude d'Ouche; d'argent au lion de ſable; armé, couronné d'or, & lampaſſé de gueules. Diocèſe de Toul.

1570.

Jean de Ligneville-Tantonville; lozangé d'or & de ſable. Diocèſe de Toul.
Jean de Faulquier de Vitry; d'azur à trois faulx emmenchées d'or, celles du chef affrontées. Diocèſe de Langres.
Jean-François de Faulquier Champluyſery; frere du précedent. Diocèſe de Langres.
Africain de Mandre; d'azur à la bande d'or accompagnée de quatre billettes de même.

1571.

Jean de Fuſſey de Sarrigny; d'argent à la face de gueules accompagnée de ſix merlettes de ſable. Diocèſe d'Autun.
René de Choiſeul de Beaupré; d'azur à la croix d'or accompagnée de dix-huit billettes de même, dix en chef & huit en pointe.
Jean-Philippes de Saint-Blaiſe de Changy; d'azur à la pointe d'argent, naiſſante de la pointe de l'écu. Diocèſe de Chaalons ſur Marne.
Jean Treſtondan; comme deſſus. Diocèſe de Langres.
Nicolas-Antoine de Pouilly; d'azur à trois tours d'or. Diocèſe de Verdun.

1572.

Erard de Pouilly, né dans le même Diocèſe, & portant les mêmes armes que ſon couſin ci-deſſus.
Robert de Saint-Privé d'Arigny; d'argent au ſautoir de gueules dentellé de ſable. Diocèſe de Chaalons en Champagne.
Paris-Jacob d'Aubigny; d'argent à la face de gueules chargée de 3 beſans d'or.
Claude d'Igny de Rizaucourt; facé d'argent & de gueules de huit piéces. Diocèſe de Toul.
Jean du Blé d'Huxelles; de gueules à 3 chevrons d'or. De Bourgogne.

Nicolas de Chauffin de Beauchemin ; de fable à la face d'argent surmontée d'un croiffant de même. Diocefe de Chalon fur Saône, mais d'une Maifon de la Franche-Comté.

1524.
René de Montjeu ; d'argent femé de billettes de fable au lion de même. Diocefe de Langres.

Hugues de Lorron de Domecy. Diocefe d'Autun.

1575.
Jean de Serocourt ; de gueules à la bande d'or accompagnée de fept billettes de même, quatre en chef & trois en pointe.

1576.
Pierre de Beaujeu de Montot ; d'argent à cinq faces de gueules. Diocefe de Langres.

1577.
René de Rochefort ; d'azur femé de billettes d'or au chef d'argent chargé d'un lion léopardé de gueules.

1578.
Baptifte d'Eltouf de Pradines de Sefmoutier ; écartelé d'argent à la bordure engrêlée de gueules, fur le tout d'hermines au chef de gueules chargé d'un croiffant d'argent côtoyé de deux quintefeuilles d'or. Diocefe de Langres.

Philibert Gentil de Sainte Heleine. Diocefe de Chalon.

Charles de Faulquier de Vitry : les armes comme deffus. Diocefe de Langres.

Guillaume de Villers la Faye ; d'or à la face de gueules. Diocefe d'Autun.

1580.
Philippe de Serocourt de Roumain ; d'argent à la bande de fable accompagnée de fept lozanges de même, 4 & 3. Diocefe de Toul.

Maximilien de Choifeul ; d'azur à la croix d'or accompagnée de dix-huit billettes de même, dix en chef & huit en pointe.

Jean-René de Ligneville Tantonville ; lozangé d'or & de fable. Diocefe de Toul.

1581.
Jean des Armoifes ; gironné d'or & d'azur de dix piéces à l'écu en abîme de gueules.

Louis de Marcoffey ; d'azur au levrier rampant d'argent accollé de gueules. Diocefe de Metz.

Claude de Gellan de Teniffey ; d'or à deux jumelles d'azur foutenant deux léopards de gueules.

Charles d'Ouche ; d'argent au lion de fable armé, couronné d'or, & lampaffé de gueules. Diocefe de Toul.

1584.
Michel de Pontaillier de Thallemey ; de gueules au lion d'or armé, lampaffé & couronné d'azur.

François de Chaumont de Saint-Cheron ; facé d'argent & de gueu-

DU PRIEURÉ DE CHAMPAGNE

les de huit piéces. Diocese de Chaalons en Champagne.
Jean de la Chauffée, d'azur à trois lozanges d'or au chef cousu de sable chargé d'un léopard d'argent.

1589.
Adolphe de Fresnel de Loupy de Mancy ; d'argent au lion de sable.
Henry de Saintrailles ; d'argent à la croix alaisée de gueules. De Lorraine.

1592.
Pierre-Jean de Touges de Noilhan ; d'azur à deux besans d'or mis en pal l'un sur l'autre. Né dans le Diocese de Toul, mais d'une Maison du pays de Comminges.

1593.
François de Saint-Belin de Bielles ; d'azur à trois rencontres de beliers d'argent accornez d'or. Diocese de Langres.
Cristophe de Montarby de Loupvigny ; de gueules au chevron d'argent. Diocese de Langres.

1594.
Philippe de Rachecourt ; d'or à la tour de sable. Diocese de Metz.
François de Roucel de Verneville ; de vair à trois pals de gueules, au chef d'or chargé d'une étoile de sable côtoyée de deux tourteaux de gueules. Diocese de Metz.

1596.
Hugues de Rabutin de Bussy ; d'azur à la croix engrêlée d'or, écartelé de cinq points d'or équipolez à quatre de gueules. Diocese d'Autun.
Nicolas de Bildstein ; d'or à la bande de gueules chargée de trois alerions d'argent écartelé d'or, facé de gueules au lambel d'azur.
Antoine de Chatenay de Saint Vincent ; d'argent au cocq de sinople membré, barbé, crêté & couronné de gueules, accompagné de 3 roses de même boutonnées d'or. Diocese de Chaalons sur Marne.

1597.
Joachim de Vaivre ; d'argent au sautoir de sable chargé de neuf lozanges d'or. Diocese de Langres.
Guillaume de Mandre de Monthureux ; d'azur à la bande d'or accompagnée de quatre billettes de même. Diocese de Langres.

1598.
Antoine de Stainville ; d'or à la croix ancrée de gueules. Diocese de Toul.
Jean-Paul de Choiseul de Lancques ; d'azur à la croix d'or cantonnée de dixhuit billettes de même, dix en chef & huit en pointe. Diocese de Langres.

1599.
Nicolas de Rachecourt ; les armes comme dessus. Diocese de Metz.

1600.
Cesar de Chastellux d'Avallon ; d'azur à la bande d'or acccompagnée de sept billettes de même, 4 en chef & 3 en pointe. Diocese d'Autun.

A a ij

1602.

Philibert de Nicey de Courgivault; de gueules au chevron d'argent au chef d'azur soutenu d'argent chargé de deux coquilles de même. Diocese de Langres.

1604.

Jacques de Ligneville de Tantonville; lozangé d'or & de fable. Diocese de Toul.

1605.

Jacques-René de Ligneville Vanne; les armes comme deſſus. Diocese de Toul.

Gabriel - Saladin d'Anglure de Bourlemont; porte d'Anglure écartelé de Chaſtillon ſur Marne, le chef briſé d'une merlette de ſable, & ſur le tout de Bourlemont, qui eſt de gueules à trois faces d'or. Diocese de Toul.

1608.

Benigne de Pracontal de Soucey; d'or au chef d'azur chargé de trois fleurs de lys d'or. Diocese d'Autun, mais d'une Maiſon originaire du Dauphiné; c'eſt pourquoi ſes preuves paternelles furent faites au Grand Prieuré de S. Gilles.

Africain de Baſſompierre; d'argent à trois chevrons de gueules. Diocese de Toul.

François-Henry de Haraucourt de Chamblay; d'or à la croix de gueules au franc quartier d'argent chargé d'un lion de ſable armé & lampaſſé de gueules. Diocese de Toul.

1609.

Claude de Choiſeul d'Iche; d'azur à la croix d'or accompagnée de dix-huit billettes de même, 5. 5. 4. & 4. Diocese de Toul.

1610.

Georges de Stainville; d'or à la croix ancrée de gueules. Diocese de Toul.

Jacques de Clugny; d'azur à deux clefs d'or adoſſées & miſes en pal, dont les anneaux font faits en forme de lozanges, & paſſez l'un dans l'autre.

Charles de Clugny Travoiſy, frere du précedent. Tous deux du pays d'Auxois.

Alexandre de Chaſtellux; d'azur à la bande d'or accompagnée de ſept billettes de même, quatre en chef & trois en pointe.

1611.

Joachim de Choiſeul d'Iche; les armes comme deſſus. Diocese de Toul.

1612.

Charles de Nettancourt-Vaubecourt; de gueules au chevron d'or.

Théodore de Haraucourt de Chamblay: les armes comme deſſus. Diocese de Toul.

1613.

Nicolas de Foiſſy-Chameſſon; d'azur au cigne d'argent, becqué & membré de ſable. Diocese d'Autun.

Antoine-Saladin d'Anglure ; portoit d'Anglure écartelé de Chaſtillon: Commandeur de Nancy. Dioceſe de Troyes.
Philippes d'Andelot de Preſſia ; de gueules à la fleur de lys d'or. Dioceſe de Chalon ſur Saône.

1614.

Gabriel de Ligneville ; les armes comme deſſus. Dioceſe de Toul.
Baptiſte d'Eltouf - Pradines de Semoutier ; les armes comme deſſus. Dioceſe de Langres.
Charles de Vaivre ; les armes comme deſſus. Dioceſe de Langres.

1615.

Joachim de Senevroy ; de gueules à la bande d'or au chef d'argent : Commandeur de Ruetz. Dioceſe de Langres.

1616.

Nicolas de Bildſtein de Froville ; d'or à la bande de gueules chargée de trois alerions d'argent, écartelé d'or, facé de gueules au lambel d'azur. Dioceſe de Toul.

1619.

Scipion d'Anglure de Bourlemont ; portoit d'Anglure, écattelé de Chaſtillon, & ſur le tout de Bourlemont : Commandeur de la Neufville-au-Temple, autrement Chaalons ſur Marne. Dioceſe de Toul.
René de Cheriſey ; coupé d'or & d'azur, le chef chargé d'un lion naiſſant couronné de gueules. Commandeur de Chalon ſur Saône. Dioceſe de Toul.

1621.

Ferdinand-Saladin d'Anglure-Bourlemont ; les armes de ſon frere ci-deſſus. Dioceſe de Toul.
François des Armoiſes de Saulny ; gironné d'or & d'azur de dix piéces à l'écu en abîme de gueules. Dioceſe de Toul.
Simon de Foiſſy - Chameſſon ; les armes comme deſſus. Dioceſe d'Autun.

1623.

Henry de Stainville de Couvonge ; d'or à la croix ancrée de gueules. Dioceſe de Toul.

1625.

Henry de Clermont-Tonnerre ; de gueules à deux clefs miſes en ſautoir d'argent.
Jacob de Haraucourt ; d'or à la croix de gueules au franc canton d'argent chargé d'un lion de ſable. Dioceſe de Toul.
Pierre de Pont de Renepont ; de ſable à la bande d'argent chargée d'un lion léopardé de gueules accompagné de deux étoiles d'argent : Commandeur de Ruetz. Dioceſe de Langres.
François de Mertrus de Saint-Ouin ; d'azur au lion d'or. Dioceſe de Troyes.

1626.

Chriſtophe de Cuaſſigny de Vianges ; de gueules à la face d'argent chargée de trois écuſſons d'azur. Dioceſe d'Autun.

1627.

Georges de Nettancourt-Vaubecourt ; de gueules au chevron d'or.

Antoine d'Allamont de Maſſiges ; de gueules au croiſſant d'argent au chef de même chargé d'un lambel d'azur. Dioceſe de Toul.

1630.

François de Chevriere de la Saugeraye ; d'argent à trois chevrons de gueules à la bordure engrêlée d'azur. Dioceſe de Chalon.

Edmé des Certaines de Villemoulin ; d'azur au cerf paſſant d'or: Commandeur de la Romagne. Dioceſe d'Autun.

Henry d'Anglure-Bourlemont ; lus armes de ſes deux freres ci-deſſus. Commandeur de Robecourt.

1631.

Henry de Lénoncourt de Marolles ; d'argent à la croix engrellée de gueules. Dioceſe de Langres.

David de Saint-Belin de Vaudremont ; d'azur à trois rencontres de belier d'argent accornez d'or.

René du Han-la-Neufvelle ; lozangé d'or & de gueules, au chef de gueules chargé de deux quintefeuilles d'or : Commandeur de Belle-Croix. Dioceſe de Langres.

François-Jacques du Faur de Pibrac ; d'azur à deux faces d'or, accompagnée de ſix beſans d'argent, trois en chef & trois en pointe. Dioceſe d'Autun.

Nicolas de Saulx de Tavannes ; d'azur au lion d'or armé, lampaſſé de gueules : Commandeur de Sugny. Né à Dijon.

Charles-Henry de Livron-Bourbonne ; d'argent à trois faces de gueules, au franc quartier d'argent chargé d'un roc d'échiquier de gueules : Commandeur de Robécourt. Dioceſe de Langres.

1632.

Charles des Crotz du Chon ; d'azur à la bande d'or chargée de trois écrevices de gueules, & accompagnée de trois molettes d'éperon d'or : Commandeur de la Romagne. Dioceſe d'Autun.

Georges de Chaſtellux d'Avalon ; d'azur à la bande d'or accompagnée de ſept billettes de même ; 4 & 3. Dioceſe d'Autun.

1633.

Henry de Fuſſey-Meneſſaire ; d'argent à la face de gueules accompagnée de ſix merlettes de ſable : Commandeur de Chalon ſur Saône.

Jacques de la Tournelle ; de gueules à trois tours d'or. Dioceſe d'Autun.

1638.

Jean du Hamel ; d'argent à la bande de ſable chargée de trois ſautoirs d'or : Commandeur de Ruetz, Grand Treſorier de l'Ordre. Dioceſe de Chaalons ſur Marne.

1640.

Charles de Choiſeul d'Eguilly ; portoit de Choiſeul écartelé de gueu-

DU PRIEURÉ DE CHAMPAGNE. 191

les au lion d'argent couronné d'or, & sur le tout palé d'or &
d'azur. Commandeur de Thors, autrement Chaumont en Bassigny, Grand Tresorier de l'Ordre.

Jean de Choiseul d'Eguilly, frere du précedent, tous deux du Diocese d'Autun. Commandeur de la Romagne.

1641.

Denis Brulart; de gueules à la bande d'or chargée d'une traînée de
poudre en ondé avec cinq Barillets de sable : Commandeur de
Beaune. Né à Dijon.

François de Villers-la-Faye; d'or à la face de gueules.

Jean de Villers-la-Faye de Vaussay, frere du précedent, tous deux
du Diocese d'Autun.

1642.

Hiérôme de Saumaise de Chasans; d'azur au chevron ployé d'or,
accompagné de trois glands de même, à la bordure de gueules.
Né à Dijon.

1644.

Louis Bataille de Cussy; d'argent à trois pals flamboyans de gueules.
Du Bailliage de Beaune.

Charles de Baudiere; d'argent à trois têtes de Maures de sable tortillées d'or. Diocese de Chalon.

Pierre-Damien de Saumaise-Chasans; les armes de son frere ci-dessus. Né à Dijon.

Claude-Enoch de Saumaise-Chasans de Vilars, aussi né à Dijon comme ses freres ci-dessus.

1645.

Cleriadus d'Amboise de Clermont de Reynel; palé d'or & de gueules. Diocese de Langres.

Henry de Ludres; bandé d'azur & d'or à la bordure engrêlée de
gueules : Commandeur de Belle-Croix. Diocese de Toul.

Pierre de Vaivre; d'argent au sautoir de sable chargé de neuf lozanges d'or. Diocese de Langres.

1648.

Henry de Tornielle; de gueules à l'écu en abîme d'or chargé d'un
aigle couronné de sable, côtoyé de deux concombres affrontez d'or.
Diocese de Thol.

1649.

Claude de la Magdeleine de Ragny; d'hermines à trois bandes de
gueules chargées de 11 coquilles d'or, 3. 5 & 3. Diocese d'Autun.

1650.

Benigne-Edouard de Tenissey; d'or à deux jumelles d'azur soutenant deux léopards de gueules. Diocese d'Autun.

Georges de Senevoy; de gueules à la bande d'or au chef d'argent.
Diocese de Langres.

Jacques Balathier de Lantage; de sable à la face d'or. Diocese de
Langres.

Gaspard de Perne; d'argent au pal d'azur chargé d'une croix ancrée d'argent. Diocese d'Autun.

1652.

Gabriel de Chatenay de Lanty; d'argent au cocq de sinople, crêté, membré, becqué & couronné de gueules, & accompagné de trois roses de même boutonnées d'or. Diocese de Langres.

Edme des Crotz du Chon; d'azur à la bande d'or chargée de trois écrevices de gueules accompagnées de trois molettes d'éperon d'or, 2 & 1. Diocese d'Autun.

Charles des Certaines: les armes comme dessus. Commandeur de Nancy.

1653.

Isaac de Chatenay de Lanty; les armes comme dessus. Diocese de Langres.

Louis de Clermont de Crusy; de gueules à deux clefs posées en sautoir d'argent. Diocese de Langres.

1656.

Nicolas-Georges de la Rue; d'azur au chevron d'or accompagné de trois lozanges d'argent. Diocese de Langres.

Louis de Merttus de Saint-Ouin; les armes comme dessus. Diocese Troyes.

Pierre de Pont de Renepont; de sable à la bande d'argent, chargée d'un lion de gueules, & accompagnée de deux étoiles d'argent. Diocese de Langres.

Charles-François de Gand; de sable au chef d'argent chargé de trois molettes de sable: Commandeur de Valeur. Diocese de Langres.

1658.

Louis des Crotz du Chon; les armes comme dessus. Commandeur de Sugny.

Jacques de Senailly de Rimaucourt; de sable à trois chevrons d'or.

Antoine de la Veufve du Metiercelin; d'argent au rencontre de bœuf de gueules emmuselé d'un anneau de sable, surmonté de deux étoiles de gueules. Diocese de Troyes.

Jean-Baptiste Brulart d'Arbos; né à Dijon comme son frere ci-dessus.

Joseph de Villers-la-Faye; les armes comme dessus. Diocese d'Autun.

1659.

Louis Bouton de Chamilly; de gueules à la faces d'or. Diocese de Chalon sur Saône.

1660.

Jean-Alexandre de la Tournelle; d'azur à trois tours d'or. Diocese d'Autun.

1661.

Charles de Beauvau; d'argent à quatre lions cantonnez de gueules, armez, lampassez & couronnez d'or. Diocese de Thoul.

Jacques-

Jacques-Gabriel du Hamel de Bourseville ; d'argent à la bande de sable chargée de trois sautoirs d'or : Commandeur de Belle-Croix. Diocese de Chaalons sur Marne.

1662.

Philippe-Emanuel Damas de Marcilly ; d'or à la croix ancrée de gueules. Diocese de Chalon sur Saône.

Pierre de Saint-Belin de Vaudremont ; d'azur à trois rencontres de belier d'argent accornez d'or & mis en profil : Commandeur de Chalon sur Saône , & ensuite de la Romagne. Diocese de Langres.

Antoine-Théodoric Godet de Soudé, d'azur au chevron d'argent accompagné de trois pommes de pin renversées d'or : Commandeur de Metz, Grand Prieur d'Aquitaine. Diocese de Chaalons en Champagne.

Claude-François de Savigny d'Anglure d'Estoges ; porte d'Anglure, écartelé de Chastillon , & sur le tout de Savigny. Diocese de Chaalons sur Marne.

1663.

Pierre le Bourgoin de Folin ; d'argent à trois tourteaux de gueules. Diocese d'Autun.

Sebastien de Clermont de Crusis ; les armes comme ci-dessus. Diocese de Langres.

Joseph-François de Saint-Belin de Bielles ; d'azur à trois rencontres de belier d'argent accornez d'or. Diocese d'Autun.

1664.

François de Clermont de Crusis ; les armes comme ci-dessus. Diocese de Langres.

François de Saint-Belin de Bielles ; les armes comme dessus. Diocese d'Autun.

Richard Valon ; d'azur à une licorne d'argent.

Emilien Valon de Mimeure ; les armes de son cousin germain ci-dessus. Tous deux nez à Dijon.

1665.

Etienne Quarré d'Alligny ; échiqueté d'azur & d'argent au chef d'or chargé d'un lion léopardé de sable. Né à Dijon.

Claude le Cogneux ; d'azur à trois porcs épics d'or. Diocese de Langres.

Jean-Alexandre de Bernard-Montessus de Rully ; d'azur au chevron d'or accompagné de trois étoiles de même. Diocese de Chalon sur Saône.

Charles de Villers-la-Faye ; les armes comme dessus. Diocese d'Autun.

1666.

Louis de Bollogne ; d'azur à la bande d'or. Diocese de Langres.

Anne-Joseph Damas de Marcilly ; les armes comme dessus. Diocese de Chalon sur Saône.

1667.

Henry-François-Charles Palatin de Dio de Montperoux ; facé

d'or & d'azur à la bordure de gueules. Diocese d'Autun.
Antoine de Clermont d'Annemoine ; de gueules à deux clefs passées en sautoir d'argent. Diocese de Langres.
Philippes-Bernard de l'Hôtel des Cotz ; d'azur à l'aigle d'or.
Antoine de Marcelange de la Grange ; d'or au lion de sable armé, lampassé & couronné de gueules : Commandeur de Nancy. Diocese d'Autun.
François du Hamel ; d'argent à la bande de sable chargée de trois sautoirs d'or : Commandeur de Ruetz. Diocese de Chaalons sur Marne. 1669.
Joseph de Rousselé de Sachay ; d'or à trois pals d'azur à la bande de gueules brochante sur le tout, chargée d'une autre bande d'argent. Diocese d'Autun.

1670.

Jean de Scoraille ; d'azur à trois bandes d'or. Diocese d'Autun.

1671.

Claude-Cesar du Guay ; d'azur au cocq d'or. Diocese de Langres.
Charles-Anne de Chatenay de Saint-Vincent ; d'argent au cocq de sinople, barbé, crêté, becqué & couronné de gueules, accompagné de trois roses de même, boutonnées d'or. Diocese de Chalon sur Saône.

1672.

Pierre-Louis-Joseph des Armoises ; gironné d'or & d'azur de douze pièces à l'écu en abîme de gueules. Diocese de Toul.

1673.

Georges de Richebourg ; d'argent à la bande de gueules à la bordure de même. Diocese de Langres.

1674.

Erard de Chatenay de Lanty ; d'argent au cocq de sinople, membré, becqué, barbé, crêté & couronné de gueules, accompagné de trois roses de même, percées d'or.

1677.

Claude-François le Bacle des Moulins ; de gueules à trois macles d'argent. Commandeur de Marbotte. Diocese de Langres.
Cristophe-Louis de la Baume d'Estays ; d'or à la bande vivrée d'azur : Commandeur de Pontaubert. Diocese de Langres.

1678.

Noel de Clugny de Coulombier ; les armes comme dessus. Diocese d'Autun.

1679.

Henry de Saive de la Motte ; d'azur à la bande d'argent chargée de trois sangsues de gueules. Diocese d'Autun.
Basile-Ignace de l'Hôtel des Cotz d'Oncourt ; d'azur à l'aigle d'or. Diocese de Langres.
Philippes-Marie de Thiard de Bragny ; d'or à trois écrevices de gueules posées en pal, deux & une

Ponthus-Joseph de Thiard de Bragny. Les armes comme dessus.
Ponthus-Gabriel-Auxonne de Thiard de Bissy; de minorité: les armes aussi comme dessus. Tous trois du Diocese de Chalon sur Saône.

1681.

Louis-Juste de Baudier de Virginy; d'argent à trois têtes de Maures de sable tortillées d'argent. Diocese de Chaalons en Champagne.
Claude de Thiard de Bissy; les armes comme dessus: Commandeur de Sugny, Bailli Grand-Croix. Diocese de Chalon sur Saône.
Pierre-Nicolas-Joseph de Contet d'Aulnay; d'azur à trois potences d'or repotencées d'argent, 2 & 1. Commandeur de Vircourt. Diocese de Chaalons en Champagne.

1682.

Jean-Jacques de Villelongue; d'argent au loup passant de sable écartelé d'azur à la gerbe de bled d'or. Diocese de Rheims.
Mathieu de Berbisey; d'azur à une brebis d'argent passante sur une terrasse de sinople: Commandeur de Beaune, & ensuite de Chalon sur Saône. Né à Dijon.
Nicolas-François Palatin de Dio-Montmort. Les armes comme dessus.
Philippe-Louis de Chastenay-Lanty. Les armes comme dessus.
Benoît Bouhier; d'azur au bœuf d'or: Commandeur de Robécourt. Né à Dijon.

1684.

François-Joseph de Choiseul; les armes comme dessus. Ses preuves maternelles ont été faites au grand Prieuré de France.
Louis-Cleriadus de Pra de Pezeux; de gueules à la bande d'argent accompagnée de deux cors enguichez de même, écartelé d'azur à la croix d'or cantonnée de dix-huit billettes de même, 5. 5. 4. & 4.

1686.

Simon de Tenarre de Montmain; d'azur à trois chevrons d'or.

1687.

Henry de Balathier-Lantage; de sable à la face d'or.
Antoine de Clugny-Colombier. Les armes comme dessus.

1689.

Edme du Ban de la Feuillée; écartelé au premier & quatriéme d'azur au chevron d'or accompagné de trois pelicans se perçant la poitrine de même, qui est de *Goyet*; au deuxiéme & troisiéme d'azur à la bande emmanchée d'argent & de gueules, qui est de *Mommiral*, & sur le tout d'azur à trois feuilles de houx d'or, deux en chef & une en pointe, qui est du *Ban*.
Antoine du Ban de la Feuillée, frere du précedent.
Louis Brulart; de gueules à la bande d'or chargée d'une traînée de poudre de sable, accompagnée de cinq barillets de même.

1692.

Charles de Clugny-Colombier. Comme dessus.

1693.
Louis de Foudras ; d'azur à trois faces d'argent.

1694.
Benigne-Antoine de Champagne ; d'azur à la bande d'argent côtoyée de deux cottices potencées d'or, & contrepotencées de treize pieces.

Louis du Hamel-Bourseville. Les armes comme dessus.

1696.
Antoine du Bois de la Rochette ; de gueules à deux bandes d'or.

1697.
Jean-Ferdinand de Ricard ; d'or au griffon de gueules, au chef d'azur chargé d'une fleur de lys d'or. Commandeur de la Neufville-au-Temple, autrement Chaalons sur Marne.

Jean-Etienne de Ricard-Cromey, frere du précedent, tous deux nez à Dijon, mais d'une Maison de Provence : c'est pourquoi leurs preuves paternelles ont été faites au Grand Prieuré de Saint Gilles. Commandeur de la Romagne.

Gaspard-Felicien de Sommiévre ; les armes comme dessus. Commandeur de Valeur, Receveur général de l'Ordre au Grand Prieuré de Champagne.

1698.
Pierre de Pont Rennepont. Les armes comme dessus.

Claude-Edmond de Bermondes-Egrienne ; d'or à la croix treflée de sinople, écartelé d'or au lion de gueules, sur le tout de gueules à deux pals d'or chargez d'une face d'azur surchargée de trois lozanges du second.

1699.
Louis le Bacle d'Argenteuil. Les armes comme dessus.

Antoine de Noblet de Chenelette ; d'or à la bande de gueules accompagnée de deux croix fleuronnées au pied fiché de sable. Ses preuves maternelles ont été faites au Grand Prieuré de Champagne, mais il est du Grand Prieuré d'Auvergne.

Claude-Gabriel Damas de Marsilly ; d'or à la croix ancrée de gueules.

Antoine-Charles Damas-Marsilly, frere du précedent. Commandeur de Marbotte.

1700.
Gabriel-Chrétien du Hamel de Bourseville. Comme dessus.

1701.
Erard-Anne de la Magdeleine-Ragny ; d'hermines à trois bandes de gueules chargées de onze coquilles d'or, 3. 5 & 3.

1703.
François-Léopold de Raigecourt ; d'or à la tour de sable.

1705.
François-Adrien de Toulongeon-Raucourt ; de gueules à trois jumelles d'argent, écartelé de gueules à trois faces ondées d'or.

1707.
Jean-Baptiste-François de Raigecourt. Les armes comme son cou‑
sin germain, ci-dessus.

1708.
Pierre de Hénin - Lietard de Blincourt ; de gueules à la bande d'or.

1712.
André de Serainchamps ; d'argent à la bande de gueules chargée de
trois quartefeuilles d'or.

1713.
Jacques Amédor de Mollan ; de gueules à la croix de Lorraine d'or
cantonnée de quatre trefles de même.

1715.
Blaise - Léopold le Prud'homme de Vitrimont ; de gueules à trois
chevrons d'or, au chef d'azur chargé d'un levrier d'argent accolé
de gueules.
Charles-Louis le Prud'homme de Vitrimont, frere du précédent.
Jean-Louis de Custine ; d'argent à la bande de sable accompagnée
de deux cottices de même, écartelé de sable, semé de fleurs de lys
d'argent.
Camille de Lamberty ; d'azur à deux chevrons d'or.
Jacques de Foudras. Les armes comme dessus.
Clement-Léopold de Beauvau-Craon, de minorité ; d'argent can‑
tonné de quatre lionceaux de gueules, écartelé d'un lozangé d'or
& de gueules, qui est de Craon.
Ferdinand de Grammont, de minorité ; d'azur à trois têtes de Rey‑
nes de Carnation, couronnées d'or.

1716.
François-Gabriel de Ludres. Les armes comme dessus.
Louis-Robert de Bermondes-Goncourt. Les armes comme dessus.

1718.
Louis de Feret de Varimont ; d'argent à trois faces de sable.
Etienne du Hamel. Les armes comme dessus.
Joseph de Balatier-Lantage, de minorité. Les armes comme dessus.
Louis Marie de Balatier, aussi de minorité ; frere du précédent.

1719.
Charles - Henry - Ferdinand Launaty - Viscomty ; parti au premier
de gueules à trois croissans montans d'argent, 2 & 1, au chef cousu
d'azur, chargé d'un aigle éployé de sable, couronné d'or ; au deu‑
xième d'argent à la givre posée en pal, & tortillée d'azur, à l'is‑
sant au naturel, la givre couronnée d'or.
François-Paul de la Magdeleine de Ragny ; comme son frere ci-dessus.

1722.
Charles-Philippe de Lamberty, de minorité ; comme son frere ci-
dessus.
Antoine - Alexandre de Foudras, de minorité ; comme son frere ci-
dessus.

1723.

Pierre-Palatin de Dio de Montperoux. Les armes comme dessus.

Charles Picot de Dampiere, de minorité ; d'or au chevron d'azur accompagné de trois falots de sable, allumé de gueules, au chef de même.

Charles - Yoland de Guerin de Lugeac, de minorité ; lozangé d'argent & de sable, à la bordure de gueules.

1724.

Charles-Ignace des Salles ; de sable à la tour d'argent donjonnée & posée sur une terrasse de sinople. Ses preuves maternelles ont été faites au Grand Prieuré de France.

1725.

Louis du Han de Martigny ; de minorité ; lozangé de gueules & d'or, au chef cousu de gueules.

1726.

Joseph de Nettancourt, Page du Grand-Maître ; de gueules au chevron d'or.

LISTE CHRONOLOGIQUE

Des Grands Prieurs d'Allemagne, depuis l'an 1251, jusques aujourd'hui.

HENRY Comte de Dockenburg, élû en 1251.
Henry Comte de Furstemberg, en 1272: d'or à l'aigle éployée de gueules, becquée & membrée d'azur.
Jean Baron de Lupffen, en 1189.
Godefroy de Klingenfels, en 1295: d'or au lion contourné & assis sur son cul de sable.
Helvicus de Runderfack, en 1299.
Albert Comte de Schwartzburg, en 1312: d'azur au lion couronné d'argent.
Berchtold Comte de Henneberg, en 1327: d'or au cocq de sable, barbé & crêté de gueules.
Rudolff de Mamunster, en 1331.
Herdegen de Rechbergen, en 1353: d'or à deux lions adossez & leurs queuës entrelassées de gueules.
Everard de Rosenberg, en 1368: d'argent à la rose de gueules boutonnée d'or.
Conrard de Brunsberg, en 1382: de gueules à trois fusées d'argent posées en pal & rangées en face, écartelé d'or à quatorze tourteaux de gueules, 4, 4, 3, 2 & 1.
Frederick Comte de Zolleren, en 1394: écartelé au premier & quatriéme contr'écartelé d'argent & de sable qui est de *Zolleren*; au deuxiéme & troisiéme d'azur au cerf d'or, passant sur une terrasse de même qui est de *Falkenstein*, & sur le tout de gueules à deux sceptres d'or fleurdelysez & posez en sautoir.
Amand de Rein, en 1408: coupé le chef d'azur & la pointe d'argent à trois pals d'azur.
Hugues Comte de Montfort, en 1414: d'argent au Gonfanon de gueules.
Jean de Lessel, en 1452.
Jean de Schlegelholtz, en 1458.
Richard de Bulach, en 1466.
Jean de Aw, en 1469.
Rudolph Comte de Werdenberg, en 1486: écartelé au premier & quatriéme de gueules à la face d'or, au deuxiéme & troisiéme d'or à l'aigle à deux têtes de sable, & sur le tout de gueules à une banniere de l'Eglise ou gonfanon d'argent.

Jean de Kerckentzer, en 1500.
Jean de Hattstein, en 1512.
Georges de Schilling, fut élevé en 1546 au rang de Prince de l'Empire par l'Empereur Charles-Quint, en récompense des services considérables qu'il lui avoit rendus en son expedition d'Affrique.
George Rombaste de Hohenheim, en 1553.
Adam de Schwalbach, en 1567.
Philippe de Flach, en 1573.
Philippes de Riedesel de Camberg, en 1594 : d'or à la tête d'âne au naturel, mangeant un chardon de sinople.
Bernard d'Angeloh, en 1598.
Philippes de Lesch, en 1599 : de gueules à deux haches de Charpentier adossées & posées en pal d'argent emmenchées d'or.
Wipert de Rosemberg, en 1601 : d'argent à la rose de gueules boutonnée d'or.
Arbogaste d'Andlau, en 1607 : d'or à la croix de gueules.
Jean-Frederic de Hund de Saulheim, en 1612 : d'argent à l'étoile à six rais de sable accompagnées de trois croissans contournez de gueules.
Hartman de Tanne, en 1635 : d'argent à la tête & col de bœuf d'azur.
Frederic Landgrave de Hesse d'Armstat : parti d'un coupé de deux ; au premier d'argent, à la croix Patriarchale patée, au pied fiché de gueules, qui est de *Hirsfeld*, soutenu d'or au lion de gueules, armé, couronné & lampassé d'azur, la queuë noüée & passée en sautoir, qui est de *Catizenellebogen* ; tiercé d'or au chef de sable, chargé de deux étoiles à six rais d'argent, qui est de *Ziguenen* ; au deuxième d'or au chef de sable chargé d'une étoile à six rais d'argent, qui est de *Nida* ; soutenu de gueules à deux lions léopardez d'or, qui est de *Dietz*, tiercé de gueules à trois œillets ou feuilles d'orthies d'argent posées en triangles au cœur de l'écu, qui est chargé d'un petit écusson d'argent, qui est *Holstein*, & sur le tout d'azur au lion facé d'or, & de gueules, qui est de *Hesse*. Il naquit le 18 Février 1616, se fit Catholique en 1637 sous le Pontificat d'Urbain VIII. fut Général des galeres de la Religion, puis élû Grand Prieur d'Allemagne en 1647. Le Pape Innocent X. le créa Cardinal à la recommandation de l'Empereur le 19 Février 1652, & lui donna le Chapeau en 1655. Le Roi Philippes IV. le déclara Amiral dans les mers d'Orient, ensuite Général des galeres d'Espagne & de Sardaigne ; fut député par le Pape, pour aller recevoir la Reine Christine de Suede, lorsque cette Princesse fut à Rome : il fut fait Protecteur des affaires d'Allemagne en 1666 par le decès du Cardinal Colonne, élû Evêque de Breslaw en Silesie, Prince de Neisz en 1671, sacré à Rome par le Cardinal Sforze le 15 Février 1673. S. M. I. le nomma en 1674 son Ambassadeur près du Pape Clement X. & lui donna la même année le Gouvernement de sa Ville Episcopale, où il mourut le 15 Février 1682.

François

François de Sonnenberg : écartelé au premier & quatriéme à la montagne de trois coppeaux de sinople surmontée d'un soleil de gueules, qui est *Sonnenberg* ; au deuxiéme & troisiéme de gueules à la licorne saillante d'argent, & sur le tout de gueules au bois de cerf d'argent écartelé de gueules au poisson d'argent posé en demi cercle, la tête & la queue en bas. Il naquit à Lucern en Suisse le 28 Mai 1608, fut reçû Chevalier en 1630, fit profession en 1635. il fut successivement Commandeur de Villengen, de Tobel en Suisse, de Huggeren, d'Hochenrein, de Reiden, & de Boux ; Grand-Prieur de Hongrie le 17 Mars 1655, puis d'Allemagne le 14 Avril 1682, & mourut le 10 Octobre suivant.

Godefroy Baron Drote de Fichering élû en 1683, mort peu de tems après, sans avoir eu la nouvelle de son élection.

Herman Baron de Wachtendonck en 1683 ; d'or à la fleur de lys de gueules : mort en 1703.

Guillaume-Bernard Baron de Réede ; élû en 1703 : il obtint le 12 Janvier 1708, de l'Empereur Joseph une ample confirmation des privileges de l'Ordre, & mourut à Malte le 20 Octobre 1721.

Goswin-Herman-Otton Baron de Merveldt, né le 9 Mai 1662, reçû Chevalier en 1680 ; d'azur à deux chevrons haussez, une bande & une barre entrelassées & posées en frette d'or. Il fit ses vœux en 1682, après avoir fait ses caravanes avec distinction sous le Bailli de Colbert Général des galeres de la Religion ; il fut honoré de plusieurs emplois pendant son séjour à Malte où il resta jusqu'en 1686. En 1688 le Baron de Plettemberg Evêque de Munster lui donna le commandement de ses Gardes. Il eut en 1692 les Commanderies d'Arnheim & de Nimegue à titre de récuperation, & en 1693 il eut de justice celle de Rotembourg en Franconie, il quitta cette derniere Commanderie en 1707 pour celle de Tobel en Suisse ; fut élû Grand Bailli d'Allemagne en 1711, Grand Prieur titulaire de Dannemarck en 1716, & Grand Prieur d'Allemagne le 6 Novembre 1721 ; il reçût le 23 Avril 1723 de S. M. I. l'investiture de la Principauté d'Heytersheim annexée au Grand Prieuré d'Allemagne par son Envoyé & Plenipotencier le Commandeur Baron de Wachtendonck.

ETAT PRESENT

Des Chevaliers du Grand Prieuré d'Allemagne.

1640.

JEAN Baron de Roll d'Emenholtz ; écartelé au premier & quatriéme de sinople à trois montagnes, chacune de trois coppeaux d'argent surmonteés d'une roue d'or, au deuxiéme & troisiéme coupé, le chef d'argent au lion naissant de sable, & la pointe de gueules plein. Commandeur d'Hochenrhim, de Saint Jean Baffel, & d'Orlisheim, Receveur Général du Prieuré de la haute Allemagne en 1691.

Jaell Baron de Reding à Ribereg; écartelé au premier & quatrième d'argent à une tige de cinq feuilles arrachée de sinople, au deuxième & troisième d'azur à trois faces ondées d'argent, & sur le tout de gueules à l'aigle à deux têtes de sable. Commandeur d'Hemmendorff & de Rexengen.

1669.

Philippes-Wolphang Baron de Guttenberg; le 27 Juillet: d'azur à la rose d'argent. Bailli de Brandebourg, Commandeur de Bruxall, Weiffenbourg & Ertlingen.

1681.

Goswin-Herman-Otton Baron de Merveldt; le 12 Juillet: les armes comme ci-deffus, dans la lifte des Grands Prieurs.

Maximilien-Henry Baron de Westrem; le 12 Juillet: d'argent à la face de gueules chargée de trois molettes d'éperon d'argent. Commandeur de Munsder & de Steinfort, Grand Prieur titulaire de Dannemarck.

1682.

Henry-Ferdinand Baron de Stein; le 14 Août: écartelé au premier & quatrième d'or à trois ameçons à loup de gueules, posez l'un sur l'autre en pal, au deuxième & troisième d'argent à la bande échiquetée d'argent & de gueules de trois traits. Commandeur de Colmar & de Sultz.

1683.

Philippes-Wilhelm Comte de Neffelrode; le 7 Avril: écartelé au premier & quatrième d'argent à trois lozanges de fable posées en bande, au deuxième & troisième d'or à trois lozanges de gueules posées en barre, & sur le tout de gueules à la face breteffée & contrebreteffée d'or. Grand Bailli, Commandeur de Franckfort, Laagen, Scheusritgen, Weiffensée, & Général des Galeres.

Erasme Baron de Beveren; le 3 Août: écartelé au premier d'argent au lion couronné d'azur, le deuxième de gueules à la cramalliere d'argent, fermée & couronnée d'or posée en bande; au troisième de gueules à deux roses d'argent en pointe, & une étoile de même en chef, au quatrième d'argent à la coquille de gueules, les oreilles en bas, & montrant sa concavité, & sur le tout d'argent à deux faces vivrées de fable. Commandeur de Tobel en Suiffe.

1688.

Gaspard-Arnold-Jodoc Baron de Nehem; le 29 Mai: d'azur au chevron d'or. Commandeur de Leugeren & de Klingenau.

Urs-Henry Baron de Roll d'Emenholtz; les armes comme ci-deffus. Commandeur de Hochenrhim & de Rendin.

1689.

François-Antoine Baron de Schonau; le 3 Novembre: coupé de

gueules & d'or à trois annelets, les deux du chef d'argent, & celui de la pointe de sable. Commandeur de Villengen, Saint Jean Baſſel & d Orlishem, & Grand-Croix.

Nicolas-Antoine-Frederic Baron d'Entzberg ; d'azur à la bague au naturel montée d'or. Commandeur de Schwabishall & d'Affeltrach, Receveur Général dans la haute Allemagne.

1692.

Henry Henninger ; le premier Octobre.

1693.

Jean-Antoine Baron de Gymnich ; le 10 Juillet : de...à la croix de... Commandeur de Mayence & de Treves, Receveur Général dans la baſſe Allemagne.

François-Albert Baron de Rosenbach ; le 27 Juillet : d'argent au lion contourné & couronné à l'antique de sable ſur une plaine de même. Commandeur de Baſle & de Reinfeld.

1694.

Jean-Léonce Baron de Roll d'Emenholtz ; le 14 Octobre : les armes comme deſſus. Commandeur de Hemmendorff, de Rexingen & de Boux.

1695.

Philippes-Joachim Baron de Praſberg ; le 22 Novembre : écartelé au premier & quatriéme d'or à une corne de cerf de sable formant trois quarts de cercle du côté du trait de l'écu , au deuxiéme & troisiéme d'azur à l'étoile à six rais fleuronnées d'argent, ſoutenue d'une montagne de même , & ſur le tout un écuſſon d'or couronné d'une couronne Ducale de même , & chargé d'une aigle Imperiale de sable ſurchargée d'un écuſſon d'argent à la lettre L de sable. Commandeur de Rottembourg en Franconnie.

1696.

Detherich-Herman Baron de Schade , le 26 Août : de gueules à une anille de moulin d'or. Commandeur de Weeſel, Brockum, Hohenſein, Reiden & Haſſelt, Grand-Croix & Ambaſſadeur de la Religion à Rome.

Charles-François Baron de Wachtendonck ; le 26 Août : d'or à la fleur de lys de gueules. Commandeur de Herrenſtrunden.

Pierre Fageli de Dondidier ; le 28 Août : de gueules au papegaye d'argent à la bordure d'or.

1698.

Bernard-Mauritz-Theodor Baron Kappel ; le 20 Juin : de gueules à deux maſſues d'or paſſées en ſautoir. Commandeur de Rotweil.

1699.

Jean-Evangeliſte-François Baron de Freiberg ; le 14 Juillet : coupé le chef d'argent & la pointe d'azur à trois beſans d'or , 2 & 1.

1703.

François-Antoine-Benoît Baron de Baaden ; le 31 Août : échiqueté d'argent & de sable.

1704.

Hermant - Adolphe Comte de Neſſelrode; le 21 Août: les armes comme deſſus.

Jean-Baptiſte Baron de Schavenburg; le 2 Novembre: d'argent à la bordure ondée & nébulée d'or & d'azur au ſautoir de gueules brochant ſur le tout.

1706.

Alphonſe - Caſimir - Antoine - Ferdinand Baron de Waaldpot Baſſenheim; le 26 Août 1706: gironné d'argent & de gueules de douze pieces, l'écu eſt timbré d'un caſque ouvert & couronné, ſurmonté d'un cigne éployé d'argent, chaque aîle chargée d'un écuſſon des armoiries.

1713.

Jean - Frederick Baron de Hochenbruck; le 12 Octobre: facé d'argent & de gueules de huit pieces au lion de ſable brochant ſur le tout, la queue double & paſſée en ſautoir, armé, couronné & lampaſſé d'or; l'écu eſt timbré d'un caſque de front couronné d'or; cimier le lion de l'écu.

1715.

Antoine - Philippes Baron de Vvelhen; le 3 Decembre: d'or à trois perdrix de gueules poſées en face, l'écu timbré d'un caſque de front ſans couronne.

1716.

Antoine - Chriſtophe - Sebaſtien Baron de Remchingen; le 9 Mars: de gueules à deux hallebardes d'argent poſées en ſautoir liées de même, les fers faits en forme de fleur de lys. Commandeur de Uberlingen.

1717.

François - Louis - Pfiffer d'Altishoffen; le 17 Mars: écartelé au premier & quatriéme d'or à une anille de ſable accompagnée de trois fleurs de lys de même, une en chef & deux en flanc; au deuxiéme & troiſiéme d'or à la pointe de ſinople.

1722.

Charles Baron de Flach; le 6 Septembre.

1723.

Jean-Bernard Baron de Baaden; le 2 Janvier: les armes comme ci-deſſus.

Jean - Gaſpard Baron de Schonau; le 2 Janvier: les armes comme ci-deſſus.

Albert François Comte de Fugger de Kirchberg & de l'Empire; le 19 Septembre: écartelé au premier & quatriéme parti d'or & d'azur à la fleur de lys de l'un en l'autre. *L'Empereur Frederick III. donna ces armes au Comte Fugger en 1473:* au deuxiéme d'argent à une Mauresque ou femme noire debout revêtue de ſable, échevelée & couronnée d'or, tenant de ſa main droite une mitre d'ar

DU PRIEURÉ D'ALLEMAGNE.

gent, *pour le Comté de Kirchberg hipotéqué en 1507, par l'Empereur Maximilien premier à Jacques Fugger*: au 3 de gueules à 3 huchets liez, enguichez & virolez d'argent mis en face l'un sur l'autre, *pour la Seigneurie de Vveiſſenhorn, qui eſt une dépendance du Comté de Kirchberg.*

Herman-Adolphe de Merveldt ; le 3 Octobre : les armes comme ci-deſſus au Grand Prieur de ce nom.

Marcan - Chriſtophe - Auguſtin Baron de Roll ; le 25 Octobre : les armes comme deſſus.

Frederic - Charles Baron de Remcheng.

LISTE DES FRERES CHEVALIERS
du nom de Spinola, Cellesi, & Rosselmini, reçûs dans la vénérable Langue d'Italie.

CORRADO Spinola, 1416 ; à la face échiquetée d'argent & de gueules, de trois traits, à une épine de gueules en chef posée en pal sur le milieu de la face.
Jean-Baptiste Spinola, le 22 Mai 1509. De Genes.
Jean-Baptiste Spinola, en Novembre 1511. Du Prieuré de Lombardie.
Jean-Baptiste Spinola, le 4 Juillet 1520. De la campagne de Genes.
Barthelemi Spinola, le 4 Juillet 1520. De Genes.
Thomas Spinola, en Novembre 1561. De Genes.
Charles Spinola, le 5 Août 170. De Genes.
Fertante Spinola, en 1573. Du Prieuré de Messine.
Antoine Marie Spinola, le 4 Juin 1577.
Gregoire Spinola, le 10 Juillet 1577. De Genes.
Antoine Spinola, le 20 Decembre 1578. De Genes.
Charles Spinola, le 5 Juillet 1580. De Genes.
Octave Spinola, le 9 Septembre, 1581. De Genes.
Octave Spinola, le 5 Octobre 1581. De Genes.
Jean-Baptiste Spinola, le 5 Juillet 1582. De Genes.
Benoît Spinola, le 13 Octobre 1583. De Genes.
Gregoire Spinola des Seigneurs de Brignano, le 26 Août 1591. De Genes.
Antoine Spinola, le 12 Août 1603. De Genes.
Paul-Raphael Spinola, le 16 Mars 1613 ; de Genes. Il fut élû Procureur du commun tresor à Genes le 17 Août 1635, Secretaire du commun tresor le 8 Octobre 1557, Auditeur des Comptes pour l'Italie le 16 Juillet 1662, Bailli de Cremone le 8 Janvier 1668, Grand-Croix de grace le 28 Decembre suivant, Procureur du Tresor à Malte le 25 Octobre 1670, Commissaire des Novices le 14 Janvier 1672, Amiral le 30 Mars suivant, Général des galeres de la Religion le 28 Decembre 1673, & Prieur de Lombardie le 11 Novembre 1677.
Ange-Jean Spinola des Seigneurs d'Arquata, le 29 Janvier 1616. De Genes.
Jean-Charles Spinola, le 18 Decembre 1638 ; de Genes. Il fut élû Procureur Général à Milan le premier Avril 1681, & Bailli de Cremone le 22 Septembre 1693.
Blaise Spinola, le 2 Novembre 1644. De Genes.
Dominique Spinola, le 17 Août 1647; de Genes. Il fut élû Capitaine de galeres le 2 Mai 1695, Commissaire des galeres le 20 Août

1694, & Commissaire de la rédemption des esclaves le 12 Juillet 1697.

Gregoire Spinola, le 18 Août 1653 ; de Genes. Il fut élû Capitaine de galeres le 13 Mai 1674, Grand-Croix de grace le 22 Juillet 1680, & Commissaire des armemens le 18 Avril 1681.

Silvestre Spinola, le 23 Août 1662. De Naples.

Jean-Baptiste Spinola, le 18 Août 1682 ; de Genes. Fut élû Commissaire des fortifications le 8, 19 & 11 Juillet 1695, 1718 & 1715, Bailli de grace le 16 Février 1695, Commissaire des armemens le 19 Juin 1696, Général des galeres le 7 Août 1699, Ambassadeur à Madrid & à Rome, Receveur Général à Genes le 25 Septembre 1715, & Procureur Géneral à Genes le premier Mai 1723.

Jean Dominique Spinola, le 18 Août 1682 ; de Genes. Fut élû Capitaine de galeres le 14 Octobre 1691, & Commissaire des galeres le 30 Avril 1698.

Jerôme Spinola, le 7 Octobre 1701. De Genes.

Ansaldo-Raphael Spinola, reçû de minorité le 22 Juin 1707. De Genes.

Alexandre-Ubert Spinola, reçû de minorité le 13 Février 1715. De Genes.

Benoît *Cellesi*, le 29 Octobre 1500 ; coupé le chef d'argent au lion passant de gueules, & la pointe bandée d'or & d'azur de six pieces. De Pistoye.

Thomas Cellesi, le 2 Octobre 1509. De Pistoye.

Théodore Cellesi, le 22 Decembre 1637. Du Prieuré de Pise en Toscane.

Jule-André Cellesi, le 24 Mars 1721. De Pise.

Ferdinand *Rosselmini*, le 22 Juin 1579 ; d'azur à une étoile commette à neuf rais d'argent, supports deux tigres au naturel. De Pise. Il fut Gouverneur de Goze.

Simon Rosselmini, le 28 Juillet 1701. De Pise. Il fut Capitaine de galeres & Commandeur de Saints Guillaume & Damien à Pavie.

Pierre-Marie Rosselmini, le 22 Juin 1708. De Pise.

Ferdinand-Melchior Rosselmini, le 4 Juin 1712. De Pise.

Galeas *Gorgo* reçû dans le Grand Prieuré de Venise, le 19 Novembre 1602 : au cerf rampant coupé d'argent & d'azur.

LISTE DES FRERES CHEVALIERS du nom de Spinola, Mirabal, Gusman & Novella, reçûs dans la vénérable Langue de Castille.

Dom François Spinola de Covaccio, 1548; d'or à la face échiquetée d'argent & de gueules de trois traits à une épine de gueules en chef posée sur le milieu de la face. Il fut élû Prudhomme des Commissaires des greniers, le 20 Octobre 1550.

Dom Louis Spinola y Villavicencio, reçû de minorité le premier Avril 1631.

Dom Augustin Spinola y Villavicencio, de minorité le premier Juillet 1633.

Dom André Spinola y Escarnacho, de minorité le 21 Août 1634.

Dom Augustin Spinola y Escarnacho, de minorité le 21 Août 1634.

Dom François Spinola Ortiz de Angulo, de minorité le 29 Mars 1672. De Madrid.

Dom Lucas Spinola . . . . de minorité le 17 Juillet 1683.

Dom Joachim Spinola y la Cerda, né le 20 Août 1697; reçû de minorité le 8 Mai 1698, fils de Dom Philippes-Antoine Spinola y Colonne, IV. Marquis de Los Balbazes, Duc de Saint Severin & & del Sesto, Grand d'Espagne, Chevalier de l'Ordre de S. Jacques, Gentilhomme de la Chambre de S. M. C. & d'Isabelle-Marie de la Cerda y Arragon.

Dom Rodrigo-Pedro de *Mirabal* y Spinola de Jorez de la Frontera, de minorité le 23 Mai 1665. Il fut élû Procureur Général en Andalousie le 5 Novembre 1680, & Bailli de Noverillas le 18 Novembre 1722.

Dom Jean-Antoine de *Gusman* y Spinola le 7 Juin 1685, fils de Dom Martin Dominique de Gusman, IV. Marquis de Montalegre & de Quintana, Grand d'Espagne, successeur des Maisons de Villaumbrosa & de Castronuëvo, Commandeur de Bienvenide & de Puebla-de-Sancho-Perez dans l'Ordre de S. Jacques, Gentilhomme de la Chambre & Capitaine des Hallebardiers de la Garde de S. M. C. & de Dona Therese Spinola y Colonne: d'azur à deux chaudieres l'une sur l'autre burellées de sept pieces courbées; quatre échiquetées d'or & de gueules de deux traits, les trois autres d'argent, les anses & bordures des chaudieres aussi échiquetées, & sept serpenteaux issans à chaque oreille des anses, trois en dedans & quatre en dehors, l'écu flanqué d'argent à cinq mouchetures d'hermines de sable.

Dom Antoine de Guzman y Spinola, le 22 Avril 1695. De Madrid.
Dom Antoine de Guzman y Spinola, le 21 Août 1697.
Dom Pierre Novela y Spinola, le 15 Novembre 1724.

CORRECTIONS

CORRECTIONS ET ADDITIONS
pour la vénérable Langue d'Auvergne.

Page 1. ligne 12. avant Jean le Long, mettez, Antoine de Prie, reçû en 1427; de gueules à trois tiercefeuilles d'or, deux & une.
Pag. 2. lig. 36. Vilard, lisez, Villars.
Pag. 5. ôtez la 15 & 16 ligne, & lisez, d'azur au croissant montant d'argent, surmonté d'une étoile de même.
Ibid. lig. 21. Diou, lisez, Dio.
Pag. 6. lig. 4. d'Achon, lisez, d'Apchon.
Pag. 8. lig. 4. Rocheymon, lisez, Roche-Aymon; ce qu'il faut observer de même dans la suite de cette Liste.
Pag. 9. lig. 28. Vaudré, lisez, Vaudrey, & de même dans la suite.
Ibid. lig. 41. Chavigny, lisez, Chovigny.
Pag. 10. lig. 9. d'azur à cinq cottices d'or, lisez, burelé d'or & d'azur.
Ibid. lig. 41. avidée, lisez, vidée.
Ibid. lig. 44. d'azur à cinq cottices d'or, lisez, burelé d'or & d'azur.
Pag. 15. lig. 31. Berthoulat, lisez, Bethoulat: même ligne, d'azur, lisez, de sable.
Ibid. lig. 32. trois chardons, lisez, au chevron d'argent accompagné de trois chardons d'or.
Ibid. lig. 37. d'Amas, lisez, Damas.
Pag. 16. lig. 9 Philippe de S. Viance, lisez, N .... de Philip de S. Viance.
Pag. 18. lig. 4. & 5. ôtez les armes, & lisez, d'argent à quatre bandes d'azur accompagnées de charbons de sable ardens de gueules.
Ibid. lig. 17. trois pommes de pin, lisez, trois chardons benits.
Ibid. lig. 29. Mallezet, lisez, Mallesec.
Ibid. lig. 36. Chastes, lisez, Chaste: même ligne, après Clermont, ajoutez, de Gessan.
Pag. 20. lig. 21. d'Apechon, lisez, d'Apchon.
Pag. 21. lig. 17. d'Autadour, lisez, d'Oradour.
Ibid. lig. 30. Murinez, lisez, Murinays.
Pag. 22. lig 8. après Foucault, ajoutez, de Beaupoil.
Ibid. lig. 26. après Philibert, ajoutez, de Motier.
Ibid. lig. 43. après Gaspard, ajoutez, de Motier.
Pag. 24. lig. 37. après Antoine, ajoutez, de Philip.
Pag. 26. lig. 28. Champron, lisez, Chamron.
Pag. 27. lig. 12. après d'azur, ajoutez, chargée de trois croissans montans d'argent.
Ibid. lig. 13. Mallezet, lisez, Mallesec.
Pag. 28. lig. 34. d'Authun, lisez, d'Hostung.
Pag. 29. lig. 11. après surmontés, ajoutez, d'un écusson d'azur chargé.
Pag. 30. lig. 14. Charmazel, lisez, Chalmazel.
Pag. 32. lig. 46. après molettes, ajoutez, d'éperon.
Pag. 33. lig. 17. d'azur, lisez, d'argent.
Ibid. lig. 23, après Jean, ajoutez, de Philip.
Ibid. lig. 26. Saint-Heran, lisez, Saint-Herem.
Ibid. lig. 28. de même, lisez, d'argent.
Ibid. lig. 29. Robert de Lignerac, lisez, N .... Robert de Lignerac.
Ibid. lig. 31. Vailte-Lallemand, lisez, Lallemand de Vaite: même lig. d'azur, lisez, d'argent.
Pag. 34. lig. 4. deux, lisez, trois.

Tome IV.   D d*

CORRECTIONS ET ADDITIONS.

Ibid. lig. 15. Casting, *lisez*, Coustin.
Ibid. lig. 35. Bethoular, *lisez*, Bethoulat.
Ibid. lig. 36. trois pommes de pin, *lisez*, trois chardons benits.
Pag. 35. *lig.* 14. *après* Jacques, *ajoutez*, de Motier.
Ibid. lig. 20. ondées, *lisez*, vivrées.
Ibid. lig. 27. douze, *lisez*, semé.
Ibid. lig. 28. *ôtez* 4. 3. 4. & 1.
Pag. 36 *lig.* 2. d'or, *lisez*, de gueules; *même ligne*, *après* d'arbalete, *ajoutez*, d'argent.
Ibid. lig. 25. *après* Claude, *ajoutez*, de Grolée.
Ibid. lig. 32. Dantry, *lisez*, Dautry.
Ibid. lig. 33. *après* d'argent, *ajoutez*, chargé.
Pag. 37. *lig* 9. *après* Jean, *ajoutez*, de Philip.
Ibid. lig. 13. *après* Foucault, *ajoutez*, de Beaupoil.
Ibid. lig. 32. Maslauron, *lisez*, Mas-Laurent.
Pag. 38. *lig.* 1. d'Ysoret, *lisez*, d'Ysoré.
Ibid. après la ligne 7. *ajoutez*, Claude de Fournier de Pradines; d'argent à trois bandes de gueules chargées chacune d'une étoile d'or en cœur, au chef d'azur chargé d'un lion naissant d'or, & brisé au premier cartier d'une étoile d'or.
Pag. 39. *lig.* 36. *après* sautoir, *ajoutez*, surmontées d'un écusson d'azur chargé d'une fleur de lys d'or.
Pag. 40. *lig.* 12 *après* sautoir, *ajoutez*, surmontées d'un écusson d'azur chargé d'une fleur de lys d'or.
Ibid. lig. 43. Linron, *lisez*, Livron.
Pag. 41. *lig.* 23 & 34. barres adossées, *lisez*, bars adossez.
Pag. 42. *lig.* 32. ondées, *lisez*, vivrées.
Pag. 43. *lig.* 7. Blitervuich, *lisez*, Blitterwich.
Pag. 44. *lig.* 19. Vaitte-Lallemand, *lisez*, Lallemand de Vaitte.
Ibid. lig. 25. Chambrillan, *lisez*, Chabrillan.
Ibid. lig. 37. *après* sautoir, *ajoutez*, surmontées d'un écusson d'azur chargé d'une fleur de lys d'or.
Pag. 45. *lig.* 24. du Perou, *lisez*, du Peroux.
Ibid lig. 33. *après* François, *ôtez* la division, & *ajoutez* de.
Ibid. lig. 44. *après* massonnée, *ôtez* &.
Pag. 47. *lig.* 33. Fanchesche, *lisez*, Franchesse.
Pag. 48. *lig.* 2. Lanjac, *lisez*, Langheac.
Ibid. lig. 10. Nobles, *lisez*, Noblet.
Ibid. lig. 12. rampant d'argent, *lisez*, élancé d'or.
Ibid. lig. 34. *après* d'or, *ôtez* tout ce qui suit, & *lisez*, cantonnée de quatre étoiles de même.
Pag. 49. *lig.* 7. *après* Jean, *ajoutez*, de Philip.
Ibid. lig. 21. *après* Louis, *ajoutez*, de Fay.
Ibid. lig. 29. *après* Baptiste, *ajoutez*, de Philip.
Pag. 50. *lig.* 32. *après* Joseph, *ajoutez*, de Fay.
Pag. 51. *lig.* 9. Legier, *lisez*, Leger.
Pag. 53. *lig.* 3. Sourdeilles, *lisez*, Soudeilles.
Ibid. lig. 21. *après* gueules, *ôtez* &, & *ajoutez*, l'écu.
Pag. 54. *après la ligne* 30. *ajoutez*, N . . . . du Vivier étoit Commandeur & Bailli de Lurueil en 1583. d'azur à cinq chevrons d'or, & une étoile de même en pointe.
Pag. 55. *lig.* 37. d'Amanzay, *lisez*, d'Amanzé; *après* 1543, *ajoutez*, de gueules à trois coquiles d'or, 2 & 1.
Pag. 59. *lig.* 15. *après* Joseph, *ôtez* la division.
Ibid. lig. 24. d'Antremont de Bellegarde, *lisez*, de Bellegarde d'Antremont.
Ibid. lig. 27. d'Aydié, *lisez*, d'Aydie.

CORRECTIONS ET ADDITIONS
du Prieuré de France.

1379.
P*Age 60. derniere ligne*, Gougeuil, *lisez*, Gougeul.

1470.
Pag. 61. lig. 30. Vaudté, *lisez*, Vaudrey.

1503.
Pag. 62. lig. 13. *après* Hertoghe, *ajoutez*, d'argent au chef de gueules, chargé d'un lion passant d'argent. Commandeur de Hautaveine.

Ibid. lig. 14. *après* Saint-Merry, *ajoutez*, d'or à trois jumelles de sable.

Ibid. lig. 18. *après* Saint-Omer, *ajoutez*, de gueules au chevron d'hermines.

Ibid. lig. 19. *après* Meaux, *ajoutez*, d'azur à sept besans d'or, 3, 3. & 1. & un chef de même.

1506.
Ibid. lig. 30. *après* d'Aché, *ajoutez*, les armes comme dessus.

Ibid. lig. 31. *après* Crequy, *ajoutez*, d'or au crequier de gueules.

Ibid. lig. 33. *après* d'Averhoult, *ajoutez*, facé d'or & de sable de six pieces au franc canton d'hermines.

1509.
Ibid. lig. 34. *après* Montmorency, *ajoutez*, d'or à la croix de gueules cantonnée de seize alerions d'azur.

1510.
Ibid. lig. 35. *après* Piedefer, *ajoutez*, échiqueté d'or & d'azur.

Ibid. lig. 36. *après* d'Ognies, *ajoutez*, de sinople à la face d'hermines.

Ibid. lig. 40. de Bellay, *lisez*, du Bellay, *& ajoutez*, d'argent à la bande fuzelée de gueules, accompagnée de six fleurs de lys d'azur posées en orle.

1512.
Ibid. derniere ligne, après Sainte Maure, *ajoutez*, d'argent à la face de gueules.

Robert d'Aché, Commandeur de Sommereux en 1523. fils de Jacques Sieur de Fumechon, chevronné d'or & de gueules.

Pag. 63. lig. 1. *après* d'Angeul, *ajoutez*, d'or au sautoir de sable chargé de cinq coquilles d'argent.

Ibid. lig. 6. *après* de Vers, *ajoutez*, d'or au chevron de gueules accompagné de trois merlettes de sable. Commandeur de Liége en 1522.

Ibid. lig. 12. *après* de Cenesme, *ajoutez*, d'or au lion de gueules.

Ibid. lig. 14. *après* du Sart, *ajoutez*, de gueules à la bande vivrée d'argent. Commandeur de Boux & Merlan en 1525.

Ibid. lig. 15. *après* Spifame, *ajoutez*, de gueules à l'aigle d'argent.

1516.
Ibid. lig. 21. *ajoutez*, d'or au lion de gueules chargé de trois bandes de vair.

Ibid. lig. 23. *après* Courtignon, *ajoutez*, d'or au chef de gueules, chargé d'un lion naissant d'or.

1519.
Ibid. lig. 32. *après* Saint-Phale, *ajoutez*, les armes comme dessus.

1524.
Pag. 64. lig. 27. Bufferant, *lisez*, Buffevant.

Ibid. lig. 28. *après* Mercatel, *ajoutez*, d'argent à trois croissans montans de gueules.

CORRECTIONS ET ADDITIONS.

Ibid. lig. 29. *après* le Bouteiller, *ajoutez*, écartelé d'or & de gueules.
Ibid. lig. 30. *après* Vieuxpont, *ajoutez*, d'argent à dix annelets de gueules, posez 3. 3. 3. & 1.
Ibid. lig. 31. *après* de Piennes, *ajoutez*, d'azur à la face d'or accompagnée de six billettes de même, trois en chef & trois en pointe.
Ibid. lig. 32. *après* Mercatel, *ajoutez*, les armes comme dessus.
Ibid. lig. 33. *après* d'Ancienville, *ajoutez*, les armes comme dessus.
Ibid. lig. 34. *après* Thumery, *ajoutez*, de gueules à trois filles vêtues d'argent, le corps ployé à la renverse, & s'appuyant sur les mains; leurs cheveux d'or, les deux du chef affrontées.
Ibid. lig. 35. *après* Desguets, *ajoutez*, d'argent au chevron de gueules chargé de cinq besans d'argent, l'écu brisé d'une molette d'éperon de sable vers le canton dextre.
Ibid. lig. 36. *après* Bailleul, *ajoutez*, parti d'hermines & de gueules.
Ibid. lig. 37. *après* Allonville, *ajoutez*, d'argent à deux faces de sable.
Ibid. lig. 38. *après* Fouilleuse, *ajoutez*, d'argent papellonné de gueules, chaque piece chargée d'un trefle renversé de même.
Ibid. lig. 41. *après* de la Rama, *ajoutez*, échiqueté d'or & d'azur au lion de sable brochant sur le tout.
Ibid. lig. 42. *après* Rosmadec, *ajoutez*, palé d'argent & de gueules de six pieces.
Ibid. lig. 45. *après* d'Elbene, *ajoutez*, d'azur à deux bâtons fleurdelisez, enracinez & passez en sautoir d'argent.
Ibid. lig. 46. *après* Meaux, *ajoutez*, d'argent à cinq couronnes d'épine de sable, 2. 2. & 1.
Ibid. lig. 47. *après* de Guisselin, *ajoutez*, d'azur à trois paons d'or,
Pag. 65. *lig.* 1. Passey, *lisez*, Passy.
Ibid. ôtez la 2. 3. 4. & 5. ligne.

1525.
Ibid. ôtez la 23. 24. 25. & 26. ligne.
Ibid. lig. 32. au canton, *lisez*, au franc quartier.

1526.
Ibid. lig. 42. Guerceville, *lisez*, Guerville.
Ibid. ôtez la derniere ligne.
Pag. 66. *ôtez* la premiere & seconde lignes.

1527.
Ibid. lig. 4. à la croix, *lisez*, à trois croix.
Ibid. ôtez la 15. & 16. ligne.

1528.
Ibid. lig. 18. des Fosses, *lisez*, des Fossez.
Ibid. lig. 31. tortillans, *lisez*, tortillez.

1529.
Pag. 67. *lig.* 10. chargé à l'épaule, *lisez*, chargé sur l'épaule.
Ibid. ôtez la 20. ligne.

1531.
Ibid. lig. 38. Clarhout, *lisez*, Claerhout.
Pag. 68. *après la ligne* 28. *ajoutez*, Antoine de Mailly; d'or à trois maillets de sinople, deux en chef & un en pointe. De Picardie.

1534.
Pag. 69. *lig.* 3. à la croix, *lisez*, à trois croix, *puis ajoutez*, frere d'Adrien ci-devant.
Ibid. après la ligne 4. *ajoutez*, Christophe le Cocq d'Egrenay, reçu le 15 Juin suivant un Certificat du 14. Juin 1552. Il fut Commandeur de Chantereine, & comparut au Chapitre en 1537.

1535.
Ibid. ôtez la trentième ligne.
Ibid. après la ligne 41. *ajoutez*, Nicolas Durand de Villegagnon. De Par.s.

1536.
Ibid. après la ligne 46. *ajoutez*, Jacques de Bourbon, Grand Prieur de France.
Pag. 70. *lig.* 15 *après* fable, *ajoutez*, frere de Jean ci-devant.

1540.
Pag. 71. *ôtez* la 18. & 19. ligne.
Ibid. lig. 23. *ajoutez*, frere de Christophe, ci-devant.

1541.
Ibid. lig. 33. Sautereau, *lisez*, Fautereau.

1544.
Pag. 72. *lig.* 34. *après* Rouen, *ajoutez*, frere de Nicolas, ci-devant.
Ibid. lig. 37. *après* bretessées, *ajoutez*, & contrebretessées.

1545.
Pag. 73. *lig.* 7. Poutrincourt, *lisez*, Pottrincourt.

1546.
Ibid. lig. 15. *après* Hugues, *ajoutez*, & Louis : *même ligne*, Thiery, *lisez* Thury.

1547.
Ibid. lig. 35. Vuas, *lisez*, Was.
Ibid. après la ligne 36. *ajoutez*, François du Chilleau.
Ibid. lig. 37. de la Vuicht, *lisez*, de la Wicht.

1549.
Pag. 75. *lig.* 2. *après* Cambray, *ajoutez*, frere de Jacques, ci-devant.

1550.
Ibid. lig. 11. Costard, *lisez*, Cottart.

1553.
Ibid. après la ligne 41. *ajoutez*, Claude le Mercier ; d'azur au chevron d'or accompagné de trois bources avec leurs cordons de même. Diocese de Rouen.

1556.
Pag. 76. *lig.* 25. *ôtez les armes*, & *lisez*, échiqueté d'or & d'azur.
Ibid. lig. 29. après d'azur, *ajoutez*, frere de Jacques, ci-devant.

1557.
Ibid. lig. 33. le Boutiller, *lisez*, le Bouteiller.

1564.
Pag. 77. *après la ligne* 18, *ajoutez*, Robert Eude de Berangeville ; d'or au lion coupé d'azur & de gueules. Diocese d'Evreux.

1565.
Ibid. après la ligne 34. *ajoutez*, Jean Aubin de Malicorne, dont les preuves ne se trouvent point dans les Archives ; il fut tué au siege de Malte la même année : de sable à trois poissons d'argent posez en face l'un sur l'autre.

1566.
Ibid. lig. 45. *après* Cambray, *ajoutez*, il est frere de Jacques, ci-devant.

1569.
Pag. 79. *lig.* 10. Harpoulieu, *lisez*, Harponlieu.

1571.
Ibid. lig. 32. *après* Carnetecourt, *ajoutez*, d'azur à la face d'or frettée de gueules.

1574.
Pag. 80. *lig.* 7. *après* Soissons, *ajoutez*, frere d'Adrien, ci-devant.

CORRECTIONS ET ADDITIONS.

1576.
Ibid. après la ligne 21, *ajoutez*, Jacques de Colonges de la Motte; d'or à la rose de gueules. De Picardie.

1577.
Ibid. lig. 29. Cette date est fausse, car il mourut le 6. Mars, 1563.

1582.
Pag. 81. *lig.* 34. Geoffroyville, *lisez*, Geoffreville.

1584.
Pag. 82. *lig.* 32. *après* quatre, *ajoutez*, ombres.
Pag. 83. *lig.* 10. le 39. *lisez*, le 29.

1585.
Ibid. lig. 22. Faucq, *lisez*, Faoulq.

1594.
Pag. 85. *lig.* 9. Souhic, *lisez*, Souich.

1595.
Ibid. lig. 17. de Cloye, *lisez*, de Claye.

1605.
Pag. 89. *lig.* 22. Frichamps, *lisez*, Fricamp.
Ibid. lig. 30. *après* Jean, *ajoutez*, d'O.
Ibid. lig. 33. *après* couronnes, *ajoutez*, Ducales.

1607.
Pag. 90. *lig.* 32. *après* d'argent, *ajoutez*, rangées en face.

1608.
Pag. 91. *lig.* 11. Courseulle, *lisez*, Courcelle.

1610.
Pag. 92. *lig.* 11. mise en pal, *lisez*, mise en bande.

1611.
Ibid. lig. 16. Poutrincourt, *lisez*, Potrincourt.
Ibid. lig. 30. de Moutiers, *lisez*, de Mouthiers.

1612.
Pag. 93. *lig.* 3. Piancourt, *lisez*, Piencourt.
Ibid. lig. 28. aureau, *lisez*, taureau.

1614.
Pag. 94. *lig.* 7. à la barre, *lisez*, à la bande.

1615.
Ibid. lig. 45. Brouillard, *lisez*, breuïllart.

1616.
Pag. 95. *lig.* 11. *après* d'azur, *ajoutez*, à l'aigle d'or surmontée.

1618.
Ibid. après la ligne 33. *ajoutez*, François de Joigny Bellebrune ; le 14. Août : de gueules à l'aigle d'argent écartelé d'argent à trois aigles de gueules becquées & membrées d'azur. Il est frere de René ci-devant.

1621.
Pag. 97. *lig.* 14. Coullarville, *lisez*, Coüillarville.

1622.
Ibid. lig. 38. Saint Peryer, *lisez*, Saint Perrier.

1623.
Pag. 98. *lig.* 12. Guilbert, *lisez*, Guillebert.

1624.
Ibid. lig. 26. d'argent, *lisez*, d'or : *même ligne*, d'azur, *lisez*, de gueules.
Ibid. lig. 33. du Pray, *lisez*, du Pré.

1625.
Ibid. lig. 44. *après* Guillaume, ôtez la division.
Pag. 99. *lig.* 7. Saint Liger, *lisez*, Saint Leger.

CORRECTIONS ET ADDITIONS.

1628.
Pag. 100. *lig.* 15. Maifyer, *lifez*, Mezieres.

1630.
Pag. 101. *lig.* 32. des Boues, *lifez*, des Boves.
Ibid. lig. 35. Chambligneul, *lifez*, Cambligneul.

1631.
Pag. 102. *lig.* 6. *après* d'or, *ajoutez*, & accompagné.
Ibid. lig. 24. Ragnyer, *lifez*, Raguier.
Ibid. lig. 26. Soulofgne, *lifez*, Foulogne.
Ibid. lig. 43. de même, *lifez*, de gueules.
Pag. 104. *lig.* 5. & 7. Bocourt, *lifez*, Beaucourt.
Ibid. lig. 9. trois, *lifez*, deux.
Ibid. après la ligne 20, *ajoutez*, Louis Tanneguy de Courcelles de Rouvroy, reçû le 5. Octobre 1631 : les armes comme deffus.
Ibid. lig. 23. une, trois & trois, *lifez*, deux, trois & deux.

1633.
Pag. 105. *lig.* 14. de Mafparaulte, *lifez*, de Mafparault.

1634.
Ibid. lig. 39. Coullerville, *lifez*, Coüillarville.
Ibid. lig. 42. des Maretz, *lifez*, des Mares.

1635.
Pag. 106. *lig.* 6. Fraye, *lifez*, Faye.

1639.
Pag. 107. *après la ligne* 31. *ajoutez*, Marc de Saint Yon, dont les preuves ne se trouvent point dans les Archives, mais qui par le livre de la Langue, paroît avoir été reçû le 23 Février : d'azur à la croix lozangée d'or & de gueules cantonnée de quatre cloches d'argent bataillées d'azur.

1640.
Pag. 108. *lig.* 31. *après* de gueules, *ajoutez*, brochante.
Ibid. après la ligne 40. *ajoutez*, Baltazar de Crevant d'Humieres, le 8 Février : écartelé au premier & quatriéme contrécartelé d'argent & d'azur, qui eft de *Crevant* ; au deuxiéme & troifiéme d'argent fretté de fable, qui eft d'*Humieres*. Il étoit frere de Roger, ci-devant.

1642.
Pag. 109. *lig.* 4. le Boutiller, *lifez*, le Bouteiller.
Ibid. ôtez la 9. 10. & 11. ligne.

1644.
Pag. 110. *lig.* 2. Piancourt, *lifez*, Piencourt.
Ibid. lig. 24. la Gaudille, *lifez*, la Gandille.

1645.
Pag. 111. *lig.* 19. à deux chevrons, *lifez*, au chevron.

1646.
Ibid. lig. 23. Navinavet de la Doutandiere, *lifez*, Navinault de la Durandiere.

1647.
Ibid. lig. 39. Auzouville, *lifez*, Aufonville.

1651.
Pag. 112. *lig.* 40. & sept merlettes de même, 4. & 3. *lifez*, accompagnée de sept merlettes de même, quatre en chef, & trois en pointe.

1655.
Pag. 113. *lig.* 42. de Cruychembourg, *lifez*, de Cruykembourg.

1656.
Pag. 114. *lig.* 29. Auzouville, *lifez*, Aufonville.

CORRECTIONS ET ADDITIONS.

1660.
Pag. 116. lig. 12. de Sorthoville, *lisez*, Sartouville.
Ibid. l. g. 14. d'Allaigre, *lisez*, d'Alegre.

1661.
Ibid. lig. 34. de Bachivillier, *lisez*, Bachevillier.
Ibid. lig. 40. après couronnes, *ajoutez*, ducales.
Pag. 117. lig. 13. ôtez les armes, & *lisez*, d'or à trois marteaux de gueules.

1663.
Pag. 118. lig. 14. ôtez les armes, & *lisez*, écartelé au premier de gueules au lion d'argent couché sur une terrasse de sinople, & appuyé contre un palmier d'or, qui est *d'Estrades*; au deuxième d'azur à la face d'argent, accompagnée de trois têtes de léopards d'or, qui est de *Poll-Suffolck*; au troisième de *Mendozo*, qui est écartelé en sautoir, le chef & la pointe de sinople à deux bandes de gueules bordées d'or, & les flancs d'or avec ces paroles de l'Ange d'azur à dextre, *Ave Maria*, & à senextre, *gratiâ plena*; & au quatrième de gueules à sept lozanges d'argent, 3. 3. & 1, qui est *d'Arnoult*.

1666.
Pag. 119. lig. 41. *ajoutez*, deux en chef, & un en pointe.

1672.
Pag. 124. *après la ligne 15. ajoutez*, Pierre de Froullay ; reçû de minorité le 6 Juillet : d'argent au sautoir de gueules engrêlé de sable.

1677.
Pag. 125. lig. 3. mise en pal, *lisez*, mise en bande.
Ibid. *après la ligne 36. ajoutez*, Louis de Menou de Charnisay ; reçû de minorité le 8 Août : de gueules à la bande d'or.

1678.
Pag. 126. *après la ligne 5. ajoutez*, Gabriel d'Osmont d'Aubry ; reçû de minorité le 14 Août : de gueules au vol d'hermines.

1681.
Pag. 127. lig. 23. du Glas, *lisez*, Duglas.
Ibid. lig 27. Govyon, *lisez*, Goujon.
Ibid. lig. 34. Parisis-Fontaine, *lisez*, Paris-Fontaine.
Ibid. ôtez les deux dernieres lignes.

1682.
Pag. 128. *après la ligne 11. ajoutez*, Henry-Vincent-Claude de Toubier ; reçû de minorité, le 7 Decembre.

1683.
Ibid. lig. 14. *après ci-dessus, ajoutez*, il est Commandeur de la Croix en Brie.
Ibid. lig. 17. loups, *lisez*, soucis.
Ibid. lig. 27. après Plasliere, *ajoutez*, d'argent au chevron de gueules, accompagné de trois rocs d'échiquier de sable, deux en chef & un en pointe.

1684.
Ibid. ôtez la 31. & 32. ligne.

1685.
Pag. 129. *après la premiere ligne, ajoutez*, Jacques de Montigny ; reçû de minorité le 4 Mars 1685 : échiqueté d'argent & d'azur à la bande engrêlée de gueules brochante sur le tout.
Ibid. lig. 10. *après Trans, ajoutez*, de gueules fretté de six lances d'or, les interstices semez d'écussons d'argent, & sur le tout un écu d'azur chargé d'une fleur de lys d'or.

1686.
Ibid. ôtez la 34. & 35. ligne.

Ibid.

CORRECTIONS ET ADDITIONS. 217

1687.

Ibid. après la ligne 43. ajoutez, Joseph-Marie d'Esturicq; reçû de minorité le 27. Mai.

Pag. 130. *après la ligne 2. ajoutez*, Jacques Potier; reçû de minorité le 10 Octobre : d'azur à deux mains droites apaumées d'or au franc canton échiqueté d'argent & d'azur.

1688.

Ibid. après la ligne 13. ajoutez, Louis de Beringhen; reçû de minorité le 3 Février : d'argent à trois pals de gueules au chef d'azur chargé de deux fleurs de nefflier d'argent.

Charles-Hercule d'Albert de Luynes; reçû de minorité le 3 Février : écartelé au premier & quartiéme, d'or au lion de gueules couronné de même, qui est *d'Albert*; au deuxiéme & troisiéme de gueules à neuf macles d'or, posées 3. 3. & 3. qui est de *Rohan*.

Claude de Saint Blimont; reçû de minorité le 31 Mars; d'or au sautoir engrêlé de sable.

Ibid. après la ligne 21, ajoutez, Guillaume-Michel de Ferrand, reçû de minorité le premier Septembre.

1689.

Ibid. après la ligne 25. ajoutez, Jean-François Midorge; reçû de minorité le 6 Janvier : d'azur au chevron d'or, accompagné de trois épics d'orge de même, deux en chef & un en pointe.

Ibid. lig. 30. Courtain, *lisez*, Courtin.

Ibid. après la ligne 30. ajoutez, Leon de Saulx Tavannes; reçû de minorité le 28 Decembre : d'azur au lion d'or armé & lampassé de gueules.

1690.

Ibid. lig. 38. *après* Mars, *ajoutez*, d'argent à trois croissans de gueules, deux en chef & un en pointe.

Ibid. après la ligne 41. ajoutez, Jules-Adrien de Noailles; reçû de minorité le 19 Octobre : de gueules à la bande d'or.

Claude-Alexandre le Tonnelier de Breteuil; reçû de minorité le 20 Octobre : d'azur au faucon essorant d'or, grilleté & longé de même.

1691.

Pag. 131. *après la ligne 2. ajoutez*, François-Adrien de Vignacourt; reçû de minorité le 27 Août : d'argent à trois fleurs de lys au pied coupé de gueules.

Denys de Lomenie de Brienne; reçû de minorité le 9 Octobre : d'or à l'arbre de sinople, les racines de même, suporté d'un tourteau de sable au chef d'azur chargé de trois lozanges d'argent.

François de Lomenie de Brienne, frere du précedent; reçû de minorité le 11 Octobre.

1692.

Ibid. après la ligne 38. ajoutez, Nicolas de Saulx Tavannes; reçû de minorité le 20 Août : les armes comme dessus.

Louis-Armand-Melchior de Saulx Tavannes, frere du précedent; reçû de minorité le 5 Septembre.

Ibid. après la ligne 43. ajoutez, Pierre le Cogneux; reçû le 5 Novembre : d'azur à trois porcs épics d'or.

1695.

Pag. 133. *avant la premiere ligne, ajoutez*, Armand Gouffier; reçû de minorité le 2 Mai 1695 : d'or à trois jumelles de sable.

Louis-Anne de Vendeville; reçû de minorité le 2 Mai.

Ibid. lig. 6. *après* Juin, *ajoutez*, d'argent au cep de vigne de sable fruité de quatre grappes de raisin de pourpre feuillé de sinople sur une terrasse de même.

Tome IV.

218 CORRECTIONS ET ADDITIONS.
1696.
Ibid. après la ligne 24. *ajoutez*, Ambroise-Nicolas de Piancourt ; reçû de minorité le 11 Février.
Ibid. lig. 35. *après* Maures, *ajoutez*, de sable.
Ibid. après la ligne 35. *ajoutez*, Jean Baptiste de Montesson ; reçû le 21 Avril : d'argent à trois quintefeuilles d'azur, 2 & 1.
Pag. 134. *lig.* 7. Merainville, *lisez*, Morainville.

1697.
Ibid. lig. 10. *avant* Gabriel, *ajoutez*, Jean.
Ibid. après la ligne 11. *ajoutez*, François Goumart, reçû de minorité le 17 Mars.
Ibid. après la ligne 20. *ajoutez*, Charles le Tonnelier de Breteuil ; reçû de minorité le 30 Mai : les armes comme dessus.
Ibid. lig. 23. *après* d'Osseville, *lisez*, reçû le 20 Septembre : d'argent au lion de sable couronné & lampassé de gueules.

1698.
Ibid. ligne derniere, Monsay, *lisez*, Mongay. *Même ligne, après* Juin, *ajoutez*, d'argent au lion de sable couronné de gueules.
Pag. 135. *après la premiere ligne*, *ajoutez*, Armand-Leon le Bouthillier de Chavigny ; reçû de minorité le 24 Août : d'azur à trois fusées d'or posées en pal rangées en face.
Ibid. après la ligne 4. *ajoutez*, Gabriel-Louis le Cogneux, reçû de minorité le 10 Septembre : d'azur à trois porcs épics d'or.
Ibid. après la ligne 6. *ajoutez*, Pierre-Cesar de Brichanteau Nangis, reçû le 27 Septembre : d'azur à six besans d'argent, 3. 2 & 1.
Ibid. lig. 8. *après* d'azur, *ajoutez*, parti d'azur au lion d'or surmonté d'un lambel d'argent.

1699.
Ibid. après la ligne 12. *ajoutez*, Ange-François d'Ornaison de Chamarante ; reçû de minorité le 4 Janvier : écartelé *d'Anglure* & *de Chastillon*, & sur le tout *d'Ornaison*, qui est de gueules à trois faces ondées d'or.
Louis de Ligny ; reçû de minorité le premier Avril : de gueules à la face d'or, & un chef échiqueté d'argent & d'azur de trois traits.
Ibid. après la ligne 22. *ajoutez*, Jacques-Charles de la Riviere, reçû de minorité le premier Août.
Ibid. ôtez la 32 ligne.

1700.
Pag. 136. *après la ligne* 7. *ajoutez*, Jean-Baptiste de Razilly ; reçû de minorité le 21 Mars : de gueules à trois fleurs de lys d'argent.
Armand-Henry de Pracomtal ; reçû de minorité le même jour : d'or au chef d'azur chargé de trois fleurs de lys d'or écartelé d'or à la face vairée d'argent & de gueules.
Ibid. après la ligne 11. *ajoutez*, Julien Robert de Theré, reçû de minorité le 12 Mai.
Bernardin du Mesnil de Livry, reçû de minorité le 13 Mai.
Ibid. après la ligne 16. *ajoutez*, Jean-François de Calonne ; reçû de minorité le 14 Juillet : les armes comme dessus.
Claude-Louis de la Chastres ; reçû de minorité le 14 Juillet : de gueules à la croix ancrée de vair.

1701.
Ibid. après la ligne 40. *ajoutez*, Antoine-Bernardin du Chastelet ; reçû de minorité le 29 Octobre : d'or à la bande de gueules chargée de trois fleurs de lys d'argent.
Pag. 137. ôtez la 4. 7. 8. 10. 11. 15. & 16. ligne.
Ibid. lig. 20. *après* chacune, *ajoutez*, de,

CORRECTIONS ET ADDITIONS.

1703
Pag. 138. *ôtez la* 6. 7. & 8. *ligne*.

1706.
Pag. 139. *lig.* 36. *après* roue, *ajoutez*, d'horloge.

1709.
Pag. 140. *lig.* 10. *après* fallots, *ajoutez*, de sable allumez.

1711.
Ibid. lig. 24. de Marcouville de Gaillarbois, *lisez*, Gaillarbois de Marcouville.

1713.
Pag. 141. *lig.* 19. *après* grillets, *ajoutez*, de même.
Pag. 142. *ôtez la* 31. & 32. *ligne*.

1719.
Pag. 142. *après la ligne* 36. *ajoutez*, Charles-Louis-Constantin d'Usson de Bonnac, né à Constantinople le 30 Mai 1718 ; reçû de minorité le 10 Mai : écartelé au premier de gueules au lion d'argent, au deuxiéme & troisiéme d'azur au roc d'échiquier d'or, & au quatriéme d'or à trois pals de gueules.

1723.
Pag. 143. *ôtez la* 39. & 40. *ligne*.

1724.
Pag. 144. *lig.* 5. *après* minorité, *ajoutez*, d'argent semé de tourteaux de sable au sautoir de gueules brochant sur le tout.

1725.
Ibid. lig. 8. *après* fleurs de lys, *ajoutez*, de sable.
Pierre Deschamps, dit Morel de Crecy ; d'azur à la face d'argent chargée de trois roses de gueules & accompagnée de trois molettes d'éperon d'or. Il n'a pû être placé dans la liste des Chevaliers du Prieuré de France, attendu qu'on ne sçait pas la date de sa reception. Il étoit de Beauvoisis, & fut élevé Page de Gaston de France Duc d'Orleans, & ensuite Gentilhomme de ce Prince. Il fut tué en 1667 au siege de Courtray, étant Capitaine dans le Regiment de Picardie.

CORRECTIONS ET ADDITIONS
du Prieuré d'Aquitaine.

Page 145. *lig.* 17. *ôtez* Chauge.
Ibid. lig. 27. Rechine-Voisin, *lisez*, Rechigne-Voisin.
Pag. 147. *lig.* 38. de Plumartin, *lisez*, de Pleumartin.
Ibid. lig. 41. *après* Jean, *ôtez* la division.
Pag. 148. *lig.* 28. *ôtez les armes*, & *lisez*, de gueules au lion d'hermines couronné d'or.
Pag. 149. *lig.* 26. *après* vingt, *ajoutez*, mouchetures.
Pag. 150. *lig.* 2. *après* tout, *ajoutez*, celui du chef écimé.
Ibid. lig. 19. *après* quatre, *ajoutez*, mouchetures.
Pag. 152. *lig.* 1. d'Argencé, *lisez*, d'Argence.
Pag. 155. *lig.* 7. *après* quatre, *ajoutez*, mouchetures.
Ibid. lig. 39. *ôtez les armes*, & *lisez*, de gueules au lion d'hermines couronné d'or.
Pag. 156. *lig.* 26. *après* de gueules, *ajoutez*, accompagné.
Pag. 159. *lig.* 33. *après* Poitiers, *ajoutez*, écartelé d'or & d'azur à quatre merlettes de l'un en l'autre.
Pag. 160. *lig.* 31. d'argent, *lisez*, d'or.

CORRECTIONS ET ADDITIONS

Ibid. lig. 36. *après* d'argent, *ajoutez*, accompagné.
Pag. 561. *lig.* 16. & 42. *après* tout, *ajoutez*, celui du chef écimé.
Pag. 564. *lig.* 37. d'azur, *lisez*, de sable.
Pag. 565. *lig.* 18. de sable, *lisez*, d'or.
Ibid. lig. 19. d'or, *lisez*, de sable, & *ajoutez*, suspendus de gueules.
Pag. 567. *lig.* 8. *après* de gueules, *ajoutez*, brochants sur le tout, celui du chef écimé.
Ibid. lig. 32. sabots, *lisez*, chabots.
Ibid. derniere ligne, après tout, *ajoutez*, celui du chef écimé.
Pag. 568. *lig.* 37. d'argent, *lisez*, d'or.
Pag. 569. *lig.* 21. trefles, *lisez*, fleurs.
Ibid. lig. 29. *après* écartelé, *ajoutez*, de.
Pag. 172. *lig.* 23. *après* quatre, *ajoutez*, mouchetures.
Pag. 177. *lig.* 1. *après* Champigny, *ajoutez*, d'azur à trois pommes de pin renversées d'or à la bordure de gueules. Diocese de Poitiers.
Ibid. lig. 22. Rousselot, *lisez*, Rousselet : *même ligne, après* Chasteau-Renault, *ajoutez*, d'or au poirier de sinople fruité d'or.
Pag. 178. *lig.* 11. neuf hermines, *lisez*, neuf mouchetures d'hermine.

CORRECTIONS ET ADDITIONS
du Prieuré de Champagne.

Pag. 183. *lig.* 41. huita, *lisez*, huit.
Ibid. lig. 42. *après* de même, *ajoutez*, dix en chef & huit en pointe.
Pag. 185. *lig.* 16. d'Ouche, *lisez*, d'Ourche.
Pag. 186. *lig.* 18. *après* d'argent, *ajoutez*, & de sable.
Ibid. lig. 22. *après* de Chalon, *ajoutez*, d'or au lion de gueules.
Ibid. lig. 41. d'Ouche, *lisez*, d'Ourche.
Pag. 189. *lig.* 11. Senevroy, *lisez*, Senevoy.
Ibid. lig. derniere, Cuassigny, *lisez*, Cussigny.
Pag. 191. *lig.* 36. Thol, *lisez*. Toul.
Pag. 196. *après la ligne* 42. *ajoutez*, Charles-Ernest le Begue ; reçû de minorité le 30 Août 1703 : écartelé au premier & quatriéme d'azur au poisson d'argent posé en face ; au deuxiéme & troisiéme d'azur à l'écu d'argent, & sur le tout d'argent à l'aigle de sable.
Pag. 197. *lig.* 36. Launaty, *lisez*, Lunaty.

CORRECTIONS ET ADDITIONS
des venerables Langues d'Allemagne & d'Italie.

Pag. 203. *lig.* 31. Hohensein, *lisez*, Hohenrein.
Pag. 205. *lig.* 10. Remcheng, *lisez*, Remchimgen.
Pag. 207. *lig.* 1. 1698. *lisez*, 1696.
Ibid. lig. 36. *après* 1602. *ajoutez*, d'or.

FAUTES A CORRIGER
dans l'Histoire de Malte.
TOME PREMIER.

Age 28. ligne 24. de Bologne, *lisez*, de Bouillon.
Pag. 55. lig. 7. après Mahometans, *ajoutez*, qui.
g. 58. lig. 2. eurent, *lisez*, eurent en.
g. 62. lig. derniere, où il y avoit, *lisez*, où il avoit.
g. 94. lig. 31. cette incendie, *lisez*, cet incendie.
g. 358. lig. 26. Empire, *lisez*, Epire.
g. 374. lig. 16. Roi de Bela, *lisez*, Roi Bela.
g. 386. lig. 26 Comains, *lisez*, Corasmains.
g. 473. à la marge, preuve III. *lisez*, Rayn. t, 15.
g. 483. lig. 26. Turcopelier, *lisez*, Turcopolier.

TOME II.

. 152. lig. 2. ædificaverit, *lisez*, custodierit.
. 250. lig. 28. demanderent, *lisez*, demanda.
. 252. lig. 13. Turcopilier, *lisez*, Turcopolier.
g. 324. lig. 5. de la colere, *lisez*, de colere.
. 380. lig. 30. & apprehendant, *lisez*, & de l'apprehension.
. 415. lig. 6. l'obligerent, *lisez*, l'obligea.
. 430. lig. 27. pour lui faire part, *lisez*, en lui faisant part.
. 436. lig. 28. Turcopilier, *lisez*, Turcopolier.
. 509. lig. 3. effect, *lisez*, effort.

TOME III.

. 5. lig. 17. le furent, *lisez*, le fut.
. 10. lig. 24. navigua, *lisez*, navigea.
. 65. lig. 31. Turcopilier, *lisez*, Turcopolier, *& de même dans le reste du Volume.*
. 99. lig. 13. par, *lisez*, pour.
. 102. lig. 8. autre même Rhodes, *lisez*, autre Rhodes même.
. 119. lig. 18. disgressions, *lisez*, digressions.
. 142. lig. 10. Arascid, *lisez*, Arraschid.
. 160. lig. 17. avant, *lisez*, ayant.
. 200. lig. 7. encore le, *lisez*, encore en le.
. 215. lig. 1. pour, *lisez*, que pour.
. 226. lig. 29. ouvertement, *lisez*, secretement.
. 265. lig. 10. Medina-Labi, *lisez*, Medinal-Nabi.
. 365. lig. 25. étant, *lisez*, étoit.
. 475. lig. 23. se presentoient, *lisez*, se representoient.
. 477. lig. 3. differeroit, *lisez*, differoit.

TOME IV.

. 100. lig. 2. consommé, *lisez*, consumé.
. 121. lig. 22. Montate, *lisez*, Montalte.
. 123. lig. 9. Turcopilier, *lisez*, Turcopolier.
. 129. lig. 1. Gurze, *lisez*, Guize.
. 130. lig. 6. Vasconceslos, *lisez*, Vasconcellos.
. 131. lig. 19. parut, *lisez*, perit.
. 133. lig. 26. âgé de 31. ans *lisez*, 71.
. 146. lig. 20. francs, *lisez*, franches.
. 153. lig. 32. rigoureuse, *lisez*, vigoureuse.
. 188. lig. 8. n'avoit pas encore eu d'exemple, *lisez*, n'avoit encore eu qu'un emple.

TABLE DES MATIERES

TABLE
DES MATIERES CONTENUES
dans le quatriéme Volume.

A

Abdi-Capitan, Chef de l'escadre Ottomane, qui se présente devant Malte sans rien entreprendre, 235. Ecrit une lettre pleine de hauteur au Grand-Maître, *ibid.*

Agathe (le fort de Sainte) construit par ordre du Grand-Maître Lascaris, 161.

Agosta, renversée de fond en comble par un tremblement de terre, 213, & réparée par le Grand-Maître Adrien de Vignacourt, *ibid.*

Allemagne (les Commanderies d') On remedie aux abus qui s'y étoient introduits, 111. Projet de leur union avec celles de l'Ordre Teutonique, qui échoue, 112, 113.

Appel au Tribunal séculier, des Ordonnances d'un Chapitre général de l'Ordre, interjetté témerairement par le Grand-Prieur de Champagne, Michel de Sevre, 114.

Aqueduc fait par ordre du Grand Maître de Vignacourt, pour conduire une source, depuis la Cité notable jusqu'à la Cité de la Valette, 129.

Armenie (le Bailliaged') supprimé, 126.

Arpajon (Louis, Vicomte d') conduit un secours considerable au Grand-Maître, dont il reçoit plusieurs graces, pour lui & ses descendans, 155, 156.

Arsenal magnifique bâti à Malte, 212.

Avogadre, Général des galeres de la Religion, est privé de sa Charge, & condamné à un an de prison, 123.

Auvergne (le grand Prieuré d') le Conseil de Henri III. Roi de France autorise ce Prince à le conferer à un de ses sujets, 112. Henri IV. le donne au Baron de Bellegarde, quoique séculier, 125.

B

Balagu, Evêque de Malte traverse le Grand-Maître, comme avoient fait ses prédecesseurs, 150.

Balbiano, Général des galeres de la Religion, un des principaux défenseurs de la ville de Candie assiégée par les Turcs, 159, qu'il chasse d'un bastion important, 160.

Barre (le Chevalier de la) se signale dans une action avec le frere du Chevalier de Temericourt, 195.

Bellefontaine (le Bailli de) Commandant de l'armée navale, se signale extrêmement, 231.

Bellegarde (le Baron de) quoiqu'il soit séculier, Henri IV. dispose en sa faveur du Grand Prieuré d'Auvergne, 125.

Benoit XIII. envoye au Grand-Maître regnant l'Estoc & le Casque, 239.

TABLE DES MATIERES.

Bohême (le Grand Prieuré de) remis en la jouissance de la Religion, en la personne du Chevalier de Verdemberg, 114. L'Empereur renouvelle ses prétentions, 117. L'affaire se termine à la satisfaction de l'Ordre, 126.

Boisbaudran. Action mémorable de ce Général des galeres, 153, qui perit dans un combat naval, 154.

Bonaccursi, Florentin établi à Malte, poignarde sa femme dans un transport de jalousie, & se sauve en Italie, d'où le Grand-Maître de la Valette ne le peut tirer pour en faire justice, 93.

Bonnac (le Marquis de) Ambassadeur de France à la Porte, négocie avec le Grand Visir une trêve avec la Religion, qui est traversée par le Capitan Bacha, 236 & *seq.*

Bosio (Jacques) est chargé de continuer l'Histoire de l'Ordre, 124.

Bourg (le grand) place de l'Isle de Malte, & la résidence ordinaire du Couvent, est assiégé par l'Amiral Piali, 35 & *seq.* Son nom est changé en celui de *Cité victorieuse*, 82.

Brandebourg (le Bailli de) embrasse le Lutheranisme, & est cité pour cela devant le Conseil de l'Ordre, 116.

Breslaw (la Commanderie de) en Allemagne, fondée par le Commandeur Scheïfurt de Merode, 147.

C

Cagliares, Evêque de Malte, entreprend sur l'autorité du Grand-Maître. Troubles à ce sujet, qui ne se terminent que par la soumission de celui-ci, 131.

Candelissa, Officier Turc : son caractere, 20. Sa valeur au siége de Malte, 21 & *seq.* Est accusé de trahison, 25. Est chargé de tenir la mer, 35.

Candie, Capitale de l'Isle de ce nom, assiégée par les Turcs, 159. Le Commandeur Balbiano s'y rend maître d'un bastion important, 160. Il y arrive differens secours, 183, 194. Elle est enfin prise, 197.

Canée (la) prise par les Turcs, 156. Assiégée inutilement par les Confederez, 212.

Caraffe (Gregoire) de la Langue d'Italie, est élû Grand-Maître : ses premiers soins, 206. Il veut entrer dans la ligue contre les Turcs, 207. Sa mort : son éloge, dans une inscription gravée sur le marbre aux pieds de sa statue, 210.

Cardinalat (le) est refusé par le Grand-Maître de la Valette : par quels motifs, 84, & accepté par le Grand-Maître de Verdalle, 124.

Cardone (Dom Juan de) amene quelque secours à Malte, après divers retardemens, 6 & *seq.*

Casque beni, ce que c'est : le Pape en fait present au Grand-Maître regnant, 239.

Cassar (André) Charpentier Maltois, met en pieces une tour de bois élevée par les Turcs, d'où ils foudroyoient toute la Ville, 66.

Cassiere (Jean de la) de la Langue d'Auvergne, Grand-Maître, 109. Nouvelle promotion qui se fait dans les dignitez de l'Ordre, sous son gouvernement, *ibid.* Reproches qui lui sont faits de l'oisiveté où demeuroient les Chevaliers, 110. Il réprime les murmures de quelques Chevaliers au sujet de la collation de quelques Prieurez, 113, & remet celui de Bohême en la jouissance de l'Ordre, 114. Il s'éleve contre lui une tempête furieuse, *ibid.* Il résiste

TABLE DES MATIERES.

aux prétentions de l'Evêque de Malte accompagnées de voyes de fait, 115. Demande justice au Pape, qui prend connoissance de l'affaire, 116. Conjuration formée contre sa vie, dont quelques Chevaliers sont accusez, *ibid.* Le Conseil même se souleve : sous quels prétextes, 117. Il est suspendu de ses fonctions, 118, & arrêté, 119. Il rejette la voye des armes pour se rétablir, 120. Le Roi de France lui promet sa protection, 121. Il arrive à Rome, où il avoit été cité : comment il y est reçu, 121. Il est rétabli, & meurt à Rome, 121. Son épitaphe composée par Muret, 122.

Castel-Torneze, place dans la Morée, pillée par les galeres de la Religion, 132.

Castille (le bastion de) l'un de ceux du grand Bourg, soutient plusieurs assauts, 36, 49, 53, 59. La plûpart des Chevaliers sont d'avis de l'abandonner : le Grand-Maître s'y oppose fortement, 60 & *seq.*

Chabrillan, Général des galeres de la Religion, offre le service de ses troupes au Grand-Maître de la Cassiere pour son rétablissement : celui ci l'en remercie, 120.

Chapitres Généraux tenus à Malte, par le Grand-Maître Verdalle, 123. Par le Grand-Maître de Vignacourt, 128. Par le Grand-Maître de Paule, suivant la nouvelle forme prescrite par Urbain VIII. 137. Etat détaillé de ce Chapitre, le dernier de tous, & dont les jugemens servent aujourd'hui de Loi, *ibid. & seq.*

Charolt (le Commandeur de) Général des galeres, prend une petite flotte sur les Tripolitains, 149, 150.

Chatte-Gessan, Commandeur de l'Ordre, envoyé à Malte par Louis XIII. 132. Est élû Grand-Maître, 175. Sa naissance, *ibid.* Son caractere, 176. Il meurt trois mois après son élection, *ibid.* Son épitaphe, 177.

Christophe (l'Isle de S.) en Amerique, acquise par la Religion, 163 & *seq.* & vendue à des Marchands François, 190.

Cité-Notable (la) Capitale de l'Isle de Malte. Tentative du Bacha Mustapha sur cette place, qui ne lui réussit pas, 64 & *seq.*

Cité victorieuse (la) nom donné à la place appellée auparavant, le *Grand Bourg*, 82.

Cité (la) de la Valette. Voyez, *Valette* (la Cité de)

Clement IX. donne à l'exemple de ses prédecesseurs, le Bailliage de Sainte Euphemie, à son neveu, 193.

Clement XI. regle les prétentions de l'Inquisiteur de Malte, à la satisfaction du Grand-Maître, 221.

Clergé (le) de Malte prend parti pour l'Evêque dans les troubles excitez par celui-ci contre le Grand-Maître de la Cassiere, 115.

Commanderies. Les plus riches deviennent successivement la proye des neveux des Papes, malgré les remontrances que l'Ordre leur fait & fait faire par les Princes Chrétiens, 94, 128, 132, 134, 136, 173, 193.

Commandeurs. La plûpart contribuent par un noble desinteressement à la dépense nécessaire pour la construction de la *Cité de la Valette*, 89. Urbain VIII. accorde aux anciens la permission de tester, 151.

Corinthe, prise & pillée par les galeres de la Religion, 129.

Corne (Ascanio de la) soutient qu'on

*ij

ne peut refuser du secours aux Chevaliers de Malte, 45. Est fait Maréchal Général de Camp de l'armée qui devoit y être conduite, 69. Est d'avis d'attendre les ennemis qui avoient remis à terre, 75. La part qu'il a à la victoire, 77.

Coron, assiégé & pris par l'armée navale des Confederez, 207.

Correa, Chevalier de Malte Portugais, assassiné par d'autres Chevaliers, 111.

Correa, Général des galeres, fait une prise considérable, 206.

Cotoner (Raphaël) se distingue dans un combat naval, 154. Est élû Grand-Maître, 182. Envoye les galeres de la Religion au secours des Venitiens dans l'Isle de Candie, 183. Marques de son estime pour Frere Paul, Servant d'armes, 185, & de sa pieuse liberalité, *ibid*. Il meurt: son éloge & son épitaphe, 187.

Cotoner (Nicolas) frere de Raphaël, est élû son successeur & Grand-Maître, 188. Louis XIV. lui demande la jonction des galeres de la Religion pour une expedition sur les côtes de Barbarie, qui échoue, 188 & *seq*. Il fait rentrer la Religion en la jouissance du grand Prieuré de Crato, 197. Fortifie l'Isle de Malte, après la prise de Candie, *ibid*. Prend des mesures pour recueillir une substitution considérable en Pologne, 200. Envoye du secours au Viceroi de Sicile, 201. Fait une fondation pour l'entretien de la forteresse de Ricasoli, *ibid*. Entre dans les vûes du Roi de Pologne, *ibid*. Refuse de prendre part aux guerres des Chrétiens, 201. Sa mort. Son éloge & son épitaphe, 205.

Crainville (le Chevalier de) se si-gnale en une rencontre dans le canal de l'Isle de Samos, 190.

Crato (le grand Prieuré de) en Portugal, est remis en la jouissance de la Religion, 196.

Cressin, Prieur de l'Eglise, un des auteurs de la tempête excitée contre le Grand-Maître de la Cassiere, 114, 118.

D

Dardanelles (bataille des) gagnée par la flotte Venitienne, & les galeres de la Religion, sur les Turcs, 168. Une seconde, 169.

Doria (Jean-André) offre de secourir Malte, 18, 19. Propose encore inutilement la même chose, 44. Confere avec le Grand-Maître à Malte, 123.

Ducro, Grand-Croix de l'Ordre, l'un des chefs de la sédition contre le Grand-Maître de la Cassiere, 119.

E

Stoc, ce que c'est: le Pape en fait present au Grand-Maître regnant, 239.

Evêque (l') de Malte ne peut être pris parmi les Chevaliers, 124. entreprend sur l'autorité du Grand Maître, 115, 131, 150. ses differends avec le Prieur de l'Eglise, sont jugez par Innocent XII. 217.

F

Acardin, Prince des Druses, implore le secours de la Religion, 130.

Femmes: elles se signalent au siege de Malte dans un assaut meurtrier, 38. elles ne sont point épargnées par les Infideles, 39.

France (La) Beaucoup de Seigneurs & Gentilshommes de ce Royaume, se rendent à Messine, pour passer de-là à Malte, pendant le siege, 72, & de même dans l'Isle de Candie au secours des Vénitiens, 195.

Franciscains (Les) de l'Europe sont chassez des Lieux saints par les Grecs Schismatiques, 145. Moyen proposé par la Religion pour les y rétablir, *ibid.*

G

GAleres. La Religion en équipe une sixiéme, 136. on en construit une septiéme, 163.

Gallion magnifique fabriqué à Amsterdam pour le compte de la Religion, 130. il est conduit à Marseille, 132.

Gargallo, Evêque de Malte, l'un des Chefs des troubles excitez contre le Grand Maître de la Cassiere, 114. prétend visiter juridiquement l'Hôpital de la Cité Notable, 115. L'affaire est renvoyée au Pape devant lequel il va défendre sa conduite, 116. il attire les Jesuites à Malte, 125.

Garzez. (Martin) de la Langue d'Arragon, est élû Grand Maître : idée de son gouvernement, 125. fait un décret en faveur des Suisses, 126. fait fortifier Goze, *ibid.* sa mort, 127.

Genois (Les) insultent l'escadre de la Religion : suites de ces démêlez, 167. Le Conseil défend d'en recevoir aucun dans l'Ordre, 168. le Pape les réconcilie avec la Religion, 214.

Goulette (La) Fort sur les côtes d'Afrique pris par Selim, 11, 110. Prise considerable faite dans le port par la Religion, 152.

Goze fortifié de nouveau, 123, 126. Le Grand Maître de Vignacourt pourvoit à sa sureté, 129. est menacé d'une descente par les Turcs, & mis en état de résister, 213.

Grac (Les Chevaliers de) ne comptent leur ancienneté que du jour de leur réhabilitation, & ne peuvent parvenir aux Dignitez de l'Ordre, 130.

Grand Maître de la Religion. Sa Dignité est au dessus de celle de Cardinal, & refusée par le Grand Maître de la Valette, 85. Le Pape Grégoire XIII. présente à l'Ordre trois sujets pour la remplir, 122. Discussion de ses droits au sujet de la nomination du Général des galeres, 124. Le Grand Maître Verdalle reçoit le Chapeau de Cardinal, *ibid.* Urbain VIII. change *motu proprio* la forme de son élection, 136. L'Inquisiteur demande que le carosse du Grand Maître s'arrête à la rencontre du sien, 226. Il a coutume de faire au Roi de France un présent d'oiseaux de proye, 231.

Grecs Schismatiques (Les) enlevent aux Franciscains de l'Europe les clefs des Lieux saints, 145. L'Ordre veut les traiter en ennemis, *ibid.*

Grégoire XIII. présente à la Religion trois sujets pour la Grande Maîtrise, 122. à laquelle il réunit la Dignité de Turcopolier, 123. & exclud de celle d'Evêque de Malte, & de Prieur de l'Eglise, les Chevaliers, 124.

Grégoire XV. confirme tous les privileges de l'Ordre, 132.

Guchia : histoire de ce Prince dont la Religion embrasse le parti, 145.

Guimeran (Le Commandeur) se distingue au siege de Malte, 23.

H

HAli, esclave Turc, auteur de la derniere entreprise sur Malte, 235.

Hascen, Viceroi d'Alger, amene du secours aux Turcs devant Malte, 20. est chargé de l'attaque de l'Isle de la Sangle, 35. est d'avis de remettre à terre de nouveau, 74. demeure au bord de la mer, pour faciliter la retraite, 75. fait quelques prisonniers qu'il est obligé de relâcher, & est contraint de se rembarquer, 79.

Henri III. Roi de France, est autorisé par un Arrêt de son Conseil, à nommer un François au Grand Prieuré d'Auvergne, & nomme François de Lorraine frere de la Reine, à ceux de France, de S. Gilles & de Champagne, 112. assure de sa protection le Grand Maître de la Cassiere, 120.

Henri IV. confere le Grand Prieuré d'Auvergne au Baron de Bellegarde, quoique séculier, 125. sa mort, funeste à la Religion, 129.

Hesse d'Armstat (Le Prince de) Général des galeres, fait une prise considerable, 152.

Hollandois (Les) transigent avec la Religion pour les biens dont ils s'étoient emparez, 193.

Hongrie, ravagée par les Turcs : le Conseil de l'Ordre prend des mesures pour mettre les Chevaliers en état de la secourir, 126.

Hôpital de la Cité Notable : ses privileges, dans lesquels il est troublé par l'Evêque de Malte, 115.

Hoquincourt (Le Chevalier d') périt contre un écueil après un action mémorable, 190. *& seq.*

Huguenots; Louis XIII. demande le secours de la Religion pour les combattre, 132.

J

Jacaya, avantures de ce Prince Ottoman, vrai ou faux, 157.

Jalousie (La) cause des meurtres, plus souvent dissimulez que punis en Italie, 93.

Janissaires (Les) se distinguent en differens assauts au siege de Malte, 30. *& seq.* 37. *& seq.* Le Bacha Mustapha en tue deux de sa main pour s'être retirez de la bréche, 39. ils font étrangler Ibrahim, 159.

Ibrahim, Empereur Ottoman, déclare la guerre à la Religion, 155. mais elle se tourne contre l'Isle de Candie, 156. il est étranglé, 159.

Jean (Eglise Priorale de S.) enrichie de peintures & de tableaux par le Grand Maître Raphaël Cotoner, 185.

Jesuites (Les) sont attirez dans Malte par l'Evêque Gargallo, 125. & obligez d'en sortir, 151.

Jeux de hazard défendus dans l'Ordre, 217.

Imbroll, Prieur de l'Eglise entreprend d'écrire l'Histoire de l'Ordre, & ne l'acheve point, 144. a une grande dispute à Rome avec le Grand Maître, 159.

Impositions. La Religion en est reconnue exempte par le Pape, 212. par le Roi de France & le Duc de Savoye, 214.

Infirmerie; le Grand Maître Raphaël Cotoner la fait agrandir, 185. l'Inquisiteur veut y étendre sa Jurisdiction, 225. ses privileges, 226.

Innocent X. confere la Commanderie de Parme au neveu de sa belle-sœur : l'Ordre s'en plaint à tous les Princes Chrétiens, 157.

Innocent XI. conclut une ligue contre les Turcs, dans laquelle la Religion demande d'entrer.

Innocent XII. juge les differends entre l'Evêque de Malte & le Prieur de l'Eglise, 217.

Inquisition, origine de l'établissement de ce Tribunal dans l'Isle de Malte, & ses suites, 110, 225.

Inquisiteurs (Les) se rendent odieux à Malte, 126, 127. ils sont soutenus par les Papes, 127. & établis

TABLE DES MATIERES.

Présidens de la Commission où se règlent les affaires de la Religion, mais à certaines conditions, 137, 142, 143. leurs prétentions sont réglées par Clément XI. à la satisfaction du Grand Maître, 221. ils se rendent indépendans & insupportables à l'Ordre, 225. demandent que le carosse du G. Maître s'arrête à la rencontre du leur, 226. veulent étendre leur Jurisdiction sur l'Infirmerie : suites de ces démêlez, *ibid.* ils prétendent exempter quelques Maltois de l'obéissance à leur Souverain, 227.

Italie (La Langue d') emporte la préséance sur celle d'Arragon, 123. Urbain VIII. dispose de la plûpart de ses Commanderies en faveur de ses parens, 134. & *seq.*

Juifs (Les) & leurs effets sont censez de bonne prise, 125.

L

Lacerda (Jean de) répare glorieusement la foiblesse qu'il avoit témoignée au commencement du siege de Malte.

Laïazzo, Forteresse dans le Golphe de ce nom, surprise par quelques Chevaliers, 119.

Lango, Isle ravagée par les Chevaliers, 128.

Langon, Commandeur de l'Ordre, secourt Oran, malgré la flote des ennemis, 221. & pourvoit à la sureté de Goze, 223. se signale en deux attaques, & périt dans la derniere, 224. le Grand Maître Perellos lui fait dresser un monument, 225.

Langon (Fr. Adrien de) se signale en plusieurs occasions, 227, 230.

Lascaris Castelard (Paul) Bailli de Manosque, est élû Grand Maître, 146. partage tous les habitans de Malte en differentes compagnies, *ibid.* se plaint au Roi de France de la conduite des Chevaliers François, 148. est obligé de consentir à l'exil des Jesuites, 151. fonde la Commanderie de Nice, 152. envoye à Urbain VIII. les galeres de la Religion, mais avec de sages précautions, 153. accorde plusieurs graces au Vicomte d'Arpajon, qui lui avoit amené un secours considerable contre le Grand Seigneur, 155, 156. se dispense de se déclarer en faveur de Jacaya, 157. a une grande dispute à Rome avec le Prieur de l'Eglise, 159. fait construire le Fort Sainte Agathe, 161. fait tirer le canon sur les vaisseaux du Roi de France : suites de cette affaire, 166, 167. sa mort, 170. Le Bailli Lascaris son petit neveu lui fait dresser un magnifique mausolée avec un Epitaphe, *ibid.*

Lascaris, Officier Turc, de la Maison Imperiale de ce nom, passe dans Malte au péril de sa vie, pour informer le Grand Maître d'un dessein des Turcs, & se distingue pendant le reste du siege, 10. & *seq.*

Lastic (Louis de) Grand Prieur d'Auvergne, se plaint librement au Viceroi de Sicile de ses retardemens à secourir Malte : celui-ci lui en rend raison, 68.

Lazaret établi à Malte, 202.

Lepanthe (Bataille de) entre les Chrétiens qui la gagnent, & les Infideles : ses particularitez, 108. entreprise des Chevaliers sur la ville de ce nom, 128.

Lieux Saints enlevez aux Franciscains par les Grecs Schismatiques que l'Ordre veut traiter en ennemis, 145.

Ligue du Pape, du Roi d'Espagne &

TABLE DES MATIERES.

des Vénitiens, contre les Turcs, 107. du Pape, de l'Empereur, du Roi de Pologne, des Vénitiens & de la Religion, contre les mêmes, 207.

Lorraine (François de) frere de la Reine de France, obtient à la priere de Henri III. les Grands Prieurez de France, de Saint Gilles & de Champagne, 112. fait ses caravanes à Malte, 129.

Louis XIII. demande le secours de la Religion pour combattre les Huguenots, 132.

Louis XIV. charge le Frere Paul Servant d'armes du transport des troupes envoyées au secours des Vénitiens, 183. son armée navale secourue des galeres de la Religion, échoue en Afrique, 188. & seq. envoye encore un secours considerable en Candie, 194. donne satisfaction à l'Ordre en un point fort délicat, 200.

Lucchiali, fameux Corsaire, défait l'escadre de la Religion, 108.

Lugny (Le Chevalier de) fait un horrible carnage des malades & des blessez Infideles au siege de Malte, 40. & fait abandonner l'assaut du Fort S. Michel, 41.

Lutheranisme; le Bailli de Brandebourg & plusieurs Chevaliers sont citez devant le Conseil pour l'avoir embrassé, 116.

M

Mahomette, Ville d'Afrique prise par les galeres de la Religion 127.

Maillo-Sacquenville, un des chefs de la sédition excitée contre le Grand Maître de la Cassiere, 119. Est envoyé à Rome pour soutenir la cause de Romegas, *ibid*. Est obligé de se soumettre, 121.

Maldonat, Commandeur de l'Ordre de S. Jean, est envoyé par le Roi d'Espagne porter de riches presens au Grand-Maître de la Vallette, 85. Offre ses services au grand Amiral Rivalle, pour la grande Maîtrise, 100, & ensuite au Chevalier de Monté, qui est élû effectivement, 101.

Malte: Dom Juan de Cardonne y conduit enfin quelques secours, après la prise du fort S. Elme, 6 & seq. Hascen Viceroi d'Alger y arrive au secours des Turcs, 20 & seq. Les Généraux des Infidéles se partagent pour les attaques qu'ils avancent considérablement, 35, 36. Ils y épuisent toutes les sortes d'attaques inventées pour la prise des places, 42, & ont recours de nouveau à la mine, *ibid*. Triste situation où l'Isle étoit réduite, 43. Differens avis dans le Conseil du Viceroi, touchant le secours demandé par le Grand-Maître, 43. & seq. Differens assauts donnez au fort de S. Michel & au bastion de Castille: leurs suites, 48 & seq. Le Viceroi de Sicile y amene un secours considérable, après bien des obstacles & des irrésolutions, 78 & seq. Ce qui fait lever le siége précipitamment aux Géneraux Turcs, 73, qui remettent à terre, & sont obligez enfin de se rembarquer, 74 & seq. Grande perte qu'avoient fait à ce siége les assiégeans & les assiégez, & ses causes, 80, 81. Triste état où l'Isle se trouvoit réduite, 82, 86. Joye que la nouvelle de la levée du siége cause dans toute la Chrétienté, 83 & seq. Le Grand-Maître de la Vallette fait aggrandir le fort S. Elme sur le mont Sceberras, pour en faire la *Cité de la Valette*, 88 & seq. Ardeur de tous les habitans pour

TABLE DES MATIERES.

pour les travaux, 90. Origine de l'inquisition dans cette Isle, & ses suites, 110, 126, 127. Privileges de l'Hôpital de la Cité Notable, ausquels l'Evêque de Malte veut donner atteinte, 115. Il s'y tient un Chapitre général, 123. Les Chevaliers sont exclus de la dignité d'Evêque de cette Ville, & de Prieur de l'Eglise, 124. Peste dans l'Isle, 125. Les Jesuites y sont attirez par l'Evêque de Gargallo, *ibid.* Chapitre général, 128. Le Grand-Maître de Vignacourt y fait faire un bel aqueduc, 129. Nouvelles fortifications en differens endroits, 131. L'Evêque Cagliares entreprend sur l'autorité du Grand-Maître, 131. Des esclaves Chrétiens qui s'étoient revoltez y arrivent heureusement, 137. Il s'y tient un Chapitre général, suivant la forme prescrite par Urbain VIII. 137 *& seq.* Enumeration des habitans de l'Isle, 143. Tous les habitans sont partagez en differentes compagnies pour apprendre à faire des armes, 147. Les Jesuites en sont bannis, 151, 152. Famine dans l'Isle, 157, 158. Etablissement d'une Bibliotheque, 161. Le Grand-Maître Raphaël Cotoner fait agrandir l'Infirmerie, & enrichir l'Eglise Priorale de differens ornemens, 185. On y fait de nouvelles fortifications après la prise de Candie, 197. On y établit le Lazaret, 202. Peste affreuse dans l'Isle, *ibid.* Le Grand-Maître de Vignacourt remedie aux besoins de ses sujets, 211. Grand Arsenal bâti à Malte, 212. Un furieux tremblement de terre y cause beaucoup de dommage, 213. L'Isle est menacée d'une attaque de la part des Turcs: on se

dispose à la soutenir, 222, & d'une seconde, quelques années après, 228. Un espion qui se disoit Ingenieur, vient en reconnoître l'état, 229. Le Grand-Maître Villhena fait construire le fort Manoel, 234. L'escadre Ottomane n'ose y rien entreprendre, 235.

Malte (les Chevaliers de) La consternation se jette parmi eux après la prise du fort S. Elme, 2 *& seq.* Il en perit un grand nombre en deux attaques differentes, 27 *& seq.* Ils soutiennent encore courageusement differens assauts, hommes & femmes, 37, 38. Differens avis dans le Conseil du Viceroi de Sicile, touchant la demande de secours, réiterée plusieurs fois par le Grand-Maître, 43 *& seq.* On conclut enfin à en envoyer, 46. Les Chevaliers soutiennent encore glorieusement plusieurs assauts, 49 *& seq.* La plûpart sont d'avis d'abandonner le bastion de Castille: le Grand-Maître s'y oppose, 60. Autres assauts qu'ils repoussent courageusement, 63. Il s'en rend un grand nombre à Messine dans l'esperance d'être transportés à Malte, 67, & un grand nombre de Seigneurs François, 72. Ils mettent en fuite l'armée des Infideles qui avoit remis à terre, & la contraignent de se rembarquer avec perte, 78, 79. Ils rejettent sur le Viceroi de Sicile la grande perte que la Religion avoit faite à ce siege, 81, 82. Comment ils sont traitez par le Grand-Maître, 82, 83. Ardeur des Chevaliers dans la construction de la Cité de la Valette, 90. Quelques jeunes Chevaliers Espagnols, auteurs de libelles diffamatoires, se portent à un excès d'insolence

TABLE DES MATIERES.

qui afflige le Grand-Maître de la Valette, 92, 93. Les Dames de Sixene rentrent sous la discipline du Grand-Maître, 107. Quelques Chevaliers font des prises considerables, *ibid.* L'escadre de la Religion est défaite, 108. Ils se signalent à la bataille de Lepanthe, *ibid.* La résidence du Couvent est transferée à la *Cité de la Valette*, 108. L'Inquisition s'y établit au désavantage du corps de la Religion, 110. Il survient quelques differends dans l'Ordre, 110, 111, dont la Discipline reçoit quelques atteintes par rapport à la nomination à quelques Prieurez, 112. Murmures à ce sujet, 113. Grands troubles excitez par quelques factieux contre le Grand-Maître de la Cassiere, qui est arrêté, suspendu de ses fonctions, & ensuite rétabli à Rome, où il avoit été cité avec Romegas, son prétendu Lieutenant, 114. *& seq.* Citation de quelques Chevaliers, pour avoir embrassé le Lutheranisme, 116. Le Couvent prend des mesures pour se conserver libre l'élection du Grand-Maître, 122. Le Pape Gregoire XIII. lui présente trois sujets, *ibid.* Taxe générale sur les biens de la Religion, 123. Les Venitiens usent de représailles par rapport à quelques vaisseaux de la Religion, *ibid.* qui en use de même, 124. Les Chevaliers sont exclus de la dignité d'Evêque de Malte, & de Prieur de l'Eglise, *ibid.* Défense de porter des pistolets de poche & des stilets, *ibid.* L'esprit de sédition continue dans le Couvent, *ibid.* Jacques Bosio est chargé d'écrire l'Histoire de l'Ordre, 125. Henri IV. confere le Grand Prieuré d'Auvergne au Baron de Bellegarde, quoique séculier, 125. Le Conseil pourvoit au secours de la Hongrie ravagée par les Turcs, 126. L'affaire de Bohême est terminée par l'Empereur Rodolphe II. à la satisfaction de la Religion, 126. Decret en faveur des Suisses, *ibid.* Les Inquisiteurs se rendent odieux aux Chevaliers, 126, 127. Prise de Mahomette en Afrique, *ibid.* Entreprise sur les villes de Lepanthe & de Patras, & ravage de l'Isle de Lango, 128. Troubles dans l'Ordre suivis de voyes de fait de la part des Chevaliers Allemands, *ibid.* Quelques Chevaliers surprennent la forteresse de Lajazzo, 129. Prise de Corinthe, *ibid.* Le Duc de Nevers veut en détacher l'ancien Ordre du S. Sépulchre, mais inutilement, 130. Facardin implore le secours de l'Ordre, 130. Les Chevaliers de grace ne peuvent parvenir aux dignitez, & ne comptent leur ancienneté que du jour de leur réhabilitation, *ibid.* Les entreprises de Cagliares Evêque de Malte, sur l'autorité du Grand-Maître, causent des troubles, 131. Beaucoup de Chevaliers se distinguent dans l'expedition formée inutilement par la Ligue Catholique contre Suze en Barbarie, 131. Entreprise des galeres de la Religion sur Castel-Torneze, 132. Punition de quelques Chevaliers, pour crimes, 134. Malheureuse entreprise sur l'Isle de Sainte Maure, suivie de la perte de deux galeres dans un combat naval, 135. Remontrances sans effet que la Religion fait & fait faire par les principaux Princes Chrétiens à Urbain VIII. par raport aux Commanderies de la Langue d'Italie, dont il disposoit en faveur de ses parens, & touchant les changemens qu'il avoit introduits dans la forme de l'élection du Grand-Maître, & de la tenue des Chapitres généraux, *ibid. & seq.* Etat détaillé de ce dernier Chapitre de l'Ordre

TABLE DES MATIERES.

tenu par le Grand-Maître de Paule, & dont les décisions servent aujourd'hui de Loi, 137 & *seq.* Les galeres font des prises qui causent quelques brouilleries avec les Vénitiens, 144. La Religion embrasse le parti du Prince Guchia, 145. Veut traiter en ennemis les Grecs Schismatiques, qui avoient chassé des Lieux saints les Franciscains de l'Europe, *ibid.* s'oppose au Bref en faveur de M. de Souvré, *ibid.* Cherté des grains dans Malte, qui produit quelques démêlez avec la Sicile qui en avoit d'abord refusé, 146 & *seq.* Des Chevaliers François font plusieurs prises sur les Espagnols; le Grand-Maître s'en plaint, 148, 149. Flotte de Tripoli prise par les galeres de la Religion, mais avec perte, *ibid.* & *seq.* Urbain VIII. accorde aux anciens Commandeurs la permission de tester, 151. Procedez violens de quelques Chevaliers, suivis de l'exil des Jésuites, 151. Prise de six vaisseaux de Corsaires dans le port de la Goulette, 152. L'Ordre envoye à Urbain VIII. le secours qu'il lui avoit demandé, mais avec de sages précautions, 153. Prises considérables : entr'autres d'un galion du Grand-Seigneur Ibrahim : ce qui le porte à déclarer la guerre à l'Ordre, 153 & *seq.* Le Vicomte d'Arpajon conduit un secours considérable à la Religion, qui lui accorde plusieurs graces, 155. Les galeres sont envoyées au secours des Vénitiens dans Candie, 156. L'Ordre se plaint de la conduite d'Innocent X. 157. Est lezé par les Traitez de Munster & d'Osnabruk, *ibid.* Les démêlez avec les Officiers du Roi d'Espagne en Sicile se renouvellent, 158, 161, 162. Quelques Chevaliers se distinguent au siége de Candie, 160. Reglemens touchant les Livres des Chevaliers après leur mort, 161. Differentes prises proche le Cap-Bon, *ibid.* La Religion fait l'acquisition de l'Isle de S. Christophe en Amerique, 163 & *seq.* Son Ambassadeur a le pas sur celui du Grand Duc, 166. Démêlez avec les Génois, contre lesquels le Conseil souverain rend un decret, 168. L'escadre de la Religion remporte avec celle des Vénitiens une victoire complete sur les Turcs, 168, suivie d'une autre l'année d'après, 169. Joye dans l'Ordre de la paix entre la France & l'Espagne, 174. Les Galeres de la Religion sont envoyées au secours des Vénitiens, 183, Differentes prises, 184, 185. Decret du Sénat de Venise honorable à la Religion, 186. Expedition malheureuse de la flotte de Louis XIV. secouruë des galeres de l'Ordre, sur les côtes de Barbarie, 188, & *seq.* Actions mémorables de quelques Chevaliers, 190 & *seq.* Transaction avec les Hollandois pour les biens de l'Ordre dont ils s'étoient emparez, 193. La Religion envoye en Candie de nouvelles troupes, 195. Dispute entre les Commandans François & les Officiers de l'Ordre au sujet du salut, terminée par Louis XIV. à la satisfaction de la Religion, 200. Mesures prises pour maintenir les droits de l'Ordre sur une succession en Pologne, *ibid.* Prise considérable faite par l'Amiral Spinola, 201, qui fait honneur à la flotte Génoise aux dépens de la Religion, 202. La Religion veut entrer dans la ligue contre les Turcs, 207. Ses Chevaliers se distinguent à la prise de plusieurs places, *ibid.* & *seq.* Promotion dans les dignitez de l'Ordre, 209. Beaucoup de Chevaliers des plus braves périssent au siége de Negrepont, qu'on est obligé de lever, 210. La prise de Valonne dédommage de cette perte, 211. Galiotte entretenue par la Religion, pour donner la chasse aux Corsaires de Barbarie, *ibid.* Le Pape réconcilie la Religion avec les Génois, 214. Prise de la ville de Scio, *ibid.* Il se fait quelques reglemens de discipline, 216. Réjouissances dans l'Ordre pour la paix de Riswick, 217. La Religion perd beaucoup de monde dans une action navale, 218, & dans une autre sur les côtes de Barbarie, qui tourne cependant à son avantage, 220. Celle qui se passe dans le port de la Goulette lui coûte moins, 221. Secours conduit à Oran, *ibid.* La plûpart des Princes Chrétiens envoyent des forces considérables à l'Ordre menacé d'une attaque par les Turcs, 222. Quelques prises considérables, 224, 227. La crainte d'une attaque met encore en mouvement tous les Chevaliers, & surtout les François, 228. L'Ordre envoye au secours des Vénitiens une escadre qui fait quelques prises considérables, 230 : le Commandant est déclaré par le Pape son Lieutenant Général, *ibid.* Autres prises, 231 *& seq.* Citation générale par le Grand-Maître de Villhena, pour s'opposer au dessein des Turcs, 225. Prise de deux bâtimens, 229.

Maréchal de l'Ordre prétend avoir le droit de commander par mer comme par terre, 156 ; n'a point d'autorité sur l'Infirmerie, 226.

Massa (Louis-Antoine de) fonde la Commanderie de Nardo, 152.

Mendose, Chevalier de Malte favorisé par le Pape : differend à ce sujet, 111.

Merode (le Commandeur Conrard Scheifurt de) fonde la Commanderie de Breslaw en Allemagne, 147.

Mesquita, Commandeur de l'Ordre & Gouverneur de la Cité Notable, envoye un détachement qui fait un horrible carnage des malades & des blessez Infidéles au siége de Malte, 40. Fait abandonner à Mustapha l'assaut qu'il donnoit au fort S. Michel, 41, & la tentative sur la Cité Notable, 65.

Modon, pris par les galeres du Pape & de la Religion, & la flotte Vénitienne, 208.

Monmejan, Grand Commandeur, est choisi Compromissaire des suffrages pour l'élection du Grand-Maître, & nomme Raphael Cotoner, 180.

Montalte (le Duc de) Viceroi de Sicile, refuse des grains à la Religion : cause & suites de ce differend, 146 *& seq.*

Monté (Pierre de) Amiral de la Religion, se distingue au siége de Malte, 14, 24, 29. Est redevable de son élection à la Grande Maîtrise, principalement aux Chevaliers la Motte & Maldonat, 101. Pourquoi au lieu de son nom *Guidalotti*, il portoit celui de Monté, 102. Il transfere la résidence du Couvent à la Cité de la Valette, 108. Sa mort, 109.

Motte (la) Grand-Croix de l'Ordre de S. Jean, offre ses services au grand Amiral Rivalle pour l'élection du Grand-Maître, 100, & ensuite au Chevalier de Monté, sur qui il fait tomber le choix des Coélecteurs, 101, 102.

Mugalotti (F. Cesar) entreprend d'écrire l'Histoire de l'Ordre, & ne l'acheve pas, 144.

Mustapha Bacha, chargé de la con-

TABLE DES MATIERES.

duite du siége de Malte, fait pressentir les dispositions du Grand-Maître par rapport à une capitulation, 4. *& seq.* investit le Château Saint-Ange, & l'isle de la Sangle, 6. 15. fait donner un assaut furieux, où il perd beaucoup de monde, 30. fait faire un pont dont la destruction coûte la vie à plusieurs braves Chevaliers, 31. fait donner deux autres assauts qui ne lui réussissent pas mieux, 36. *& seq.* tue de sa main deux Janissaires qui s'étoient retirez de la bréche, 39. fait sonner la retraite de l'attaque du Fort S. Michel, & pourquoi, 40. il a recours aux mines après avoir épuisé toutes sortes d'attaques, 42. tente encore plusieurs assauts, 48. *& seq.* donne quelques jours de repos à ses soldats, 57. revient à l'assaut, 58. 63. fait une tentative sur la Cité Notable, 64. fait élever une tour de bois, qui est bien-tôt mise en pieces, 66. revient à miner, 67. tâche d'empêcher la descente du secours de Sicile, 72. leve le siege, & se retire précipitamment, 73. remet à terre, 75. & perd la bataille, où il pense être pris, 77, 78. se rembarque, 80.

N

Naples de Romanie, capitale de la Morée, prise par l'armée navale des Confederez, avec une perte considerable pour l'Ordre, 208.

Nardo, Commanderie fondée par Louis-Antoine de Massa, 152.

Navarin; deux Places de ce nom prises par les galeres du Pape & de la Religion, & la flotte Vénitienne, 208.

Négrepont, Fort assiegé inutilement par l'armée des Confederez, 209.

Nevers (Le Duc de) veut inutilement détacher de l'Ordre de Saint Jean celui du S. Sépulchre, 130.

Nice (La Commanderie de) fondée par le Grand Maître Lascaris, 152.

O

Ody, Inquisiteur à Malte, s'intrigue pour traverser l'élection de Martin de Rédin, qu'il est obligé de reconnoître, 171, 172. est rappelé, 173.

Oran secouru par le Commandeur de Langon, 221. & pris par les Infideles, 222.

Orleans (Charles d') est pourvû du Grand Prieuré de France sans réserve, 124.

Orleans (Le Chevalier d') prête serment pour le Grand Prieuré de France, 231.

Ostrog (Le Duc d') substitue ses biens à l'Ordre : suites de cette disposition, qui est traversée, 200.

P

Papes (Les) disposent des plus riches Commanderies d'Italie en faveur de leurs parens, malgré toutes sortes de remontrances, 94. 95, 128, 132, 134, 173, 193.

Parme (La Commanderie de) conferée par Innocent X. au neveu de sa belle sœur : grandes plaintes à ce sujet, 157.

Patras ; entreprise des Chevaliers de Malte sur cette Ville, 128.

Paule (Antoine de) de la Langue de Provence, est élû Grand Maître, 133. est accusé de differens crimes, dont il se justifie, 134. fait inutilement des remontrances au Pape Urbain VIII. touchant la conduite qu'il tenoit à l'égard de l'Ordre, 134. *& seq.* tient un Chapitre Général, suivant la forme prescrite par ce Pape, 137. il meurt : son Epitaphe qui contient son éloge & son caractere, 145.

Paul, Frere Servant d'armes, est

chargé du transport des troupes envoyées par Louis XIV. au secours des Vénitiens, 183. comment il est reçu du Grand Maître Cotoner, 185.

Paul V. confere à ses neveux plusieurs Commanderies, 128. favorise les prétentions de l'Evêque de Malte, 131.

Perellos (Raimond) de la Langue d'Arragon, est élû Grand Maître, 216. fait quelques reglemens de discipline, *ibid.* reçoit la visite de Boris Petro-wits Seremetef, parent du Czar, 217. se soumet à la décision d'Innocent XII. touchant les differends de l'Evêque de Malte avec le Prieur de l'Eglise, *ibid.* prend des mesures pour extirper les Corsaires de Barbarie, 219, 220. Clément XI. regle les prétentions de l'Inquisiteur à sa satisfaction, 221. il pourvoit à la défense de Malte & de Goze, menacées d'une attaque de la part des Turcs, 222. travaille à produire l'abondance dans ses Etats, 223, 224. se pourvoit contre les entreprises de l'Inquisiteur, 225. *& seq.* & se prépare à résister aux Infideles dont on craignoit une descente, 228. est trompé par un espion qui se dit Ingénieur, 229. envoye au Roi de France un présent d'oiseaux de proye, 231. sa mort, son éloge, 232.

Petro-vuits Seremetef (Boris) parent du Czar, vient visiter le Grand Maître Perellos, 217.

Philippe II. Sa politique lente & incertaine à secourir Malte, 17, 18, 45, 68. il condamne & punit les retardemens de son Viceroi en Sicile, 81. donne de grandes marques d'estime & de reconnoissance au Grand Maître de la Valette, 83, 85. fait une ligue avec Pie V. & les Vénitiens contre Selim II. 107.

Pialy, Amiral de la flote Ottomane, & chargé de la conduite du siege de Malte, entreprend d'introduire des barques dans le grand port, 9. son dessein est découvert & déconcerté, 10. *& seq.* il est chargé du siege du grand Bourg, 35. *& seq.* fait donner differens assauts au bastion de Castille, 36, 49, 53, 59. s'oppose à la descente du secours de Sicile, mais inutilement, 72, 73. leve brusquement le siege, & se retire, *ibid.* s'oppose à un nouveau débarquement, 74. fait retirer ses vaisseaux dans la cale de S. Paul, 75. est obligé de se rembarquer, 79.

Pie IV. donne de grandes marques d'estime & de reconnoissance au Grand Maître de la Valette, 83. *& seq.* & lui offre le Chapeau de Cardinal, qu'il refuse, *ibid.*

Pie V. promet au Grand Maître de la Valette de ne plus troubler l'Ordre dans la jouissance du Grand Prieuré de Rome, 95. qu'il confere cependant à son neveu sans l'obliger à aucune charge, *ibid.* Suites chagrinantes de cette affaire pour le Grand Maître, *ibid. & seq.* fait une ligue avec le Roi d'Espagne & les Vénitiens, contre Selim II. 107.

Poincy (Le Chevalier de) fait faire à la Religion l'acquisition de l'Isle de S. Christophe dans l'Amérique, 163. *& seq.*

Polastron, Chevalier de Malte, accompagne Henri de la Valette dans une entreprise très périlleuse, 32. où il périt, 33.

Prieur de l'Eglise: privilege demandé en sa faveur par le Grand Maître, 116. ne peut être choisi parmi les Chevaliers, 124. tient le second rang dans le Chapitre Général, & assiste au Conclave, 138. & seq. ses differends avec l'Evêque sont accommodez par Innocent XII. 217.

Q

Vincy (Le Chevalier de) introduit du secours dans Malte, & seq. se distingue au siege, 27, 29. & y périt glorieusement, 30.

R

REdin (Martin de) de la Langue d'Arragon, est fait Viceroi de Sicile, 168. & est élû Grand-Maître, malgré les intrigues d'Odi, Inquisiteur, 171, 172. prévient les descentes des Infideles en faisant construire des tours le long des côtes de l'Isle, *ibid.* sa mort & son Epitaphe, 174.

Ricard, Chevalier, se signale dans une rencontre : honneur qu'il en reçoit, 220.

Ricasoli, Forteresse dans l'Isle de Malte, pour l'entretien de laquelle le Grand-Maître Nicolas Cotoner fait une fondation, 201.

Rivalle, Grand Amiral de la Religion ; ce qui empêcha qu'il ne parvînt à la Grande Maîtrise, 100. est un des auteurs de la tempête excitée contre le Grand-Maître de la Cassiere, 119.

Robles, Mestre de camp, contribue à introduire le secours de Sicile dans Malte, 6. & seq. se distingue au siege, 28.

Rodolphe II. termine l'affaire de Bohême, à la satisfaction de la Religion, 126.

Rome (Le Grand Prieuré de) conferé souvent par les Papes à leurs neveux ou à des Cardinaux, 94. Pie V. promet au Grand Maître de la Valette, de ne plus troubler l'Ordre dans la jouissance de ses droits : il le donne cependant à son neveu, sans l'obliger à aucune charge, *ibid.*

Romegas, Commandeur de l'Ordre de Saint Jean, est fait Général des galeres, 110. il se met à la tête des Langues de France soulevées contre le Grand-Maître de la Cassiere, 117. est fait son Lieutenant par les factieux, 118. envoye des Ambassadeurs à Rome, 119. où il est cité, 120. reçoit ordre d'abdiquer, & meurt de chagrin, 121.

S

SAcconai, Maréchal de l'Ordre, est puni pour quelques voyes de fait, 124.

Saint-Ange (Le Château) investi par les Turcs, 6. il est fortifié, 208.

Saint Clément, Pilier de la Langue d'Arragon : ce qui le rendoit odieux, & indigne de la Grande Maîtrise à laquelle il aspiroit, 99. est défait avec l'escadre de la Religion qu'il commandoit, par Lucchiali fameux Corsaire, 108.

Saint Michel, Château dans l'Isle de la Sangle assiegé par les Turcs, 15. soutient plusieurs assauts, 28, 30, 37. ce qui empêche les suites du dernier, d'abord favorables, 40. autres assauts & leurs suites, 48. & seq.

Saint Elme, Fort dans l'Isle de Malte, pris par les Turcs, qui l'abandonnent après l'arrivée du secours de Sicile, conduit par le Viceroi, 73. le Grand Maître y envoye une garnison, *ibid.* & le fait agrandir pour en faire la *Cité de la Vallette*, 88. & seq. il est rebâti, 208.

Sainte Maure. Entreprise malheureuse de la Religion sur cette Isle, 135.

Saint Pierre (Le Chevalier de) est

préposé à la construction des vaisseaux destinez à donner la chasse aux Corsaires de Barbarie, 219, 220. se distingue dans une rencontre, 221.

Salvago, Commandeur de l'Ordre, sollicite du secours pour la Religion en Sicile, 16. & seq.

Sande (Alvare de) Capitaine illustre, n'est point d'avis de secourir Malte, 44. 45. commande un Régiment de l'armée conduite par le Viceroi de Sicile, au secours de la Religion, 69. est d'avis d'aller au devant de l'ennemi qui avoit remis à terre, 76. signale son courage dans le combat, & la retraite des Infideles, 78, 79.

Sangiac (Le) Officier Turc fort estimé, périt glorieusement à un assaut du Fort S. Michel, 55, 56.

Sangle (La) Bourg & presqu'Isle investi par les Turcs, 6.

Sarrasine (La Commanderie de) fondée en Sicile, 148.

Scio, Ville prise par les galeres de la Religion, 214.

Schomborn (Le Commandeur de) est chargé de remedier aux abus introduits dans quelques Commanderies d'Allemagne, 111. travaille à faire rentrer dans l'Ordre le Grand Prieuré de Boheme, 114.

Selim II. entreprend la conquête de l'Isle de Chypre sur les Vénitiens: il se rend maître de Nicotie & de Famagouste, 107. perd la bataille de Lepanthe, 108. s'empare de la Goulette & de Tunis, 110. sa mort, *ibid.*

Servans (Freres) Défense d'en recevoir jusqu'à nouvel ordre, 198.

Sevre (Michel de) Grand Prieur de Champagne, appelle au Tribunal Séculier, des Ordonnances du dernier Chapitre Général, 124.

Sicile ; les Officiers du Roi d'Espagne en ce Royaume, refusent des grains à la Religion: cause & suites de ce differend, 146 & seq. ces démelez se renouvellent, 158, 161, 162.

Simiane (Le Chevalier de) se distingue au siege de Malte, 27, 29. où il périt glorieusement, 30, 31.

Sixene (Les Dames de) de l'Ordre de S. Jean de Jerusalem, rentrent sous la discipline du Grand-Maître, 107.

Soliman II. Chagrin que lui cause la nouvelle de la levée du siege de Malte, 80. les bruits qu'il fait répandre à ce sujet dans Constantinople, *ibid.* il fait tout préparer pour un second siege, 86. l'incendie de l'Arsenal de Constantinople lui fait tourner ses armes contre la Hongrie, où il meurt, 87.

Souvré. L'Ordre s'oppose au Bref du Pape en sa faveur, 145. il négocie à la Cour de France l'acquisition de l'Isle de S. Christophe, 164. & y accommode une affaire très délicate, 166.

Spinola (Paul Raffael) Amiral de la Religion, fait une prise considerable, 201. fait honneur à la flote Génoise, & à son Commandant, aux dépens de la Religion, 202. pense périr dans une action funeste à la Religion, 218.

Suisses. Decret du Conseil de l'Ordre en leur faveur, 126.

Suse, sur la côte de Barbarie : tentative inutile de la Ligue Catholique sur cette Place ; beaucoup de Chevaliers s'y distinguent, 131.

T

Taxe générale sur les biens de la Religion imposée par le Chapitre Général, tenu à Malte, 123. La Religion est exempte de toute taxe

TABLE DES MATIERES.

taxe imposée par d'autres Souverains, 212, 214.

Temericours (Le Chevalier de) se signale en une rencontre dans le canal de l'Isle de Samos, 190. & en une autre quelques années après, 198. tombe entre les mains des Infideles, 199. Belle réponse qu'il fait au Grand Seigneur, *ibid*. Il résiste à ses promesses & à ses menaces, *ibid.* meurt en généreux Confesseur de Jesus-Christ, 200. Son corps est jetté dans la riviere, *ibid.*

Tenedos, Isle conquise par l'armée des Confederez, 168. & reprise par les Turcs, 170.

Testament. Urbain VIII. accorde aux anciens Commandeurs la permission de tester : ce qui ruine le Trésor commun, 151.

Tresor (le) de l'Ordre fait faire à Amsterdam un magnifique galion, 130. est ruiné par la permission de tester accordée par Urbain VIII. aux anciens Commandeurs, 151.

Thum (Sigismond Comte de) Géneral des galeres, prend la ville de *Scio*, 214.

Tolede (Dom Garcie de) Viceroi de Sicile ; raisons de sa lenteur à secourir Malte, 17. *& seq.* 43. *& seq.* il prend enfin des mesures pour cet effet, 46. & rend raison au Grand Prieur d'Auvergne Louis de Lastic de ses retardemens, 68. il arrive à Syracuse, & y fait la revûe de ses troupes, 69. & enfin à Malte, après bien des obstacles & des irrésolutions, 70, 71. & se rembarque pour la Sicile, 72. La perte que l'Ordre avoit faite au siege, lui est attribuée par les Chevaliers & le Grand Maître, 81. Le Roi d'Espagne condamne & punit ses retardemens, *ibid.*

Toledo (Antoine de) Grand Prieur de Castille ; son caractere, 98. Pourquoi il ne succede point au Grand Maître de la Valette, 99.

Traitez de Munster & d'Osnabruk desavantageux à l'Ordre, 157.

Tripoli (Flotte de) prise par les galeres de la Religion, 149, 150.

Tunis pris par Selim II, 110.

Turcs (Les) investissent le Château Saint-Ange, & l'Isle de la Sangle, 6. reçoivent un renfort de Hascen Viceroi d'Alger, 20. perdent beaucoup de monde en deux attaques, 25. *& seq.* & en deux autres assauts, 37. *& seq.* Horrible carnage des malades & des blessez, 40. Ils donnent differens assauts au Fort S. Michel, & au bastion de Castille, 48. *& seq.* On leur accorde quelques jours de repos, 57. Ils reviennent à l'assaut, 58. *& seq.* levent brusquement le siege, après la descente du secours de Sicile, 73. remettent à terre, 74. sont défaits, 78. se rembarquent avec peine, 79. Perte qu'ils avoient faite à ce siege, 80. Les bruits que le Grand Seigneur fait répandre à ce sujet à Constantinople, *ibid.* Ils remportent de grands avantages dans l'Isle de Chypre, 107. perdent la fameuse bataille de Lepante, 108. ravagent la Hongrie, au secours de laquelle le Conseil de l'Ordre pourvoit, 126. font une tentative inutile sur Malte, 129. prennent la Canée dans l'Isle de Candie, 156. sont défaits par les Vénitiens à la bataille de Foggia, 159. assiegent Candie, *ibid.* sont chassez d'un bastion important, 160. perdent un combat naval contre les Vénitiens, 167. & un autre l'année suivante, 168. prennent plusieurs Places, 182. Le Chevalier d'Hoquincourt se défend avec un seul vaisseau contre leur flotte, 190. Ils sont battus devant Vienne qu'ils assiegeoient, 207. Innocent XI. forme une ligue contre eux, où entre l'Ordre, *ibid.* Ils perdent Coron, les deux Navarins, Modon, Naples de Romanie & Castelnove, prises par l'armée des Confederez, *ibid. & seq.* sont défaits par l'armée Imperiale commandée par le Duc de Bade, 212. menacent Malte, & ensuite Goze d'une descente, qu'ils n'osent executer, 222, 223. paroissent devant l'Isle, sans oser rien entreprendre, 235.

Turcopolier, Dignité de l'Ordre réunie à la Grande Maîtrise par Grégoire XIII. 123.

V

Valdi, Géneral des galeres de la Religion, fait plusieurs prises considérables, 144.

Valette (Le Grand-Maître de la) rassure quelques Chevaliers consternez de la perte du Fort S. Elme, 2. défend de faire aucun quartier aux Infidéles, 4. Comment il reçoit les Envoyez du Bacha Mustapha, *ibid. & seq.* Il facilite l'arrivée du secours de Sicile, 8. déconcerte le dessein de l'Amiral Piály, 11. *& seq.* redouble ses soins & son attention, 47. signale son courage, 49, 50. est blessé dangereusement, 53. rejette la proposition d'abandonner le bastion de Castille, 60. *& seq.* fait combler les tranchées des Turcs qui avoient levé le siege précipitamment, 74. se prépare à l'attaque des Infideles qui avoient remis à terre, 75. *& seq.* se plaint au Pape de la conduite du Viceroi de Sicile, 81. Accueil qu'il fait aux Chevaliers, & aux troupes qui avoient assisté au siege, 82. Il refuse le Chapeau de Cardinal qui lui est offert par Pie IV. par quels motifs, 84, 85. il reçoit de riches présens du Roi d'Espagne, & de grands témoignages de reconnoissance dans toute l'Europe, 85. Il fait mettre le feu à l'Arsenal de Constantinople où Soliman faisoit tout préparer pour un second siege, 87. obtient des Princes Chrétiens des secours d'argent considérables pour bâtir sur le Mont-Sceberras la *Cité de la Valette*, 88. *& seq.* Son assiduité auprès des Ouvriers, 91. Il supplée au manque d'argent par une monnoye de cuivre, *ibid.* Differens sujets de chagrin, de la part de quelques jeunes Chevaliers, d'un Florentin appellé Bonacoursi & du Pape Pie V. le jettent dans une profonde mélancolie, 92. *& seq.* Il est frappé d'un coup de soleil, & meurt quelque tems après: particularitez de sa mort, 96. *& seq.* Son corps est mis en dépôt, 98. & transferé en grande cérémonie dans la Cité de la Valette, 103.

Valette (Henri de la) neveu du Grand-Maître de ce nom, est chargé d'une commission très-périlleuse, 32. Il y périt: comment son oncle supporte sa mort, 33, 34.

Valette (la Cité de la) bâtie par le Grand-Maître de ce nom sur le mont Sceberras, 88 *& seq.* La résidence du Couvent y est transferée, 108.

Valonne, prise par les galeres de la Religion, & la flotte Vénitienne, 211.

Vasconcellos (Louis Mendes de) Bailli d'Acre, & Ambassadeur extraordinaire en France, y traverse heureusement le projet du Duc de Nevers, touchant le démembre-

René du Pré, 1660. Grand Commandeur.
Joseph du Pré, 1666.
Antoine de *Preissac*, 1528. écartelé au 1. & 4. d'argent ; au lion de gueules, armé, lampassé & couronné d'azur, parti d'azur à trois faces d'argent ; au 2. & 3. d'or au lion de gueules, armé & lampassé d'azur, l'écu bordé d'azur, qui est de Marestaing.
Charles de Preissac, 1532.
Louis de Preissac-Esclignac, 1670.
François de *Privat-Fontanilles*, 1656. d'or à la croix de gueules, accompagnée de quatre serpens de sinople.
Guillaume de *Provenquieres - Monjaux*, d'azur à deux rameaux de Provenche d'or, passez en double sautoir.
Jean de Provenquieres-Monjaux, 1669.
Joseph de *Prunier - Beauchaine - Saint - André*, 1700. de gueules à la tour donjonnée d'argent, maçonnée, crenelée de sable.
Guy del *Puech du Carmoux*, 1612. d'argent à une Croix Patriarchale de gueules.
François de *Puget*, 1541. de gueules à une étoile comette d'argent, écartelé d'or à un belier de sable accolé d'argent.
Jacques de Puget, 1544.
Gaspard de Puget, 1547.
François de Puget, 1549. Grand Prieur de S. Gilles.
Louis de Puget, 1555.
Melchior de Puget - Roquebrune, 1557. d'or à une montagne de gueules, sommée d'une fleur de lys, au pied fiché de même.
Boniface de Puget, 1559.
Antoine de Puget, 1561.
Jerôme de Puget, 1569.
Honoré de Puget - Chastuel, 1570. d'argent à la vache passante de gueules, sommée entre les deux cornes d'une étoile d'or.
Jean-François de Puget, 1575.
Claude de Puget, 1593.
Antoine de Puget, 1601.
François de Puget-Barbantane, 1623.
Jean de Puget-Chastuel, 1635.
Cesar de Puget, 1639.
Marc-Antoine de Puget-Cabassole, 1658.
Joseph de Puget-Clapiers, 1659.
François de Puget-Riviere, 1663.
François de Puget, 1669. de minorité.
Valentin de Puget, 1671.
Pierre Puget Saint-André, 1674.
Antoine de Puget-Châteauneuf, 1682.
Valentin de Puget-Saint André, 1684.
Sextius de Puget-Barbantane, 1695.
Jean-Baptiste de Puget-Barbantane, 1718.

Joseph-Honoré de Puget-Barbantane; 1723.
Dominique du *Puy*, 1516.
Claude du Puy-Rochefort, 1567. d'or au lion de gueules, armé & lampassé d'azur.
François du Puy-Trigonan, 1604.
Louis du Puy-Saint-André, 1715. de minorité.

Q

Honoré de *Quiqueran de Beaujeu*, 1582. Grand Prieur de Saint Gilles : parti d'or & d'azur emmanché de l'un en l'autre, ou bien écartelé d'or & d'azur, le trait coupé emmanché de l'un en l'autre.
Claude de Quiqueran-Ventabren, 1629.
François de Quiqueran-Beaujeu, 1634.
Paul-Antoine de Quiqueran-Beaujeu, 1637.
Jean de Quiqueran-Ventabren, 1647. Commandeur de la Vernede.
François-Louis de Quiqueran-Ventabren, 1655.
Jacques & autre Jacques de Quiqueran, 1657.

R

Honoré de *Rabasse de Vergons*, 1631. d'azur au château d'argent composé de cinq tours rangées, celle du milieu plus élevée que les deux autres, & celles-ci que leurs voisines en décroissant, accompagné en pointe d'une trufle, qui en Provençal, s'appelle une rabasse, aussi d'argent.
Lazare de Rabasse-Vergons, 1661.
Jean de *Rabastens-Paulin*, 1545. de sable à trois raves d'argent.
Imbert-Louis de *Rabat-Vassilieu*, 1635.
Pierre de *Rafelis-Rognes*, 1626. d'azur à trois chevrons d'or.
Pierre de Rafelis-Granbois, 1706. écartelé au premier & quatrième d'or à une croix recroisetée d'azur; au deuxième & troisième de gueules à un roc d'échiquier d'argent.
Michel-Jules de Rafelis Granbois, 1706.
Jean de *Raimond-Modene*, 1550. d'argent à la croix de gueules, chargée de cinq coquilles d'argent.
Antoine de Raimond-Modene, 1552.
François Raimond-Modene, 1557.
Marc-Antoine de Raimond d'Eaux, 1561. d'or à trois aiglettes de sable, rangées en face & accompagnées de trois faces d'azur, deux audessus des aiglettes, & une audessous.
Pierre de Raimond d'Eaux, 1568.
Jacques de Raimond-Modene, 1592.
Gabriel-Philippe de Raimond, 1598.
Paul de Raimond-Modene, 1603.

Jean-Baptiste de Raimond, 1603.
Louis de Raimond-Modene, 1606.
Jean-Baptiste de Raimond, 1633.
Jean de Raimond-la-Visclede, 1633. d'or à six tourteaux de gueules posez 2. 2. & 2. dans une égale distance.
Conrard de Raimod-Pomerols, 1641. Commandeur du Breuil : d'argent à la croix de gueules chargée de cinq coquilles d'argent.
Charles de Raimond-Modene, 1658.
Joseph de Raimond, 1660.
Jean-Joseph de Raimond d'Eaux, 1662.
Conrard de Raimond-Pomerols, 1676.
Joseph de Raimond d'Eaux, 1677.
Louis-Joseph de Raimond, 1685.
François de Raimond d'Eaux, 1693.
Scipion-Joseph de Raimond d'Eaux, 1697.
Paul-Cajetan de Raimond-Modene, 1698.
Melchior-Joseph, & Jean-Baptiste de Raimond-Pomerols, 1700.
Gaspard de Raimond d'Eaux, 1703.
Jean-Joseph de Raimond-Modene, 1707.
Jean-Baptiste de Raimond, 1707. de minorité.
Baltazar de Raimond d'Eaux, 1709.
Jean-Baptiste de Raimond-Pomerols, 1710.
Joseph de Raimond d'Eaux, 1714.
Louis-François de Raimond-Modene, 1715.
Pierre-Antoine de Raimond d'Eaux, 1717.
Jean-Baptiste de *Rame-Castelane*, 1669. d'argent au lion de sable, armé, lampassé de gueules.
Antoine de *Ranc-Vibrac*, 1661. d'azur au rocher d'or, chargé de 2 palmes de même, accostées de deux roses aussi d'or, & surmontées en chef d'un croissant d'argent.
Claude de *Raoux*, 1654. d'or à une croix patée de sable, bordée de gueules.
Charles-Antoine de Raoux, 1665.
Joseph de *Raousset*. 1697. d'or à une croix patée de sable, bordée de gueules.
Charles-Jean-Baptiste de Raousset, 1698.
Jean-Baptiste-Didier de Raousset, 1698.
Joseph-Antoine-Benoît de Raousset, 1699.
Melchior-Jean-Antoine de Raousset, 1699.
Jacques de *Rascas*, 1670. d'or à une croix fleuronnée, au pied fiché de gueules, au chef d'azur chargé d'une étoile à huit rais d'or.
André de Rascas-Canet, 1683.
Joseph-Hugues de Rascas-Canet, 1692.
Jean-Gabriel de *Raspaud-Colomiez*, 1608. d'azur au lion d'argent.
Gaspard de *Raxi-Flassan*, 1661. d'or à une aigle Imperiale de sable, & une bande ondée d'argent brochante sur le tout.

Charles de Raxi-Flaſſan, 1661.
Charles de Raxi, 1675. de minorité.
François de *Rate - Cabous*, 1614. d'azur à trois étoiles d'argent, 2 & 1.
Jean de Rate-Cabous, 1614.
François de Rate, 1615.
André-François de *Reilhane*, 1681. d'azur à un ſoc de charrue d'argent, poſé en bande.
Alexandre de Reilhane, 1691.
Pierre de *Remuſat*, 1547. une gerbe accompagnée de deux étoiles.
Louis de *Renaud*, 1422. de gueules à dix lozanges d'or, jointes enſemble, & poſées 4. 4 & 2.
Gilles de Renaud, 1637.
Philippe-Emanuel de Renaud d'Alain, 1637.
Jean *Ricard*, 1364. Commandeur d'Aix : d'or au griffon de gueules.
Raimond Ricard, 1467. Grand-Prieur de S. Gilles.
Guillaume Ricard, 1475. Grand Commandeur.
Raimond ou Raimondet Ricard, 1541. Grand Prieur de S. Gilles.
Felix de Ricard, 1639. de minorité.
Sextius - Ange de Ricard, 1695. Commandeur de la Ville - Dieu, Bailli, Grand - Croix : d'or au griffon de gueules, au chef d'azur chargé d'une fleur de lys d'or, par conceſſion faite à cette Famille en 1651, regiſtrée depuis au Parlement d'Aix, ainſi que l'érection de la Terre de Joyeuſe - Garde en titre & dénomination de Marquiſat de Ricard.
Jules-Vincent de Ricard, 1696.
Dominique de Ricard, 1696.
Jean-Ferdinand de Ricard, 1697. Commandeur de Chaalons ſur Marne dans le Grand Prieuré de Champagne.
Jean - Etienne de Ricard, 1697. Commandeur de la Romagne auſſi en Champagne.
Louis-Hercules de Ricard, 1707. de minorité.
Jean-Baptiſte-Dominique de Ricard, 1710. de minorité.
Marc de la *Richardie d'Auline*, 1703.
Jean du *Rieu*, 1619. d'azur à trois faces ondées d'argent, ſurmontées d'une face de même, & de trois fleurs de lys d'or, rangées en chef.
Thomas-Albert de *Riqueti*, 1639. Commandeur de Raneville : d'azur à la bande d'or, accompagnée vers le canton ſenextre du chef d'une demie fleur de lys, dont il ſort un lys de jardin d'argent, & trois roſes d'argent miſes en bande du côté de la pointe.
François de Riqueti-Mirabeau, 1645.
François de Riqueti, 1649. de minorité.
Louis de Riqueti-Mirabeau, 1650.
François-Annibal de Riqueti, 1667.
Jean-Antoine de Riqueti-Mirabeau, 1678.
Victor de Riqueti-Mirabeau, 1716.

# TABLE DES MATIERES.

ment de l'ancien Ordre du S. Sépulchre d'avec celui de S. Jean, 130. Est élû Grand-Maître, & meurt six mois après, 133.

Venceslas, Archiduc d'Autriche, & Chevalier de Malte, reçoit du Pape à la priere du Roi d'Espagne, differens Prieurez en ce Royaume, 112. Murmures dans l'Ordre à ce sujet, 113. Sa mort, 114.

Vendosme (le Chevalier de) obtient une expectative sur le Grand Prieuré de France, 198, dont il se démet en faveur du Chevalier d'Orleans, 231.

Vénitiens. Sélim II. leur déclare la guerre, & prend Nicotie & Famagouste dans l'Isle de Chypre, 107. Ils font une ligue avec le Pape & le Roi d'Espagne, *ibid*. Prennent fait & cause pour quelques Juifs négocians, contre la Religion, 110, 111. Usent de représailles par raport à quelques vaisseaux de la Religion, 123, qui en use de même, 124. Se plaignent de quelques prises faites par les galeres de la Religion sur la mer & les terres de leur Domaine, 144. Leur Général Capello défait seize galeres d'Alger, 151. Ils font mettre les biens de la Religion en sequestre, 152. Sont attaquez par les Turcs dans l'Isle de Candie, 156, & secourus par la Religion, *ibid*. Ils gagnent la bataille de Foggia sur les Turcs, 159, & une autre quelques années après, 167. Une troisiéme l'année suivante, 168, suivie de la conquête de l'Isle de Tenedos, 168. Une quatriéme l'année d'après, 169. Tenedos est reprise par les Turcs, 170. Ils perdent plusieurs places, 182. sont secourus par la plûpart des Princes Chrétiens, 184. Refusent le secours des Génois aux conditions proposées par ceux-ci, *ibid*. Le Sénat rend un decret honorable à la Religion, 186. Ils reçoivent encore du secours de la plûpart des Princes Chrétiens, 193 *& seq*. Candie étant prise, ils font leur paix avec les Turcs, 197, contre lesquels ils forment une ligue, & remportent de grands avantages, 197, 208. Echouent au siége de Negrepont, 209. Prennent Valonne, 211. Demandent du secours à la Religion dans la guerre que le Grand Seigneur leur déclare, 230.

Verdalle (Hugues de Loubenx de) de la Langue de Provence, Grand-Maître; particularitez de son élection, 122. Il tient un Chapitre général à Malte, 123. Va à Rome, d'où il revient Cardinal, 124. Retourne à Rome, où il meurt de chagrin, 125.

Verdemberg (F. Christophe de) favori de l'Empereur maintient les droits de la Religion pour la jouissance du Grand Prieuré de Bohême, dont il est pourvû, 114.

Vertura (le Chevalier de) fait un horrible carnage des malades & des blessez Infidéles au siége de Malte, 40, & fait abandonner l'assaut du fort S. Michel, 41.

Vienne en Autriche assiégée par les Turcs, qui sont repoussez avec grande perte, 207.

Vignacourt (Alof de) de la Langue de France, est élû Grand-Maître, & notifie son élection aux Princes Chrétiens, 127. Pourvoit à la sureté de Goze, 129. Bel aqueduc fait à Malte par son ordre, *ib d*. Il se pourvoit contre les prétentions de l'Evêque de Malte auprès du Pape Paul V. qui l'oblige à se sou-

TABLE DES MATIERES.

mettre, 131. Est surpris à la chasse d'une attaque d'apoplexie, dont il meurt, 132, 133.

Vignacourt (Adrien de) neveu du précedent, est élû Grand-Maître, 211. Il s'applique à soulager ses sujets, *ibid.* & à fortifier l'Isle, 212. Repare les dommages causez par un grand tremblement de terre à Malte, & dans la ville d'Agosta, 213. Sa mort: son caractere & son épitaphe, 215.

Villhena (Antoine Manoel de) Portugais, de la Langue de Castille, est élû Grand-Maître, 234. Charges par lesquelles il avoit passé, *ibid.* Il fait construire le fort Manoel, & cite tous les Chevaliers, *ibid.* Empêche par ses sages précautions l'escadre Ottomane de rien entreprendre, 225. Répond avec politesse à la lettre pleine de hauteur du Commandant de cette escadre, 236. Entre dans la proposition d'une trêve négociée avec le Grand Visir par le Marquis de Bonnac, & traversée par le Capitan Bacha, 237, 238. Reçoit du Pape Benoît XIII. l'Estoc & le Casque, 239.

Urbain VIII. dispose des Commanderies d'Italie en faveur de ses parens, malgré les remontrances du Conseil, appuyées par les Princes Chrétiens, 135, 136. Publie une Ordonnance, *motu proprio*, par laquelle il change la forme ordinaire de l'élection du Grand-Maître, *ibid.* & celle qui se pratiquoit dans la tenue des Chapitres généraux, 137, *& seq.* Accorde aux anciens Commandeurs la permission de tester, 151. Est secouru par l'Ordre, 153.

Z

Zondodari (le Bailli) aide de ses conseils le Grand-Maître Perellos, pour extirper les Corsaires de Barbarie, 219. Est envoyé à Rome, pour s'opposer aux prétentions de l'Inquisiteur de Malte, 226. Est élû Grand-Maître, 232. Il meurt: son éloge, 233.

Fin du quatriéme & dernier Volume.

www.ingramcontent.com/pod-product-compliance
Lightning Source LLC
Chambersburg PA
CBHW071227300426
44116CB00008B/937